REPORT

OF THE

ADJUTANT GENERAL

OF THE

STATE OF KENTUCKY.

SOLDIERS OF THE WAR OF 1812.

PRINTED BY AUTHORITY OF THE LEGISLATURE OF KENTUCKY

FRANKFORT, KY.:
CAPITAL OFFICE: E. POLK JOHNSON, PUBLIC PRINTER AND BINDER,
1891.

Notice

In many older books, foxing (or discoloration) occurs and, in some instances, print lightens with wear and age. Reprinted books, such as this, often duplicate these flaws, notwithstanding efforts to reduce or eliminate them. The pages of this reprint have been digitally enhanced and, where possible, the flaws eliminated in order to provide clarity of content and a pleasant reading experience.

Report of the Adjutant General of the State of Kentucky: Soldiers of the War of 1812., with a New Added Index

Originally published
Frankfort, Kentucky
1891

Reprinted by:

Janaway Publishing, Inc.
732 Kelsey Ct.
Santa Maria, California 93454
(805) 925-1038
www.janawaygenealogy.com

2018

New All-Name Index
Copyright © 2018, Janaway Publishing, Inc.

ISBN: 978-1-59641-413-6

Made in the United States of America

ADJUTANT GENERAL'S OFFICE.

FRANKFORT, KENTUCKY, August 18, 1891.

To His Excellency, S. B. BUCKNER, *Governor of Kentucky:*

SIR: I have the honor to submit the accompanying roster of Kentucky troops who served in the war of 1812-15, pursuant to act of the General Assembly, approved April 3, 1890. It is matter of serious regret that more of the personal history of those gallant men can not be gathered from the muster rolls of the several organizations; but our grandfathers of that struggle evidently considered that their business in hand demanded a more vigorous use of the sword than the pen, and that they were out to fight instead of to write, for the muster rolls and reports are very defective, when judged in the light of the modern requirements of military headquarters. But the fame of their achievements is secure, and the conspicuous bravery of the Kentucky troops on a number of the bloodiest battle-fields of that war contributed in no small measure to the successful termination of the unequal struggle, a termination which gave to American soldiers and seamen a world-wide renown, and demonstrated that the United States could not be conquered even by an alliance between such powerful foes as the British, the French and the Indians.

Upon these pages may be found the familiar names of many Kentuckians who had previously risen to distinction in the peaceful pursuits of life, and of many more who subsequently rose to the highest honors at the disposal of a free and grateful people.

Very respectfully, your obedient servant,

SAM. E. HILL, *Adjutant General.*

Roll of Field and Staff, First Regiment Kentucky Mounted Militia—War of 1812.

Names.	Rank.	Date of Appointment or Enlistment.	To what time Engaged or Enlisted.	Remarks
Samuel Caldwell	Lieut. Colonel	September 20, 1812	October 29, 1812	
Joseph Winlock	Major	" "	" "	
Thomas Bell	Major	" "	" "	
Ziba Howard	Adjutant	" "	" "	
Thomas Pollard	Surgeon	" "	" "	
Levi Jones	S. Mate	" "	" "	
Jacob Wilker	S. Mate	" "	" "	
Philip Thomson	J. Advocate	" "	" "	
Samuel Worthington	Qr. Master	" "	" "	
Benjamin Young	Qr. M. Serg't.	" "	" "	
George Berry	Paymaster	" "	" "	
John McLean	Sergeant Major	" "	" "	

ROLL OF CAPTAIN ALNEY McLEAN'S COMPANY, FIRST REGIMENT KENTUCKY MOUNTED MILITIA—COMMANDED BY LIEUTENANT-COLONEL SAMUEL CALDWELL.

Names	Rank	Date of Appointment or Enlistment.	To what time Engaged or Enlisted.	Remarks
Alney McLean	Captain	September 18, 1812	October 30, 1812	
Chas. Campbell	Lieutenant	" "	" "	
Jere S. Cravens	Ensign	" "	" "	
William Oates	Sergeant	" "	" "	
Parmenas Redman	"	" "	" "	
Thomas Glenn	"	" "	" "	
James Martin	"	" "	" "	
John Ferguson	Corporal	" "	" "	
John January	"	" "	" "	
Moses F. Glenn	"	" "	" "	
John C. Milligan	"	" "	" "	
John Earle	Trumpeter	" "	" "	
Ash, Jas.	Private	" "	" "	
Anthony, Jacob	"	" "	" "	
Bond, Cornelius	"	" "	" "	
Bennett, Jno.	"	" "	" "	
Bower, Jacob	"	" "	" "	
Campbell, Wm., Sr	"	" "	" "	
Campbell, Wm., Jr.	"	" "	" "	
Cummings, Moses	"	" "	" "	
Conditt, Moses P.	"	" "	" "	
Carter, William	"	" "	" "	
Cochran, Bryant	"	" "	" "	
Davis, William	"	" "	" "	
Dennis, Abraham	"	" "	" "	
Dudley, Robert	"	" "	October 13, 1812	
Everton, Thos.	"	" "	October 30, 1812	
Edmonds, George	"	" "	" "	
Everton, Jas.	"	" "	" "	
Evans, Jno.	"	" "	" "	
Foster, Thos.	"	" "	" "	
Good, Jno.	"	" "	" "	
Gillingham, Jno. B. C.	"	" "	" "	
Hewlett, Alfred	"	" "	" "	
Hemman, George	"	" "	" "	
Hines, Isaac	"	" "	October 2, 1812	
Houser, Christopher	"	" "	October 30, 1812	
Harrison, Isaac	"	" "	" "	
Hunsinger, George	"	" "	" "	
Hill, Wm.	"	" "	" "	
Jarvis, Sion	"	" "	" "	
Langley, Jno. W.	"	" "	" "	
Luce, David	"	" "	" "	
Lynn, Garham	"	" "	" "	
Morton, Wm.	"	" "	" "	
McFerson, Jno.	"	" "	" "	
Maxwell, Robert	"	" "	" "	
Martin, Samuel	"	" "	" "	
Nunn, Jno.	"	" "	" "	
Robertson, Robert	"	" "	" "	

SOLDIERS OF THE WAR OF 1812.

ROLL OF CAPTAIN ALNEY McLEAN'S COMPANY, FIRST REGIMENT KENTUCKY MOUNTED MILITIA—Continued.

Names.	Rank.	Date of Appointment or Enlistment.	To what time Engaged or Enlisted.	Remarks.
Rice, Samuel	Private	September 18, 1812	October 30, 1812	
Salsbury, Thomas	"	" "	" "	
Sanders, George	"	" "	" "	
Stroud, Jno.	"	" "	October 2, 1812	
Skilman, Jas.	"	" "	October 30, 1812	
Stanley, Mark	"	" "	October 2, 1812	
Tyler, Charles	"	" "	October 30, 1812	
Thompson, Philip	"	" "	October 1, 1812	
Todd, Wm.	"	" "	October 6, 1812	
Vought, Abraham	"	" "	October 30, 1812	
Winlock, Joseph	"	" "	September 28, 1812	
Wilkins, Bryant	"	" "	October 30, 1812	
Young, Benjamin	"	" "	September 28, 1812	

ROLL OF CAPTAIN THOMAS ALSBURY'S COMPANY, FIRST REGIMENT KENTUCKY MOUNTED MILITIA.

Names.	Rank.	Date of Appointment or Enlistment.	To what time Engaged or Enlisted.	Remarks.
Thos. Alsbury	Captain	September 18, 1812	October 30, 1812	
Wm. Crabtree	Lieutenant	" "	" "	
Josiah Anderson	Ensign	" "	" "	
Robert McClure	Sergeant	" "	" "	
Jas. Crabtree	"	" "	" "	
Bowlin Clark	"	" "	" "	
Caleb Young	"	" "	" "	
Jas. Clark	Corporal	" "	" "	
Jas. Cloyce	"	" "	" "	
Robert Britt	"	" "	" "	
David Hays	"	" "	" "	
Joseph Ellison	Musician	" "	" "	
Adams, Wm.	Private	" "	" "	
Alexander Samuel	"	" "	October 10, 1812	
Brazier, Elijah	"	" "	October 30, 1815	
Brazier, Lawrence	"	" "	" "	
Bradley, Jno.	"	" "	October 14, 1812	
Babbett, Isham	"	" "	October 10, 1812	
Boyd, Jno.	"	" "	October 1, 1812	
Bozarth, Israel	"	" "	October 30, 1812	
Berry, John	"	" "	" "	
Bradshaw, Jno.	"	" "	" "	
Bozarth, David	"	" "	" "	
Clarke, Robert	"	" "	October 1, 1812	
Cannon, Simeon	"	" "	October 9, 1812	
Cato, Needham	"	" "	October 10, 1812	
Cravens, Young B.	"	" "	" "	
Carpenter, Peter	"	" "	" "	
Carson, Andrew	"	" "	October 30, 1812	
Demires, Jno.	"	" "	October 9, 1812	
Downey, Jno.	"	" "	October 30, 1812	
Downey, Wm.	"	" "	" "	
Downey, Rob't	"	" "	" "	
Davis, Rob't	"	" "	" "	
Deason, Edward	"	" "	" "	
Ewing, Young	"	" "	October 1, 1812	
Eaker, Peter	"	" "	October 30, 1812	
Foster, Jas. Singleton	"	" "	October 9, 1812	
Foster, Josiah	"	" "	" "	
Findley, Dabney	"	" "	October 14, 1812	
Findley, Jno. P.	"	" "	" "	
Friyle, Thos.	"	" "	October 10, 1812	
Fruit, Enoch	"	" "	October 30, 1812	
Gaston, Wm.	"	" "	October 1, 1812	
Good, Edward	"	" "	October 30, 1812	
Hobson, William	"	" "	October 14, 1812	
Hays, Wm.	"	" "	October 10, 1812	
Husky, Jno.	"	" "	October 30, 1812	
Harrell, Theophilus	"	" "	" "	
Jones, Chas.	"	" "	" "	
Johnson, John	"	" "	" "	
Jones, Thomas B.	"	" "	" "	
Kenedy, Edward	"	" "	" "	
Ladd, Benj.	"	" "	October 10, 1812	
Meed, Robert	"	" "	October 9, 1812	

SOLDIERS OF THE WAR OF 1812.

ROLL OF CAPTAIN THOMAS ALSBURY'S COMPANY, FIRST REGIMENT KENTUCKY MOUNTED MILITIA—Continued.

Names.	Rank.	Date of Appointment or Enlistment.	To what time Engaged or Enlisted.	Remarks.
Mickhaland, Jno.	Private	September 18, 1812	October 14, 1812	
Metcalfe, Norris	"	" "	October 10, 1812	
McKinney, Middleton	"	" "	" "	
Mann, Jno.	"	" "	October 30, 1812	
Moore, Andrew	"	" "	" "	
Moss, William	"	" "	" "	
Nickcole, Luke	"	" "	October 14, 1812	
Norton, Thos. P.	"	" "	October 10, 1812	
Night, Jno., Sr.	"	" "	" "	
Nights, Jno., Jr.	"	" "	October 30, 1812	
Padfield, Thomas	"	" "	October 14, 1812	
Payne, Hamilton	"	" "	October 10, 1812	
Pace, William	"	" "	" "	
Prickett, Jno.	"	" "	October 30, 1812	
Patton, Joseph	"	" "	" "	
Robertson, Jno. G.	"	" "	October 10, 1812	
Racketts, Baylee	"	" "	" "	
Steele, Adam	"	" "	October 1, 1812	
Shelton, Elijah	"	" "	October 30, 1812	
Taylor, Giles	"	" "	October 1, 1812	
Thompson, Saunders	"	" "	October 9, 1812	
Wilkins, Alexander	"	" "	October 10, 1812	
Walker, John	"	" "	" "	

ROLL OF CAPTAIN JOHN HAMILTON'S COMPANY, FIRST REGIMENT KENTUCKY MOUNTED MILITIA.

Names.	Rank.	Date of Appointment or Enlistment.	To what time Engaged or Enlisted.	Remarks.
John Hamilton	Captain	September 18, 1812	October 30, 1812	
John McMillen	Lieutenant	" "	" "	
John Boswell	Ensign	" "	" "	
Philip Hall	Sergeant	" "	" "	
Hiram Philips	"	" "	" "	
Samuel Thompson	"	" "	" "	
Samuel Moore	"	" "	" "	
Bean, John	Private	" "	" "	
Chandler, John	"	" "	" "	
Chandler, William	"	" "	" "	
Davis, Thomas	"	" "	" "	
Day, John M.	"	" "	" "	
Furnace, Thomas	"	" "	" "	
Hall, Samuel	"	" "	" "	
Hutcheson, Wm., Sr.	"	" "	" "	
Hayden, John	"	" "	" "	
Hutcheson, Wm., Jr.	"	" "	" "	
Jones, Downes	"	" "	" "	
Long, John M.	"	" "	" "	
Ruddle, Archibald	"	" "	" "	
Ruddle, George	"	" "	" "	
Stephens, Samuel	"	" "	" "	
Stewart, William	"	" "	" "	
Stephens, John	"	" "	" "	
Thomas, John D.	"	" "	" "	
Ward, Archibald	"	" "	" "	

ROLL OF CAPTAIN MOSES SHELBY'S COMPANY, FIRST REGIMENT KENTUCKY MOUNTED MILITIA.

Names.	Rank.	Date of Appointment or Enlistment.	To what time Engaged or Enlisted.	Remarks.
Moses Shelby	Captain	September 18, 1812	October 30, 1812	
Edward L. Head	Lieutenant	" "	" "	
Edward Robeson	Ensign	" "	" "	
C. G. Houts	Sergeant	" "	" "	
J. W. R. Delaney	"	" "	" "	
Josiah Stewart	"	" "	" "	
John Dickey	"	" "	" "	
John Reed	Corporal	" "	" "	
David Maxwell	"	" "	" "	
William Smith	"	" "	" "	
William Elder	"	" "	" "	
Moses Walker	Drummer	" "	" "	

ROLL OF CAPTAIN MOSES SHELBY'S COMPANY, FIRST REGIMENT KENTUCKY MOUNTED MILITIA—Continued.

Names.	Rank.	Date of Appointment or Enlistment.	To what time Engaged or Enlisted.	Remarks.
Jacob Weaver	Fifer	September 18, 1812	October 30, 1812	
Arley, Pleasant	Private	" "	" "	
Buss, William	"	" "	September 30, 1812	
Barnes, Elisha	"	" "	October 6, 1812	
Cruse, Richard	"	" "	October 30, 1812	
Carlisle, Samuel	"	" "	" "	
Caumock, William	"	" "	" "	
Caffield, Gersham	"	" "	" "	
Couport, John	"	" "	October 4, 1812	
Coleman, John E.	"	" "	October 30, 1812	
Dorroh, John	"	" "	" "	
Elder, Thomas	"	" "	September 29, 1812	
Elder, James	"	" "	October 30, 1812	
Fulkerson, Richard	"	" "	" "	
Fort, David	"	" "	" "	
Gingham, John	"	" "	" "	
Gay, Allen	"	" "	" "	
Gaskins, Thadeus	"	" "	" "	
Glass, Francis	"	" "	October 4, 1812	
Given, Joseph	"	" "	October 30, 1812	
Hughes, Joseph	"	" "	" "	
Hill, David	"	" "	" "	
Hodge, Thomas	"	" "	" "	
Hudson, Abraham	"	" "	September 29, 1812	
Haynes, Christopher	"	" "	October 30, 1812	
Hardin, John	"	" "	October 4, 1812	
Hill, Robert	"	" "	October 30, 1812	
Jackson, Hugh	"	" "	October 4, 1812	
Johnson, James	"	" "	October 30, 1812	
Jones, Jesse	"	" "	" "	
Kerley, Benjamin D.	"	" "	" "	
Livingston, Robert	"	" "	" "	
Lusk, George	"	" "	September 29, 1812	
Lacey, Joshua	"	" "	October 30, 1812	
Lucas, Ingram	"	" "	" "	
Lacey, Edward	"	" "	October 4, 1812	
McLuskey, David	"	" "	" "	
Philips, Stewart	"	" "	October 30, 1812	
Porter, John	"	" "	" "	
Pickens, James	"	" "	" "	
Porter, Ezekiel	"	" "	" "	
Pittman, Bery	"	" "	September 29, 1812	
Pintell, Michael	"	" "	October 30, 1812	
Parker, Samuel	"	" "	" "	
Raigers, John	"	" "	October 6, 1812	
Richey, John	"	" "	" "	
Robertson, George	"	" "	October 30, 1812	
Ray, Joseph	"	" "	" "	
Reed, Henry	"	" "	October 6, 1812	
Rodgers, William C.	"	" "	October 30, 1812	
Scott, John	"	" "	" "	
Story, William	"	" "	" "	
Stout, Isaac	"	" "	" "	
Stewart, Washington	"	" "	" "	
Trimble, Joseph	"	" "	" "	
Thompson, William	"	" "	" "	
Trimble, George	"	" "	September 29, 1812	
Wood, George	"	" "	October 30, 1812	
Wheeler, Henry	"	" "	" "	

ROLL OF CAPTAIN SAMUEL GORDON'S COMPANY, FIRST REGIMENT KENTUCKY MOUNTED MILITIA.

Names.	Rank.	Date of Appointment or Enlistment.	To what time Engaged or Enlisted.	Remarks.
Samuel Gordon	Captain	September 18, 1812	October 30, 1812	
Warner W Drew	Lieutenant	" "	" "	
George McLean	Ensign	" "	" "	
Samuel Marshall	Sergeant	" "	" "	
James Bailey	"	" "	" "	
Amos P. Bach	"	" "	" "	
Stephen Rutherford	"	" "	" "	
John Rutherford	Corporal	" "	" "	
William Briant	"	" "	" "	

ROLL OF CAPTAIN SAMUEL GORDON'S COMPANY, FIRST REGIMENT KENTUCKY MOUNTED MILITIA—Continued.

Names.	Rank.	Date of Appointment or Enlistment.	To what time Engaged or Enlisted.	Remarks.
George Campbell	Corporal	September 18, 1812	October 30, 1812	
Perry Waters	"	" "	" "	
Bailey, John A.	Private	" "	" "	
Busto, David	"	" "	" "	
Briant, Eli	"	" "	" "	
Balch, James O.	"	" "	" "	
Bennett, Timothy	"	" "	" "	
Christinan, Richard	"	" "	" "	
Course, Peter	"	" "	" "	
Coleman, William	"	" "	" "	
Carter, Allen	"	" "	" "	
Davis, James	"	" "	" "	
Doyl, James	"	" "	" "	
Ewing, Reuben A.	"	" "	October 11, 1812	
Ewing, William Y. C.	"	" "	" "	
Ewing, John B. S.	"	" "	October 30, 1812	
Earnest, Henry	"	" "	" "	
Flippo, John	"	" "	" "	
Flippo, William G.	"	" "	" "	
Freeland, John	"	" "	" "	
Gorrell, James	"	" "	" "	
Gordon, Joseph	"	" "	" "	
Greggs, William	"	" "	" "	
Green, George	"	" "	" "	
Hogan, John M.	"	" "	" "	
Hounseller, James	"	" "	" "	
Hickman, John	"	" "	" "	
Hannon, Mifflin	"	" "	" "	
Hollensworth, Septha Y.	"	" "	" "	
Hendon, Robert H.	"	" "	October 11, 1812	
Herndon, James	"	" "	" "	
Haney, James	"	" "	October 30, 1812	
Hay, John	"	" "	" "	
Hayden, William	"	" "	" "	
Hill, Jonathan	"	" "	" "	
Houghsteller, John	"	" "	" "	
Lofland, William S.	"	" "	" "	
Lemons, Jacob	"	" "	" "	
McLean, William	"	" "	" "	
McMahon, John	"	" "	" "	
McIntosh, Solomon	"	" "	" "	
Meredith, David	"	" "	" "	
McPhail, Anguis	"	" "	" "	
Nelson, Thomas	"	" "	" "	
Neal, Benjamin	"	" "	" "	
Nott, James	"	" "	" "	
Powers, William	"	" "	" "	
Philips, David	"	" "	" "	
Potter, John	"	" "	" "	
Reed, James	"	" "	" "	
Rudd, James	"	" "	" "	
Reason, John	"	" "	" "	
Sears, Hannon	"	" "	" "	
Smith, Joseph	"	" "	" "	
Sprout, William	"	" "	" "	
Talkington, Samuel	"	" "	" "	
Talkington, Joseph	"	" "	" "	
Virion, Thacker	"	" "	" "	
Virgin, Matthew	"	" "	" "	
Wills, Elias	"	" "	" "	
Williams, David	"	" "	" "	
Wells, Thomas	"	" "	" "	
West, Richard	"	" "	" "	
Ward, John	"	" "	" "	

ROLL OF CAPTAIN HORATIO D. WATKINS' COMPANY, FIRST REGIMENT KENTUCKY MOUNTED MILITIA.

Names	Rank	Date of Appointment or Enlistment	To what time Engaged or Enlisted	Remarks
Thomas Bell	Captain	September 18, 1812	October 30, 1812	
Horatio D. Watkins	Captain	" "	" "	
Hampton Jones	Lieutenant	" "	" "	
Robert Smith	Ensign	" "	" "	

SOLDIERS OF THE WAR OF 1812.

ROLL OF CAPTAIN HORATIO D. WATKINS' COMPANY, FIRST REGIMENT KENTUCKY MOUNTED MILITIA—Continued.

Names.	Rank.	Date of Appointment or Enlistment.	To what time Engaged or Enlisted.	Remarks.
Edward Davis	Sergeant	September 18, 1812	October 30, 1812	
Thomas Posey	"	" "	" "	
Robert Dixon	"	" "	" "	
James Murry	"	" "	" "	
Andrew W. McLain	Corporal	" "	" "	
Thomas Clay	"	" "	October 6, 1812	
John Kilgore	"	" "	October 12, 1812	
Benj. Huston	"	" "	October 30, 1812	
Byers, Gulielmus	Private	" "	" "	
Bennet, Edward D.	"	" "	" "	
Bark, Andrew	"	" "	" "	
Dixon, Jno.	"	" "	" "	
Dozier, Jno. L.	"	" "	" "	
Eleam, Wm. W.	"	" "	" "	
Higginson, James	"	" "	" "	
Hicks, James	"	" "	September 30, 1812	
Hust, Isaac	"	" "	October 6, 1812	
Kilgore, Thomas	"	" "	October 30, 1812	
Landefer, Jno.	"	" "	" "	
Lambert, Evans	"	" "	" "	
Losswell, Joseph	"	" "	" "	
Pointer, Thomas	"	" "	" "	
Winder, Newman	"	" "	" "	
Willingham, William	"	" "	" "	
Willingham, Jarrett	"	" "	" "	
Wilson, Daniel	"	" "	" "	

ROLL OF CAPTAIN MICHAEL WOLF'S COMPANY, FIRST REGIMENT KENTUCKY MOUNTED MILITIA.

Names.	Rank.	Date of Appointment or Enlistment.	To what time Engaged or Enlisted.	Remarks.
Michael Wolf	Captain	September 18, 1812	October 30, 1812	
Matthew Adams	Lieutenant	" "	" "	
Alexander Ashby	Ensign	" "	" "	
Thomas E. Davis	Sergeant	" "	" "	
John Orr	"	" "	" "	
George Hooker	"	" "	October 6, 1812	
Gabriel Bourland	"	" "	September 29, 1812	
Edward Thomas	Corporal	" "	October 7, 1812	
Robert Sisk	"	" "	October 30, 1812	
John B. Lucas	"	" "	" "	
Richard Fulcher	"	" "	" "	
Joseph Newman	"	" "	" "	
James Hester	Trumpeter	" "	September 29, 1812	
Thomas Cardwell	"	" "	October 30, 1812	
Aldridge, Jonathan	Private	" "	" "	
Adams, Thomas	"	" "	" "	
Adams, Robert	"	" "	" "	
Bourland, William	"	" "	" "	
Bell, William	"	" "	October 8, 1812	
Bell, Andrew	"	" "	September 28, 1812	
Ball, Samuel	"	" "	October 30, 1812	
Bernbury, Benjamin	"	" "	" "	
Compton, Samuel	"	" "	" "	
Cain, Henry	"	" "	" "	
Clinton, Ezekiel	"	" "	" "	
Dyiel, Hatten	"	" "	September 27, 1812	
Davis, Benjamin	"	" "	October 7, 1812	
Fulcher, Jefferson	"	" "	October 30, 1812	
Fox, Daniel	"	" "	" "	
Fox, Noah	"	" "	" "	
Fenley, James	"	" "	" "	
Graham, Richard S.	"	" "	October 6, 1812	
Gordon, John	"	" "	October 30, 1812	
Given, John	"	" "	" "	
Herren, Lewis	"	" "	" "	
Hubbard, Liner	"	" "	" "	
Kenedy, David	"	" "	" "	
Kenedy, James	"	" "	" "	
Kell, Robert	"	" "	" "	
Kell, James	"	" "	" "	
Kell, James	"	" "	" "	
Miller, Alexander	"	" "	" "	

ROLL OF CAPTAIN MICHAEL WOLF'S COMPANY, FIRST REGIMENT KENTUCKY MOUNTED MILITIA—Continued.

Names.	Rank.	Date of Appointment or Enlistment.	To what time Engaged or Enlisted.	Remarks.
Malus, John	Private	September 18, 1812	October 30, 1812	
Matthews, Isaac	"	" "	" "	
Majors, James	"	" "	" "	
Nixon, James	"	" "	" "	
Palmour, James	"	" "	" "	
Reynolds, Benjamin	"	" "	" "	
Reynolds, Thomas	"	" "	" "	
Reed, Joseph B.	"	October 1, 1812	" "	
Silkwoden, Thomas	"	September 18, 1812	" "	
Summons, Henry	"	" "	" "	
Sloan, George	"	" "	" "	
Thomason, Samuel	"	" "	" "	
Wire, Asel	"	" "	" "	
Wilson, John	"	" "	" "	
Williams, Thomas	"	" "	" "	

ROLL OF CAPTAIN HUGH BROWN'S COMPANY, FIRST REGIMENT KENTUCKY MOUNTED MILITIA.

Names.	Rank.	Date of Appointment or Enlistment.	To what time Engaged or Enlisted.
Hugh Brown	Captain	September 18, 1812	October 30, 1812
Josiah Short	Lieutenant	" "	" "
John Wolf	Ensign	" "	" "
Philomen Bass	Sergeant	" "	" "
Thomas Flippin	"	" "	" "
Abijah Mars	"	" "	" "
William Gist	"	" "	" "
William Flippin	"	" "	" "
William Are	Corporal	" "	" "
John Buterom	"	" "	" "
Michael Hatter	"	" "	" "
William Hunt	"	" "	" "
Lodowick Goodall	"	" "	" "
Brown, Alexander	Private	" "	" "
Brothers, William	"	" "	" "
Dean, Ansley	"	" "	" "
Flippin, James	"	" "	" "
Flippin, John	"	" "	" "
Goodman, Jesse	"	" "	" "
Glover, Richard	"	" "	" "
Goodman, Solomon	"	" "	" "
Garrett, Larkin	"	" "	" "
Hunt, Daniel	"	" "	" "
Harlin, Joshua	"	" "	" "
Jackson, Martin	"	" "	" "
King, Aquila	"	" "	" "
King, Johnson	"	" "	" "
King, Nicholas	"	" "	October 17, 1812
Lain, Thomas	"	" "	" "
Martial, Hugh	"	" "	October 30, 1812
Means, James	"	" "	" "
Mercer, Howard	"	" "	October 17, 1812
Moore, Jesse	"	" "	" "
Peck, Jacob	"	" "	October 30, 1812
Stewart, Alexander	"	" "	" "
Sorrels, William	"	" "	" "
Shikle, John	"	" "	" "
Stewart, Charles	"	" "	" "
Tracey, Erasmus	"	" "	" "
Watson, Isaac	"	" "	" "
Williams, Calef	"	" "	" "
Williams, Thomas	"	" "	" "
Webb, Richard	"	" "	" "
Walker, Andrew	"	" "	October 3, 1812

ROLL OF CAPTAIN EDWARD BERRY'S COMPANY, SECOND REGIMENT KENTUCKY MOUNTED MILITIA—COMMANDED BY COLONEL JOHN THOMAS.

Names.	Rank.	Date of Appointment or Enlistment.	To what time Engaged or Enlisted.	Remarks.
Edward Berry	Captain	September 18, 1812	October 30, 1812	
James McMurray	Lieutenant	" "	" "	
John McKitsick	Ensign	" "	" "	
Elijah Adams	Sergeant	" "	" "	
Richard Berry	"	" "	" "	
Brazelton, Edward	Private	" "	" "	
Brumfield, John	"	" "	" "	
Clark, Benjamin	"	" "	" "	
Farris, Major	"	" "	" "	
Farris, Spencer	"	" "	" "	
Glaybrook, James	"	" "	" "	
Head, Edward L.	"	" "	" "	
Head, James	"	" "	" "	
Hardister, John	"	" "	" "	
Hogan, John	"	" "	" "	
Kinnet, John	"	" "	" "	
McKetsick, John, Jr.	"	" "	" "	
Mitchell, Andrew	"	" "	" "	
McMurray, William	"	" "	" "	
Newton, William S.	"	" "	" "	
Right, Robert	"	" "	" "	
Riggs, Hezekiah	"	" "	" "	
Ryan, James	"	" "	" "	
Sweany, Daniel	"	" "	" "	
Smith, Turner	"	" "	" "	
Taylor, James	"	" "	" "	
Tiffe, Charles	"	" "	" "	
Tucker, James	"	" "	" "	
Tucker, Mathew	"	" "	" "	
Ward, Nathan	"	" "	" "	
Ward, William	"	" "	" "	
Watts, John	"	" "	" "	
Williams, Jonathan	"	" "	" "	
Wilson, James	"	" "	" "	
Wooley, Moses	"	" "	" "	
Wooley, John	"	" "	" "	

ROLL OF CAPTAIN EDWARD B. GAITHER'S COMPANY, SECOND REGIMENT KENTUCKY MOUNTED MILITIA.

Names.	Rank.	Date of Appointment or Enlistment.	To what time Engaged or Enlisted.	Remarks.
Edward B. Gaither	Captain	September 11, 1812	October 30, 1812	
Paul I. Booker	Lieutenant	" "	" "	
William Slack	Ensign	" "	" "	
John H. Parrott	Sergeant	" "	October 8, 1812	
David R. Murray	"	" "	October 30, 1812	
Thomas Planford	"	" "	" "	
Andrew Lack	"	" "	" "	
Daniel Payne	Corporal	" "	" "	
Edward Hamilton	"	" "	" "	
Daniel Mudd	"	" "	" "	
Mark H. Gillihan	"	" "	" "	
Brocken, John	Private	" "	October 4, 1812	
Brumfield, James	"	" "	October 30, 1812	
Buckner, William	"	" "	October 13, 1812	
Barlow, John M	"	" "	October 3, 1812	
Caldwell, Charles	"	" "	October 30, 1812	
Clements, William	"	" "	" "	
Cacey, Peter	"	" "	" "	
Cosby, Dabney C.	"	" "	" "	
Dorsey, Robert	"	" "	October 4, 1812	
Gibbons, John B.	"	" "	" "	
Grant, Adam	"	" "	October 30, 1812	
Haden, William	"	" "	October 4, 1812	
Hobson, William	"	" "	October 30, 1812	
Head, Bigger I.	"	" "	October 8, 1812	
Head, Thomas	"	" "	October 30, 1812	
Head, Edward L.	"	" "	" "	
Hardin, Otho	"	" "	" "	
Hardin, John	"	" "	" "	
Hendrick, John	"	" "	October 13, 1812	
Ingram, William	"	" "	October 30, 1812	
Lancaster, Raphael	"	"	" "	

SOLDIERS OF THE WAR OF 1812.

ROLL OF CAPTAIN EDWARD B. GAITHER'S COMPANY, SECOND REGIMENT KENTUCKY MOUNTED MILITIA—Continued.

Names.	Rank.	Date of Appointment or Enlistment.	To what time Engaged or Enlisted.	Remarks.
Mudd, Hezekiah	Private	September 11, 1812	October 4, 1812	
Moore, Benjamin	"	" "	October 30, 1812	
McDonald, Frederick	"	" "	" "	
Montgomery, Samuel	"	" "	" "	
Mudd, Thomas	"	" "	" "	
Montgomery, James	"	" "	October 4, 1812	
Myers, Jacob	"	" "	October 30, 1812	
Nance, Thomas W.	"	" "	" "	
Norse, Charles	"	" "	" "	
Ozborn, Edward	"	" "	" "	
Phillips, John	"	" "	October 13, 1812	
Priest, Fielding	"	" "	October 30, 1812	
Rudd, Christopher	"	" "	" "	
Springer, Elihu	"	" "	" "	
Smith, Ashford	"	" "	" "	
Thompson, Thomas	"	" "	October 13, 1812	
Thompson, James	"	" "	October 30, 1812	
Winn, John K.	"	" "	" "	
Wathan, Gabriel	"	" "	" "	
Whetton, Elijah	"	" "	" "	
Yates, Thomas	"	" "	" "	

ROLL OF CAPTAIN JOHN HORNBECK'S COMPANY, SECOND REGIMENT KENTUCKY MOUNTED MILITIA.

Names.	Rank.	Date of Appointment or Enlistment.	To what time Engaged or Enlisted.	Remarks.
John Hornbeck	Captain	September 18, 1812	October 30, 1812	
Rodolphus Bailey	Lieutenant	" "	" "	
Harmen Greathouse	Ensign	" "	" "	
Samuel T. Able	Sergeant	" "	" "	
Brown, Swebston	Private	" "	" "	
Bartlett, Marmaduke	"	" "		
Brown, David	"	" "	September 30, 1812	
Burks, John, Jr.	"	" "	October 30, 1812	
Browning, Albert	"	" "	" "	
Bartlett, Hugh	"	" "	" "	
Carroll, John	"	" "	" "	
Cortmell, Elijah	"	" "	" "	
Coffman, Leonard	"	" "	" "	
Gobin, James	"	" "	" "	
Gobin, Joseph	"	" "	" "	
Hornbeck, Solomon	"	" "	" "	
Hamilton, Jesse	"	" "	" "	
Hogland, Moses	"	" "	" "	
Harris, Hezekiah	"	" "	" "	
Howard, George	"	" "	" "	
Hornbeck, Abraham	"	" "	" "	
Harshfield, John	"	" "	" "	
Johnson, Samuel	"	" "	" "	
Lashbrook, Samuel	"	" "	" "	
Myers, Joseph	"	" "	" "	
Pennebaker, Peter	"	" "	" "	
Rainbarger, John	"	" "	" "	
Roberts, Mortimer D.	"	" "	" "	
Ray, Aaron	"	" "	" "	
Roberson, William	"	" "	" "	
Roble, Henry	"	" "	" "	
Riley, James	"	" "	" "	
Shanklin, William	"	" "	" "	
Sanders, Thomas	"	" "	" "	
Sparks, Orson	"	" "	" "	
Spencer, Richard	"	" "	" "	
Spencer, John	"	" "	" "	
Sparks, Elijah	"	" "	" "	
Simmons, Samuel	"	" "	" "	
Simmons, Jonathan	"	" "	" "	
Sweringen, Samuel	"	" "	" "	
Whitledge, Thomas	"	" "	" "	
Westfall, Hezekiah	"	" "	October 6, 1812	

SOLDIERS OF THE WAR OF 1812.

ROLL OF CAPTAIN THOMAS SPEED'S COMPANY, SECOND REGIMENT KENTUCKY MOUNTED MILITIA.

Names.	Rank.	Date of Appointment or Enlistment.	To what time Engaged or Enlisted.	Remarks.
Thomas Speed	Captain	September 18, 1812	September 28, 1812	
Thomas Hubbard	Lieutenant	" "	October 1, 1812	
Alexander McCown	Ensign	" "	October 30, 1812	
Lewis B. Witt	Sergeant	" "	" "	
Stephen Chenault	"	" "	" "	
William H. Bailey	"	" "	" "	
Bailey Kendall	"	" "	" "	
Aydlett, John	Private	" "	" "	
Anderson, Josiah	"	" "	" "	
Anderson, John	"	" "	" "	
Able, Samuel	"	" "	" "	
Baker, John	"	" "	" "	
Baker, Samuel	"	" "	" "	
Batsell, Smith	"	" "	" "	
Blanford, William	"	" "	" "	
Bullard, John	"	" "	" "	
Beal, Samuel	"	" "	" "	
Burbead, Basil	"	" "	" "	
Beal, Walter	"	" "	" "	
Burch, Alexander	"	" "	October 12, 1812	
Crume, John	"	" "	October 30, 1812	
Capuze, Henry	"	" "	" "	
Caldwell, Robert	"	" "	" "	
Cox, George	"	" "	" "	
Donaldson, Handley	"	" "	" "	
Elliott, William	"	" "	" "	
Freeman, Moses	"	" "	" "	
Funk, John	"	" "	" "	
Fleal, Charles	"	" "	" "	
Froman, Thomas	"	" "	" "	
Fidler, James	"	" "	" "	
Gibson, William	"	" "	" "	
Gaither, Greenbury A.	"	" "	" "	
Huston, James	"	" "	" "	
Haris, Aaron	"	" "	" "	
Holtsclaw, Henry	"	" "	" "	
Huhn, Samuel	"	" "	" "	
Head, John E	"	" "	" "	
Harney, John M.	"	" "	October 11, 1812	
Hogan, Ignatius	"	" "	October 30, 1812	
Jewell, Patrick	"	" "	" "	
Kelley, William	"	" "	" "	
Knott, Henry	"	" "	" "	
Kelley, John	"	" "	" "	
Lane, Moses	"	" "	" "	
Limebough, Samuel	"	" "	" "	
Laud, Isaac	"	" "	" "	
McMains, Charles	"	" "	" "	
McCown, John	"	" "	" "	
Miller, Henry	"	" "	" "	
Miles, Walter	"	" "	" "	
McLean, Samuel	"	" "	" "	
McLean, George W.	"	" "	October 6, 1812	
Miller, Jacob	"	" "	October 30, 1812	
Miller, John	"	" "	" "	
McDonald, Daniel	"	" "	" "	
McDonald, Abraham	"	" "	" "	
Owens, Will	"	" "	" "	
Price, Joseph	"	" "	" "	
Polk, James	"	" "	" "	
Quigley, Lewis	"	" "	" "	
Richmire, Jacob	"	" "	" "	
Ross, William	"	" "	" "	
Reizner, Will	"	" "	" "	
Reed, Henry	"	" "	" "	
Roezner, Solomon	"	" "	" "	
Shadburn, William	"	" "	" "	
Slaughter, Armstead	"	" "	" "	
Stone, Enoch	"	" "	" "	
Strother, Thornton	"	" "	" "	
Shawley, Jonathan	"	" "	October 6, 1812	
Sutherland, John	"	" "	October 30, 1812	
Smiley, James	"	" "	" "	
Slaughter, James	"	" "	" "	
Tichnor, Thomas	"	" "	" "	
Taylor, Thomas	"	" "	" "	

SOLDIERS OF THE WAR OF 1812.

ROLL OF CAPTAIN THOMAS SPEED'S COMPANY, SECOND REGIMENT KENTUCKY MOUNTED MILITIA—Continued.

Names.	Rank.	Date of Appointment or Enlistment.	To what time Engaged or Enlisted.	Remarks.
Tobin, Benjamin	Private	September 18, 1812	October 30, 1812	
Talbert, Cyrus	"	" "	" "	
Walker, Richard	"	" "	" "	
Wathen, Charles	"	" "	" "	
Wise, Joseph	"	" "	" "	
Williams, John	"	" "	" "	
Yocum, Jacob	"	" "	" "	

ROLL OF CAPTAIN CALEB HARDESTY'S COMPANY, SECOND REGIMENT KENTUCKY MOUNTED MILITIA.

Names.	Rank.	Date of Appointment or Enlistment.	To what time Engaged or Enlisted.	Remarks.
Charles Hardesty	Captain	September 18, 1812	October 30, 1812	
William McMeekin	Lieutenant	" "	" "	
Elias Kincheloe	Ensign	" "	" "	
William Watson	Sergeant	" "	" "	
John Wooton	"	" "	" "	
Richard Murphy	"	" "	October 6, 1812	
Richard Halbert	"	" "	October 30, 1812	
James Cain	Corporal	" "	" "	
Zachariah Green	"	" "	" "	
Thomas Barber	"	" "	" "	
Paul McGee	"	" "	" "	
Allen, James	Private	" "	" "	
Bayne, Augustine	"	" "	" "	
Bayne, Henry	"	" "	" "	
Bodine, Cornelius	"	" "	" "	
Beal, Samuel	"	" "	" "	
Brown, James	"	" "	" "	
Brown, Nathaniel	"	" "	" "	
Bland, James	"	" "	" "	
Bruner, Peter	"	" "	" "	
Crery, John	"	" "	" "	
Cash, William	"	" "	" "	
Calvert, Richard	"	" "	" "	
Combs, Amos	"	" "	" "	
Canada, John	"	" "	" "	
Cain, Henry	"	" "	" "	
Davis, William B.	"	" "	" "	
Davis, Wilson L.	"	" "	" "	
Davis, William	"	" "	" "	
Edwards, Francis H.	"	" "	" "	
Furguson, Joshua	"	" "	" "	
Froman, John	"	" "	" "	
Foster, John	"	" "	" "	
Howard, William	"	" "	" "	
Halbert, John	"	" "	" "	
Huston, William	"	" "	" "	
Herald, James	"	" "	" "	
Hogland, Abraham	"	" "	" "	
Linthacum, Thomas	"	" "	September 28, 1812	
Lewis, Simeon	"	" "	October 30, 1812	
Lawrence, William	"	" "	" "	
Lauderman, Abraham	"	" "	" "	
Mabray, James	"	" "	" "	
McCullum, John	"	" "	" "	
McKay, Richard	"	" "	" "	
McGeer, William	"	" "	" "	
Marshall, George	"	" "	" "	
Moore, Shadrock	"	" "	" "	
McIntire, William	"	" "	" "	
Moore, John	"	" "	" "	
Milton, Richard	"	" "	" "	
McGee, John B.	"	" "	" "	
Moratta, Sylvester	"	" "	" "	
McLaughlin, Jesse	"	" "	" "	
Rector, Daniel	"	" "	" "	
Roberts, Abner	"	" "	" "	
Roberson, Joseph	"	" "	" "	
Roberson, William	"	" "	" "	
Smiley, William	"	" "	" "	

SOLDIERS OF THE WAR OF 1812.

ROLL OF CAPTAN CALEB HARDESTY'S COMPANY, SECOND REGIMENT KENTUCKY MOUNTED MILITIA—Continued.

Names.	Rank.	Date of Appointment or Enlistment.	To what time Engaged or Enlisted.	Remarks.
Stewart, Robert	Private	September 18, 1812	October 30, 1812	
Tabler, Jacob	"	" "	October 12, 1812	
Weller, Samuel	"	" "	October 30, 1812	
Wood, Joseph	"	" "	" "	

ROLL OF CAPTAIN JOHN THOMAS' COMPANY, SECOND REGIMENT KENTUCKY MOUNTED MILITIA.

Names	Rank	Date of Appointment or Enlistment	To what time Engaged or Enlisted	Remarks
John Thomas	Captain	September 18, 1812	September 28, 1812	
Aaron Hart	Captain	" "	October 30, 1812	
Benjamin Helm	Lieutenant	" "	" "	
Joseph Monnie	Ensign	" "	" "	
George Helm	Sergeant	September 30, 1812	September 29, 1812	
Robert C. Slaughter	"	" "	October 30, 1812	
Nathaniel Lender	"	" "	" "	
Ashbough, John	Private	" "	" "	
Black, James	"	" "	" "	
Bush, John	"	" "	" "	
Blesset, George A.	"	" "	" "	
Crutcher, Thomas C.	"	" "	" "	
Carsen, Alexander	"	September 18, 1812	" "	
Cregor, Christian	"	September 30, 1812	" "	
Crawford, John	"	" "	" "	
Contance, Winstead	"	" "	" "	
Dale, William	"	" "	" "	
Goggin, William	"	" "	" "	
Helm, Charles	"	" "	" "	
Hodges, Jacob	"	" "	" "	
Hockley, James	"	" "	" "	
Howell, John	"	" "	" "	
Kerby, Jesse	"	" "	" "	
Kirkpatrick, Joseph	"	" "	" "	
Kermichael, Peter	"	" "	" "	
Kennady, Samuel	"	" "	" "	
Keath, Jesse	"	" "	" "	
Miller, John	"	" "	" "	
McGoughrey, Arthur	"	" "	" "	
Morrison, John	"	" "	" "	
Newton, Reuben	"	" "	" "	
Pigg, Moses	"	" "	" "	
Rawlings, Stephen	"	" "	" "	
Roundtree, Dudley	"	" "	" "	
Raux, Edward	"	" "	" "	
Rudd, Richard	"	" "	October 29, 1812	
Rhodes, Henry	"	" "	October 30, 1812	
Rawlings, Edward	"	" "	September 28, 1812	
Rust, George	"	September 18, 1812	October 30, 1812	
Shakleford, John	"	" "	" "	
Shakleford, Thomas	"	" "	" "	
Syper, George	"	" "	" "	
Smoot, Armstead	"	" "	" "	
Smoot, John	"	" "	" "	
Smoot, Humphrey	"	" "	" "	
Thomas, Joseph	"	" "	" "	
Walker, Edward	"	" "	" "	

ROLL OF CAPTAIN WILLIAM KELLER'S COMPANY, SECOND REGIMENT KENTUCKY MOUNTED MILITIA.

Names	Rank	Date of Appointment or Enlistment	To what time Engaged or Enlisted	Remarks
William Keller	Captain	September 30, 1812	October 30, 1812	
Joseph Funk	Lieutenant	" "	" "	
James Taylor	Ensign	" "	" "	
Martin Adams	Sergeant	" "	" "	
Willis Ashby	"	" "	" "	
George Bridger	"	" "	" "	
Moses Kirkpatrick	"	" "	" "	
William Croghan	Corporal	" "	" "	

ROLL OF CAPTAIN WILLIAM KELLER'S COMPANY, SECOND REGIMENT KENTUCKY MOUNTED MILITIA—Continued.

Names.	Rank.	Date of Appointment or Enlistment.	To what time Engaged or Enlisted.	Remarks.
Moses Milam	Corporal	September 30, 1812	October 30, 1812	
Joseph Pomeroy	"	"	"	
Joseph Anderson	"	"	"	
Allen, Joseph	Private	"	"	
Allen, William	"	"	"	
Ashby, John	"	"	"	
Allen, Charles	"	"	"	
Bowman, Abraham	"	"	"	
Bohanon, George	"	"	October 11, 1812	
Barnett, Joseph	"	"	October 30, 1812	
Barnett, Philip	"	"	"	
Batman, John	"	"	"	
Barbie, James	"	"	"	
Bartlett, William	"	"	"	
Buchram, Ambrose	"	"	"	
Bradford, Daniel	"	"	"	
Barbour, Thomas T.	"	"	"	
Chue, Edward B.	"	"	"	
Chinewith, John	"	"	"	
Cross, Charles	"	"	"	
Colbert, Elijah	"	"	"	
Curle, Samuel	"	"	"	
Canine, Ralph	"	"	"	
Findley, William	"	"	"	
Frederick, Jacob	"	"	"	
Gosney, John	"	"	"	
Gregg, David	"	"	"	
Gregg, Merriwether S.	"	"	"	
Hite, Isaac	"	"	"	
Hinkle, Anthony	"	"	"	
Hardon, John	"	"	October 26, 1812	
Herndon, James	"	"	"	
Ingram, James	"	"	October 30, 1812	
John, James	"	"	"	
Jones, Edward	"	"	"	
James, Thomas	"	"	"	
Keller, Samuel	"	"	"	
Kelpas, Simon	"	"	"	
Keller, Abner	"	"	"	
Long, Nimrod	"	"	"	
Miles, Isaac	"	"	"	
Morton, William H.	"	"	"	
Marrs, Nathaniel	"	"	"	
Meloy, William	"	"	"	
Moore, Jas. F.	"	"	October 11, 1812	
Miller, Anthony	"	"	October 20, 1812	
Moore, Charles C.	"	"	"	
Noble, James	"	"	"	
Oglesby, Ellis	"	"	"	
Pursinger, Alexander	"	"	October 30, 1812	
Phillips, Smith	"	"	"	
Priest, William	"	"	"	
Priest, James	"	"	"	
Patterson, John	"	"	"	
Pope, William	"	"	"	
Ross, William	"	"	"	
Rodman, William T.	"	"	"	
Ray, Charles	"	"	October 11, 1812	
Roseberry, William	"	"	October 30, 1812	
Ramsey, Abner	"	"	"	
Rose, Samuel	"	"	"	
Roundtree, Andrew	"	"	"	
Richer, Peter	"	"	"	
Richer, Samuel	"	"	"	
Strother, Daniel F.	"	"	"	
Stafford, Thomas	"	"	"	
Seaborn, John	"	"	October 26, 1812	
Sturges, Robert	"	"	October 30, 1812	
Speer, John	"	"	"	
Stowers, Samuel	"	"	"	
Smoch, John	"	"	"	
Sturgeon, John	"	"	"	
Taylor, Hancock	"	"	"	
Thompson, Thomas H.	"	"	"	
Taylor, warren	"	"	"	
Taylor, Thompson	"	"	"	

ROLL OF CAPTAIN WILLIAM KELLER'S COMPANY, SECOND REGIMENT KENTUCKY MOUNTED MILITIA—Continued.

Names.	Rank.	Date of Appointment or Enlistment.	To what time Engaged or Enlisted.	Remarks.
Thornberry, Samuel	Private	September 30, 1812	October 30, 1812	
Thornton, Charles	"	" "	October 29, 1812	
Tarr, William	"	" "	October 30, 1812	
Wells, William	"	" "	September 27, 1812	
Walker, Adam K.	"	" "	October 30, 1812	
Welch, John	"	" "	" "	
Woodford, George	"	" "	" "	
Wymore, George	"	" "	" "	
Williams, Matthew	"	" "	" "	
Wood, James	"	" "	" "	
Wood, John	"	" "	" "	

ROLL OF CAPTAIN WILLIAM FARROW'S COMPANY, THIRD REGIMENT KENTUCKY MOUNTED RIFLEMEN—COMMANDED BY COL. RICHARD M. JOHNSON.

Names.	Rank.	Date of Appointment or Enlistment.	To what time Engaged or Enlisted.	Remarks.
William Farrow	Captain	September 1, 1812	October 1, 1812	
Jesse Daniel	Lieutenant	" "	" "	
John Crawford	Ensign	" "	" "	
Caleb Williams	Sergeant	" "	" "	
George W. Doulton	"	" "	" "	
James Norton	"	" "	" "	
Phillip Clement	"	" "	" "	
John McDaniel	Corporal	" "	" "	
John Masterson	"	" "	" "	
James Young	"	" "	" "	
Joseph W. Baferty	"	" "	" "	
Anderson, John	Private	" "	" "	
Anderson, William	"	" "	" "	
Anderson, Abshu	"	" "	" "	
Abley, Jonathan	"	" "	" "	
Bagis, Jesse	"	" "	" "	
Brown, Isaac	"	" "	" "	
Cox, Richard	"	" "	" "	
Charn, Absalom	"	" "	" "	
Craig, Samuel	"	" "	" "	
Clements, David	"	" "	" "	
Campbell, William	"	" "	" "	
Christy, William	"	" "	" "	
Daniel, Henry	"	" "	" "	
Daulton, James	"	" "	" "	
Davenport, Abraham	"	" "	" "	
Dawning, Alexander	"	" "	" "	
Evans, Lewis	"	" "	" "	
Fanding, Patrick	"	" "	" "	
Gallespy, Gennan	"	" "	" "	
Green, Richard D.	"	" "	" "	
Gibson, William	"	" "	" "	
Hanman, John	"	" "	" "	
Harlan, Richard	"	" "	" "	
Hodges, George	"	" "	" "	
Hughes, James	"	" "	" "	
Hadden, Elisha	"	" "	" "	
Harren, Daniel	"	" "	" "	
Hardwick, Edmund	"	" "	" "	
Hanks, Samuel	"	" "	" "	
Hopkins, Robert	"	" "	" "	
Johnston, Jacob	"	" "	" "	
Kame, William	"	" "	" "	
Lindsey, James	"	" "	" "	
Mogamon, Joseph S.	"	" "	" "	
Mustusan, Aron	"	" "	" "	
McGary, Daniel	"	" "	" "	
Malane, Andrew	"	" "	" "	
McMillan, James	"	" "	" "	
Morton, Arinstead	"	" "	" "	
Morton, John	"	" "	" "	
Moore, Jesse	"	" "	" "	
Mitchell, Arthur	"	" "	" "	
Nelson, James	"	" "	" "	
Oakman, John	"	" "	" "	
Pickerl, Abe	"	" "	" "	
Rodgers, Samuel	"	" "	" "	

SOLDIERS OF THE WAR OF 1812.

ROLL OF CAPTAIN WILLIAM FARROW'S COMPANY, THIRD REGIMENT KENTUCKY MOUNTED RIFLEMEN—Continued.

Names.	Rank.	Date of Appointment or Enlistment.	To what time Engaged or Enlisted.	Remarks.
Ralare, William	Private	September 1, 1812	October 1, 1812	
Roberts, William	"	" "	" "	
Rutter, James	"	" "	" "	
See, George	"	" "	" "	
Seermers, Cornelius	"	" "	" "	
Stranger, William	"	" "	" "	
Stewart, John G.	"	" "	" "	
Sandford, Henry B.	"	" "	" "	
Sumers, Sandford	"	" "	" "	
Triplett, Thomas	"	" "	" "	
Talir, James	"	" "	" "	
Wyatt, John	"	" "	" "	
Wiley, William Q.	"	" "	" "	
Williams, William	"	" "	" "	
Younger, Peter	"	" "	" "	
Young, Joseph	"	" "	" "	

ROLL OF CAPTAIN GEORGE MEANS' COMPANY, THIRD REGIMENT KENTUCKY MOUNTED RIFLEMEN.

Names.	Rank.	Date of Appointment or Enlistment.	To what time Engaged or Enlisted.	Remarks.
George Means	Captain	September 1, 1812	October 15, 1812	
John Boyd	Lieutenant	" "	" "	
Hugh Hanna	Ensign	" "	" "	
Frederick Singleton	1st Sergeant	" "	" "	
Charles Rumsey	2d Sergeant	" "	" "	
Moses Thomas	3d Sergeant	" "	" "	
Boyd, James	Private	" "	" "	
Cox, Aslin	"	" "	" "	
Carr, Abraham	"	" "	" "	
Cummins, James R.	"	" "	" "	
Curtis, David	"	" "	" "	
Early, Andrew	"	" "	" "	
Gash, Benard P.	"	" "	" "	
Hendrixon, William	"	" "	" "	
Henderson, William	"	" "	" "	
Hampton, Charles	"	" "	September 20, 1812	
Hosel, Abraham	"	" "	October 15, 1812	
Maple, David	"	" "	" "	
Means, Robert	"	" "	" "	
McQueen, John	"	" "	" "	
McJleam, James	"	" "	" "	
Myers, Henry	"	" "	" "	
Nilson, Andrew	"	" "	" "	
Pool, Thomas	"	" "	" "	
Robb, Robert	"	" "	" "	
Smith, Isaac	"	" "	" "	
Smith, John	"	" "	" "	
Stoll, William	"	" "	October 1, 1812	
Thomas, Solomon	"	" "	October 15, 1812	
Walker, William	"	" "	" "	
Wilson, Robert	"	" "	" "	

ROLL OF CAPTAIN JOSEPH CLARK'S COMPANY, THIRD REGIMENT KENTUCKY MOUNTED RIFLEMEN.

Names.	Rank.	Date of Appointment or Enlistment.	To what time Engaged or Enlisted.	Remarks.
Joseph Clark	Captain	September 5, 1812	October 12, 1812	
Edmond Calloway	Lieutenant	" "	" "	
Samuel R. Combs	Ensign	" "	" "	
Edmond R. Bradley	Sergeant	" "	" "	
Benjamin Blackwell	"	" "	" "	
Robert B. Martin	"	" "	" "	
Samuel Welch	Corporal	" "	" "	
Patterson B. Clark	"	" "	" "	
Allen, William C.	Private	" "	" "	
Allen, William W.	"	" "	" "	
Acton, Theodore	"	" "	" "	
Ambry, Richard	"	" "	" "	

ROLL OF CAPTAIN JOSEPH CLARK'S COMPANY, THIRD REGIMENT KENTUCKY MOUNTED RIFLEMEN—Continued.

Names.	Rank.	Date of Appointment or Enlistment.	To what time Engaged or Enlisted.	Remarks.
Barnes, Alfred	Private	September 11, 1812	October 19, 1812	
Bawning, Elijah G.	"	September 5, 1812	October 12, 1812	
Baston, Jonathan	"	September 11, 1812	October 19, 1812	
Bristow, Archibald	"	September 5, 1812	October 12, 1812	
Bruner, John	"	" "	" "	
Bush, Jeremiah	"	" "	" "	
Bawgus, John	"	September 11, 1812	October 19, 1812	
Combs, Fielding A.	"	September 5, 1812	October 12, 1812	
Cass, Robert	"	" "	" "	
Dasly, Thomas	"	" "	" "	
Dooley, John	"	" "	" "	
Dooley, Nathan	"	" "	" "	
Dyer, Evans	"	" "	" "	
Euham, Stephen	"	" "	" "	
Gay, Benjamin	"	" "	" "	
Halley, James	"	" "	" "	
Hampton, Wilson	"	" "	" "	
Hill, William	"	September 11, 1812	October 19, 1812	
Hays, James	"	" "	" "	
Johnston, George W.	"	September 5, 1812	October 12, 1812	
Mun, Robert	"	" "	" "	
McCall, James	"	" "	" "	
Miles, John	"	" "	" "	
Patton, John	"	September 11, 1812	October 19, 1812	
Ramey, James	"	September 5, 1812	October 12, 1812	
Rodman, George	"	September 11, 1812	October 19, 1812	
Rafland, Edmond	"	" "	" "	
Wood, Daniel	"	September 5, 1812	October 12, 1812	
Watts, Julius	"	" "	" "	
Woodurd, Joseph C.	"	September 11, 1812	October 19, 1812	
Wenn, James	"	" "	" "	

ROLL OF CAPTAIN GEORGE STOCKTON'S COMPANY, THIRD REGIMENT KENTUCKY MOUNTED RIFLEMEN.

Names.	Rank.	Date of Appointment or Enlistment.	To what time Engaged or Enlisted.	Remarks.
George Stockton	Captain	September 5, 1812	October 12, 1812	
Benjamin Mosby	1st Lieutenant	" "	" "	
Henry Clay	2d Lieutenant	" "	" "	
Charles C. Duncan	Ensign	" "	" "	
Thomas W. Fleming	1st Sergeant	" "	" "	
John Davis	2d Sergeant	" "	" "	
Samuel Barnes	3d Sergeant	" "	" "	
Charles McCracken	4th Sergeant	" "	" "	
Allen, Tundy	Private	" "	" "	
Barnes, Robert	"	" "	" "	
Bullock, John R.	"	" "	" "	
Byres, James	"	" "	" "	
Boon, Sery	"	" "	" "	
Bailey, James	"	" "	" "	
Baker, James	"	" "	" "	
Brock, Alphonso	"	" "	" "	
Brown, William	"	" "	" "	
Bell, Fielding	"	" "	" "	
Carpenter, Simeon	"	" "	" "	
Clark, Daniel	"	" "	" "	
Chinn, Dudley	"	" "	" "	
Carter, Thomas	"	" "	" "	
Colvin, Thomas	"	" "	" "	
Clifford, Thomas	"	" "	" "	
Debell, Joel	"	" "	" "	
Dudley, Simeon	"	" "	" "	
Davis, Theophilus	"	" "	" "	
Deprey, A. R.	"	" "	" "	
Durrell, Richard	"	" "	" "	
Desha, Benjamin	"	" "	" "	
Dinmore, John	"	" "	" "	
Davis, John P.	"	" "	" "	
Day, William	"	" "	" "	
Farrow, Joseph	"	" "	" "	
Graig, James M.	"	" "	" "	
Gray, Isaac	"	" "	" "	
Glass, James	"	" "	" "	

SOLDIERS OF THE WAR OF 1812.

ROLL OF CAPTAIN GEORGE STOCKTON'S COMPANY, THIRD REGIMENT KENTUCKY MOUNTED RIFLEMEN—Continued.

Names.	Rank.	Date of Appointment or Enlistment.	To what time Engaged or Enlisted.	Remarks.
Gardener, Josiah	Private	September 5, 1812	October 12, 1812	
Glass, John	"	" "	" "	
Heddleston, John	"	" "	" "	
Hood, James	"	" "	" "	
Hopkins, David	"	" "	" "	
Hixon, Nathaniel	"	" "	" "	
Jackson, Israel	"	" "	" "	
Kenton, Simeon	"	" "	" "	
Kirk, Nathaniel	"	" "	" "	
Logan, John	"	" "	" "	
Lindsey, John	"	" "	" "	
Metcalf, Alfred	"	" "	" "	
McCoy, Michael	"	" "	" "	
McChum, Henry	"	" "	" "	
Mess, James	"	" "	" "	
Mitchell, Arthur	"	" "	" "	
Neales, James	"	" "	" "	
Neales, John	"	" "	" "	
Pitcher, John	"	" "	" "	
Pitts, Nathaniel	"	" "	" "	
Pepper, Samuel	"	" "	" "	
Perkins, Ara	"	" "	" "	
Proctor, William	"	" "	" "	
Runyon, Ara	"	" "	" "	
Ramsey, David	"	" "	" "	
Robinson, Charles	"	" "	" "	
Runnyon, Peter	"	" "	" "	
Roff, James	"	" "	" "	
Sandford, William	"	" "	" "	
Stewart, Samuel	"	" "	" "	
Stockwell, Robert	"	" "	" "	
Shotwell, James	"	" "	" "	
Truit, Elias	"	" "	" "	
Trinkle, John	"	" "	" "	
Vatrile, Frederick	"	" "	" "	
Waddle, James	"	" "	" "	
Wells, John	"	" "	" "	
Watt, James	"	" "	" "	
Wells, Samuel	"	" "	" "	
Wells, Richard	"	" "	" "	
Weally, Walter	"	" "	" "	
Williams, Eli	"	" "	" "	
Young, Alescan	"	" "	" "	

ROLL OF CAPTAIN JAMES JOHNSONS' COMPANY, THIRD REGIMENT KENTUCKY MOUNTED MILITIA.

James Johnson	Captain	September 1, 1812	October 15, 1812	
Joseph Boyd	1st Lieutenant	" "	" "	
James Suggett	2d Lieutenant	" "	" "	
Elijah Stapp	Ensign	" "	" "	
William Moore	1st Sergeant	" "	" "	
John Dickerson	2d Sergeant	" "	" "	
Samuel Logan	3d Sergeant	" "	" "	
Samuel R. Overton	4th Sergeant	" "	" "	
Tavner Branham	1st Corporal	" "	" "	
John McIntire	2d Corporal	" "	" "	
Larkin Craig	3d Corporal	" "	" "	
Nathaniel Herndon	4th Corporal	" "	" "	
John Mulberry	5th Corporal	" "	" "	
Anderson, Carter	Private	" "	" "	
Blackburn, Thomas	"	" "	" "	
Burch, Clifton R.	"	" "	" "	
Butler, John	"	" "	" "	
Black, William	"	" "	" "	
Barnett, Square M.	"	" "	" "	
Branham, Joseph	"	" "	" "	
Beatty, James	"	" "	" "	
Boggs, William	"	" "	" "	
Casey, Henry	"	" "	" "	
Collins, Lewis	"	" "	" "	
Campbell, Adam	"	" "	" "	

3

SOLDIERS OF THE WAR OF 1812.

ROLL OF CAPTAIN JAMES JOHNSON'S COMPANY, THIRD REGIMENT KENTUCKY MOUNTED MILITIA—Continued.

Names.	Rank.	Date of Appointment or Enlistment.	To what time Engaged or Enlisted.	Remarks.
Coldwell, James	Private	September 1, 1812	October 15, 1812	
Doyle, Alexander	"	" "	" "	
Elly, George	"	" "	" "	
Endicott, Joseph	"	" "	" "	
Ficklin, Thomas	"	" "	" "	
Fields, James	"	" "	" "	
Grant, Robert	"	" "	" "	
Galbreth, John	"	" "	" "	
Hutchinson, James	"	" "	" "	
Johnson, Andrew	"	" "	" "	
Kennedy, Thomas	"	" "	" "	
Kertly, Jeremiah	"	" "	" "	
Lemon, William	"	" "	" "	
Leathers, Benjamin	"	" "	" "	
Massie, William	"	" "	" "	
McDonald, George	"	" "	" "	
McCune, John	"	" "	" "	
Moore, Benjamin	"	" "	" "	
Marshall, James	"	" "	" "	
Mallery, Charles	"	" "	" "	
Madeson, Robert	"	" "	" "	
Noel, Theoderick	"	" "	" "	
Osmond, Jabez	"	" "	" "	
Pearson, Robert M.	"	" "	" "	
Pence, John	"	" "	" "	
Pickell, George	"	" "	" "	
Payne, Robert	"	" "	" "	
Reading, William M.	"	" "	" "	
Rodes, William	"	" "	" "	
Short, Eli	"	" "	" "	
Scott, Chestin	"	" "	" "	
Spindle, Edmond	"	" "	" "	
Sandford, Lewis	"	" "	" "	
Shawhorn, John	"	" "	" "	
Shannon, William	"	" "	" "	
Thompson, Roger	"	" "	" "	
Taylor, Joseph	"	" "	" "	
Thompson, Nelson	"	" "	" "	
Taylor, Hubbard	"	" "	" "	
Viley, Willy	"	" "	" "	
Vicar, Moses	"	" "	" "	
Walla, Garnett	"	" "	" "	
Wall, William	"	" "	" "	
Whitley, William	"	" "	" "	
Williams, James	"	" "	" "	
Wyatt, John	"	" "	" "	
Young, Moses	"	" "	" "	

ROLL OF CAPTAIN CHARLES WARD'S COMPANY, THIRD REGIMENT KENTUCKY MOUNTED MILITIA.

Names.	Rank.	Date of Appointment or Enlistment.	To what time Engaged or Enlisted.	Remarks.
Charles Ward	Captain	September 1, 1812	October 15, 1812	
Walker Reed	1st Lieutenant	" "	" "	
William Holten	2d Lieutenant	" "	" "	
James Dougherty	Ensign	" "	" "	
Edward Dobbyns	Sergeant	" "	" "	
John Bray	"	" "	" "	
Thomas Lewis		" "	" "	
Basil Calvert	"	" "	" "	
Benjamin Flinn	Corporal	" "	" "	
Edward Riley	"	" "	" "	
Joseph Grover	"	" "	" "	
Thomas Donovan	"	" "	" "	
Applegate, Richard	Private	" "	" "	
Applegate, George	"	" "	" "	
Applegate, Benjamin	"	" "	" "	
Armstrong, William	"	" "	" "	
Applegate, Jacob	"	" "	" "	
Brown, Solomon	"	" "	" "	
Blanchard, John	"	" "	" "	
Brag, William	"	" "	" "	
Bagby, Jame	"	" "	" "	

SOLDIERS OF THE WAR OF 1812.

ROLL OF CAPTAIN CHARLES WARD'S COMPANY, THIRD REGIMENT KENTUCKY MOUNTED MILITIA—Continued.

Names.	Rank.	Date of Appointment or Enlistment.	To what time Engaged or Enlisted.	Remarks.
Blanchard, William	Private	September 1, 1812	October 15, 1812	
Courtney, Robert	"	"	"	
Coburn, John W.	"	"	"	
Clift, Stanly	"	"	"	
Cooper, John	"	"	"	
Calvert, Mansfield	"	"	"	
Caskill, John	"	"	"	
Clarke, Charles	"	"	"	
Dobyns, Thomas	"	"	"	
Denour, Benjamin	"	"	"	
Gill, James	"	"	"	
Holton, Abner	"	"	"	
Hughey, John	"	"	"	
Jarvis, James	"	"	"	
Levy, James	"	"	"	
Logan, John	"	"	"	
Lamb, Bazel	"	"	"	
Masterson, Jeremiah	"	"	"	
McIntire, Alexander	"	"	"	
McDonald, John	"	"	"	
Penick, William	"	"	"	
Perin, Joseph	"	"	"	
Peck, James	"	"	"	
Pattey, Jesse	"	"	"	
Putman, Henry	"	"	"	
Ross, Hector	"	"	"	
Sashbrook, Peter	"	"	"	
Thornberry, Zachariah	"	"	"	
Tennis, Abram	"	"	"	
Thomas, John	"	"	"	
Wood, Daniel	"	"	"	

ROLL OF CAPTAIN JACOB ELLERSTON'S COMPANY, THIRD REGIMENT KENTUCKY MOUNTED MILITIA.

Names.	Rank.	Date of Appointment or Enlistment.	To what time Engaged or Enlisted.	Remarks.
Jacob Ellerston	Captain	September 1, 1812	October 15, 1812	
William Robinson	1st Lieutenant	"	"	
William Boyd	Ensign	"	"	
William W. Penny	"	"	"	
Powhattan Weldridge	Corporal	"	"	
William Church	Captain of Spies	"	"	
Allen, William	Private	"	"	
Arnold, William	"	"	"	
Allen, Joseph	"	"	"	
Buckley, Thomas	"	"	"	
Bond, James S.	"	"	"	
Brown, Stephen	"	"	"	
Brown, Jesse	"	"	"	
Craig, Joseph	"	"	"	
Clinton, Jacob	"	"	"	
Clinton, Moses	"	"	"	
Connell, Benjamin	"	"	"	
Crocket, Overton W.	"	"	"	
Church, William, Jr.	"	"	"	
Douthard, John	"	"	"	
Elliston, James	"	"	"	
Griffie, James	"	"	"	
Graham, John W.	"	"	"	
Herndon, Elisha	"	"	"	
Haydon, William	"	"	"	
Haydon, Thomas	"	"	"	
Hutton, Samuel	"	"	"	
Hackley, James	"	"	"	
Haydon, Benjamin	"	"	"	
Hawkins, James	"	"	"	
Johnson, James	"	"	"	
Johnson, M. M.	"	"	"	
Lillard, Mathew	"	"	"	
Lewis, Charles	"	"	"	
Lewis, Zac.	"	"	"	
McKee, Henry	"	"	"	
McMitchell, John	"	"	"	

ROLL OF CAPTAIN JACOB ELLERSTON'S COMPANY, THIRD REGIMENT KENTUCKY MOUNTED MILITIA—Continued.

Names.	Rank.	Date of Appointment or Enlistment.	To what time Engaged or Enlisted.	Remarks.
Miller, Wm.	Private	September 1, 1812	October 15, 1812	
Mitchain, James	"	" "	" "	
Milam, John	"	" "	" "	
Macey, Alexander	"	" "	" "	
Morris, Jesse	"	" "	" "	
Mitcham, John	"	" "	" "	
Mitchell, Joseph F.	"	" "	" "	
McGinnis, William	"	" "	" "	
McBryns, Hugh	"	" "	" "	
McCoskey, John	"	" "	" "	
Oliver, Willis	"	" "	" "	
Oliver, Benjamin	"	" "	" "	
Pemberton, Richard	"	" "	" "	
Poe, Edmond	"	" "	" "	
Powell, Joseph	"	" "	" "	
Pullam, Drury	"	" "	" "	
Porter, John P.	"	" "	" "	
Penney, Thomas	"	" "	" "	
Philips, John	"	" "	" "	
Philips, Thomas	"	" "	" "	
Philips, Richard D.	"	" "	" "	
Philips, John, Jr.	"	" "	" "	
Robinson, Gabriel	"	" "	" "	
Reed, James	"	" "	" "	
Smart, James P.	"	" "	" "	
Stephens, Benjamin	"	" "	" "	
Scott, James	"	" "	" "	
Forsee, George S.	"	" "	" "	
Tennell, Benjamin	"	" "	" "	
Walker, Jordan	"	" "	" "	
White, John B.	"	" "	" "	
Welch, James	"	" "	" "	
Wilson, Coffy	"	" "	" "	

ROLL OF CAPTAIN JOHN HUNT'S COMPANY, THIRD REGIMENT KENTUCKY MOUNTED MILITIA.

Names.	Rank.	Date of Appointment or Enlistment.	To what time Engaged or Enlisted.	Remarks.
John Hunt	Ensign	September 22, 1812	October 22, 1812	
Amariah Bonhaus	Sergeant	" "	" "	
John Smith	"	" "	" "	
Denton, Abraham	Private	" "	" "	
Fandry, William	"	" "	" "	
Hunt, Absalom	"	" "	" "	
Hesler, Jacob	"	" "	" "	
Johnston, Arthur	"	" "	" "	
Jones, Thomas	"	" "	" "	
Logan, William	"	" "	" "	
Story, Lewis	"	" "	" "	
Smith, James	"	" "	" "	
Young, Robert	"	" "	" "	
Young, Alexander	"	" "	" "	

Roll of Field and Staff, Battalion Kentucky Light Dragoons—War of 1812.

Names.	Rank.	Date of Appointment or Enlistment.	To what time Engaged or Enlisted.	Remarks.
Samuel Wells	Major	October 16, 1811	November 24, 1811	
James Hunter	Adjutant	" "	" "	

ROLL OF CAPTAIN PETER FUNK'S COMPANY, KENTUCKY LIGHT DRAGOONS—COMMANDED BY MAJOR SAMUEL WELLS.

Names.	Rank.	Date of Appointment or Enlistment.	To what time Engaged or Enlisted.	Remarks.
Peter Funk	Captain	September 14, 1811	November 25, 1811	
Lewis Hite	Lieutenant	" "	" "	
Samuel Kelly	Cornet	" "	" "	Killed in action.
Adam L. Mills	Sergeant	" "	" "	Killed in action.
James Martin	"	" "	" "	
Henry Canning	"	" "	" "	Appointed Sergeant September 24, 1811.
Lee White	"	" "	" "	Appointed Corporal October 10th.
Elliott Wilson	Corporal	" "	" "	Appointed Trumpeter September 16th.
William Cooper	Trumpeter	" "	" "	Appointed Farrier September 23d.
Samuel Fredrick	Farrier	" "	" "	
Duberly, William	Private	" "	" "	
Edlin, John	"	" "	" "	
Ferguson, William	"	" "	" "	
Gath, Benjamin W.	"	" "	" "	
Hite, James	"	" "	" "	
Hollingsworth, Isaac	"	" "	" "	
Kennison, Joseph	"	" "	" "	
Luckett, William M.	"	" "	" "	
Luckett, Samuel U.	"	" "	" "	
Murphy, John	"	" "	" "	
Muckleroy, James	"	" "	" "	
Mackey, Enos	"	" "	" "	
Mayors, Thomas P.	"	" "	" "	
Stafford, Thomas	"	" "	" "	
Shaw, William	"	" "	" "	Transferred to the Spies September 23d.
Shaw, John	"	" "	" "	
Smith, John	"	" "	" "	
Tully, William T.	"	" "	" "	
Williamson, Moses	"	" "	" "	
Wills, Samuel	"	" "	" "	Sick; absent.

ROLL OF CAPTAIN FREDERICK GREIGER'S COMPANY, KENTUCKY MOUNTED RIFLEMEN.

Names.	Rank.	Date of Appointment or Enlistment.	To what time Engaged or Enlisted.	Remarks.
Frederick Greiger	Captain	October 23, 1811	November 18, 1811	
Presley Ross	Lieutenant	" "	" "	
William Edwards	Ensign	" "	" "	
Robert McIntire	Sergeant	" "	" "	
Robert Edwards	"	" "	" "	
Daniel McClellan	"	" "	" "	
John Jackson	"	" "	" "	
Stephen Mars	Corporal	" "	" "	
John Hicks	"	" "	" "	
John Nash	"	" "	" "	
Henry Waltz	"	" "	" "	
Joseph Paxton	Trumpeter	" "	" "	
Adams, Martin	Private	" "	" "	
Allen, Phillip	"	" "	" "	
Beeler, Thomas	"	" "	" "	
Brown, William	"	" "	" "	
Ballord, James	"	" "	" "	
Byrne, Charles L.	"	" "	" "	
Barkshire, Joseph	"	" "	" "	Wounded.
Buskirk, John	"	" "	" "	
Burket, Adam	"	" "	"	Wounded.
Barkshire, Charles	"	" "	" "	

SOLDIERS OF THE WAR OF 1812.

ROLL OF CAPTAIN FREDERICK GREIGER'S COMPANY KENTUCKY MOUNTED RIFLEMEN—Continued.

Names.	Rank.	Date of Appointment or Enlistment.	To what time Engaged or Enlisted.	Remarks.
Barnaba, Robert	Private	October 28, 1811	November 18, 1811	
Byrn, Temple C.	"	" "	" "	
Beck, George	"	" "	" "	
Cline, William	"	" "	" "	
Calliway, Thomas	"	" "	" "	
Dunbar, John	"	" "	" "	
Edwards, James M.	"	" "	" "	
Findley, Richard	"	" "	" "	
Funk, Joseph	"	" "	" "	
Fleener, Nicholas	"	" "	" "	Wounded.
Grimes, John	"	" "	" "	
Gwathney, Isaac	"	" "	" "	
Hawkins, Henry	"	" "	" "	
Hanks, James	"	" "	" "	
Ingram, Zachariah	"	" "	" "	
Jest, Joshua	"	" "	" "	
Lock, John	"	" "	" "	
Lane, Elijah	"	" "	" "	
Martin, Hudson	"	" "	" "	
Minor, Daniel	"	" "	" "	
Maxwell, John	"	" "	" "	Wounded badly.
Maxwell, John	"	" "	" "	Killed.
Ousley, John	"	" "	" "	Killed.
Plaster, Michael	"	" "	" "	
Pound, Samuel	"	" "	" "	
Pound, Jonathan	"	" "	" "	
Priest, Peter	"	" "	" "	
Slaughter, John W.	"	" "	" "	
Summerville, James	"	" "	" "	Killed.
Ship, Edmond	"	" "	" "	
Springer, Augustus	"	" "	" "	
Shields, Patrick	"	" "	" "	
Smith, Joseph	"	" "	" "	Killed.
Spunks, Thomas	"	" "	" "	
Taylor, Wilson	"	" "	" "	
Trigg, Thomas	"	" "	" "	
Trigg, William	"	" "	" "	
White, Samuel W.	"	" "	" "	
Wells, George W.	"	" "	" "	
Wright, Greensberry	"	" "	" "	Wounded.
Walk, Abraham	"	" "	" "	Sick.

Roll of Field and Staff, Kentucky Battalion Mounted Spies— War of 1812.

Touisant Dubois	Major	September 26, 1812	October 30, 1812	
David Owen	Adjutant	October 7, 1812	" "	
William M. Luckett	Qr. M. Serg't.	" "	" "	

ROLL OF CAPTAIN WILLIAM SMEATHERS' COMPANY MOUNTED SPIES, KENTUCKY MILITIA—COMMANDED BY MAJOR TOUISANT DUBOIS.

William Smeathers	Captain	September 18, 1812	October 30, 1812	
James Beard	Sergeant	" "	" "	
Adam, Lewis	Private	" "	" "	
Anderson, Archel	"	" "	" "	
Berry, John	"	" "	" "	
Bonds, George	"	" "	" "	
Bush, Philip	"	" "	" "	
Earnest, Henry	"	" "	" "	
Galloway, William	"	" "	" "	
Gleen, William	"	" "	" "	
Glem, John	"	" "	" "	

SOLDIERS OF THE WAR OF 1812.

ROLL OF CAPTAIN WILLIAM SMEATHERS' COMPANY KENTUCKY MOUNTED SPIES—Continued.

NAMES.	Rank.	Date of Appointment or Enlistment.	To what time Engaged or Enlisted.	REMARKS.
Galloway, Adam	Private	September 18, 1812	October 30, 1812	
Harmah, Isaac	"	" "	" "	
Hay, John	"	" "	" "	
Hart, John	"	" "	October 7, 1812	Discharged.
Jones, Harry	"	" "	October 30, 1812	
Meeks, Williams	"	" "	" "	
Meeks, John	"	" "	" "	
Matsah, Greenbury	"	" "	" "	
Smeathers, John	"	" "	" "	
Taylor, Nicholas	"	" "	" "	
Worthing, Charles	"	" "	October 7, 1812	Discharged.

ROLL OF CAPTAIN WILLIAM POKE'S COMPANY KENTUCKY MOUNTED SPIES.

William Poke	Captain	September 29, 1812	October 30, 1812	
Henry Dubois	Sergeant	" "	" "	
Arpan, Joseph	Private	" "	" "	
Brinton, John	"	" "	" "	
Chambers, John	"	" "	" "	
Craig, James	"	" "	" "	
Craig, Elijah	"	" "	" "	
Dougherty, Robert	"	" "	" "	
Jones, Peter	"	" "	" "	
Jones, Thomas	"	" "	" "	
Luckett, William	"	" "	" "	
Martin, Moses	"	" "	" "	
Montgomery, Robert	"	" "	" "	
Owen, David	"	" "	" "	
Polk, Thomas	"	" "	" "	
Rainey, Isaac	"	" "	" "	
Rainey, Jonathan	"	" "	" "	
Rainey, John	"	" "	" "	
Urnoe, Joseph	"	" "	" "	
Vilnare, Charles	"	" "	" "	

ROLL OF CAPTAIN CHRISTOPHER MILLER'S COMPANY KENTUCKY MOUNTED SPIES.

Christopher Miller	Captain	September 18, 1812	October 30, 1812	
Charles Wells	Sergeant	" "	" "	
Allen, William	Private	" "	" "	
Allen, William	"	" "	" "	
Edlin, James	"	" "	" "	
Goodin, James	"	" "	" "	
Hardin, Martin	"	" "	" "	
Hart, Jonah	"	" "	" "	
Miller, Samuel	"	" "	" "	
Rollins, Edward	"	" "	" "	
Shacklet, Jesse	"	" "	" "	
Vantrese, John	"	" "	" "	
Vantrese, Joseph	"	" "	" "	
Williams, Thomas	"	" "	" "	
Young, James	"	" "	" "	

ROLL OF CAPTAIN CORNELIUS WASHBURN'S COMPANY KENTUCKY MOUNTED SPIES.

Cornelius Washburn	Captain	September 18, 1812	October 30, 1812	
Epps Littlepage	Lieutenant	" "	" "	
Joseph Boll	Ensign	" "	October 20, 1812	
William Martin	Sergeant	" "	October 30, 1812	
Asher, William	Private	" "	" "	
Adams, Matthew	"	" "	" "	
Bell, Robert F.	"	" "	" "	
Berry, Enoch	"	" "	" "	
Houghland, Moses	"	" "	" "	
Houston, James	"	" "	" "	

SOLDIERS OF THE WAR OF 1812.

ROLL OF CAPTAIN CORNELIUS WASHBURN'S COMPANY KENTUCKY MOUNTED SPIES—Continued.

Names.	Rank.	Date of Appointment or Enlistment.	To what time Engaged or Enlisted.	Remarks.
Liston, Joseph	Private	September 18, 1812	October 30, 1812	
Loudon, John	"	" "	" "	
McGary, Jesse	"	" "	October 5, 1812	Discharged.
Nixon, Scarlett	"	" "	October 30, 1812	
O'Neal, Spencer	"	" "	" "	
Pemberton, Thomas	"	" "	" "	
Reuben, Peter	"	" "	" "	
Scott, Charles	"	" "	" "	
Stephenson, William	"	" "	October 5, 1812	Discharged.
Stephenson, John	"	" "	October 30, 1812	
Sanders, Clark	"	" "	" "	
Worthington, Edward	"	" "	October 5, 1812	
Wilcox, Abraham	"	" "	October 30, 1812	

Roll of Field and Staff, Second Regiment Kentucky Mounted Militia—War of 1812.

John Thomas	Lieut. Colonel	September 29, 1812	October 30, 1812	
Thomas Speed	Major	" "	" "	
John Calloway	"	" "	" "	
Benjamin Helm	Adjutant	" "	" "	
William Akin	Jr. Adjutant	" "	" "	
Cyrus Talbert	Quartermaster	" "	" "	
Stephen Chenault	Quartermaster Ser.	" "	" "	
George Helm	Sergeant Major	" "	" "	
Henry Young	Surgeon	" "	" "	
David Brown	Surgeon Mate	" "	" "	

ROLL OF CAPTAIN WILLIAM ELLIS' COMPANY, FIRST RIFLE REGIMENT KENTUCKY MILITIA—COMMANDED BY LIEUTENANT COLONEL JOHN ALLEN.

William Ellis	Captain	August 15, 1812	October 14, 1812	
Richard Matson	Lieutenant	" "	" "	
Francis Chinn	Ensign	" "	" "	
David Coone	1st Sergeant	" "	" "	
William E. Boswell	2d Sergeant	" "	" "	
William B. Chinn	3d Sergeant	" "	" "	
Hugh Brown	4th Sergeant	" "	" "	
Jeremiah Morgan	1st Corporal	" "	" "	
John P. Chinn	2d Corporal	" "	" "	
Basil R. L. Holliday	3d Corporal	" "	" "	
James Martin	4th Corporal	" "	" "	
James Foxworthy	Bugler	" "	" "	
Adams, James	Private	" "	" "	
Adams, William	"	" "	" "	
Adams, John	"	" "	" "	
Black, Robert	"	" "	" "	
Brown, Irwin	"	" "	" "	
Blair, James	"	" "	" "	
Blair, Samuel	"	" "	" "	
Breckenridge, Eddy L.	"	" "	" "	
Barnes, Oliver	"	" "	" "	
Brown, John	"	" "	" "	
Bails, Russell	"	" "	" "	
Craig, James	"	" "	" "	
Chinn, Rawleigh	"	" "	" "	
Coone, John	"	" "	" "	
Craig, William	"	" "	" "	
Chinn, Thomas	"	" "	" "	
Dear, Jesse	"	" "	" "	
Eades, Horatio	"	" "	" "	
Edwards, Jesse	"	" "	" "	
Ellis, Robert	"	" "	" "	

ROLL OF CAPTAIN WILLIAM ELLIS' COMPANY FIRST RIFLE REGIMENT, KENTUCKY MILITIA—Continued.

Names.	Rank.	Date of Appointment or Enlistment.	To what time Engaged or Enlisted.	Remarks.
Fowler, John H.	Private	August 15, 1812	October 14, 1812	
Fightmaster, John	"	" "	" "	
Fewel, Ephraim	"	" "	" "	
Grooms, Horatio	"	" "	" "	
George, Alfred	"	" "	" "	
Gray, William	"	" "	" "	
George, William	"	" "	" "	
Hamilton, Alexander	"	" "	" "	
Herring, Jonathan	"	" "	" "	
Houster, William	"	" "	" "	
Herring, Samuel	"	" "	" "	
Hailey, Daniel	"	" "	" "	
Harmon, John	"	" "	" "	
Hamilton, William	"	" "	" "	
Hull, Thomas	"	" "	" "	
Hibs, Adam	"	" "	" "	
Jones, Ambrose	"	" "	" "	
Jones, Isaac, Sr.	"	" "	" "	
Jones, Isaac, Jr.	"	" "	" "	
Jessup, Samuel B.	"	" "	" "	
Jones, Cully	"	" "	" "	
Kenning, David	"	" "	" "	
Lewis, Daron	"	" "	" "	
Lewis, Alex	"	" "	" "	
Martin, David	"	" "	" "	
McClure, John	"	" "	" "	
McKitrick, David	"	" "	" "	
McKitrick, Robert	"	" "	" "	
McKinsey, John	"	" "	" "	
Millner, Joseph	"	" "	" "	
Morrell, John	"	" "	" "	
Morgan, Moses	"	" "	" "	
Matthias, Amont	"	" "	" "	
Norman, Caleb	"	" "	" "	
Newell, Hugh	"	" "	" "	
Porter, William	"	" "	" "	
Rowland, Joseph	"	" "	" "	
Ritter, John	"	" "	" "	
Riley, James	"	" "	" "	
Roberts, William	"	" "	" "	
Sellers, Jonathan	"	" "	" "	
Shoemaker, Spencer	"	" "	" "	
Sanders, James	"	" "	" "	
Sidnor, Robert T.	"	" "	" "	
Scott, William B.	"	" "	" "	
Townsend, George	"	" "	" "	
Vanding, Stephen	"	" "	" "	
Wells, John	"	" "	" "	
Wells, Benjamin	"	" "	" "	
Wells, Basil	"	" "	" "	
World, Robert	"	" "	" "	
Wolf, John	"	" "	" "	

ROLL OF CAPTAIN WILLIAM KERLEY'S COMPANY FIRST RIFLE REGIMENT, KENTUCKY MILITIA.

William Kerley	Captain	August 15, 1812	October 14, 1812	
Harrison Monday	Lieutenant	" "	" "	
Davis Hardine	Ensign	" "	" "	
Richard C. Holder	1st Sergeant	" "	" "	
Budson Martin	2d Sergeant	" "	" "	In the place of John A. Gaines from ranks.
Richard Gentry	3d Sergeant	" "	" "	
George C Patrick	4th Sergeant	" "	" "	
James D. Dickey	1st Corporal	" "	" "	
Earane Tipton	2d Corporal	" "	" "	
Robert D. Maupin	3d Corporal	" "	" "	
Thomas G. Jones	4th Corporal	" "	" "	
Jesse Cock	Drummer	" "	" "	In the place of Benjamin Midner.
Amarine, Jonathan	Private	" "	" "	
Akers, James	"	" "	" "	In the place of Archibald Woods, Esq.
Amarine, George	"	" "	" "	
Bettersworth, Fielding	"	" "	" "	

ROLL OF CAPTAIN WILLIAM KERLEY'S COMPANY FIRST RIFLE REGIMENT, KENTUCKY MILITIA—Continued.

Names.	Rank.	Date of Appointment or Enlistment.	To what time Engaged or Enlisted.	Remarks.
Barnes, James	Private	August 15, 1812	October 14, 1812	
Boggs, James	"	" "	" "	
Burton, David	"	" "	" "	
Bratton, Joseph	"	" "	" "	
Bingham, George	"	" "	" "	
Brown, Arthur	"	" "	" "	
Burnan, Bennett	"	" "	" "	
Barnes, Thomas	"	" "	" "	In the place of George Williams.
Boggs, John W.	"	" "	" "	
Bettersworth, Jesse	"	" "	" "	In the place of R. A. Sturgus.
Burrass, James	"	" "	" "	
Bassnet, William	"	" "	" "	
Blackwell, David	"	" "	" "	In the place of Ezekiel Blackwell.
Brunett, Elijah	"	" "	" "	
Canon, James H.	"	" "	" "	
Cornelison, Aaron	"	" "	" "	
Cock, Henry D.	"	" "	" "	In the place of Thos. J. Sturman.
Chapman, John	"	" "	" "	In the place of Pleasant Watkins.
Chinn, James	"	" "	" "	In the place of A. W. Rollings.
Curles, Morgan	"	" "	" "	
Cavernaugh, Thomas	"	" "	" "	
Donaho, Jesse	"	" "	" "	
Dougherty, Cornelius	"	" "	" "	
Estis, William	"	" "	" "	
Francis, Lewis	"	" "	" "	
Fullalove, Larkin	"	" "	" "	
Freeman, Samuel	"	" "	" "	
Fox, Charles	"	" "	" "	
Greening, John	"	" "	" "	
Goding, Hugh	"	" "	" "	
Gentry, James	"	" "	" "	In the place of William Munday.
Hanson, Thomas	"	" "	" "	
Haveline, Jesse	"	" "	" "	
Hill, Archibald	"	" "	" "	
Hall, David	"	" "	" "	In the place of John Gregg.
Haden, Tyrel	"	" "	" "	
Harrison, Williby	"	" "	" "	
Harris, Western	"	" "	" "	
Johnson, Gersham	"	" "	" "	In the place of John Daniels.
Jones, Samuel D.	"	" "	" "	
Million, Benson	"	" "	" "	
McGuire, Willis	"	" "	" "	
McCall, Thomas	"	" "	" "	
Morton, William	"	" "	" "	
Noble, William	"	" "	" "	
Owens, Philip	"	" "	" "	
Owens, John	"	" "	" "	
Profet, Anderson	"	" "	" "	
Profet, James	"	" "	" "	
Quinn, Hiram	"	" "	" "	
Redman, Washington	"	" "	" "	
Reeses, John	"	" "	" "	
Richardson, Thomas	"	" "	" "	
Smallwood, Russell	"	" "	" "	
Swope, John	"	" "	" "	
Simpson, John	"	" "	" "	
Simpson, Robert	"	" "	" "	
Sale, Samuel	"	" "	" "	
Thompson, Richard L.	"	" "	" "	
Turner, Talton	"	" "	" "	
Thompson, Thomas	"	" "	" "	
Turner, James	"	" "	" "	
Virgus, Jordan	"	" "	" "	
Woodruff, William B.	"	" "	" "	
Woods, Archibald	"	" "	" "	
Woodruff, Benjamin	"	" "	" "	
Wayne, William	"	" "	" "	
Williams, Squire	"	" "	" "	
Woods, Andrew W.	"	" "	" "	
Young, John M.	"	" "	" "	

ROLL OF CAPTAN JOHN SIMPSON'S COMPANY FIRST RIFLE REGIMENT, KENTUCKY MILITIA.

Names.	Rank.	Date of Appointment or Enlistment.	To what time Engaged or Enlisted.	Remarks.
John Simpson	Captain	August 15, 1812	October 14, 1812	
Thomas Mitchell	Lieutenant	" "	" "	
George Cordwell	Ensign	" "	" "	
Benjamin Porter	1st Sergeant	" "	" "	
Samuel Demeoree	2d Sergeant	" "	" "	
James Sill	3d Sergeant	" "	" "	
Abraham Smith	4th Sergeant	" "	" "	
Robert Radford	1st Corporal	" "	" "	App'ted Ser. Sept. 4, in place of Abraham Smith.
Jeremiah Long	2d Corporal	" "	" "	
Lazarus Telly	3d Corporal	" "	" "	
Thomas Griffeth	4th Corporal	" "	" "	
Atherton, William	Private	" "	" "	
Ashby, Henderson	" "	" "	" "	
Atherton, Henry	" "	" "	" "	
Birk, Samuel	" "	" "	" "	
Bird, Henry	" "	" "	" "	
Burwell, William	" "	" "	" "	
Bartine, Nicholas	" "	" "	" "	
Bery, Robert	" "	" "	" "	
Carr, John	" "	" "	" "	
Conally, Daniel	" "	" "	" "	
Cline, Aaron	" "	" "	" "	
Collete, Aaron	" "	" "	" "	
Dowdle, John	" "	" "	" "	
Duncan, Richard	" "	" "	" "	
Daniel, John	" "	" "	" "	
Ducker, Nathan	" "	" "	" "	
Dowell, Fanthroy	" "	" "	" "	
Fitzgerald, Henry	" "	" "	" "	
Fisher, Jesse	" "	" "	" "	
Faught, George	" "	" "	" "	
Faught, William	" "	" "	" "	
Gibbons, David	" "	" "	" "	
Glasscock, Peter	" "	" "	" "	
Horbeson, Samuel	" "	" "	" "	
Hoddin, Abraham	" "	" "	" "	
Hollis, James W.	" "	" "	" "	
Hill, Foster	" "	" "	" "	
Kerrill, James	" "	" "	" "	
Kelso, Elijah	" "	" "	" "	
Lee, Zachariah	" "	" "	" "	
Lock, John	" "	" "	" "	
Mullikin, Charles	" "	" "	" "	
Mullikin, Benjamin	" "	" "	" "	
Mitchel, Samuel	" "	" "	" "	
Mahurime, John	" "	" "	" "	
McGinnis, John	" "	" "	" "	
McClelland, Joseph	" "	" "	" "	
McCullom, Jacob	" "	" "	" "	
McCormick, James	" "	" "	" "	
Orsburn, George	" "	" "	" "	
Pearson, William	" "	" "	" "	
Rodman, John	" "	" "	" "	
Ross, John	" "	" "	" "	
Roberts, John	" "	" "	" "	
Roberts, Jesse	" "	" "	" "	
Right, Reuben	" "	" "	" "	
Rogers, George	" "	" "	" "	
Shannon, John	" "	" "	" "	
Senly, Tucker	" "	" "	" "	
Sharp, Thomas	" "	" "	" "	
Sills, John A.	" "	" "	" "	
Simpson, Joseph	" "	" "	" "	
Tylor, William	" "	" "	" "	
Truman, John	" "	" "	" "	
Teralt, John	" "	" "	" "	
Tucker, William W.	" "	" "	" "	
Watson, Bartholomew	" "	" "	" "	
Williby, Ashby	" "	" "	" "	

ROLL OF CAPTAIN BLAND W. BALLARD'S COMPANY FIRST RIFLE REGIMENT, KENTUCKY MILITIA.

NAMES.	Rank.	Date of Appointment or Enlistment.	To what time Engaged or Enlisted.	REMARKS.
Bland W. Ballard	Captain	August 15, 1812	October 14 1812	
John Williamson	Lieutenant	" "	" "	
John W. Nash	Ensign	" "	" "	
James M. Ackran	1st Sergeant	" "	" "	
Martin Jackson	2d Sergeant	" "	" "	
William Cooper	3d Sergeant	" "	" "	
Amariah A. McGugg	4th Sergeant	" "	" "	
Bland Ballard	Corporal	" "	" "	
Thomas Garnett	"	" "	" "	
William Harrold	"	" "	" "	
Burton Mulligan	"	" "	" "	
Akin, Alexander	Private	" "	" "	
Arnold, Robert	"	" "	" "	
Austin, George	"	" "	" "	
Beal, Robert	"	" "	" "	
Best, Henry	"	" "	" "	
Bennett, Jacob	"	" "	" "	
Bennett, Lavoler	"	" "	" "	
Blandford, John B.	"	" "	" "	
Boone, Josiah	"	" "	" "	
Bridges, Benjamin, Sr.	"	" "	" "	
Brooks, Thomas	"	" "	" "	
Brumer, Jacob	"	" "	" "	
Boyd, William	"	" "	" "	
Caplinger, Samuel	"	" "	" "	
Caplinger, John	"	" "	" "	
Caplinger, Solomon	"	" "	" "	
Chapman, John	"	" "	" "	
Cline, Nichols	"	" "	" "	
Cole, Pleasant	"	" "	" "	
Cooper, Benjamin	"	" "	" "	
Davis, John	"	" "	" "	
Dailey, Francis	"	" "	" "	
Dailey, John	"	" "	" "	
Grant, Robert	"	" "	" "	
Graves, Samuel	"	" "	" "	
Garnett, Harris H.	"	" "	" "	
Hall, George	"	" "	" "	
Hamlin, William	"	" "	" "	
Hill, Handy	"	" "	" "	
Howard, William	"	" "	" "	
Howell, Lewis	"	" "	" "	
Huddleston, Allen	"	" "	" "	
Huff, Abraham	"	" "	" "	
Hunter, John	"	" "	" "	
Jamison, Isaac	"	" "	" "	
Kinder, George	"	" "	" "	
Kinder, Jacob	"	" "	" "	
Lambert, Moses	"	" "	" "	
Logan, James W.	"	" "	" "	
Leforce, Robertson	"	" "	" "	
Leffler, Jacob	"	" "	" "	
McComsey, John	"	" "	" "	
Metcalfe, Enoch	"	" "	" "	
Montgomery, Alex.	"	" "	" "	
Moore, John	"	" "	" "	
Neal, James	"	" "	" "	
Patterson, James C.	"	" "	" "	
Potts, Thomas	"	" "	" "	
Quarter, Samuel	"	" "	" "	
Rutledge, Joshua	"	" "	" "	
Redding, Thomas	"	" "	" "	
Roberts, Pleasant W.	"	" "	" "	
Robins, Gerades R.	"	" "	" "	
Rice, Abraham	"	" "	" "	
Redd, Mordecai	"	" "	" "	
Shepherd, Ezekiel	"	" "	" "	
Sample, Samuel	"	" "	" "	
Shackleford, Edmon	"	" "	" "	
Simpson, James	"	" "	" "	
Thralkeld, Thomas	"	" "	" "	
Thralkeld, William	"	" "	" "	
Tyler, John	"	" "	" "	
Tombs, Benjamin	"	" "	" "	
Vancleave, Benjamin	"	" "	" "	
Vancleave, Thomas	"	" "	" "	

SOLDIERS OF THE WAR OF 1812.

ROLL OF CAPTAIN BLAND W. BALLARD'S COMPANY FIRST RIFLE REGIMENT, KENTUCKY MILITIA—Continued.

NAMES.	Rank.	Date of Appointment or Enlistment.	To what time Engaged or Enlisted.	REMARKS.
Whitaker, Aquilla	Private	August 15, 1812	October 14, 1812	
Watts, Jeremiah	"	" "	" "	
Weatherford, Martin	"	" "	" "	
Whitaker, John	"	" "	" "	
Williams, John	"	" "	" "	
Williams, Elias	"	" "	" "	
Warren, Joel	"	" "	" "	
Webb, Richard	"	" "	" "	
Weatherford, Elijah	"	" "	" "	
Walker, John	"	" "	" "	

ROLL OF CAPTAIN MAURICE LANGMORE'S COMPANY FIRST RIFLE REGIMENT, KENTUCKY MILITIA.

NAMES.	Rank.	Date of Appointment or Enlistment.	To what time Engaged or Enlisted.	REMARKS.
Maurice Langmore	Captain	August 15, 1812	October 14, 1812	
Abraham Keller	Lieutenant	" "	" "	
Joseph Morin	Ensign	" "	" "	[Taken from the ranks.
Edward McConnell	1st Sergeant	" "	" "	Wm. McClanahan appointed Sergeant Major.
Thomas Benson	2d Sergeant	" "	" "	Jos. G. Chinn, crippled. Taken from the ranks.
Hezekiah Elgin	3d Sergeant	" "	" "	
Lewis Reno	4th Sergeant	" "	" "	
Levin P. Scroggin	1st Corporal	" "	" "	Benj. L. Clark enlisted in "R" service. Taken
Merit Vallandingham	2d Corporal	" "	" "	[from the ranks.
William Delaney	3d Corporal	" "	" "	
Richard Keith	4th Corporal	" "	" "	
Thornton Wilson	Drummer	" "	" "	
Cumberland Wilson	"	" "	" "	
Allenthorp, Jacob	Private	" "	" "	In place of Middleton Day.
Armstrong, William	"	" "	" "	In place of Geo. Cleveland.
Amos, Nicholas	"	" "	" "	
Byrd, Abraham	"	" "	" "	
Byrd, John	"	" "	" "	
Brice, Benoni	"	" "	" "	
Baldwin, Ira	"	" "	" "	
Butler, William	"	" "	" "	
Booth, Harrison	"	" "	" "	
Bell, William	"	" "	" "	In place of Job Tillet.
Boyle, John	"	" "	" "	
Bowen, John	"	" "	" "	
Beckett, Joseph	"	" "	" "	
Crawford, Will	"	" "	" "	In place of Elijah Current.
Chadd, William	"	" "	" "	
Crawford, Robert	"	" "	" "	In place of Nathan Corbin.
Corbin, Nicholas	"	" "	" "	
Craver, George	"	" "	" "	
Davis, Nathaniel	"	" "	" "	
Estis, George W.	"	" "	" "	
Edwards, William M.	"	" "	" "	
Eadsi, Robert	"	" "	" "	
Ellis, Thomas	"	" "	" "	
Givens, John	"	" "	" "	
Grant, Daniel	"	" "	" "	
Humble, Jesse	"	" "	" "	
Hayden, Nathaniel	"	" "	" "	
Hill, Fountain	"	" "	" "	In place of John B. Lucker.
Hinkson, John	"	" "	" "	
Hull, Corbin R.	"	" "	" "	
Harrison, Robert	"	" "	" "	
Humphrey, Benjamin	"	" "	" "	
Hughes, William	"	" "	" "	In place of Edward Waller.
Hamilton, Andrew	"	" "	" "	
Jacobs, Daniel	"	" "	" "	
Jump, John	"	" "	" "	
Johnston, William	"	" "	" "	
Keath, George	"	" "	" "	
Kemp, Charles	"	" "	" "	
Lotspitch, David	"	" "	" "	
Link, Jacob	"	" "	" "	
Lighter, Christian	"	" "	" "	
Legabock, Saint	"	" "	" "	
McDowell, William	"	" "	" "	
Menick, John	"	" "	" "	

ROLL OF CAPTAIN MAURICE LANGMORE'S COMPANY FIRST RIFLE REGIMENT, KENTUCKY MILITIA—Continued.

Names.	Rank.	Date of Appointment or Enlistment.	To what time Engaged or Enlisted.	Remarks.
Myers, Jacob	Private	August 15, 1812	October 14, 1812	
McConnell, William	"	" "	" "	
McCune, James	"	" "	" "	In place of Jesse Yelton.
Menafie, Benjamin P.	"	" "	" "	
McClanahan, William	"	" "	" "	
McCormick, John	"	" "	" "	Resigned as Sergeant Major and re-enlisted.
Pugh, William	"	" "	" "	
Phemister, Charles	"	" "	" "	
Parmer, Thomas	"	" "	" "	
Ruddle, Abraham	"	" "	" "	
Smith, Abraham	"	" "	" "	
Stephens, Dawson	"	" "	" "	
Sidner, Frederick	"	" "	" "	
Shoemaker, James	"	" "	" "	
Smith, Jacob	"	" "	" "	
Shingleton, William	"	" "	" "	
Sapp, James	"	" "	" "	
Tucker, Joseph	"	" "	" "	
Thomas, William	"	" "	" "	
Underwood, Bennett	"	" "	" "	
Whitledge, Lynn	"	" "	" "	
Whitledge, Thomas	"	" "	" "	
Wilmott, Charles	"	" "	" "	
Yokem, Solomon	"	" "	" "	

ROLL OF CAPTAIN VIRGIL McCRACKEN'S COMPANY FIRST RIFLE REGIMENT, KENTUCKY MILITIA.

Names.	Rank.	Date of Appointment or Enlistment.	To what time Engaged or Enlisted.	Remarks.
Virgil McCracken	Captain	August 15, 1812	October 14, 1812	
Thomas Brooks	Lieutenant	" "	" "	
Henry Stone	Ensign	" "	" "	
George W. McClary	1st Sergeant	" "	" "	
James H. Bowmar	2d Sergeant	" "	" "	
Samuel Steele	3d Sergeant	" "	" "	
Nathaniel Mitchell	4th Sergeant	" "	" "	
James Brooks	1st Corporal	" "	" "	
Edward B. Merideth	2d Corporal	" "	" "	
George Pugh	3d Corporal	" "	" "	
Willis Brown	4th Corporal	" "	" "	
William Rearden	Bugler	" "	" "	In place of John Payton.
Atwood, Robert	Private	" "	" "	Volunteered tenth August.
Bevis, William	"	" "	" "	
Bryan, Augustus	"	" "	" "	
Bell, Thomas B.	"	" "	" "	
Buckhannon, A.	"	" "	" "	
Brown, John	"	" "	" "	
Brown, Anderson	"	" "	" "	
Brooks, Alexander	"	" "	" "	
Bell, Robert	"	" "	" "	
Bartlett, Collins	"	" "	" "	
Christopher, John	"	" "	" "	
Cook, Seth	"	" "	" "	
Caldwell, James	"	" "	" "	
Daugherty, Thomas	"	" "	" "	
Dickey, William	"	" "	" "	
Ford, Reuben	"	" "	" "	
Henton, George	"	" "	" "	
Hawkins, Francis	"	" "	" "	
Latta, Alexander	"	" "	" "	
Lee, Ellis	"	" "	" "	
Mitchell, Solomon	"	" "	" "	
McGuire, Samuel	"	" "	" "	
McKnight, James	"	" "	" "	Substituted in place of Lewis Endecott.
McCracken, Ovid	"	" "	" "	
Morgan, Garrett	"	" "	" "	
Mitchell, Archibald	"	" "	" "	
Mosley, John	"	" "	" "	
Nall, Wm. H.	"	" "	" "	
Peacock, William	"	" "	" "	
Palmer, Lewis	"	" "	" "	
Pace, Joseph	"	" "	" "	
Pitman, Asa	"	" "	" "	

ROLL OF CAPTAIN VIRGIL McCRACKEN'S COMPANY FIRST RIFLE REGIMENT, KENTUCKY MILITIA—Continued.

Names.	Rank	Date of Appointment or Enlistment.	To what time Engaged or Enlisted.	Remarks.
Page, Joel	Private	August 15, 1812	October 14, 1812	
Railey, William, Jr.	"	" "	" "	
Resler, Abraham	"	" "	" "	
Railey, George	"	" "	" "	
Rowland, Henry L.	"	" "	" "	
Rainey, Silas	"	" "	" "	
Read, John	"	" "	" "	
Rooney, William	"	" "	" "	
Reddin, Nehemiah	"	" "	" "	
Stevenson, Robert	"	" "	" "	
Stone, John	"	" "	" "	
Slocomb, James	"	" "	" "	
Summers, Thomas G.	"	" "	" "	
Spencer, Calmer	"	" "	" "	
Scroggins, Robert	"	" "	" "	
Smith, George	"	" "	" "	
Scroggins, John	"	" "	" "	
Steele, John	"	" "	" "	
Scearcy, Leonard	"	" "	" "	
Stucker, George	"	" "	" "	
Stansberry, Thomas	"	" "	" "	
Scearcy, Merrett	"	" "	" "	
Stapp, Wyatt	"	" "	" "	
Todd, Lewis S.	"	" "	" "	
Tutt, Lewis Y.	"	" "	" "	
Vasvill, Daniel	"	" "	" "	
Williams, William	"	" "	" "	
Williams, John B.	"	" "	" "	
Wooldridge, Robert	"	" "	" "	
Willmin, James	"	" "	" "	
Young, Merritt	"	" "	" "	
Young, Richard M.	"	" "	" "	

ROLL OF CAPTAIN JOHN EDMINSTON'S COMPANY (AFTERWARDS RICHARD BLEDSOE'S COMPANY) FIRST RIFLE REGIMENT, KENTUCKY MILITIA.

Names.	Rank	Date of Appointment or Enlistment.	To what time Engaged or Enlisted.	Remarks.
John Edminston	Captain	August 15, 1812	October 14, 1812	
Richard Bledsoe	Lieutenant	" "	" "	
Volallen Prewitt	Ensign	" "	" "	
James Frarey	1st Sergeant	" "	" "	
Thomas Gist	2d Sergeant	" "	" "	
William Cravins	3d Sergeant	" "	" "	
Stapleton C. Birch	4th Sergeant	" "	" "	
John Davis	1st Corporal	" "	" "	
John Welch	2d Corporal	" "	" "	
Clement Ester	3d Corporal	" "	" "	
B. S. Cockrill	4th Corporal	" "	" "	
German Britterham	Drummer	" "	" "	
Fielding Mahoney	Fifer	" "	" "	
Adams, John	Private	" "	" "	
Adams, Feathergill	"	" "	" "	
Ansbery, Thomas	"	" "	" "	
Allen, Beverly	"	" "	" "	
Bynes, Andrew	"	" "	" "	
Ball, Jacob	"	" "	" "	
Brink, Ephraim	"	" "	" "	
Brink, Samuel	"	" "	" "	
Bittingham, John	"	" "	" "	Substitute for Hez. Ellis.
Buckner, George	"	" "	" "	
Beeturn, Adam	"	" "	" "	
Bradley, Samuel	"	" "	" "	
Blackwell, James	"	" "	" "	
Bryan, Morgan	"	" "	" "	
Chandler, Richard	"	" "	" "	
Clegett, T. Y.	"	" "	" "	
Cotton, John E.	"	" "	" "	
Chinn, Charles	"	" "	" "	
Caw, Walter E.	"	" "	" "	
Cockerill, Benjamin	"	" "	" "	
Ewing, James	"	" "	" "	
Ester, Abraham	"	" "	" "	
Ester, William	"	" "	" "	

SOLDIERS OF THE WAR OF 1812.

ROLL OF CAPTAIN JOHN EDMINSTON'S COMPANY (AFTERWARDS RICHARD BLEDSOE'S COMPANY) FIRST RIFLE REGIMENT, KENTUCKY MILITIA—Continued.

Names.	Rank.	Date of Appointment or Enlistment.	To what time Engaged or Enlisted.	Remarks.
Flournoy, Hoy	Private	August 16, 1812	October 14, 1812	
Fry, George	"	" "	" "	
Forbs, Jacob	"	" "	" "	
Foster, Thomas	"	" "	" "	
Goodlow, Henry	"	" "	" "	
Gillespie, David	"	" "	" "	Substituted for Francis Preston.
Grimes, John	"	" "	" "	
Henaly, Elkeny	"	" "	" "	
Hundley, Charles	"	" "	" "	
Hudson, Dudley	"	" "	" "	
Hawkins, S. O.	"	" "	" "	
Henney, Robert P.	"	" "	" "	
Jenkins, Richard	"	" "	" "	
McCrosky, Elijah	"	" "	" "	
McDowell, John	"	" "	" "	
McDowell, Richard	"	" "	" "	
Nailor, Francis	"	" "	" "	
Nunley, Robert	"	" "	" "	
Nicholas, Robert	"	" "	" "	
Owens, Nathaniel	"	" "	" "	
Pogue, Thomas	"	" "	" "	
Peel, Hugh	"	" "	" "	
Parker, B. W.	"	" "	" "	
Prewitt, Robert	"	" "	" "	
Price, Williamson	"	" "	" "	
Rankin, Benjamin	"	" "	" "	
Robinson, John	"	" "	" "	
Rutherford, Robert	"	" "	" "	
Summers, William	"	" "	" "	Substitute for Henry H. Prewitt.
Sanders, John	"	" "	" "	
Sutton, Samuel	"	" "	" "	
South, Rowland H.	"	" "	" "	
Smith, Joseph	"	" "	" "	
Summers, Robert	"	" "	" "	
Shryock, Christian	"	" "	" "	
True, William	"	" "	" "	
Tericks, Samuel	"	" "	" "	
Varble, Jacob	"	" "	" "	
Veal, James	"	" "	" "	
Winn, Thomas, Jr.	"	" "	" "	
Winn, Adam	"	" "	" "	
Whittington, John	"	" "	" "	
Williamson, Anderson	"	" "	" "	
Wilson, William	"	" "	" "	
Yates, George	"	" "	" "	

ROLL OF CAPTAIN PERCHAL HICKMAN'S COMPANY FIRST RIFLE REGIMENT, KENTUCKY MILITIA.

Names.	Rank.	Date of Appointment or Enlistment.	To what time Engaged or Enlisted.	Remarks.
Perchal Hickman	Captain	August 15, 1812	October 14, 1812	
Peter Dudley	Lieutenant	" "	" "	
Peter G. Voorhies	Ensign	" "	" "	
David Quinn	1st Sergeant	" "	" "	
Benjamin Head	2d Sergeant	" "	" "	
George Nicholas	3d Sergeant	" "	" "	
John Nailor	4th Sergeant	" "	" "	
Alexander Renick	1st Corporal	" "	" "	
William T. Pemberton	2d Corporal	" "	" "	
Richard Chism	3d Corporal	" "	" "	
Benjamin B. Johnson	4th Corporal	" "	" "	
Armstrong, Joseph	Private	" "	" "	
Arnold, Berrisford	"	" "	" "	
Brown, William	"	" "	" "	
Boone, Isaac	"	" "	" "	
Bassett, James	"	" "	" "	
Brown, Overton	"	" "	" "	
Bratton, William	"	" "	" "	
Brock, John	"	" "	" "	Substitute for Hugh Brock.
Blackburn, Samuel	"	" "	" "	Substitute for Charles Humphrey.
Biscoe, James	"	" "	" "	
Calvert, Martin	"	" "	" "	
Cosby, Garland	"	" "	" "	

SOLDIERS OF THE WAR OF 1812.

ROLL OF CAPTAIN PERCHAL HICKMAN'S COMPANY, FIRST RIFLE REGIMENT, KENTUCKY MILITIA—Continued.

NAMES.	Rank.	Date of Appointment or Enlistment.	To what time Engaged or Enlisted.	REMARKS.
Clarke, Joseph	Private	August 15, 1812	October 14, 1812	
Clark, Philip	"	" "	" "	
Cox, John	"	" "	" "	
Davis, Lemuel, Sr	"	" "	" "	
Davis, Lemuel, Jr	"	" "	" "	
Fennick, Lewis	"	" "	" "	
Goodrich, Nathan	"	" "	" "	
Hays, John	"	" "	" "	
Herndon, Elisha	"	" "	" "	
Head, Moses	"	" "	" "	
Humphreys, James B.	"	" "	" "	
Hensley, William D.	"	" "	" "	
Holton, John A.	"	" "	" "	
Johnston, George T.	"	" "	" "	
Koons, John	"	" "	" "	
Kenton, Simon	"	" "	" "	
King, Gideon	"	" "	" "	
Lewis, Zachariah B.	"	" "	" "	
Lane, John	"	" "	" "	
Lively, Jacob	"	" "	" "	
Mosely, Joseph	"	" "	" "	Substitute for B. Botts.
Moore, Timothy T.	"	" "	" "	
McCracken, Otho	"	" "	" "	
Mathews, David E.	"	" "	" "	
McBride, Lapsley	"	" "	" "	
Moore, Joshua	"	" "	" "	
Marshall, Timothy	"	" "	" "	
Mullican, John G.	"	" "	" "	
Mayhall, Francis	"	" "	" "	
Mayhall, John	"	" "	" "	
Noland, John	"	" "	" "	
Owen, Robert	"	" "	" "	
Parker, James	"	" "	" "	
Pannell, Benjamin	"	" "	" "	
Pitts, Joseph	"	" "	" "	
Poe, Jesse	"	" "	" "	
Prewitt, William	"	" "	" "	
Poindexter, Meriwether	"	" "	" "	
Phillips, John	"	" "	" "	
Richardson, John	"	" "	" "	
Reading, Samuel	"	" "	" "	
Rosson, John	"	" "	" "	
Robertson, George	"	" "	" "	
Robertson, Alexander	"	" "	" "	
Richardson, James	"	" "	" "	
Sparks, Reuben	"	" "	" "	
Stevens, William	"	" "	" "	
Smith, Samuel	"	" "	" "	
Smith, John	"	" "	" "	
Smiley, Jesse	"	" "	" "	
Steele, Rankin	"	" "	" "	
Sanders, William	"	" "	" "	
Slaughter, Francis	"	" "	" "	
Sanders, John	"	" "	" "	
Throckmorton, Samuel	"	" "	" "	
Tate, John	"	" "	" "	
Tate, Thomas	"	" "	" "	
Updike, William	"	" "	" "	
Underwood, Benjamin	"	" "	" "	
West, Van	"	" "	" "	
Wilson, James	"	" "	" "	
West, William	"	" "	" "	
Yancy, George	"	" "	" "	

5

SOLDIERS OF THE WAR OF 1812.

Roll of Field and Staff, First Regiment, Kentucky Light Dragoons—War of 1812.

Names.	Rank.	Date of Appointment or Enlistment.	To what time Engaged or Enlisted.	Remarks.
James Simrall	Colonel	August 27, 1812	October 31, 1812	
James McDowell	Major	" "	" "	
Joseph Simrall	"	" "	" "	
George Grey	Adjutant	" "	" "	
James Bradshaw	Paymaster	" "	" "	
James Hite	Qr. Master	" "	" "	
Thomas Handly	S. Major	" "	October 16, 1812	Resigned Oct. 16, 1812, and Wm. Montgomery [appointed.
William Montgomery	"	October 16, 1812	October 31, 1812	
Henry Smith	Qr. M. Sergeant	August 27, 1812	" "	
Benjamin Smith	Surgeon	" "	" "	
Melareton Pettitt	S. Mate	" "	" "	Resigned November 20, 1812.
John Moore	Riding Master	" "	" "	
Moses Hall	Wagon Master	" "	" "	Resigned October 14, 1812
John Moore	S. Mate	October 26, 1812	" "	
Benjamin R. Pollard	W. Master	October 14, 1812	" "	

ROLL OF CAPTAIN GEORGE TROTTER, JR.'S, COMPANY, FIRST REGIMENT, KENTUCKY LIGHT DRAGOONS—COMMANDED BY COLONEL JAMES SIMRALL.

Names.	Rank.	Date of Appointment or Enlistment.	To what time Engaged or Enlisted.	Remarks.
George Trotter, Jr.	Captain	August 29, 1812	October 31, 1812	
John M. Fisheel	Lieutenant	August 27, 1812	" "	
James G. Trotter	2d Lieutenant	" "	" "	
William Montgomery	1st Sergeant	" "	October 16, 1812	
Robert Lytle	2d Sergeant	" "	October 31, 1812	
William McConnell	3d Sergeant	" "	" "	
Samuel McDowell	4th Sergeant	" "	" "	
Samuel Brown	1st Corporal	" "	" "	
Henry Riddle	2d Corporal	" "	" "	
John Springer	3d Corporal	" "	" "	
William H. Henry	4th Corporal	" "	" "	
George H. Bowman	Trumpeter	" "	" "	
John Dishman	Cornet	" "	" "	
Andrew Morrow	Saddler	" "	" "	
Thomas Hooper	Farrier	" "	" "	
Ater, William W.	Private	" "	" "	
Armstrong, James R.	"	October 16, 1812	" "	
Bell, William	"	August 27, 1812	" "	
Bain, Patterson	"	" "	" "	
Benton, Lloyd	"	" "	" "	
Baxter, John	"	" "	" "	
Brown, James	"	" "	" "	
Blair, John	"	" "	" "	
Byrne, William T.	"	" "	" "	
Bailey, Thomas	"	September 4, 1812	" "	
Conley, Daniel	"	August 27, 1812	" "	
Cunningham, John	"	" "	" "	
Cannon, Willis	"	" "	October 22, 1812	
Cartwright, Levan L.	"	September 4, 1812	October 31, 1812	
Dodman, Nathan	"	August 27, 1812	" "	
Dallem, William T.	"	" "	" "	
Dudley, Thomas P.	"	September 4, 1812	October 5, 1812	
Evans, John T.	"	August 27, 1812	October 31, 1812	
Gest, John	"	" "	" "	
Hooker, Benjamin	"	" "	" "	
Harden, William	"	" "	" "	
Hughes, Benjamin	"	" "	" "	
Henry, Matthew	"	" "	" "	
Hamilton, Andrew	"	" "	" "	
Kane, George W.	"	" "	" "	
Keen, Greenup	"	" "	" "	
King, John	"	" "	" "	
Little, John	"	" "	" "	
Lytle, James	"	" "	" "	
Long, William	"	" "	" "	
Lemmon, Joseph	"	" "	" "	
Lay, Silvester	"	" "	" "	
Lindsey, Joseph	"	" "	September 28, 1812	

SOLDIERS OF THE WAR OF 1812.

ROLL OF CAPTAIN GEORGE TROTTER, JR.'S, COMPANY, FIRST REGIMENT, KENTUCKY LIGHT DRAGOONS—Continued.

Names.	Rank.	Date of Appointment or Enlistment.	To what time Engaged or Enlisted.	Remarks.
Masterson, Robert	Private	August 27, 1812	October 31, 1812	
McIssac, John	"	" "	" "	
McConnel, Francis	"	" "	" "	
Moore, Thomas P.	"	" "	" "	
McQuillan, Thomas	"	" "	" "	
McCarty, Dennis	"	" "	" "	
Miller, Beverly	"	" "	" "	
McDowell, Abram	"	" "	" "	
McQuire, John	"	" "	" "	
Nicholson, Parker C.	"	" "	" "	
Offutt, Fielder	"	" "	" "	
Oliver, James	"	" "	" "	
Payett, Salem	"	" "	" "	
Parks, Gabriel	"	" "	" "	
Robinson, William	"	" "	" "	
Ryan, Edmund	"	" "	" "	
Royle, Thomas	"	" "	" "	
Sanderson, William E.	"	" "	" "	
Steel, David	"	" "	" "	
Sanders, Tolever	"	" "	" "	
Smith, Bird	"	" "	" "	
Taylor, Richard M.	"	" "	" "	
Teelford, Andrew	"	" "	" "	
Wilgus, Andrew	"	" "	" "	
Wood, Samuel R.	"	" "	" "	
Wallace, Henry	"	" "	" "	
Young, Martin	"	" "	" "	

ROLL OF CAPTAIN THOMAS JOHNSTON'S COMPANY, FIRST REGIMENT, KENTUCKY LIGHT DRAGOONS.

Names.	Rank.	Date of Appointment or Enlistment.	To what time Engaged or Enlisted.	Remarks.
Thomas Johnston	Captain	August 27, 1812	October 31, 1812	
William Adams	1st Lieutenant	" "	" "	
John Hall	2d Lieutenant	" "	" "	
Philip Johnston	1st Sergeant	" "	" "	
Masterson Ogden	2d Sergeant	" "	" "	
Pierson Willis	3d Sergeant	" "	" "	
John Myler	4th Sergeant	" "	" "	
Avis Young	1st Corporal	" "	" "	
John W. Taylor	2d Corporal	" "	" "	
Samuel Willis	3d Corporal	" "	" "	
Philip G. Payne	4th Corporal	" "	" "	
Joseph Paxton	Trumpeter	" "	" "	
Samuel Dupuy	Cornet	" "	" "	
John McGaughey, Jr.	Saddler	" "	" "	
Enoch Martin	Farrier	" "	" "	
Jonathan Yunt	Blacksmith	" "	" "	
Armstrong, Bononi	Private	" "	" "	
Allison, Hugh	"	" "	" "	
Allison, Joseph	"	" "	" "	
Ashley, Benjamin	"	" "	" "	
Bates, John	"	" "	" "	
Bailey, Joseph	"	" "	" "	
Bond, Samuel	"	" "	" "	
Collier, Michael, Jr.	"	" "	" "	
Carson, Samuel	"	" "	" "	
Clark, Isaac	"	" "	" "	
Clarke, James	"	" "	" "	
Dupuy, William	"	" "	" "	
Feris, Benjamin	"	" "	" "	
Griffith, Robert	"	" "	" "	
Gibbins, William	"	" "	" "	
Greathouse, William	"	" "	" "	
Greenup, Wilson	"	" "	" "	
Gibert, Elnathan	"	" "	" "	
Gray, French S.	"	" "	" "	
Griffith, Thomas	"	" "	" "	
Harrison, Charles L.	"	" "	" "	
Jones, Stephen	"	" "	" "	
Middleton, William	"	" "	" "	
Myles, James	"	" "	" "	
Millis, Thomas	"	" "	" "	

ROLL OF CAPTAIN THOMAS JOHNSTON'S COMPANY, FIRST REGIMENT, KENTUCKY LIGHT DRAGOONS—Continued.

Names.	Rank.	Date of Appointment or Enlistment.	To what time Engaged or Enlisted.	Remarks.
Mills, Joseph	Private	August 27, 1812	October 31, 1812	
McCleland, Joseph G.	"	" "	" "	
Moore, Hiram	"	" "	" "	
Nabb, Charles W.	"	" "	" "	
Owen, John	"	" "	" "	
Parker, Enoch	"	" "	" "	
Pearcy, Henry	"	" "	" "	
Parish, Mathew	"	" "	" "	
Pollard, Benjamin R.	"	" "	" "	
Peyton, Valentine	"	" "	" "	
Pearcy, Nicholas	"	" "	" "	
Rankin, John W.	"	" "	" "	
Rankin, David P.	"	" "	" "	
Redding, Timothy	"	" "	" "	
Ryan, Robert	"	" "	" "	
Rice, Henry	"	" "	" "	
Reading, James V.	"	" "	" "	
Sharp, William	"	" "	" "	
Shane, John	"	" "	" "	
Standiford, David	"	" "	" "	
Sanders, Robert	"	" "	" "	
Sterrett, Joseph P.	"	" "	" "	
Sharp, Micajah W.	"	" "	" "	
Toncray, James H.	"	" "	" "	
Tunstall, Thomas	"	" "	" "	
Taylor, Joseph P.	"	" "	" "	
White, Richard	"	" "	" "	

ROLL OF CAPTAIN WARNER ELMORE'S COMPANY, FIRST REGIMENT, KENTUCKY LIGHT DRAGOONS.

Names.	Rank.	Date of Appointment or Enlistment.	To what time Engaged or Enlisted.	Remarks.
Warner Ellmore	Captain	August 25, 1812	October 31, 1812	
William Hobson	1st Lieutenant	" "	" "	
Thomas C. Pile	2d Lieutenant	September 7, 1812	" "	
John McBrayers	1st Sergeant	August 25, 1812	" "	
Thomas Smith	2d Sergeant	" "	" "	
Philip W. Vaughn	3d Sergeant	" "	" "	
Haskins Hatcher	4th Sergeant	" "	" "	
Aaron Trabue	1st Corporal	" "	" "	
Stephen Goldsby	2d Corporal	" "	" "	
John B. Cook	Cornet	" "	" "	
Josiah Hatcher	Trumpeter	" "	" "	
Burdit C. Pile	Farrier	" "	" "	
Thomas Moss	Saddler	" "	" "	
Ashbery Frederick	Blacksmith	" "	" "	
Brownlee, Andrew H.	Private	" "	" "	
Boling, John	"	" "	" "	
Blain, Colbert	"	" "	" "	
Cabines, Charles	"	" "	" "	
Christy, Andrew	"	" "	" "	
Copley, Absalom	"	" "	" "	
Chisam, John	"	" "	" "	
Dobson, Robert	"	" "	" "	
Dobson, Joseph	"	" "	" "	
Dudley, James	"	" "	" "	
Easter, Thomas	"	" "	" "	Deserted October 21, 1812.
Edgar, William	"	" "	" "	
Ellmore, John A.	"	" "	" "	
George, Daniel	"	" "	" "	
Hazel, Richard	"	" "	" "	
Hogan, William B.	"	" "	" "	
Horn, Jacut	"	" "	" "	
Jarvus, Lazarus	"	" "	" "	
Kelso, Andrew	"	" "	" "	
Moss, Benjamin T.	"	" "	" "	
Moody, John	"	" "	" "	
McGreenwood, William	"	" "	" "	
Moss, William P.	"	" "	" "	
Newman, John	"	" "	" "	
Price, John	"	" "	" "	Deserted October 2, 1812.
Richardson, Thomas	"	" "	" "	

ROLL OF CAPTAIN WARNER ELMORE'S COMPANY, FIRST REGIMENT, KENTUCKY LIGHT DRAGOONS—Continued.

Names.	Rank.	Date of Appointment or Enlistment.	To what time Engaged or Enlisted.	Remarks.
Sherrill, John	Private	August 25, 1812	October 31, 1812	
Storall, William H.	"	" "	" "	
Spillman, Robert	"	" "	" "	
Waggoner, Alexander	"	" "	" "	

ROLL OF CAPTAIN WILLIAM E. YOUNG'S COMPANY, FIRST REGIMENT, KENTUCKY LIGHT DRAGOONS.

Names.	Rank.	Date of Appointment or Enlistment.	To what time Engaged or Enlisted.	Remarks.
William E. Young	Captain	August 27, 1812	October 31, 1812	
Isaac Newland	1st Lieutenant	" "	" "	
William G. Boyd	2d Lieutenant	" "	" "	
James Dupuy	1st Sergeant	" "	" "	
Thomas Hoonsby	2d Sergeant	" "	" "	
David Howell	3d Sergeant	" "	" "	
John Hogan	4th Sergeant	" "	" "	
George Marshall	1st Corporal	" "	" "	
Thomas Alvest	2d Corporal	" "	" "	
James Bristoe	3d Corporal	" "	" "	
Joshua Chapman	4th Corporal	" "	" "	Elected from the line 4th Corporal Oct. 27, 1812.
George Boswell	Cornet	" "	" "	
Abraham Williams	Trumpeter	" "	" "	
Richard Hall	Saddler	" "	" "	
John P. Holles	Farrier	" "	" "	
Boggs, Barzilla	Private	" "	" "	
Burnett, Samuel	"	" "	" "	
Black, John	"	" "	" "	
Cox, Gabriel L.	"	" "	" "	
Conley, James	"	" "	" "	
Cleveland, John	"	" "	" "	
Dugan, William	"	" "	" "	
Elliott, Abel	"	" "	" "	
Frye, Jacob	"	" "	" "	
Figg, James	"	" "	" "	
Hackworth, Joseph	"	" "	" "	
Hill, James	"	" "	" "	
Johnston, David	"	" "	" "	
Johnston, Alexander	"	" "	" "	
Johnston, James	"	" "	" "	
King, William	"	" "	" "	
King, John	"	" "	" "	
Koster, Daniel	"	" "	" "	
McCormick, James	"	" "	" "	
Morton, James	"	" "	" "	
McQuiddy, James	"	" "	" "	
Newland, Bononi S.	"	" "	" "	
O'Neal, Willis	"	" "	" "	
Phegley, Jacob	"	" "	" "	
Reason, Josiah	"	" "	" "	
Roberts, Samuel	"	" "	" "	
Richardson, James	"	" "	" "	
Sharp, John A.	"	" "	" "	
Sampson, John	"	" "	" "	
Shelburne, Spencer	"	" "	" "	
Shelburne, Robison	"	" "	" "	
Shelburne, Pascal	"	" "	" "	
Tichenor, Jacob	"	" "	" "	
Taylor, William	"	" "	" "	
Thatcher, John P.	"	" "	" "	
Tinsley, Samuel	"	" "	" "	
Tilly, William	"	" "	" "	
Wilson, Alexander	"	" "	" "	
Wiley, Thomas	"	" "	" "	

SOLDIERS OF THE WAR OF 1812.

ROLL OF CAPTAIN ROBERT SMITH'S COMPANY, FIRST REGIMENT, KENTUCKY LIGHT DRAGOONS.

Names.	Rank.	Date of Appointment or Enlistment.	To what time Engaged or Enlisted.	Remarks.
Robert Smith	Captain	September 9, 1812	October 31, 1812	
John Payne	1st Lieutenant	" "	" "	
James Chiles	2d Lieutenant	" "	" "	
Andrew Smally	1st Sergeant	" "	" "	
John Pattie	2d Sergeant	" "	" "	
James B. Payne	3d Sergeant	" "	" "	
William Thompson	4th Sergeant	" "	" "	
Wilfred Owens	1st Corporal	" "	" "	
James Hunt	2d Corporal	" "	" "	Discharged November 30, 1812.
Mordecai Hyatt	3d Corporal	" "	" "	
Michael Thomas	4th Corporal	" "	" "	
Christian Willman	Musician	" "	" "	
Giles, Fogan	Cornet	" "	" "	Resigned November 25, 1812.
Jonathan Stout	Farrier	" "	" "	
Peter Davis, Jr.	Saddler	" "	" "	
Henry Weirick	Blacksmith	" "	" "	
Anderson, Ira	Private	" "	" "	
Blasengaine, Thomas C.	"	" "	" "	Jno. Hamilton sub. in place of T. C. Blasengaine [Nov. 20, 1812, by order of Col. Simrall.
Boring, Ephraim	"	" "	" "	
Bailey, Robert	"	" "	" "	
Elliott, Elijah	"	" "	" "	
Field, Charles	"	" "	" "	
Hamilton, John	"	" "	" "	Sub. in place of T. C. Blasengaine Nov. 20, 1812, [by order of Col. Simrall.
Lancaster, Mallory	"	" "	" "	
McKay, John P.	"	" "	" "	
McHugh, John	"	" "	" "	
McGee, David P.	"	" "	" "	
Newland, James	"	" "	" "	Discharged November 30, 1812.
Newland, Joel	"	" "	" "	
Owens, Wiatt	"	" "	" "	
Parker, John	"	" "	" "	
Patterson, Joseph	"	" "	" "	
Parker, Charles	"	" "	" "	
Stubblefield, Beverly P.	"	" "	" "	
Stites, William	"	" "	" "	
Smith, Clayborn	"	" "	" "	
Tweed, William	"	" "	" "	
Talliaferro, George C.	"	" "	" "	

Roll of Field and Staff, Sixth Regiment, Kentucky Militia—War of 1812.

Names	Rank	Date of Appointment or Enlistment	To what time Engaged or Enlisted	Remarks
Philip Barbour	Lieut. Colonel	September 1, 1812	December 24, 1812	
William R. McGary	Major	" "	" "	
Reuben Harrison	"	September 10, 1812	December 9, 1812	
Robert Latham	Adjutant	September 1, 1812	" "	
John G. Reynolds	Paymaster	" "	" "	
David Stephens	Quartermaster	" "	" "	Resigned October 24, 1812.
Richard G. Hart	Quartermaster Ser.	" "	" "	
Jesse S. Turner	Sergeant Major	October 20, 1812	" "	Appointed in the place of J. W. Maddox.
John W. Maddox	"	September 1, 1812	" "	Left the service Oct. 20, 1812, without leave.
Samuel Tevis	J. Advocate	" "	" "	
Joseph B. Bigger	"	October 24, 1812	" "	Appointed in place of D. Stephen, resigned.
Bazel B. Mollon	Drum Major	September 1, 1812	" "	
James McConnell	Fr. Major	" "	" "	
James W. Tunstall	Surgeon	" "	" "	
Thomas N. Gist	Surgeon Mate	" "	" "	

SOLDIERS OF THE WAR OF 1812.

ROLL OF CAPTAIN WILLIAM SUGG'S COMPANY, SIXTH REGIMENT, KENTUCKY MILITIA—COMMANDED BY COLONEL PHILIP BARBOUR.

Names.	Rank.	Date of Appointment or Enlistment.	To what time Engaged or Enlisted.	Remarks.
William Sugg	Captain	September 1, 1812	December 23, 1812	
James Irvin	Lieutenant	" "	" "	
David Stephens	Ensign	" "	" "	
Thomas Talbot	Sergeant	" "	November 28, 1812	Deceased November 28, 1812.
Blackman Mosely	"	" "	December 23, 1812	
Burwell Williams	"	" "	" "	
Spencer Hinds	"	" "	" "	
Ezekiel Eden	Corporal	" "	" "	
Elijah Wickliffe	"	September 15, 1812	December 13, 1812	Died December 13, 1812.
Joseph Elliott	"	September 1, 1812	October 18, 1812	Discharged at Vincennes October 18, 1812.
Asher, Silas	Private	" "	December 23, 1812	
Alexander, John	"	" "	December 20, 1812	Deserted.
Barnett, Samuel	"	" "	" "	
Bristoe, Thomas	"	" "	December 23, 1812	Deserted.
Chissenhall, Clement	"	" "	" "	
Chissenhall, William	"	" "	" "	
Combs, Jesse	"	" "	November 10, 1812	Discharged November 10, 1812.
Clark, John	"	" "	December 23, 1812	
Cross, John	"	" "	" "	On command at Vincennes.
Clark, Benjamin	"	" "	" "	
Evans, James	"	" "	" "	
Evans, James	"	" "	" "	
Ellison, Akis	"	" "	September 15, 1812	Discharged September 15, 1812.
Edwards, John	"	" "	October 20, 1812	Discharged October 20, 1812.
Fransway, Joseph	"	" "	December 23, 1812	
Fugnay, Benjamin	"	" "	" "	Discharged September 20, 1812.
Graves, Philip	"	" "	" "	Discharged September 1, 1812.
Garvin, John	"	" "	" "	
Gibson, Julius	"	" "	" "	
Hancock, Harrison	"	September 15, 1812	October 20, 1812	Appointed Corporal October 18, 1812.
Hart, Thomas	"	September 1, 1812	December 23, 1812	
Hart, Richard G	"	" "	" "	
Horton, Archibald	"	" "	" "	
Hobbs, Benjamin	"	" "	" "	
Henby, William	"	" "	" "	
Hart, James	"	" "	" "	
Harrison, Richard	"	" "	" "	
Houseman, Stephen	"	" "	" "	Discharged September 6, 1812.
Hill, Asa	"	" "	" "	
Horton, John	"	" "	" "	
Jeffries, Robert	"	" "	" "	
Johnson, Elijah	"	" "	" "	
Legate, Michael	"	" "	" "	
Linkswiley, George	"	" "	" "	Discharged September 15, 1812.
Littlepage, James	"	" "	" "	Discharged September 15, 1812.
Long, William	"	" "	" "	
Lane, John	"	" "	" "	
McNemar, Philip	"	" "	October 20, 1812	Discharged October 20, 1812.
McBride, Daniel	"	" "	December 23, 1812	
Manning, John	"	September 20, 1812	" "	On command at Vincennes.
Murphy, Samuel	"	September 1, 1812	" "	
Moody, John	"	" "	" "	
Rawson, Joseph	"	" "	" "	
Rutledge, William	"	" "	" "	
Row, Henry	"	" "	" "	
Reynolds, Joseph	"	" "	" "	
Rowark, William	"	" "	" "	
Stewart, Peter	"	" "	" "	
Shutt, Jacob	"	" "	" "	On command at Vincennes.
Smith, John	"	" "	October 31, 1812	Discharged October 31, 1812.
Stringger, Laurance	"	" "	December 23, 1812	
Stropp, John	"	" "	" "	Discharged September 15, 1812.
Tanner, Thomas	"	" "	" "	
Tanner, James	"	" "	" "	
Thompson, Henry	"	" "	" "	
Teel, William	"	" "	" "	
Vann, Absalom	"	" "	October 20, 1812	Discharged October 20, 1812.
Watson, Greenbury	"	" "	December 23, 1812	
Watson, Thomas	"	" "	" "	
Wiggins, Joshua	"	" "	" "	
Watson, John	"	" "	" "	
Wilkins, Williby	"	" "	" "	

ROLL OF CAPTAIN PHILIP LATHAM'S COMPANY, SIXTH REGIMENT, KENTUCKY MILITIA.

Names.	Rank.	Date of Appointment or Enlistment.	To what time Engaged or Enlisted.	Remarks.
William Latham	Captain	September 1, 1812	December 28, 1812	
Wright Taylor	Lieutenant	" "	" "	
Robert Latham	Ensign	" "	" "	
Joseph B. Bigger	Sergeant	" "	" "	
Jesse T. Turner	"	" "	" "	
Robert Caldwell	"	" "	" "	
George W. Ewing	"	" "	" "	
Ezekiel Smith	Corporal	" "	" "	
Daniel P. Milispough	"	" "	" "	
Robert O. Beal	"	" "	" "	
Robert P. B. Caldwell	"	" "	" "	
Anderson, William	Private	" "	" "	
Arnold, John H.	"	" "	" "	
Adams, John W.	"	" "	" "	
Barker, Elisha	"	" "	" "	
Bryant, Hiram	"	" "	" "	
Bryant, Eli	"	" "	" "	
Barnett, James	"	" "	" "	
Bryant, James	"	" "	" "	
Barnett, Morgan	"	" "	" "	
Bryant, William	"	" "	" "	
Bristoe, Barnett	"	" "	" "	
Bibb, Joseph F.	"	" "	" "	
Britt, William	"	" "	" "	
Dugan, Jeremiah	"	" "	" "	
Durall, Lucius	"	" "	" "	
Green, Isaac	"	" "	" "	
Green, George	"	" "	" "	
Gliston, Henry	"	" "	" "	
Grist, Henry C.	"	" "	October 15, 1812	Appointed A. D. C. to General Hopkins.
Hickman, George	"	" "	October 28, 1812	
Hickman, John	"	" "	October 28, 1812	Discharged October 28, 1812.
Hambrick, Joseph	"	" "	December 28, 1812	
Haney, John	"	" "	" "	
Hylton, Daniel	"	" "	" "	
Hinton, Jesse	"	" "	" "	
Hufflatter, Solomon	"	" "	" "	
Hockersmith, John	"	" "	" "	On command at Vincennes.
Knox, Stokeley	"	" "	" "	
King, John B.	"	" "	" "	
Lee, William	"	" "	" "	
Lee, Washington	"	" "	" "	
Lyon, James	"	" "	" "	On command at Vincennes.
McConnell, John S.	"	" "	" "	
Morton, John	"	" "	" "	
Mayes, George	"	" "	October 31, 1812	On command at Vincennes.
Morgan, Joseph	"	" "	December 28, 1812	
Myers, Lewis W.	"	" "	" "	
Morton, Joseph	"	" "	" "	
McElvan, Anderson	"	" "	" "	
McDonald, James	"	" "	" "	On command at Vincennes.
Perry, James	"	" "	" "	
Parker, Lewis	"	" "	" "	
Rushford, John A.	"	" "	" "	Deserted.
Rolla, Green	"	" "	October 15, 1812	Discharged October 15th.
Roberts, William	"	" "	December 28, 1812	
Ross, Daniel	"	" "	" "	
Ross, George	"	" "	" "	On furlough.
Sprigg, Robert G.	"	" "	October 28, 1812	Discharged October 28th.
Saunders, Ezekiel	"	" "	December 28, 1812	
Sowerhaber, George	"	" "	" "	Sick at Vincennes.
Sauls, James	"	" "	" "	On command at Vincennes.
Stephen, John	"	" "	" "	On furlough.
Stone, Jabez	"	" "	October 15, 1812	Enlisted U. S. A.
Taylor, James	"	" "	December 28, 1812	
Taylor, Joseph	"	" "	" "	
Thompson, Robert	"	" "	" "	
Westbrook, William	"	" "	" "	
Williams, William B.	"	" "	" "	On command at Vincennes.
Williams, John	"	" "	" "	
Woodruff, Ira	"	" "	" "	On furlough.

ROLL OF CAPTAIN PRESLEY MOREHEAD'S COMPANY, SIXTH REGIMENT, KENTUCKY MILITIA.

Names.	Rank.	Date of Appointment or Enlistment.	To what time Engaged or Enlisted.	Remarks.
Presley Morehead	Captain	September 1, 1812	December 23, 1812	
John Hanold	Lieutenant	" "	" "	
Cline Davis	Ensign	" "	" "	
Solomon Hunter	Sergeant	" "	" "	
Almond Browning	" "	" "	December 6, 1812	Deceased December 6, 1812.
James S. Hay	" "	" "	" "	
James F. Forgy	" "	" "	October 23, 1812	Discharged October 23, 1812.
Allen, John	Private	" "	December 23, 1812	
Bailey, Alex	" "	" "	" "	
Bailey, Alex. B.	" "	" "	" "	
Berry, Francis L.	" "	" "	" "	
Brown, Payton	" "	" "	" "	
Baker, Alex.	" "	" "	" "	
Baker, Robert	" "	" "	" "	
Bailey, William	" "	" "	" "	
Bast, Alden	" "	" "	" "	
Carlisle, Henry	" "	" "	December 2, 1812	Died December 2, 1812.
Cooper, Abner	" "	" "	December 23, 1812	
Collins, Holden	" "	" "	" "	
Cooper, Isaac	" "	" "	October 30, 1812	Discharged October 30, 1812.
Dewese, John	" "	" "	December 23, 1812	
Davis, Mirick	" "	" "	" "	
Edmonster, William	" "	" "	" "	
Forsythe, Douglas	" "	" "	" "	
Forgy, Samuel C.	" "	" "	" "	
Figley, John	" "	" "	" "	
Ferguson, John	" "	" "	" "	
Grinter, John H.	" "	" "	" "	
Hargrove, Joseph	" "	" "	" "	
House, John	" "	" "	" "	
Hendy, John	" "	" "	" "	
Hargrove, Jeremiah	" "	" "	" "	
Hemrich, Adam	" "	" "	" "	
Hedspelt, Isaac	" "	" "	" "	In the place of John Howell.
Hunter, Berry	" "	" "	" "	
Hedspelt, Joseph	" "	" "	" "	In the place of Jesse Bostman.
Ingram, Griffin	" "	" "	" "	
Inco, Brooks	" "	" "	October 8, 1812	On command at Vincennes.
Jenkins, Thomas	" "	" "	December 23, 1812	
Jolly, John	" "	" "	" "	
Lyon, Abraham	" "	" "	October 22, 1812	Discharged October 22.
Londreth, David	" "	" "	December 23, 1812	
McConnell, James	" "	" "	" "	
McCrackin, Jonathan	" "	" "	" "	
McCrackin, James	" "	" "	" "	
Noble, Jackson	" "	" "	" "	
Porter, John	" "	" "	December 4, 1812	Died December 4.
Pyatt, Nathan	" "	" "	December 23, 1812	
Parker, Thomas	" "	" "	" "	
Porter, Oliver	" "	" "	" "	
Robinson, Robert	" "	" "	October 8, 1812	Discharged October 8, at Vincennes.
Roll, Robert	" "	" "	October 6, 1812	Enlisted in U. S. service October 6, 1812.
Robinson, James	" "	" "	December 23, 1812	
Thompson, John C.	" "	" "	" "	
Thompson, Moses	" "	" "	" "	
Thompson, John R.	" "	" "	" "	
Thompson, William	" "	" "	" "	
Thornbury, Thomas	" "	" "	" "	
Watson, Thomas	" "	" "	" "	
Wade, Josiah	" "	" "	" "	
Whittaker, Mark	" "	" "	" "	
Williams, Jesse	" "	" "	" "	
Wilcox, Thomas H.	" "	" "	October 30, 1812	Discharged October 30.
Wilson, Thomas	" "	" "	December 23, 1812	
Worley, William	" "	" "	September 16, 1812	Discharged September 16.
Young, Henry	" "	" "	December 23, 1812	

ROLL OF CAPTAIN THOMAS STOKES' COMPANY, SIXTH REGIMENT, KENTUCKY MILITIA.

Names.	Rank.	Date of Appointment or Enlistment.	To what time Engaged or Enlisted.	Remarks.
Thomas Stokes	Captain	September 1, 1812	December 23, 1812	
James Craig	Lieutenant	" "	" "	
Joseph Robertson	Ensign	" "	" "	
John Robertson	Sergeant	" "	" "	
James Talbert	"	" "	" "	
Robert Craig	"	" "	" "	
William Hester	"	" "	" "	
Simon Wall	Corporal	" "	" "	
John Burklon	"	" "	" "	
William Derden	"	" "	" "	
Slaton Bourland	"	" "	" "	
Asher, Silas	Private	" "	" "	
Adams, Jesse	"	" "	" "	
Brown, Lazarus	"	" "	" "	Deserted.
Bird, William	"	" "	" "	
Brouder, Josiah	"	" "	" "	Deserted.
Brown, John	"	" "	" "	
Bishop, John	"	" "	" "	
Burkelow, Isaac	"	" "	" "	Deserted.
Bishop, Charles W.	"	" "	" "	
Brouder, Pleasant	"	" "	" "	
Brouder, Thomas	"	" "	" "	
Carter, Henry	"	" "	" "	
Cox, Elijah	"	" "	" "	
Cox, Joseph	"	" "	" "	
Cox, Nathan	"	" "	" "	
Carter, John	"	" "	" "	
Chrest, Jacob	"	" "	" "	
Dial, Isaac	"	" "	" "	
Downey, Samuel	"	" "	" "	
Duke, Sampson	"	" "	December 16, 1812	Deceased September 16th.
Davis, Joseph	"	" "	December 23, 1812	
Duke, Samuel	"	" "	" "	
Fox, Nathan	"	" "	" "	
Fox, Jeremiah	"	" "	" "	
Gray, Stephen	"	" "	" "	Deserted.
Gwinn, Tyler O.	"	" "	" "	
Gwinn, Thomas O.	"	" "	" "	
Gwinn, Briant O.	"	" "	" "	
Gibson, John	"	" "	" "	
Hall, Theodoric	"	" "	" "	Deserted.
Howell, Vincent	"	" "	" "	
Holleman, Joshua	"	" "	" "	
Jones, Thomas	"	" "	" "	
Lovering, Joseph	"	" "	" "	
Lofton, Van	"	" "	" "	Deserted.
Lamb, John	"	" "	" "	
Lisk, Andrew	"	" "	" "	
Murphy, Stephen	"	" "	" "	
Moore, Abner	"	" "	" "	
Murphy, Charles	"	" "	" "	
Miller, George	"	" "	" "	
Murphy, John	"	" "	" "	
McCown, Joseph	"	" "	" "	
Morris, Elijah	"	" "	" "	
McGray, Jesse	"	" "	" "	
Nesbit, Alex.	"	" "	" "	
Parker, Richard	"	" "	" "	
Page, Lawrence	"	" "	" "	
Penrod, John	"	" "	" "	
Riffle, Michael	"	" "	" "	
Swift, James	"	" "	" "	
Shelton, John	"	" "	" "	
Severs, Michael	"	" "	" "	
Stotall, John	"	" "	" "	
Shull, Peter	"	" "	" "	
Shelton, James	"	" "	" "	
Taylor, James	"	" "	" "	
Vaught, John	"	" "	" "	
Wagginer, Andrew	"	" "	" "	
Wade, Handley	"	" "	" "	
Wadkins, Daniel	"	" "	" "	
Whittaker, John	"	" "	" "	Deserted.
Whittaker, Alexander	"	" "	" "	
Wade, John	"	" "	" "	

ROLL OF CAPTAIN JAMES LOVE'S COMPANY, SIXTH REGIMENT, KENTUCKY MILITIA.

Names.	Rank.	Date of Appointment or Enlistment.	To what time Engaged or Enlisted.	Remarks.
James Love	Captain	September 1, 1812	November 1, 1812	
Arthur Gove	Lieutenant	" "	December 23, 1812	
Will Harding	Ensign	" "	" "	
John Kirk	Sergeant	" "	" "	
Joseph R. Delaney	"	" "	" "	
Joseph Reed	"	" "	" "	
James Miller	"	" "	" "	
John B. Craig	Corporal	" "	" "	
Robert Hillhouse	"	" "	" "	
Anthony Rogsdale	"	" "	" "	
John S. Briggs	"	" "	" "	
Anderson, James B.	Private	" "	" "	
Alvey, Anthony K.	"	" "	" "	
Brewer, William M.	"	" "	" "	Deserted.
Blythe, Hugh	"	" "	" "	
Brently, James	"	" "	" "	
Bryant, Isham	"	" "	" "	Deserted.
Blakely, John	"	" "	" "	
Bridges, John	"	" "	" "	Appointed a spy.
Berry, Enoch	"	" "	" "	
Blazier, Moses	"	" "	" "	
Berry, Francis	"	" "	" "	Substitute for Samuel Craig.
Burkelow, John	"	" "	November 1, 1812	Discharged November 1.
Cofield, Dempsey	"	" "	September 12, 1812	Discharged September 12.
Craig, Samuel	"	" "	" "	Deserted.
Consert, Thomas	"	" "	November 1, 1812	Discharged November 1.
Cruise, Stephen	"	" "	October 21, 1812	Discharged October 21.
Dunnan, Joseph	"	" "	" "	Deserted.
Delaney, William	"	" "	" "	On furlough.
Dixon, Alex.	"	" "	" "	
Dyson, Thomas W.	"	" "	December 23, 1812	
Dungey, Abner	"	" "	" "	
Delaney, George	"	" "	" "	
Doss, Stephen	"	" "	" "	
Edwards, Asa	"	" "	" "	Deserted.
Edwards, Washington	"	" "	" "	
Elder, George	"	" "	" "	
Finney, John G.	"	" "	" "	Deserted.
Flannery, Abraham	"	" "	" "	
Gore, John C.	"	" "	" "	
Gist, Nathaniel	"	" "	" "	Deserted.
Gillaspie, John P.	"	" "	" "	
Hughes, William	"	" "	" "	
Hamilton, David L.	"	" "	" "	
Hillhouse, James	"	" "	" "	On furlough.
Hedge, George	"	" "	" "	
Hill, Edward	"	" "	" "	
Higgins, Isaac	"	" "	" "	
Heister, Francis	"	" "	" "	
Hudson, Abraham	"	" "	" "	
Jones, Prior	"	" "	" "	
Kernell, John	"	" "	" "	
Kelley, James	"	" "	" "	Deserted.
Lacey, Joshua	"	" "	" "	
Lacey, James	"	" "	October 20, 1812	Discharged October 20.
Leister, David	"	" "	December 23, 1812	
Mayes, George	"	" "	" "	
Menser, Albert	"	" "	" "	
Mitchel, Vincent	"	" "	" "	Deserted.
McDonald, John A.	"	" "	" "	
Morris, Joseph	"	" "	October 10, 1812	Discharged October 10.
McDonald, John	"	" "	October 23, 1812	Discharged October 23.
Mannahon, John	"	" "	" "	
Neeley, William	"	" "	" "	Deserted.
Right, Isaac	"	" "	" "	Deserted.
Robertson, William H.	"	" "	" "	
Ritchey, William	"	" "	" "	
Ramsey, John	"	" "	" "	
Reves, Peter	"	" "	" "	Deserted.
Ramsey, David	"	" "	" "	
Redman, Charles	"	" "	" "	Deserted.
Scott, Robert	"	" "	" "	Deserted.
Smith, John	"	" "	" "	
Stallcup, Mark H.	"	" "	" "	Substitute for Stephen Cruise.
Story, William	"	" "	" "	
Traves, John	"			

ROLL OF CAPTAIN JAMES LOVE'S COMPANY, SIXTH REGIMENT, KENTUCKY MILITIA—Continued.

Names.	Rank.	Date of Appointment or Enlistment.	To what time Engaged or Enlisted.	Remarks.
Titsworth, William	Private	September 1, 1812	October 28, 1812	Deserted.
Thompson, William	"	" "	" "	
Wilson, Robert	"	" "	" "	
Wilkerson, Peter	"	" "	" "	
Woodsides, Robert	"	" "	" "	

ROLL OF CAPTAIN BENJAMIN H. REEVES' COMPANY, SIXTH REGIMENT, KENTUCKY MILITIA.

Names.	Rank.	Date of Appointment or Enlistment.	To what time Engaged or Enlisted.	Remarks.
Benjamin H. Reeves	Captain	September 1, 1812	December 23, 1812	
William C. Davis	Lieutenant	" "	" "	
John G. Reynolds	Ensign	" "	" "	
David S. Campbell	Sergeant	" "	" "	
Young Garvin	"	" "	September 26, 1812	Discharged September 26.
Peter Austin	"	" "	December 28, 1812	
William Harrison	"	" "	December 8, 1812	Died December 8.
Richard Mobley	Corporal	" "	" "	
Peter Eaker	"	" "	" "	Substituted for said Bobbitt October 8.
William Murray	"	" "	" "	Deserted.
Patrick Wiley	"	" "	December 23, 1812	
Amerine, John	Private	" "	" "	
Adams, Robert	"	" "	" "	
Alexander, Baxter	"	" "	" "	Deserted.
Ambrose, William	"	" "	" "	W. L. Pettyjohn substituted for.
Bankston, James	"	" "	" "	
Bradshaw, William	"	" "	" "	
Boren, Stephen	"	" "	" "	
Broomfield, Richard	"	" "	" "	
Ballard, Joseph	"	" "	" "	
Barton, John	"	" "	" "	
Cordry, John	"	" "	" "	
Campbell, William	"	" "	" "	
Clark, Hernold	"	" "	" "	
Clark, Stephen	"	" "	" "	J. Walker substitute October 8.
Carson, Andrew	"	" "	" "	
Chester, William	"	" "	" "	
Campbell, George	"	" "	" "	
Culbertson, Daniel	"	" "	" "	
Cordry, William	"	" "	" "	John Cordry, Jr., substitute October 8.
Cahoon, David	"	" "	" "	
Carter, George	"	" "	" "	
Davis, James	"	" "	" "	
Dobbs, William	"	" "	" "	Deserted.
Daniels, Richard	"	" "	" "	
Deason, Edmond	"	" "	" "	Deserted.
French, Lewis	"	" "	" "	
Fletcher, Job	"	" "	" "	
Fountleroy, William	"	" "	" "	
Futrell, John	"	" "	" "	
Futrell, Nathan	"	" "	September 17, 1812	Discharged September 17, 1812.
Gorin, John D.	"	" "	" "	Discharged October 22, 1812.
Gieham, Henry M.	"	" "	December 23, 1812	
Galbreath, James	"	" "	" "	
Gallaher, John	"	" "	" "	Deserted.
Goode, John H.	"	" "	" "	
Hopson, Samuel	"	" "	" "	
Hoskins, Aaron	"	" "	" "	
Haney, Joel	"	" "	" "	
Harbour, Joseph	"	" "	September 18, 1812	Discharged September 18, 1812.
Hodge, Archibald	"	" "	December 23, 1812	
Harrison, Robert	"	" "	" "	
Johnson, Benjamin	"	" "	" "	
Jones, Julius	"	" "	" "	Died October 4, 1812.
Kennedy, James	"	" "	" "	
Kennedy, William	"	" "	" "	
Keshner, Jonas	"	" "	" "	
Kennedy, William, Jr.	"	" "	" "	
Kirkland, Shadrick	"	" "	" "	
Lumsden, Causby D.	"	" "	" "	Deserted.
Lockhart, John	"	" "	" "	
Lee, Allen	"	" "	" "	
McIntosh, John	"	" "	" "	

SOLDIERS OF THE WAR OF 1812.

ROLL OF CAPTAIN BENJAMIN H. REEVES' COMPANY, SIXTH REGIMENT, KENTUCKY MILITIA—Continued.

Names.	Rank.	Date of Appointment or Enlistment.	To what time Engaged or Enlisted.	Remarks.
McFarlan, John	Private	September 1, 1812	December 23, 1812	
McKee, John	"	" "	" "	
McKee, Samuel	"	" "	" "	
McKee, William	"	" "	" "	
Mead, Graves	"	" "	" "	
McClure, Robert	"	" "	" "	
McCormick, William	"	" "	" "	Deserted.
McDaniel, John	"	" "	" "	
McGee, James	"	" "	" "	
Mitchel, David	"	" "	" "	
Mitchell, Thomas	"	" "	" "	
McCombs, Henry	"	" "	" "	
McCombs, Mathew	"	" "	" "	
McDaniel, James	"	" "	" "	
Peters, John O.	"	" "	" "	
Pyle, John H.	"	" "	" "	
Pulhart, Jacob	"	" "	" "	
Redock, Acy	"	" "	" "	
Rushing, William	"	" "	" "	
Stephens, James H.	"	" "	" "	
Shanklin, Robert	"	" "	" "	
Shanklin, Gilbert	"	" "	" "	
Shull, Jacob C.	"	" "	" "	
Scarborough, Green	"	" "	" "	
Show, Andrew	"	" "	" "	
Thomas, Howell	"	" "	" "	Substituted for John Brown October 8.
Thompson, Robert	"	" "	" "	
Templeton, Joseph	"	" "	" "	Deserted.
Underwood, John	"	" "	" "	Died November 3, 1812.
Usher, Robert	"	" "	" "	
Wallace, David	"	" "	" "	
Wash, Thomas	"	" "	" "	
Whitesides, James	"	" "	" "	
Wood, Thomas	"	" "	" "	
Wood, Daniel	"	" "	" "	

ROLL OF CAPTAIN ROBERT BARNETT'S COMPANY, SIXTH REGIMENT, KENTUCKY MILITIA.

Names	Rank	Date of Appointment or Enlistment	To what time Engaged or Enlisted	Remarks
Robert Barnett	Captain	September 1, 1812	December 23, 1812	
Samuel Tevis	Lieutenant	" "	" "	
Joseph Barnett	Ensign	" "	" "	
William Griffith	Sergeant	" "	" "	
Daniel Mosely	"	" "	" "	
Mosby James	"	" "	" "	
John Crow	"	" "	" "	
John L. Dozier	Corporal	" "	" "	
John A. Coffee	"	" "	" "	
Elijah Crow	"	" "	" "	
Thomas I. Baird	"	September 15, 1812	" "	
Samuel T. Hines	"	September 1, 1812	" "	
Tobias Wise	"	" "	" "	
Ashby, James	Private	" "	" "	
Adkins, Harrison	"	" "	" "	
Adington, Henry	"	" "	" "	Deserted November 1.
Adington, James	"	September 5, 1812	November 5, 1812	Deserted November 5.
Burch, John	"	September 1, 1812	" "	
Burdin, William	"	" "	December 23, 1812	
Brown, John C.	"	" "	" "	
Barnett, William	"	" "	" "	
Bristoe, Thomas	"	September 15, 1812	" "	Deserted November 1.
Brashiers, John	"	September 1, 1812	" "	Deserted November 5.
Cole, William S.	"	" "	" "	
Christian, Charles H.	"	" "	" "	
Couchman, Benjamin	"	" "	" "	
Crow, Jesse	"	" "	" "	
Clark, Daniel	"	November 10, 1812	" "	
Coffee, Philip	"	September 1, 1812	November 5, 1812	Discharged November 5.
Cravens, Jesse	"	" "	December 23, 1812	
Dexter, James	"	" "	" "	
Douglass, Jonathan	"	" "	" "	
Files, Thomas H.	"	" "	" "	

ROLL OF CAPTAIN ROBERT BARNETT'S COMPANY, SIXTH REGIMENT, KENTUCKY MILITIA—Continued.

Names.	Rank.	Date of Appointment or Enlistment.	To what time Engaged or Enlisted.	Remarks.
Field, Barnett	Private	September 1, 1812	December 23, 1812	
Field, Zachariah	"	" "	" "	
Fisher, William	"	September 15, 1812	" "	
Grigsby, Nathaniel L.	"	September 1, 1812	" "	
Grigsby, Aaron	"	" "	" "	
Hamilton, William	"	" "	" "	
Hamilton, Samuel	"	" "	" "	
Hamilton, William U.	"	" "	" "	
Harshel, John	"	" "	" "	
Howard, Thomas	"	" "	" "	Died December 5, 1812.
Hedges, Caleb	"	" "	" "	
Hoover, Jacob	"	" "	" "	
Isler, Jacob	"	" "	" "	
Irvin, John	"	" "	" "	
James, Samuel	"	" "	" "	
Jones, William	"	" "	" "	
Kelly, John	"	" "	" "	
Leach, William	"	" "	" "	
Lynn, James	"	" "	" "	
Lucas, Jeremiah	"	September 15, 1812	" "	
Lott, George	"	September 1, 1812	" "	
Lott, George	"	" "	September 20, 1812	Deserted September 20.
Malon, Bayle B.	"	" "	December 23, 1812	Promoted to Drum Major.
Moseley, Jesse	"	" "	December 25, 1812	
Morgan, John	"	" "	December 23, 1812	
Martin, William	"	" "	" "	
Moore, Alexander	"	" "	" "	
Moore, Alexander	"	" "	November 1, 1812	Discharged November 1.
Nusam, William	"	" "	December 23, 1812	
Pruden, Daniel	"	" "	" "	
Powers, John	"	" "	" "	
Rogers, Evin	"	" "	" "	
Rogers, James	"	" "	November 5, 1812	Discharged November 5.
Stevens, Richard	"	" "	December 23, 1812	
Spray, George	"	" "	" "	
Shultz, John	"	" "	" "	
Taylor, Harrison	"	" "	" "	
Ward, Reuben	"	" "	" "	
Wooley, Levi	"	" "	" "	
Wakeland, William K.	"	" "	" "	
Wilson, Thomas M.	"	" "	" "	
Worthington, Charles	"	September 5, 1812	October 10, 1812	Discharged October 10.

ROLL OF CAPTAIN PHILIP LATHAM'S COMPANY, SIXTH REGIMENT, KENTUCKY MILITIA.

Names.	Rank.	Date of Appointment or Enlistment.	To what time Engaged or Enlisted.	Remarks.
Philip Latham	Captain	December 24, 1812	January 9, 1813	
William Harding	Lieutenant	" "	" "	
James Craig	"	" "	" "	
Clement Daviess	Ensign	" "	" "	
Francis L. Berry	Sergeant	" "	" "	
John S. Smart	"	" "	" "	
Ezekiel Eaden	"	" "	" "	
Jacob Shull	"	" "	" "	
William Hester	"	" "	" "	
James McDonald	Corporal	" "	" "	
Elijah Crow	"	" "	" "	
Gabriel Stephens	"	" "	" "	
Peter Shull	"	" "	" "	
Anderson, William	Private	" "	" "	
Arnold, John H.	"	" "	" "	
Ashby, James	"	" "	" "	
Bristow, Barney	"	" "	" "	Died December 24, 1812.
Barnett, James	"	" "	" "	
Burch, John	"	" "	" "	
Brown, John C.	"	" "	" "	
Beard, Thomas I.	"	" "	" "	
Carbone, Daniel	"	" "	" "	
Cross, Joseph	"	" "	" "	
Clark, Benjamin	"	" "	" "	
Clark, Daniel	"	" "	" "	
Crow, Jesse	"	" "	" "	

ROLL OF CAPTAIN PHILIP LATHAM'S COMPANY, SIXTH REGIMENT, KENTUCKY MILITIA—Continued.

Names.	Rank.	Date of Appointment or Enlistment.	To what time Engaged or Enlisted.	Remarks.
Christian, Charles H.	Private	December 24, 1812	January 9, 1813	
Coffee, Philip	"	" "	" "	
Chrise, Jacob	"	" "	" "	
Cordry, John	"	" "	" "	
Drew, John	"	" "	" "	
Dyal, Isaac	"	" "	" "	In place of Jacob Burkelow.
Frily, Martin	"	" "	" "	
Fields, Zachariah	"	" "	" "	
Fox, Nathan	"	" "	" "	
Green, George	"	" "	" "	
Good, John H.	"	" "	" "	
Hockersmith, John	"	" "	" "	
Hudspeth, Isaac	"	" "	" "	
Hudspeth, Joseph	"	" "	" "	
Hopson, Samuel	"	" "	" "	
Higgins, Isaac	"	" "	" "	
Hart, James	"	" "	" "	
Huggins, James	"	" "	" "	
Iaco, Brocks	"	" "	" "	
Johnson, John	"	" "	" "	
Jolly, John	"	" "	" "	
Kirkland, Shadrick	"	" "	" "	
Kushing, William	"	" "	" "	
McConnold, John	"	" "	" "	
McCarty, John	"	" "	" "	
Manahan, John	"	" "	December 24, 1812	Died December 24, 1812.
Menser, Abel	"	" "	January 9, 1813	
McKey, Samuel	"	" "	" "	
McKey, William	"	" "	" "	
McDaniel, John	"	" "	" "	
McFarland, John	"	" "	" "	
McCombs, Henry	"	" "	" "	
Murphy, Samuel	"	" "	" "	
Noble, Jackson	"	" "	January 2, 1813	Died January 2, 1813.
Parker, Lewis	"	" "	January 9, 1813	
Porter, Oliver	"	" "	" "	
Purtle, Michael	"	" "	" "	
Page, Lawrance	"	" "	" "	
Robinson, George	"	" "	" "	
Ritchey, William	"	" "	" "	
Ripple, Michael	"	" "	" "	
Robertson, Robert	"	" "	" "	
Streumat, John	"	" "	" "	
Stephens, James H.	"	" "	" "	
Shull, George	"	" "	" "	
Sowerhaber, George	"	" "	" "	
Smith, John	"	" "	" "	
Stone, Henry	"	" "	" "	
See, Allen	"	" "	" "	
Smith, Stephen	"	" "	" "	
Shelton, John	"	" "	" "	
Sans, James	"	" "	" "	
Thompson, Moses	"	" "	" "	
Thompson, William	"	" "	" "	
Williams, William B.	"	" "	" "	
Whiteaker, Alexander	"	" "	" "	

ROLL OF CAPTAIN JAMES COOK'S COMPANY, SIXTH REGIMENT, KENTUCKY MILITIA.

Names.	Rank.	Date of Appointment or Enlistment.	To what time Engaged or Enlisted.	Remarks.
James Cook	Captain	September 1, 1812	December 23, 1812	
David Scott	Lieutenant	" "	" "	
Samuel Witherow	Ensign	" "	" "	
John G. Clayton	Sergeant	" "	" "	
Michael Mobley	"	" "	" "	
William Higgins	"	" "	" "	
Andrew Dunn	Corporal	" "	" "	
John S Smart	"	" "	" "	
John Helms	"	" "	" "	
Levi Greer	"	" "	October 26, 1812	Fourteen days allowed for travel.
Fleming Castleberry	Drummer	" "	December 23, 1812	
William Thornton	Fifer	" "	" "	

ROLL OF CAPTAIN JAMES COOK'S COMPANY, SIXTH REGIMENT, KENTUCKY MILITIA—Continued.

Names.	Rank.	Date of Appointment or Enlistment.	To what time Engaged or Enlisted.	Remarks.
Boyakin, William	Private	September 1, 1812	December 23, 1812	
Bowen, Micajah	"	" "	" "	
Beardin, Thomas	"	" "	" "	
Baker, Dunning	"	" "	" "	
Barnett, James	"	" "	" "	
Bean, John	"	" "	" "	
Bridges, John	"	" "	" "	
Baker, James	"	" "	September 15, 1812	Discharged September 15.
Bainster, Hugh	"	" "	December 23, 1812	
Bradshaw, Philip	"	" "	" "	Deserted.
Cunningham, James	"	" "	" "	
Cantrell, Martin	"	" "	" "	
Cantrell, William	"	" "	" "	
Cash, Burrel	"	" "	" "	
Carbourn, Daniel	"	" "	" "	
Caldwell, Terah T.	"	" "	" "	
Dum, John	"	" "	" "	
Dobbins, Robert	"	" "	" "	
Dooms, John	"	" "	" "	
Funcannon, Michael	"	" "	" "	
Furlong, John	"	" "	" "	
Furgurson, John	"	" "	" "	
French, Lardner C.	"	" "	" "	
Farris, James	"	" "	" "	
Ghihon, George	"	" "	" "	
Grace, David	"	" "	" "	
Grigory, Thomas	"	" "	" "	Deserted.
Huggins, James	"	" "	October 26, 1812	Discharged October 26.
Harris, William	"	" "	" "	
Hancock, Thomas	"	" "	November 4, 1812	Discharged November 4.
Hifton, Lemuel	"	" "	October 12, 1812	Discharged October 12.
Hail, Robert H. M.	"	" "	December 23, 1812	
Hancock, John	"	" "	" "	
Ingram, Amaziah	"	" "	" "	
Johnson, John	"	" "	" "	
Johnson, Isaac	"	" "	" "	
Jenkins, Willaford	"	" "	" "	
Jenkins, Hiram	"	" "	" "	
Legate, Elijah	"	" "	November 22, 1812	Died November 22.
Long, Thomas	"	" "	December 23, 1812	
McDowell, William	"	" "	" "	
McCarty, John	"	" "	" "	
McNabb, John W.	"	" "	" "	
Newman, Martin	"	" "	" "	Deserted.
Purtle, Michael	"	" "	" "	
Roberson, Joseph	"	" "	" "	
Ross, John	"	" "	October 26, 1812	
Shirley, Samuel	"	" "	December 23, 1812	
Stramat, John	"	" "	" "	
Stramat, John, Jr.	"	" "	" "	
Stone, Henry W.	"	" "	" "	
Stephens, Moses	"	" "	" "	
Stone, John	"	" "	" "	
Smith, Stephen	"	" "	" "	
Sullivant, William	"	" "	" "	
Spence, John D.	"	" "	" "	
Thomas, John, Sr.	"	" "	" "	
Thomas, John	"	" "	" "	
Watson, Gilbert	"	" "	October 26, 1812	Deserted.
Williams, Solomon	"	" "	December 23, 1812	

Roll of Field and Staff, Third Regiment, Kentucky Detached Militia—War of 1812.

Names.	Rank.	Date of Appointment or Enlistment.	To what time Engaged or Enlisted.	Remarks.
Nicholas Miller	Lieutenant-Col..	September 1, 1812	December 25, 1818	
Benjamin Shacklett	Major	" "	" "	
David Hardin	" "	" "	" "	
Daniel B. Potter	Surgeon	" "	" "	
Joseph Winlock	Surgeon Mate	" "	" "	
Samuel McClarty	Lt. & Paymaster	" "	" "	
William Hardin	Ensign & Adj'nt	" "	" "	
James McCarty	Quartermaster	" "	" "	
John Chalfin	Quartermaster Ser.	" "	" "	
George Buckhart	Sergeant Major	" "	" "	
John Howard	Drum Major	" "	" "	

ROLL OF CAPTAIN FREDERICK W. S. GRAYSON'S COMPANY, THIRD REGIMENT, KENTUCKY DETACHED MILITIA—COMMANDED BY LIEUTENANT-COLONEL NICHOLAS MILLER.

Names	Rank	Date of Appointment or Enlistment	To what time Engaged or Enlisted	Remarks
Frederick W. S. Grayson	Captain	September 1, 1812	December 29, 1812	
Robert Alexander	Lieutenant	" "	" "	
Thomas I. Wilson	Ensign	" "	" "	
Thomas F. Smith	Sergeant	" "	October 1, 1812	Reduced to rank October 1.
David Drake	"	October 1, 1812	December 29, 1812	Made Sergeant October 1.
Elijah Cochran	"	September 1, 1812	" "	
Joseph Sanders	"	" "	" "	
Henry Gresham	"	" "	" "	
Daniel King	Corporal	" "	November 1, 1812	Reduced to rank November 1.
John Hopewell	"	" "	October 1, 1812	Reduced to rank October 1.
Thomas Shopton	"	" "	November 1, 1812	Reduced to rank November 1.
John Allen	"	" "	October 1, 1812	Reduced to rank October 1.
Elemerleck Swearinger	"	October 1, 1812	December 29, 1812	Made Corporal October 1.
Joseph Swearinger	"	" "	" "	Made Corporal October 1.
John Purcell	"	November 1, 1812	" "	Made Corporal November 1.
John H. Wilson	"	" "	" "	Made Corporal November 1.
Philip Grable	Musician	September 1, 1812	" "	
John Burke	"	" "	" "	Substitute for Henry Matthews.
Allen, John	Private	October 1, 1812	" "	
Arnold, John	"	September 1, 1812	" "	Sick in hospital.
Ash, George	"	" "	" "	
Acres, George	"	" "	" "	Substitute for Jonathan Sumons.
Bishop, Daniel	"	" "	" "	Substitute for Joseph Pancake.
Bottom, William	"	" "	" "	
Cadwell, William	"	" "	" "	
Caswell, William	"	" "	" "	
Cochran, Nathaniel	"	" "	" "	
Cowan, Jose	"	" "	" "	
Connell, Hiram	"	" "	" "	
Caswell, John	"	" "	" "	
Cavan, John	"	" "	" "	
Charles, William	"	" "	" "	Substitute for James Brashear.
Davis, John	"	" "	" "	
Dooley, Jesse	"	" "	" "	
Dewberry, Benjamin	"	" "	" "	Substitute for Lewis Williams.
Drake, David	"	" "	October 1, 1812	Made Sergeant October 4.
Fox, Jacob	"	" "	December 29, 1812	
Floyd, William	"	" "	" "	
Flake, John	"	" "	" "	Substitute for John Tiul.
Gruder, Ezekiel M.	"	" "	" "	
Hopewell, John	"	October 1, 1812	" "	
Hopewell, William	"	September 1, 1812	" "	
Hubbard, Albert E.	"	" "	" "	
Holsclaw, James	"	" "	" "	
Hopewell, Samuel	"	" "	" "	Discharged by substitute September 5.
King, Daniel	"	November 1, 1812	" "	
Lucky, John	"	September 1, 1812	" "	
Lucky, Elisha	"	" "	" "	Substitute for Richard Simmons.
Lovelace, Benjamin	"	" "	" "	
Moreland, Richard	"	" "	" "	
Mitchell, Legimond	"	" "	" "	
McCaughery, Bernard	"	" "	" "	

SOLDIERS OF THE WAR OF 1812.

ROLL OF CAPTAIN FREDERICK W. S. GRAYSON'S COMPANY, THIRD REGIMENT, KENTUCKY DETACHED MILITIA—Continued.

Names.	Rank.	Date of Appointment or Enlistment.	To what time Engaged or Enlisted.	Remarks.
Orme, Nathaniel	Private	September 1, 1812	December 29, 1812	
Orme, Maurice	"	"	"	
Orme, Philip	"	"	"	
Pryor, Robert	"	"	"	Made Brigade Wagon Master September.
Probus, Alexander	"	"	"	
Peper, William	"	"	"	
Polk, Edmond	"	"	"	
Peake, Daniel	"	"	"	
Pool, John	"	"	"	
Purcell, John	"	"	October 1, 1812	Made Corporal November 1.
Quick, Ephraim	"	"	December 29, 1812	
Rogers, George S.	"	"	"	
Rowland, David	"	"	"	
Raymond, Jacob	"	"	"	
Reed, Robert	"	"	"	
Smith, Thomas F.	"	"	"	
Shoplaw, Thomas	"	November 1, 1812	"	
Shoptan, John	"	September 1, 1812	"	
Stephens, William	"	"	"	Sick.
Scott, Cornelius	"	"	"	
Stewart, Moses	"	"	"	
Southerall, William	"	"	"	
Smith, Ezekiel	"	"	"	
Sacaley, George	"	"	"	
Spalding, Thomas	"	"	"	On furlough.
Shoplaw, Thomas	"	"	"	
Simmons, Tyler	"	"	"	Substitute for Isaac Younger.
Sanders, James	"	"	"	Substitute for Benjamin Henson, on furlough.
Swearinger, Elimerleck	"	"	October 1, 1812	Made Corporal October 1.
Swearinger, Joseph	"	"	"	Made Corporal October 1.
Westfall, Joel	"	"	December 29, 1812	
Wells, Benjamin	"	"	"	
Welsh, Moses	"	"	"	
Winlock, Fielding	"	October 1, 1812	"	
Wilson, John H.	"	September 1, 1812	October 1, 1812	Made Corporal November 1, 1812.

ROLL OF CAPTAN JAMES HALL'S COMPANY, THIRD REGIMENT, KENTUCKY DETACHED MILITIA.

Names	Rank	Date	To what time	Remarks
James Hall	Captain	September 1, 1812	December 25, 1812	Furloughed.
William Marsh	Lieutenant	"	December 1, 1812	Furloughed and resigned.
Edmund Hall	Ensign	"	December 25, 1812	
Samuel Anderson	Sergeant	"	"	
John Richardson	"	"	"	Furloughed—sick.
William Hindman	"	"	"	
William Cook	"	"	"	Furloughed—sick.
William Bird	Corporal	"	"	On furlough—sick.
Uriah Martin	"	"	"	
Jesse Melton	"	"	"	
Samuel Martin	"	"	"	
Joshua Pedigo	Musician	"	"	
Allen, Elisha	Private	"	"	Drummer.
Adams, William	"	"	September 11, 1812	Discharged.
Bishop, Thomas	"	"	December 25, 1812	On furlough.
Butler, Peter	"	"	"	On furlough—sick.
Butler, James	"	"	"	
Berry, Moses	"	"	"	
Berry, Jesse	"	"	"	
Butler, John	"	"	"	In hospital.
Browning, Samuel	"	"	"	
Buard, John	"	"	"	On furlough—sick.
Barnett, William	"	"	"	
Bishop, Samuel	"	"	"	
Codington, Jacob	"	"	"	
Conley, Preston	"	"	"	
Cook, Thomas	"	"	"	
Cook, George	"	"	"	
Cullens, William	"	"	"	
Cann, John	"	"	"	
Chapman, Neal	"	"	"	
Conley, Alexander	"	"	"	On furlough—sick.
Chastun, John	"	"	"	

ROLL OF CAPTAIN JAMES HALL'S COMPANY, THIRD REGIMENT, KENTUCKY DETACHED MILITIA—Continued.

Names.	Rank.	Date of Appointment or Enlistment.	To what time Engaged or Enlisted.	Remarks.
Curry, William M.	Private	September 1, 1812	September 10, 1812	Deserted.
Cole, Richard	"	" "	December 25, 1812	
Drane, Thomas	"	" "	September 30, 1812	Died at Vincennes.
Dickerson, William	"	" "	" "	On furlough—sick.
Deweese, John	"	" "	December 24, 1812	
Dick, William	"	" "	" "	
Edwards, James	"	" "	September 18, 1812	Absent without leave.
Fitzgerald, William	"	" "	" "	On furlough.
Franklin, John	"	September 15, 1812	December 25, 1812	Substitute for Matthew Hindman.
Fletcher, George W.	"	September 1, 1812	" "	
Forey, Elijah	"	" "	" "	
Green, William	"	" "	" "	On furlough—sick.
Geddens, Francis	"	" "	" "	
Grenstead, Jesse	"	" "	" "	
Garrison, David	"	" "	" "	On furlough—sick.
Hinds, William	"	" "	" "	On furlough.
Harlow, Jesse	"	" "	" "	
Harris, Eyels	"	" "	September 15, 1812	Discharged.
Hindman, Matthew	"	" "	September 9, 1812	Discharged.
Harlow, Thomas	"	" "	" "	On furlough—substitute for Thos. Harlow.
Jones, John	"	" "	December 25, 1812	On furlough—sick.
Jameson, George	"	" "	" "	
Jameson, Samuel	"	" "	" "	On furlough—sick.
Jones, Aquilla	"	" "	" "	
Kertly, Abraham	"	" "	" "	On furlough—sick.
Lord, Hezekiah	"	" "	" "	
Lowry, Andrew	"	" "	" "	On furlough—sick.
Look, Richard	"	" "	" "	
Mayfield, Isaac	"	" "	" "	
Matthews, Pleasant	"	" "	" "	
McMurray, Washington	"	" "	" "	
McClelland, Mastin	"	" "	" "	On furlough—sick.
Munroe, James	"	" "	" "	On furlough—sick.
Mauspile, Jesse	"	" "	" "	On furlough—sick.
Newland, John A.	"	" "	" "	On furlough—sick.
Pulliam, Charles	"	" "	" "	On furlough—sick.
Rude, Elijah A.	"	" "	" "	
Sanders, Archibald	"	" "	" "	
Stocton, James P.	"	" "	" "	On furlough—sick.
Sample, Samuel	"	" "	" "	
Saunders, Isaac	"	" "	" "	
Smith, John	"	" "	" "	In hospital.
Smith, James	"	" "	" "	
Thacker, Turner	"	" "	" "	
Whitson, Thomas	"	" "	" "	
Walker, Andrew	"	" "	" "	
Willis, Lewis	"	" "	" "	On furlough—sick.
Williamson, Thomas	"	" "	" "	
Wilburn, Elias	"	" "	" "	
Walters, John	"	" "	" "	
Wilburn, Aquilla	"	" "	" "	On furlough—sick.
Willis, George	"	" "	" "	
Yancy, Joel	"	" "	" "	

ROLL OF CAPTAIN HENRY YAKEY'S COMPANY, THIRD REGIMENT, KENTUCKY DETACHED MILITIA.

Names.	Rank.	Date of Appointment or Enlistment.	To what time Engaged or Enlisted.	Remarks.
Henry Yakey	Captain	September 1, 1812	December 25, 1812	
Robert Leeper	Lieutenant	" "	" "	
Thomas Evans	Ensign	" "	" "	
Matthew Campbell	Sergeant	" "	" "	
Joseph McPherson	"	" "	September 9, 1812	Discharged Sept. 9—substitute for Wm. Smith.
George Vincener	"	" "	September 4, 1812	Discharged September 4.
Daniel Ray	"	" "	December 25, 1812	
John Barnett	Corporal	" "	October 5, 1812	Substitute for Wm. Moore—deserted Dec. 5.
James McAllister	"	" "	December 25, 1812	Substitute for Mohany Oct. 2—absent, sick.
Edmund Carson	"	" "	" "	
Lawson Stinson	"	" "	" "	
John Redmon	Musician	" "	September 1, 1812	
Allen, William	Private	" "	December 29, 1812	Substitute for William Pace—on command.
Allen, Merrel	"	" "	December 25, 1812	On furlough.
Bibb, Walker	"	" "		

ROLL OF CAPTAIN HENRY YAKEY'S COMPANY, THIRD REGIMENT, KENTUCKY DETACHED MILITIA—Continued.

Names.	Rank.	Date of Appointment or Enlistment.	To what time Engaged or Enlisted.	Remarks.
Bransletter, John	Private	September 1, 1812	December 29, 1812	On furlough.
Bayless, Joseph	"	" "	" "	
Brent, James	"	" "	December 25, 1812	
Bushong, Andrew	"	" "	" "	Substitute for Jacob Hardin.
Buly, Jesse	"	" "	" "	On furlough.
Colvert, Samuel	"	" "	October 2, 1812	Discharged.
Dawson, John	"	" "	December 25, 1812	
Dawson, James	"	" "	" "	Substitute for Ephraim Barry.
Emberson, Walter	"	" "	December 29, 1812	Substitute for Thomas Belongley
Fields, James	"	" "	September 1, 1812	
Gillichan, Clement	"	" "	December 25, 1812	
Greathouse, Samuel	"	" "	" "	Substitute for John Goodman.
Grider, Jacob	"	" "	October 6, 1812	Discharged.
Goodman, Michael	"	" "	September 1, 1812	Sick in hospital.
Gentry, Thomas	"	" "	December 29, 1812	
Hamilton, John	"	" "	December 25, 1812	
Hays, Claybourn	"	" "	" "	
Hart, John	"	" "	September 1, 1812	On furlough.
Hackerly, Joshua	"	" "	" "	On furlough.
Kelly, Daniel	"	" "	September 4, 1812	Discharged September 4.
Key, Bennett	"	" "	September 1, 1812	Substitute for Samuel Colbert—on command.
Key, William	"	" "	December 25, 1812	Substitute for Henry Miller—on command.
Kingery, Joseph	"	" "	" "	Sick.
Leeper, John	"	" "	" "	
Lewis, Jesse	"	" "		
Lemon, Stacy	"	" "	September 1, 1812	
Lenon, Elisha	"	" "	" "	
Lanore, Tilmon	"	" "	December 25, 1812	On furlough.
McCarty, Menzy	"	" "	" "	
Mitchel, Moses	"	" "	" "	
Martial, Hugh	"	" "		
Mitchel, James S	"	" "	September 1, 1812	
Moore, Alexander	"	" "		
Merryfield, Samuel	"	" "	December 25, 1812	Substitute for Daniel Penington.
McHany, James	"	" "	" "	Substitute for Nathaniel Shipley.
Miller, Henry	"	" "	October 2, 1812	Discharged.
Osborn, Jonathan	"	" "	October 6, 1812	Discharged.
Russell, Aaron	"	" "	September 1, 1812	
Roberts, Joseph	"	" "	December 25, 1812	
Richey, Andrew C	"	" "	October 6, 1812	Substitute for Jacob Grider on furlough.
Rush, John	"	" "	September 1, 1812	
Smith, Absalom	"	" "		On furlough.
Sorrels, Samuel	"	" "	December 25, 1812	
Stinson, Joel	"	" "	" "	Substitute for Wm. Tinsley.
Smith, Wiley	"	" "	" "	
Stinson, John L	"	" "	September 1, 1812	Substitute for Elisha England.
Stinson, Marma D	"	" "	" "	Substitute for Joel Robinson.
Slaven, Samuel	"	" "	" "	On furlough.
Spencer, Moses	"	" "	" "	Substitute for John Spencer—on command.
Saffer, Wilcomb	"	" "	October 5, 1812	Substitute for Wm. Howard—absent, sick.
Sorrel, William	"	" "	December 25, 1812	Substitute for Warner Houser, and deserted.
Spencer, John	"	" "	October 6, 1812	Substitute for Pleasant Wood—sick.
Wood, Pleasant	"	" "	October 2, 1812	Discharged.

ROLL OF CAPTAIN SOLOMON BRANDENBURG'S COMPANY, THIRD REGIMENT, KENTUCKY DETACHED MILITIA.

Names.	Rank.	Date of Appointment or Enlistment.	To what time Engaged or Enlisted.	Remarks.
Solomon Brandenburg	Captain	September 1, 1812	December 25, 1812	
John Shehi	Lieutenant	" "	" "	
John Fulkerson	Ensign	" "	" "	
John Redmond	1st Sergeant	" "	" "	
Aaron Rawlings	"	" "	" "	
Robert Miller	"	" "	" "	
Martin McMahon	"	" "	" "	On furlough.
James Lash	1st Corporal	" "	" "	On furlough.
John Daugherty	"	" "	September 12, 1812	Discharged.
Michael Nicholas	"	" "	December 25, 1812	
James Chismet	"	" "	" "	
Armer, Demsey	Private	" "	" "	
Anderson, James	"	" "	" "	
Ambrose, Matthew	"	" "	" "	
Attlebury, Nathan	"	" "	" "	Furloughed.

ROLL OF CAPTAIN SOLOMON BRANDENBURG'S COMPANY, THIRD REGIMENT, KENTUCKY DETACHED MILITIA—Continued.

Names.	Rank.	Date of Appointment or Enlistment.	To what time Engaged or Enlisted.	Remarks.
Brown, David	Private	September 1, 1812	December 25, 1812	On furlough.
Brown, William	"	" "	" "	On furlough.
Buster, Robert L.	"	October 20, 1812	September 17, 1812	Substitute for Wm. L. McGee.
Carter, William	"	September 1, 1812	December 25, 1812	Furloughed.
Cogsdel, Thomas	"	" "	" "	Furloughed.
Craddock, Jesse	"	" "	" "	
Clark, George	"	" "	" "	
Craddock, James	"	November 2, 1812	September 17, 1812	Substitute for Edward Self.
Corruede, William	"	September 1, 1812	" "	
Dougherty, John, Jr.	"	" "	December 25, 1812	
Dorsey, Hazel W.	"	" "	" "	
Drury, Elias	"	" "	" "	
Dowell, James	"	" "	" "	
Davis, Lemuel	"	" "	" "	
Dunwidder, William	"	" "	September 17, 1812	Furloughed.
Eatherton, Benjamin	"	" "	December 25, 1812	
Farmer, Otho	"	" "	" "	
Flanagan, James	"	" "	" "	
Franklin, Bennet	"	" "	" "	Furloughed.
Farris, Jesse	"	" "	" "	
Gardner, John	"	" "	" "	
Hubbard, Nathaniel	"	" "	" "	
Hornback, Daniel	"	" "	" "	
Hill, Moses	"	" "	" "	
Highbaugh, Henry	"	" "	" "	
Hargen, Michael	"	" "	September 17, 1812	Furloughed.
Hawkins, David	"	" "	" "	
Irwin, James	"	" "	" "	
Jones, William	"	" "	December 25, 1812	
Jenkins, Alison	"	" "	" "	Furloughed.
Jenkins, Ignatius	"	" "	September 17, 1812	
Keith, William	"	" "	December 25, 1812	
Keith, Benjamin	"	" "	September 17, 1812	
Keith, Jonathan	"	" "	" "	
Logsdon, Thomas	"	" "	December 25, 1812	
Logsdon, Hiram	"	" "	" "	Furloughed.
Lemon, William	"	" "	" "	
Lusk, Samuel	"	" "	" "	
McMullen, Andrew	"	" "	" "	
Mahon, William	"	" "	" "	Furloughed.
McDaniel, Thomas	"	" "	" "	
Moeks, Benjamin	"	" "	" "	
McCarty, Samuel	"	" "	September 17, 1812	Furloughed.
Merryfield, Alexander	"	" "	December 25, 1812	
McCabe, Jacob	"	" "	" "	
Miller, Michael	"	" "	" "	
McGee, William L.	"	" "	October 20, 1812	Substitute discharged.
O'Brient, Henry	"	" "	December 25, 1812	
Ploty, Austin	"	" "	" "	On furlough.
Purcell, David	"	" "	" "	
Price, John	"	" "	" "	
Pullum, Benjamin	"	" "	" "	Furloughed.
Potts, Henry	"	" "	" "	
Pursley, Thomas	"	" "	September 17, 1812	
Pennybaker, William	"	" "	" "	
Quick, Jesse	"	" "	December 25, 1812	
Rowman, Isaac	"	" "	" "	
Reams, Robert	"	" "	" "	Furloughed.
Strator, William	"	" "	" "	
Smith, John	"	" "	" "	On furlough.
Self, Edward	"	" "	" "	On furlough.
Strange, James	"	" "	" "	
Taylor, Bergman	"	" "	" "	
Thomas, Isaac	"	" "	September 17, 1812	Discharged.
Thomas, Robert	"	" "	December 25, 1812	
Vanmeter, Jacob	"	" "	" "	
Welsh, Anthony	"	" "	September 17, 1812	
Wheat, Perry W.	"	" "	" "	
York, Jesse	"	" "	December 25, 1812	

SOLDIERS OF THE WAR OF 1812.

ROLL OF CAPTAIN WILLIAM BERRYMAN'S COMPANY, THIRD REGIMENT, KENTUCKY DETACHED MILITIA.

Names.	Rank.	Date of Appointment or Enlistment.	To what time Engaged or Enlisted.	Remarks.
William Berryman	Captain	September 1, 1812	December 25, 1812	
John M. Robinson	Lieutenant	" "	" "	
King L. Williams	Ensign	" "	" "	
James Thompson	1st Sergeant	" "	" "	
Matthew Dougherty	2d Sergeant	" "	" "	
Hugh Morrison	3d Sergeant	" "	" "	
James F. Robinson	4th Sergeant	" "	" "	
William G. Morlin	1st Corporal	" "	" "	
Samuel Kirby	2d Corporal	" "	" "	
John Swearinger	3d Corporal	" "	" "	
James Gibson	4th Corporal	" "	" "	
Isaac Allen	Musician	" "	December 18, 1812	Discharged.
Joseph Earnest	"	" "	December 25, 1812	
Abshore, Abram	Private	" "	" "	
Amos, Benjamin	"	" "		
Anderson, Jonathan C.	"	" "	September 30, 1812	
Berryman, Austin	"	" "	December 25, 1812	
Bradley, John	"	" "		On furlough.
Brenton, Joseph	"	" "	" "	On furlough.
Bags, Isaiah	"	" "	September 25, 1812	Died.
Brown, Thomas	"	" "	December 25, 1812	
Cowan, William	"	" "	" "	
Clark, David	"	" "	November 1, 1812	Died November 1, 1812.
Casey, Abner	"	" "	December 25, 1812	
Clark, William	"	" "	" "	
Carter, Charles	"	" "	" "	On furlough.
Cagel, Sampson	"	" "	" "	
Crawford, Abel	"	" "	" "	On furlough.
Crawford, James	"	" "	" "	
Davis, Peter	"	" "	" "	
Dobb, John	"	" "	" "	On furlough.
Duff, Robert	"	" "	" "	On furlough.
Duff, Samuel	"	" "	" "	On furlough.
Dunham, Dennis	"	" "	" "	
Duff, James	"	" "	" "	On furlough.
Dobson, John	"	" "	September 30, 1812	
Earnest, Thomas	"	" "	December 25, 1812	On furlough.
Gibson, John	"	" "	" "	
Galt, John	"	" "	" "	
Graves, Fredrick	"	" "		
Graham, Isaac	"	" "	September 30, 1812	On furlough.
Harrison, John	"	" "	December 25, 1812	On furlough.
Hudson, Allen	"	" "	" "	On furlough.
Hammond, James	"	" "	" "	On furlough.
Hendrick, Joseph	"	" "	" "	On furlough.
Henderson, Samuel	"	" "	" "	
Hess, Jacob	"	" "	" "	
Huntsman, Henry	"	" "	" "	
Hodges, Edmund	"	" "	" "	
Holloway, James	"	" "	" "	
Hodges, William	"	" "	" "	
Hudson, John	"	" "	" "	On furlough.
Jones, Samuel	"	" "	September 20, 1812	Discharged.
Justice, John	"	" "	December 25, 1812	On furlough.
Kirby, Terrant	"	" "	" "	
Kirby, Samuel	"	" "	" "	
Kirby, Jesse	"	" "	" "	On furlough.
Kirby, Leonard	"	" "	" "	On furlough.
Kelly, Beal	"	" "	September 30, 1812	
Lynch, Campbell	"	" "	December 25, 1812	
Martin, Upshaw	"	" "	" "	
Martin, Jesse	"	" "	" "	On furlough.
McAllister, James	"	" "	" "	
Morris, Miles	"	" "	" "	
McGuire, Francis	"	" "	" "	On furlough.
Mondin, Jesse H.	"	" "	September 30, 1812	
Newton, Isaac	"	" "	December 25, 1812	
Prater, Calloway	"	" "	" "	
Russol, William	"	" "	" "	
Randal, Abel	"	" "	" "	
Smith, Howell	"	" "	" "	On furlough.
Shore, Joseph	"	December 18, 1812	" "	Substitute for Isaac Allen.
Sturdy, William	"	September 1, 1812	" "	On furlough.
Shields, George	"	" "	September 29, 1812	Died.
Shields, Enoch	"	" "	December 25, 1812	On furlough.
Skags, Abram	"	" "	" "	

ROLL OF CAPTAIN WILLIAM BERRYMAN'S COMPANY, THIRD REGIMENT, KENTUCKY DETACHED MILITIA—Continued.

Names.	Rank.	Date of Appointment or Enlistment.	To what time Engaged or Enlisted.	Remarks.
Satterfield, Jerry	Private	September 1, 1812	December 25, 1812	
Sullivan, John	"	" "	" "	
Sutton, Thomas	"	" "	" "	
Spears, Ephraim	"	" "	September 30, 1812	
Smith, Vardemon	"	" "	" "	
Tarrent, Minos	"	" "	December 25, 1812	On furlough.
Thomas, Larkin	"	" "	September 14, 1812	Discharged.
Thompson, Richard	"	" "	December 25, 1812	
Warren, Alexander	"	" "	" "	
Wadkins, Samuel B.	"	" "	" "	
Willbanks, Owin	"	" "	" "	On furlough.
Waggle, Abram	"	" "	September 30, 1812	
Whilton, Easton	"	" "	" "	
Waggle, George	"	" "	" "	

ROLL OF CAPTAIN LIBERTY GREEN'S COMPANY, THIRD REGIMENT, KENTUCKY DETACHED MILITIA.

Names.	Rank.	Date of Appointment or Enlistment.	To what time Engaged or Enlisted.	Remarks.
Liberty Green	Captain	September 1, 1812	December 25, 1812	
Samuel Durham	Lieutenant	" "	" "	Furloughed—sick.
Simeon Cowherd	Sergeant	" "	" "	
Robert Wellock	"	" "	" "	
John Hall	"	" "	" "	
Henry Moore	"	" "	" "	Furloughed—sick.
George Wilson	Corporal	" "	" "	Furloughed—sick.
Samuel Lindsey	"	" "	" "	
Robert Irvin	"	" "	" "	
Levy Summers	"	" "	" "	
Butler, James	Private	" "	" "	
Bowman, David	"	" "	" "	
Berry, Samuel	"	" "	" "	
Berry, William H.	"	" "	" "	
Brown, James	"	" "	" "	Furloughed—sick.
Berry, William	"	" "	" "	
Carter, Thomas	"	" "	September 12, 1812	Discharged.
Cooke, Joshua	"	" "	" "	
Craig, John	"	" "	December 25, 1812	Furloughed—sick.
Cowherd, Willis	"	" "	" "	
Duckworth, George	"	" "	November 23, 1812	Died November 23, 1812.
Durrett, William	"	" "	December 25, 1812	
Forbes, James	"	" "	" "	
Farris, William	"	" "	" "	
Faulkner, William	"	" "	November 12, 1812	Discharged.
Filpot, William	"	" "	December 25, 1812	
Gibson, Twiner	"	" "	" "	
Greenwell, Robert	"	" "	" "	
Hoover, Felix	"	" "	" "	
Hazeland, John	"	" "	" "	
Hardin, Stephen	"	" "	" "	Furloughed—sick.
Hash, Philip	"	" "	" "	
Hood, George	"	" "	September 16, 1812	Discharged.
Hardin, John	"	" "	December 25, 1812	
Ivent, James	"	" "	" "	
Irwin, William	"	" "	" "	
Johnston, John	"	" "	September 12, 1812	Discharged.
Jones, Morgan	"	" "	December 10, 1812	Died.
Kertly, Lewis	"	" "	December 25, 1812	Furloughed—sick.
Lyon, William	"	" "	" "	
Lee, Westley	"	" "	" "	
Mattingly, Joseph	"	" "	" "	
McCokle, Archibald	"	" "	October 15, 1812	Discharged.
Matthews, Richard	"	" "	December 25, 1812	
McDugle, William	"	" "	" "	
Nelson, John	"	" "	" "	
Nance, James	"	" "	" "	
Nance, Robert	"	" "	" "	
Penyear, John	"	" "	" "	
Price, James	"	" "	" "	
Philips, Thomas	"	" "	" "	
Penyear, George	"	" "	" "	
Rogers, Thomas	"	" "	" "	Furloughed—sick.
Roark, William	"	" "	" "	

ROLL OF CAPTAIN LIBERTY GREEN'S COMPANY, THIRD REGIMENT, KENTUCKY DETACHED MILITIA—Continued.

Names.	Rank.	Date of Appointment or Enlistment.	To what time Engaged or Enlisted.	Remarks.
Riggs, Joseph	Private	September 1, 1812	December 25, 1812	
Russell, Samuel	"	"	"	Furloughed—sick.
Scott, Peter	"	"	"	Furloughed—sick.
Simpson, James	"	"	"	Sick.
Spear, Samuel	"	"	December 3, 1812	Died.
Smith, Stokeley	"	"	"	
Scraggs, Jeremiah	"	"	"	Furloughed—sick.
Shireley, Jacob	"	"	"	
Strador, Joseph	"	"	"	
Sublette, Joseph	"	"	"	Furloughed—sick.
Spear, Solomon	"	"	"	
Taylor, John	"	"	December 25, 1812	
Timberlake, John	"	"	"	
Thornton, Charles	"	"	"	Furloughed—sick.
Wilson, James	"	"	"	
Wilcoxon, William	"	"	"	
Williar, Joseph	"	"	"	Furloughed—sick.
Ware, William	"	"	"	Substitute for Richard Matthews.

ROLL OF CAPTAIN WILLIAM WALKER'S COMPANY, THIRD REGIMENT, KENTUCKY DETACHED MILITIA.

Names.	Rank.	Date of Appointment or Enlistment.	To what time Engaged or Enlisted.	Remarks.
William Walker	Captain	September 1, 1812	December 25, 1812	
Samuel McCarty	Paymaster & Lt.	"	"	
Robert G. Yates	Ensign	"	"	
Horatio Merry	Sergeant	"	"	
William Burgess	"	"	"	
Spear Anderson	"	"	"	
John Dermiah	"	"	"	
John Stone	"	"	"	
William Mattingly	Corporal	"	"	
Squire Bozarth	"	"	"	
Thomas G. Lascock	"	"	"	
Joseph Kincheloe	"	"	"	
Lewis Jones	"	"	"	
Asberry, Henry G	Private	"	"	
Bruner, Edward	"	"	"	
Bye, John	"	"	"	
Blane, William	"	"	September 12, 1812	Deserted.
Burnett, Isaac	"	"	December 25, 1812	
Barton, Daniel	"	"	"	
Barton, Clark	"	"	"	
Cashman, John	"	"	"	
Campbell, Allen	"	"	September 11, 1812	Deserted.
Dennis, Jorias	"	"	"	Deserted.
Fintress, William	"	"	December 25, 1812	
Fintress, Samuel	"	"	"	
Finch, Abram	"	"	"	
Finch, William	"	"	"	
Glascock, William	"	"	"	
Goldsberry, Bennett	"	"	"	
Giles, Harry	"	"	"	
Hewitt, James	"	"	"	
Hanes, Dudley	"	"	"	
Kincheloe, John	"	"	"	
Kelly, Elijah	"	"	"	
King, Edmund	"	"	September 11, 1812	Deserted.
Lascock, John G.	"	"	December 25, 1812	
Masy, William	"	"	"	
Mattingly, Edward	"	"	"	
Mumman, Jacob	"	"	"	Sick in hospital.
Mason, James	"	"	"	
Mason, Samuel	"	"	"	
McCully, Benjamin	"	"	"	
Miller, Barney	"	"	"	Sick.
Madison, Larkin	"	"	"	
McIntire, William	"	"	September 12, 1812	Deserted.
Nichols, John	"	"	December 25, 1812	
Newitt, Hugh	"	"	"	
Overline, Jonathan	"	"	"	
Oldham, Daniel	"	"	"	
Oldham, George	"	"	"	

SOLDIERS OF THE WAR OF 1812.

ROLL OF CAPTAIN WILLIAM WALKER'S COMPANY, THIRD REGIMENT, KENTUCKY DETACHED MILITIA—Continued.

Names.	Rank.	Date of Appointment or Enlistment.	To what time Engaged or Enlisted.	Remarks.
Prather, William	Private	September 1, 1812	December 25, 1812	
Prunty, Robert	"	" "	" "	Sick.
Prior, Simeon	"	" "	" "	
Robinson, James	"	" "	" "	On furlough.
Riley, Eli	"	" "	" "	
Robinson, William	"	" "	" "	
Rial, Isham	"	" "	" "	
Seaton, Peter C.	"	" "	" "	
Spilman, Henry	"	" "	" "	
Storm, William	"	" "	December 1, 1812	Died.
Storm, Daniel	"	" "	December 25, 1812	
Storm, Moses	"	" "	" "	
Tate, James	"	" "	" "	
Waggoner, William	"	" "	" "	
Williamson, Marmaduke	"	" "	" "	Sick.
Williamson, Thomas	"	" "	" "	Sick in hospital.
Woods, William	"	" "	" "	
Weedman, John	"	" "	" "	
Watson, Jonathan	"	" "	September 11, 1812	Deserted.

ROLL OF CAPTAIN ALEXANDER STUART'S COMPANY, THIRD REGIMENT, KENTUCKY DETACHED MILITIA.

Names.	Rank.	Date of Appointment or Enlistment.	To what time Engaged or Enlisted.	Remarks.
Alexander Stuart	Captain	September 1, 1812	December 25, 1812	
John Grider	Lieutenant	" "	" "	
Fielding Gatewood	Ensign	" "	" "	
Thomas L. Stephens	Sergeant	" "	" "	
John Brewer	"	" "	" "	
James Maxey	"	" "	" "	
Benjamin Bowen	"	" "	" "	On furlough.
John Strader	Corporal	" "	" "	On furlough.
James Leggett	"	" "	" "	On furlough.
George Mason	"	" "	" "	
Henry Broadwell	"	" "	" "	
Read Bowin	Musician	" "	" "	On furlough.
William Wright	"	" "	" "	Furloughed.
Bugher, William	Private	" "	" "	Furloughed.
Bowen, John	"	" "	" "	Furloughed.
Berry, William	"	" "	" "	Furloughed.
Bratton, Archibald	"	" "	" "	Furloughed.
Burchfield, John	"	" "	" "	
Briggs, William	"	December 2, 1812	" "	
Coughman, Nathan	"	September 1, 1812	" "	
Carter, John	"	" "	" "	Furloughed.
Cavens, John	"	" "	" "	Furloughed.
Crouch, Richard	"	" "	" "	Furloughed.
Cowles, Edward	"	" "	" "	
Cowles, Henry B.	"	" "	" "	
Conley, Hugh	"	" "	" "	Sick in hospital.
Donovan, Chasteau	"	" "	" "	Furloughed.
Duncan, David	"	" "	" "	
Denton, Thomas	"	" "	" "	
Edmesson, Thomas	"	" "	" "	Furloughed.
Ford, James	"	" "	" "	
Gordon, Phorbus	"	" "	" "	Furloughed.
Graves, Landsey	"	" "	" "	Furloughed.
Griffin, Spencer	"	" "	" "	Furloughed.
Grubb, William	"	" "	" "	Sick in hospital.
Grimes, Henry	"	" "	" "	
Grimes, James	"	" "	" "	Furloughed.
Goode, Samuel V.	"	" "	" "	
Galt, Cornelius	"	" "	" "	Furloughed.
Hightower, John	"	" "	" "	
Harris, Stephen	"	" "	" "	Furloughed.
Isbell, Livingston	"	" "	" "	
Jones, Daniel	"	" "	" "	Furloughed.
Johnston, Benjamin	"	" "	" "	Furloughed.
Jones, Edward	"	" "	December 10, 1812	Deserted.
Kown, Thomas	"	" "	December 25, 1812	Furloughed.
Kown, James	"	" "	" "	
Lowry, Wyat	"	" "	" "	Furloughed.
Lacefield, John	"	" "	" "	Furloughed.

ROLL OF CAPTAIN ALEXANDER STUART'S COMPANY, THIRD REGIMENT, KENTUCKY DETACHED MILITIA—Continued.

Names.	Rank.	Date of Appointment or Enlistment.	To what time Engaged or Enlisted.	Remarks.
Long, Mimrod	Private	September 1, 1812	December 25, 1812	Sick in hospital.
Long, Francis S.	"	"	"	Furloughed.
Long, Reuben	"	"	"	
Lyon, Simon M.	"	"	"	
Martin, James	"	"	December 2, 1812	Discharged.
Moss, William	"	"	December 25, 1812	Furloughed.
Martin, Grandberry	"	"	"	
Magness, Joseph	"	"	"	Furloughed.
Mahon, Alexander	"	"	"	Furloughed.
Mullen, Daniel	"	"	September 15, 1812	Deserted.
Newton, Jesse	"	"	December 25, 1812	
Neal, Richard D.	"	"	"	
Potts, David	"	"	December 2, 1812	Discharged.
Parish, Daniel	"	"	December 25, 1812	Furloughed.
Ray, Thomas	"	"	"	Furloughed.
Smart, Wiley	"	"	"	Sick.
Stuart, Thomas C.	"	"	"	Furloughed.
Stephens, John B.	"	"	"	
Smith, Daniel S.	"	"	"	Furloughed.
Stephens, Abraham	"	"	"	
Smith, Paten	"	"	"	Furloughed.
Stuart, Stephen	"	"	"	
Thomas, Daniel	"	"	"	Furloughed,
Taylor, Daniel	"	"	"	
Thomas, Godfrey	"	"	"	Furloughed.
Tirey, George	"	December 2, 1812	"	Furloughed.
Vance, John	"	September 1, 1812	"	Furloughed.
Vann, Hendrick	"	"	"	Furloughed.
Watson, George M.	"	"	"	Sick.
Wilson, William W.	"	"	"	Furloughed.
Young, Nathan	"	"	"	
Young, James	"	"	"	Furloughed.
Young, William	"	"	"	Furloughed.

ROLL OF CAPTAIN DAVID HARDING'S COMPANY, THIRD REGIMENT, KENTUCKY DETACHED MILITIA—COMMANDED BY MAJOR HARDING.

Names.	Rank.	Date of Appointment or Enlistment.	To what time Engaged or Enlisted.	Remarks.
David Harding	Major	December 26, 1812	December 31, 1812	
William Berryman	Captain	"	"	
Alexander Stuart	"	"	"	
John Grider	Lieutenant	"	"	
Edmund Hall	Ensign	"	"	
King L. Williams	"	"	"	
John Hail	Sergeant	"	"	
James Dawson	"	"	"	
Joseph Sanders	"	"	"	
William G. Martin	Corporal	"	"	
Samuel Mastin	"	"	"	
Murriel Alley	"	"	"	
Uriah Martin	"	"	"	
Abshire, Abraham	Private	"	"	
Berryman, Austin	"	"	"	
Browning, Samuel	"	"	"	
Brunt, James	"	"	"	
Briggs, William	"	"	"	
Carter, Charles	"	"	"	
Clark, William	"	"	"	
Cowan, William	"	"	"	
Cowan, John	"	"	"	
Coughman, Nathan	"	"	"	
Duckworth, George	"	"	"	
Dawson, John	"	"	"	
Daves, John	"	"	"	
Duncan, David	"	"	"	
Emberson, Walter	"	"	"	
Fox, Jacob	"	"	"	
Graham, Isaac	"	"	"	
Golesberry, Bennett	"	"	"	
Harris, Essex	"	"	"	
Hubbard, Nathaniel	"	"	"	
Hays, Claybourn	"	"	"	
Irwin, James	"	"	"	

SOLDIERS OF THE WAR OF 1812.

ROLL OF CAPTAIN DAVID HARDING'S COMPANY, THIRD REGIMENT, KENTUCKY DETACHED MILITIA—Continued.

Names.	Rank.	Date of Appointment or Enlistment.	To what time Engaged or Enlisted.	Remarks.
Jones, William	Private	December 26, 1812	December 31, 1812	
Kelly, Bealle	"	"	"	
Kelly, Elijah	"	"	"	
Mattingly, Joseph	"	"	"	
Martin, Upshaw	"	"	"	
Moore, Alexander	"	"	"	
McMurray, Washington	"	"	"	
Morris, Miles	"	"	"	
Nerit, Hugh	"	"	"	
Newton, Jesse	"	"	"	
Philips, Thomas	"	"	"	
Pruner, Edward	"	"	"	
Pharis, Jesse	"	"	"	
Randle, Abel	"	"	"	
Rowland, David	"	"	"	
Riggs, Joseph	"	"	"	
Redman, John	"	"	"	
Stuart, Thomas C.	"	"	"	
Stinson, John L.	"	"	"	
Smith, Stokely	"	"	"	
Sorrels, William	"	"	"	
Stockton, James P.	"	"	"	
Shore, Joseph	"	"	"	
Tyrie, George	"	"	"	
Waggle, George	"	"	"	
Welsh, Anthony	"	"	"	
Weadman, John	"	"	"	
Waggle, Abraham	"	"	"	
Westfall, Joseph	"	"	"	
York, Jesse	"	"	"	

Roll of Field and Staff, Second Regiment, Kentucky Militia—War of 1812.

William Jennings	Lieut. Colonel	September 1, 1812	October 1, 1812	
John Faulkner	1st Major	"	"	
Joseph Eve	2d Major	"	"	
William Craig	Surgeon	"	"	
David Nelson	S. Mate	"	"	
Jonathan Dysent	Paymaster	"	"	
Henry Beaty	2d Paymaster	"	"	
Samuel Lapsley	Adjutant	"	"	
James Morrison	Qr. M. Sergeant	"	"	
Barney Young	Sergeant Major	"	"	
Thomas McGilton	Adjutant	"	"	

ROLL OF CAPTAIN DANIEL GARRARD'S COMPANY, SECOND REGIMENT, KENTUCKY MILITIA—COMMANDED BY LIEUTENANT-COLONEL WM. JENNINGS.

Daniel Garrard	Captain	September 1, 1812	October 1, 1812	
Daniel Cockrells	Lieutenant	"	"	
William Cunningham	Ensign	"	"	Substitute for Hezekiah Crook.
Thomas Murphy	Sergeant	"	"	
James Love	"	"	"	
Benjamin Blythe	"	"	"	
Horatio Bruce	"	"	"	
John Allen	"	"	"	Substitute for Thomas Langford.
Lincoln Ames	"	"	"	
David Fee	"	"	"	
Daniel Sibert	1st Corporal	"	"	
John Cane	2d Corporal	"	"	
William Simpson	3d Corporal	"	"	
Joseph Eversidge	4th Corporal	"	"	

ROLL OF CAPTAIN DANIEL GARRARD'S COMPANY, SECOND REGIMENT, KENTUCKY MILITIA—Continued.

Names.	Rank.	Date of Appointment or Enlistment.	To what time Engaged or Enlisted.	Remarks.
Valentine Rescifield	Musician	September 1, 1812	October 1, 1812	
Samuel Eldridge	"	"	"	Enlisted in the regular army.
Allison, Archibald	Private	"	"	Not known.
Adams, John	"	"	"	Substitute for Charles Woodall.
Bales, Hawkins	"	"	"	
Bryant, John	"	"	"	
Bales, Isaac	"	"	"	
Blanton, John	"	"	"	
Back, Henry	"	"	"	
Bishop, John	"	"	"	
Bishop, Stephen	"	"	"	
Bundage, Bartlett	"	"	"	
Cundiff, John	"	"	"	
Carpenter, Samuel	"	"	"	
Clark, William	"	"	"	
Calvin, John	"	"	"	
Coldiron, George	"	"	"	
Coldiron, Henry	"	"	"	
Cornet, William	"	"	"	
Crook, Hezekiah	"	"	"	Discharged August 27, 1812—unfit for duty.
Coldiron, John	"	"	"	Substitute for Thomas Murphy.
Everheart, Charles	"	"	"	
Evans, John	"	"	"	Unfit for duty and discharged Sept. 10, 1812.
Eaton, William	"	"	"	
Faircloth, James	"	"	"	
Falkner, Adam	"	"	"	Enlisted in the regular army.
Falford, Absalom H.	"	"	"	
Fields, John	"	"	"	
Fergate, Eli	"	"	"	
Geaborn, John	"	"	"	
Grigsby, James	"	"	"	
Griffith, John	"	"	"	Enlisted in the regular army.
Garrett, Joel	"	"	"	
Groomer, Henry	"	"	"	
Gillum, Joshua	"	"	"	
Garrard, Charles	"	"	"	
Honson, Samuel	"	"	"	
Honson, Richard	"	"	"	
Henson, James	"	"	"	
Henson, Caleb	"	"	"	
Hawley, Joseph	"	"	"	Enlisted in the regular army.
Hall, Jacob	"	"	"	
Lewis, Samuel	"	"	"	Substitute for Samuel Smith.
Laudaum, Nathaniel	"	"	"	
Langford, Thomas	"	"	"	Substitute for John Allen.
Morris, James	"	"	"	
Martin, Abraham	"	"	"	
McCullum, Daniel	"	"	"	
McCeary, James	"	"	"	Enlisted in the regular army.
Miles, Thomas	"	"	"	Enlisted in the regular army.
Munsey, John	"	"	"	
Muncey, Joshua	"	"	"	
McIntosh, Samuel	"	"	"	
Miller, Jacob	"	"	"	
Moon, William	"	"	"	Substitute for Abner Baker.
McKay, Hugh	"	"	"	
McDaniel, William	"	"	"	
Neil, William	"	"	"	
Osborn, Squire	"	"	"	
Organ, Thomas	"	"	"	
Price, John	"	"	"	
Pendleton, James	"	"	"	
Pennington, Abel	"	"	"	
Price, Robert	"	"	"	Substitute for John Redgel.
Pencifield, Henry	"	"	"	
Patrick, John	"	"	"	
Rawlings, John	"	"	"	
Ronnion, Abraham	"	"	"	
Redgel, John	"	"	"	Substitute for Robert Price.
Rawlings, Spencer	"	"	"	
Rees, William	"	"	"	
Roberts, William	"	"	"	
Roak, John, Sr.	"	"	"	
Roak, John, Jr.	"	"	"	
Smith, Samuel	"	"	"	Substitute for Jacob Hall.
Smith, John	"	"	"	

ROLL OF CAPTAIN DANIEL GARRARD'S COMPANY, SECOND REGIMENT, KENTUCKY MILITIA—Continued.

Names.	Rank.	Date of Appointment or Enlistment.	To what time Engaged or Enlisted.	Remarks.
Smith, Jeremiah	Private	September 1, 1812	October 1, 1812	
Sweeter, James	"	" "	" "	
Slotts, John M.	"	" "	" "	
Slone, Thomas	"	" "	" "	
Seagraves, Joseph	"	" "	" "	
Suthers, Micajah	"	" "	" "	
Smith, Elias	"	" "	" "	
Smith, Bradley	"	" "	" "	
Tolby, Isaac	"	" "	" "	
Tacket, Thomas	"	" "	" "	
Tolson, Warren	"	" "	" "	
Woodall, Charles	"	" "	" "	Substitute for Archibald Ellison.
Williams, Hardin	"	" "	" "	
Williams, Robert	"	" "	" "	
Williams, Richard	"	" "	" "	
Young, John	"	" "	" "	

ROLL OF CAPTAIN HENRY JAMES' COMPANY, SECOND REGIMENT, KENTUCKY MILITIA.

Names.	Rank.	Date of Appointment or Enlistment.	To what time Engaged or Enlisted.	Remarks.
Henry James	Captain	September 1, 1812	October 1, 1812	
James Kenedy	Lieutenant	" "	" "	
David Farr	Ensign	" "	" "	
John Wiles	Sergeant	" "	" "	
Robert Kenedy	"	" "	" "	
Joseph Girdley	"	" "	" "	
William Carman	"	" "	" "	
William C Carter	Corporal	" "	" "	
John Scott	"	" "	" "	
William Murphy	"	" "	" "	
Thomas Ferrell	"	" "	" "	
Adams, James	Private	" "	" "	
Adams, Nathaniel	"	" "	" "	
Adams, Nimrod	"	" "	" "	
Adams, Thomas	"	" "	" "	
Ashley, John	"	" "	" "	
Barron, John	"	" "	" "	
Bundy, Reuben	"	" "	" "	
Barron, John	"	" "	" "	
Blunt, Miles	"	" "	" "	
Chambers, Hugh	"	" "	" "	
Cook, Richard	"	" "	" "	
Crouch, Aaron	"	" "	" "	
Clifton, Nehemiah	"	" "	" "	
Clifton, Isaiah	"	" "	" "	
Drummons, James	"	" "	" "	
Davis, William	"	" "	" "	
Dooling, James	"	" "	" "	
Dooling, Daniel	"	" "	" "	
Dooling, Thomas	"	" "	" "	
Dooling, John	"	" "	" "	
Dotson, Thomas	"	" "	" "	
Depard, Charles	"	" "	" "	
Earles, Samuel	"	" "	" "	
Fisher, Nathaniel	"	" "	" "	
Ferguson, David	"	" "	" "	
Gillmore, Robert	"	" "	" "	
Gabbert, William	"	" "	" "	
Girdley, James	"	" "	" "	
Graves, John	"	" "	" "	
Gill, Richard	"	" "	" "	
Griffin, Squire	"	" "	" "	
Hamilton, James	"	" "	" "	
Hendrix, James	"	" "	" "	
Hendrix, John	"	" "	" "	
Harring, Levy	"	" "	" "	
Holloway, Moses	"	" "	" "	
Harris, Barnabas	"	" "	" "	
Henson, Elisha	"	" "	" "	
Hite, Burton	"	" "	" "	
Jones, Jonathan	"	" "	" "	
Lynch, John	"	" "	" "	

ROLL OF CAPTAIN HENRY JAMES' COMPANY, SECOND REGIMENT, KENTUCKY MILITIA—Continued.

Names.	Rank.	Date of Appointment or Enlistment.	To what time Engaged or Enlisted.	Remarks.
Long, Takley	Private	September 1, 1812	October 1, 1812	
Lewis, Mathew	"	" "	" "	
McKinsey, James	"	" "	" "	
McAllaster, George	"	" "	" "	
McGall, William	"	" "	" "	
Murphy, John	"	" "	" "	
McClure, Eleazer	"	" "	" "	
McFall, Robert	"	" "	" "	
McWhorter, Jesse	"	" "	" "	
Nichols, Alexander	"	" "	" "	
Noble, Mark	"	" "	" "	
Phelkins, John	"	" "	" "	
Reynolds, Henry	"	" "	" "	
Randle, Nimrod	"	" "	" "	
Rife, Abraham	"	" "	" "	
Ray, Elijah	"	" "	" "	
Royalty, William	"	" "	" "	
Stephens, Thomas	"	" "	" "	
Simpson, John	"	" "	" "	
Spencer, Samuel	"	" "	" "	
Sutherland, Daniel	"	" "	" "	
Stephens, William	"	" "	" "	
Toms, Anderson	"	" "	" "	
Upton, Benjamin	"	" "	" "	
Vanhook, Lawrence	"	" "	" "	
Vanhook, Aaron	"	" "	" "	
Warren, Joel	"	" "	" "	
Warren, Gabriel	"	" "	" "	
Ware, John	"	" "	" "	
Walls, Jacob	"	" "	" "	
Walls, Isaac S.	"	" "	" "	
Walls, Gabriel	"	" "	" "	

ROLL OF CAPTAIN TUNSTALL QUARLES, JR.'S, COMPANY, SECOND REGIMENT, KENTUCKY MILITIA.

Names.	Rank.	Date of Appointment or Enlistment.	To what time Engaged or Enlisted.	Remarks.
Tunstall Quarles, Jr.	Captain	September 1, 1812	October 1, 1812	
Lewellin Hickman	Lieutenant	" "	" "	
Robert J. Foster	Ensign	" "	" "	
William Irvine, Jr.	1st Sergeant	" "	" "	
Bird Smith	2d Sergeant	" "	" "	
Jesse Shell	3d Sergeant	" "	" "	
William McCan	4th Sergeant	" "	" "	
Joseph Porter	1st Corporal	" "	" "	
Jesse Stringer	2d Corporal	" "	" "	
William Chesney	3d Corporal	" "	" "	
John Nortrip	4th Corporal	" "	" "	
Anderson, John	Private	" "	" "	
Banker, William	"	" "	" "	
Buster, William	"	" "	" "	
Brown, William	"	" "	" "	
Bishop, Joseph	"	" "	" "	
Barrer, William	"	" "	" "	
Boyd, John	"	" "	" "	
Boyd, James	"	" "	" "	
Cundiff, William	"	" "	" "	
Cundiff, Christopher	"	" "	" "	
Campbell, Robert	"	" "	" "	
Campbell, Archibald	"	" "	" "	
Clair, Daniel	"	" "	" "	
Carter, George	"	" "	" "	
Dungans, George	"	" "	" "	
Eastham, John	"	" "	" "	
Francis, Henry, Jr.	"	" "	" "	
Fitzpatrick, William	"	" "	" "	
Goff, Elisha	"	" "	" "	
Garner, Parish	"	" "	" "	
Garrett, Francis	"	" "	" "	
Humphreys, David	"	" "	" "	
Hansford, William	"	" "	" "	
Ingram, Charles	"	" "	" "	
January, John S.	"	" "	" "	

SOLDIERS OF THE WAR OF 1812.

ROLL OF CAPTAIN TUNSTALL QUARLES, JR.'S, COMPANY, SECOND REGIMENT, KENTUCKY MILITIA—Continued.

Names.	Rank.	Date of Appointment or Enlistment.	To what time Engaged or Enlisted.	Remarks.
January, Samuel	Private	September 1, 1812	October 1, 1812	
Jasper, Thomas	"	" "	" "	
Luckett, Andrew	"	" "	" "	
Matthews, Alexander	"	" "	" "	
Montgomery, James	"	" "	" "	
McDowell, Edward	"	" "	" "	
Newby, Gamaliel	"	" "	" "	
Russell, Andrew	"	" "	" "	
Sutherland, James	"	" "	" "	
Tuggle, William	"	" "	" "	
White, Elisha	"	" "	" "	
Woods, Elias	"	" "	" "	
Wilson, Matthew	"	" "	" "	
Warren, Vincent	"	" "	" "	

ROLL OF CAPTAIN WILLIAM SPRATT'S COMPANY, SECOND REGIMENT, KENTUCKY MILITIA.

Names.	Rank.	Date of Appointment or Enlistment.	To what time Engaged or Enlisted.	Remarks.
William Spratt	Captain	September 1, 1812	October 1, 1812	
Johnson Dysart	Lieutenant	" "	" "	
James Forsyth	Ensign	" "	" "	
John Bright	1st Sergeant	" "	" "	
James Torrel	2d Sergeant	" "	" "	
William T. Murphy	3d Sergeant	" "	" "	
Weedin Smith	4th Sergeant	" "	" "	
Andrew Leeper	1st Corporal	" "	" "	
David Sutton	2d Corporal	" "	" "	
John Hand	3d Corporal	" "	" "	
David Logan	4th Corporal	" "	" "	
Skelton Rentfro	Fifer	" "	" "	
Allen, Gabriel R.	Private	" "	" "	
Allen, Churchwell	"	" "	" "	Substitute for Wm. Stevens.
Atkinson, Stephen	"	" "	" "	
Arnett, Zachariah	"	" "	" "	
Banton, Daniel W.	"	" "	" "	
Boulton, John	"	" "	" "	
Bell, Thomas	"	" "	" "	
Bronough, Thomas	"	" "	" "	
Baird, William	"	" "	" "	
Bustle, John	"	" "	" "	
Brown, John	"	" "	" "	
Bailey, Harmon	"	" "	" "	
Bothurum, Joseph	"	" "	" "	
Boulton, Peyton	"	" "	" "	
Craig, John	"	" "	" "	
Cox, John	"	" "	" "	
Craig, William	"	" "	" "	
Charlton, Levi	"	" "	" "	
Collins, William	"	" "	" "	
Combs, John	"	" "	" "	
Coyler, Charles	"	" "	" "	
Coyler, Gabriel	"	" "	" "	
Dunaway, William	"	" "	" "	
Denivider, Robert	"	" "	" "	
Denivider, George	"	" "	" "	Substitute for Samuel Flints.
Davidson, James	"	" "	" "	
Denivider, John	"	" "	" "	
Dearmon, Fleming	"	" "	" "	
Davidson, George	"	" "	" "	
East, James	"	" "	" "	
Engleman, Samuel	"	" "	" "	
East, Alexander	"	" "	" "	
Edwards, Griffin	"	" "	" "	
Fluce, William	"	" "	" "	
Gooch, Thomas	"	" "	" "	
Gillman, Robert C.	"	" "	" "	
Gilmore, James	"	" "	" "	
Hudgens, Robert	"	" "	" "	
Henry, James	"	" "	" "	
Harlin, Jacob	"	" "	" "	
Hall, John	"	" "	" "	
Hamon, Jesse	"	" "	" "	

ROLL OF CAPTAIN WILLIAM SPRATT'S COMPANY, SECOND REGIMENT, KENTUCKY MILITIA—Continued.

Names.	Rank.	Date of Appointment or Enlistment.	To what time Engaged or Enlisted.	Remarks.
Hughes, Thomas	Private	September 1, 1812	October 1, 1812	
Holtslelan, Martin	"	" "	" "	
Kellison, Robert	"	" "	" "	Substitute for Tollever Bronough.
Knight, George B.	"	" "	" "	
King, George	"	" "	" "	
Lawrence, Jesse	"	" "	" "	
Little, George	"	" "	" "	
Montgomery, Thomas	"	" "	" "	
McCormick, Masterson	"	" "	" "	
Mullen, Rice M.	"	" "	" "	
Noakes, John	"	" "	" "	
Pleasants, William G.	"	" "	" "	
Panter, David	"	" "	" "	
Pope, Henry	"	" "	" "	
Potter, Thomas	"	" "	" "	
Payne, William	"	" "	" "	
Perrit, Edward	"	" "	" "	
Peak, Levi	"	" "	" "	
Ramsey, Richard	"	" "	" "	
Russell, William	"	" "	" "	
Stewart, James	"	" "	" "	
Sharp, Henry	"	" "	" "	
Shackleford, Edward	"	" "	" "	
Spratt, Thomas	"	" "	" "	
Thurman, Joseph	"	" "	" "	
Wyatt, Francis	"	" "	" "	
Whiteside, William	"	" "	" "	
Wardon, John	"	" "	" "	

ROLL OF CAPTAIN JAMES McNIELS' COMPANY, SECOND REGIMENT, KENTUCKY MILITIA.

Names.	Rank.	Date of Appointment or Enlistment.	To what time Engaged or Enlisted.	Remarks.
James McNiels	Captain	September 1, 1812	October 1, 1812	
Jarves Jackson	Lieutenant	" "	" "	
Nathaniel D. Moore	Ensign	" "	" "	
Andrew Logan	Sergeant	" "	" "	
Joseph Craig	"	" "	" "	
William Dugger	"	" "	" "	
Elias Swift	"	" "	" "	
Thomas Bailey	Corporal	" "	" "	Appointed a fifer
Thomas Moody	"	" "	" "	Failed to attend and march.
Hiram Liton	"	" "	" "	Failed to attend and march.
John Hannon	"	" "	" "	
Isaac Danews	Drummer	" "	" "	
George Reynolds	Fifer	" "	" "	
Adams, Sinid	Private	" "	" "	
Basten, Thomas	"	" "	" "	
Bishop, Molan	"	" "	" "	Failed to attend and march.
Boyd, John	"	" "	" "	
Bryant, Allen	"	" "	" "	Failed to attend and march.
Bishop, John	"	" "	" "	Failed to attend and march.
Blenbow, Benjamin	"	" "	" "	
Bengum, Joshua	"	" "	" "	
Cather, William	"	" "	" "	Failed to attend and march.
Carr, William	"	" "	" "	Failed to attend and march.
Cape, Thomas	"	" "	" "	Enlisted in regular army.
Cheek, John	"	" "	" "	Volunteered since last muster.
Dance, William	"	" "	" "	
Dewesse, William	"	" "	" "	
Dugger, Julius	"	" "	" "	
Davis, John	"	" "	" "	
Early, William	"	" "	" "	
Emry, John	"	" "	" "	Deserted.
Farris, James	"	" "	" "	
Farris, Isham	"	" "	" "	Failed to attend and march.
Faulkner, James	"	" "	" "	
Gray, Jesse	"	" "	" "	
Gardner, Clement	"	" "	" "	Failed to attend and march.
Gregory, Robert	"	" "	" "	
Green, John	"	" "	" "	Volunteered since last muster.
Greal, Chrisly	"	" "	" "	Volunteered since last muster.
Gamble, James	"	" "	" "	Substituted for Oldham.

SOLDIERS OF THE WAR OF 1812.

ROLL OF CAPTAIN JAMES McNEILS' COMPANY, SECOND REGIMENT, KENTUCKY MILITIA—Continued.

Names.	Rank.	Date of Appointment or Enlistment.	To what time Engaged or Enlisted.	Remarks.
Holt, Daswell	Private	September 1, 1812	October 1, 1812	Failed to attend and march.
Holt, Thomas	"	" "	" "	Failed to attend and march.
Holman, John	"	" "	" "	
Horn, Christopher	"	" "	" "	
Hill, Alexander	"	" "	" "	Failed to attend and march.
Hunter, Francis	"	" "	" "	
Haddeck, Charles	"	" "	" "	Volunteered since last muster.
Ingram, Isaac	"	" "	" "	
Johnston, James	"	" "	" "	
Johnston, Richard	"	" "	" "	Failed to attend and march.
James, Joseph	"	" "	" "	
James, Benjamin	"	" "	" "	Deserted.
McHenry, Samuel	"	" "	" "	Failed to attend and march.
Meadows, Isham	"	" "	" "	Failed to attend and march.
McFarland, Duncan	"	" "	" "	Failed to attend and march.
Meadows, Pleasant	"	" "	" "	
Moser, Sian	"	" "	" "	
Muser, Stephen	"	" "	" "	Substitute for Isaac Ingram.
Messon, Isaac	"	" "	" "	Failed to attend and march.
Mullery, James	"	" "	" "	Failed to attend and march.
Nicholson, Leonard	"	" "	" "	Failed to attend and march.
Nuton, Isaac	"	" "	" "	
Night, John	"	" "	" "	
Oldham, Goodman	"	" "	" "	Substitute for Wm. Johnston.
Pate, Philip	"	" "	" "	Failed to attend and march.
Pitman, Thomas	"	" "	" "	
Spicer, Thomas	"	" "	" "	
Stenson, Robert	"	" "	" "	
Shelly, Wathan	"	" "	" "	Failed to attend and march.
Smith, Drury	"	" "	" "	Failed to attend and march.
Still, Jesse	"	" "	" "	Deserted.
Turtle, John	"	" "	" "	Substitute for Benj. Tugge, and furloughed.
Taylor, Henry	"	" "	" "	
Watts, Holland	"	" "	" "	

ROLL OF CAPTAIN WILLIAM M. MORRISON'S COMPANY, SECOND REGIMENT, KENTUCKY MILITIA.

Names.	Rank.	Date of Appointment or Enlistment.	To what time Engaged or Enlisted.	Remarks.
William M. Morrison	Captain	September 1, 1812	October 1, 1812	
Alexander Barnett	Lieutenant	" "	" "	
Benjamin Schooler	Ensign	" "	" "	
James Martin	1st Sergeant	" "	" "	
John C. McWilliams	2d Sergeant	" "	" "	
Isaac Anderson	3d Sergeant	" "	" "	
William Chambers	4th Sergeant	" "	" "	
James Bingham	1st Corporal	" "	" "	
Adam I. Noble	2d Corporal	" "	" "	
Anderson, Irwin	Private	" "	" "	
Anderson, John	"	" "	" "	
Alexander, Benjamin	"	" "	" "	
Boler, William	"	" "	" "	
Boodis, Thomas	"	" "	" "	
Baker, Charles	"	" "	" "	
Bird, John	"	" "	" "	
Bigham, John	"	" "	" "	
Benge, Joel	"	" "	" "	
Brockman, Thomas	"	" "	" "	
Belesworth, William	"	" "	" "	
Charles, James	"	" "	" "	
Campbell, John	"	" "	" "	
Cuudle, Robert	"	" "	" "	
Carr, Samuel	"	" "	" "	
Duncan, Little B.	"	" "	" "	
Elliott, William	"	" "	" "	
Fitzpatrick, Thomas	"	" "	" "	
Ford, Pleasant	"	" "	" "	
Gain, Cannon	"	" "	" "	
Gentry, David	"	" "	" "	
Goff, William	"	" "	" "	
Hall, Richard	"	" "	" "	
Hockada, Samuel	"	" "	" "	
Hawkins, Thomas	"	" "	" "	

ROLL OF CAPTAIN WILLIAM M. MORRISON'S COMPANY, SECOND REGIMENT, KENTUCKY MILITIA—Continued.

Names.	Rank.	Date of Appointment or Enlistment.	To what time Engaged or Enlisted.	Remarks.
Hill, James	Private	September 1, 1812	October 1, 1812	
Kennedy, Joseph	"	" "	" "	
Kennedy, John	"	" "	" "	
Long, Joel	"	" "	" "	
Long, James	"	" "	" "	
Laughlan, John	"	" "	" "	
Lee, Gressan	"	" "	" "	
Linch, James	"	" "	" "	
Linch, David	"	" "	" "	
Mason, James	"	" "	" "	
Mott, William	"	" "	" "	
Mise, Reuben	"	" "	" "	
McNutt, Thomas	"	" "	" "	
McClanahan, William	"	" "	" "	
Parian, John	"	" "	" "	
Person, Ackles	"	" "	" "	
Porter, Andrew	"	" "	" "	
Person, Jeremiah	"	" "	" "	
Ralston, Vinson	"	" "	" "	
Ross, Stephen	"	" "	" "	
Schoolar, Nicholas	"	" "	" "	
Scott, John	"	" "	" "	
Tool, William	"	" "	" "	
Tubbs, Jesse	"	" "	" "	
Wade, William	"	" "	" "	
White, Henry	"	" "	" "	
Wells, Robert	"	" "	" "	
Wallace, Enell	"	" "	" "	
Wallace, William	"	" "	" "	
Williams, Hezekiah	"	" "	" "	
Walker, John	"	" "	" "	

ROLL OF CAPTAIN JAMES ANDERSON'S COMPANY, SECOND REGIMENT, KENTUCKY MILITIA.

Names.	Rank.	Date of Appointment or Enlistment.	To what time Engaged or Enlisted.	Remarks.
James Anderson	Captain	September 1, 1812	October 1, 1812	
Samuel Lapsley	Lieutenant	" "	" "	
Isaac Myers	Ensign	" "	" "	
James Wooley	1st Sergeant	" "	" "	
George Small	2d Sergeant	" "	" "	
William Finnell	3d Sergeant	" "	" "	
Jesse Taylor	4th Sergeant	" "	" "	
Benoni West	Corporal	" "	" "	
William Faulkner	"	" "	" "	
Abraham McKenzey	"	" "	" "	
George Clinton	"	" "	" "	
Anderson, James	Private	" "	" "	
Allen, Samuel	"	" "	" "	
Austin, William	"	" "	" "	
Austin, Thomas	"	" "	" "	
Bryant, William	"	" "	" "	
Banks, Linn	"	" "	" "	
Blair, Thomas	"	" "	" "	
Brown, Francis	"	" "	" "	
Blankenship, John	"	" "	" "	
Bailey, Walker	"	" "	" "	
Bready, John	"	" "	" "	
Brooks, Austin	"	" "	" "	
Barker, Richard	"	" "	" "	
Burrally, Peter	"	" "	" "	
Chambers, James	"	" "	" "	
Campbell, William	"	" "	" "	
Childes, John	"	" "	" "	
Copper, John	"	" "	" "	
Denton, William	"	" "	" "	
Ervin, Joseph	"	" "	" "	
Ford, Reuben	"	" "	" "	
Franklin, John	"	" "	" "	
Holmes, Isaac	"	" "	" "	
Hogan, Philip	"	" "	" "	
Hugh, William	"	" "	" "	
Hunt, William	"	" "	" "	

ROLL OF CAPTAIN JAMES ANDERSON'S COMPANY, SECOND REGIMENT, KENTUCKY MILITIA—Continued.

Names.	Rank.	Date of Appointment or Enlistment.	To what time Engaged or Enlisted.	Remarks.
Hays, Thomas	Private	September 1, 1812	October 1, 1812	
Hancock, Simon	"	" "	" "	
Hoskins, Samuel	"	" "	" "	
Harry, ——	"	" "	" "	A free man of color.
Joshua, ——	"	" "	" "	A free man of color.
Kennedy, Andrew	"	" "	" "	
Layton, William	"	" "	" "	
Layton, David	"	" "	" "	
Lear, Henry T.	"	" "	" "	
Mitchell, Alexander	"	" "	" "	
Mayfield, Southerland	"	" "	" "	
Marksburry, William	"	" "	" "	
McKee, James	"	" "	" "	
Macklin, Henry	"	" "	" "	
Marshon, William	"	" "	" "	
McKee, Samuel	"	" "	" "	
Nechum, Peter	"	" "	" "	
Pasey, Price	"	" "	" "	
Perkins, David	"	" "	" "	
Peter, ——	"	" "	" "	A man of color.
Paine, John	"	" "	" "	
Patten, Felix	"	" "	" "	
Poe, William	"	" "	" "	
Roland, Morgan	"	" "	" "	
Robertson, Uriah	"	" "	" "	
Richardson, Stephen	"	" "	" "	
Robertson, James	"	" "	" "	
Sublett, William	"	" "	" "	
Sublett, James	"	" "	" "	
Stine, William	"	" "	" "	
Sutton, William	"	" "	" "	
Sampson, Elijah	"	" "	" "	
Stephens, Elijah	"	" "	" "	
Tunget, Richard	"	" "	" "	
Torrence, James	"	" "	" "	
Vance, William	"	" "	" "	
Vance, Christopher	"	" "	" "	
Workman, Benjamin	"	" "	" "	
Warren, Joseph	"	" "	" "	
Wit, Lewis	"	" "	" "	Enlisted in U. S. Army.
Ward, William	"	" "	" "	
Woodall, Overton	"	" "	" "	
Wood, Rewel	"	" "	" "	
Whitman, William	"	" "	" "	
Welch, Joseph	"	" "	" "	
West, John	"	" "	" "	
Warrel, John	"	" "	" "	
Wadkins, Willis	"	" "	" "	
Wood, Enoch	"	" "	" "	

ROLL OF CAPTAIN SILVANUS MASSIE'S COMPANY, SECOND REGIMENT, KENTUCKY MILITIA.

Names.	Rank.	Date of Appointment or Enlistment.	To what time Engaged or Enlisted.	Remarks.
Silvanus Massie	Captain	September 1, 1812	October 1, 1812	
Andrew Briscoe	Lieutenant	" "	" "	
Henry Beaty	Ensign	" "	" "	
Robert Jones	1st Sergeant	" "	" "	
Abram Spencer	2d Sergeant	" "	" "	
William Newman	3d Sergeant	" "	" "	
Robert Cooper	4th Sergeant	" "	" "	
Jonathan Todd	1st Corporal	" "	" "	
Overton Harris	2d Corporal	" "	" "	
Jesse Benton	3d Corporal	" "	" "	
Isaac Coyle	4th Corporal	" "	" "	
Abney, Charles	Private	" "	" "	
Armstrong, Mason	"	" "	" "	
Beaty, William	"	" "	" "	
Bargy, Mansel	"	" "	" "	
Black, Joseph	"	" "	" "	
Buck, John	"	" "	" "	
Collier, William	"	" "	" "	
Outright, John	"	" "	" "	

SOLDIERS OF THE WAR OF 1812.

ROLL OF CAPTAIN SYLVANUS MASSIE'S COMPANY, SECOND REGIMENT, KENTUCKY MILITIA—Continued.

Names.	Rank.	Date of Appointment or Enlistment.	To what time Engaged or Enlisted.	Remarks.
Campbell, William	Private	September 1, 1812	October 1, 1812	
Coyle, Daniel	"	" "	" "	
Caplinger, Adam	"	" "	" "	
Carpenter, Moses	"	" "	" "	
Calleway, John	"	" "	" "	
Carpenter, John	"	" "	" "	
Dalton, Benjamin	"	" "	" "	
Davis, Joshua	"	" "	" "	
Downs, Robert	"	" "	" "	
Elkin, Elijah	"	" "	" "	
Easten, James	"	" "	" "	
Ellenbaugh, Garret	"	" "	" "	
Ellcott, Dawson	"	" "	" "	
Evans, Peter	"	" "	" "	
Foot, Philip	"	" "	" "	
Foot, Francis	"	" "	" "	
Gaddy, Thomas	"	" "	" "	
Gilbert, Simon	"	" "	" "	
Gravitt, John	"	" "	" "	
Hunt, Dudley	"	" "	" "	
Holeman, William	"	" "	" "	
Hughes, Pratt	"	" "	" "	
Howard, Henry	"	" "	" "	
Hern, Walter	"	" "	" "	
Holeman, John	"	" "	" "	
Jones, Garland	"	" "	" "	
Jones, James	"	" "	" "	
Lamb, Pendleton	"	" "	" "	
Lamb, Thomas	"	" "	" "	
Messer, David	"	" "	" "	
McDaniel, William	"	" "	" "	
Mills, John E.	"	" "	" "	
Morris, Jesse	"	" "	" "	
McDaniel, John	"	" "	" "	
Meadows, William	"	" "	" "	
Percel, Richard	"	" "	" "	
Powell, John	"	" "	" "	
Quinn, Andrew	"	" "	" "	
Quinn, William	"	" "	" "	
Rush, Joel	"	" "	" "	
Reynolds, Pleasant	"	" "	" "	
Searcy, Fielding	"	" "	" "	
Searcy, Bartlett	"	" "	" "	
Searcy, Wyatt	"	" "	" "	
Stagner, Jesse	"	" "	" "	
Thomas, Presley	"	" "	" "	
Todd, William	"	" "	" "	
Thorps, Alexander	"	" "	" "	
Todd, Daniel	"	" "	" "	
Thomas, James	"	" "	" "	
Vanbuskirk, John	"	" "	" "	
Vanbuskirk, William	"	" "	" "	
Witt, Elisha	"	" "	" "	
Warder, John	"	" "	" "	
Williams, Levi	"	" "	" "	
Woolery, Jacob	"	" "	" "	
Wood, William	"	" "	" "	
Witt, Littleberry	"	" "	" "	

ROLL OF CAPTAIN WILLIAM BLACK'S COMPANY, KENTUCKY BATTALION, MOUNTED VOLUNTEERS—COMMANDED BY MAJOR H. RENNICK.

Names	Rank	Date of Appointment or Enlistment.	To what time Engaged or Enlisted.	Remarks
William Black	Captain	September 18, 1812	November 4, 1812	
Josiah Collins	Lieutenant	" "	" "	
Richard Benton	Ensign	" "	" "	
Humphrey Warren	Sergeant	" "	" "	
John Harris	"	" "	" "	
Thomas Hume	"	" "	" "	
James Yeates	"	" "	" "	
Thomas Treble	Corporal	" "	" "	
Benjamin Clayton	"	" "	" "	
David Cruin	"	" "	" "	

ROLL OF CAPTAIN WILLIAM BLACK'S COMPANY, KENTUCKY BATTALION, MOUNTED VOLUNTEERS—Continued.

Names.	Rank.	Date of Appointment or Enlistment.	To what time Engaged or Enlisted.	Remarks.
Bacon, George	Private	September 18, 1812	November 4, 1812	
Banton, Henry A.	"	" "	" "	
Bucherd, Robert	"	" "	" "	
Cooper, John	"	" "	" "	
Cook, Jaber	"	" "	" "	
Cruise, James	"	" "	" "	
Davenport, Samuel	"	" "	" "	
Eastes, Elisha	"	" "	" "	
Easton, Jesse	"	" "	" "	
Elliott, George	"	" "	" "	
Eastes, Spencer	"	" "	" "	
Estin, Robert	"	" "	" "	
Gray, Thomas	"	" "	" "	
Hartley, Nathaniel	"	" "	" "	
Han, Joel	"	" "	" "	
Hubbard, John	"	" "	" "	
Hume, Staunton	"	" "	" "	
Harthly, Leonard	"	" "	" "	
McGuire, Campbell	"	" "	" "	
Martin, Robert	"	" "	" "	
Oldham, Moses	"	" "	" "	
Partwood, John	"	" "	" "	
Robinson, James	"	" "	" "	
Tincher, William	"	" "	" "	
Turner, Thomas	"	" "	" "	
White, Joseph	"	" "	" "	
Walcup, Sanders	"	" "	" "	

ROLL OF CAPTAIN WILLIAM SMITH'S COMPANY, KENTUCKY BATTALION, MOUNTED VOLUNTEERS.

Names.	Rank.	Date of Appointment or Enlistment.	To what time Engaged or Enlisted.	Remarks.
William Smith	Captain	September 18, 1812	November 4, 1812	
Samuel Lewis	Lieutenant	" "	" "	
Charles C. Carson	Ensign	" "	" "	
Briant Warren	Sergeant	" "	" "	
Thomas Meek	"	" "	" "	
James Carpenter	"	" "	" "	
Thomas Fish	"	" "	" "	
Burdett, John	Private	" "	" "	
Bailey, Reuben	"	" "	" "	
Bailey, Joseph	"	" "	" "	
Bell, Isaac	"	" "	" "	
Bailey, John	"	" "	" "	
Bethurum, Benjamin	"	" "	" "	
Carson, Joseph	"	" "	" "	
Dysart, John B.	"	" "	" "	
Fish, William	"	" "	" "	
Griffin, Solomon	"	" "	" "	
Huff, John	"	" "	" "	
Hall, John	"	" "	" "	
Henderson, William	"	" "	" "	
Jackman, John	"	" "	" "	
Langford, Robert	"	" "	" "	
Langford, Stephen	"	" "	" "	
Lyon, James	"	" "	" "	
McClure, Andrew	"	" "	" "	
McClure, Gilliam	"	" "	" "	
Owen, Morton	"	" "	" "	
Renfroe, John	"	" "	" "	
Renfroe, James	"	" "	" "	
Renfroe, William	"	" "	" "	
Singleton, Philip	"	" "	" "	
Sloan, John	"	" "	" "	
Tait, Stephen	"	" "	" "	
Warren, Benjamin	"	" "	" "	
Wilson, James	"	" "	" "	

ROLL OF CAPTAIN THOMAS DOLLARHIDE'S COMPANY, KENTUCKY BATTALION, MOUNTED VOLUNTEERS.

Names.	Rank.	Date of Appointment or Enlistment.	To what time Engaged or Enlisted.	Remarks.
Thomas Dollarhide	Captain	September 18, 1812	October 27, 1812	
John Cowen	Lieutenant	" "	" "	
Jesse Evan	Ensign	" "	" "	
Samuel Hays	Sergeant	" "	" "	
Hand Beastard	"	" "	" "	
George M. Gaham	"	" "	" "	
Joel Roberts	"	" "	" "	
Beaty, John	Private	" "	" "	
Custard, John	"	" "	" "	
Crutchfield, Seburn	"	" "	" "	
Cowen, Robert	"	" "	" "	
Cowan, James	"	" "	" "	
Clarke, John	"	" "	" "	
Clarke, James	"	" "	" "	
Cooper, George	"	" "	" "	
Cooper, James	"	" "	" "	
Dogan, Henry	"	" "	" "	
Davis, James S.	"	" "	" "	
Gibson, Martin	"	" "	" "	
Griffin, John	"	" "	" "	
Garner, Cornelius	"	" "	" "	
Huston, Thomas	"	" "	" "	
Humphries, William	"	" "	" "	Paid March 19, 1812, Hipa Buckner.
Hardgrove, John	"	" "	" "	
Jasper, Andrew	"	" "	" "	
Jones, William	"	" "	November 27, 1812	
Jones, Read	"	" "	" "	
Kelly, John	"	" "	" "	
Layrers, John	"	" "	" "	
Lockett, Archibald	"	" "	" "	
Logan, Hugh	"	" "	" "	
Long, James	"	" "	" "	
Link, Christian	"	" "	" "	
Marshall, Charles	"	" "	" "	
Meece, Jacob	"	" "	" "	
Macey, Abraham	"	" "	" "	
Nolly, John G.	"	" "	" "	
Nedry, Thomas	"	" "	" "	
Novel, Samuel	"	" "	" "	
Owens, Samuel	"	" "	" "	
Rainey, Aaron	"	" "	" "	
Regan, William	"	" "	" "	
Runey, Moses	"	" "	" "	
Richardson, Charles	"	" "	" "	
Smith, Thomas	"	" "	" "	
Short, Samuel	"	" "	" "	
Smith, Robert	"	" "	" "	
Stagstill, William	"	" "	" "	
Sally, William S.	"	" "	" "	
Thurman, Benjamin	"	" "	" "	
Turpin, Moses	"	" "	" "	
Wolden, William	"	" "	" "	
Whitehouse, Jonathan	"	" "	" "	
Yancy, Robert	"	" "	" "	

Roll of Field and Staff, Barbee's Regiment, Kentucky Militia—War of 1812.

NAMES.	Rank.	Date of Appointment or Enlistment.	To what time Engaged or Enlisted.	REMARKS.
Joshua Barbee	Lt. Colonel	August 10, 1812	September 22, 1812	
Henry Palmer	1st Major	" "	" "	
Creed Hawkins	2d Major	August 29, 1812	September 28, 1812	
John W. Powell	Adjutant	August 20, 1812	September 22, 1812	
James McDowell	Surgeon	August 10, 1812	" "	Absent—sick.
Duff Green	S. Mate	" "	" "	
George C. Cowan	Qr. Master	" "	" "	Ensign in Capt. Barbour's Company.
George C. Harlan	Qr. M. Serg't	August 23, 1812	" "	
John Glover	S. Major	" "	" "	
Thomas Brown	Drum Major	" "	" "	
Clemment Sullivan	Fife Major	" "	" "	
Thompson Gaines	Paymaster	September 7, 1812	" "	

ROLL OF CAPTAIN GARRETT PETERSON'S COMPANY, BARBEE'S REGIMENT, KENTUCKY MILITIA—COMMANDED BY LIEUTENANT-COLONEL JOSHUA BARBEE.

Name	Rank	Date	To what time	Remarks
Garrett Peterson	Captain	August 23, 1812		
David Philips	Lieutenant	" "		
Warren, Hardeen	Ensign	" "		
Raphael Leak	1st Sergeant	" "		Thos. Montgomery substituted for Raphael Leak.
John French	2d Sergeant	" "		
Francis Vain	3d Sergeant	" "		[Phillips, who was sick.
William Phillips	4th Sergeant	" "		John Beauchamp appointed in place of William
Francis Monarch	1st Corporal	" "		Stephen Kinchlow substituted.
Hardin Hawkins	2d Corporal	" "		
Thomas Bickett	3d Corporal	" "		
Joseph Nolin	4th Corporal	" "		
Bland, Charles	Private	" "		
Brownlow, Isaac	"	" "		
Brown, Joseph	"	" "		
Bennet, Richard	"	" "		
Bailey, Joseph	"	" "		
Catlin, Seth	"	" "		
Cissel, James	"	" "		
Corby, William	"	" "		
Constable, Stephen	"	" "		
Clifton, William	"	" "		
Connor, Livingston	"	" "		
Corby, John	"	" "		
Dicken, David	"	" "		
Davidson, Andrew	"	" "		
Doran, Francis	"	" "		
Edlan, Fendle	"	" "		Colby Smith substituted.
Edwards, Joseph	"	" "		
Eldrid, John	"	" "		
Ford, Luis	"	" "		
Gilcrease, William	"	" "		Nathaniel Lynch substituted.
Gribbins, William	"	" "		
Gates, William	"	" "		
Graves, Charles	"	" "		
Green, Fredrick	"	" "		
Horben, Eli	"	" "		Cleared by court-martial.
Herron, James	"	" "		
Hardesty, Edward	"	" "		
Hevingden, Cades	"	" "		
Johnston, William	"	" "		Clement Knott substituted.
Kindman, William	"	" "		
Kiney, William	"	" "		James Horben substituted.
Kelly, George	"	" "		Jacob Houts substituted.
Logan, Matthew	"	" "		Benjamin Cooper substituted.
Mattingly, John	"	" "		Benjamin Long substituted.
Mills, John	"	" "		George Hardesty substituted.
McCoughlin, James	"	" "		
Mitchel, William	"	" "		
Mechling, Ignatius	"	" "		
Miles, Henry P.	"	" "		
Mollyham, William	"	" "		

ROLL OF CAPTAIN GARRETT PETERSON'S COMPANY, BARBEE'S REGIMENT, KENTUCKY MILITIA—Continued.

Names.	Rank.	Date of Appointment or Enlistment.	To what time Engaged or Enlisted.	Remarks.
Moore, Andrew	Private	August 28, 1812		
Osburn, Horatio	"	" "		
Parsot, William	"	" "		Wm. Ackley substituted.
Phillips, William	"	" "		Wm. Pierce substituted.
Purdy, John	"	" "		
Perry, James	"	" "		
Self, Thomas	"	" "		Unable to march.
Scott, Benjamin	"	" "		
Sutton, John	"	" "		
Sinns, John	"	" "		
Spalding, Richard	"	" "		
Shuck, Jacob	"	" "		
Tucker, Thomas	"	" "		Philip Thurman substituted.
Thomas, Avon	"	" "		
Vessels, James	"	" "		John Vessels substituted.
Wells, Thomas	"	" "		

ROLL OF CAPTAIN ROBERT BURNET'S COMPANY, BARBEE'S REGIMENT, KENTUCKY MILITIA.

Names	Rank	Date of Appointment or Enlistment.	To what time Engaged or Enlisted.	Remarks
Robert Burnet	Captain	August 28, 1812	6 months	
Thomas Cregor	Lieutenant	" "	"	
Jacob Pierce	Ensign	" "	"	
Jacob Funk	1st Sergeant	" "	"	
Jonas O'Neal, 2d	2d Sergeant	" "	"	Wm. Coppidge substituted.
John Schooling	3d Sergeant	" "	"	
Joseph Husbands	4th Sergeant	" "	"	
John Pierce	1st Corporal	" "	"	
John McElroy	2d Corporal	" "	"	
John Wright	3d Corporal	" "	"	Wm. Bolling substituted.
James Bater	4th Corporal	" "	"	
Askins, David	Private	" "	"	
Burris, Archibald	"	" "	"	
Burnet, William	"	" "	"	
Baker, Richard	"	" "	"	
Baker, William	"	" "	"	
Casey, Henry	"	" "	"	
Kokenouse, Christopher	"	" "	"	Sick at home.
Cook, William	"	" "	"	Elijah Lott substituted.
Case, John	"	" "	"	
Coulter, Josiah	"	" "	"	
Cross, Jonathan	"	" "	"	
Cash, Archibald	"	" "	"	
Cummings, Alexander	"	" "	"	
Craven, John	"	" "	"	
Casey, Robert	"	" "	"	
Casey, David	"	" "	"	
Conder, George	"	" "	"	
Doughtery, Thomas	"	" "	"	
Davis, James	"	" "	"	
Foster, Notty	"	" "	"	
Gillis, William	"	" "	"	
Green, Benjamin G.	"	" "	"	
Goff, Caleb	"	" "	"	
Graves, John	"	" "	"	
Holt, Tapley	"	" "	"	
Hendrickson, Lefret	"	" "	"	
Herbert, Hezekiah	"	" "	"	
Handley, Joel	"	" "	"	
Hall, John C.	"	" "	"	
Hundley, John W.	"	" "	"	
Hardin, Mark	"	" "	"	
Hilton, Henry	"	" "	"	
Howard, Edmond	"	" "	"	
Husbands, Vezey	"	" "	"	
Johnson, Edward	"	" "	"	
Johnson, Jacob	"	" "	"	
Ladmester, Plesant	"	" "	"	
Mason, Andrew	"	" "	"	
Munsey, Jacob	"	" "	"	
Murray, Charles	"	" "	"	
McKonny, John	"	" "	"	

SOLDIERS OF THE WAR OF 1812.

ROLL OF CAPTAIN ROBERT BURNET'S COMPANY, BARBEE'S REGIMENT, KENTUCKY MILITIA—Continued.

Names.	Rank.	Date of Appointment or Enlistment.	To what time Engaged or Enlisted.	Remarks.
Moore, Alexander	Private	August 23, 1812	6 months	
McFarling, Jeremiah	"	" "	"	
Malone, Cager	"	" "	"	
Powell, Charles	"	" "	"	
Philips, John	"	" "	"	
Prater, William	"	" "	"	
Purtle, Waler	"	" "	"	
Purtle, Jacob	"	" "	"	
Purtle, Henry	"	" "	"	
Ridge, Cornelius	"	" "	"	Benjamin Ridge substituted.
Riley, Tobias B.	"	" "	"	
Sheral, Avon	"	" "	"	Absent.
Snider, Thomas	"	" "	"	Jacob Clark substituted.
Smiley, Jesse	"	" "	"	
Simpson, Lloyd	"	" "	"	
Tuel, Charles	"	" "	"	
Watts, William	"	" "	"	
Whitticotton, James	"	" "	"	
Yowell, John	"	" "	"	

ROLL OF CAPTAIN WILLIAM CROSS' COMPANY, BARBEE'S REGIMENT, KENTUCKY MILITIA.

Names.	Rank.	Date of Appointment or Enlistment.	To what time Engaged or Enlisted.	Remarks.
William Cross	Captain	August 23, 1812	September 22, 1812	
James Cowan	Lieutenant	" "	" "	
Henry Gabbert	Ensign	" "	" "	
Thomas Logan	2d Sergeant	" "	" "	
Samuel Curren	3d Sergeant	" "	" "	
John Owens	4th Sergeant	" "	" "	
William Montgomery	Corporal	" "	" "	
John Carter	"	" "	" "	
Andrew Cowan	"	" "	" "	
William Ford	Drummer	" "	" "	
Thomas Franklin	Fifer	" "	" "	
Beckett, Josiah	Private	" "	" "	
Bramday, George	"	" "	" "	
Ballew, Alfred W.	"	" "	" "	
Bright, William	"	" "	" "	Substitute for Robert Mann.
Burcham, Isaiah	"	" "	" "	
Blankonship, Abel	"	" "	" "	
Carpenter, John	"	" "	" "	
Cooksey, William	"	" "	" "	
Cowan, Thomas	"	" "	" "	
Calhoun, James	"	" "	" "	
Cooksey, John	"	" "	" "	Substitute for Elijah Hopkins.
Clark, Benjamin	"	" "	" "	
Flowers, Thomas M.	"	" "	" "	
Gabbert, David	"	" "	" "	
Gross, John	"	" "	" "	Substitute for David Young.
Howley, Zebedee	"	" "	" "	
Harper, James	"	" "	" "	
Harper, Asa	"	" "	" "	
Kennedy, James	"	" "	" "	
Ledford, William	"	" "	" "	
Lester, Abraham	"	" "	" "	
Linn, Samuel	"	" "	" "	
Lester, William	"	" "	" "	
Martin, James	"	" "	" "	
Murray, Daniel	"	" "	" "	
Mills, Thomas	"	" "	" "	Substitute for John Allen.
Matthews, Lott R.	"	" "	" "	
Martin, Zerah	"	" "	" "	
Miller, Isaac	"	" "	" "	
Mackey, James	"	" "	" "	
Right, Lewis	"	" "	" "	
Savage, William	"	" "	" "	
Smith, Alexander	"	" "	" "	
Scott, Richard	"	" "	" "	
Smalley, Andrew	"	" "	" "	
Speck, Jacob	"	" "	" "	
Wood, James	"	" "	" "	

SOLDIERS OF THE WAR OF 1812.

ROLL OF CAPTAIN WILLIAM CROSS' COMPANY, BARBEE'S REGIMENT, KENTUCKY MILITIA—Continued.

Names.	Rank.	Date of Appointment or Enlistment.	To what time Engaged or Enlisted.	Remarks.
Witham, John	Private	August 23, 1812	September 22, 1812	
Worlsey, Zephaniah	"	" "	" "	
Wells, Jesse	"	" "	" "	
Young, John, Jr.	"	" "	" "	

ROLL OF CAPTAIN MICAH TAUL'S COMPANY, BARBEE'S REGIMENT, KENTUCKY MILITIA.

Names.	Rank.	Date of Appointment or Enlistment.	To what time Engaged or Enlisted.	Remarks.
Micah Taul	Captain	August 23, 1812	6 months	
Joseph H. Woolfolk	Lieutenant	" "	"	
John Bartholomew	Ensign	" "	"	
Thomas Meller	1st Sergeant	" "	"	
William Ray	2d Sergeant	" "	"	
James Givens	3d Sergeant	" "	"	
John Shannon	4th Sergeant	" "	"	Substitute by Peter E. Carter.
Richard Gooding	1st Corporal	" "	"	
John Dodson	2d Corporal	" "	"	
Thomas C. Pemberton	3d Corporal	" "	"	
Noah Wilherst	4th Corporal	" "	"	Substitute by Isaac Van West.
William Cowan	Drummer	" "	"	
Stephen Hinds	Fifer	" "	"	
Baxter, Joshua	Private	" "	"	
Buckhannon, Walsher	"	" "	"	
Barnes, William	"	" "	"	Absent—sick.
Blair, William	"	" "	"	Absent.
Buster, John	"	" "	"	
Baker, Esquire	"	" "	"	
Cotton, James	"	" "	"	Absent.
Cullom, Tillman	"	" "	"	
Cullom, Edward N.	"	" "	"	
Coffee, Lewis	"	" "	"	
Davis, Alexander	"	" "	"	
Dunagan, Solomon	"	" "	"	
Dick, John	"	" "	"	
Dunagan, James	"	" "	"	Discharged.
Decker, Thomas	"	" "	"	Absent.
East, Daniel	"	" "	"	
East, North	"	" "	"	
Emerson, Walter	"	" "	"	
England, Samuel G.	"	" "	"	
Easter, John	"	" "	"	
East, David	"	" "	"	
Flinn, Jesse	"	" "	"	
Ford, Samuel L.	"	" "	"	
Foster, John	"	" "	"	
Garovir, John	"	" "	"	
Grandle, James	"	" "	"	
Gregory, Mordecai	"	" "	"	Absent.
Garth, Rodney	"	" "	"	
Garland, Anderson	"	" "	"	
Hix, John	"	" "	"	
Howard, Parkman	"	" "	"	
Hall, William	"	" "	"	Sick.
Ingraham, Samuel	"	" "	"	
Johnson, Augustus	"	" "	"	Absent.
Jones, Benjamin	"	" "	"	
Jones, James	"	" "	"	Discharged.
Jones, William	"	" "	"	
Langston, James	"	" "	"	
Logan, Cyrus	"	" "	"	
Logan, Benjamin	"	" "	"	
Moore, Jonathan	"	" "	"	
Miller, William	"	" "	"	Substitute by John Nelson.
Montgomery, John	"	" "	"	
Newell, John M.	"	" "	"	
Ponhouse, Daniel	"	" "	"	
Rowe, Joab	"	" "	"	
Rud. George	"	" "	"	Sick.
Ridgeway, James	"	" "	"	
Ray, John	"	" "	"	
Roberts, John	"	" "	"	
Summers, William	"	" "	"	William Sutton substituted.

ROLL OF CAPTAIN MICAH TAUL'S COMPANY, BARBEE'S REGIMENT, KENTUCKY MILITIA—Continued.

Names.	Rank.	Date of Appointment or Enlistment.	To what time Engaged or Enlisted.	Remarks.
Savage, Richard	Private	August 23, 1812	6 months	
Shrewsberry, John	"	" "	"	
Souther, Jacob W	"	" "	"	
Snow, N	"	" "	"	
Tuttle, James	"	" "	"	
Tuttle, Henry	"	" "	"	
Tucker, Moses	"	" "	"	
Tuller, John	"	" "	"	
Terrell, Thomas	"	" "	"	
Vestal, David	"	" "	"	
Van Winkle, Isaac	"	" "	"	Wounded.
Van Winkle, Micajah	"	" "	"	Substitute by Joel Van Winkle.
Vickroy, Adam	"	" "	"	Substitute by Jenkins Langsdon.
Worley, Valentine	"	" "	"	
West, Isaac	"	" "	"	
Wade, Balenger	"	" "	"	
Wright, John	"	" "	"	
Young, James	"	" "	"	

ROLL OF CAPTAIN PETER JORDAN'S COMPANY, BARBEE'S REGIMENT, KENTUCKY MILITIA.

Names.	Rank.	Date of Appointment or Enlistment.	To what time Engaged or Enlisted.	Remarks.
Peter Jordan	Captain	August 23, 1812	6 months	
John R. Cardwell	Lieutenant	" "	"	
Hugh Evans	Ensign	" "	"	
John Jordon	Orderly Sergeant	" "	"	
James Watson	Sergeant	" "	"	
John Moore	"	" "	"	
John Sharp	"	" "	"	
Benjamin Hawkins	Corporal	" "	"	
John Cardwell	"	" "	"	
Gasnet Jordan	"	" "	"	
David Foreman	"	" "	"	
Armstrong, William	Private	" "	"	
Adams, Samuel	"	" "	"	
Akins, Wells	"	" "	"	
Adams, Andrew	"	" "	"	
Agon, William	"	" "	"	Substitute for Thomas Agon.
Burton, John	"	" "	"	
Bunton, Andrew	"	" "	"	
Barnes, Richard	"	" "	"	
Bright, William	"	" "	"	
Bishop, Dan	"	" "	"	
Davis, William	"	" "	"	
Evans, Nathaniel	"	" "	"	
Gilkerson, William J.	"	" "	"	
Green, Thomas	"	" "	"	
Higins, Thomas	"	" "	"	
Hughes, Reuben	"	" "	"	
Jordan, Garnet, Jr.	"	" "	"	
Lewis, John	"	" "	"	
Lyon, James	"	" "	"	
Lelland, John	"	" "	"	
Mann, Thomas	"	" "	"	
McGarn, William	"	" "	"	
McGathridge, William	"	" "	"	
McIntire, John	"	" "	"	
Neal, Robert	"	" "	"	
Noel, Joel	"	" "	"	
Passmore, Elias	"	" "	"	
Slaughter, William B.	"	" "	"	
Server, Christopher	"	" "	"	
Sall, Benjamin S.	"	" "	"	
Slaughter, Francis T.	"	" "	"	
Slaughter, Edmond	"	" "	"	
Sennett, John	"	" "	"	
Saul, Clayton	"	" "	"	
Wicoff, John	"	" "	"	

SOLDIERS OF THE WAR OF 1812.

ROLL OF CAPTAIN JOHN W. SHIRLEY'S COMPANY, BARBEE'S REGIMENT, KENTUCKY MILITIA.

Names.	Rank.	Date of Appointment or Enlistment.	To what time Engaged or Enlisted.	Remarks.
John W. Shirley	Captain	August 23, 1812	6 months	
Thomas Turk	Lieutenant	" "	"	
Andrew Wagoner	Ensign	" "	"	
Robert Young	1st Sergeant	" "	"	
Garland Gupton	2d Sergeant	" "	"	
Robert Morrison	3d Sergeant	" "	"	
William Walker	1st Corporal	" "	"	
John Sneed	2d Corporal	" "	"	
William Young	3d Corporal	" "	"	
Stephen Stone	Fifer	" "	"	
Charles Thomas	"	" "	"	
Atkinson, Job	Private	" "	"	
Allin, Samuel	"	" "	"	
Bowman, Robert	"	" "	"	
Briant, Randolph	"	" "	"	
Bryant, John	"	" "	"	
Burnett, Nathan	"	" "	"	
Beats, Adam	"	" "	"	
Brumley, Larkin	"	" "	"	
Breeding, David	"	" "	"	
Brockman, Ambrose	"	" "	"	
Borger, John	"	" "	"	
Carter, Thomas	"	" "	"	
Cravens, Ira	"	" "	"	
Conover, Munn	"	" "	"	
Clark, Jesse	"	" "	"	
Cook, Henry	"	" "	"	
Coffee, Nathan	"	" "	"	
Conover, David	"	" "	"	
Duncan, James	"	" "	"	
Davenport, William	"	" "	"	
Duncan, Joshua	"	" "	"	
Depree, George	"	" "	"	
Diddle, William	"	" "	"	
Davidson, John	"	" "	"	
Este, Marshall	"	" "	"	
Fletcher, Robert	"	" "	"	
Gilman, James	"	" "	"	
Gailbraidth, James	"	" "	"	
Handy, John	"	" "	"	
Hailey, Benjamin	"	" "	"	
Hancock, Hiram	"	" "	"	
Hughes, George	"	" "	"	
Isaacs, Samuel	"	" "	"	
James, Thomas	"	" "	"	
Johnson, James	"	" "	"	
James, Walter	"	" "	"	
Knell, George	"	" "	"	
Luttrell, Thomas	"	" "	"	
Litton, Burton	"	" "	"	
Lawless, Edward	"	" "	"	
Lawson, William	"	" "	"	
Link, Andrew	"	" "	"	
Moore, Charles	"	" "	"	
McMillian, Joseph	"	" "	"	
McKinley, James	"	" "	"	
Montgomery, Jesse	"	" "	"	
Morrison, George	"	" "	"	
McKinley, Michael	"	" "	"	
McElroy, John T	"	" "	"	
Patterson, John	"	" "	"	
Polly, William	"	" "	"	
Price, William R	"	" "	"	
Rose, Robert	"	" "	"	
Richards, Brice	"	" "	"	
Selby, Green	"	" "	"	
Sheffield, John	"	" "	"	
Smith, William	"	" "	"	
Salley, Jonathan	"	" "	"	
Sampson, Joshua	"	" "	"	
Vinzent, James	"	" "	"	
White, John	"	" "	"	
Wisdom, William	"	" "	"	
Wheeler, Charles	"	" "	"	

ROLL OF CAPTAIN JAMES BARBOUR'S COMPANY, BARBEE'S REGIMENT, KENTUCKY MILITIA.

Names.	Rank.	Date of Appointment or Enlistment.	To what time Engaged or Enlisted.	Remarks.
James Barbour	Captain	August 28, 1812	6 months	
George Briscoe	Lieutenant	" "	"	
George C. Cowan	Ensign	" "	"	
Benjamin Bell	1st Sergeant	" "	"	
Alexander Sneed	2d Sergeant	" "	"	
Major Varmoy	3d Sergeant	" "	"	
Robert Rochester	Corporal	" "	"	
Thomas Little	"	" "	"	
John Mahon	"	" "	"	
Thomas G. Lewis	"	" "	"	
Burress, Will	Private	" "	"	
Blackiter, Henry	"	" "	"	
Brewer, Abraham	"	" "	"	
Cowan, William C.	"	" "	"	
Christerson, Christopher	"	" "	"	
Caldwell, John	"	" "	"	
Cord, Willis	"	" "	"	
Christerson, Samuel	"	" "	"	
Campbell, David	"	" "	"	
Clark, James	"	" "	"	
Durham, William B.	"	" "	"	
Dye, Faunteroy	"	" "	"	
Durham, Samuel	"	" "	"	
Durham, John	"	" "	"	
Dougherty, John	"	" "	"	
Ellis, Garrett	"	" "	"	
Fry, Will	"	" "	"	
Gulten, Lewis	"	" "	"	
Harlan, Elijah	"	" "	"	
Holloway, George	"	" "	"	
Humerichouse, Jacob	"	" "	"	
Humble, Noah M.	"	" "	"	
Hope, Thomas	"	" "	"	
Hughes, Thomas	"	" "	"	
Henderson, James	"	" "	"	
Hughes, James	"	" "	"	
Irvin, William D.	"	" "	"	
Johnson, Anthony	"	" "	"	
Lewis, Francis	"	" "	"	
Lamb, John	"	" "	"	
Lawrence, Robert	"	" "	"	
Meade, Mastin	"	" "	"	
Prewett, Anderson	"	" "	"	
Prewett, David	"	" "	"	
Pierce, Bombary	"	" "	"	
Prichard, Isaac	"	" "	"	
Pritchard, Abraham	"	" "	"	
Reed, John	"	" "	"	
Rose, William	"	" "	"	
Roberts, William	"	" "	"	
Severe, Isaac	"	" "	"	
Smith, Abraham	"	" "	"	
Tawley, John	"	" "	"	
Vanderver, Henry	"	" "	"	
Vanderver, Cornelius	"	" "	"	
Weaver, Henry	"	" "	"	
Weaver, Davis	"	" "	"	
Walker, John	"	" "	"	
Walkup, James	"	" "	"	
Wilson, Robert	"	" "	"	

ROLL OF CAPTAIN DAVID McNAIR'S COMPANY, BARBEE'S REGIMENT, KENTUCKY MILITIA.

Names.	Rank.	Date of Appointment or Enlistment.	To what time Engaged or Enlisted.	Remarks.
David McNair	Captain	August 28, 1812	6 months	
George Allen	Lieutenant	" "	"	
Nimrod Maxwell	Ensign	" "	"	
William Cole	1st Sergeant	" "	"	
William Morgan	2d Sergeant	" "	"	
Lemuel Stockton	3d Sergeant	" "	"	
Elijah Cressman	4th Sergeant	" "	"	
W. Degraffinead	1st Corporal	" "	"	

ROLL OF CAPTAIN DAVID McNAIR'S COMPANY, BARBEE'S REGIMENT, KENTUCKY MILITIA—Continued.

Names.	Rank.	Date of Appointment or Enlistment.	To what time Engaged or Enlisted.	Remarks.
W. Brooks	Corporal	August 23, 1812	6 months	
Nathaniel Martin	"	"	"	
David Spicer	"	"	"	
Akin, Josiah	Private	"	"	
Abranneon, John	"	"	"	
Brown, Thomas	"	"	"	
Blackwood, Richard	"	"	"	
Bayso, Abednego	"	"	"	
Butler, John	"	"	"	
Brown, James	"	"	"	
Brown, Samuel	"	"	"	Absent—sick.
Bunch, Rodden	"	"	"	Absent.
Cuyyort, Isaiah	"	"	"	
Chamberlain, William	"	"	"	
Chamberlain, George	"	"	"	
Carrington, Arthur	"	"	"	
Crud, Michael	"	"	"	
Cheatham, Isaiah	"	"	"	
Carter, William	"	"	"	
Carey, Nathaniel	"	"	"	
Chamberlain, John	"	"	"	Absent.
Carey, Thomas	"	"	"	Absent.
Cosner, Leonard	"	"	"	Absent.
Dorse, Ezekiel	"	"	"	
Elliott, Asa	"	"	"	
Eagan, John	"	"	"	
Edwards, William	"	"	"	Absent.
Frost, Gabriel	"	"	"	Absent.
Green, Gardner	"	"	"	
Green, Richmond	"	"	"	
Harvey, John	"	"	"	
Hagan, W. S.	"	"	"	
Harris, Jack	"	"	"	
Hulbert, Charles	"	"	"	
Holland, John	"	"	"	
Hughes, George	"	"	"	
Lacey, Henry	"	"	"	
Lorton, Joseph	"	"	"	
Lorton, Robert	"	"	"	
Luckey, William A.	"	"	"	
Long, Andrew	"	"	"	
Langdon, Augustis	"	"	"	Absent.
Moxey, John	"	"	"	
Moxey, William	"	"	"	
Mitchell, Elijah	"	"	"	
Martin, George	"	"	"	
Murphy, Hayes	"	"	"	Absent without permission.
Martin, John	"	"	"	
Minor, Thomas	"	"	"	Absent.
Prue, James	"	"	"	
Prueth, John	"	"	"	Absent.
Penington, Anthony	"	"	"	
Rowland, Gilbert	"	"	"	
Rayfield, Isaac	"	"	"	
Shults, Jacob	"	"	"	
Smith, William	"	"	"	
Shults, John	"	"	"	
Stockton, Ichabod	"	"	"	
Smith, John, Jr.	"	"	"	
Smith, John, Sr.	"	"	"	
Shults, Jesse	"	"	"	Absent without permission.
Simms, Benjamin	"	"	"	Absent.
Thurmon, Labourse	"	"	"	
Wisdom, William	"	"	"	
Wisdom, Francis	"	"	"	
Weaver, Joseph	"	"	"	
Wisdom, John	"	"	"	
Wathell, William	"	"	"	
Winters, Henry	"	"	"	

ROLL OF CAPTAIN PETER DUDLEY'S COMPANY, BOSWELL'S REGIMENT, KENTUCKY VOLUNTEER LIGHT INFANTRY—COMMANDED BY COL. WM. E. BOSWELL.

Names.	Rank.	Date of Appointment or Enlistment.	To what time Engaged or Enlisted.	Remarks.
Peter Dudley	Captain	March 29, 1812	April 28, 1812	
George Baltzell	1st Lieutenant	" "	" "	
Samuel Arnold	2d Lieutenant	" "	" "	
George M. Gale	Ensign	" "	" "	
James Clark	1st Sergeant	" "	" "	
Thomas H. Mosby	2d Sergeant	" "	" "	
Rowland Madison	3d Sergeant	" "	" "	
Chapman Coleman	4th Sergeant	" "	" "	
Samuel Campbell	1st Corporal	" "	" "	
Francis I. Slaughter	"	" "	" "	
Larkin M. Samuel	"	" "	" "	
Gilbert Pew		" "	" "	
William Abbott	Fifer	" "	" "	
Francis Patton	Drummer	" "	" "	
Armstrong, Thomas	Private	" "	" "	
Arnold, James	"	" "	" "	
Alexander, Robert W.	"	" "	" "	
Anderson, William	"	" "	" "	
Bangs, John	"	" "	" "	
Blackburn, Nelson	"	" "	" "	
Bangers, Henry	"	" "	" "	
Bacon, Charles P.	"	" "	" "	
Bond, William	"	" "	" "	
Bratton, Adams	"	" "	" "	
Brashears, Otho	"	" "	" "	
Bennett, Benjamin	"	" "	" "	
Benham, James	"	" "	" "	
Burchfreed, John	"	" "	" "	
Bohannan, Thomas	"	" "	" "	
Bronton, Andrew E.	"	" "	" "	
Brown, John	"	" "	" "	
Church, James	"	" "	" "	
Campbell, David	"	" "	" "	
Coburn, Robert	"	" "	" "	
Campbell, John	"	" "	" "	
Carter, Edward	"	" "	" "	
Case, Benjamin	"	" "	" "	
Cummins, Samuel	"	" "	" "	
Crockett, Alexander	"	" "	" "	
Crockett, John R.	"	" "	" "	
Chambers, John D.	"	" "	" "	
Collier, James	"	" "	" "	
Calhoun, Henry P.	"	" "	" "	
Daniels, William G.	"	" "	" "	
Duvall, Zachariah	"	" "	" "	
Elliott, Archibald	"	" "	" "	
Elkins, Elliott	"	" "	" "	
Fennel, Benjamin	"	" "	" "	
Grant, William	"	" "	" "	
Gordon, John	"	" "	" "	
Griffin, James	"	" "	" "	
Griffin, Austin	"	" "	" "	
Garvil, George S.	"	" "	" "	
Gill, Thomas	"	" "	" "	
Golunan, Thomas H.	"	" "	" "	
Gudgell, Andrew	"	" "	" "	
Given, Avery	"	" "	" "	
Hulton, Cornelius	"	" "	" "	
Hulton, William	"	" "	" "	
Holton, James	"	" "	" "	
Hardin, George	"	" "	" "	
Hardin, Benjamin	"	" "	" "	
Hardin, John	"	" "	" "	
Hardin, James	"	" "	" "	
Hanks, Chichester	"	" "	" "	
Hawkins, Arculas	"	" "	" "	
Harrison, James	"	" "	" "	
Hampton, James	"	" "	" "	
Hampton, Wade	"	" "	" "	
Hampton, James, Jr.	"	" "	" "	
Hampton, Thomas	"	" "	" "	
Hawkins, Elisha	"	" "	" "	
Hancock, Lewis	"	" "	" "	
Haydon, Benjamin	"	" "	" "	
Johnston, James	"	" "	" "	
Love, James Y.	"	" "	" "	

ROLL OF CAPTAIN PETER DUDLEY'S COMPANY, BOSWELL'S REGIMENT, KENTUCKY VOLUNTEER LIGHT INFANTRY—Continued.

Names.	Rank.	Date of Appointment or Enlistment.	To what time Engaged or Enlisted.	Remarks.
Leonard, John	Private	March 27, 1812	April 28, 1812	
Lewis, Zach	"	" "	" "	
Luckett, Hezekiah	"	" "	" "	
Mayhall, William	"	" "	" "	
McCollough, David	"	" "	" "	
Marvin, Martin	"	" "	" "	
Miller, George	"	" "	" "	
Miller, William	"	" "	" "	
Metcalf, William	"	" "	" "	
McConnell, Allen	"	" "	" "	
Martin, James	"	" "	" "	
Milan, James	"	" "	" "	
Newell, Barnett	"	" "	" "	
O'Neal, Henry	"	" "	" "	
Patterson, Henry	"	" "	" "	
Plough, William	"	" "	" "	
Pemberton, Richard	"	" "	" "	
Pells, Burkins	"	" "	" "	
Rosson, John	"	" "	" "	
Russell, Samuel	"	" "	" "	
Russell, John	"	" "	" "	
Rubble, John R.	"	" "	" "	
Robertson, James	"	" "	" "	
Richardson, George C.	"	" "	" "	
Reading, Joseph P.	"	" "	" "	
Ray, William	"	" "	" "	
Satterwhite, Philip	"	" "	" "	
Sublett, Thomas	"	" "	" "	
Summers, Thomas	"	" "	" "	
Slaughter, Elias	"	" "	" "	
Shannon, James	"	" "	" "	
Sproule, George	"	" "	" "	
Stephens, Benjamin	"	" "	" "	
Stoll, Thomas	"	" "	" "	
Spicer, John	"	" "	" "	
Samuel, Peter	"	" "	" "	
Sparks, Madison	"	" "	" "	
Thomas, Spencer	"	" "	" "	
Walker, Thomas	"	" "	" "	
Wilhort, Joshua	"	" "	" "	
Wilson, Elias	"	" "	" "	
West, Robert	"	" "	" "	

ROLL OF CAPTAIN AMBROSE ARTHUR'S COMPANY, BOSWELL'S REGIMENT, KENTUCKY VOLUNTEERS.

Ambrose Arthur	Captain	April 29, 1812	May 31, 1812	
Joseph Parsons	Lieutenant	" "	" "	
James A. Cartwright	Ensign	May 12, 1812	" "	
Rowland Brown	1st Sergeant	April 29, 1812	" "	
John Johnson	2d Sergeant	" "	" "	
Samuel Jameson	3d Sergeant	" "	" "	
Turner Hays	4th Sergeant	" "	" "	
James Templeton	1st Corporal	" "	" "	
Michael Farris	2d Corporal	" "	" "	
James Flack	"	" "	" "	
Christopher Walker	Fifer	" "	" "	
David McHolland	Drummer	" "	" "	
Antrobus, Amos	Private	" "	" "	
Alexander, James	"	" "	" "	
Acres, John	"	" "	" "	
Bowman, Elijah	"	" "	" "	
Bailey, Andrew	"	" "	" "	
Bratton, David	"	" "	" "	
Burke, Robert	"	" "	" "	
Briant, John Q.	"	" "	" "	
Carter, Samuel	"	" "	" "	
Cork, William	"	" "	" "	
Crawford, Ezra	"	" "	" "	
Culvin, Charles	"	" "	" "	
Collitt, William	"	" "	" "	Deserted.
Dyehouse, Edwards	"	" "	" "	

ROLL OF CAPTAIN AMBROSE ARTHUR'S COMPANY, BOSWELL'S REGIMENT, KENTUCKY VOLUNTEERS—Continued.

Names.	Rank.	Date of Appointment or Enlistment.	To what time Engaged or Enlisted.	Remarks.
Day, William	Private	April 29, 1812	May 31, 1812	
Dermoss, John	"	" "	" "	
Dover, Isaac	"	" "	" "	
Durham, Elijah	"	" "	" "	
Farris, Isaac, Jr.	"	" "	" "	
Fry, John	"	" "	" "	
Farris, Isaac	"	" "	" "	
Goodin, John	"	" "	" "	
Grinstaff, Henry	"	" "	" "	
Geary, Lemuel	"	" "	" "	
Garvin, David	"	" "	" "	
Goodman, Jem	"	" "	" "	
Gregory, John	"	" "	" "	
Gibson, Lewis	"	" "	" "	
Harris, Benjamin	"	" "	" "	
Hampton, James	"	" "	" "	
Holcum, Elbert S.	"	" "	" "	
Ham, Chilton	"	" "	" "	
Hines, John	"	" "	" "	
Holman, William	"	" "	" "	
Jameson, John R.	"	" "	" "	
James, Jonathan	"	" "	" "	
Jackson, John	"	" "	" "	
Kindred, William	"	" "	" "	
Kennedy, Richard	"	" "	" "	
Letterall, Thomas	"	" "	" "	
Lambert, Reuben	"	" "	" "	
Lee, Noah	"	" "	" "	
Million, Benjamin	"	March 29, 1812	April 28, 1812	
Morris, John	"	" "	" "	
McKeehan, Benjamin	"	" "	" "	
Morris, George	"	" "	" "	
Purcel, Daniel	"	" "	" "	
Pullum, Johnson	"	" "	" "	
Perkins, Richard	"	" "	" "	
Porter, Elias	"	" "	" "	
Roach, John	"	" "	" "	
Riggs, Charles	"	" "	" "	
Suddler, James	"	" "	" "	
Simpson, Richard	"	" "	" "	
Smith, James	"	" "	" "	
Stuart, James	"	" "	" "	
Smith, Isaac	"	" "	" "	
Stone, Solomon	"	" "	" "	
Taylor, Cornelius	"	" "	" "	
Walker, John	"	" "	" "	
Woodruff, Benjamin	"	" "	" "	
Woodruff, David	"	" "	" "	
Wilson, Charles	"	" "	" "	
White, James	"	" "	" "	
Warthing, Dudley	"	" "	" "	
Wood, Reuben	"	" "	" "	
Williams, John	"	" "	" "	
Woodouse, William	"	" "	" "	
Warren, John	"	" "	" "	

ROLL OF CAPTAIN JOHN PHILIPS' COMPANY, BOSWELL'S REGIMENT, KENTUCKY DETACHED MILITIA.

Names	Rank	Date of Appointment or Enlistment	To what time Engaged or Enlisted	Remarks
John Philips	Captain	March 29, 1812	April 28, 1812	
Zacheus Card	Lieutenant	" "	" "	
Joseph C. Reid	Ensign	" "	" "	First Sergeant, promoted to Ensign.
Edward Stephenson	2d Sergeant	" "	" "	
Daniel Williams	3d Sergeant	" "	" "	
Robert McCall	4th Sergeant	" "	" "	
Benjamin Davis	1st Corporal	" "	" "	
Fleming Jones	2d Corporal	" "	" "	
Francis Jones	3d Corporal	" "	" "	
James McGohan	4th Corporal	" "	" "	
Ayler, William	Private	" "	" "	
Adams, James	"	" "	" "	
Aukins, John	"	" "	" "	

ROLL OF CAPTAIN JOHN PHILIPS' COMPANY, BOSWELL'S REGIMENT, KENTUCKY DETACHED MILITIA—Continued.

Names.	Rank.	Date of Appointment or Enlistment.	To what time Engaged or Enlisted.	Remarks.
Applegate, John	Private	March 29, 1812	April 28, 1812	
Baus, George	"	" "	" "	
Blue, David	"	" "	" "	
Bonanan, James	"	" "	" "	
Burris, Samuel	"	" "	" "	
Cox, David	"	" "	" "	
Chapman, Zachariah	"	" "	" "	
Crawford, Jacob	"	" "	" "	
Cluff, Thomas	"	" "	" "	
Donaphan, Charles	"	" "	" "	
Davidson, William	"	" "	" "	
Dukes, James	"	" "	" "	
Davis, Samuel	"	" "	" "	
Durant, William	"	" "	" "	Appointed First Sergeant.
Early, George	"	" "	" "	
Eliott, George	"	" "	" "	
Evans, Scioto	"	" "	" "	
Farris, Job	"	" "	" "	
Gideon, Lewis	"	" "	" "	
Goodwin, David	"	" "	" "	
Goodwin, William	"	" "	" "	
Graves, Edward	"	" "	" "	
Hillcoat, Joseph	"	" "	" "	
Jackson, Israel	"	" "	" "	
Jackson, Peter	"	" "	" "	
Jones, John	"	" "	" "	
John, Samuel	"	" "	" "	
Kelly, William	"	" "	" "	
Kilpatrick, James	"	" "	" "	
Kilpatrick, John	"	" "	" "	
Lightfoot, Robert	"	" "	" "	
McClanan, John	"	" "	" "	
Mitchell, Levan	"	" "	" "	
Mitchell, James	"	" "	" "	
Mitchell, George	"	" "	" "	
Murrow, James	"	" "	" "	
McKee, Robert	"	" "	" "	
Moore, Joseph	"	" "	" "	
McKee, David	"	" "	" "	
Pritchard, James	"	" "	" "	
Pollard, John	"	" "	" "	
Parker, William	"	" "	" "	
Powell, William	"	" "	" "	
Pepper, Jesse	"	" "	" "	
Pritchard, Harmon	"	" "	" "	
Ruggler, Enoch	"	" "	" "	
Rumsey, Charles	"	" "	" "	
Rigdon, James	"	" "	" "	
Rogers, John	"	" "	" "	
Southerland, William	"	" "	" "	
Stephens, Nathaniel	"	" "	" "	
Swain, James	"	" "	" "	
Shepherd, Samuel	"	" "	" "	
Thomas, Israel	"	" "	" "	
Thomas, Thruston	"	" "	" "	
Theobald, Moses	"	" "	" "	
Thomas, John	"	" "	" "	
Tornes, William	"	" "	" "	
West, Joseph	"	" "	" "	
Williams, William	"	" "	" "	
Wells, Nathan	"	" "	" "	
Williams, Aaron	"	" "	" "	
White, John	"	" "	" "	
Wafford, Edward	"	" "	" "	

ROLL OF CAPTAIN THOMAS METCALFE'S COMPANY, BOSWELL'S REGIMENT, KENTUCKY DETACHED MILITIA.

Names.	Rank.	Date of Appointment or Enlistment.	To what time Engaged or Enlisted.	Remarks.
Thomas Metcalfe	Captain	March 29, 1812	April 28, 1812	
John Baker	Lieutenant	" "	" "	
Robert C. Hall	Ensign	" "	" "	
Samuel Rogers	1st Sergeant	" "	" "	
Samuel W. Thompson	2d Sergeant	" "	" "	
Hezekiah Swearingen	3d Sergeant	" "	" "	
William Caldwell	4th Sergeant	" "	" "	
James Neal	1st Corporal	" "	" "	
James Boyle	2d Corporal	" "	" "	
Benjamin Barton	3d Corporal	" "	" "	
John Fugate	4th Corporal	" "	" "	
Elisha Prather	Fifer	" "	" "	
Ammerman, William	Private	" "	" "	
Ammerman, John	"	" "	" "	
Allison, Alexander	"	" "	" "	
Bently, William	"	" "	" "	Absent.
Blunt, Redding	"	" "	" "	
Bowles, Thomas	"	" "	" "	Absent—not joined.
Barnett, James	"	" "	" "	
Cunningham, Isaac	"	" "	" "	
Cunningham, James	"	" "	" "	
Crouch, Joseph	"	" "	" "	
Davis, Robert	"	" "	" "	
Elliott, Reason	"	" "	" "	
Furguson, Clement	"	" "	" "	
Fuller, Joseph	"	" "	" "	
Goosy, Gilbert	"	" "	" "	
Gray, Isaac	"	" "	" "	
Glass, Thomas J.	"	" "	" "	
Gibbins, John	"	" "	" "	Absent—not joined.
Griffith, Uriel	"	" "	" "	
Griffin, Eli	"	" "	" "	
Goodham, William	"	" "	" "	
Hill, John	"	" "	" "	Home—sick.
Harney, Mills	"	" "	" "	
Hearney, Thomas	"	" "	" "	
Hitchcock, Asail	"	" "	" "	
Hills, Elzy	"	" "	" "	
Howes, Joseph	"	" "	" "	Deserted.
Hann, William	"	" "	" "	
Hibler, John	"	" "	" "	Absent—not joined.
Hubett, William	"	" "	" "	Has conscientious scruples, and refuses to fight.
Hann, John	"	" "	" "	
Jones, Lewis	"	" "	" "	
McLaughlin, James	"	" "	" "	
Mathers, Samuel	"	" "	" "	
McCarty, Felix	"	" "	" "	
Myers, Abraham	"	" "	" "	
McDaniels, Thomas	"	" "	" "	
McClanahan, James	"	" "	" "	Absent—sick.
Moffett, William	"	" "	" "	
Moore, Alexander	"	" "	" "	
McLaughlin, William	"	" "	" "	
Meek, Adam	"	" "	" "	
Neely, George	"	" "	" "	
Prather, Zephaniah	"	" "	" "	
Purcell, Elijah	"	" "	" "	
Purcell, Thomas	"	" "	" "	
Phelps, William	"	" "	" "	Absent—not joined.
Payne, John	"	" "	" "	
Parks, James	"	" "	" "	
Roberts, William	"	" "	" "	
Richey, Esau	"	" "	" "	
Rankin, John	"	" "	" "	
Richey, Noah	"	" "	" "	
Rice, George	"	" "	" "	
Rule, Matthew	"	" "	" "	
Rogers, James	"	" "	" "	
Rayburn, John	"	" "	" "	
Schooler, Cageby	"	" "	" "	
Swain, William	"	" "	" "	
Stogdale, Hugh	"	" "	" "	
Stevenson, Joseph	"	" "	" "	
Story, Washington	"	" "	" "	
Stuart, John	"	" "	" "	
Stuart, William	"	" "	" "	

84   SOLDIERS OF THE WAR OF 1812.

ROLL OF CAPTAIN THOMAS METCALFE'S COMPANY, BOSWELLS REGIMENT, KENTUCKY DETACHED MILITIA—Continued.

Names.	Rank.	Date of Appointment or Enlistment.	To what time Engaged or Enlisted.	Remarks.
Stokes, Benjamin	Private	March 29, 1812	April 28, 1812	
Shults, Abram	" "	" "	" "	
Sudduth, Jared	" "	" "	" "	
Stuart, James	" "	" "	" "	
Smith, Rezin	" "	" "	" "	
Smith, John	" "	" "	" "	
Stanley, Moses	" "	" "	" "	
Shannon, John	" "	" "	" "	
Smith, Thomas	" "	" "	" "	
Story, Thomas	" "	" "	" "	Deserted.
Sanders, Samuel	" "	" "	" "	
Taylor, George	" "	" "	" "	
Thomason, John	" "	" "	" "	
Townsend, Joshua	" "	" "	" "	
Talbott, Aquilla	" "	" "	" "	Absent—not joined.
Washburn, John	" "	" "	" "	
Wheeler, Joseph	" "	" "	" "	
West, Abrah	" "	" "	" "	
Webb, Joshua	" "	" "	" "	
Young, Alexander	" "	" "	" "	

ROLL OF CAPTAIN JOHN BAKER'S COMPANY, BOSWELL'S REGIMENT, KENTUCKY DETACHED MILITIA.

Names	Rank	Date of Appointment or Enlistment	To what time Engaged or Enlisted	Remarks
John Baker	Captain	May 29, 1813	October 16, 1813	Discharged at Bass Island September 23d.
Benjamin Boan	Lieutenant	" "	" "	Discharged.
John Waller	Ensign	" "	" "	Discharged.
Charles Daugherty	1st Sergeant	" "	" "	Discharged.
John F. Mitchell	2d Sergeant	" "	October 9, 1813	Discharged.
William Knowles	3d Sergeant	" "	October 16, 1813	Discharged.
McMeeker Hopper	4th Sergeant	" "	" "	Discharged.
James Waddle	5th Sergeant	" "	" "	Discharged.
Richard Corwin	1st Corporal	" "	October 9, 1813	Discharged.
Isaac Adair	2d Corporal	" "	" "	Discharged.
David Smith	3d Corporal	" "	September 1, 1813	Died.
James Tibbs	4th Corporal	" "	October 16, 1813	Discharged.
John Thompson	5th Corporal	" "	" "	Discharged.
Thomas Allen	Musician	" "	" "	Discharged.
Adams, James	Private	" "	October 9, 1813	Discharged.
Archibald, William	"	" "	July 1, 1813	Died.
Ball, Benjamin	"	" "	September 23, 1813	Discharged.
Bailey, James	"	" "	October 16, 1813	Discharged.
Brashear, Raison	"	" "	" "	Discharged.
Black, William	"	" "	" "	Discharged.
Boucher, James	"	" "	" "	Discharged.
Boots, William	"	" "	October 9, 1813	Discharged.
Browning, Elias	"	" "	" "	Discharged.
Brittan, William	"	" "	October 16, 1813	Discharged.
Burress, Robert	"	" "	October 9, 1813	Discharged.
Ballenger, Isaac	"	" "	October 7, 1813	Died.
Caldwell, William	"	" "	October 16, 1813	Absent on furlough.
Colton, James	"	" "	October 9, 1813	Discharged.
Cushman, Morris	"	" "	October 16, 1813	Discharged.
Craycraft, Joseph	"	" "	" "	Discharged.
Cooper, Jackonias	"	" "	" "	Discharged.
Curtis, William	"	" "	" "	Discharged.
Chandler, John	"	" "	" "	Discharged.
Cooper, Hugh	"	" "	October 9, 1813	Discharged.
Drake, Henry	"	" "	October 16, 1813	Discharged.
Franklin, John W.	"	" "	" "	Discharged.
Folin, Benjamin	"	" "	August 10, 1813	Died.
Gosney, William	"	" "	October 16, 1813	Discharged.
Glasscock, John	"	" "	October 9, 1813	Discharged.
Graves, Frederick	"	" "	October 16, 1813	Discharged.
Gowe, William	"	" "	June 19, 1813	Died.
Hudnutt, Elias P.	"	" "	October 9, 1813	Discharged.
Helm, Meredeth	"	" "	October 16, 1813	Discharged.
Hamilton, David	"	" "	October 9, 1813	Discharged.
Heck, Godfrey	"	" "	October 16, 1813	Discharged.
Hiles, Christopher	"	" "	" "	Discharged.
Hamilton, John	"		" "	Absent on leave.

ROLL OF CAPTAIN JOHN BAKER'S COMPANY, BOSWELL'S REGIMENT, KENTUCKY DETACHED MILITIA—Continued.

Names.	Rank.	Date of Appointment or Enlistment.	To what time Engaged or Enlisted.	Remarks.
Helm, Samuel	Private	May 29, 1813	October 16, 1813	Discharged.
Honke, David	"	" "	" "	Discharged.
Jenkins, Coleman	"	" "	" "	Discharged.
Jacobs, Gilsie	"	" "	September 17, 1813	Died
Kirkpatrick, Hugh	"	" "	October 9, 1813	Discharged.
Kerby, James	"	" "	October 16, 1813	Discharged.
Low, William	"	" "	October 9, 1813	Discharged.
Lane, John	"	" "	October 16, 1813	Discharged.
Miranda, Jonathan	"	" "	October 9, 1813	Discharged.
McGraw, Isaiah	"	" "	October 16, 1813	Discharged.
McTigert, John	"	" "	October 9, 1813	Discharged.
McPherson, Thomas	"	" "	October 16, 1813	Discharged.
Morgan, John	"	" "	October 9, 1813	Discharged.
Norman, John	"	" "	October 16, 1813	Discharged.
Parent, Samuel	"	" "	October 9, 1813	Discharged.
Powell, William	"	" "	" "	Discharged.
Peck, James	"	" "	October 16, 1813	Discharged.
Parker, William	"	" "	" "	Discharged.
Power, Joseph	"	" "	" "	Discharged.
Perkins, James T.	"	" "	October 9, 1813	Discharged.
Patterson, John	"	" "	October 16, 1813	Discharged.
Pearsall, Samuel	"	" "	July 21, 1813	Died.
Rice, Hudson	"	" "	October 16, 1813	Discharged.
Rylander, Matthew	"	" "	" "	Absent on leave.
Sanders, William B.	"	" "	September 17, 1813	Died.
Scott, Samuel	"	" "	October 9, 1813	Discharged.
Stiles, Benjamin	"	" "	October 16, 1813	Absent on leave.
Tarlton, Haller	"	" "	October 9, 1813	Discharged.
Talton, Caleb	"	" "	" "	Discharged.
Talton, William	"	" "	October 16, 1813	Discharged.
Tivis, Peter	"	" "	" "	Discharged.
Vichias, John	"	" "	" "	Discharged.
Whipps, John	"	" "	October 9, 1813	Discharged.
Waddle, William	"	" "	October 16, 1813	Discharged.
Weaver, Thomas	"	" "	" "	Discharged.
Walters, John	"	" "	October 9, 1813	Discharged.
Weldon, John R.	"	" "	October 16, 1813	Discharged.
Woodward, Silas	"	" "	August 10, 1813	Died.
York, Joseph	"	" "	October 9, 1813	Discharged.
Yates, James	"	" "	August 16, 1813	Died.
York, Aquilla	"	" "	August 4, 1813	Died.

ROLL OF CAPTAIN JOHN DUVALL'S COMPANY, BOSWELL'S REGIMENT, KENTUCKY DETACHED MILITIA.

Names.	Rank.	Date of Appointment or Enlistment.	To what time Engaged or Enlisted.	Remarks.
John Duvall	Captain	May 20, 1813	September 28, 1813	Discharged.
Richard Tyner	Lieutenant	" "	" "	Furlough given.
James Stuart	Ensign	" "	" "	Discharged.
James Glenn	1st Sergeant	" "	" "	Discharged.
Nugent H. Matthewson	"	" "	" "	Discharged.
Ezekiel F. Scott	"	" "	" "	Discharged.
Edward Branham	"	" "	" "	Sick.
Daniel Hopkins	Corporal	" "	" "	Sick.
John Richey	"	" "	" "	Sick.
James McHatton	"	" "	" "	Sick.
John Tompkins	"	" "	" "	Discharged.
Adkins, Absalom	Private	" "	" "	
Alexander, Solomon	"	" "	" "	Discharged.
Baldwin, Jeremiah	"	" "	" "	Discharged.
Branham, Simeon	"	" "	" "	
Branham, Sanford	"	" "	" "	
Branham, Wm. L.	"	" "	" "	
Bates, Miles	"	" "	" "	
Brewer, Richard	"	" "	" "	
Busich, Linn	"	" "	" "	Discharged.
Boyce, Robert C.	"	" "	" "	Discharged.
Brassad, William	"	" "	" "	Discharged.
Bartlett, Scarlett	"	" "	" "	Discharged.
Bradford, Austin	"	" "	" "	
Cavins, Absalom	"	" "	" "	Discharged.
Cardwell, William	"	" "	" "	Discharged.
Chandler, Alfred	"	" "	" "	Discharged.

ROLL OF CAPTAIN JOHN DUVALL'S COMPANY, BOSWELL'S REGIMENT, KENTUCKY DETACHED MILITIA—Continued.

Names.	Rank.	Date of Appointment or Enlistment.	To what time Engaged or Enlisted.	Remarks.
Dehoney, William	Private	May 29, 1813	September 28, 1813	
Danzant, Josiah	"	" "	" "	
Duncan, Peter	"	" "	" "	
Evans, John	"	" "	" "	Discharged.
Elliott, James	"	" "	" "	
Evans, Charles	"	" "	" "	Discharged.
Farmer, Littleberry	"	" "	" "	Furloughed.
Frances, Thomas	"	" "	" "	Died.
Fish, Francis	"	" "	" "	Discharged.
Glenn, William F.	"	" "	" "	Discharged.
Hammon, Lewis	"	" "	" "	Discharged.
Hopper, John G.	"	" "	" "	Died.
Henry, John	"	" "	" "	Furloughed.
Hall, George	"	" "	" "	
Hardin, William	"	" "	" "	
Hopper, Moses	"	" "	" "	Discharged.
Johnson, Mark	"	" "	" "	Sick.
Kercheval, John	"	" "	" "	Discharged.
Landrum, Burrill	"	" "	" "	
Lynn, John	"	" "	" "	Discharged.
Long, Adam	"	" "	" "	Died June 17.
Montgomery, William	"	" "	" "	Discharged.
Masterson, Aaron	"	" "	" "	Discharged.
Matthews, James A.	"	" "	" "	Discharged.
McCafferty, Thomas	"	" "	" "	
McFortridge, Robert	"	" "	" "	Discharged.
Onal, George	"	" "	" "	
Osburn, John	"	" "	" "	
Owens, Henry	"	" "	" "	
Price, John	"	" "	" "	Discharged.
Fenny, George	"	" "	" "	
Peny, Anthony	"	" "	" "	
Power, Joseph	"	" "	" "	
Smith, Lewis	"	" "	" "	Discharged.
Southwall, Goyson	"	" "	" "	
Sims, Marmaduke	"	" "	" "	
Southworth, William	"	" "	" "	Discharged.
Sharpe, Benjamin	"	" "	" "	Discharged.
Stanton, William	"	" "	" "	
Stanton, Thomas	"	" "	" "	Discharged.
Tansel, Francis	"	" "	" "	Discharged.
Woodgate, Jonathan	"	" "	" "	
Winfield, Samuel	"	" "	" "	
West, Marion D.	"	" "	" "	
Wallace, Simeon	"	" "	" "	
Ward, William H.	"	" "	" "	Died June 17.
Woolen, Charles	"	" "	" "	Discharged.

ROLL OF CAPTAIN THOMAS EVANS' COMPANY, BOSWELL'S REGIMENT, KENTUCKY DETACHED MILITIA.

Names.	Rank.	Date of Appointment or Enlistment.	To what time Engaged or Enlisted.	Remarks.
Thomas Evans	Captain	April 9, 1813	6 months	
William Jordan	Lieutenant	" "	" "	
James Young	Ensign	" "	" "	Resigned May 2, 1813.
Evan Evans	"	" "	" "	Promoted to Ensign May 2, 1813.
Abzapher, Ruker	1st Sergeant	" "	" "	
George Plummer	"	" "	" "	
William Whitty	"	" "	" "	
John Iliff	"	" "	" "	
John McLees	Corporal	" "	" "	
Elias Webb	"	" "	" "	
Enoch Harrel	"	" "	" "	
Israel Hawes	"	" "	" "	
George Christal	Musician	" "	" "	
Samuel Strathon	"	" "	" "	
Abbott, Jeremiah	Private	" "	" "	
Beatty, James	"	" "	" "	
Blair, John	"	" "	" "	
Ballard, Jesse	"	" "	" "	
Beirs, Peter	"	" "	" "	Deserted April 19.
Carter, John	"	" "	" "	
Clark, Philip	"	" "	" "	

ROLL OF CAPTAIN THOMAS EVANS' COMPANY, BOSWELL'S REGIMENT, KENTUCKY DETACHED MILITIA—Continued.

Names.	Rank.	Date of Appointment or Enlistment.	To what time Engaged or Enlisted.	Remarks.
Collinsworth, Reuben	Private	April 9, 1813	6 months	
Cawl, Charles	"	" "	"	
Coffee, Ambrose	"	" "	"	Deserted April 19th.
Deterow, Thomas	"	" "	"	
Evans, John	"	" "	"	On furlough.
Evans, Richard	"	" "	"	
Fitzpatrick, James	"	" "	"	
Fitzpatrick, Jacob	"	" "	"	
Furler, Ferris	"	" "	"	
Granham, John	"	" "	"	
Gilkinson, George	"	" "	"	
Ganoat, Middleton	"	" "	"	
Horsley, Taylor	"	" "	"	
Hopkins, Jacob	"	" "	"	
Henton, James	"	" "	"	
Howe, Thomas	"	" "	"	Sick—absent.
Hardwick, George	"	" "	"	
Hodges, Solomon	"	" "	"	Sick.
Hood, Andrew	"	" "	"	
Harnl, Robert	"	" "	"	
Harris, David K.	"	" "	"	
Hatfield, Samuel	"	" "	"	
Hamilton, David	"	" "	"	
Jameson, David	"	" "	"	
Jones, John	"	" "	"	
Litton, Caleb	"	" "	"	Absent.
Lockwood, Jacob	"	" "	"	
Miller, John	"	" "	"	
Morrison, Robert	"	" "	"	
Morton, Nathaniel	"	" "	"	
McKinney, James	"	" "	"	
Morgan, Samuel	"	" "	"	
McBride, John	"	" "	"	
Martin, John	"	" "	"	
Norris, John	"	" "	"	
Nicholas, Thomas	"	" "	"	
Plummer, Reuben	"	" "	"	
Patrick, James	"	" "	"	
Patrick, Hugh	"	" "	"	
Park, Timothy	"	" "	"	
Rany, Thomas	"	" "	"	
Ringo, Lott	"	" "	"	
Rollins, William	"	" "	"	
Swim, Alexander	"	" "	"	
Sampson, Jesse	"	" "	"	
Thompson, Samuel	"	" "	"	
Trimbell, Alexander	"	" "	"	
Trilley, Benjamin	"	" "	"	
Turman, John	"	" "	"	
Tribue, Jesse	"	" "	"	
Vanlever, Jacob	"	" "	"	
Ward, Joseph	"	" "	"	
Young, Thomas	"	" "	"	Discharged May 2d.
Young, Charles	"	" "	"	

ROLL OF CAPTAIN WILLIAM SEBREE'S COMPANY, BOSWELL'S REGIMENT, KENTUCKY DETACHED MILITIA.

William Sebree	Captain	March 29, 1813	September 29, 1813	
Streshley Allen	Lieutenant	" "	" "	
Nathaniel Vice	Ensign	" "	" "	
George Perry	1st Sergeant	April 14, 1813	" "	
Thomas Hall	"	April 2, 1813	" "	
William C. Munroe	"	March 29, 1813	" "	
Thomas Covington	"	June 1, 1813	" "	
John Westrope	Corporal	April 8, 1813	" "	
William Jenkins	"	May 6, 1813	" "	On furlough.
Andrew Conner	"	" "	" "	Died September 20th.
Lindsey Mullen	"	June 10, 1813	" "	
Abner Talbot	Fifer	April 2, 1813	" "	
Robert Kelly	Drummer	May 25, 1813	" "	
Aaron, William	Private	March 29, 1813	" "	

ROLL OF CAPTAIN WILLIAM SEBREE'S COMPANY, BOSWELL'S REGIMENT, KENTUCKY DETACHED MILITIA—Continued.

Names.	Rank.	Date of Appointment or Enlistment.	To what time Engaged or Enlisted.	Remarks.
Beman, Benjamin	Private	March 29, 1813	September 29, 1813	
Bingham, William	"	" "	" "	
Bush, William	"	" "	September 29, 1813	
Brown, Abner	"	" "	September 28, 1813	
Bailey, George	"	" "	" "	
Beman, Daniel	"	" "	" "	
Carson, David	"	" "	" "	
Cookingtopher, Chris.	"	" "	" "	
Corwin, Moses	"	" "	" "	
Campbell, John	"	" "	" "	On furlough.
Dorneely, Wright	"	" "	September 29, 1813	
Easton, Griffith	"	" "	" "	
Frammel, James	"	" "	" "	Deserted.
Foster, Samuel	"	" "	" "	On furlough.
Fosgate, John H.	"	" "	" "	
Forsythe, Robert	"	" "	" "	
Gregory, Walter	"	" "	" "	Died August 26.
Griggs, John	"	" "	" "	Discharged August 18.
Gannon, Peter	"	" "	" "	
Holt, William	"	" "	" "	
Humes, Thomas	"	" "	" "	On furlough.
Hinthon, Adam	"	" "	" "	
Hymen, Samuel	"	" "	" "	
Harry, Jesse	"	" "	" "	
Highfield, Leonard	"	" "	" "	
Harkins, John	"	" "	" "	
Ingersoll, Joseph	"	" "	" "	
Justice, Jesse	"	" "	" "	
Johnson, Nelson	"	" "	" "	
Jones, Levy	"	" "	" "	Discharged.
Kirk, Elijah	"	" "	" "	
Lancaster, William	"	" "	" "	Deserted.
McWharter, Hugh B.	"	" "	" "	
McShane, William	"	" "	" "	Deserted.
Mahan, Francis	"	" "	" "	Discharged July 1.
McShane, William	"	" "	" "	On furlough.
Mass, Theodore	"	" "	" "	Died June 9.
Markman, Abram	"	" "	" "	
Newman, William	"	" "	" "	Sick.
New, Jacob	"	" "	" "	
New, William	"	" "	" "	
Oldman, James	"	" "	" "	
Osburn, Fielding	"	" "	" "	On furlough.
Osburn, St. Clair	"	" "	" "	
Pinton, John	"	" "	" "	On furlough.
Percy, Samuel	"	" "	" "	
Percy, Daniel	"	" "	" "	
Rowland, John	"	" "	" "	Sick.
Ryan, James	"	" "	" "	
Ryley, John	"	" "	" "	On furlough.
Stephens, Thomas	"	" "	" "	
Stephens, Henry	"	" "	" "	
Stuart, William	"	" "	" "	
Simpson, James	"	" "	" "	Died June 25.
Smith, John	"	" "	" "	
Taylor, Isaac	"	" "	" "	Discharged.
Wilson, William	"	" "	" "	Discharged July 1.
Wilford, John	"	" "	" "	
Whorton, John	"	" "	" "	

ROLL OF CAPTAIN JOHN D. THOMAS' COMPANY, BOSWELL'S REGIMENT, KENTUCKY DETACHED MILITIA.

John D. Thomas	Captain	March 29, 1813	April 28, 1813	
George Pickett	Lieutenant	" "	" "	
Matthew Wood	Ensign	" "	" "	
William Elliott	1st Sergeant	" "	" "	
Lindsey Campbell	2d Sergeant	" "	" "	
John Caldwell	3d Sergeant	" "	" "	
Joseph Sweet	4th Sergeant	" "	" "	
Henry Dougherty	1st Corporal	" "	" "	
Henry Stuart	"	" "	" "	

ROLL OF CAPTAIN JOHN D. THOMAS' COMPANY, BOSWELL'S REGIMENT, KENTUCKY DETACHED MILITIA—Continued.

NAMES.	Rank.	Date of Appointment or Enlistment.	To what time Engaged or Enlisted.	REMARKS.
Joseph Cox	Corporal	March 29, 1813	April 28, 1813	
Samuel Ferguson	"	" "	" "	
Adams, William	Private	" "	" "	
Barlow, Jesse	"	" "	" "	
Berry, James A.	"	" "	" "	
Baker, George	"	" "	" "	
Bayless, Isaac	"	" "	" "	
Baxter, William	"	" "	" "	
Beckett, Joseph	"	" "	" "	
Cosby, Nicholas	"	" "	" "	
Connyers, John	"	" "	" "	
Courtney, Barba	"	" "	" "	
David, Henry	"	" "	" "	
Deatly, John	"	" "	" "	
Davis, Frederick	"	" "	" "	
Fightmaster, Joseph	"	" "	" "	
Fishback, Jesse	"	" "	" "	
Fitzwater, Stephen	"	" "	" "	
Fightmaster, Lawrence	"	" "	" "	
Galbreath, John	"	" "	" "	
George, William	"	" "	" "	
Houston, James	"	" "	" "	
Harter, Jacob D.	"	" "	" "	
Hendricks, William	"	" "	" "	
Hull, Goshen	"	" "	" "	
Hall, William	"	" "	" "	
Hendricks, George	"	" "	" "	
Hamilton, James	"	" "	" "	
Hughes, Learen	"	" "	" "	
Ingram, Job	"	" "	" "	
Jones, Gaton	"	" "	" "	
Jones, James	"	" "	" "	
Johnson, William	"	" "	" "	
Jamison, Benoni	"	" "	" "	
King, William	"	" "	" "	
King, Armstead	"	" "	" "	
Kendall, Samuel	"	" "	" "	
Kendrick, Mitchell	"	" "	" "	
Lear, John	"	" "	" "	
McGill, James	"	" "	" "	
Marsh, William	"	" "	" "	
Moor, James	"	" "	" "	
McClure, John	"	" "	" "	
McClain, Robert	"	" "	" "	
New, Peter	"	" "	" "	
Norman, Caleb	"	" "	" "	
Ochiltree, Thomas	"	" "	" "	
Orr, James	"	" "	" "	
Odor, Barnett	"	" "	" "	
Ruby, John	"	" "	" "	
Sturgeon, Elijah	"	" "	" "	
Talbott, Peter	"	" "	" "	
Tate, John	"	" "	" "	
Vandergrift, Samuel	"	" "	" "	
Wheat, Henson	"	" "	" "	
Woolory, Jacob	"	" "	" "	
Wilson, George	"	" "	" "	
Worrel, James	"	" "	" "	
Wilson, Nathaniel	"	" "	" "	

ROLL OF CAPTAIN MANSON SEAMONDS' COMPANY, BOSWELL'S REGIMENT, KENTUCKY DETACHED MILITIA.

Manson, Seamonds	Captain	April 29, 1813	March 31, 1813	[May 5.
James Ardera	Lieutenant	" "	" "	Promoted May 12 vice Lt. McClinton, killed
Charles M. Ruddell	Ensign	" "	" "	Promoted May 12 vice James Ardera, promoted.
Joseph H. March	1st Sergeant	" "	" "	Promoted May 6th vice J. Scott, killed.
Joseph Brandon	2d Sergeant	" "	" "	
Elisha Stewart	3d Sergeant	" "	" "	Promoted May 12.
Timothy Ellis	4th Sergeant	" "	" "	Promoted May 12.

ROLL OF CAPTAIN MANSON SEAMONDS' COMPANY, BOSWELL'S REGIMENT, KENTUCKY DETACHED MILITIA—Continued.

Names.	Rank.	Date of Appointment or Enlistment.	To what time Engaged or Enlisted.	Remarks.
John R. Tull	1st Corporal	April 29, 1813	March 31, 1813	
David Shields	2d Corporal	" "	" "	
Thomas Barbour	3d Corporal	" "	" "	Promoted May 12th.
Granville Rutherford	4th Corporal	" "	" "	
Askey, Thomas N.	Private	" "	" "	
Addison, Charles	"	" "	" "	
Briggs, John	"	" "	" "	
Baker, George	"	" "	" "	
Barlow, Jesse	"	" "	" "	
Bailey, William	"	" "	" "	
Bishop, Levin	"	" "	" "	
Butler, William B.	"	" "	" "	
Butcher, George	"	" "	" "	
Childers, Abraham	"	" "	" "	
Connyers, John	"	" "	" "	
Clay, John	"	" "	" "	
Clayton, Coleman	"	" "	" "	
Clayton, William	"	" "	" "	
Duncan, Thomas	"	" "	" "	
Darneil, Barton	"	" "	" "	
Dean, Samuel	"	" "	May 31, 1813	
Dawson, Gabriel	"	" "	" "	
Evans, John	"	" "	" "	
Ellis, Jesse	"	" "	" "	
Elliott, Rezin	"	" "	" "	
Fightmaster, Joseph	"	" "	" "	
Fishback, Jesse	"	" "	" "	
Griffin, Robert	"	" "	" "	
Gist, Rezin H.	"	" "	" "	
Honey, Peter	"	" "	" "	
Howard, Samuel	"	" "	" "	
Hughes, Mason	"	" "	" "	
Hilt, Henry	"	" "	" "	
Harter, Jacob D.	"	" "	" "	
Hamilton, Andrew	"	" "	" "	
Hutchinson, Wm. D.	"	" "	" "	
Johnson, David	"	" "	" "	
Johnson, Mason	"	" "	" "	
Jenkins, Thomas	"	" "	" "	
Jones, James	"	" "	" "	
Johnson, William	"	" "	" "	
Knox, Enoch	"	" "	" "	
Kimes, Henry	"	" "	" "	
Lear, Abraham	"	" "	" "	
Logan, Michael	"	" "	" "	
Lindsey, Thomas	"	" "	" "	
McPeters, Theophilus	"	" "	" "	
McClure, John	"	" "	" "	
Mock, George	"	" "	" "	
Matheny, Luke	"	" "	" "	
McConnell, Samuel	"	" "	" "	
Maple, William	"	" "	" "	
Melvin, Hugh	"	" "	" "	
Mountjoy, Edmond	"	" "	" "	
Matthews, David E.	"	" "	" "	
McLaughlin, John	"	" "	" "	
Orr, James	"	" "	" "	
Odor, Barnett	"	" "	" "	
Padgett, Timothy	"	" "	" "	
Pullen, James	"	" "	" "	
Reese, Thomas	"	" "	" "	
Rogers, Joseph	"	" "	" "	
Ruddel, George	"	" "	" "	
Robb, James	"	" "	" "	
Strode, John	"	" "	" "	
Stivens, James	"	" "	" "	
Sweet, Joseph	"	" "	" "	
Stuart, Henry	"	" "	" "	
Sturgeon, Elijah	"	" "	" "	
Smith, James	"	" "	" "	
Strain, Michael	"	" "	" "	
Talbott, Henry	"	" "	" "	
Vale, John P.	"	" "	" "	
Wilson, James	"	" "	" "	
Weatherhead, James	"	" "	" "	
Wells, William	"	" "	" "	

ROLL OF CAPTAIN MANSON SEAMONDS' COMPANY, BOSWELL'S REGIMENT, KENTUCKY DETACHED MILITIA—Continued.

Names.	Rank.	Date of Appointment or Enlistment.	To what time Engaged or Enlisted.	Remarks.
Wise, Ross	Private	April 29, 1813	May 31, 1813	
Wolcott, John	"	" "	" "	
Wood, John	"	" "	" "	
White, Jesse	"	" "	" "	
Whittington, Charles	"	" "	" "	

ROLL OF CAPTAIN ISAAC GRAY'S COMPANY, BOSWELL'S REGIMENT, KENTUCKY DETACHED MILITIA.

Names	Rank	Date of Appointment or Enlistment	To what time Engaged or Enlisted	Remarks
Isaac Gray	Captain	March 29, 1813	October 29, 1813	
Hugh Clark	Lieutenant	" "	" "	
Will. H. Fleming	Ensign	" "	" "	
John M. Turley	1st Sergeant	" "	" "	
Andrew Swearingen	2d Sergeant	" "	" "	
James Darby	3d Sergeant	" "	" "	
David Shultz	4th Sergeant	" "	" "	
Andrew Kinkead	1st Corporal	" "	" "	
Theophilus Hendricks	"	" "	" "	
Gregory Hawkins	"	" "	" "	
Theophilus Lawles	"	" "	" "	
Bushby, James	Private	" "	" "	
Butt, Samuel	"	" "	" "	
Brindle, William	"	" "	" "	
Burbridge, Thomas	"	" "	" "	
Burbridge, Thomas, Jr.	"	" "	" "	
Becraft, Benjamin	"	" "	" "	
Brown, William	"	" "	" "	
Cole, David	"	" "	" "	
Clark, Samuel	"	" "	" "	
Crews, Elijah	"	" "	" "	
Cooley, Matthew	"	" "	May 31, 1813	
Crews, Dozier	"	" "	October 29, 1813	
Duskins, Thomas	"	" "	" "	
Duskins, William	"	" "	" "	Died.
Dearmond, John	"	" "	" "	
Davis, Samuel	"	" "	" "	
Davis, Henry	"	" "	" "	
Davis, John	"	" "	" "	Died.
Fletcher, Thomas	"	" "	" "	
Fugate, James	"	" "	" "	
Griffin, Andrew	"	" "	" "	
Gohagen, Anthony	"	" "	May 31, 1813	Appointed Drum Major April 7.
Hawkins, John	"	" "	October 29, 1813	
Hunt, Hiram	"	" "	" "	
Hamilton, Aaron	"	" "	" "	
Hopkins, Robert	"	" "	" "	
Johnson, James	"	" "	" "	
Johnson, Benjamin	"	" "	" "	
Johnson, William	"	" "	" "	
Landers, Bolen	"	" "	May 8, 1813	
Louis, Joseph	"	" "	May 31, 1813	
McIlray, James	"	" "	October 29, 1813	
McCornish, Adams	"	" "	" "	
Mears, David	"	" "	" "	Absent with leave.
McKinney, Thomas	"	" "	August 1, 1813	Died.
Nott, Joseph	"	" "	October 29, 1813	
Owens, Joshua	"	" "	" "	
Petty, John	"	" "	" "	
Ricedon, William	"	" "	" "	
Steel, Solomon	"	" "	" "	Died April 13, 1813.
Shouse, Abram	"	" "	" "	
Shirley, William	"	" "	May 31, 1813	
Stuart, Samuel	"	" "	" "	
Shearly, Isaac	"	" "	" "	
Shultz, Abram	"	" "	October 29, 1813	
Thompson, David	"	" "	" "	
Tipton, Thomas M.	"	" "	" "	
Thompson, Richard B.	"	" "	" "	
Trimble, John	"	" "	" "	
Wise, George	"	" "	" "	
Wheeler, Joseph	"	" "	" "	
Waylor, Nicholas	"	" "	" "	

ROLL OF CAPTAIN EDMOND BACON'S COMPANY, KENTUCKY MOUNTED VOLUNTEERS.

Names.	Rank.	Date of Appointment or Enlistment.	To what time Engaged or Enlisted.	Remarks.
Edmond Bacon	Captain	September 7, 1812	October 19 1812	Died.
John Bennett	Lieutenant	" "	" "	
Roberson Graham	Ensign	" "	" "	Died.
Isaac Wilson	1st Sergeant	" "	" "	
John Samuel	2d Sergeant	" "	" "	
Spencer Runyar	3d Sergeant	" "	" "	
Archibald Hays	4th Sergeant	" "	" "	
Andrew McBryers	1st Corporal	" "	" "	
Robert Sanders	2d Corporal	" "	" "	
Jesse Samuel	3d Corporal	" "	" "	
James Byrn	4th Corporal	" "	" "	
Askley, George C.	Private	" "	" "	Died.
Arnold, James	"	" "	" "	
Arnold, Barnett	"	" "	" "	
Bennett, Richard	"	" "	" "	
Bennett, Benjamin	"	" "	" "	
Collins, Robert	"	" "	" "	
Coleman, Robert	"	" "	" "	
Crutcher, James	"	" "	" "	
Going, John L.	"	" "	" "	
Graham, George	"	" "	" "	
Hutton, Samuel	"	" "	" "	
Kennedy, Jesse	"	" "	" "	
Kesler, Lewis	"	" "	" "	
Lindsay, Alexander R.	"	" "	" "	
Mayall, William	"	" "	" "	
Mason, Nimrod	"	" "	" "	
Major, John S.	"	" "	" "	
McCurdy, Allen F.	"	" "	" "	
Morby, Thomas H.	"	" "	" "	
Madison, Rowley	"	" "	" "	
Prewitt, James	"	" "	" "	
Payne, William	"	" "	" "	
Reding, George	"	" "	" "	
Runnion, Peter	"	" "	" "	
Ransdale, Christopher C.	"	" "	" "	
Rolls, Jesse	"	" "	" "	
Roberts, James	"	" "	" "	
Rowlett, Daniel	"	" "	" "	
Samuel, Larkin	"	" "	" "	
Steward, William	"	" "	" "	
White, Walker S.	"	" "	" "	
Woods, John	"	" "	" "	

Roll of Field and Staff, Pogue's Regiment, Kentucky Militia—War of 1812.

Robert Pogue	Lt. Colonel	August 27, 1812	September 26, 1812	
William Reed	1st Major	" "	" "	
David Hart	2d Major	" "	" "	
Ardemus D. Roberts	Surgeon	" "	" "	
Thomas Doniphan	S. Mate	" "	" "	
Benjamin Norris	Adjutant	" "	" "	
George W. Botts	Paymaster	" "	" "	
Benedict Bacon	Quartermaster	" "	" "	
John Heddleson	Quartermaster Ser.	" "	" "	
Walter Lacey	Sergeant Major	" "	" "	
John Wire	Drum Major	" "	" "	
Joab Houghton	Fife Major	" "	" "	

ROLL OF CAPTAIN WASHINGTON KENNEDY'S COMPANY, POGUE'S REGIMENT, KENTUCKY MILITIA—COMMANDED BY LIEUTENANT-COLONEL ROBERT POGUE.

Names.	Rank.	Date of Appointment or Enlistment.	To what time Engaged or Enlisted.	Remarks.
Washington Kennedy	Captain	August 27, 1812	September 26, 1812	
Robert Matson	Lieutenant	" "	" "	
John Darniel	Ensign	" "	" "	
William Wright	1st Sergeant	" "	" "	
Benjamin Philip	2d Sergeant	" "	" "	
Timothy Mallory	3d Sergeant	" "	" "	
Daniel Radcliffer	4th Sergeant	" "	" "	
Enoch Smith	1st Corporal	" "	" "	
John Barbour	2d Corporal	" "	" "	
Thomas Clement	3d Corporal	" "	" "	
Sobert Waugh	4th Corporal	" "	" "	
Adams, Francis	Private	" "	" "	
Anderson, Stephen	"	" "	" "	
Anderson, John	"	" "	" "	
Arnold, Elijah	"	" "	" "	
Brocan, James	"	" "	" "	
Black, John	"	" "	" "	
Bridges, Henry	"	" "	" "	
Brent, Richard	"	" "	" "	
Bailey, William	"	" "	" "	
Bradshaw, Robert	"	" "	" "	
Chancy, Samuel	"	" "	" "	
Curthright, Daniel	"	" "	" "	
Clement, William	"	" "	" "	
Demint, Elias	"	" "	" "	
Dollars, William	"	" "	" "	
Darnielle, Barton	"	" "	" "	
Dawson, Robert	"	" "	" "	
Freeman, Jeremiah	"	" "	" "	
Frothergale, Jonathan	"	" "	" "	
Foster, John	"	" "	" "	
Hall, William	"	" "	" "	
Hardwick, Christopher	"	" "	" "	
Hays, George	"	" "	" "	
Herndon, William	"	" "	" "	
Lindsey, Jacob	"	" "	" "	
Lary, Joseph	"	" "	" "	
Lear, William B.	"	" "	" "	
Mitchell, Robert G.	"	" "	" "	
Merrill, William	"	" "	" "	
Mitchell, Joseph	"	" "	" "	
Morrison, John	"	" "	" "	
McAdams, Armstrong	"	" "	" "	
Mitchell, John	"	" "	" "	
Orr, Washington	"	" "	" "	
Offard, Esti	"	" "	" "	
Pebles, Alexander	"	" "	" "	
Paris, Joseph	"	" "	" "	
Poisal, Peter	"	" "	" "	
Pond, David W.	"	" "	" "	
Pence, Henry	"	" "	" "	
Roseberry, John	"	" "	" "	
Reed, Alfred	"	" "	" "	
Raffe, John	"	" "	" "	
Smith, James	"	" "	" "	
Sturgin, Jeremiah	"	" "	" "	
Spurgin, Richard	"	" "	" "	
Shrader, Philip	"	" "	" "	
Shields, William	"	" "	" "	
Sanders, Joshua	"	" "	" "	
Smith, Eleren	"	" "	" "	
Trumbo, John	"	" "	" "	
Williams, William	"	" "	" "	
Wigington, James	"	" "	" "	
Wycoffe, John	"	" "	" "	
Wigington, Peter	"	" "	" "	
Wilson, Ralph	"	" "	" "	
Waddy, Thomas	"	" "	" "	

ROLL OF CAPTAIN JOSEPH C. BELT'S COMPANY, POGUE'S REGIMENT, KENTUCKY MILITIA.

Names.	Rank.	Date of Appointment or Enlistment.	To what time Engaged or Enlisted.	Remarks.
Joseph C. Belt	Captain	August 27, 1812	September 26, 1812	
George W. Botts	Lieutenant	" "	" "	
Dorsey K. Stockton	Ensign	" "	" "	
Samuel J. Rawlings	1st Sergeant	" "	" "	
James Jones	2d Sergeant	" "	" "	
Thomas Rawlings	3d Sergeant	" "	" "	
Robert Stewart	4th Sergeant	" "	" "	
Andrew Wright	1st Corporal	" "	" "	
Thomas Edmonson	2d Corporal	" "	" "	
William Boll	3d Corporal	" "	" "	
Joseph Stagg	4th Corporal	" "	" "	
Applegate, Richard	Private	" "	" "	
Arnold, Thompson	"	" "	" "	
Anderson, Thomas	"	" "	" "	
Baker, John	"	" "	" "	
Burk, Moses	"	" "	" "	
Bridges, James	"	" "	" "	
Belt, Dennis	"	" "	" "	
Beckner, Jacob	"	" "	" "	
Conslant, John	"	" "	" "	
Cochran, John	"	" "	" "	
Caldwell, John	"	" "	" "	Substitute for James Finney.
Clare, John	"	" "	" "	
Dobyns, Berry	"	" "	" "	Substitute for Abraham Wishart.
Dailey, Samuel	"	" "	" "	
Dorrey, Joseph J.	"	" "	" "	
Dixon, John	"	" "	" "	
Evans, Isaac	"	" "	" "	Substitute for Joel Turner.
Elliott, John	"	" "	" "	
Early, Ebenezer	"	" "	" "	
Early, David	"	" "	" "	
Finney, Andrew	"	" "	" "	
Faris, Robert	"	" "	" "	
Flora, John	"	" "	" "	Substitute for Alexander Henderson.
Gregg, Solomon	"	" "	" "	
Gragg, John	"	" "	" "	
Howe, David, Jr.	"	" "	" "	
Hall, Nathaniel P.	"	" "	" "	
Hobbs, Benedict A.	"	" "	" "	
Hinton, Benjamin	"	" "	" "	
Hambrick, John	"	" "	" "	
Hambrick, Lewis	"	" "	" "	
Hellacost, William	"	" "	" "	
Howe, Washington	"	" "	" "	
Jackson, William	"	" "	" "	Substitute for Thomas Wallace.
Johnston, Samuel	"	" "	" "	Substitute for Andrew Plank.
Jacobs, John	"	" "	" "	
Jones, Thomas, Jr.	"	" "	" "	
Lindsey, John	"	" "	" "	
Little, John D.	"	" "	" "	
Lamb, John	"	" "	" "	
Lee, Adams	"	" "	" "	
Love, Joseph	"	" "	" "	
Lee, William	"	" "	" "	
Laremore, Hugh G.	"	" "	" "	Substitute for William Parkes.
Morgan, Daniel	"	" "	" "	Substitute for Charles Morgan.
Morrit, Samuel	"	" "	" "	
Norman, John, Jr.	"	" "	" "	
Osburn, John	"	" "	" "	
Pelham, Charles H.	"	" "	" "	
Pack, Daniel	"	" "	" "	
Peck, Isaac	"	" "	" "	
Quaintance, William	"	" "	" "	Substitute for Samuel Rodes.
Rhodes, Andrew	"	" "	" "	
Robinson, Nathaniel P.	"	" "	" "	
Sanders, Grennel, Jr.	"	" "	" "	
Sanders, Oliver	"	" "	" "	
Stoker, William	"	" "	" "	
Steele, William	"	" "	" "	
Stewart, David	"	" "	" "	
Sweet, James	"	" "	" "	
Turner, Edward	"	" "	" "	Substitute for Josiah Vanschook.
Walker, Andrew	"	" "	" "	
Williams, Lawrence	"	" "	" "	
White, Nelson	"	" "	" "	
Williams, Basil	"	" "	" "	

SOLDIERS OF THE WAR OF 1812. 95

ROLL OF CAPTAIN JOSEPH C. BELT'S COMPANY, POGUE'S REGIMENT, KENTUCKY MILITIA—Continued.

Names.	Rank.	Date of Appointment or Enlistment.	To what time Engaged or Enlisted.	Remarks.
Wills, John	Private	August 27, 1812	September 26, 1812	Substitute for James Parks.
Willson, John	"	" "	" "	
Wilson, Thomas	"	" "	" "	

ROLL OF CAPTAIN SIMON R. BAKER'S COMPANY, POGUE'S REGIMENT, KENTUCKY MILITIA.

Names.	Rank.	Date of Appointment or Enlistment.	To what time Engaged or Enlisted.	Remarks.
Simon R. Baker	Captain	August 27, 1812	September 26, 1812	
Humphrey Brook	Lieutenant	" "	" "	
Edward S. Lee	Ensign	" "	" "	
John Buskitt	1st Sergeant	" "	" "	
James Connor	2d Sergeant	" "	" "	
James Johnston	3d Sergeant	" "	" "	
David John	4th Sergeant	" "	" "	
Taylor McComas	1st Corporal	" "	" "	
Jeremiah McNeeley	2d Corporal	" "	" "	
James Calvert	3d Corporal	" "	" "	
George Halbert	4th Corporal	" "	" "	
Ashberry, Benjamin	Private	" "	" "	Substitute for James Singleton.
Baird, Arthur	"	" "	" "	
Bryan, William	"	" "	" "	
Barkes, Jacob	"	" "	" "	Absent.
Courtney, John	"	" "	" "	
Chaney, John	"	" "	" "	
Crutcher, Nathaniel	"	" "	" "	
Crutcher, Peter	"	" "	" "	
Cooper, Nicholas	"	" "	" "	
Campbell, James	"	" "	" "	
Crofford, William	"	" "	" "	
Cox, Henry	"	" "	" "	
Dorman, Thomas	"	" "	" "	Substitute for John Drake.
Dye, Robert H.	"	" "	" "	
Ellis, William	"	" "	" "	Substitute for John Evans.
Eubanks, Foster	"	" "	" "	Substituted.
Eatton, Benjamin	"	" "	" "	
Fitch, James	"	" "	" "	
Guthrie, Alexander	"	" "	" "	Sick.
Gedding, Lewis	"	" "	" "	Absent.
Gregg, Caleb	"	" "	" "	Substitute for David Lane.
Henderson, Thomas	"	" "	" "	
Hurst, Harman	"	" "	" "	Deserted.
John, Abel	"	" "	" "	
Kennedy, Thomas	"	" "	" "	
Lard, Mitchell	"	" "	" "	
Lowe, William	"	" "	" "	
Larsh, Charles	"	" "	" "	
Meauix, James	"	" "	" "	
McClare, James	"	" "	" "	
McComas, Nathaniel	"	" "	" "	
McDonald, Henry	"	" "	" "	
Molton, Levi	"	" "	" "	Absent.
McDowel, Thomas	"	" "	" "	Absent.
Mitchell, John	"	" "	" "	
Robinson, Nathaniel	"	" "	" "	Substituted for Andrew James.
Sparks, Caleb	"	" "	" "	Absent.
Stalcoop, Elias	"	" "	" "	Absent.
Stalcoop, John	"	" "	" "	
Strafford, Edward	"	" "	" "	
William, James	"	" "	" "	
Wheat, Samuel	"	" "	" "	

ROLL OF CAPTAIN WILLIAM BROWN'S COMPANY, POGUE'S REGIMENT, KENTUCKY MILITIA.

Names.	Rank.	Date of Appointment or Enlistment.	To what time Engaged or Enlisted.	Remarks.
William Brown	Captain	August 27, 1812	September 26, 1812	
David Rees	Lieutenant	" "	" "	
Samuel Hinkson	Ensign	" "	" "	
Hanson Talbot	1st Sergeant	" "	" "	
James Chambers	2d Sergeant	" "	" "	
Moses McIlvan	3d Sergeant	" "	" "	
John Hamilton	4th Sergeant	" "	" "	
John Pollock	1st Corporal	" "	" "	
Samuel Worril	2d Corporal	" "	" "	
Thomas Smith	3d Corporal	" "	" "	
William Lewis	4th Corporal	" "	" "	
Henry Nellery	Drummer	" "	" "	
William Fielding	Fifer	" "	" "	
Ayers, Richard	Private	" "	" "	
Andrew, ——	"	" "	" "	Servant to Captain.
Berry, Reuben	"	" "	" "	
Brown, William	"	" "	" "	
Bell, Joseph	"	" "	" "	
Becket, Samuel	"	" "	" "	
Bean, Joshua	"	" "	" "	
Bony, John	"	" "	" "	
Burress, Garrett	"	" "	" "	
Casey, Archibald	"	" "	" "	
Cook, William	"	" "	" "	
Coleman, Wyatt	"	" "	" "	
Cambers, James	"	" "	" "	
Campbell, William	"	" "	" "	
Clements, John	"	" "	" "	
Carrol, John	"	" "	" "	
Campbell, James	"	" "	" "	
Eaton, Thomas	"	" "	" "	
Estes, Robert	"	" "	" "	
Early, William	"	" "	" "	
Fletcher, William	"	" "	" "	
Fitzerald, Thomas	"	" "	" "	
Fitzwattes, Andrew	"	" "	" "	
Holmes, Thomas	"	" "	" "	
Hannor, James	"	" "	" "	
Horn, James	"	" "	" "	
Jackson, James	"	" "	" "	
Kelbreath, Evans	"	" "	" "	
Kile, John	"	" "	" "	
Leeper, Robert	"	" "	" "	
Leiper, Samuel	"	" "	" "	
Lewis, Samuel	"	" "	" "	
Lyon, John L.	"	" "	" "	
Lingenfetter, George	"	" "	" "	
Mitchell, George	"	" "	" "	
Mason, Daniel	"	" "	" "	
Marshall, James	"	" "	" "	
Moffett, Mathew	"	" "	" "	
McDownell, James	"	" "	" "	
Neaves, William	"	" "	" "	
Nesbit, Samuel	"	" "	" "	
Neaves, James	"	" "	" "	
Philips, John	"	" "	" "	
Ritchie, John	"	" "	" "	
Right, John	"	" "	" "	
Rose, Elias	"	" "	" "	
Rutherford, Joseph	"	" "	" "	
Rosencraft, Thomas	"	" "	" "	
Sparks, Archibald	"	" "	" "	
Slade, Samuel	"	" "	" "	
Schooler, Richard	"	" "	" "	
Smith, Nicholas	"	" "	" "	
Slade, William	"	" "	" "	
Stinwell, Joseph	"	" "	" "	
Spottswood, William	"	" "	" "	
Scott, William	"	" "	" "	
Slade, Ezekiel	"	" "	" "	
Smith, John	"	" "	" "	
Slade, John	"	" "	" "	
Springer, Welsley	"	" "	" "	
Turner, Ezekiel	"	" "	" "	
Tucker, Jesse	"	" "	" "	
Varner, John, Sr.	"	" "	" "	

ROLL OF CAPTAIN WILLIAM BROWN'S COMPANY, POGUE'S REGIMENT, KENTUCKY MILITIA—Continued.

Names.	Rank.	Date of Appointment or Enlistment	To what time Engaged or Enlisted.	Remarks.
Varner, John, Jr.	Private	August 27, 1812	September 26, 1812.	
Veach, Daniel	"	" "	" "	
Wiatt, Jesse	"	" "	" "	
Whiting, William	"	" "	" "	
William, George	"	" "	" "	
Wolton, Thomas	"	" "	" "	

ROLL OF CAPTAIN JOHN DOWDEN'S COMPANY, POGUE'S REGIMENT, KENTUCKY MILITIA.

Names.	Rank.	Date of Appointment or Enlistment	To what time Engaged or Enlisted.	Remarks.
John Dowden	Captain	August 27, 1812	September 26, 1812	
Benjamin Norris	Lieutenant	" "	" "	
Enoch Hatton	Ensign	" "	" "	
John Hatton	1st Sergeant	" "	" "	
Joseph McCarty	2d Sergeant	" "	" "	
John Mannon	3d Sergeant	" "	" "	
Adam Pigmon	4th Sergeant	" "	" "	
Thomas Longley	1st Corporal	" "	" "	
Joseph Watson	2d Corporal	" "	" "	
Jacob Werrick	3d Corporal	" "	" "	
Boaz Brooks	4th Corporal	" "	" "	
Anderson, Garland	Private	" "	" "	
Adsmon, Joseph	"	" "	" "	
Adamson, George	"	" "	" "	
Adamson, Joseph, Jr.	"	" "	" "	
Brockbank, James	"	" "	" "	
Bridges, James	"	" "	" "	
Bridges, Joseph	"	" "	" "	
Barker, Henry A.	"	" "	" "	
Bailes, Ezra	"	" "	" "	
Bonewell, Levin	"	" "	" "	
Berton, John	"	" "	" "	
Bagley, Charles	"	" "	" "	
Bouchar, John	"	" "	" "	
Brock, Henry	"	" "	" "	
Browning, Jeremiah	"	" "	" "	
Browning, Benjamin	"	" "	" "	
Blasingame, Henry	"	" "	" "	
Baird, William	"	" "	" "	
Clenny, William	"	" "	" "	
Cubertson, Robert	"	" "	" "	
Cooper, Fielding	"	" "	" "	
Collins, Samuel	"	" "	" "	
Cooper, John	"	" "	" "	
Cruzan, Isaac	"	" "	" "	
Cruzan, Benjamin	"	" "	" "	
Case, Shadrach	"	" "	" "	
Cain, Joseph	"	" "	" "	
Dorrin, Thornton	"	" "	" "	
Dillman, Andrew	"	" "	" "	
Dillman, Michael	"	" "	" "	
Ferrin, George	"	" "	" "	
Faner, Michael	"	" "	" "	
Gast, Jervis	"	" "	" "	
Harrison, Thomas	"	" "	" "	
Heath, James	"	" "	" "	
Hyatt, Benjamin	"	" "	" "	
Hammonds, Thomas	"	" "	" "	
Hazlerig, Fielding	"	" "	" "	
Hamilton, Brice	"	" "	" "	
Jones, James	"	" "	" "	
Johnston, Jacob	"	" "	" "	
Jett, Thomas	"	" "	" "	
Jett, Samuel	"	" "	" "	
Kemp, Peter	"	" "	" "	
Kemp, Edward	"	" "	" "	
Lewis, William	"	" "	" "	
Mitchell, Richard	"	" "	" "	
Masterson, William	"	" "	" "	
McElroy, David	"	" "	" "	
Morrison, James	"	" "	" "	
Mott, Orange	"	" "	" "	

ROLL OF CAPTAIN JOHN DOWDEN'S COMPANY, POGUE'S REGIMENT, KENTUCKY MILITIA—Continued.

Names.	Rank.	Date of Appointment or Enlistment.	To what time Engaged or Enlisted.	Remarks.
McGonagal, James	Private	August 27, 1812	September 26, 1812	
Malott, John	"	" "	" "	
Malott, James	"	" "	" "	
McClain, Francis	"	" "	" "	
McDowell, Thomas	"	" "	" "	
Mains, Jacob	"	" "	" "	
McCaul, Samuel	"	" "	" "	
McCall, William	"	" "	" "	
Neal, Thomas	"	" "	" "	
Norris, James	"	" "	" "	
Pickeel, Samuel	"	" "	" "	
Pierce, Hiram	"	" "	" "	
Pierce, Caleb	"	" "	" "	
Printy, Israel	"	" "	" "	
Perkins, William	"	" "	" "	
Reeves, Caleb	"	" "	" "	
Reeves, Benjamin	"	" "	" "	
Rittenhouse, Adam	"	" "	" "	
Scisson, Lawson	"	" "	" "	
Stewart, Edward	"	" "	" "	
Schofield, Samuel	"	" "	" "	
Sharp, Adam	"	" "	" "	
Salley, John	"	" "	" "	
Southern, Levin	"	" "	" "	
Smith, John	"	" "	" "	
Thornton, George	"	" "	" "	
Tabb, Edward	"	" "	" "	
True, Henry	"	" "	" "	
Truitt, William	"	" "	" "	
Williams, Gerrard	"	" "	" "	
Wallis, James	"	" "	" "	
Whips, Nathaniel	"	" "	" "	
White, John	"	" "	" "	
Washburn, Elias	"	" "	" "	
Worster, James	"	" "	" "	

ROLL OF CAPTAIN JOHN McKEE'S COMPANY, POGUE'S REGIMENT, KENTUCKY MILITIA.

Names	Rank	Date of Appointment or Enlistment	To what time Engaged or Enlisted	Remarks
John McKee	Captain	August 27, 1812	September 26, 1812	
Jasper Morris	Lieutenant	" "	" "	
David Bryant	Ensign	" "	" "	Resigned October 18, 1812.
John Morris	1st Sergeant	" "	" "	Appointed Ensign October 18, 1812.
Veazy Price	2d Sergeant	" "	" "	Appointed 1st Sergeant October 18, 1812.
John H. Pogue	3d Sergeant	" "	" "	Appointed 2d Sergeant October 18, 1812.
William Bannar	4th Sergeant	" "	" "	Appointed 3d Sergeant October 18, 1812.
Thomas Hiatt	1st Corporal	" "	" "	Appointed 4th Sergeant October 18, 1812.
Thomas Webb	2d Corporal	" "	" "	Refused to shoulder arms at St. Mary's, and transferred September 12th by General Harrison.
John Glover	3d Corporal	" "	" "	Appointed 1st Corporal October 18, 1812.
Daniel Tibbs	4th Corporal	" "	" "	Resigned September 7, 1812.
Allen, Benjamin	Private	" "	" "	
Allen, Edmund	"	" "	" "	
Anderson, Charles	"	" "	" "	
Ashbough, John	"	" "	" "	
Butler, John	"	" "	" "	
Butler, Joseph	"	" "	" "	
Bassett, Elijah	"	" "	" "	
Berry, Joseph, Jr.	"	" "	" "	Discharged November 11, 1812.
Bell, Asa	"	" "	" "	
Berry, Bomberry	"	" "	" "	
Barnes, Hugh	"	" "	" "	
Britain, Benjamin	"	" "	" "	
Clayton, John	"	" "	" "	Deserted September 30, 1812.
Case, James	"	" "	" "	
Calvin, Boswell	"	" "	" "	
Day, Presley	"	" "	" "	
Day, Morgan	"	" "	" "	Appointed 3d Corporal September 24, 1812.
Dove, John	"	" "	" "	
Donaldson, William	"	" "	" "	
Dye, John	"	" "	" "	
Donaldson, James	"	" "	" "	

ROLL OF CAPTAIN JOHN McKEE'S COMPANY, POGUE'S REGIMENT, KENTUCKY MILITIA—Continued.

Names.	Rank.	Date of Appointment or Enlistment.	To what time Engaged or Enlisted.	Remarks:
Donaldson, Stephen	Private	August 27, 1812	September 26, 1812	
Gaither, Thomas	"	" "	" "	Appointed 4th Corporal October 18, 1812.
Gray, William	"	" "	" "	
Grigsby, Ludwell	"	" "	" "	
Griffith, William	"	" "	" "	
Hopper, John	"	" "	" "	
Hord, Thomas, Jr.	"	" "	" "	Appointed 4th Corporal September 7, 1812.
Hitt, Thompson	"	" "	" "	
Hord, Thomas, Sr.	"	" "	" "	
Heddleson, John	"	" "	" "	Deserted October 8, 1812.
Jervis, Parker	"	" "	" "	
Judd, James	"	" "	" "	
Johnson, Silas	"	" "	" "	
Johnson, Abraham	"	" "	" "	
Jackson, William	"	" "	" "	
Kercheval, Lewis O.	"	" "	" "	
Kercheval, Berry	"	" "	" "	
Leek, Anthony M.	"	" "	" "	
Littlejohn, John	"	" "	" "	
Linn, William	"	" "	" "	
Langley, William	"	" "	" "	
Morehead, Andrew	"	" "	" "	
McGehee, Francis	"	" "	" "	
McLinn, William	"	" "	" "	
Martin, John	"	" "	" "	
McCay, William	"	" "	" "	
Moore, William	"	" "	" "	
Morgan, Barton	"	" "	" "	Refused to shoulder arms at St. Mary's, and trans-[ferred by order of Gen. Harrison.
Nibbs, George	"	" "	" "	
Payne, John G.	"	" "	" "	
Robinson, Elijah N.	"	" "	" "	
Roff, David	"	" "	" "	
Rogers, Jeremiah	"	" "	" "	
Randon, Thomas	"	" "	" "	
Rawlings, Joshua	"	" "	" "	
Stout, William	"	" "	" "	
Sutor, Stephen	"	" "	" "	
Taylor, Leeson	"	" "	" "	
Umstead, John	"	" "	" "	
Vanoy, John	"	" "	" "	
Vancamp, John	"	" "	" "	
Wheatly, Francis	"	" "	" "	
Walker, William	"	" "	" "	
Williams, Nathan	"	" "	" "	
Waller, John	"	" "	" "	Died October 11, 1812.
Williams, John	"	" "	" "	Appointed Drum Major October 3, 1812.
White, Isaac	"	" "	" "	
Young, Willoughby T.	"	" "	" "	

ROLL OF CAPTAIN THOMPSON WARD'S COMPANY, POGUE'S REGIMENT, KENTUCKY MILITIA.

Names.	Rank.	Date of Appointment or Enlistment.	To what time Engaged or Enlisted.	Remarks:
Thompson Ward	Captain	August 27, 1812	September 26, 1812	
George Benaugh	Lieutenant	" "	" "	
Benedict Bacon	Ensign	" "	" "	
James Ward	1st Sergeant	" "	" "	
Thomas Wilson	2d Sergeant	" "	" "	
Jacob Kouns	3d Sergeant	" "	" "	
John Gholson	4th Sergeant	" "	" "	
Samuel D Fishback	1st Corporal	" "	" "	
Charles Jackson	2d Corporal	" "	" "	
Charles Craycraft	3d Corporal	" "	" "	
James Gibson	4th Corporal	" "	" "	
Alexander, John	Private	" "	" "	
Bruce, John	"	" "	" "	
Brown, Nelson R.	"	" "	" "	
Bartley, Allen L.	"	" "	" "	
Bradshart, Isaac	"	" "	" "	
Bartley, James	"	" "	" "	
Bunard, Gilbert	"	" "	" "	
Burns, Joseph	"	" "	" "	
Cobb, Thomas	"	" "	" "	

ROLL OF CAPTAIN THOMPSON WARD'S COMPANY, POGUE'S REGIMENT, KENTUCKY MILITIA—Continued.

Names.	Rank.	Date of Appointment or Enlistment.	To what time Engaged or Enlisted.	Remarks.
Campbell, Thomas	Private	August 27, 1812	September 26, 1812	
Chitwood, John R.	"	" "	" "	
Cummings, Benjamin	"	" "	" "	
Cummins, Samuel	"	" "	" "	
Davis, Thomas	"	" "	" "	
Dearing, Berry	"	" "	" "	
Downs, John	"	" "	" "	
Duncan, Almounder	"	" "	" "	
Druier, Simon	"	" "	" "	
Dummot, Robert	"	" "	" "	
Evans, John	"	" "	" "	
Evans, William	"	" "	" "	
Gardiner, George W.	"	" "	" "	
Gholson, James H.	"	" "	" "	
Grayson, Alfred W.	"	" "	" "	
Holland, Wright	"	" "	" "	
Johnston, Richard	"	" "	" "	
Jackson, James	"	" "	" "	
Long, Henry	"	" "	" "	
Lyon, Hezekiah	"	" "	" "	
McGyre, James	"	" "	" "	
McGyre, Robert	"	" "	" "	
Meek, Joseph	"	" "	" "	
Meek, James	"	" "	" "	
Morton, David	"	" "	" "	
McAlister, Luke	"	" "	" "	
Morton, John	"	" "	" "	
Norman, Joseph, Sr	"	" "	" "	
Norman, Joseph, Jr	"	" "	" "	
Nevil, Joseph	"	" "	" "	
Ozburn, Squire	"	" "	" "	
Ozburn, Morgan	"	" "	" "	
Parker, Solomon	"	" "	" "	
Ruggles, Michael	"	" "	" "	
Rankin, Hiram	"	" "	" "	
Riddle, John	"	" "	" "	
Smith, William	"	" "	" "	
Stump, George	"	" "	" "	
Steele, Benjamin	"	" "	" "	
Throckmorton, Joseph	"	" "	" "	
Tyler, Joseph	"	" "	" "	
Ulin, Benjamin	"	" "	" "	
White, John	"	" "	" "	
Wright, George	"	" "	" "	

ROLL OF CAPTAIN GEORGE MATTHEWS' COMPANY, POGUE'S REGIMENT, KENTUCKY MILITIA.

Names.	Rank.	Date of Appointment or Enlistment.	To what time Engaged or Enlisted.	Remarks.
George Matthews	Captain	August 27, 1812	September 26, 1812	
John McRoberts	Lieutenant	" "	" "	
Daniel McIntire	Ensign	" "	" "	
John Wilson	1st Sergeant	" "	" "	
John Ringo	2d Sergeant	" "	" "	
John Helvenston	3d Sergeant	" "	" "	
James Wight	4th Sergeant	" "	" "	
Reuben Goddard	1st Corporal	" "	" "	
Richard Hudmit	2d Corporal	" "	" "	
John Yarborough	3d Corporal	" "	" "	
Levi Hopper	4th Corporal	" "	" "	
Reuben Plummer	Fifer	" "	" "	
Joseph Littleton	Drummer	" "	" "	
Armstrong, Henry	Private	" "	" "	Sick.
Bashan, Cuthbert	"	" "	" "	Substitute for Reuben Jones.
Crawford, Josiah	"	" "	" "	
Cornwell, George	"	" "	" "	
Conrad, Joseph	"	" "	" "	
Cover, Henry	"	" "	" "	
Davis, Thomas	"	" "	" "	
Elliott, Thomas	"	" "	" "	
Ervin, Thomas	"	" "	" "	
Elliott, Daniel	"	" "	" "	
Flinn, Arthur	"	" "	" "	

ROLL OF CAPTAIN GEORGE MATTHEWS' COMPANY, POGUE'S REGIMENT, KENTUCKY MILITIA—Continued.

Names.	Rank.	Date of Appointment or Enlistment.	To what time Engaged or Enlisted.	Remarks.
Fouch, William	Private	August 27, 1812	September 26, 1812	
Foley, Owen	"	" "	" "	Ran away.
Gooding, Isaac	"	" "	" "	
Gardiner, Charles	"	" "	" "	
Humphries, James	"	" "	" "	
Horine, George	"	" "	" "	
Hylander, George	"	" "	" "	
Hulse, Thomas	"	" "	" "	
Homblett, Thomas	"	" "	" "	
Hopper, Samuel	"	" "	" "	
Hall, Moses	"	" "	" "	
Helveston, Peter	"	" "	" "	Sick.
Jones, Levi	"	" "	" "	
Lawrence, James	"	" "	" "	
Littleton, John	"	" "	" "	
Lewis, Robert	"	" "	" "	
Lewis, Peter B.	"	" "	" "	
Logan, William	"	" "	" "	Substitute for Lot Foster.
Minor, Spencer	"	" "	" "	
Moore, Frederick	"	" "	" "	
McRoberts, Samuel	"	" "	" "	
McDaniel, Joseph	"	" "	" "	
Miller, Alexander	"	" "	" "	
Mullen, James	"	" "	" "	
Mullens, Joseph	"	" "	" "	
Miller, Oliver	"	" "	" "	
McRoberts, Alexander	"	" "	" "	
Miller, William	"	" "	" "	Sick.
McAllister, Luke	"	" "	" "	Sick.
Neebs, Thomas	"	" "	" "	
Oxley, Henry	"	" "	" "	Deserted.
Plummer, John	"	" "	" "	
Plummer, Benjamin	"	" "	" "	
Plummer, George	"	" "	" "	
Plummer, Samuel	"	" "	" "	Sick.
Plummer, Isaiah	"	" "	" "	Sick.
Reeves, Elijah	"	" "	" "	
Rice, Nelson	"	" "	" "	Sick.
Rice, William	"	" "	" "	Sick.
Ross, James	"	" "	" "	
Shepherd, Peter	"	" "	" "	
Thomas, William	"	" "	" "	
Watson, Joseph	"	" "	" "	
Watt, John	"	" "	" "	
Weaver, Peter	"	" "	" "	
Weaver, John	"	" "	" "	Deserted.
Welch, Henry	"	" "	" "	
Wilson, Samuel	"	" "	" "	Sick.

Roll of Field and Staff, Scott's Regiment, Kentucky Militia—War of 1812.

John M. Scott	Lieut. Colonel	August 15, 1812	October 14 1812	
Richard M. Gano	Major	" "	" "	
Elijah McClanahan	"	" "	" "	
W. H. Richardson	Surgeon	" "	" "	
Robert M. Ewing	S. Mate	" "	" "	
Alfred Sandford	Adjutant	" "	" "	
Barnet Williams	Paymaster	" "	" "	
James King	Qr. Master	" "	" "	
Alexander McCoy	Qr. M. Serg't	" "	" "	
John Feltz	S. M.	" "	" "	
William Fee	D. M.	" "	" "	
James Miller	F. M.	" "	" "	

SOLDIERS OF THE WAR OF 1812.

ROLL OF CAPTAIN THOMAS MORRIS' COMPANY, SCOTT'S REGIMENT, KENTUCKY MILITIA—COMMANDED BY COLONEL JOHN M. SCOTT.

Names.	Rank.	Date of Appointment or Enlistment.	To what time Engaged or Enlisted.	Remarks.
Thomas Morris	Captain	August 15, 1812	October 15, 1812	
Edward B. Rule	Lieutenant	" "	" "	
Joseph Bowles	Ensign	" "	" "	
Francis Irwin	Sergeant	" "	" "	
John Henry	"	" "	" "	
Will. Rogers	"	" "	" "	
Levi Parker	"	" "	" "	
George Mozer	Corporal	" "	" "	
John Hamilton	"	" "	" "	
Raucer Spicer	"	" "	" "	
Richard Swanson	"	" "	" "	
Bould, Peter	Private	" "	" "	
Biggs, John	"	" "	" "	
Blakeney, William	"	" "	" "	
Bay, Joseph	"	" "	" "	
Bucy, William	"	" "	" "	
Beckett, Samuel	"	" "	" "	
Barton, Joshua	"	" "	" "	
Bell, Thomas	"	" "	" "	
Baker, Jacob	"	" "	" "	
Cassaday, Thomas	"	" "	" "	
Clay, William W.	"	" "	" "	
Chadd, Samuel	"	" "	" "	
Croffort, Alexander B.	"	" "	" "	
Dalyell, John	"	" "	" "	
Dougherty, Jarrett	"	" "	" "	
Duckett, Caleb M.	"	" "	" "	
Dickereon, William S	"	" "	" "	
Frakes, Nathan	"	" "	" "	
Ferguson, David	"	" "	" "	
Gars, Jesse	"	" "	" "	
Greer, Thomas	"	" "	" "	
Gill, Robert	"	" "	" "	
Harris, Willie	"	" "	" "	
Hebber, John	"	" "	" "	
Hedleston, Robert	"	" "	" "	
Irwin, John	"	" "	" "	
Jones, Willis	"	" "	" "	
Jacks, Will.	"	" "	" "	
Johnson, John	"	" "	" "	
Johnson, Silas	"	" "	" "	
Johnson, Robert	"	" "	" "	
Jones, Jesse	"	" "	" "	
Kenny, James	"	" "	" "	
Manford, John	"	" "	" "	
Mulholin, William	"	" "	" "	
McGinnis, Thomas	"	" "	" "	
Myers, George	"	" "	" "	
Marshall, Timothy P.	"	" "	" "	
Moenact, Samuel	"	" "	" "	
Morgan, Hugh	"	" "	" "	
Pierson, Bartholomew	"	" "	" "	
Plummer, George	"	" "	" "	
Percell, Thomas	"	" "	" "	
Parrish, Anderson	"	" "	" "	
Parker, Garland	"	" "	" "	
Rule, Mathew	"	" "	" "	
Stadler, John	"	" "	" "	
Spurgin, Moses	"	" "	" "	
Stewart, Joseph	"	" "	" "	
Sodosky, Isaac	"	" "	" "	
Sparks, Joseph	"	" "	" "	
Townsend, William	"	" "	" "	
Tooks, William	"	" "	" "	
Trammell, James	"	" "	" "	
Wilson, John	"	" "	" "	
Wills, David	"	" "	" "	

ROLL OF CAPTAIN LYNN WEST'S COMPANY, SCOTT'S REGIMENT, KENTUCKY MILITIA.

Names.	Rank.	Date of Appointment or Enlistment.	To what time Engaged or Enlisted.	Remarks.
Lynn West	Captain	August 15, 1812	October 14, 1812	
Thomas Story	Lieutenant	" "	" "	
Mason Moss	"	" "	" "	
Tarenor R. Branham	"	" "	" "	
David Grishom	"	" "	" "	
James Carroll	Sergeant	" "	" "	
John Fetty	"	" "	" "	
Abraham Short	"	" "	" "	
Joseph Cox	"	" "	" "	
Elias Tapp	Corporal	" "	" "	
John McCallister	"	" "	" "	
Jesse Oldham	"	" "	" "	
James Cox	"	" "	" "	
Allen, Samuel	Private	" "	" "	
Armstrong, James	"	" "	" "	
Breedlore, Major	"	" "	" "	
Bradford, George	"	" "	" "	
Cope, William	"	" "	" "	
Cummins, Thomas	"	" "	" "	
Campbell, William	"	" "	" "	
Carter, William	"	" "	" "	
Danner, Samuel	"	" "	" "	
Eve, Benjamin	"	" "	" "	
Eve, Jabez	"	" "	" "	
Ford, A.	"	" "	" "	
Frayer, Joseph	"	" "	" "	
Giles, Samuel	"	" "	" "	
Griffith, Belfield	"	" "	" "	
Griffith, George	"	" "	" "	
Graves, Thomas	"	" "	" "	
Henderson, Thomas	"	" "	" "	
Hunt, James	"	" "	" "	
Hogan, James	"	" "	" "	
Henderson, Samuel	"	" "	" "	
Harris, Thomas	"	" "	" "	
Ireland, Alexander	"	" "	" "	
James, Wiley	"	" "	" "	
Johnson, Isaac	"	" "	" "	
Kindrle, Benjamin	"	" "	" "	
Lemon, Alexander	"	" "	" "	
Lynn, William F.	"	" "	" "	
Lacy, Stephen	"	" "	" "	
Lowry, William	"	" "	" "	
Loury, John	"	" "	" "	
Mit, Samuel	"	" "	" "	
McHatton, James	"	" "	" "	
Monteath, William	"	" "	" "	
McGohie, Daniel	"	" "	" "	
Merrill, James	"	" "	" "	
McCormack, James	"	" "	" "	
McCandles, John	"	" "	" "	
McDaniel, John	"	" "	" "	
Montgomery, John	"	" "	" "	
Mosby, William	"	" "	" "	
Nafe, Daniel	"	" "	" "	
Prue, Isaiah	"	" "	" "	
Peek, Thomas	"	" "	" "	
Powers, Robert	"	" "	" "	
Rainey, Abraham	"	" "	" "	
Ratchford, William	"	" "	" "	
Rogers, Valentine	"	" "	" "	
Scofield, Stephen	"	" "	" "	
Scruggs, James	"	" "	" "	
Short, Obediah	"	" "	" "	
Self, James	"	" "	" "	
Sharron, James F.	"	" "	" "	
Scott, Abram	"	" "	" "	
Sharon, Samuel	"	" "	" "	
Short, George	"	" "	" "	
Smith, William	"	" "	" "	
Smith, John	"	" "	" "	
Sutton, Thomas	"	" "	" "	
Short, Syrus	"	" "	" "	
Tarlton, Thomas	"	" "	" "	
Todd, Abel	"	" "	" "	
Thompson, Peter	"	" "	" "	

ROLL OF CAPTAIN LYNN WEST'S COMPANY, SCOTT'S REGIMENT, KENTUCKY MILITIA—Continued.

Names.	Rank.	Date of Appointment or Enlistment.	To what time Engaged or Enlisted.	Remarks.
Tyree, Tarlaton	Private	August 15, 1812	October 14, 1812	
Tilford, Alexander	"	" "	" "	
Wiggins, Thomas	"	" "	" "	
Wells, Derit	"	" "	" "	
Wickershom, James	"	" "	" "	
Williams, Silas	"	" "	" "	
Wolf, Henry	"	" "	" "	
Worrel, Jonathan	"	" "	" "	
Young, William	"	" "	" "	

ROLL OF CAPTAIN JOSEPH REDDING'S COMPANY, SCOTT'S REGIMENT, KENTUCKY MILITIA.

Names.	Rank.	Date of Appointment or Enlistment.	To what time Engaged or Enlisted.	Remarks.
Joseph Redding	Captain	August 15, 1812	October 14, 1812	
Joseph McCauly	Lieutenant	" "	" "	
Barnett Williams	Ensign	" "	" "	
John Lemon	Sergeant	" "	" "	
Daniel Long	"	" "	" "	
Thomas Ogburn	"	" "	" "	
Alvah Motherhead	"	" "	" "	
William Lindsay	Corporal	" "	" "	
James Minor	"	" "	" "	
Hugh Montgomery	"	" "	" "	
James McCauley	"	" "	" "	
John Luke	Musician	" "	" "	
Allen, Robert	Private	" "	" "	
Abbott, H. G.	"	" "	" "	
Abbott, Edward T.	"	" "	" "	
Alexander, William	"	" "	" "	
Adkins, James	"	" "	" "	
Bagby, John	"	" "	" "	
Cury, John	"	" "	" "	
Criswell, Robert	"	" "	" "	
Collins, Richard	"	" "	" "	
Cooke, William	"	" "	" "	
Clinton, Samuel	"	" "	" "	
Davis, Lodowick	"	" "	" "	
Dowing, William	"	" "	" "	
Dehoney, Thomas	"	" "	" "	
Deterson, John	"	" "	" "	
Dickey, William	"	" "	" "	
Dickey, Benjamin	"	" "	" "	
Dick, John	"	" "	" "	
Foster, John	"	" "	" "	
Grimes, Willis	"	" "	" "	
Galloway, Samuel	"	" "	" "	
Hanna, Andrew	"	" "	" "	
Hammond, James	"	" "	" "	
Jack, Allen	"	" "	" "	
Long, Thomas	"	" "	" "	
Lee, Robert	"	" "	" "	
Lee, William	"	" "	" "	
McCormick, Francis	"	" "	" "	
Moore, Clark	"	" "	" "	
Nolin, William	"	" "	" "	
Osborn, Jesse	"	" "	" "	
Osborn, William	"	" "	" "	
Osborn, Reuben	"	" "	" "	
Perkins, Jeremiah	"	" "	" "	
Rogers, William	"	" "	" "	
Redding, J. W.	"	" "	" "	
Robertson, Willis	"	" "	" "	
Rodgers, John	"	" "	" "	
Reading, Joseph	"	" "	" "	
Sullivan, James	"	" "	" "	
Snell, Robert	"	" "	" "	
Smith, Reuben	"	" "	" "	
Sharp, Armstead	"	" "	" "	
Shirley, Robert	"	" "	" "	
Sebastion, Elijah	"	" "	" "	
Turner, Julius	"	" "	" "	
Threlkiel, Thomas	"	" "	" "	

ROLL OF CAPTAIN JOSEPH REDDING'S COMPANY, SCOTT'S REGIMENT, KENTUCKY MILITIA—Continued.

Names.	Rank.	Date of Appointment or Enlistment.	To what time Engaged or Enlisted.	Remarks.
Thompson, Charles	Private	August 15, 1812	October 14, 1812	
Toom, Benjamin	"	" "	" "	
Viley, Warren	"	" "	" "	
Wiley, Nathaniel	"	" "	" "	
Williamson, John	"	" "	" "	
Ward, William	"	" "	" "	
Ward, Thomas	"	" "	" "	
Williams, Bennet	"	" "	" "	
Wright, James	"	" "	" "	
White, Brockman	"	" "	" "	
Yates, William	"	" "	" "	

ROLL OF CAPTAIN COLEMAN A. COLLIER'S COMPANY, SCOTT'S REGIMENT, KENTUCKY MILITIA.

Names.	Rank.	Date of Appointment or Enlistment.	To what time Engaged or Enlisted.	Remarks.
Coleman A. Collier	Captain	August 15, 1812	October 15, 1812	
James W. Gillaspie	Lieutenant	" "	" "	
Jesse Daugherty	Ensign	" "	" "	
William Fleet	Sergeant	" "	" "	
William Dingle	"	" "	" "	
Thomas Griffith	"	" "	" "	Substitute for George Fryman.
Thomas Corbin	"	" "	" "	Substitute for Daniel Snap.
David Gray	Corporal	" "	" "	
William Kentons	"	" "	" "	
James Fryman	"	" "	" "	
James Brown	"	" "	" "	
Bellows, Jacob	Private	" "	" "	
Burns, Robert	"	" "	" "	
Blain, John	"	" "	" "	
Bannister, John	"	" "	" "	Substitute for Wm. Conway.
Bennett, George	"	" "	" "	
Burns, Ignatius	"	" "	" "	Substitute in place of Abraham Miller.
Bailey, Benjamin	"	" "	" "	
Crawford, Alexander	"	" "	" "	
Cord, Ashkery	"	" "	" "	
Camel, Robert	"	" "	" "	
Colvin, Bennet	"	" "	" "	
Carr, James	"	" "	" "	
Dudley, Ambrose	"	" "	" "	Substitute for John Brown.
Davis, Thomas	"	" "	" "	
Erwin, John	"	" "	" "	
Endicott, William	"	" "	" "	
Fielder, John	"	" "	" "	
Gray, William	"	" "	" "	
Hurley, James	"	" "	" "	
Howard, Mathew	"	" "	" "	
Johnson, Jonathan	"	" "	" "	
Kincart, James	"	" "	" "	
Louder, Nathaniel	"	" "	" "	
Layton, Robert	"	" "	" "	
McDowell, Alexander	"	" "	" "	
Mars, Samuel	"	" "	" "	
McAnnelly, John	"	" "	" "	
McMichael, Robert	"	" "	" "	Substitute for Abraham Darling.
Mires, David	"	" "	" "	
Morgan, John	"	" "	" "	
McLaughlin, John	"	" "	" "	
Oliver, John	"	" "	" "	
Overfield, Mose	"	" "	" "	
Powell, William	"	" "	" "	Substitute for Charles Powell.
Pope, Jackquittin A.	"	" "	" "	In place of John Smith.
Stevenson, Robert	"	" "	" "	
Smart, Humphrey	"	" "	" "	
Smith, William	"	" "	" "	
Wheeler, Joshua	"	" "	" "	Substitute for William Wheeler.
Weaver, Abram	"	" "	" "	
Williamson, John	"	" "	" "	Substitute for Joseph Parks.

ROLL OF CAPT. MICHAEL GLAVES' COMPANY, SCOTT'S REGIMENT, KENTUCKY MILITIA.

Names.	Rank.	Date of Appointment or Enlistment.	To what time Engaged or Enlisted.	Remarks.
Michael Glaves	Captain	August 15, 1812	October 15, 1812	
Thomas Coleman	Lieutenant	" "	" "	
James King	Ensign	" "	" "	
William Bryan	Sergeant	" "	" "	
David Craig	"	" "	" "	
John Dawson	"	" "	" "	
Martin Fugate	"	" "	" "	
James Henry	Corporal	" "	" "	
Thomas Bryan	"	" "	" "	
John Walker	"	" "	" "	
Daniel McClain	"	" "	" "	
Ammerman, Albert	Private	" "	" "	
Bryan, Luke	"	" "	" "	
Baker, Thomas	"	" "	" "	
Beard, George N.	"	" "	" "	
Burns, James	"	" "	" "	
Browning, James	"	" "	" "	
Coleman, Ambrose	"	" "	" "	
Colvin, James B.	"	" "	" "	
Childers, Abraham	"	" "	" "	
Dance, William	"	" "	" "	
Dance, John	"	" "	" "	
Ellis, Elijah	"	" "	" "	
Ewing, Thomas	"	" "	" "	
Ellis, John	"	" "	" "	
Ellis, James	"	" "	" "	
Erwin, Robert	"	" "	" "	
Gibson James	"	" "	" "	
Glen, Richard O.	"	" "	" "	
Green, Jesse P.	"	" "	" "	
Green, Edward G.	"	" "	" "	
Goodwin, John	"	" "	" "	Substitute in place of John Lawrence.
Hawkins, Abner	"	" "	" "	
Hoines, James	"	" "	" "	
Hutchinson, James	"	" "	" "	
Jump, Joseph	"	" "	" "	
Jones, Hillery	"	" "	" "	
Jump, Valentine	"	" "	" "	
Know, Samuel	"	" "	" "	
Law, Thomas	"	" "	" "	
Luckett, William	"	" "	" "	
McIntosh, John	"	" "	" "	Substitute in place of Griffin Theobald.
McClanaha, John	"	" "	" "	
McCarty, Reuben	"	" "	" "	
Mountjoy, John	"	" "	" "	
Minor, John L.	"	" "	" "	
Norton, George	"	" "	" "	Substitute in place of John N. Clarke.
Owens, John	"	" "	" "	
Pollard, John	"	" "	" "	
Pollard, Thomas	"	" "	" "	
Riddle, William	"	" "	" "	
Spencer, John J.	"	" "	" "	
Stewart, James	"	" "	" "	
Simmerman, Philip	"	" "	" "	
Sanders, William	"	" "	" "	
Sanders, John H.	"	" "	" "	
Wilson, Samuel	"	" "	" "	
Woodyard, Alexander	"	" "	" "	
Walker, Alexander	"	" "	" "	

ROLL OF CAPTAIN GEORGE PUGH'S COMPANY, SCOTT'S REGIMENT, KENTUCKY MILITIA

Names.	Rank.	Date of Appointment or Enlistment.	To what time Engaged or Enlisted.	Remarks.
George Pugh	Captain	August 15, 1812	October 15, 1812	
James Johnson	Lieutenant	" "	" "	
Daniel Ralls	Ensign	" "	" "	
Solomon D. King	Sergeant	" "	" "	
Asa Maxey	"	" "	" "	
Edward Davis	"	" "	" "	
John Roach	"	" "	" "	
John P. Okely	Corporal	" "	" "	
James Poor	"	" "	" "	
Thomas Owings	"	" "	" "	
William Miller	"	" "	" "	
Charles Lyman	Drummer	" "	" "	
John Burkes	Fifer	" "	" "	

ROLL OF CAPTAIN GEORGE PUGH'S COMPANY, SCOTT'S REGIMENT, KENTUCKY MILITIA—Continued.

NAMES.	Rank.	Date of Appointment or Enlistment.	To what time Engaged or Enlisted.	REMARKS.
Adjutant, Ebenezer	Private	August 15, 1812	October 15, 1812	
Bashaw, William	"	" "	" "	
Burbridge, Jesse	"	" "	" "	
Bresto, Ezra	"	" "	" "	
Breckinridge, Alex.	"	" "	" "	
Burbridge, Robert	"	" "	" "	
Cartmill, David	"	" "	" "	
Cooper, Robert	"	" "	" "	
Cooper, James H.	"	" "	" "	
Cave, William	"	" "	" "	
Cook, John	"	" "	" "	
Dunlap, John	"	" "	" "	
Davis, Luke	"	" "	" "	
Ewing, Patrick	"	" "	" "	
Emmet, Alexander	"	" "	" "	
Evens, William	"	" "	" "	
Eliot, James	"	" "	" "	
Fort, Noble	"	" "	" "	
Forsythe, John	"	" "	" "	
Forsythe, Samuel	"	" "	" "	
Ferrel, Thomas	"	" "	" "	
Goodpasture, Cornelius	"	" "	" "	
Gilkison, William	"	" "	" "	
Gragg, Jesse	"	" "	" "	
Hughard, Thomas	"	" "	" "	
Howard, James	"	" "	" "	
Hamilton, Robertson	"	" "	" "	
Hamilton, Andrew	"	" "	" "	
Hammelton, William	"	" "	" "	
Johnson, John	"	" "	" "	
Johnson, James	"	" "	" "	
Jamison, William	"	" "	" "	
Jamison, James	"	" "	" "	
Jones, James	"	" "	" "	
Kincaid, William	"	" "	" "	
Kincaid, William	"	" "	" "	
Lyon, Noah	"	" "	" "	
Lemons, William	"	" "	" "	
Lockridge, James	"	" "	" "	
Lyon, Samuel	"	" "	" "	
McNat, Abner	"	" "	" "	
McLane, John	"	" "	" "	
McKinney, Charles	"	" "	" "	
McKennon, Solomon	"	" "	" "	
McClure, Samuel	"	" "	" "	
Manley, William	"	" "	" "	
McCollister, Mark	"	" "	" "	
Manley, James	"	" "	" "	
McClanahan, James	"	" "	" "	
McClellen, Robert	"	" "	" "	
Morris, Joseph	"	" "	" "	
Morgan, John	"	" "	" "	
Owings, John	"	" "	" "	
Overly, Peter	"	" "	" "	
Parker, Joel	"	" "	" "	
Power, Jeremiah	"	" "	" "	
Rayburn, Henry	"	" "	" "	
Roberts, John	"	" "	" "	
Rayburn, John	"	" "	" "	
Ray, William	"	" "	" "	
Rogers, James	"	" "	" "	
Runyan, Benjamin	"	" "	" "	
Richardson, David	"	" "	" "	
Simmons, John	"	" "	" "	
Said, James	"	" "	" "	
Silrey, John	"	" "	" "	
Trimble, Robert	"	" "	" "	
Thompson, Samuel	"	" "	" "	
Varvel, Andrew	"	" "	" "	
Williams, Wesley	"	" "	" "	
Ward, Armstead	"	" "	" "	
Watson, Julius	"	" "	" "	
White, John D.	"	" "	" "	
Whyte, William	"	" "	" "	
White, James	"	" "	" "	
Young, Eli	"	" "	" "	

ROLL OF CAPTAIN URIEL SEBREE'S COMPANY, SCOTT'S REGIMENT, KENTUCKY MILITIA.

Names.	Rank.	Date of Appointment or Enlistment.	To what time Engaged or Enlisted.	Remarks.
Uriel Sebree	Captain	August 15, 1812	October 15, 1812	
Robert Kirtley	Lieutenant	" "	" "	
Barnet Rogers	Ensign	" "	" "	
Joel Garret	Sergeant	" "	" "	
Allen Morgan	"	" "	" "	
Uriel Cave	"	" "	" "	
John Ellis	Corporal	" "	" "	
John Dulany	"	" "	" "	
Richard Gainer	"	" "	" "	
Mills Wilks	"	" "	" "	
Nathan Underwood	Fifer	" "	" "	
Simeon Christy	Drummer	" "	" "	Discharged.
Alphen, Ransom	Private	" "	" "	
Alloway, John	"	" "	" "	
Burnum, Barny	"	" "	" "	
Barbee, John	"	" "	" "	
Conly, Robert	"	" "	" "	
Cornelius, Terrel	"	" "	" "	
Campbell, William	"	" "	" "	
Cherry, John	"	" "	" "	
Dickerson, Samuel	"	" "	" "	
Estes, John	"	" "	" "	
Flint, Simeon	"	" "	" "	
Fitzgerald, Jesse	"	" "	" "	
Green, Nathaniel	"	" "	" "	
Gilmore, James	"	" "	" "	
Grimsley, Silas	"	" "	" "	
Hughes, Hugh	"	" "	" "	Discharged.
Holler, John	"	" "	" "	
Hawkins, Gabriel	"	" "	" "	
Merit, James	"	" "	" "	
Mosby, Daniel	"	" "	" "	
Mosby, Thomas	"	" "	" "	
Marshall, John	"	" "	" "	
O'Neal, William	"	" "	" "	
Porter, Thomas	"	" "	" "	
Polly, John	"	" "	" "	
Royster, James	"	" "	" "	
Royell, Abednego	"	" "	" "	
Smith, Benjamin C.	"	" "	" "	
Smith, John	"	" "	" "	
Soarcy, Berry	"	" "	" "	
Stephens, Thomas	"	" "	" "	
Sanford, Laurence	"	" "	" "	
Seals, Barnet	"	" "	" "	
Smith, William I.	"	" "	" "	
Thomas, James O. W.	"	" "	" "	
Vickers, William	"	" "	" "	
Watson, Laban	"	" "	" "	
White, Willis	"	" "	" "	

Roll of Field and Staff, Lewis' Regiment, Kentucky Volunteers—War of 1812.

William Lewis	Lt. Colonel	August 14, 1812	October 14, 1812	
Joseph Robb	Major	" "	" "	
Benjamin Graves	"	" "	" "	
James Clark	Adjutant	" "	" "	
Pollard Keene	Quartermaster	" "	" "	
Richard Blanton	Paymaster	" "	" "	
John Todd	Surgeon	" "	" "	
Gustavus M. Bomer	S. Mate	" "	" "	
John H. McCalla	Sergeant Major	" "	" "	
Alexander Furguson	Quartermaster Ser.	" "	" "	
Thomas Fant	Chief Musician	" "	" "	
Thomas Cox	"	" "	" "	

ROLL OF CAPTAIN NATHANIEL G. S. HART'S COMPANY, LEWIS' REGIMENT, KENTUCKY VOLUNTEERS—COMMANDED BY COLONEL WILLIAM LEWIS.

Names.	Rank.	Date of Appointment or Enlistment.	To what time Engaged or Enlisted.	Remarks.
Nathaniel G. S. Hart.	Captain	August 15, 1812	October 14, 1812	
Lyndon Comstock.	Lieutenant	" "	" "	
James L. Heron	Ensign	" "	" "	
Levi L. Todd	Sergeant	" "	" "	
John Whitney	"	" "	" "	
Thomas Smith	"	" "	" "	
Fielding Gosney	"	" "	" "	
William O. Butler	Corporal	" "	" "	
Robert S. Todd	"	" "	" "	
Thomas Chamberlin	"	" "	" "	
Charles F. Allen	"	" "	" "	
Allison, Andrew	Private	" "	" "	
Anderson, Thomas	"	" "	" "	
Allen, Hugh	"	" "	" "	
Adams, Daniel	"	" "	" "	
Allen, Francis W.	"	" "	" "	
Allen, Francis I.	"	" "	" "	
Bickley, John	"	" "	" "	
Bradford, Charles	"	" "	" "	
Bell, William C.	"	" "	" "	
Beard, Henry	"	" "	" "	
Blythe, James E.	"	" "	" "	
Chinn, Richard H.	"	" "	" "	
Crawford, Alexander	"	" "	" "	
Cock, Samuel P.	"	" "	" "	
Charles, Lewis	"	" "	" "	
Campbell, Robert T.	"	" "	" "	
Cope, Malcom T.	"	" "	" "	
Collins, Elisha	"	" "	" "	
Calker, Solomon	"	" "	" "	
Dailey, Lawrence	"	" "	" "	
Dunn, Philip	"	" "	" "	
Davis, Benjamin	"	" "	" "	
Elder, Edward	"	" "	" "	
Elder, Samuel M.	"	" "	" "	
Francis, Enoch	"	" "	" "	
Francis, Jesse	"	" "	" "	
Gilpin, Ralph	"	" "	" "	
Goodlow, Kemp M.	"	" "	" "	
Hickman, James L.	"	" "	" "	
Hines, Bennet M.	"	" "	" "	
How, Jacob	"	" "	" "	
Huston, James	"	" "	" "	
Higgins, James	"	" "	" "	
Hagert, John	"	" "	" "	
Holding, Samuel	"	" "	" "	
John, Armstrong	"	" "	" "	
Johnston, James M.	"	" "	" "	
King, Thomas W.	"	" "	" "	
Kay, John	"	" "	" "	
Kelly, Robert E.	"	" "	" "	
Lewis, William	"	" "	" "	
Lake, Adam	"	" "	" "	
Lewis, Charles	"	" "	" "	
Lingenfelter, Daniel	"	" "	" "	
Mathers, Robert	"	" "	" "	
Mesmer, Peter	"	" "	" "	
Maxwell, John	"	" "	" "	
McChesney, John	"	" "	" "	
Moon, John A.	"	" "	" "	
Maxwell, James D.	"	" "	" "	
Monks, Thomas	"	" "	" "	
Neal, Charles	"	" "	" "	
Neal, James	"	" "	" "	
Pritchart, William	"	" "	" "	
Parker, James P.	"	" "	" "	
Roiley, James	"	" "	" "	
Rolls, George	"	" "	" "	
Rawlings, Robert	"	" "	" "	
Ross, George G.	"	" "	" "	
Stephen, Bela	"	" "	" "	
Snalley, Valentine	"	" "	" "	
Smith, Stephen	"	" "	" "	
Schwing, Jacob	"	" "	" "	
Shinglebower, George	"	" "	" "	
Talbot, Daniel	"	" "	" "	

SOLDIERS OF THE WAR OF 1812.

ROLL OF CAPTAIN NATHANIEL G. S. HART'S COMPANY, LEWIS' REGIMENT, KENTUCKY VOLUNTEERS—Continued.

Names.	Rank.	Date of Appointment or Enlistment.	To what time Engaged or Enlisted.	Remarks.
Todd, Samuel B.	Private	August 15, 1812	October 14, 1812	
Templemen, Jesse C.	"	" "	" "	
Townley, John	"	" "	" "	
Verdon, William	"	" "	" "	
Vance, Joseph	"	" "	" "	
Vanpelt, Derick	"	" "	" "	
Williams, Zephaniah	"	" "	" "	

ROLL OF CAPTAIN STEWART W. MEGOWAN'S COMPANY, LEWIS' REGIMENT, KENTUCKY VOLUNTEERS.

Names.	Rank.	Date of Appointment or Enlistment.	To what time Engaged or Enlisted.	Remarks.
Stewart W. Megowan	Captain	August 15, 1812	October 14, 1812	
Martin Wymore	Lieutenant	" "	" "	
Charles S. Todd	Ensign	" "	" "	
Jonathan Denis	Sergeant	" "	" "	
Thomas Gatewood	"	" "	" "	
Beverly Pilcher	"	" "	" "	
Ira Stout	"	" "	" "	
Thomas Key	Corporal	" "	" "	
Joseph Lonkart	"	" "	" "	
Joel Porter	"	" "	" "	
Samuel McMicken	Musician	" "	" "	
Andrew Summers	"	" "	" "	
Armstrong, John	Private	" "	" "	
Alsup, Alex.	"	" "	" "	
Ballard, Anderson	"	" "	" "	
Blackburn, Thomas H.	"	" "	" "	
Boyer, Ezra	"	" "	" "	
Barker, John, Jr.	"	" "	" "	
Butler, John	"	" "	" "	
Cummings, James	"	" "	" "	
Eares, John	"	" "	" "	
Fair, James	"	" "	" "	
Giltner, B.	"	" "	" "	
Gatewood, Thomas R.	"	" "	" "	
Grider, Moses	"	" "	" "	
Geter, Barnett	"	" "	" "	
Gindron, James I.	"	" "	" "	
Hogin, John P.	"	" "	" "	
Horsey, B.	"	" "	" "	
Kirby, Zachariah	"	" "	" "	
Kinney, Benjamin	"	" "	" "	
Lithell, John	"	" "	" "	
Liggins, William	"	" "	" "	
Mahon, Alexander	"	" "	" "	
McCall, John	"	" "	" "	
McDaniel, E.	"	" "	" "	
Miller, John P.	"	" "	" "	
Mitchell, William	"	" "	" "	
Masterson, Richard	"	" "	" "	
McCamant, John	"	" "	" "	
Napper, James	"	" "	" "	
Pettitt, John	"	" "	" "	
Peachy, William	"	" "	" "	
Porter, Samuel	"	" "	" "	
Robinson, Isaac	"	" "	" "	
Rooch, Richard	"	" "	" "	
Shire, John	"	" "	" "	
Shirerry, George	"	" "	" "	
Servant, Charles	"	" "	" "	
Tally, John	"	" "	" "	
Watkins, Thomas	"	" "	" "	
York, Bartlett	"	" "	" "	

ROLL OF CAPTAIN PATRICK GRAY'S COMPANY, LEWIS' REGIMENT, KENTUCKY VOLUNTEERS.

Names.	Rank.	Date of Appointment or Enlistment.	To what time Engaged or Enlisted.	Remarks.
Patrick Gray	Captain	August 15, 1812	October 14, 1812	
James Fletcher	Lieutenant	" "	" "	
James Clark	Ensign	" "	" "	
William Sechrest	Sergeant	" "	" "	
Thomas Reed	"	" "	" "	
John Batts	"	" "	" "	
George Chrisman	"	" "	" "	
Robert Dunwiddy	Corporal	" "	" "	
Samuel Huckstep	"	" "	" "	
James Norrel	"	" "	" "	
Anderson, Oliver	Private	" "	" "	
Armstrong, Livy	"	" "	" "	
Arnett, John	"	" "	" "	
Brown, Samuel	"	" "	" "	
Bishop, John	"	" "	" "	
Bradshaw, Smith	"	" "	" "	
Bagwell, Cary	"	" "	" "	
Burk, Benjamin	"	" "	" "	
Campbell, James	"	" "	" "	
Clark, George W.	"	" "	" "	
Cardwell, Samuel	"	" "	" "	
Cardwell, James	"	" "	" "	
Croslin, Benjamin	"	" "	" "	
Cary, Melford	"	" "	" "	
Duncan, Robert	"	" "	" "	
Downes, Benore P.	"	" "	" "	
Dickerson, David	"	" "	" "	
Dickerson, William	"	" "	" "	
Elmore, Edward	"	" "	" "	
Hutcherson, Samuel	"	" "	" "	
Howard, Achilles	"	" "	" "	
Hunter, Charles	"	" "	" "	
Hopkins, Thomas	"	" "	" "	
Johnson, John	"	" "	" "	
Jimerson, David	"	" "	" "	
Jimerson, William	"	" "	" "	
Jimerson, John	"	" "	" "	
Jeter, Henry	"	" "	" "	
Kennady, William	"	" "	" "	
Lusk, James	"	" "	" "	
Leon, Moses	"	" "	" "	
Lana, Henry	"	" "	" "	
Marshall, James	"	" "	" "	
Marshall, William	"	" "	" "	
Myers, John	"	" "	" "	
Morris, Henry	"	" "	" "	
Messick, Nathan	"	" "	" "	
McClure, Martin	"	" "	" "	
May, Lindsay	"	" "	" "	
Miller, Francis	"	" "	" "	
Newal, Armstrong	"	" "	" "	
Nevens, Henry	"	" "	" "	
Pollock, William	"	" "	" "	
Patterson, John	"	" "	" "	
Pilcher, Lewis	"	" "	" "	
Robinson, Michael	"	" "	" "	
Read, Peter	"	" "	" "	
Rusk, Robert	"	" "	" "	
Sales, Thomas F.	"	" "	" "	
Spencer, Absalom	"	" "	" "	
Spires, Greenbery	"	" "	" "	
Summers, James	"	" "	" "	
Stype, John	"	" "	" "	
Summers, Thomas	"	" "	" "	
Shelton, Thomas	"	" "	" "	
Smith, Peter	"	" "	" "	
Thompson, Pitman	"	" "	" "	
Venable, Hamden S.	"	" "	" "	
Welsh, Alexander	"	" "	" "	
Waters, Lewis	"	" "	" "	
Willis, John	"	" "	" "	
Willis, William	"	" "	" "	
Wallace, James	"	" "	" "	
Whorton, Joseph	"	" "	" "	
Wager, Absalom	"	" "	" "	
Wallace, Abraham	"	" "	" "	

ROLL OF CAPTAIN JAMES C. PRICE'S COMPANY, LEWIS' REGIMENT, KENTUCKY VOLUNTEERS.

Names.	Rank.	Date of Appointment or Enlistment.	To what time Engaged or Enlisted.	Remarks.
James C. Price	Captain	August 15, 1812	October 14, 1812	
William Caldwell	Lieutenant	" "	" "	
Daniel Bourne	Ensign	" "	" "	
William E. Price	Sergeant	" "	" "	
David Richardson	"	" "	" "	
John Shanklin	"	" "	" "	
John Scott	"	" "	" "	
Nathaniel H. Caldwell	Corporal	" "	" "	
John Ficklin	"	" "	" "	
Solomon Smith	"	" "	" "	
Elisha Williams	"	" "	" "	
Barkleye, William	Private	" "	" "	
Brown, Thomas	"	" "	" "	
Brice, John T.	"	" "	" "	
Barr, George	"	" "	" "	
Bennett, James	"	" "	" "	
Conner, Rice	"	" "	" "	
Carlton, Isaac	"	" "	" "	
Carlton, Noah	"	" "	" "	
Carlton, George	"	" "	" "	
Callender, Jacob	"	" "	" "	
Daugherty, John	"	" "	" "	
Dedman, James	"	" "	" "	
Easley, Pleasant	"	" "	" "	
Edwards, Thomas	"	" "	" "	
Elkin, Benjamin	"	" "	" "	
East, Elijah	"	" "	" "	
Finney, James	"	" "	" "	
Forsee, Stephen	"	" "	" "	
Frost, James	"	" "	" "	
Farrow, John	"	" "	" "	
Goin, John	"	" "	" "	
Haggard, John	"	" "	" "	
Hicks, James	"	" "	" "	
Hushman, Mathew	"	" "	" "	
Hews, Charles	"	" "	" "	
Krickbaum, John	"	" "	" "	
Kindred, Edward	"	" "	" "	
Lillard, Thomas	"	" "	" "	
Lewis, William A.	"	" "	" "	
Moss, Pleasant	"	" "	" "	
McGrath, Terrance	"	" "	" "	
Morgan, W.	"	" "	" "	
McConnell, M. G.	"	" "	" "	
Netherland, John	"	" "	" "	
Neal, George	"	" "	" "	
Overstreet, W.	"	" "	" "	
Rice, Joseph	"	" "	" "	
Rice, George W.	"	" "	" "	
Richards, Alexander	"	" "	" "	
Ramsey, John	"	" "	" "	
Richardson, Robert	"	" "	" "	
Simmons, David	"	" "	" "	
Scott, Joseph	"	" "	" "	
Skeene, William	"	" "	" "	
Scott, Joseph	"	" "	" "	
Taylor, John	"	" "	" "	
Underwood, Edward	"	" "	" "	
Woodson, Obediah	"	" "	" "	
Webber, Benjamin	"	" "	" "	
Wilson, Thomas	"	" "	" "	
Walker, James	"	" "	" "	
Ward, William	"	" "	" "	
Ward, George S.	"	" "	" "	
Young, Richard	"	" "	" "	
Young, Joel	"	" "	" "	

ROLL OF CAPTAIN WILEY R. BRASSFIELD'S COMPANY, LEWIS' REGIMENT, KENTUCKY VOLUNTEERS.

Names.	Rank.	Date of Appointment or Enlistment.	To what time Engaged or Enlisted.	Remarks.
Wiley R. Brassfield	Captain	August 15, 1812	October 14, 1812	
Joseph Kelly	Lieutenant	" "	" "	
Stephen Rash	Ensign	" "	" "	
William Rash	Sergeant	" "	" "	
John Oram	"	" "	" "	
William Donaldson	"	" "	" "	
Edward Young	"	" "	" "	
Richard Chiles	Corporal	" "	" "	
Cornelius Barron	"	" "	" "	
Joseph Young	"	" "	" "	
William Weldon	"	" "	" "	
James M. Whitehurst	Musician	" "	" "	
Samuel Kelly	"	" "	" "	
Athers, Nathaniel	Private	" "	" "	
Athens, James	"	" "	" "	
Brinigan, John	"	" "	" "	
Beane, William	"	" "	" "	
Blake, John	"	" "	" "	
Berry, George	"	" "	" "	
Barr, James B.	"	" "	" "	
Blake, Peyton	"	" "	" "	
Balance, Proctor	"	" "	" "	
Campbell, John	"	" "	" "	
Capps, Caleb	"	" "	" "	
Crockett, James	"	" "	" "	
Crosthwait, Warning	"	" "	" "	
Coleman, Daniel	"	" "	" "	
Chrisholm, Nathaniel	"	" "	" "	
Cummings, Cul	"	" "	" "	
Dyke, John	"	" "	" "	
Fandric, Joseph	"	" "	" "	
Fandric, William	"	" "	" "	
Goff, Levi	"	" "	" "	
Harris, Clairborn	"	" "	" "	
Hamilton, John	"	" "	" "	
Hackney, Hightower	"	" "	" "	
Harvey, John	"	" "	" "	
Jones, John	"	" "	" "	
Kelley, James	"	" "	" "	
Lusk, John	"	" "	" "	
Lusk, Silas	"	" "	" "	
Lacklin, Fielding	"	" "	" "	
McDonald, John	"	" "	" "	
Murphy, Zachariah	"	" "	" "	
McDonald, James	"	" "	" "	
McDonald, George	"	" "	" "	
McDonald, James	"	" "	" "	
Morris, William G.	"	" "	" "	
Morrison, Boswell	"	" "	" "	
Martin, Nathan	"	" "	" "	
Martin, William	"	" "	" "	
McGonnigle, John	"	" "	" "	
Paul, Michael	"	" "	" "	
Peebles, James	"	" "	" "	
Pruett, John	"	" "	" "	
Potty, William	"	" "	" "	
Redman, Thomas	"	" "	" "	
Rash, John	"	" "	" "	
Ramsey, William	"	" "	" "	
Stuart, James	"	" "	" "	
Smith, George	"	" "	" "	
Suddeth, Ezekiel	"	" "	" "	
Suddeth, Lewis	"	" "	" "	
Scothorn, Nathan	"	" "	" "	
Sanders, Constant	"	" "	" "	
Smith, Philip	"	" "	" "	
Samuel, Isaiah	"	" "	" "	
Samuel, John	"	" "	" "	
Thompson, Andrew	"	" "	" "	
Valandingham, Richard	"	" "	" "	
Wood, Thomas	"	" "	" "	
Wright, Morgan	"	" "	" "	
Wright, Jacob	"	" "	" "	
Williams, Oby	"	" "	" "	
Webb, James	"	" "	" "	
Westbrook, Thomas	"	" "	" "	

ROLL OF CAPTAIN WILEY R. BRASSFIELD'S COMPANY, LEWIS' REGIMENT, KENTUCKY VOLUNTEERS—Continued.

Names.	Rank.	Date of Appointment or Enlistment.	To what time Engaged or Enlisted.	Remarks.
Wilson, James	Private	August 15, 1812	October 14, 1812	
Wilson, Nathias	"	" "	" "	
Young, William	"	" "	" "	
Young, John	"	" "	" "	
Young, Robert C.	"	" "	" "	

ROLL OF CAPTAIN SAMUEL L. WILLIAMS' COMPANY, LEWIS' REGIMENT, KENTUCKY VOLUNTEERS.

Names.	Rank.	Date of Appointment or Enlistment.	To what time Engaged or Enlisted.	Remarks.
Samuel L. Williams	Captain	August 15, 1812	October 14, 1812	
Benjamin Warfield	Lieutenant	" "	" "	
John Higgins	Ensign	" "	" "	
Joseph Harrow	Sergeant	" "	" "	
William Ficklin	"	" "	" "	
Thaddeus Williams	"	" "	" "	
William J. Simpson	"	" "	" "	
Henry Ringo	Corporal	" "	" "	
Samuel W. Brown	"	" "	" "	
Levi Pritchett	"	" "	" "	
Enoch Yates	"	" "	" "	
Asa Ballenger	Musician	" "	" "	
Zenas Darnold	"	" "	" "	
Adkerson, Isaiah	Private	" "	" "	
Anderson, Thomas	"	" "	" "	
Anderson, John	"	" "	" "	
Allen, John	"	" "	" "	
Armstrong, Samuel	"	" "	" "	
Allen, David	"	" "	" "	
Biggs, Landy	"	" "	" "	
Bell, Patterson	"	" "	" "	
Blythe, Charles	"	" "	" "	
Carter, Kenyon	"	" "	" "	
Cook, Alexander	"	" "	" "	
Davenport, John	"	" "	" "	
Davis, Benjamin	"	" "	" "	
Darnold, Elias	"	" "	" "	
Darnold, Allen	"	" "	" "	
Darnold, Hezekiah	"	" "	" "	
Darnold, Samuel	"	" "	" "	
Digernell, John	"	" "	" "	
Drain, James	"	" "	" "	
Frazier, Alexander	"	" "	" "	
Frakes, Barnabas	"	" "	" "	
Frakes, Joseph	"	" "	" "	
Farrow, Alexander S.	"	" "	" "	
Feathercoil, George	"	" "	" "	
Fowke, Jared	"	" "	" "	
Hensley, Joseph	"	" "	" "	
Harlon, Nelson	"	" "	" "	
Harlan, Joshua	"	" "	" "	
Irwin, Jacob	"	" "	" "	
Jeffries, Enoch	"	" "	" "	
Jones, Wiley	"	" "	" "	
Jimerson, Daniel C.	"	" "	" "	
Jimerson, John	"	" "	" "	
King, Henry	"	" "	" "	
Mason, John	"	" "	" "	
Macdonald, John	"	" "	" "	
McIlrain, James	"	" "	" "	
Myers, John	"	" "	" "	
McMillan, John	"	" "	" "	
Marshall, Joseph	"	" "	" "	
Matier, Samuel	"	" "	" "	
Morton, Jacob	"	" "	" "	
Oxen, George	"	" "	" "	
Priest, Elias	"	" "	" "	
Priest, George	"	" "	" "	
Pritchard, Benjamin B.	"	" "	" "	
Rogers, Thomas	"	" "	" "	
Rector, Daniel	"	" "	" "	
Rogers, Larkin	"	" "	" "	
Ricketts, Thomas	"	" "	" "	

SOLDIERS OF THE WAR OF 1812.

ROLL OF CAPTAIN SAMUEL L. WILLIAMS' COMPANY, LEWIS' REGIMENT, KENTUCKY VOLUNTEERS—Continued.

Names.	Rank.	Date of Appointment or Enlistment.	To what time Engaged or Enlisted.	Remarks.
Rogers, Harris	Private	August 15, 1812	October 14, 1812	
Rings, William	"	" "	" "	
Said, Jesse	"	" "	" "	
Sprouce, Samuel L.	"	" "	" "	
Simms, Josiah	"	" "	" "	
Shortridge, Charles	"	" "	" "	
Sears, Alexander D.	"	" "	" "	
Wheeler, Samuel	"	" "	" "	
Wilson, John	"	" "	" "	
Wilson, Abraham	"	" "	" "	
Wilson, James	"	" "	" "	
Williamson, Jesse	"	" "	" "	
Whitsett, Samuel	"	" "	" "	
Wells, James Q.	"	" "	" "	

ROLL OF CAPTAIN JOHN HAMILTON'S COMPANY, LEWIS' REGIMENT, KENTUCKY VOLUNTEERS.

Names.	Rank.	Date of Appointment or Enlistment.	To what time Engaged or Enlisted.	Remarks.
John Hamilton	Captain	August 15, 1812	October 14, 1812	
William H. Moore	Lieutenant	" "	" "	
Robert Hamilton	Ensign	" "	" "	
William Gray	Sergeant	" "	" "	
Jesse Durur	"	" "	" "	
Thomas Dickerson	"	" "	" "	
Tobias Pennington	"	" "	" "	
George F. Muldraugh	Corporal	" "	" "	
William Patterson	"	" "	" "	
Samuel Smedley	"	" "	" "	
John Smedley	"	" "	" "	
Barbie, John	Private	" "	" "	
Barker, Thomas	"	" "	" "	
Corman, George	"	" "	" "	
Colbert, William	"	" "	" "	
Crowder, William	"	" "	" "	
Cleyton, George	"	" "	" "	
Chinn, Alfred	"	" "	" "	
Chinn, Nathaniel	"	" "	" "	
Doyle, William	"	" "	" "	
Fields, Luke	"	" "	" "	
Fry, William	"	" "	" "	
Fisher, Thomas	"	" "	" "	
Fisher, James	"	" "	" "	
Fisher, William	"	" "	" "	
Gray, James	"	" "	" "	
Goodright, Michael	"	" "	" "	
Gordon, Lewis W.	"	" "	" "	
Harris, Samuel	"	" "	" "	
Hicks, Samuel	"	" "	" "	
Hamilton, Thomas	"	" "	" "	
Hicks, Abraham	"	" "	" "	
Jones, Harwell	"	" "	" "	
Jones, Philip	"	" "	" "	
Kidd, Edmond I.	"	" "	" "	
Kice, John	"	" "	" "	
Knau, George	"	" "	" "	
Lawrence, John	"	" "	" "	
Lemon, James	"	" "	" "	
Love, John S.	"	" "	" "	
Muldrough, John	"	" "	" "	
Maunel, Abraham	"	" "	" "	
Moore, Samuel T.	"	" "	" "	
Masgrove, William	"	" "	" "	
McCullough, Robb.	"	" "	" "	
Moore, Gasland	"	" "	" "	
Mifford, Andrew	"	" "	" "	
McClane, Jonathan	"	" "	" "	
Price, Cosby	"	" "	" "	
Patterson, William	"	" "	" "	
Patterson, John	"	" "	" "	
Patterson, Thomas	"	" "	" "	
Patterson, William D.	"	" "	" "	
Russell, Thomas A.	"	" "	" "	

SOLDIERS OF THE WAR OF 1812.

ROLL OF CAPTAIN JOHN HAMILTON'S COMPANY, LEWIS' REGIMENT, KENTUCKY VOLUNTEERS—Continued.

Names.	Rank.	Date of Appointment or Enlistment.	To what time Engaged or Enlisted.	Remarks.
Ritchie, James	Private	August 15, 1812	October 14, 1812	
Rogers, Richard	"	" "	" "	
Russell, Hendley	"	" "	" "	
Sanderson, George	"	" "	" "	
Simpson, Anderson	"	" "	" "	
Simpson, Andrew	"	" "	" "	
Smedley, Samuel	"	" "	" "	
Spellers, James	"	" "	" "	
Tandy, Willis	"	" "	" "	
Tandy, Linton	"	" "	" "	
Tucker, Robert	"	" "	" "	
Venard, Absalom	"	" "	" "	
Venard, Thomas	"	" "	" "	
Wheeler, George N.	"	" "	" "	
Wallace, William	"	" "	" "	
Wilhite, John	"	" "	" "	
Wood, Benjamin B.	"	" "	" "	
Williamson, Lucas	"	" "	" "	

ROLL OF CAPTAIN JOHN MARTIN'S COMPANY, LEWIS' REGIMENT, KENTUCKY VOLUNTEERS.

Names.	Rank.	Date of Appointment or Enlistment.	To what time Engaged or Enlisted.	Remarks.
John Martin	Captain	August 15, 1812	October 14, 1812	
William McGuire	Lieutenant	" "	" "	
Jonathan Taylor	Ensign	" "	" "	
John D. Sydnor	Sergeant	" "	" "	
William Morton	"	" "	" "	
James Holloday	"	" "	" "	
Roger Quensbury	"	" "	" "	
Abner T. Crow	Corporal	" "	" "	
William Smith	"	" "	" "	
Alfred Barnes	"	" "	" "	
Thomas Ricketts	"	" "	" "	
George McManama	Musician	" "	" "	
Antrobus, Benjamin	Private	" "	" "	
Ashbrook, John	"	" "	" "	
Booth, Elijah	"	" "	" "	
Barney, William	"	" "	" "	
Bush, Tilman	"	" "	" "	
Baxter, John	"	" "	" "	
Bernett, B.	"	" "	" "	
Bruce, Durret	"	" "	" "	
Bookshire, Benjamin	"	" "	" "	
Baxter, George	"	" "	" "	
Brandge, Bartlett	"	" "	" "	
Burmun, Peter M.	"	" "	" "	
Chism, James	"	" "	" "	
Ciddle, Cal	"	" "	" "	
Clawson, Peter	"	" "	" "	
Cooper, John	"	" "	" "	
Daniel, John	"	" "	" "	
Dewitt, Frederick	"	" "	" "	
Davies, James	"	" "	" "	
Dyke, Stephen	"	" "	" "	
Ewell, William	"	" "	" "	
Evans, George	"	" "	" "	
Emerson, James	"	" "	" "	
Eubank, George	"	" "	" "	
Elsbery, William	"	" "	" "	
Eubanks, William	"	" "	" "	
Fowler, Thomas	"	" "	" "	
Gore, Nathan	"	" "	" "	
Guin, John	"	" "	" "	
Holloday, Elliot H.	"	" "	" "	
Hull, James	"	" "	" "	
Holder, Gava	"	" "	" "	
Hopkins, Mordecai	"	" "	" "	
Hammer, William	"	" "	" "	
Johnston, Joshua	"	" "	" "	
Kincaid, Charles	"	" "	" "	
Landers, James	"	" "	" "	
Lisle, Samuel	"	" "	" "	

ROLL OF CAPTAIN JOHN MARTIN'S COMPANY, LEWIS' REGIMENT, KENTUCKY VOLUNTEERS—Continued.

Names.	Rank.	Date of Appointment or Enlistment.	To what time Engaged or Enlisted.	Remarks.
Lane, Mordecai	Private	August 15, 1812	October 14, 1812	
Marks, Hastings	"	" "	" "	
Moore, William	"	" "	" "	
McGee, William	"	" "	" "	
Martin, John	"	" "	" "	
Maxwell, John	"	" "	" "	
Montgomery, Jesse	"	" "	" "	
Marks, Nathaniel	"	" "	" "	
Owings, Bozwell	"	" "	" "	
Patrick, John	"	" "	" "	
Piggs, William	"	" "	" "	
Routt, William	"	" "	" "	
Richardson, Philip T.	"	" "	" "	
Strode, Stephen	"	" "	" "	
Shortridge, Elisha	"	" "	" "	
Sammons, John	"	" "	" "	
Sams, Daniel	"	" "	" "	
Store, Francis	"	" "	" "	
Tinsley, John	"	" "	" "	
Tolin, Morgan	"	" "	" "	
Tuggle, John	"	" "	" "	
Vallandingham, Hugh	"	" "	" "	
Wilson, Alexander	"	" "	" "	
Wilson, David A.	"	" "	" "	
Wise, William	"	" "	" "	

Roll of Field and Staff, First Rifle Regiment, Kentucky Militia—War of 1812.

Names	Rank	Date of Appointment	To what time Engaged	Remarks
John Allen	Lieut.-Colonel	August 15, 1812	November 30, 1812	
Martin D. Hardin	1st Major	" "	February 14, 1813	
George Madison	2d Major	" "	November 30, 1812	
Thomas C. Davis	Surgeon	" "	" "	
Benjamin Logan	S. Mate	" "	" "	
Richard Bledsoe	Adjutant	" "	" "	
Peter Dudley	Paymaster	" "	" "	
Peter G. Voorhies	Qr. Master	" "	" "	Appointed in place of Wm. McClanahan, who resigned August 18, 1812.
George C. Patrick	Sergeant Major	" "	" "	
James Stewart	Qr. M. Serg't.	" "	" "	
James Hamilton	Drum Major	" "	" "	
William Kelly	Fife Major	" "	" "	
Thomas Mitchell	Chaplain	" "	" "	Vice G. C. Patrick, resigned October 2, 1812.
John Christopher	Sergeant Major	October 3, 1812	" "	Vice James Stewart, resigned September 6, 1812.
Benjamin Bridges	Qr. M. Sergeant	September 6, 1812	" "	

SOLDIERS OF THE WAR OF 1812.

Roll of Field and Staff of Trotter's Regiment, Kentucky Volunteers, of the War of 1812, and Notes on Organization and Record of Service, raised in pursuance of the address of 31st of July, 1813, of Isaac Shelby, Governor of Kentucky, and rendezvoused at Newport, Kentucky, August 31st, 1813 — Commanded by Colonel George Trotter.

NAMES.	Rank.	Date and Place of Muster.	To what time Engaged or Enlisted.	REMARKS.
George Trotter	Colonel	August 31, 1813	November 5, 1813	
Richard M. Gano	Major	" "	" "	
Thomas Bodley	"	" "	" "	
William Montgomery	Adjutant	September 6, 1813	" "	
Ambrose Dudley	Paymaster	September 20, 1813	" "	
Nathan O. Dedman	Quartermaster	September 6, 1813	" "	
Fielding Bradford	"	October 1, 1813	" "	
John Young	Surgeon	September 6, 1813	" "	
Archimedes Smith	S. M.	" "	" "	
John McDowell	"	" "	" "	
Chester Pearce	Qr. M. S.	" "	" "	

ROLL OF CAPTAIN DAVID TODD'S COMPANY, KENTUCKY MOUNTED VOLUNTEER MILITIA—COMMANDED BY COLONEL GEORGE TROTTER.

David Todd	Captain	Newport, Aug. 20, 1813		
George Y. Rass	Lieutenant	" "		
John M. Horan	Ensign	" "		
Chester Pearce	Sergeant	" "		
Fielding Bradford	"	" "		
John R. Dunlap	"	" "		
Azell R. Freeman	"	" "		
Selburn W. Bogge	Corporal	" "		
John Bryant	"	" "		
Starks W. Cockrill	"	" "		
A. B. Halstead	"	" "		
Adrain, James	Private	" "		
Allen, Barnabas W.	"	" "		
Armstrong, John	"	" "		
Barboe, Lewis	"	" "		
Barker, George	"	" "		
Barr, Thomas T.	"	" "		
Bevens, William	"	" "		
Bowman, Benjamin	"	" "		
Bowman, John	"	" "		
Burns, Thomas S.	"	" "		
Carr, Walter C.	"	" "		
Cassell, Benjamin	"	" "		
Clarke, Charles	"	" "		
Clarke, William	"	" "		
Combs, Edward	"	" "		
Dudley, Ambrose	"	" "		
Dudley, Peter	"	" "		
Ferguson, Robert	"	" "		
Fitzgerald, William	"	" "		
Fulse, Christopher	"	" "		
Hart, John	"	" "		
Henry, Elijah	"	" "		
Holloway, George	"	" "		
Johnston, William	"	" "		
Langsbury, John	"	" "		
Lindsay, A. R.	"	" "		
Marrs, Samuel	"	" "		
Martin, Charles	"	" "		
Mannor, Nathan W.	"	" "		

ROLL OF CAPTAIN DAVID TODD'S COMPANY, KENTUCKY MOUNTED VOLUNTEER MILITIA—Continued.

Names.	Rank.	Date and Place of Muster.	To what time Engaged or Enlisted.	Remarks.
McCleland, Benjamin	Private	Newport, Aug. 20, 1813		
McConnell, William L.	"	" "		
Moore, John T.	"	" "		
Morton, Elijah	"	" "		
Naylor, John	"	" "		
Philips, Thomas	"	" "		
Robinson, Isaac	"	" "		
Sanders, Miraid	"	" "		
Shannon, Thomas S.	"	" "		
Shields, John	"	" "		
Smith, Samuel C.	"	" "		
Stout, Samuel	"	" "		
Tait, John	"	" "		
Taylor, William	"	" "		
Tilton, Robert	"	" "		
Todd, David, Jr.	"	" "		
Todd, Robert	"	" "		
Vegus, Cyrus	"	" "		
Waring, Edward	"	" "		
Welch, John	"	" "		
Wilkerson, Joseph	"	" "		

I do certify upon honor that the within muster roll contains a true statement of the men, with their private arms, under my command. Given under my hand at Newport this 31st day of August, 1813.

DAVID TODD, Captain, *Commanding Company Mounted Volunteers.*

ROLL OF CAPTAIN GUSTAVUS W. BOWER'S COMPANY, KENTUCKY MOUNTED VOLUNTEER MILITIA—COMMANDED BY COLONEL GEORGE TROTTER.

Names.	Rank.	Date and Place of Muster.	To what time Engaged or Enlisted.	Remarks.
Gustavus W. Bower	Captain	Newport, Aug. 31, 1813		
Bartholomew Kindred	Lieutenant	" "		
Smith Bradshaw	Ensign	" "		
Joshua Hightower	1st Sergeant	" "		
Michael R. Bower	2d Sergeant	" "		
Peter Withers	3d Sergeant	" "		
Robert D. Overstreet	4th Sergeant	" "		
George Chrisman	1st Corporal	" "		
Reuben Bennett	2d Corporal	" "		
William D. Wilson	3d Corporal	" "		
Benjamin Bradshaw, Jr.	4th Corporal	" "		
Allison, John	Private	" "		
Bird, John	"	" "		
Bourne, Daniel	"	" "		
Bradshaw, Benjamin	"	" "		
Bustard, David	"	" "		
Campbell, John	"	" "		
Campbell, William	"	" "		
Carroll, John	"	" "		
Cobb, Thomas	"	" "		
Conner, Rice	"	" "		
Conner, William R.	"	" "		
Corr, James	"	" "		
Casby, Charles J.	"	" "		
Casby, James	"	" "		
Crockett, John W.	"	" "		
Crutcher, James	"	" "		
Davenport, John F.	"	" "		
Davidson, Richard	"	" "		
Davis, James G.	"	" "		
Demoss, Asa	"	" "		
Dickerson, Fountain	"	" "		
Dickerson, James	"	" "		
Daugherty, James	"	" "		
Duncan, James	"	" "		
East, James	"	" "		
Fitzgerald, Francis	"	" "		
Fussou, John	"	" "		
Gilman, James	"	" "		
Gray, David	"	" "		

ROLL OF CAPTAIN GUSTAVUS W. BOWER'S COMPANY, KENTUCKY MOUNTED VOLUNTEER MILITIA—Continued.

NAMES.	Rank.	Date and Place of Muster.	To what time Engaged or Enlisted.	REMARKS.
Haggard, John	Private	Newport, Aug. 31, 1813		
Hawkins, Thomas	"	" "		
Higby, James H.	"	" "		
Higginbotham, Jesse	"	" "		
Hunter, Davidson	"	" "		
Johnson, John	"	" "		
Lewis, Daniel	"	" "		
McCarty, Dennis	"	" "		
McConnell, Andrew	"	" "		
McCune, John L. P.	"	" "		
McDaniel, Thomas	"	" "		
Miles, Benjamin	"	" "		
Miles, James	"	" "		
Moss, William	"	" "		
Mirrain, Wm. W.	"	" "		
Pennington, Samuel	"	" "		
Power, Samuel	"	" "		
Reynolds, William	"	" "		
Rice, Thomas N.	"	" "		
Richards, Alexander	"	" "		
Robertson, Michael	"	" "		
Scott, James	"	" "		
Shaw, John	"	" "		
Shearer, Caleb	"	" "		
Shelton, William	"	" "		
Sike, David	"	" "		
Smith, Adam	"	" "		
Smith, Alexander	"	" "		
Stipe, David	"	" "		
Stipe, Henry	"	" "		
Stipe, Jacob	"	" "		
Taylor, Samuel	"	" "		
Taylor, William	"	" "		
Thompson, Alexander	"	" "		
Thornton, Elijah	"	" "		
Trister, Peter	"	" "		
Turner, Robert	"	" "		
Walker, Reuben	"	" "		
Wallace, Thomas	"	" "		
Walters, Thomas	"	" "		
Ward, George S.	"	" "		
Welch, Alexander	"	" "		
Willis, Drury	"	" "		
Wilson, Wm. S.	"	" "		
Woods, James	"	" "		
Zimmerman, John	"	" "		

We certify on honor that this muster roll exhibits a true statement of Captain Gustavus W. Bower's Company of the First Regiment of Kentucky Mounted Volunteer Militia for the period therein mentioned, and that the remarks set opposite the names of the men are accurate and just.

GUSTAVUS W. BOWER, CAPTAIN.
SMITH BRADSHAW.

ROLL OF CAPTAIN JOHN CHRISTOPHER'S COMPANY, KENTUCKY MOUNTED VOLUNTEER MILITIA—COMMANDED BY COLONEL GEORGE TROTTER.

NAMES.	Rank.	Date and Place of Muster.	To what time Engaged or Enlisted.	REMARKS.
John Christopher	Captain	August 27, 1813		
Solomon Dunnegan	Lieutenant	" "		
Thomas W. Sellers	Ensign	" "		
Francis W. Cook	1st Sergeant	" "		
John F. Cook	2d Sergeant	" "		
Silas Johnson	3d Sergeant	" "		
Willis Long	4th Sergeant	" "		
Arthur Gregory Young	5th Sergeant	" "		
Merrit Young	1st Corporal	" "		
William Wooldridge	2d Corporal	" "		
James L. Russell	3d Corporal	" "		
John Hawkins	4th Corporal	" "		
Arnold, Fielding	Private	" "		

SOLDIERS OF THE WAR OF 1812.

ROLL OF CAPTAIN JOHN CHRISTOPHER'S COMPANY, KENTUCKY MOUNTED VOLUNTEER MILITIA—Continued.

NAMES.	RANK.	Date and Place of Muster.	To what time Engaged or Enlisted.	REMARKS.
Ashford, Levy	Private	August 27, 1813		
Ashford, Thomas	"	" "		
Baker, James	"	" "		
Berry, Benjamin, Jr.	"	" "		
Bingley, John M.	"	" "		
Bowdry, Samuel P.	"	" "		
Brittinham, William	"	" "		
Brooking, Samuel	"	" "		
Brown, Joseph	"	" "		
Callimes, Marquis	"	" "		
Carroll, Perry	"	" "		
Coleman, Strother	"	" "		
Conover, William	"	" "		
Cox, James	"	" "		
Dawson, William	"	" "		
Donnald, John	"	" "		
Dunlap, Alexander, Jr.	"	" "		
Dunegan, Acre	"	" "		
Easley, Obediah	"	" "		
Elgin, Thomas P.	"	" "		
Elkin, McClanihan	"	" "		
Elkin, Strother	"	" "		
Elliott, Robert	"	" "		
Felix, Isaac	"	" "		
Florence, William	"	" "		
Frasheur, John	"	" "		
Gaines, Richard	"	" "		
Garnett, Reuben	"	" "		
Garrett, John	"	" "		
Gay, William D.	"	" "		
Gibbany, James	"	" "		
Gray, Isaac	"	" "		
Holoman, Cornelius	"	" "		
Kirby, John	"	" "		
Lankford, Robert	"	" "		
Lewis, Fielding	"	" "		
Long, James B	"	" "		
Long, Zachary	"	" "		
Maning, Richard	"	" "		
McGehe, Carter	"	" "		
McGuire, John	"	" "		
McQuaddy, Benj.	"	" "		
Morris, James	"	" "		
Moseby, Nicholas	"	" "		
O'Brien, Daniel	"	" "		
Parker, John	"	" "		
Paul, James	"	" "		
Poore, Jesse	"	" "		
Railey, Randolph, Jr.	"	" "		
Rucker, Lyvand F.	"	" "		
Sellers, Joseph	"	" "		
Smith, Allen	"	" "		
Smith, Allen	"	" "		
Smith, George	"	" "		
Smith, James	"	" "		
Smith, John W	"	" "		
Son, Dick	"	" "		
Spaulding, James	"	" "		
Spillman, James	"	" "		
Stephenson, William	"	" "		
Stanford, David	"	" "		
Stone, John	"	" "		
Terrell, Vivian	"	" "		
Tilbery, Lotte	"	" "		
Walker, John	"	" "		
Walker, William	"	" "		
Watkins, Nathaniel W.	"	" "		
Watkins, Samuel	"	" "		
Wharton, Samuel	"	" "		

SOLDIERS OF THE WAR OF 1812.

ROLL OF CAPTAIN MASON SINGLETON'S COMPANY, KENTUCKY MOUNTED VOLUNTEER MILITIA—COMMANDED BY COLONEL GEORGE TROTTER.

Names.	Rank.	Date and Place of Muster.	To what time Engaged or Enlisted.	Remarks.
Mason Singleton	Captain	Newport, Aug. 30, 1813		
Benjamin, Williams	Lieutenant	" "		
Thomas Haydon	Ensign	" "		
Joel Turnham	1st Sergeant	" "		
William Scott	2d Sergeant	" "		
Jesse Haydon	3d Sergeant	" "		
Ed. Sallee	4th Sergeant	" "		
Burton, Thomas	Private	" "		
Corithes, Hugh	"	" "		
Ellison, Thomas	"	" "		
Evans, Andrew	"	" "		
Ficklin, Thomas	"	" "		
Frost, John	"	" "		
Gatewood, Gabriel	"	" "		
Hampton, Stephen	"	" "		
Haydon, Ezekiel	"	" "		
Haydon, John	"	" "		
Holloway, Samuel	"	" "		
Hughes, Charles	"	" "		
Hunley, John	"	" "		
Lampkin, Daniel	"	" "		
McVey, John	"	" "		
Moore, Joel P.	"	" "		
Morrow, John	"	" "		
Moseley, Edward	"	" "		
Neal, John	"	" "		
Proctor, Isaiah	"	" "		
Proctor, Thomas	"	" "		
Reed, Philip	"	" "		
Reynolds, Drake	"	" "		
Rice, Richard	"	" "		
Richardson, Jesse	"	" "		
Roper, Jesse	"	" "		
Scofield, Samuel	"	" "		
Sharewood, Wm.	"	" "		
Singleton, Lewis	"	" "		
Smith, James	"	" "		
Smith, William	"	" "		
Starr, Henry	"	" "		
Steel, Jabez T.	"	" "		
Webster, Christopher	"	" "		
Wells, Jacob	"	" "		
Williams, Elijah	"	" "		
Williams, Thomas	"	" "		
Willis, Lewis	"	" "		
Wilson, Nathan	"	" "		
Wilson, Alexander	"	" "		
Woods, Christopher	"	" "		
Woods, Richard	"	" "		
Young, Lewis	"	" "		
Fizer, Jacob	"	" "		
Jenkins, Henry	"	" "		

ROLL OF CAPTAIN MATTHEWS FLOURNOY'S COMPANY, KENTUCKY MOUNTED VOLUNTEER MILITIA—COMMANDED BY COLONEL GEORGE TROTTER.

Names.	Rank.	Date and Place of Muster.	To what time Engaged or Enlisted.	Remarks.
Matthews Flournoy	Captain	Newport, Aug. 31, 1813		
John Wyatt	Lieutenant	" "		Promoted Captain.
Thomas C. Flournoy	Ensign	" "		
Henry C. Payne	1st Sergeant	" "		
William Dougherty	2d Sergeant	" "		
William C. Offutt	3d Sergeant	" "		
Jeremiah Rogers	4th Sergeant	" "		
Francis Springer	1st Corporal	" "		
Peter Leathers	2d Corporal	" "		
Samuel L. Patterson	3d Corporal	" "		
Andrew Wilfers	4th Corporal	" "		
Bruce, Richard W.	Private	" "		
Burton, William	"	" "		
Canick, Robert	"	" "		
Fisher, William	"	" "		
Flournoy, Natley M.	"	" "		
Graves, Asa	"	" "		

SOLDIERS OF THE WAR OF 1812.

ROLL OF CAPTAIN MATTHEWS FLOURNOY'S COMPANY, KENTUCKY MOUNTED VOLUNTEER MILITIA—Continued.

Names.	Rank.	Date and Place of Muster.	To what time Engaged or Enlisted.	Remarks.
Graves, Zachariah	Private	Newport, Aug. 31, 1813		
Honip, Hiram	"	" "		
Harp, David	"	" "		
Henderson, Alex. S.	"	" "		
Henry, William	"	" "		
Henry, Robert P.	"	" "		
Hicks, William	"	" "		
James, Harry	"	" "		
Jeffries, Robert	"	" "		
Johnson, James	"	" "		
Mattison, Henry	"	" "		
McChord, John	"	" "		
McCoy, John	"	" "		
McDowell, John L.	"	" "		
Moore, Jeriah	"	" "		
Morgan, John	"	" "		
Muldro, George F.	"	" "		
Nutter, Thomas	"	" "		
Owens, John	"	" "		
Parberry, James	"	" "		
Payne, Bailor	"	" "		
Payne, Nathan	"	" "		
Rogers, Joseph	"	" "		
Ropell, Elijah	"	" "		
Runjon, Joseph	"	" "		
Ryon, Edward	"	" "		
Sanderson, William E.	"	" "		
Scofield, Henry	"	" "		
Sheley, David	"	" "		
Sheley, John	"	" "		
Shuff, Jacob	"	" "		
Simpson, William	"	" "		
Stapleton, David	"	" "		
Sterrett, John	"	" "		
Stone, William H.	"	" "		
Tandy, Edmond	"	" "		
Wilson, Russell	"	" "		
Woods, William	"	" "		
Cuthbert Margrove	"	Newport, Aug. 27, 1813	November 5, 1813.	

ROLL OF CAPTAIN JOSEPH REDING'S COMPANY, KENTUCKY MOUNTED VOLUNTEER MILITIA—COMMANDED BY COLONEL GEORGE TROTTER.

Names.	Rank.	Date and Place of Muster.	To what time Engaged or Enlisted.	Remarks.
Joseph, Reding	Captain	Newport, Sept. 1, 1813		
Charles W. Hall	Lieutenant	" "		
Christopher, C. Acuff	Ensign	" "		
John Winer	1st Sergeant	" "		
John Lemon	2d Sergeant	" "		
Israel Lewis	1st Corporal	" "		
Jesse L. Cope	2d Corporal	" "		
Adams, Terrell	Private	" "		
Allen, Malcolm	"	" "		
Antle, Jeremiah	"	" "		
Bows, George	"	" "		
Bows, Peter	"	" "		
Cocks, Daniel	"	" "		
Cummings, John	"	" "		
Ewing, William	"	" "		
Fields, Levin	"	" "		
Gaines, Gideon	"	" "		
Hall, Preston	"	" "		
Hall, Thomas G.	"	" "		
Hiles, George	"	" "		
Iceminger, Henry	"	" "		
Lemmon, William	"	" "		
Marshall, Robert	"	" "		
Martin, Andrew	"	" "		
McBee, Turner	"	" "		
McCormack, George	"	" "		
McCure, William	"	" "		
Neal, Charles	"	" "		
Neal, Fielding	"	" "		
Neal, John	"	" "		

ROLL OF CAPTAIN JOSEPH REDING'S COMPANY, KENTUCKY MOUNTED VOLUNTEER MILITIA—Continued.

NAMES.	Rank.	Date and Place of Muster.	To what time Engaged or Enlisted.	REMARKS.
Nicholson, Samuel	Private	Newport, Sept. 1, 1813		
Peak, John	"	" "		
Ransdale, John	"	" "		
Ransdale, Wharton	"	" "		
Sheppard, Wm. T.	"	" "		
Strickler, Emanuel	"	" "		
Todd, Abell D.	"	" "		
Triplett, John	"	" "		
Wright, Abner	"	" "		
Wright, Reuben	"	" "		
McGary, Daniel	"	Newport, Aug. 27, 1813	November 6, 1813	
Shipp, Dudley	"	" "		
Lemmon, William	"	" "		
Tompkins, Sheppard	"	" "		

ROLL OF CAPTAIN STEWART W. MEGOWAN'S COMPANY, KENTUCKY MOUNTED VOLUNTEER MILITIA—COMMANDED BY COLONEL GEORGE TROTTER.

NAMES.	Rank.	Date and Place of Muster.	To what time Engaged or Enlisted.	REMARKS.
S. W. Megowan	Captain	Newport, Aug. 31, 1813		
James Megowan	Lieutenant	" "		
James McConnell	Ensign	" "		
James Nepper	1st Sergeant	" "		
Hiram Wortham	2d Sergeant	" "		
William Liggins	3d Sergeant	" "		
Robert McConell	4th Sergeant	" "		
Enoch Francis	1st Corporal	" "		
Thomas Bronston	2d Corporal	" "		
Jacob Wicard	3d Corporal	" "		
John Wilson	4th Corporal	" "		
Baldwin, Jeremiah	Private	" "		
Benton, Loyd	"	" "		
Buckley, Samuel	"	" "		
Campbell, Williamson	"	" "		
Cline, Hiram	"	" "		
Dennis, Mathew	"	" "		
Fisher, James	"	" "		
Francis, Jesse	"	" "		
Hilliz, James	"	" "		
Howe, Abraham	"	" "		
Lindsey, Robert	"	" "		
Lindsey, William	"	" "		
Litteral, Joseph	"	" "		
Lyons, Elijah	"	" "		
Masterson, James	"	" "		
Masterson, Moses	"	" "		
McDonald, Enoch	"	" "		
Minor, Joseph	"	" "		
Mitchell, Benjamin	"	" "		
Mitchell, Robert	"	" "		
Moreland, James	"	" "		
Parker, North	"	" "		
Penn, Nimrod	"	" "		
Prather, Benj. H	"	" "		
Price, Samuel	"	" "		
Rice, Joe	"	" "		
Roberts, Billington	"	" "		
Rumsey, Thomas	"	" "		
Rumsey, William	"	" "		
Shaw, Thomas R	"	" "		
Snider, Peter	"	" "		
Stout, Ira	"	" "		
Tadlock, Andrew	"	" "		
Yates, William	"	" "		

Roll of Field and Staff, Donaldson's Regiment, Kentucky Volunteers, of the War of 1812, and Notes on Organization and Record of service, raised in pursuance of the address of 31st of July, 1813, of Isaac Shelby, Governor of Kentucky, and rendezvoused at Newport, Kentucky, August 31st, 1813—Commanded by Colonel John Donaldson.

Names.	Rank.	Date and Place of Muster.	Mustered Out.	Remarks.
John Donaldson	Colonel	August 31, 1813	November 5, 1813	
William Farrow	1st Major	" "	" "	
James Mason	2d Major	" "	" "	
John R. Porter	Adjutant	" "	" "	
Robert Talefaro	Surgeon	" "	" "	
Wiley R. Brassfield	Paymaster	" "	" "	
James Daniel	Quartermaster	" "	" "	
William V. Morris	"	" "	September 6, 1813	
Levi L. Cartwright	S. Major	" "	August 31, 1813	Quit service October 1, 1813.
Uriel B. Chambers	"	October 4, 1813	October 5, 1813	
Abram McGowan	Forage Master	August 31, 1813	November 5, 1813	
William Pepper	Quartermaster Ser.	September 24, 1813	" "	

ROLL OF CAPTAIN RICHARD MENIFEE'S COMPANY, KENTUCKY MOUNTED VOLUNTEER MILITIA—COMMANDED BY COLONEL JOHN DONALDSON.

Names	Rank	Date and Place of Muster	Mustered Out	Remarks
Richard Menifee	Captain	Newport, Aug. 26, 1813	November 4, 1813	
Daniel P. Mosley	Lieutenant	" "	" "	
Harrison Conner	Ensign	" "	" "	
Peter G. Glover	1st Sergeant	" "	" "	
Croad Glover	2d Sergeant	" "	" "	
Joel Parker	3d Sergeant	" "	" "	Reduced to ranks September 20, 1813.
Jacob Steele	4th Sergeant	" "	" "	
Jesse Steele	1st Corporal	" "	" "	Appointed Sergeant September 21, 1813.
William Smart	2d Corporal	" "	" "	
Thomas Mosley	3d Corporal	" "	" "	
Jacob Ragan	4th Corporal	" "	" "	
Adams, John	Private	" "	" "	
Alexander, David	"	" "	" "	Sick and on furlough.
Anderson, John A	"	" "	" "	Absent without leave since 31st August, 1813.
Anderson, John	"	" "	" "	
Barkley, Lazarus	"	" "	" "	
Bourn, John	"	" "	" "	
Bourn, Walker	"	" "	" "	
Bracken, James	"	" "	" "	
Bracken, Mathew	"	" "	" "	
Cassady, Peter	"	" "	" "	
Choat, Samuel	"	" "	" "	
Clayton, Charles	"	" "	" "	
Dotson, Thomas	"	Newport, Aug. 31, 1813	" "	
Epperson, Robert	"	Newport, Aug. 26, 1813	" "	
Fannen, Middleton	"	" "	" "	
Gill, John	"	" "	" "	
Glover, Chesley	"	" "	" "	
Goodpaster, Noah	"	" "	" "	
Griffin, Gordon	"	" "	" "	
Hackitt, Daniel	"	" "	" "	
Hackley, Samuel	"	" "	" "	
Hows, Frederick	"	" "	" "	
Hornback, Abraham	"	" "	" "	
Jamison, Thomas	"	" "	" "	
Kelsoe, John G	"	" "	" "	
Kincaid, James	"	" "	" "	
Lemons, Benjamin	"	" "	" "	

ROLL OF CAPTAIN RICHARD MENIFEE'S COMPANY, KENTUCKY MOUNTED VOLUNTEER MILITIA—Continued.

Names.	Rank.	Date and Place of Muster.	Mustered Out.	Remarks.
Lemons, David	Private	Newport, Aug. 31, 1813	November 4, 1813	
Leslie, Joseph	"	Newport, Aug. 26, 1813	" "	Appointed Corporal September 21, 1813.
Lonsdale, James	"	" "	" "	
Linch, William	"	" "	" "	
McClane, James	"	" "	" "	
McIlhany, Thomas	"	" "	" "	
Oakley, John	"	" "	" "	
Patrick, William	"	" "	" "	
Parsons, David	"	" "	" "	
Porter, John R.	"	" "	" "	Appointed Adjutant September 8, 1813.
Rogers, William	"	" "	" "	
Roysdon, Jesse	"	" "	" "	
Smart, Glover	"	" "	" "	
South, Benjamin	"	" "	" "	Failed to join the company.
Spencer, John	"	" "	" "	
Thompson, Joseph	"	" "	" "	
Young, Sennet	"	" "	" "	

ROLL OF CAPTAIN ISAAC CUNNINGHAM'S COMPANY, KENTUCKY MOUNTED VOLUNTEER MILITIA—COMMANDED BY COLONEL JOHN DONALDSON.

Names.	Rank.	Date and Place of Muster.	Mustered Out.	Remarks.
Isaac Cunningham	Captain	Newport, Aug. 26, 1813	November 5, 1813	
John Bean	Lieutenant	" "	" "	
Henry Smith	Ensign	" "	" "	
Edmund Pendleton	1st Sergeant	" "	" "	
Benjamin Luckett	2d Sergeant	" "	" "	
Richard Empson	3d Sergeant	" "	" "	
John Cunningham	4th Sergeant	" "	" "	
John Smith	1st Corporal	" "	" "	
John Bogas	2d Corporal	" "	" "	Appointed Corporal October 10th.
Alfred Burns	3d Corporal	" "	" "	
Jonas Goff	4th Corporal	" "	" "	Appointed Corporal September 9th.
Anderson, Henry	Private	" "	" "	Appointed Sergeant October 10th.
Armstrong, Robert	"	" "	" "	
Bean, Eli	"	" "	" "	
Bonifield, James	"	" "	" "	
Boyd, John	"	" "	" "	Appointed Corporal October 10th.
Brassfield, James	"	" "	" "	Promoted Sept. 9, and returned to ranks Sept. 27.
Brassfield, Wiley R.	"	" "	" "	Promoted September 9th.
Brown, Mathew P.	"	" "	" "	
Bryan, Lewis	"	" "	" "	
Buckhanon, Stephen	"	" "	" "	
Calmes, George	"	" "	" "	
Chambers, Uriel B.	"	" "	" "	Promoted October 4th.
Chisam, James	"	" "	" "	
Clark, James	"	" "	" "	
Clarkson, Julius W.	"	" "	" "	
Conchman, John	"	" "	" "	
Cooper, Robert	"	" "	" "	
Crockett, Samuel	"	" "	" "	
Cunningham, Riddle	"	" "	" "	
Davis, John	"	" "	" "	
Dawson, Nathaniel	"	" "	" "	
Donaldson, John	"	" "	" "	Promoted as Colonel.
Eades, Drury	"	" "	" "	
Eades, Howell	"	" "	" "	
Estes, James	"	" "	" "	
Estes, Middleton	"	" "	" "	
Forman, David	"	" "	" "	
Foster, John	"	" "	" "	Appointed Corporal September 22d.
Graves, James	"	" "	" "	
Hanks, John	"	" "	" "	
Hulitt, Stephen	"	" "	" "	
Jacobs, Harrison	"	" "	" "	
Jones, Edward	"	" "	" "	
Jones, William	"	" "	" "	
Judy, David	"	" "	" "	
Kenney, Joseph	"	" "	" "	
Kiggin, Thomas	"	" "	" "	
King, James	"	" "	" "	
Lackey, John	"	" "	" "	
Monical, Christopher	"	" "	" "	

SOLDIERS OF THE WAR OF 1812.   127

ROLL OF CAPTAIN ISAAC CUNNINGHAM'S COMPANY, KENTUCKY MOUNTED VOLUNTEER MILITIA—Continued.

Names.	Rank.	Date and Place of Muster.	Mustered Out.	Remarks.
Moore, William	Private	Newport, Aug. 26, 1813	November 5, 1813	
Parks, George	"	Newport, Sept. 22, 1813	" "	
Parks, John	"	Newport, Aug. 26, 1813	" "	
Peebles, John	"	" "	" "	
Peticord, Nathaniel	"	" "	" "	
Rash, Benjamin	"	" "	" "	Not accounted for.
Rash, Stephen	"	" "	" "	
Rennich, James	"	" "	" "	
Sharrad, Samuel	"	" "	" "	
Stipp, George	"	" "	" "	
Stipp, Jacob	"	" "	" "	Promoted to Sergeant September 9.
Tanner, Archer	"	" "	" "	
Thomas, Granville P.	"	" "	" "	
Waterman, Jonathan	"	" "	" "	Not accounted for.
West, Robert	"	" "	" "	
Whitesides, Ephraim	"	" "	" "	
Wilson, John	"	" "	" "	
Wilson, Moses	"	" "	" "	

ROLL OF CAPTAIN GEORGE MATTHEWS' COMPANY, KENTUCKY MOUNTED VOLUNTEER MILITIA—COMMANDED BY COLONEL JOHN DONALDSON.

Names	Rank	Date and Place of Muster	Mustered Out	Remarks
George Matthews	Captain	Newport, Aug. 27, 1813	November 3, 1813	
John Taylor	Lieutenant	" "	" "	
George Taylor	Ensign	" "	" "	
William Pepper	1st Sergeant	" "	" "	Appointed Q. M. Sergt. September 24, 1813.
Peter B. Lewis	2d Sergeant	" "	" "	
Isaac Evans	3d Sergeant	" "	" "	Appointed Orderly Sergeant September 24, 1813.
Reuben Godard	4th Sergeant	" "	" "	
Samuel Howe	1st Corporal	" "	" "	Not accounted for at muster out.
William Armstrong	Corporal	" "	" "	
Richard T. Godard	2d Corporal	" "	" "	
Eli Weaver	3d Corporal	" "	" "	Removed from office October 5, 1813.
Henry M. Hart	4th Corporal	" "	" "	
Allen, Benjamin	Private	" "	" "	
Anderson, Alexander	"	" "	" "	
Bonham, Amariah	"	" "	" "	
Brandham, William	"	" "	" "	
Brown, Daniel	"	" "	" "	
Browning, Josiah	"	" "	" "	
Burris, William	"	" "	" "	
Cameron, Henry	"	" "	" "	
Collins, Amos	"	" "	" "	
Daily, Charles	"	" "	" "	
Daily, John	"	" "	" "	
Daily, Samuel	"	" "	" "	
Eaton, William	"	" "	" "	
English, William, Sr.	"	" "	" "	
English, William, Jr.	"	" "	" "	
Elliott, Edward	"	" "	" "	
Evans, Gabriel	"	" "	" "	Furloughed.
Evans, John	"	" "	" "	
Emmons, Elijah	"	" "	" "	
Farris, James	"	" "	" "	
Foxworthy, Samuel	"	" "	" "	
Foxworthy, William	"	" "	" "	
Glen, Henry	"	" "	" "	
Gooding, Ab.	"	" "	" "	
Gooding, David	"	" "	" "	
Gooding, Samuel	"	" "	" "	Appointed First Sergeant September 21, 1813.
Gorman, John	"	" "	" "	
Hood, William	"	" "	" "	
Horton, Benjamin	"	" "	" "	
Howe, Jonathan W.	"	" "	" "	Not accounted for.
Hush, Henry	"	" "	" "	
Jarnagan, Noah	"	" "	" "	
Jonson, James	"	" "	" "	
Killison, Michael	"	" "	" "	
Kelly, Thomas	"	" "	" "	
Lair, William	"	" "	" "	
Lawrence, Isaac, Sr.	"	" "	" "	
Lawrence, Isaac, Jr.	"	" "	" "	

ROLL OF CAPTAIN GEORGE MATTHEWS' COMPANY, KENTUCKY MOUNTED VOLUNTEER MILITIA—Continued.

Names.	Rank.	Date and Place of Muster.	Mustered Out.	Remarks.
Lawrence, John	Private	Newport, Aug. 27, 1813	November 3, 1813	
Leforgy, Airs	"	" "	" "	
Lefoggy, Lewis	"	" "	" "	
Logan, William, Sr.	"	" "	" "	
Logan, William, Jr.	"	" "	" "	
Leman, Samuel	"	" "	" "	
McCoy, James	"	" "	" "	
McCoy, Samuel	"	" "	" "	
McGowen, Abr.	"	" "	" "	
McDaniel, Joseph	"	" "	" "	Appointed Forage Master December 13, 1813. Not accounted for.
Mitchel, Philip	"	" "	" "	
Moore, Benjamin	"	" "	" "	
Morris, Samuel	"	" "	" "	
Padget, John	"	" "	" "	
Pickerell, William	"	" "	" "	
Powell, Stephen	"	" "	" "	
Reeves, Isaac	"	" "	" "	Appointed Sergeant September 7, 1813.
Rhodes, Samuel	"	" "	" "	
Roister, John	"	" "	" "	Absent.
Saunders, Cyrus	"	" "	" "	
Saunders, Henry G.	"	" "	" "	Wounded in battle October 5, 1813.
Saunders, John	"	" "	" "	
Steele, Jacob	"	" "	" "	
Steele, Solomon	"	" "	" "	
Strode, Jeremiah	"	" "	" "	Appointed Major.
Surest, Valentine	"	" "	" "	
Surest, William	"	" "	" "	
Taylor, Jacob	"	" "	" "	
Vanskite, Robert	"	" "	" "	
Weir, Haziel	"	" "	" "	
White, Isaac	"	" "	" "	
White, Iliff	"	" "	" "	
Wills, Andrew, Sr.	"	" "	" "	
Wills, Andrew, Jr.	"	" "	" "	
Wills, Samuel	"	" "	" "	
Young, Alexander	"	" "	" "	
Young, Thomas	"	" "	" "	

ROLL OF CAPTAIN JAMES SYMPSON'S COMPANY, KENTUCKY MOUNTED VOLUNTEER MILITIA—COMMANDED BY COLONEL JOHN DONALDSON.

Names.	Rank.	Date and Place of Muster.	Mustered Out.	Remarks.
James Sympson	Captain	Newport, Aug. 26, 1813	November 5, 1813	
Edmund Calloway	1st Lieutenant	" "	" "	
Pleasant Bush	Ensign	" "	" "	
Joseph Martin	1st Sergeant	" "	" "	
Elijah Davis	2d Sergeant	" "	" "	Resigned September 22, 1813.
Robert Donaldson	3d Sergeant	" "	" "	
John Bybee	4th Sergeant	" "	" "	
Daniel Donihoe	1st Corporal	" "	" "	
Absalom Lowe	2d Corporal	" "	" "	
Alfred Stephens	3d Corporal	" "	" "	
Robert Elkins	4th Corporal	" "	" "	
Adams, John	Private	" "	" "	
Alcorn, Robert	"	" "	" "	On furlough.
Booth, John	"	" "	" "	
Brooks, William	"	" "	" "	
Bruner, Stephen	"	" "	" "	
Brundge, Bartlett	"	" "	" "	September 12, 1813, on furlough—sick.
Burgis, William	"	" "	" "	
Bush, Hiram	"	" "	" "	
Bybee, William	"	" "	" "	
Chisam, John	"	" "	" "	
Cox, Claiburn	"	" "	" "	Appointed First Sergeant September 22, 1813.
Cummins, Thomas	"	" "	" "	
Daniel, James	"	" "	" "	Appointed Regt. Q. M. Sept. 5, 1813; resigned [September 16, 1813
Downey, Alexander	"	" "	" "	
Eaton, George	"	" "	" "	
Ellsberry, Benjamin W.	"	" "	" "	
Evans, Mayberry	"	" "	" "	
Flooty, Rawson	"	" "	" "	
Goorich, William W.	"	" "	" "	
Hamilton, James	"	" "	" "	

SOLDIERS OF THE WAR OF 1812.

ROLL OF CAPTAIN JAMES SYMPSON'S COMPANY, KENTUCKY MOUNTED VOLUNTEER MILITIA—Continued.

NAMES.	Rank.	Date and Place of Muster.	Mustered Out.	REMARKS.
Hampton, Ezekiel	Private	Newport, Aug. 26, 1813	November 5, 1813	Appointed 2d Sergeant September 22, 1813.
Hardin, Thompson	"	" "	" "	September 2, 1813, on furlough with sick.
Hazelrig, Charles	"	" "	" "	
Hulse, Paul	"	" "	" "	Sick and on furlough September 2. 1813.
Irvine, Jack	"	" "	" "	
Jones, John	"	" "	" "	
Johnson, Richard	"	" "	" "	
Lander, Henry	"	" "	" "	
Lander, John	"	" "	" "	
Lane, Joel	"	" "	" "	
Locknane, John	"	" "	" "	
Martin, John	"	" "	" "	
Martin, Robert B.	"	" "	" "	
Martin, Robert E.	"	" "	" "	
Martin, Samuel	"	" "	" "	
McCarty, Ezekiel	"	" "	" "	
McMurray, John	"	" "	" "	
Millar, Jacob	"	" "	" "	
Moore, William	"	" "	" "	
Poer, William	"	" "	" "	
Rupard, William	"	" "	" "	
Sideballom, Joseph	"	" "	" "	Sent back on furlough sick, September 12, 1813.
Trimble, Peter M.	"	" "	" "	
Trimble, Samuel	"	" "	" "	
Walker, James	"	" "	" "	
Welch, William	"	" "	" "	Joined spy company September 26, 1813.
White, William	"	" "	" "	
Wilcoxan, Aaron	"	" "	" "	
Williamson, Jacob	"	" "	" "	
Wilcoxan, Jesse	"	" "	" "	

ROLL OF CAPTAIN JOHN CRAWFORD'S COMPANY, KENTUCKY MOUNTED VOLUNTEER MILITIA—COMMANDED BY COLONEL JOHN DONALDSON.

NAMES.	Rank.	Date and Place of Muster.	Mustered Out.	REMARKS.
James Mason	Captain	Newport, Aug. 26, 1813		Not accounted for on muster-out rolls.
John Crawford	Lieutenant	" "	November 6, 1813	
Amos Richardson	Ensign	Newport, Aug. 25, 1813	" "	
John Davis	1st Sergeant	Newport, Aug. 26, 1813	November 5, 1813	
John D. James	2d Sergeant	" "	" "	
John Dickson	3d Sergeant	Newport, Aug. 25, 1813	November 6, 1813	
William Owings	4th Sergeant	" "	" "	
George Peeler	1st Corporal	" "	" "	
Francis McKennell	2d Corporal	" "	" "	
Thompson Clark	3d Corporal	Newport, Aug. 26, 1813	November 5, 1813	
Joseph Ringo	4th Corporal	" "	" "	
Anderson, Nicholas	Private	" "	" "	
Alexander, James D.	"	Newport, Aug. 31, 1813	" "	Not accounted for.
Black, George	"	Newport, Aug. 26, 1813	" "	
Barnett, Roman	"	" "	" "	
Bunch, Davis	"	" "	" "	
Carter, George W.	"	" "	October 5, 1813	Killed in battle October 5, 1813.
Cox, James	"	Newport, Aug. 25, 1813	November 6, 1813	
Cutright, John	"	" "	" "	
Farrow, Joseph	"	Newport, Aug. 26, 1813	November 5, 1813	
Farrow, William	"	" "	" "	Promoted August 31, 1813.
Finley, Joseph W.	"	" "	" "	
Frakes, Barnabas	"	" "	" "	
Frakes, Joseph	"	" "	" "	
Guddy, Thomas	"	Newport, Aug. 25, 1813	November 6, 1813	
Green, Henry	"	Newport, Aug. 26, 1813	November 5, 1813	Promoted August 31, 1813.
Grimes, Elijah	"	" "	" "	
Grimes, John	"	" "	" "	
Higgins, Richard	"	" "	" "	
Howell, David	"	" "	" "	
Kirk, James	"	" "	" "	
Lanter, Archibald	"	" "	" "	
Linch, David	"	Newport, Aug. 25, 1813	November 6, 1813	
Marshall, Alexander	"	Newport, Aug. 26, 1813	November 5, 1813	
Nolan, Henry	"	Newport, Aug. 25, 1813	November 6, 1813	
Nolan, William	"	" "	" "	
Richardson, John	"	" "	" "	
Richardson, Nathan	"	" "	" "	

ROLL OF CAPTAIN JOHN CRAWFORD'S COMPANY, KENTUCKY MOUNTED VOLUNTEER MILITIA—Continued.

Names.	Rank.	Date and Place of Muster.	Mustered Out.	Remarks.
Stokes, Robert	Private	Newport, Aug. 26, 1813	November 5, 1813	
Stokes, William	"	" "	" "	
Strange, Berry	"	" "	" "	
Strange, William	"	" "	" "	
Urton, Laban	"	Newport, Aug. 25, 1813	November 6, 1813	Promoted to Ensign.
Watson, Hezekiah	"	Newport, Aug. 26, 1813	November 5, 1813	
Wells, Andrew	"	Newport, Aug. 25, 1813	November 6, 1813	
White, Henry	"	Newport, Sept. 29, 1813	November 5, 1813	
Wren, John	"	Newport, Aug. 26, 1813	" "	
Young, John	"	" "	" "	Promoted August 13, 1813.

ROLL OF CAPTAIN GEORGE W. BOTTS' COMPANY, KENTUCKY MOUNTED VOLUNTEER MILITIA—COMMANDED BY COLONEL JOHN DONALDSON.

Names.	Rank.	Date and Place of Muster.	Mustered Out.	Remarks.
George W. Botts	Captain	Newport, Aug. 27, 1813	November 3, 1813	
Dorsey K. Stockton	Lieutenant	" "	" "	
Thomas Patton	Ensign	" "	" "	
James Dobyns	1st Sergeant	" "	" "	
Bazil Calvert	2d Sergeant	" "	" "	
Hencely Clift	3d Sergeant	" "	" "	
William Morris	4th Sergeant	" "	September 16, 1813	Appointed Q. M. to 2d Regt. Sept. 16, 1813.
William Harper	1st Corporal	" "	September 1, 1813	Left at Cincinnati Sept. 1, 1813, with a foundered horse, and never came on to join the company [afterwards.
George Gilkison	2d Corporal	" "	November 3, 1812	
Stephen Tatman	3d Corporal	" "	" "	Reduced to ranks September 22, 1813, on account [of ill-health.
Thomas Rawlings	4th Corporal	" "	" "	
Alexander, William	Private	" "	" "	
Asbury, Henry	"	" "	" "	
Beeding, George	"	" "	" "	
Berry, Holdsworth	"	" "	" "	
Bridges, Dillon	"	" "	" "	
Burges, Mordacai	"	" "	" "	Appointed Sergeant September 17, 1813.
Calvert, Mansfield	"	" "	" "	Appointed Corporal Sept. 4, 1813, in the place of [Wm. Harper.
Calvert, William	"	" "	" "	
Carter, James	"	" "	" "	
Clarke, Thomas	"	" "	" "	Appointed Corporal September 13, 1813.
Dobyns, Thomas	"	" "	" "	
Dunbar, Alexander	"	" "	" "	
Duncan, Walter	"	" "	" "	
Farrow, Thomas	"	" "	" "	
Feagin, Henry	"	" "	" "	
Fitch, Henry	"	" "	" "	
Foster, James	"	" "	" "	
Foxworthy, Thomas	"	" "	" "	
Gilkison, Benjamin	"	" "	" "	
Glasscock, John	"	" "	" "	
Goslin, Nathaniel	"	" "	" "	
Gragg, Solomon	"	" "	" "	
Hooke, James	"	" "	" "	Not present.
Hysong, Jacob	"	" "	" "	
Jackson, Henry	"	" "	" "	
Jackson, William	"	" "	October 19, 1813	Died October 19, 1813.
Jones, Thomas, Jr.	"	" "	November 3, 1813	
Jurinall, Jacob	"	" "	" "	
Leaper, Andrew	"	" "	" "	
Leaper, James	"	" "	" "	
Maddin, Jeremiah	"	" "	" "	
Morrison, David	"	" "	" "	
Pearce, Samuel	"	" "	" "	Not present.
Prather, Benjamin C.	"	" "	" "	
Reed, Stephen	"	" "	" "	
Rhodes, Jacob	"	" "	" "	
Simms, John	"	" "	" "	
Sweet, James	"	" "	" "	Not present.
Tatman, Nehemiah	"	" "	" "	
Tatman, Vincent	"	" "	" "	
Thomas, Levi	"	" "	" "	
Trumble, William C.	"	" "	" "	
Williams, Mordecai	"	" "	" "	

SOLDIERS OF THE WAR OF 1812.

Roll of Field and Staff of Poage's Regiment, Kentucky Volunteers, of the War of 1812, and Notes on Organization and Record of Service, raised in pursuance of the address of 31st of July, 1813, of Isaac Shelby, Governor of Kentucky, and rendezvoused at Newport, Kentucky, August 31st, 1813 — Commanded by Colonel John Poage.

Names.	Rank.	Date and Place of Muster.	Mustered Out.	Remarks.
John Poage	Colonel	August 31, 1813	November 3, 1813	
Aaron Stratton	Major	" "	" "	
Jeremiah Martin	"	" "	" "	
John E. McDowell	Adjutant	" "	" "	
Samuel L. Crawford	Quartermaster	" "	" "	
John Hockaday	Paymaster	" "	" "	
Anderson Donaphan	Surgeon	" "	" "	
Thomas Nelson	S. M.	" "	" "	
Edward Brooks	Qr. M. S.	" "	" "	
William Triplett	Sergeant Major	" "	" "	

ROLL OF LIEUTENANT ARISS THROCKMORTON'S COMPANY, KENTUCKY MOUNTED VOLUNTEER MILITIA—COMMANDED BY COLONEL JOHN POAGE.

Names	Rank	Date and Place of Muster	Mustered Out	Remarks
Ariss Throckmorton	Lieutenant	Newport, Aug. 31, 1813		
John Standerford	1st Sergeant	" "		
John West	2d Sergeant	" "		
Isaiah Williams	1st Corporal	" "		
John Clarke	2d Corporal	" "		
Ashcraft, Nimrod	Private	" "		
Brooking, Vivion	"	" "		
Busby, Mathew	"	" "		
Colvin, John	"	" "		
Duncan, Pope	"	" "		
Feeback, Gilbert	"	" "		
Fight, John	"	" "		
Grosvenor, John	"	" "		
Harney, Selby	"	" "		
Keith, William	"	" "		
Kivling, William	"	" "		
McCormack, Valentine	"	" "		
Scott, Merril	"	" "		
Temple, Jesse	"	" "		
Williams, Abraham	"	" "		

ROLL OF ENSIGN WILLIAM REED'S COMPANY, KENTUCKY MOUNTED VOLUNTEER MILITIA—COMMANDED BY COLONEL JOHN POAGE.

Names.	Rank.	Date and Place of Muster.	Mustered out.	Remarks.
William Reed	Ensign	Newport, Aug. 31, 1813		
Cumbus, Carvil	Private	" "		
Dawson, Abraham	"	" "		
Holiady, William	"	" "		
McGinniss, Neal	"	" "		
Morgan, Thomas	"	" "		
Musgrove, Gabriel	"	" "		
Rice, Abraham	"	" "		
Reed, John	"	" "		
Weaver, John	"	" "		
Wheeler, Lawrence	"	" "		
Wright, John	"	Newport, Aug. 28, 1813	November 3, 1812	
Grimes, Avery B.	"	" "	" "	
Skinner, William	"	" "	" "	
Jones Isaac	"	" "	" "	
McDonald, John	"	Newport, Sept. 19, 1813	" "	

This is a part of Lieutenant Ariss Throckmorton's Company, each having been mustered separately.

ROLL OF CAPTAIN JEREMIAH MARTIN'S COMPANY, KENTUCKY MOUNTED VOLUNTEER MILITIA—COMMANDED BY COLONEL JOHN POAGE.

Names	Rank	Date and Place of Muster	Mustered out	Remarks
Jeremiah Martin	Captain	Newport, Aug. 31, 1813		
Benjamin Norris	1st Lieutenant	" "		
Stephen Baylis	2d Lieutenant	" "		
Arthur Mitchell	3d Lieutenant	" "		
Thomas Adamson	Ensign	" "		
Thomas Chalfant	1st Sergeant	" "		
William Holton	2d Sergeant	" "		
Lewis Bridges	3d Sergeant	" "		
William Duff	4th Sergeant	" "		
John Ricketts	1st Corporal	" "		
Hiram Watson	2d Corporal	" "		
William Corwine	3d Corporal	" "		
John Hillman	4th Corporal	" "		
Jacob Bagby	Trumpeter	" "		
Adams, John	Private	" "		
Anderson, James	"	" "		
Ausborne, Alexander	"	" "		
Barbeo, Lewis	"	" "		
Biglow, Joseph	"	" "		
Black, William	"	" "		
Blackburn, James	"	" "		
Botts, William	"	" "		
Boucher, George	"	" "		
Brannin, Joseph	"	" "		
Browning, Edmund	"	" "		
Byland, John	"	" "		
Callan, William	"	" "		
Cain, Philip	"	" "		
Carter, Levi	"	" "		
Chandler, Walter	"	" "		
Chiles, David	"	" "		
Clark, John W.	"	" "		
Colvin, James	"	" "		
Cooper, Conner	"	" "		
Cordery, John	"	" "		
Corwine, George	"	" "		
Courtney, Robert	"	" "		
Cronsby, John	"	" "		
Culberson, William	"	" "		
Curtis, David	"	" "		
Curtis, George	"	" "		
Davis, James	"	" "		
Davison, John	"	" "		
Dailey, William	"	" "		
Doniphan, Anderson	"	" "		
Dowden, John	"	" "		
Downing, Edmund	"	" "		

ROLL OF CAPTAIN JEREMIAH MARTIN'S COMPANY, KENTUCKY MOUNTED VOLUNTEER MILITIA—Continued.

Names.	Rank.	Date and Place of Muster.	Mustered Out.	Remarks.
Downing, Robert	Private	Newport, Aug. 31, 1813		
Driskill, Peter	"	" "		
Duncan, James	"	" "		
Earles, Payton	"	" "		
Earles, Rhody	"	" "		
Elrod, William	"	" "		
Fanning, Michael	"	" "		
Frazee, Ephraim	"	" "		
Gates, William, Jr.	"	" "		
Gibbons, Thomas G.	"	" "		
Gifford, Joshua	"	" "		
Ginn, Lawrence	"	" "		
Golder, Abraham	"	" "		
Horle, Baldwin	"	" "		
Heth, James	"	" "		
Hiatt, John	"	" "		
Hiatt, Lewis	"	" "		
Higgins, Richard	"	" "		
Higgins, Samuel	"	" "		
Huskins, Benjamin	"	" "		
Huskins, Jermon	"	" "		
Ivans, David	"	" "		
Ivans, Griffith	"	" "		
January, Peter T.	"	" "		
Jones, Jesse	"	" "		
Kerr, James	"	" "		
Kilgore, Anthony	"	" "		
Kilgore, Robert	"	" "		
Knight, Andrew	"	" "		
Lee, Daniel	"	" "		
Lewis, Thomas P.	"	" "		
Little, James	"	" "		
Logan, Joseph	"	" "		
Masters, Samuel	"	" "		
Masterson, David	"	" "		
Masterson, John	"	" "		
McCarthy, John	"	" "		
McGruder, Dory	"	" "		
McKinsey, Malcomb	"	" "		
McKinsey, William	"	" "		
Moffert, John	"	" "		
Moore, George E.	"	" "		
Morrison, David	"	" "		
Murphy, John	"	" "		
Norris, Gabriel	"	" "		
Penick, William	"	" "		
Poe, John	"	" "		
Poe, Thomas	"	" "		
Pollock, James	"	" "		
Proctor, Uriah	"	" "		
Raines, Henry	"	" "		
Ramsey, Samuel	"	" "		
Rubart, James	"	" "		
Rubart, Jesse	"	" "		
Sentany, Joab	"	" "		
Shields, Jonathan	"	" "		
Shields, William, Jr.	"	" "		
Smith, Richard	"	" "		
Sothoror, Levin	"	" "		
Sullivan, Randolph	"	" "		
Seypold, Demsey	"	" "		
Tabb, Richard	"	" "		
Taylor, Andrew	"	" "		
Tonins, John	"	" "		
Thomas, Isaac	"	" "		
Thomas, Robert	"	" "		
Thornton, Edmund	"	" "		
Vance, Henry	"	" "		
Wallace, John	"	" "		
Walton, William	"	" "		
Whipps, Samuel	"	" "		
Williams, Abram	"	" "		
Witt, Orange	"	" "		
Wood, Henry	"	" "		
Hioatt, James	"	Newport, Aug. 28, 1813	November 8, 1813	
Masterson, Jeremiah	"	" "	" "	

SOLDIERS OF THE WAR OF 1812.

ROLL OF CAPTAIN JEREMIAH MARTIN'S COMPANY, KENTUCKY MOUNTED VOLUNTEER MILITIA—Continued.

Names.	Rank.	Date and Place of Muster.	Mustered Out.	Remarks.
Masterson, James	Private	Newport, Aug. 28, 1813	November 3, 1813	
Franklin, James	"	" "	" "	
Adamson, William	"	" "	" "	
Dayley, Thomas	"	" "	" "	
Gaff, William	"	" "	" "	

ROLL OF CAPTAIN MOSES DEMMITT'S COMPANY, KENTUCKY MOUNTED VOLUNTEER MILITIA—COMMANDED BY COLONEL JOHN POAGE.

Names.	Rank.	Date and Place of Muster.	Mustered Out.	Remarks.
Moses Demmitt	Captain	Newport, Aug. 31, 1813		
Thomas Hord	1st Lieutenant	" "		
Joseph Thorn	Ensign	" "		
Bean, Albert	Private	" "		
Bland, Benjamin	"	" "		
Brightwell, Thomas	"	" "		
Burris, George	"	" "		
Collins, Thomas	"	" "		
Conoway, John	"	" "		
Conoway, Withers	"	" "		
Deavens, John	"	" "		
Duncan, Joseph	"	" "		
Duncan, Walter	"	" "		
Fitzgerald, Benjamin	"	" "		
Fitzgerald, David	"	" "		
Fitzgerald, Moses	"	" "		
Ginn, James	"	" "		
Grover, John	"	" "		
Gray, Wesley	"	" "		
Hesler, Jacob	"	" "		
Hornbuckle, Alfred	"	" "		
Hornbuckle, Hardin	"	" "		
Hornbuckle, Richard	"	" "		
Hornbuckle, Solomon	"	" "		
Howard, Henry	"	" "		
Jarvis, Amos	"	" "		
Kenton, Thomas	"	" "		
Morey, John	"	" "		
McCollam, Seth	"	" "		
Murphy, William	"	" "		
O'Hara, John	"	" "		
Pierce, Zachariah	"	" "		
Purcel, Charles	"	" "		
Purcel, John	"	" "		
Reno, Zealy	"	" "		
Richards, John	"	" "		
Shiply, Reason	"	" "		
Strode, James	"	" "		
Strode, John	"	" "		
Thorn, William	"	" "		
Triplett, Hedgeman	"	" "		
Triplett, William, Sr.	"	" "		
Triplett, William, Jr.	"	" "		
Vincen, Elvin	"	" "		
Watts, George	"	" "		
Watson, Aaron	"	" "		
Wood, William	"	" "		
Dyer, John	"	Newport, Aug. 28, 1813	November 3, 1813	
Burrell, John	"	" "	" "	

SOLDIERS OF THE WAR OF 1812.

ROLL OF CAPTAIN FRANCIS A. GAINES' COMPANY, KENTUCKY MOUNTED VOLUNTEER MILITIA—COMMANDED BY COLONEL JOHN POAGE.

Names.	Rank.	Date and Place of Muster.	Mustered Out.	Remarks.
Francis A. Gaines	Captain	Newport, Aug. 31, 1813		
Thomas T. G. Warring	Lieutenant	" "		
Thomas Page, Sr.	Ensign	" "		
Hezekiah Magruder	Sergeant	" "		
William Ward	"	" "		
James Poage	"	" "		
John Bartley	"	" "		
John Evans	Corporal	" "		
James Nichols	"	" "		
David White	"	" "		
Levi Shackles	"	" "		
Adams, William	Private	" "		
Alison, John	"	" "		
Auxier, Thomas	"	" "		
Boone, Jesse B.	"	" "		
Brooks, Edward	"	" "		
Coldgrove, Peleg	"	" "		
Colvin, John	"	" "		
Crawford, Samuel L.	"	" "		
Esom, Robert	"	" "		
Franklin, Lawrence	"	" "		
Fugue, John M.	"	" "		
Gammon, Samuel W.	"	" "		
Gholson, John	"	" "		
Griffith, Josse	"	" "		
Henderson, George W.	"	" "		
Hockaday, John	"	" "		
Holland, Hezekiah	"	" "		
Howe, Daniel	"	" "		
Horseley, James	"	" "		
Horseley, Mathew	"	" "		
Kain, John	"	" "		
Kouns, Jacob	"	" "		
Lowden, Thomas	"	" "		
Mefford, Andrew	"	" "		
Morton, Nat	"	" "		
Nichols, John	"	" "		
Parker, Solomon	"	" "		
Poage, Allen	"	" "		
Poage, John	"	" "		
Poage, Robert	"	" "		
Poage, Thomas	"	" "		
Slaughter, Samuel	"	" "		
Snedicon, James	"	" "		
Thomson, James C.	"	" "		
Virgin, Rezin	"	" "		
Warring, Bazil	"	" "		
Warring, Francis	"	" "		
White, William	"	" "		
Willis, Joseph	"	" "		
Wilson, John	"	" "		
Young, Fountain	"	" "		
Bean, Stephen	"	Newport, Aug. 26, 1813	November 6, 1813	
Sinclair, James	"	" "	" "	

ROLL OF CAPTAIN AARON STRATTON'S COMPANY, KENTUCKY MOUNTED VOLUNTEER MILITIA—COMMANDED BY COLONEL JOHN POAGE.

Aaron Stratton	Captain	Newport, Aug. 31, 1813		
Richard Soward	1st Lieutenant	" "		
George W. Davis	2d Lieutenant	" "		
Elijah Houghton	1st Sergeant	" "		
Charles Parker	2d Sergeant	" "		
Henry Halbert	3d Sergeant	" "		
William Calvert	4th Sergeant	" "		
Charles Alkins	1st Corporal	" "		
Ashel Brewer	2d Corporal	" "		
Jacob Frizle	3d Corporal	" "		
Daniel Thomas	4th Corporal	" "		
Baker, William	Private	" "		
Bakley, James	"	" "		
Bennett, Hiram	"	" "		

ROLL OF CAPTAIN AARON STRATTON'S COMPANY, KENTUCKY MOUNTED VOLUNTEER MILITIA—Continued.

Names.	Rank.	Date and Place of Muster.	Mustered Out.	Remarks.
Bilque, John	Private	Newport, Aug. 31, 1813		
Brunt, John	"	" "		
Briant, Bailey	"	" "		
Briant, Daniel	"	" "		
Brook, Humphrey	"	" "		
Campbell, James	"	" "		
Campbell, William	"	" "		
Cox, Mark	"	" "		
Cox, Samuel	"	" "		
Cummins, William	"	" "		
Davis, James	"	" "		
Donovan, Aquilla	"	" "		
Donovan, Thomas	"	" "		
Donovan, William	"	" "		
Dyal, John	"	" "		
Easley, Andrew	"	" "		
Easley, Stephen	"	" "		
Elson, Cornelius	"	" "		
Fisher, Adam	"	" "		
Haynes, Joseph	"	" "		
Halbert, Stephen	"	" "		
Hamlin, James	"	" "		
Hamlin, John	"	" "		
Hamlin, William	"	" "		
Helvey, Peter	"	" "		
Henderson, Francis	"	" "		
Holt, William	"	" "		
Horrer, Peter	"	" "		
Kelly, Henry	"	" "		
Kenard, James	"	" "		
Lamar, James	"	" "		
Lamar, William	"	" "		
Martin, James	"	" "		
Martin, William	"	" "		
McCan, William	"	" "		
McDowell, John G.	"	" "		
McKay, William	"	" "		
Orms, Nicholas	"	" "		
Piper, John	"	" "		
Ravenscraft, James	"	" "		
Riley, John	"	" "		
Saxon, Daniel	"	" "		
Shepherd, John	"	" "		
Singleton, James	"	" "		
Smith, James	"	" "		
Smith, Jeremiah	"	" "		
Thomas, David	"	" "		
Thomas, Solomon	"	" "		
Vincent, Lavin	"	" "		
Wilson, Robert	"	" "		
Wilson, Ralph	"	" "		
Albert, Stephen	"	Newport, Aug. 28, 1813	November 3, 1813	
Stephenson, Edward	"	Newport, Sept. 21, 1813	October 2, 1813	

SOLDIERS OF THE WAR OF 1812.

Roll of Field and Staff, Mountjoy's Regiment, Kentucky Volunteers, of the War of 1812, and Notes on Organization and Record of service, raised in pursuance of the address of 31st of July, 1813, of Isaac Shelby, Governor of Kentucky, and rendezvoused at Newport, Kentucky, August 31st, 1813—Commanded by Colonel William Mountjoy.

NAMES.	Rank.	Date and Place of Muster.	To what time Engaged or Enlisted.	REMARKS.
William Mountjoy...	Colonel.....	Newport, Aug. 31, 1813	November 4, 1813 ..	
Conrad Overdewple ..	Major......	" "	" "	
Zachariah Eastin ...	"	" "	" "	
David Todd......	Surgeon.....	" "	" "	
James Metcalf.....	S. Mate.....	" "	" "	
John M. Garrard ...	Paymaster....	" "	" "	
Daniel Bourn.....	Adjutant	" "	" "	
William Dickison ...	Qr. Master ...	" "	" "	
Daniel Ayres.....	"	" "	" "	
John Conn......	"	" "	" "	
Innis Woodward ...	"	" "	" "	

ROLL OF CAPTAIN JAMES ARMSTRONG'S COMPANY, KENTUCKY MOUNTED VOLUNTEER MILITIA—COMMANDED BY COLONEL WILLIAM MOUNTJOY.

Conrad Overturf....	Captain	Newport, Aug. 29, 1813	November 3, 1813 ..	Not accounted for.
Enos Woodward....	1st Lieutenant ..	" "	" "	
James Armstrong ...	2d Lieutenant ..	" "	" "	Promoted to Captain.
Jesse Pigman.....	Ensign	" "	" "	Promoted to Lieutenant.
James Logan.....	1st Sergeant ...	" "	" "	Promoted to Ensign.
Peter Mann......	2d Sergeant ...	" "	" "	
William Oden.....	3d Sergeant ...	" "	" "	
Harrod Newland...	4th Sergeant ...	" "	" "	
Henry Oakwood....	1st Corporal ...	" "	" "	
Daniel Hutchison ...	2d Corporal ...	" "	" "	
Amos Shroff	3d Corporal ...	" "	" "	
Frederick Dillman..	4th Corporal ...	" "	" "	
Adams, William...	Private	" "	" "	Not accounted for.
Allison, Edward...	"	" "	" "	
Allison, Isaac	"	" "	" "	
Ambrose, Mordecai ..	"	" "	" "	
Biddle, John	"	" "	" "	
Brashears, William	"	" "	" "	
Bruce, Joseph	"	" "	" "	
Chalfant, Amos....	"	" "	" "	Promoted to First Sergeant.
Cobler, Nimrod ..	"	" "	" "	
Derore, Christopher	"	" "	" "	
Derore, Nicholas....	"	" "	September 7, 1813 ..	Furloughed at Springfield Sept. 5—very sick.
Donton, Keely ..	"	" "	November 3, 1813 ..	
Downard, John ..	"	" "	" "	Not accounted for.
Fogans, John	"	" "	" "	
Fishback, Martin ..	"	" "	" "	
Gill, Reuben	"	" "	" "	
Gassage, Benjamin..	"	" "	" "	
Hamilton, Samuel ...	"	" "	" "	
Hammon, Richard ..	"	" "	" "	
Hammond, Thomas ..	"	" "	" "	
Hardstock, Peter...	"	" "	" "	
Hiles, Christopher ...	"	" "	" "	
Hooton, James	"	" "	" "	
Hunt, John, Jr...	"	" "	" "	
Jackson, George ...	"	" "	" "	
Jackson, James R...	"	" "	" "	Not accounted for.
Jackson, Richard ..	"	" "	" "	
Lancaster, Mallory ..	"	" "	" "	

ROLL OF CAPTAIN JAMES ARMSTRONG'S COMPANY, KENTUCKY MOUNTED VOLUNTEER MILITIA—Continued.

Names.	Rank.	Date and Place of Muster.	To what time Engaged or Enlisted.	Remarks.
Lyons, James, Sr.	Private	Newport, Aug. 29, 1813	November 3, 1813	
McDowell, Joseph	"	" "	" "	
McKinney, Jarrard	"	" "	" "	
McMillen, John	"	" "	" "	
Miranda, Thomas	"	" "	" "	
Norris, Archibald	"	" "	" "	
Norris, John	"	" "	" "	
Parker, Marshall	"	" "	" "	
Parker, William	"	" "	" "	
Ramley, Samuel	"	" "	" "	
Reeves, John	"	" "	" "	
Sadler, John	"	" "	" "	
Sallee, Jacob	"	" "	" "	
Smith, George H.	"	" "	" "	
Stites, William	"	" "	" "	
Thomas, Jacob	"	" "	" "	
Thompson, Robert	"	" "	" "	
Thompson, Samuel	"	" "	" "	
Washburn, James	"	" "	" "	Not accounted for.
Wells, Robert	"	" "	" "	
Wiley, Eli	"	" "	" "	
Wilson, Matthew	"	" "	" "	
Wirrick, George	"	" "	" "	
Woodward, Innis	"	" "	" "	
Alexander, Thomas	"	" "	" "	

ROLL OF CAPTAIN JOHN H. MORRIS' COMPANY, KENTUCKY MOUNTED VOLUNTEER MILITIA—COMMANDED BY COLONEL WILLIAM MOUNTJOY.

Names.	Rank.	Date and Place of Muster.	To what time Engaged or Enlisted.	Remarks.
John H. Morris	Captain	August 28, 1813	November 10, 1813	
Coleman Ayres	1st Lieutenant	" "	" "	
Martin Hoagland	Ensign	" "	" "	
William White	1st Sergeant	" "	" "	
Lewis Ayres	2d Sergeant	" "	" "	
John McGibbany	3d Sergeant	" "	" "	
James Sale	4th Sergeant	" "	" "	
Adkins, John	Private	" "	" "	
Ashby, Thomas	"	" "	" "	
Baker, Jonathan	"	" "	" "	
Baker, Nathan	"	" "	" "	
Blakemore, Daniel	"	" "	" "	
Boone, George	"	" "	" "	Died October 20th.
Buckhannon, Thomas	"	" "	" "	
Butts, John	"	" "	" "	
Coghill, Zachariah	"	" "	" "	Accounted for on muster-out roll as Jas. Cogrell.
Daley, John	"	" "	" "	
Frazier, James	"	" "	" "	
Gullion, George	"	" "	" "	
Hensley, Samuel	"	" "	" "	
Hogland, John	"	" "	" "	
Hoover, Jacob	"	" "	" "	
Lester, William	"	" "	" "	
McDaniel, John	"	" "	" "	
Mills, Elisha	"	" "	" "	
Phillips, Joseph	"	" "	" "	
Queshingberry, Jas. H.	"	" "	" "	
Ray, Jennings	"	" "	" "	
Shelton, John B.	"	" "	" "	
Spillman, Wesley	"	" "	" "	Not accounted for on muster-out roll.
Stafford, Henry	"	" "	" "	
Tandy, Mark	"	" "	" "	
Vallandingham, Richard	"	" "	" "	
Venshour, Isaac	"	" "	" "	
Wilson, John	"	" "	" "	
Wright, Jordon	"	" "	" "	
Rice, Jordon	"	" "	" "	

ROLL OF CAPTAIN THOMAS CHILDERS' COMPANY, KENTUCKY MOUNTED VOLUNTEER MILITIA—COMMANDED BY COLONEL WILLIAM MOUNTJOY.

Names.	Rank.	Date and Place of Muster.	Mustered Out.	Remarks.
William Mountjoy	Captain	August 29, 1813		
Thomas Childers	Lieutenant	" "	November 5, 1813	Promoted to Captain.
John Mountjoy	Ensign	" "	" "	Promoted to Lieutenant.
William Little	1st Sergeant	" "	" "	Promoted to Ensign.
Joseph Brand	2d Sergeant	" "	" "	
James Henry	3d Sergeant	" "	" "	
Goldsby Childers	4th Sergeant	" "	" "	
William Ellis	1st Corporal	" "	" "	
Robert A. Taylor	2d Corporal	" "	" "	
Henry Ellis	3d Corporal	" "	" "	
Steven Ellis	4th Corporal	" "	" "	
Abbott, Fielding	Private	" "	" "	
Arnold, James	"	" "	" "	
Asby, Coleman	"	August 28, 1813	" "	
Ashbrook, Levy	"	August 29, 1813	" "	
Ashcraft, Amos	"	" "	" "	
Ashcraft, Ichabod	"	" "	" "	
Ashcraft, James	"	" "	" "	
Beard, Hugh	"	" "	" "	
Belew, Richard	"	August 25, 1813	September 16, 1813	
Boner, Charles	"	August 26, 1813	" "	Not accounted for on muster-out rolls.
Brand, Thomas	"	" "	" "	
Burns, Samuel	"	" "	" "	
Buskirk, Lawrence	"	" "	" "	
Calvert, Charles B.	"	" "	" "	Promoted to First Sergeant.
Campbell, Matthew	"	" "	" "	
Childers, James	"	" "	" "	
Childers, Joseph	"	August 29, 1813	November 5, 1813	
Clark, Jeremiah	"	" "	" "	
Colvin, B. Charles	"	" "	" "	Not accounted for on muster-out rolls.
Colvin, Burket	"	" "	" "	
Colvin, Henry	"	" "	" "	
Crook, Robert	"	" "	" "	
Duncan, Fielding	"	" "	October 29, 1813	Sick at Delaware, and died October 29, 1813.
Ellis, John	"	" "	November 5, 1813	
Ellis, Laban	"	" "	" "	
Ford, Thomas	"	" "	" "	
Forsythe, William	"	" "	" "	
Grigg, William	"	August 25, 1813	October 9, 1813	
Hart, Thomas	"	August 29, 1813	November 5, 1813	
Hitch, John	"	" "	" "	
Johns, Jacob	"	" "	" "	
Jones, William	"	" "	" "	
Kennedy, Jesse	"	" "	" "	
Kennedy, John	"	" "	" "	Not accounted for on muster-out roll.
Lawles, Lewis W.	"	" "	" "	
Lockwood, Isaac H.	"	" "	" "	
Luckett, William	"	" "	" "	
Mann, Richard	"	August 25, 1813	September 10, 1813	
McClanahan, John	"	August 29, 1813	November 5, 1813	
Minor, James	"	" "	" "	
Monroe, John	"	" "	" "	
Moore, James	"	" "	" "	
Moore, William	"	" "	" "	
Morris, James	"	" "	" "	
Morris, Richard	"	" "	" "	
Nichols, Simon	"	" "	" "	
Norton, David	"	" "	" "	
Norton, Henry	"	" "	" "	
Norton, William	"	" "	" "	
Porter, Edward W.	"	" "	" "	
Rush, Gabriel	"	" "	" "	
Rush, Garland	"	" "	" "	
Shoemaker, Laky	"	" "	" "	
Southard, John	"	" "	" "	
Thompson, John	"	" "	" "	
Williams, Elijah	"	" "	" "	

ROLL OF CAPTAIN WILLIAM HUCHISON, JR.'S COMPANY, KENTUCKY MOUNTED VOLUNTEER MILITIA—COMMANDED BY COLONEL WILLIAM MOUNTJOY.

Names.	Rank.	Date and Place of Muster.	Mustered Out.	Remarks.
William Huchison, Jr..	Captain	Newport, Aug. 31, 1813	November 8, 1813	
John Current	Lieutenant	" "	" "	
William Thornton	Ensign	" "	" "	
Columbus Eastin	1st Sergeant	" "	" "	
Joseph Kendrick	2d Sergeant	" "	" "	
Achilles Chinn	3d Sergeant	" "	" "	
Nathaniel Fisher	4th Sergeant	" "	" "	
Joseph G. Chinn	1st Corporal	" "	" "	
James Morin	2d Corporal	" "	" "	
Lewis Kendrick	3d Corporal	" "	" "	
Joseph Ellis	4th Corporal	" "	" "	Mustered out as private.
Armstrong, William	Private	" "	" "	
Ayres, Daniel	"	" "	" "	
Belt, Asa	"	" "	" "	Promoted Q. M. 4th Regiment, 29th September.
Brown, Samuel D.	"	" "	" "	Not accounted for on muster-out rolls.
Buckhannon, Andrew	"	" "	" "	
Cave, Richard	"	" "	" "	
Chowning, William	"	" "	" "	
Claypole, Jacob	"	" "	" "	
Conn, John	"	" "	" "	
Conn, Thomas	"	" "	" "	Not accounted for on muster-out rolls.
Conn, William	"	" "	" "	
Corbin, James	"	" "	" "	
Cotton, John E.	"	" "	" "	
Dinwiddie, John	"	" "	" "	Not accounted for on muster-out rolls.
Eastin, Zachariah	"	" "	" "	Not accounted for on muster-out rolls.
Ellis, John	"	" "	" "	
Ellis, William	"	" "	" "	
Field, John	"	" "	" "	
Flournoy, Notley	"	" "	" "	
Fry, Jacob	"	" "	" "	
Garrard, Alexander B.	"	" "	" "	
Garrard, John M.	"	" "	" "	Not accounted for on muster-out rolls.
Garrard, Stephen	"	" "	" "	
Graham, John	"	" "	" "	Not accounted for on muster-out roll.
Henderson, Samuel	"	" "	" "	
Hildreth, John	"	" "	" "	Not accounted for on muster-out roll.
Hill, Abraham	"	" "	" "	
Hill, Ezekiel	"	" "	" "	Promoted to 4th Corporal.
Hutchison, William	"	" "	" "	
Jones, Marshal	"	" "	" "	
Kiplinger, Philip	"	" "	" "	
Kirtley, James	"	" "	" "	
Kizer, John	"	" "	" "	
London, Thomas	"	" "	" "	
McClintock, Joseph	"	" "	" "	
McGuffy, Joseph	"	" "	" "	
Neal, Charles	"	" "	" "	Not accounted for on muster-out rolls.
Nesbit, Joseph	"	" "	" "	
Nichols, Erasmus	"	" "	" "	
Odor, Joseph	"	" "	" "	
Ogle, David	"	" "	" "	
Palmer, Thomas	"	" "	" "	
Parrish, Ezekiel	"	" "	" "	
Patton, William	"	" "	" "	
Peyton, Valentine	"	" "	" "	Not accounted for on muster-out roll.
Rannels, William	"	" "	" "	Not accounted for on muster-out roll.
Robinson, Andrew	"	" "	" "	
Searight, George	"	" "	" "	
Searight, Isaac	"	" "	" "	
Smith, Joseph	"	" "	" "	
Smith, Nicholas	"	" "	" "	
Smith, Peter	"	" "	" "	Discharged at Urbana and sent home.
Smock, Jeremiah	"	" "	" "	Not accounted for on muster-out roll.
Summer, Daniel	"	" "	" "	Not accounted for on muster-out roll.
Talbott, Daniel	"	" "	" "	
Todd, Davis	"	" "	" "	Not accounted for on muster-out roll.
Tomlinson, Isaac	"	" "	" "	
Tucker, Edward	"	" "	" "	
Tucker, John	"	" "	" "	
Tucker, Thomas L.	"	" "	" "	
Vallandingham, Merit	"	" "	" "	
Ware, George	"	" "	" "	
Wheeler, William	"	" "	" "	
Wigginton, Peter	"	" "	" "	
Williams, George	"	" "	" "	
Williams, Stephen	"	" "	" "	Not accounted for on muster-out roll.
Yates, Middleton	"	" "	" "	

SOLDIERS OF THE WAR OF 1812.

ROLL OF CAPTAIN SQUIRE GRANT'S COMPANY, KENTUCKY MOUNTED VOLUNTEER MILITIA—COMMANDED BY COLONEL WILLIAM MOUNTJOY.

Names.	Rank.	Date and Place of Muster.	Mustered Out.	Remarks.
Squire Grant	Captain	Newport, Aug. 30, 1813	November 8, 1813	Died November 1, 1813.
William Dickerson	Lieutenant	" "	" "	
Lowden Carl	Ensign	" "	September 9, 1813	Resigned September 9, 1813.
Henry E. Spillman	1st Sergeant	" "	September 10, 1813	Discharged September 10, 1813.
Elijah Herndon	2d Sergeant	" "	November 8, 1813	
Charles Daniels	3d Sergeant	" "	" "	
William Posey	1st Corporal	" "	" "	
Thomas Organ	2d Corporal	" "	" "	Accounted for as private.
Thomas P. Leathers	3d Corporal	" "	" "	
Anderson, Cornelius W.	Private	" "	" "	
Arnold, Benjamin J.	"	" "	" "	Left sick, and died November 5, 1813.
Baker, Thomas	"	" "	" "	
Bowles, Swansey	"	" "	" "	
Brent, Ellison	"	" "	" "	
Coleman, Thomas B.	"	" "	" "	
Daniel, Garret	"	" "	" "	
Daniel, Travers	"	" "	" "	
Foster, John	"	" "	" "	
Gosney, Peter	"	" "	September 1, 1813	Discharged at Newport for want of a horse.
Gosney, Robert	"	" "	November 8, 1813	
Grant, Israel Boone	"	" "	" "	
Harwood, George	"	" "	" "	
Helms, Joseph	"	" "	September 1, 1813	Left at Newport.
Kennedy, Thomas	"	" "	November 8, 1813	
Kenney, James	"	" "	" "	
Kyle, Thomas	"	" "	" "	
Leathers, John	"	" "	" "	
Mann, Elijah	"	" "	" "	
Marshal, John	"	" "	" "	
Palmer, Thomas	"	" "	" "	
Palmer, William	"	" "	" "	
Peck, Peter	"	" "	" "	
Rice, William	"	" "	" "	
Rusk, John	"	" "	" "	
Rust, James	"	" "	" "	
Sapp, John	"	" "	" "	
Thomas, Thomas	"	" "	" "	
Vickers, James	"	" "	September 10, 1813	Discharged at Fort Manny September 10, 1813.
White, John	"	" "	" "	Deserted September 21, 1813.
White, Joseph	"	" "	November 8, 1813	
Winston, Joseph	"	" "	" "	

ROLL OF CAPTAIN THOMAS RAVENSCRAFT'S COMPANY, KENTUCKY MOUNTED VOLUNTEER MILITIA—COMMANDED BY COLONEL WILLIAM MOUNTJOY.

Names	Rank	Date and Place of Muster	Mustered Out	Remarks
Thomas Ravenscraft	Captain	Newport, Aug. 31, 1813	November 8, 1813	
Samuel Hinkson	1st Lieutenant	" "	" "	
David Wilson	2d Lieutenant	" "	" "	
Samuel Snodgrass	Ensign	" "	" "	
John English	Sergeant	" "	" "	
Michael Woolery	2d Sergeant	" "	" "	
Hugh Brown	3d Sergeant	" "	" "	
William Wilson	4th Sergeant	" "	" "	
Zachariah Randle	Corporal	" "	" "	
John Humble	2d Corporal	" "	" "	
Thomas Ravenscraft	3d Corporal	" "	" "	
Richard Hall	4th Corporal	" "	" "	Mustered out as private.
John Conn	Sergeant Major	" "	" "	Not accounted for.
Adams, Isaac	Private	" "	" "	
Adams, John	"	" "	" "	Not accounted for.
Barnes, John	"	" "	" "	
Bean, James	"	" "	" "	
Bean, John	"	" "	" "	
Berry, John	"	" "	" "	
Boyd, Andrew	"	" "	" "	
Burns, Garret	"	" "	" "	
Burns, John	"	" "	" "	
Burns, Thomas	"	" "	" "	
Casey, Archibald	"	" "	" "	
Conner, Samuel	"	" "	" "	Not accounted for.
Conover, Joseph	"	" "	" "	
Creechlow, John A.	"	" "	" "	

ROLL OF CAPTAIN THOMAS RAVENSCRAFT'S COMPANY, KENTUCKY MOUNTED VOLUNTEER MILITIA—Continued.

Names.	Rank.	Date and Place of Muster.	Mustered Out.	Remarks.
Curry, James	Private	Newport, Aug. 31, 1813	November 8, 1813	
Curry, William	"	" "	" "	
Custard, George	"	" "	" "	
Debuler, James C.	"	" "	" "	Not accounted for.
Dial, Alexander	"	" "	" "	
Dobenspecke, John	"	" "	" "	
Drummond, John	"	" "	" "	
Eaton, Morgan	"	" "	" "	
Fishback, George	"	" "	" "	
Hall, Samuel	"	" "	" "	
Hambleton, Benjamin	"	" "	" "	
Hinkson, John	"	" "	" "	
Holladay, Moses	"	" "	" "	
Jaquess, Garretson	"	" "	" "	
Lair, William	"	" "	" "	Promoted to 1st Corporal.
Moffitt, Matthew	"	" "	" "	Not accounted for.
Martin, William, Sr.	"	" "	" "	
Martin, William, Jr.	"	" "	" "	
Mitchell, George	"	" "	" "	Not accounted for.
Nesbit, John	"	" "	" "	
Rankin, Samuel	"	" "	" "	
Ravenscraft, William	"	" "	" "	
Ross, David	"	" "	" "	
Sharp, Isaac	"	" "	" "	
Sharp, Stephen	"	" "	" "	
Smith, Jonathan	"	" "	" "	
Smith, John	"	" "	" "	
Spencer, Barnet	"	" "	" "	
Sturgeon, Jeremiah	"	" "	" "	
Wilson, James	"	" "	" "	
Garrison Gagues	"	" "	" "	

Roll of Field and Staff of Renick's Regiment, Kentucky Volunteers, of the War of 1812, and Notes on Organization and Record of Service, raised in pursuance of the address of 31st of July, 1813, of Isaac Shelby, Governor of Kentucky, and rendezvoused at Newport, Kentucky, August 31st, 1813 — Commanded by Colonel Henry Renick.

Names.	Rank.	Date and Place of Muster.	To what time Engaged or Enlisted.	Remarks.
Henry Renick	Colonel	August 31, 1813	November 13, 1813	
Joseph Hornback	1st Major	" "	" "	
Robert Barret	2d Major	" "	" "	
William Gray	Surgeon	September 4, 1813	" "	
Joseph McGriffin	S. Mate	" "	" "	
Joseph M. Hoys	Adjutant	" "	" "	
Martin H. Wickliffe	Paymaster	" "	" "	
Sherrard Atkerson	Quartermaster	" "	" "	
Samuel Talbutt	S. Major	" "	" "	
Thomas Bell	Quartermaster Ser.	" "	" "	

ROLL OF CAPTAIN SAMUEL ROBERTSON'S COMPANY, KENTUCKY MOUNTED VOLUNTEER MILITIA—COMMANDED BY COLONEL HENRY RENICK.

Names.	Rank.	Date and Place of Muster.	To what time Engaged or Enlisted.	Remarks.
Samuel Robertson	Captain	Newport, Aug. 31, 1813		
Thomas Head	Lieutenant	" "		
John Hungate	Ensign	" "		
William Meyers	Sergeant	" "		
Henry South	"	" "		
Jacob Carnays	"	" "		
Gideon Bairsley	"	" "		
Charles Brachen	Corporal	" "		
John Ingram	"	" "		
Richard Jenkins	"	" "		
Allen Hill	"	" "		
Alrey, Basil	Private	" "		
Askins, Josiah	"	" "		Substitute for William Rhinehart.
Baker, William	"	" "		
Barber, William	"	" "		
Baxter, William	"	" "		
Bracken, Edward	"	" "		
Bracken, James	"	" "		
Brown, Henry	"	" "		
Brown, Peter	"	" "		
Brownlow, Isaac	"	" "		
Burns, Jacob	"	" "		
Calvert, Isaiah	"	" "		
Calvert, William	"	" "		Substitute for John Burns.
Compton, James	"	" "		
Davis, James	"	" "		
Docherty, Archibald	"	" "		
Drain, Walter	"	" "		
Dunn, McKee	"	" "		
Edelin, Charles F.	"	" "		
Ferguson, Henry	"	" "		
Fluse, Nicholas	"	" "		
Graham, Isaac	"	" "		
Graham, John	"	" "		
Graham, John W.	"	" "		
Grant, Adam	"	" "		
Hazlewood, James	"	" "		
Hoys, William	"	" "		
Hickson, Thomas	"	" "		
Isaacs, John	"	" "		
Lewis, William	"	" "		
McAllister, James	"	" "		
Moore, Jesse	"	" "		
Moore, John W.	"	" "		Substitute for Thomas Graves.
Morgan, Vincent	"	" "		
Ray, Jennings	"	" "		
Riney, John	"	" "		
Rallens, Basil	"	" "		
Ruby, Charles	"	" "		Substitute for George Drain.
Seamster, Pleasant	"	" "		
Sharp, Aaron	"	" "		
Silvers, Bletcher	"	" "		
Simpson, Asa	"	" "		
Sindusky, John	"	" "		
Smith, John W.	"	" "		
Springer, Thomas B.	"	" "		
Stalcup, Henry	"	" "		
Thickston, Abraham	"	" "		
Walker, Phillips	"	" "		
Walker, Richard L.	"	" "		
Ward, James	"	" "		
Watts, John	"	" "		
Watts, William R.	"	" "		
Weathers, James	"	" "		
Williams, Daniel	"	" "		
Wilson, John H.	"	" "		
Wright, Mathias	"	" "		Substitute for Thomas Wright.
Young, Evan	"	" "		
Moody, John	"	Newport, Aug. 22, 1813	November 18, 1813	Date of expiration of service.

ROLL OF CAPTAIN JOHN HORNBECK'S COMPANY, KENTUCKY MOUNTED VOLUNTEER MILITIA—COMMANDED BY COLONEL HENRY RENICK.

Names.	Rank.	Date and Place of Muster.	To what time Engaged or Enlisted.	Remarks.
John Hornbeck	Captain	Newport, Aug. 31, 1813		
Daniel Brown	Lieutenant	" "		
Robert Lewis Pryor	Ensign	" "		
Joshua Norrell	Orderly Sergeant	" "		
John Miller	2d Sergeant	" "		
James Risley	3d Sergeant	" "		
Richard Ferguson	4th Sergeant	" "		
Allen, David	Private	" "		
Brooks, David	"	" "		
Brown, William	"	" "		
Budd, Gilbert	"	" "		
Budd, Joseph	"	" "		
Burks, John	"	" "		
Carroll, John	"	" "		
Cochran, Nathaniel	"	" "		
Conn, Hugh	"	" "		
Cooper, Jesse	"	" "		
Dawson, John	"	" "		
Franklin, Benjamin	"	" "		
Gaither, James	"	" "		
Gentry, James	"	" "		
Gentry, Samuel	"	" "		
Hoglin, Moses	"	" "		
Hamilton, Edward H.	"	" "		
Hill, William	"	" "		
Hopewell, Thomas	"	" "		
Hubbard, Albert C.	"	" "		
Kiper, Jacob	"	" "		
Langsdon, Charles	"	" "		
Lee, William	"	" "		
Logan, Hugh	"	" "		
Luckey, Elisha	"	" "		
McCarthy, Barria	"	" "		
Merryman, Charles	"	" "		
Montgomery, Hugh	"	" "		
Pratt, Richard	"	" "		
Quick, Ephraim	"	" "		
Rainbarger, John	"	" "		
Riley, James	"	" "		
Rowland, David	"	" "		
Saunders, William	"	" "		
Shanklin, William	"	" "		
Shanklin, William, Jr.	"	" "		
Simmons, Robert W.	"	" "		
Smith, Asa	"	" "		
Smith, James T.	"	" "		
Smith, Robert	"	" "		
Thompson, John	"	" "		
Tucker, John	"	" "		
Vanmeter, Henry	"	" "		
Vanmeter, John	"	" "		
Welsh, Moses	"	" "		
Westfall, Daniel	"	" "		
Wiley, Charles	"	" "		
Worth, James	"	" "		
Younger, Ebenezer	"	" "		

ROLL OF CAPTAIN THOMAS W. ATKINSON'S COMPANY, KENTUCKY MOUNTED VOLUNTEER MILITIA—COMMANDED BY COLONEL HENRY RENICK.

Names.	Rank.	Date and Place of Muster.	To what time Engaged or Enlisted.	Remarks.
Thomas W. Atkinson	Captain	Newport, Aug. 31, 1813		
Joseph M. Hays	Lieutenant	" "		
Elijah Stapp, Jr.	Ensign	" "		
John H. Sneed	1st Sergeant	" "		
George C. Elliott	2d Sergeant	" "		
Gabriel Jones	3d Sergeant	" "		
Aaron Trabue	4th Sergeant	" "		
Benjamin Smites	1st Corporal	" "		
James Edmund	2d Corporal	" "		
James Orms	3d Corporal	" "		
Lingyum Selby	4th Corporal	" "		
Armstrong, Solomon	Private	" "		

SOLDIERS OF THE WAR OF 1812.

ROLL OF CAPTAIN THOMAS W. ATKINSON'S COMPANY, KENTUCKY MOUNTED VOLUNTEER MILITIA—Continued.

Names.	Rank.	Date and Place of Muster.	To what time Engaged or Enlisted.	Remarks.
Ashworth, John	Private	Newport, Aug. 31, 1813		
Atkinson, Sherwood	"	" "		
Bennett, William	"	" "		
Bishop, Joseph	"	" "		
Bradshaw, Isaac	"	" "		
Bryant, Alexander	"	" "		
Bryant, John	"	" "		
Caldwell, William	"	" "		
Clark, Jesse	"	" "		
Coats, Charles	"	" "		
Coats, James	"	" "		
Creel, John	"	" "		
Dahoney, Chapman	"	" "		
Doke, David	"	" "		
Hancock, Hiram	"	" "		
Harrison, John	"	" "		
Harrison, Michael	"	" "		
Hayes, William	"	" "		
Holliday, Zachariah	"	" "		
Johnston, Robert M.	"	" "		
Jones, James	"	" "		
Kemp, Marshal	"	" "		
Lawson, William	"	" "		
McKinley, Michael	"	" "		
Moss, William P.	"	" "		
Perkins, Richard	"	" "		
Price, Gideon H.	"	" "		
Price, William R.	"	" "		
Ray, Benjamin B.	"	" "		
Robertson, Isaac	"	" "		
Rollon, Henry	"	" "		
Selby, Nicholas	"	" "		
Self, Daniel	"	" "		
Trabue, Hoskins	"	" "		
White, Jesse	"	" "		
White, John	"	" "		
Young, George	"	" "		

ROLL OF CAPTAIN THOMAS S. T. MOSS' COMPANY, KENTUCKY MOUNTED VOLUNTEER MILITIA—COMMANDED BY COLONEL HENRY RENICK.

Names.	Rank.	Date and Place of Muster.	To what time Engaged or Enlisted.	Remarks.
Thomas S. T. Moss	Captain	Newport, Aug. 31, 1813		
Joshua Brents	Lieutenant	" "		
Jesse Faris	Ensign	" "		
James T. Carter	1st Sergeant	" "		
Samuel Phillips	2d Sergeant	" "		
Benjamin Spillmon	3d Sergeant	" "		
Thomas Dills	4th Sergeant	" "		
Joel W. Harlen	1st Corporal	" "		
Benjamin Moss	2d Corporal	" "		
Joshua Lee	3d Corporal	" "		
John Marress	4th Corporal	" "		
Anderson, Stephen	Private	" "		
Angel, Thomas	"	" "		
Atkinson, Henry	"	" "		
Bale, Jacob	"	" "		
Bell, Thomas	"	" "		
Bennett, James	"	" "		
Brown, Nathaniel	"	" "		
Buckner, Henry W.	"	" "		
Burner, John	"	" "		
Byas, Armstrong	"	" "		
Carson, Alexander	"	" "		
Carter, Isaac	"	" "		
Carter, Joseph	"	" "		
Close, John	"	" "		
Dobson, Robert	"	" "		
Dobson, William	"	" "		
Gibson, Elias	"	" "		
Gibson, James	"	" "		
Gibson, John	"	" "		
Graham, George	"	" "		
Gray, Stout	"	" "		

ROLL OF CAPTAIN THOMAS S. T. MOSS' COMPANY, KENTUCKY MOUNTED VOLUNTEER MILITIA—Continued.

Names.	Rank.	Date and Place of Muster.	To what time Engaged or Enlisted.	Remarks.
Greenstreet, Peter	Private	Newport, Aug. 31, 1813		
Harvel, Morrit	"	" "		
Hawks, George	"	" "		
Horsey, John	"	" "		
Houchens, James	"	" "		
Jaggers, Simeon	"	" "		
Jarvis, Lazarus	"	" "		
Jenkins, Alison	"	" "		
Kellum, William	"	" "		
Lancaster, William	"	" "		
Lee, Zachariah	"	" "		
Legg, Samuel	"	" "		
Logston, Thomas	"	" "		
McDaniel, John	"	" "		
McChandless, William	"	" "		
Murphy, Benjamin	"	" "		
Oller, Leonard	"	" "		
Parker, Edmund	"	" "		
Patton, Alexander	"	" "		
Pickerel, Samuel	"	" "		
Rountree, Turner	"	" "		
Rowlett, John	"	" "		
Rowlett, William	"	" "		
Rue, William	"	" "		
Rupe, John	"	" "		
Sherrell, Benjamin	"	" "		
Shoemaker, Tandy	"	" "		
Skaggs, James	"	" "		
Skaggs, Jeremiah	"	" "		
Smith, Samuel	"	" "		
Sneed, James	"	" "		
Tadlock, Thomas	"	" "		
Taylor, Joseph	"	" "		
Tribble, Absalom	"	" "		
Tucker, Enoch	"	" "		
Vanmeter, Henry	"	" "		
Whitman, Daniel	"	" "		
Wilson, John	"	" "		
Wright, George	"	" "		
Wright, Vinston	"	" "		

ROLL OF CAPTAIN WILLIAM R. McGARY'S COMPANY, KENTUCKY MOUNTED VOLUNTEER MILITIA—COMMANDED BY COLONEL HENRY RENICK.

Names	Rank	Date and Place of Muster	To what time Engaged or Enlisted	Remarks
William R. McGary	Captain			
Israel Davis	Lieutenant			
Henry Ashby	Ensign			
Hugh Kirkwood	1st Sergeant			
Robert Sisk	2d Sergeant			
Benjamin Stokes	3d Sergeant			
Samuel Berry	1st Corporal			
Jacob Tucker	2d Corporal			
George Hooker	3d Corporal			
Bell, John M.	Private			Dismissed on account of sickness.
Blain, William G.	"			
Bourland, Gabriel	"			
Bourland, Samuel	"			
Bryant, Roderick	"			
Earl, Thomas P.	"			
Fulcher, Jefferson	"			
Griffith, Martin B.	"			
Hewlett, Lemuel	"			
Kilbourn, Benjamin	"			Dismissed on account of sickness.
Logan, Thomas	"			Deserted September 8th.
Majors, James	"			
McGruder, Granderson	"			
McKinty, Michael	"			
Morrison, Samuel	"			Went home.
Murphy, Stephen	"			
Nesbit, Samuel B.	"			
Parker, Wiley	"			
Ross, Thomas	"			
Sisk, Asa	"			
Sisk, Meredith	"			
Timmons, Elijah	"			

ROLL OF CAPTAIN MARTIN H. WICKLIFFE'S COMPANY, KENTUCKY MOUNTED VOLUNTEER MILITIA—COMMANDED BY COLONEL HENRY RENICK.

Names.	Rank.	Date of Muster.	To what time Engaged or Enlisted.	Remarks.
Martin H. Wickliffe	Captain	August 24, 1813	November 11, 1813	
Mason Carter	1st Lieutenant	" "	" "	
John W. Ogden	2d Lieutenant	" "	" "	Absent on furlough.
Samuel Stephens	Ensign	" "	" "	Absent with leave.
James E. Goodlet	1st Sergeant	" "	" "	
George Cox	2d Sergeant	" "	" "	
William R. Anderson	3d Sergeant	" "	" "	Sick.
Alfred Murray	4th Sergeant	" "	" "	
John Cummins	1st Corporal	" "	" "	
William Temple	2d Corporal	" "	" "	
Solomon Reasoner	3d Corporal	" "	" "	
Thomas Johnston	4th Corporal	" "	" "	Sick.
Allen, Nathaniel	Private	" "	" "	Absent with leave.
Briggs, Benjamin	"	" "	" "	
Brown, Frederick	"	" "	" "	Absent on furlough.
Brown, Nathaniel	"	" "	" "	
Bryan, William	"	" "	" "	Promoted to Sergeant—absent with leave.
Cambron, John	"	" "	" "	Absent on furlough.
Chenoweth, Hardin T.	"	" "	" "	
Cleaver, William	"	" "	" "	
Cook, John	"	" "	" "	Absent on furlough.
Cotton, William	"	" "	" "	Absent with leave.
Cravens, James	"	" "	" "	
Cravens, Reason	"	" "	August 26, 1813	Deserted.
Curts, Jacob	"	" "	November 11, 1813	
Dalrymple, Joseph	"	" "	" "	Absent with leave.
Day, Joseph	"	" "	" "	Not accounted for on muster-out roll.
Davis, William	"	" "	" "	
Davis, William M.	"	" "	August 24, 1813	Deserted.
Evans, William	"	" "	August 26, 1813	Deserted.
Frye, Elias	"	" "	November 11, 1813	Promoted to Corporal.
Glasscock, William	"	" "	" "	
Greathouse, William	"	" "	" "	
Harris, Isaac	"	" "	" "	Absent with leave.
Hahn, Christian	"	" "	" "	Sick.
Hays, George	"	" "	" "	Promoted to Sergeant.
Henry, John	"	" "	" "	
Jacks, Joseph	"	" "	" "	Absent on furlough.
Johnston, Clement	"	" "	" "	
Jones, William L.	"	" "	" "	Sick.
Kincheloe, Jesse	"	" "	" "	Absent with leave.
Kincheloe, Stephen	"	" "	" "	
Langley, Charles	"	" "	" "	
Langley, Nathaniel	"	" "	" "	Absent with leave.
Linton, Henry	"	" "	" "	
Lindsey, James	"	" "	" "	Absent with leave.
Long, John	"	" "	" "	
Lorimer, Joseph	"	" "	" "	
Maxwell, William	"	" "	" "	Absent with leave.
McBride, Samuel	"	" "	" "	
McCown, William	"	" "	" "	
McDaniel, James	"	" "	" "	
McDaniel, John	"	" "	" "	
Murphy, Benjamin	"	" "	" "	Absent with leave.
Murphy, James	"	" "	" "	
O'Neal, Thomas	"	" "	" "	Sick.
Osburn, Samuel	"	" "	" "	
Pour, Richard	"	" "	" "	Absent with leave.
Price, Francis	"	" "	" "	
Price, Dory	"	" "	" "	
Ray, Benjamin	"	" "	" "	
Read, William	"	" "	" "	
Redman, John	"	" "	" "	
Roach, Louis	"	" "	" "	
Roberts, Thomas C.	"	" "	September 2, 1813	Appointed Brigade Q. M. 3d Brigade.
Smith, Guy W.	"	" "	November 11, 1813	
Smith, James	"	" "	" "	Deserted August 24.
Tabler, Jacob	"	" "	" "	Absent with leave.
Talbott, Daniel	"	" "	September 2, 1813	Promoted to Sergeant Major.
Talbott, Hendly	"	" "	November 11, 1813	Absent on furlough.
Talbott, William	"	" "	" "	
Tennell, Benjamin	"	" "	September 2, 1813	Deserted.
Ventress, Pleasant	"	" "	November 11, 1813	Absent with leave.
Wheatley, Abraham	"	" "	" "	[Caldwell.
White, Benson	"	" "	September 2, 1813	Promoted to position of Aid-de-Camp to Gen.
Wickliffe, Charles A.	"	" "	November 11, 1813	Absent with leave.
Williams, John	"	" "		

148   SOLDIERS OF THE WAR OF 1812.

Roll of Field and Staff, Davenport's Regiment, Kentucky Volunteers, of the War of 1812, and Notes on Organization and Record of service, raised in pursuance of the address of 31st of July, 1813, of Isaac Shelby, Governor of Kentucky, and rendezvoused at Newport, Kentucky, August 31st, 1813—Commanded by Lieut.-Colonel Richard Davenport.

NAMES.	Rank.	Date of Muster	To what time Engaged or Enlisted.	REMARKS.
Richard Davenport	Lieut.-Colonel	August 31, 1813	November 8, 1813	
John Faulkner	1st Major	" "	" "	
Benjamin H. Perkins	2d Major	" "	" "	
Robert McConnell	Surgeon	September 5, 1813	" "	
Joseph Berry	S. M.	" "	" "	
Samuel I. McDowell	Lieut. & Adjutant	" "	" "	
John Glover	Lt. & Q. M.	" "	" "	
Michael G. Zonce	Lt & Paymaster	" "	" "	
Robert Telford	Sergeant Major	" "	" "	
Robert Rochester	Qr. M. S.	" "	" "	

ROLL OF CAPTAIN JESSE COFFEE'S COMPANY, KENTUCKY MOUNTED VOLUNTEER MILITIA—COMMANDED BY LIEUTENANT-COLONEL RICHARD DAVENPORT.

Name	Rank	Date of Muster	To what time Engaged or Enlisted	Remarks
Jesse Coffee	Captain	August 26, 1813	November 9, 1813	
Thomas Kennedy	Lieutenant	" "	" "	
Robert T. Lewis	Ensign	" "	" "	
Thomas Blain	1st Sergeant	" "	" "	
Abraham Smith	2d Sergeant	" "	" "	Accounted for as private.
Newton C. Jones	3d Sergeant	" "	" "	
Timothy Good	4th Sergeant	" "	" "	
Bailey, Ralph	Private	" "	" "	Not accounted for.
Baker, Jacob	"	" "	" "	
Baker, Joseph	"	" "	" "	Not accounted for.
Blane, Samuel	"	" "	" "	
Blunt, Miles	"	" "	" "	
Burk, Rowland	"	" "	" "	
Clifton, Nehemiah	"	" "	" "	
Coal, Harbin	"	" "	" "	
Coffee, Richard	"	" "	" "	
Edons, Charles	"	" "	" "	
Elder, Jesse	"	" "	" "	Promoted to 1st Corporal.
Graham, James	"	" "	" "	
Graham, Thomas	"	" "	" "	Wounded on the 5th, and died on the 10th of Oct.
Hill, Alexander	"	" "	" "	
Hodges, James	"	" "	" "	
Holmes, James	"	" "	" "	
Hutcherson, John	"	" "	" "	
Hutcherson, Lewis	"	" "	" "	Promoted to 4th Corporal.
Kennedy, William	"	" "	" "	Promoted to 4th Sergeant.
Kenney, William	"	" "	" "	Mustered out as 2d Corporal.
Lanham, Pleasant	"	" "	" "	
Mayfield, James	"	" "	" "	
McWhirter, Jesse	"	" "	" "	
Miller, William	"	" "	" "	Not accounted for.
Mitchell, Robert	"	" "	" "	
Mitcheltree, George	"	" "	" "	
Moore, George	"	" "	" "	
Parks, Moses	"	" "	" "	Mustered out as 1st Sergeant.
Parks, Willis	"	" "	" "	
Phillips, James	"	" "	" "	
Pledger, John	"	" "	" "	
Rife, Christopher	"	" "	" "	
Russell, Absalom	"	" "	" "	
Silvers, Hugh	"	" "	" "	
Sudduth, James	"	" "	" "	Mustered out as 3d Corporal.
Taylor, John	"	" "	" "	
Willis, Jacob	"	" "	" "	

SOLDIERS OF THE WAR OF 1812.

ROLL OF CAPTAIN JOHN FALKNER'S COMPANY, KENTUCKY MOUNTED VOLUNTEER MILITIA—COMMANDED BY LIEUTENANT-COLONEL RICHARD DAVENPORT.

Names.	Rank.	Date of Muster.	To what time Engaged or Enlisted.	Remarks.
John Falkner	Captain	August 25, 1813	November 8, 1813	Promoted to Captain.
Stephen Richardson	Lieutenant	" "	" "	Promoted to Lieutenant.
Isaac Rentfrow	Ensign	" "	" "	Promoted to Ensign.
Samuel Smith	1st Sergeant	" "	" "	
William Drinkard	2d Sergeant	" "	" "	
Alexander B. McQuea	3d Sergeant	" "	" "	
William L. Poor	4th Sergeant	" "	" "	
David Perkins	1st Corporal	" "	" "	
William A. Trulove	2d Corporal	" "	" "	
John Nicholson	3d Corporal	" "	" "	
Benjamin Smith	4th Corporal	" "	" "	
Anderson, James	Private	" "	" "	
Ashley, James	"	" "	" "	
Baker, Henry	"	" "	" "	
Baker, Martin	"	" "	" "	
Ball, James	"	" "	" "	
Ball, John	"	" "	" "	
Blalock, Jeremiah	"	" "	" "	
Bledsoe, William M.	"	" "	" "	
Boyle, Alexander	"	" "	" "	
Carpenter, Rufus	"	" "	" "	
Clarke, Thomas	"	" "	" "	
Comley, James	"	" "	" "	
Curtis, Reuben	"	" "	" "	
Denny, James	"	" "	" "	
Drinkard, Francis	"	" "	" "	
Falkner, William	"	" "	" "	Promoted to First Sergeant.
Frame, John	"	" "	" "	
Gill, Samuel	"	" "	" "	
Graves, John	"	" "	" "	
Hall, John	"	" "	" "	
Harris, Jeremiah	"	" "	" "	
Hedrick, John	"	" "	" "	
Hews, Henry	"	" "	" "	
Hews, William	"	" "	" "	
Hogan, James	"	" "	" "	
Hogan, Philip	"	" "	" "	
Hogan, Samuel	"	" "	" "	
Holmes, Edward	"	" "	" "	
Holmes, Isaac	"	" "	" "	
Hubbard, Moses	"	" "	" "	
Jackman, Samuel	"	" "	" "	
Kennedy, Samuel	"	" "	" "	
Kincaid, John	"	" "	" "	
Lankford, Thomas	"	" "	" "	
Letcher, John	"	" "	" "	
Letcher, Roland	"	" "	" "	
Letcher, Stephen G.	"	" "	" "	
Lettral, Edward	"	" "	" "	
Mayfield, Southerland	"	" "	" "	Not accounted for.
McConnel, Robert	"	" "	" "	
McGowin, James	"	" "	" "	
Mershon, James	"	" "	" "	
Moore, Moses	"	" "	" "	
Nelson, William	"	" "	" "	
Nicholson, William	"	" "	" "	
Oatman, George	"	" "	" "	
Owsley, Elsworth	"	" "	" "	
Picklehimer, Isaac	"	" "	" "	
Pol, William	"	" "	" "	
Pollard, John	"	" "	" "	
Posey, Price	"	" "	" "	Not accounted for.
Preston, John	"	" "	" "	
Quinn, Ennis	"	" "	" "	
Reed, Andrew	"	" "	" "	
Robinson, Jacob	"	" "	" "	
Ross, Hugh	"	" "	" "	Not accounted for.
Russell, John W.	"	" "	" "	
Scuyler, John	"	" "	" "	
Shackleford, James	"	" "	" "	
Simpson, John	"	" "	" "	
Smith, Christopher	"	" "	" "	
Smith, Robert	"	" "	" "	
Smith, Zachariah	"	" "	" "	
Sutton, Humphrey	"	" "	" "	
Ward, William	"	" "	" "	

ROLL OF CAPTAIN JOHN FALKNER'S COMPANY, KENTUCKY MOUNTED VOLUNTEER MILITIA—Continued.

NAMES.	Rank.	Date of Muster.	To what time Engaged or Enlisted.	REMARKS.
Wieldon, James	Private	August 25, 1813	November 8, 1813	
Williams, Henry	"	" "	" "	
Williams, Osias	"	" "	" "	
Wooley, John	"	" "	" "	

ROLL OF CAPTAIN MICHAEL DAVIDSON'S COMPANY, KENTUCKY MOUNTED VOLUNTEER MILITIA—COMMANDED BY LIEUTENANT-COLONEL RICHARD DAVENPORT.

NAMES.	Rank.	Date of Muster.	To what time Engaged or Enlisted.	REMARKS.
Michael Davidson	Captain	August 25, 1813	November 8, 1813	
John Bright	Lieutenant	" "	" "	
Samuel Engleman	Ensign	" "	" "	
Thomas Owsley	1st Sergeant	" "	" "	
Gabriel Hughes	2d Sergeant	" "	" "	
Lott Hackley	3d Sergeant	" "	" "	
Samuel Davidson	4th Sergeant	" "	" "	
Joseph Killison	5th Sergeant	" "	" "	
Henry Owsley	1st Corporal	" "	" "	
William Craig	2d Corporal	" "	" "	
Amos Ellison	3d Corporal	" "	" "	
James Cook	4th Corporal	" "	" "	
Alford, Harrison	Private	" "	" "	
Bailey, Carroll	"	" "	" "	
Bast, Peter	"	" "	" "	
Bentley, Ephraim	"	" "	" "	
Berry, Enoch	"	" "	" "	
Bingerman, Henry	"	" "	" "	
Bixler, Samuel	"	" "	" "	
Bolton, John	"	" "	" "	
Clark, David	"	" "	" "	
Collins, William	"	" "	" "	Not accounted for.
Colyer, James	"	" "	" "	
Comer, William	"	" "	" "	
Craig, James	"	" "	" "	
Crum, William	"	" "	" "	Died October 22d.
Edwards, James	"	" "	" "	
Feland, William	"	" "	" "	
Fleece, William	"	" "	" "	
Flowers, James	"	" "	" "	
Haines, James	"	" "	" "	
Harland, Jeremiah	"	" "	" "	
Hicks, Reuben	"	" "	" "	
Hughes, William	"	" "	" "	
Jett, Stephen	"	" "	" "	
Lamb, James	"	" "	" "	
Lion, Charles P.	"	" "	" "	
Logan, Benjamin	"	" "	" "	Not accounted for.
Logan, James	"	" "	" "	
Masterson, William	"	" "	" "	
McKutchen, Samuel	"	" "	" "	
Mobley, Simeon	"	" "	" "	
Moore, Alexander	"	" "	" "	Not accounted for.
Morehead, Aaron	"	" "	" "	
Overlease, Jacob	"	" "	" "	
Owsley, Zachariah	"	" "	" "	
Parks, Samuel	"	" "	" "	
Pence, John	"	" "	" "	
Piner, John	"	" "	" "	Not accounted for.
Ruffner, Emanuel	"	" "	" "	
Runalds, Joseph	"	" "	" "	
Larton, Joel	"	" "	" "	
Smith, Elias	"	" "	" "	
Stines, Jacob	"	" "	" "	
Sutton, Rowland	"	" "	" "	
Sutton, William	"	" "	" "	
Terrell, Robert	"	" "	" "	Returned from Springfield on permit Sept. 6th.
Terrell, Thomas	"	" "	" "	
Warner, John	"	" "	" "	
Whitesides, David	"	" "	" "	
Whitesides, James	"	" "	" "	
Woodall, Cosby	"	" "	" "	
Yeager, John	"	" "	" "	

ROLL OF CAPTAIN ABRAM MILLER'S COMPANY, KENTUCKY MOUNTED VOLUNTEER MILITIA—COMMANDED BY LIEUTENANT-COLONEL RICHARD DAVENPORT.

Names.	Rank.	Date of Muster.	To what time Engaged or Enlisted.	Remarks.
Abram Miller	Captain	August 25, 1813	November 8, 1813	
Alexander Givens	1st Lieutenant	" "	" "	
Joseph H. Woolfolk	Ensign	" "	" "	
Gabriel Lackey	1st Sergeant	" "	" "	
Alexander Gay	2d Sergeant	" "	" "	
George Carter	3d Sergeant	" "	" "	
John Tinsley	4th Sergeant	" "	" "	
Allen Logan	1st Corporal	" "	" "	
Thomas Briggs	2d Corporal	" "	" "	
Samuel Murrell	3d Corporal	" "	" "	
John K. Johnson	4th Corporal	" "	" "	Died at Seneca.
Bailey, Ralph	Private	" "	" "	
Barnet, William	"	" "	" "	
Bentley, James	"	" "	" "	
Blakey, Reuben	"	" "	" "	
Carpenter, George	"	" "	" "	
Carter, Britton	"	" "	" "	
Carter, Larkin	"	" "	" "	
Cumberland, Jiles	"	" "	" "	
Cooper, James	"	" "	" "	
Craig, John	"	" "	" "	
Dawson, Elijah	"	" "	" "	
Dodds, James	"	" "	" "	
Downey, James	"	" "	" "	
Elder, James	"	" "	" "	
Ely, Winson	"	" "	" "	
Fielding, John	"	" "	" "	
Fisher, Matthew	"	" "	" "	
Gilbert, John C.	"	" "	" "	
Givens, Alexander	"	" "	" "	
Givens, William	"	" "	" "	
Helm, Charles	"	" "	" "	
Helm, Willis	"	" "	" "	Died December 5th.
Huston, James	"	" "	" "	
Huston, Thales	"	" "	" "	
Johnson, William B.	"	" "	" "	
Jones, David	"	" "	" "	
King, Thomas	"	" "	" "	
McAllister, John	"	" "	" "	
McBride, David	"	" "	" "	
McCormack, John S.	"	" "	" "	
McCormack, William	"	" "	" "	
Miller, George S.	"	" "	" "	
Murril, George	"	" "	" "	
Patton, James	"	" "	" "	
Patton, William	"	" "	" "	
Pemberton, William	"	" "	" "	
Reed, John	"	" "	" "	
Reynolds, Benjamin	"	" "	" "	
Sampson, William	"	" "	" "	
Shackleford, Bennet C.	"	" "	" "	
Shelby, Evan	"	" "	" "	
Skidmore, James	"	" "	" "	
Slaughter, Matthew	"	" "	" "	
Spears, Jacob	"	" "	" "	
Sutherland, William	"	" "	" "	
Upthegrove, Joseph	"	" "	" "	
Vance, John	"	" "	" "	
Warren, Samuel	"	" "	" "	
Warren, William	"	" "	" "	
Wilhight, Joel	"	" "	" "	
Wright, Joel	"	" "	" "	
Wright, Jonathan	"	" "	" "	

SOLDIERS OF THE WAR OF 1812.

ROLL OF CAPTAIN ARCHIBALD BILBO'S COMPANY, KENTUCKY MOUNTED VOLUNTEER MILITIA—COMMANDED BY LIEUTENANT-COLONEL RICHARD DAVENPORT.

Names.	Rank.	Date of Muster.	To what time Engaged or Enlisted.	Remarks.
Richard Davenport	Captain	August 25, 1813	November 8, 1813	
Archibald Bilbo	1st Lieutenant	" "	" "	Promoted to Captain.
Silas Harlan	2d Lieutenant	" "	" "	Promoted to 1st Lieutenant.
Thomas P. Moore	3d Lieutenant	" "	" "	Promoted to 2d Lieutenant.
Elijah Harlen	Ensign	" "	" "	
Samuel McDowell	1st Sergeant	" "	" "	
Michael G. Youso	2d Sergeant	" "	" "	Not accounted for.
Thomas Chiles	3d Sergeant	" "	" "	
Thompson Gaines	4th Sergeant	" "	" "	
John Glover	5th Sergeant	" "	" "	Not accounted for.
John Green	1st Corporal	" "	" "	Not accounted for.
Robert Moseby	2d Corporal	" "	" "	Not accounted for.
William Minor	3d Corporal	" "	" "	Promoted to 3d Sergeant.
John Harlan	4th Corporal	" "	" "	Died October 28, 1813.
Robert Tilford	5th Corporal	" "	" "	Mustered out as 1st Corporal.
George D. Roesny	6th Corporal	" "	" "	Not accounted for.
Baber, Joseph	Private	" "	" "	Mustered out as 5th Sergeant.
Banton, David W.	"	" "	" "	
Board, William	"	" "	" "	Not accounted for.
Boddy, Thomas	"	" "	" "	
Bolling, Dred	"	" "	" "	Not accounted for.
Brown, Nathaniel	"	" "	" "	
Chiles, John	"	" "	" "	
Clark, William	"	" "	" "	
Cole, Harlan	"	" "	" "	
Colter, Thomas	"	" "	" "	Not accounted for.
Corley, Thomas	"	" "	" "	
Covert, Garret	"	" "	" "	
Covert, Simon	"	" "	" "	
Cozine, Cornelius	"	" "	" "	
Crain, Cary A.	"	" "	" "	
Crawford, John	"	" "	" "	
Crutchfield, Benj. F.	"	" "	" "	
Daugherty, Samuel	"	" "	" "	
Davis, Edward	"	" "	" "	
Davis, John	"	" "	" "	
Debon, Abraham	"	" "	" "	
DePaw, Charles	"	" "	" "	
Downing, Samuel	"	" "	" "	
Duncan, Howsen	"	" "	" "	
Duncan, William	"	" "	" "	
Farrow, Daniel	"	" "	" "	
Gaines, Thompson	"	" "	" "	
Gordon, Robert T.	"	" "	" "	Not accounted for.
Grimsley, William W.	"	" "	" "	
Harbert, William	"	" "	" "	
Hardenbrook, Cornelius	"	" "	" "	
Harlan, Eli	"	" "	" "	
Harman, Jacob	"	" "	" "	
Howell, Squire D.	"	" "	" "	
Hughes, John	"	" "	" "	
Humble, Noah M.	"	" "	" "	
Irvine, David	"	" "	" "	Promoted to 3d Corporal.
Irvine, William D.	"	" "	" "	
Jeffries, Taliafarro	"	" "	" "	
Johnson, Garret	"	" "	" "	
Johnson, Samuel M.	"	" "	" "	
Jones, Robert	"	" "	" "	
Keele, Solomon	"	" "	" "	
Kile, John	"	" "	" "	
King, John	"	" "	" "	
Klinesmith, Edward	"	" "	" "	
Knox, William	"	" "	" "	
Lester, Elias	"	" "	" "	
Lewis, Robert W.	"	" "	" "	
Manners, James	"	" "	" "	
Martin, Charles W.	"	" "	" "	
McGraw, William	"	" "	" "	
Miller, William	"	" "	" "	
Mitchell, James P.	"	" "	" "	Mustered out as 5th Corporal.
Moore, Charles	"	" "	" "	
Patterson, George	"	" "	" "	
Pritchett, Abraham	"	" "	" "	
Richardson, David	"	" "	" "	
Richardson, Landic	"	" "	" "	
Robards, Thomas	"	" "	" "	

ROLL OF CAPTAIN ARCHIBALD BILBO'S COMPANY, KENTUCKY MOUNTED VOLUNTEER MILITIA—Continued.

Names.	Rank.	Date of Muster.	To what time Engaged or Enlisted.	Remarks.
Rochester, Robert	Private	August 25, 1813	November 8, 1813	Not accounted for.
Ryan, David	"	" "	" "	
Shye, John	"	" "	" "	
Shye, William	"	" "	" "	
Smith, Harvey A.	"	" "	" "	Mustered out as 4th Corporal.
Smith, James	"	" "	" "	Mustered out as 2d Corporal.
Smock, John B.	"	" "	" "	
Smock, Simon	"	" "	" "	
Tadlock, John H.	"	" "	" "	
Taylor, Samuel	"	" "	" "	
Taylor, John	"	" "	" "	
Thomas, Joseph	"	" "	" "	
Thomas, William	"	" "	" "	Mustered out as 6th Corporal.
Toomy, John	"	" "	" "	
Vandivere, James	"	" "	" "	
Vandivere, John	"	" "	" "	Not accounted for.
VanNice, John	"	" "	" "	
Weaver, Davis	"	" "	" "	
Wilkinson, Merideth G.	"	" "	" "	
Williams, Meshach	"	" "	" "	
Wilson, David	"	" "	" "	
Yerser, George	"	" "	" "	

Roll of Field and Staff of Taul's Regiment, Kentucky Volunteers, of the War of 1812, and Notes on Organization and Record of Service, raised in pursuance of the address of 31st of July, 1813, of Isaac Shelby, Governor of Kentucky, and rendezvoused at Newport, Kentucky, August 31st, 1813 — Commanded by Colonel Michael Taul.

Michael Taul	Colonel	August 31, 1813	November 12, 1813
Samuel Wilson	1st Major	" "	" "
Thomas Laughlin	2d Major	" "	" "
Henry E. Green	Surgeon	" "	" "
Henry E. Innes	S. Mate	" "	" "
Willson Bowman	Adjutant	" "	" "
William Scott	Quartermaster	" "	" "
Jonathan Smith	Paymaster	" "	" "
James, Donely	Sergeant Major	" "	" "
Edward Dever	Qr. M. Sergeant	" "	" "

ROLL OF LIEUTENANT WILLIAM STEPHENS' COMPANY, KENTUCKY MOUNTED VOLUNTEER MILITIA—COMMANDED BY COLONEL MICHAEL TAUL.

Names.	Rank.	Date and Place of Muster.	To what time Engaged or Enlisted.	Remarks.
Micah Taul	Captain	Newport, Aug. 31, 1813		
William Stephens	Lieutenant	" "		
Bartholomew Hayden	Ensign	" "		
Thomas Miller	1st Sergeant	" "		
Andrew Evans	2d Sergeant	" "		
Alexander Davis	3d Sergeant	" "		
Silas Shepherd	4th Sergeant	" "		
John Heavens	1st Corporal	" "		
David Worsham	2d Corporal	" "		
John Anderson	3d Corporal	" "		
Dempsey Whitney	4th Corporal	" "		
Ayres, Bailey	Private	" "		
Bailey, Thomas	"	" "		
Bond, Isaac	"	" "		
Bond, William	"	" "		
Bookout, Benjamin	"	" "		
Bramblet, Nathaniel	"	" "		Absent.
Coffee, Sail	"	" "		
Cooper, James	"	" "		
Cotton, James	"	" "		
Cox, John	"	" "		
Davis, Drury	"	" "		
Devers, Edmund	"	" "		
Dodson, Robert	"	" "		
Duncan, George	"	" "		
Duncan, William	"	" "		
Dunwiddie, William	"	" "		Absent.
Elain, Edmund	"	" "		
Elrod, Harmon	"	" "		
Elrod, Jeremiah	"	" "		
Gholson, Benjamin	"	" "		
Gholson, Samuel	"	" "		
Goodrich, John	"	" "		
Hadden, James	"	" "		
Hadon, Richard M.	"	" "		
Hawkers, John	"	" "		
Hickenbotham, Moses	"	" "		Absent.
Hix, John	"	" "		
Hudgers, Joseph	"	" "		
Hunter, James	"	" "		
Hutcherson, John	"	" "		
Hutcherson, Robert	"	" "		
Jackson, James	"	" "		Absent.
Jackson, John	"	" "		Absent.
Jones, Alban	"	" "		
Jones, James	"	" "		
Larcher, Joseph	"	" "		
Lefever, David	"	" "		
Long, John	"	" "		
Martin, Job	"	" "		
Martin, John	"	" "		
McGee, Robert	"	" "		
McHenry, John	"	" "		
McHenry, William	"	" "		
Mercer, Nathaniel	"	" "		
Mills, Caleb	"	" "		Absent.
Montgomery, John	"	" "		
Moore, Clark	"	" "		Absent.
Mullens, Charles	"	" "		
Newelle, John M.	"	" "		
Perryfield, Henry	"	" "		
Sanders, John	"	" "		
Scott, William	"	" "		
Shepherd, Isaac	"	" "		
Shrewsberry, John	"	" "		Substitute for John L. Debrell, and absent.
Sinclair, Joseph	"	" "		
Sloan, William	"	" "		
Stacey, Peter	"	" "		Substitute for Nicholas Mercer.
Steel, Christian	"	" "		
Sutton, William	"	" "		Absent.
Walker, Gideon	"	" "		
Walker, James	"	" "		
West, Joshua	"	" "		
Woods, Archibald	"	" "		Substitute for Smith Montgomery.

SOLDIERS OF THE WAR OF 1812.

ROLL OF CAPTAIN SAMUEL WILSON'S COMPANY, KENTUCKY MOUNTED VOLUNTEER MILITIA—COMMANDED BY COLONEL MICHAEL TAUL.

Names.	Rank.	Date and Place of Muster.	To what time Engaged or Enlisted.	Remarks.
Samuel Wilson	Captain	Newport, Aug. 30, 1813	November 13, 1813	Absent sick at time of mustering out of service at Limestone, near Chillicothe, Nov. 5. Promoted to Captain.
James Gholson	Lieutenant	" "	" "	
Samuel Stockton	Ensign	" "	" "	Promoted to Lieutenancy at Springfield where the army was organized, having previously been an Ensign in the Company.
Philip Alexander	1st Sergeant	" "	" "	Promoted to Ensign at Springfield.
William Walthall	2d Sergeant	" "	" "	Left on road—accounted for as private.
Kenian McMullin	3d Sergeant	" "	" "	
Moses J. Lincoln	4th Sergeant	" "	" "	Not accounted for.
William King	1st Corporal	" "	" "	Mustered out as private.
Aquilla Hall	2d Corporal	" "	" "	
Thomas Hickland	3d Corporal	" "	" "	Promoted to 2d Corporal.
Samuel Brown	4th Corporal	" "	" "	Mustered out as private.
Alexander, Groenwood	Private	" "	" "	
Anderson, Mathew	"	" "	" "	Promoted to 4th Corporal.
Anderson, William	"	" "	" "	
Awtry, John	"	" "	" "	
Bailey, William	"	" "	" "	Left with sick by order.
Baker, Obediah	"	" "	" "	
Best, James	"	" "	" "	
Blakey, Thomas	"	" "	" "	
Bland, Warren	"	" "	" "	
Bland, William	"	" "	" "	
Bowles, Thomas	"	" "	" "	Not accounted for.
Bowman, Wilson	"	" "	" "	Died at Limestone.
Bridges, William	"	" "	" "	Left sick at Franklinton, Ohio.
Brothers, Thomas	"	" "	" "	
Brummell, Barnet	"	" "	" "	
Brummell, John	"	" "	" "	
Carter, James	"	" "	" "	
Carter, Thomas	"	" "	" "	
Chandler, Seady	"	" "	" "	Left sick at Chillicothe, Ohio.
Chrisman, Elijah	"	" "	" "	
Chrisman, Joseph	"	" "	" "	Left sick at Franklinton, Ohio.
Cole, James	"	" "	" "	
Davis, William	"	" "	" "	Promoted to Corporal.
Dicken, Landen	"	" "	" "	Not accounted for.
Donally, James	"	" "	" "	
Enyard, Abner	"	" "	" "	Promoted to Sergeant.
Foster, Michael	"	" "	" "	
Garman, Jacob	"	" "	" "	
Graves, Joseph	"	" "	" "	
Hill, William	"	" "	" "	Promoted to Sergeant.
Howard, Reuben B.	"	" "	" "	
Jackson, John	"	" "	" "	Not accounted for.
King, John E.	"	" "	" "	
Lynn, James	"	" "	" "	
Martin, Jesse	"	" "	" "	
Maxwell, Nimrod	"	" "	" "	
McCord, John	"	" "	" "	Left with sick near Franklinton.
McMullin, John	"	" "	" "	
Obanion, John	"	" "	" "	
Owens, Elijah	"	" "	" "	Left with sick by order.
Rayburn, Francis	"	" "	" "	
Savage, Hamilton	"	" "	" "	
Savage, Levin	"	" "	" "	
Sims, John	"	" "	" "	Left sick near Blue Lick.
Smith, Mathew	"	" "	" "	
Taylor, James W.	"	" "	" "	
Wash, John	"	" "	" "	
Williams, John	"	" "	" "	
Wilson, James	"	" "	" "	

ROLL OF CAPTAIN WILLIAM WOOD'S COMPANY, KENTUCKY MOUNTED VOLUNTEER MILITIA—COMMANDED BY COLONEL MICHAEL TAUL.

Names.	Rank.	Date and Place of Muster.	To what time Engaged or Enlisted.	Remarks.
William Wood	Captain	Newport, Aug. 31, 1813		
Arthur Frogg	Lieutenant	" "		
Edward Beck	Ensign	" "		
William H. Talbott	1st Sergeant	" "		
Jonathan Smith	2d Sergeant	" "		
Samuel Scott	3d Sergeant	" "		
Solomon Long	4th Sergeant	" "		
James Lackey	1st Corporal	" "		
Joseph Bradon	2d Corporal	" "		
Charles Silvers	3d Corporal	" "		
James Brents	4th Corporal	" "		
Appleby, Robert	Private	" "		
Blankenship, David	"	" "		
Calhoun, John	"	" "		
Campbell, William	"	" "		
Clayton, Beverly W.	"	" "		
Coffee, Joseph	"	" "		
Conner, James	"	" "		
Conner, Joseph	"	" "		
Davis, John	"	" "		
Ellis, John	"	" "		
Embree, Moses	"	" "		
Ferril, Robert	"	" "		
Flower, Charles H.	"	" "		
Frogg, William	"	" "		
Grider, Joshua	"	" "		
Grimsley, Caye	"	" "		
Irwin, John	"	" "		
Irwin, William	"	" "		
Martin, Joshua	"	" "		
Mathews, Lott R.	"	" "		
McDowell, John	"	" "		
Myers, Daniel L.	"	" "		
Nichols, Edward	"	" "		
Northcut, John	"	" "		
Owens, Nicholas	"	" "		
Pointer, Cornelius	"	" "		
Reynolds, Charles	"	" "		
Russell, James	"	" "		
Smith, Henry	"	" "		
Sproul, Alexander	"	" "		
Sproul, Joseph	"	" "		
Stockton, Daniel	"	" "		
Taylor, Jonathan	"	" "		
Thresher, William	"	" "		
Trotter, James	"	" "		
Williams, James	"	" "		
Williams, James J.	"	" "		
Williams, John	"	" "		

ROLL OF CAPTAIN SAMUEL TATE'S COMPANY, KENTUCKY MOUNTED VOLUNTEER MILITIA—COMMANDED BY COLONEL MICHAEL TAUL.

Names	Rank	Date of Muster	To what time Engaged	Remarks
Samuel Tate	Captain	August 23, 1813	November 14, 1813	
Robert Gilmore	Lieutenant	" "	" "	
Jonathan Smith	Ensign	" "	" "	
Samuel Newall	1st Sergeant	" "	" "	
William Hays	2d Sergeant	" "	" "	
Thomas Gibson	3d Sergeant	" "	" "	
Robert Cowan	4th Sergeant	" "	" "	
Barns, Adam	Private	" "	" "	Left behind.
Barrior, James	"	" "	" "	
Board, Abraham	"	" "	" "	
Beatty, James	"	" "	" "	
Bell, James	"	" "	" "	Deserted October 16th.
Bregis, Edmund	"	" "	" "	
Buster, William	"	" "	" "	
Clarke, Elisha	"	" "	" "	
Cooper, Acey	"	" "	" "	Left behind with lame horse.
Cowan, Isaac	"	" "	" "	
Cox, Allen	"	" "	" "	
Cundiff, Gregory	"	" "	" "	

ROLL OF CAPTAIN SAMUEL TATE'S COMPANY, KENTUCKY MOUNTED VOLUNTEER MILITIA—Continued.

Names.	Rank.	Date and Place of Muster.	To what time Engaged or Enlisted.	Remarks.
Davis, Fields	Private	August 23, 1813	November 14, 1813	
Davison, Henry	"	" "	" "	Left behind sick.
Dishman, John	"	" "	" "	
Dunham, Alex	"	" "	" "	
Evins, Samuel	"	" "	" "	Left behind sick.
Garner, Parish	"	" "	" "	
Gasper, Achilles	"	" "	" "	Promoted to Sergeant.
Gibson, Martin	"	" "	" "	
Gilmore, John	"	" "	" "	
Gilmore, William	"	" "	" "	Left behind.
Hargis, Thomas	"	" "	" "	
Hast, Israel	"	" "	" "	
Herring, Joshua	"	" "	" "	Not accounted for.
Hickman, Lewallin	"	" "	" "	
Higgins, James	"	" "	" "	
Hines, James	"	" "	" "	
Hughes, Hiram	"	" "	" "	Left behind.
Humphries, David	"	" "	" "	
Hunter, Thomas	"	" "	" "	
Kelly, Joseph	"	" "	" "	
Lankford, Garrard	"	" "	" "	
Lewis, John	"	" "	" "	
Martin, John	"	" "	" "	
Mathews, William	"	" "	" "	
Mayfield, Reuben	"	" "	" "	
McDonald, Andrew	"	" "	" "	
McKinney, James	"	" "	" "	
Mintin, William	"	" "	" "	
Murphy, Bennett	"	" "	" "	
Neal, Isaac	"	" "	" "	
Nealey, Isaac	"	" "	" "	
Owens, John	"	" "	" "	
Owens, William	"	" "	" "	
Preston, William	"	" "	" "	
Richardson, Joel	"	" "	" "	Left behind.
Richardson, Stephen	"	" "	" "	
Ridge, Robertson	"	" "	" "	
Roberts, John	"	" "	" "	
Scott, Allen	"	" "	" "	
Short, John	"	" "	" "	
Short, Reuben	"	" "	" "	
Short, Thomas	"	" "	" "	
Smith, James	"	" "	" "	
Stagsdill, William	"	" "	" "	
St. John, Noah	"	" "	" "	
Sutherford, James	"	" "	" "	
Turley, Standford	"	" "	" "	
Vanhook, Sullivan	"	" "	" "	Left behind.
White, John	"	" "	" "	
Willis, Henry	"	" "	" "	
Wontland, Thomas	"	" "	" "	
Yeams, John	"	" "	" "	

ROLL OF CAPTAIN THOMAS LAUGHLIN'S COMPANY, KENTUCKY MOUNTED VOLUNTEER MILITIA—COMMANDED BY COLONEL MICHAEL TAUL.

Names.	Rank.	Date and Place of Muster.	To what time Engaged or Enlisted.	Remarks.
Thomas Laughlin	Captain	Newport, Aug. 31, 1813		
George W. Craig	1st Lieutenant	" "		
Nathaniel D. Moore	2d Lieutenant	" "		
Joseph Earley	Ensign	" "		
Angus Ross	1st Sergeant	" "		
Lott Pitman	2d Sergeant	" "		
George Tye	3d Sergeant	" "		
Charles, Rachhold	4th Sergeant	" "		
Thomas Scott	1st Corporal	" "		
Jonathan Evans	2d Corporal	" "		
Archibald Zachaway	3d Corporal	" "		
John S. Laughlin	4th Corporal	" "		
Bailoy, Thomas	Private	" "		
Baker, Overton	"	" "		
Barton, John	"	" "		
Bayers, Samuel	"	" "		

ROL OF CAPTAIN THOMAS LAUGHLIN'S COMPANY, KENTUCKY MOUNTED VOLUNTEER MILITIA—Continued.

Names.	Rank.	Date and Place of Muster.	To what time Engaged or Enlisted.	Remarks.
Blake, Achilles	Private	Newport, Aug. 31, 1813		
Blake, John	"	" "		
Bledson, Joseph	"	" "		
Bodkin, William	"	" "		
Boyd, Samuel	"	" "		
Campbell, William L.	"	" "		
Carpenter, Wm. K.	"	" "		
Caston, John	"	" "		
Cole, David M.	"	" "		
Craig, Joseph	"	" "		
Demass, Andrew	"	" "		
Downey, George	"	" "		
Early, William	"	" "		
Edwards, William	"	" "		
Ellison, Hugh	"	" "		
Evans, Hugh	"	" "		
Fergerson, William	"	" "		
Fortner, Jonas	"	" "		
Gentry, Elijah	"	" "		
Gibson, James	"	" "		
Hancock, Thomas	"	" "		
Holt, Drewry	"	" "		
Laughlin, John D.	"	" "		
McWhirter, Robert	"	" "		
Miller, Martin	"	" "		
Newton, Amos	"	" "		
Nicholson, Leonard	"	" "		
Offutt, William	"	" "		
Pemberton, John	"	" "		
Poange, John	"	" "		
Raper, Jesse	"	" "		
Raper, Lewis	"	" "		
Richards, John	"	" "		
Rass, John	"	" "		
Rass, Samuel	"	" "		
Sams, James	"	" "		
Scruggs, John	"	" "		
Smith, Joseph	"	" "		
Stewart, James	"	" "		
Stewart, John	"	" "		
Sullivan, Charles	"	" "		
Swift, Elias	"	" "		
Tirpin, Obediah	"	" "		
Tramball, Demoss	"	" "		
Truman, William	"	" "		
Tye, Joshua	"	" "		
White, Hendrick	"	" "		
White, John	"	" "		
Williams, Thomas	"	" "		
Wright, John	"	" "		

Roll of Field and Staff, Calloway's Regiment, Kentucky Volunteers, of the War of 1812, and Notes on Organization and Record of service, raised in pursuance of the address of 31st of July, 1813, of Isaac Shelby, Governor of Kentucky, and rendezvoused at Newport, Kentucky, August 31st, 1813—Commanded by Colonel John Calloway.

Names.	Rank.	Date and Place of Muster.	To what time Engaged or Enlisted.	Remarks.
John Calloway	Colonel			
John Arnold	Major			
Philip White	"			
Benjamin Bridges	Quartermaster			
Benjamin Bridges	Paymaster			
Joshua Norwell	Adjutant			
Robert D. Dawson	Surgeon			
James M. Baxley	Surgeon's Mate			
Moses Kirkpatrick	2d Surgeon's Mate			
Gabriel Field	S. Major			

ROLL OF CAPTAIN JAMES HITE'S COMPANY, KENTUCKY MOUNTED VOLUNTEER MILITIA—COMMANDED BY COLONEL JOHN CALLOWAY.

Names.	Rank.	Date and Place of Muster.	To what time Engaged or Enlisted.	Remarks.
James Hite	Captain	Newport, Aug. 31, 1813		
Isaac Clark	Lieutenant	" "		
William Cooper	Ensign	" "		
Richard Mills	1st Sergeant	" "		
Charles Duncan	2d Sergeant	" "		
Francis W. Davis	3d Sergeant	" "		
Jeremy Snyder	4th Sergeant	" "		
William Cummins	1st Corporal	" "		
James Moore	2d Corporal	" "		
Lewis Miller	3d Corporal	" "		
Applegate, Tunis	Private	" "		
Batman, Thomas	"	" "		Absent.
Cardell, George	"	" "		
Carrel, Samuel	"	" "		
Chadburn, Joseph	"	" "		
Chambers, George M.	"	" "		
Collins, Rezin B.	"	" "		
Crow, William	"	" "		
Earickson, William	"	" "		
Elzie, Elzie	"	" "		
Fields, Gabriel	"	" "		
Gatewood, James	"	" "		
Hall, James M.	"	" "		
Henry, Stewart	"	" "		
Hite, Joseph	"	" "		
Hornback, Abram	"	" "		
Humphries, William C.	"	" "		
Lewis, William	"	" "		
McCloy, William	"	" "		
Merriwether, David H.	"	" "		
Mucleroy, Henry	"	" "		
Newkirk, Jacob	"	" "		
Ramsey, Abraham	"	" "		
Ross, Mervin	"	" "		
Ross, Robert	"	" "		
Smith, Elias B.	"	" "		
Standerferd, Nathan	"	" "		
Stephens, James	"	" "		
Vanmeter, Henry	"	" "		
Vann, Joseph	"	" "		
Walls, Samuel	"	" "		
White, Everet	"	Newport, Aug 25, 1813	November 8, 1813	

ROLL OF CAPTAIN ROBINSON GRAHAM'S COMPANY, KENTUCKY MOUNTED VOLUNTEER MILITIA—COMMANDED BY COLONEL JOHN CALLOWAY.

Names.	Rank.	Date and Place of Muster.	To what time Engaged or Enlisted.	Remarks.
Robinson Graham	Captain	Newport, Sept. 1, 1813		
John Hays	Lieutenant	" "		
John R. Noland	Ensign	" "		
Benjamin B. Johnston	1st Sergeant	" "		
Edmund Vaughn	2d Sergeant	" "		
William J. Phillips	3d Sergeant	" "		
Barnett Arnold	4th Sergeant	" "		
William Owen	1st Corporal	" "		
John Woods	2d Corporal	" "		
Benjamin Rarsen	3d Corporal	" "		
William Church	4th Corporal	" "		
Burk, Henry	Private	" "		
Cashler, Lewis	"	" "		
Cook, Seth	"	" "		
Craig, Joseph	"	" "		
Edrington, John	"	" "		
Graham, William	"	" "		
Hatton, Robert C.	"	" "		
Hicklin, Thomas	"	" "		
Hughes, James M.	"	" "		
Irvin, Paulis E.	"	" "		
McDowell, John A.	"	" "		
Mitchell, Alexander I.	"	" "		
Pattie, Daniel	"	" "		
Porter, Jeremiah	"	" "		
Settles, Bennet G.	"	" "		
Shannon, Samuel	"	" "		
Wayren, Thomas	"	" "		
Chedle, Burch	"	Newport, Aug. 28, 1813	November 5, 1813	

ROLL OF CAPTAIN PHILIP SHIRELY'S COMPANY, KENTUCKY MOUNTED VOLUNTEER MILITIA—COMMANDED BY COLONEL JOHN CALLOWAY.

Names.	Rank.	Date and Place of Muster.	To what time Engaged or Enlisted.	Remarks.
Philip Shirely	Captain	Newport, Aug. 31, 1813		
William Shirely	Lieutenant	" "		
William C. McKenney	Ensign	" "		
Joshua Gore	1st Sergeant	" "		
Willis Ballard	2d Sergeant	" "		
John H. Ferry	3d Sergeant	" "		
Timothy Gilman	4th Sergeant	" "		
James Farnsley	1st Corporal	" "		
Sandford Lewis	2d Corporal	" "		
William Stowers	3d Corporal	" "		
Thomas Stewart	4th Corporal	" "		
Bartlett, John	Private	" "		
Bowen, Arnold	"	" "		
Bradway, Abner	"	" "		
Brener, Frederick	"	" "		
Catt, John C.	"	" "		
Churchill, William	"	" "		
Compton, Richard	"	" "		
Cottenhaur, George L.	"	" "		
Danset, John	"	" "		
Duff, Patrick	"	" "		
Floyd, Nathaniel	"	" "		
Hagen, Charles	"	" "		
Heaton, Daniel	"	" "		
Hollis, Fielding	"	" "		
Hollis, John	"	" "		
Hollis, Lewis	"	" "		
Hollis, William, Jr.	"	" "		
Job, John	"	" "		
Johnston, Lancelot	"	" "		
Malott, Hiram	"	" "		
Martin, Andrew	"	" "		
Moore, Daniel	"	" "		
Morrison, George	"	" "		
Polly, John	"	" "		
Reece, George	"	" "		
Roberts, Lawrence	"	" "		
Rothwell, Ray	"	" "		
Sale, William	"	" "		

ROLL OF CAPTAIN PHILIP SHIRELY'S COMPANY, KENTUCKY MOUNTED VOLUNTEER MILITIA—Continued.

NAMES.	Rank.	Date and Place of Muster.	To what time Engaged or Enlisted.	REMARKS.
Shaw, Archibald	Private	Newport, Aug. 31, 1813		
Stameter, Andrew	"	" "		
Todd, John	"	" "		
Torryhill, Adams	"	" "		
Vance, William	"	" "		
Waid, George	"	" "		
Williams, James	"	" "		
Woods, John	"	" "		
Woods, John, Jr.	"	" "		
Woods, Timothy	"	" "		
Graves, James	"	" "	November 3, 1813	

ROLL OF CAPTAIN EDWARD GEORGE'S COMPANY, KENTUCKY MOUNTED VOLUNTEER MILITIA—COMMANDED BY COLONEL JOHN CALLOWAY.

NAMES	Rank	Date and Place of Muster	To what time Engaged or Enlisted	REMARKS
John Calloway	Captain	August 27, 1813	November 7, 1813	
Edward George	Lieutenant	" "	" "	Promoted to Captain.
Benjamin Coons	Ensign	" "	" "	On furlough.
John Jones	1st Sergeant	" "	" "	On furlough.
Moses Hogland	2d Sergeant	" "	" "	On furlough.
William Sublett	3d Sergeant	" "	" "	On furlough.
Jeremiah M. Dupuy	4th Sergeant	" "	" "	On furlough.
Elias Dejarnett	1st Corporal	" "	" "	On furlough.
Archibald Cosby	2d Corporal	" "	" "	On furlough.
Joseph Weaver	3d Corporal	" "	" "	
Nathaniel Stephens	4th Corporal	" "	" "	
Admise, Jacob	Private	" "	" "	
Admise, William	"	" "	" "	
Bell, George	"	" "	" "	Accidentally killed September 13.
Bell, Richard	"	" "	" "	On furlough.
Bennett, William	"	" "	" "	On furlough.
Button, James	"	" "	" "	
Button, John	"	" "	" "	
Button, Reuben	"	" "	" "	
Button, William	"	" "	" "	On furlough.
Calloway, James	"	" "	" "	
Clem, Isaac	"	" "	" "	
Coons, Daniel	"	" "	" "	
Duncan, Willis	"	" "	" "	On furlough.
English, James	"	" "	" "	
English, Levin	"	" "	" "	
English, Robert	"	" "	" "	
Farley, Thomas	"	" "	" "	
Felps, Harris	"	" "	" "	
Fore, Peter	"	" "	" "	
Gillum, Charles	"	" "	" "	
Legan, John	"	" "	" "	
Lemaster, Zachariah	"	" "	" "	
Loch, David	"	" "	" "	
Love, John R.	"	" "	" "	On furlough.
Monroe, William	"	" "	" "	Not accounted for.
Mount, Thomas	"	" "	" "	On furlough.
Mount, Thomas J.	"	" "	" "	
Nay, Bonnet	"	" "	" "	
Nay, James	"	" "	" "	
Nay, John	"	" "	" "	Died October 13, 1813.
Peggs, Jacob	"	" "	" "	
Pemberton, Thomas	"	" "	" "	
Poland, James	"	" "	" "	Left behind.
Prowitt, Michael	"	" "	" "	
Prior, John	"	" "	" "	On furlough.
Roud, James	"	" "	" "	Not present at muster-in, and not accounted for [at muster-out.
Roberts, Joseph	"	" "	" "	
Roberts, Morris	"	" "	" "	On furlough.
Russ, William	"	" "	" "	
Sanford, Daniel	"	" "	" "	
Sanford, Lawrence	"	" "	" "	
Smith, Henry	"	" "	" "	Left behind.
Smith, Owen	"	" "	" "	
Sparks, Walter	"	" "	" "	
Stevens, John	"	" "	" "	
Sublett, James	Musician	" "	" "	On furlough.

ROLL OF CAPTAIN EDWARD GEORGE'S COMPANY, KENTUCKY MOUNTED VOLUNTEER MILITIA—Continued.

NAMES.	Rank.	Date and Place of Muster.	To what time Engaged or Enlisted.	REMARKS.
Tidwell, William	Private	August 27, 1813	November 7, 1813	Died October 23, 1813.
Troutman, James	"	" "	" "	
Turk, Robert	"	" "	" "	
Varble, George	"	" "	" "	On furlough.
Webb, John	"	" "	" "	
Webb, Robert	"	" "	" "	Not accounted for at muster-out.
Whitesides, Joseph	"	" "	" "	On furlough.
Wiman, Adam	"	" "	" "	Promoted to Ensign.

ROLL OF CAPTAIN SAMUEL KELLEY'S COMPANY, KENTUCKY MOUNTED VOLUNTEER MILITIA—COMMANDED BY COLONEL JOHN CALLOWAY.

Names	Rank	Date and Place of Muster	To what time Engaged or Enlisted	Remarks
Samuel Kelley	Captain	Newport, Sept. 1, 1813.		
John Shaw	Lieutenant	" "	" "	
Benjamin Bridges	Ensign	" "	" "	
James Edwards	1st Sergeant	" "	" "	
James Mayfield	2d Sergeant	" "	" "	
George A. Frederick	3d Sergeant	" "	" "	
Robert Stewart	4th Sergeant	" "	" "	
Philip Zilhart	1st Corporal	" "	" "	
John W. Slaughter	2d Corporal	" "	" "	
Thomas Mayfield	3d Corporal	" "	" "	
Emanuel Stuckey	4th Corporal	" "	" "	
Anderson, Thomas	Private	" "	" "	
Asher, William	"	" "	" "	
Barnhill, William	"	" "	" "	
Batman, John	"	" "	" "	
Batman, Thomas	"	" "	" "	
Blankenboker, Benj	"	" "	" "	
Blankenboker, John H.	"	" "	" "	
Bleven, James	"	" "	" "	
Bohannon, Charles	"	" "	" "	
Boyd, Frederick	"	" "	" "	
Brookhart, David	"	" "	" "	
Buckner, Robert	"	" "	" "	
Calloway, Thomas P.	"	" "	" "	
Chenoweith, Absalom	"	" "	" "	
Collier, George	"	" "	" "	
Crooks, Jacob	"	" "	" "	
Crooks, John	"	" "	" "	
Crum, Andrew	"	" "	" "	
Dawsey, Elias	"	" "	" "	
Denham, Christian	"	" "	" "	
Erickson, Perrygrime	"	" "	" "	
Frederic, Andrew	"	" "	" "	
Guusney, John	"	" "	" "	
Goben, William	"	" "	" "	
Grimes, James	"	" "	" "	
Griphey, Samuel	"	" "	" "	
Guthery, James	"	" "	" "	
Harboth, John	"	" "	" "	
Harden, Henry	"	" "	" "	
House, Benjamin	"	" "	" "	
Hollingsworth, Isaac	"	" "	" "	
Jobe, William	"	" "	" "	
Johnson, Bryant	"	" "	" "	
Kelley, John	"	" "	" "	
Kirkpatrick, Moses	"	" "	" "	
Litefoot, Gutredy	"	" "	" "	
Maple, Arthur	"	" "	" "	
Matfield, West	"	" "	" "	
Maxwell, William	"	" "	" "	
Mayfield, Isaac	"	" "	" "	
McCartney, Androw	"	" "	" "	
Oldham, George	"	" "	" "	
Right, John	"	" "	" "	
Roben, John	"	" "	" "	
Rose, Allen	"	" "	" "	
Rose, James	"	" "	" "	
Seaton, Richard	"	" "	" "	
Sobolt, George	"	" "	" "	
Shake, John	"	" "	" "	

ROLL OF CAPTAIN SAMUEL KELLEY'S COMPANY, KENTUCKY MOUNTED VOLUNTEER MILITIA—Continued.

Names.	Rank.	Date and Place of Muster.	To what time Engaged or Enlisted.	Remarks.
Sharpe, Edward	Private	Newport, Sept. 1, 1813		
Smith, Joseph	"	" "	" "	
Sparks, James	"	" "	" "	
Stafford, Thomas	"	" "	" "	
Stewart, James	"	" "	" "	
Taylor, William	"	" "	" "	
Tyler, George	"	" "	" "	
Tyler, Zachariah	"	" "	" "	
Veach, Alexander	"	" "	" "	
Veach, Elliott	"	" "	" "	
Ward, James	"	" "	" "	
Ward, John	"	" "	" "	
Webb, John	"	" "	" "	
Weems, James	"	" "	" "	
Whitney, Robert	"	" "	" "	
Williams, Moses	"	" "	" "	
Wood, Henry	"	" "	" "	

ROLL OF CAPTAIN ELEAZOR HEDDIN'S COMPANY, KENTUCKY MOUNTED VOLUNTEER MILITIA—COMMANDED BY COLONEL JOHN CALLOWAY.

Names.	Rank.	Date and Place of Muster.	To what time Engaged or Enlisted.	Remarks.
Eleazor Heddin	Captain	Newport, Aug. 30, 1813		
William Hall	Lieutenant	" "	" "	
Andrew Young	Ensign	" "	" "	
Thomas Griffith	1st Sergeant	" "	" "	
Henry Farmer	2d Sergeant	" "	" "	
Alexander Stewart	3d Sergeant	" "	" "	
Charles Stewart	4th Sergeant	" "	" "	
Cyrus Wiley	1st Corporal	" "	" "	
Henry Banta	2d Corporal	" "	" "	
Elijah Vandariff	3d Corporal	" "	" "	
Allen, Harris	Private	" "	" "	
Baker, Andrew	"	" "	" "	
Baxter, James	"	" "	" "	
Baxter, Jesse	"	" "	" "	
Bryan, Robert	"	" "	" "	
Carter, Thomas	"	" "	" "	
Chriswell, Robert	"	" "	" "	
Clarke, Lawrence	"	" "	" "	
Carnine, Richard	"	" "	" "	
Cubbage, James	"	" "	" "	
Dumarrell, Daniel	"	" "	" "	
Eastham, George	"	" "	" "	
Ellison, David	"	" "	" "	
Green, Benjamin	"	" "	" "	
Green, James	"	" "	" "	
Green, John, Jr.	"	" "	" "	
Green, Richard	"	" "	" "	
Hawkins, James	"	" "	" "	
Higgs, Roddin	"	" "	" "	
Martin, Robert	"	" "	" "	
Moore, Jeremiah	"	" "	" "	
Parks, James	"	" "	" "	
Ringle, William	"	" "	" "	
Shealds, Alexander	"	" "	" "	
Stewart, Asa	"	" "	" "	
Sutton, James	"	" "	" "	
Tendle, Kendle	"	" "	" "	
Terrel, Reuben	"	" "	" "	
Tingle, Edward	"	" "	" "	
Tucker, James	"	" "	" "	
Vanderver, John	"	" "	" "	
Wingfield, James	"	" "	" "	
Winscott, William	"	" "	" "	
Chadwick, Benjamin	"	August 26, 1813	November 9, 1813	

SOLDIERS OF THE WAR OF 1812.

Roll of Field and Staff, Simrall's Regiment, Kentucky Volunteers, of the War of 1812, and Notes on Organization and Record of service, raised in pursuance of the address of 31st of July, 1813, of Isaac Shelby, Governor of Kentucky, and rendezvoused at Newport, Kentucky, August 31st, 1813—Commanded by Lieutenant-Colonel James Simrall.

Names.	Rank.	Date and Place of Muster.	To what time Engaged or Enlisted.	Remarks.
James Simrall	Lieutenant-Col.	August 25, 1813	November 9, 1813	
Thomas Johnston	Major	" "	" "	
Benjamin Logan	Major	" "	" "	
William E. Young	Lieut. & Adjutant	" "	" "	
Fielding Winlock	Lt. & Q. M.	" "	" "	
George Gay	Lieutenant	" "	" "	
Robert Thruston	Surgeon	" "	" "	
John Moore	S. Mate	" "	" "	Died at Upper Sandusky Nov. 12, 1813.
Benjamin F. Dupuy	Sergeant Major	" "	" "	
Nathaniel W. Pope	Quartermaster Ser.	" "	" "	
Pierson Willis	Forage Master	" "	" "	
Fielding Winlock	Paymaster	" "	" "	

ROLL OF CAPTAIN JOHN HALL'S COMPANY, KENTUCKY MOUNTED VOLUNTEER MILITIA—COMMANDED BY LIEUTENANT-COLONEL JAMES SIMRALL.

Names	Rank	Date and Place of Muster	To what time Engaged or Enlisted	Remarks
John Hall	Captain	Newport, Aug. 31, 1813		
Isaac Watkins	1st Lieutenant	" "	" "	
John Myles, Jr	2d Lieutenant	" "	" "	
Alexander Ferguson	Ensign	" "	" "	
Benjamin F. Dupuy	1st Sergeant	" "	" "	
Micajah W. Sharpe	2d Sergeant	" "	" "	
James Myles	3d Sergeant	" "	" "	
William Cardwell	4th Sergeant	" "	" "	
Jacob Cardwell	1st Corporal	" "	" "	
John Crawford	2d Corporal	" "	" "	
Christopher G. Simpson	3d Corporal	" "	" "	
John L. Simpson	4th Corporal	" "	" "	
Boice, William	Private	" "	" "	
Booker, Edward M.	"	" "	" "	
Boone, Samuel	"	" "	" "	
Booth, Thomas	"	" "	" "	
Bosley, James	"	" "	" "	
Bowling, John	"	" "	" "	
Brookie, William	"	" "	" "	
Butter, Moses	"	" "	" "	
Carr, John	"	" "	" "	
Chew, Samuel	"	" "	" "	
Conley, Thomas	"	" "	" "	
Crenshaw, James	"	" "	" "	
Dougherty, Joseph, Jr.	"	" "	" "	
Ferguson, John	"	" "	" "	
Fore, Peter G.	"	" "	" "	
Greathouse, William	"	" "	" "	
Gueny, George	"	" "	" "	
Hannah, William	"	" "	" "	
Helm, Joseph	"	" "	" "	
Jackson, John	"	" "	" "	
Johnson, Thomas	"	" "	" "	
Kay, James	"	" "	" "	
McClelland, John	"	" "	" "	
McFadden, James	"	" "	" "	
Miller, Nicholas	"	" "	" "	
Millis, William	"	" "	" "	
Mitchell, Samuel H.	"	" "	" "	

SOLDIERS OF THE WAR OF 1812.

ROLL OF CAPTAIN JOHN HALL'S COMPANY, KENTUCKY MOUNTED VOLUNTEER MILITIA—Continued.

NAMES.	Rank.	Date and Place of Muster.	To what time Engaged or Enlisted.	REMARKS.
Moore, John	Private	Newport, Aug. 31, 1813		
Myles, Richard	"	" "		
Nash, Marvel M.	"	" "		
Ogden, Masterson	"	" "		
Peay, Turner	"	" "		
Perry, Willis	"	" "		
Polley, John	"	" "		
Robbins, William	"	" "		
Roysden, Jesse F.	"	" "		
Ryon, Robert	"	" "		
Sawyers, James	"	" "		
Sawyers, Sampson	"	" "		
Sellrey, Solomon	"	" "		
Short, Peter	"	" "		
Smith, Samuel	"	" "		
Stillwell, Isaiah	"	" "		
Swearingen, Hornson	"	" "		
Thursby, James	"	" "		
Thurston, Robert	"	" "		
Tilford, Jeremiah	"	" "		
Todd, Robert	"	" "		
Turnstall, Thomas	"	" "		
Wayland, Abram	"	" "		
Wells, William	"	" "		
White, Andrew	"	" "		
White, Robert	"	" "		
Wilcox, George, Sr.	"	" "		
Wilcox, George, Jr.	"	" "		
Willis, Pierson	"	" "		
Wood, Harvey	"	" "		
Wood, John	"	" "		
Woodfork, James	"	" "		
Workman, William	"	" "		

The subjoined names are not on original rolls, but are taken from recent transcripts furnished by War Department.

NAMES.	Rank.	Date and Place of Muster.	To what time Engaged or Enlisted.	REMARKS.
Gray, George	Private	Newport, Aug. 25, 1813	November 8, 1813	
Lock, John D.	"	" "	" "	
Penn, Shadrach	"	" "	" "	
Pendleton, James T.	"	" "	" "	

ROLL OF CAPTAIN WARNER ELLMORE'S COMPANY, KENTUCKY MOUNTED VOLUNTEER MILITIA—COMMANDED BY LIEUTENANT-COLONEL JAMES SIMRALL.

NAMES.	Rank.	Date and Place of Muster.	To what time Engaged or Enlisted.	REMARKS.
Warner Ellmore	Captain	Newport, Aug. 30, 1813		No muster-out rolls of this company.
Richard Patterson	1st Lieutenant	" "		
Thomas M. Emmerson	Ensign	" "		
Benjamin F. Cook	1st Sergeant	" "		
Andrew H. Brownlee	2d Sergeant	" "		
Coalman C. Spiller	3d Sergeant	" "		
Barret White	4th Sergeant	" "		
Gabriel N. Buckner	1st Corporal	" "		
Colely Cowherd	2d Corporal	" "		
John Durham	3d Corporal	" "		
James Harris	4th Corporal	" "		
Adams, William	Private	" "		
Allen, James J.	"	" "		
Barbee, John	"	" "		
Barret, Robert	"	" "		
Bass, John	"	" "		
Blakeman, James	"	" "		
Blakeman, John	"	" "		
Brownlee, Alexander	"	" "		
Brownlee, William	"	" "		
Buckner, Aylett	"	" "		
Buckner, James B.	"	" "		
Buckner, John	"	" "		
Cabmess, John M.	"	" "		
Caldwell, Andrew	"	" "		
Canada, Elijah	"	" "		
Chisteen, John L.	"	" "		
Churning, Hardin	"	" "		

ROLL OF CAPTAIN WARNER ELLMORE'S COMPANY, KENTUCKY MOUNTED VOLUNTEER MILITIA—Continued.

Names.	Rank.	Date and Place of Muster.	To what time Engaged or Enlisted.	Remarks.
Clark, Reuben	Private	Newport, Aug. 30, 1813		No muster-out rolls of this company.
Compton, William	"	" "		
Cook, William B.	"	" "		
Cowherd, Yelverton	"	" "		
Deaven, Richard	"	" "		
Edrington, Robert	"	" "		
Embry, Samuel P.	"	" "		
Farris, John	"	" "		
Fisher, John	"	" "		
Forbes, Yates	"	" "		
Greer, Solomon	"	" "		
Hood, Robert	"	" "		
Jarvis, Edward	"	" "		
Johnson, Isaiah	"	" "		
Jones, Robert	"	" "		
Landers, Jacob	"	" "		
Lee, William	"	" "		
Lemmons, John	"	" "		
Lemmons, Rudie	"	" "		
Lewis, Henderson	"	" "		
Marshal, Samuel	"	" "		
Martin, Peter	"	" "		
McDaniel, Edward	"	" "		
Minor, John	"	" "		
Popper, Daniel	"	" "		
Phillips, John	"	" "		
Pierce, Thomas	"	" "		
Price, John	"	" "		
Price, Reuben	"	" "		
Rhear, Arche	"	" "		
Rhear, William	"	" "		
Richardson, Thomas	"	" "		
Roger, John	"	" "		
Shenault, John	"	" "		
Short, Horatio	"	" "		
Short, William	"	" "		
Sprouls, Elleck	"	" "		
Stovall, William	"	" "		
Vaughan, John	"	" "		
Vaughan, William	"	" "		
Wheler, Coburn	"	" "		
Willan, Thomas	"	" "		
Williams, Joel	"	" "		
Wilson, Isaac	"	" "		

ROLL OF CAPTAIN PRESLEY C. SMITH'S COMPANY, KENTUCKY MOUNTED VOLUNTEER MILITIA—COMMANDED BY LIEUTENANT-COLONEL JAMES SIMRALL.

Names.	Rank.	Date and Place of Muster.	To what time Engaged or Enlisted.	Remarks.
Presley C. Smith	Captain	August 24, 1813	November 8, 1813	
Martin Harding	Lieutenant	" "	" "	
John Hardin	Ensign	" "	" "	
James Watkins	1st Sergeant	" "	" "	
Owen D. Thomas	2d Sergeant	" "	" "	
Hardin Thomas	3d Sergeant	" "	" "	
Joseph Mattingly	4th Sergeant	" "	" "	
Bennet Mattingly	1st Corporal	" "	" "	
Elias Russell	2d Corporal	" "	" "	
James Mattingly	3d Corporal	" "	" "	
Joseph Brown	4th Corporal	" "	" "	
Baley, Thomas	Private	" "	" "	
Brother, Samuel	"	" "	" "	
Brown, Benjamin	"	" "	" "	
Carrico, Benedict	"	" "	" "	
Casey, John	"	" "	" "	
Chamberlain, Liles	"	" "	" "	
Cotter, Charles	"	" "	" "	
Crosgrove, Charles	"	" "	" "	
Daley, John	"	" "	" "	Sick—discharged.
Dinking, Thomas	"	" "	" "	
Edlin, Benjamin	"	" "	" "	
Flanagan, James	"	" "	" "	
Gates, Elisha	"	" "	" "	

SOLDIERS OF THE WAR OF 1812. 167

ROLL OF CAPTAIN PRESLEY C. SMITH'S COMPANY, KENTUCKY MOUNTED VOLUNTEER MILITIA—Continued.

Names.	Rank.	Date and Place of Muster.	To what time Engaged or Enlisted.	Remarks.
Goudy, Samuel	Private	August 24, 1813	November 8, 1813	
Green, Leonard	"	" "	" "	
Hamilton, Edward	"	" "	" "	
Horbin, Jeremiah	"	" "	" "	
Hardin, Otho	"	" "	" "	
Jarbor, William S.	"	" "	" "	
Leigh, Henry	"	" "	" "	
Lyons, Charles W.	"	" "	" "	
Michaels, George	"	" "	" "	
Mudd, Henderson	"	" "	" "	
Newton, James	"	" "	" "	
Phillips, Philip	"	" "	" "	
Powell, Charles	"	" "	" "	
Quiggins, John	"	" "	" "	
Quiggins, Joseph	"	" "	" "	
Richardson, Benjamin	"	" "	" "	
Riggs, Abraham	"	" "	" "	
Riggs, James	"	" "	" "	
Smith, Thomas	"	" "	" "	
Summers, John S.	"	" "	" "	
Watkins, Joseph	"	" "	" "	
Wheatley, James	"	" "	" "	
Yates, John	"	" "	" "	

ROLL OF CAPTAIN JAMES S. WHITTAKER'S COMPANY, KENTUCKY MOUNTED VOLUNTEER MILITIA—COMMANDED BY LIEUTENANT COLONEL JAMES SIMRALL.

Names.	Rank.	Date and Place of Muster.	To what time Engaged or Enlisted.	Remarks.
James S. Whittaker	Captain	Newport, Aug. 25, 1813	November 8, 1813	
Joseph W. Knight	1st Lieutenant	" "	" "	
James L. Holmes	2d Lieutenant	" "	" "	
John Whittaker	Ensign	" "	" "	
William Dugan	1st Sergeant	" "	" "	Absent—sick.
Joshua Rutlidge	2d Sergeant	" "	" "	
Thomas Wright	3d Sergeant	" "	" "	Reduced to ranks September 21, 1813.
John G. Anderson	4th Sergeant	" "	" "	
James Figg, Jr.	1st Corporal	" "	" "	Accounted for as private.
Woodson Easley	2d Corporal	" "	" "	
Monas Hansborough	3d Corporal	" "	" "	Absent—sick.
Robert Anderson	4th Corporal	" "	" "	Promoted to 1st Sergeant September 21, 1813.
Allen, John M.	Private	" "	" "	Absent—sick.
Allen, William	"	" "	" "	
Anderson, William	"	" "	" "	
Brewer, George W.	"	" "	" "	
Burnett, Henry	"	" "	" "	
Christian, Martin S.	"	" "	" "	
Collett, Aaron	"	" "	" "	
Collier, John	"	" "	" "	Absent—sick.
Daniel, George	"	" "	" "	
Edwards, Leroy	"	" "	" "	Not accounted for.
Farmor, Elias	"	" "	" "	
Figg, William	"	" "	" "	
Gee, James	"	" "	" "	
Gee, William	"	" "	" "	
Graves, David	"	" "	" "	
Graves, Samuel	"	" "	" "	
Gresham, Henry	"	" "	" "	Absent with sick men.
Harris, Jonah	"	" "	" "	
Hastings, William	"	" "	" "	
Hollis, John P	"	" "	" "	Absent—sick.
Holt, Thomas B.	"	" "	" "	
Jacobs, James	"	" "	" "	
Jacobs, Samuel	"	" "	" "	
Jones, John W.	"	" "	" "	Absent with sick men.
Legg, George	"	" "	" "	
McClelland, Joseph G.	"	" "	" "	
McCormack, Richard	"	" "	" "	
Minor, Spence	"	" "	" "	
Murphy, John	"	" "	" "	Left sick at Urbana September 10, 1813.
O'Neal, James	"	" "	" "	
Polly, Peter	"	" "	" "	Not accounted for.
Pope, Nathaniel W	"	" "	" "	
Proctor, James	"	" "	" "	

ROLL OF CAPTAIN JAMES S. WHITTAKER'S COMPANY, KENTUCKY MOUNTED VOLUNTEER MILITIA—Continued.

NAMES.	Rank.	Date and Place of Muster.	To what time Engaged or Enlisted.	REMARKS.
Purcell, David	Private	Newport, Aug. 25, 1813	November 8, 1813	
Randal, James	"	" "	" "	
Reynolds, Thomas	"	" "	" "	
Roberts, Henry	"	" "	" "	
Roberts, Jesse	"	" "	" "	Absent—sick.
Robinson, John G.	"	" "	" "	
Rodman, Thomas	"	" "	" "	
Rodman, William	"	" "	" "	
Romine, Samuel	"	" "	" "	
Runey, Absalom	"	" "	" "	Absent—sick.
Russell, George	"	" "	" "	
Russell, Hedgeman	"	" "	" "	
Sharp, William T.	"	" "	" "	Absent with sick men.
Stewart, Thomas	"	" "	" "	
Strangham, Nathaniel	"	" "	" "	Not accounted for.
Thompson, David	"	" "	" "	
Thompson, William	"	" "	" "	
Tyler, Robert, Jr.	"	" "	" "	
Vanmeter, William	"	" "	" "	
Walls, William	"	" "	" "	
Washburn, Delaney	"	" "	" "	
Washburn, John B.	"	" "	" "	
Whittaker, Seth	"	" "	" "	
Wilson, Samuel	"	" "	" "	Absent—sick.
Winlock, Fielding	"	" "	" "	Not accounted for.
Young, John W.	Trumpeter	" "	" "	

ROLL OF CAPTAIN RICHARD BENNETT'S COMPANY, KENTUCKY MOUNTED VOLUNTEER MILITIA—COMMANDED BY LIEUTENANT-COLONEL JAMES SIMRALL.

NAMES.	Rank.	Date and Place of Muster.	To what time Engaged or Enlisted.	REMARKS.
Richard Bennett	Captain	Newport, Sept. 1, 1813		
William Robinson	Lieutenant	" "		
Jesse Kennedy	Ensign	" "		
James McBrayer	1st Sergeant	" "		
Samuel McGuire	2d Sergeant	" "		
William Robinson	3d Sergeant	" "		
William Hensley	4th Sergeant	" "		
Drury Pullam	1st Corporal	" "		
John Crockett	2d Corporal	" "		
Nathan Watson	3d Corporal	" "		
Elijah Kennedy	4th Corporal	" "		
Albin, Philip	Private	" "		
Arnold, John	"	" "		
Berry, George	"	" "		
Brown, Robert	"	" "		
Clark, Matthew	"	" "		
Cole, Elijah	"	" "		
Crockett, Anthony	"	" "		
Hawkins, Moses	"	" "		
Macey, Gustavus S.	"	" "		
Mackey, John	"	" "		
Mahoney, Benjamin	"	" "		
Major, Thomas P.	"	" "		
Motherhead, John	"	" "		
Paxton, Thomas	"	" "		
Pemberton, Henry	"	" "		
Pullam, Benjamin	"	" "		
Robinson, Gabriel	"	" "		
Robinson, Robert	"	" "		
Sercy, Isaac	"	" "		
Sercy, Merit	"	" "		
Smart, John C.	"	" "		
Taylor, Tekal	"	" "		
White, Averitt	"	" "		
White, Phil.	"	" "		

Names subjoined are not on original rolls, but furnished by War Department.

NAMES.	Rank.	Date and Place of Muster.	To what time Engaged or Enlisted.	REMARKS.
Dougherty, Arthur	Sergeant	August 26, 1813	November 7, 1813	
Holt, William	"	October 1, 1813	" "	
Oldburn, Philip	Private	August 26, 1813	" "	
Robinson, James	"	October 9, 1813	" "	
Miles, James I.	"	August 26, 1813	" "	

ROLL OF CAPTAIN SAMUEL HARBISON'S COMPANY, KENTUCKY MOUNTED VOLUNTEER MILITIA—COMMANDED BY LIEUTENANT-COLONEL JAMES SIMRALL.

Names.	Rank.	Date and Place of Muster.	To what time Engaged or Enlisted.	Remarks.
Samuel Harbison	Captain	Newport, Aug. 25, 1813	November 8, 1813	
James Ford	Lieutenant	" "	" "	
Thomas Gaither	2d Lieutenant	" "	" "	
John Shannon	Cornet	" "	" "	
George P. Miller	1st Sergeant	" "	" "	
William Harbison	2d Sergeant	" "	" "	
John Ford	3d Sergeant	" "	" "	
John Sharp	4th Sergeant	" "	" "	
Leroy Wintsworth	1st Corporal	" "	" "	
William Grooms	2d Corporal	" "	" "	
Joseph Duncan	3d Corporal	" "	" "	
William Smith	4th Corporal	" "	" "	
Boyd, James P.	Private	" "	" "	
Booky, Robert	"	" "	" "	
Burton, John	"	" "	" "	
Burton, Preteman	"	" "	" "	
Clifton, William B.	"	" "	" "	
Ducker, Nathan	"	" "	" "	
Duncan, Jacob	"	" "	" "	
Elliott, John	"	" "	" "	
Finley, William C.	"	" "	" "	
Fisher, Zachariah	"	" "	" "	
Gibson, John F.	"	" "	" "	
Gilbert, Elnathan	"	" "	" "	Not accounted for.
Hardesty, Henry H.	"	" "	" "	
Harlow, George	"	" "	" "	Absent.
Huston, James	"	" "	" "	
Lemon, James	"	" "	" "	
Mahan, William	"	" "	" "	
Neal, Elias	"	" "	" "	
Orsborn, George	"	" "	" "	
Riddle, George	"	" "	" "	
Riddle, Thomas	"	" "	" "	
Roberts, William	"	" "	" "	
Robinson, Jesse	"	" "	" "	
Shrouders, Abram	"	" "	" "	
Sill, Adam	"	" "	" "	
Thomas, Joseph	"	" "	" "	
Thompson, James C.	"	" "	" "	Absent.
Thompson, William	"	" "	" "	
Venable, James	"	" "	" "	
Wood, Isaac	"	" "	" "	

Subjoined name not on original roll, but furnished by War Department.

| Hood, Isaac | Private | August 25, 1813 | November 8, 1813 | |

ROLL OF VOLUNTEER CAVALRY OF THE KENTUCKY MILITIA, UNDER THE COMMAND OF THOMAS JOHNSTON, CAPTAIN IN THE SERVICE OF THE UNITED STATES, COMMANDED BY LIEUTENANT COLONEL COMMANDANT JAMES SIMRALL, FROM THE DATE OF ENGAGEMENT, WHEN LAST MUSTERED, TO ————, 1812.

Names	Rank	Date	Engaged	Remarks
Joseph Simrall	Captain	August 27, 1812		Made Major, and Thomas Johnston elected and commissioned in his place.
Thomas Johnston	Captain	" "	" "	Was first appointed Adjutant, then elected Capt.
William Adams	1st Lieutenant	" "	" "	
John Hall	2d Lieutenant	" "	" "	
Samuel Dupuy	Cornet	" "	" "	
Philip Johnson	1st Sergeant	" "	" "	
Masterson Ogden	2d Sergeant	" "	" "	
Pierson Willis	3d Sergeant	" "	" "	
John Myles	4th Sergeant	" "	" "	
Henry Smith	Qr. Sergeant	" "	" "	
Avis Young	1st Corporal	" "	" "	
John W. Taylor	2d Corporal	" "	" "	
Philip G. Payne	3d Corporal	" "	" "	
Lemuel Willis	4th Corporal	" "	" "	
Alison, Hugh	Private	" "	" "	
Armstrong, Benoni	"	" "	" "	
Ashby, Benjamin	"	" "	" "	
Bailey, Joseph	"	" "	" "	

ROLL OF VOLUNTEER CAVALRY OF THE KENTUCKY MILITIA, UNDER COMMAND OF THOMAS JOHNSTON—Continued.

Names.	Rank.	Date of Muster.	To what time Engaged or Enlisted.	Remarks.
Bate, John W.	Private	August 27, 1812		
Boling, John	"	" "		Never appeared—was sick.
Bond, Samuel	"	" "		
Bradshaw, James	"	" "		Appointed Paymaster.
Carson, Samuel	"	" "		
Clarke, Isaac	"	" "		
Clarke, James	"	" "		
Colier, Michael, Jr.	"	" "		
Dougherty, George	"	" "		Never appeared.
Dupuy, Benjamin F.	"	" "		Substituted Philip G. Payne in his place and was [released.
Dupuy, William	"	" "		
Fields, George	"	" "		Never appeared nor heard from.
Gilbert, Elnathan	"	" "		
Gibbins, William	"	" "		Substituted Robert Ryan in his place and was [released.
Gibbs, James L.	"	" "		
Giel, George	"	" "		Substituted Robert Sanders and was released.
Grafton, George	"	" "		Furnished a substitute, who was afterward dis- [charged—wouldn't carry a musket.
Gray, French S.	"	" "		
Greathouse, William	"	" "		
Greenup, Wilson	"	" "		
Griffith, Robert	"	" "		
Griffith, Thomas	"	" "		Went with Rifle Regiment.
Guy, George	"	" "		Appointed Adjutant.
Hall, Moses, Jr.	"	" "		Appointed Wagon-master.
Harrison, Charles L.	"	" "		
Johnson, Thomas	"	" "		
Jones, Stephen	"	" "		
Ketchum, John	"	" "		Did not appear. [patrick was discharged. Sam Willis volunteered in his place, and Kirk-
Kirkpatrick, William	"	" "		
Logan, John	"	" "		Appointed Aid to General Harrison.
Luckett, William	"	" "		
Martin, Enoch	"	" "		
Masterson, Charles	"	" "		Took sick at Newport and was discharged.
Masterson, Gutridge	"	" "		Never appeared—was sick.
McClelland, John G.	"	" "		
McGaughey, John	"	" "		
Middleton, William	"	" "		
Millis, Thomas	"	" "		
Mills, Joseph	"	" "		
Moore, Herman	"	" "		
Moore, John	"	" "		Appointed Riding-master.
Myles, James	"	" "		
Nabb, Charles W.	"	" "		
Owen, John	"	" "		
Parish, Matthew	"	" "		
Parker, Enoch	"	" "		
Paxton, Joseph	"	" "		
Pearcy, Henry	"	" "		
Peay, Nicholas	"	" "		
Peyton, Valentine	"	" "		
Pollard, Benjamin R.	"	" "		
Rankin, David P.	"	" "		
Rankin, John W.	"	" "		
Redding, James V.	"	" "		
Redding, Timothy	"	" "		
Rice, Abraham	"	" "		Went with Rifle Regiment.
Rice, Henry	"	" "		
Robinson, Thomas	"	" "		Never appeared—was sick.
Shane, John	"	" "		
Sharp, Micajah	"	" "		
Sharp, William	"	" "		
Simpson, William	"	" "		Never appeared.
Smith, Michael	"	" "		Went with Rifle Regiment.
Standeford, David	"	" "		
Sterritt, Joseph P.	"	" "		
Talbott, Edward, Jr.	"	" "		Took sick and was released 29th August—unable [to come on.
Taylor, Joseph P.	"	" "		
Tevis, Benjamin	"	" "		
Toncray, James H.	"	" "		
Tunstall, John O.	"	" "		
Tunstall, Thomas	"	" "		Never appeared.
White, Richard	"	" "		
Yount, Jonathan	"	" "		

Roll of Field and Staff, Barbour's Regiment, Kentucky Volunteers, of the War of 1812, and Notes on Organization and Record of service, raised in pursuance of the address of 31st of July, 1813, of Isaac Shelby, Governor of Kentucky, and rendezvoused at Newport, Kentucky, August 31st, 1813—Commanded by Lieutenant-Colonel Philip Barbour.

Names.	Rank.	Date and Place of Muster.	To what time Engaged or Enlisted.	Remarks.
Philip Barbour	Lieut.-Colonel	August 30, 1813	November 3, 1813	
John Gorin	Major	" "	" "	
John Barnett	Major	" "	" "	
Thomas Polland	Surgeon	" "	" "	
Horatio D. Gnatkin	Adjutant	" "	" "	
Thomas Boothe	Surgeon Mate	" "	" "	
Thomas B. Lee	P. Master	" "	" "	
James T. Barbour	Qr. Master	" "	" "	
Lucius Duvall	S. Major	" "	" "	
John Milroy	Qr. M. Serg't.	" "	" "	

ROLL OF CAPTAIN WILLIAM EWING'S COMPANY, KENTUCKY MOUNTED VOLUNTEER MILITIA—COMMANDED BY LIEUTENANT-COLONEL PHILIP BARBOUR.

William Ewing	Captain	Newport, Sept. 1, 1813		
Daniel Hoy	Ensign	" "		
Charles J. Sublett	1st Sergeant	" "		
James Davidson	2d Sergeant	" "		
George Day	Corporal	" "		
Airs, Henry	Private	" "		
Blackwell, Grant	"	" "		
Brown, Bowlin	"	" "		
Cravens, Elijah	"	" "		
Davis, Edward	"	" "		
Day, James	"	" "		
Deen, Robert A.	"	" "		
Finley, Samuel	"	" "		
Funkhouser, Wilson L.	"	" "		
Funkhouser, Young	"	" "		
Gidcomb, John	"	" "		
Hartgrave, William	"	" "		
Howard, James	"	" "		
Porter, Francis	"	" "		
Porter, Oliver	"	" "		
Read, James	"	" "		
Read, Robert	"	" "		

Names subjoined do not appear on original rolls, but were furnished by War Department.

McFarland, William	Private	August 18, 1813	November 17, 1813	
Deen, Olden	"	" "	" "	
Tublett, Jordan	"	" "	" "	

ROLL OF ENSIGN YOUNG EWING'S COMPANY, KENTUCKY MOUNTED VOLUNTEER MILITIA—COMMANDED BY LIEUTENANT-COLONEL PHILIP BARBOUR.

Names.	Rank.	Date and Place of Muster.	To what time Engaged or Enlisted.	Remarks.
Young Ewing	Ensign	Newport, Aug. 31, 1813		
Thomas Kelley	Sergeant	" "		
William Appling	Corporal	" "		
Bradley, Richard	Private	" "		
Brian, Alexander	"	" "		
Chestnut, Samuel	"	" "		
Dake, David	"	" "		
Gibson, Jordan	"	" "		
Gorin, Gladdin	"	" "		
Holleday, Zachariah	"	" "		
McFarlin, Andrew M.	"	" "		
Shaw, Joel	"	" "		
Vanmeter, Jacob	"	" "		

The above is a part of Captain William Ewing's Company.

ROLL OF CAPTAIN ROBERT E. YATES' COMPANY, KENTUCKY MOUNTED VOLUNTEER MILITA—COMMANDED BY LIEUTENANT-COLONEL PHILIP BARBOUR.

Names.	Rank.	Date and Place of Muster.	To what time Engaged or Enlisted.	Remarks.
Robert E. Yates	Captain	Newport, Aug. 31, 1813		
Robert Sconce	Lieutenant	" "		
Isaac Thomas	Ensign	" "		
James B. Sutterville	1st Sergeant	" "		
John Vanmeter	2d Sergeant	" "		
Benjamin Keith	1st Corporal	" "		
Moses Sutton	2d Corporal	" "		
Able, John	Private	" "		
Anderson, James	"	" "		
Artman, John	"	" "		
Barnes, James	"	" "		
Brown, William	"	" "		
Burtle, Joseph	"	" "		
Campbell, Allen	"	" "		
Cleaver, William	"	" "		
Downs, William	"	" "		
Ferry, Moses	"	" "		
Keller, Frederick	"	" "		
Love, James	"	" "		
McLure, John	"	" "		
Miller, Michael	"	" "		
Oldham, Daniel D.	"	" "		
Oldham, John	"	" "		
Porter, John	"	" "		
Prunty, Robert	"	" "		
Purtle, Uriah	"	" "		
Rhoades, Samuel	"	" "		
Saltsman, George	"	" "		
Sconce, John	"	" "		
Sutton, John	"	" "		
Vanmeter, Nathan	"	" "		
Williams, John	"	" "		
Wiley, James	"	" "		
Subjoined name furnished by War Department.				
Blain, William	"	August 20, 1813	November 13, 1813	

SOLDIERS OF THE WAR OF 1812.

ROLL OF LIEUTENANT DANIEL WILSON'S COMPANY, KENTUCKY MOUNTED VOLUNTEER MILITIA—COMMANDED BY LIEUTENANT COLONEL PHILIP BARBOUR.

Names.	Rank.	Date and Place of Muster.	To what time Engaged or Enlisted.	Remarks.
Philip Barbour	Captain	Newport, Aug. 31, 1813		
Daniel Wilson	Lieutenant	" "		
Nevil Lindsey	Ensign	" "		
Andrew Burk	1st Sergeant	" "		
Thomas A. Griffin	2d Sergeant	" "		
Barbour, James T.	Private	" "		
Bentley, William	"	" "		
Bradshaw, Jonathan	"	" "		
Cheatham, Baxter D.	"	" "		
Clay, Thomas	"	" "		
Dixon, Robert	"	" "		
Fryley, Martin	"	" "		
Fuquay, Benjamin	"	" "		
Gnatkins, Horatio D.	"	" "		
Hart, David	"	" "		
Johns, Thomas	"	" "		
Jones, Adam	"	" "		
Lambert, Evan	"	" "		
Lambert, William	"	" "		
Mayes, Branch V.	"	" "		
McClain, Andrew W.	"	" "		
Pollard, Thomas	"	" "		
Richardson, Steven A.	"	" "		
Scott, Charles	"	" "		
Scott, John	"	" "		
Tate, John	"	" "		
Walder, William	"	" "		
Wilson, George	"	" "		

ROLL OF CAPTAIN WILLIAM WHITSETT'S COMPANY, KENTUCKY MOUNTED VOLUNTEER MILITIA—COMMANDED BY LIEUTENANT-COLONEL PHILIP BARBOUR.

Names.	Rank.	Date and Place of Muster.	To what time Engaged or Enlisted.	Remarks.
William Whitsett	Captain	Newport, Aug. 31, 1813		
Robert P. B. Caldwell	1st Lieutenant	" "		
William S. Lofland	2d Lieutenant	" "		
James McDonald	Ensign	" "		
Solomon Hunter	1st Sergeant	" "		
John B. Curd	2d Sergeant	" "		
Ezekiel Smith	3d Sergeant	" "		
John Williams	4th Sergeant	" "		
John Coner	1st Corporal	" "		
Lewis Parker	2d Corporal	" "		
John Thomas	3d Corporal	" "		
Hiram Jameson	4th Corporal	" "		
Barnett, James	Private	" "		
Barnett, John	"	" "		
Barnett, Morgan	"	" "		
Bibb, John B.	"	" "		
Bigger, John H.	"	" "		
Bishop, James	"	" "		
Caldwell, Samuel	"	" "		
Call, Jacob	"	" "		
Cason, Denis B.	"	" "		
Cooksy, Theophilus	"	" "		Sick—furloughed, and left at Delaware.
Copland, Lewis W.	"	" "		
Crittenden, Robert	"	" "		
Dawson, Robert	"	" "		
Davenport, Richard	"	" "		
Dougan, Jeremiah	"	" "		
Duevall, Lucius	"	" "		
Dunscomb, Samuel	"	" "		
Ewing, John L.	"	" "		
Fitzhugh, John	"	" "		
Gilleland, John	"	" "		
Glascow, Samuel	"	" "		
Glisson, Thomas	"	" "		
Green, George	"	" "		
Griggs, John	"	" "		
Ham, Joshua	"	" "		
Harrison, Barkley	"	" "		
Herndon, James	"	" "		Furlough given.
Hester, Middleton	"	" "		

ROLL OF CAPTAIN WILLIAM WHITSETT'S COMPANY, KENTUCKY MOUNTED VOLUNTEER MILITIA—Continued.

Names.	Rank.	Date and Place of Muster.	To what time Engaged or Enlisted.	Remarks.
Hickman, George	Private	Newport, Aug. 31, 1813		
Jackson, Charles	"	" "		
Johns, Jorden	"	" "		
Kenerly, John W.	"	" "		
Kerr, David	"	" "		
King, John B.	"	" "		
Kircheval, Thomas	"	" "		
Lion, James G.	"	" "		
Lofland, James	"	" "		
Manksfield, James	"	" "		
McFall, John	"	" "		
McGoodwin, James	"	" "		
McIntosh, John	"	" "		
McIntosh, Samuel	"	" "		
Millican, John	"	" "		
Moore, Richard	"	" "		
Neeley, Charles	"	" "		Promoted to 4th Corporal.
Nurse, James H.	"	" "		
Nurse, William	"	" "		
Ogden, Thomas	"	" "		
Patten, John	"	" "		
Patterson, Robert	"	" "		
Posey, Lane W.	"	" "		
Price, Mayor	"	" "		
Rafferty, Samuel	"	" "		
Ragsdale, Frederick	"	" "		
Reed, James	"	" "		
Sands, James	"	" "		
Saterfield, Archibald	"	" "		
Shelton, Thomas	"	" "		
Slaughter, Philip	"	" "		
Sprigs, Gilbert	"	" "		
Stephens, John	"	" "		
Sumner, Landy	"	" "		
Taylor, James W.	"	" "		
Trimble, John	"	" "		
Usry, John	"	" "		Was left to take care of Mr. Copeland.
Walker, David	"	" "		
West, Leonard	"	" "		

Names subjoined not on original roll, but furnished by War Department.

Lee, Thomas	"	August 17, 1813	November 16, 1813	
Duncan, James M.	"	" "	" "	
Thomas, John	"	" "	" "	

ROLL OF CAPTAIN JOSEPH McCLOSKEY'S COMPANY, KENTUCKY MOUNTED VOLUNTEER MILITIA—COMMANDED BY LIEUTENANT-COLONEL PHILIP BARBOUR.

Joseph McCloskey	Captain	Newport, Sept. 1, 1813		
John Wooten	Lieutenant	" "		
John Huston	2d Lieutenant	" "		
John Robinson	Ensign	" "		
John Milroy	1st Sergeant	" "		
Samuel Pitman	2d Sergeant	" "		
Samuel Watson	3d Sergeant	" "		
Thomas Houdy	4th Sergeant	" "		
John Brown	1st Corporal	" "		
Stephen May	2d Corporal	" "		
Samuel Howard	3d Corporal	" "		
Samuel Brown	4th Corporal	" "		
Ash, Benjamin	Private	" "		
Ash, George	"	" "		
Baldwin, James	"	" "		
Batman, William	"	" "		
Bell, John	"	" "		
Bennett, Samuel	"	" "		
Boley, Nicholas	"	" "		
Brown, James H.	"	" "		
Clarke, Thomas	"	" "		
Combs, Amos	"	" "		
Cook, William	"	" "		
Cotton, Edward	"	" "		

SOLDIERS OF THE WAR OF 1812.

ROLL OF CAPTAIN JOSEPH McCLOSKEY'S COMPANY, KENTUCKY MOUNTED VOLUNTEER MILITIA—Continued.

Names.	Rank.	Date and Place of Muster.	To what time Engaged or Enlisted.	Remarks.
Davis, Joseph W.	Private	Newport, Sept. 1, 1813		
Doddson, Wesley	"	" "		
Edwards, Travis	"	" "		
Flick, John	"	" "		
Glass, James	"	" "		
Graham, John P.	"	" "		
Guthrie, John	"	" "		
Harman, Thomas	"	" "		
Heady, Squire	"	" "		
Herrald, James	"	" "		
Herrington, Jeremiah	"	" "		
Hilton, William	"	" "		
Hunley, Sherwood	"	" "		
Kendle, James	"	" "		
King, Willis	"	" "		
Lowber, Peter	"	" "		
Lusher, Jacob	"	" "		
May, Anderson	"	" "		
McClelland, Robert	"	" "		
McMickam, Charles	"	" "		
Mills, Ely	"	" "		
Mug, Benjamin	"	" "		
Mug, William	"	" "		
Murphy, John	"	" "		
Romy, Butler G.	"	" "		
Roads, Barney	"	" "		
Robert, Abner	"	" "		
Russell, Samuel	"	" "		
Selch, Nicholas	"	" "		
Sherley, Joshua	"	" "		
Smiley, William	"	" "		
Vandwender, James	"	" "		
Watson, John	"	" "		
Wilcocks, Isaac	"	" "		
Wilson, John	"	" "		
Wilson, William	"	" "		
Wyatt, Luntseford	"	" "		

ROLL OF CAPTAIN WILLIAM R. PAYNE'S COMPANY, KENTUCKY MOUNTED VOLUNTEER MILITIA—COMMANDED BY LIEUTENANT-COLONEL PHILIP BARBOUR.

Names	Rank	Date and Place of Muster	To what time Engaged or Enlisted	Remarks
William R. Payne	Captain	Newport, Sept. 1, 1813		
Richard D. Neale	1st Lieutenant	" "		
James Maxey	2d Lieutenant	" "		
Hiram Roundtree	Ensign	" "		
John Brewer	1st Sergeant	" "		
William Hendricks	2d Sergeant	" "		
William Briggs	3d Sergeant	" "		
James Ford	4th Sergeant	" "		
Henry Grider	1st Corporal	" "		
John Boyd	2d Corporal	" "		
Shadrick Hays	3d Corporal	" "		
Thomas Edmonson	4th Corporal	" "		
Airy, John	Private	" "		
Ambrose, Jacob	"	" "		
Barclay, Eli	"	" "		
Barnes, James	"	" "		
Barnes, William	"	" "		
Birch, Cheadle	"	" "		
Boice, Jesse	"	" "		
Bowen, Reece	"	" "		
Bowsman, Samuel	"	" "		
Briggs, James T.	"	" "		
Brown, William	"	" "		
Campbell, James	"	" "		
Campbell, Samuel	"	" "		
Carter, John	"	" "		
Chapman, George	"	" "		
Coats, Austin	"	" "		
Coffman, Nathan	"	" "		
Cole, Andrew H.	"	" "		
Cawn, William	"	" "		

ROLL OF CAPTAIN WILLIAM R. PAYNE'S COMPANY, KENTUCKY MOUNTED VOLUNTEER MILITIA—Continued.

Names.	Rank.	Date and Place of Muster.	To what time Engaged or Enlisted.	Remarks.
Cox, Frederick	Private	Newport, Sept. 1, 1813.		
Donaldson, Lewis G.	"	" "		
Dunham, Joseph	"	" "		
Dunovan, William	"	" "		
Fisher, Samuel	"	" "		
Grider, John	"	" "		
Hobson, Jonathan	"	" "		
Inglish, William	"	" "		
Johnston, Absalom	"	" "		
Jones, Robert P.	"	" "		
Jones, William	"	" "		
Lawrence, Harper	"	" "		
Long, Nimrod	"	" "		
Lowry, West	"	" "		
Manance, John	"	" "		
Mazey, James	"	" "		
McNeal, Pleasant D.	"	" "		
Moore, Robert	"	" "		
Moore, Samuel	"	" "		
Neal, Thomas M.	"	" "		
Patrick, Luke	"	" "		
Randall, James	"	" "		
Ransdall, Charles M.	"	" "		
Richardson, John	"	" "		
Robinson, David H.	"	" "		
Scott, Lewis	"	" "		
Shanks, Henry	"	" "		
Smith, David	"	" "		
Smith, William	"	" "		
Snowden, Samuel	"	" "		
Snowden, William	"	" "		
Stroud, John	"	" "		
Tindell, Benjamin	"	" "		
Todd, Benjamin	"	" "		
Turner, Edward	"	" "		
Turner, Joel	"	" "		
Turner, Levi	"	" "		
Turner, Thomas	"	" "		
Upton, Elijah	"	" "		
Vance, John	"	" "		
Wallace, John	"	" "		
White, Amos	"	" "		
Wingfield, David	"	" "		
Wingfield, Jacob	"	" "		
Wingfield, Joseph	"	" "		
Young, William	"	" "		

ROLL OF LIEUTENANT ANDREW WALKER'S COMPANY, KENTUCKY MOUNTED VOLUNTEER MILITIA—COMMANDED BY LIEUTENANT COLONEL PHILIP BARBOUR.

Names	Rank	Date and Place of Muster	To what time Engaged or Enlisted	Remarks
Andrew Walker	Lieutenant	Newport, Aug. 30, 1813		
Baker, Abraham	Private	" "		
Baker, Abram	"	" "		
Broon, Isaac	"	" "		
Clarke, Drury	"	" "		
Clarke, Reuben	"	" "		
Clarke, William	"	" "		
Craddock, Zerrel	"	" "		
Hamilton, Adams	"	" "		
Hardin, Martin	"	" "		
Iolliff, James	"	" "		
Jones, David	"	" "		
Laswell, William	"	" "		
McKinney, Charles	"	" "		
Pierce, Richard	"	" "		
Ray, James	"	" "		
Rennick, Henry	"	" "		

The above is a part of Captain John Gorin's Company.

SOLDIERS OF THE WAR OF 1812.

ROLL OF CAPTAIN JOHN GORIN'S COMPANY, KENTUCKY MOUNTED VOLUNTEER MILITIA—COMMANDED BY LIEUTENANT-COLONEL PHILIP BARBOUR.

Names.	Rank.	Date and Place of Muster.	To what time Engaged or Enlisted.	Remarks.
John Gorin	Captain	Newport, Aug. 29, 1813	....	
Charles Harvey	Lieutenant	" "	....	
Richard Waggoner	Ensign	" "	....	
Joel Franklin	Orderly Sergeant	" "	....	
Jesse Borry	2d Sergeant	" "	....	
Thomas Cooke	3d Sergeant	" "	....	
William Coats	4th Sergeant	" "	....	
Barker T. Anderson	1st Corporal	" "	....	
John Franklin	2d Corporal	" "	....	
Samuel Mattox	3d Corporal	" "	....	
Mahlon Hall	4th Corporal	" "	....	
Anderson, William	Private	" "	....	
Bailey, Jacob	"	" "	....	
Bennett, Gabriel	"	" "	....	
Berry, Thompson	"	" "	....	
Bishop, Cary	"	" "	....	
Bishop, Thomas	"	" "	....	
Bush, William	"	" "	....	
Brown, Isaac	"	" "	....	
Cosby, Achilles	"	" "	....	
Chapman, Daniel	"	" "	....	
Clarke, John	"	" "	....	
Davidson, Elijah	"	" "	....	
Davidson, James	"	" "	....	
Dishman, William	"	" "	....	
Eubank, Richard	"	" "	....	
Evans, William	"	" "	....	
Fitzgerald, William	"	" "	....	
Fletcher, George W.	"	" "	....	
Foster, Barnett	"	" "	....	
Foster, David	"	" "	....	
Foster, James	"	" "	....	
Franklin, Martin	"	" "	....	
Goodall, Loddonick	"	" "	....	
Goodwin, James	"	" "	....	
Goodwin, John	"	" "	....	
Gray, William	"	" "	....	
Halley, Maximillian	"	" "	....	
Hall, Joseph	"	" "	....	
Hampton, Amos	"	" "	....	
Hampton, Joshua	"	" "	....	
Hardy, Thomas	"	" "	....	
Humphries, Thomas	"	" "	....	
Jenkins, Richard	"	" "	....	
Jenkins, William	"	" "	....	
Kirtley, Abraham	"	" "	....	
Lowe, Samuel B.	"	" "	....	
Mattox, Ignatius	"	" "	....	
Mayfield, Isaac	"	" "	....	
McCullum, John	"	" "	....	
McMurry, Samuel	"	" "	....	
Melton, Isaac	"	" "	....	
Moss, William	"	" "	....	
Newell, James	"	" "	....	
Perkins, Tarlton	"	" "	....	
Pointer, Edmond	"	" "	....	
Pointer, John	"	" "	....	
Reed, James	"	" "	....	
Robertson, Thomas	"	" "	....	
Robertson, William	"	" "	....	
Rousey, William	"	" "	....	
Shelton, David	"	" "	....	
Suter, John	"	" "	....	
Turpin, Elisha	"	" "	....	
Waggoner, Reuben	"	" "	....	
Waters, Jacob	"	" "	....	
Wilkerson, Richard	"	" "	....	
Wilson, Richard	"	" "	....	
Melton, Jesse	"	August 20, 1813	November 12, 1813	
James, David	"	" "	" "	
Lofwell, William	"	" "	" "	
Ponton, John	"	" "	" "	

See Ensign Andrew Walker's Company, that being a part of this Company, and mustered separately.

ROLL OF CAPTAIN JAMES TYLER'S COMPANY, KENTUCKY MOUNTED VOLUNTEER MILITIA—COMMANDED BY LIEUTENANT-COLONEL PHILIP BARBOUR.

Names.	Rank.	Date of Muster.	To what time Engaged or Enlisted.	Remarks.
James Tyler	Captain	August 19, 1813	November 14, 1813	
Philip Thompson	1st Lieutenant	" "	" "	
Benjamin Newton	2d Lieutenant	" "	" "	
Thomas Moseley	Ensign	" "	" "	
John Smith	Sergeant	" "	" "	
John Crow	Sergeant	" "	" "	
Mason Wood	Sergeant	" "	" "	
Joseph Gurbo	Corporal	" "	" "	
Walter Crow	Corporal	" "	" "	
Jesse Crow	Corporal	" "	" "	
Adkins, Harrison	Private	" "	" "	
Albin, Reuben	"	" "	" "	
Beal, Hilary	"	" "	" "	
Coffee, Philip	"	" "	" "	
Christian, Charles	"	" "	" "	
Condit, Peter	"	" "	" "	
Crow, Edward	"	" "	" "	
Crumley, John	"	" "	" "	
Diamond, Julian	"	" "	" "	
Dulin, William	"	" "	" "	
Ford, Warren	"	" "	" "	
Files, John	"	" "	" "	
Frizzle, Beverly	"	" "	" "	
Garnett, Reuben	"	" "	" "	
Handcock, Samuel	"	" "	" "	
Hamilton, Thomas	"	" "	" "	
Haynes, Daniel	"	" "	" "	
Hepsley, Amos	"	" "	" "	
Hill, Henry	"	" "	" "	
Howell, Mason J.	"	" "	" "	
Howard, Will	"	" "	" "	
Howard, Groves	"	" "	" "	
Howard, John	"	" "	" "	
Ingram, James	"	" "	" "	
Jones, William	"	" "	" "	
Lindsey, Thomas	"	" "	" "	
Lane, Lewis	"	" "	" "	
Madison, James	"	" "	" "	
Martin, Thomas	"	" "	" "	
Meekley, Henry	"	" "	" "	
Milay, William	"	" "	" "	
Neal, Thomas	"	" "	" "	
Roan, John	"	" "	" "	
Rogers, Lewis	"	" "	" "	
Shepherd, William	"	" "	" "	
Smith, John J.	"	" "	" "	
Stevens, Joseph	"	" "	" "	
Tanner, Thomas	"	" "	" "	
Taylor, William	"	" "	" "	
Taylor, Joseph	"	" "	" "	
Turnbo, George	"	" "	" "	
Travis, John	"	" "	" "	
Wall, Banister	"	" "	" "	
Wayne, Henry L.	"	" "	" "	
Wilcox, Abraham	"	" "	" "	

Roll of Field and Staff, Williams' Regiment, Kentucky Volunteers, of the War of 1812, and Notes on Organization and Record of service, raised in pursuance of the address of 31st of July, 1813, of Isaac Shelby, Governor of Kentucky, and rendezvoused at Newport, Kentucky, August 31st, 1813—Commanded by Colonel William Williams.

NAMES.	Rank.	Date and Place of Muster.	To what time Engaged or Enlisted.	REMARKS.
William Williams	Colonel	August 31, 1813		
Jeremiah Stroud	Major	" "		
Lewis Kincheloe	"	" "		
Stephen Taylor	Surgeon	" "		
John Bennett	Surgeon's Mate	" "		
Archibald Woods	Adjutant	" "		
Matthew Clarke	Paymaster	" "		
James Jones	Quartermaster	" "	October 21, 1813	
Will R. Ashby	"	October 21, 1813	November 7, 1813	
Will R. Ashby	Qr. M. Sergeant	August 31, 1813	October 21, 1813	
Willis Green	"	October 21, 1813	November 7, 1813	
Will C. Barnett	Sergeant Major	August 31, 1813		

ROLL OF CAPTAIN BENJAMIN BAYLES' COMPANY, KENTUCKY MOUNTED VOLUNTEER LIGHT DRAGOONS—COMMANDED BY COLONEL WILLIAM WILLIAMS.

Names	Rank	Date and Place of Muster	To what time Engaged or Enlisted	Remarks
Benjamin Bayles	Captain	Newport, Aug. 31, 1813		
Winslow Parker	1st Lieutenant	" "		
James A. Paxton	2d Lieutenant	" "		
John P. McKay	Orderly Sergeant	" "		
Arthur Fox	1st Sergeant	" "		
William B. Johnston	2d Sergeant	" "		
John Samuel	3d Sergeant	" "		
James Campbell	4th Sergeant	" "		
Zebulon L. Hart	1st Corporal	" "		
Stephen Lashbrook	2d Corporal	" "		
Christian Shultz	3d Corporal	" "		
George G. Chinn	4th Corporal	" "		
Best, James	Private	" "		
Blanchard, John	"	" "		
Brading, James	"	" "		
Brierly, Samuel	"	" "		
Brook, Humphrey	"	" "		
Bryant, Lewis	"	" "		
Bullock, William G.	"	" "		
Byram, William	"	" "		
Cahill, Ellison	"	" "		
Chutter, William	"	" "		
Corgell, James	"	" "		
Cox, Enoch	"	" "		
Cox, Jonathan	"	" "		
Dougherty, John	"	" "		
Duke, Thomas M.	"	" "		
Drake, Benjamin	"	" "		
Drake, Ralph	"	" "		
Dyson, Thomas	"	" "		
Edwards, Alexander	"	" "		Absent with leave.
Ewell, Leroy	"	" "		Absent with leave.
Glenn, James	"	" "		
Corsage, James	"	" "		
Corsage, William	"	" "		
Hancock, William	"	" "		
Hoge, Nimrod G.	"	" "		
Hudson, Bailey W.	"	" "		

ROLL OF CAPTAIN BENJAMIN BAYLES' COMPANY, KENTUCKY MOUNTED VOLUNTEER LIGHT DRAGOONS—Continued.

Names.	Rank.	Date and Place of Muster.	To what time Engaged or Enlisted.	Remarks.
Hurst, Harmon	Private	Newport, Aug. 31, 1813		
Lurton, James	"	" "		
McCarty, Nathaniel	"	" "		
McCord, William	"	" "		
McClung, Thomas	"	" "		
McGalliard, Joseph	"	" "		
McKinsey, John	"	" "		
McNary, John	"	" "		
Means, Amos	"	" "		
Moore, Samuel	"	" "		
Newdegate, William	"	" "		
Nicholson, Thomas	"	" "		
Osborne, Wilson S.	"	" "		
Phillips, Daniel	"	" "		
Pool, Thomas	"	" "		
Ravenscraft, John	"	" "		
Ryan, James	"	" "		
Silvers, Joseph	"	" "		
Smith, David	"	" "		Absent with leave.
Spurrier, Garrard	"	" "		
Stubblefield, George W.	"	" "		
Taylor, Joseph	"	" "		
Taylor, Thomas	"	" "		
Tolliver, Benjamin	"	" "		
Vandeventer, Peter	"	" "		
Vandeventer, Robert	"	" "		
Wallingsford, Samuel	"	" "		
Wiley, James	"	" "		
Wilson, James	"	" "		
Wood, Charles	"	" "		
Wood, David	"	" "		
Woolfolk, Thomas	"	" "		
Yancy, Thomas	"	" "		
Payton B. Key	Ensign	August 31, 1813	November 9, 1813	
Abraham Proctor	Corporal	" "	" "	
Glenn, Isaac	Private	" "	" "	
Wilson, Thomas	"	" "	" "	

ROLL OF CAPTAIN SILVANUS MASSIE'S COMPANY, KENTUCKY MOUNTED VOLUNTEER MILITIA—COMMANDED BY COLONEL WILLIAM WILLIAMS.

Names.	Rank.	Date and Place of Muster.	To what time Engaged or Enlisted.	Remarks.
Silvanus Massie	Captain	Newport, Aug. 31, 1813		
Andrew Briscoe	Lieutenant	" "		
Joseph Black	Ensign	" "		
Levi Williams	Sergeant	" "		
Adams, William	Private	" "		
Bartlett, John	"	" "		
Bartlett, Henry	"	" "		
Bell, William	"	" "		
Bennett, Joshua	"	" "		
Burgy, Manson	"	" "		
Campbell, Joseph	"	" "		
Conn, Francis	"	" "		
Corum, Hiram	"	" "		Absent.
Corum, John	"	" "		
Dunn, James	"	" "		
Durbin, Edwards	"	" "		
Faulkner, Henry	"	" "		
Gentry, Nicholas	"	" "		
Gentry, William	"	" "		
Griffith, James	"	" "		
Gwinn, William	"	" "		Absent.
Hicks, Robert	"	" "		
Hicks, William	"	" "		
Hunt, Dudley	"	" "		
Johnson, Vincent	"	" "		
Kavanaugh, Charles	"	" "		
Lamb, James	"	" "		
Lamb, Pendleton	"	" "		
Lamb, Thomas	"	" "		
Lowry, William C.	"	" "		
Martin, David	"	" "		

ROLL OF CAPTAIN SILVANUS MASSIE'S COMPANY, KENTUCKY MOUNTED VOLUNTEER MILITIA—Continued.

Names.	Rank.	Date and Place of Muster.	To what time Engaged or Enlisted.	Remarks.
McGuire, Jesse	Private	Newport, Aug. 31, 1813		
Million, Burrell	"	" "		
Perkins, William	"	" "		Absent.
Powel, Jeremiah	"	" "		
Powel, John	"	" "		
Powel, Obediah	"	" "		
Proctor, William	"	" "		
Rafferty, William	"	" "		
Reives, Thomas	"	" "		
Reynolds, Charles	"	" "		
Roberts, George	"	" "		
Rummins, Abram	"	" "		
Shearer, Hiram	"	" "		
Stagner, Jesse	"	" "		Absent.
Stagner, Thomas	"	" "		
Todd, Caleb	"	" "		
Todd, Jesse	"	" "		
Tamblin, Joel	"	" "		Absent.
Turner, Enoch	"	" "		
Vanbuskirk, John	"	" "		
Watson, William	"	" "		
Witt, Elisha	"	" "		
Witt, Littlebery	"	" "		
Wood, Samuel	"	" "		
Campbell, Jesse	"	August 25, 1813	November 6, 1813	
Lamb, Samuel	"	" "	" "	

ROLL OF CAPTAIN LEWIS KINCHELOE'S COMPANY, KENTUCKY MOUNTED VOLUNTEER MILITIA—COMMANDED BY COLONEL WILLIAM WILLIAMS.

Names.	Rank.	Date and Place of Muster.	To what time Engaged or Enlisted.	Remarks.
Lewis Kincheloe	Captain	Newport, Sept. 11, 1813		
Charles F. Wing	Lieutenant	" "		
John Dobyns	Ensign	" "		
Baldwin, Herbert W.	Private	" "		
Brown, Frederick	"	" "		
Butler, Samuel	"	" "		
Culbertson, Robert W.	"	" "		
Davis, Randolph	"	" "		
Davis, William	"	" "		
Drake, Mosely	"	" "		
Graves, John C.	"	" "		
Ham, David	"	" "		
Harris, Richard	"	" "		
Haws, John	"	" "		
Hill, Asa	"	" "		
Hill, John	"	" "		
Hill, William	"	" "		
McFerson, John	"	" "		
Miller, George	"	" "		
Murphy, Samuel	"	" "		
Neff, Henry	"	" "		
O'Neal, Spencer	"	" "		
Pace, Daniel	"	" "		
Pace, Joel	"	" "		
Penrod, George	"	" "		
Rodmin, Parmenas	"	" "		
Roark, William	"	" "		
Raco, Henry	"	" "		
Segler, Jacob	"	" "		
Shelton, John	"	" "		
Smith, Hugh	"	" "		
Uzzell, Thomas	"	" "		
Wilcox, Thomas	"	" "		
Worthington, Isaac	"	" "		
John W. Langley	Corporal	August 31, 1813	November 18, 1813	
Row, Henry	Private	" "	" "	
Jones, Fielding	"	" "	" "	
Langley, James	"	" "	" "	

SOLDIERS OF THE WAR OF 1812.

ROLL OF CAPTAIN THOMAS McJILTON'S COMPANY, KENTUCKY MOUNTED VOLUNTEER MILITIA—COMMANDED BY COLONEL WILLIAM WILLIAMS.

Names.	Rank.	Date and Place of Muster.	To what time Engaged or Enlisted.	Remarks.
Thomas McJilton	Captain	Newport, Aug. 30, 1818		
Robert Baker	Lieutenant	" "		
Pleasant Parker	Ensign	" "		
Daniel Sybert	2d Sergeant	" "		
William Harris	3d Sergeant	" "		
Isaac Martin	4th Sergeant	" "		
John Seabourn	1st Corporal	" "		
Merrit Hubbard	2d Corporal	" "		
Archibald Ellison	3d Corporal	" "		
John Casteel	4th Corporal	" "		
Baker, Bowling	Private	" "		
Bengo, David	"	" "		
Bowling, Isham	"	" "		
Broadus, Jeremiah	"	" "		
Bunch, Garrett	"	" "		
Bunch, William	"	" "		
Cain, Jacob	"	" "		
Callihan, Isaac	"	" "		
Dunbar, James	"	" "		
Duncil, William	"	" "		
Edwards, Meredith	"	" "		
Francis, Samuel	"	" "		
Hynes, John	"	" "		
Lewis, David	"	" "		
Love, Granville N.	"	" "		
Love, James	"	" "		
McCoy, David	"	" "		
McCammon, William	"	" "		
Morris, George	"	" "		
Morris, William	"	" "		
Schoolcraft, George	"	" "		
Shackleford, Marquis	"	" "		

ROLL OF CAPTAIN JOHNSTON DYSART'S COMPANY, KENTUCKY MOUNTED VOLUNTEER MILITIA—COMMANDED BY COLONEL WILLIAM WILLIAMS.

Names.	Rank.	Date and Place of Muster.	To what time Engaged or Enlisted.	Remarks.
Johnston Dysart	Captain	Newport, Aug. 31, 1813		
Charles C. Carson	Lieutenant	" "		
Joseph Henderson	Ensign	" "		
James Wilson	1st Sergeant	" "		
Jacob Frederick	2d Sergeant	" "		
Isaiah Ham	3d Sergeant	" "		
Samuel Vance	4th Sergeant	" "		
John Bustle	1st Corporal	" "		
John Evans	2d Corporal	" "		
George Watkins	3d Corporal	" "		
Isaac Dillard	4th Corporal	" "		
Alexander, George	Private	" "		
Bailey, Hannan	"	" "		
Bealey, Reuben	"	" "		Absent.
Bell, Elijah	"	" "		
Bowen, Jacob	"	" "		
Brooks, James	"	" "		
Brown, Wilson	"	" "		
Buford, William	"	" "		
Callahan, John	"	" "		
Callons, Andrew	"	" "		
Colyar, Gabriel	"	" "		
Colyar, John	"	" "		
Conn, Alexander	"	" "		
Cremon, John	"	" "		
Dearmine, Flenion	"	" "		
Denning, Levi	"	" "		
Dysart, Samuel	"	" "		
Graves, William	"	" "		
Haley, John	"	" "		
Henderson, William	"	" "		
Jones, James	"	" "		
Lawrence, Thomas	"	" "		
McEnturf, Manuel	"	" "		
Owens, Allen	"	" "		
Owens, Martin	"	" "		

SOLDIERS OF THE WAR OF 1812.

ROLL OF CAPTAIN JOHNSTON DYSART'S COMPANY, KENTUCKY MOUNTED VOLUNTEER MILITIA—Continued.

Names.	Rank.	Date and Place of Muster.	To what time Engaged or Enlisted.	Remarks.
Owens, Presley	Private	Newport, Aug. 31, 1813		
Owens, Samuel	"	" "		
Roberts, Hiram	"	" "		
Roberts, James	"	" "		
Stewart, James	"	" "		
Tenner, Silvester	"	" "		
Terrell, James	"	" "		
Thompson, Joseph	"	" "		
Tysah, John	"	" "		
Warren, Benjamin	"	" "		
White, Joel	"	" "		

ROLL OF CAPTAIN JOHN C. McWILLIAMS' COMPANY, KENTUCKY MOUNTED VOLUNTEER MILITIA—COMMANDED BY COLONEL WILLIAM WILLIAMS.

Names.	Rank.	Date and Place of Muster.	To what time Engaged or Enlisted.	Remarks.
John C. McWilliams	Captain	Newport, Aug. 31, 1813		
John W. Elliott	Lieutenant	" "		
Richard Gentry	Ensign	" "		
James Scott	1st Sergeant	" "		
William Farris	2d Sergeant	" "		
William Elliott	3d Sergeant	" "		
James Blythe	4th Sergeant	" "		
Anderson, Allen	Private	" "		
Barnett, William C.	"	" "		
Broadus, Pascal	"	" "		
Butcher, Robert	"	" "		
Calvin, Jeremiah	"	" "		
Cochran, James	"	" "		
Cochran, Robert	"	" "		
Cochran, William	"	" "		
Davis, Asa	"	" "		
Dougherty, Cornelius	"	" "		
Glascow, Nathan	"	" "		
Goen, Francis	"	" "		
Goen, Pollard	"	" "		
Hawkins, William	"	" "		
Haze, David	"	" "		
Henson, Francis	"	" "		
Hopper, James	"	" "		
Hopper, John	"	" "		
Johnson, Thomas	"	" "		
Kirkpatrick, Hugh	"	" "		
Mason, William	"	" "		
McClane, Richard W.	"	" "		
McKay, James	"	" "		
McNitt, Joseph	"	" "		
McWilliams, Alex. C.	"	" "		
Mitchell, Samuel	"	" "		
Moore, John	"	" "		
Moran, Barnett C.	"	" "		
Moran, Joshua	"	" "		
Ried, James	"	" "		
Ried, John	"	" "		
Ried, William	"	" "		
Ross, Alexander	"	" "		
Ross, George	"	" "		
Scott, Mathew	"	" "		
Snoddy, Joseph W.	"	" "		
Stinson, Andrew	"	" "		
Stinson, James	"	" "		
Tomblin, Ambrose	"	" "		
Tomblin, Joel	"	" "		
Vaughan, Elisha	"	" "		
White, Henry	"	" "		
Wiley, Hiram	"	" "		
Wiley, Zachariah	"	" "		
Woods, William	"	" "		
Buckner, Robert	Corporal	August 25, 1813	November 8, 1813	
Horan, Joshua	Private	" "	" "	

ROLL OF CAPTAIN RICHARD C. HOLDER'S COMPANY, KENTUCKY MOUNTED VOLUNTEER MILITIA—COMMANDED BY COLONEL WILLIAM WILLIAMS.

Names.	Rank.	Date and Place of Muster.	To what time Engaged or Enlisted.	Remarks.
Richard C. Holder	Captain	Newport, Aug. 30, 1813		
Archibald Woods	Lieutenant	" "		
William Harris	Ensign	" "		
John Hart	1st Sergeant	" "		
James A. Cannon	2d Sergeant	" "		
James Barnes	3d Sergeant	" "		
William Kavanaugh	4th Sergeant	" "		
Joseph Bralton	1st Corporal	" "		
Steward Stevens	2d Corporal	" "		
Willis Green	3d Corporal	" "		
Tarlton Turner	4th Corporal	" "		
Ashby, William R.	Private	" "		
Barnes, Aswell	"	" "		
Bentley, John	"	" "		
Biggerstaff, Hiram	"	" "		
Charls, Ishmael	"	" "		
Clarke, Turner	"	" "		
Dickey, William	"	" "		
Easten, Johnson	"	" "		
Fox, George	"	" "		
Fullileve, Larkin	"	" "		
Harris, Samuel	Trumpeter	" "		
Hays, Arthur	Private	" "		
Hays, Benjamin	"	" "		
Irvine, Davis	"	" "		
Kerley, John	"	" "		
Lancaster, Delaney	"	" "		
Lancaster, Larkee	"	" "		
Lancaster, Littleton	"	" "		
McQueen, John	"	" "		
Miller, Frederick	"	" "		
Moberly, Thomas	"	" "		
Newland, Abraham	"	" "		
Newman, George	"	" "		
Newman, Henry	"	" "		
Prophet, Anderson	"	" "		
Reid, James	"	" "		
Sandford, John D.	"	" "		
Simon, David	"	" "		
Smith, John Speed	"	" "		
Taylor, Peter	"	" "		
Tribble, John	"	" "		
Vaughn, Rareley	"	" "		
Waters, Sampson	"	" "		
Waters, Samuel	"	" "		
Wayne, William	"	" "		
White, Nicholas	"	" "		
Williams, William	"	" "		
Woods, Aswell D.	"	" "		
Mays, Benjamin	"	August 25, 1813	November 6, 1813	

ROLL OF CAPTAIN JOHN HAYDEN'S COMPANY, KENTUCKY MOUNTED VOLUNTEER MILITIA—COMMANDED BY COLONEL WILLIAM WILLIAMS.

Names.	Rank.	Date and Place of Muster.	To what time Engaged or Enlisted.	Remarks.
John Hayden	Captain	Newport, Sept 1, 1813		
William Furnish	Lieutenant	" "		
Jonathan Hedger	"	" "		
David Ralston	Ensign	" "		
Lewis Conner	1st Sergeant	" "		
Noah Halbert	2d Sergeant	" "		
William Lindsey	3d Sergeant	" "		
Garnet Hayden	4th Sergeant	" "		
George Goodnight	1st Corporal	" "		
Martin Odour	2d Corporal	" "		
William Porter	3d Corporal	" "		
William Odour	4th Corporal	" "		
Agler, Samuel	Private	" "		
Chandler, George R.	"	" "		
Clark, John R.	"	" "		
Dungan, Thomas	"	" "		
Eckler, Samuel	"	" "		
Ferguson, John	"	" "		

ROLL OF CAPTAIN JOHN HAYDEN'S COMPANY, KENTUCKY MOUNTED VOLUNTEER MILITIA—Continued.

Names.	Rank.	Date and Place of Muster.	To what time Engaged or Enlisted.	Remarks.
Green, William	Private	Newport, Sept. 1, 1813	. . . .	
Hutchison, William	"	" "	. . . .	
Kendal, Enoch	"	" "	. . . .	
Levi, Hugh	"	" "	. . . .	
Martin, David	"	" "	. . . .	
Martin, John	"	" "	. . . .	
McDowell, Thomas	"	" "	. . . .	
Milner, Edmund	"	" "	. . . .	
Milner, John	"	" "	. . . .	
Mitchell, James	"	" "	. . . .	
Mitchell, Joseph	"	" "	. . . .	
Moore, James	"	" "	. . . .	
Moore, William	"	" "	. . . .	
Mussulman, Daniel	"	" "	. . . .	
Ritter, Lewis	"	" "	. . . .	
Shearer, Michael	"	" "	. . . .	
Shropshire, William	"	" "	. . . .	In a correspondence between Capt. John Hayden and John Bennett to Gov. Isaac Shelby, it is clearly shown that Mr. Shropshire was a faithful soldier, and deserved an honorable discharge or furlough.
Shuppett, Jacob	"	" "	. . . .	
Wells, Bazil	"	" "	. . . .	
Wells, Benjamin	"	" "	. . . .	
Winn, William	"	" "	. . . .	

ROLL OF CAPTAIN WILLIAM BERRYMAN'S COMPANY, KENTUCKY MOUNTED VOLUNTEER MILITIA—COMMANDED BY COLONEL WILLIAM WILLIAMS.

Names	Rank	Date and Place of Muster	To what time Engaged or Enlisted	Remarks
William Berryman	Captain	August 20, 1813	November 13, 1813	
Willis J. Williams	1st Lieutenant	" "	" "	
Henry Collins	Ensign	" "	" "	
Travers Duncan	Sergeant	" "	" "	
Samuel Keely	"	" "	" "	
Joseph Chapman	"	" "	" "	
James Spillman	"	" "	" "	
James McCollister	Corporal	" "	" "	
Jesse Kerby	"	" "	" "	
Upsham Martin	"	" "	" "	
Robert Duff	"	" "	" "	
Barnabus Low	Musician	" "	" "	
Abshear, John	Private	" "	" "	
Barton, John	"	" "	" "	
Barton, Berry	"	" "	" "	
Carter, Charles	"	" "	" "	
Chapman, Jeremiah	"	" "	" "	
Charon, David	"	" "	September 14, 1813	
Dobson, Thomas	"	" "	November 13, 1813	
Davis, John	"	" "	" "	
Dawson, Jonathan	"	" "	" "	
Dinwiddie, James	"	" "	" "	
Dobson, James	"	" "	" "	
Darrel, David	"	" "	" "	
Darrel, John	"	" "	" "	
Duncan, Ashley	"	" "	" "	
Ellison, George	"	" "	" "	
Field, Ambrose	"	" "	" "	
Foley, James	"	" "	" "	
Gibson, Jacob	"	" "	" "	
Gibson, William	"	" "	October 20, 1813	
Gibson, John	"	" "	November 13, 1813	
Hardcastle, William	"	" "	September 17, 1813	
Hardcastle, John	"	" "	November 13, 1813	
Hopson, Alexander	"	" "	" "	
Kerby, Isaiah	"	" "	" "	
Martin, William G.	"	" "	" "	
McKinney, Kennith	"	" "	" "	
Ormsby, Nicholas	"	" "	" "	
Patton, William	"	" "	" "	
Ray, James S.	"	" "	October 25, 1813	
Rockburk, Benjamin	"	" "	September 11, 1813	
Sameboy, Adam	"	" "	October 31, 1813	
Thomas, Samuel	"	" "	November 13, 1813	
Whaley, James	"	" "	" "	
Wharton, Thomas	"	" "	" "	
Williams, Ralph	"	" "	" "	

SOLDIERS OF THE WAR OF 1812.

ROLL OF CAPTAIN WILLIAM BERRYMAN'S COMPANY, KENTUCKY MOUNTED VOLUNTEER MILITIA—Continued.

Names.	Rank.	Date of Muster.	To what time Engaged or Enlisted.	Remarks.
Wainscott, Robert	Private	August 20, 1813	November 13, 1813	
Wharton, Edwin	"	" "	September 11, 1813	
Young, William	"	" "	September 9, 1813	
Gibson, Joseph	"	" "	October 26, 1813	

ROLL OF CAPTAIN HENRY R. LEWIS' COMPANY, KENTUCKY MOUNTED VOLUNTEER MILITIA—COMMANDED BY COLONEL WILLIAM WILLIAMS.

Names	Rank	Date of Muster	To what time Engaged or Enlisted	Remarks
Henry R. Lewis	Captain	September 1, 1813	November 13, 1813	
Robert McClure	Lieutenant	" "	" "	
Greenlief Morrell	Ensign	" "	October 11, 1813	
Alexander Reid	Sergeant	" "	November 20, 1813	
John Milhollon	"	" "	" "	
John Golliker	Corporal	" "	" "	
Edmund Kenneda	"	" "	" "	
Adams, Westley	Private	" "	" "	
Anderson, John G.	"	" "	" "	
Barton, Roger	"	" "	" "	
Boyertt, Joseph	"	" "	" "	
Berdine, James	"	" "	" "	
Estis, John	"	" "	" "	
Estis, Joseph	"	" "	" "	
Grace, Allen	"	" "	" "	
Johnson, James	"	" "	" "	
Mitchell, Jonas	"	" "	" "	
Smith, Stephen	"	" "	" "	
Terrell, Ebar	"	" "	" "	

ROLL OF CAPTAIN JOHN DUVALL'S COMPANY OF INFANTRY OF THE KENTUCKY MILITIA, PURSUANT TO AN ACT OF THE GENERAL ASSEMBLY, APPROVED THE THIRD DAY OF FEBRUARY, 1813.

Names	Rank	Date of Muster	To what time Engaged or Enlisted	Remarks
John Duvall	Captain	March 4, 1813	September 4, 1813	
William Brown	Lieutenant	" "	" "	
Richard Tiner	Ensign	" "	" "	
Daniel Johnson	"	" "	" "	
James Stewart	1st Sergeant	" "	" "	
George Leforce	2d Sergeant	" "	" "	
Newgent H. Matthews	3d Sergeant	" "	" "	
Ezekiel F. Scott	4th Sergeant	" "	" "	
Catlett Tiffee	5th Sergeant	" "	" "	
Armstead Jones	6th Sergeant	" "	" "	
Edward Branham	1st Corporal	" "	" "	
Daniel Hopkins	2d Corporal	" "	" "	
Gaydon Manifee	3d Corporal	" "	" "	
William McMurtry	4th Corporal	" "	" "	
Alexander, Solomon	Private	" "	" "	
Atkins, Absalom	"	" "	" "	Substitute for William A. Withers.
Baldwin, Jeremiah	"	" "	" "	
Bartlett, Scarlet	"	" "	" "	
Bates, Willis	"	" "	" "	
Birt, James	"	" "	" "	
Bledsoe, William	"	" "	" "	Absent.
Bradford, Austin	"	" "	" "	
Branham, Sanford	"	" "	" "	
Branham, Simeon	"	" "	" "	
Branham, William L.	"	" "	" "	
Brannin, Richard	"	" "	" "	Absent.
Brewer, Richard	"	" "	" "	
Brissea, William	"	" "	" "	
Brown, Samuel	"	" "	" "	
Busick, Levin	"	" "	" "	
Carius, Absalom	"	" "	" "	
Chandler, Alfred	"	" "	" "	
Cullin, Charles	"	" "	" "	
Dehoney, William	"	" "	" "	In jail.
DeMoss, John	"	" "	" "	

ROLL OF CAPTAIN JOHN DUVALL'S COMPANY OF INFANTRY OF THE KENTUCKY MILITIA—Continued.

NAMES.	Rank.	Date of Muster.	To what time Engaged or Enlisted.	REMARKS.
Dickey, John	Private	March 4, 1813	September 4, 1813	
Doyle, Patrick	"	" "	" "	
Duncan, Peter	"	" "	" "	
Elliott, James	"	" "	" "	
Evans, John	"	" "	" "	
Farmer, Littleberry	"	" "	" "	
Fish, Francis	"	" "	" "	
Francis, Thomas	"	" "	" "	Absent.
Glenn, Fielding	"	" "	" "	
Glenn, James	"	" "	" "	
Hall, George	"	" "	" "	
Hammon, Lewis	"	" "	" "	
Hardin, William	"	" "	" "	Substitute for John Hann
Harrison, Joel	"	" "	" "	
Henry, John	"	" "	" "	
James, Joseph	"	" "	" "	
Johns, Abraham	"	" "	" "	Substitute for G. F. Saultenstall.
Johnson, Mark	"	" "	" "	Absent.
Kircheval, John	"	" "	" "	
Kirtley, John	"	" "	" "	
Landrum, Burrell	"	" "	" "	
Lynn, John, Jr.	"	" "	" "	
Manning, James	"	" "	" "	Substitute for A. Clayton.
Masterson, Aaron	"	" "	" "	Substitute for John Risk.
Matthews, James A.	"	" "	" "	Substitute for Joseph H. Literall.
Mays, William H.	"	" "	" "	
McCaffety, Thomas	"	" "	" "	
McClain, William	"	" "	" "	
McFartridge, Robert	"	" "	" "	
McHatton, James	"	" "	" "	
Montague, Thomas	"	" "	" "	
Montgomery, William	"	" "	" "	
Morin, James	"	" "	" "	
Mulberry, John	"	" "	" "	
Murphy, Joshua	"	" "	" "	
O'Neal, George	"	" "	" "	
Orsbourn, John	"	" "	" "	
Perry, Anthony	"	" "	" "	
Perry, George	"	" "	" "	
Peterson, James, Sr.	"	" "	" "	
Poague, Joseph	"	" "	" "	
Poindexter, Peter	"	" "	" "	
Power, Joseph	"	" "	" "	
Price, John	"	" "	" "	
Risk, John	"	" "	" "	
Ritchey, John	"	" "	" "	
Sharpe, Benjamin	"	" "	" "	
Sims, Marmaduke	"	" "	" "	
Smith, Lewis	"	" "	" "	
Southworth, Ivyson	"	" "	" "	
Stanton, Thomas	"	" "	" "	Substitute for Nelson Smith.
Tancil, Francis	"	" "	" "	
Tompkins, John	"	" "	" "	
Vinzeant, Joshua	"	" "	" "	
Ward, William H.	"	" "	" "	
West, Marine D.	"	" "	" "	
Wiggins, John	"	" "	" "	
Williams, Robert	"	" "	" "	
Williams, Wesley	"	" "	" "	
Williamson, John	"	" "	" "	
Wilson, Samuel	"	" "	" "	
Winkfield, Samuel	"	" "	" "	
Woodgate, Jonathan	"	" "	" "	
Woolum, Charles	"	" "	" "	Substitute for Clement Griffith.
Wright, Edward	"	" "	" "	

Roll of a Company of Kentucky Mounted Volunteer Militia, under command of Captain George Baltzell, raised in pursuance of the address of 31st of July, 1813, of Isaac Shelby, Governor of Kentucky, and rendezvoused at Put-in-Bay September 22d, 1813, to serve the United States according to the terms of said address.

Names.	Rank.	Date and Place of Muster.	To what time Engaged or Enlisted.	Remarks.
George Baltzell	Captain	Put-in-Bay, Sep. 22, 1813		No muster rolls of this company, and no certificate from the commanding officer.
Samuel Arnold	Lieutenant	" "		
James Clark	Ensign	" "		
George Sproule	1st Sergeant	" "		
Rowland Maddison	2d Sergeant	" "		
William Mayhall	3d Sergeant	" "		
William Fox	4th Sergeant	" "		
James Arnold	1st Corporal	" "		
James Holton	2d Corporal	" "		
Archibald Elliott	3d Corporal	" "		
Nelson R. Jones	4th Corporal	" "		
Anderson, William	Private	" "		
Benham, James	"	" "		
Bennet, Benjamin	"	" "		
Bratton, Adam	"	" "		
Calhoun, Henry P.	"	" "		
Campbell, George	"	" "		
Chambers, John D.	"	" "		
Church, James	"	" "		
Fish, F.	"	" "		
Gudgell, Andrew	"	" "		
Hampton, James	"	" "		
Hulton, Cornelius	"	" "		
Lewis, Zachary	"	" "		
Matthews, ——	"	" "		
Milam, James	"	" "		
Miller, William	"	" "		
Pitts, Berkin	"	" "		
Price, John	"	" "		
Redding, Joseph	"	" "		
Reece, Thomas	"	" "		
Robinson, ——	"	" "		
Robinson, James	"	" "		
Ruble, John R.	"	" "		
Tompkins, ——	"	" "		
Vance, Isaac	"	" "		
Vines, ——	"	" "		

Roll of Field and Staff of Dudley's Regiment, Kentucky Volunteers, of the War of 1812, and Notes on Organization and Record of Service, raised in pursuance of the address of 31st of July, 1813, of Isaac Shelby, Governor of Kentucky, and rendezvoused at Newport, Kentucky, August 31st, 1813 — Commanded by Colonel William Dudley.

Names.	Rank.	Date of Muster.	To what time Engaged or Enlisted.	Remarks.
William Dudley....	Colonel....	March 29, 1813....	....	Killed May 5th, 1813, at Fort Meigs.
James Shelby.....	Major.....	" "	....	
Iames Dyarnatt....	"	" "	....	
William Ellis.....	Quartermaster..	" "	....	
Charles Carr.....	Paymaster....	" "	....	
Paul Allen Prewitt	Adjutant.....	" "	....	
Samuel G. Cloud...	Surgeon.....	" "	....	
William Letcher...	"	" "	....	
William Sampson...	Quartermaster Ser.	" "	....	Paroled May 5, 1813.
James Cartwright...	Sergeant Major..	" "	....	Escaped at Fort Meigs, and attached to Capt. Boswell's Regiment.
Isaac Robinson....	Private Servant..	" "	....	
James Ball.......	"	" "	....	

ROLL OF CAPTAIN JOHN D. THOMAS' COMPANY, KENTUCKY MILITIA—COMMANDED BY COLONEL WILLIAM DUDLEY.

Names	Rank	Date of Muster	To what time Engaged or Enlisted	Remarks
John D. Thomas....	Captain.....	March 29, 1813....	September 28, 1813..	Taken prisoner May 5, 1813—paroled May 7.
George Pickett....	Lieutenant...	" "	" "	Taken prisoner May 5, 1813—paroled May 7.
Mathew Wood.....	Ensign......	" "	" "	Taken prisoner May 5, 1813—paroled May 7.
William Elliott....	Sergeant....	" "	" "	Taken prisoner May 5, 1813—paroled May 7.
Lindsey Campbell..	"	" "	" "	Wounded May 5, 1813.
John Colwell......	"	" "	" "	Missing May 5, 1813.
Joseph Sweet.....	"	" "	" "	
Henry Daugherty...	Corporal.....	" "	" "	Taken prisoner May 5, 1813.
Joseph Cox.......	"	" "	" "	Taken prisoner May 5, 1813.
Samuel Ferguson...	"	" "	" "	Taken prisoner May 5, 1813.
Henry Stewart....	"	" "	" "	Taken prisoner May 5, 1813.
Adams, William....	Private.....	" "	" "	Taken prisoner May 5, 1813—paroled May 11.
Alley, John D.....	"	" "	" "	Missing May 5, 1813.
Baker, George.....	"	" "	" "	
Bakett, Joseph....	"	" "	" "	Taken prisoner May 5, 1813—paroled May 11.
Bayless, Israel....	"	" "	" "	Missing May 5, 1813.
Barlow, Jesse.....	"	" "	" "	
Berry, James H....	"	" "	" "	Taken prisoner May 5, 1813—paroled May 11.
Conger, John.....	"	" "	" "	Taken prisoner May 5, 1813—paroled May 7.
Cosby, Nicholas...	"	" "	" "	Taken prisoner May 5, 1813—paroled May 11.
Courtney, Barba...	"	" "	" "	Taken prisoner May 5, 1813—paroled May 11.
David, Henry.....	"	" "	" "	
Davis, Frederick...	"	" "	" "	Missing May 5, 1813.
Fishback, Jesse...	"	" "	" "	
Fitzmaster, Samuel.	"	" "	" "	Missing May 5, 1813.
Fitzmaster, Joseph.	"	" "	" "	

The subjoined names are taken from recent transcripts furnished by War Department.

Names	Rank	Date of Muster	To what time Engaged or Enlisted	Remarks
Fitzwater, Stephen..	Private.....	March 29, 1813....	September 28, 1813..	Taken prisoner May 5, 1813—paroled May 11.
George, William N..	"	" "	" "	Taken prisoner May 5, 1813—paroled May 11.
Hall, William.....	"	" "	" "	Missing May 5, 1813.
Hambleton, James..	"	" "	" "	Taken prisoner May 5, 1813—paroled May 11.
Harter, Jacob D...	"	" "	" "	Taken prisoner May 5, 1813—paroled May 11.
Hendricks, George..	"	" "	" "	Taken prisoner May 5, 1813—paroled May 11.
Hendricks, William.	"	" "	" "	Taken prisoner May 5, 1813—paroled May 11.
Hendricks, Mitchell.	"	" "	" "	Taken prisoner May 5, 1813—paroled May 11.
Houston, James...	"	" "	" "	Taken prisoner May 5, 1813—paroled May 11.
Hughes, Laven....	"	" "	" "	Missing May 5, 1813.
Hull, Gaskum.....	"	" "	" "	

SOLDIERS OF THE WAR OF 1812.

ROLL OF CAPTAIN JOHN D. THOMAS' COMPANY, KENTUCKY MILITIA—Continued.

Names.	Rank.	Date of Muster.	To what time Engaged or Enlisted.	Remarks.
Jameson, Benoni	Private	March 29, 1813	September 28, 1813	Taken prisoner May 5, 1813—paroled May 11.
Johnston, William	"	" "	" "	
Jones, Gaster	"	" "	" "	
Kendal, Samuel	"	" "	" "	
Kilbreath, John	"	" "	" "	Promoted Captain of a Spy Company August 20, 1813, and missing May 5, 1813.
King, Armstead	"	" "	" "	Taken prisoner May 5, 1813—paroled May 11.
King, William	"	" "	" "	Taken prisoner May 5, 1813—paroled May 11.
Lair, John	"	" "	" "	Taken prisoner May 5, 1813—paroled May 11.
Marsh, William	"	" "	" "	Taken prisoner May 5, 1813—paroled May 11.
McClure, John	"	" "	" "	
McGill, James	"	" "	" "	
McLain, Robert	"	" "	" "	Taken prisoner May 5, 1813—paroled May 11.
Moore, James	"	" "	" "	Taken prisoner May 5, 1813—paroled May 11.
New, Peter	"	" "	" "	Taken prisoner May 5, 1813—paroled May 11.
Norman, Caleb	"	" "	" "	Taken prisoner May 5, 1813—paroled May 7.
Ochiltree, Thomas	"	" "	" "	Missing May 5, 1813.
Ody, Baull	"	" "	" "	Enlisted in United States Army July 1, 1813.
Orr, James	"	" "	" "	
Rubey, John	"	" "	" "	Discharged April 15, 1813.
Talbott, Peter	"	" "	" "	Taken prisoner May 5, 1813—paroled May 11.
Tate, John	"	" "	" "	Taken prisoner May 5, 1813—paroled May 11.
Ulrey, Jacob	"	" "	" "	Taken prisoner May 5, 1813—paroled May 11.
Wheat, Hanson	"	" "	" "	Taken prisoner May 5, 1813—paroled May 11.
Wilson, Nathaniel	"	" "	" "	Missing May 5, 1813.
Wilson, Richard	"	" "	" "	Missing May 5, 1813.
Worrell, James	"	" "	" "	Taken prisoner May 5, 1813—paroled May 11.

Roll of Captain Armstrong Keir's Company of Infantry, of Lieutenant-Colonel William Dudley's Regiment of the Kentucky Militia, Detached for a term of service not exceeding six months, pursuant to an act of the General Assembly, approved the third day of February, 1813.

Armstrong Keir	Captain	March 9, 1813	September 9, 1813
Benjamin Bothurum	Lieutenant	" "	" "
Stephen Brown	Ensign	" "	" "
Adam Wilson	1st Sergeant	" "	" "
Henry Perl	2d Sergeant	" "	" "
William Shackelford	3d Sergeant	" "	" "
Valentine Day	4th Sergeant	" "	" "
John Hughes	1st Corporal	" "	" "
William Pendleton	2d Corporal	" "	" "
Mathew Brown	3d Corporal	" "	" "
Francis Day	4th Corporal	" "	" "
Adams, Charles	Private	" "	" "
Alspan, Solomon	"	" "	" "
Bailey, Edward	"	" "	" "
Bailey, Jesse	"	" "	" "
Bailey, John	"	" "	" "
Burnes, Benjamin	"	" "	" "
Best, Humphrey	"	" "	" "
Biby, Benjamin	"	" "	" "
Bly, William	"	" "	" "
Bothurum, Joseph	"	" "	" "
Bothurum, William	"	" "	" "
Boyd, Elisha	"	" "	" "
Brown, John	"	" "	" "
Calehan, John	"	" "	" "
Calvin, Charles	"	" "	" "
Clark, John	"	" "	" "
Clendenon, Joseph	"	" "	" "

ROLL OF CAPTAIN ARMSTRONG KEIR'S COMPANY OF INFANTRY OF THE KENTUCKY MILITIA, DETACHED—Continued.

Names.	Rank.	Date of Muster.	To what time Engaged or Enlisted.	Remarks.
Coneway, Henry	Private	March 9, 1813	September 9, 1813	Sick.
Corner, Thomas	"	" "	" "	
Cox, Weaks	"	" "	" "	
Craige, John	"	" "	" "	
Cunningham, Michael	"	" "	" "	
Dadisman, Jacob	"	" "	" "	
Darnel, Joseph	"	" "	" "	
Davenport, Charles	"	" "	" "	
Eads, Thomas	"	" "	" "	
Elmore, John	"	" "	" "	
Forsithe, William	"	" "	" "	
George, Archibald	"	" "	" "	
Gibson, Richard	"	" "	" "	
Goff, William	"	" "	" "	
Haggard, John	"	" "	" "	
Huff, George	"	" "	" "	
Inman, Lazarus	"	" "	" "	
Jones, Ambrose	"	" "	" "	
Kellison, William	"	" "	" "	
Lawson, Aaron	"	" "	" "	
Leach, Edward	"	" "	" "	
Logan, William	"	" "	" "	
May, David	"	" "	" "	
McClure, Daniel	"	" "	" "	
McLeroy, James	"	" "	" "	
McQueny, John	"	" "	" "	
McRoberts, Charles	"	" "	" "	
Miller, Benjamin	"	" "	" "	
Milner, John	"	" "	" "	
Montgomery, William	"	" "	" "	
Nelly, Edmund	"	" "	" "	
Newcomb, Isaac	"	" "	" "	Deserted.
Older, Jonathan	"	" "	" "	
Older, Reuben	"	" "	" "	
Owsley, Henry	"	" "	" "	
Pearl, John	"	" "	" "	
Pepper, Hiram	"	" "	" "	
Pew, Reuben	"	" "	" "	
Powley, Jesse	"	" "	" "	
Pratt, Thomas	"	" "	" "	
Raynolds, Joseph	"	" "	" "	
Raynolds, Perry	"	" "	" "	
Ready, William	"	" "	" "	
Renner, Jacob	"	" "	" "	
Russel, Smith	"	" "	" "	
Singleton, Robert H.	"	" "	" "	
Sothard, Isaac	"	" "	" "	
Stewart, Charles	"	" "	" "	
Sublet, John	"	" "	" "	
Sublet, William	"	" "	" "	
Sublet, William	"	" "	" "	
Templin, Dixon	"	" "	" "	
Terry, Stephen	"	" "	" "	
Ult, Isaac	"	" "	" "	
Walker, John	"	" "	" "	
Wallis, James	"	" "	" "	
Wayde, James	"	" "	" "	
Woodall, John	"	" "	" "	
Wordon, William	"	" "	" "	
Wren, William	"	" "	" "	
Zimmerman, John	"	" "	" "	

The subjoined names were taken from recent transcripts furnished by the War Department.

Names.	Rank.	Date of Muster.	To what time Engaged or Enlisted.	Remarks.
Bothurum, James	Sergeant	March 29, 1813	September 28, 1813	
Boss, Humphrey	Private	" "	" "	
Burrough, Thomas	"	" "	" "	Killed May 5, 1813.
Conwell, William	"	" "	" "	Missing.
Cox, Urich	"	" "	" "	
Crofford, Isrey	"	" "	" "	
Day, Benjamin	"	" "	" "	
Eads, William	"	" "	" "	
Gentry, John	"	" "	" "	
Henderson, John	"	" "	" "	
Langdon, Joseph	"	" "	" "	
Low, Thomas	"	" "	" "	Prisoner May 5, 1813.
McLemore, Gillen	"	" "	" "	

ROLL OF CAPTAIN ARMSTRONG KEIR'S COMPANY OF INFANTRY OF THE KENTUCKY MILITIA, DETACHED—Continued.

Names.	Rank.	Date of Muster.	To what time Engaged or Enlisted.	Remarks.
McIntry, James	Private	March 29, 1813	September 28, 1813	Prisoner May 5, 1813.
Miller, Thomas	"	" "	" "	
Polly, Jesse	"	" "	" "	Killed.
Stephenson, Thomas	Corporal	" "	" "	
Stringer, George	"	" "	" "	
Tidwell, John	Private	" "	" "	Missing.
Warren, John	"	" "	" "	
Wilson, Stephen	"	" "	" "	
Woodall, John	"	" "	" "	

ROLL OF CAPTAIN JAMES DYAMETTO'S COMPANY OF INFANTRY OF THE KENTUCKY MILITIA, DETACHED—COMMANDED BY LIEUTENANT COLONEL WM. DUDLEY.

Names.	Rank.	Date of Muster.	To what time Engaged or Enlisted.	Remarks.
James Dyametto	Captain	March 12, 1813	September 12, 1813	
Christopher Irvine	Lieutenant	" "	" "	
Joel Ham	Ensign	" "	" "	
Robert R. Wright	1st Sergeant	" "	" "	
James Marshall	2d Sergeant	" "	" "	
James Harris	3d Sergeant	" "	" "	
Levi Jones	4th Sergeant	" "	" "	
Richard Simpson	1st Corporal	" "	" "	
Abraham Young	2d Corporal	" "	" "	
Hiram B. Weathers	3d Corporal	" "	" "	
John Morton	4th Corporal	" "	" "	
Antrobus, Amos	Private	" "	" "	
Bennett, John	"	" "	" "	
Bentley, Samuel	"	" "	" "	
Blackwell, William	"	" "	" "	
Bingham, Isaac	"	" "	" "	
Boggs, Robert	"	" "	" "	
Boone, Squire	"	" "	" "	
Bowles, William W. C.	"	" "	" "	
Bratton, David	"	" "	" "	
Brown, Nicholas	"	" "	" "	
Burke, Robert	"	" "	" "	
Burrass, Henry	"	" "	" "	
Burton, Hezekiah	"	" "	" "	Substitute for Hezekiah Williams.
Carter, Alexander	"	" "	" "	
Carter, Samuel	"	" "	" "	
Clarke, Robert	"	" "	" "	
Coates, Allen	"	" "	" "	
Coonrad, Benjamin	"	" "	" "	
Daniel, Abner Z.	"	" "	" "	
Daniel, John	"	" "	" "	Substitute for William Reid.
Deathridge, Amos	"	" "	" "	
Duncan, Fielding	"	" "	" "	
Eastess, John	"	" "	" "	
Ford, William	"	" "	" "	
Gentry, John P	"	" "	" "	
Golden, William	"	" "	" "	
Grubbs, Jesse	"	" "	" "	
Hamilton, John	"	" "	" "	
Hampton, James	"	" "	" "	
Harris, Thomas	"	" "	" "	
Hatton, Samuel	"	" "	" "	Substitute for James Lowry.
Highland, William	"	" "	" "	
Hodges, John	"	" "	" "	
Howard, James	Fifer	" "	" "	
Jackson, Nathaniel	Private	" "	" "	
Jones, Mosias	"	" "	" "	
Johnson, Matthew	"	" "	" "	
Kidwell, John	"	" "	" "	
King, David	"	" "	" "	
Letcher, William R.	"	" "	" "	
Lineton, Josiah	"	" "	" "	
Linch, Turner	"	" "	" "	
Logsdon, John	"	" "	" "	
Lowry, Matthew P.	"	" "	" "	
Mallott, South	"	" "	" "	
Maxwell, William	"	" "	" "	Substitute for James Tharp.
McMichion, John	"	" "	" "	
Millican, John	"	" "	" "	

ROLL OF CAPTAIN JAMES DYAMETTO'S COMPANY OF INFANTRY OF THE KENTUCKY MILITIA. DETACHED—Continued.

Names.	Rank.	Date of Muster.	To what time Engaged or Enlisted.	Remarks.
Million, Benjamin	Private	March 12, 1813	September 12, 1813	
Million, Rodney	"	" "	" "	
Mills, John	"	" "	" "	
Morton, George	"	" "	" "	
Nations, Sampson	"	" "	" "	
Newman, Isaac	"	" "	" "	
Nicholas, Joseph	"	" "	" "	
Oldham, Nathan H.	"	" "	" "	
Plowman, John	"	" "	" "	
Purcel, Daniel	"	" "	" "	
Searcy, Lemon	"	" "	" "	
Shiflet, Haslen	"	" "	" "	
Skinner, William	"	" "	" "	
Taulson, John R.	"	" "	" "	
Thomas, Peter	"	" "	" "	
Timberlake, James	"	" "	" "	
Tincher, John	Fifer	" "	" "	
Vallandingham, Asa	Private	" "	" "	
Walker, Coleman	"	" "	" "	
Watson, William	"	" "	" "	
White, Joseph	"	" "	" "	
Wilkerson, William B.	"	" "	" "	
Winn, James	"	" "	" "	Substitute for Richard Clarke.
Woodruff, Benjamin	"	" "	" "	
Woodruff, Daniel	"	" "	" "	
Woodruff, John	"	" "	" "	

The subjoined names were taken from recent transcripts furnished by the War Department.

Names.	Rank.	Date of Muster.	To what time Engaged or Enlisted.	Remarks.
Alexander, James	Private	March 29, 1813	September 28, 1813	
Berry, Peter	"	" "	" "	
Bradford, Daniel	"	" "	" "	Paroled by enemy May 5, 1813.
Bonnie, Levi	"	" "	" "	
Carson, William	"	" "	" "	Missing May 5, 1813.
Codden, Richmond	"	" "	" "	Paroled by enemy May 5, 1813.
Combs, Fielding	"	" "	" "	
Comstock, Joseph	"	" "	" "	
Dale, John D.	"	" "	" "	
Daniel, William	"	" "	" "	
DeJarnett, James	Captain	" "	April 11, 1813	
Dunlap, Alexander	Private	" "	September 28, 1813	Paroled by enemy May 5, 1813.
Fincher, John	Fifer	" "	" "	
Fore, Jarrard	Private	" "	June 20, 1813	Died June 20, 1813.
Hamm, James	"	" "	September 28, 1813	Escaped to Fort Meigs May 5, 1813.
Harrison, Major J.	"	" "	" "	Paroled by enemy May 5, 1813.
Hawks, Joshua	"	" "	" "	
Holeman, James	"	" "	" "	Paroled May 5, 1813.
Hook, Henry	"	" "	" "	
Howard, Clement	"	" "	" "	Paroled by enemy May 5, 1813.
Hogan, William	"	" "	" "	
Hubbard, Joseph	"	" "	" "	
Jones, James	"	" "	" "	
Kinney, William	"	" "	" "	
Martin, Samuel	"	" "	" "	Missing May 5, 1813.
Maxwell, James	"	" "	" "	Escaped to Fort Meigs May 5, 1813.
Mitchell, Thomas	"	" "	" "	Paroled by enemy May 5, 1813.
Moore, Thomas	"	" "	" "	
Moore, Charles C.	"	" "	" "	
Ochiltree, William	"	" "	" "	
Parish, James	"	" "	" "	
Porter, Ephraim	"	" "	" "	
Quinn, Abner W.	"	" "	" "	
Ridgeway, John	"	" "	" "	
Ruth, David	"	" "	" "	
Searcy, Samuel	"	" "	" "	
Self, Robert	"	" "	" "	Escaped to Fort Meigs May 5, 1813.
Shinglebower, Henry	"	" "	" "	Paroled by enemy May 5, 1813.
Smith, Daniel	"	" "	" "	Paroled by enemy May 5, 1813.
Tadlock, John	"	" "	" "	
Tolson, Daniel	"	" "	" "	
Turner, Lynch	"	" "	" "	
Turner, John	"	" "	" "	
True, John F.	"	" "	" "	Paroled by enemy May 5, 1813.
Vance, Isaac	"	" "	" "	Escaped to Fort Meigs May 5, 1813.
Villers, George	"	" "	" "	Paroled by enemy May 5, 1813.
Vines, David	"	" "	" "	Taken off by Indians May 5, 1813.
Warden, Robert	"	" "	" "	Escaped to Fort Meigs May 5, 1813.
Waters, Simon	"	" "	" "	Paroled by enemy May 5, 1813.
Welsh, John I.	"	" "	" "	

ROLL OF CAPTAIN JOHN YANTIS' COMPANY OF INFANTRY OF THE KENTUCKY MILITIA, DETACHED—COMMANDED BY LIEUTENANT-COLONEL WM. DUDLEY.

Names.	Rank.	Date of Muster.	To what time Engaged or Enlisted.	Remarks.
John Yantis	Captain	February 27, 1813	August 27, 1813	
William Anderson	Lieutenant	" "	" "	
James Henderson	Ensign	" "	" "	
William Sampson	1st Sergeant	" "	" "	
Michael Woods	2d Sergeant	" "	" "	
Jeremiah Gibbs	3d Sergeant	" "	" "	
Thomas Wheeler	4th Sergeant	" "	" "	
William Henderson	1st Corporal	" "	" "	
Oliver Terril	2d Corporal	" "	" "	
William Alford	3d Corporal	" "	" "	
Samuel Swope	4th Corporal	" "	" "	
Adams, John	Private	" "	" "	
Alexander, Edwin	"	" "	" "	
Alexander, James	"	" "	" "	
Alford, Jesse	"	" "	" "	
Anderson, Robert	"	" "	" "	
Back, Enoch	"	" "	" "	
Baker, John	"	" "	" "	
Baker, Moses	"	" "	" "	
Ball, William	"	" "	" "	
Banks, Reuben	"	" "	" "	
Beasley, James	"	" "	" "	
Blackburn, John	"	" "	" "	
Brown, Absalom	"	" "	" "	
Brown, Bazelle	"	" "	" "	
Brown, George	"	" "	" "	
Brown, Robert	"	" "	" "	
Burton, John	"	" "	" "	
Butcher, Charles	"	" "	" "	
Cazy, Levi	"	" "	" "	
Clemmens, George	"	" "	" "	
Colyar, James	"	" "	" "	
Colyar, Moses	"	" "	" "	
Demaree, Peter	"	" "	" "	
Dudleston, William	"	" "	" "	
Duncan, Thomas	"	" "	" "	
Dye, Luke	"	" "	" "	
Edster, William	"	" "	" "	
Erwin, Dory	"	" "	" "	
Fenton, Bartholomew	"	" "	" "	
Finnel, John	"	" "	" "	
Forde, John	"	" "	" "	
Fraks, Henry	"	" "	" "	
Garvin, David	Drummer	" "	" "	
Gordon, William	Private	" "	" "	
Graham, John	"	" "	" "	
Green, John	"	" "	" "	
Henry, Robert	"	" "	" "	
Hopwood, Christopher	"	" "	" "	
Hubbart, Wright	"	" "	" "	
Huffman, John	"	" "	" "	
Huffman, William	"	" "	" "	
Hurt, Henry	"	" "	" "	
Hurt, Smith	"	" "	" "	
Ison, John	"	" "	" "	
Jacobs, Joshua	"	" "	" "	
Johns, John	"	" "	" "	
Johnson, Andrew	"	" "	" "	
Johnson, Thomas	"	" "	" "	
Kerby, Henry	"	" "	" "	
Kiler, William	"	" "	" "	
King, Rufus	"	" "	" "	
Layne, William	"	" "	" "	
Lytle, John	"	" "	" "	
Malone, John	"	" "	" "	
Manyfield, John	"	" "	" "	
Maxey, Samuel	"	" "	" "	
McKee, David L.	"	" "	" "	
McMurtry, John	"	" "	" "	
Merrit, Thomas	"	" "	" "	
Middleton, Isaac	"	" "	" "	
Murry, James	"	" "	" "	
Newcomb, Bennett	"	" "	" "	
Nickum, Abraham	"	" "	" "	
Nipscomb, Ambrose	"	" "	" "	Absent.
Noce, Thomas	"	" "	" "	

ROLL OF CAPTAIN JOHN YANTIS' COMPANY OF INFANTRY OF THE KENTUCKY MILITIA, DETACHED—Continued.

Names.	Rank.	Date of Muster.	To what time Engaged or Enlisted.	Remarks.
Perkins, John	Private	February 27, 1813	August 27, 1813	
Ray, Michael	"	" "	" "	
Renfro, William	"	" "	" "	
Ronton, John	"	" "	" "	
Saddler, James	"	" "	" "	
Smith, John	"	" "	" "	
Smith, Liberty	"	" "	" "	
Stanton, William	"	" "	" "	
Staton, John	"	" "	" "	
Stevens, James	"	" "	" "	
Stone, Smith	"	" "	" "	
Taylor, Henry	"	" "	" "	
Taylor, Seaton	"	" "	" "	
Turpin, George	"	" "	" "	
Warren, Michael	"	" "	" "	
Wheler, William	"	" "	" "	
Wilson, William	"	" "	" "	
Wollage, Peter	"	" "	" "	
Woner, Jacob	"	" "	" "	
Wright, Nathaniel	"	" "	" "	

The subjoined names were taken from recent transcripts furnished by War Department.

Names.	Rank.	Date of Muster.	To what time Engaged or Enlisted.	Remarks.
Capstervant, William	Private	March 29, 1813	September 28, 1813	Killed May 5, 1813
Clark, George	"	" "	" "	Taken prisoner and paroled.
Davis, Lewis	"	" "	" "	Taken prisoner and paroled.
Greenstat, Abraham	"	" "	" "	Served full time.
Hascomb, Elbert I.	"	" "	" "	Taken prisoner and paroled.
Hawkins, Weeden	"	" "	" "	Taken prisoner May 5, 1813.
Martin, William	"	" "	" "	Died May 17, 1813.
Moran, Nicholas	"	" "	" "	Taken prisoner.
Ronstraw, Conrad	"	" "	" "	Taken prisoner and paroled.
Singleton, John	"	" "	" "	Killed May 5, 1813.
Sloan, Daniel	"	" "	" "	Taken prisoner and paroled.
Taylor, Caton	"	" "	" "	Taken prisoner and paroled.
Tungate, Meredith	"	" "	" "	Killed May 5, 1813.
Wallace, Ewell	"	" "	" "	Missing May 5, 1813.
Ward, John	"	" "	" "	Taken prisoner and paroled.
Warner, David	"	" "	" "	Served full time.
Wilson, Charles	"	" "	" "	Died at Fort Meigs September 26, 1813.
Dyehouse, Edward	"	" "	" "	Served full time.
Greenstat, Henry	"	" "	" "	Taken prisoner and paroled.
Denton, Henry	"	" "	" "	Taken prisoner and paroled.
Jones, Thomas	"	" "	" "	Taken prisoner and paroled.
Lawson, David	"	" "	" "	Taken prisoner and paroled.
Liscomb, Ambrose	"	" "	" "	Taken prisoner and paroled.
Man, Clement	"	" "	" "	Taken prisoner and paroled.
Newel, Littleberry	"	" "	" "	Killed May 5, 1813.
Staten, Joseph	"	" "	" "	Taken prisoner and paroled.
Warren, Joseph	"	" "	" "	

ROLL OF CAPTAIN ARCHIBALD MORRISON'S COMPANY OF INFANTRY OF THE KENTUCKY MILITIA, DETACHED—COMMANDED BY LIEUTENANT-COLONEL WIM. DUDLEY.

Names.	Rank.	Date of Muster.	To what time Engaged or Enlisted.	Remarks.
Archibald Morrison	Captain	March 2 and 5, 1813	September 2, 1813	
Micajah McClenny	Lieutenant	" "	" "	
John Smith	Ensign	" "	" "	
George Todd	1st Sergeant	" "	" "	
William Gest	2d Sergeant	" "	" "	
Joseph Nickell	3d Sergeant	" "	" "	
James Jones	4th Sergeant	" "	" "	
William Graves	1st Corporal	" "	" "	
Samuel Linn	2d Corporal	" "	" "	
Joseph Smith	3d Corporal	" "	" "	
Philip Montgomery	4th Corporal	" "	" "	
Armstrong, Jesse	Private	" "	" "	
Bennett, William	"	" "	" "	Absent.
Bledsoe, Simeon	"	" "	" "	
Bradburn, Joseph	"	" "	" "	
Brink, John	"	" "	" "	Sick.
Brock, George	"	" "	" "	
Brown, Elijah	"	" "	" "	
Bryan, Nicholas	"	" "	" "	

SOLDIERS OF THE WAR OF 1812.

ROLL OF CAPTAIN ARCHIBALD MORRISON'S COMPANY OF INFANTRY OF THE KENTUCKY MILITIA, DETACHED—Continued.

Names.	Rank.	Date of Muster.	To what time Engaged or Enlisted.	Remarks.
Burch, William	Private	March 2 and 5, 1813	September 2, 1813	Absent.
Bush, Benjamin	"	"	"	
Carter, Daniel	"	"	"	
Christian, Thomas	"	"	"	
Clubb, William	"	"	"	
Davis, Enoch	"	"	"	
Dodd, John	"	"	"	
Drisdale, Reuben	"	"	"	
Eastin, Augustus F.	"	"	"	
Ellis, Walter	"	"	"	
Ewing, Phillips	"	"	"	Absent.
Farthing, Abner	"	"	"	
Fletcher, William	"	"	"	
Forston, John	"	"	"	Sick.
Frain, David	"	"	"	
Frain, George	"	"	"	
Frain, John	"	"	"	Absent.
Franklin, Joseph R.	"	"	"	
Freeman, Jeremiah	"	"	"	
Gilkee, William	"	"	"	
Gossup, Searles	"	"	"	
Grey, Thomas	"	"	"	Absent.
Hall, Robert M.	"	"	"	
Hart, Edward	"	"	"	
Hooper, William	"	"	"	
Hughes, David	"	"	"	
Hundley, Zachariah H.	"	"	"	
Ingram, Abraham	"	"	"	
Jones, Matthew	"	"	"	
Keaton, John	"	"	"	Absent.
Kerr, Henry	"	"	"	
Lanter, Wyatt	"	"	"	
McDonald, Henry	"	"	"	
McKee, John	"	"	"	
Meteer, William	"	"	"	
Miller, William	"	"	"	
Moss, George	"	"	"	
Myers, Jonathan	"	"	"	Absent.
Noe, James	"	"	"	
Parks, Patterson	"	"	"	
Phelps, James	"	"	"	
Price, Phillimon B.	"	"	"	
Riley, Zachariah	"	"	"	
Roberts, Francis	"	"	"	
Rogers, John	"	"	"	
Scott, Mathews	"	"	"	
Sochrist, Charles	"	"	"	
Sowell, Joseph	"	"	"	
Sharp, Lindsfield	"	"	"	
Simpson, Robert	"	"	"	
Slavens, Thomas	Fifer	"	"	
Smith, Isaac	Private	"	"	
Snelson, Minniard	"	"	"	
Spurr, Richard	"	"	"	Absent.
Starr, Conrad	"	"	"	
StClair, Jehu	"	"	"	
Stephens, Daniel	"	"	"	
Steward, Alexander	"	"	"	
Story, John	"	"	"	
Swoney, John	"	"	"	
Syphers, George	"	"	"	
Vaughan, John	"	"	"	
Webster, Dudley	"	"	"	
Webster, Henry	"	"	"	
Webster, Jacob	"	"	"	Absent.
Webster, Larkin	"	"	"	
Welch, Thomas B.	"	"	"	
Whittington, Thomas	Drummer	"	"	
Whitsett, Ralph	Private	"	"	
Williamson, Jesse	"	"	"	
Wilson, John	"	"	"	
Wooldridge, Edmund	"	"	"	
Wright, Hillory	"	"	"	
Wright, Middleton	"	"	"	
Wyatt, Anthony	"	"	"	
Yates, John	"	"	"	

SOLDIERS OF THE WAR OF 1812.

ROLL OF CAPTAIN ARCHIBALD MORRISON'S COMPANY OF INFANTRY OF THE KENTUCKY MILITIA, DETACHED—Continued.

Names.	Rank.	Date of Muster.	To what time Engaged or Enlisted.	Remarks.
Yeagen, Samuel	Private	March 2 and 5, 1813	September 2, 1813	
Yocum, George	"	"	"	

The subjoined names were taken from recent transcripts furnished by the War Department.

Names.	Rank.	Date of Muster.	To what time Engaged or Enlisted.	Remarks.
Alexander, John	Private	March 29, 1813	September 28, 1813	Discharged September 22, 1813.
Armstrong, James	"	"	"	Discharged September 22, 1813, at Seneca.
Bell, Hoonder	"	"	"	Discharged September 22, 1813, at Put-in-Bay.
Bennet, Nathan	"	"	"	Discharged September 22, 1813, at Put-in-Bay.
Benson, Thomas	"	"	"	Wounded May 5, 1813—discharged at Ft. Meigs June 15, 1813.
Bowler, Warren	"	"	"	Discharged at Seneca September 22, 1813.
Bowlman, Amos	"	"	"	Wounded and discharged at Ft. Meigs June 15, 1813
Brown, Isaac	"	"	"	Prisoner May 5, 1813.
Browning, Nathan	"	"	"	Discharged at Seneca September 22, 1813.
Bullock, John P.	"	"	"	Discharged at Seneca September 15, 1813.
Campbell, George	"	"	"	Discharged at Put-in-Bay September 22, 1813.
Coy, Samuel	"	"	"	Got home late in August, 1813.
Chancey, Nathan	"	"	"	Discharged at Seneca September 22, 1813.
Collins, John	"	"	"	Discharged at Seneca September 18, 1813.
Collins, James	"	"	"	Discharged at Seneca September 18, 1813.
Cook, Henry	"	"	"	Discharged at Seneca September 22, 1813.
Davis, Robert	"	"	"	Escaped, and got home June 14, 1813.
Dewitt, Peter	"	"	"	Discharged at Put-in-Bay September 22, 1813.
Fortson, Marshall	"	"	"	Discharged at Seneca September 22, 1813.
Funk, Adam	"	"	"	Prisoner May 5, 1813.
Gentry, James	"	"	"	Discharged at Put-in-Bay September 22, 1813.
Gilkey, William	"	"	"	Got home May 14, 1813.
Harper, John	"	"	"	Discharged at Seneca September 22, 1813.
Harrison, Major G.	"	"	"	Discharged at Seneca September 15, 1813.
Honsley, Joseph	"	"	"	Escaped to Ft. Winchester, and deserted June 10, 1813.
Hill, Elias	"	"	"	Discharged at Seneca September 18, 1813.
Holly, William	"	"	"	Discharged at Put-in-Bay September 22, 1813.
Holding, Richard	"	"	"	Wounded and discharged at Ft. Meigs June 15, 1813.
Hughes, Woodford	"	"	"	Got home June 14, 1813.
Hughes, William	"	"	"	Discharged at Put-in-Bay September 22, 1813.
Hunter, John	"	"	"	Discharged at Seneca September 22, 1813.
Hynes, Ales R.	"	"	"	Discharged at Put-in-Bay September 22, 1813.
Indicott, John	"	"	"	
Jones, Nelson R.	"	"	"	Discharged at Put-in-Bay September 22, 1813.
Lane, G.	"	"	"	Discharged at Put-in-Bay September 22, 1813.
Lee, Achilles	"	"	"	Discharged at Seneca September 22, 1813.
McCarty, Ezekiel	"	"	"	Deserted July 10, 1813.
McCune, Samuel	"	"	"	Discharged at Seneca September 22, 1813.
McClinny, Micajah	Lieutenant	"	"	Taken in battle May 5, 1813—paroled May 14, 1813.
McGary, Daniel	Private	"	"	Discharged at Seneca September 22, 1813.
Mitchell, Thomas	"	"	"	Discharged at Seneca September 22, 1813.
Mosby, John	"	"	"	Taken prisoner May 5, 1813—escaped and got home in June, 1813.
Nichols, Joseph	3d Sergeant	"	"	Taken prisoner May 5, 1813—paroled May 14, 1813.
Oliver, John	Private	"	"	Discharged at Seneca September 15, 1813.
Paul, Gabriel	"	"	"	Got home May 14, 1813.
Pilcher, Shadrach	"	"	"	Deserted from Thos. Lewis' Co. July 10, 1813.
Ross, William	"	"	"	Discharged at Put-in-Bay September 22, 1813.
Roberts, William	3d Corporal	"	"	Deserted from Joseph Clarke's Company at Seneca September 22, 1813.
Robertson, John C.	Private	"	"	Discharged at Put-in-Bay September 22, 1813.
Rowland, James	"	"	"	Escaped to Fort Winchester, and deserted June 10, 1813.
Roan, Aliphalet	"	"	"	Discharged at Put-in-Bay September 22, 1813.
Robertson, John	"	"	"	Discharged at Seneca September 22, 1813.
Rush, Benjamin	"	"	"	Discharged at Put-in-Bay September 22, 1813.
Rush, Robert	"	"	"	Discharged at Seneca September 22, 1813.
Rutherford, Jesse	"	"	"	Discharged at Put-in-Bay September 22, 1813.
Sanderson, William	"	"	"	Discharged at Seneca September 22, 1813.
Scott, James	"	"	"	Discharged at Seneca September 22, 1813.
Shinglebower, Henry	"	"	"	Not heard of since battle of May 5, 1813.
Simpson, Albert	"	"	"	Got home May 14, 1813.
Skervens, George	"	"	"	Discharged at Seneca September 15, 1813.
Slavens, Isaiah	2d Corporal	"	"	Discharged at Seneca September 18, 1813.
Smith, John	Private	"	"	Discharged at Seneca September 15, 1813.
Smith, Nathan	"	"	"	

ROLL OF CAPTAIN ARCHIBALD MORRISON'S COMPANY OF INFANTRY OF THE KENTUCKY MILITIA, DETACHED—Continued.

Names.	Rank.	Date of Muster.	To what time Engaged or Enlisted.	Remarks.
Sparks, George	Private	March 29, 1813	September 28, 1813	Discharged at Put-in-Bay September 22, 1813.
Stephens, James	"	" "	" "	Discharged at Put-in-Bay September 22, 1813.
Stewart, John	"	" "	" "	Discharged at Seneca September 22, 1813.
Tipton, William	"	" "	" "	Discharged at Seneca September 15, 1813.
Townsend, James	"	" "	" "	Discharged at Put-in-Bay September 22, 1813.
Vance, Isaac	"	" "	" "	Discharged at Put-in-Bay September 22, 1813.
Varrino, Levi	"	" "	" "	Discharged at Seneca September 15, 1813.
Vines, David	"	" "	" "	Discharged at Seneca September 22, 1813.
Waldon, Edmund	"	" "	" "	Discharged at Seneca September 15, 1813.
Webster, John	"	" "	" "	Discharged at Put-in-Bay September 22, 1813.
White, Henry	"	" "	" "	Supposed to have been killed May 5, 1813.
Williamson, Isaac	"	" "	" "	Got home May 14, 1813.
Williams, Lewis	"	" "	" "	Discharged at Seneca September 18, 1813.
Wilson, William	"	" "	" "	Discharged at Seneca September 18, 1813.
Wise, John W.	"	" "	" "	Discharged at Seneca September 22, 1813.
Williams, John	"	" "	" "	Discharged at Seneca September 22, 1813.
Wood, Isham G.	"	" "	" "	Discharged at Seneca September 15, 1813.
Woodridge, Levi	"	" "	" "	Discharged at Seneca September 22, 1813.
Yorcum, John	"	" "	" "	Discharged at Seneca September 15, 1813.

ROLL OF CAPTAIN JOSEPH CLARKE'S COMPANY OF INFANTRY OF THE KENTUCKY MILITIA, DETACHED—COMMANDED BY LIEUTENANT-COLONEL WM. DUDLEY.

Names.	Rank.	Date of Muster.	To what time Engaged or Enlisted.	Remarks.
Joseph Clarke	Captain	March 4, 1813	September 4, 1813	
Ephraim Dooley	Lieutenant	" "	" "	
Nathan Dooley	Ensign	" "	" "	
John Doyer	1st Sergeant	" "	" "	
John Oliver	2d Sergeant	" "	" "	
Stephen Dooley	3d Sergeant	" "	" "	
Lewis Pritchett	4th Sergeant	" "	" "	
Nelson Bush	1st Corporal	" "	" "	
William Roberts	2d Corporal	" "	" "	
Charles Hutcherson	3d Corporal	" "	" "	
Patterson Clarke	4th Corporal	" "	" "	
Atkins, Moses	Private	" "	" "	
Berry, Thomas	"	" "	" "	
Boles, Alexander	"	" "	" "	
Bolling, William	"	" "	" "	
Boone, Thomas	"	" "	" "	
Browning, Nathan	"	" "	" "	
Buckner, Peter B.	"	" "	" "	
Bullock, James P.	"	" "	" "	
Bundrant, Caleb	"	" "	" "	
Button, Thomas	"	" "	" "	
Caldazer, Abram	"	" "	" "	Absent.
Campbell, Samuel	"	" "	" "	
Cartwright, James A.	"	" "	" "	
Chaney, Nathan	"	" "	" "	Absent.
Cleveland, Henry	"	" "	" "	
Conner, Berry	"	" "	" "	
Constable, Thomas	"	" "	" "	
Copher, Ezekiel	"	" "	" "	
Crockett, John	"	" "	" "	
Crooks, James	"	" "	" "	
Davis, Septimus	"	" "	" "	
Dewitt, Peter	"	" "	" "	Absent.
Dooley, Thomas	"	" "	" "	
Dooley, Thomas, Jr.	"	" "	" "	
Duncan, William	"	" "	" "	
Dunn, Benjamin W.	"	" "	" "	
Dykes, William	"	" "	" "	Absent
Forsythe, George	"	" "	" "	
Fox, William	"	" "	" "	
Gateskill, William	"	" "	" "	
Gentry, James	"	" "	" "	
Gwinn, Thomas	"	" "	" "	
Hall, Garrett	"	" "	" "	Absent.
Holley, Joshua	"	" "	" "	
Hambleton, William	"	" "	" "	
Hampton, Jesse	"	" "	" "	
Harris, Joshua	"	" "	" "	
Harris, Webber	"	" "	" "	

ROLL OF CAPTAIN JOSEPH CLARKE'S COMPANY OF INFANTRY OF THE KENTUCKY MILITIA, DETACHED—Continued.

Names.	Rank.	Date of Muster.	To what time Engaged or Enlisted.	Remarks.
Heronomus, William	Private	March 4, 1813	September 4, 1813	
Hodgkin, Samuel	"	" "	" "	
Holladay, James	"	" "	" "	
Huls, Nathan	"	" "	" "	
Jackson, Jesse	"	" "	" "	
Jewel, Barton	"	" "	" "	
Johns, Elisha	"	" "	" "	Absent—Assistant Judge.
Lewis, Asa K.	"	" "	" "	
Martin, Jobe	"	" "	" "	
McCarty, Ezekiel	Drummer	" "	" "	
McMillan, James	Private	" "	" "	
Mizee, James	"	" "	" "	
Owen, Horatio	"	" "	" "	
Owsley, William	"	" "	" "	
Palmer, John	"	" "	" "	
Paris, James	"	" "	" "	
Peebles, Thomas	"	" "	" "	
Price, Gardner	"	" "	" "	
Ragland, Edmund	"	" "	" "	
Ragland, Tucker	"	" "	" "	
Rankins, John	"	" "	" "	
Rice, John	"	" "	" "	
Richardson, William	"	" "	" "	Present, but sick.
Rouse, John	"	" "	" "	
Sanderson, William	"	" "	" "	
Schooler, Henry	"	" "	" "	
Shortridge, William	"	" "	" "	
Shrites, John	"	" "	" "	
Smith, Nathan	"	" "	" "	
Stains, Joseph	"	" "	" "	
Staple, Stephen	"	" "	" "	
Stevenson, John	"	" "	" "	
Stone, Joseph	"	" "	" "	
Thompson, Mathew	"	" "	" "	
Tucker, James	"	" "	" "	
Turner, George	Fifer	" "	" "	
Tuttle, John	Private	" "	" "	
Virian, Thomas	"	" "	" "	
Williams, John	"	" "	" "	
Wilson, Jacob	"	" "	" "	
Wright, James	"	" "	" "	

The subjoined names were taken from recent transcripts furnished by the War Department.

Names.	Rank.	Date of Muster.	To what time Engaged or Enlisted.	Remarks.
Adams, Berryman	Private	March 29, 1813	September 29, 1813	
Anderson, Will	"	" "	" "	
Baker, Enoch	"	" "	" "	
Bell, Ellick	"	" "	" "	
Bell, Leonard	"	" "	" "	
Bennett, Nathan	Corporal	" "	" "	
Berry, James	Private	" "	" "	
Boston, Archibald	"	" "	" "	
Bowles, William	"	" "	" "	Missing after battle May 5, 1813.
Cloe, David	"	" "	" "	
Cook, Henry	"	" "	" "	
Dempser, Benjamin W.	"	" "	" "	Missing May 5, 1813.
Fox, James	"	" "	" "	
Gardner, Levi	"	" "	" "	
Goodlow, Henry	"	" "	" "	
Hall, Samuel	"	" "	" "	
Hucerson, Charles	"	" "	" "	Missing May 5, 1813.
Holly, John	"	" "	" "	
Jones, Richard	"	" "	" "	
Lance, Thomas J.	"	" "	" "	
McClanihan, James	"	" "	" "	
Owls, James	"	" "	" "	
Oliver, John	"	" "	" "	
Parks, George	"	" "	" "	
Peebles, James	"	" "	" "	Killed in battle May 5, 1813.
Scott, Henry	"	" "	" "	
Summers, Cornelius	"	" "	" "	
Stovens, James	"	" "	" "	Discharged June 20, 1813.
Stephen, Alfred	"	" "	" "	
Townson, William	"	" "	" "	
Welch, James	"	" "	" "	
Williams, Caleb	"	" "	" "	
Wilson, James	"	" "	" "	
Wise, John W.	"	" "	" "	
Bullock, John P.	"	" "	" "	

SOLDIERS OF THE WAR OF 1812.

ROLL OF CAPTAIN DUDLEY FARRIS' COMPANY OF INFANTRY OF THE KENTUCKY MILITIA, DETACHED—COMMANDED BY LIEUTENANT-COLONEL WM. DUDLEY.

Names.	Rank.	Date of Muster.	To what time Engaged or Enlisted.	Remarks.
Dudley Farris	Captain	March 11, 1813	September 11, 1813	
John Evans	Lieutenant	" "	" "	
Alexander Barnett	Ensign	" "	" "	
William Wilkerson	1st Sergeant	" "	" "	
Joel King	2d Sergeant	" "	" "	
John L. Poore	3d Sergeant	" "	" "	
James McMahan	4th Sergeant	" "	" "	
Nicholas Merril	1st Corporal	" "	" "	
Lensfield Blackwell	2d Corporal	" "	" "	
Abrams, Bazil	Private	" "	" "	
Abrams, Elias	"	" "	" "	
Adherson, Pleasant	"	" "	" "	
Barker, Joseph	"	" "	" "	
Barnett, Jeremiah	"	" "	" "	
Boler, Walker	"	" "	" "	
Brandenberg, Joseph	"	" "	" "	
Broadus, Elijah	"	" "	" "	
Burrett, Bond	"	" "	" "	
Burton, Jesse	"	" "	" "	
Carter, John	"	" "	" "	
Coats, Amos	"	" "	" "	
Cochran, Robert	"	" "	" "	
Collect, William	"	" "	" "	
Collins, Thomas	"	" "	" "	
Corthram, Eleazor	"	" "	" "	
Cunis, William	"	" "	" "	
Davis, Samuel	"	" "	" "	
Dougherty, Daniel	"	" "	" "	
Dougherty, James	"	" "	" "	Substitute for Wm. Fields.
Elder, David	"	" "	" "	
Evans, Evan	"	" "	" "	
Evans, John O.	"	" "	" "	
Flack, Edward	"	" "	" "	
Flack, James	"	" "	" "	
Gillespie, James	"	" "	" "	
Gire, Williamson	"	" "	" "	
Goff, Aaron	"	" "	" "	
Gooch, Gideon	"	" "	" "	
Goodman, Jesse	"	" "	" "	
Ham, George	"	" "	" "	
Harris, Sherwood	"	" "	" "	
Harvey, William	"	" "	" "	
Huland, Ambrose	"	" "	" "	
Hutson, Israh P.	"	" "	" "	Substitute for Wm. Chambers.
Isaacs, Godfrey	"	" "	" "	
James, Jonathan	"	" "	" "	
Johnson, Francis	"	" "	" "	
Kindred, William	"	" "	" "	
King, Nelson	"	" "	" "	
Land, James	"	" "	" "	
Logsdon, Joseph	"	" "	" "	
Magil, Samuel P.	"	" "	" "	
Marner, Isaac	"	" "	" "	
Masters, Moses	"	" "	" "	
McClain, Jonathan	"	" "	" "	
McKinney, Richard	"	" "	" "	
McMahan, Samuel	"	" "	" "	
Merriman, Noah	"	" "	" "	
Moody, James	"	" "	" "	
Moore, Nathan	"	" "	" "	
Muley, James	"	" "	" "	Substitute for Peter Allumbaugh.
Nesse, Jesse	"	" "	" "	
Noland, Ledstone	"	" "	" "	
Oldham, Caleb	"	" "	" "	
Park, Timothy	"	" "	" "	
Parker, Lewis	"	" "	" "	
Parton, John	"	" "	" "	
Perrin, Samuel	"	" "	" "	
Powell, Simon	"	" "	" "	
Purcell, Benjamin	"	" "	" "	
Roberts, Daniel	"	" "	" "	
Roberts, Jesse	"	" "	" "	
Runcle, James	"	" "	" "	
Scribner, James	"	" "	" "	
Sebastian, Willico	"	" "	" "	
See, George	"	" "	" "	

ROLL OF CAPTAIN DUDLEY FARRIS' COMPANY OF INFANTRY OF THE KENTUCKY MILITIA, DETACHED—Continued.

Names.	Rank.	Date of Muster.	To what time Engaged or Enlisted.	Remarks.
Sims, William	Private	March 11, 1813	September 11, 1813	
Skinner, Clark	"	" "	" "	
Smith, Richard	"	" "	" "	
Stephens, Charles	"	" "	" "	
Stephens, Jonathan	"	" "	" "	
Taylor, Talton	"	" "	" "	
Titus, Ebenezer	"	" "	" "	
Turner, Pleasant	"	" "	" "	
Turpin, James	"	" "	" "	
Warren, William	"	" "	" "	
White, Abbott	"	" "	" "	
White, James	"	" "	" "	
Wilkerson, Henry	"	" "	" "	
Williams, Philip	"	" "	" "	
Willis, William	"	" "	" "	
Wilson, Sampson	"	" "	" "	
Witt, Elisha	"	" "	" "	
Woods, John	"	" "	" "	
Wood, Richard	"	" "	" "	

The subjoined names were taken from recent transcripts furnished by War Department.

Names.	Rank.	Date of Muster.	To what time Engaged or Enlisted.	Remarks.
Beach, John	Private	March 29, 1813	September 28, 1813	
Carender, Nicholas	"	" "	" "	
Carpenter, John	"	" "	" "	Died at Vermillion River.
Cochran, Eleazer	"	" "	" "	Never heard of after the battle.
Evans, John	"	" "	" "	
Faris, Michael	Corporal	" "	" "	
Faris, Isaac	Private	" "	" "	Badly wounded in battle.
Farthing, Dudley	"	" "	" "	
Fluty, James	"	" "	" "	
Harderler, Jephthah	"	" "	" "	
Ham, Shelton	"	" "	" "	
Harden, James	"	" "	" "	
Hellerson, Benjamin	"	" "	" "	Killed in the slaughter pen.
Hellerson, Robert	"	" "	" "	Killed in the slaughter pen.
Hinds, John	"	" "	" "	
Horn, Joel	"	" "	" "	
Jackson, Nathaniel	"	" "	" "	
Lee, Noah	Sergeant	" "	" "	
Long, James	Private	" "	" "	
Long, Edward	"	" "	" "	
Malky, James	"	" "	" "	
McClain, James	"	" "	" "	
Moody, Samuel	"	" "	" "	
Profit, James	"	" "	" "	
Pullam, Johnston	"	" "	" "	
Reed, John	"	" "	" "	
Searcy, Tucony	"	" "	" "	
Searcy, Samuel	"	" "	" "	
Sebastian, Alexander	"	" "	" "	
Sims, Elias	"	" "	" "	
Tatham, Samuel	"	" "	" "	
Taylor, Joseph	"	" "	" "	
Thurman, Henderson	"	" "	" "	
White, Elisha	"	" "	" "	
Dougherty, John	"	" "	" "	

ROLL OF CAPTAIN AMBROSE ARTHUR'S COMPANY OF INFANTRY OF THE KENTUCKY MILITIA, DETACHED—COMMANDED BY LIEUTENANT COLONEL WILLIAM DUDLEY.

Names.	Rank.	Date of Muster.	To what time Engaged or Enlisted.	Remarks.
Ambrose Arthur	Captain	March 20, 1813	September 20, 1813	
Joseph Parsons	Lieutenant	" "	" "	
James Ballenger	Ensign	" "	" "	
Rowland Broon	1st Sergeant	" "	" "	
John Johnston	2d Sergeant	" "	" "	
Samuel Jamison	3d Sergeant	" "	" "	
Tarorer Hays	4th Sergeant	" "	" "	
Thomas Spears	1st Corporal	" "	" "	
Benjamin Parsons	2d Corporal	" "	" "	
Richard Williams	3d Corporal	" "	" "	
James Templeton	4th Corporal	" "	" "	
Anderson, James	Private	" "	" "	

ROLL OF CAPTAIN AMBROSE ARTHUR'S COMPANY OF INFANTRY OF THE KENTUCKY MILITIA, DETACHED—Continued.

Names.	Rank.	Date of Muster	To what time Engaged or Enlisted.	Remarks.
Aldridge, John	Private	March 20, 1813	September 20, 1813	
Bailey, Andrew	"	" "	" "	
Bales, Hawkins	"	" "	" "	
Bennett, Levi	"	" "	" "	
Brickley, Samuel	"	" "	" "	
Broon, Daniel	"	" "	" "	
Broon, Elijah	"	" "	" "	
Bryant, William	"	" "	" "	
Bunch, George	"	" "	" "	
Butler, James	"	" "	" "	
Carpenter, William	"	" "	" "	
Cobb, Samuel	"	" "	" "	
Combs, Jeremiah	"	" "	" "	
Cook, William	"	" "	" "	
Day, William	"	" "	" "	
Demoss, John	"	" "	" "	
Derham, Elijah	"	" "	" "	
Dover, Isaac	"	" "	" "	
Farlow, Farris	"	" "	" "	
Farris, Paul	"	" "	" "	
Ferbish, William	"	" "	" "	
Fry, John	"	" "	" "	
Golden, Edmond	"	" "	" "	
Goodin, James	"	" "	" "	
Goodin, John	"	" "	" "	
Goodwin, Joseph	"	" "	" "	
Gregory, John	"	" "	" "	
Gresham, John	"	" "	" "	
Hambleton, Thomas	"	" "	" "	
Harris, Benjamin	"	" "	" "	
Hermon, John	"	" "	" "	
Higgins, John	"	" "	" "	
Holman, William	"	" "	" "	
Halsley, George	"	" "	" "	
Howard, Samuel	"	" "	" "	
Irvine, James	"	" "	" "	
Johns, Jacob	"	" "	" "	
Johnston, John	"	" "	" "	
Johnston, Joseph	"	" "	" "	
Johnston, Robert	"	" "	" "	
Jones, Berry	"	" "	" "	
Jones, William	"	" "	" "	
Kennedy, Richard	"	" "	" "	
Lewis, John	"	" "	" "	
Lewis, John W	"	" "	" "	
Lewis, William	"	" "	" "	
Levatt, Henry	"	" "	" "	
Littrel, Thomas	"	" "	" "	
Mackey, John	"	" "	" "	
Masterson, Patrick	"	" "	" "	
McHolton, David	Musician	" "	" "	
Mahon, Thomas	Private	" "	" "	
Morris, John	"	" "	" "	
Parker, James	"	" "	" "	
Parks, Moses	"	" "	" "	
Potter, Thomas	"	" "	" "	
Reamy, Isaac	"	" "	" "	
Reed, William	"	" "	" "	
Riggins, Robert	"	" "	" "	
Riggs, Charles	"	" "	" "	
Robbins, John	"	" "	" "	
Sanders, Henry	"	" "	" "	
Sandlin, Lewis	"	" "	" "	
Scott, Aaron	"	" "	" "	
Scout, William	"	" "	" "	
Seago, James	"	" "	" "	
Sellars, Samuel	"	" "	" "	
Steele, William	"	" "	" "	
Stewart, John	"	" "	" "	
Stout, Samuel	"	" "	" "	
Sutton, Abram	"	" "	" "	
Taylor, Cornelius	"	" "	" "	
Waddle, William	"	" "	" "	
Walker, Christopher	Musician	" "	" "	
Walker, John	Private	" "	" "	
Waters, William	"	" "	" "	

SOLDIERS OF THE WAR OF 1812.

ROLL OF CAPTAIN AMBROSE ARTHUR'S COMPANY OF INFANTRY OF THE KENTUCKY MILITIA, DETACHED—Continued.

Names.	Rank.	Date of Muster.	To what time Engaged or Enlisted.	Remarks.
Williford, Peter	Private	March 20, 1813	September 20, 1813	
Woods, Reuben	"	" "	" "	
Wright, William	"	" "	" "	
Wyoming, Young	"	" "	" "	
Young, Robert	"	" "	" "	

The subjoined names were taken from recent transcripts furnished by the War Department.

Names.	Rank.	Date of Muster.	To what time Engaged or Enlisted.	Remarks.
Abner, John	Private	March 26, 1813	September 28, 1813	
Alderson, James	"	" "	" "	
Acres, John	"	" "	" "	
Eldridge, John	"	" "	" "	
Farm, Isaac	"	" "	" "	
Gibson, Lewis	"	" "	" "	
Jackson, John	"	" "	" "	
Jamison, John R.	"	" "	" "	
Lambert, Reuben	"	" "	" "	
McKehan, Benjamin	"	" "	" "	
McKey, John	"	" "	" "	Reduced to private from 4th Corporal.
McKey, Wall	"	" "	" "	
Perkins, Richard	"	" "	" "	
Poston, Elias	"	" "	" "	
Smith, James	"	" "	" "	
Smith, Isaac	"	" "	" "	
Stewart, James	"	" "	" "	
Still, Jesse	"	" "	" "	
Stone, Solomon	"	" "	" "	
Tuzzle, Benjamin	"	" "	" "	
Whittimore, Abraham	"	" "	" "	
Williams, John	"	" "	" "	
Woodson, William	"	" "	" "	

ROLL OF CAPTAIN JOEL HENRY'S COMPANY, KENTUCKY MILITIA—COMMANDED BY LIEUTENANT-COLONEL WILLIAM DUDLEY.

Names.	Rank.	Date of Muster.	To what time Engaged or Enlisted.	Remarks.
Joel Henry	Captain	March 29, 1813	September 28, 1813	Taken prisoner May 5, 1813.
Isaac Howard	Lieutenant	" "	" "	Taken prisoner May 5, 1813.
Benjamin Hiter	Ensign	" "	" "	Taken prisoner May 5, 1813.
Lemuel Ford	Sergeant	" "	" "	Taken prisoner May 5, 1813.
George W. Knew	"	" "	" "	Taken prisoner May 5, 1813.
Thaddeus Wilson	"	" "	" "	Killed May 5, 1813.
Joseph George	"	" "	" "	Missing.
James Pevo	"	" "	" "	Killed.
Anthony Samuel	Corporal	" "	" "	Prisoner.
John Gill	"	" "	" "	Prisoner.
John Lutts	"	" "	" "	Taken prisoner May 5, 1813.
William Barden	Fifer	" "	" "	Escaped to Fort Meigs.
Armstrong, James	Private	" "	" "	
Allen, John	"	" "	" "	Prisoner.
Baylor, Isaac	"	" "	" "	Wounded—escaped.
Benson, Thomas	"	" "	" "	Killed in battle May 5, 1813.
Clark, Joseph	"	" "	" "	Escaped to Fort Meigs.
Collins, John	"	" "	" "	Prisoner.
Colman, John	"	" "	" "	
Craig, John	"	" "	" "	Prisoner.
Crain, Francis	"	" "	" "	Prisoner.
Dale, Jesse	"	" "	" "	Prisoner.
Dale, Elijah	"	" "	" "	
Dale, John	"	" "	" "	
Divans, John	"	" "	" "	Prisoner.
Eaton, William G.	"	" "	" "	Killed in battle May 5, 1813.
Elliott, James	"	" "	" "	Prisoner May 5, 1813.
Garrett, Walker	"	" "	" "	Prisoner.
Gato, William	"	" "	" "	Prisoner May 5, 1813.
Gilpin, William	"	" "	" "	
Graves, Richard	"	" "	" "	

The subjoined names were taken from recent transcripts furnished by the War Department.

Names.	Rank.	Date of Muster.	To what time Engaged or Enlisted.	Remarks.
Green, John	Private	March 29, 1813	September 28, 1813	Prisoner.
Hudson, Thomas	"	" "	" "	Prisoner May 5, 1813.
Hudson, Rody	"	" "	" "	Prisoner May 5, 1813.
Hunter, Samuel	"	" "	" "	Prisoner.
Johnson, William	"	" "	" "	Prisoner May 5, 1813.

ROLL OF CAPTAIN JOEL HENRY'S COMPANY, KENTUCKY MILITIA—Continued.

Names.	Rank.	Date of Muster.	To what time Engaged or Enlisted.	Remarks.
Lafon, William	Private	March 29, 1813	September 28, 1813	Wounded May 5, 1813.
Malone, James	"	" "	" "	Prisoner.
Maddox, James	"	" "	" "	Prisoner.
Martin, Gilbert	"	" "	" "	Wounded May 5, 1813.
McDaniel, Joel D.	"	" "	" "	
Medcalf, Alfred	"	" "	" "	Prisoner.
Mosby, Wuld	"	" "	" "	
Mosby, Thomas	"	" "	" "	
Milfred, Robert	"	" "	" "	Deserted at Lexington, after having drawn in advance.
Oliver, Benjamin	"	" "	" "	Prisoner.
Poar, Robert	"	" "	" "	Prisoner.
Porter, Seth	"	" "	" "	Prisoner May 5, 1813.
Scott, James	"	" "	" "	Escaped to Fort Meigs.
Searcy, James	"	" "	" "	Prisoner.
Sheats, Henry	"	" "	" "	Prisoner May 5, 1813.
Sisenby, Jerry	"	" "	" "	Prisoner.
Smith, Thomas	"	" "	" "	Prisoner.
Smith, James	"	" "	" "	Prisoner.
Slaughter, Robert	"	" "	" "	Wounded.
Smeather, Benjamin	"	" "	" "	Wounded.
Snellen, Alexander	"	" "	" "	Wounded.
Snellen, Benjamin	"	" "	" "	Wounded.
Stevenson, John	"	" "	" "	Killed in battle May 5, 1813.
Stevenson, Samuel	"	" "	" "	Prisoner.
Steele, William	"	" "	" "	Prisoner.
Stout, Daniel M.	"	" "	" "	Prisoner.
Sublett, Arthur	"	" "	" "	Prisoner May 5, 1813.
Sublett, Siterbury	"	" "	" "	Prisoner May 5, 1813.
Tall, John	"	" "	" "	Prisoner May 5, 1813.
Veach, Asy	"	" "	" "	Prisoner.
Weathers, Charles	"	" "	" "	Left at Fort Winchester.
Wilson, William	"	" "	" "	Escaped to Fort Meigs.
Wooldridge, Levy	"	" "	" "	Escaped to Fort Meigs.
Wilson, Thomas	"	" "	" "	Prisoner.
Watts, Bledsoe	"	" "	" "	Prisoner.
Watson, Josiah	"	" "	" "	Prisoner.
Warl, Henry	"	" "	" "	Wounded May 5, 1813.
Waldon, Abednego	"	" "	" "	Prisoner.
Wilkerson, David	"	" "	" "	Prisoner.
Yancy, Burket G.	"	" "	" "	Prisoner May 5, 1813.
Yancy, George	"	" "	" "	Prisoner May 5, 1813.

ROLL OF CAPTAIN THOMAS LEWIS' COMPANY OF INFANTRY OF THE KENTUCKY MILITIA, DETACHED—COMMANDED BY LIEUTENANT COLONEL WM. DUDLEY.

Names.	Rank.	Date of Muster.	To what time Engaged or Enlisted.	Remarks.
Thomas Lewis	Captain	March 29, 1813	September 28, 1813	
George S. Herndon	Lieutenant	" "	" "	
William Sally	Ensign	" "	" "	
William Moss	1st Sergeant	" "	" "	
Henry King	2d Sergeant	" "	" "	
William Rouch	3d Sergeant	" "	" "	
Newton H. Tapp	4th Sergeant	" "	" "	
William Dunn	1st Corporal	" "	" "	
Thomas Payne	2d Corporal	" "	" "	
Eliphalet Roan	3d Corporal	" "	" "	
George Doxon	4th Corporal	" "	" "	
Acres, Larkin	Private	" "	" "	
Aldridge, Joshua	"	" "	" "	
Anderson, James	"	" "	" "	
Attsman, Henry	"	" "	" "	
Baker, Lewis	"	" "	" "	Absent.
Ball, Henry	"	" "	" "	Absent.
Baxter, James	"	" "	" "	
Bourne, John	"	" "	" "	
Bowman, John	"	" "	" "	
Brockman, Aaron	"	" "	" "	
Brooner, David	"	" "	" "	Absent.
Brown, Samuel	"	" "	" "	
Buskitt, David	"	" "	" "	
Busley, William	"	" "	" "	
Butler, William W.	"	" "	" "	
Castle, John	"	" "	" "	

ROLL OF CAPTAIN THOMAS LEWIS' COMPANY OF INFANTRY OF THE KENTUCKY MILITIA, DETACHED—Continued.

Names.	Rank.	Date of Muster.	To what time Engaged or Enlisted.	Remarks.
Clark, James	Private	March 29, 1813	September 28, 1813	
Cromwell, Oliver	"	" "	" "	
Davis, Jarred	"	" "	" "	
Dunnegan, David	"	" "	" "	
Easley, Obediah	"	" "	" "	Infirm.
Fisher, James	"	" "	" "	
Frazier, Jeremiah	"	" "	" "	
George, Ellis	"	" "	" "	
Green, James	"	" "	" "	Absent.
Green, John	"	" "	" "	
Hampton, Thomas	"	" "	" "	
Hendricks, Michael	"	" "	" "	
Hitt, Elias	"	" "	" "	
Houser, Isaac	"	" "	" "	Absent.
Hughes, Thomas	"	" "	" "	
Hunter, John	"	" "	" "	
Hynes, Alexander R.	"	" "	" "	Absent.
Keen, John	"	" "	" "	Absent.
Lewis, Adam	"	" "	" "	
Lockhart, Silas	"	" "	" "	
Masterson, Moses	"	" "	" "	
May, Solomon	"	" "	" "	
McAtee, Abednego	"	" "	" "	
McCune, Samuel	"	" "	" "	Absent.
McDaniel, Alexander	"	" "	" "	
McDougal, James	"	" "	" "	
Mifford, Joseph	"	" "	" "	
Moon, Zachariah	"	" "	" "	
Morris, Jesse	"	" "	" "	
Morrow, James	"	" "	" "	Infirm.
Moss, Pleasant	"	" "	" "	
Myers, Jacob	"	" "	" "	Absent.
Nutter, William	"	" "	" "	
Ritter, Michael	"	" "	" "	Infirm.
Romans, John	"	" "	" "	
Ronyan, Francis	"	" "	" "	
Rutherford, Archibald	"	" "	" "	
Rutherford, Jesse	"	" "	" "	
Rynolds, Samuel	"	" "	" "	
Sandusky, Jacob	"	" "	" "	
Scanlan, Travis	"	" "	" "	Absent.
Scott, Mathew T.	"	" "	" "	
Sergeant, William B.	"	" "	" "	
Shannon, Jacob	"	" "	" "	
Shrewsberry, Nathaniel	"	" "	" "	
Simpson, Nathaniel	"	" "	" "	
Skewens, Clayton	"	" "	" "	
Spencer, Charles	"	" "	" "	
Starr, Christopher	"	" "	" "	
Starr, John	"	" "	" "	
Steward, John	"	" "	" "	
Tapp, Nelson	"	" "	" "	
Taylor, Conrad	"	" "	" "	
Twindle, Alexander	"	" "	" "	
Triplett, Fielding	"	" "	" "	
True, John	"	" "	" "	
Truit, John	"	" "	" "	
Ungles, Hillery	"	" "	" "	
Wallace, Thomas	"	" "	" "	Absent.
Waters, John	"	" "	" "	Absent.
Williams, Lewis	"	" "	" "	
Williamson, Richard	"	" "	" "	Absent.
Wilson, James	"	" "	" "	
Wilson, William	"	" "	" "	

The subjoined names were taken from recent transcripts furnished by the War Department.

Names.	Rank.	Date of Muster.	To what time Engaged or Enlisted.	Remarks.
Baum, Whitfield	Private	March 29, 1813	September 28, 1813	Killed.
Baines, Zachariah	"	" "	" "	Missing.
Beeler, Henry	"	" "	" "	
Brown, Joel	"	" "	" "	Prisoner.
Bunds, George S.	"	" "	" "	Prisoner.
Burchum, Joseph	"	" "	" "	Prisoner.
Corn, James	"	" "	" "	Prisoner.
Corn, Hiram	"	" "	" "	Failed while marching.
Davis, James	"	" "	" "	Prisoner.
Damele, Spencer	"	" "	" "	

ROLL OF CAPTAIN THOMAS LEWIS' COMPANY OF INFANTRY OF THE KENTUCKY MILITIA, DETACHED—Continued.

Names.	Rank.	Date of Muster.	To what time Engaged or Enlisted.	Remarks.
Dixon, George	Private	March 29, 1813	September 28, 1813	
Dornell, William	"	" "	" "	
Erwin, Stephen	"	" "	" "	
Fitzjarrell, Silas	"	" "	" "	Killed.
Fizer, Jacob	"	" "	" "	Left sick.
Gardner, Francis	"	" "	" "	Prisoner.
Hanes, Simeon	"	" "	" "	Prisoner.
Jack, Andrew	"	" "	" "	Prisoner.
Kendrick, Michael	"	" "	" "	Prisoner.
Lee, Achilles	Musician	" "	" "	
Lowry, Stephen	Private	" "	" "	Prisoner.
McClain, James	"	" "	" "	Prisoner.
McMillen, William	"	" "	" "	Failed in marching.
Mofford, James	"	" "	" "	
Overtuns, Garland	"	" "	" "	Prisoner.
Parish, Price	"	" "	" "	Prisoner on parole.
Pierson, Allen	"	" "	" "	Prisoner.
Paxton, Joseph	"	" "	" "	
Pilcher, Shadrach	"	" "	" "	Prisoner.
Rankins, John	"	" "	" "	Prisoner.
Right, Jonathan	"	" "	" "	Prisoner.
Singleton, Daniel	"	" "	" "	Prisoner.
Smith, John	"	" "	" "	Prisoner.
Stewart, Gehew	"	" "	" "	Prisoner.
Stewart, William	"	" "	" "	Prisoner.
Walker, David T.	Sergeant	" "	" "	Prisoner on parole.
Walker, Mathew	Private	" "	" "	Failed in marching.
Wallace, Robert	"	" "	" "	
Wallen, John	"	" "	" "	
Wilson, Gabriel	"	" "	" "	Prisoner.

ROLL OF CAPTAIN JOHN C. MORRISON'S COMPANY OF VOLUNTEER INFANTRY OF THE KENTUCKY MILITIA, DETACHED—COMMANDED BY LIEUTENANT-COLONEL WILLIAM DUDLEY.

Names.	Rank.	Date of Muster.	To what time Engaged or Enlisted.	Remarks.
John C. Morrison	Captain	March 9, 1813	September 9, 1813	
Joseph R. Underwood	Lieutenant	" "	" "	
Hubbard B. Smith	Ensign	" "	" "	
William Worthington	1st Sergeant	" "	" "	
Richard Holding	2d Sergeant	" "	" "	
James E. Davis	3d Sergeant	" "	" "	Absent.
Valentine Weathers	4th Sergeant	" "	" "	Absent.
William Tompkins	1st Corporal	" "	" "	
Charles Postlenthwait	2d Corporal	" "	" "	
Robert Adrian	3d Corporal	" "	" "	
John Smith	4th Corporal	" "	" "	
Atcheson, Alexander	Private	" "	" "	Substitute for David Coffman.
Biles, James	"	" "	" "	Substitute for Preston Troller.
Bollman, Amos	"	" "	" "	Substitute for Elijah Henry.
Bowler, Warren	"	" "	" "	
Bradford, Daniel	"	" "	" "	
Bronston, Thomas	"	" "	" "	
Brown, John H.	"	" "	" "	Absent.
Bull, William P.	"	" "	" "	
Campbell, George	"	" "	" "	
Carson, William	"	" "	" "	
Casey, Joel F.	"	" "	" "	Absent.
Chipley, Elijah	"	" "	" "	Absent.
Combs, Fielding	"	" "	" "	
Dale, George C.	"	" "	" "	
Dale, John	"	" "	" "	
Decker, James D.	"	" "	" "	
Ducker, Enoch	"	" "	" "	
Dunlap, Alexander	"	" "	" "	
Epperson, John P.	"	" "	" "	
Farour, George	"	" "	" "	
Fluty, James T.	"	" "	" "	Absent.
Fox, William	"	" "	" "	
Grant, John	"	" "	" "	
Harden, George W.	"	" "	" "	Substitute for George Lingenfelter.
Hawkins, Martin	"	" "	" "	

ROLL OF CAPTAIN JOHN C. MORRISON'S COMPANY OF VOLUNTEER INFANTRY OF THE KENTUCKY MILITIA, DETACHED—Continued.

Names.	Rank.	Date of Muster.	To what time Engaged or Enlisted.	Remarks.
Hanks, Joshua	Private	March 9, 1813	September 9, 1813	
Henning, Rudolph	"	" "	" "	Absent.
Henry, James	"	" "	" "	
Hogan, William	"	" "	" "	
Hook, Henry	"	" "	" "	Substitute for Wm. Long, 10th regiment.
Jones, James	"	" "	" "	
Jones, Nelson R.	"	" "	" "	
Kasnor, John	"	" "	" "	
Kinney, William	"	" "	" "	Substitute for John Allen.
Lay, Elijah	"	" "	" "	Substitute for William Romans.
Long, Learing	"	" "	" "	
Mahan, Alexander	"	" "	" "	
Martin, Samuel	"	" "	" "	Substitute for Petis Wright.
Mathew, Joshua	"	" "	" "	
McDaniel, Allen C.	"	" "	" "	
Merrill, William	"	" "	" "	
Moffett, Henry	"	" "	" "	
Moore, Angus	"	" "	" "	
Moore, Charles C.	"	" "	" "	
Netherland, Powhattan	"	" "	" "	
Ohiltree, William	"	" "	" "	Substitute for Wm. Vaupel.
Parrish, James	"	" "	" "	Substitute for Thos. Worland.
Porter, Ephraim	"	" "	" "	
Robinson, John	"	" "	" "	Substitute for A. Bowman.
Rusk, Robert	"	" "	" "	
Ruth, David	"	" "	" "	
Scott, James	"	" "	" "	Absent.
Shelton, Thomas	"	" "	" "	
Skindebower, Henry	"	" "	" "	Substitute for Joe Boswell.
Sketers, William	"	" "	" "	Absent.
Smith, Daniel	"	" "	" "	
Smith, Peter	"	" "	" "	Absent.
Steele, Menassah	"	" "	" "	
Thomas, Thomas	"	" "	" "	Substitute for Abram Conn.
True, John F.	"	" "	" "	
Turner, William	"	" "	" "	Substitute for James Fishback.
Villars, George	"	" "	" "	Substitute for James McGee.
Vines, David	"	" "	" "	
Warden, Robert	"	" "	" "	
Waters, Solomon	"	" "	" "	
Webb, Thomas W.	"	" "	" "	
Welch, John L.	"	" "	" "	
Wheeler, Henry D.	"	" "	" "	
Wilkerson, Angus	"	" "	" "	
Wilson, William	"	" "	" "	Absent.

The subjoined names were taken from recent transcripts furnished by the War Department.

Names.	Rank.	Date of Muster.	To what time Engaged or Enlisted.	Remarks.
Arnett, Zachariah	Private	March 29, 1813	September 28, 1813	Paroled May 5, 1813.
Carrick, Edward	"	" "	" "	
Cloud, Samuel G.	"	" "	" "	
Draw, Peter	"	" "	" "	Paroled May 5, 1813.
Hughes, Daniel	"	" "	" "	
Long, Anthony	"	" "	" "	Paroled May 5, 1813.
Martin, William	"	" "	" "	Paroled May 5, 1813—died from wounds.
Morgan, Will	"	" "	" "	
Painter, Ezekiel	"	" "	" "	
Peyton, Benjamin	"	" "	" "	
Walden, Joseph	"	" "	" "	
Weathers, Joshua	"	" "	" "	Supposed to have been killed.

ROLL OF CAPTAIN WILLIAM SEBREE'S COMPANY OF INFANTRY OF THE KENTUCKY MILITIA, DETACHED—COMMANDED BY LIEUTENANT-COLONEL WM. E. BOSWELL.

Names.	Rank.	Date of Muster.	To what time Engaged or Enlisted.	Remarks.
William Sebree	Captain	March 6, 1813	September 6, 1813	
Streshley Allen	Lieutenant	" "	" "	
Nathaniel Vice	Ensign	" "	" "	
William Brown	1st Sergeant	" "	" "	
George Black	2d Sergeant	" "	" "	
William C. Monroe	3d Sergeant	" "	" "	
John Cooper	4th Sergeant	" "	" "	
John Norris	1st Corporal	" "	" "	
Thomas Coventon	2d Corporal	" "	" "	
Elijah Garnett	3d Corporal	" "	" "	
Joseph McPike	4th Corporal	" "	" "	
Abercromby, William	Private	" "	" "	
Ammerman, Philip	"	" "	" "	
Bailey, George	"	" "	" "	
Beaman, Benjamin	"	" "	" "	Absent.
Becket, Nelson W.	"	" "	" "	
Best, Thomas	"	" "	" "	
Bingam, William	"	" "	" "	
Bush, William	"	" "	" "	
Camfield, Norris	"	" "	" "	
Campbell, John	"	" "	" "	
Carter, George	"	" "	" "	
Cave, Richard	"	" "	" "	
Cherry, Nicholas	"	" "	" "	Absent.
Childers, William	"	" "	" "	
Cleveland, Robert	"	" "	" "	
Conor, Andrew	"	" "	" "	Absent.
Corkindorfer, John	"	" "	" "	
Cravens, Benjamin	"	" "	" "	
Crisler, Silas	"	" "	" "	Absent.
Cramny, George	"	" "	" "	
Daugherty, William	"	" "	" "	
Donly, Right	"	" "	" "	
Draper, William	"	" "	" "	
Dunaway, Charles	"	" "	" "	
Easton, Griffin	"	" "	" "	
Ellis, George	"	" "	" "	
Forsythe, Robert, Jr.	"	" "	" "	Absent.
Fugett, John H.	"	" "	" "	
Gardner, James	"	" "	" "	
Glore, Israel	"	" "	" "	
Glore, Oliver	"	" "	" "	
Glore, Reuben	"	" "	" "	
Gregory, Walter	"	" "	" "	Absent.
Grigg, John	"	" "	" "	Absent.
Gausney, John	Musician	" "	" "	
Hall, Thomas	Private	" "	" "	
Honey, Jesse	"	" "	" "	
Hawkins, John	"	" "	" "	
Heath, Samuel	"	" "	" "	Absent.
Henthorn, Adam	"	" "	" "	Absent.
Herron, William	"	" "	" "	Absent.
Highfield, Leonard	"	" "	" "	Absent.
Hodgen, Elisha	"	" "	" "	Absent.
House, Moses	"	" "	" "	
Hynes, Samuel	"	" "	" "	
Jenkinson, William	"	" "	" "	
Johnson, Nelson	"	" "	" "	Absent.
Justice, Jesse	"	" "	" "	
Kirk, Elijah	"	" "	" "	Absent.
Lancaster, William	"	" "	" "	
Lightfoot, Philip	"	" "	" "	
Lindsey, James	"	" "	" "	
Mahan, Frank	"	" "	" "	
Mash, William	"	" "	" "	
McCray, William	"	" "	" "	
McKey, Joseph	"	" "	" "	
McKey, Joseph	"	" "	" "	
McShane, William	"	" "	" "	
Mullin, Lindsey	"	" "	" "	
New, Jacob	"	" "	" "	
New, William	"	" "	" "	
Newman, William	"	" "	" "	Absent.
Osburn, Fielding	"	" "	" "	
Osburn, St. Clair	"	" "	" "	
Peak, James	"	" "	" "	Absent.

SOLDIERS OF THE WAR OF 1812.

ROLL OF CAPTAIN WILLIAM SEBREE'S COMPANY OF INFANTRY OF THE KENTUCKY MILITIA, DETACHED—Continued.

Names.	Rank.	Date of Muster.	To what time Engaged or Enlisted.	Remarks.
Perry, George	Private	March 6, 1813	September 6, 1813	Absent.
Perry, Daniel	"	" "	" "	
Perry, Samuel	"	" "	" "	
Points, John	"	" "	" "	
Railey, John	"	" "	" "	
Ray, Robert	"	" "	" "	
Rollins, Ezekiel	"	" "	" "	Absent.
Smith, James	"	" "	" "	Absent.
Smither, William	"	" "	" "	
Stephens, Henry	"	" "	" "	
Stewart, William	"	" "	" "	
Taylor, Isaac	"	" "	" "	
Thomas, James	"	" "	" "	
Tumble, Elisha	"	" "	" "	
Tindal, John	"	" "	" "	
Westroop, John	"	" "	" "	
Wilhoit, Caleb	"	" "	" "	
Wilson, John, Jr.	"	" "	" "	
Wilson, William	"	" "	" "	
Workman, Abram	"	" "	" "	Absent.

ROLL OF CAPTAIN JOHN D. THOMAS' COMPANY OF INFANTRY OF THE KENTUCKY MILITIA, DETACHED—COMMANDED BY LIEUTENANT-COLONEL WM. E. BOSWELL.

Names	Rank	Date of Muster	To what time Engaged or Enlisted	Remarks
John D. Thomas	Captain	March 3, 1813	September 3, 1813	
George Pickett	Lieutenant	" "	" "	
Matthew Woods	Ensign	" "	" "	
William Elliott	1st Sergeant	" "	" "	
Lindsey Campbell	2d Sergeant	" "	" "	
James Bennett	3d Sergeant	" "	" "	Present, but not fit for duty.
John Caldwell	4th Sergeant	" "	" "	
Joseph Sweet	1st Corporal	" "	" "	
Henry Daugherty	2d Corporal	" "	" "	
Henry Stewart	3d Corporal	" "	" "	
George Fishback	4th Corporal	" "	" "	Present, but not fit for duty.
Adams, William	Private	" "	" "	
Baker, John	"	" "	" "	
Barlow, Jesse	"	" "	" "	
Baxter, William	"	" "	" "	
Bayless, Israel	"	" "	" "	
Carr, Joseph	"	" "	" "	Present, but not fit for duty.
Cason, John	"	" "	" "	
Clifford, James	"	" "	" "	
Conrad, Jacob	"	" "	" "	
Coxe, Joseph	"	" "	" "	Absent.
Davis, Frederick	"	" "	" "	
Durall, Daniel	"	" "	" "	
Eckler, Samuel	"	" "	" "	
Eckler, Ullery	"	" "	" "	Absent.
Ellis, George	"	" "	" "	Absent.
Endicott, James	"	" "	" "	Present, but not fit for duty.
Ferguson, Samuel	"	" "	" "	
Fightmaster, Lawrence	"	" "	" "	
Fishback, Jesse	"	" "	" "	Absent.
Galbreath, John	"	" "	" "	
George, William N.	"	" "	" "	
Hall, William	"	" "	" "	
Hamilton, James	"	" "	" "	
Horter, Jacob D.	"	" "	" "	
Hawkins, Thomas	"	" "	" "	
Hendricks, George	"	" "	" "	
Hendricks, William	"	" "	" "	Present, but not fit for duty.
Hogg, Robert	"	" "	" "	
Holland, Anthony	"	" "	" "	
Hughes, Eleven	"	" "	" "	
Ingraham, Job	"	" "	" "	Absent.
Jamison, Benoni	"	" "	" "	
Jones, James	"	" "	" "	
Jordon, John	"	" "	" "	
Kendrick, John	"	" "	" "	
Kindle, Lewis	"	" "	" "	
King, Armstead	"	" "	" "	

ROLL OF CAPTAIN JOHN D. THOMAS' COMPANY OF INFANTRY OF THE KENTUCKY MILITIA, DETACHED—Continued.

Names.	Rank.	Date of Muster.	To what time Engaged or Enlisted.	Remarks.
King, William	Private	March 3, 1813	September 3, 1813	
Kinman, David	"	" "	" "	
Lear, John	"	" "	" "	
Lingenfelter, Jacob	"	" "	" "	
Marr, John	"	" "	" "	Present, but not fit for duty.
Marr, James	"	" "	" "	Absent.
Marsh, William	"	" "	" "	
McClain, Robert	"	" "	" "	Absent.
McClure, James	"	" "	" "	Present—not fit for duty.
McGill, James	"	" "	" "	
McNesse, Abr.	"	" "	" "	
Nesbit, James	"	" "	" "	
New, Peter	"	" "	" "	
Norman, Caleb	"	" "	" "	
Orr, James	"	" "	" "	Absent.
Rowling, Jacob	"	" "	" "	
Ruby, John	"	" "	" "	
Shields, William	"	" "	" "	
Shuff, Enoch	"	" "	" "	
Tate, John	"	" "	" "	
Vandergrift, Samuel	"	" "	" "	
Vallandingham, Thos.	"	" "	" "	Present, but not fit for duty.
Weary, George	"	" "	" "	
Webb, Moses	"	" "	" "	
Wheat, Henson	"	" "	" "	
Wilson, Richard	"	" "	" "	
Wilson, Nathaniel	"	" "	" "	
Woolery, Abraham	"	" "	" "	
Woolery, Jacob	"	" "	" "	
Worrel, James	"	" "	" "	Absent.

ROLL OF CAPTAIN THOMAS METCALFE'S COMPANY OF INFANTRY OF THE KENTUCKY MILITIA, DETACHED—COMMANDED BY LIEUTENANT-COLONEL WM. E. BOSWELL.

Names.	Rank.	Date of Muster.	To what time Engaged or Enlisted.	Remarks.
Thomas Metcalfe	Captain	March 6, 1813	September 6, 1813	
John Baker	Lieutenant	" "	" "	
Robert C. Hall	Ensign	" "	" "	
Samuel Rogers	1st Sergeant	" "	" "	
Samuel W. Tomison	2d Sergeant	" "	" "	
Hezekiah Swearengen	3d Sergeant	" "	" "	
William Caldwell	4th Sergeant	" "	" "	
James Neele	1st Corporal	" "	" "	
James Bowles	2d Corporal	" "	" "	
Benjamin Barton	3d Corporal	" "	" "	
John Fugate	4th Corporal	" "	" "	
Ammerman, John	Private	" "	" "	
Ammerman, William	"	" "	" "	
Anderson, George	"	" "	" "	
Barnett, James	"	" "	" "	
Barnett, Spencer	"	" "	" "	
Bentley, William	"	" "	" "	
Blunt, Redding	"	" "	" "	
Bowles, Thomas	"	" "	" "	
Bowles, Thomas	"	" "	" "	
Canady, James	"	" "	" "	
Chanly, John	"	" "	" "	
Collins, Bernard	"	" "	" "	
Conaway, John	"	" "	" "	
Cormic, Richard	"	" "	" "	
Crouch, Joseph	"	" "	" "	
Cunningham, Isaac	"	" "	" "	
Cunningham, James	"	" "	" "	
Davis, John	"	" "	" "	
Davis, Robert	"	" "	" "	
Elliott, Resin	"	" "	" "	
Ferguson, Clement	"	" "	" "	
Fuller, Joseph	"	" "	" "	
Gibbons, Thomas J.	"	" "	" "	
Gody, Gilbert	"	" "	" "	
Gray, Isaac	"	" "	" "	
Grimes, Thomas	"	" "	" "	
Griffith, William	"	" "	" "	

ROLL OF CAPTAIN THOMAS METCALFE'S COMPANY OF INFANTRY OF THE KENTUCKY MILITIA, DETACHED—Continued.

Names.	Rank.	Date of Muster.	To what time Engaged or Enlisted.	Remarks.
Ham, Michael	Private	March 6, 1813	September 6, 1813	
Ham, William	"	" "	" "	
Harney, Mills	"	" "	" "	
Harney, Thomas	"	" "	" "	
Haws, Joseph	"	" "	" "	
Hill, Elzy	"	" "	" "	
Hill, John	"	" "	" "	
Hitchcock, Assel	"	" "	" "	
Hopkins, Esik	"	" "	" "	
Jones, James	"	" "	" "	
Jones, Lewis	"	" "	" "	
Livingood, George	"	" "	" "	
Long, Samuel	"	" "	" "	Absent.
Maffort, William	"	" "	" "	
Mann, Peter	"	" "	" "	
Mathers, Samuel	"	" "	" "	
McCarty, Felix	"	" "	" "	
McCracken, William	"	" "	" "	
McConaha, James	"	" "	" "	
McDaniel, Alexander	"	" "	" "	
McDaniel, Thomas	"	" "	" "	
Mitchell, John	"	" "	" "	
Mitchell, John	"	" "	" "	
Moreland, Samuel	"	" "	" "	Sick.
Musset, James	"	" "	" "	
Myers, Abraham	"	" "	" "	
Myers, Lewis	"	" "	" "	
Neely, George	"	" "	" "	
Pauley, Jeremiah	"	" "	" "	
Payne, John	"	" "	" "	
Pearson, Bartholomew	"	" "	" "	
Powell, Zenus	"	" "	" "	
Prather, Elisha	"	" "	" "	
Purcel, Thomas	"	" "	" "	
Rankin, John	"	" "	" "	
Rice, George	"	" "	" "	
Richey, Noah	"	" "	" "	
Roberts, William	"	" "	" "	
Rule, Matthew	"	" "	" "	
Schooler, Cozeby	"	" "	" "	
Scott, Merrit	"	" "	" "	
Shields, Thomas	"	" "	" "	
Shultz, Abraham	"	" "	" "	
Smart, William	"	" "	" "	
Smith, Resin	"	" "	" "	
Smith, Thomas A.	"	" "	" "	
Stanley, Moses	"	" "	" "	
Stevenson, Joseph	"	" "	" "	
Stogdale, James	"	" "	" "	
Stewart, John	"	" "	" "	
Stakes, Benjamin	"	" "	" "	
Story, Washington	"	" "	" "	
Sudduth, Jarrard	"	" "	" "	
Swain, William	"	" "	" "	
Talbott, Acquilla	"	" "	" "	Sick.
Taylor, George	"	" "	" "	
Taylor, Thomas	"	" "	" "	
Tomasson, John	"	" "	" "	
Townson, Joshua	"	" "	" "	
Washburn, John	"	" "	" "	
West, Alran	"	" "	" "	
West, Elijah	"	" "	" "	
Wheeler, Joseph	"	" "	" "	
Wiley, Hugh	"	" "	" "	
Williams, Isaiah	"	" "	" "	
Wilson, Thomas	"	" "	" "	
Young, Alexander	"	" "	" "	

ROLL OF CAPTAIN MANSON SEAMONDS' COMPANY OF INFANTRY OF THE KENTUCKY MILITIA, DETACHED—COMMANDED BY LIEUTENANT-COLONEL WM. E. BOSWELL.

Names.	Rank.	Date of Muster.	To what time Engaged or Enlisted.	Remarks.
Manson Seamonds	Captain	March 1, 1813	September 1, 1813	
William McClanihan	Lieutenant	" "	" "	
James Ardery	Ensign	" "	" "	
Henry Cartwright	1st Sergeant	" "	" "	
Charles M. Ruddell	2d Sergeant	" "	" "	
Joseph Brandon	3d Sergeant	" "	" "	
Thomas Lindsey	4th Sergeant	" "	" "	
John R. Tull	1st Corporal	" "	" "	
Andrew Hamilton	2d Corporal	" "	" "	
George Mock	3d Corporal	" "	" "	
David Shields	4th Corporal	" "	" "	
Ammerman, William	Private	" "	" "	
Avery, Charles	"	" "	" "	
Baly, William	"	" "	" "	
Bannet, William	"	" "	" "	
Barber, Thomas	"	" "	" "	
Baylis, Israel	"	" "	" "	Absent.
Baylor, John	"	" "	" "	
Baylor, Robert	"	" "	" "	Absent.
Bedford, Henry	"	" "	" "	
Belt, Lee	"	" "	" "	
Bently, Graham	"	" "	" "	
Booth, Steven	"	" "	" "	
Breckenridge, John	"	" "	" "	
Bridges, William	"	" "	" "	
Buford, Abraham	"	" "	" "	
Bamberger, Michael	"	" "	" "	
Cartwright, John	"	" "	" "	
Cave, Richard	"	" "	" "	
Clarkson, James M.	"	" "	" "	
Clayton, Coleman	"	" "	" "	
Clayton, William	"	" "	" "	
Cook, Martin	"	" "	" "	
Crow, Benjamin	"	" "	" "	
David, Henry	"	" "	" "	
Dawson, Gabriel	"	" "	" "	Absent.
Deen, Samuel	"	" "	" "	
Depew, Alexander	"	" "	" "	
Duncan, Thomas	"	" "	" "	
Ellis, Jesse	"	" "	" "	
Ellis, Timothy	"	" "	" "	
Evans, John	"	" "	" "	
Griffin, Robert	"	" "	" "	
Groom, Moses	"	" "	" "	
Hardwick, Henry	"	" "	" "	
Higgins, William	"	" "	" "	
Honey, Peter	"	" "	" "	
Howard, John	"	" "	" "	
Howard, Paris	"	" "	" "	
Hughes, Mason	"	" "	" "	Absent.
Jennings, James	"	" "	" "	
Johnson, David	"	" "	" "	
Johnson, William	"	" "	" "	
Jones, Garden	"	" "	" "	
Kennedy, Thomas	"	" "	" "	
Kimes, Henry	"	" "	" "	
King, John	"	" "	" "	
King, Samuel	"	" "	" "	
Kirk, Thomas	"	" "	" "	Present, but not fit for duty.
Knox, Enoch	"	" "	" "	
Lear, Abraham	"	" "	" "	
Liter, Henry	"	" "	" "	Present, but not fit for duty.
Logan, Michael	"	" "	" "	
Maple, William	"	" "	" "	
March, Joseph H.	"	" "	" "	
Matthews, Henry	"	" "	" "	
McConnell, Ephraim	"	" "	" "	
McConnell, Samuel	"	" "	" "	
McDonald, Enos	"	" "	" "	
McLaughlin, John	"	" "	" "	
McPheters, Theophilus	"	" "	" "	
Melvin, Hugh	"	" "	" "	
Morehead, Joel	"	" "	" "	Present, but not fit for duty.
Padget, Timothy	"	" "	" "	
Parker, Thomas	"	" "	" "	
Pullen, James	"	" "	" "	

ROLL OF CAPTAIN MANSON SEAMONDS' COMPANY OF INFANTRY OF THE KENTUCKY MILITIA, DETACHED—Continued.

Names.	Rank.	Date of Muster.	To what time Engaged or Enlisted.	Remarks.
Rees, Thomas	Private	March 1, 1813	September 1, 1813	
Robinett, Enoch	"	" "	" "	
Rogers, Hamilton	"	" "	" "	
Ruddell, George	"	" "	" "	
Rutherford, Granville	"	" "	" "	
Scott, Jonathan	"	" "	" "	
Scott, Joseph	"	" "	" "	
Sidwell, John	"	" "	" "	
Spark, William	"	" "	" "	Present, but not fit for duty.
Smith, James	"	" "	" "	
Strain, Michael	"	" "	" "	
Strode, John	"	" "	" "	
Talbott, French	"	" "	" "	
Thornton, Anthony	"	" "	" "	
Tucker, Absalom	"	" "	" "	
Vail, John	"	" "	" "	
Weatherhead, James	"	" "	" "	
White, Jesse	"	" "	" "	
Whittington, Charles	"	" "	" "	
Wigginton, Spencer	"	" "	" "	
Wilson, James	"	" "	" "	
Wood, John	"	" "	" "	
Wright, Isaac	"	" "	" "	

ROLL OF CAPTAIN ISAAC GRAY'S COMPANY OF INFANTRY OF THE KENTUCKY MILITIA, DETACHED—COMMANDED BY LIEUTENANT-COLONEL WM. E. BOSWELL.

Names.	Rank.	Date of Muster.	To what time Engaged or Enlisted.	Remarks.
Isaac Gray	Captain	March 8, 1813	September 8, 1813	
John Leech	1st Lieutenant	" "	" "	
Hugh Clark	Ensign	" "	" "	Absent.
James M. Graham	1st Sergeant	" "	" "	
James Brashaw	2d Sergeant	" "	" "	
Andrew Swearingen	3d Sergeant	" "	" "	
James Darby	4th Sergeant	" "	" "	
John M. Turley	1st Corporal	" "	" "	
William Miller	2d Corporal	" "	" "	
David Shoults	3d Corporal	" "	" "	
John Ledford	4th Corporal	" "	" "	
Bayley, Warren	Private	" "	" "	Absent.
Bondurant, Joseph	"	" "	" "	
Beshears, Robert	"	" "	" "	
Brindle, William	"	" "	" "	Absent.
Brown, William	"	" "	" "	Absent.
Bryant, Elijah	"	" "	" "	
Burbridge, Thomas	"	" "	" "	
Burbridge, Thomas, Jr.	"	" "	" "	
Burns, Nicholas	"	" "	" "	Absent.
Busley, James	"	" "	" "	
Butt, Samuel	"	" "	" "	
Clark, Samuel	"	" "	" "	
Clayton, Jasper	"	" "	" "	Absent.
Cole, David	"	" "	" "	
Cook, Henry	"	" "	" "	
Crouch, Joseph	"	" "	" "	
Crow, John	"	" "	" "	
Dougherty, John	"	" "	" "	Absent.
Davis, Henry	"	" "	" "	
Davis, Samuel	"	" "	" "	
Deskins, Thomas	"	" "	" "	
Deskins, William	"	" "	" "	
Flanighan, William	"	" "	" "	Absent.
Fleming, William	"	" "	" "	
Fletcher, Thomas	"	" "	" "	
Fortune, Thomas	"	" "	" "	Absent.
Griffin, Andrew	"	" "	" "	
Hasty, John	"	" "	" "	
Hendricks, Anthony	"	" "	" "	
Hendricks, Theophilus	"	" "	" "	
Hunt, Hiram	"	" "	" "	
Jackson, Jeremiah	"	" "	" "	
Johnson, Benjamin	"	" "	" "	
Jones, John	"	" "	" "	

ROLL OF CAPTAIN ISAAC GRAY'S COMPANY OF INFANTRY OF THE KENTUCKY MILITIA, DETACHED—Continued.

Names.	Rank.	Date of Muster.	To what time Engaged or Enlisted.	Remarks.
Kincaid, Andrew	Private	March 8, 1813	September 8, 1813	Absent.
Landers, Rowland	"	" "	" "	
Lawless, Theophilus	"	" "	" "	
Lions, Joseph	"	" "	" "	Absent.
Longhridge, Joseph	"	" "	" "	Absent.
May, Nicholas	"	" "	" "	Absent.
Mayberry, Joseph	"	" "	" "	
Myers, David	"	" "	" "	
McCormick, Adam	"	" "	" "	
McGhee, Andrew	"	" "	" "	
McGinnis, James	"	" "	" "	
McVey, James	"	" "	" "	
Moore, Jacob	"	" "	" "	Absent.
Nott, Joseph	"	" "	" "	
Owens, Joshua	"	" "	" "	
Phelps, Zachariah	"	" "	" "	
Rice, Campbell	"	" "	" "	
Rice, James	"	" "	" "	Absent.
Rolls, George	"	" "	" "	
Ross, Travis L.	"	" "	" "	
Rydon, William	"	" "	" "	Absent.
Shouse, Abraham	"	" "	" "	Absent.
Spencer, Lewis	"	" "	" "	
Steele, Solomon	"	" "	" "	
Stewart, Samuel	"	" "	" "	Absent.
Thompson, Richard B.	"	" "	" "	
Tipton, Thomas M.	"	" "	" "	
Traylor, Nicholas	"	" "	" "	Absent.
Trimble, Hugh	"	" "	" "	
Utterback, Harmon	"	" "	" "	Absent.
Warfield, Sha	"	" "	" "	Absent.
Wheeler, Joseph	"	" "	" "	Absent.
Wilson, James	"	" "	" "	Absent.
Wise, George	"	" "	" "	

ROLL OF CAPTAIN PETER DUDLEY'S COMPANY OF INFANTRY OF THE KENTUCKY MILITIA, DETACHED—COMMANDED BY LIEUTENANT-COLONEL WM. E. BOSWELL.

Names.	Rank.	Date of Muster.	To what time Engaged or Enlisted.	Remarks.
Peter Dudley	Captain	March 9, 1813	September 9, 1813	
George Baltzell	1st Lieutenant	" "	" "	
Samuel Arnold	2d Lieutenant	" "	" "	
George W. Gale	Ensign	" "	" "	
James Clark	1st Sergeant	" "	" "	
Thomas H. Mosby	2d Sergeant	" "	" "	
Rowland Madison	3d Sergeant	" "	" "	
Chapman Coleman	4th Sergeant	" "	" "	
Samuel Campbell	1st Corporal	" "	" "	
Francis Slaughter	2d Corporal	" "	" "	
Larkin M. Samuels	3d Corporal	" "	" "	
Gilbert Penn	4th Corporal	" "	" "	
Abbitt, William	Private—Fifer	" "	" "	
Alexander, Robert W.	Private	" "	" "	
Anderson, William	"	" "	" "	
Armstrong Thomas	"	" "	" "	
Arnold, James	"	" "	" "	
Bacon, Charles	"	" "	" "	
Bangus, Henry	"	" "	" "	
Bangus, John	"	" "	" "	
Benham, James	"	" "	" "	
Bennett, Benjamin	"	" "	" "	
Broshears, Otho	"	" "	" "	
Blackburn, Nelson	"	" "	" "	
Bond, William	"	" "	" "	
Bourn, John	"	" "	" "	
Bratton, Adam	"	" "	" "	
Buckhannon, Thomas	"	" "	" "	
Bunton, Andrew C.	"	" "	" "	
Burchfield, John	"	" "	" "	
Calhoon, Henry P.	"	" "	" "	
Campbell, David	"	" "	" "	
Campbell, John	"	" "	" "	
Carter, Edward	"	" "	" "	

ROLL OF CAPTAIN PETER DUDLEY'S COMPANY OF INFANTRY OF THE KENTUCKY MILITIA, DETACHED—Continued.

Names.	Rank.	Date of Muster.	To what time Engaged or Enlisted.	Remarks.
Case, Benjamin	Private	March 9, 1813	September 9, 1813	
Chambers, John D.	"	" "	" "	
Church, James	"	" "	" "	
Collier, James	"	" "	" "	
Crockett, Alexander	"	" "	" "	
Crockett, John R.	"	" "	" "	
Cummins, Samuel	"	" "	" "	
Daniel, William G.	"	" "	" "	
Duvall, Zachariah	"	" "	" "	
Elkins, Ellet	"	" "	" "	
Elliott, Archibald	"	" "	" "	
Finnell, Benjamin	"	" "	" "	
Gill, Thomas	"	" "	" "	
Goleman, Thomas H.	"	" "	" "	
Gordon, John	"	" "	" "	Absent.
Gravit, George S.	"	" "	" "	
Grant, William	"	" "	" "	
Griffin, Austin	"	" "	" "	
Griffin, James	"	" "	" "	
Gudgell, Andrew	"	" "	" "	
Gwinn, Avery	"	" "	" "	
Hampton, James	"	" "	" "	
Hampton, James, Jr.	"	" "	" "	
Hampton, Thomas	"	" "	" "	
Hampton, Wade	"	" "	" "	
Hancock, Lewis	"	" "	" "	
Hanks, Chichester	"	" "	" "	
Hardin, Bery	"	" "	" "	
Hardin, George	"	" "	" "	
Hardin, James	"	" "	" "	
Hardin, John	"	" "	" "	
Harrison, James	"	" "	" "	
Hawkins, Arculous	"	" "	" "	
Hawkins, Elisha	"	" "	" "	
Hensley, Samuel	"	" "	" "	
Holton, James	"	" "	" "	
Hulton, Cornelius	"	" "	" "	
Hulton, William	"	" "	" "	
Johnson, James	"	" "	" "	
Lane, Hasten	"	" "	" "	
Leonard, John	"	" "	" "	
Lewis, Zachariah	"	" "	" "	
Love, James Y.	"	" "	" "	
Luckett, Hezekiah	"	" "	" "	
Mars, Martin	"	" "	" "	
Martin, James	"	" "	" "	
Martin, James	"	" "	" "	
McConnel, Allen	"	" "	" "	
McCullough, David	"	" "	" "	
Metcalfe, William	"	" "	" "	
Milam, James	"	" "	" "	
Miller, George	"	" "	" "	
Miller, William	"	" "	" "	
Noel, Barnett	"	" "	" "	
O'Neal, Henry	"	" "	" "	
Patterson, Henry	"	" "	" "	
Patton, Francis	Drummer	" "	" "	
Pemberton, Richard	Private	" "	" "	
Pitts, Perkin	"	" "	" "	
Plough, William	"	" "	" "	
Price, Richard	"	" "	" "	
Ray, William	"	" "	" "	
Redding, Joseph P.	"	" "	" "	
Richardson, George	"	" "	" "	
Robertson, James	"	" "	" "	
Ruble, John R.	"	" "	" "	
Russell, John	"	" "	" "	
Russell, Samuel	"	" "	" "	
Samuel, Peter	"	" "	" "	
Sauner, Thomas	"	" "	" "	
Satterwhite, Phillips	"	" "	" "	Absent.
Shannon, James	"	" "	" "	
Slaughter, Elias	"	" "	" "	
Stoll, Thomas	"	" "	" "	
Spicer, John	"	" "	" "	
Sproule, George	"	" "	" "	

ROLL OF CAPTAIN PETER DUDLEY'S COMPANY OF INFANTYY OF THE KENTUCKY MILITIA, DETACHED—Continued.

Names.	Rank.	Date of Muster.	To what time Engaged or Enlisted	Remarks.
Stephens, Benjamin	Private	March 9, 1813	September 9, 1813	
Sublett, Thomas	"	" "	" "	
Walters, Thomas	"	" "	" "	
West, Robert	"	" "	" "	
West, William	"	" "	" "	Absent.
Wilhoit, John	"	" "	" "	
Wilson, Ellis	"	" "	" "	

ROLL OF CAPTAIN JOHN BAKER'S COMPANY OF INFANTRY OF THE KENTUCKY MILITIA, DETACHED—COMMANDED BY LIEUTENANT-COLONEL WM. E. BOSWELL.

Names.	Rank.	Date of Muster.	To what time Engaged or Enlisted	Remarks.
John Baker	Captain	March 4, 1813	September 4, 1813	
Benjamin Bean	1st Lieutenant	" "	" "	
John Waller	2d Lieutenant	" "	" "	
Charles Daugherty	1st Sergeant	" "	" "	
John Mitchell	2d Sergeant	" "	" "	
William Knoles	3d Sergeant	" "	" "	
John Miranda	4th Sergeant	" "	" "	
Richard Corwine	1st Corporal	" "	" "	
Isaac Adair	2d Corporal	" "	" "	
David Smith	3d Corporal	" "	" "	
James Tibbs	4th Corporal	" "	" "	
Allen, James	Private	" "	" "	
Allen, Thomas	"	" "	" "	
Archibald, William	"	" "	" "	
Bale, Benjamin	"	" "	" "	
Barnes, William	"	" "	" "	
Berry, John	"	" "	" "	
Berry, Reuben	"	" "	" "	
Black, William	"	" "	" "	
Boots, William	"	" "	" "	
Boucher, James	"	" "	" "	
Bowman, John	"	" "	" "	
Breese, John	"	" "	" "	
Brittain, William	"	" "	" "	
Browning, Elias	"	" "	" "	
Burress, Robert	"	" "	" "	
Butler, John	"	" "	" "	
Campbell, Robert	"	" "	" "	
Chandler, John	"	" "	" "	
Coleman, Farrish	"	" "	" "	
Cooper, Enias	"	" "	" "	
Cooper, Hugh	"	" "	" "	
Curtis, William	"	" "	" "	
Cushman, Norris	"	" "	" "	
Dougherty, D. A.	"	" "	" "	
Dye, Mountees	"	" "	" "	
Fields, Greenbury	"	" "	" "	
Flower, James	"	" "	" "	
Foley, Benjamin	"	" "	" "	
Ford, Meredith	"	" "	" "	
Frakes, Joseph	"	" "	" "	
Franklin, John	"	" "	" "	
Glascock, John	"	" "	" "	
Gow, William	"	" "	" "	Substitute.
Graves, Frederick	"	" "	" "	
Hamilton, David	"	" "	" "	
Harvey, John	"	" "	" "	
Hawks, David	"	" "	" "	
Helm, Meredith	"	" "	" "	
Hick, Godfrey	"	" "	" "	Substitute.
Hiles, Christopher	"	" "	" "	
Hopper, Mc.	"	" "	" "	
How, Abraham	"	" "	" "	
Hudnutt, Elias	"	" "	" "	Volunteer.
Jacobs, Gibson	"	" "	" "	
Jenkins, Coleman	"	" "	" "	Volunteer.
Jennings, Israel	"	" "	" "	
Kirby, James	"	" "	" "	
Kilpatrick, Hugh	"	" "	" "	Substitute for Wm. Anderson.
Krutzer, Andrew	"	" "	" "	
Kylander, Mat	"	" "	" "	

ROLL OF CAPTAIN JOHN BAKER'S COMPANY OF INFANTRY OF THE KENTUCKY MILITIA, DETACHED—Continued.

Names.	Rank.	Date of Muster.	To what time Engaged or Enlisted.	Remarks.
Lane, John	Private	March 4, 1813	September 4, 1813	Substitute.
Level, Ezekiel	"	" "	" "	
Levi, John	"	" "	" "	
Lively, Shadrach	"	" "	" "	
McDonald, William	"	" "	" "	
McGraw, Isah	"	" "	" "	
McTigert, John	"	" "	" "	
Norman, John	"	" "	" "	
Norris, Nathaniel	"	" "	" "	
Parent, Samuel	"	" "	" "	Substitute.
Patterson, John	"	" "	" "	
Peck, James	"	" "	" "	
Phillips, John	"	" "	" "	
Poe, John	"	" "	" "	
Power, Joseph	"	" "	" "	
Rukes, James T.	"	" "	" "	
Saunders, William B.	"	" "	" "	
Scott, Samuel	"	" "	" "	
Smith, Samuel	"	" "	" "	
Stiles, Benjamin	"	" "	" "	
Strode, Samuel	"	" "	" "	
Tarlton, Caleb	"	" "	" "	
Tarlton, William	"	" "	" "	Substitute for James Putman.
Tarlton, Walter	"	" "	" "	
Tevis, Peter	"	" "	" "	Substitute.
Thompson, Joseph	"	" "	" "	
Vickers, John	"	" "	" "	
Waddle, William	"	" "	" "	
Waters, John	"	" "	" "	
Weathington, William	"	" "	" "	
Weddon, John R.	"	" "	" "	
West, Michael	"	" "	" "	
Whipps, John	"	" "	" "	
Wilson, Peter	"	" "	" "	
Woodward, Solus	"	" "	" "	
Wortherd, William	"	" "	" "	
Worthington, John	"	" "	" "	
Worthington, Michael	"	" "	" "	
Worthington, William	"	" "	" "	
Yates, James	"	" "	" "	
York, Aquilla	"	" "	" "	
York, Joseph	"	" "	" "	

ROLL OF CAPTAIN JOHN WALKER'S COMPANY OF INFANTRY OF THE KENTUCKY MILITIA, DETACHED—COMMANDED BY LIEUTENANT-COLONEL WM. E. BOSWELL.

Names.	Rank.	Date of Muster.	To what time Engaged or Enlisted.	Remarks.
John Walker	Captain	March 4, 1813	September 4, 1813	
William John	1st Lieutenant	" "	" "	
James Young	Ensign	" "	" "	
Alzophan Rucker	1st Sergeant	" "	" "	
George Plumber	2d Sergeant	" "	" "	
Abraham Hazel	3d Sergeant	" "	" "	
John Iliff	4th Sergeant	" "	" "	
John McLeas	1st Corporal	" "	" "	
Elias Webb	2d Corporal	" "	" "	
James Martin	3d Corporal	" "	" "	
Francis Rose	4th Corporal	" "	" "	
Amyx, Samuel	Private	" "	" "	
Armstrong, John	"	" "	" "	Absent.
Baker, Edward	"	" "	" "	Absent.
Ballard, Jesse	"	" "	" "	Absent.
Belcher, George, Jr.	"	" "	" "	
Blair, John	"	" "	" "	Absent.
Blankenship, Obediah	"	" "	" "	Absent.
Branham, John	"	" "	" "	Absent.
Call, Charles	"	" "	" "	Absent.
Canterberry, John	"	" "	" "	
Carter, John	"	" "	" "	
Chapin, Samuel	"	" "	" "	Absent.
Christal, George	"	" "	" "	
Chrisly, George	"	" "	" "	
Coffee, Ambrose	"	" "	" "	Absent.
Collingsworth, Reuben	"	" "	" "	

ROLL OF CAPTAIN JOHN WALKER'S COMPANY OF INFANTRY OF THE KENTUCKY MILITIA, DETACHED—Continued.

Names.	Rank.	Date of Muster.	To what time Engaged or Enlisted.	Remarks.
Cox, Flora	Private	March 4, 1813	September 4, 1813	Absent.
Cremens, Moses	"	" "	" "	Absent.
Cunming, James	"	" "	" "	Absent.
Davis, David	"	" "	" "	
Davis, William	"	" "	" "	
Evans, John	"	" "	" "	
Evans, Thomas	"	" "	" "	
Fitzpatrick, James	"	" "	" "	
Foster, William	"	" "	" "	Absent.
Garret, Middleton	"	" "	" "	
Gilkison, George	"	" "	" "	
Hamilton, David	"	" "	" "	
Hatfield, Samuel	"	" "	" "	
Haws, Azriel	"	" "	" "	Absent.
Herrell, Enoch	"	" "	" "	
Herrell, Robert	"	" "	" "	
Higgins, John	"	" "	" "	Absent.
Hinton, James	"	" "	" "	
Hopkins, Jacob	"	" "	" "	
Hood, Andrew	"	" "	" "	Absent.
Horsely, Taylor	"	" "	" "	
House, George	"	" "	" "	Absent.
Howe, Thomas	"	" "	" "	
Jeans, Jonathan	"	" "	" "	Absent.
Johnson, Barnabas	"	" "	" "	Absent.
Johnson, David	"	" "	" "	Absent.
Jones, John	"	" "	" "	Absent.
Justice, Izra	"	" "	" "	
Justice, Paton	"	" "	" "	
Kaska, John	"	" "	" "	Absent.
Lockwood, Jacob	"	" "	" "	
Mann, Samuel	"	" "	" "	Absent.
Martin, Nathaniel	"	" "	" "	Absent.
McBride, John	"	" "	" "	
McBrayer, Ichabod	"	" "	" "	
McKinney, James	"	" "	" "	Absent.
Miller, John	"	" "	" "	Absent.
Morehead, Bennet	"	" "	" "	
Morgan, Samuel	"	" "	" "	Absent.
Morrison, Robert	"	" "	" "	
Mullin, Ambrose	"	" "	" "	
Nicholas, Henry	"	" "	" "	Absent.
Nicholas, Nicholas	"	" "	" "	Absent.
Nicholas, Thomas	"	" "	" "	Absent.
Norris, John	"	" "	" "	
Oakison, John	"	" "	" "	Absent.
Osborn, William	"	" "	" "	
Parsons, William	"	" "	" "	Absent.
Patrick, James	"	" "	" "	Absent.
Patrick, Samuel	"	" "	" "	
Peakins, Stephen	"	" "	" "	
Plumber, Reuben	"	" "	" "	
Powers, Henry	"	" "	" "	
Preston, Isaac	"	" "	" "	
Raney, Thomas	"	" "	" "	Absent.
Rawlings, William	"	" "	" "	
Sampson, Jesse	"	" "	" "	
Singen, Nathaniel	"	" "	" "	Absent.
Stone, Clifford	"	" "	" "	Absent.
Spears, Robert	"	" "	" "	Absent.
Sinder, John	"	" "	" "	Absent.
Stratron, Tandy	"	" "	" "	Absent.
Strobridge, Eli	"	" "	" "	Absent.
Strohon, Samuel	"	" "	" "	
Stromburg, John	"	" "	" "	Absent.
Swango, Abraham	"	" "	" "	Absent.
Sucks, Drura	"	" "	" "	Absent.
Thompson, Samuel	"	" "	" "	Absent.
Trabue, Jason	"	" "	" "	Absent.
Trimble, Alexander	"	" "	" "	
Turman, John	"	" "	" "	
Walton, Mark	"	" "	" "	
Waid, Medley	"	" "	" "	
Whitley, William	"	" "	" "	Absent.
Williams, John	"	" "	" "	Absent.
Young, Charles	"	" "	" "	Absent.
Young, James	"	" "	" "	
Young, Thomas	"	" "	" "	

ROLL OF CAPTAIN EDWARD RAWLINGS' COMPANY OF INFANTRY OF LIEUTENANT-COLONEL COMMANDANTS NICHOLAS MILLER AND BENJAMIN WRIGHT'S REGIMENTS OF THE KENTUCKY MILITIA, DETACHED, FOR A TERM OF SERVICE NOT EXCEEDING SIX MONTHS, PURSUANT TO AN ACT OF THE GENERAL ASSEMBLY, APPROVED THIRD DAY OF FEBRUARY, 1813.

Names.	Rank.	Date of Muster	To what time Engaged or Enlisted.	Remarks.
Edward Rawlings	Captain	March 8, 1813	September 8, 1813	
Moses, Hart	Lieutenant	" "	" "	
William Hanks	Ensign	" "	" "	
John Richardson	1st Sergeant	" "	" "	
John West	2d Sergeant	" "	" "	
Silas Enyard	3d Sergeant	" "	" "	
Jacob Utterback	4th Sergeant	" "	" "	
John Stith	1st Corporal	" "	" "	
James Linville	2d Corporal	" "	" "	
James Goodwin	3d Corporal	" "	" "	
Mathias Ambrose	4th Corporal	" "	" "	
Ament, John V.	Private	" "	" "	
Angel, George	"	" "	" "	
Ashcraft, Abisha	"	" "	" "	
Atterbury, Solomon	"	" "	" "	
Barlow, Joshua	"	" "	" "	
Boling, Jarred	"	" "	" "	
Boling, John	"	" "	" "	
Carter, William	"	" "	" "	
Carter, William (2d)	"	" "	" "	
Churchill, Cadwallader	"	" "	" "	
Clopton, David	"	" "	" "	
Coy, William	"	" "	" "	
Dixon, Samuel	"	" "	" "	
Dougherty, James	"	" "	" "	
Dougherty, William	"	" "	" "	
Duffey, James	"	" "	" "	
Duffey, John	"	" "	" "	
Duley, James	"	" "	" "	
Frakes, Daniel	"	" "	" "	
French, Charles	"	" "	" "	
Gaddie, Silas	"	" "	" "	
Gardner, William	"	" "	" "	
Gibson, Daniel	"	" "	" "	
Goff, Edward	"	" "	" "	
Gray, Thomas	"	" "	" "	
Green, Lawrence	"	" "	" "	
Greenault, Daniel	"	" "	" "	
Hall, Philip	"	" "	" "	
Harlin, Ezekiel	"	" "	" "	
Harris, William	"	" "	" "	
Hart, Silas	"	" "	" "	
Hawkins, David	"	" "	" "	
Hill, Thomas	"	" "	" "	
Johnson, David	"	" "	" "	
Johnson, Jesse	"	" "	" "	
Johnson, John	"	" "	" "	
Kennedy, Samuel	"	" "	" "	Absent.
Lambert, Abraham	"	" "	" "	
Lash, Isaac	"	" "	" "	
Logsdon, James	"	" "	" "	
McCarty, Samuel	"	" "	" "	
McDowell, Allen	"	" "	" "	
Milner, Isaac	"	" "	" "	
Morrison, William	"	" "	" "	
Olvey, Thomas	"	" "	" "	Absent.
Ora, John	"	" "	" "	
Pauley, John	"	" "	" "	
Pearman, Cebert	"	" "	" "	
Pearman, Samuel	"	" "	" "	
Perciful, James	"	" "	" "	
Purcel, Roddy	"	" "	" "	
Ross, Hugh S.	"	" "	" "	
Rouser, Robert	"	" "	" "	
Rust, George	"	" "	" "	
Salling, William	"	" "	" "	
South, John	"	" "	" "	
South, William	"	" "	" "	
Stewart, Richard E.	"	" "	" "	
Stockwell, Jesse	"	" "	" "	
Tibbs, John	"	" "	" "	

ROLL OF CAPTAIN EDWARD RAWLINGS' COMPANY OF INFANTRY OF THE KENTUCKY MILITIA, DETACHED—Continued.

Names.	Rank.	Date of Appointment or Enlistment.	To what time Engaged or Enlisted.	Remarks.
Twedwell, Silas	Private	March 8, 1813	September 8, 1813	
Utterback, Benjamin	"	" "	" "	
Vanmeter, Joseph	"	" "	" "	
Walker, William	"	" "	" "	
West, Thomas	"	" "	" "	
Williams, Alexander	"	" "	" "	
Woolard, Samuel	"	" "	" "	

ROLL OF A COMPANY OF SPIES, UNDER THE COMMAND OF CAPTAIN LESLIE COMBS, AND ATTACHED TO WILLIAM DUDLEY'S REGIMENT OF SIX MONTHS, KENTUCKY MILITIA.

Names.	Rank.	Date of Appointment or Enlistment.	To what time Engaged or Enlisted.	Remarks.
Leslie Combs	Captain	June 2, 1813	September 29, 1813	
Bicknell, Linsfield	Private	" "	" "	
Dougherty, Daniel	"	" "	" "	
Paxton, Joseph	"	" "	" "	
Singleton, Daniel	"	" "	" "	
Walker, Mathew	"	" "	" "	

Roll of Field and Staff, Kentucky Mounted Infantry, of the War of 1812—Commanded by Colonel Richard M. Johnson.

Names.	Rank.	Date of Appointment or Enlistment.	To what time Engaged or Enlisted.	Remarks.
Richard M. Johnson	Colonel	May 20, 1813	November 19, 1813	
James Johnson	Lieutenant-Col.	" "	" "	
Duval Payne	1st Major	" "	" "	
David Tompson	2d Major	" "	" "	
James Suggett	3d Major	" "	" "	
Robert M. Ewing	Surgeon	" "	" "	
John C. Richardson	Mate	" "	" "	
Wilson Coburn	"	" "	July 10, 1813	
Jeremiah A. Matthews	"	August 20, 1813	November 19, 1813	
Benjamin S. Chambers	Quartermaster	May 20, 1813	" "	
Jeremiah Kertley	Adjutant	May 19, 1813	" "	
Samuel Theobalds	J. Advocate	May 20, 1813	" "	
Garrard Wall	F. Major	" "	" "	
Eli Short	Apt. F. M.	" "	" "	
John Dickerson	Sergeant Major	" "	" "	
Lurence Sandford	Qr. M. Sergeant	" "	" "	
James Johnson	Paymaster	November 19, 1813	February 19, 1814	

ROLL OF CAPTAIN ALLEN A. HAMILTON'S COMPANY, KENTUCKY MOUNTED INFANTRY—COMMANDED BY COLONEL RICHARD M. JOHNSON.

Names.	Rank.	Date of Appointment or Enlistment.	To what time Engaged or Enlisted.	Remarks.
Allen A. Hamilton	Captain	May 20, 1813	November 19, 1813	1st Lieutenant from May 20 to July 19, 1813—balance of the time Captain.
Elijah Craig	Captain	" "	" "	Captain from 20th of May to 19th July, then resigned and acted as Sergeant balance of the time.
Joseph Bell	1st Lieutenant	" "	" "	Promoted to Lieutenant July 20—prior to absent time he was 2d Lieutenant.
John Holliday	2d Lieutenant	" "	" "	3d Lieutenant until July 19—2d Lieutenant balance of time.
Thomas Easterday	3d Lieutenant	" "	" "	Ensign two months—3d Lieutenant four months.
Benjamin Craig	Lieutenant	" "	September 2, 1813	
Robert Berry	Ensign	" "	November 19, 1813	Soldier two months—Ensign four months.
Robert S. Dougherty	1st Sergeant	" "	" "	
James Luster	2d Sergeant	" "	" "	
Joseph Holiday	3d Sergeant	August 15, 1813	" "	
Thomas Simpson	1st Corporal	May 20, 1813	" "	
William Snell	2d Corporal	" "	August 15, 1813	

ROLL OF CAPTAIN ALLEN A. HAMILTON'S COMPANY, KENTUCKY MOUNTED INFANTRY —Continued.

Names.	Rank.	Date of Appointment or Enlistment.	To what time Engaged or Enlisted.	Remarks.
Dudley Mitchell	3d Corporal	May 20, 1813	August 15, 1812	
William Brown	4th Corporal	" "	November 19, 1813	
John Baker	Saddler	August 15, 1813	" "	
William Bond	Trumpeter	" "	" "	
William Kerr	Blacksmith	May 20, 1813	August 15, 1813	
John Brumley	Farrier	" "	November 19, 1813	
Brumley, Alexander	Private	" "	" "	
Buckhannon, John	"	May 20, 1813	" "	
Baker, Jesse	"	August 15, 1813	September 20, 1813	
Calbert, Daniel	"	June 20, 1813	November 19, 1813	
Craig, Hawkins	"	May 20, 1813	" "	
Crawford, James	"	" "	" "	
Cronden, James	"	" "	August 15, 1813	
Craig, James	"	" "	September 20, 1813	
Conover, Joseph	"	" "	" "	
Craig, Levi	"	August 15, 1813	" "	
Craig, Richard	"	May 20, 1813	November 19, 1813	
Cutterson, Robert	"	" "	" "	
Cook, William	"	August 15, 1813	August 15, 1813	
Cobb, William	"	" "	September 20, 1813	
Dougherty, James	"	" "	August 15, 1813	
Deen, Robert	"	May 20, 1813	September 20, 1813	
Evans, Lewis	"	" "	November 19, 1813	
Eliott, William	"	" "	" "	
Finley, James	"	" "	September 20, 1813	
Finley, John	"	" "	November 19, 1813	
Gillum, James	"	" "	August 15, 1813	
Hayden, Blan B.	"	" "	November 19, 1813	
Handen, Robert	"	August 15, 1813	" "	
Homes, Thomas	"	" "	" "	
Hadden, William	"	May 20, 1813	" "	
Jackson, Alexander	"	August 15, 1813	" "	
Jackson, George	"	" "	" "	
Jackson, Hugh	"	" "	" "	
Jones, Thomas	"	" "	" "	
Kelly, Samuel	"	May 20, 1813	" "	
Linch, Isaac	"	" "	" "	
Markham, John	"	August 15, 1813	September 20, 1813	
Moore, Jesse	"	" "	" "	
Madox, Shearwood	"	" "	November 19, 1813	
Murkham, William	"	May 20, 1813	" "	
Morgan, William	"	August 15, 1813	August 15, 1813	
Outhous, Israel	"	May 20, 1813	November 19, 1813	
O'Neal, John	"	" "	" "	
Pringle, John	"	" "	August 15, 1813	
Pittell, George	"	" "	November 19, 1813	
Pringle, Samuel	"	" "	September 26, 1813	
Pringle, William	"	" "	August 15, 1813	
Ray, John	"	" "	September 20, 1813	
Ray, Moses	"	August 15, 1813	" "	
Ross, Philip	"	May 20, 1813	August 15, 1813	
Right, Reason	"	" "	" "	
Sanders, Abner	"	" "	November 19, 1813	
Simpson, Abraham	"	" "	" "	
Still, Charles	"	August 15, 1813	" "	
Searcy, Francis	"	May 20, 1813	" "	
Short, John	"	" "	" "	
Searcy, James	"	" "	" "	
Sall, James	"	August 15, 1813	September 20, 1813	
Swonger, James	"	" "	" "	
Sanders, Nathaniel	"	May 20, 1813	" "	
Stewart, Robert	"	" "	November 19, 1813	
Sneed, Samuel C.	"	August 15, 1813	" "	
Searcy, Taylor	"	" "	August 15, 1813	
Toon, John	"	" "	September 20, 1813	
Thompson, Samuel	"	May 20, 1813	November 19, 1813	
Wyant, George	"	" "	August 15, 1813	
Walters, John	"	August 15, 1813	September 20, 1813	
Wyman, William	"	May 20, 1813	September 19, 1813	
Whitehead, William	"	August 15, 1813	August 15, 1813	
Whitehead, Richard	"	May 20, 1813	" "	
Wheat, Nathaniel	"	" "	" "	

SOLDIERS OF THE WAR OF 1812.

ROLL OF CAPTAIN BENJAMIN WARFIELD'S COMPANY, KENTUCKY MOUNTED INFANTRY—COMMANDED BY COLONEL RICHARD M. JOHNSON.

Names.	Rank.	Date of Appointment or Enlistment.	To what time Engaged or Enlisted.	Remarks.
Benjamin Warfield	Captain	May 20, 1813	November 19, 1813	
Hinley Roberts	1st Lieutenant	" "	June 2, 1813	
Robert Berry	Ensign	" "	November 19, 1813	
Abner Depew	1st Lieutenant	June 3, 1813	" "	
Lewis Reddle	2d Lieutenant	May 20, 1813	" "	
John Williams	3d Lieutenant	August 15, 1813	" "	
Zachariah Jameson	1st Sergeant	May 20, 1813	October 6, 1813	
Thomas Rodgers	2d Sergeant	" "	August 15, 1813	
William Craig	3d Blacksmith	" "	" "	
Joseph Blair	4th Sergeant	" "	November 19, 1813	
Jacob Stewart	1st Corporal	" "	" "	
Thomas L. M. Justice	2d Corporal	" "	" "	
William Moore	3d Corporal	" "	August 15, 1813	
John Jamison	4th Corporal	" "	November 19, 1813	
John Wells	Artificer	" "	" "	
Andrew, Mallows	Private	August 15, 1813	" "	
Allen, David	"	" "	" "	
Allen, William	"	" "	" "	
Alexander, James	"	" "	" "	
Bullock, Nathan	"	May 20, 1813	" "	
Bell, Thomas	"	August 15, 1813	" "	
Barton, John	"	" "	" "	
Bradshaw, George	"	May 20, 1813	" "	
Brockman, William	"	August 15, 1813	" "	
Caldwell, Oliver	"	" "	" "	
Caldwell, Robert	"	" "	" "	
Colglazeir, John	"	" "	" "	
Colglazeir, Phil	"	" "	" "	
Colglazier, David	"	" "	" "	
Cox, Richard H.	"	May 20, 1813	" "	
Connel, David	"	" "	" "	
Craig, Francis	"	August 15, 1813	" "	
Christy, Simeon	"	May 20, 1813	" "	
Duckworth, William	"	August 15, 1813	" "	
Dickey, Thomas	"	" "	" "	
Denton, Abraham	"	" "	" "	
Duskin, Moses	"	" "	" "	
David, Ignation	"	" "	" "	
Evans, Thomas	"	" "	" "	
Evans, Francis	"	" "	" "	
Eve, Milton	"	" "	" "	
Ellerson, James	"	May 20, 1813	" "	
Fatton, John	"	" "	" "	
Finn, John	"	" "	August 15, 1813	
Focoke, Richard	"	August 15, 1813	November 19, 1813	
Fay, William	"	" "	" "	
Farrel, James	"	" "	" "	
Garnett, James	"	" "	September 14, 1813	
Graves, Reuben	"	May 20, 1813	November 19, 1813	
Graves, Henry	"	" "	" "	
Harron, William	"	" "	" "	
Hall, Moses	"	" "	August 15, 1813	
Hall, Elikin	"	" "	" "	
Hawkins, Philip	"	" "	November 19, 1813	
Hawkins, Gregory	"	" "	August 15, 1813	
Hugh, Alexander	"	" "	November 19, 1813	
Jamison, William	"	August 15, 1813	" "	
Johnson, George	"	May 20, 1813	" "	
Kirtley, William	"	" "	" "	
Lockridge, James	"	" "	August 15, 1813	
Lockridge, Andrew	"	" "	" "	
Lacy, Levi	"	" "	November 19, 1813	
Lanton, James	"	August 15, 1813	" "	
Larkin, Rogers	"	May 20, 1813	" "	
McIntosh, James	"	" "	" "	
Mosby, Daniel	"	" "	August 15, 1813	
McConn, David	"	" "	November 19, 1813	
Malories, Oba	"	August 15, 1813	" "	
Malories, A. Oba	"	" "	" "	
Magoker, John	"	" "	" "	
McIntosh, John	"	" "	" "	
Prichards, Alfred	"	May 20, 1813	" "	
Parker, Harvay	"	" "	" "	
Poe, Benjamin	"	" "	August 15, 1813	
Priest, Daniel	"	" "	November 19, 1813	
Pebell, John	"	August 15, 1813	" "	

SOLDIERS OF THE WAR OF 1812.

ROLL OF CAPTAIN BENJAMIN WARFIELD'S COMPANY, KENTUCKY MOUNTED INFANTRY
—Continued.

Names.	Rank.	Date of Appointment or Enlistment.	To what time Engaged or Enlisted.	Remarks.
Rogers, James	Private	May 20, 1813	November 19, 1813	
Raynalds, Richard	"	" "	August 15, 1813	
Rogers, Valentine	"	" "	November 19, 1813	
Riddle, James	"	" "	" "	
Rector, Hezekiah	"	August 15, 1813	" "	
Ross, Reuben	"	" "	" "	
Ross, Jacob	"	" "	" "	
Rogers, George	"	" "	" "	
Rogers, John	"	" "	" "	
Stewart, Roy	"	May 20, 1813	" "	
Smith, John	"	" "	" "	
Smith, William	"	" "	" "	
Smith, David	"	" "	August 15, 1813	
Scott, Muril	"	" "	" "	
Shortridge, William	"	August 15, 1813	November 19, 1813	
Sanders, George	"	" "	" "	
Sanders, Haney	"	" "	" "	
Saide, Eleford Brison	"	" "	" "	
Saide, Simpson	"	" "	" "	
Stamper, Richard	"	" "	" "	
Sanders, Solomon	"	" "	" "	
Steward, Ray	"	" "	" "	
Stapp, Major	"	May 20, 1813	" "	
Trumble, William	"	" "	" "	
Todd, James L.	"	" "	" "	
Terrel, George C.	"	" "	" "	
Tabbot, Pane	"	" "	" "	
Tanner, John	"	" "	" "	
Thomson, H. D.	"	August 15, 1813	" "	
Thomson, Thomas	"	" "	" "	
Thompson, Samuel	"	" "	" "	
Venkirk, Mat	"	May 20, 1813	" "	
Woodward, John	"	" "	August 15, 1813	
Whitaker, William	"	" "	November 19, 1813	
Wilson, Martin	"	" "	" "	
Wilson, James	"	" "	" "	
Weeks, Payton	"	" "	" "	
Wilson, John	"	" "	" "	
Wishart, Aram	"	" "	" "	
Wishart, James	"	" "	" "	
Woolcut, Justice	"	" "	" "	

ROLL OF CAPTAIN JAMES COLEMAN'S COMPANY, KENTUCKY MOUNTED INFANTRY—
COMMANDED BY COLONEL RICHARD M. JOHNSON.

Names	Rank	Date of Appointment or Enlistment	To what time Engaged or Enlisted	Remarks
James Coleman	Captain	May 20, 1813	November 19, 1813	
John McMillin	1st Lieutenant	" "	" "	
Samuel Logan	2d Lieutenant	" "	October 10, 1813	
William Clarke	3d Lieutenant	" "	November 19, 1813	
Carter Anderson	Ensign	" "	" "	
Hiram Philips	1st Sergeant	" "	" "	
William Lamml	2d Sergeant	" "	September 1, 1813	
John Williams	3d Sergeant	" "	November 19, 1813	
Thomas Hurd	4th Sergeant	" "	" "	
Peter Lewis	1st Corporal	" "	" "	
John McDickson	2d Corporal	" "	" "	
John W. McClenin	3d Corporal	" "	" "	
James Snell	4th Corporal	" "	" "	
Thomas Cummings	Trumpeter	" "	" "	
Joseph Loan	Saddler	" "	" "	
John Brownsfield	Blacksmith	" "	August 15, 1813	
Anderson, Amos	Private	" "	November 19, 1813	
Ashbrook, Andrew	"	August 15, 1813	August 15, 1813	
Ashesop, Ichabod	"	" "	November 19, 1813	
Anderson, William	"	May 20, 1813	" "	
Angel, William	"	" "	August 15, 1813	
Burke, Abraham	"	August 15, 1813	" "	
Ball, Hugh	"	" "	November 19, 1813	
Bayle, John	"	May 20, 1813	" "	
Brown, James	"	August 15, 1813	" "	
Bell, Liston T.	"	May 20, 1813	" "	
Bow, Joseph	"	" "	September 5, 1813	

ROLL OF CAPTAIN JAMES COLEMAN'S COMPANY, KENTUCKY MOUNTED INFANTRY—Continued.

Names.	Rank.	Date of Appointment or Enlistment.	To what time Engaged or Enlisted.	Remarks.
Bogle, John	Private	May 20, 1813	September 15, 1813	
Burke, Abraham	"	August 15, 1813	November 19, 1813	
Cummings, Edward	"	May 20, 1813	August 15, 1813	
Casey, Henry	"	" "	November 19, 1813	
Childen, Harman	"	" "	" "	
Crook, John	"	August 15, 1813	" "	
Cleveland, James	"	" "	" "	
Cleveland, Micajah	"	" "	" "	
Clough, Price	"	" "	September 15, 1813	
Crook, Richard	"	" "	" "	
Clough, Thomas	"	May 20, 1813	August 15, 1813	
Clough, William	"	" "	" "	
Crook, William	"	" "	November 19, 1813	
Casey, William	"	" "	" "	
Cummins, William	"	" "	" "	
Clough, William	"	August 15, 1813	" "	
Dudley, Ambrose	"	" "	" "	
Depew, George	"	May 20, 1813	August 15, 1813	
Dickson, James	"	" "	November 19, 1813	
Egner, Andrew	"	August 15, 1813	" "	
Endicott, John	"	" "	August 15, 1813	
Egnew, John	"	" "	November 19, 1813	
Endicott, Joseph	"	" "	" "	
Endicott, Joseph, Jr.	"	" "	" "	
Egnew, Andrew	"	" "	" "	
Fielding, William	"	May 20, 1813	August 19, 1813	
Gowdy, George	"	August 15, 1813	" "	
Gray, James	"	May 20, 1813	" "	
Gowdy, James	"	August 15, 1813	" "	
Glenn, Turner H.	"	May 20, 1813	August 15, 1813	
Guthrie, William	"	August 15, 1813	October 21, 1813	
Hodge, Charles A.	"	May 20, 1813	August 15, 1813	
Huston, John	"	" "	November 19, 1813	
Holiday, Joseph	"	August 15, 1813	" "	
Hume, Stripling	"	May 20, 1813	August 15, 1813	
Holaday, William S.	"	August 15, 1813	November 19, 1813	
Jennings, Clement	"	" "	August 15, 1813	
Johns, David	"	May 20, 1813	" "	
Johns, Jacob	"	" "	November 19, 1813	
Jenkins, John	"	" "	" "	
Jones, Isaac	"	August 15, 1813	" "	
Jolas, Samuel	"	" "	" "	
Lemmon, John W.	"	May 20, 1813	" "	
Laws, Pompy	"	" "	September 15, 1813	
Laner, Reuben	"	" "	August 15, 1813	
Little, William	"	" "	" "	
Miller, Aaron	"	August 15, 1813	" "	
Moore, Benjamin	"	May 20, 1813	" "	
Mason, Daniel	"	August 15, 1813	" "	
Mason, Josiah	"	" "	November 19, 1813	
McCarthem, James	"	" "	" "	
Mills, Joseph	"	" "	" "	
McClure, Samuel	"	" "	" "	
McFarling, Thomas	"	" "	" "	
McFarland, William	"	" "	" "	
Night, Jacob	"	" "	" "	
Newell, Robert	"	May 20, 1813	September 15, 1813	
Pettet, George	"	" "	November 19, 1813	
Phillips, William	"	" "	" "	
Picket, William	"	" "	August 15, 1813	
Rankins, John	"	" "	November 19, 1813	
Rout, Nimrod	"	" "	September 15, 1813	
Scribner, Abraham	"	" "	November 19, 1813	
Satterfield, Clement	"	August 15, 1813	August 15, 1813	
Slade, Ezekiel	"	May 20, 1813	" "	
Shaver, Frederick	"	" "	" "	
Shepherd, George	"	" "	November 19, 1813	
Slaughter, James	"	" "	" "	
Sellers, John F.	"	" "	" "	
Stern, John W.	"	" "	" "	
Stewart, Jesse	"	" "	August 15, 1813	
Scott, Robert	"	" "	October 5, 1813	
Schooler, Richard	"	" "	November 19, 1813	
Smith, Silas	"	August 15, 1813	" "	
Spotwood, William	"	May 20, 1813	August 15, 1813	
Turner, Abraham	"	" "	" "	

ROLL OF CAPTAIN JAMES COLEMAN'S COMPANY, KENTUCKY MOUNTED INFANTRY—Continued.

Names.	Rank.	Date of Appointment or Enlistment.	To what time Engaged or Enlisted.	Remarks.
Turner, Isaac	Private	May 20, 1813	August 15, 1813	
Trimble, James	"	August 15, 1813	November 19, 1813	
Thompson, Robert	"	May 20, 1813	" "	
Theobalds, Samuel	"	" "	" "	
Veach, David	"	August 15, 1813	August 15, 1813	
Vaughan, Isaac	"	" "	November 19, 1813	
Vaughan, John	"	" "	" "	
Vendevin, Samuel	"	May 20, 1813	" "	
Wallace, Graham	"	" "	August 15, 1813	
Welch, James H.	"	" "	" "	
Waltern, John	"	August 15, 1813	November 19, 1813	
White, John	"	" "	" "	
Wyatt, Jesse	"	" "	" "	
Woolen, Leonard	"	" "	September 15, 1813	
Woorkman, Richard	"	May 20, 1813	August 15, 1813	

ROLL OF CAPTAIN WILLIAM M. RICE'S COMPANY, KENTUCKY MOUNTED INFANTRY—COMMANDED BY COLONEL RICHARD M. JOHNSON.

Names.	Rank.	Date of Appointment or Enlistment.	To what time Engaged or Enlisted.	Remarks.
William M. Rice	Captain	May 20, 1813	November 19, 1813	
Morgan Bryan	1st Lieutenant	" "	August 15, 1813	
Joseph Thomas	2d Lieutenant	" "	November 19, 1813	
Matthew Milsey	3d Lieutenant	" "	" "	
Elisha Scott	Ensign	" "	" "	
Jonathan Eltis	1st Sergeant	" "	" "	
George Scott	2d Sergeant	" "	" "	
William McKinsey	4th Sergeant	" "	" "	
Jacob Myers	1st Corporal	" "	" "	
Robert Lowden	2d Corporal	" "	" "	
Benjamin Miley	3d Corporal	" "	" "	
Benjamin Ruan	4th Corporal	" "	July 27, 1819	
Bela Cropper	Trumpeter	" "	August 15, 1813	
Admere, James	Private	" "	November 19, 1813	
Aldridge, John	"	August 15, 1813	" "	
Antle, John	"	" "	" "	
Antle, Peter	"	May 20, 1813	" "	
Allen, Peter	"	" "	" "	
Banta, Abraham	"	" "	October 5, 1813	
Banta, Andrew	"	" "	November 19, 1813	
Barnes, Caleb	"	August 15, 1813	" "	
Banta, Daniel	"	May 20, 1813	" "	
Bartlett, Edmond	"	" "	" "	
Bacy, Elisman	"	" "	" "	
Bartlett, Foster	"	August 15, 1813	October 4, 1813	
Bryant, James	"	May 20, 1813	November 19, 1813	
Bantee, Jacob	"	" "	" "	
Berry, John	"	" "	September 19, 1813	
Brown, Joel	"	August 15, 1813	November 19, 1813	
Burton, John	"	" "	" "	
Boston, Mary	"	" "	August 15, 1813	
Banter, Peter	"	May 20, 1813	November 19, 1813	
Brown, Richard	"	August 15, 1813	" "	
Bell, Thomas	"	May 20, 1813	September 19, 1813	
Boid, William	"	" "	November 19, 1813	
Clark, John	"	" "	" "	
Clemeworth, James	"	" "	" "	
Clemeworth, John	"	" "	August 15, 1813	
Carnahan, James	"	" "	November 19, 1813	
Conn, Richard	"	August 15, 1813	" "	
Dowdin, James	"	" "	" "	
Dunn, Jesse	"	" "	" "	
Dawkins, Thomas	"	May 20, 1813	" "	
Elston, John	"	" "	" "	
Ellis, William	"	" "	" "	
Fairley, Joseph F.	"	" "	" "	
Franks, Thomas	"	August 15, 1813	" "	
Goods, Richard	"	May 20, 1813	" "	
Gobin, Joseph	"	" "	" "	
Hardin, Daniel	"	" "	" "	
Hagland, James	"	" "	" "	
Hyatt, Shadrach	"	" "	" "	
Huffman, Philip	"	" "	August 15, 1813	

ROLL OF CAPTAIN WILLIAM M. RICE'S COMPANY, KENTUCKY MOUNTED INFANTRY—Continued.

Names.	Rank.	Date of Appointment or Enlistment.	To what time Engaged or Enlisted.	Remarks.
Hitshoe, William	Private	May 20, 1813	November 19, 1813	
Hanna, William	"	" "	" "	
Jones, Ebner	"	August 15, 1813	" "	
Johnson, John	"	" "	" "	
Jones, Tholeson	"	" "	" "	
Jones, William	"	May 20, 1813	September 24, 1813	
Kelley, Ames	"	" "	November 19, 1813	
Kepheart, Abraham	"	" "	" "	
Kepheart, Abraham	"	August 15, 1813	" "	
Kelly, Daniel	"	May 20, 1813	" "	
Kepheart, George	"	" "	August 15, 1813	
Kelly, John	"	" "	November 19, 1813	
Kindall, John	"	" "	" "	
Kelly, James	"	" "	" "	
Kel, Mosef	"	August 15, 1813	August 15, 1813	
Kindall, Reason	"	May 20, 1813	November 19, 1813	
Lowden, Thomas	"	August 15, 1813	" "	
Mitchell, Andrew	"	" "	" "	
McColleston, David	"	May 20, 1813	" "	
McClane, George	"	" "	August 15, 1813	
May, Gabriel	"	" "	November 19, 1813	
McGuire, Jesse	"	" "	" "	
McClain, Jacob	"	" "	" "	
McClain, James	"	August 15, 1813	" "	
McClelland, James	"	" "	" "	
McCauley, James	"	" "	" "	
McGuire, Luke	"	" "	August 15, 1813	
Mitchell, Michael M.	"	" "	" "	
McClelland, Richard	"	" "	November 19, 1813	
Martin, Thomas	"	May 20, 1813	" "	
Moore, William	"	" "	" "	
McCrackin, William	"	" "	" "	
McClure, William	"	" "	" "	
Nevell, Thomas	"	August 15, 1813	" "	
Neal, William	"	May 20, 1813	" "	
Nevell, Stewart	"	" "	" "	
Owings, Henry	"	August 15, 1813	" "	
Onan, Peter	"	May 20, 1813	" "	
Parr, Aaron	"	" "	" "	
Perry, Elisha	"	August 15, 1813	" "	
Parr, John	"	May 20, 1813	" "	
Penn, Noah	"	August 15, 1813	August 15, 1813	
Powell, Robert	"	" "	November 19, 1813	
Pope, Reuben	"	" "	September 14, 1813	
Piles, Samuel	"	" "	November 19, 1813	
Poland, William	"	May 20, 1813	" "	
Rice, John	"	" "	" "	
Rice, William	"	" "	" "	
Scott, Asa	"	" "	August 25, 1813	
Spencer, Caleb	"	" "	August 15, 1813	
Spencer, Joseph	"	" "	November 19, 1813	
Joseph, Levi	"	" "	" "	
Smith, Robert	"	August 15, 1813	October 14, 1813	
Simpson, Shelley	"	May 20, 1813	November 19, 1813	
Spencer, Walter	"	" "	" "	
Tyler, Charles	"	August 15, 1813	" "	
Turner, James	"	May 20, 1813	October 5, 1813	
Thompson, John	"	August 15, 1813	November 19, 1813	
Thomasson, Thomas	"	" "	" "	
White, David	"	" "	" "	
Wooldgriger, Geo. W.	"	May 20, 1813	July 27, 1813	
Wyler, John	"	" "	November 19, 1813	
Warfield, John	"	" "	" "	
Woodford, John	"	August 15, 1813	" "	
Wiley, John	"	" "	" "	

SOLDIERS OF THE WAR OF 1812.

ROLL OF CAPTAIN JACOB ELLISTON'S COMPANY, KENTUCKY MOUNTED INFANTRY—COMMANDED BY COLONEL RICHARD M. JOHNSON.

NAMES.	Rank.	Date of Appointment or Enlistment.	To what time Engaged or Enlisted.	REMARKS.
Jacob Elliston	Captain	May 20, 1813	November 19, 1813	
John B. White	1st Lieutenant	" "	" "	
William McGinnis	2d Lieutenant	" "	" "	
Leonard Seays	3d Lieutenant	" "	" "	
Edward Harris	Ensign	" "	" "	
James Decker	1st Sergeant	" "	October 12, 1813	
Major M. Johnson	2d Sergeant	" "	August 15, 1813	
Richard D. Phillips	3d Sergeant	" "	" "	
Samuel B. Petty	4th Sergeant	" "	November 19, 1813	
Henry McKee	1st Corporal	" "	" "	
Hugh McBrayers	2d Corporal	" "	" "	
Newman Barnes	3d Corporal	" "	" "	
Pleasant Oliver	4th Corporal	" "	" "	
Joseph Allen	Trumpeter	" "	" "	
Charles Laughter	Artificer	" "	" "	
Buntian, John	Private	" "	" "	
Buntian, James	"	August 15, 1813	" "	
Bryant, Rowleigh	"	May 20, 1813	" "	
Barnes, Zachariah	"	" "	" "	
Buntian, Thomas	"	" "	" "	
Cox, Ansel	"	" "	August 28, 1813	
Cummings, Alexander	"	August 15, 1813	November 19, 1813	
Cogshill, Francis	"	May 20, 1813	" "	
Coffiner, John	"	" "	" "	
Case, Joseph	"	" "	" "	
Coffiner, Jacob	"	" "	September 1, 1813	
Cogshill, Leonard	"	August 15, 1813	November 19, 1813	
Cogshill, Magauner	"	May 20, 1813	August 15, 1813	
Cole, Micajah	"	" "	November 19, 1813	
Cogshill, Matthew	"	August 15, 1813	" "	
Comings, Matthew	"	" "	" "	
Cox, Nathaniel	"	May 20, 1813	" "	
Colquit, Ranson E.	"	" "	" "	
Cole, Salathiel	"	August 15, 1813	" "	
Duprey, Ebenezer	"	May 20, 1813	" "	
Downey, James	"	" "	" "	
Downey, John	"	" "	August 15, 1813	
Frazier, Robert	"	" "	" "	
George, Dudley	"	August 15, 1813	November 19, 1813	
Grabb, John A.	"	May 20, 1813	" "	
Gaines, Samuel	"	" "	" "	
Hackley, James S.	"	" "	" "	
Hanks, Pitman	"	" "	" "	
Hallis, Robert	"	" "	" "	
Holeman, Reuben	"	August 15, 1813	" "	
Joy, Curtis	"	May 20, 1813	August 15, 1813	
Johnson, Holeman	"	August 15, 1813	November 19, 1813	
Jerrell, Whitefield	"	May 20, 1813	September 20, 1813	
Johnson, Isaac	"	" "	November 19, 1813	
Johnson, James	"	August 15, 1813	" "	
Kelley, Henry	"	May 20, 1813	" "	
Lewis, Charles	"	August 15, 1813	" "	
Lillard, Christopher	"	" "	" "	
Lightfoot, Goodrich	"	May 20, 1813	" "	
Lillard, Mathew	"	" "	" "	
Lightfoot, Philip	"	" "	" "	
Morris, George	"	" "	" "	
Miller, George	"	" "	" "	
Miller, John	"	August 15, 1813	" "	
Mulican, John T.	"	" "	" "	
Miller, Peter	"	May 20, 1813	" "	
Montgomery, Robert	"	" "	" "	
Miller, Robert	"	" "	" "	
McMinimy, William	"	" "	" "	
Natron, Francis	"	" "	September 20, 1813	
Preuott, Joel B.	"	" "	August 15, 1813	
Phillips, Solomon	"	" "	November 19, 1813	
Rochells, John	"	August 15, 1813	" "	
Rucker, Robert A.	"	May 20, 1813	" "	
Raines, William	"	" "	" "	
Ryan, Winston	"	August 15, 1813	" "	
Robinson, William	"	" "	" "	
Rice, Joseph	"	May 20, 1813	August 15, 1813	
Slate, Bazel	"	August 15, 1813	November 19, 1813	
Slaughter, Francis	"	May 20, 1813	August 15, 1813	
Slate, James	"	" "	" "	

SOLDIERS OF THE WAR OF 1812.

ROLL OF CAPTAIN JACOB ELLISTON'S COMPANY, KENTUCKY MOUNTED INFANTRY—Continued.

Names.	Rank.	Date of Appointment or Enlistment.	To what time Engaged or Enlisted.	Remarks.
Slate, Thomas	Private	May 20, 1813	July 10, 1813	
Slate, William I.	"	August 15, 1813	November 19, 1813	
Thompson, David	"	" "	" "	
Timmismon, William	"	May 20, 1813	" "	
Young, Thomas	"	August 15, 1813	" "	
Young, William	"	May 20, 1813	" "	

ROLL OF CAPTAIN SAMUEL R. COMBS' COMPANY, KENTUCKY MOUNTED INFANTRY—COMMANDED BY COLONEL RICHARD M. JOHNSON.

Names.	Rank.	Date of Appointment or Enlistment.	To what time Engaged or Enlisted.	Remarks.
Samuel R. Combs	Captain	May 20, 1813	November 19, 1813	
H. P. Thornton	1st Lieutenant	" "	" "	
James H. Hill	2d Lieutenant	" "	" "	
James M. Cogswell	3d Lieutenant	" "	" "	
Joseph Major	1st Sergeant	" "	" "	
William Rout	2d Sergeant	" "	" "	
Jacob Lindsey	3d Sergeant	" "	" "	
William D. Henry	4th Sergeant	" "	" "	
Henry Rush	1st Corporal	" "	September 3, 1813	
William Lampton	2d Corporal	August 15, 1813	November 19, 1813	
Larkin Dawson	3d Corporal	" "	" "	
Richard Awbray	4th Corporal	May 20, 1813	" "	
William Winn	"	" "	" "	
John H. Combs	Trumpeter	" "	" "	
Joseph Cockrel	Farrier	" "	" "	
Joseph Wallace	Artificer	" "	" "	
Allen, Joseph	Private	August 15, 1813	" "	
Aresmith, William	"	May 20, 1813	" "	
Allen, William	"	August 15, 1813	" "	
Bentley, Bailey	"	May 20, 1813	" "	
Balor, Jonathan	"	August 15, 1813	October 5, 1813	
Baxter, Jesse	"	May 20, 1813	November 19, 1813	
Boyle, Joseph	"	" "	" "	
Browning, James	"	August 15, 1813	" "	
Burns, Jackey	"	May 20, 1813	" "	
Barnes, John	"	August 15, 1813	" "	
Beamblett, John	"	" "	" "	
Burnett, John	"	" "	" "	
Black, Samuel	"	" "	" "	
Bramblet, Henry	"	May 20, 1813	" "	
Chism, Elijah	"	August 15, 1813	" "	
Caldwell, Ephraim	"	" "	" "	
Cuberson, Francis	"	" "	" "	
Cotton, George	"	" "	" "	
Coffer, George	"	" "	October 5, 1813	
Combs, Joseph	"	" "	" "	
Combs, John	"	" "	November 19, 1813	
Cormick, Richard	"	May 20, 1813	" "	
Chism, Nathaniel	"	" "	" "	
Corbin, Silas	"	August 15, 1813	" "	
Christian, William	"	" "	" "	
Call, William	"	May 20, 1813	" "	
Corbin, Zachariah	"	August 15, 1813	" "	
Duckworth, Ezekiel	"	" "	" "	
Duckerson, John	"	" "	" "	
Eustis, Robert	"	May 20, 1813	" "	
Edwards, William	"	August 15, 1813	" "	
Foster, Isaac	"	May 20, 1813	October 5, 1813	
Foster, Moses	"	August 15, 1813	November 19, 1813	
Foster, Tinsley	"	" "	" "	
Foster, William	"	" "	" "	
Gordon, Benjamin	"	" "	" "	
Griffin, Francis	"	May 20, 1813	" "	
Gist, James	"	" "	October 5, 1813	
Graham, Joseph W.	"	August 15, 1813	November 19, 1813	
Grimes, John A.	"	" "	" "	
Gist, Mordecai	"	May 20, 1813	" "	
Henry, Andrew	"	August 15, 1813	" "	
Hazlings, Charles	"	" "	" "	
Hendley, Elkana	"	May 20, 1813	" "	
Henry, Elisha	"	August 15, 1813	" "	
Haggin, George	"	May 20, 1813	" "	

ROLL OF CAPTAIN SAMUEL R. COMBS' COMPANY, KENTUCKY MOUNTED INFANTRY—Continued.

Names.	Rank.	Date of Appointment or Enlistment.	To what time Engaged or Enlisted	Remarks
Howard, George S.	Private	August 15, 1813	October 5, 1813	
Hackey, Hightown	"	May 20, 1813	" "	
Haley, John	"	" "	" "	
Huston, Matthew	"	August 15, 1813	November 19, 1813	
Hardwick, Robert	"	" "	" "	
Herrington, Samuel	"	" "	" "	
Heydon, Samuel	"	May 20, 1813	" "	
Howard, Samuel U.	"	" "	" "	
Hoggin, William	"	August 15, 1813	" "	
Hardwick, William	"	May 20, 1813	October 4, 1813	
Halsel William	"	" "	August 15, 1813	
Hand, Thomas	"	" "	November 19, 1813	
Jones, John, Sr.	"	" "	" "	
Jones, John, Jr.	"	" "	July 19, 1813	
Jamison, John	"	August 15, 1813	November 19, 1813	
Johnson, Isaac	"	" "	" "	
Kenney, Alexander R.	"	May 20, 1813	" "	
Latham, James	"	August 15, 1813	" "	
Lampton, William	"	" "	" "	
Lock, William F.	"	" "	" "	
Mitchell, Daniel	"	May 20, 1813	" "	
Murr, Eliptet	"	August 15, 1813	" "	
McDowell, George	"	May 20, 1813	" "	
McGunnigal, John	"	" "	October 5, 1813	
Mure, Jeremiah	"	" "	November 19, 1813	
McCall, John	"	" "	" "	
Major, John	"	August 15, 1813	" "	
Moore, John	"	" "	" "	
Mace, Jobe	"	" "	" "	
McClure, Mathew	"	" "	" "	
Major, Oliver	"	May 20, 1813	" "	
McFarine, Robert	"	" "	" "	
Mure, Richard	"	August 15, 1813	" "	
Mure, Robert	"	" "	" "	
Mitchell, Robert	"	May 20, 1813	" "	
Nelson, Graham	"	August 15, 1813	October 5, 1813	
Nicholas, Robert	"	May 20, 1813	November 19, 1813	
Owens, Horatio	"	August 15, 1813	October 5, 1813	
Owens, Jonathan	"	" "	" "	
Owens, Samuel	"	" "	November 19, 1813	
Pasley, John	"	" "	" "	
Rodgers, Henry	"	" "	October 5, 1813	
Ripper, James	"	May 20, 1813	" "	
Roper, James	"	" "	" "	
Rolston, John	"	August 15, 1813	November 19, 1813	
Rollins, Owen	"	" "	" "	
Rinard, Samuel	"	" "	" "	
Rodgers, Thomas	"	" "	" "	
Southerland, Bailey	"	" "	" "	
Sherwood, Edward	"	" "	" "	
Southerland, Howard	"	" "	October 5, 1813	
Southerland, John	"	" "	" "	
Southerland, James	"	" "	November 19, 1813	
Sherwood, Moses	"	" "	" "	
Spurr, Richard	"	May 20, 1813	" "	
Short, Pleasant	"	August 15, 1813	" "	
Talbot, Benjamin	"	" "	" "	
Tangler, George	"	May 20, 1813	October 5, 1813	
Talbot, John	"	August 15, 1813	" "	
Tinsley, William	"	" "	November 19, 1813	
Utty, Royal	"	May 20, 1813	" "	
Utterback, Reuben	"	August 15, 1813	" "	
Wills, Alexander	"	May 20, 1813	" "	
Wallace, Andrew	"	August 15, 1813	" "	
Welch, John	"	" "	" "	
Wyatt, James	"	" "	" "	
Winn, James	"	May 20, 1813	" "	
Wyatt, Mordecai	"	August 15, 1813	" "	
Wilson, Samuel	"	" "	" "	
Wier, William	"	" "	" "	
Wood, Peter	"	" "	" "	

230   SOLDIERS OF THE WAR OF 1812.

ROLL OF CAPTAIN JAMES DAVIDSON'S COMPANY, KENTUCKY MOUNTED INFANTRY—COMMANDED BY COLONEL RICHARD M. JOHNSON.

Names.	Rank.	Date of Appointment or Enlistment.	To what time Engaged or Enlisted.	Remarks.
James Davidson	Captain	May 20, 1813	November 19, 1813	
John Lapsley	1st Lieutenant	" "	" "	
Hugh W. McKee	2d Lieutenant	" "	" "	
Wier Tilford	3d Lieutenant	" "	" "	
Robert G. Foster	Ensign	" "	" "	
Francis Clory	1st Sergeant	" "	" "	
Andrew Leeper	2d Sergeant	" "	" "	
William Hill	3d Sergeant	" "	" "	
Absalom McKinsey	4th Sergeant	" "	" "	
Samuel Dodds	1st Corporal	" "	August 15, 1813	
James Hall	2d Corporal	" "	November 19, 1813	
Gabriel Hugh	3d Corporal	" "	August 15, 1813	
Thomas Clark	4th Corporal	" "	November 19, 1813	
John Runalds	Trumpeter	" "	August 15, 1813	
Jonathan Levi	Farrier	" "	October 13, 1813	
Astall, John	Private	" "	November 19, 1813	
Allen, Samuel	"	August 15, 1813	" "	
Allen, Thomas	"	" "	" "	
Allen, Churchwell	"	May 20, 1813	" "	
Brown, Bailey	"	" "	" "	
Baley, Edward	"	August 15, 1813	" "	
Brown, Francis	"	May 20, 1813	" "	
Bourne, Francis	"	" "	" "	
Banton, George W.	"	" "	" "	
Blackenship, John	"	" "	" "	
Banks, Jared	"	" "	August 15, 1813	
Brown, Joshua	"	" "	October 5, 1813	
Banks, Lucin	"	August 15, 1813	November 19, 1813	
Banker, Richard	"	May 20, 1813	" "	
Barnett, Robert	"	" "	August 15, 1813	
Boswell, Thomas	"	August 15, 1813	November 19, 1813	
Bernett, William	"	May 20, 1813	August 15, 1813	
Berry, William	"	" "	January 19, 1813	
Clear, George	"	August 15, 1813	November 19, 1813	
Cawley, Samuel	"	May 20, 1813	" "	
Clemons, Wilson	"	" "	" "	
Collins, William	"	" "	" "	
Dunwiddie, David C.	"	August 15, 1813	" "	
Dunwiddie, George	"	May 20, 1813	" "	
Davidson, George	"	" "	August 15, 1813	
Davis, John	"	" "	November 19, 1813	
Dunwiddie, John	"	" "	" "	
Denton, William	"	" "	" "	
Edwards, Griffin	"	August 15, 1813	" "	
Edwards, Peter	"	May 20, 1813	" "	
Easthan, Zachariah	"	August 15, 1813	October 5, 1813	
Fancy, James	"	May 20, 1813	November 19, 1813	
Feland, James	"	" "	" "	
Flint, Richard	"	August 15, 1813	" "	
Flint, Samuel	"	May 20, 1813	June 16, 1813	
Farrel, William	"	" "	October 16, 1813	
Fitzpatrick, William	"	August 15, 1813	November 19, 1813	
Garter, Dennis	"	" "	" "	
Grimes, Elijah	"	" "	" "	
Gillett, John S.	"	May 20, 1813	" "	
Gilmore, James	"	" "	" "	
Gilmore, Robert	"	August 15, 1813	" "	
Giles, Thomas	"	" "	" "	
Hall, Andrew	"	May 20, 1813	August 15, 1813	
Hutchings, Baird	"	August 15, 1813	November 19, 1813	
Hughs, Frank	"	May 20, 1813	" "	
Hall, George	"	" "	August 15, 1813	
Harvey, James	"	" "	November 19, 1813	
Hughs, John	"	" "	" "	
Homes, Jacob	"	" "	" "	
Hall, John B.	"	" "	" "	
Hall, John	"	August 15, 1813	" "	
Hutchings, Lemuel	"	May 20, 1813	" "	
Hodge, Moses	"	" "	" "	
Hutchings, Parks	"	" "	August 15, 1813	
Humphrey, William	"	" "	November 19, 1813	
Henderson, William	"	" "	" "	
Homes, Solas	"	" "	" "	
January, John	"	" "	" "	
King, David	"	" "	" "	
Logan, Benjamin	"	" "	" "	

ROLL OF CAPTAIN JAMES DAVIDSON'S COMPANY, KENTUCKY MOUNTED INFANTRY—Continued.

Names.	Rank.	Date of Appointment or Enlistment.	To what time Engaged or Enlisted.	Remarks.
Logan, David	Private	May 20, 1813	November 19, 1813	
Leeper, George	" "	" "	" "	
Lewis, John	" "	" "	" "	
Leach, Matthew	" "	August 15, 1813	" "	
Loid, William F.	" "	May 20, 1813	" "	
Legg, William	" "	" "	" "	
Lampton, William	" "	" "	" "	
Lapsley, William	" "	" "	" "	
Law, Thomas	" "	August 15, 1813	" "	
McKee, Gipson	" "	May 20, 1813	August 15, 1813	
May, George	" "	" "	November 19, 1813	
McColliston, George	" "	August 15, 1813	" "	
Milner, John	" "	May 20, 1813	August 15, 1813	
McKee, James	" "	" "	November 19, 1813	
Martin, Nicholas	" "	" "	" "	
McDonald, Story	" "	" "	" "	
McGrenwood, William	" "	" "	" "	
McCoon, William	" "	" "	" "	
Moore, Alexander	" "	" "	" "	
Norville, Lepscombe	" "	" "	" "	
Power, Andrew L.	" "	August 15, 1813	" "	
Preses, Bailey	" "	May 20, 1813	" "	
Perrel, Edward	" "	" "	August 15, 1813	
Panton, George	" "	" "	November 19, 1813	
Pearson, James	" "	" "	August 15, 1813	
Paw, Joseph	" "	" "	November 19, 1813	
Patter, Jesse	" "	" "	" "	
Preston, John	" "	" "	" "	
Pinor, John	" "	" "	August 17, 1813	
Pearson, Jeremiah	" "	" "	November 19, 1813	
Purnel, Lemuel	" "	August 15, 1813	" "	
Potter, Lemuel	" "	May 20, 1813	" "	
Potter, Thomas	" "	August 15, 1813	" "	
Paw, William	" "	May 20, 1813	" "	
Pruce, Robert	" "	" "	" "	
Right, James	" "	" "	" "	
Rose, John	" "	" "	" "	
Read, Jacob	" "	June 18, 1813	August 1, 1813	
Runnalds, Peter	" "	May 20, 1813	November 19, 1813	
Ridgeway, Samuel	" "	" "	July 30, 1813	
Rentford, James	" "	August 15, 1813	November 19, 1813	
Shannon, Absalom	" "	May 20, 1813	" "	
Smith, Ephraim	" "	" "	" "	
Shackelford, Edward	" "	August 15, 1813	" "	
Scott, George	" "	May 20, 1813	" "	
Sharp, Henry	" "	" "	August 15, 1813	
Stevenson, James	" "	" "	November 19, 1813	
Sellors, John	" "	" "	" "	
Sayers, John	" "	August 15, 1813	" "	
Shanks, James	" "	May 20, 1813	" "	
Shelton, Peter	" "	" "	" "	
Sanders, Stephen	" "	August 15, 1813	" "	
Standford, Perry	" "	May 20, 1813	" "	
Sanders, Stevenson	" "	August 15, 1813	" "	
Thaylewood, Joseph	" "	May 20, 1813	" "	
Thuman, Joseph	" "	August 15, 1813	" "	
Tarrant, James	" "	May 20, 1813	" "	
Vutton, Aaron	" "	August 15, 1813	" "	
Vautress, Jacob	" "	May 20, 1813	" "	
Vauters, Aaron	" "	" "	" "	
Vulson, Thomas	" "	" "	August 15, 1813	
Wiloy, George W.	" "	" "	November 19, 1813	
Wood, John S.	" "	" "	" "	
Wood, Abraham	" "	" "	" "	
Wilson, Martin	" "	" "	August 15, 1813	
Williamson, Robert	" "	" "	November 19, 1813	
West, William	" "	" "	" "	
Woolfskill, William	" "	" "	" "	
Whitley, William	" "	" "	October 5, 1813	

ROLL OF CAPTAIN RICHARD MATSON'S COMPANY, KENTUCKY MOUNTED INFANTRY—COMMANDED BY COLONEL RICHARD M. JOHNSON.

Names.	Rank.	Date of Appointment or Enlistment.	To what time Engaged or Enlisted.	Remarks.
Richard Matson	Captain	May 20, 1813	November 19, 1813	
Robert Scroggins	1st Lieutenant	" "	" "	
William McHatton	2d Lieutenant	" "	" "	
Ralph Jacoby	3d Lieutenant	" "	" "	
John Brice	Ensign	" "	" "	
Thomas Stark	1st Sergeant	" "	" "	
James Stark	2d Sergeant	" "	August 15, 1813	
Thomas Delany	3d Sergeant	" "	November 19, 1813	
William Kelly	4th Sergeant	" "	" "	
Thomas Buckhannon	1st Corporal	" "	August 15, 1813	
James Lafferty	2d Corporal	" "	November 19, 1813	
John Vanderback	3d Corporal	" "	August 15, 1813	
John Griggs	4th Corporal	" "	November 19, 1813	
William B. Kincade	Trumpeter	" "	" "	
William F. Page	Saddler	" "	" "	
Thomas Funnell	H. Farrier	" "	" "	
Adam Kokindaffer	Artificer	August 15, 1813	" "	
Armstrong, Robert	Private	" "	" "	
Burk, Richard	"	May 20, 1813	" "	
Bosel, Henson	"	" "	" "	
Brice, William	"	August 15, 1813	" "	
Butler, Ichabod	"	May 20, 1813	August 15, 1813	
Biggs, William	"	" "	November 19, 1813	
Berry, Thomas	"	August 15, 1813	" "	
Barlow, Thomas	"	" "	" "	
Bridges, Henry	"	" "	" "	
Bigers, James	"	" "	" "	
Baley, John	"	" "	" "	
Boon, William	"	" "	" "	
Case, Joseph	"	May 20, 1813	August 15, 1813	
Collins, Thomas	"	" "	" "	
Cox, Charles	"	" "	November 19, 1813	
Campbell, Alexander	"	" "	" "	
Cannon, Newton	"	" "	August 15, 1813	
Campbell, Thomas	"	August 15, 1813	November 19, 1813	
Currey, William	"	" "	" "	
Chiles, Joseph	"	" "	" "	
Cropper, Solomon	"	" "	" "	
Delany, Abner	"	May 20, 1813	" "	
Davis, Ingram	"	" "	August 15, 1813	
Duncan, Jeremiah	"	August 15, 1813	November 19, 1813	
Devers, Johnson	"	" "	" "	
Edmonson, William	"	May 20, 1813	" "	
Ewings, Hugh	"	" "	" "	
Eades, Horatio	"	August 15, 1813	" "	
Ford, John	"	" "	" "	
Foster, Nathaniel	"	May 20, 1813	" "	
Foster, John	"	" "	" "	
Ferguson, William	"	August 15, 1813	" "	
Ferguson, John	"	" "	" "	
Fagans, Jarard	"	" "	September 1, 1813	
Golson, James I.	"	May 20, 1813	November 19, 1813	
Golson, John B.	"	" "	" "	
Gray, William	"	" "	" "	
Givers, Matthew	"	" "	" "	
Grant, John	"	" "	" "	
Galaway, Samuel	"	August 15, 1813	" "	
Gallaway, Eliheigh	"	" "	" "	
Harris, Daniel	"	May 20, 1813	August 15, 1813	
Haines, Nathaniel	"	" "	" "	
Hardester, Samuel	"	August 15, 1813	November 19, 1813	
Hill, Nathaniel	"	May 20, 1813	" "	
Hord, Elias	"	" "	" "	
Haines, Jonathan	"	August 15, 1813	" "	
Jones, William	"	" "	" "	
Jones, Thomas	"	" "	" "	
Jessup, William	"	" "	" "	
Jones, Richard	"	" "	" "	
Kincaid, William	"	May 20, 1813	" "	
Laten, James	"	August 15, 1813	" "	
Laws, William	"	" "	" "	
Martin, William	"	May 20, 1813	August 25, 1813	
Malary, William	"	" "	November 19, 1813	
Malary, Roger	"	August 15, 1813	" "	
McDowel, Samuel	"	" "	" "	
McKinsey, John	"	" "	" "	

ROLL OF CAPTAIN RICHARD MATSON'S COMPANY, KENTUCKY MOUNTED INFANTRY—Continued.

Names.	Rank.	Date of Appointment or Enlistment.	To what time Engaged or Enlisted.	Remarks.
McKinsey, David	Private	August 15, 1813	November 19, 1813	
McHatten, Samuel	"	May 20, 1813	August 15, 1813	
McHatten, Alexander	"	" "	November 19, 1813	
Mills, Eulises	"	" "	" "	
Morris, Caleb	"	" "	" "	
Malary, Henry	"	" "	August 15, 1813	
Miller, John	"	" "	November 19, 1813	
O'Neal, John	"	" "	August 15, 4813	
Patterson, William	"	August 15, 1813	November 19, 1813	
Parsel, John	"	May 20, 1813	" "	
Palmer, Thomas	"	" "	June 29, 1813	
Rule, James	"	" "	November 19, 1813	
Richardson, Robert	"	" "	" "	
Richardson, Jeremiah	"		" "	
Richardson, James	"	August 15, 1813	" "	
Runalds, John	"	May 20, 1813	" "	
Ruby, Henry	"	" "	" "	
Smith, John	"	" "	September 19, 1813	
Sydner, Jacob	"	" "	November 19, 1813	
Scroggin, John	"	" "	" "	
Scroggin, Joseph	"	" "	" "	
Sharpshire, Jeremiah	"	" "	" "	
Slaughter, Edgecomb	"	" "	" "	
Spears, Abraham	"	August 15, 1813	" "	
Smith, George A.	"	" "	" "	
Schooler, John	"	" "	" "	
Srader, Coonrod	"	" "	" "	
Scrivi, Daniel	"	" "	" "	
Smith, John R.	"	" "	" "	
Stevenson, Reuben	"	" "	" "	
Stevenson, Zachariah	"	" "	" "	
Smith, William	"	" "	" "	
Wilson, Jesse	"	May 20, 1813	" "	
Walker, Samuel	"	August 15, 1813	" "	
Wright, John	"	" "	" "	
Winkfield, Enoch	"	" "	" "	

ROLL OF CAPTAIN ROBERT B. McAFEE'S COMPANY, KENTUCKY MOUNTED INFANTRY—COMMANDED BY COLONEL RICHARD M. JOHNSON.

Names	Rank	Date of Appointment or Enlistment	To what time Engaged or Enlisted	Remarks
Robert B. McAfee	Captain	May 20, 1813	November 19, 1813	
John R. Cardwell	1st Lieutenant	" "	" "	
David Lillard	2d Lieutenant	" "	September 19, 1813	
William Sharp	3d Lieutenant	" "	November 19, 1813	
David Adams	Ensign	" "	" "	
James Breckinridge	1st Sergeant	" "	September 1, 1813	
John Springate	"	" "	November 19, 1813	
Samuel Crawford	2d Sergeant	" "	" "	
Mathias Homray	3d Sergeant	" "	" "	
John Armstrong	4th Sergeant	" "	" "	
Simeon Moore	1st Corporal	" "	August 15, 1812	
Stephen Blithe	2d Corporal	" "	November 19, 1813	
John L. McGinnis	3d Corporal	" "	August 15, 1813	
Isaac Rynerson	4th Corporal	" "	November 19, 1813	
William Cardwell	Trumpeter	" "	" "	
Washington Barnes	"	" "	" "	
Atkinson, John	Private	" "	" "	
Alexander, James D.	"	" "	" "	
Agains, Thomas	"	" "	" "	
Armstrong, William	"	" "	" "	
Adams, William	"	" "	" "	
Agains, William	"	" "	" "	
Armstrong, Wm., Jr.	"	August 15, 1813	" "	
Brine, Churchwell	"		" "	
Bright, David	"	November 19, 1813		
Barns, Edmund	"	May 20, 1813	August 15, 1813	
Bohon, George	"	" "	" "	
Barnes, Henry	"	August 15, 1813	September 20, 1813	
Bolinger, John	"	" "	November 19, 1813	
Bohon, Joseph	"	May 20, 1813	" "	
Borders, Jacob	"	" "	" "	
Boyle, John	"	" "	" "	

ROLL OF CAPTAIN ROBERT B. McAFEE'S COMPANY, KENTUCKY MOUNTED INFANTRY
—Continued.

NAMES.	Rank.	Date of Appointment or Enlistment.	To what time Engaged or Enlisted.	REMARKS.
Barton, John	Private	May 20, 1813	November 19, 1813	
Brine, James	"	August 15, 1813	" "	
Bucks, John	"	" "	" "	
Baker, James	"	" "	" "	
Burton, John	"	" "	" "	Absent without leave.
Booker, Nicholas	"	May 20, 1813	" "	
Barnes, Richard	"	August 15, 1813	" "	
Burton, Samuel	"	May 20, 1813	" "	
Borman, William	"	August 15, 1813	" "	
Corn, Basil	"	May 20, 1813	" "	
Cochran, George	"	" "	August 15, 1813	
Cunningham, Henry	"	August 15, 1813	November 19, 1813	
Cardwell, John	"	May 20, 1813	" "	
Coulter, Mark	"	" "	" "	
Crains, Nathaniel	"	" "	" "	
Curry, Thomas	"	" "	" "	
Crawford, Thomas	"	" "	August 15, 1813	
Currens, William	"	" "	November 19, 1813	
Davis, Allen	"	" "	" "	
Divine, Andrew	"	August 15, 1813	" "	
Davis, Amos	"	" "	" "	
Divine, David	"	November 19, 1813	" "	
Davis, George	"	August 20, 1813	August 15, 1813	
Devine, George	"	May 20, 1813	" "	
Debann, George	"	" "	" "	
Dikey, Hays	"	" "	November 19, 1813	
Davis, John S.	"	" "	" "	
Dobson, John	"	" "	" "	
Divine, Thomas H.	"	August 15, 1813	" "	
Deen, John L.	"	" "	" "	
Davis, James	"	" "	" "	
Denny, John	"	May 20, 1813	" "	
Denny, Joseph	"	August 15, 1813	" "	
Duff, William	"	" "	" "	
Davis, John	"	May 20, 1813	" "	
Ewing, Samuel	"	August 15, 1813	" "	
Franklin, Claibourne	"	May 20, 1813	" "	
Forsythe, Robert	"	" "	" "	
Guthrice, James	"	" "	" "	
Gutton, Levi	"	" "	" "	
Gutheric, Robert	"	" "	" "	
Green, Samuel	"	" "	" "	
Green, Thomas	"	" "	" "	
Galloway, Daniel	"	November 19, 1813	" "	
Haines, Daniel	"	May 20, 1813	August 15, 1813	
Howard, Eppy	"	" "	" "	
Hale, Joseph	"	" "	November 19, 1813	
Hackley, Lott	"	August 15, 1813	" "	
Horn, Michael	"	" "	" "	
Hughes, Reuben	"	May 20, 1813	" "	
Hope, Richard	"	" "	" "	
Hughes, Stephen	"	" "	" "	
Hall, Thomas	"	" "	" "	
Hawkins, James	"	" "	" "	
Halligan, John	"	" "	" "	
Jordan, John	"	" "	" "	
Jones, Jesse	"	August 15, 1813	" "	
Kelly, Joseph	"	May 20, 1813	August 15, 1813	
Little, Joseph	"	" "	November 19, 1813	
Lamb, John	"	" "	" "	
Lawson, Joshua	"	" "	" "	
Little, John	"	" "	" "	
Lawson, James	"	" "	" "	
Lockhart, Lewis, Sr.	"	" "	" "	
Lockhart, Lewis, Jr.	"	August 15, 1813	" "	
Lockhart, Richard	"	May 20, 1813	" "	
Lions, Stephen	"	" "	" "	
Lions, Stephen, Jr.	"	August 15, 1813	" "	
Logan, Thomas	"	May 20, 1813	" "	
Lewis, Thomas	"	" "	September 19, 1813	
Lewis, William	"	" "	November 19, 1813	
Lillard, Christopher	"	" "	" "	
McFartredge, Andrew	"	" "	" "	
McDonald, Clement	"	" "	" "	
McGee, David	"	November 19, 1813	" "	
Myers, George	"	May 20, 1813	August 15, 1813	

ROLL OF CAPTAIN ROBERT B. McAFEE'S COMPANY, KENTUCKY MOUNTED INFANTRY—Continued.

NAMES.	Rank.	Date of Appointment or Enlistment.	To what time Engaged or Enlisted.	REMARKS.
McAfee, George	Private	September 19, 1813	November 19, 1813	
McIntire, John	"	May 20, 1813	" "	
McGinnis, John	"	" "	" "	
Miller, Jacob	"	" "	" "	
McRettrick, James	"	" "	" "	
McGee, Joseph	"	August 15, 1813	" "	
McGee, John	"	" "	" "	
McAfee, James	"	" "	" "	
Mason, James	"	May 20, 1813	" "	
Morrison, Nathaniel S.	"	" "	" "	
McRettrick, Robert	"	" "	" "	
McGinnis, Thomas B.	"	" "	" "	
McClure, William	"	" "	" "	
Morris, William	"	August 15, 1813	" "	
Mann, Thomas	"	May 20, 1813	" "	
Noel, Dudley	"	" "	August 15, 1813	
Perry, Daniel	"	" "	" "	
Philips, George	"	" "	" "	
Parish, Nicholas	"	August 15, 1813	November 19, 1813	
Powers, Richard	"	May 20, 1813	" "	
Poulter, William	"	" "	" "	
Rennick, Robert	"	" "	" "	
Ragan, Abner	"	August 15, 1813	" "	
Rice, Anderson	"	" "	" "	
Roberts, John	"	May 20, 1813	September 19, 1813	
Ryley, Jonathan	"	" "	November 19, 1813	
Rinehart, Samuel	"	August 15, 1813	" "	
Riley, William	"	" "	" "	
Roberts, William	"	" "	" "	
Riley, Jena	"	May 20, 1813	" "	
Sail, Clayton	"	November 19, 1813	" "	
Scott, David	"	May 20, 1813	August 15, 1813	
Smith, John	"	August 15, 1813	November 19, 1813	
Smith, James	"	" "	" "	
Sennel, John	"	" "	" "	
Sportsman, James	"	" "	" "	
Sorter, John	"	" "	" "	
Smith, John	"	" "	" "	
Sandifee, Lewis	"	May 20, 1813	" "	
Sinnett, Richard	"	" "	" "	
Smithey, Robert	"	August 15, 1813	" "	
Sylva, Samuel	"	" "	" "	
Steen, Frederick	"	May 20, 1813	" "	
Thompson, Andrew	"	" "	" "	
Vincent, Charles	"	" "	" "	
Voris, John	"	" "	" "	
Vandalor, John	"	August 15, 1813	" "	
Vislet, Sinclair	"	May 20, 1813	" "	
Wingate, Henry	"	" "	" "	
Wigham, John	"	" "	" "	
Woods, Joseph	"	" "	" "	
Wells, John	"	August 25, 1813	" "	
Williams, Martin	"	August 15, 1813	" "	
Young, John	"	May 20, 1813	" "	
Young, Nimrod	"	" "	" "	

ROLL OF CAPTAIN JACOB STUCKERS' COMPANY, KENTUCKY MOUNTED INFANTRY—COMMANDED BY COLONEL RICHARD M. JOHNSON.

Names	Rank	Date	To what time
Jacob Stuckers	Captain	May 20, 1813	November 19, 1813
Thomas Story	1st Lieutenant	" "	" "
William Massie	2d Lieutenant	" "	" "
Andrew Johnson	3d Lieutenant	" "	" "
Turner Branham	Ensign	" "	" "
John I. Johnson	1st Sergeant	" "	" "
Gabriel Long	2d Sergeant	" "	" "
Joel Herndon	3d Sergeant	" "	" "
Edgecomb Suggett	4th Sergeant	" "	" "
Thomas Blackbourn	1st Corporal	" "	" "
Nathaniel Gray	2d Corporal	" "	" "
Samuel Benton	3d Corporal	" "	" "
John Herndon	4th Corporal	" "	" "

ROLL OF CAPTAIN JACOB STUCKERS' COMPANY, KENTUCKY MOUNTED INFANTRY —Continued.

Names.	Rank.	Date of Appointment or Enlistment.	To what time Engaged or Enlisted.	Remarks.
Thomas Suggett	Trumpeter	May 20, 1813	November 19, 1813	
James Long	Farrier	" "	" "	
George C. Branham	Blacksmith	" "	" "	
Daniel Stephenson	Saddler	" "	" "	
Anderson, Presty	Private	" "	" "	
Bates, Andrew	"	" "	" "	
Barlow, Hartocy	"	" "	" "	
Barkley, Thomas	"	" "	November 10, 1813	
Berry, Henry	"	" "	November 19, 1813	
Bonsen, Solomon	"	" "	November 10, 1813	
Bowen, Solomon	"	" "	" "	
Bourbage, Robert	"	" "	November 10, 1813	
Bradley, William	"	" "	November 10, 1813	
Bradley, Valentine	"	" "	" "	
Branham, George	"	" "	November 19, 1813	
Branham, William	"	" "	November 10, 1813	
Butler, James	"	" "	November 19, 1813	
Butler, Thomas	"	" "	November 10, 1813	
Campbell, William	"	" "	" "	
Coppage, Thomas	"	" "	" "	
Davis, John	"	" "	November 19, 1813	
Davis, ———	"	" "	November 10, 1813	
Dare, Isaac	"	" "	November 19, 1813	
Debaven, Isaac	"	" "	" "	
Debaven, Jacob	"	" "	" "	
Denney, Fielding	"	" "	" "	
Dougherty, John	"	" "	" "	
Downing, John	"	" "	" "	
Duncan, John	"	" "	" "	
Ealy, Edward	"	" "	" "	
Ealy, Henry	"	" "	" "	
Fales, William	"	" "	November 10, 1813	
Ficklin, John H.	"	" "	November 19, 1813	
Foster, Isaac	"	" "	" "	
Foster, Robert	"	" "	" "	
Foster, Thomas	"	" "	November 10, 1813	
Gaines, James	"	" "	November 19, 1813	
Garth, Thomas	"	" "	November 10, 1813	
Gibbs, Robert	"	" "	" "	
Godard, Francis	"	" "	November 19, 1813	
Grant, John	"	" "	" "	
Grant, James	"	" "	" "	
Grant, Robert	"	" "	" "	
Gray, John D.	"	" "	" "	
Hall, William	"	" "	November 10, 1813	
Harwood, James	"	" "	November 19, 1813	
Herndon, John S.	"	" "	" "	
Holeman, Jacob H.	"	" "	" "	
Hoover, Adam	"	" "	" "	
Hughey, Samuel	"	" "	November 10, 1813	
Hurst, James	"	" "	November 19, 1813	
Johns, Jonathan	"	" "	" "	
Johnson, Edward	"	" "	" "	
Johnson, Henry	"	" "	" "	
Johnson, Joel	"	" "	" "	
Johnson, James	"	" "	" "	
Johnson, William	"	" "	November 10, 1813	
Keene, John	"	" "	November 19, 1813	
Kelly, Daniel	"	" "	" "	
Lucas, Richard	"	" "	November 10, 1813	
Mansfield, John L.	"	" "	November 19, 1813	
Martin, Benjamin	"	" "	" "	
McConathy, James	"	" "	" "	
McMurda, Robert	"	" "	November 10, 1813	
Montgomery, Kenney	"	" "	November 19, 1813	
Mountjoy, Charles	"	" "	" "	
Offett, Hugh	"	" "	" "	
Osbourn, John	"	" "	" "	
Payne, Robert	"	" "	" "	
Pearson, Robert	"	" "	" "	
Peak, Spencer	"	" "	November 10, 1813	
Pratt, John	"	" "	November 19, 1813	
Reading, Joseph	"	" "	" "	
Rittenhouse, Adam	"	" "	" "	
Sanders, Valentine	"	" "	November 10, 1813	
Scruggs, William	"	" "	" "	

ROLL OF CAPTAIN JACOB STUCKERS' COMPANY, KENTUCKY MOUNTED INFANTRY—Continued.

Names.	Rank.	Date of Appointment or Enlistment.	To what time Engaged or Enlisted.	Remarks.
Shannon, William	Private	May 20, 1813	November 10, 1813	
Shannon, Alexander	"	" "	November 19, 1813	
Shealy, Singleton	"	" "	November 10, 1813	
Snowvanier, Christopher	"	" "	November 19, 1813	
Stapp, Eli	"	" "	" "	
Sutin, Gilbert	"	" "	" "	
Sutton, James W.	"	" "	" "	
Smith, John	"	" "	" "	
Stapp, Milton	"	" "	" "	
Shelton, Thomas	"	" "	November 10, 1813	
Shell, Willis	"	" "	" "	
Sutton, William P.	"	" "	" "	
Stevenson, William	"	" "	" "	
Stucker, James	"	" "	" "	
Theobalds, James	"	" "	November 19, 1813	
Thompson, Peter	"	" "	" "	
Thompson, Robert	"	" "	" "	
Thomason, Richard	"	" "	November 10, 1813	
True, Simeon	"	" "	" "	
Wolf, Coonrad	"	" "	November 19, 1813	
Wolf, Jesse	"	" "	" "	
Webb, William S.	"	" "	November 10, 1813	
Williams, William	"	" "	" "	
Yancy, Thomas	"	" "	" "	

ROLL OF CAPTAIN ROBERT BERRY'S COMPANY, KENTUCKY MOUNTED INFANTRY—COMMANDED BY COLONEL RICHARD M. JOHNSON.

Names.	Rank.	Date of Appointment or Enlistment.	To what time Engaged or Enlisted.	Remarks.
Robert Berry	Captain	May 20, 1813	November 19, 1813	
Henley Roberts	1st Lieutenant	" "	" "	
James Slott	Ensign	" "	" "	
William Armstrong	Sergeant	" "	" "	
Archer, Sampson	Private	August 15, 1813	" "	
Anderson, Vencent	"	" "	" "	
Bradshaw, George	"	May 20, 1813	" "	
Bright, William	"	August 15, 1813	" "	
Brown, Alexander	"	" "	" "	
Caldwell, John	"	" "	" "	
Carey, James	"	" "	" "	
Caseady, Jeremiah	"	" "	" "	
Caldwell, James	"	" "	" "	
Dici, Abner	"	" "	" "	
Evans, John	"	" "	" "	
Ferguson, Henry	"	" "	" "	
Fulton, John	"	" "	" "	
Gellepsie, James	"	May 20, 1813	August 15, 1813	
Howard, Madison	"	August 15, 1813	November 19, 1813	
Hughes, William	"	" "	" "	
Hughes, Isaac	"	" "	" "	
Hughes, Tolliver	"	" "	" "	
Hopkins, Joslin	"	" "	" "	
Hace, Ellihu	"	May 20, 1813	August 15, 1813	
Hace, Moses	"	" "	" "	
Irvin, John	"	August 15, 1813	November 19, 1813	
Ishmael, John	"	" "	" "	
Lockridge, William	"	" "	" "	
Lockridge, John	"	" "	" "	
Myers, Peter	"	" "	" "	
Myers, John	"	" "	" "	
McDowell, Mordecai	"	" "	" "	
McDonald, Hugh	"	" "	" "	
McDonald, Oliver	"	" "	" "	
McDonald, William	"	" "	" "	
Murphy, James	"	" "	" "	
Myers, Daniel	"	" "	" "	
Myers, David	"	" "	" "	
Maxwell, Grace	"	" "	" "	
McClure, Lave	"	" "	" "	
McMahan, Robert	"	" "	" "	
McCoy, James	"	" "	" "	
McCown, David	"	May 20, 1813	" "	
Oliver, Archy	"	August 15, 1813	" "	

238   SOLDIERS OF THE WAR OF 1812.

ROLL OF CAPTAIN ROBERT BERRY'S COMPANY, KENTUCKY MOUNTED INFANTRY.
—Continued.

Names.	Rank.	Date of Appointment or Enlistment.	To what time Engaged or Enlisted.	Remarks.
Poe, Benjamin	Private	August 15, 1813	November 19, 1813	
Payne, William	"	" "	" "	
Ray, George	"	" "	" "	
Richards, Randolf	"	May 20, 1813	August 15, 1813	
Seveynuls, Edward	"	August 15, 1813	November 19, 1813	
Stevenson, James	"	" "	" "	
Stevenson, William	"	" "	" "	
Williams, William	"	" "	" "	
Waddle, James	"	" "	" "	
Waddle, Ora	"	" "	" "	
There is no service given for the following names:				
Denton, Abraham				
Wells, John				
Colder, John				
Farrel, James				
Sanders, Sebenevin				
Dampear, Henry				
Wheeler, Joshua				
Caldwell, James				
Wier, Joseph				
Hugh, Alexander				
Westhart, James				
Wishard, James				

ROLL OF CAPTAIN JOHN W. READING'S COMPANY, KENTUCKY MOUNTED INFANTRY
—COMMANDED BY COLONEL RICHARD M. JOHNSON.

Names	Rank	Date of Appointment or Enlistment	To what time Engaged or Enlisted	Remarks
Benjamin Branham	Captain	May 20, 1813	August 15, 1813	Resigned August 15, 1813—J. W. Reading, promoted.
John W. Reading	Captain	" "	November 19, 1813	Promoted from 1st Lieutenant August 16, 1813.
William Griffith	1st Lieutenant	" "	" "	Appointed 1st Lieutenant August 16, 1813.
William Mosby	Ensign	" "	" "	Promoted Ensign August 16, 1813.
Abraham Ware	1st Sergeant	" "	" "	
James Bentley	2d Sergeant	August 15, 1813	" "	
Bradford Stribling	3d Sergeant	May 20, 1813	" "	
Louis Dreweard	4th Sergeant	" "	" "	
Bradford, Simeon	Private	" "	" "	
Bold, John	"	" "	" "	
Bates, Joseph	"	" "	" "	
Branham, James	"	" "	" "	
Birts, William	"	" "	" "	
Bruno, John B.	"	August 15, 1813	" "	
Crempayt, Daniel	"	May 20, 1813	August 15, 1813	
Collins, Richard	"	August 15, 1813	" "	
Cave, John	"	" "	" "	
Cremer, John	"	" "	" "	
Davis, Daniel	"	May 20, 1813	" "	
Dickerson, John	"	" "	" "	
Dingham, Daniel	"	" "	" "	
Dreward, Neni	"	" "	" "	
Elain, Joseph	"	" "	November 19, 1813	
Ewing, Alexander	"	" "	" "	
Faven, John	"	" "	" "	
Freeman, Samuel	"	" "	July 19, 1813	
Grant, James	"	" "	November 19, 1813	
Greenup, Samuel	"	" "	" "	
Hoover, Adam	"	" "	" "	
Heart, Andrew	"	" "	August 15, 1813	
Johnson, Lewey	"	August 15, 1813	November 19, 1813	
Kirtley, William	"	May 20, 1813	" "	
Knaggs, James	"	August 15, 1813	" "	
Lemon, John	"	May 20, 1813	" "	
Landon, Daniel	"	" "	August 15, 1813	
Lafountain, Antwain	"	September 15, 1813	November 19, 1813	
Labrook, Joseph	"	" "	" "	
Larange, Antwain	"	" "	" "	
Momeni, Antwain	"	May 20, 1813	" "	
Momeni, Peter	"	August 15, 1813	" "	
Menard, John	"	June 20, 1813	July 19, 1813	
Neal, Miner	"	August 15, 1813	November 19, 1813	
Osborn, John	"	May 20, 1813	" "	

SOLDIERS OF THE WAR OF 1812.

ROLL OF CAPTAIN JOHN W. READING'S COMPANY, KENTUCKY MOUNTED INFANTRY—Continued.

Names.	Rank.	Date of Appointment or Enlistment.	To what time Engaged or Enlisted.	Remarks.
Osborn, Joseph	Private	May 20, 1813	November 19, 1813	
Pratt, William	"	" "	" "	
Peek, Hezekiah	"	" "	" "	
Plummer, Joseph	"	" "	" "	
Pettell, William	"	August 15, 1813	" "	
Peter, William	"	" "	" "	
Payne, John	"	May 20, 1813	August 15, 1813	
Ruland, John	"	June 20, 1813	November 19, 1813	
Robb, Thomas	"	August 15, 1813	" "	
Robb, James	"	September 15, 1813	" "	
Robine, Lewis	"	August 15, 1813	" "	
Scraggs, John	"	May 20, 1813	August 15, 1813	
Sebery, John	"	August 15, 1813	November 19, 1813	
Sandford, Lawrence	"	May 20, 1813	" "	
Smith, John	"	August 15, 1813	" "	
Senture, Antwain	"	September 15, 1813	" "	
Spencer, John	"	May 20, 1813	" "	
Tarlton, John	"	" "	" "	
Tarlton, Ralph B.	"	" "	" "	
Taylor, Joseph	"	August 15, 1813	" "	
Valicate, Joseph	"	May 20, 1813	" "	
Valicate, John B.	"	July 20, 1813	" "	
Wood, Benjamin	"	May 20, 1813	" "	
Walker, James B.	"	" "	" "	

ROLL OF CAPTAIN WILLIAM CHURCH'S COMPANY, KENTUCKY MOUNTED INFANTRY—COMMANDED BY COLONEL RICHARD M. JOHNSON.

Names.	Rank.	Date of Appointment or Enlistment.	To what time Engaged or Enlisted.	Remarks.
William Church	Captain	May 20, 1813	November 19, 1813	
John Hughey	1st Lieutenant	" "	" "	
James Sternan	Ensign	" "	" "	
Israel Jackson	1st Sergeant	" "	" "	
Joseph Mocksley	2d Sergeant	August 15, 1813	" "	
James McCloland	3d Sergeant	" "	" "	
Rice Oliver	1st Corporal	May 20, 1813	" "	
William Stevenson	Trumpeter	" "	" "	
Moses Clinton	Farrier	" "	September 19, 1813	
Brown, John	Private	" "	November 19, 1813	
Barkett, Martin	"	August 15, 1813	" "	
Barlow, Thomas	"	" "	" "	
Barlow, Thomas H.	"	" "	" "	
Clinton, Jacob	"	" "	" "	
Carter, John	"	May 20, 1813	August 15, 1813	
Cooper, Samuel	"	August 15, 1813	November 19, 1813	
Clemon, William	"	" "	" "	
Edgecomb, Samuel	"	" "	" "	
Gatewood, Larkin	"	" "	" "	
Hord, Elias	"	" "	" "	
Hancock, Joel	"	" "	September 12, 1813	
Hook, James	"	" "	November 19, 1813	
Hood, Moses B.	"	" "	" "	
Hatten, Sanders	"	May 20, 1813	" "	
Haden, Thomas	"	August 15, 1813	" "	
Hutter, William	"	May 20, 1813	" "	
Laytin, James	"	August 15, 1813	" "	
Morse, James	"	May 20, 1813	" "	
Moxley, William	"	August 15, 1813	" "	
Miller, William	"	" "	" "	
Orr, John	"	" "	" "	
Pullian, Blan B.	"	" "	" "	
Prewit, Lewis	"	" "	" "	
Ritenhouse, Adam	"	May 20, 1813	" "	
Rucker, John	"	" "	" "	
Reading, Samuel	"	August 15, 1813	" "	
Richardson, John C.	"	" "	" "	
Suttenhill, James B.	"	May 20, 1813	" "	
Sacery, John C.	"	August 15, 1813	" "	
Still, James	"	" "	" "	
Stevenson, Reuben	"	" "	" "	
Sharp, William	"	May 20, 1813	August 15, 1813	
Satterwhite, Walker	"	" "	" "	
Tuker, Davis O. W.	"	August 15, 1813	November 19, 1813	
Taylor, John	"	" "	September 4, 1813	
Thornton, Toliver	"	" "	November 19, 1813	
Wilson, Alexander	"	May 20, 1813	" "	
Wirely, Richard	"	August 15, 1813	September 20, 1813	

Roll of Field and Staff, South's Regiment of Kentucky Mounted Militia, of the War of 1812—Commanded by Colonel Samuel South.

Names.	Rank.	Date of Appointment or Enlistment.	To what time Engaged or Enlisted.	Remarks.
Samuel South	Lt. Colonel	October 6, 1812	October 3, 1812	
Jeremiah Brisco	1st Major	September 29, 1812	" "	
Edward Baxter	2d Major	September 30, 1812	" "	
John S. Smith	Adjutant	October 6, 1812	" "	
Robert Cunningham	Quartermaster	" "	" "	
Joseph Barrett	Paymaster	" "	" "	
James Warren	Qr. M. Sergeant	" "	October 9, 1812	
Charles McAfee	" "	October 10, 1812	October 30, 1812	
Joseph Blackwood	S. Major	October 7, 1812	" "	
Frederick Yeager	J. Advocate	October 6, 1812	" "	
John Fry	Surgeon	" "	" "	
James Reed	Surgeon's Mate	" "	" "	

ROLL OF CAPTAIN ROWLAND BURK'S COMPANY, KENTUCKY MOUNTED MILITIA—COMMANDED BY COLONEL SAMUEL SOUTH.

Names.	Rank.	Date of Appointment or Enlistment.	To what time Engaged or Enlisted.	Remarks.
Rowland Burk	Captain	September 18, 1812	October 30, 1812	
Abraham Wood	Lieutenant	" "	" "	
Richard Mason	Ensign	" "	" "	
Thomas Vandever	Sergeant	" "	" "	
Thomas Mason	" "	" "	" "	
Mathias Coffee	" "	" "	" "	
Allen, Robert	Private	" "	" "	
Allen, John	" "	" "	" "	
Allen, Thomas	" "	" "	" "	
Bell, Henry	" "	" "	" "	
Coleman, James	" "	" "	" "	
Carson, Robert	" "	" "	" "	
Fare, Absalom	" "	" "	" "	
Goode, Daniel	" "	" "	October 14, 1812	
Guifford, Joel	" "	" "	October 30, 1812	
Goard, Gabriel	" "	" "	" "	
Harper, William	" "	" "	" "	
Hutchinson, Lewis	" "	" "	October 14, 1812	
Hickman, Reuben	" "	" "	October 8, 1812	
Kerr, Thomas	" "	" "	October 30, 1812	
Moore, Joshua	" "	" "	" "	
Mitcheltree, George	" "	" "	" "	
Mullican, James	" "	" "	" "	
Poulson, Benjamin	" "	" "	" "	
Spaw, Jacob	" "	" "	October 14, 1812	
Shuck, James	" "	" "	October 8, 1812	
Shackelford, Reuben	" "	" "	October 30, 1812	
Vandever, Ashberry	" "	" "	October 14, 1812	
Winniford, Norwell	" "	" "	October 30, 1812	
Whittle, John	" "	" "	" "	
Wood, John	" "	" "	" "	

ROLL OF CAPTAIN GEORGE MURRELL'S COMPANY, KENTUCKY MOUNTED VOLUNTEER MILITIA—COMMANDED BY COLONEL SAMUEL SOUTH.

Names.	Rank.	Date of Appointment or Enlistment.	To what time Engaged or Enlisted.	Remarks.
George Murrell	Captain	September 18, 1812	October 30, 1812	
Abraham Miller	Lieutenant	" "	" "	
Michael Davidson	Ensign	" "	" "	
Thomas Helm	Sergeant	" "	" "	
William Owsley	"	" "	" "	
Archibald Burton	"	" "	" "	
Rankin Chandler	"	" "	" "	
Walter Anderson	Corporal	" "	" "	
James Montgomery	"	" "	" "	
Gabriel Lackey	"	" "	" "	
Levi Owsley	"	" "	" "	
James Paxton	"	" "	" "	
Samuel Moore	Trumpeter	" "	" "	
Brown, Joshua	Private	" "	" "	
Bently, John	"	" "	" "	
Benedict, Jonathan	"	" "	" "	
Briggs, Thomas	"	" "	" "	
Blackburn, James	"	" "	" "	
Bailey, Elijah	"	" "	" "	
Bentley, Ephraim	"	" "	" "	
Carpenter, George	"	" "	" "	
Craig, John	"	" "	" "	
Clemens, Charles	"	" "	" "	
Craig, David	"	" "	" "	
Crum, William	"	" "	" "	
Davenport, George	"	" "	" "	
Duncan, Willis	"	" "	" "	
Dooley, James	"	" "	" "	
Elder, Andrew	"	" "	" "	
Epperson, Jesse	"	" "	" "	
Estis, William	"	" "	October 12, 1812	
Engleman, Jacob	"	" "	October 30, 1812	
Embree, Elijah	"	" "	" "	
Feland, Thomas	"	" "	" "	
Forbes, Montgomery	"	" "	" "	
Fleese, Nicholas	"	" "	" "	
Findley, William	"	" "	" "	
Givens, George	"	" "	" "	
Gilbert, John	"	" "	" "	
Givens, Alexander	"	" "	" "	
Givens, John	"	" "	" "	
Gilbert, Isham	"	" "	" "	
Gray, Hugh	"	" "	" "	
Gilmore, James	"	" "	" "	
Gilbreath, Alexander	"	" "	" "	
Huston, James	"	" "	" "	
Helm, Charles	"	" "	" "	
Huntsman, Benjamin	"	" "	" "	
Hocker, John	"	" "	" "	
Hocker, William	"	" "	" "	
Hazlewood, Reuben	"	" "	" "	
Hughes, John	"	" "	" "	
Hutchinson, Thomas	"	" "	October 18, 1812	
Harlin, Jeremiah	"	" "	October 30, 1812	
Harlin, Henry	"	" "	" "	
King, John	"	" "	" "	
King, Robert	"	" "	" "	
Kerr, Thomas	"	" "	" "	
Lee, William F.	"	" "	" "	
Logan, Baty	"	" "	" "	
Lee, Francis	"	" "	October 5, 1812	
Logan, Allen	"	" "	October 30, 1812	
Lee, Abraham	"	" "	" "	
Lewis, Jaqualine A.	"	" "	" "	
Logan, Hugh	"	" "	" "	
Lee, Thomas	"	" "	" "	
Logan, Benjamin	"	" "	" "	
Logan, Hugh	"	" "	" "	
Logan, Samuel	"	" "	" "	
Montgomery, John, Jr.	"	" "	" "	
Moore, Samuel	"	" "	" "	
Miller, George	"	" "	" "	
McCormack, William	"	" "	" "	
Minor, Laban	"	" "	" "	
McCormack, Daniel	"	" "	" "	
McGill, James	"	" "	October 13, 1812	

ROLL OF CAPTAIN GEORGE MURRELL'S COMPANY, KENTUCKY MOUNTED VOLUNTEER MILITIA—Continued.

Names.	Rank.	Date of Appointment or Enlistment.	To what time Engaged or Enlisted.	Remarks.
McKinney, George	Private	September 18, 1812	October 30, 1812	
Moore, George	"	" "	" "	
Montgomery, Wm. L.	"	" "	" "	
Montgomery, Wm. P.	"	" "	" "	
Myers, George	"	" "	" "	
Norcut, Arthur	"	" "	" "	
Patton, Robert B.	"	" "	" "	
Peak, Spencer	"	" "	" "	
Slaughter, Mathew	"	" "	" "	
Sutton, Joshua	"	" "	" "	
Servant, William	"	" "	" "	
Suddith, Samuel	"	" "	" "	
Stewart, Milton	"	" "	" "	
Tinsley, James	"	" "	" "	
Turner, Josiah	"	" "	" "	
Terrell, Thomas	"	" "	" "	
Wridgeway, Thomas	"	" "	" "	
Willoby, Andrew	"	" "	" "	
Wallace, Caleb	"	" "	" "	
Wilhort, Joel	"	" "	" "	
Warner, David	"	" "	" "	
Williams, Meshac	"	" "	" "	
Yager, James	"	" "	" "	

ROLL OF CAPTAIN JEREMIAH BRISCOE'S COMPANY, KENTUCKY MOUNTED VOLUNTEER MILITIA—COMMANDED BY COLONEL SAMUEL SOUTH.

Names.	Rank.	Date of Appointment or Enlistment.	To what time Engaged or Enlisted.	Remarks.
Jeremiah Briscoe	Captain	September 18, 1812	September 29, 1812	
Peter Watts	"	" "	October 30, 1812	
James Harlan	Lieutenant	" "	" "	
Benjamin H. Perkins	Ensign	" "	" "	
Joseph McDonald	Sergeant	" "	" "	
Samuel I. McDonald	"	" "	September 29, 1812	
James Lillard	"	" "	October 30, 1812	
Archibald Gordon	"	" "	" "	
Edward Pennington	"	" "	" "	
John Allen	Corporal	" "	" "	
Akin, William	Private	" "	September 29, 1812	
Brown, William	"	" "	October 30, 1812	
Bull, Bennett	"	" "	" "	
Barclay, David	"	" "	" "	
Brownfield, James B.	"	" "	" "	
Brownfield, Richard B.	"	" "	" "	
Barbee, Ezekiel	"	" "	" "	
Bonty, Lambert	"	" "	" "	
Bryor, Anthony H.	"	" "	" "	
Cochran, John	"	" "	" "	
Ouvert, John	"	" "	" "	
Childs, William	"	" "	" "	
Coghill, Littleton	"	" "	" "	
Cole, Harlin	"	" "	" "	
Davis, Robert	"	" "	" "	
Durham, John	"	" "	" "	
Davis, Joseph	"	" "	" "	
Dickerson, Edward	"	September 7, 1812	" "	
Dunklin, John	"	" "	" "	
Durham, Thomas	"	" "	" "	
Eastland, Ashbury	"	September 18, 1812	" "	
Ewing, Samuel	"	" "	October 16, 1812	
Eberly, Henry	"	" "	October 30, 1812	
Ewing, Samuel	"	" "	October 16, 1812	
French, John	"	" "	October 30, 1812	
Fisher, Adam	"	" "	" "	
Fry, John	"	" "	October 4, 1812	
Fields, Daniel	"	" "	October 30, 1812	
Flornoy, Matthew	"	" "	" "	
Gaines, Ezekiel	"	" "	" "	
Graves, Rice	"	" "	" "	
Gordon, John	"	" "	" "	
Gray, Thomas	"	September 7, 1812	" "	
Haggin, Turah	"	September 18, 1812	" "	
Hall, John	"	" "	" "	

ROLL OF CAPTAIN JEREMIAH BRISCOE'S COMPANY, KENTUCKY MOUNTED VOLUNTEER MILITIA—Continued.

Names.	Rank.	Date of Appointment or Enlistment.	To what time Engaged or Enlisted	Remarks.
Haggin, Samuel	Private	September 18, 1812	October 30, 1812	
Haggin, John	"	September 7, 1812	" "	
Harlan, John	"	" "	" "	
Keel, Asa	"	September 18, 1812	October 7, 1812	
Lawless, Mastin	"	" "	October 30, 1812	
Ludwick, John	"	" "	" "	
Laws, Jeremiah	"	" "	October 13, 1812	
Mitchel, Jacob	"	" "	October 30, 1812	
Miller, William	"	" "	" "	
Mastin, James	"	" "	" "	
McGinnis, William	"	" "	" "	
McDowell, John	"	" "	" "	
McGinnis, Hezekiah	"	" "	" "	
McPike, William	"	" "	" "	
Nelson, Mathew	"	" "	" "	
Nelson, Thomas	"	" "	" "	
Nelson, Ambrose	"	" "	" "	
Ogilvie, James	"	September 1, 1812	September 29, 1812	
Rochester, William	"	September 18, 1812	October 30, 1812	
Ripperton, Frederick	"	" "	" "	
Smith, Jere A.	"	" "	" "	
Shields, James	"	" "	" "	
Spencer, John	"	" "	" "	
Shelton, Peter	"	September 7, 1812	" "	
Thomas, James	"	September 18, 1812	" "	
Warren, Samuel W.	"	" "	September 29, 1812	
Worthington, Edward	"	" "	October 30, 1812	
Walker, Alexander	"	" "	" "	
Wilson, Samuel	"	" "	" "	
Wilson, David	"	" "	" "	
Warren, James	"	September 7, 1812	" "	
Willis, Joseph	"	" "	" "	
Geiser, Frederick	"	September 18, 1812	" "	

ROLL OF CAPTAIN JAMES RAY'S COMPANY, KENTUCKY MOUNTED VOLUNTEER MILITIA—COMMANDED BY COLONEL SAMUEL SOUTH.

Names.	Rank.	Date of Appointment or Enlistment.	To what time Engaged or Enlisted	Remarks.
James Ray	Captain	September 18, 1812	October 30, 1812	
Samuel McCown	"	" "	September 29, 1812	
George McAfee	Lieutenant	" "	October 30, 1812	
Samuel McAfee	Ensign	" "	" "	
James McAfee	Sergeant	" "	" "	
Joseph Blackwood	"	" "	October 7, 1812	
Clark McAfee	"	" "	October 16, 1812	
John Kennedy	"	" "	October 30, 1812	
Francis Cunningham	Corporal	" "	" "	
John Curry	"	" "	" "	
John Armstrong	"	" "	" "	
William Riley	"	" "	" "	
Adams, John	Private	" "	" "	
Adams, Samuel	"	" "	" "	
Alason, Samuel	"	" "	" "	
Allen, John	"	" "	" "	
Booker, Nicholas	"	" "	" "	
Belleaux, Nathaniel	"	" "	" "	
Bingham, John	"	" "	" "	
Hybarber, Joseph	"	" "	" "	
Kennedy, James	"	" "	" "	
Kirkpatrick, James	"	" "	" "	
Kencer, John	"	" "	" "	
Lowery, Joseph	"	" "	September 29, 1812	
McDonald, John A.	"	" "	October 30, 1812	
McAfee, John	"	" "	" "	
McNamey, Robert	"	" "	" "	
McAfee, Robert	"	" "	" "	
McClary, Robert	"	" "	" "	
Nivans, James	"	" "	" "	
Rynerson, Isaac	"	" "	" "	
Rynerson, Barney	"	" "	" "	
Robinson, Israel	"	" "	" "	
Smock, John	"	" "	" "	
Slaughter, William H.	"	" "	" "	
Sniddy, Robert	"	" "	September 29, 1812	
Thompson, George C.	"	" "	October 30, 1812	
Wilson, John	"	" "	" "	
Wilson, Samuel	"	" "	" "	

SOLDIERS OF THE WAR OF 1812.

ROLL OF CAPTAIN THOMAS KENNEDY'S COMPANY, KENTUCKY MOUNTED VOLUNTEER MILITIA—COMMANDED BY COLONEL SAMUEL SOUTH.

Names.	Rank.	Date of Appointment or Enlistment.	To what time Engaged or Enlisted.	Remarks.
Thomas Kennedy	Captain	September 18, 1812	October 30, 1812	
Moses O. Bledsoe	Lieutenant	" "	" "	
John Mershon	Ensign	" "	" "	
Jonathan Finnell	Sergeant	" "	" "	
John Floyd	"	" "	" "	
David Kennedy	"	" "	October 18, 1812	
James Scott	"	" "	" "	
Bob P. Letcher	Corporal	" "	October 30, 1812	
Andrew Nelson	"	" "	October 18, 1812	
Elisha H. Brown	"	" "	" "	
Bledsoe, William	Private	" "	October 30, 1812	
Bland, Thomas	"	" "	October 18, 1812	
Bourne, Francis	"	" "	" "	
Brown, John	"	" "	" "	
Burnsides, James	"	" "	" "	
Burditt, Wesley	"	" "	" "	
Cloyd, James	"	" "	" "	
Connoly, Absalom	"	" "	" "	
Drinkard, William	"	" "	October 30, 1812	
Dewny, William Rice	"	" "	" "	
Duff, William	"	" "	October 18, 1812	
Edgerton, Benjamin	"	" "	" "	
Finnell, Achilles	"	" "	" "	
Gill, William	"	" "	" "	
Gill, Joseph	"	" "	October 30, 1812	
Graves, John	"	" "	" "	
Graham, Luke	"	" "	October 18, 1812	
Graham, Thomas	"	" "	" "	
Hedrick, Peter	"	" "	" "	
Hiatt, Elijah	"	" "	" "	
Jones, Richard	"	" "	" "	
Kemper, Henry	"	" "	" "	
Kemper, Joshua	"	" "	" "	
Letcher, Stephen G.	"	" "	October 30, 1812	
Letcher, Benjamin	"	" "	" "	
Lusk, John	"	" "	" "	
Levell, Edward	"	" "	October 18, 1812	
McKoe, Hugh	"	" "	" "	
Marksberry, Horatio	"	" "	October 30, 1812	
Mullins, Samuel	"	" "	October 18, 1812	
Nicholson, William	"	" "	October 30, 1812	
Nicholson, John	"	" "	October 18, 1812	
Owsley, Ebsworth	"	" "	October 30, 1812	
Purley, Joseph	"	" "	October 18, 1812	
Parks, George	"	" "	" "	
Preston, John	"	" "	October 15, 1812	
Pope, William	"	" "	October 18, 1812	
Pope, Alimanaor	"	" "	" "	
Reid, James	"	" "	October 30, 1812	
Reid, Andrew	"	" "	" "	
Ray, John	"	" "	October 18, 1812	
Robinson, John	"	" "	" "	
Ray, Joseph	"	" "	" "	
Snoddy, John	"	" "	" "	
Stewart, Robert	"	" "	" "	
Steene, William	"	" "	" "	
Shackleford, James	"	" "	" "	
Simpson, George	"	" "	" "	
Tilford, Weir	"	" "	" "	
Terrell, John	"	" "	" "	
Taylor, James	"	" "	October 30, 1812	
Tracy, Thomas	"	" "	October 18, 1812	
Tracy, Sebert	"	" "	" "	
Tracy, Elzy	"	" "	" "	
Tarrence, Larkin	"	" "	" "	
Terrell, Henry	"	" "	" "	
Terrell, Thomas	"	" "	" "	
Williams, Samuel	"	" "	" "	
Withers, Abijah	"	" "	" "	
Yantis, John	"	" "	October 30, 1812	

SOLDIERS OF THE WAR OF 1812.

ROLL OF CAPTAIN THOMAS WORNALL'S COMPANY, KENTUCKY MOUNTED VOLUNTEER MILITIA—COMMANDED BY COLONEL SAMUEL SOUTH.

Names.	Rank.	Date of Appointment or Enlistment.	To what time Engaged or Enlisted.	Remarks.
Thomas Wornall	Captain	September 18, 1812	October 30, 1812	
Robert Cunningham	Lieutenant	" "	" "	
Cornelius Skinner	Ensign	" "	" "	
James Young	Sergeant	" "	" "	
Thomas Copher	"	" "	" "	
Alexander Ramsey	"	" "	" "	
Henry Smith	"	" "	" "	
William Duncan	Corporal	" "	" "	
James Morris	"	" "	" "	
James T. Jones	"	" "	" "	
Francis Davis	"	" "	" "	
Ashbrook, Levi	Private	" "	" "	
Allen, John	"	" "	" "	
Adams, William	"	" "	" "	
Athey, James	"	" "	" "	
Bean, William	"	" "	" "	
Butler, Thomas	"	" "	" "	
Browning, James	"	" "	" "	
Benefield, Robert	"	" "	" "	
Boggs, William	"	" "	" "	
Benn, John	"	" "	" "	
Bonafield, Mercen	"	" "	" "	
Breniger, John	"	" "	" "	
Butcher, George	"	" "	" "	
Clinkenberd, William	"	" "	" "	
Cooper, Robert	"	" "	" "	
Cooper, Archibald	"	" "	October 12, 1812	
Conaland, Jacob	"	" "	October 30, 1812	
Copher, George	"	" "	" "	
Copher, John	"	" "	October 3, 1812	
Corbin, Wathan	"	" "	October 30, 1812	
Clinkenberd, Jonathan	"	" "	" "	
Darnley, John	"	" "	" "	
Denley, William	"	" "	" "	
Empson, Richard	"	" "	" "	
Fleming, James	"	" "	" "	
Goodlow, Henry	"	" "	" "	
Gill, Robert	"	" "	" "	
Hambleton, James	"	" "	October 3, 1812	
Haydon, William	"	" "	October 30, 1812	
Harrah, John	"	" "	" "	
Harrah, James C.	"	" "	" "	
Jewell, Ewell	"	" "	" "	
Johnston, James	"	" "	" "	
Judy, John	"	" "	" "	
Leggett, John	"	" "	" "	
Landen, William	"	" "	" "	
Lary, John	"	" "	" "	
Pierceval, John	"	" "	" "	
Parks, George	"	" "	" "	
Pebles, Robert	"	" "	" "	
Reed, Cyrus	"	" "	" "	
Ridgeway, Reason	"	" "	" "	
Scobee, John	"	" "	" "	
Sudduth, John	"	" "	" "	
Skillman, Richard	"	" "	" "	
Stampier, Jonathan	"	" "	" "	
Signer, John	"	" "	" "	
Tucker, Nathan	"	" "	" "	
Tucker, Asa	"	" "	" "	
Tremble, Thomas	"	" "	" "	
Vail, John	"	" "	" "	
Wills, Thornton	"	" "	" "	
Wright, Wallen	"	" "	" "	
Wright, Thomas W.	"	" "	" "	
Wells, William	"	" "	" "	
Wilson, Thomas	"	" "	" "	
Watterman, Jonath. W.	"	" "	" "	

ROLL OF CAPTAIN JAMES WHITE'S COMPANY, KENTUCKY MOUNTED VOLUNTEER MILITIA—COMMANDED BY COLONEL SAMUEL SOUTH.

Names.	Rank.	Date of Appointment or Enlistment.	To what time Engaged or Enlisted.	Remarks.
James White	Captain	September 18, 1812	October 30, 1812	
Amos Richardson	Lieutenant	" "	" "	
Robert McCreary	Ensign	" "	" "	
Robert Harris	Sergeant	" "	" "	
Joel Burnam	"	" "	" "	
Collins, Michael	Private	" "	" "	
Chambers, David	"	" "	October 14, 1812	
Dunnaway, Isaac	"	" "	" "	
Dougherty, John	"	" "	October 30, 1812	
Dougherty, William	"	" "	October 7, 1812	
Ewing, Putnam	"	" "	October 30, 1812	
Hathman, James	"	" "	" "	
Hular, John	"	" "	" "	
Hoy, James	"	" "	" "	
Jones, William	"	" "	October 7, 1812	
Moore, Hardy	"	" "	October 30, 1812	
McCreory, William	"	" "	" "	
Meadows, Jacob	"	" "	October 1, 1812	
Parker, Nathan	"	" "	October 30, 1812	
Park, Jonathan	"	" "	" "	
Richardson, William	"	" "	October 14, 1812	
Stivers, John	"	" "	" "	
Sweany, James	"	" "	October 30, 1812	
South, Benjamin	"	" "	" "	
Trigg, Stephen	"	" "	" "	
Welsh, James	"	" "	" "	
Waters, Elzie	"	" "	October 1, 1812	
Ward, Jilson	"	" "	October 30, 1812	

ROLL OF CAPTAIN DAVID ELLIOTT'S COMPANY, KENTUCKY MOUNTED VOLUNTEER MILITIA—COMMANDED BY COLONEL SAMUEL SOUTH.

Names.	Rank.	Date of Appointment or Enlistment.	To what time Engaged or Enlisted.	Remarks.
David Elliott	Captain	September 18, 1812	October 30, 1812	
Joseph McKay	Lieutenant	" "	" "	
Joseph W. Snoddy	Ensign	" "	" "	
Hiram Callison	Sergeant	" "	" "	
John Young	"	" "	" "	
James Burnsides	"	" "	" "	
James Breckinridge	"	" "	" "	
William Haggard	Corporal	" "	" "	
John Hockersmith	"	" "	" "	
Jophthah Hardister	"	" "	" "	
Brightberry Gentry	"	" "	" "	
Alexander, William B.	Private	" "	" "	
Allen, Ralph	"	" "	" "	
Butcher, Robert	"	" "	" "	
Baugh, Joseph	"	" "	" "	
Baugh, William A.	"	" "	" "	
Butcher, William	"	" "	" "	
Barnett, Robert	"	" "	" "	
Crigler, Christopher	"	" "	" "	
Chitty, Joseph	"	" "	" "	
Cochran, James	"	" "	" "	
Calvin, Jeremiah	"	" "	" "	
Cochran, John	"	" "	" "	
Crigler, George	"	" "	" "	
Croucher, John	"	" "	" "	
Elder, Andrew	"	" "	" "	
Elliott, John W.	"	" "	" "	
Eston, Robert	"	" "	" "	
Ferrell, Edmund	"	" "	" "	
Gentry, David	"	" "	" "	
Gilaspi, Philip	"	" "	" "	
Hubbard, John	"	" "	" "	
Hast, John	"	" "	" "	
Haggard, David	"	" "	" "	
Irvine, William B.	"	" "	" "	
Jackson, David	"	" "	" "	
Kain, John	"	" "	" "	
Kincaid, Joseph	"	" "	" "	
Kindred, Mastin	"	" "	" "	
Laughlin, William	"	" "	" "	

ROLL OF CAPTAIN DAVID ELLIOTT'S COMPANY, KENTUCKY MOUNTED VOLUNTEER MILITIA—Continued.

Names.	Rank.	Date of Appointment or Enlistment.	To what time Engaged or Enlisted.	Remarks.
McClanahan, Robert	Private	September 18, 1812	October 30, 1812	
Moran, Barnett C.	"	" "	" "	
Mitchell, James	"	" "	" "	
Moore, William	"	" "	" "	
Peyton, Yelverton	"	" "	" "	
Stephenson, Nicholas H.	"	" "	" "	
Scott, James, Jr.	"	" "	" "	
Scott, James, Sr.	"	" "	" "	
Willis, Richard	"	" "	" "	
Williams, Samuel	"	" "	" "	
White, David	"	" "	" "	
Witt, John	"	" "	" "	
Walkup, Samuel	"	" "	" "	

ROLL OF CAPTAIN ROBERT A. STURGES' COMPANY, KENTUCKY MOUNTED VOLUNTEER MILITIA—COMMANDED BY COLONEL SAMUEL SOUTH.

Names.	Rank.	Date of Appointment or Enlistment.	To what time Engaged or Enlisted.	Remarks.
Robert A. Sturges	Captain	September 18, 1812	October 30, 1812	
James Jones	Lieutenant	" "	" "	
John Speed Smith	Ensign	" "	October 6, 1812	
Joseph Miller	"	" "	October 30, 1812	
Gabriel Ragsdale	Sergeant	" "	" "	
William Harris	"	" "	" "	
Christopher M. Price	"	" "	" "	
Benjamin Miller	"	" "	" "	
Christopher Irvine	Corporal	" "	" "	
Joseph H. Stephenson	"	" "	" "	
William Price	"	" "	" "	
Enoch Bruton	"	" "	" "	
Edward Freeman	"	" "	" "	
Austin, Nathaniel	Private	" "	" "	
Buster, Robert S.	"	" "	October 3, 1812	
Batterton, Abraham	"	" "	October 30, 1812	
Bridges, Hiram	"	" "	" "	
Bentley, William	"	" "	" "	
Burns, John S.	"	" "	" "	
Ball, John	"	" "	" "	
Brown, Nicholas	"	" "	" "	
Burgan, James	"	" "	" "	
Burgan, Allen	"	" "	" "	
Christopher, Ambrose	"	" "	" "	
Clark, Robert	"	" "	" "	
Crews, William	"	" "	" "	
Davidson, Moses	"	" "	" "	
Duncan, Arthur	"	" "	" "	
Davis, Uriah	"	" "	" "	
Detheridge, Isaac	"	" "	" "	
Dozier, Richard	"	" "	October 7, 1812	
Green, Willis	"	" "	October 30, 1812	
Harris, Samuel	"	" "	" "	
Hays, Robert	"	" "	" "	
Halton, James	"	" "	" "	
Halton, William	"	" "	" "	
Johnson, Richard	"	" "	" "	
Johnson, John	"	" "	" "	
Johnson, Jones	"	" "	" "	
Lee, Stephen	"	" "	" "	
Lowry, James	"	" "	" "	
Markland, Levi	"	" "	" "	
March, Abraham	"	" "	" "	
McConnell, John	"	" "	October 12, 1812	
Miller, Delany	"	" "	October 30, 1812	
Million, Elzie	"	" "	" "	
Quinn, Abner	"	" "	" "	
Rodes, John	"	" "	" "	
Robinson, John	"	" "	" "	
Roberts, Jesse	"	" "	" "	
Stevens, Stewart	"	" "	" "	
Straughan, Jacob	"	" "	October 7, 1812	
Straughan, Joseph	"	" "	October 30, 1812	
Sandford, John D.	"	" "	" "	
Smith, John	"	" "	" "	

ROLL OF CAPTAIN ROBERT A. STURGES' COMPANY, KENTUCKY MOUNTED VOLUNTEER MILITIA—Continued.

Names.	Rank.	To what time Engaged or Enlisted.	Date of Appointment or Enlistment.	Remarks.
Stinger, Jacob	Private	September 18, 1812	October 12, 1812	
Sappington, John	"	" "	October 30, 1812	
Turner, Squire	"	" "	" "	
Taylor, William C.	"	" "	" "	
Turner, Barnett	"	" "	" "	
Trible, Thomas	"	" "	October 3, 1812	
Tunstall, Richard	"	" "	October 7, 1812	
Turner, Jesse	"	" "	October 30, 1812	
White, Nicholas	"	" "	" "	
Wallace, Andrew	"	" "	" "	
Watts, William	"	" "	" "	
Woodruff, David	"	" "	" "	
Williams, Daniel	"	" "	" "	

Roll of Field and Staff, Allen's Regiment of Kentucky Mounted Volunteer Militia, War of 1812—Commanded by Lt.-Col. James Allen.

James Allen	Colonel	September 29, 1812	30 days	Distance traveled, from one hundred and seventy to two hundred and fifty miles.
James McElroy	Major	September 30, 1812	" "	
Joconias Singleton	"	September 29, 1812	" "	
James McCleland	Adjutant	" "	" "	
Charles C. Frazer	Surgeon	" "	" "	
Jeremiah A. Mathias	S. Mate	" "	" "	
James Bristoe	Quartermaster	" "	" "	
James Dougherty	Quartermaster Ser.	" "	" "	
Robert P. Letcher	Judge Advocate	October 5, 1812	25 days	
James W. Barret	Aid	October 7, 1812	23 days	
John Lowery	Inspector	" "	" "	
Robert Barret	Sergeant Major	" "	" "	
Philip White	P. M.	September 29, 1812	31 days	
John Spears	Drum Major	" "	" "	

ROLL OF CAPTAIN ROBERT BERRY'S COMPANY, KENTUCKY MOUNTED VOLUNTEER MILITIA—COMMANDED BY LIEUTENANT-COLONEL JAMES ALLEN.

Robert Berry	Captain	September 18, 1812	October 30, 1812	
Samuel Caldwell	Lieutenant	" "	" "	
John Archer	Ensign	" "	" "	
Armsted Hardon	1st Sergeant	" "	" "	
John Lockridge	2d Sergeant	" "	" "	
William Hall	3d Sergeant	" "	" "	
John Irvin	4th Sergeant	" "	" "	
Bunton, Andrew	Private	" "	" "	
Bradshaw, George	"	" "	October 14, 1812	Discharged.
Bainster, Nathaniel	"	" "	October 30, 1812	
Buckner, Thomas	"	" "	October 8, 1812	Sick.
Blain, William	"	" "	October 30, 1812	
Bell, Robert	"	" "	October 14, 1812	Discharged.
Bell, Isaac	"	" "	October 30, 1812	
Clinkenburd, Edward	"	" "	" "	
Clanahan, James M.	"	" "	" "	
Danson, John	"	" "	" "	
Dicky, John S.	"	" "	" "	
Fulton, John	"	" "	" "	
Frakes, John	"	" "	" "	
Gorman, Daniel	"	" "	" "	
Hall, Robert	"	" "	" "	
Hall, Elihu	"	" "	" "	
Irvin, Joshua	"	" "	" "	
Kenady, William	"	" "	" "	
Kenny, John	"	" "	" "	
Lockridge, William	"	" "	" "	

SOLDIERS OF THE WAR OF 1812.

ROLL OF CAPTAIN ROBERT BERRY'S COMPANY, KENTUCKY MOUNTED VOLUNTEER MILITIA—Continued.

Names.	Rank.	Date of Appointment or Enlistment.	To what time Engaged or Enlisted.	Remarks.
Moore, Samuel	Private	September 18, 1812	October 30, 1812	
Miers, Peter	"	" "	" "	
Miers, Daniel	"	" "	" "	
McDowel, Samuel	"	" "	" "	
McDonald, Hugh	"	" "	" "	
Poe, Benjamin	"	" "	" "	
Payton, James	"	" "	" "	
Ray, George	"	" "	" "	
Riley, Samuel	"	" "	" "	
Robnett, Joseph	"	" "	" "	
Robnett, Richard	"	" "	" "	
Springer, William	"	" "	" "	
Starke, John	"	" "	" "	
Tinkins, Thomas S.	"	" "	" "	
Webster, Bradford	"	" "	October 14, 1812	Discharged.
West, Olvin	"	" "	" "	Absent.
Weights, Charles	"	" "	October 30, 1812	

ROLL OF CAPTAIN WILLIAM M. RICE'S COMPANY, KENTUCKY MOUNTED VOLUNTEER MILITIA—COMMANDED BY LIEUTENANT-COLONEL JAMES ALLEN.

Names.	Rank.	Date of Appointment or Enlistment.	To what time Engaged or Enlisted.	Remarks.
William M. Rice	Captain	September 18, 1812	October 30, 1812	
E. D. George	Lieutenant	" "	" "	
Joseph Thomas	Ensign	" "	" "	
Thomas Gunner	1st Sergeant	" "	" "	
Andrew Mitchel	2d Sergeant	" "	" "	
Jonathan Price	3d Sergeant	" "	" "	
Jacob Myers	4th Sergeant	" "	" "	
Anderson, James	Private	" "	" "	
Antle, Peter	"	" "	" "	
Barker, William	"	" "	" "	
Baker, John	"	" "	" "	
Brian, James	"	" "	" "	
Baker, Hugh	"	" "	" "	
Banta, Abraham	"	" "	" "	
Clark, Charles	"	" "	" "	
Denning, Anthony	"	" "	" "	
Davis, James	"	" "	" "	
Eastham, George	"	" "	" "	
Ervin, Robert, Sr.	"	" "	" "	
Ervin, Robert, Jr.	"	" "	" "	
Ervine, William	"	" "	" "	
Farmer, Elijah	"	" "	" "	
Ford, Warner	"	" "	" "	
Ford, John	"	" "	" "	
Flemming, Enoch	"	" "	" "	
Lecompt, Isaac	"	" "	" "	
Lemaster, James W.	"	" "	" "	
Lowden, Robert	"	" "	" "	
McClain, William	"	" "	" "	
McGuire, Jesse	"	" "	" "	
Mitchel, James B.	"	" "	" "	
Owen, Thomas	"	" "	" "	
Parr, Aaron	"	" "	" "	
Roberts, John	"	" "	" "	
Rice, William	"	" "	" "	
Scott, James	"	" "	" "	
Smith, Thomas	"	" "	" "	
Thorne, Thomas	"	" "	October 13, 1812	Discharged.
Simpson, Greensberry	"	" "	October 30, 1812	
Smith, George	"	" "	" "	
Sharp, John	"	" "	" "	
Woodfield, Samuel B.	"	" "	" "	
Williams, John	"	" "	" "	
Young, Andrew	"	" "	" "	

ROLL OF CAPTAIN WILLIAM CROUCH'S COMPANY, KENTUCKY MOUNTED VOLUNTEER MILITIA—COMMANDED BY LIEUTENANT-COLONEL JAMES ALLEN.

Names.	Rank.	Date of Appointment or Enlistment.	To what time Engaged or Enlisted.	Remarks.
William Crouch	Captain	September 12, 1812	October 30, 1812	Promoted from Sergeant to Captain Sept. 30th.
Andrew Muldrough	Lieutenant	" "	" "	
Joseph Tucker	Ensign	" "	October 12, 1812	Discharged October 12th.
Hugh B. Maxwell	1st Sergeant	" "	October 30, 1812	Promoted from Corporal.
Prestley Smith	2d Sergeant	" "	" "	
Hugh Muldrough	3d Sergeant	" "	" "	
Thomas Davis	4th Sergeant	" "	" "	
Ignatius Crombrome	1st Corporal	" "	" "	Promoted September 30th.
Henry Morse	2d Corporal	" "	" "	Discharged October 12th.
James Murphy	3d Corporal	" "	" "	
Benjamin Sap	4th Corporal	" "	" "	Discharged October 12th.
Beauchamp, Joshua	Private	" "	" "	
Beach, Benjamin	"	" "	October 12, 1812	Discharged October 12th.
Bench, Oliver	"	" "	" "	Discharged October 12th.
Bean, Jacob	"	" "	October 30, 1812	
Cooper, Richard	"	" "	October 12, 1812	Discharged October 12th.
Crawford, Thomas	"	" "	October 7, 1812	Discharged October 7th.
Davis, Benedict	"	" "	October 12, 1812	Discharged October 12th.
Duckworth, William	"	" "	October 30, 1812	
Flanagan, Patrick	"	" "	October 9, 1812	Discharged.
Grundy, George	"	" "	October 30, 1812	
Green, Leonard	"	" "	October 12, 1812	Discharged October 12th.
Handley, John	"	" "	October 30, 1812	
Hughes, William	"	" "	October 12, 1812	Discharged October 12th.
Hughes, James	"	" "	October 30, 1812	
Kirk, Edward	"	" "	" "	Discharged October 12th.
Muckelroy, Samuel	"	" "	" "	
Montgomery, John	"	" "	" "	
Mattingly, Richard	"	" "	" "	
Northcraft, James F.	"	" "	" "	
Ogden, James	"	" "	October 12, 1812	Discharged October 12th.
Payne, Samuel	"	" "	" "	Discharged October 12th.
Spalding, Joseph	"	" "	" "	Discharged October 12th.
Sims, James	"	" "	October 30, 1812	
Thomas, Lewis	"	" "	" "	
Vancleaver, Joseph	"	September 18, 1812	" "	
Willson, Hugh	"	" "	October 12, 1812	Discharged October 12th.
Wilson, James A.	"	" "	September 29, 1812	Promoted to Major September 30th.
Young, Evin	"	" "	October 30, 1812	

ROLL OF CAPTAIN ZECHONIAS SINGLETON'S COMPANY, KENTUCKY MOUNTED VOLUNTEER MILITIA—COMMANDED BY LIEUTENANT COLONEL JAMES ALLEN.

Names.	Rank.	Date of Appointment or Enlistment.	To what time Engaged or Enlisted.	Remarks.
Zechonias Singleton	Captain	September 18, 1812	September 29, 1812	
Cornelius Edward	Lieutenant	" "	" "	
Joseph F. Taylor	Ensign	" "	October 30, 1812	
Solomon Dunagin	1st Sergeant	" "	" "	
Thomas W. Sellers	2d Sergeant	" "	" "	
Silas Johnson	3d Sergeant	" "	" "	
Melton Williams	4th Sergeant	" "	October 12, 1812	
Ashford, John	Private	" "	October 30, 1812	
Adams, Hawkins	"	" "	October 12, 1812	
Ashford, Leny	"	" "	October 30, 1812	
Arnold, Wyah	"	" "	" "	
Armstrong, John	"	" "	" "	Deserted.
Allen, Simeon B.	"	" "	" "	
Blanton, Thomas	"	" "	" "	
Bond, Anthony	"	" "	" "	
Bondry, Joshua	"	" "	" "	
Cunningham, James	"	" "	" "	Deserted.
Crook, John	"	" "	" "	
Cave, John	"	" "	" "	
Dale, John	"	" "	" "	
Edwards, John	"	" "	" "	Deserted.
Eaton, William G.	"	" "	" "	Deserted.
Freeman, Elijah	"	" "	" "	
Garner, William	"	" "	" "	
Graves, Absalom	"	" "	October 12, 1812	Discharged October 12th.
Gudgell, Jacob	"	" "	October 30, 1812	
Gibson, John	"	" "	" "	
Garnett, James	"	" "	" "	
Hackney, John	"	" "	" "	

ROLL OF CAPTAIN ZECHONIAS SINGLETON'S COMPANY, KENTUCKY MOUNTED VOLUNTEER MILITIA—Continued.

Names.	Rank.	Date of Appointment or Enlistment.	To what time Engaged or Enlisted.	Remarks.
Hendricks, David	Private	September 18, 1812	October 30, 1812	
Hackley, John	"	" "	" "	Deserted.
Hendricks, Jacob	"	" "	" "	
Hambleton, John	"	" "	" "	
Kennedy, John	"	" "	" "	
Kennedy, Mathew	"	" "	" "	
Kennedy, Joseph	"	" "	" "	
Lausby, James	"	" "	" "	
Long, Robert	"	" "	" "	
Mosby, Nicholas	"	" "	" "	
Matthews, Jeremiah L.	"	" "	September 28, 1812	Promoted to Surgeon's Mate September 29.
Mosby, Edward	"	" "	October 30, 1812	
Mosby, Robert	"	" "	" "	
Norwood, Charles	"	" "	" "	
Poor, Robert	"	" "	" "	
Phillips, James	"	" "	" "	
Paul, John	"	" "	" "	
Paul, Hugh	"	" "	" "	
Richards, William	"	" "	" "	
Shouse, Henry	"	" "	" "	
Stevenson, John	"	" "	October 12, 1812	
Scorce, William	"	" "	October 10, 1812	Discharged October 10.
Smith, Samuel	"	" "	" "	Discharged October 10.
Sublet, Lewis	"	" "	October 30, 1812	
Sublet, Littleberry	"	" "	" "	
Stevenson, James	"	" "	" "	
Stevenson, William	"	" "	" "	
Shouse, William	"	" "	" "	
Torbet, Samuel	"	" "	" "	
Turner, Edward	"	" "	" "	
Taylor, Arquille	"	" "	" "	
Terrell, Vivian	"	" "	" "	
Utterback, William	"	" "	" "	
Wilson, Alexander	"	" "	" "	
Walker, James	"	" "	" "	
White, Zachariah	"	" "	" "	
Walker, William	"	" "	" "	
Wilson, Lawrence	"	" "	" "	Deserted.
Wilson, William	"	" "	" "	Promoted to Paymaster.
White, Philip	"	" "	" "	

ROLL OF CAPTAIN JOSIAS BUSKIRK'S COMPANY, KENTUCKY MOUNTED VOLUNTEER MILITIA—COMMANDED BY LIEUTENANT-COLONEL JAMES ALLEN.

Names.	Rank.	Date of Appointment or Enlistment.	To what time Engaged or Enlisted.	Remarks.
Josias Buskirk	Captain	September 18, 1812	October 30, 1812	
Zachariah Terrill	Lieutenant	" "	" "	
Robert Tyler	Ensign	" "	" "	
Michael Buskirk	1st Sergeant	" "	" "	
Richard Riger	2d Sergeant	" "	" "	
Simeon Davis	3d Sergeant	" "	" "	
James B. Mahoney	4th Sergeant	" "	" "	
John Martin	1st Corporal	" "	" "	
Peter Shoemaker	2d Corporal	" "	" "	
Isaac Hill	3d Corporal	September 20, 1812	" "	
Alsup, Allen	Private	" "	" "	
Buskirk, Isaac	"	September 18, 1812	" "	
Buskirk, John	"	" "	" "	
Buskirk, Abraham	"	" "	" "	
Bristow, James	"	" "	" "	
Corn, James	"	" "	" "	
Davis, John	"	" "	" "	
Martin, Edward	"	" "	" "	
McCormack, William	"	" "	" "	
May, Solomon	"	" "	" "	
Martin, John	"	" "	" "	
Minor, John	"	" "	" "	
Nation, Francis	"	" "	" "	
Philips, Solomon	"	" "	" "	
Pipinger, John	"	" "	" "	
Pipinger, Henry	"	" "	" "	
Rogerson, William	"	" "	" "	
Richa, Jacob	"	" "	" "	

ROLL OF CAPTAIN JOSIAS BUSKIRK'S COMPANY, KENTUCKY MOUNTED VOLUNTEER MILITIA—Continued.

Names.	Rank.	Date of Appointment or Enlistment.	To what time Engaged or Enlisted.	Remarks.
Serogan, John	Private	September 18, 1812	October 30, 1812	
Serogan, George	"	" "	" "	
Snyder, John	"	" "	" "	
Steel, Bassell	"	" "	" "	
Todd, William	"	" "	" "	
Vandyke, Richard	"	" "	" "	
Williston, Edward	"	" "	" "	

ROLL OF CAPTAIN ROBERT HAMBLETON'S COMPANY, KENTUCKY MOUNTED VOLUNTEER MILITIA—COMMANDED BY LIEUTENANT-COLONEL JAMES ALLEN.

Names.	Rank.	Date of Appointment or Enlistment.	To what time Engaged or Enlisted.	Remarks.
Robert Hambleton	Captain	September 18, 1812	October 30, 1812	
Meator Hall	Lieutenant	" "	" "	
Michael Hanbeck	Ensign	" "	" "	
William Hansford	Sergeant	" "	" "	
Joseph William	"	" "	" "	
Joseph Cole	"	" "	" "	
Anthrobus, William	Private	" "	" "	
Burnaugh, George	"	" "	" "	
Batterson, Henry	"	" "	" "	
Bramblet, Lewis	"	" "	" "	
Boatman, William	"	" "	" "	
Caldwell, James	"	" "	" "	
Cross, Benjamin	"	" "	" "	
Conoday, Amos	"	" "	" "	
Graham, John	"	" "	October 14, 1812	
Hambleton, William	"	" "	October 30, 1812	
Holloday, Thomas	"	" "	" "	
Hall, Reuben	"	" "	" "	
Keith, John	"	" "	" "	
Kennett, Daniel	"	" "	October 14, 1812	
McClellan, James	"	" "	October 30, 1812	
McGinness, George	"	" "	" "	
Miller, Abraham	"	" "	" "	
Miller, James	"	" "	" "	
Miller, Samuel	"	" "	" "	
Neal, James	"	" "	" "	
Prather, Bassel	"	" "	" "	
Rule, Thomas	"	" "	" "	
Rowland, David	"	" "	" "	
Rayburn, John	"	" "	" "	
South, Weldor	"	" "	" "	
Standly, Moses	"	" "	" "	
Wright, Samuel	"	" "	" "	
Welch, Jacob	"	" "	" "	

ROLL OF CAPTAIN DAVID ALLEN'S COMPANY, KENTUCKY MOUNTED VOLUNTEER MILITIA—COMMANDED BY LIEUTENANT-COLONEL JAMES ALLEN.

Names.	Rank.	Date of Appointment or Enlistment.	To what time Engaged or Enlisted.	Remarks.
James Allen	Captain	September 18, 1812	September 29, 1812	Promoted to Colonel September 30, 1812.
David Allen	"	" "	October 30, 1812	Promoted to Captain September 30, 1812.
George Spears	Lieutenant	" "	" "	Promoted to Lieutenant September 30, 1812.
Joseph Akin	1st Sergeant	" "	" "	
Robert Barrett	2d Sergeant	" "	October 9, 1812	Promoted to Sergeant-Major October 9th.
Allen, James, Jr.	"	" "	October 30, 1812	
Brownlee, John	"	" "	" "	Discharged.
Brownlee, Charles	"	" "	" "	
Barrett, James W.	"	" "	" "	
Bigg, John	"	" "	" "	
Conover, Robert	"	" "	" "	
Caldwell, Samuel	"	" "	" "	
Caldwell, Willis	"	" "	" "	
Donan, David C.	"	" "	" "	
Emmerson, John	"	" "	" "	Sick and discharged.
Lee, Joshua, Jr.	"	" "	" "	
Murray, James	"	" "	" "	
Rogers, John, Jr.	"	" "	" "	
Rhea, William, Jr.	"	" "	" "	Promoted to Ensign October 13th.
Rhea, Archibald	"	" "	" "	
Spears, John	"	" "	" "	
Shields, James	"	" "	" "	

ROLL OF CAPTAIN ROBERT CROCKETT'S COMPANY, KENTUCKY MOUNTED VOLUNTEER MILITIA—COMMANDED BY LIEUTENANT-COLONEL JAMES ALLEN.

Names.	Rank.	Date of Appointment or Enlistment.	To what time Engaged or Enlisted.	Remarks.
Robert Crockett	Captain	September 18, 1812	October 30, 1812	Absent.
John C. Morrison	Lieutenant	" "	" "	
Henry Lindsey	Ensign	" "	" "	
Jonathan Robinson	1st Sergeant	" "	" "	
Alexander Logan	2d Sergeant	" "	" "	
William Mead	3d Sergeant	" "	September 30, 1812	Returned home September 30.
John Lawny	4th Sergeant	" "	October 30, 1812	Appointed Inspector.
Armstrong, Samuel	Private	" "	" "	
Bank, Ephraim	"	" "	September 28, 1812	Absent with leave.
Baxter, Samuel	"	" "	October 7, 1812	Sick.
Bawnlee, John	"	" "	October 30, 1812	
Bobb, William	"	" "	" "	Absent with leave.
Butler, Samuel	"	" "	" "	Deserted.
Bond, Cornelius	"	" "	October 7, 1812	Sick.
Crocket, John W.	"	" "	October 30, 1812	
Crocket, Samuel C.	"	" "	" "	Absent with leave.
Carr, Thomas	"	" "	" "	
Cloud, Samuel G.	"	" "	" "	
Decreet, Joseph	"	" "	" "	
Duncan, James	"	" "	September 30, 1812	Appointed Quartermaster Sergeant October 1.
Dougherty, James	"	" "	September 29, 1812	Appointed Surgeon September 30.
Fracher, Charles	"	" "	October 30, 1812	
Fink, John	"	" "	" "	
Fracher, John	"	" "	" "	
Gaunt, William	"	" "	" "	Deserted.
Harrison, Joseph C.	"	" "	" "	
Jewet, Matthew	"	" "	" "	
Logan, Samuel	"	" "	" "	
Moore, Angus	"	" "	" "	
Messock, Isaac	"	" "	" "	Absent with leave.
McCall, William	"	" "	" "	Absent with leave.
McCornell, William	"	" "	" "	
Parmer, James	"	" "	" "	Absent with leave.
Rankin, Adam	"	" "	" "	
Roberts, John	"	" "	" "	
Ramsey, Robert	"	" "	" "	
Royal, William	"	" "	October 7, 1812	Sick.
Smith, John	"	" "	" "	
Tadloer, Andrew	"	" "	October 30, 1812	
Talbot, Jonathan	"	" "	October 7, 1812	Sick.
Venable, James	"	" "	" "	
Villers, George	"	" "	October 30, 1812	
Wardlaw, John	"	" "	" "	
Walker, Mathew	"	" "	" "	
Young, Leavin	"	" "	" "	

ROLL OF CAPTAIN JOSEPH ALLEN'S COMPANY, KENTUCKY MOUNTED VOLUNTEER MILITIA—COMMANDED BY LIEUTENANT-COLONEL JAMES ALLEN.

Names.	Rank.	Date of Appointment or Enlistment.	To what time Engaged or Enlisted.	Remarks.
Joseph Allen	Captain	September 18, 1812	October 30, 1812	
John Sterrett	Lieutenant	September 16, 1812	" "	Horse tired, and left October 28.
Thomas Peckly	Ensign	September 18, 1812	" "	
Isaac DeHaven	1st Sergeant	" "	" "	
James Mackey	2d Sergeant	" "	" "	
Nelson Jolly	3d Sergeant	" "	" "	Horse lost October 3.
James Crutcheloe	4th Sergeant	" "	" "	Sick.
Samuel Jarrett	1st Corporal	" "	" "	Sick.
William Davidson	2d Corporal	" "	" "	
James Duncan	3d Corporal		" "	
Abraham Vonmitor	4th Corporal	September 16, 1812	" "	
Robert Allen	Bugler	September 18, 1812	" "	
Askins, John	Private	" "	" "	
Awbrey, Thomas	"	September 16, 1812	" "	
Adams, Artman	"	" "	" "	
Bremer, Peter	"	September 18, 1812	" "	
Bremer, John I.	"	" "	" "	
Butler, James	"	" "	" "	
Brillo, Joseph	"	" "	October 10, 1812	
Blaine, Michael	"	" "	October 30, 1812	
Crawford, William	"	September 16, 1812	" "	
Campton, John	"	September 18, 1812	" "	
Cannon, Edward	"	September 16, 1812	" "	

ROLL OF CAPTAIN JOSEPH ALLEN'S COMPANY, KENTUCKY MOUNTED VOLUNTEER MILITIA—Continued.

Names.	Rank.	Date of Appointment or Enlistment.	To what time Engaged or Enlisted.	Remarks.
Cunningham, William	Private	September 16, 1812	October 30, 1812	
Cunningham, John	"	" "	" "	
Dean, Henry	"	" "	" "	
Dale, Philip	"	" "	" "	
Edward, Thomas	"	" "	" "	
Edward, David	"	" "	October 14, 1812	
Gore, William	"	" "	October 30, 1812	
Glascock, George	"	" "	" "	
Jolly, Samuel	"	September 13, 1812	" "	
Lucas, Benedic	"	" "	" "	
McCrairy, Robert	"	" "	" "	
Miller, Peter	"	" "	October 2, 1812	Sick.
Miller, Barney	"	" "	October 30, 1812	
Miller, Henry, Jr.	"	" "	" "	
Neale, Martin	"	" "	" "	
Newman, Wial	"	" "	" "	
Nevit, William	"	September 16, 1812	" "	
Pile, Edward	"	September 13, 1812	" "	
Pile, Thomas	"	" "	" "	
Pate, Allen	"	September 16, 1812	" "	
Porter, Thompson	"	" "	" "	
Rood, Thompson	"	" "	" "	
Stevens, Richard	"	September 13, 1812	" "	Sick.
Smith, Isaac	"	" "	" "	
Smith, Samuel	"	" "	" "	
Shoemaker, Stephen	"	" "	September 24, 1812	
Sconce, Robert	"	September 16, 1812	October 30, 1812	
Sconce, John	"	" "	" "	
Tabor, John	"	September 13, 1812	October 7, 1812	
Wheatley, Thomas	"	September 16, 1812	October 30, 1812	
White, William	"	September 12, 1812	" "	
Weaver, Jacob	"	September 16, 1812	" "	
Wrightnew, Francis	"	September 13, 1812	" "	

ROLL OF CAPTAIN JAMES WILLIAMS' COMPANY, KENTUCKY MOUNTED VOLUNTEER MILITIA—COMMANDED BY LIEUTENANT COLONEL JAMES ALLEN.

Names	Rank	Date	To what time	Remarks
James Williams	Captain	September 18, 1812	October 30, 1812	
Bartholomew Kendred	Lieutenant	" "	October 7, 1812	Discharged October 7th.
James Dun	Ensign	" "	October 30, 1812	Promoted to Lieutenant October 13th.
Mason Singleton	1st Sergeant	" "	" "	
Benjamin William	2d Sergeant	" "	" "	
Richard Walter	3d Sergeant	" "	" "	Promoted to Ensign October 14th.
William Scott	4th Sergeant	" "	" "	
Nathaniel Dun	1st Corporal	" "	" "	
Thomas Smith	2d Corporal	" "	" "	
Anderson, Hugh A.	Private	" "	" "	
Alison, Thomas	"	" "	" "	
Baker, Dudley	"	" "	" "	
Breed, Philip	"	" "	October 13, 1812	
Bourne, William	"	" "	" "	
Carathius, William	"	" "	October 30, 1812	
Clark, Thompson A.	"	" "	" "	
Cooley, Reuben	"	" "	" "	
Craven, John	"	" "	" "	
Dickerson, James	"	" "	" "	
Elrod, Jeremiah	"	" "	" "	
Ewins, Andrew	"	" "	" "	
Elkin, McClanahan	"	" "	" "	
Foley, Elijah	"	" "	" "	
Gatewood, Richard	"	" "	" "	
Hoghton, Joshua	"	" "	October 13, 1812	Discharged October 14th—wounded.
Hughes, William, Sr.	"	" "	" "	
Hawkins, John	"	" "	" "	
Hughes, John, Sr.	"	" "	" "	Discharged October 13th.
Hughs, Rowland	"	" "	October 30, 1812	
Hughs, John	"	" "	" "	Deserted.
Hughes, William, Jr.	"	" "	" "	
Hughes, John, Jr.	"	" "	" "	
Huldon, Ezekiel	"	" "	October 7, 1812	Discharged October 7th.
Irvin, John	"	" "	October 30, 1812	Promoted to Sergeant.
McCune, James	"	" "	October 13, 1812	Discharged October 13th—sick.

ROLL OF CAPTAIN JAMES WILLIAMS' COMPANY, KENTUCKY MOUNTED VOLUNTEER MILITIA—Continued.

Names.	Rank.	Date of Appointment or Enlistment.	To what time Engaged or Enlisted.	Remarks.
Moseley, Edward	Private	September 18, 1812	October 13, 1812	
McCune, Joseph	"	" "	" "	
McCune, William	"	" "	" "	
Mead, William W.	"	" "	October 30, 1812	Deserted.
Noonan, James	"	" "	October 13, 1812	
Nicolson, James	"	" "	October 30, 1812	
Neal, Elijah	"	" "	" "	
Nivens, George	"	" "	" "	Horse dead.
Pope, Jesse	"	" "	" "	
Patton, Benjamin	"	" "	" "	
Pennington, Samuel	"	" "	October 13, 1812	Absent with leave October 29th.
Rutner, Abner	"	" "	October 30, 1812	Discharged October 13th—sick.
Rice, David	"	" "	October 7, 1812	Discharged October 7th—sick.
Star, Henry	"	" "	October 30, 1812	
Scott, John	"	" "	October 13, 1813	
Smith, Philip	"	" "	October 30, 1812	
Smith, George	"	" "	" "	
Sosberry, Nathaniel	"	" "	" "	
Whitmire, Frederick	"	" "	" "	
Wharton, Joseph	"	" "	" "	
Williams, Thomas	"	" "	" "	
Wallace, John	"	" "	October 13, 1812	
Wood, Archibald	"	" "	October 30, 1812	
Webster, Christopher	"	" "	" "	
Wilson, Herrod	"	" "	" "	
Zimmerman, George	"	" "	" "	

Roll of Field and Staff, Ewing's Regiment, Kentucky Mounted Militia, War of 1812—Commanded by Lieutenant-Colonel Young Ewing.

Young Ewing	Lt. Colonel	October 2, 1812	October 30, 1812	
Solomon P. Sharp	Major	" "	" "	
Alexander Adair	"	" "	" "	
Joel Shaw	Adjutant	" "	" "	
James Blain	J. Advocate	" "	" "	
John C. Ray	Surgeon	" "	" "	
Prestley Slaughter	Sergeant Major	" "	" "	
C. M. Covington	Quartermaster	" "	" "	
A. M. Sharp	Qr. M. Sergeant	" "	" "	
William Whitsitt	Quartermaster	" "	" "	
E. M. Ewing	Sergeant Major,	" "	" "	

ROLL OF CAPTAIN SAMUEL H. CURD'S COMPANY, KENTUCKY MOUNTED MILITIA—COMMANDED BY LIEUTENRNT-COLONEL YOUNG EWING.

Samuel H. Curd	Captain	September 18, 1812	October 30, 1812	
William Stewart	Lieutenant	" "	" "	
Wilson Whitsell	Ensign	" "	October 1, 1812	Promoted to Sergeant Major October 2, 1812.
Ephraim M. Ewing	Sergeant	" "	October 30, 1812	Promoted from private to Sergeant Oct. 29, 1812.
Listen Temple	"	" "	" "	
William Blakey	"	" "	" "	
Robert Ewing	"	" "	" "	Promoted Sergeant October 29, 1812.
John Proctor	"	" "	" "	
Adams, William	Private	" "	" "	
Adams, Martin	"	" "	" "	
Alviss, Charles	"	" "	" "	
Boren, Thomas E.	"	" "	" "	
Baker, John T.	"	" "	October 12, 1812	
Barnes, Zachariah	"	" "	October 30, 1812	
Britt, William	"	" "	" "	
Began, William	"	" "	September 30, 1812	
Caldwell, Robert	"	" "	" "	

ROLL OF CAPTAIN SAMUEL H. CURD'S COMPANY, KENTUCKY MOUNTED MILITIA—Continued.

Names.	Rank.	Date of Appointment or Enlistment.	To what time Engaged or Enlisted.	Remarks.
Carter, Moses	Private	September 18, 1812	October 30, 1812	
Chandler, Richard	"	" "	" "	
Conger, Isaac	"	" "	" "	
Drake, William R.	"	" "	" "	
Danks, William	"	" "	" "	
Fuller, Jonas S.	"	" "	" "	
Fitzhugh, George	"	" "	" "	
Harris, Eli	"	" "	" "	
Hansbrough, Smith	"	" "	" "	
Hifers, William	"	" "	" "	
Jackman, Reuben	"	" "	" "	
Lodge, Henry	"	" "	" "	
Mitchell, Matthew	"	" "	" "	
Montgomery, Kenney	"	" "	" "	
Right, Larken	"	" "	" "	
Riggs, Thomas	"	" "	" "	
Smith, Jonathan	"	" "	" "	
Stephens, Samuel	"	" "	" "	
Stephens, Charles	"	" "	" "	
Wilson, Constant A.	"	" "	" "	
White, Samuel	"	" "	" "	
White, Hugh	"	" "	" "	
Wiley, William	"	" "	" "	
Wood, Mason	"	" "	" "	
Wells, Henry	"	" "	" "	
Ward, Jonathan	"	" "	" "	

ROLL OF CAPTAIN JOBE GLOVER'S COMPANY, KENTUCKY MOUNTED MILITIA—COMMANDED BY LIEUTENANT-COLONEL YOUNG EWING.

Names.	Rank.	Date of Appointment or Enlistment.	To what time Engaged or Enlisted.	Remarks.
Jobe Glover	Captain	September 18, 1812	October 30, 1812	
Robert Bird	Lieutenant	" "	" "	
William Loper	Ensign	" "	" "	
Joseph Anderson	Sergeant	" "	" "	
William Nevill	"	" "	" "	
John Glover	"	" "	" "	
Thomas Hoofman	"	" "	" "	
Amos, Erasmus	Private	" "	" "	
Alley, William	"	" "	" "	
Alley, Nicholas	"	" "	" "	
Birns, Thomas	"	" "	" "	
Bustrong, George	"	" "	" "	
Bustrong, Henry	"	" "	" "	
Clarke, Obadiah	"	" "	" "	
Coleman, Greef T.	"	" "	" "	
Denham, Isaac	"	" "	" "	
Dall, Iraa	"	" "	" "	
Edwards, Thomas	"	" "	" "	
Glover, James	"	" "	" "	
Glover, William	"	" "	" "	
Grider, Martin	"	" "	" "	
Hoofman, Ambrose	"	" "	" "	
Holmes, George W.	"	" "	" "	
Helms, Martin W.	"	" "	" "	
Hindman, Robert	"	" "	" "	
Hardy, George	"	" "	" "	Died at Fort Harrison.
Hogan, Arthur	"	" "	" "	
Hamilton, Robert	"	" "	" "	
Joliff, Abner	"	" "	" "	
Joliff, Richard	"	" "	" "	
Jameson, James	"	" "	" "	
Jameson, John	"	" "	" "	
Lorey, John	"	" "	" "	
McKee, Thomas	"	" "	" "	
Martin, Owen	"	" "	" "	
Mayfield, George	"	" "	" "	
Nevill, James	"	" "	" "	
Nevill, Joseph	"	" "	" "	
Natran, Laban	"	" "	" "	
Owens, John	"	" "	" "	
Reed, Leonard K.	"	" "	" "	
Reed, George	"	" "	" "	

ROLL OF CAPTAIN JOBE GLOVER'S COMPANY, KENTUCKY MOUNTED MILITIA—Continued.

Names.	Rank.	Date of Appointment or Enlistment.	To what time Engaged or Enlisted.	Remarks.
Stockton, John	Private	September 18, 1812	October 30, 1812	
Shirley, Nimrod	"	"	"	
Shirley, Thomas	"	"	"	
Smith, Jonas	"	"	"	
Summers, John	"	"	"	
Stram, Thomas	"	"	"	
Thompson, Wadley	"	"	"	
Vanzant, Abraham	"	"	"	
Wilson, Richard	"	"	"	
Watts, Samuel	"	"	"	
Wilson, John	"	"	"	
Yancey, Joel	"	"	"	

ROLL OF CAPTAIN JOHN WILLIAMS' COMPANY, KENTUCKY MOUNTED MILITIA—COMMANDED BY LIEUTENANT-COLONEL YOUNG EWING.

Names.	Rank.	Date of Appointment or Enlistment.	To what time Engaged or Enlisted.	Remarks.
John Williams	Captain	September 18, 1812	October 30, 1812	
Seth Thompson	Lieutenant	"	"	
Thomas Starrett	Ensign	"	"	
William Smith	Sergeant	"	"	
Joseph Scaggs	"	"	October 7, 1812	Discharged October 7, 1812.
Thomas B. Brook	"	"	October 30, 1812	
James Scaggs	"	"	October 7, 1812	Discharged October 7, 1812.
William Snowden	Corporal	"	October 30, 1812	
Isaac Reede	"	"	"	
James Arden	"	"	October 7, 1812	Discharged October 7, 1812.
William Johnson	"	"	October 30, 1812	
Henry Shanks	Trumpeter	"	"	
Allen, John	Private	"	October 3, 1812	Discharged October 3, 1812.
Birch, Cheddle	"	"	October 30, 1812	
Berry, John R.	"	"	"	
Bratton, Adam	"	"	"	Promoted to Corporal October 7, 1812.
Beard, Isaac	"	"	"	
Barger, Jesse	"	"	October 1, 1812	Promoted to Quartermaster October 1, 1812.
Covington, Elijah M.	"	"	October 30, 1812	
Campbell, Samuel	"	"	"	
Carlock, John	"	"	"	
Chapman, Thomas	"	"	"	
Cavins, Reason	"	"	October 3, 1812	Discharged October 3, 1812.
Cutlip, David	"	"	"	Discharged October 3, 1812.
Clark, Bowler	"	"	"	
Dixon, Henry	"	"	October 30, 1812	
Duff, Abraham	"	"	October 12, 1812	Discharged October 12, 1812.
Grider, Martin	"	"	October 30, 1812	
Grubb, Jacob	"	"	October 3, 1812	Discharged October 3, 1812.
Grinsted, Richard	"	"	"	
Gibson, Jacob	"	"	"	
Grider, Jesse	"	"	October 30, 1812	
Hobson, Jonathan	"	"	"	
Hampton, Benjamin	"	"	"	
Harper, John	"	"	"	
Harness, Richard	"	"	October 7, 1812	Discharged October 7, 1812.
Hill, William	"	"	October 30, 1812	
Johnson, John	"	"	"	
Johnson, Fergus	"	"	"	Absent without leave.
Lockhart, Joseph	"	"	"	
Low, Barney	"	"	October 12, 1812	Discharged October 12.
Lucas, John	"	"	October 30, 1812	
Leet, Joseph	"	"	"	
Lamb, John	"	"	"	
McDonald, August	"	"	"	
Martin, Archibald	"	"	"	
Matlock, Absalom	"	"	"	Promoted to Sergeant October 7, 1812.
Madison, James	"	"	"	
McCoy, Robert	"	"	"	Absent without leave.
Potter, William	"	"	"	
Potts, Jonathan	"	"	October 30, 1812	
Ray, Richard	"	"	October 1, 1812	Promoted to Major October 1, 1812.
Sharp, Solomon P.	"	"	"	Absent without leave.
Smith, David	"	"	October 30, 1812	
Snowden, Lovell	"	"	"	
Sublett, Samuel	"	"	"	

ROLL OF CAPTAIN JOHN WILLIAMS' COMPANY, KENTUCKY MOUNTED MILITIA—Continued.

Names.	Rank.	Date of Appointment or Enlistment.	To what time Engaged or Enlisted.	Remarks.
Shirley, Benjamin	Private	September 18, 1812	October 30, 1812	
Swearingor, William D.	"	" "	" "	
Taylor, John	"	" "	October 2, 1812	Discharged October 12, 1812.
Thompson, Jeromiah	"	" "	October 30, 1812	
Wright, Charles	"	" "	" "	Promoted to Sergeant October 7, 1812.
Wainscott, Robert	"	" "	" "	
Wainscott, Adam	"	" "	October 13, 1812	Discharged October 12, 1812.

ROLL OF CAPTAIN JOHN BUTLER'S COMPANY, KENTUCKY MOUNTED MILITIA—COMMANDED BY LIEUTENANT-COLONEL YOUNG EWING.

Names.	Rank.	Date of Appointment or Enlistment.	To what time Engaged or Enlisted.	Remarks.
John Butler	Captain	September 18, 1812	October 30, 1812	
Robert Trabue	Lieutenant	" "	" "	
James Leber	Ensign	" "	" "	
William Pile	Sergeant	September 28, 1812	October 3, 1812	
Thomas Shaw	"	" "	October 30, 1812	
Thomas W. Atkinson	"	" "	" "	
John Walker	"	" "	" "	
Abraham Hart	Corporal	" "	" "	
Isaiah Bradshaw	"	" "	" "	
Charles L. Cox	"	" "	" "	
James Redman	"	" "	October 29, 1812	
Archer, Meredith	Private	" "	October 30, 1812	
Abriel, John	"	" "	" "	
Able, William W.	"	" "	" "	
Baldridge, Samuel	"	" "	" "	
Bohman, Daniel	"	" "	" "	
Beard, Samuel	"	" "	October 3, 1812	
Beard, Hugh	"	" "	October 29, 1812	
Blane, James	"	" "	" "	Promoted to Judge Advocate.
Burkingham, Peter	"	" "	October 30, 1812	
Creel, Durham	"	" "	" "	
Creel, Silas	"	" "	" "	
Creel, Simon	"	" "	October 29, 1812	
Conover, William	"	" "	October 30, 1812	
Caskey, Sampson	"	" "	" "	
Creavens, Hiram	"	" "	" "	
Cundiff, Richard	"	" "	" "	
Catsinger, George	"	" "	" "	
Canard, George	"	" "	" "	
Casey, Green	"	" "	" "	
Drake, William	"	September 18, 1812	" "	
Doke, David	"	" "	" "	
Estis, John	"	" "	" "	
Embry, Samuel	"	" "	" "	
Gilmore, Alexander	"	" "	October 3, 1812	
Holladay, Zachariah	"	" "	October 30, 1812	
Hancock, Jubel	"	" "	" "	
Hood, Jesse	"	" "	" "	
Hart, William	"	" "	" "	
Hancock, William	"	" "	" "	
Howell, Thomas	"	" "	" "	
Irvine, John	"	" "	" "	
Jones, George	"	" "	" "	
Johnson, Robert M.	"	" "	" "	
James, Berry	"	" "	" "	
Lee, William	"	" "	" "	
Montgomery, William	"	" "	" "	
Morris, Samuel	"	" "	" "	
Middleton, Greenberry	"	" "	" "	
Middleton, Thomas	"	" "	" "	
Morrison, Joseph	"	" "	" "	
Patterson, John	"	" "	" "	
Perkins, Richard	"	" "	" "	
Parish, William	"	" "	" "	
Patterson, Richard	"	" "	" "	
Readman, William	"	" "	" "	
Ray, Robert C.	"	" "	" "	Promoted to Surgeon.
Steel, Robert	"	" "	October 3, 1812	
Taylor, Zachariah	"	" "	October 30, 1812	
Thomas, John	"	" "	" "	
Thomas, Fleming	"	" "	" "	

ROLL OF CAPTAIN JOHN BUTLER'S COMPANY, KENTUCKY MOUNTED MILITIA—Continued.

Names.	Rank.	Date of Appointment or Enlistment.	To what time Engaged or Enlisted.	Remarks.
Wilan, Thomas	Private	September 18, 1812	October 30, 1812	
Waggoner, Herbert G.	"	" "	" "	
Wolf, Andrew	"	" "	" "	
Winfrey, Elisha	"	" "	" "	
Walker, Gilmore	"	" "	" "	
Williams, Joel	"	" "	" "	

ROLL OF CAPTAIN FIDELIO C. SHARP'S COMPANY, KENTUCKY MOUNTED MILITIA—COMMANDED BY LIEUTENANT-COLONEL YOUNG EWING.

Names	Rank	Date of Appointment or Enlistment	To what time Engaged or Enlisted	Remarks
Fidelio C. Sharp	Captain	September 18, 1812	October 30, 1812	
Samuel A. Bowen	Lieutenant	" "	" "	
John Denman	Ensign	" "	" "	
William Ross	Sergeant	" "	" "	
John H. Ball	"	" "	" "	
Henry Clark	"	" "	" "	
Job Hammond	"	" "	" "	
Barlow, Thomas	Private	" "	" "	
Clarke, Vasheal	"	" "	" "	
Clark, Benjamin L.	"	" "	" "	
Curtis, George	"	" "	" "	Deserted.
East, Shadrach	"	" "	" "	
French, Joseph	"	" "	" "	
Farmer, James	"	" "	" "	
Farmer, John	"	" "	" "	
Friar, William	"	" "	" "	
Greer, James	"	" "	" "	
Jones, William	"	" "	" "	
Lamb, John	"	" "	" "	
Moore, Samuel	"	" "	" "	
Martin, Reuben	"	" "	" "	
McCombes, William	"	" "	" "	Deserted.
Ross, John	"	" "	" "	
Stephens, Reuben	"	" "	" "	
Sexon, Lewis	"	" "	" "	
Stewart, William D.	"	" "	" "	
Toler, Jacob C.	"	" "	" "	
Wood, William B.	"	" "	" "	

ROLL OF CAPTAIN WILLIAM EWING'S COMPANY, KENTUCKY MOUNTED MILITIA—COMMANDED BY LIEUTENANT COLONEL YOUNG EWING.

Names	Rank	Date of Appointment or Enlistment	To what time Engaged or Enlisted	Remarks
William Ewing	Captain	September 18, 1812	October 30, 1812	
Seth Hargrave	Lieutenant	" "	" "	
James Davidson	Ensign	" "	" "	
Nathaniel Ewing	Sergeant	" "	" "	
Samuel Penrod	"	" "	" "	
Jacob Sayler	"	" "	" "	
Robert Gibbs	"	" "	" "	
Arnold, Bridges	Private	" "	" "	
Brown, Austin	"	" "	" "	
Burris, John	"	" "	" "	
Brown, Richard	"	" "	" "	
Borah, George	"	" "	" "	
Berry, George	"	" "	" "	Promoted Paymaster in Col. Caldwell's Regiment
Carson, Thomas	"	" "	" "	
Davis, Abner	"	" "	" "	
Gibson, David	"	" "	" "	
Howard, John	"	" "	" "	
Hargrave, James	"	" "	" "	
Holt, Samuel	"	" "	" "	
Hanely, Jacob	"	" "	" "	
Hibbard, Malache	"	" "	" "	
Hamilton, Thomas	"	" "	" "	
Lowry, William	"	" "	" "	
Lee, Samuel	"	" "	" "	
Kimel, Benjamin	"	" "	" "	
McCoy, Alexander	"	" "	" "	

ROLL OF CAPTAIN WILLIAM EWING'S COMPANY, KENTUCKY MOUNTED MILITIA—Continued.

Names.	Rank.	Date of Appointment or Enlistment.	To what time Engaged or Enlisted.	Remarks.
Margrave, John	Private	September 18, 1812	October 30, 1812	
Mars, Hugh	"	" "	" "	
Pendleton, Mace	"	" "	" "	
Porter, William	"	" "	" "	
Patton, John	"	" "	" "	
Rice, John	"	" "	" "	
Rice, David	"	" "	October 3, 1812	
Talbot, William	"	" "	October 30, 1812	
Thompson, Samuel	"	" "	October 7, 1812	
Vail, James	"	" "	October 30, 1812	
Warnock, Lewis	"	" "	" "	
Whitaker, Thomas	"	" "	" "	
Wood, William	"	" "	" "	
Wooring, Peter	"	" "	" "	

ROLL OF CAPTAIN CHARLES CALDWELL'S COMPANY, KENTUCKY MOUNTED MILITIA—COMMANDED BY LIEUTENANT-COLONEL YOUNG EWING.

Names.	Rank.	Date of Appointment or Enlistment.	To what time Engaged or Enlisted.	Remarks.
Charles Caldwell	Captain	September 18, 1812	October 30, 1812	
John Bryan	Lieutenant	" "	" "	
Henry Y. Burgess	Ensign	" "	" "	
Thomas Cook	Sergeant	" "	" "	
Hugh Stuart	"	" "	October 14, 1812	
John Strand	"	" "	October 30, 1812	
Merriwether Saunders	"	" "	October 18, 1812	
Arbuckle, Thomas	Private	" "	October 30, 1812	
Brewer, Henry	"	" "	" "	
Brown, Bassit	"	" "	October 18, 1812	
Ferguson, Peter	"	" "	October 30, 1812	
Gray, Miles	"	" "	" "	
Grace, William	"	" "	October 14, 1812	
Gist, William	"	" "	" "	Joined another company.
Harrison, Benjamin	"	" "	October 30, 1812	
Howard, Ziva	"	" "	" "	Appointed Adjutant to Colonel Caldwell.
Hargis, Abraham	"	" "	" "	
Hargis, William	"	" "	" "	
Lewis, Beaufort	"	" "	" "	
Lewis, Henry K.	"	" "	" "	
Moor, Jesse	"	" "	" "	Joined another company.
Murray, William	"	" "	" "	
Patton, William	"	" "	" "	
Rogers, Robert	"	" "	" "	
Robinson, James	"	" "	" "	
Shaw, Joel	"	" "	" "	Promoted to Adjutant.
Salvage, William M.	"	" "	" "	
Slaughter, Presley	"	" "	" "	Promoted to Surgeon's Mate.
Salton, Benjamin W.	"	" "	" "	
Truit, James	"	" "	" "	
Walker, Joseph	"	" "	" "	
Wilborn, Jesse Y.	"	" "	" "	

ROLL OF CAPTAIN JAMES FORBES' COMPANY, KENTUCKY MOUNTED MILITIA—COMMANDED BY LIEUTENANT-COLONEL YOUNG EWING.

Names.	Rank.	Date of Appointment or Enlistment.	To what time Engaged or Enlisted.	Remarks.
James Forbes	Captain	September 18, 1812	October 30, 1812	
Charles Haney	Lieutenant	" "	" "	
William Thompson	Ensign	" "	" "	
David Walker	Sergeant	" "	" "	
Abraham Creek	"	" "	" "	
John Baker	"	" "	" "	
John Allen	"	" "	" "	
Haden Trigg	Corporal	" "	" "	
Henry Goin	"	" "	" "	
Reed Custer	"	" "	" "	
Isaac Green	"	" "	" "	
Anderson, John	Private	" "	" "	
Ashby, Francis	"	" "	" "	
Adair, Alexander	"	" "	" "	Promoted to Major.

ROLL OF CAPTAIN JAMES FORBES' COMPANY, KENTUCKY MOUNTED MILITIA—
Continued.

Names.	Rank.	Date of Appointment or Enlistment.	To what time Engaged or Enlisted	Remarks.
Allen, Elijah	Private	September 18, 1812	October 30, 1812	
Beachamp, Thomas	"	" "	" "	
Bishop, William	"	" "	" "	
Crenshaw, Garland	"	" "	" "	
Cochran, John	"	" "	" "	
Cooke, William B.	"	" "	" "	
Carter, James	"	" "	" "	
Clarke, William	"	" "	" "	
Cane, Arnold	"	" "	" "	
Custer, William	"	" "	" "	
Depp, Joel	"	" "	" "	
Davidson, John	"	" "	" "	
Dodd, Lewis	"	" "	" "	
Douglass, William	"	" "	" "	
Franklin, Joel	"	" "	" "	
Franklin, John	"	" "	" "	
Garnett, William	"	" "	" "	
Green, John	"	" "	" "	
Grimstead, Henry	"	" "	" "	
Holloway, Samuel	"	" "	" "	
Howell, John	"	" "	" "	Absent without leave.
Hall, Tharp	"	" "	" "	Absent without leave.
Hues, George	"	" "	" "	Absent without leave.
Hall, Mahlon	"	" "	" "	
Hollady, John A.	"	" "	" "	
Hailey, Maximillion	"	" "	" "	
Hamilton, John	"	" "	" "	
Jones, Sampson	"	" "	" "	
Kinslow, Reuben	"	" "	" "	
Murrell, Samuel	"	" "	" "	
Maddox, Samuel	"	" "	" "	
McRay, Augustin	"	" "	" "	
McChanlis, Alexander	"	" "	" "	
Masey, Philip	"	" "	" "	
Oldham, John	"	" "	" "	
Pulliam, John	"	" "	" "	
Priest, Nathaniel	"	" "	" "	Absent without leave.
Renwick, Henry	"	" "	" "	Absent without leave.
Ritchie, Robert	"	" "	" "	
Rogers, George	"	" "	" "	
Richardson, George	"	" "	" "	
Robinson, James	"	" "	" "	
Rogers, Elijah	"	" "	" "	
Renfrew, Jesse	"	" "	" "	
Shaw, John	"	" "	" "	
Stockton, Newborn	"	" "	" "	Promoted to Q. M. Sergeant.
Sharp, Absalom	"	" "	" "	
Saunders, James	"	" "	" "	
Trabue, George W.	"	" "	" "	
Trigg, Abason	"	" "	" "	
Warder, William	"	" "	" "	
Wagner, Thomas P.	"	" "	" "	
Warder, Joseph	"	" "	" "	
Willis, William T.	"	" "	" "	
White, Simeon	"	" "	" "	

Roll of Field and Staff, Francisco's Regiment of Kentucky Militia, War of 1812—Commanded by Lieutenant-Colonel John Francisco.

Names.	Rank.	Date of Appointment or Enlistment.	To what time Engaged or Enlisted.	Remarks.
John Francisco	Lieutenant-Col.	February 8, 1815	March 7, 1815	
John Bean	Major	" "	" "	
James Grant	"	" "	" "	
Thomas Stevenson	Adjutant	" "	" "	
Will Atwood	Quartermaster	" "	" "	
Joseph Kinkead	Paymaster	" "	" "	
Patrick Major	Surgeon	" "	" "	
Avery Gwynn	S. Mate	" "	" "	
George W. New	Sergeant Major	" "	" "	
William Stephens	Quartermaster Ser.	" "	" "	
Harden Wilson	Fife Major	" "	" "	
George Claton	Drum Major	" "	" "	
Bernard W. Ginity	Sergeant	" "	" "	
Frederick Mansy	Servant	" "	" "	
George (slave)	"	" "	" "	
Richard (slave)	"	" "	" "	
Alexander Smothers	"	" "	" "	

ROLL OF CAPTAIN JOSEPH STRAUGHAN'S COMPANY, KENTUCKY MILITIA—COMMANDED BY LIEUTENANT-COLONEL JOHN FRANCISCO.

Names.	Rank.	Date of Appointment or Enlistment.	To what time Engaged or Enlisted.	Remarks.
Joseph Straughan	Captain	February 8, 1815	March 7, 1815	
Moses Tipton	Lieutenant	" "	" "	
William Kavanhaugh	Ensign	" "	" "	
Nicholas Kavanhaugh	Sergeant	" "	" "	
John Winn	"	" "	" "	
Thomas Prather	"	" "	" "	
Benjamin Woodruff	Corporal	" "	" "	
William I. Garvin	"	" "	" "	
George Clayton	"	" "	" "	
William Taylor	"	" "	" "	
Boggs, Owen	Private	" "	" "	
Benthall, Samuel	"	" "	" "	
Butcher, William	"	" "	" "	
Carter, James	"	" "	" "	
Cornelison, William	"	" "	" "	
Cook, Bradley	"	" "	" "	
Callehan, John	"	" "	" "	
Carter, Claiborne	"	" "	" "	
Crews, Hiram	"	" "	" "	
Callehan, David	"	" "	" "	
Doyer, Richard	"	" "	" "	
Dusky, James	"	" "	" "	
Dunovan, William	"	" "	" "	
Fowler, William	"	" "	" "	
Ferrell, Thomas	"	" "	" "	
Farthing, Gideon	"	" "	" "	
Freeman, Edward	"	" "	" "	
Grimes, Moses	"	" "	" "	
Grimes, Elijah	"	" "	" "	
Griffith, James	"	" "	" "	
Gully, Willis	"	" "	" "	
Handy, William	"	" "	" "	
Hill, John W.	"	" "	" "	
Hazlewood, Randolph	"	" "	" "	
Hicks, Robert	"	" "	" "	Killed by a tree in camp.
Hayes, Solomon	"	" "	" "	
Johns, William	"	" "	" "	
Jones, Edward W.	"	" "	" "	
Kemp, William	"	" "	" "	
Kennedy, John	"	" "	" "	
Kavanaugh, Archibald	"	" "	" "	
Kavanaugh, Charles	"	" "	" "	
Lawrence, William	"	" "	" "	
Lay, Elijah	"	" "	" "	
Lanham, Green	"	" "	" "	

SOLDIERS OF THE WAR OF 1812.

ROLL OF CAPTAIN JOSEPH STRAUGHAN'S COMPANY, KENTUCKY MILITIA—Continued.

Names.	Rank.	Date of Appointment or Enlistment.	To what time Engaged or Enlisted.	Remarks
Mize, Thomas	Private	February 8, 1815	March 7, 1815	Discharged.
Millian, William	"	"	"	
Muck, Joseph	"	"	"	
Orchard, John	"	"	"	
Pullam, Moses	"	"	"	
Plowman, John	"	"	"	
Portwood, Solomon	"	"	"	
Parks, Charles	"	"	"	
Prarett, Elijah	"	"	"	
Rogers, Harris	"	"	"	
Ransom, John	"	"	"	
Smith, Lewis	"	"	"	
Smith, Andrew	"	"	"	
Stranghams, James	"	"	"	
Skinner, John	"	"	"	
Trusty, Ezekiel	"	"	"	
Tatum, John	"	"	"	
Taylor, John	"	"	"	
Turner, Martin	"	"	"	
Turner, John	"	"	"	
Tolson, William	"	"	"	
Tolson, James	"	"	"	
Tomlin, Joel	"	"	"	
Tomlin, Jeremiah	"	"	"	
Vincent, David	"	"	"	
Wright, Thomas W.	"	"	"	
Watson, Nathan	"	"	"	
Woods, Peter	"	"	"	
Woods, John S.	"	"	"	
Wood, John	"	"	"	
Wright, Thomas	"	"	"	
Woodruff, David	"	"	"	
Wood, Samuel	"	"	"	

ROLL OF CAPTAIN ANDREW COOMBS' COMPANY, KENTUCKY MILITIA—COMMANDED BY LIEUTENANT-COLONEL JOHN FRANCISCO.

Names.	Rank.	Date of Appointment or Enlistment.	To what time Engaged or Enlisted.	Remarks
Andrew Coombs	Captain	February 8, 1815	March 7, 1815	
Edward Cornelius	Lieutenant	"	"	
John Mason	Ensign	"	"	
William Thompkins	Sergeant	"	"	
Robert Moffatt	"	"	"	
Thomas Mitchell	"	"	"	
James Cox	"	"	"	
William Weddon	Corporal	"	"	
Nicholas Mosby	"	"	"	
Allen Pierson	"	"	"	
Stephen Ruddle	"	"	"	
Ashford, John E.	Private	"	"	
Askings, William	"	"	"	
Ashford, Wesley	"	"	"	
Abbott, John	"	"	"	
Brown, Jesse	"	"	"	
Baugh, James	"	"	"	
Beasley, John	"	"	"	
Buckannon, John	"	"	"	
Brown, William	"	"	"	
Bryant, Rolly	"	"	"	
Buckannon, Simeon	"	"	"	
Christopher, William	"	"	"	
Conley, Alexander	"	"	"	
Clarke, Jacob	"	"	"	
Cummings, Elijah	"	"	"	
Drumm, George	"	"	"	
Dalton, William	"	"	"	
Deavers, Balding	"	"	"	
Dale, Leroy	"	"	"	
Elgin, Thomas P.	"	"	"	
Edwards, James	"	"	"	
Ewings, Hugh	"	"	"	
Ellis, William	"	"	"	
Ford, John	"	"	"	
Guthrie, Benjamin	"	"	"	
Garrett, Walker	"	"	"	

ROLL OF CAPTAIN ANDREW COOMBS' COMPANY, KENTUCKY MILITIA—Continued.

Names.	Rank.	Date of Appointment or Enlistment.	To what time Engaged or Enlisted.	Remarks.
Gilpin, William	Private	February 8, 1815	March 7, 1815	
Hoskins, Balor	"	"	"	
Hursh, George	"	"	"	
Howard, Vincent	"	"	"	
Hill, George	"	"	"	
Hill, David	"	"	"	
Hopkins, Benjamin	"	"	"	
Hill, John B.	"	"	March 1, 1815	
Johnston, Joseph	"	"	"	
Jones, John W.	"	"	March 7, 1815	
Kerrick, James	"	"	"	
Lee, John	"	"	"	
Long, Thomas	"	"	"	
Mitchell, David	"	"	"	
Minor, Joseph	"	"	"	
McBride, Charles	"	"	"	
Morton, Jeremiah	"	"	"	
New, George W.	"	"	"	
Pullen, Nelson	"	"	"	
Payton, Thomas	"	"	"	
Paxton, John	"	"	"	
Spalding, Walker	"	"	"	
Snelling, Alexander	"	"	"	
Snyder, John	"	"	"	
Searcy, Isaac	"	"	"	
Spiers, Henry	"	"	"	
Snelling, Benjamin	"	"	"	
Searcy, Merritt	"	"	"	
Smith, James I.	"	"	"	
Skeeters, James	"	"	"	Transferred to Captain Drake's.
Spalding, Cartlett	"	"	"	
Stone, William	"	"	"	
Sergeant, Dabney	"	"	"	
Smith, James	"	"	"	
Speets, Henry	"	"	"	
Scroggins, Johnston	"	"	"	
Tophouse, John	"	"	"	
Tutt, James L.	"	"	"	
Tutt, James D.	"	"	"	
Tempy, John	"	"	"	
Tempy, Jacob	"	"	"	
Wiggenton, William	"	"	"	
Williams, James	"	"	"	
Young, John	"	"	"	
Young, Joel	"	"	"	
Young, Lewis	"	"	"	
Young, James	"	"	"	
Young, Richard	"	"	"	

ROLL OF CAPTAIN STEPHEN RITCHIE'S COMPANY, KENTUCKY MILITIA—COMMANDED BY LIEUTENANT-COLONEL JOHN FRANCISCO.

Names.	Rank.	Date of Appointment or Enlistment.	To what time Engaged or Enlisted.	Remarks.
Stephen Ritchie	Captain	February 8, 1815	August 8, 1815	
David Anderson	Lieutenant	"	"	
Robert Burbridge	Ensign	"	"	
Israel Lewis	Sergeant	"	"	
Reuben Marshall	"	"	"	
Robert Lailor	"	"	"	
Nathan Lewis	"	"	"	
John M. Wooden	Corporal	"	"	
Absalom Wiggins	"	"	"	
Thomas Works	"	"	"	Sick.
Evan Ward	"	"	"	
Adkins, William	Private	"	"	Transferred to Captain Scobie.
Bradford, James	"	"	"	
Brewer, John	"	"	"	
Barnhill, Robert	"	"	"	
Brockman, John	"	"	"	
Barton, Archibald	"	"	"	
Barton, John	"	"	"	
Burrows, William	"	"	"	
Burns, Caleb	"	"	"	
Betner, Tropthulem	"	"	"	
Birk, Martin	"	"	"	

SOLDIERS OF THE WAR OF 1812.   265

ROLL OF CAPTAIN STEPHEN RITCHIE'S COMPANY, KENTUCKY MILITIA—Continued.

Names.	Rank.	Date of Appointment or Enlistment.	To what time Engaged or Enlisted.	Remarks.
Chiam, Benjamin	Private	February 8, 1815	August 8, 1815	
Collins, Thomas	"	" "	" "	
Cannon, John	"	" "	" "	
Criswell, Hugh	"	" "	" "	
Campbell, John	"	" "	" "	
Coppage, James	"	" "	" "	
Obison, John	"	" "	" "	Transferred.
Cave, John	"	" "	" "	
Collins, Robert	"	" "	" "	
Davis, John	"	" "	" "	
Davis, James	"	" "	" "	
Dyson, Hezekiah	"	" "	" "	
Deavers, Johnson	"	" "	" "	
Decker, James	"	" "	" "	
Davis, Philomon	"	" "	" "	
Davis, William	"	" "	" "	
Fauntleroy, William	"	" "	" "	Sick.
Finnel, James	"	" "	" "	
Givens, James	"	" "	" "	
Gaines, Richard	"	" "	" "	
Green, Elisha	"	" "	" "	
Grooms, Charles	"	" "	" "	
Gresham, John	"	" "	" "	
Houston, Stephen	"	" "	" "	
Hannah, Joseph	"	" "	" "	
Henry, Thomas	"	" "	" "	
Holeman, Jacob	"	" "	" "	
Hunter, Pleasant	"	" "	" "	
Hines, Caldwell	"	" "	" "	
Hoover, David	"	" "	" "	
Hiles, George	"	" "	" "	
Johnson, Elijah	"	" "	" "	
Kendricks, Benjamin	"	" "	" "	
Keene, William	"	" "	" "	
Keene, Richard	"	" "	" "	
Keene, Samuel	"	" "	" "	
Lake, Peter	"	" "	" "	
Lilly, Thomas	"	" "	" "	
Landrum, Reuben	"	" "	" "	
Michael, William	"	" "	" "	
Morgan, John	"	" "	" "	
Murray, William	"	" "	" "	
McClintish, William	"	" "	" "	
Nape, Daniel	"	" "	" "	
Nealy, James	"	" "	" "	
Owens, Levi	"	" "	" "	
Owens, Zadoc	"	" "	" "	
Plake, Hezekiah	"	" "	" "	
Price, Andrew	"	" "	" "	
Powell, Walter	"	" "	" "	
Price, Isaiah	"	" "	" "	
Points, John	"	" "	" "	
Quin, James	"	" "	" "	
Raney, Silas	"	" "	" "	
Smith, James	"	" "	" "	
Sanders, Thomas	"	" "	" "	
Springer, Edward	"	" "	" "	
Smith, William	"	" "	" "	
Sutherland, Howard	"	" "	" "	
Scriggs, John	"	" "	" "	
Tennel, Joseph	"	" "	" "	
Tompkins, John	"	" "	" "	
Theobles, James	"	" "	" "	
Toomey, Mathew	"	" "	" "	
Thompson, Samuel	"	" "	" "	
Thompson, James	"	" "	" "	
Tappasso, James	"	" "	" "	
Vance, John	"	" "	" "	
Wulf, Jesse	"	" "	" "	
Williams, Benjamin	"	" "	" "	
Wright, Jonathan	"	" "	" "	
Works, James	"	" "	" "	
Wood, George	"	" "	" "	
Wood, Willis	"	" "	" "	

ROLL OF CAPTAIN SIMON GALASPIE'S COMPANY, KENTUCKY MILITIA—COMMANDED BY LIEUTENANT-COLONEL JOHN FRANCISCO.

Names.	Rank.	Date of Appointment or Enlistment.	To what time Engaged or Enlisted.	Remarks.
Simon Galaspie	Captain	February 8, 1815	March 7, 1815	
Henry Ringo	Lieutenant	" "	" "	
William Gorain	Ensign	" "	" "	
Elkanah Smith	Sergeant	" "	" "	
John C. Massie	"	" "	" "	
Lewis B. Pritchard	"	" "	" "	
Thomas Calk	"	" "	" "	
John B. Fisher	Corporal	" "	March 1, 1815	Discharged March 1, 1815.
James Moreton	"	" "	March 7, 1815	
John Ringo	"	" "	" "	
Daniel Eastridge	"	" "	" "	
Jacob Turpin	"	" "	" "	Promoted to Corporal March, 1815.
Alexander, Joseph	Private	" "	" "	
Blake, George	"	" "	February 19, 1815	
Bales, John	"	" "	March 7, 1815	
Bowen, Barney	"	" "	" "	
Clemont, George	"	" "	" "	
Charles, James	"	" "	" "	
Carter, William	"	" "	" "	
Caris, Emanuel	"	" "	" "	
Dickey, Thomas	"	" "	" "	
Davis, Samuel	"	" "	" "	
Dickey, Robert	"	" "	" "	
Dickey, John	"	" "	" "	
Davis, Nathan	"	" "	" "	
Evans, John	"	" "	" "	
Hanna, John	"	" "	" "	
Hutton, Alexander	"	" "	" "	
Haddon, Samuel	"	" "	" "	
Harris, William	"	" "	February 24, 1815	Discharged.
James, Richard	"	" "	" "	
James, David	"	" "	" "	
Johnson, Mitchell	"	" "	" "	
Lane, John S.	"	" "	" "	
Lanter, Archibald	"	" "	" "	
Lambert, Andrew	"	" "	" "	
Logan, Mitchel	"	" "	" "	
Lacey, John	"	" "	" "	
Mosely, William	"	" "	" "	
Matthews, John	"	" "	" "	
McCullock, Samuel	"	" "	" "	
Mahoney, John	"	" "	" "	
McGlaughlin, William	"	" "	" "	
McMullen, James	"	" "	" "	
Masterson, Aaron	"	" "	" "	
McGarey, Daniel	"	" "	March 7, 1815	
Martin, Elijah	"	" "	" "	
Marshall, Alexander	"	" "	" "	
Moon, Thomas	"	" "	" "	
McGlaughlin, Cornelius	"	" "	" "	
McGlaughlin, John	"	" "	" "	
Northcut, George	"	" "	" "	
Nickle, Charles	"	" "	" "	
Odey, Martin	"	" "	" "	
Pritchard, Alfred	"	" "	" "	
Pence, Henry	"	" "	" "	
Roe, John	"	" "	" "	
Riggs, Samuel	"	" "	" "	
Ralston, Andrew	"	" "	" "	
Refferd, James	"	" "	" "	
Ray, Tilman	"	" "	" "	
Ross, John	"	" "	" "	
Raybourne, Henry	"	" "	" "	
Richards, Benjamin	"	" "	" "	
Riggs, Isaac	"	" "	" "	
Rogers, Larkins	"	" "	" "	
Riggs, James	"	" "	" "	
Street, Joseph	"	" "	" "	
Story, Thomas	"	" "	" "	
Shields, Thomas	"	" "	" "	
Stewart, Samuel	"	" "	" "	
Stichard, John	"	" "	" "	
Scantling, James	"	" "	" "	
Trimble, Isaac	"	" "	" "	
Tipton, Daniel	"	" "	" "	
Warrell, Andrew	"	" "	" "	

SOLDIERS OF THE WAR OF 1812. 267

ROLL OF CAPTAIN SIMON GALASPIE'S COMPANY, KENTUCKY MILITIA—Continued.

Names.	Rank.	Date of Appointment or Enlistment.	To what time Engaged or Enlisted.	Remarks.
Wayne, William	Private	February 8, 1815	March 7, 1815	
Webb, Joshua	"	" "	" "	
Wilson, David	"	" "	" "	
Wayne, Benjamin	"	" "	" "	
Whitlock, Tarlton	"	" "	" "	
Woodard, John	"	" "	" "	
White, Henry	"	" "	" "	
Willoughby, William	"	" "	" "	
Wills, David	"	" "	" "	

ROLL OF CAPTAIN JAMES DUDLEY'S COMPANY, KENTUCKY MILITIA—COMMANDED BY LIEUTENANT-COLONEL JOHN FRANCISCO.

Names.	Rank.	Date of Appointment or Enlistment.	To what time Engaged or Enlisted.	Remarks.
James Dudley	Captain	February 8, 1815	March 7, 1815	
Walter C. Carr	Lieutenant	" "	" "	
Thomas S. Fenny	Ensign	" "	" "	
Samuel Smith	Sergeant	" "	" "	
John Darnaby	"	" "	" "	
William Smith	"	" "	" "	
William Boyce	"	" "	" "	
Starks Cockrell	Corporal	" "	" "	
Caleb Rice	"	" "	" "	
Henry W. Daniel	"	" "	" "	
John Robinson	"	" "	" "	
Acres, Joseph, Sr.	Private	" "	" "	
Acres, Joseph, Jr.	"	" "	" "	
Anderson, Stephen	"	" "	" "	
Arbuckle, Samuel	"	" "	" "	
Abanatha, James	"	" "	" "	
Alexander, William	"	" "	" "	
Booth, Anderson	"	" "	" "	
Black, Abraham	"	" "	" "	
Bennett, Bambary	"	" "	" "	
Bush, Cave	"	" "	" "	
Brink, Herbert	"	" "	" "	
Back, James	"	" "	" "	
Barnett, Richard	"	" "	" "	
Bradley, Thomas	"	" "	" "	
Brooks, William	"	" "	" "	
Bentley, Washington	"	" "	" "	
Conquest, Morning	"	" "	" "	
Chism, Nathaniel	"	" "	" "	
Cox, Garland	"	" "	" "	
Davis, Benjamin	"	" "	" "	
Dawson, Gabriel	"	" "	" "	
Evans, Adam	"	" "	" "	
Eperson, Chesley	"	" "	" "	
Evans, Richard	"	" "	" "	
Fry, Noah	"	" "	" "	
Foster, Will. T.	"	" "	" "	
Foster, William	"	" "	" "	
Garnett, Fleming	"	" "	" "	
Gossoon, Robert	"	" "	" "	
Gossoon, Searles	"	" "	" "	
Hunter, Charles	"	" "	" "	
Hanley, Charles	"	" "	" "	
Hanning, Daniel	"	" "	" "	
Harrison, Daniel	"	" "	" "	
Hughes, John	"	" "	" "	
Hawkins, Will. R.	"	" "	" "	
Hornbeck, William	"	" "	" "	
Jacobs, Daniel	"	" "	" "	
Ladd, Jacob C.	"	" "	" "	
Langley, John W.	"	" "	" "	
Lockland, Fielding	"	" "	" "	
Lightfoot, Goodwich	"	" "	" "	
Martin, Samuel	"	" "	" "	
McCort, William	"	" "	" "	
Nichols, Henry	"	" "	" "	
Nichols, Garland	"	" "	" "	
Nichols, Abraham	"	" "	" "	
Mahoney, Lloyd	"	" "	" "	
Owens, James	"	" "	" "	
Owens, Henry	"	" "	" "	

ROLL OF CAPTAIN JAMES DUDLEY'S COMPANY, KENTUCKY MILITIA—Continued.

Names.	Rank.	Date of Appointment or Enlistment.	To what time Engaged or Enlisted.	Remarks.
Price, Bird	Private	February 8, 1815	March 7, 1815	
Robertson, David V.	"	" "	" "	
Robertson, Roger	"	" "	" "	
Raglin, William	"	" "	" "	
Rosson, Joseph	"	" "	" "	
Robinson, John	"	" "	" "	
Sanders, Caralant	"	" "	" "	
Skevins, George	"	" "	" "	
Shipley, James	"	" "	" "	
Sampson, Henry	"	" "	" "	
Scott, Joseph	"	" "	" "	
Scott, William	"	" "	" "	
Searcy, Solomon	"	" "	" "	
Shelton, William	"	" "	" "	
Stevens, William	"	" "	" "	
Veal, Sampson	"	" "	" "	
Varble, Philip	"	" "	" "	
Varble, John	"	" "	" "	
Welch, John	"	" "	" "	
Webb, James G.	"	" "	" "	
Williams, James	"	" "	" "	
Yeagar, James	"	" "	" "	
Yates, Warner M.	"	" "	" "	

ROLL OF CAPTAIN JOHN V. BUSH'S COMPANY, KENTUCKY MILITIA— COMMANDED BY LIEUTENANT-COLONEL JOHN FRANCISCO.

Names.	Rank.	Date of Appointment or Enlistment.	To what time Engaged or Enlisted.	Remarks.
John V. Bush	Captain	February 8, 1815	August 8, 1815	
Thomas F. Morrow	Lieutenant	" "	" "	
Thomas F. Bush	Ensign	" "	" "	
Jacob Lindsay	Sergeant	" "	" "	
Joseph Hampton	"	" "	" "	
James Collins	"	" "	" "	
James Lisle	"	" "	" "	
Francis F. Emberson	Corporal	" "	" "	
Luke Filbert	"	" "	" "	
Owen Rawlins	"	" "	" "	
Thomas L. Roland	"	" "	" "	
George Rogers	Fifer	" "	" "	
Isaac Darnell	Drummer	" "	" "	
Acton, Horatio	Private	" "	" "	
Adams, Nathan	"	" "	" "	
Arnold, Henry	"	" "	" "	
Beckett, Benjamin	"	" "	" "	
Bruce, Barnett	"	" "	" "	
Berry, Joseph V.	"	" "	" "	
Barnett, Robert	"	" "	" "	
Bartlett, Spencer	"	" "	" "	
Bush, Hiram	"	" "	" "	
Bush, Mercer	"	" "	" "	
Baxter, Jesse	"	" "	" "	
Booth, Elijah	"	" "	" "	
Balance, John	"	" "	" "	
Curtis, Job R.	"	" "	" "	
Calmes, Spencer	"	" "	" "	
Calmes, Fielding	"	" "	" "	
Cummins, George	"	" "	" "	
Cummins, Benjamin	"	" "	" "	
Cummins, Samuel	"	" "	" "	
Clem, John	"	" "	" "	
Crutchfield, Richard	"	" "	" "	
Chism, Thomas	"	" "	March 7, 1815	
Chism, James	"	" "	" "	
Coat, Daniel	"	" "	" "	
Dike, Benjamin	"	" "	" "	
Everman, James	"	" "	" "	
Embro, Ambrose	"	" "	" "	
Eads, Lewis	"	" "	" "	
Eads, Samuel	"	" "	" "	
Farmer, John	"	" "	" "	
Flooley, James F.	"	" "	" "	
Gregg, Joshua	"	" "	" "	
Gregg, William	"	" "	" "	
Gravett, George	"	" "	" "	

SOLDIERS OF THE WAR OF 1812.   269

ROLL OF CAPTAIN JOHN V. BUSH'S COMPANY, KENTUCKY MILITIA—Continued.

Names.	Rank.	Date of Appointment or Enlistment.	To what time Engaged or Enlisted.	Remarks.
Goodridge, William	Private	February 8, 1815	March 7, 1815	
Hardwick, Naples	"	" "	February 20, 1815	
Hope, George	"	" "	March 7, 1815	
Hagard, Dabney	"	" "	" "	
Hagard, Harman	"	" "	" "	
Harvey, John	"	" "	" "	
Holladay, Joseph	"	" "	" "	
Holloway, Lewis	"	" "	" "	
Hall, Thomas	"	" "	" "	
Hultz, Thomas	"	" "	" "	
Hulett, William	"	" "	" "	
Hazlerig, William	"	" "	" "	
Jameson, William	"	" "	" "	
Johns, William C.	"	" "	" "	
Kinkead, Charles	"	" "	" "	
Loe, Absalom	"	" "	" "	
Locknane, Benjamin	"	" "	" "	
Lusby, John S.	"	" "	" "	
Laruton, John	"	" "	" "	
Lisle, John M.	"	" "	" "	
McKantlish, Jesse	"	" "	" "	
Miller, Isaac	"	" "	" "	
McMilam, James	"	" "	" "	
McFerren, Robert	"	" "	" "	
Newman, John	"	" "	" "	
Philips, Nathan	"	" "	" "	
Patrick, John H.	"	" "	" "	
Philips, Michael	"	" "	" "	
Philips, Thomas	"	" "	" "	
Pitcher, Alexander	"	" "	" "	
Raglin, David	"	" "	" "	
Slaughter, James	"	" "	" "	
Stewart, James	"	" "	" "	
Stone, Joseph	"	" "	" "	
Stone, Thomas	"	" "	" "	
Stone, John	"	" "	" "	
Staples, Joshua	"	" "	" "	
Taylor, James	"	" "	" "	
Taylor, Larkin	"	" "	" "	
Vaugh, Elijah	"	" "	" "	
White, Francis	"	" "	" "	
Williams, Thomas	"	" "	" "	
Williams, George	"	" "	" "	
Wood, William	"	" "	" "	

ROLL OF CAPTAIN ROBERT SCOBIE'S COMPANY, KENTUCKY MILITIA—COMMANDED BY LIEUTENANT COLONEL JOHN FRANCISCO.

Names.	Rank.	Date of Appointment or Enlistment.	To what time Engaged or Enlisted.	Remarks.
Robert Scobie	Captain	February 8, 1815	March 7, 1815	
Henry Browning	Lieutenant	" "	" "	
Robert Beash	Ensign	" "	" "	
Armstead Hughes	Sergeant	" "	" "	
James Face	"	" "	" "	
Harrison Eabank	"	" "	" "	
James Stringfellow	"	" "	" "	
Waller Wright	"	" "	" "	
James B. Grigsby	Corporal	" "	" "	
Levi Ashbrook	"	" "	" "	
William McDonald	"	" "	" "	
John J. Wells	"	" "	" "	
James Winn	"	" "	" "	
Adkins, William	Private	" "	" "	
Adams, Nathaniel	"	" "	" "	Transferred from.
Arnold, John	"	" "	" "	
Bell, Leonard	"	" "	" "	
Branham, Ebin	"	" "	" "	
Boles, William	"	" "	" "	
Berry, Peter	"	" "	" "	
Butler, Thomas	"	" "	" "	
Barr, Thomas	"	" "	" "	
Bentall, Seth	"	" "	" "	
Bean, William	"	" "	" "	
Bonyfield, John	"	" "	" "	
Breedlore, John	"	" "	" "	

ROLL OF CAPTAIN ROBERT SCOBIE'S COMPANY, KENTUCKY MILITIA—Continued.

Names.	Rank.	Date of Appointment or Enlistment.	To what time Engaged or Enlisted.	Remarks.
Connor, Berry O.	Private	February 8, 1815	March 7, 1815	
Clark, Charles	"	" "	" "	
Cooper, Robert	"	" "	" "	
Childs, Henry	"	" "	" "	
Cartright, Peter	"	" "	" "	
Chiles, Richard	"	" "	" "	
Crein, Joel	"	" "	" "	
Cartright, John	"	" "	" "	
Casen, John	"	" "	" "	
Couchman, Melchiah	"	" "	" "	
Cave, John	"	" "	" "	
Dooley, Job	"	" "	" "	
Dooley, Gideon	"	" "	" "	
Frandrey, William	"	" "	" "	
Grooms, William	"	" "	" "	
Houghman, John	"	" "	" "	
Hawley, Henry	"	" "	" "	
Jones, Isaac	"	" "	" "	
Jewell, Ewell	"	" "	" "	
Jewell, James	"	" "	" "	
Key, Harrison	"	" "	" "	
Long, Philip	"	" "	" "	

ROLL OF CAPTAIN LYDDALL BACON'S COMPANY, KENTUCKY MILITIA—COMMANDED BY LIEUTENANT-COLONEL JOHN FRANCISCO.

Names.	Rank.	Date of Appointment or Enlistment.	To what time Engaged or Enlisted.	Remarks.
Lyddall Bacon	Captain	February 8, 1815	March 7, 1815	
Lewis B. Smith	Lieutenant	" "	" "	
Dennis Byrne	"	" "	" "	
Paulus E. Irwin	Sergeant	" "	" "	
Thomas Edrington	"	" "	" "	
Stephen Brown	"	" "	" "	
Spencer Runyan	"	" "	" "	
John Brock	Corporal	" "	" "	
John Nowland	"	" "	" "	
Thomas Palmer	"	" "	" "	
Barnett Arnold	"	" "	" "	
Jacob Cox	Musician	" "	" "	
Bourne, William	Private	" "	" "	
Barrett, Elijah	"	" "	" "	
Bailey, Jesse	"	" "	" "	
Brock, Hugh	"	" "	" "	
Bennett, Benjamin	"	" "	" "	
Borgus, Martin	"	" "	" "	
Bond, Anthony	"	" "	" "	
Bond, Isaac	"	" "	" "	
Bond, James	"	" "	" "	
Cummings, William	"	" "	" "	
Cooke, Abel	"	" "	" "	
Chambers, James	"	" "	" "	
Clarke, William	"	" "	" "	
Coon, Asa	"	" "	" "	
Cox, Eric	"	" "	" "	
Claxton, Cassius	"	" "	" "	
Crutcher, James	"	" "	" "	
Cassady, Thomas	"	" "	" "	
Driscoll, David	"	" "	" "	
Dawson, Charles	"	" "	" "	
Epperson, Daniel	"	" "	" "	
Ellison, Isaac	"	" "	" "	
Ford, John	"	" "	" "	
Frazier, John	"	" "	" "	
Hawkins, Moses	"	" "	" "	
Hayden, Allen	"	" "	" "	
Hardin, Robert	"	" "	" "	
Henley, Will. D.	"	" "	" "	
Hanks, Milton	"	" "	" "	
Johnson, Abel	"	" "	" "	
Jenkins, John	"	" "	" "	
King, William	"	" "	" "	
King, Gideon	"	" "	" "	
Liggins, William	"	" "	" "	
Long, Thomas	"	" "	" "	
Lane, Garland	"	" "	" "	

SOLDIERS OF THE WAR OF 1812.

ROLL OF CAPTAIN LYDDALL BACON'S COMPANY, KENTUCKY MILITIA—Continued.

Names.	Rank.	Date of Appointment or Enlistment.	To what time Engaged or Enlisted.	Remarks.
Mayhall, John	Private	February 8, 1815	March 7, 1815	
Medford, John	"	" "	" "	
Martin, William	"	" "	" "	
Medford, Joseph	"	" "	" "	
Monday, Reuben	"	" "	" "	
Moore, Lewis	"	" "	" "	
Miller, James	"	" "	" "	
Martin, Hosea	"	" "	" "	
Mayhall, William	"	" "	" "	
Mason, Nimrod	"	" "	" "	
Mifford, Jacob	"	" "	" "	
McGlaughlin, James	"	" "	" "	
Nation, Hezekiah	"	" "	" "	
Powers, Charles	"	" "	" "	
Payne, John	"	" "	" "	
Paxton, John	"	" "	" "	
Poe, Edmund	"	" "	" "	
Parker, David	"	" "	" "	
Pulliam, Ballard	"	" "	" "	
Poindexter, John	"	" "	" "	
Reddish, Silas	"	" "	" "	
Ransdall, John	"	" "	" "	
Ransdall, Christopher	"	" "	" "	
Rodgers, George	"	" "	" "	
Smart, Richard	"	" "	" "	
Sharp, William	"	" "	" "	
Sidebottom, Joseph	"	" "	" "	
Spicer, William	"	" "	" "	
Smith, Richard	"	" "	" "	
Samuel, Robert	"	" "	" "	
Sinclair, Horatio	"	" "	" "	
Sacre, Robert	"	" "	February 21, 1815	Discharged.
Ship, Joseph	"	" "	March 7, 1815	
Sutherland, Hosea	"	" "	" "	
Simms, Thomas	"	" "	" "	
Simms, Ambrose	"	" "	" "	
Thornton, Toliver	"	" "	" "	
Templeton, Matthew	"	" "	" "	
Utterback, Benjamin	"	" "	" "	
Utterback, Joel	"	" "	" "	
Utterback, William	"	" "	" "	
Wright, Abner	"	" "	" "	
West, William	"	" "	" "	
White, John	"	" "	" "	
Wells, Peter	"	" "	" "	
Yeager, Cadis	"	" "	" "	
Zook, Jacob	"	" "	" "	

ROLL OF CAPTAIN WILLIAM CALDWELL'S COMPANY, KENTUCKY MILITIA— COMMANDED BY LIEUTENANT-COLONEL JOHN FRANCISCO.

Names.	Rank.	Date of Appointment or Enlistment.	To what time Engaged or Enlisted.	Remarks.
William Caldwell	Captain	February 8, 1815	March 7, 1815	
John Hicks	Lieutenant	" "	" "	
Thomas E. West	Ensign	" "	" "	
Henry Welch	Sergeant	" "	" "	
James Vance	"	" "	" "	
Micajah Organ	"	" "	" "	
Abijah Woods	"	" "	" "	
Charles Tindell	Corporal	" "	" "	
Reuben Cooley	"	" "	" "	
Richard Cromwell	"	" "	" "	
George Faulconer	"	" "	" "	
Armstrong, Joseph	Private	" "	" "	
Banton, Hezekiah	"	" "	" "	
Brooks, Thomas	"	" "	" "	
Bell, Archibald	"	" "	" "	
Bradley, Edward	"	" "	February 22, 1815	Enlisted February 22d.
Broomfield, John	"	" "	March 7, 1815	
Conor, Dennis	"	" "	" "	Deserted February 19, 1815.
Collins, John	"	" "	" "	
Cleveland, Zatle	"	" "	" "	
Cooley, Daniel	"	" "	" "	
Cawey, Martin	"	" "	" "	
Campbell, Peter	"	" "	" "	

SOLDIERS OF THE WAR OF 1812.

ROLL OF CAPTAIN WILLIAM CALDWELL'S COMPANY, KENTUCKY MILITIA—Continued.

Names.	Rank.	Date of Appointment or Enlistment.	To what time Engaged or Enlisted.	Remarks.
Cook, Davidson	Private	February 8, 1815	March 7, 1815	
Dickerson, Davidson	"	" "	" "	
Dollins, James	"	" "	" "	
Demoss, Asa	"	" "	" "	
Daugherty, John	"	" "	" "	
Davies, Samuel	"	" "	" "	
Davies, James	"	" "	" "	
Dixon, William	"	" "	" "	
Ensparger, Samuel	"	" "	" "	
East, John	"	" "	" "	
Ewing, William W.	"	" "	" "	
Finn, Evan	"	" "	" "	
Gilman, James	"	" "	" "	
Garrard, Jacob	"	" "	" "	
Hunt, Harringson	"	" "	" "	
Houston, Mathew	"	" "	" "	
Howard, Julius C.	"	" "	" "	
Hill, David	"	" "	" "	
Henderson, Thomas	"	" "	" "	
King, Abraham	"	" "	" "	
Kines, William	"	" "	" "	
Kennedy, Alexander	"	" "	" "	
King, Richard	"	" "	" "	
Lancaster, John	"	" "	" "	
Lay, Stephen	"	" "	" "	
McArthur, Justin	"	" "	" "	
Moon, John A.	"	" "	" "	
Mitchell, Robert	"	" "	" "	
Murray, Levi	"	" "	" "	
Mills, John	"	" "	" "	
McCoy, William	"	" "	" "	
McChesney, John	"	" "	" "	
McIlvain, David	"	" "	" "	
Noll, Roderick	"	" "	" "	
Neal, Winston M.	"	" "	" "	
Netherland, John	"	" "	" "	
Noonan, John	"	" "	" "	
Norris, Ephraim	"	" "	" "	
Noel, James	"	" "	" "	
Pollock, William	"	" "	" "	
Price, William	"	" "	" "	
Peake, Joseph	"	" "	" "	
Rutledge, Fountain	"	" "	" "	
Richardson, Beverly	"	" "	" "	
Rice, George W.	"	" "	" "	
Roach, James	"	" "	" "	
Spiers, Samuel	"	" "	" "	
Switzer, Samuel	"	" "	" "	
Sutton, Leroy	"	" "	" "	
Springer, Wesley	"	" "	" "	
Thomas, John	"	" "	" "	
Triplett, Fielding	"	" "	" "	
Turner, Brayham	"	" "	" "	
Thornton, Charles	"	" "	" "	
Thornton, Elijah	"	" "	" "	
Tyre, Andrew	"	" "	" "	
Vantlich, Richard	"	" "	" "	
Waters, John	"	" "	" "	
Webster, Edmund	"	" "	" "	

ROLL OF CAPTAIN ABRAHAM S. DRAKE'S COMPANY, KENTUCKY MILITIA—COMMANDED BY LIEUTENANT-COLONEL JOHN FRANCISCO.

Names.	Rank.	Date of Appointment or Enlistment.	To what time Engaged or Enlisted.	Remarks.
Abraham S. Drake	Captain	February 4, 1814	August 8, 1815	
George Flanagan	Lieutenant	" "	" "	
Hankerson, Bywater	Ensign	" "	" "	
Thomas Nerkerris	Sergeant	" "	" "	
George Weigart	2d Sergeant	" "	" "	
William Bobb	3d Sergeant	" "	" "	
Samuel Farish	4th Sergeant	" "	" "	
George Villers	1st Corporal	" "	" "	
William Oliver	2d Corporal	" "	" "	
James Hiram	3d Corporal	" "	" "	
Thomas Reynolds	4th Corporal	" "	" "	
George Clayton	Drum Major	" "	" "	
George Barker	Drummer	February 8, 1814	" "	
Thomas H. Rogers	Fifer	" "	" "	
Amzi Munson	"	" "	" "	
Black, James D.	Private	" "	" "	
Beloo, William	"	" "	" "	Absent with leave.
Berry, John	"	" "	" "	Deserted February 8, 1815.
Ball, George	"	" "	" "	
Bennett, William	"	" "	" "	
Butler, John	"	" "	" "	
Cooper, Joseph	"	" "	" "	
Campbell, Robert M.	"	" "	" "	
Crain, Francis	"	" "	" "	
Davis, Robert	"	" "	" "	
Eaton, Absalom	"	" "	" "	
Eaton, Abner	"	" "	" "	
Early, Obediah	"	" "	" "	
Epperson, James	"	" "	" "	
Fowler, Stephen	"	" "	" "	
Francis, Enoch	"	" "	" "	
Gardner, Redmon	"	" "	" "	
Guiltner, Robert	"	" "	" "	
Gooding, Thomas	"	" "	" "	
Hilton, Level	"	" "	" "	
Haggart, Jacob	"	" "	" "	
Hawley, James	"	" "	" "	
Harris, William	"	" "	" "	
Haggart, John	"	" "	" "	
Hiles, Christopher	"	" "	" "	
Higgins, Edward	"	" "	" "	
Hale, Benjamin	"	" "	" "	
Johnson, David	"	" "	" "	
Johnson, Eliazer	"	" "	" "	
Johnson, George	Servant	" "	" "	
Kirby, Zachariah	Private	" "	" "	
Letterall, John	"	" "	" "	
Letterall, Joseph	"	" "	" "	
Lenier, Reuben	"	" "	" "	
Lanket, Henry	"	" "	" "	
McGuthrie, James	"	" "	" "	
Mathews, William N.	"	" "	" "	
Musgrove, William	"	" "	" "	
Mahoney, Robert	"	" "	" "	
Madison, Henry	"	" "	" "	Deserted February 20, 1815.
Nickle, John	"	" "	" "	
O'Brannion, Bryant	"	" "	" "	
Pendleton, Rice	"	" "	" "	
Porter, William	"	" "	" "	
Pauly, Zachariah	"	" "	" "	
Pigg, Spencer	"	" "	" "	
Rutherford, Joseph	"	" "	" "	
Robinson, William H.	"	" "	" "	
Reed, James	"	" "	" "	
Rush, Robert	"	" "	" "	
Sanders, Robert	"	" "	" "	
Skotors, James	"	" "	" "	
Sparks, Samuel	"	" "	" "	
Swiggart, Samuel	"	" "	" "	Deserted February 19, 1815.
Warren, Jeremiah	"	" "	" "	Deserted February 18, 1815.
Williams, Samuel	"	" "	" "	
Wallace, Robert	"	" "	" "	
Winn, Willis	"	" "	" "	

Roll of Field and Staff, Mitchusson's Regiment of Kentucky Detached Militia, War of 1812—Commanded by Lt.-Col. Wm. Mitchusson.

Names.	Rank.	Date of Appointment or Enlistment.	To what time Engaged or Enlisted.	Remarks.
William Mitchusson	Lt. Colonel	November 20, 1814	December 9, 1814	Resigned.
Samuel Parker	"	December 9, 1814	May 20, 1815	
Reuben Harrison	Major	November 20, 1814	" "	
Thompson Crenshaw	"	December 9, 1814	" "	
Josiah Ramsey	Adjutant	November 20, 1814	" "	
Christopher G. Honts	Quartermaster	" "	" "	
William Prince	Paymaster	" "	" "	
John C. Pentecost	Surgeon	" "	" "	
Stephen C. Dorris	Surgeon's Mate	" "	" "	
Isaac Caldwell	Sergeant Major	" "	" "	
Moses Thompson	Qr. M. Sergeant	" "	" "	
Johnson Loughlin	Fife Major	" "	" "	

ROLL OF CAPTAIN THOMAS GRIFFIN'S COMPANY, KENTUCKY DETACHED MILITIA—COMMANDED BY LIEUTENANT-COLONEL WILLIAM MITCHUSSON.

Thomas Griffin	Captain	November 20, 1814	May 20, 1815	
Boswell Pulliam	Lieutenant	" "	" "	
Allen Hays	Ensign	" "	" "	
Davenport Venable	Sergeant	" "	" "	
Terence Kirby	"	" "	" "	
Simeon Acton	"	" "	" "	
Samuel Spilman	"	" "	" "	
William Baird	Corporal	" "	" "	
John O'Neal	"	" "	" "	
Jonathan Ewbank	"	" "	" "	
Alexander Chambers	"	" "	" "	
James C. Pulliam	Drummer	" "	" "	
Joseph Right	Fifer	" "	" "	
Brown, James	Private	" "	" "	
Baird, David	"	" "	" "	
Bigsby, John	"	" "	" "	
Biggs, David	"	" "	" "	
Berry, John	"	" "	" "	
Button, John	"	" "	" "	
Button, Zacheus	"	" "	" "	
Bardwell, James	"	" "	" "	
Bass, Isaac	"	" "	" "	
Creek, David	"	" "	" "	
Chayson, David	"	" "	" "	
Cowin, James	"	" "	" "	
Cowen, John	"	" "	" "	
Dobson, Thomas	"	" "	" "	
Dry, John	"	" "	" "	
Deal, Henry	"	" "	" "	
Doke, William	"	" "	" "	
Dowell, David	"	" "	" "	
Emberton, John	"	" "	" "	
Fraley, Nicholas	"	" "	" "	
Garrett, Joseph	"	" "	" "	
Grisane, Samuel	"	" "	" "	
Gibson, John	"	" "	" "	
Gressom, Thomas	"	" "	" "	
Hobach, Mark	"	" "	" "	
Highsmith, William	"	" "	" "	
Horton, Daniel	"	" "	" "	
Hamilton, Robert	"	" "	" "	
Hoofman, Elam	"	" "	" "	
Huckaboy, Joseph	"	" "	" "	
Huckaboy, Nathan	"	" "	" "	
James, Jacob	"	" "	" "	
Jackson, Elijah	"	" "	" "	
Johnson, Luther	"	" "	" "	
Johnson, Robert	"	" "	" "	
Kirby, John	"	" "	" "	
Kirby, Leonard	"	" "	" "	

SOLDIERS OF THE WAR OF 1812.

ROLL OF CAPTAIN THOMAS GRIFFIN'S COMPANY, KENTUCKY DETACHED MILITIA—Continued.

Names.	Rank.	Date of Appointment or Enlistment.	To what time Engaged or Enlisted.	Remarks.
Kirby, Isaiah	Private	ovember 20, 1814	May 20, 1815	
Lee, Mathias	"	" "	" "	
Miller, Samuel	"	" "	" "	
Morris, Miles	"	" "	" "	
Meadows, Jesse	"	" "	" "	
Noles, Robert	"	" "	" "	
Nelson, William	"	" "	" "	
Oliver, Dury	"	" "	" "	
Pruett, Moses	"	" "	" "	
Pinkerton, James	"	" "	" "	
Rigsby, John	"	" "	" "	
Ragland, Benjamin	"	" "	" "	
Sayres, John	"	" "	" "	
Stovall, Dury	"	" "	" "	
Seagrave, John	"	" "	" "	
Springer, John	"	" "	" "	
Slaton, Ezekiel	"	" "	" "	
Stamp, Charles	"	" "	" "	
Thompson, John	"	" "	" "	
Wetherspoon, James	"	" "	" "	
Williams, Milam	"	" "	" "	
Weatherspoon, Wiley	"	" "	" "	
Welch, Thomas	"	" "	" "	
Weatherspoon, Major	"	" "	" "	
Wooten, Daniel	"	" "	" "	
Wiley, John	"	" "	" "	
Wildman, Burnell	"	" "	" "	

ROLL OF CAPTAIN ROBERT SMITH'S COMPANY, KENTUCKY DETACHED MILITIA—COMMANDED BY LIEUTENANT-COLONEL WILLIAM MITCHUSSON.

Names.	Rank.	Date of Appointment or Enlistment.	To what time Engaged or Enlisted.	Remarks.
Robert Smith	Captain	November 20, 1814	May 20, 1815	
Morton A. Rucker	Lieutenant	" "	" "	
Asa Turner	Ensign	" "	" "	
Thomas Kilgore	Sergeant	" "	" "	
Peter Cash	"	" "	January 8, 1815	Died.
Daniel Powell	"	" "	May 20, 1815	
John Peters	"	" "	" "	
William Sandefew	"	" "	" "	
Christopher Hardesty	Corporal	" "	" "	
Charles W. Brown	"	" "	" "	
James Miller	"	" "	" "	
James Brunts		" "	" "	
Samuel Skinner	Drummer	" "	" "	
Arnet, William	Private	" "	" "	
Butler, Samuel	"	" "	" "	
Barnes, John	"	" "	" "	
Bramley, Daniel	"	" "	" "	
Capps, Joshua	"	" "	December 28, 1814	Died.
Crabtree, John F.	"	" "	May 20, 1815	
Clements, John	"	" "	" "	
Crabtree, James	"	" "	" "	
Calender, Isaac	"	" "	" "	
Cross, Joseph	"	" "	November 27, 1814	Enlisted.
Ducate, James	"	" "	May 20, 1815	
Dixon, Payne	"	" "	" "	
Ezell, Harrison	"	" "	December 26, 1814	Died.
Fickas, John	"	" "	May 20, 1815	
Fugudy, Benjamin	"	" "	" "	
Gillum, William H.	"	" "	" "	
Gibson, John	"	" "	" "	
Hawthorn, Robert	"	" "	" "	
Holifield, William	"	" "	" "	
Hardin, Ennis	"	" "	December 19, 1814	Died.
Hardesty, Clemons	"	" "	December 20, 1814	
Hendrix, Thomas	"	" "	May 20, 1815	
Keatch, Ovid	"	" "	" "	
Lambert, Joel	"	" "	" "	
Lambert, William	"	" "	" "	
Mayo, John	"	" "	March 1, 1815	Died March 1, 1815.
Martin, Daniel	"	" "	May 20, 1815	
Miller, William	"	" "	" "	

276 SOLDIERS OF THE WAR OF 1812.

ROLL OF CAPTAIN ROBERT SMITH'S COMPANY, KENTUCKY DETACHED MILITIA—Continued.

Names.	Rank.	Date of Appointment or Enlistment.	To what time Engaged or Enlisted.	Remarks.
McNamer, Philip	Private	November 20, 1814	May 20, 1815	
McGraw, John	"	" "	" "	
McCoy, James	"	" "	November 29, 1814	Enlisted.
Pullom, John	"	" "	December 29, 1814	Died.
Parrick, Thomas	"	" "	May 20, 1815	
Rolls, Abijah	"	" "	November 27, 1814	Died.
Read, James R.	"	" "	December 20, 1814	Died.
Stephens, George	"	" "	February 25, 1815	Died.
Smith, Matthew	"	" "	January 31, 1815	Died.
Skillett, Thomas	"	" "	May 20, 1815	
Sutherland, Ransom	"	" "	" "	
Scott, James W.	"	" "	" "	
Stephens, Jesse	"	" "	" "	
Tarpin, William	"	" "	" "	
Weathers, John	"	" "	" "	
Wiggins, Joshua	"	" "	December 26, 1814	Died.

ROLL OF CAPTAIN THOMAS STERRETT'S COMPANY, KENTUCKY DETACHED MILITIA—COMMANDED BY LIEUTENANT-COLONEL WILLIAM MITCHUSSON.

Names.	Rank.	Date of Appointment or Enlistment.	To what time Engaged or Enlisted.	Remarks.
Thomas Sterrett	Captain	November 20, 1814	May 20, 1815	
John Austin	Lieutenant	" "	" "	
Henry Hines	Ensign	" "	" "	
John Brewer	Sergeant	" "	" "	
Nathan Young	"	" "	" "	
James B. Revill	"	" "	" "	
Nicholas King	"	" "	" "	
David C. Feelding	"	" "	" "	
Thomas Bridges	Corporal	" "	" "	
Nathan Johnson	"	" "	" "	
Stephen Wade	"	" "	" "	
John Costilow	Drummer	" "	" "	
Benjamin Templer	Fifer	" "	" "	
Bratton, George	Private	" "	" "	
Brown, Henry	"	" "	" "	
Condra, William	"	" "	" "	
Carter, William	"	" "	" "	
Coal, Joseph	"	" "	" "	
Calvert, John	"	" "	" "	
Cunningham, Brackett C.	"	" "	" "	
Dawson, James	"	" "	" "	
Dawson, Jonas	"	" "	" "	
Dawson, John	"	" "	" "	
Dawson, Johnson	"	" "	" "	
Davis, Thomas	"	" "	" "	
Evans, Richard	"	" "	" "	
Ethell, James	"	" "	" "	
Forkner, Martin	"	" "	" "	
Fegert, Alexander	"	" "	" "	
Franklin, Stephen	"	" "	" "	
Galloway, William	"	" "	" "	
Hay, James S.	"	" "	" "	
Heavener, John	"	" "	" "	
Hammond, Thomas	"	" "	" "	
Harris, Elijah	"	" "	" "	
Hendrick, James	"	" "	" "	
Holloway, Thomas	"	" "	" "	
Harlan, George	"	" "	" "	
Jenkins, Samuel	"	" "	" "	
Johnson, Richard	"	" "	" "	
Kown, William	"	" "	" "	
Kown, Nathan	"	" "	" "	
Kimble, William S.	"	" "	" "	
Kidwell, James	"	" "	" "	
Kelsey, David	"	" "	" "	
Lawrence, James H.	"	" "	" "	
Long, Abner	"	" "	" "	
Marshall, James	"	" "	" "	
Mannon, Thomas	"	" "	" "	
Moge, Jacob	"	" "	" "	
McClammon, James W.	"	" "	" "	
McClammon, John S.	"	" "	" "	

ROLL OF CAPTAIN THOMAS STERRETT'S COMPANY, KENTUCKY DETACHED MILITIA—Continued.

Names.	Rank.	Date of Appointment or Enlistment.	To what time Engaged or Enlisted	Remarks.
Miller, Philip	Private	November 20, 1814	May 20, 1815	
Mannon, William	"	" "	February 20, 1815	Died.
McMurry, William	"	" "	May 20, 1815	
Newman, Jacob	"	" "	" "	
Newman, William	"	" "	" "	
Owensby, Nicholas	"	" "	" "	
Pollard, Elijah	"	" "	" "	
Paulk, Moses	"	" "	February 16, 1815	Died.
Pitman, William	"	" "	May 20, 1815	
Roundtree, Turner	"	" "	" "	
Roundtree, Kelly B.	"	" "	" "	
Srader, John	"	" "	" "	
Stroude, Doran	"	" "	" "	
Stagner, Jeremiah	"	" "	" "	
Summons, George	"	" "	" "	
Stone, John	"	" "	" "	
Stroud, John	"	" "	" "	
Templer, Jesse	"	" "	" "	
Thompson, Edward	"	" "	" "	Stopped in rear of regiment March 21, 1815, and [not heard of since.
Wilkinson, James	"	" "	" "	
Wood, Mark D	"	" "	" "	
Wood, William	"	" "	" "	
Wiley, Elijah	"	" "	" "	
Whitlow, Henry	"	" "	" "	

ROLL OF CAPTAIN SAMUEL F. MALONE'S COMPANY, KENTUCKY DETACHED MILITIA—COMMANDED BY LIEUTENANT-COLONEL WILLIAM MITCHUSSON.

Names.	Rank.	Date of Appointment or Enlistment.	To what time Engaged or Enlisted	Remarks.
Samuel F. Malone	Captain	December 9, 1814	May 20, 1815	
Elias Button	Lieutenant	" "	" "	
Dennis Cochran	Ensign	" "	" "	
Matthew Simon	Sergeant	November 20, 1814	" "	
Cornelius Manley	"	" "	" "	
James McAlister	"	" "	" "	
Robert T. Anderson	"	" "	" "	
Abner Wells	Corporal	" "	" "	
Hezekiah Lard	"	" "	" "	
James Gash	"	" "	" "	
James Black	"	" "	" "	
Jesse Pulliam	Drummer	" "	" "	
James Robertson	Fifer	" "	" "	
Alexander, Thomas	Private	" "	" "	
Brown, William	"	" "	" "	
Berry, Moses	"	" "	" "	
Blair, Andrew	"	" "	" "	
Bagman, James	"	" "	" "	
Bloyd, John	"	" "	" "	
Clark, Roderick	"	" "	" "	
Clark, Joseph	"	" "	" "	
Chapman, Job	"	" "	" "	
Dishmore, James	"	" "	March 20, 1815	Died.
Dishmore, William	"	" "	May 20, 1815	
Duff, Fielding	"	" "	" "	
Denison, Zade	"	" "	" "	
Dewesse, Elisha	"	" "	" "	
Dunagan, Thomas	"	" "	" "	
Emerson, William	"	" "	" "	
Edgar, Josiah	"	" "	" "	
Edgar, Johnson	"	" "	" "	
Ellis, Hercules	"	" "	" "	
Farley, Clay	"	" "	" "	
Greathouse, Hiram	"	" "	" "	
Garrison, David	"	" "	March 7, 1815	Discharged.
Harris, John L.	"	" "	May 20, 1815	
Huffman, Cornelius	"	" "	" "	
Howell, Hudson	"	" "	" "	
Handy, Jesse	"	" "	" "	
Hardin, Thomas	"	" "	" "	
Hoge, Edmund	"	" "	" "	
Johnson, John	"	" "	" "	
Jenkins, William	"	" "	" "	
Lewis, Charles	"	" "	" "	

ROLL OF CAPTAIN SAMUEL F. MALONE'S COMPANY, KENTUCKY DETACHED MILITIA—Continued.

Names.	Rank.	Date of Appointment or Enlistment.	To what time Engaged or Enlisted.	Remarks.
Lyon, William	Private	November 20, 1814	May 20, 1815	
Logsdon, John	"	" "	" "	
Merritt, John	"	" "	" "	
McKinney, Charles W.	"	" "	" "	
Mitchell, James	"	" "	" "	
Newell, John	"	" "	" "	
Nunegard, William	"	" "	" "	
Nation, Laban	"	" "	" "	
O'Neal, Bennett	"	" "	" "	
Owens, William	"	" "	" "	
Pickett, John	"	" "	" "	
Pulliam, John	"	" "	" "	
Penick, James	"	" "	" "	
Roundtree, Henry	"	" "	" "	
Reed, William	"	" "	" "	
Scott, Robert	"	" "	" "	
Sutterfield, Eli	"	" "	" "	
Scott, Joseph	"	" "	" "	
Tribble, Harris	"	" "	" "	
Thacker, Allen	"	" "	" "	
Taylor, James	"	" "	" "	
Taylor, Isaac	"	" "	" "	
Williams, William	"	" "	" "	
Wheeler, Bond	"	" "	" "	
Young, Asa	"	" "	" "	

ROLL OF CAPTAIN JOHN C. DODD'S COMPANY, KENTUCKY DETACHED MILITIA—COMMANDED BY LIEUTENANT-COLONEL WILLIAM MITCHUSSON.

Names.	Rank.	Date of Appointment or Enlistment.	To what time Engaged or Enlisted.	Remarks.
John C. Dodd	Captain	November 20, 1814	May 20, 1815	
William Hurrall	Lieutenant	" "	February 28, 1815	Died February 28, 1815, New Orleans.
Bert Moore	Ensign	" "	May 20, 1815	
Roger Filley	Sergeant	" "	January 28, 1815	Advanced to Lieutenant March 1, 1815.
Jordan McVay	"	" "	" "	Died January 28, 1815, at New Orleans.
Hiram, Prunell	"	" "	May 20, 1815	
William Perkins	"	" "	" "	
William Story	"	" "	" "	
Benjamin D. Cerby	Corporal	" "	" "	Promoted to Sergeant January 27, 1815.
Mahala Ingram	"	" "	" "	
John Sulivan	"	" "	" "	
Robert Richey	"	" "	" "	Promoted to Corporal January 27, 1815.
Fleming Castleberg	Drummer	" "	" "	
William Laughlin	Fifer	" "	" "	
Anderson, Evan	Private	" "	" "	
Baker, Seth	"	" "	" "	
Barnett, Samuel	"	" "	" "	
Bridges, Thomas	"	" "	" "	
Bridges, William	"	" "	January 20, 1815	Died January 20th, at New Orleans.
Barton, William	"	" "	May 20, 1815	
Bird, Jacob	"	" "	" "	
Cammack, William	"	" "	" "	
Carlew, Henry	"	" "	" "	
Campbell, Lindsey	"	" "	" "	
Carter, James	"	" "	" "	
Carlew, John	"	" "	" "	
Cannon, Israel	"	" "	" "	
Carlew, Robert	"	" "	" "	
Davidson, Alexander B.	"	" "	" "	
Dison, Bennett	"	" "	" "	
Drennan, Samuel	"	" "	" "	
Dunn, Alexander	"	" "	" "	
Duff, James	"	February 18, 1814	February 22, 1815	
Entricon, John	"	November 20, 1814	May 20, 1815	
French, Joseph	"	" "	February 21, 1815	Died February 21st, at New Orleans.
Green, Levi	"	" "	May 20, 1815	
Gaskins, Thadous	"	" "	" "	
Green, James	"	" "	January 19, 1815	Died 19th January, at New Orleans.
Gilkey, John	"	" "	May 20, 1815	
George, Pallam	"	" "	" "	
Hancock, John	"	" "	" "	
Hughes, James	"	" "	" "	
Heath, Riland	"	" "	" "	

ROLL OF CAPTAIN JOHN C. DODD'S COMPANY, KENTUCKY DETACHED MILITIA—Continued.

Names.	Rank.	Date of Appointment or Enlistment.	To what time Engaged or Enlisted.	Remarks.
Hobart, Joseph	Private	November 20, 1814	May 20, 1815	
Jenkins, Arthur B.	"	"	"	
Jenkins, Whitenell W.	"	"	"	
Kenady, William	"	"	"	
Long, William	"	"	"	
Leech, Abner	"	"	"	
Lamb, William	"	"	"	
Leech, Zadock	"	"	"	
Law, Samuel	"	"	"	
Love, William	"	"	"	
McNabb, John W.	"	"	"	
Miller, John	"	"	"	
Moore, Edmund	"	"	"	
Mercer, Drury	"	"	"	
McClear, William	"	"	"	
McElhana, William	"	"	"	
Manas, John	"	"	"	
Neily, John	"	"	"	
Nowlin, John	"	"	"	
Pickering, William	"	"	"	
Patterson, Thomas	"	"	"	
Philips, Samuel S.	"	"	"	
Quarles, Stores	"	"	February 22, 1815	Died February 22 at New Orleans.
Robison, Kinsey	"	"	May 20, 1815	
Robison, William	"	"	"	
Ritchey, Alexander	"	"	"	
Ramage, Benjamin	"	"	"	
Rhinhart, Samuel	"	"	"	
Robison, Hugh	"	"	"	
Strawnut, John	"	"	March 15, 1815	Died March 15 at New Orleans.
Strawmatt, William	"	"	February 13, 1815	Died February 13 at New Orleans.
Saxon, Lewis	"	"	May 20, 1815	
Smith, Stephen	"	"	"	
Stations, Moses	"	"	"	
Trimm, Charles	"	"	"	
Taylor, Solomon	"	"	February 3, 1815	Died February 3 at New Orleans.
Whitenell, John	"	"	May 20, 1815	
Wadlington, James	"	"	"	
Wells, Henry	"	"	"	
Witherow, Samuel	"	"	"	
Washington, Thomas C.	"	"	February 22, 1815	Died February 22 at New Orleans.

ROLL OF CAPTAIN EDWARD WILBURN'S COMPANY, KENTUCKY DETACHED MILITIA—COMMANDED BY LIEUTENANT-COLONEL WILLIAM MITCHUSSON.

Names.	Rank.	Date of Appointment or Enlistment.	To what time Engaged or Enlisted.	Remarks.
Edward Wilburn	Captain	November 20, 1814	May 20, 1815	
John M. Cabiness	Lieutenant	"	"	
James Barring	Ensign	"	"	
Charles Lewis	Sergeant	"	"	
Charles Long	"	"	March 4, 1815	Died
Hopkins, Bond	"	"	May 20, 1815	
James White	"	"	"	
James Young	Corporal	"	"	
John Williams	"	"	"	
William Bristoe	"	"	"	
Joseph Hooper	"	"	"	
Andrew Turpin	Drummer	"	"	
Anderson, James	Private	"	"	
Ashlook, Thomas	"	"	"	
Agee, William	"	"	"	
Allen, Samuel	"	"	March 27, 1815	Died.
Bedford, John C.	"	"	May 20, 1815	Promoted to Sergeant March 4, 1815.
Bunch, Israel	"	"	"	
Banning, Clark	"	"	"	
Burges, John	"	"	"	
Belk, John	"	"	"	
Belk, James	"	"	"	
Craft, Gilbert	"	"	February 17, 1815	Died.
Cheetham, Hezekiah	"	"	May 20, 1815	
Carpenter, James	"	"	"	
Craft, George	"	"	"	
Condrey, Elifus	"	"	"	

ROLL OF CAPTAIN EDWARD WILBURN'S COMPANY, KENTUCKY DETACHED MILITIA—Continued.

Names.	Rank.	Date of Appointment or Enlistment.	To what time Engaged or Enlisted.	Remarks.
Dohirty, Alexander	Private	November 20, 1814	May 20, 1815	
Eldridge, William	"	"	"	
French, John	"	"	"	
Gwinn, Joseph	"	"	"	
Hicks, Richard	"	"	"	
Helms, James	"	"	February 21, 1815	Died.
Hollett, Solomon	"	"	May 20, 1815	
Jackman, Richard	"	"	February 28, 1815	Died.
Linsey, Henry	"	"	May 20, 1815	
Lynn, James	"	"	"	
Loller, James	"	"	"	
Lynn, Charles	"	"	"	
Lewis, John	"	"	"	
Mitchell, William	"	"	"	
Moody, John	"	"	"	
Murry, John	"	"	"	
Minst, Francis	"	"	"	
McElvain, Samuel	"	"	"	
Nell, Philip	"	"	"	
Newman, Isaac	"	"	"	
Ogden, David	"	"	"	
Reynolds, Charles	"	"	"	
Richardson, Shaderick	"	"	"	
Reynolds, Amos	"	"	"	
Rush, Samuel	"	"	"	
Staton, Joseph	"	"	"	
Stockton, Jesse	"	"	"	
Thurman, William	"	"	"	
Thurman, Littleberry	"	"	"	
Tooly, William	"	"	"	
Vann, John	"	"	"	
Venable, Daniel	"	"	"	
Wilburn, William	"	"	"	
Winfrey, William	"	"	"	
Young, Robert	"	"	"	

ROLL OF CAPTAIN ROBERT PAXTON'S COMPANY, KENTUCKY DETACHED MILITIA—COMMANDED BY LIEUTENANT-COLONEL WILLIAM MITCHUSSON.

Names	Rank	Date of Appointment or Enlistment	To what time Engaged or Enlisted	Remarks
Robert Paxton	Captain	November 20, 1814	February 28, 1815	Died at New Orleans. [March 1, 1815.
Daniel Zibb	Lieutenant	"	March 25, 1815	Died below Washington—promoted to Captain
William Rhea	Ensign	"	May 20, 1815	Promoted to Lieutenant 1st March, 1815.
William P. Montgomery	Sergeant	"	"	Promoted to Ensign 1st March 1815.
Campbell Gilmore	"	"	"	
Isham Ready	"	"	"	
Alexander Brownlee	"	"	"	
James Armes	"	"	"	
Archibald Rhea	Corporal	"	"	Appointed Sergeant March 1, 1815.
Ashby Jones	"	"	"	
William Hogan	"	"	"	
Anthony Davis	"	"	"	
Allen Miller	Rt. W. M.	"	"	Appointed Corporal March 1, 1815.
Atwell, Richard	Private	"	"	
Berry, Franklin	"	"	"	
Butler, Nathan	"	"	"	
Buckingham, Peter	"	"	"	
Baker, William	"	"	"	
Barrett, Thompson	"	"	"	
Broner, William	"	"	"	
Byes, Armstrong	"	"	"	
Batron, Robert	"	"	January 19, 1815	Died.
Calhoun, John	"	"	May 20, 1815	
Cunningham, James	"	"	"	
Caldwell, Andrew	"	"	"	
Duncan, James	"	"	"	
Dobson, Joseph	"	"	"	
Dobson, Robert	"	"	"	
Faris, John	"	"	"	
Gillingham, John	"	"	"	
Gooch, William	"	"	"	
Good, William	"	"	"	
Hampton, Stephen	"	"	"	

SOLDIERS OF THE WAR OF 1812.

ROLL OF CAPTAIN ROBERT PAXTON'S COMPANY, KENTUCKY DETACHED MILITIA—Continued.

Names.	Rank.	Date of Appointment or Enlistment.	To what time Engaged or Enlisted.	Remarks.
Harvey, John	Private	November 20, 1814	May 20, 1815	
Hays, Campbell	"	" "	" "	
Hays, James I.	"	" "	" "	
Hays, Andrew E.	"	" "	" "	
Hunt, James	"	" "	" "	
Hayes, James	"	" "	" "	
Hogan, Nathan	"	" "	" "	
Helton, Thomas	"	" "	" "	
Hogan, John	"	" "	January 9, 1815	Died.
Isaacs, Samuel	"	" "	May 20, 1815	
Janes, Berry	"	" "	" "	
Lampton, Jesse	"	" "	" "	
Lumpkin, Abraham	"	" "	" "	
Lisle, Peter	"	" "	" "	
Lile, Vincent	"	" "	" "	
Lemons, Isaac	"	" "	March 28, 1815	Died below Washington.
Montgomery, Robert M.	"	" "	May 20, 1815	
Morr, William	"	" "	" "	
Montgomery, Cyrus	"	" "	" "	
Moseby, Micajah	"	" "	" "	
McDaniel, William	"	" "	" "	
McKinsley, William	"	" "	" "	
Mathews, Samuel	"	" "	" "	
McMillan, Joseph M.	"	" "	" "	
Morris, John	"	" "	February 1, 1815	Died.
Ormes, Elly, Jr.	"	" "	May 20, 1815	
Ormes, Nathan	"	" "	" "	
Ormes, Elly	"	" "	" "	
Ormes, Nathan	"	" "	" "	
Price, Robert	"	" "	" "	
Riley, William	"	" "	" "	
Russell, Joseph	"	" "	" "	
Ray, John	"	" "	December 22, 1814	Died.
Raffity, John	"	" "	January 14, 1815	Died.
Smith, Isaac	"	" "	May 20, 1815	
Skaggs, Charles	"	" "	" "	
Smith, Thomas	"	" "	" "	
Smith, Samuel	"	" "	" "	
Stearman, William	"	" "	" "	
Tribble, Absalom	"	" "	" "	
White, John D.	"	" "	" "	
Waggoner, Willis	"	" "	" "	
White, John C.	"	" "	" "	
Wilson, Thomas	"	" "	" "	
Woodard, Abraham	"	" "	" "	
White, John	"	" "	" "	
Wheeler, Charles	"	" "	January 6, 1815	Died.

ROLL OF CAPTAIN JAMES ROBISON'S COMPANY, KENTUCKY DETACHED MILITIA—COMMANDED BY LIEUTENANT-COLONEL WILLIAM MITCHUSSON.

Names.	Rank.	Date of Appointment or Enlistment.	To what time Engaged or Enlisted.	Remarks.
James Robison	Captain	November 20, 1814	May 20, 1815	
Luke Nicholas	Lieutenant	" "	" "	
George Negley	Ensign	" "	" "	
Thomas Armstrong	Sergeant	" "	" "	
Lily Sullivan	"	" "	" "	
Samuel Elison	"	" "	January 13, 1815	Died.
James Alexander	"	" "	May 20, 1815	
Karr Hicks	"	" "	" "	
Duncan Campbell	Corporal	" "	" "	
Edward Robison	"	" "	" "	
Aaron Stallings	"	" "	" "	
Robert Williams	"	" "	" "	
George Lacey	Fifer	" "	" "	
Alexander, John	Private	" "	" "	
Aainsworth, Joseph	"	" "	" "	
Baker, Thomas	"	" "	" "	
Britt, Robert	"	" "	" "	
Barnes, Thomas B.	"	" "	" "	
Byle, John H.	"	" "	" "	
Blakeley, Samuel	"	" "	" "	
Boreland, Samuel	"	" "	" "	

SOLDIERS OF THE WAR OF 1812.

ROLL OF CAPTAIN JAMES ROBISON'S COMPANY, KENTUCKY DETACHED MILITIA —Continued.

Names.	Rank.	Date of Appointment or Enlistment.	To what time Engaged or Enlisted.	Remarks.
Coleran, Alexander	Private	November 20, 1814	May 20, 1815	
Coleman, Robert M.	"	" "	" "	
Cravins, Jesse	"	" "	" "	
Dunn, Richard	"	" "	" "	
Dinsmore, Jacob	"	" "	" "	
Davis, Clem	"	" "	" "	
Davis, Joseph	"	" "	" "	
Darneal, Thomas	"	" "	" "	
Edwards, Edward	"	" "	" "	
Furguson, William	"	" "	" "	
Filson, Jesse	"	" "	February 26, 1815	Died.
George, James	"	" "	May 20, 1815	
Gare, Isaac	"	" "	" "	
Gibson, Meredith	"	" "	" "	
Grace, Henry	"	" "	February 8, 1815	Died.
Hamby, James	"	" "	May 20, 1815	
Hunter, David	"	" "	" "	
Hunter, William	"	" "	" "	
Henderson, Ezekiel	"	" "	" "	
Handy, Benjamin	"	" "	" "	
Hardin, Samuel	"	" "	" "	
Hardin, Benjamin	"	" "	" "	
Inman, Thomas	"	" "	" "	
Lancaster, Henry	"	" "	" "	
Messick, George	"	" "	" "	
Morris, Ely	"	" "	" "	
Messimore, George	"	" "	" "	
Malin, Thomas	"	" "	" "	
Mitchell, William	"	" "	" "	
Mesamore, Jacob	"	" "	" "	
Nickson, William	"	" "	" "	
Pyle, William	"	" "	" "	
Pyle, David	"	" "	" "	
Stutt, Nicholas	"	" "	" "	
Shelton, Elijah	"	" "	" "	
Shelton, William	"	" "	March 6, 1815	Died.
Shelton, Abraham	"	" "	May 20, 1815	
Savage, William M.	"	" "	" "	
Shelton, Joseph	"	" "	" "	
Shelton, Robert	"	" "	" "	
Smith, Samuel	"	" "	December 22, 1815	Died.
Smith, Cloud	"	" "	" "	Died.
Sullivan, Levi	"	" "	May 20, 1815	
Thompson, Lawson	"	" "	" "	
Thompson, John	"	" "	" "	
Threet, James	"	" "	" "	
Tbradford, Walker	"	" "	" "	
Thomas, James	"	" "	April 6, 1815	Died.
Tell, Joseph	"	" "	March 24, 1815	Died.
Wingard, David	"	" "	May 20, 1815	

ROLL OF CAPTAIN ALMY McLEAN'S COMPANY, KENTUCKY DETACHED MILITIA— COMMANDED BY LIEUTENANT-COLONEL WILLIAM MITCHUSSON.

Names.	Rank.	Date of Appointment or Enlistment.	To what time Engaged or Enlisted.	Remarks.
Almy McLean	Captain	November 20, 1814	May 20, 1815	
Ephraim M. Brank	Lieutenant	February 6, 1815	" "	
William Alexander	"	November 20, 1814	February 3, 1815	Died at New Orleans.
Isaac Davis	Ensign	" "	May 20, 1815	
John Stull	Sergeant	" "	" "	
Henry Nusell	"	" "	" "	
Enoch Metcalf	"	January 20, 1815	" "	
Jordan O'Brien	"	February 6, 1815	" "	
James Langley	Corporal	December 9, 1814	" "	
Moses Matthews	"	November 20, 1814	" "	
Edward H. Tarrants	"	February 6, 1815	" "	
George Hill	"	" "	" "	
Abner B. C. Dillingham	Fifer	November 20, 1814	" "	
Apling, Henry	Private	" "	" "	
Anderson, John, Jr.	"	" "	" "	
Allen, Linsey	"	" "	" "	
Anderson, John	"	" "	" "	
Allison, McLean	"	" "	February 15, 1815	Died at Camp Jackson.

ROLL OF CAPTAIN ALMY McLEAN'S COMPANY, KENTUCKY DETACHED MILITIA—Continued.

Names.	Rank.	Date of Appointment or Enlistment.	To what time Engaged or Enlisted.	Remarks.
Bishop, James	Private	November 20, 1814	May 20, 1815	
Barker, Samuel	"	"	"	
Bone, Cornelius	"	"	"	
Bonds, Lott	"	"	"	
Carter, James	"	"	"	
Craig, John	"	"	"	
Combs, Jesse	"	"	"	
Cob, Elijah	"	"	April 1, 1815	Died.
Craig, Robert	"	"	May 20, 1815	
Crouch, Isaac	"	"	January 8, 1815	Died at New Orleans.
Claxton, Jeremiah	"	"	February 10, 1815	Died at New Orleans.
Dewitt, William	"	"	May 20, 1815	
Donnald, James	"	"	February 20, 1815	Died at New Orleans.
Evans, James	"	"	May 20, 1815	
Ferguson, John K.	"	"	"	
Foley, Mason	"	"	"	
Fox, Nathan	"	"	"	
Fowler, Jeremiah	"	"	"	
Gany, Matthew	"	"	"	
Gant, Thomas	"	"	"	
Gamblin, John	"	"	"	
Grayham, William	"	"	January 28, 1815	Died at New Orleans.
Hewlett, Thomas	"	"	May 20, 1815	
Hines, John	"	"	"	
Howard, Isaac	"	"	"	
Hensley, Leftridge	"	"	"	
Hewlett, Lemuel	"	"	"	
Hubbard, Liner	"	"	"	
Jains, Edward	"	"	"	
Kern, George	"	"	"	
Kenedy, George F.	"	"	"	
Lott, James	"	"	"	
Lynn, Gasham	"	"	"	
Lynn, Henry	"	"	"	
Leece, Samuel	"	"	"	
McGill, James	"	"	"	
Moore, Thomas	"	"	"	
Matthews, Jacob	"	"	"	
McFerson, James	"	"	"	
Martin, John	"	"	"	
Macons, Peter	"	"	"	
Nanny, Spencer	"	"	"	
Norris, Thomas	"	"	"	
Nixon, James	"	"	December 20, 1814	Died on the Mississippi.
Penrod, George	"	"	May 20, 1815	
Ripple, Michael	"	"	"	
Row, Adam	"	"	"	
Ripple, Jacob	"	"	"	
Rhodes, Bradford	"	"	"	
Sever, Michael	"	"	"	
Sumner, Thomas	"	"	"	
Sumner, William	"	"	"	
Sunn, John F.	"	"	"	
Sanders, George	"	"	January 5, 1815	Died at New Orleans.
Voris, John	"	"	May 20, 1815	
Wilcox, Elias	"	"	"	
Williams, Noah	"	"	"	
Wade, Hendley	"	"	"	
Wilson, John	"	"	"	
Williams, William	"	"	"	
Yaunce, Lawrence	"	"	"	

ROLL OF CAPTAIN ROBERT PATTERSON'S COMPANY, KENTUCKY DETACHED MILITIA—COMMANDED BY LIEUTENANT-COLONEL WILLIAM MITCHUSSON.

Names.	Rank.	Date of Appointment or Enlistment.	To what time Engaged or Enlisted.	Remarks.
Robert Patterson	Captain	November 20, 1814	May 20, 1815	
John Henry	Lieutenant	"	"	
James Porter	Ensign	"	"	
Allen Carter	Sergeant	"	"	
George T. Ashburn	"	"	"	
Graves Gunn	"	"	"	
Francis Porter	"	"	"	

SOLDIERS OF THE WAR OF 1812.

ROLL OF CAPTAIN ROBERT PATTERSON'S COMPANY, KENTUCKY DETACHED MILITIA —Continued.

Names.	Rank.	Date of Appointment or Enlistment.	To what time Engaged or Enlisted.	Remarks.
George Hickman	Corporal	November 20, 1814	May 20, 1815	
Allen Kuykendall	"	"	"	
William Bailey	"	"	"	
Robert Henry	"	"	"	
Albert, Jacob	Private	"	"	
Allen, Andrew	"	January 18, 1815	"	
Barrett, Enoch D.	"	November 20, 1814	"	
Brian, William	"	"	"	
Barringer, Jonathan	"	"	"	
Barnett, James	"	"	"	
Brown, Richard	"	"	"	
Burchfield, Thomas	"	"	"	
Brown, William	"	"	"	
Brown, Jimmy	"	"	"	
Bailey, James	"	"	"	
Clawson, John	"	"	"	
Collins, Dixon	"	"	"	
Coleman, Archibald	"	"	"	
Clevenger, Asa	"	"	"	
Caradine, David	"	"	March 30, 1815	Died.
Cooksey, Warren	"	"	May 20, 1815	
Collins, Hollen	"	"	"	
Carlisle, Mathew	"	"	"	
Diamond, John	"	"	"	
Diamond, James	"	"	"	
Elam, John	"	"	"	
Finley, Andrew	"	"	"	
Ford, John	"	"	"	
Farmer, Gray B.	"	"	February 16, 1815	Died.
Glister, Thomas	"	"	February 26, 1815	Enlisted.
Gist, William	"	"	May 20, 1815	
Gidcomb, John	"	"	"	
Gibson, Jordan	"	"	January 4, 1815	Died.
Gilky, Thomas	"	"	"	Died.
Henderson, Carnes D.	"	"	May 20, 1815	
Haney, Joseph	"	"	"	
Hodge, Nathan	"	"	"	
Hadden, William	"	"	"	
Hunsucker, Samuel	"	"	"	
Holley, William	"	"	"	
Jameson, Andrew	"	"	"	
Kown, Andrew	"	"	"	
Kenedy, Neil	"	"	"	
Kuykendall, Mark	"	"	"	
Larkins, Joseph	"	"	"	
Land, Lewis	"	"	"	
Land, Moses	"	"	"	
Morris, William	"	"	"	
McFarland, Wm. D.	"	"	"	
Moore, Jeremiah	"	"	March 6, 1815	Died.
Mann, John	"	"	May 20, 1815	
Miller, John	"	"	"	
Mitchell, Blake	"	"	"	
Neebart, Alexander	"	"	"	
Page, William	"	"	"	
Porter, Oliver	"	"	"	
Ralls, Robert	"	"	"	
Ralls, Green	"	"	February 2, 1815	Died.
Smith, Ezekiel	"	"	May 20, 1815	
Sears, Abraham	"	"	"	
Smith, Joseph	"	"	"	
Smith, Asa	"	"	April 15, 1815	Died.
Steele, Moses	"	"	December 26, 1815	Died.
Thomas, John	"	"	May 20, 1815	
Thomas, Thomas	"	"	"	
Taylor, Peter	"	"	"	
Tannehill, Benjamin	"	"	"	
Williams, David	"	"	"	
Wheeler, Seburn	"	"	"	
Woods, William	"	"	"	
Wilson, Benjamin	"	"	"	
Wood, Peter	"	"	"	

Roll of Field and Staff, Slaughter's Regiment, Kentucky Detached Militia, War of 1812—Commanded by Lt.-Col. Gabriel Slaughter.

NAMES.	Rank.	Date of Appointment or Enlistment.	To what time Engaged or Enlisted.	REMARKS.
Gabriel Slaughter	Lt.-Colonel	November 10, 1814	May 10, 1815	
Lanty Armstrong	1st Major	" "	" "	
William Wakefield	2d Major	" "	" "	
Samuel Macoun	Lieutenant	" "	" "	
William Rodes	"	" "	" "	
Roger Thompson	"	" "	" "	
Horatio Gaither	Surgeon	" "	" "	
Robert H. C. Pearson	S. Mate	" "	" "	
George C. Berry	"	" "	" "	
Thomas Curry	Sergeant Major	" "	" "	
Strother H. Gaines	Quartermaster Ser.	" "	" "	
John Thompson	Assistant Q. M.	" "	" "	
Thomas Wither	Fife Major	" "	" "	
Abner Decker	Drum Major	" "	" "	

ROLL OF CAPTAIN GEORGE McAFEE'S COMPANY, KENTUCKY DETACHED MILITIA—COMMANDED BY LIEUTENANT-COLONEL GABRIEL SLAUGHTER.

Names	Rank	Date of Appointment or Enlistment	To what time Engaged or Enlisted	Remarks
George McAfee	Captain	November 10, 1814	May 10, 1815	
William Bohan	Lieutenant	" "	" "	
John M. Jordan	Ensign	" "	" "	
John Lewis	Orderly Sergeant	" "	" "	
Julius Rucker	1st Sergeant	" "	" "	Substitute for Harris Hawkins—died Feb. 7, 1815.
James Pierson	"	" "	" "	Substitute for John Jeffries.
Samuel R. Trouer	"	" "	" "	
John Cochran	"	" "	" "	
Anderson Powers	1st Corporal	" "	" "	
Daniel Bohan	"	" "	" "	
Daniel Hay	"	" "	" "	
Thomas Robards	"	" "	" "	
Adams, Alexander	Private	" "	" "	
Barnes, Zachariah	"	" "	" "	
Brim, Landy	"	" "	" "	
Brown, Thomas	"	" "	" "	
Bunton, Samuel	"	" "	" "	
Bradshaw, James L.	"	" "	" "	
Berns, Philip	"	" "	" "	
Bryant, Daniel	"	" "	" "	
Bradley, Jacob	"	" "	" "	
Barclay, David	"	" "	" "	
Cummings, Alexander	"	" "	" "	
Curry, Thomas	"	" "	" "	
Combs, Joseph	"	" "	" "	
Cummings, Abraham	"	" "	" "	
Coovert, Simon	"	" "	" "	
Curry, James	"	" "	" "	
Cooney, James	"	" "	" "	
Cooney, Daniel	"	" "	" "	
Davis, George	"	" "	" "	
Dean, William	"	" "	" "	
Dodson, George	"	" "	" "	
Dunklin, William	"	" "	" "	
Ellis, Daniel	"	" "	" "	
Foreman, Jacob	"	" "	" "	
Goodnight, Alexander	"	" "	" "	
Green, William	"	" "	" "	
Gilmore, Joseph	"	" "	" "	
Gabbert, James	"	" "	" "	
Harlow, Thomas	"	" "	" "	
Haley, Edmund	"	" "	" "	
Hulton, John	"	" "	" "	
Horn, John	"	" "	" "	
Horn, Philip	"	" "	" "	
Hall, Barnet	"	" "	" "	
Johnston, William	"			
Jones, William	"			

ROLL OF CAPTAIN GEORGE McAFEE'S COMPANY, KENTUCKY DETACHED MILITIA —Continued.

Names.	Rank.	Date of Appointment or Enlistment.	To what time Engaged or Enlisted.	Remarks.
Jones, Thornton	Private	November 10, 1814	May 10, 1815	
Kirkham, Joseph	"	" "	" "	
Knox, George C.	"	" "	" "	
Kirkpatrick, James	"	" "	" "	
Lytle, Lewis	"	" "	" "	
Lockhart, Levi	"	" "	" "	
Lewis, Elijah	"	" "	" "	
Lister, Cornelius	"	" "	" "	
Lister, Stephen	"	" "	" "	
McAfee, Samuel	"	" "	" "	
McDonald, Clement	"	" "	" "	
McCoy, Joseph	"	" "	" "	
McMinny, William	"	" "	" "	
Mullikin, John	"	" "	" "	
Montfort, Jacob	"	" "	" "	
Mitchel, Jacob	"	" "	" "	
Napier, William	"	" "	" "	
Poulter, Joseph	"	" "	" "	Died January 19, 1815.
Pierson, Joseph	"	" "	" "	
Philips, Aaron	"	" "	" "	
Preston, George	"	" "	" "	
Quigley, John	"	" "	" "	
Ray, William	"	" "	" "	
Rynierson, Jacob	"	" "	" "	
Rains, Allen	"	" "	" "	
Roberts, William	"	" "	" "	
Ruby, Jacob	"	" "	" "	
Robertson, Samuel	"	" "	" "	
Roberts, James	"	" "	" "	
Silvers, John	"	" "	" "	
Short, James	"	" "	" "	
Short, William	"	" "	" "	
Shields, William	"	" "	" "	
Sams, Russell	"	" "	" "	
Sample, James	"	" "	" "	
Short, Coleman	"	" "	" "	
Sally, Rany S.	"	" "	" "	
Stone, Levi	"	" "	" "	
Thomas, Thompson	"	" "	" "	
Towner, Samuel	"	" "	" "	
Thompson, George P.	"	" "	" "	
Toomy, Isaac	"	" "	" "	
Thomas, Edmund G.	"	" "	" "	
Voris, John	"	" "	" "	
Violet, Sinclair	"	" "	" "	
Walker, John	"	" "	" "	
Wilson, John H.	"	" "	" "	
Wells, John, Sr.	"	" "	" "	
Wilson, Anthony	"	" "	" "	
Wells, John, Jr.	"	" "	" "	
Whitberry, Jacob	"	" "	" "	
Weathers, Thomas	"	" "	" "	
Yost, Jacob	"	" "	" "	

ROLL OF CAPTAIN JOHN EVANS' COMPANY, KENTUCKY DETACHED MILITIA— COMMANDED BY LIEUTENANT-COLONEL GABRIEL SLAUGHTER.

Names	Rank	Date	Term	Remarks
John Evans	Captain	November 10, 1814	6 months	
John Cuppinheifer	Lieutenant	" "	" "	
Robert Gilmore	Ensign	" "	" "	
Aaron Barrow	Sergeant	" "	" "	
Thomas Galliway	"	" "	" "	
Joseph Hedrick	"	" "	" "	Sergeant from 10th Nov., 1814, to 10th Jan., 1815.
George Duncan	"	" "	" "	Sergeant from 10th Nov., 1814, to 10th Jan., 1815.
John Evans	Corporal	" "	" "	
John Burke	"	" "	" "	
William McCullough	"	" "	" "	
Thomas Nichols	"	" "	" "	
Barker, Thomas	Private	" "	" "	Died the last of April, 1815.
Bebber, John	"	" "	" "	
Beadle, Seaton	"	" "	" "	
Barnet, James	"	" "	" "	

ROLL OF CAPTAIN JOHN EVANS' COMPANY, KENTUCKY DETACHED MILITIA—Continued.

Names.	Rank.	Date of Appointment or Enlistment.	To what time Engaged or Enlisted.	Remarks.
Barnet, Jubille	Private	November 10, 1814	6 months	
Bowmer, William	"	"	"	
Barns, Mathew	"	"	"	
Burman, James	"	"	"	
Bowen, William	"	"	"	
Briant, Morgan	"	"	"	
Collins, Andrew	"	"	"	Died last of March, 1815.
Dishmon, James	"	"	"	
Dick, Archibald	"	"	"	
Dove, James	"	"	"	
Evans, John	"	"	"	
Elkins, Richard	"	"	"	Died last of April, 1815.
Floyd, Thomas	"	"	"	
Fitzpatrick, Samuel	"	"	"	Sergeant from 10th of Jan. to 10th May, 1815.
Fitzpatrick, George	"	"	"	
Gough, John	"	"	"	
Gilmore, William	"	"	"	Died last of April, 1815.
Griffin, John	"	"	"	Died February 24, 1815.
Gregory, Samuel	"	"	"	
Hargus, Thomas	"	"	"	
Herrin, Joel	"	"	"	
Hendrickson, Thomas	"	"	"	
Hendrickson, Gibson	"	"	"	
Hardister, William	"	"	"	
Hargus, John	"	"	"	Died February 14, 1815.
Harp, Westley	"	"	"	
Harmons, Jesse	"	"	"	Died last of April, 1815.
Hedrick, Jacob, Jr.	"	"	"	
Hudson, Robert	"	"	"	
Hudson, Manoah	"	"	"	
Hedrick, Jacob, Sr.	"	"	"	
Hanes, Ezekiah	"	"	"	
Hunt, William	"	"	"	
Hamilton, James	"	"	"	
Humphries, David	"	"	"	
Hunt, Samuel	"	"	"	
Johnson, James	"	"	"	
James, Daniel F.	"	"	"	
Jasper, Andrew	"	"	"	
McAllister, John	"	"	"	
Moody, Martin	"	"	"	
McCarty, William	"	"	"	
McCan, William	"	"	"	
McKaughan, William	"	"	"	
Neal, Isaac	"	"	"	
Preston, William	"	"	"	
Price, John	"	"	"	
Reagan, William	"	"	"	
Ridge, Robertson	"	"	"	
Riley, William	"	"	"	
Sneed, John	"	"	"	
Stroud, Ansel	"	"	"	
Tartar, Frederick	"	"	"	Died March 25, 1815.
White, Edward	"	"	"	
White, Elisha	"	"	"	
Woolsey, Thomas	"	"	"	
White, David	"	"	"	
Weatherman, Simon	"	"	"	
Wilson, Bird	"	"	"	
Weddle, George	"	"	"	
Weddle, John	"	"	"	
Wright, Walter	"	"	"	
White, John	"	"	"	Sergeant from 10th Jan. to 10th May, 1815.

ROLL OF CAPTAIN LEONARD P. HIGDON'S COMPANY, KENTUCKY DETACHED MILITIA—COMMANDED BY LIEUTENANT-COLONEL GABRIEL SLAUGHTER.

Names.	Rank.	Date of Appointment or Enlistment.	To what time Engaged or Enlisted.	Remarks.
Leonard P. Higdon	Captain	November 10, 1814	6 months	
David Huston	Lieutenant	" "	" "	
John Young	Ensign	" "	" "	
Samuel Handley	Orderly Sergeant	" "	" "	
William Bailey	1st Sergeant	" "	" "	
Barton Hawley	2d Sergeant	" "	" "	
Francis Hagan	3d Sergeant	" "	" "	
James W. Tyler	4th Sergeant	" "	" "	
Isaac Anderson	Corporal	" "	" "	
James McDaniel	"	" "	" "	
Henry Holtzclaw	"	" "	" "	
Nathaniel Harris	"			
Audd, Ambrose	Private	" "	" "	
Anderson, Samuel	"	" "	" "	
Bredwell, Noah	"	" "	" "	
Bowl, James	"	" "	" "	
Burkhead, Isaac	"	" "	" "	
Blanford, Francis	"	" "	" "	
Baldwin, McKinsey	"	" "	" "	
Bishop, Solomon	"	" "	" "	
Brown, Frederick	"	" "	" "	
Blann, James	"	" "	" "	
Burkhead, Basil	"	" "	" "	
Basey, Jesse	"	" "	" "	
Bevin, Walter	"	" "	" "	
Bean, Judson	"	" "	" "	
Baldwin, Samuel	"	" "	" "	
Brown, James	"	" "	" "	
Connor, James	"	" "	" "	
Clark, Zachous	"	" "	" "	
Cissel, James	"	" "	" "	
Coffman, Michael	"	" "	" "	
Calvert, Thomas	"	" "	" "	
Cane, Michael	"	" "	March 18, 1815. 6 months	Died March 18, 1815.
Clark, John	"	" "	" "	
Clemens, Thomas	"	" "	April 1, 1815. 6 months	Died April 1, 1815.
Connell, Hiram	"	" "	" "	
Connolly, Basil	"	" "	" "	
Cosby, Overton	"	" "	" "	
Clark, Abner	"	" "	March 5, 1815. 6 months	Died March 5, 1815.
DeMorgan, Reuben N.	"	" "	" "	
Drake, Jacob	"	" "	" "	
Dunn, Simpson	"	" "	" "	
Davis, Lemuel	"	" "	" "	
David, Amos	"	" "	" "	
Elliot, Greenbury	"	" "	" "	
Foxworthy, George	"	" "	" "	
Fox, William	"	" "	" "	
Fowler, Thomas	"	" "	" "	
Gibson, Henry	"	" "	" "	Died February 2, 1815.
Hanon, Ezekiel	"	" "	" "	
Harrison, Grove	"	" "	" "	
Hansford, William	"	" "	" "	
Hagerman, Tunis	"	" "	" "	
Higdon, James	"	" "	" "	
Hibbs, John	"	" "	" "	
Hall, Philip	"	" "	" "	
Knott, Henry	"	" "	" "	
Lefter, John	"	" "	" "	
Lent, William	"	" "	March 27, 1815. 6 months	
Lane, Benjamin	"	" "	" "	
McDaniel, Redman	"	" "	" "	
McLaughlin, Jesse	"	" "	" "	
Malon, Jacob	"	" "	" "	
McDaniel, William	"	" "	" "	
Miles, Francis	"	" "	" "	
Magnill, Richard	"	" "	" "	
McDaniel, John	"	" "	" "	
Osborn, Samuel	"	" "	" "	
Parrish, Francis	"	" "	" "	
Popham, Hawkins	"	" "	" "	
Popham, William	"	" "	" "	
Paul, James	"	" "	" "	
Polk, James	"	" "	" "	
Rynearson, Peter	"	" "	" "	
Roberts, George	"	" "	" "	

SOLDIERS OF THE WAR OF 1812.

ROLL OF CAPTAIN LEONARD P. HIGDON'S COMPANY, KENTUCKY DETACHED MILITIA —Continued.

Names.	Rank.	Date of Appointment or Enlistment.	To what time Engaged or Enlisted.	Remarks.
Rozner, William	Private	November 10, 1814	6 months	
Smither, Joel	"	" "	" "	
Smith, John	"	" "	" "	
Turner, Joseph	"	" "	" "	
Vinson, George	"	" "	" "	
Witherton, John	"	" "	" "	
Wise, John	"	" "	" "	
Wise, Joseph	"	" "	" "	
Watson, Joseph	"	" "	" "	
Wilson, Benjamin	"	" "	" "	

ROLL OF CAPTAIN JONATHAN OWSLEY'S COMPANY, KENTUCKY DETACHED MILITIA—COMMANDED BY LIEUTENANT-COLONEL GABRIEL SLAUGHTER.

Names.	Rank.	Date of Appointment or Enlistment.	To what time Engaged or Enlisted.	Remarks.
Jonathan Owsley	Captain	November 10, 1814	6 months	
Loftis Cook	Lieutenant	" "	" "	
Stephen Lyons	Ensign	" "	" "	
Samuel P. Magill	Sergeant	" "	" "	
Henry Sharp	"	" "	" "	Substituted for David Culbertson.
John Logan	"	" "	" "	
John Gilbreath	"	" "	" "	
John Wood	"	" "	" "	Substituted for John F. Bell.
William Forsythe	1st Corporal	" "	" "	Substituted for John Lawrence.
Robert Bryant	"	" "	" "	
John Huff	"	" "	" "	
Thomas Scott	"	" "	" "	Substituted for William May.
Adams, Edward	Private	" "	" "	Substituted for Thomas Conway.
Bettis, John	"	" "	" "	
Bower, Francis	"	" "	" "	Substituted for Jacob Weasnor.
Bryant, William	"	" "	" "	
Burnett, Nicholas	"	" "	" "	Substituted for Lewis Blevins.
Berry, Labon S.	"	" "	" "	Substituted for Nehemiah ———.
Ball, Isaiah	"	" "	" "	Discharged December 3, 1814.
Brook, John	"	" "	" "	Substitute for William P. Hyatt.
Baldwin, Joseph	"	" "	" "	
Burton, William	"	" "	" "	Discharged November 11, 1814.
Bowman, Jacob	"	" "	" "	Substitute for William Bathurum.
Breden, James	"	" "	" "	
Coombs, John	"	" "	" "	Substitute for Lewis Huckerson.
Cox, Leroy	"	" "	" "	
Cavenaugh, Philemon	"	" "	" "	Died March 2, 1815.
Cash, William	"	" "	" "	
Dudarar, Coonrod	"	" "	" "	
Dudar, William	"	" "	" "	Substitute for Samuel Huffner.
Dodson, Thomas	"	" "	" "	Substitute for John Boatman.
Davis, Nathan	"	" "	" "	Substitute for Abram Morehead.
Doolin, James	"	" "	" "	
Davis, John	"	" "	" "	Discharged November 11, 1814.
Dasswell, Jesse	"	" "	" "	Deserted November 14, 1814.
Duncan, William	"	" "	" "	
Embree, Elijah	"	" "	" "	Substitute for Jonathan Guns, swapped for Enos Barnes, swapped for Samuel Jackson—deserted December 9, 1814,
Etone, Elijah	"	" "	" "	
Ervin, Francis	"	" "	" "	
Edwards, Peter	"	" "	" "	Substitute for John Ainer.
Forsythe, David	"	" "	" "	
Goodnight, John	"	" "	" "	
Gooch, Roland	"	" "	" "	
Gibson, John	"	" "	" "	Substitute for James Warren.
Gill, Angel	"	" "	" "	Substitute for Benjamin Hiatt.
Hill, Zachariah	"	" "	" "	
Hotzclaw, Benjamin	"	" "	" "	
Hackley, James	"	" "	" "	
Hair, John	"	" "	" "	
Hutson, Lodrick	"	" "	" "	
Harvey, James W.	"	" "	" "	Substitute for George Myers.
Haynes, James	"	" "	" "	Substitute for James Watson.
Holmes, George	"	" "	" "	Substitute for William Walky.
Hull, James	"	" "	" "	
Jackson, William	"	" "	" "	Substitute for John Burnett.
Low, Thomas	"	" "	" "	

ROLL OF CAPTAIN JONATHAN OWSLEY'S COMPANY, KENTUCKY DETACHED MILITIA —Continued.

Names.	Rank.	Date of Appointment or Enlistment.	To what time Engaged or Enlisted.	Remarks.
Lavinder, John	Private	November 10, 1814	6 months	
Lawrence, Hugh	"	" "	" "	
Lynn, James	"	" "	" "	
Martin, William	"	" "	" "	
McRoberts, Andrew	"	" "	" "	Discharged 11th November, 1814.
McMullen, John	"	" "	" "	
McCrutcheon, William	"	" "	" "	Substitute for Philip Collins.
McManny, Charles	"	" "	" "	Substitute for William Findley.
Newcomb, Wilson	"	" "	" "	Substitute for Abraham Adams.
Nelly, Edward	"	" "	" "	
Oalder, Jonathan	"	" "	" "	Substitute for George Logan.
Pettit, Walker	"	" "	" "	Received as a deserter.
Pence, John	"	" "	" "	
Parsons, Obediah	"	" "	" "	
Prewitt, David	"	" "	" "	
Ray, Joseph	"	" "	" "	
Renalds, Fountain	"	" "	" "	
Roberts, James	"	" "	" "	Substitute for John Hamilton.
Ross, Thomas J.	"	" "	" "	Substitute for Robert Hageray.
Raybourne, John	"	" "	" "	Died March 9, 1815.
Simpson, John	"	" "	" "	
Sutton, Walker	"	" "	" "	Substitute for Henry Harland.
Souder, Jefferson	"	" "	" "	Discharged 11th November, 1814.
Spratt, Thomas	"	" "	" "	
Singleton, McIntire	"	" "	" "	
Stephens, John	"	" "	" "	
Singleton, Thomas	"	" "	" "	
Tedrick, Jacob	"	" "	" "	Discharged 11th November, 1814.
Warden, William	"	" "	" "	Substitute for John Renor.
Wade, Jeremiah	"	" "	" "	Substitute for Elijah Bailey.
Wood, William	"	" "	" "	
Warren, Burris	"	" "	" "	

ROLL OF CAPTAIN JOHN FARMER'S COMPANY, KENTUCKY DETACHED MILITIA— COMMANDED BY LIEUTENANT-COLONEL GABRIEL SLAUGHTER.

Names	Rank	Date of Appointment or Enlistment	To what time Engaged or Enlisted	Remarks
John Farmer	Captain	November 10, 1814	May 10, 1815	
Willoughby Ashby	Lieutenant	" "	" "	
John Figg	Ensign	" "	December 19, 1814	Died December 19, 1814.
Jesse Keeth	1st Sergeant	" "	" "	Dismissed as Sergeant January 4, 1815.
David, Weller	"	November 11, 1814	" "	
Isaac Chambers	"	November 10, 1814	May 10, 1815	
Isaac Houston	2d Sergeant	" "	" "	
Owen R. Griffith	3d Sergeant	" "	" "	
Corcelius Woods	4th Sergeant	" "	" "	
Samuel Heffler	1st Corporal	" "	" "	
Barnard Bridwell	2d Corporal	" "	March 21, 1815	Died March 21, 1815.
George Weller	3d Corporal	" "	May 10, 1815	
Angel, George	Private	" "	" "	
Anderson, Thomas	"	" "	" "	
Anderson, John	"	" "	" "	
Berton, William	"	" "	" "	
Bright, John	"	" "	" "	
Brown, Robert	"	" "	" "	
Bennett, Jery	"	" "	" "	
Brewer, James	"	" "	" "	
Boly, Peter	"	" "	" "	
Carter, William	"	" "	" "	
Carico, James	"	" "	" "	
Chaplain, Jery	"	" "	" "	
Carter, Samuel	"	" "	" "	
Carter, Joseph	"	" "	" "	
Conor, George	"	" "	" "	
Cane, Mathew	"	" "	" "	
Donehau, James	"	" "	" "	
Denbow, James	"	" "	" "	
Davis, Jesse	"	" "	" "	
Dewitt, Abraham	"	" "	" "	
Davis, John	"	" "	" "	
Gilkey, William	"	" "	" "	
Grubb, William	"	" "	" "	
Glass, James H.	"	" "	" "	

ROLL OF CAPTAIN JOHN FARMER'S COMPANY, KENTUCKY DETACHED MILITIA—Continued.

Names.	Rank.	Date of Appointment or Enlistment.	To what time Engaged or Enlisted.	Remarks.
Hampton, David	Private	November 10, 1814	May 10, 1815	
Hill, Robert	"	" "	" "	
Harden, John	"	" "	" "	
Huffman, George	"	" "	" "	
Hagan, Dory	"	" "	" "	
Ice, James	"	" "	" "	
Jones, Joseph	"	" "	" "	
Jones, John	"	" "	" "	
Johnston, William	"	" "	" "	
Johnston, Joseph	"	" "	" "	
Kenny, William	"	" "	" "	
Keth, Isaac	"	" "	" "	
Low, Richard	"	" "	" "	
Lerit, Joseph	"	" "	" "	
Lanam, James	"	" "	" "	
Mattingly, Edward	"	" "	" "	
Medcalf, James	"	" "	" "	
Medcalf, Benjamin	"	" "	" "	
Marshall, Daniel	"	" "	" "	
Miller, Frederick	"	" "	January 3, 1815	Died January 3, 1815.
Micater, Patrick	"	" "	May 10, 1815	
Philips, George	"	" "	" "	
Powers, Richard	"	" "	" "	
Reed, Richard	"	" "	" "	
Robinson, Alexander	"	" "	" "	
Spilman, Henry	"	" "	" "	
Springston, Abraham	"	" "	" "	
Sinkhorn, William	"	" "	" "	
Shaream, George	"	" "	" "	
Seals, John	"	" "	" "	
Thompson, James	"	" "	" "	
Thompson, John	"	" "	" "	
Walker, Howard	"	" "	" "	
White, John	"	" "	December 27, 1814	Died December 27, 1814.
White, Francis	"	" "	May 10, 1815	
Wilcox, Isaac	"	" "	" "	
York, John	"	" "	" "	

ROLL OF CAPTAIN ADAM VICKERY'S COMPANY, KENTUCKY DETACHED MILITIA—COMMANDED BY LIEUTENANT-COLONEL GABRIEL SLAUGHTER.

Names.	Rank.	Date of Appointment or Enlistment.	To what time Engaged or Enlisted.	Remarks.
Adam Vickery	Captain	November 10, 1814	6 months	
John Garner	Lieutenant	" "	" "	
John Barrow	Ensign	" "	" "	
Hiram Gregory	Sergeant	" "	" "	
Thomas Brown	"	" "	" "	
Moses Barnes	"	" "	" "	
Alexander Brown	"	" "	" "	
Harman Elrod	"	" "	" "	
William Hurt	Corporal	" "	" "	
George Dodson	"	" "	" "	
Thomas Ryon	"	" "	" "	
Lapaly Hall	"	" "	" "	
Ard, James	Private	" "	" "	
Andrew, Alexander	"	" "	" "	
Acre, Peter	"	" "	" "	
Burnham, Owen	"	" "	" "	
Bell, John	"	" "	" "	
Ballard, John	"	" "	" "	
Burnet, James	"	" "	" "	
Baker, James	"	" "	" "	
Baker, Stephen	"	" "	" "	
Barnes, William	"	" "	" "	
Bowman, Willis	"	" "	" "	
Barnes, Enos	"	" "	" "	
Brown, Lewis	"	" "	" "	
Brown, Barnabus	"	" "	" "	
Butrim, Cornelius	"	" "	" "	
Craig, John H.	"	" "	" "	
Casson, John	"	" "	" "	
Caughorn, William	"	" "	" "	
Cook, Enos	"	" "	" "	

ROLL OF CAPTAIN ADAM VICKERY'S COMPANY, KENTUCKY DETACHED MILITIA—Continued.

Names.	Rank.	Date of Appointment or Enlistment.	To what time Engaged or Enlisted.	Remarks.
Cox, David	Private	November 10, 1814	6 months	
Cooper, Caleb	"	" "	" "	
Duffey, John	"	" "	" "	
Dean, James	"	" "	" "	
Davis, William	"	" "	" "	
Dabney, Charles	"	" "	" "	
Elrod, Adam	"	" "	" "	
Foster, John	"	" "	" "	
Gray, Jesse	"	" "	" "	
Gholson, Samuel	"	" "	" "	
Gibson, Stephen	"	" "	" "	
Gooding, Abraham	"	" "	" "	
Gibson, Thomas	"	" "	" "	
Hains, John	"	" "	" "	
Hill, William	"	" "	" "	
Hall, Henry	"	" "	" "	
Hill, Claiborn	"	" "	" "	
Keniday, John	"	" "	" "	
Kogan, William	"	" "	" "	
Lea, John	"	" "	" "	
Luster, John	"	" "	" "	
Lenn, James	"	" "	" "	
Lambert, Henry	"	" "	" "	
Livingston, Robert	"	" "	" "	
Miller, George	"	" "	" "	
McGown, Solomon	"	" "	" "	
Mills, Ulissius	"	" "	" "	
Moore, David	"	" "	" "	
Mays, David	"	" "	" "	
Neal, Jesse	"	" "	" "	
Pow, Alexander	"	" "	" "	
Ray, John	"	" "	" "	
Southword, John	"	" "	" "	
Shaw, John	"	" "	" "	
Shelton, John	"	" "	" "	
Savage, John	"	" "	" "	
Shelton, James	"	" "	" "	
Smith, William	"	" "	" "	
Stephens, Peter	"	" "	" "	
Smith, Henry	"	" "	" "	
Stephens, Thomas	"	" "	" "	
Smith, George	"	" "	" "	
Sallee, William I.	"	" "	" "	
Tiller, John	"	" "	" "	
Thornton, John	"	" "	" "	
Thomas, Samuel	"	" "	" "	Substituted for Samuel Gholson February 12th.
Wade, John	"	" "	" "	
Willice, John	"	" "	" "	
Woods, James	"	" "	" "	
Welsher, Joshua	"	" "	" "	
West, Joseph	"	" "	" "	
Welsher, Josiah	"	" "	" "	
West, Alexander	"	" "	" "	
Wade, Elisha	"	" "	" "	
Wray, Daniel	"	" "	" "	
Wallace, Barnabus	"	" "	" "	

ROLL OF CAPTAIN WILLIAM WOOD'S COMPANY, KENTUCKY DETACHED MILITIA—COMMANDED BY LIEUTENANT-COLONEL GABRIEL SLAUGHTER.

Names	Rank	Date	Time	Remarks
William Wood	Captain	November 10, 1814	6 months	
Peter Oatman	Lieutenant	" "	" "	
Thomas Brown	Ensign	" "	" "	
Henry Robinson	Sergeant	" "	" "	
Absalom Rice	"	" "	" "	
George Herring	"	" "	" "	
Isaac Therman	"	" "	" "	
Thomas Jones	"	" "	" "	Promoted December 17, 1814.
John McKinsey	Corporal	" "	" "	
John Allen	"	" "	" "	
Simon Mobely	"	" "	" "	
John Bourne	"	" "	" "	Promoted January 18, 1815.

ROLL OF CAPTAIN WM. WOOD'S COMPANY, KENTUCKY DETACHED MILITIA—Continued.

Names.	Rank.	Date of Appointment or Enlistment.	To what time Engaged or Enlisted	Remarks.
Anderson, Garland	Private	November 10, 1814	6 months	
Anderson, Thomas	"	" "	" "	
Adams, John	"	" "	" "	
Blankenship, John	"	" "	" "	
Brown, Stanton	"	" "	" "	
Bailey, Lewis	"	" "	" "	
Beech, Joel	"	" "	" "	
Brown, William	"	" "	" "	
Burton, Allen	"	" "	" "	
Brown, Edwin	"	" "	" "	
Barron, Mathias	"	" "	" "	
Barker, Richard	"	" "	" "	
Boadly, Peter D.	"	" "	" "	
Brown, John	"	" "	" "	
Clements, Thomas	"	" "	" "	
Coy, Samuel	"	" "	" "	
Chambers, Abraham	"	" "	" "	Died March 18, 1815.
Coy, Thomas	"	" "	" "	
Clark, William	"	" "	" "	
Davidson, John	"	" "	" "	
Duggins, Richard	"	" "	" "	
Dooly, Jacob	"	" "	" "	
Duncan, George	"	" "	" "	Died January 15, 1815.
Dotson, Thomas	"	" "	" "	
Edens, Mathew	"	" "	" "	
Elliott, Reuben	"	" "	" "	
Erton, Henry	"	" "	" "	
Graham, Robinson	"	" "	" "	Died February 28, 1815.
Gill, John	"	" "	" "	
Greenstaff, George	"	" "	" "	
Garvin, William	"	" "	" "	
Green, Thomas	"	" "	" "	
Gromer, Henry	"	" "	" "	
Gayheart, Isaac	"	" "	" "	
Hotsclaw, Martin	"	" "	" "	
Horley, William	"	" "	" "	
Hurd, William	"	" "	" "	
Hay, Isaac	"	" "	" "	
Huffman, Henry	"	" "	" "	
Henderson, Joseph	"	" "	" "	
Hicks, Fleming	"	" "	" "	
Hoskins, Samuel	"	" "	" "	
Holmes, Isaac	"	" "	" "	
Jackman, Thomas	"	" "	" "	
Lampton, William	"	" "	" "	
McMeas, Jacob	"	" "	" "	
Martendale, Moses	"	" "	" "	
McFadgin, James	"	" "	" "	
Moore, Moses	"	" "	" "	
Miller, James	"	" "	" "	
Mayfield, Sutherland	"	" "	" "	
Naylor, Jesse	"	" "	" "	
Newcomb, Lance	"	" "	" "	
Naylor, George T.	"	" "	" "	
Naylor, John	"	" "	" "	
Pow, William	"	" "	" "	
Pollard, Abner	"	" "	" "	
Preston, John	"	" "	" "	
Pucket, William	"	" "	" "	
Spencer, John	"	" "	" "	
Stone, James	"	" "	" "	
Stanton, Fleming	"	" "	" "	
Skiler, John	"	" "	" "	
Stephens, William	"	" "	" "	
Stephens, ——	"	" "	" "	
Thacker, Elijah	"	" "	" "	
Turpin, James	"	" "	" "	
Tarrent, Larkin	"	" "	" "	
Tunget, Benjamin	"	" "	" "	
Vance, Jacob	"	" "	" "	
Weather, John	"	" "	" "	
Warren, Joseph	"	" "	" "	Deceased February 18, 1815.
Wiley, Benjamin	"	" "	" "	
Woodal, John	"	" "	" "	
Warmouth, Thomas	"	" "	" "	
Warmouth, Githean	"	" "	" "	
Williams, Oscar	"	" "	" "	
Williams, George	"	" "	" "	
Yancy, George	"	" "	" "	

ROLL OF CAPTAIN WILLIAM WADE'S COMPANY, KENTUCKY DETACHED MILITIA—COMMANDED BY LIEUTENANT-COLONEL GABRIEL SLAUGHTER.

Names.	Rank.	Date of Appointment or Enlistment.	To what time Engaged or Enlisted.	Remarks.
William Wade	Captain	November 10, 1814	6 months	
John Riffe	Lieutenant	" "	" "	
Mathew Coffee	Ensign	" "	" "	
David Johnson	Sergeant	" "	" "	
Joshua Moore	"	" "	" "	
John D. Thurmond	"	" "	" "	
John Spears	"	" "	" "	
John Shannon	"	" "	" "	
William Jones	Corporal	" "	" "	
John Estis	"	" "	" "	
Starling Coulter	"	" "	" "	
Jacob Cunningham	"	" "	" "	Sick at New Orleans
(Obinion or) Albanion, George	Private	" "	" "	
Barnett, Skuyler	"	" "	" "	
Carmen, William	"	" "	" "	
Curdum, William	"	" "	" "	
Coxe, Joseph	"	" "	" "	
Carter, Moses	"	" "	" "	
Cloyd, Joseph	"	" "	" "	
Charlton, Levi	"	" "	" "	
Coulter, Morris	"	" "	" "	
Carman, Ezekiah	"	" "	" "	
Clifton, Nehemiah	"	" "	" "	
Clifton, Isaiah	"	" "	" "	
Cinkhous, Henry	"	" "	" "	
Cunningham, Thomas	"	" "	" "	
Clark, Thomas	"	" "	" "	
Dyer, William	"	" "	" "	
Duncan, Flemmin	"	" "	" "	
Dobbs, William	"	" "	" "	
Drummond, James	"	" "	" "	
Davenport, Thomas	"	" "	" "	
East, Nimrod	"	" "	" "	
Ewebank, James	"	" "	" "	
Ecton, Charles	"	" "	" "	
Edwards, Aaron	"	" "	" "	
Ellis, John	"	" "	" "	Discharged November 10, 1814.
Figg, William	"	" "	" "	
Gentry, Benjamin	"	" "	" "	
Gee, John	"	" "	" "	
Hite, Burton	"	" "	" "	
Harvey, Robert	"	" "	" "	
Harvel, Squire	"	" "	" "	
Hutcherson, Samuel	"	" "	" "	
Johnson, Luke	"	" "	" "	
King, Thomas	"	" "	" "	
Linthicum, Thomas	"	" "	" "	
Lee, Francis	"	" "	" "	
Lee, Joseph P.	"	" "	" "	
McCutchin, Samuel	"	" "	" "	Absent—illegally drafted.
Minor, Laban	"	" "	" "	
Mason, James	"	" "	" "	
McWherton, Jesse	"	" "	" "	
Mason, Thomas	"	" "	" "	
McCan, William	"	" "	" "	
Mason, Thomson	"	" "	" "	
Northcut, Arthur	"	" "	" "	
Noble, Thomas	"	" "	" "	
Pankey, John B.	"	" "	" "	
Price, Robert	"	" "	" "	
Royaltree, Henry	"	" "	" "	Died March 5, 1815.
Riffe, Christopher	"	" "	" "	
Ragsdale, Gabriel	"	" "	" "	
Royaltree, William	"	" "	" "	
Riffe, Abraham	"	" "	" "	
Reed, Philip	"	" "	" "	
Routsaw, Coonrod	"	" "	" "	
Raglin, James	"	" "	" "	
Reed, Little B.	"	" "	" "	
Studer, David	"	" "	" "	
Seabron, John	"	" "	" "	Discharged November 12, 1814.
Stepp, William	"	" "	" "	
Selch, Nicholas	"	" "	" "	
Skidmore, John	"	" "	" "	
Snow, John	"	" "	" "	Failed in marching.

SOLDIERS OF THE WAR OF 1812.

ROLL OF CAPTAIN WILLIAM WADE'S COMPANY, KENTUCKY DETACHED MILITIA—Continued.

Names.	Rank.	Date of Appointment or Enlistment.	To what time Engaged or Enlisted.	Remarks.
Studor, Randal	Private	November 10, 1814	6 months	
Stanton, William	"	" "	" "	
Thomas, Robert	"	" "	" "	
Tailor, Jacob	"	" "	" "	
Vorus, Abraham	"	" "	" "	
Vantres, Jacob	"	" "	" "	
Williams, Amos	"	" "	" "	
Wright, Bennett C.	"	" "	" "	Discharged December 8, 1814.
Whitesides, David	"	" "	" "	
Williams, Richard	"	" "	" "	
Yager, Lewis	"	" "	" "	

ROLL OF CAPTAIN EDWARD BERRY'S COMPANY, KENTUCKY DETACHED MILITIA—COMMANDED BY LIEUTENANT-COLONEL GABRIEL SLAUGHTER.

Names.	Rank.	Date of Appointment or Enlistment.	To what time Engaged or Enlisted.	Remarks.
Edward Berry	Captain	November 10, 1814	6 months	
David Rodman	Lieutenant	" "	" "	
Thomas McIntire	Ensign	" "	" "	
Stephen Thompson	Sergeant	" "	" "	
George Elliott	"	" "	" "	
Starling Thompson	"	" "	" "	
Charles Fowler	"	" "	" "	
John Austin	"	" "	" "	
Andrew Powel	"	" "	" "	
Joel Nelson	"	" "	" "	
Philip Richardson	"	" "	" "	
John McClure	"	" "	" "	
Adams, Henry	Private	" "	" "	
Burns, Isaac	"	" "	" "	
Bennett, George W.	"	" "	" "	
Baker, James	"	" "	" "	
Baker, William	"	" "	" "	
Bryan, John	"	" "	" "	
Barnett, William	"	" "	" "	
Champion, Joseph	"	" "	" "	
Cannon, Robert	"	" "	" "	
Cogenom, George	"	" "	" "	
Campton, James	"	" "	" "	
Casey, David	"	" "	" "	
Catlin, Seth	"	" "	" "	
Carter, Benjamin	"	" "	" "	
Cross, William	"	" "	" "	
Creagh, Christian	"	" "	February 27, 1815	
Davis, Robert	"	" "	6 months	
Earl, Samuel	"	" "	" "	
Ferguson, Daniel	"	" "	" "	
Franklin, Edward	"	" "	" "	
Graves, John	"	" "	" "	
Hickerson, John	"	" "	" "	
Hickerson, Joseph	"	" "	" "	
Hilton, Henry	"	" "	" "	
Hart, William	"	" "	" "	
Higgins, David	"	" "	" "	
Jackson, James	"	" "	" "	
Lockett, Samuel	"	" "	" "	
Lannom, Lewis	"	" "	" "	
Lawson, Chester	"	" "	" "	
Lawson, Berry	"	" "	" "	
Lambert, David	"	" "	" "	
Lannom, Samuel	"	" "	" "	
Miles, Alexander	"	" "	" "	
Miller, Joseph	"	" "	" "	
Morgan, Abraham	"	" "	" "	
McMurry, Thomas	"	" "	" "	
Maxwell, Charles	"	" "	" "	
Morris, Reuben	"	" "	March 4, 1815	
Matherly, Joel	"	" "	6 months	
Malone, William	"	" "	" "	
Milbourn, Israel	"	" "	" "	
McMurry, William	"	" "	" "	
Mann, William	"	" "	" "	
McAllister, James	"	" "	" "	

ROLL OF CAPTAIN EDWARD BERRY'S COMPANY, KENTUCKY DETACHED MILITIA—Continued.

Names.	Rank.	Date of Appointment or Enlistment.	To what time Engaged or Enlisted.	Remarks.
Mead, Joseph	Private	November 10, 1814	6 months	
McMurry, William	"	" "	" "	
McAllister, Daniel	"	" "	" "	
Miles, Edward	"	" "	" "	
Montgomery, Thomas	"	" "	" "	
Nelson, William	"	" "	December 8, 1814	
Oldridge, Nathaniel	"	" "	6 months	
Prewitt, Daniel	"	" "	" "	
Prater, Roson	"	" "	" "	
Richards, Zodick	"	" "	" "	
Ridge, Cornelius	"	" "	" "	
Ridge, William	"	" "	" "	
Right, Robert	"	" "	" "	
Right, William	"	" "	" "	
Reed, Nathan	"	" "	" "	
Seamster, Pleasant	"	" "	" "	
Simpson, Floyd	"	" "	" "	
Stump, Johnston	"	" "	" "	
Simpson, Asa	"	" "	" "	
Taylor, Jeremiah	"	" "	" "	
Tolby, Jonathan	"	" "	" "	
Whitter, William	"	" "	" "	
Watham, James H.	"	" "	" "	
White, Thomas L.	"	" "	" "	
Watham, Nicholas	"	" "	" "	
Whitten, Jeremiah	"	" "	" "	
Whitehouse, John	"	" "	" "	
Whitehouse, Cornelius	"	" "	" "	
Woods, Henry	"	" "	" "	

ROLL OF CAPTAIN WILLIAM PHILIPS' COMPANY, KENTUCKY DETACHED MILITIA—COMMANDED BY LIEUTENANT-COLONEL GABRIEL SLAUGHTER.

Names.	Rank.	Date of Appointment or Enlistment.	To what time Engaged or Enlisted.	Remarks.
William Philips	Captain	November 10, 1814	6 months	
Godhart Smack	Lieutenant	" "	" "	
John Ludwick	Ensign	" "	" "	
Asa R. Hill	Sergeant	" "	" "	
Joseph Abel	"	" "	" "	
William McEnery	"	" "	" "	
Charles Colter	"	" "	" "	
Henry Cowan	"	" "	" "	
Robert Rochester	1st Corporal	" "	" "	
John Grayham	"	" "	" "	
John Mobley	"	" "	" "	
Robert Brumfield	"	" "	" "	
Thomas Hill	Musician	" "	" "	
William Vanoy	"	" "	" "	
Anderson, Thomas	Private	" "	" "	
Blaire, James	"	" "	" "	
Brown, Francis	"	" "	" "	
Brown, Henderson	"	" "	" "	
Bullott, John	"	" "	" "	
Butler, William	"	" "	" "	
Botains, William, Sr.	"	" "	" "	
Botains, William, Jr.	"	" "	" "	
Baker, Henry	"	" "	" "	
Blacketler, William	"	" "	" "	
Camburn, Osburn	"	" "	" "	
Cissell, Thomas	"	" "	" "	
Cidwell, John	"	" "	" "	
Caho, John	"	" "	" "	
Cissell, Robert	"	" "	" "	
Cannon, Israel	"	" "	" "	
Cravens, James	"	" "	" "	
Cunstable, Stephen	"	" "	" "	
Cinkhorn, John	"	" "	December 2, 1814	Died December 2, 1814.
Cundiff, James	"	" "	6 months	
Cartico, Lloyd	"	" "	" "	
Collier, Daniel	"	" "	" "	
Easton, John	"	" "	" "	
Elliott, John	"	" "	" "	
Enson, George	"	" "	" "	

ROLL OF CAPTAIN WILLIAM PHILIPS' COMPANY, KENTUCKY DETACHED MILITIA—Continued.

Names.	Rank.	Date of Appointment or Enlistment.	To what time Engaged or Enlisted.	Remarks.
Green, Charles	Private	November 10, 1814	6 months	
Gerton, John	"	" "	" "	
Grey, Charles	"	" "	" "	
Galesby, Edward	"	" "	" "	
Gains, Strother H.	"	" "	" "	
Harris, Overton	"	" "	" "	
Harris, William	"	" "	" "	
Hinton, Shadrick	"	" "	" "	
Howard, Charles	"	" "	" "	
Hall, Thomas	"	" "	" "	
Knott, Jeremiah	"	" "	January 15, 1815	Killed on guard January 15, 1815.
Landers, James	"	" "	6 months	
Lyons, John	"	" "	" "	
Lyons, Charles W.	"	" "	" "	
Lanham, William	"	" "	" "	
Lockman, John B.	"	" "	" "	
Lockman, Charles	"	" "	" "	
Mercer, Martin	"	" "	" "	
Mills, Samuel	"	" "	" "	
Mattingly, Joseph	"	" "	" "	
Mahoney, William	"	" "	" "	
Miller, Ignatius	"	" "	" "	
Marby, Micajah	"	" "	February 25, 1815	Given up from my company Feb. 25, 1815, by order Gen. Thomas, borne on Capt. Paton's roll.
Morgan, Jubel	"	" "	6 months	
Meanally, Basil	"	" "	" "	
Meanally, John	"	" "	" "	
Mitchel, Jacob	"	" "	" "	
Newton, Ignatius	"	" "	" "	
Nichols, John	"	" "	" "	
Owings, James	"	" "	" "	
Patterson, Joseph	"	" "	" "	
Philips, Jesse	"	" "	" "	
Quigans, James	"	" "	" "	
Quigans, Joseph	"	" "	" "	
Stemmons, Henry	"	" "	December 23, 1814	Died December 23, 1814.
Stanfield, John	"	" "	6 months	
Smithers, Daniel	"	" "	" "	
Smith, Richard	"	" "	" "	
Simpson, Allugus	"	" "	" "	
Smith, John	"	" "	" "	
Sanders, John	"	" "	" "	
Updergrove, Joseph	"	" "	" "	
Vessels, Benjamin	"	" "	" "	
Vaun, Obediah	"	" "	" "	
Waid, Evan	"	" "	" "	
Wooley, John	"	" "	" "	
Williams, Edward	"	" "	" "	
Whitehouse, Thomas	"	" "	" "	

Roll of Field and Staff, Davis' Regiment, Kentucky Detached Militia, War of 1812—Commanded by Lieutenant-Colonel Presley Gray.

Names	Rank	Date of Appointment or Enlistment	To what time Engaged or Enlisted	Remarks
Presley Gray	Lieutenant-Col.	November 11, 1814	January 10, 1815	Resigned.
John Davis	Major	" "	May 10, 1815	Promoted to Lieutenant-Colonel Jan. 10, 1815.
James Johnson	"	" "		
William Walker	"	January 11, 1814	March 7, 1815	
Zebu Holt	"	March 8, 1814	May 10, 1815	
N. C. Stephens	Adjutant	November 10, 1814	" "	
George P. Miller	Paymaster	" "	" "	
Zachariah Terryhol	Quartermaster	" "	" "	
Allen A. Hamilton	Surgeon	" "	" "	
Henry Winslow	Surgeon's Mate	" "	" "	
William W. Ford	Sergeant Major	" "	" "	
Samuel Stewart	S. Mate	" "	" "	
William Vancleve	Drum Major	" "	" "	
John Curry	Fife Major	January 30, 1814	" "	
Samuel Gray	Qr. M. S.	November 10, 1814	" "	
Samuel Blackwell	"	March 4, 1814	" "	

ROLL OF CAPTAIN ROBERT THRUSTON'S COMPANY, KENTUCKY DETACHED MILITIA—COMMANDED BY LIEUTENANT-COLONEL JOHN DAVIS.

Names.	Rank.	Date of Appointment or Enlistment.	To what time Engaged or Enlisted.	Remarks.
Robert Thruston	Captain	November 10, 1814	May 10, 1815	
Henry Gresham	Lieutenant	" "	" "	
John D. Gott	Ensign	" "	" "	
Samuel S. Green	Sergeant	" "	" "	
Daniel Ragsdale	"	" "	" "	
John S. Simpson	"	" "	" "	
Aaron Collett	"	" "	" "	
George Runger	Corporal	" "	" "	
Adam Gilliland	"	" "	" "	
Isaac Hill	"	" "	" "	
David Richey	"	" "	" "	Died February 14, 1815.
John Curry	Fifer	" "	" "	Promoted to Fife Major.
Thomas Curry	Drummer	" "	" "	
Armstrong, Benjamin	Private	" "	" "	
Arnold, William	"	" "	" "	Died February 10, 1815.
Arnold, Robert	"	" "	" "	
Allen, Nathaniel	"	" "	" "	
Alexander, John	"	" "	" "	Died December 6, 1814.
Blanton, Thomas	"	" "	" "	
Bowman, James	"	" "	" "	
Bryant, Thomas	"	" "	" "	
Brooky, John	"	" "	" "	
Barnett, Philip E.	"	" "	" "	
Blanchard, John	"	" "	" "	
Caldwell, William	"	" "	" "	
Cathran, John	"	" "	" "	Died.
Cooley, Jesse	"	" "	" "	
Clark, David	"	" "	" "	
Crow, Andrew	"	" "	" "	
Chenowith, Thomas	"	" "	" "	
Collett, Moses	"	" "	" "	
Caplinger, John	"	" "	" "	
Cottonham, John D.	"	" "	" "	
Daniels, George	"	" "	" "	
Dawville, Charles	"	" "	" "	
Elsbury, Jonathan	"	" "	" "	
Farmer, James	"	" "	" "	
Galbreath, William	"	" "	" "	
Hunter, Charles	"	" "	" "	
Hunter, Willis	"	" "	" "	
Hill, John	"	" "	" "	
Ingraham, James	"	" "	" "	
Inshmeyer, John	"	" "	" "	
Knapp, Charles	"	" "	" "	
Kirk, James	"	" "	" "	
Kincade, Matthew	"	" "	" "	
Lowell, Jacob	"	" "	" "	
Leggett, John	"	" "	" "	
Miller, Christopher	"	" "	" "	
Messen, James	"	" "	" "	
Milam, John	"	" "	" "	
McCartney, Andrew	"	" "	" "	
Newell, Archibald	"	" "	" "	
Osborn, John	"	" "	" "	Discharged December 28, 1814.
Porter, James	"	" "	" "	
Pittenger, Thomas	"	" "	" "	
Prewett, Joel	"	" "	" "	Died.
Parsons, David	"	" "	" "	
Penley, Wesley	"	" "	" "	
Russell, John	"	" "	" "	
Ragsdale, Frederick	"	" "	" "	
Robinson, James	"	" "	" "	
Shrum, John	"	" "	" "	
Sharp, William	"	" "	" "	
Standiford, William	"	" "	" "	
Smith, Henry	"	" "	" "	
Spence, Willis	"	" "	" "	Died February 1, 1815.
Stillwell, Isaiah	"	" "	" "	
Stafford, Thomas	"	" "	" "	
Tyler, Willis	"	" "	" "	
Taylor, James	"	" "	" "	
Tadlock, Alexander	"	" "	" "	
Thursby, James	"	" "	" "	
Weems, James S.	"	" "	" "	
White, Warren	"	" "	" "	
Woodward, John	"	" "	" "	
Washburn, Samuel S.	"	" "	" "	

ROLL OF CAPTAIN THOMAS JOYES' COMPANY, KENTUCKY DETACHED MILITIA—COMMANDED BY LIEUTENANT-COLONEL JOHN DAVIS.

Names.	Rank.	Date of Appointment or Enlistment.	To what time Engaged or Enlisted.	Remarks.
Thomas Joyes	Captain	November 10, 1814	May 10, 1815	
Andrew Porttorff	Lieutenant	" "	" "	
Samuel Earickson	Ensign	" "	" "	
John Hadley	Sergeant	" "	" "	
William Sale	"	" "	" "	Promoted to Corporal February 28.
John Booker	"	" "	" "	
John W. Bainbridge	"	" "	" "	
John Ray	Corporal	" "	" "	
John O. Hanlon	"	" "	" "	
William Duerson	"	" "	" "	
Abner C. Young	"	" "	" "	
Ames, Robert B.	Private	" "	" "	
Brinley, Jacob	"	" "	" "	
Bateman, Isaac	"	" "	" "	
Balee, Abraham	"	" "	" "	
Booty, John	"	" "	" "	
Brandenburgh, Absalom	"	" "	" "	
Bagwell, John	"	" "	" "	
Croxton, Cornelius	"	" "	" "	
Carson, Hugh	"	" "	" "	
Cardwell, William	"	" "	" "	
Carlton, Francis D.	"	" "	" "	
Crossgrave, Charles	"	" "	" "	
Calhoun, Alexander	"	" "	" "	
Dunn, Thomas	"	" "	" "	
Davis, Squire	"	" "	" "	
Dougherty, Patrick	"	" "	" "	
Elms, William	"	" "	" "	
Floyd, Nathaniel	"	" "	" "	
Gosshort, Adam	"	" "	" "	
Grenawalt, John	"	" "	" "	
Glassgow, James	"	" "	" "	
Glassgow, John	"	" "	" "	
Guthrie, Moses	"	" "	" "	
Hilliard, Anson G.	"	" "	" "	
Hill, Mason	"	" "	" "	
Hubbs, Jacob	"	" "	" "	
Holt, Samuel	"	" "	" "	
Johnson, William	"	" "	" "	
Jones, John	"	" "	" "	
Jackson, George	"	" "	" "	
Kelly, Christopher	"	" "	" "	
Lashbrook, Samuel	"	" "	" "	
Martin, Westley	"	" "	" "	Died November 27, 1815.
Meddis, Godfrey	"	" "	" "	
Morlow, Peter	"	" "	" "	
Miller, John	"	" "	" "	
Merryfield, John	"	" "	" "	
Miller, Levi	"	" "	" "	
Myrtle, William	"	" "	" "	
Miller, George	"	" "	" "	
Mayfield, Isaac	"	" "	" "	
Morrow, John	"	" "	" "	
Minter, John	"	" "	" "	
Meddis, John	Waiter	December 4, 1814	February 18, 1815	
Newkirk, William	Private	November 10, 1814	May 10, 1815	
Ormer, Peter	"	" "	" "	
Parish, Price	"	" "	" "	
Pearson, George R.	"	" "	" "	Died May 1, 1815.
Pierce, Chester	"	" "	" "	
Ralston, Alexander	"	" "	" "	
Risley, James	"	" "	" "	
Ross, Thomas	"	" "	" "	
Stewart, James	"	" "	" "	
Stower, Patrick	"	" "	" "	
Slaughter, Jacob	"	" "	" "	
Stout, Michael	"	" "	" "	
Talbot, Thomas	"	" "	" "	
Thickston, William	"	" "	" "	Killed in battle January 16, 1815.
Tyler, Joseph	"	" "	" "	
Traceler, Philip	"	" "	" "	
Williams, Moses	"	" "	" "	
Woodward, James	"	" "	" "	
Wheeler, Jesse	"	" "	" "	
Welsh, Moses	"	" "	" "	

SOLDIERS OF THE WAR OF 1812.

ROLL OF CAPTAIN WILLIAM WALKER'S COMPANY, KENTUCKY DETACHED MILITIA—COMMANDED BY LIEUTENANT-COLONEL JOHN DAVIS.

Names.	Rank.	Date of Appointment or Enlistment.	To what time Engaged or Enlisted.	Remarks.
William Walker	Captain	November 15, 1814	May 15, 1815	Promoted January 1, 1815.
John Smith	Lieutenant	" "	" "	Promoted to Captain January 1, 1815.
John Webb	Ensign	" "	" "	Promoted to Lieutenant January 1, 1815.
John Harvey	Sergeant	" "	" "	Promoted to Ensign January 1, 1815.
John H. Gibbs	"	" "	" "	
Joel Hardin	"	" "	" "	
Elijah York	"	" "	" "	
Arterbury, James	Private	" "	May 10, 1815	
Bear, John	"	" "	" "	Died December 22, 1814.
Benedict, Tomkins	"	" "	" "	
Bear, Adam	"	" "	" "	
Bear, George	"	" "	" "	
Burgman, William	"	" "	" "	
Bates, Simeon	"	" "	" "	
Brewer, Charles	"	" "	" "	
Brown, Asa	"	" "	" "	
Carr, Elijah	"	" "	" "	
Clarke, Albin	"	" "	" "	
Cashman, Peter	"	" "	" "	
Cashman, John	"	" "	" "	
Case, Jacob	"	" "	" "	
Cowper, Joshua	"	" "	" "	Sick.
Caffrey, Thomas M.	"	" "	" "	
Clayton, John	"	" "	" "	
Davis, Silas	"	" "	" "	
Dawson, John	"	" "	" "	
Dowddle, Thomas J.	"	" "	February 1, 1815	
Gardner, James	"	" "	May 10, 1815	
Gilblaine, Robert	"	" "	" "	
Goatly, Thomas	"	" "	" "	
Gentry, William	"	" "	" "	
Glasscock, William	"	" "	" "	
Horton, Anthony	"	" "	" "	
Hulse, Josiah	"	" "	" "	
Holmes, Nicholas	"	" "	" "	
Hedges, Robert	"	" "	" "	
Hayes, Daniel	"	" "	" "	
Jarboe, Joseph	"	" "	" "	
Jackson, Isaac	"	" "	" "	
Johns, John	"	" "	" "	
Kindor, Peter	"	" "	" "	
King, John	"	" "	" "	
Keith, Jacob	"	" "	" "	
Langsley, John	"	" "	" "	
Liney, Zachariah	"	" "	" "	
Lyons, John	"	" "	" "	
Mattingly, Bennett	"	" "	" "	
Morgan, Lambeth	"	" "	" "	
Mellor, Jacob	"	" "	" "	Died March 12, 1815.
Miller, John	"	" "	" "	
Night, John	"	" "	February 1, 1815	
Osten, Jeremiah	"	" "	" "	
Parpoint, Charles	"	" "	May 15, 1815	Appointed Sergeant January 3, 1815.
Pate, Allen	"	" "	" "	
Painter, William	"	" "	" "	
Pile, Francis	"	" "	May 10, 1815	
Paul, George	"	" "	" "	
Pearman, Samuel	"	" "	" "	
Pearman, John	"	" "	" "	
Pate, Jeremiah	"	" "	" "	
Padden, John	"	" "	February 1, 1815	
Radley, Ichabod	"	" "	" "	
Sally, Oliver P.	"	" "	May 10, 1815	
Sevaney, Glasberry	"	" "	" "	Died March 9, 1815.
Slack, William	"	" "	" "	
Thomas, Joseph	"	" "	" "	
White, William	"	" "	" "	
Whitaker, Jesse	"	" "	" "	

ROLL OF CAPTAIN JOSEPH FUNK'S COMPANY, KENTUCKY DETACHED MILITIA—COMMANDED BY LIEUTENANT-COLONEL JOHN DAVIS.

Names.	Rank.	Date of Appointment or Enlistment.	To what time Engaged or Enlisted.	Remarks.
Joseph Funk	Captain	November 10, 1814	May 10, 1815	
Thomas Todd	Lieutenant	" "	" "	
Martin Adams	Ensign	" "	" "	
William Wallace	Sergeant	" "	" "	
Isaac Carr	" "	" "	" "	
James Austin	" "	" "	" "	
Joseph Willhort	" "	" "	" "	
Frederick Mason	Corporal	" "	" "	
James Prewitt	" "	" "	" "	
John Young	" "	" "	" "	
Thomas Bateman	" "	" "	" "	
William Teter	" "	" "	" "	
Anderson, Thomas	Private	" "	" "	
Archer, Thomas	" "	" "	" "	
Austin, William	" "	" "	" "	
Austin, Daniel	" "	" "	" "	
Bateman, John	" "	" "	" "	
Briser, James	" "	" "	" "	
Blankinboke, Jacob	" "	" "	" "	
Brooks, Jacob	" "	" "	" "	
Cann, Edward	" "	" "	" "	
Campbell, James	" "	" "	" "	
Campbell, George B.	" "	" "	" "	
Crews, Elijah	" "	" "	" "	
Crews, Zachariah	" "	" "	" "	Died.
Crow, Andrew D.	" "	" "	" "	
Cox, George	" "	" "	" "	
Edmondson, John	" "	" "	" "	
Fiteshue, Cole	" "	" "	" "	
Fitzer, Jacob	" "	" "	" "	
Ferguson, Samuel	" "	" "	" "	
Forus, James	" "	" "	" "	
Gilman, Timothy	" "	" "	" "	
Griffy, Samuel	" "	" "	" "	
Greathouse, Luther	" "	" "	" "	
Green, Joseph	" "	" "	" "	
Gunn, Jonathan	" "	" "	" "	
Green, John	" "	" "	" "	
Harris, Thomas	" "	" "	" "	
Hendricks, James F.	" "	" "	" "	
Hortly, John	" "	" "	" "	
Hensely, Alexander	" "	" "	" "	
Harmond, John	" "	" "	" "	
Hobson, Milburn	" "	" "	" "	
Ingram, James	" "	" "	" "	
Jones, Hamilton	" "	" "	" "	
Job, Andrew	" "	" "	" "	
Jones, Thomas	" "	" "	" "	
Johnson, Thomas	" "	" "	" "	
Kalfers, Jacob	" "	" "	" "	
Knight, John	" "	" "	February 26, 1815	
Louther, Henry	" "	" "	" "	
Leggett, William	" "	" "	May 10, 1815	
Maxwell, William	" "	" "	" "	
Mitchell, William	" "	" "	" "	
Miller, Adam	" "	" "	" "	
Pearce, John	" "	" "	" "	
Powell, William	" "	" "	" "	
Portlow, Samuel	" "	" "	" "	
Portlow, Edward	" "	" "	" "	
Rudy, George	" "	" "	" "	
Shelman, Jacob	" "	" "	" "	
Spalding, George W.	" "	" "	" "	
Steel, Andrew	" "	" "	" "	
Stuart, Robert	" "	" "	" "	
Shake, John	" "	" "	" "	
Shake, Adam	" "	" "	" "	
Shirley, Absalom	" "	December 19, 1814		
Tyler, David	" "	" "	May 10, 1815	
Tyler, Absalom	" "	" "	" "	
Williams, Benjamin	" "	" "	" "	
Willhoit, Larkin	" "	" "	" "	
Wilky, John	" "	" "	" "	
Wood, Timothy	" "	" "	" "	
Wood, Henry	" "	" "	" "	
Wooden, Robert	" "	" "	" "	
Woodward, Michael	" "	" "	March 29, 1815	

ROLL OF CAPTAIN ZIBA HOLT'S COMPANY, KENTUCKY DETACHED MILITIA—COMMANDED BY LIEUTENANT-COLONEL JOHN DAVIS.

Names.	Rank.	Date of Appointment or Enlistment.	To what time Engaged or Enlisted.	Remarks.
Ziba Holt	Captain	May 15, 1815	March 8, 1815	Promoted to Major.
John Montgomery	Lieutenant	" "	May 10, 1815	
Adam Mowny	Ensign	" "	" "	
Wyat Coleman	Sergeant	" "	" "	
William Stewart	"	" "	" "	
Henry Blunt	"	" "	February 4, 1815	Discharged.
John Holody	"	" "	May 10, 1815	Promoted to Sergeant February 4th.
Thomas Sublett	Corporal	" "	" "	
Joseph Pew	"	" "	" "	
Nathan Chalfrant	"	" "	" "	
Mark Williams	"	" "	" "	
Jeremiah Stowers	Fifer	" "	" "	
Anderson, Josiah	Private	" "	February 18, 1815	
Agins, John	"	" "	" "	
Baker, Joseph	"	" "	May 10, 1815	
Brasher, Reason	"	" "	February 18, 1815	
Boon, Moses	"	" "	" "	
Brown, William	"	" "	" "	
Bags, John	"	February 10, 1815	" "	
Barnhill, William	"	" "	" "	
Brent, James	"	" "	" "	
Barker, Samuel	"	" "	November 10, 1814	
Colvin, James M.	"	" "	November 10, 1814	
Chase, William	"	" "	May 10, 1815	
Conway, William	"	" "	" "	
Corin, William	"	" "	" "	
Crews, Jeremiah	"	" "	" "	
Dermit, James	"	" "	" "	
Drinkel, Timothy	"	" "	" "	
Dean, John	"	May 15, 1815	February 18, 1815	
Eallon, Charles	"	February 10, 1815	May 10, 1815	Died April 18, 1815.
Gillum, Charles	"	" "	" "	
Glenn, John	"	" "	" "	
Gillum, Benjamin	"	" "	" "	
Gilpin, George	"	" "	" "	
Glass, John	"	" "	" "	
Holt, John	"	" "	" "	
Hammon, John	"	" "	December 14, 1814	Died.
Heath, Martin	"	" "	May 10, 1815	
Horton, James	"	" "	" "	
Gentry, Pleasant	"	" "	" "	
Gibson, Perrygon	"	" "	" "	
Gannon, Zachariah	"	" "	" "	
Jones, Hamilton	"	" "	" "	Transferred to Captain Joseph Funk's Company.
James, Thomas	"	" "	" "	
Jones, Moses	"	" "	" "	
Kindor, Peter	"	" "	" "	
Kendall, Thomas	"	" "	" "	
Keyton, John	"	" "	" "	
Lattey, Mathew	"	" "	" "	
Lock, Samuel	"	" "	" "	
McGee, William	"	" "	" "	
Miller, William	"	November 10, 1814	" "	
Montgomery, Robert	"	" "	" "	
McGannon, Thomas	"	" "	" "	
Overton, Moses	"	" "	" "	Died April 1, 1815.
Parrott, William	"	" "	" "	
Parker, Asa	"	May 15, 1815	February 18, 1815	
Reastine, John	"	November 10, 1814	May 10, 1815	
Reed, James	"	" "	" "	
Ragsdale, William	"	" "	" "	
Robbins, David	"	" "	" "	Died December 14, 1814.
Redding, Samuel	"	" "	March 5, 1815	
Senor, David	"	" "	May 10, 1815	
Spencer, Ambrose	"	" "	" "	
Sparks, Walter	"	" "	" "	
Spillman, Charles	"	May 10, 1815	" "	
Sparks, Henry	"	November 10, 1814	" "	
Tayler, John	"	" "	" "	
Thomas, John	"	" "	" "	
Veal, Thomas	"	" "	" "	
Watson, Samuel	"	" "	" "	
Williams, John	"	" "	" "	Died April 18, 1815.
Waters, Major	"	" "	" "	
Williams, Samuel	"	" "	" "	
Wiley, Matthew	"	" "	" "	
Wooders, Stephen	"	May 10, 1815	February 18, 1815	Died.

ROLL OF CAPTAIN WILLIAM GANAWAY'S COMPANY, KENTUCKY DETACHED MILITIA—COMMANDED BY LIEUTENANT-COLONEL JOHN DAVIS.

Names.	Rank.	Date of Appointment or Enlistment.	To what time Engaged or Enlisted.	Remarks.
William Ganaway	Captain	November 15, 1814	May 15, 1815	
Julius C. Jackson	Lieutenant	" "	March 5, 1815	Resigned.
John Field	Ensign	" "	May 15, 1815	Promoted.
John Clever	Sergeant	" "	" "	Promoted.
Peter Bodine	"	" "	" "	Sick.
Samuel C. Myers	"	" "	" "	
Henry Leach	"	" "	" "	
Samuel Kelly	Corporal	" "	March 10, 1815	Died.
John Travis	"	" "	May 15, 1815	
John Cohen	"	" "	" "	
Benjamin Thomas	"	" "	" "	
Anderson, Athel	Private	" "	" "	
Bott, John	"	" "	" "	
Barron, Josiah	"	" "	" "	
Burnett, Abraham	"	" "	" "	
Barron, Thomas	"	" "	" "	
Barron, Shadrick	"	" "	" "	
Barnett, Felix	"	" "	" "	
Bennett, Briant	"	" "	March 10, 1815	
Bartell, George	"	" "	May 15, 1815	
Bennett, Reuben	"	" "	" "	
Brown, Isaac	"	" "	" "	
Brown, Henry	"	" "	" "	
Cane, John	"	" "	" "	
Conrad, Henry	"	" "	" "	
Collard, William	"	" "	" "	
Colaway, Walter	"	" "	" "	
Conrad, John	"	" "	March 10, 1815	
Davis, George	"	" "	May 15, 1815	
Dunlap, Henry	"	" "	" "	
Duff, William M.	"	" "	March 10, 1815	
Evans, William	"	" "	" "	
Fulkerson, Adam	"	" "	May 15, 1815	
Fulkerson, John	"	" "	" "	
Haycraft, James	"	" "	" "	
Hogan, George	"	" "	" "	
Harris, Samuel	"	" "	" "	
Islor, Jacob	"	" "	" "	
Jones, Lemuel	"	" "	" "	
Jones, Philip	"	" "	March 10, 1815	
Jordan, James	"	" "	May 15, 1815	
Kelly, George W.	"	" "	" "	
Kelly, Benjamin	"	" "	" "	
Lewellon, Jabez	"	" "	March 10, 1815	
Lock, William	"	" "	May 15, 1815	
Logsdon, James	"	" "	" "	
Moloham, Clement	"	" "	March 10, 1815	
Myers, Benjamin	"	" "	" "	
Miller, Uriah	"	" "	May 15, 1815	
Ogden, Zachariah	"	" "	March 13, 1815	Died.
Ogden, Levi	"	" "	May 15, 1815	
Olvy, Thomas	"	" "	" "	
Olvy, Clement	"	" "	" "	
Ogden, James	"	" "	" "	
Philips, John	"	" "	" "	
Prunty, Robert	"	" "	" "	
Rice, Allen	"	" "	March 10, 1815	
Spray, Jonas	"	" "	May 15, 1815	
Sconse, John	"	" "	March 10, 1815	
Tanner, Frederick	"	" "	May 15, 1815	
Wakeland, William R.	"	" "	" "	
Ward, Jesse	"	" "	March 10, 1815	Died March 10, 1815.
Williams, Evan	"	" "	" "	Sick.
Welcher, William	"	" "	May 15, 1815	
Wood, Robert	"	" "		

ROLL OF CAPTAIN JACOB PEACOCK'S COMPANY, KENTUCKY DETACHED MILITIA— —COMMANDED BY LIEUTENANT-COLONEL JOHN DAVIS.

Names.	Rank.	Date of Appointment or Enlistment.	To what time Engaged or Enlisted.	Remarks.
Jacob Peacock	Captain	November 10, 1814	May 10, 1815	
Benjamin Henson	Lieutenant	" "	February 6, 1815	Resigned.
John Kelly	Ensign	" "	March 4, 1815	Resigned.
Joseph Swearing	Sergeant	" "	May 10, 1815	Promoted to Ensign February 6th.
Jesse Burch	"	" "	" "	
Benjamin Collins	"	" "	" "	
John Shirkiliffe	"	" "	" "	
William Todd	Corporal	" "	" "	
Levi Ridgway	"	" "	" "	
Joseph Rudd	"	" "	" "	
Walter Smith	"	" "	" "	
Charles Wilson	"	" "	" "	
Burdett, William	Private	" "	" "	
Burdett, Benjamin	"	" "	" "	
Beam, George	"	" "	" "	
Baldwin, McKensey	"	January 20, 1815	" "	
Blanford, George	"	November 10, 1814	" "	
Bishop, Henry	"	" "	" "	
Craw, Joseph	"	" "	" "	
Campbell, Jacob	"	" "	" "	
Cummins, John	"	" "	" "	
Clark, Joseph	"	" "	" "	
Collins, Elisha	"	" "	" "	
Cardwell, George	"	" "	" "	
Charles, William	"	" "	" "	
Cosby, Ignatius	"	" "	" "	
Davis, John	"	" "	" "	
Dumont, Peter	"	" "	" "	
Danielson, William	"	" "	" "	
Duberry, Benjamin	"	" "	" "	
Duberry, James	"	" "	" "	
Easton, Samuel	"	" "	" "	
Glass, Royal	"	" "	" "	
Greenwell, John B.	"	" "	" "	
Harris, Essex	"	" "	" "	
Hardy, Jacob	"	" "	" "	
Hopewell, Thomas	"	" "	January 31, 1815	
Herrin, James	"	" "	May 10, 1815	
Johnson, Joseph	"	" "	" "	
Kerms, Daniel	"	" "	" "	
Kirk, William	"	" "	" "	
Kirke, Selerin	"	" "	" "	
Lashbrook, Thomas	"	" "	" "	
Merryman, Charles	"	" "	" "	
McArthur, John	"	" "	" "	
McDonald, Archibald	"	" "	" "	
Miller, Peter	"	" "	" "	
McDonnel, Miles	"	" "	" "	
McGary, Barney	"	" "	November 10, 1815	
Martin, John	"	" "	" "	
Owens, George	"	" "	May 10, 1815	
Osborn, Ezekiel	"	" "	January 15, 1815	
Price, Samuel	"	" "	" "	
Polly, Joseph	"	" "	May 10, 1815	
Pratt, Richard	"	" "	" "	
Pursley, Peter	"	" "	" "	
Quick, Ephraim	"	" "	" "	
Reed, Robert	"	" "	" "	
Rogers, John	"	" "	" "	
Rennels, Barney	"	" "	" "	
Shephard, William	"	" "	" "	
Shaw, William	"	" "	" "	
Steel, John	"	" "	" "	
Sligar, John	"	" "	" "	
Smock, Jacob	"	" "	April 10, 1815	
Thompson, William	"	" "	May 10, 1815	
Tonque, John B.	"	" "	" "	
Whalen, Joseph	"	" "	" "	
Waters, Hezekiah B.	"	" "	" "	
Younger, Ebenezer	"	" "	" "	

ROLL OF CAPTAIN ZACHARIAH TERRELL'S COMPANY, KENTUCKY DETACHED MILITIA— COMMANDED BY LIEUTENANT-COLONEL JOHN DAVIS.

Names.	Rank.	Date of Appointment or Enlistment.	To what time Engaged or Enlisted.	Remarks.
Zachariah Terrell	Captain	November 10, 1814	May 10, 1815	
David Adams	Lieutenant	" "	" "	
James Perry	Ensign	" "	" "	
James Vance	1st Sergeant	" "	" "	
Joshua Rutledge	2d Sergeant	" "	" "	
John Buchannon	3d Sergeant	" "	" "	
Isaac Hurd	4th Sergeant	" "	" "	
Jacob Cooperider	1st Corporal	" "	" "	
Peter Polly	"	" "	" "	
Gilbert Flankins	"	" "	" "	
Thomas Frazier	"	" "	" "	
Elijah Summers	"	" "	" "	
Jesse Isaacs	Musician	" "	" "	
Armstrong, Richard	Private	" "	" "	
Applegate, Elisha	"	" "	" "	Died January 7, 1815.
Burnett, William	"	" "	" "	
Bourne, Benjamin	"	" "	" "	
Briscoe, Warner	"	" "	" "	
Baker, Solomon	"	" "	" "	
Biggs, Hillery	"	" "	" "	
Blackwell, Samuel	"	" "	" "	
Bishop, Michael	"	" "	" "	
Blackwell, Robert	"	" "	" "	
Connelly, Rice	"	" "	" "	
Carico, Thomas	"	" "	" "	
Criswell, Robert	"	" "	" "	
Cardwell, John	"	" "	" "	
Corlin, Benjamin	"	" "	" "	
Dillon, John	"	" "	" "	
Dalgarn, Allen	"	" "	" "	
Deringer, Martin	"	" "	" "	
Davis, Jacob	"	" "	" "	
Davis, William	"	" "	" "	
Drake, John	"	" "	" "	
Ewin, Squire	"	" "	" "	
Edrington, John	"	" "	" "	
Floyd, Elijah	"	" "	" "	
Ford, John	"	" "	" "	
Gray, William	"	" "	" "	
Gouch, Nicholas	"	" "	" "	
Hollis, John P.	"	" "	" "	
Hogan, Isaac C.	"	" "	" "	
Hackworth, Joseph	"	" "	" "	
Harris, Samuel	"	" "	" "	
Jones, Rodham	"	" "	" "	
Jacobs, John	"	" "	" "	
Kirkindal, Henry	"	" "	" "	
Kipheart, Philip	"	" "	" "	
Lemaston, Ewin	"	" "	" "	
McGee, William	"	" "	" "	
Mudd, Francis	"	" "	" "	
Miller, Nathaniel	"	" "	" "	
Miller, Owen	"	" "	" "	
Myers, David	"	" "	" "	
Nelson, William	"	" "	" "	
Nelson, John	"	" "	" "	
Newman, Thomas	"	" "	" "	
Newman, John	"	" "	" "	
Neaver, Daniel	"	" "	" "	
Neville, James	"	" "	" "	
Neaves, William	"	" "	" "	
Paine, Elzy	"	" "	" "	
Roe, Nicholas	"	" "	" "	
Rodgers, John	"	" "	" "	
Runy, James	"	" "	" "	
Stutt, Christian	"	" "	" "	
Stodghill, Thomas	"	" "	" "	
Steel, William	"	" "	" "	
Sherburne, Pascal	"	" "	" "	
Sanders, Johnson	"	" "	" "	
Spencer, Thomas	"	" "	" "	
Steel, James	"	" "	" "	
Steel, Rankin	"	" "	" "	
Scott, James	"	" "	" "	
Todd, Samuel	"	" "	" "	
Terrill, John	"	" "	" "	
Vaniel, Henry	"	" "	" "	
Welch, William	"	" "	" "	

ROLL OF CAPTAIN AARON HART'S COMPANY, KENTUCKY DETACHED MILITIA—COMMANDED BY LIEUTENANT-COLONEL JOHN DAVIS.

Names.	Rank.	Date of Appointment or Enlistment.	To what time Engaged or Enlisted.	Remarks.
Aaron Hart	Captain	November 15, 1814	May 15, 1815	
Moses Hart	Lieutenant	" "	" "	
Nathan Tucker	Ensign	" "	" "	
Arthur McGaughey	1st Sergeant	" "	" "	
George Sies	2d Sergeant	" "	" "	
John Collins	3d Sergeant	" "	" "	
John Burriss	4th Sergeant	" "	March 24, 1815	Died.
William Huddleston	1st Corporal	" "	May 15, 1815	
William Watkins	"	" "	" "	
Daniel Greenwait	"	" "	" "	
James Linville	"	" "	" "	
David Waddle	"	" "	" "	
Alexander, Thomas	Private	" "	" "	
Alexander, David B.	"	" "	" "	
Arrington, Lewis	"	" "	" "	
Bennett, James	"	" "	" "	
Bliss, Francis	"	" "	March 20, 1815	Died.
Blain, James	"	" "	May 15, 1815	
Clark, Eaden	"	" "	" "	
Clark, James	"	" "	" "	
Case, Joseph	"	" "	" "	
Cash, Jeremiah	"	" "	March 22, 1815	Died.
Cast, John	"	" "	May 15, 1815	
Daugherty, Allen	"	" "	" "	
Gaddy, John	"	" "	" "	
Guardman, Jonathan	"	" "	April 12, 1815	Died.
Grigsby, John	"	" "	May 15, 1815	
Graham, John	"	" "	" "	
Huston, William	"	" "	" "	
Hornbeck, Isaac	"	" "	" "	
Hudgins, John	"	" "	" "	
Johnston, Thomas	"	" "	" "	
Killam, Samuel	"	" "	" "	
Lender, Abraham	"	" "	" "	
McContis, William	"	" "	" "	
Miller, Philip	"	" "	" "	
Price, William	"	" "	" "	
Snyder, Fielding	"	" "	" "	
Sipes, Henry	"	" "	" "	
Stokes, Joel	"	" "	" "	
Shipler, George	"	" "	March 15, 1815	Died.
Thomas, Owen	"	" "	May 15, 1815	
Utterback, Jacob	"	" "	" "	
Utterback, Thomas	"	" "	" "	
Watkins, Hankerson	"	" "	March 5, 1815	Died.

ROLL OF CAPTAIN JAMES FORD'S COMPANY, KENTUCKY DETACHED MILITIA—COMMANDED BY LIEUTENANT-COLONEL PRESLEY GRAY.

Names.	Rank.	Date of Appointment or Enlistment.	To what time Engaged or Enlisted.	Remarks.
James Ford	Captain	November 10, 1814	May 10, 1815	
Joel Honybrough	Lieutenant	" "	" "	
John I. Roberts	Ensign	" "	" "	
Hezekiah Crook	Sergeant	" "	" "	
Anderson C. Rice	"	" "	" "	
James Mulliken	"	" "	" "	
Thomas Ellis	"	" "	" "	
John Wright	1st Corporal	" "	" "	
William Frethers	"	" "	" "	
Asa Ford	"	" "	April 20, 1815	
William Ellis	"	" "	May 10, 1815	
Adcock, Hezekiah	Private	" "	" "	
Arrington, Lawson	"	" "	" "	
Boardman, Noah	"	" "	" "	
Busey, Arthur	"	" "	" "	
Busey, Jacob	"	" "	" "	
Bird, Abraham	"	" "	" "	
Brown, William	"	" "	" "	
Brown, David	"	" "	" "	
Cairy, John W.	"	" "	March 16, 1815	
Carr, Elijah	"	" "	May 10, 1815	
Clark, Gardner	"	" "	" "	
Cardwell, William	"	" "	" "	

ROLL OF CAPTAIN JAMES FORD'S COMPANY, KENTUCKY DETACHED MILITIA—Continued.

Names.	Rank.	Date of Appointment or Enlistment.	To what time Engaged or Enlisted.	Remarks.
Cully, George	Private	November 10, 1814	May 10, 1815	
Daugherty, George	"	" "	" "	
Demara, David	"	" "	" "	
Ellis, John	"	" "	" "	
Flood, Benjamin	"	" "	" "	
Fenley, John G.	"	" "	" "	
Fenley, James	"	" "	" "	
Ford, William	"	" "	" "	
Graham, William W.	"	" "	" "	
Humley, William	"	" "	" "	
Hall, Francis	"	" "	" "	
Hughes, William	"	" "	" "	
Hinton, Thomas	"	" "	" "	
Hall, Bembridge	"	" "	" "	
Harper, Hezekiah	"	" "	" "	
Harris, Sampson	"	" "	" "	
Harris, Jesse	"	" "	" "	
Hughes, James	"	" "	" "	
Johnston, William S.	"	" "	" "	
Lilly, Robert	"	" "	" "	
Marshall, George	"	" "	" "	
Martin, John	"	" "	" "	
Miller, John	"	" "	" "	
McGruder, Dennis	"	" "	" "	
Martin, William	"	" "	" "	
Mulliken, William	"	" "	" "	
Nichols, Willis	"	" "	" "	
Nichols, John	"	" "	" "	
Pollard, Allison	"	" "	" "	
Proctor, William	"	" "	" "	
Pearcy, Robert	"	" "	" "	
Pearcy, Hugh	"	" "	" "	
Ross, John	"	" "	" "	
Raines, Simon	"	" "	" "	
Stut, David	"	" "	" "	
Stanley, John	"	" "	" "	
Shadrick, John	"	" "	" "	
Smith, Abraham	"	" "	" "	
Shadrick, Thomas	"	" "	" "	
Singer, Daniel	"	" "	" "	
Shirley, Robert	"	" "	" "	
Truman, William	"	" "	" "	
Truman, Anderson	"	" "	December 17, 1814	
Thompson, James	"	" "	May 10, 1815	
Thomas, Joseph	"	" "	" "	
Tatton, John	"	" "	December 7, 1814	
Wilcoxon, Daniel	"	" "	May 10, 1815	
Wright, Harrisoh	"	" "	" "	
Youngs, Nathan	"	" "	" "	

Roll of Field and Staff, Dudley's Regiment, Kentucky Mounted Volunteer Militia, War of 1812—Commanded by Major Peter Dudley.

Peter Dudley	Major	September 20, 1814	November 20, 1814	
Elijah C. Berry	Adjutant	" "	" "	
John Roberts	Surgeon	" "	" "	
James I. Pendleton	Paymaster	" "	" "	
Robert Crouch	Quartermaster	" "	" "	
Edycomb Samuel	Qr. M. Sergeant	" "	" "	
Nathaniel Porter	Sergeant Major	" "	" "	
Ephraim ———	Servant	" "	" "	

ROLL OF CAPTAIN MICAJAH McCLUNG'S COMPANY, KENTUCKY MOUNTED VOLUNTEER INFANTRY—COMMANDED BY MAJOR PETER DUDLEY.

Names.	Rank.	Date of Appointment or Enlistment.	To what time Engaged or Enlisted.	Remarks.
Micajah McClung	Captain	September 20, 1814	November 20, 1814	
William Wilkenson	Lieutenant	" "	" "	
Aquilla Young	Ensign	" "	" "	
John Slavens	Sergeant	" "	" "	
William Tipton	"	" "	" "	
John Gilvin	"	" "	" "	
Joseph Swope	"	" "	" "	
William C. Rolls	Corporal	" "	" "	
Hinchy G. Barron	"	" "	" "	
Fielden Hanks	"	" "	" "	
Robert Dale	"	" "	" "	
Allen, James	Private	" "	" "	
Brown, John	"	" "	" "	
Bridges, William	"	" "	" "	
Boyd, John	"	" "	" "	
Barron, Abram	"	" "	" "	
Barker, John	"	" "	" "	
Crane, William	"	" "	" "	
Cyphers, George	"	" "	" "	
Dickey, Robert	"	" "	" "	Left at Lower Sandusky October 2, 1814.
Dixon, Ebenezer	"	" "	" "	
Dunlap, David	"	" "	" "	
Ferguson, Hamilton	"	" "	" "	
Gilvin, James	"	" "	" "	
Gilvin, Joseph	"	" "	" "	
Gilky, John	"	" "	" "	
Howe, Isaac P.	"	" "	" "	Left at Zaness Block House September 28, 1814.
Hammon, John	"	" "	" "	
Jones, Benjamin	"	" "	" "	
Jones, Joseph	"	" "	" "	
Lanter, Larkin	"	" "	" "	
Lanter, Thomas T.	"	" "	" "	
Lanter, Benjamin	"	" "	" "	
Mitchell, James	"	" "	" "	
Marshall, Francis	"	" "	" "	
McQueen, Thomas H.	"	" "	" "	
Rosebury, James	"	" "	" "	
Sanders, Oliver	"	" "	" "	
Smith, John	"	" "	" "	
Summers, Cornelius	"	" "	" "	
Shores, Charles	"	" "	" "	
Shrat, Robert	"	" "	" "	
Stewart, Ezekiel	"	" "	" "	
Tipton, Mitchell	"	" "	" "	
Tilbry, Thomas	"	" "	" "	
Trimble, David	"	" "	" "	
Wilson, John	"	" "	" "	
Woodward, John	"	" "	" "	
Whitsitt, John	"	" "	" "	
Whitsitt, James	"	" "	" "	
Web, Fountain	"	" "	" "	
Whitten, William	"	" "	" "	
Younger, Peter	"	" "	" "	Left at Fort Meigs October 4, 1814.
Young, John	"	" "	" "	
Young, Aquilla	"	" "	" "	Joined October 14, 1814.

ROLL OF CAPTAIN JAMES SYMPSON'S COMPANY, KENTUCKY MOUNTED VOLUNTEER INFANTRY—COMMANDED BY MAJOR PETER DUDLEY.

James Sympson	Captain	September 20, 1814	November 20, 1814	
John Bruner	Lieutenant	" "	" "	
Robert Clark	Ensign	" "	" "	
George Fry	Sergeant	" "	" "	
William T. Alexander	"	" "	" "	
Benedict I. Kennick	"	" "	" "	
William T. Terry	"	" "	" "	
Martin Haggard	Corporal	" "	" "	
Stephen Brunerd	"	" "	" "	
John Martin	"	" "	" "	
James Keith	"	" "	" "	
Jabez Hain	Musician	" "	" "	
Bush, Jeremiah	Private	" "	" "	

SOLDIERS OF THE WAR OF 1812.

ROLL OF CAPTAIN JAMES SYMPSON'S COMPANY, KENTUCKY MOUNTED VOLUNTEER INFANTRY—Continued.

Names.	Rank.	Date of Appointment or Enlistment.	To what time Engaged or Enlisted	Remarks.
Bale, Alexander	Private	September 20, 1814	November 20, 1814	
Bruce, Eli	"	" "	" "	
Bradshaw, William	"	" "	" "	
Brown, Isaac	"	" "	" "	
Brown, Elijah	"	" "	" "	
Babee, Isham	"	" "	" "	
Bruce, Dewitt	"	" "	" "	
Collins, Gabriel	"	" "	" "	
Clark, William	"	" "	" "	
Calon, John	"	" "	" "	
Clark, Boling	"	" "	" "	
Davis, Jonathan	"	" "	" "	
Debored, Ephraim	"	" "	" "	
Duncan, John S.	"	" "	" "	
Eaton, George	"	" "	" "	
Edward, Cuthbert	"	" "	" "	
Farron, Kennox	"	" "	" "	
Fisher, William	"	" "	" "	
Grooms, Francis	"	" "	" "	
Hamilton, Thomas	"	" "	" "	
Howard, William	"	" "	" "	
Hunter, George	"	" "	" "	
Jackson, James	"	" "	" "	
Kass (or Keas), Wm. C.	"	" "	" "	
Langdon, Thomas	"	" "	" "	
Lingfellow, David	"	" "	" "	
Lyons, John	"	" "	" "	
Lenox, Charles	"	" "	" "	
Lenox, John	"	" "	" "	
McCarty, Ezekiel	"	" "	" "	
McCarty, Joseph	"	" "	" "	
Rugland, Colinton	"	" "	" "	
Thornton, William	"	" "	" "	
Tribble, Orson	"	" "	" "	
Tracy, Asa	"	" "	" "	
Vance, John	"	" "	" "	
Waterman, Jonathan	"	" "	" "	
Walker, Abel	"	" "	" "	
Wilson, John	"	" "	" "	
Weathers, Samuel	"	" "	" "	

ROLL OF CAPTAIN THOMAS P. MOORE'S COMPANY, KENTUCKY MOUNTED VOLUNTEER INFANTRY—COMMANDED BY MAJOR PETER DUDLEY.

Thomas P. Moore	Captain	September 20, 1814	November 20, 1814	
John R. Cardwell	Lieutenant	" "	" "	
John Sharp	"	" "	" "	
Richard Power	Ensign	" "	" "	
John Jordon	Sergeant	" "	" "	
John Singleton	"	" "	" "	
Joseph Lowry	"	" "	" "	
James Cardwell	"	" "	" "	
Samuel Robertson	Corporal	" "	" "	
Burris Adkins	"	" "	" "	
Elijah Vorhis	"	" "	" "	
Reuben Hawkins	"	" "	" "	
Adams, John	Private	" "	" "	
Adams, Samuel	"	" "	" "	
Barlow, Hastings	"	" "	" "	
Crawford, Hugh	"	" "	" "	
Coulter, Starling	"	" "	" "	
Davenport, Allen	"	" "	" "	
Davis, Briant	"	" "	" "	
Elliott, John	"	" "	" "	
Evans, W. M.	"	" "	" "	
Frazier, Robert	"	" "	" "	
Frazier, James	"	" "	" "	
Guthrie, Robert	"	" "	" "	
Godfrey, Robert	"	" "	" "	
Green, Martin	"	" "	" "	
Green, Thomas	"	" "	" "	
Green, Samuel	"	" "	" "	

SOLDIERS OF THE WAR OF 1812.

ROLL OF CAPTAIN THOMAS P. MOORE'S COMPANY, KENTUCKY MOUNTED VOLUNTEER INFANTRY—Continued.

Names.	Rank.	Date of Appointment or Enlistment.	To what time Engaged or Enlisted.	Remarks.
Hughes, Stephen	Private	September 20, 1814	November 20, 1814	
Hughes, Reuben	"	" "	" "	
Hawkins, Benjamin	"	" "	" "	
Hawkins, James	"	" "	" "	
Holeman, Robert	"	" "	" "	
Howard, Eppy	"	" "	" "	
Highbarger, Joseph	"	" "	" "	
Hungate, John	"	" "	" "	
Hungate, Jehu	"	" "	" "	
Hale, Charles	"	" "	" "	
Jordan, Yarret	"	" "	" "	
James, Robert	"	" "	" "	
Lamb, James	"	" "	" "	
Laferty, Bales	"	" "	" "	
Lilares, John	"	" "	" "	
Lillard, Christopher	"	" "	" "	
Lewis, Thomas	"	" "	" "	
Lewis, William M.	"	" "	" "	
Lockhart, Levi	"	" "	" "	

ROLL OF CAPTAIN JOHN MILLER'S COMPANY, KENTUCKY MOUNTED VOLUNTEER INFANTRY—COMMANDED BY MAJOR PETER DUDLEY.

Names.	Rank.	Date of Appointment or Enlistment.	To what time Engaged or Enlisted.	Remarks.
John Miller	Captain	September 20, 1814	November 20, 1814	
Nicholas Miller	Lieutenant	" "	" "	
John Vertrese	Ensign	" "	" "	
John Ridgeway	Sergeant	" "	" "	
Bennet Goldsberry	"	" "	" "	
Squire Boyorth	"	" "	" "	
Jesse Craddick	"	" "	" "	
Bartlett, James	Private	" "	" "	
Bartin, Roger	"	" "	" "	
Clark, George	"	" "	" "	
Clark, Moses	"	" "	" "	
Carswell, William	"	" "	" "	
Cradick, James	"	" "	" "	
Dawson, David	"	" "	" "	
Findley, William	"	" "	" "	
Findley, Lewis	"	" "	" "	
Gardner, Alexander	"	" "	" "	
Gardner, John	"	" "	" "	
Gooden, Samuel	"	" "	" "	
Hart, Silas	"	" "	" "	
Ireland, Patrick	"	" "	" "	
Kelly, Joshua	"	" "	" "	
Love, Wade	"	" "	" "	
Murvin, David	"	" "	" "	
Rawlings, Edward	"	" "	" "	
Thomas, Isaac	"	" "	" "	
Withers, Mathew	"	" "	" "	
Wadley, Jacob	"	" "	" "	
Yates, Robert C.	"	" "	" "	

ROLL OF CAPTAIN MARTIN H. WICKLIFFE'S COMPANY, KENTUCKY MOUNTED VOLUNTEER INFANTRY—COMMANDED BY MAJOR PETER DUDLEY.

Names.	Rank.	Date of Appointment or Enlistment.	To what time Engaged or Enlisted.	Remarks.
Martin H. Wickliffe	Captain	September 20, 1814	November 20, 1814	
Hector McClean	Lieutenant	" "	" "	
Alexander Roberts	Ensign	" "	" "	
James Allen	Sergeant	" "	" "	
Payton Roach	"	" "	" "	
Joseph Blincoe	"	" "	" "	
Paul McGee	"	" "	" "	
Edward Hessy	Corporal	" "	" "	
Aydelotte, John	Private	" "	" "	
Burch, Standish	"	" "	" "	
Buchanan, Andrew	"	" "	" "	
Bean, Randolph	"	" "	" "	

ROLL OF CAPTAIN MARTIN H. WICKLIFFE'S COMPANY, KENTUCKY MOUNTED VOLUNTEER INFANTRY—Continued.

Names.	Rank.	Date of Appointment or Enlistment.	To what time Engaged or Enlisted.	Remarks.
Chapoy, Henry	Private	September 20, 1814	November 20, 1814	
Gwinn, James	"	" "	" "	
Hardin, Daniel	"	" "	" "	
Hill, Simon	"	" "	" "	
Hahn, John	"	" "	" "	
Kemp, Robert	"	" "	" "	
Keller, Daniel	"	" "	" "	
Lindsay, James	"	" "	" "	
Love, Lewis	"	" "	" "	
Lorman, Joseph	"	" "	" "	
McGee, John	"	" "	" "	
May, Stephen	"	" "	" "	
McCown, William	"	" "	" "	
Runner, Jacob	"	" "	" "	
Shringer, ——	"	" "	" "	Servant to Captain Wickliffe.
Welch, John	"	" "	" "	

ROLL OF CAPTAIN ISAAC WATKINS' COMPANY, KENTUCKY MOUNTED VOLUNTEER INFANTRY—COMMANDED BY MAJOR PETER DUDLEY.

Names.	Rank.	Date of Appointment or Enlistment.	To what time Engaged or Enlisted.	Remarks.
Isaac Watkins	Captain	September 20, 1814	November 20, 1814	
Josiah Jackson	1st Lieutenant	" "	" "	
Michael Collier	2d Lieutenant	" "	" "	
Benjamin Whitaker	Ensign	" "	" "	
Thornton Murphy	Sergeant	" "	" "	
Joseph Cox	"	" "	" "	
John W. Young	"	" "	" "	
Squire Whitaker	"	" "	" "	
John Reynold	Corporal	" "	" "	
Thomas Long	"	" "	" "	
Joison Ware	"	" "	" "	
William Ethberton	"	" "	" "	
Allen, Harvey	Private	" "	" "	
Ashby, John	"	" "	" "	
Brannin, Daniel	"	" "	" "	
Bristoe, Jasper	"	" "	" "	
Brown, Conrad	"	" "	" "	
Burton, James	"	" "	" "	
Collin, Joseph	"	" "	" "	
Carman, Joshua	"	" "	" "	
Collier, Thomas	"	" "	" "	
Ducker, Abraham	"	" "	" "	
Ducker, Nathaniel	"	" "	" "	
Fitzgerald, Andrew	"	" "	" "	
Fitzgerald, Silas	"	" "	" "	
Ferman, Joseph	"	" "	" "	
Holliday, Samuel	"	" "	" "	
Hayden, John W.	"	" "	" "	
Harding, John	"	" "	" "	
Harding, Henry O.	"	" "	" "	
Howard, Archibald	"	" "	" "	
Hawkins, Nathaniel	"	" "	" "	
Jacobs, Bennett	"	" "	" "	
Jacobs, Samuel	"	" "	" "	
Jackson, Coleman	"	" "	" "	
Jones, William	"	" "	" "	
Jackson, Maddox	"	" "	" "	
Jones, William O.	"	" "	" "	
Jrick, Andrew	"	" "	" "	
Jamison, Abraham	"	" "	" "	
Jamison, Samuel	"	" "	" "	
Jones, William	"	" "	" "	
Lewis, Zachariah	"	" "	" "	
Lee, Gesshong	"	" "	" "	
McDowell, Robert	"	" "	" "	
Miller, William	"	" "	" "	
Morris, David	"	" "	" "	
Murphy, William B.	"	" "	" "	
Moses ——	Servant	" "	" "	
Mitchell, Alexander	Private	" "	" "	
Mitchell, John	"	" "	" "	
Newland, Abraham	"	" "	" "	

ROLL OF CAPTAIN ISAAC WATKINS' COMPANY, KENTUCKY MOUNTED VOLUNTEER INFANTRY—Continued.

Names.	Rank.	Date of Appointment or Enlistment.	To what time Engaged or Enlisted.	Remarks.
Neal, Zachariah	Private	September 20, 1814	November 20, 1814	
Proctor, James	"	" "	" "	
Parrish, Isham	"	" "	" "	
Patterson, William	"	" "	" "	
Price, Zachariah	"	" "	" "	
Prewet, Shelby	"	" "	" "	
Perkins, Samuel	"	" "	" "	
Ringer, Jacob	"	" "	" "	
Street, Joseph	"	" "	" "	
Standerford, John	"	" "	" "	
Stout, Joseph	"	" "	" "	
Stout, Aaron	"	" "	" "	
Simpson, James	"	" "	" "	
Stout, Simpson	"	" "	" "	
Shaw, Joseph	"	" "	" "	
Street, Charles	"	" "	" "	
Street, William	"	" "	" "	
Strace, Michael	"	" "	" "	
Sills, Adam	"	" "	" "	
Snoddy, William	"	" "	" "	
Thompson, William	"	" "	" "	
Watts, Jesse	"	" "	" "	
Whitaker, John	"	" "	" "	
Wall, William	"	" "	" "	
Younger, Willis	"	" "	" "	

ROLL OF CAPTAIN JOSEPH B. LANCASTER'S COMPANY, KENTUCKY MOUNTED VOLUNTEER INFANTRY—COMMANDED BY MAJOR PETER DUDLEY.

Names.	Rank.	Date of Appointment or Enlistment.	To what time Engaged or Enlisted.	Remarks.
Joseph B. Lancaster	Captain	September 20, 1814	November 20, 1814	
Fleming Robertson	Lieutenant	" "	" "	
William Myers	Ensign	" "	November 8, 1814	Resigned November 8, 1814.
John Hughes, Jr.	Sergeant	" "	November 20, 1814	
Charles Bracken	"	" "	" "	
Peter Brown	"	" "	" "	
John Rincy	"	" "	" "	
Thomas W. Nance	Corporal	" "	" "	
Joseph Grundy	"	" "	" "	
David C. Donan	"	" "	" "	
Charles Caldwell	"	" "	" "	
Askins, David	Private	" "	" "	
Bracken, John O.	"	" "	" "	
Brown, Andrew	"	" "	" "	
Canary, Christian	"	" "	" "	
Calvert, Isaiah	"	" "	" "	
Davis, Edward	"	" "	" "	
Fowler, Bernard	"	" "	" "	
Grundy, John	"	" "	" "	
Gillihan, William	"	" "	" "	
Green, James	"	" "	" "	
Gittings, William	"	" "	" "	
Handley, John B.	"	" "	" "	
Hayden, George	"	" "	" "	
Knox, Robert	"	" "	" "	
Kidwell, Nicholas	"	" "	" "	
Lancaster, Henry	"	" "	" "	
McKay, John	"	" "	" "	
Myers, William	"	" "	" "	
Myers, Isaac	"	" "	" "	Joined November 9, 1814.
McLaughlin, James	"	" "	" "	
Nance, Robert H.	"	" "	" "	Discharged September 26, 1814.
Overton, Edward	"	" "	" "	
Osborne, Thomas, Jr.	"	" "	" "	
Osborne, Edward	"	" "	" "	
Parris, Samuel	"	" "	" "	
Powell, Henry	"	" "	" "	
Rodman, Alexander	"	" "	" "	
Simms, James L.	"	" "	" "	
Sweeny, Benjamin	"	" "	" "	
Smith, Edward	"	" "	" "	
Stovall, Joseph	"	" "	" "	Discharged September 26, 1814.
Sweeny, Moses	"	" "	" "	
Totham, Lewis	"	" "	" "	
Winfield, Edward W.	"	" "	" "	
Wilson, Samuel	"	" "	" "	
Whitehead, Nathaniel	"	" "	" "	Discharged at Urbana September 26, 1814.

Roll of Field and Staff, Porter's Regiment, Kentucky Militia, War of 1812—Commanded by Lieutenant-Colonel Andrew Porter.

Names.	Rank.	Date of Appointment or Enlistment.	To what time Engaged or Enlisted.	Remarks.
Andrew Porter	Lt.-Colonel	July 28, 1814	November 9, 1814	
Stephen Threasher	Major	" "	" "	On command.
Joseph Kennedy	"	September 17, 1814	" "	
James Newton	Adjutant	August 20, 1814	" "	
George W. Chilton	Paymaster	September 11, 1814	" "	
John Gale	Quartermaster	September 12, 1814	" "	
George W. Timberlake	Surgeon	August 20, 1814	" "	
Joel C. Frazer	S. Mate	August 22, 1814	" "	On command.
James M. Boswell	Sergeant Major	" "	" "	
George H. Perrin	Quartermaster Ser.	" "	" "	
James Ellis	Drum Major	September 15, 1814	" "	
Elisha Prater	Fifer	" "	" "	

ROLL OF CAPTAIN JOSEPH LOGAN'S COMPANY, KENTUCKY VOLUNTEER MILITIA—COMMANDED BY LIEUTENANT-COLONEL ANDREW PORTER.

Names.	Rank.	Date of Appointment or Enlistment.	To what time Engaged or Enlisted.	Remarks.
Joseph Logan	Captain	September 10, 1814	October 9, 1814	
Henry Wood	Lieutenant	" "	" "	
John Hunter	Ensign	" "	" "	
John W. Anderson	Sergeant	" "	" "	
Ennes Duncan	"	" "	" "	
Daniel Paul	"	" "	" "	
Mathias Toles	"	" "	" "	
Nicholas Ellson	"	" "	" "	
William A. Ross	Corporal	" "	" "	
John Hannar	"	" "	" "	
James Wood	"	" "	" "	
Samuel Boyd	"	" "	" "	
William Bell	"	" "	" "	
Joseph Lyons	"	" "	" "	
John Thornton	Musician	" "	" "	
Benjamin Willitt	"	" "	" "	
Allen, Thomas	Private	" "	" "	
Anderson, Claiborne	"	" "	" "	
Askins, Thomas	"	" "	" "	
Applegate, John	"	" "	" "	
Armstrong, William	"	" "	" "	
Baldwin, Samuel	"	" "	" "	
Barr, Enoch	"	" "	" "	
Berry, Alfred	"	" "	" "	
Burton, Moses	"	" "	" "	
Blackburn, Thomas	"	" "	" "	
Brynson, John	"	" "	" "	
Bryson, Edward	"	" "	" "	
Corwin, Richard	"	" "	" "	
Clark, Daniel	"	" "	" "	
Clark, Richard	"	" "	" "	
Carr, Abram	"	" "	" "	
Daulters, George	"	" "	" "	
Dix, John	"	" "	" "	
Drydden, Sovereign	"	" "	" "	
Dickson, James	"	" "	" "	
Foreman, John	"	" "	" "	
Foly, Daniel	"	" "	" "	
Fenton, Enoch	"	" "	" "	
Fiffe, Jonathan	"	" "	" "	
Gaines, Henry	"	" "	" "	
Gifford, Jonathan	"	" "	" "	
Gordon, George	"	" "	" "	
Gash, Michael	"	" "	" "	
Griffith, Alexander	"	" "	" "	
Gibbons, James	"	" "	" "	
Harrison, Richard	"	" "	" "	
Henry, Joseph	"	" "	" "	
Henry, John	"	" "	" "	
Holton, Abner	"	" "	" "	

ROLL OF CAPTAIN JOSEPH LOGAN'S COMPANY, KENTUCKY VOLUNTEER MILITIA—Continued.

Names.	Rank.	Date of Appointment or Enlistment.	To what time Engaged or Enlisted.	Remarks.
Harper, William	Private	September 10, 1814	October 9, 1814	
Hildebrand, John	"	" "	" "	
(Name not given.)	"	" "	" "	Absent without leave.
Hoard, Rhodes	"	" "	" "	
Kuetzer, John	"	" "	" "	
Kenton, Benjamin	"	" "	" "	
Kinsey, William	"	" "	" "	
Latham, Samuel	"	" "	" "	
Lyon, Charles	"	" "	" "	
Loe, John	"	" "	" "	
Lucas, Robert	"	" "	" "	
McBride, Joseph	"	" "	" "	
Morgan, Daniel	"	" "	" "	
McGowan, John	"	" "	" "	
Mingey, William	"	" "	" "	
Marshall, Thomas	"	" "	" "	
McGinniss, William	"	" "	" "	
Morgan, Joseph	"	" "	" "	
Moore, Lee	"	" "	" "	
Miller, Alexander	"	" "	" "	
Norris, James	"	" "	" "	
Owens, Alfred	"	" "	" "	
Polly, David	"	" "	" "	
Peters, Isaac	"	" "	" "	
Pollard, Samuel	"	" "	" "	
Peters, Aaron	"	" "	" "	
Phillips, Gabriel	"	" "	" "	
Petticord, Emanuel	"	" "	" "	
Petticord, John	"	" "	" "	
Robertson, Edward	"	" "	" "	
Ruggles, Enoch	"	" "	" "	
Robb, Robert	"	" "	" "	
Rennels, David V.	"	" "	" "	
Seward, Charles	"	" "	" "	
Shelby, John	"	" "	" "	
Spurgen, George	"	" "	" "	
Singleton, Frederick R.	"	" "	" "	
Swingle, George	"	" "	" "	
Takoon, Luke	"	" "	" "	
Trafford, John	"	" "	" "	
Taylor, John	"	" "	" "	
Thompson, William	"	" "	" "	
Thomas, Solomon	"	" "	" "	
Viert, John	"	" "	" "	
Vincent, John	"	" "	" "	
Wood, George	"	" "	" "	
Williams, George	"	" "	" "	
Williams, Thomas	"	" "	" "	
Williams, George	"	" "	" "	
Wallace, John	"	" "	" "	
Wilson, John	"	" "	" "	

ROLL OF CAPTAIN ROBERT HENLEY'S COMPANY, KENTUCKY VOLUNTEER MILITIA—COMMANDED BY LIEUTENANT-COLONEL ANDREW PORTER.

Names.	Rank.	Date of Appointment or Enlistment.	To what time Engaged or Enlisted.	Remarks.
Robert Henley	Captain	September 10, 1814	October 9, 1814	
Benjamin Gilbreath	Ensign	" "	" "	
John R. Duckett	Sergeant	" "	" "	
Robert Bell	"	" "	" "	
Elijah P. Hall	"	" "	" "	
Thomas Harding	"	" "	" "	
John C. Smith	Corporal	" "	" "	
Nathaniel Bannister	"	" "	" "	
John Barlow	"	" "	" "	
Elisha Prater	Musician	" "	" "	
Ardery, Robert	Private	" "	" "	
Anderson, John	"	" "	" "	
Buckner, John	"	" "	" "	
Burk, George	"	" "	" "	
Baird, William	"	" "	" "	
Bradley, Daniel	"	" "	" "	
Bucanon, James	"	" "	" "	
Bartlett, Ebenezer	"	" "	" "	

SOLDIERS OF THE WAR OF 1812.

ROLL OF CAPTAIN ROBERT HENLEY'S COMPANY, KENTUCKY VOLUNTEER MILITIA—Continued.

Names.	Rank.	Date of Appointment or Enlistment.	To what time Engaged or Enlisted.	Remarks.
Clay, Samuel	Private	September 10, 1814	October 9, 1814	
Cowan, Alexander	"	" "	" "	
Dewitt, Jacob	"	" "	" "	
Davidson, James	"	" "	" "	
Dedrick, George M.	"	" "	" "	
Earlawine, Jacob	"	" "	" "	
Evans, Gilead	"	" "	" "	
Earls, Paton	"	" "	" "	
Fite, Reuben	"	" "	" "	
Griffith, Samuel	"	" "	" "	
Gregg, Joseph	"	" "	" "	
Honacle, Creason	"	" "	" "	
Howard, Gideon	"	" "	" "	
Jones, William	"	" "	" "	
Johnston, Joseph	"	" "	" "	
Keith, Philip	"	" "	" "	
Keith, William	"	" "	" "	
Morgan, George	"	" "	" "	
Mathers, Thomas	"	" "	" "	
Matchley, Benjamin	"	" "	" "	
Morris, Morris	"	" "	" "	
Monacal, Peter	"	" "	" "	
McGuire, John	"	" "	" "	
McCarty, Thomas	"	" "	" "	
McCormack, Walter	"	" "	" "	
Miller, Jacob	"	" "	" "	
Powell, Robert	"	" "	" "	
Phillips, John	"	" "	" "	
Richey, John	"	" "	" "	
Richey, William	"	" "	" "	
Revell, Joseph	"	" "	" "	
Robertson, David	"	" "	" "	
Rice, William	"	" "	" "	
Snap, George	"	" "	" "	
Stevenson, William	"	" "	" "	
Stoops, John	"	" "	" "	
Steers, John	"	" "	" "	
Stockdale, William	"	" "	" "	
Shannon, Samuel	"	" "	" "	
Smith, John	"	" "	" "	
Trigg, Joseph	"	" "	" "	
Tinder, James	"	" "	" "	
Ward, Joseph	"	" "	" "	
Wiggins, Archibald	"	" "	" "	

ROLL OF CAPTAIN DAVID GOODING'S COMPANY, KENTUCKY VOLUNTEER MILITIA—COMMANDED BY LIEUTENANT-COLONEL ANDREW PORTER.

Names.	Rank.	Date of Appointment or Enlistment.	To what time Engaged or Enlisted.	Remarks.
David Gooding	Captain	September 10, 1814	October 9, 1814	
Elijah Adkins	Lieutenant	" "	" "	
Isaac Powell	Ensign	" "	" "	
James Norwood	Sergeant	" "	" "	
Mial Mayo	"	" "	" "	
Lott Ringo	"	" "	" "	
John C. Lacy	"	" "	" "	
William Cline	"	" "	" "	
Joseph Evans	Corporal	" "	" "	
Samuel Beck	"	" "	" "	
William Wooten	"	" "	" "	
Shadrick Ward	"	" "	" "	
Anthony Gardner	Drummer	" "	" "	
Martin Thornberry	Fifer	" "	" "	
Adams, John	Private	" "	" "	
Acres, Jonathan	"	" "	" "	
Branham, William	"	" "	" "	
Blankenship, Obediah	"	" "	" "	
Brown, William	"	" "	" "	
Blaboutt, Benjamin	"	" "	" "	
Briggs, Jacob	"	" "	" "	
Boan, Andrew	"	" "	" "	
Crabtree, John	"	" "	" "	
Crum, John	"	" "	" "	

ROLL OF CAPTAIN DAVID GOODING'S COMPANY, KENTUCKY VOLUNTEER MILITIA—Continued.

Names.	Rank.	Date of Appointment or Enlistment.	To what time Engaged or Enlisted.	Remarks.
Chaffin, David	Private	September 10, 1814	October 9, 1814	
Crum, Michael	"	" "	" "	
Craig, Robert	"	" "	" "	
Craig, Joseph	"	" "	" "	
Cobb, Adam	"	" "	" "	
Christin, Julius	"	" "	" "	
Conrad, Joseph	"	" "	" "	
Clark, Philip	"	" "	" "	
Damron, Joseph	"	" "	" "	
Damron, Richard	"	" "	" "	
Day, John	"	" "	" "	
Davis, William	"	" "	" "	
Day, Lewis	"	" "	" "	
Davis, Thomas	"	" "	" "	
Dunaway, Isaac	"	" "	" "	
Daniel, Thomas	"	" "	" "	
Edwards, Richard	"	" "	" "	
Estell, William	"	" "	" "	
Ellett, George	"	" "	" "	
Ellington, Isaac	"	" "	" "	
Foster, Isaac	"	" "	" "	
Fleming, Robert	"	" "	" "	
Fitzpatrick, William	"	" "	" "	
Fletcher, Jacob	"	" "	" "	
Gallett, William	"	" "	" "	
George, Alexander G.Y	"	" "	" "	
Graham, William	"	" "	" "	
Herrels, Nathan	"	" "	" "	
Hopkins, Josiah	"	" "	" "	
Hall, Isham	"	" "	" "	
Heavens, Benjamin	"	" "	" "	
Hopkins, William	"	" "	" "	
Jerrel, Carnel	"	" "	" "	
Johnston, David	"	" "	" "	
Jeans, Thomas	"	" "	" "	
Jemison, David	"	" "	" "	
Julioch, Joseph	"	" "	" "	
Kenedy, Eli	"	" "	" "	
Kline, Jacob	"	" "	" "	
Kelly, Thomas	"	" "	" "	
Kelly, Anthony	"	" "	" "	
Lustre, Thomas	"	" "	" "	
Lewis, William	"	" "	" "	
Lycans, Marcus	"	" "	" "	
Lee, William	"	" "	" "	
Lykes, Philip	"	" "	" "	
Murry, Samuel	"	" "	" "	
Mullins, Solomon	"	" "	" "	
Markham, Stephen	"	" "	" "	
Moore, James	"	" "	" "	
Mullins, William	"	" "	" "	
Murphy, John	"	" "	" "	
Nells, Charles	"	" "	" "	
Owens, James	"	" "	" "	
Old, Daniel	"	" "	" "	
Patrick, William	"	" "	" "	
Pack, George	"	" "	" "	
Patten, Henry	"	" "	" "	
Picklesimers, Abraham	"	" "	" "	
Penlain, William	"	" "	" "	
Pettit, Cogswell	"	" "	" "	
Rife, Coonrod	"	" "	" "	
Royse, Fredrick	"	" "	" "	
Sumnit, John	"	" "	" "	
Swarangan, Vann	"	" "	" "	
Story, James	"	" "	" "	
Sutton, William	"	" "	" "	
Stratton, Hiram	"	" "	" "	
Strahan, John	"	" "	" "	
Tackett, Thomas	"	" "	" "	
Thompson, Thomas	"	" "	" "	
Watson, Samuel	"	" "	" "	
Williams, Thornton	"	" "	" "	
Yasell, Jacob	"	" "	" "	

ROLL OF CAPTAIN GEORGE BISHOP'S COMPANY, KENTUCKY VOLUNTEER MILITIA—COMMANDED BY LIEUTENANT-COLONEL ANDREW PORTER.

Names.	Rank.	Date of Appointment or Enlistment.	To what time Engaged or Enlisted.	Remarks.
George Bishop	Captain	September 10, 1814	October 9, 1814	
Benedict Bacon	Lieutenant	" "	" "	
Thomas Jones	Ensign	" "	" "	
Hiram Shortridge	Sergeant	" "	" "	
Andrew Dougherty	"	" "	" "	
Robert Young	"	" "	" "	
John Howe	"	" "	" "	
James Shanklin	Corporal	" "	" "	
William Jones	"	" "	" "	
James Thomas	"	" "	" "	
Henry Burroughs	"	" "	" "	
William Gault	Drummer	" "	" "	
Robert Hood	Fifer	" "	" "	
Asberry, Benjamin	Private	" "	" "	
Botts, William	"	" "	" "	
Bates, Alfred	"	" "	" "	
Ballard, Stephen	"	" "	" "	
Bell, Thomson	"	" "	" "	
Bloomfield, Henry	"	" "	" "	
Blain, William	"	" "	" "	
Burnese, Samuel	"	" "	" "	
Bryant, Lewis	"	" "	" "	
Butler, John	"	" "	" "	
Cahill, John	"	" "	" "	
Crawford, Jacob	"	" "	" "	
Collins, William	"	" "	" "	
Cord, Carvil	"	" "	" "	
Constant, William	"	" "	" "	
Constant, Isaac	"	" "	" "	
Campbell, Joshua	"	" "	" "	
Clingman, George	"	" "	" "	
Dement, Elias	"	" "	" "	
Davis, Eli	"	" "	" "	
Davis, Matthew	"	" "	" "	
Eubank, James	"	" "	" "	
Evans, John	"	" "	" "	
Finny, Samuel	"	" "	" "	
Flangher, Christopher	"	" "	" "	
Fuqua, Moses M.	"	" "	" "	
Gilkerson, John	"	" "	" "	
Gragg, Abner	"	" "	" "	
Glascock, Joseph	"	" "	" "	
Hensley, George	"	" "	" "	
Huffman, Simeon	"	" "	" "	
Howe, William	"	" "	" "	
Hilcross, Conrad	"	" "	" "	
Henry, Samuel	"	" "	" "	
Holland, Thomas	"	" "	" "	
Horren, John	"	" "	" "	
Hornsby, William	"	" "	" "	
Henderson, Robert	"	" "	" "	
Jackson, Henry	"	" "	" "	
Jones, Thomas	"	" "	" "	
King, Thomas B.	"	" "	" "	
Kirk, Thornberry	"	" "	" "	
Kinkead, John	"	" "	" "	
Lanterman, Peter	"	" "	" "	
Linn, James	"	" "	" "	
Leaton, John	"	" "	" "	
Mayhims, Laban	"	" "	" "	
Miller, William	"	" "	" "	
McLane, Archibald	"	" "	" "	
McLaughlin, Wm.	"	" "	" "	
McCoy, James	"	" "	" "	
Myers, Henry	"	" "	" "	
Mahan, Isaac	"	" "	" "	
Osborn, Squire	"	" "	" "	
Outen, Charles	"	" "	" "	
Peade, Gabriel	"	" "	" "	
Riggs, Zachariah	"	" "	" "	
Reed, John	"	" "	" "	
Robinson, Allen	"	" "	" "	
Reed, James	"	" "	" "	
Roberts, Isaac	"	" "	" "	
Shackels, Levi	"	" "	" "	
Skidmore, Joseph	"	" "	" "	

ROLL OF CAPTAIN GEORGE BISHOP'S COMPANY, KENTUCKY VOLUNTEER MILITIA—Continued.

Names.	Rank.	Date of Appointment or Enlistment.	To what time Engaged or Enlisted.	Remarks.
Shanklin, John	Private	September 10, 1814	October 9, 1814	
Saunders, James	"	" "	" "	
Shanklin, Gordon	"	" "	" "	
Stockwell, Robert	"	" "	" "	
Swaney, Miles	"	" "	" "	
Shelton, John	"	" "	" "	
Somerville, Joseph	"	" "	" "	
Sousley, Christopher	"	" "	" "	
Sparks, John	"	" "	" "	
Scott, Daniel	"	" "	" "	
Skinner, Perrin	"	" "	" "	
Tracy, Jesse	"	" "	" "	
Threckold, William	"	" "	" "	
Taylor, Samuel	"	" "	" "	
Vanhebber, Jacob	"	" "	" "	
West, Joseph	"	" "	" "	
Waring, Bazil	"	" "	" "	
Warnock, Johnson	"	" "	" "	
Wilson, James	"	" "	" "	
Wilson, Alexander	"	" "	" "	
Wilson, John	"	" "	" "	
Wilson, Gustavus	"	" "	" "	

ROLL OF CAPTAIN JAMES CONN'S COMPANY, KENTUCKY VOLUNTEER MILITIA—COMMANDED BY LIEUTENANT-COLONEL ANDREW PORTER.

Names.	Rank.	Date of Appointment or Enlistment.	To what time Engaged or Enlisted.	Remarks.
James Conn	Captain	September 10, 1814	October 9, 1814	
William Brice	Lieutenant	" "	" "	
Gabriel Miles	Ensign	" "	" "	
Michael Yates	Sergeant	" "	" "	
Henry Lanswell	"	" "	" "	
Charles M. Fowler	"	" "	" "	
Joseph Galloway	"	" "	" "	
David Nichison	Corporal	" "	" "	
Caleb Worley	"	" "	" "	
Abner Delany	"	" "	" "	
Thomas Ross	"	" "	" "	
Anderson, William	Private	" "	" "	
Boman, John	"	" "	" "	
Browning, Jacob	"	" "	" "	
Bird, John M.	"	" "	" "	
Bowshell, James	"	" "	" "	
Backster, John	"	" "	" "	
Bates, Andrew	"	" "	" "	
Blackburn, David	"	" "	" "	Discharged.
Cokentaffer, Adam	"	" "	" "	
Courtney, Lewis	"	" "	" "	
Chism, Thomas	"	" "	" "	
Cumins, John	"	" "	" "	
Conner, Timothy T.	"	" "	" "	
Callis, Thomas	"	" "	" "	
Cannon, Laws W.	"	" "	" "	
Conwell, John	"	" "	" "	
Davidson, Samuel	"	" "	" "	
Dudley, Ambrose	"	" "	" "	
Demmitt, Joshua	"	" "	" "	Discharged.
Downard, Jacob	"	" "	" "	
Daugherty, John	"	" "	" "	
Fulton, William	"	" "	" "	
Fisher, Thomas	"	" "	" "	Discharged.
Fooks, William	"	" "	" "	
Frennels, Daniel	"	" "	" "	
Glass, Thomas I.	"	" "	" "	
Grimsley, Robert	"	" "	" "	
Glenn, Simeon	"	" "	" "	
Garton, Clark	"	" "	" "	
Heath, Daniel	"	" "	" "	
Hitt, Jesse	"	" "	" "	
Hopkins, David	"	" "	" "	
Hayden, Nathaniel	"	" "	" "	
Hedington, Moses	"	" "	" "	
Horden, Thomas	"	" "	" "	

ROLL OF CAPTAIN JAMES CONN'S COMPANY, KENTUCKY VOLUNTEER MILITIA—Continued.

Names.	Rank.	Date of Appointment or Enlistment.	To what time Engaged or Enlisted.	Remarks.
Hitt, Ira	Private	September 10, 1814	October 9, 1814	
Hinkson, John	"	" "	" "	
Humble, John	"	" "	" "	
Irwin, John	"	" "	" "	
Jacobs, Elijah	"	" "	" "	
Jacobson, Nathaniel	"	" "	" "	
Jewel, Peter	"	" "	" "	
Johnson, James	"	" "	" "	
Juster, Samuel	"	" "	" "	
Kizzie, Benjamin	"	" "	" "	
Keene, John	"	" "	" "	
Lafferty, James	"	" "	" "	
Moore, John	"	" "	" "	
Moore, James	"	" "	" "	
Martin, James	"	" "	" "	
Morrison, John	"	" "	" "	
Morris, John	"	" "	" "	
Martin, John L.	"	" "	" "	
Maginnis, John, L.	"	" "	" "	
Martin, Edward	"	" "	" "	
Marshall, William	"	" "	" "	
McFadden, John	"	" "	" "	
Marr, John	"	" "	" "	
Newell, Taylor	"	" "	" "	
Owens, Stephen	"	" "	" "	
O'Neal, Thomas	"	" "	" "	
Patton, John	"	" "	" "	
Parrish, Ansolom	"	" "	" "	
Preston, William	"	" "	" "	
Rankins, John	"	" "	" "	
Roberson, William	"	" "	" "	
Renolds, Richard	"	" "	" "	
Reed, James H.	"	" "	" "	
Ryley, Samuel	"	" "	" "	
Roseer, John	"	" "	" "	
Stephens, James	"	" "	" "	
Smultin, Nathaniel	"	" "	" "	
Shy, Simeon	"	" "	" "	
Slade, Ezekiel	"	" "	" "	
Shaw, Aaron	"	" "	" "	
Slade, John	"	" "	" "	
Scott, Samuel	"	" "	" "	
Sconce, Robert W.	"	" "	" "	
Smith, Robert	"	" "	" "	
Small, William	"	" "	" "	
Sands, Almerson	"	" "	" "	
Smith, Thomas	"	" "	" "	
Spottswood, William	"	" "	" "	
Spencer, John	"	" "	" "	
Tucker, William	"	" "	" "	
Vance, William	"	" "	" "	
Williamson, Ephraim	"	" "	" "	
Wells, Bazzle	"	" "	" "	
Weathers, John	"	" "	" "	

ROLL OF CAPTAIN AARON GREGG'S COMPANY, KENTUCKY VOLUNTEER MILITIA—COMMANDED BY LIEUTENANT-COLONEL ANDREW PORTER.

Names.	Rank.	Date of Appointment or Enlistment.	To what time Engaged or Enlisted.	Remarks.
Aaron Gregg	Captain	September 10, 1814	October 9, 1814	
Arthur Watson	Lieutenant	" "	" "	
Samuel Forman	Ensign	" "	" "	
William O'Blakeby	1st Sergeant	" "	" "	
Jacob Weirick	2d Sergeant	" "	" "	
Enoch Dobbins	3d Sergeant	" "	" "	
John Finch	4th Sergeant	" "	" "	
John Hunt	Corporal	" "	" "	
Daniel, Morford, Jr.	"	" "	" "	
Nathan Heath	"	" "	" "	
James True		" "	" "	
Willis Bell	Fifer	" "	" "	
Levi Carmack	Drummer	" "	" "	
Ambrose, William	Private	" "	" "	
Allison, Joseph	"	" "	" "	

ROLL OF CAPTAIN AARON GREGG'S COMPANY, KENTUCKY VOLUNTEER MILITIA—Continued.

Names.	Rank.	Date of Appointment or Enlistment.	To what time Engaged or Enlisted.	Remarks.
Asberry, Landman	Private	September 10, 1814	October 9, 1814	
Brown, Major	"	" "	" "	
Bramel, Hanson	"	" "	" "	
Bellows, George	"	" "	" "	
Blakely, Thomas	"	" "	" "	
Ball, Smith	"	" "	" "	
Blamer, Joseph	"	" "	" "	
Berry, Weathers, Jr	"	" "	" "	
Case, Edward	"	" "	" "	
Case, Joseph	"	" "	" "	
Chambers, George	"	" "	" "	
Combess, Uty	"	" "	" "	
Chinn, Elijah	"	" "	" "	
Combess, William	"	" "	" "	
Cullem, James	"	" "	" "	
Duyan, Samuel	"	" "	" "	
Duyan, Alexander	"	" "	" "	
Die, Hardman	"	" "	" "	
Dunn, Andrew	"	" "	" "	
Fulcher, Thomas	"	" "	" "	
Foxworthy, John	"	" "	" "	
Galloway, Elijah	"	" "	" "	
Grigsby, Mildon	"	" "	" "	
Grover, John	"	" "	" "	
Grove, William	"	" "	" "	
Grinard, William	"	" "	" "	
Ham, James B	"	" "	" "	
Herrendon, John	"	" "	" "	
Harry, Daniel	"	" "	" "	
Hartsock, Samuel	"	" "	" "	
Hanson, Hollas B	"	" "	" "	
Hanson, Amos O	"	" "	" "	
Hampton, John	"	" "	" "	
Henderson, George	"	" "	" "	
Hudson, Samuel	"	" "	" "	
Jackson, Joseph	"	" "	" "	
Johnson, Hiram	"	" "	" "	
Johnson, Henry	"	" "	" "	
Kenner, Rodhan	"	" "	" "	
Marands, John	"	" "	" "	
Molten, Robert	"	" "	" "	
Miller, William	"	" "	" "	
Morrow, John	"	" "	" "	
Melvin, John	"	" "	" "	
McMahan, Norman	"	" "	" "	
Mitchell, Aaron	"	" "	" "	
Morgan, William	"	" "	" "	
Moore, Benjamin	"	" "	" "	
Mills, John	"	" "	" "	
Pattie, Lealand	"	" "	" "	
Patterson, David	"	" "	" "	
Padgett, Alfred	"	" "	" "	
Plum, John	"	" "	" "	
Prather, Ross	"	" "	" "	
Price, James	"	" "	" "	
Price, William	"	" "	" "	
Rout, George	"	" "	" "	
Richardson, John	"	" "	" "	
Ross, Thomas	"	" "	" "	
Sample, Robert	"	" "	" "	
Sherley, William	"	" "	" "	
Stewart, Alexander	"	" "	" "	
Steele, Aquilla	"	" "	" "	
Small, James	"	" "	" "	
Thomas, John	"	" "	" "	
Tuel, Sandford	"	" "	" "	
Truitt, James	"	" "	" "	
Thatcher, Joseph	"	" "	" "	
Tucker, Edward	"	" "	" "	
Tomlinson, William	"	" "	" "	
Toll, Alficus	"	" "	" "	
Washburn, James	"	" "	" "	
Webster, William	"	" "	" "	
Whiteman, Charles	"	" "	" "	
Watts, George	"	" "	" "	
Wiggins, Asberry	"	" "	" "	

SOLDIERS OF THE WAR OF 1812.   321

ROLL OF CAPTAIN AARON GREGG'S COMPANY, KENTUCKY VOLUNTEER MILITIA—Continued.

Names.	Rank.	Date of Appointment or Enlistment.	To what time Engaged or Enlisted.	Remarks.
Wilson, Solomon	Private	September 10, 1814	October 9, 1814	
Wheeler, John	"	" "	" "	
Worster, Hugh	"	" "	" "	Refused to march.
York, Elijah	"	" "	" "	
Young, John	"	" "	" "	

ROLL OF CAPTAIN MEMORIAL FORREST'S COMPANY, KENTUCKY VOLUNTEER MILITIA—COMMANDED BY LIEUTENANT-COLONEL ANDREW PORTER.

Names.	Rank.	Date of Appointment or Enlistment.	To what time Engaged or Enlisted.	Remarks.
Memorial Forrest	Captain	September 10, 1814	October 9, 1814	
Noah Holbert	Lieutenant	" "	" "	
John Mann	Ensign	" "	" "	
George H. Perrin	Q. M. Sergeant	" "	" "	
Hanson Talbott	Sergeant	" "	" "	Substitute for William Harris.
Daniel Isgrigg	"	" "	" "	
George Hamilton	"	" "	" "	
Abraham Miller	"	" "	" "	
Enoch McDuffee	Corporal	" "	" "	
Peter Engles	"	" "	" "	
Jacob Shuffett	"	" "	" "	
Joseph Scott	"	" "	" "	
Andrew Hownshell	Fifer	" "	" "	
Arnold, Thomas	Private	" "	" "	
Adams, James	"	" "	" "	
Anderson, Francis	"	" "	" "	
Anderson, Amos	"	" "	" "	
Baker, Abraham	"	" "	" "	
Becket, John	"	" "	" "	
Bruse, John	"	" "	" "	
Barnet, John	"	" "	" "	
Bush, Richard	"	" "	" "	
Bishop, Terrel	"	" "	" "	
Berry, John	"	" "	" "	
Bowlin, William	"	" "	" "	
Brown, John	"	" "	" "	
Boon, Abner	"	" "	" "	
Colyar, William	"	" "	" "	
Camp, Edward	"	" "	" "	
Crosthwait, Berry	"	" "	" "	
Courtney, Elias	"	" "	" "	
Carr, Nathan	"	" "	" "	Claims a discharge.
Chadd, Samuel	"	" "	" "	
Casady, John	"	" "	" "	
Clintock, Daniel M.	"	" "	" "	
Davis, John	"	" "	" "	
Davis, George	"	" "	" "	
Day, John M.	"	" "	" "	
Denny, Samuel	"	" "	" "	Discharged.
Ehler, John	"	" "	" "	
Edes, John	"	" "	" "	
Franklin, Edward	"	" "	" "	
Farrar, William	"	" "	" "	
Forrest, Dennis	"	" "	" "	
Gowins, Galloway	"	" "	" "	Crippled at home.
Godman, Allen	"	" "	" "	
Hendricks, Joseph	"	" "	" "	
Hickman, Hugh	"	" "	" "	Discharged.
Hatfield, John	"	" "	" "	
Hixon, Samuel	"	" "	" "	
Horter, George	"	" "	" "	
Henry, James	"	" "	" "	
Herring, William	"	" "	" "	
Huffman, Jacob, Jr.	"	" "	" "	
Hutchinson, William	"	" "	" "	
Huffman, Jacob, Sr.	"	" "	" "	
Harris, William	"	" "	" "	
Jackson, William	"	" "	" "	
Johnson, Washington	"	" "	" "	
Johnson, Peter	"	" "	" "	
Jamison, John	"	" "	" "	
Johnson, John	"	" "	" "	
Keeth, Jacob	"	" "	" "	

ROLL OF CAPTAIN MEMORIAL FORREST'S COMPANY, KENTUCKY VOLUNTEER MILITIA—Continued.

Names.	Rank.	Date of Appointment or Enlistment.	To what time Engaged or Enlisted.	Remarks.
Lair, Mathias	Private	September 10, 1814	October 9, 1814	
Lemmon, William	"	" "	" "	
Lay, Charles	"	" "	" "	
Lockhart, James	"	" "	" "	
Millar, Jacob	"	" "	" "	
Martin, Jonah	"	" "	" "	
Martin, Ralph	"	" "	" "	
Mockbee, Dickerson	"	" "	" "	
McDuffee, Gabriel	"	" "	" "	
Marsh, William	"	" "	" "	
Monson, Thomas	"	" "	" "	
Moore, Samuel	"	" "	" "	
Marsh, Samuel	"	" "	" "	
(Marts or) Malta, Geo.	"	" "	" "	
Miller, Vincent	"	" "	" "	
Madison, Robert	"	" "	" "	
Martin, John	"	" "	" "	
Newell, Hugh	"	" "	" "	
Newell, Robert	"	" "	" "	
Newmon, John	"	" "	" "	
Newel, James	"	" "	" "	
Oder, Barnet	"	" "	" "	
Potts, George	"	" "	" "	
Pigg, David	"	" "	" "	
Rutter, Alexander	"	" "	" "	
Shuffett, George	"	" "	" "	
Switzer, Daniel	"	" "	" "	
Smith, William	"	" "	" "	
Steers, William	"	" "	" "	
Schooler, Richard	"	" "	" "	
Thompson, William	"	" "	" "	
Taylor, John	"	" "	" "	
Veatch, John	"	" "	" "	
Wheeler, Thomas	"	" "	" "	
Williams, Charles	"	" "	" "	
Wells, William	"	" "	" "	
Wright, Joseph	"	" "	" "	

ROLL OF CAPTAIN SAMUEL GOODEN'S COMPANY, KENTUCKY VOLUNTEER MILITIA—COMMANDED BY LIEUTENANT-COLONEL ANDREW PORTER.

Names.	Rank.	Date of Appointment or Enlistment.	To what time Engaged or Enlisted.	Remarks.
Samuel Gooden	Captain	September 10, 1814	October 9, 1814	
George Fleming	Lieutenant	" "	" "	
Andrew Richart	Ensign	" "	" "	
Levi Gooden	Sergeant	" "	" "	
George Warner	"	" "	" "	
William Vent	"	" "	" "	
Spencer Boyd	"	" "	" "	
Thornton Williams	Corporal	" "	" "	
William Ray	"	" "	" "	
John Summers	"	" "	" "	
James Downings	Fifer	" "	" "	
Daniel Duskins	Drummer	" "	" "	
Aldridge, David	Private	" "	" "	
Adams, John	"	" "	" "	
Adams, John	"	" "	" "	
Alexander, John	"	" "	" "	
Anderson, William	"	" "	" "	
Becroft, Benjamin	"	" "	" "	
Bunton, Hugh	"	" "	" "	
Bohanon, William	"	" "	" "	
Beedle, William	"	" "	" "	
Bodkin, William	"	" "	" "	
Camphor, Ambrose	"	" "	" "	
Craig, David	"	" "	" "	
Carr, John R.	"	" "	" "	
Cartmill, John	"	" "	" "	
Cline, John	"	" "	" "	
Clayton, Joseph	"	" "	" "	
Chandler, Levi	"	" "	" "	
Chew, Samuel	"	" "	" "	
Choat, Samuel	"	" "	" "	

ROLL OF CAPTAIN SAMUEL GOODEN'S COMPANY, KENTUCKY VOLUNTEER MILITIA—Continued.

Names.	Rank.	Date of Appointment or Enlistment.	To what time Engaged or Enlisted.	Remarks.
Corbin, Zachariah	Private	September 10, 1814	October 9, 1814	
Duskins, William	"	" "	" "	
Fleming, Jesse	"	" "	" "	
Griffin, Andrew	"	" "	" "	
Goodpasture, Cornelius	"	" "	" "	
Green, Galesberry	"	" "	" "	
Grayson, John	"	" "	" "	
Goodpaster, Michael	"	" "	" "	
Griffin, Mathias	"	" "	" "	
Galloway, Robert	"	" "	" "	
Griffin, William	"	" "	" "	
Highlander, George	"	" "	" "	
Hopkins, Moses	"	" "	" "	
Hendricks, Theophilus	"	" "	" "	
Kincade, Joseph	"	" "	" "	
Kenedy, Joseph	"	" "	" "	
Keys, William	"	" "	" "	
Kenard, William	"	" "	" "	
Long, Henry	"	" "	" "	
Lawson, Joseph	"	" "	" "	
Lawson, James	"	" "	" "	
Lemmon, John	"	" "	" "	
Lane, John	"	" "	" "	
Lamasters, Simeon	"	" "	" "	
McGakey, Andrew	"	" "	" "	
McCollough, David	"	" "	" "	
Manly, David	"	" "	" "	
Murphy, James	"	" "	" "	
Mitchell, James	"	" "	" "	
Miller, John	"	" "	" "	
McGaphey, John	"	" "	" "	
Myers, Jacob	"	" "	" "	
McCoullough, Jonathan	"	" "	" "	
Morris, Jacob	"	" "	" "	
McCollister, Joseph	"	" "	" "	
McFarland, Robert	"	" "	" "	
McClain, Thomas	"	" "	" "	
McDowell, Thomas	"	" "	" "	
Moffitt, William	"	" "	" "	
Power, Absalom	"	" "	" "	
Payne, John	"	" "	" "	
Pillers, Thomas	"	" "	" "	
Poor, William	"	" "	" "	
Poor, William	"	" "	" "	
Ralston, Andrew	"	" "	" "	
Richart, James	"	" "	" "	
Shoults, John	"	" "	" "	
Shrout, Isaac	"	" "	" "	
Stillwell, Obediah	"	" "	" "	
Steton, Samuel	"	" "	" "	
Smith, Strother	"	" "	" "	
Thompson, Abraham	"	" "	" "	
Turner, William	"	" "	" "	
Ward, Bennett	"	" "	" "	
Ward, John	"	" "	" "	
Warfield, Shadrack	"	" "	" "	
Warner, Traves	"	" "	" "	
White, William	"	" "	" "	
White, William	"	" "	" "	

ROLL OF CAPTAIN HENRY ELLIS' COMPANY, KENTUCKY VOLUNTEER MILITIA—COMMANDED BY LIEUTENANT-COLONEL ANDREW PORTER.

Names.	Rank.	Date of Appointment or Enlistment.	To what time Engaged or Enlisted.	Remarks.
Henry Ellis	Captain	September 10, 1814	October 9, 1814	
Thomas Groffert	Lieutenant	" "	" "	
Benjamin Croso	1st Sergeant	" "	" "	
John Jolly	Sergeant	" "	" "	
Isaac Taylor	"	" "	" "	
Samuel Wilson	"	" "	" "	
William Spicer	Corporal	" "	" "	
Thomas Davis	"	" "	" "	
William F. Hansford	"	" "	" "	

ROLL OF CAPTAIN HENRY ELLIS' COMPANY, KENTUCKY VOLUNTEER MILITIA—Continued.

Names.	Rank.	Date of Appointment or Enlistment.	To what time Engaged or Enlisted.	Remarks.
Benjamin Warmsley	Corporal	September 10, 1814	October 9, 1814	
Henry Hall	Drummer	" "	" "	
Alexander, Thomas	Private	" "	" "	
Adams, Charles	"	" "	" "	
Alexander, Zacheus	"	" "	" "	
Adair, Benjamin	"	" "	" "	
Barlow, Alvin	"	" "	" "	
Bishop, Charles	"	" "	" "	
Bazell, John	"	" "	" "	
Burnough, George	"	" "	" "	
Blaking, John	"	" "	" "	
Brandon, John	"	" "	" "	
Berry, James T.	"	" "	" "	
Crump, Patrick	"	" "	" "	
Crofford, John	"	" "	" "	
Cunningham, Robb	"	" "	" "	
Dalnell, Abraham	"	" "	" "	
Elliott, John	"	" "	" "	
Evermore, John	"	" "	" "	
Gorham, John	"	" "	" "	
Groffort, Benjamin	"	" "	" "	
Gamble, Josiah	"	" "	" "	
Geers, James	"	" "	" "	
Hildreth, Joseph	"	" "	" "	
Hamilton, James	"	" "	" "	
Hendrakes, Frederick	"	" "	" "	
Heighton, Stephen	"	" "	" "	
Hinckle, Enoch	"	" "	" "	
Hall, Levi F.	"	" "	" "	
Hughes, Robert	"	" "	" "	
Holmes, Daniel	"	" "	" "	
House, George	"	" "	" "	
Headlerton, James	"	" "	" "	
Isham, John	"	" "	" "	
Jamison, John M.	"	" "	" "	
Jones, Isaac	"	" "	" "	
Keath, Loyd	"	" "	" "	
Knox, John M.	"	" "	" "	
Long, Isaac	"	" "	" "	
Longnecker, Jacob	"	" "	" "	
Luttle, David	"	" "	" "	
McDonald, James	"	" "	" "	
Munsford, William	"	" "	" "	
Mitchell, Robert	"	" "	" "	
McClelland, James	"	" "	" "	
McGinnis, Samuel	"	" "	" "	
Miller, John	"	" "	" "	
Miller, William	"	" "	" "	
Mockbee, Mart	"	" "	" "	
Newton, John	"	" "	" "	
Parrish, Nathaniel	"	" "	" "	
Payne, Francis	"	" "	" "	
Parson, John	"	" "	" "	
Prather, Benjamin	"	" "	" "	
Robnett, Zachariah	"	" "	" "	
Redmon, Samuel	"	" "	" "	
Routt, Gabriel	"	" "	" "	
Shillinor, John	"	" "	" "	
Stewart, John	"	" "	" "	
Stanley, Moses	"	" "	" "	
Smith, Isaac	"	" "	" "	
Sears, George	"	" "	" "	
See, William	"	" "	" "	
Trother, Joseph	"	" "	" "	
Taylor, Charles	"	" "	" "	
Tull, Handy	"	" "	" "	
Taylor, James	"	" "	" "	
Turney, John	"	" "	" "	
Utterback, John	"	" "	" "	
Wright, Samuel	"	" "	" "	
Wheelbarger, John	"	" "	" "	
Washington, Duncan	"	" "	" "	
Williams, James	"	" "	" "	

ROLL OF CAPTAIN JAMES ELLIS' COMPANY, KENTUCKY VOLUNTEER MILITIA—COMMANDED BY LIEUTENANT-COLONEL ANDREW PORTER.

Names.	Rank.	Date of Appointment or Enlistment.	To what time Engaged or Enlisted.	Remarks.
James Ellis	Captain	September 10, 1814	October 9, 1814	
John Frier	Lieutenant	" "	" "	
William Martin	Ensign	" "	" "	
Wesley Porter	Sergeant	" "	" "	
Benjamin Hawkins	"	" "	" "	
Thomas Kelly	"	" "	" "	
Andrew Minier	Corporal	" "	" "	
George Reed	"	" "	" "	
Bailey Harrod	"	" "	" "	
Alex. Woodyard	"	" "	" "	
Eli Orzburn	Musician	" "	" "	
Ashcraft, Ichabod	Private	" "	" "	
Bates, Benjamin	"	" "	" "	
Bellew, Samuel	"	" "	" "	
Colvin, Boswell	"	" "	" "	
Campbell, John	"	" "	" "	
Cowgill, Joseph	"	" "	" "	
Cox, Jarred	"	" "	" "	
Clifton, Noah	"	" "	" "	
Collier, Will	"	" "	" "	
Clark, Will	"	" "	" "	
Deen, Zachariah	"	" "	" "	
Derbon, Ralph	"	" "	" "	
Daniel, Will	"	" "	" "	
Foster, Jonathan	"	" "	" "	
Gannon, Abner	"	" "	" "	
Herrod, James	"	" "	" "	
Hathaway, John	"	" "	" "	
Huffman, James	"	" "	" "	
Hawkins, John	"	" "	" "	
Hume, Lewis	"	" "	" "	
Hume, Thomas	"	" "	" "	
King, Will	"	" "	" "	
Mattox, David	"	" "	" "	
Mann, Elijah	"	" "	" "	
Marksbury, Horatio	"	" "	" "	
McPike, Haley	"	" "	" "	
McPherson, John	"	" "	" "	
Masters, Richard	"	" "	" "	
McPherson, Thomas	"	" "	" "	
Orzburn, Jacob	"	" "	" "	
Organ, Thomas	"	" "	" "	
Paul, James	"	" "	" "	
Parnish, Woodson	"	" "	" "	
Rice, Edward	"	" "	" "	
Riddle, Isaac	"	" "	" "	
Raridan, Jesse	"	" "	" "	
Rowse, Joshua	"	" "	" "	
Rose, Lewis	"	" "	" "	
Rodgers, Robert	"	" "	" "	
Sandford, Alexander	"	" "	" "	
Sturgeon, Jeremiah	"	" "	" "	
Smith, Jeremiah	"	" "	" "	
Smith, John R.	"	" "	" "	
Spiegle, Martin	"	" "	" "	
Stewart, Samuel	"	" "	" "	
Taylor, George	"	" "	" "	
Talmon, Jacob	"	" "	" "	
Williams, Elijah	"	" "	" "	
Wright, John	"	" "	" "	
Walton, James	"	" "	" "	
White, John	"	" "	" "	
Woolcott, Justin	"	" "	" "	
Wayman, Thomas	"	" "	" "	
White, Thomas	"	" "	" "	
Wilhite, Thomas	"	" "	" "	
Wright, Will	"	" "	" "	
Wates, Will	"	" "	" "	
White, William	"	" "	" "	
Walker, Will	"	" "	" "	
Youngman, John	"	" "	" "	
Zinn, Joseph	"	" "	" "	

SOLDIERS OF THE WAR OF 1812.

ROLL OF CAPTAIN EDWARD WHALEY'S COMPANY, KENTUCKY VOLUNTEER MILITIA—COMMANDED BY LIEUTENANT-COLONEL ANDREW PORTER.

Names.	Rank.	Date of Appointment or Enlistment.	To what time Engaged or Enlisted.	Remarks.
Edward Whaley	Captain	September 10, 1814	October 9, 1814	
John Darnallo	Lieutenant	" "	" "	
John Talbott	Ensign	" "	" "	
John Stark	Sergeant	" "	" "	
Jeremiah Terry	" "	" "	" "	
Horatio Eudes	" "	" "	" "	Substitute for Cary Houston.
Thomas Barker	" "	" "	" "	Substitute for Jacob Pierce.
Jesse Hildreth	Corporal	" "	" "	Substitute for Samuel Hall.
Joseph Peyton	" "	" "	" "	
Alexander C. Black	" "	" "	" "	
Bennett Collison	" "	" "	" "	Substitute for Chad. Harrison.
Tobias Shroder	Drummer	" "	" "	
Henry Ritter	Fifer	" "	" "	
Antill, James	Private	" "	" "	Substitute for Eli Crow.
Alexander, John	" "	" "	" "	Substitute for James Clark.
Ammerman, John	" "	" "	" "	Substitute for Robert Monroe.
Arnold, Thomas	" "	" "	" "	
Barlow, Alvin	" "	" "	" "	Substitute for Hugh McNeale.
Bolding, Ephraim	" "	" "	" "	
Bolding, John	" "	" "	" "	
Bailey, John	" "	" "	" "	
Brest, John	" "	" "	" "	Substitute for Jonas Markee.
Bishop, Levan	" "	" "	" "	
Brost, William	" "	" "	" "	
Boone, William	" "	" "	" "	Substitute for Robert Scott.
Casby, Abner	" "	" "	" "	
Clark, Samuel	" "	" "	" "	Substitute for John Curl.
Carrington, William	" "	" "	" "	
Dawson, Armstrong	" "	" "	" "	
Dean, Joseph	" "	" "	" "	Substitute for Levi Porter.
Dean, Samuel	" "	" "	" "	Substitute for Henry Finch.
Deane, William	" "	" "	" "	Substitute for William Buchanan.
Ewert, Joseph	" "	" "	" "	
Edwards, Joseph	" "	" "	" "	Substitute for Sampson McConnell.
Foster, Samuel	" "	" "	" "	
Gilmore, James	" "	" "	" "	Substitute for Thomas Benn, deserted.
Gholston, John B.	" "	" "	" "	Substitute for John Sidwell.
Galloway, Samuel J.	" "	" "	" "	Substitute for Ezekiel Palmer.
Hamilton, Alexander	" "	" "	" "	Substitute for James Ford.
Hooker, Alexander H.	" "	" "	" "	
Hambleton, Benjamin	" "	" "	" "	Substitute for Isaac Ammerman.
Hines, Henry	" "	" "	" "	Substitute for Aaron Grooms.
Kenedy, David	" "	" "	" "	
Kirkpatrick, John M.	" "	" "	" "	
Lunceford, Hiram	" "	" "	" "	
Lively, Meredith	" "	" "	" "	
Monicle, Christopher	" "	" "	" "	Substitute for John Ritter.
McKinsey, John	" "	" "	" "	Substitute for Jacob Hutsel.
Mathew, Jacob	" "	" "	" "	
Mallory, Timothy	" "	" "	" "	Substitute for Isaac Hutsel.
Mason, William	" "	" "	" "	Substitute for John Clay.
Megill, William	" "	" "	" "	
Nelson, Graham	" "	" "	" "	Substitute for Emanuel Wyatt.
Nelson, John	" "	" "	" "	Substitute for David W. Pond.
Pomeroy, William	" "	" "	" "	Substitute for Thomas P. Smith.
Rankins, James	" "	" "	" "	Substitute for John Ford.
Rankin, William	" "	" "	" "	Substitute for William Mobley.
Riddle, William	" "	" "	" "	
Said, Elkanah	" "	" "	" "	Substitute for John Griffin.
Saunders, Henry	" "	" "	" "	Substitute for Samuel Call.
Sconce, James	" "	" "	" "	Substitute for James McCormack.
Stark, Joseph	" "	" "	" "	
Smith, John	" "	" "	" "	Substitute for William Northcut.
Scobel, Norman	" "	" "	" "	
Stark, Thomas	" "	" "	" "	
Stark, William	" "	" "	" "	
Sinkler, William	" "	" "	" "	
Stadler, William	" "	" "	" "	Substitute for James Loame.
Talbott, Richard	" "	" "	" "	
Wilson, Edward	" "	" "	" "	
Whitney, George	" "	" "	" "	Substitute for Asher Anderson.
Watson, John	" "	" "	" "	Substitute for Reuben Hutchcraft.
Williams, James	" "	" "	" "	Substitute for Wharton Jones.
Wicoff, John	" "	" "	" "	Substitute for Stephen Hines.
Wigginton, John	" "	" "	" "	
Wilson, James	" "	September 14, 1814	" "	Substitute for George Campbell.
White, Samuel	" "	September 10, 1814	" "	
Waters, William	" "	" "	" "	Substitute for Joseph Thomas.

Roll of Field and Staff, Seventh Regiment, U. S. Infantry, War of 1812—Commanded by Colonel William Russell.

Names.	Rank.	Date of Appointment or Enlistment.	To what time Engaged or Enlisted.	Remarks.
William Russell	Colonel			Absent—not known where.
George Gibson	Major			Promoted to Lieut.-Colonel in Fifth Infantry.
John Nicks	"			
Jeoffry Robinson	1st Lieut. & Adjt	June 1, 1814	June 30, 1814	
John Noble	Ensign and Q. M.	" "	" "	
Thomas Blackstone	Paymaster	" "	" "	
Adam Goodlet	Surgeon	" "	" "	
Jabez Henstis	Surgeon's Mate	" "	" "	
John Bogard	"	" "	" "	
John Sevier	Sergeant Major	March 1, 1814	" "	
John Robb	Qr. M. Sergeant	" "	" "	
Andrew McCaffree	Sr. Musician	" "	" "	
John Sedgrisk	"	" "	" "	

ROLL OF DISCHARGED MEN, SEVENTH REGIMENT, U. S. INFANTRY.

John Day	Sergeant			Discharged August 10, 1813.
Benjamin Gardner	"			" August 16, 1813.
James Fields	"			" February 7, 1814.
James Nichols	Corporal			" November 20, 1813.
Daniel Bealman	"			" March 16, 1814.
Thomas Ellis	"			" February 6, 1814.
Ross McCabe	"			" October 31, 1813.
Joseph Cass	Drummer			" September 1, 1813.
Atchison, David	Private			" December 20, 1813.
Boyd, James	"			" January 18, 1814.
Butler, John	"			" December 11, 1813.
Baxter, Frederick	"			" November 23, 1813.
Collins, Francis	"			" November 23, 1813.
Curts (or Kurts), Christian	"			" November 23, 1813.
Chapman, John	"			" August 10, 1813.
Curts (or Kurtz), Christian	"			" October 5, 1813.
Cannon, Samuel	"			" January 4, 1814.
Gilpin, Nathan	"			" November 23, 1813.
Jenkins, Elias	"			" November 15, 1813.
Lawrence, William T.	"			" September 19, 1813.
Mustard, William	"			" November 23, 1813.
Roper, William	"			" November 23, 1813.
Storms, Adam	"			" September 19, 1813.
Townsend, Marshal	"			" October 10, 1813.
Williams, Bazil	"			" September 2, 1813.
Whites, Thomas	"			" October 28, 1813.
Welds, Louis	"			" August 8, 1813.
Whitstone, John	"			" January 10, 1814.
Yarborough, Humphrey	"			" March 20, 1814.
Young, John	"			" November 23, 1814.

328   SOLDIERS OF THE WAR OF 1812.

ROLL OF ———————, SEVENTH REGIMENT, U. S. INFANTRY, DETACHED—COMMANDED BY COLONEL WILLIAM RUSSELL.

Names.	Rank.	Date of Appointment or Enlistment.	To what time Engaged or Enlisted.	Remarks.
Levi Gore	Sergeant	March 1, 1814	June 30, 1814	
Josiah Baker	Corporal	January 1, 1814	" "	
William Ashly	"	" "	" "	
Anderson, Michael	Private	" "	" "	
Allister, Patrick M.	"	" "	" "	
Akins, George	"	" "	" "	
Blue, Cornelius	"	" "	" "	
Baker, William	"	" "	" "	
Barr, Green G.	"	" "	" "	
Bradley, William	"	" "	" "	
Barnes, John	"	" "	" "	
Cryer, James	"	" "	" "	
Cade, William	"	" "	" "	
Conner, George	"	" "	" "	
Criswell, Robert	"	" "	" "	
Davis, Joseph	"	" "	" "	
Dixon, William	"	" "	" "	
Dudley, John	"	" "	" "	
Eaton, John	"	March 1, 1814	" "	
Edwards, P.	"	January 1, 1814	" "	
Forsythe, John	"	" "	" "	
Fancher, Isaac	"	" "	" "	
Freeman, Thomas	"	" "	" "	
Howard, Gideon	"	" "	" "	
Hayns, William	"	" "	" "	
Hemock, Lewis	"	" "	" "	
Herbenger, Jeremiah	"	March 1, 1814	" "	
Haynes, John	"	January 1, 1814	" "	
Hyde, Abraham	"	" "	" "	
Hickman, Daniel	"	" "	" "	
Isaacs, George	"	" "	" "	
Kemp, Benjamin	"	" "	" "	
Knight, Moore C.	"	March 1, 1814	" "	
Langley, Thomas	"	January 1, 1814	" "	
Luckett, William	"	" "	" "	
Myers, William, Sr.	"	March 1, 1814	" "	
Myers, Jacob, Jr.	"	" "	" "	
McQuillan, David	"	January 1, 1814	" "	
Olmstead, James	"	March 1, 1814	" "	
Pomey, Louis	"	" "	" "	
Rily, Francis	"	January 1, 1814	" "	
Ronmage, John	"	March 1, 1814	" "	
Rippey, Samuel	"	January 1, 1814	" "	
Starns, Isaac	"	November 1, 1814	" "	
Scantling, John	"	January 1, 1814	" "	
Simpson, James	"	" "	" "	
Scofield, William	"	" "	" "	
Toulouse, John	"	" "	" "	
Tiffin, John	"	" "	" "	
Turner, Patrick	"	" "	" "	
Williams, H.	"	" "	" "	

ROLL OF LIEUTENANT E. H. HALL'S COMPANY, SEVENTH REGIMENT, U. S. INFANTRY, DETACHMENT OF RECRUITS—COMMANDED BY COLONEL WILLIAM RUSSELL.

Names.	Rank.	Date of Appointment or Enlistment.	To what time Engaged or Enlisted.	Remarks.
Elisha H. Hall	3d Lieutenant	January 24, 1813	During the war	
Caleb Smith	Sergeant	" "	" "	
John Moreland	"	October 10, 1813	" "	
William Reynolds	Musician	May 28, 1813	" "	
Warren Wheeler	"	October 8, 1813	" "	
Allison, George	Private	July 15, 1813	" "	
Berrand, Francis	"	June 23, 1813	" "	
Baird, Richard	"	October 18, 1813	" "	
Chapell, Dominick	"	June 8, 1813	" "	
Clark, Elisha	"	December 27, 1813	" "	
Clapper, Philip	"	April 13, 1813		5 years
Connor, John	"	June 1, 1813	During the war	
Craig, Robert	"	November 1, 1813	" "	
Curl, Jonathan	"	July 16, 1813	" "	
Dixin, William	"	June 28, 1813		5 years
Evans, Thomas	"	April 4, 1814	During the war	
Forsythe, John	"	October 9, 1813	" "	

SOLDIERS OF THE WAR OF 1812.   329

ROLL OF LIEUTENANT E. H. HALL'S COMPANY, SEVENTH REGIMENT, U. S. INFANTRY, DETACHMENT OF RECRUITS—Continued.

Names.	Rank.	Date of Appointment or Enlistment.	To what time Engaged or Enlisted.	Remarks.
Fowler, Robert B.	Private	July 16, 1813	During the war	
Fox, Baker	"	April 6, 1814	" "	
Graff, Frederick	"	April 14, 1813	" "	
Hamilton, William H.	"	June 7, 1813	" "	
Hollister, Francis H.	"	April 11, 1813	" "	
Hordey, Josiah	"	June 6, 1813	" "	
Kline, Balthayen	"	June 7, 1813	" "	
Langsford, Solomon	"	April 9, 1814	" "	
Lang, William	"	April 5, 1814	" "	
Nicholas, John F.	"	June 6, 1813	" "	
Newman, Richard R.	"	February 26, 1814	" "	
Parker, Elijah	"	May 7, 1814	" "	
Potts, Fleet	"	April 24, 1813	" "	
Rogain, John	"	August 31, 1813	5 years	
Rippay, Samuel	"	March 30, 1814	" "	
Southard, Joseph	"	May 1, 1813	" "	
Saltsriver, Andrew	"	April 23, 1813	" "	
Scantline, John	"	December 27, 1813	" "	
Stone, David S.	"	May 7, 1814	" "	
Tyler, William	"	March 10, 1814	During the war	

ROLL OF LIEUTENANT THEODORICK B. RICE'S COMPANY, SEVENTH REGIMENT, U. S. DETACHED INFANTRY—COMMANDED BY COLONEL WILLIAM RUSSELL.

Theodorick B. Rice	3d Lieutenant	August 9, 1813		
William N. McElrey	Sergeant	December 26, 1813	During the war	Wounded March 27.
John Moss	"	January 5, 1814	" "	
John Hoskins	Musician	" "	" "	
Brand, George	Private	December 21, 1813	5 years	
Hunter, David	"	December 23, 1813		
Onlow, Reuben	"	January 4, 1814	" "	Died March 20.
Spears, Eli	"	January 6, 1814	" "	
Wright, Francis	"	January 3, 1814	" "	Sick—absent.

ROLL OF LIEUTENANT NARCISSUS BRONTIN'S COMPANY, SEVENTH REGIMENT, U. S. INFANTRY—COMMANDED BY COLONEL WILLIAM RUSSELL.

Narcissus Brontin	1st Lieutenant			
John U. Carrick	Ensign			On furlough.
Elisha T. Hall	"			
William Filkins	Sergeant	January 1, 1814	June 30, 1814	Died May 2, 1814.
Joseph Kinnan	"	" "	" "	Discharged April 26.
William Bloomfield	"	March 1, 1814	" "	
Michael Thorn	"	" "	" "	Promoted from Corporal to Sergeant April 14.
James Thomas	"	" "	" "	
John Arnold, Sr.	"	" "	" "	
George Cooper	Corporal	January 1, 1814	" "	Died March 30.
Eanos Andrews	"	" "	" "	Promoted to Corp. Mar. 1, and discharged May 10.
John W. Davis	"	" "	" "	
Nathan Gilpin	"	" "	" "	Promoted to Corporal April 14.
William Gay	"	November 1, 1813	" "	
Peter Randall	"	March 17, 1814	" "	
James P. Ray	"	March 1, 1814	" "	
Warren Wheeler	Fifer	" "	" "	
David S. Stone	Drummer	" "	" "	
Arnold, John, Jr.	Private	" "	" "	
Anderson, George	"	" "	" "	
Adams, John	"	" "	" "	
Allabads, Peter	"	" "	" "	
Adair, John	"	March 6, 1814	" "	
Baron, Matthew	"	March 1, 1814	" "	
Brannagan, Patrick	"	January 1, 1814	" "	
Black, Peter	"	" "	" "	
Bauer, John	"	" "	" "	
Bronton, Timothy	"	" "	" "	
Brush, John	"	" "	" "	
Baney, David	"	March 1, 1814	" "	
Buchenstoes, George	"	" "	" "	

ROLL OF LIEUTENANT NARCISSUS BRONTIN'S COMPANY, SEVENTH REGIMENT, U. S. INFANTRY—Continued.

Names.	Rank.	Date of Appointment or Enlistment.	To what time Engaged or Enlisted.	Remarks.
Brown, David	Private	November 1, 1813	June 30, 1814	
Colbert, John	"	March 1, 1814	" "	
Coquelle, Casina J.	"	" "	" "	
Cooper, Simeon	"	" "	" "	
Cadwell, Aaron	"	" "	" "	
Cadwell, William	"	" "	" "	
Collins, Edward	"	January 1, 1814	" "	
Cook, John	"	November 1, 1813	" "	
Culloss, Manuel	"	" "	" "	
Davis, John	"	March 1, 1814	" "	
Davis, William	"	" "	" "	
Devitt, Cornelius	"	" "	" "	
Dennison, Andrew	"	" "	" "	
DeFrance, Peter	"	" "	" "	
Dickery, Paul	"	" "	" "	
Edwards, Phineas P.	"	January 1, 1814	" "	
Fitzgerald, John	"	March 1, 1814	" "	
Franklin, Charles	"	" "	" "	
Groma, Abraham	"	January 1, 1814	" "	
Gutlings, Levi	"	March 1, 1814	" "	
Gridley, John	"	" "	" "	
Glaze, Jonathan	"	January 1, 1814	" "	
Green, Francis	"	March 1, 1814	" "	
Griffith, James	"	" "	" "	
Hall, Alexander F.	"	" "	" "	
Hignight, Thomas	"	" "	" "	Reduced from Corporal June 27th.
Holmes, James F.	"	" "	" "	Service expired May 28th.
Hughes, John	"	" "	" "	
Ivey, James	"	" "	" "	
Jones, Jonathan	"	" "	" "	
Jones, William	"	" "	" "	Deserted June 19, 1814.
Jones, Stephen	"	March 7, 1814	" "	
Kelly, John	"	March 1, 1814	" "	
King, Charles	"	" "	" "	
King, David	"	" "	" "	
Lovell, George	"	" "	" "	
Lilly, John	"	" "	" "	
Lynch, Andrew	"	" "	" "	
Loper, Lewis	"	" "	" "	
McGowan, John	"	" "	" "	
McManaman, Dennis	"	" "	" "	
McVay, Richard	"	March 19, 1814	" "	
Massey, James	"	" "	" "	Deserted May 25, 1814.
Montague, Samuel	"	March 1, 1814	" "	
Moreland, John	"	" "	" "	
Mysinger, John	"	" "	" "	
Maloy, James	"	" "	" "	
Mysinger, William	"	" "	" "	
Norris, James	"	" "	" "	
Patterson, Thomas	"	" "	" "	
Rozette, John G.	"	" "	" "	Reduced from Corporal June 19th.
Reaves, William	"	May 8, 1814	" "	
Sennatta, Hord	"	March 1, 1814	" "	
Shoultz, Christopher	"	" "	" "	
Steel, James, Sr.	"	November 1, 1813	" "	
Steel, James, Jr.	"	" "	" "	
Thompson, James	"	March 1, 1814	" "	
Tincum, Ephraim	"	" "	" "	
Thomas, Nathan	"	" "	" "	
Taylor, James	"	" "	" "	
Timmons, William	"	" "	" "	
Thompson, William	"	" "	" "	Discharged March 11, 1814.
Thompson, David	"	" "	" "	Discharged March 1, 1814.
Vanduren, John	"	" "	" "	
Virgins, James	"	February 7, 1814	" "	
Walker, Abraham	"	March 1, 1814	" "	
Welch, William	"	January 1, 1814	" "	Discharged May 7, 1814.
Wheeland, Cornelius	"	March 1, 1814	" "	
Wilson, James	"	" "	" "	
Wetmore, Bush	"	" "	" "	Deserted.

SOLDIERS OF THE WAR OF 1812.

ROLL OF LIEUTENANT JAMES S. WAIDE'S COMPANY, SEVENTH REGIMENT, U. S. INFANTRY—COMMANDED BY COLONEL WILLIAM RUSSELL.

Names.	Rank.	Date of Appointment or Enlistment.	To what time Engaged or Enlisted.	Remarks.
James S. Waide	1st Lieutenant			
Ethelred Taylor	2d Lieutenant			
John Beverly	Sergeant	January 1, 1814	June 30, 1814	Resigned April 25, 1814.
Charles Ferry	"	" "	" "	
Foster Reed	"	" "	" "	Discharged March 9.
John Stewart	"	" "	" "	
Isaac Wilson	"	November 1, 1813	" "	
John Laney	"	" "	" "	Discharged January 1.
Henry Hackworth	"	March 17, 1814	" "	
Christopher Gordon	"	January 1, 1814	" "	
Henry Hackworth	"	" "	" "	Discharged February 17, 1813.
Henry Small	"	" "	" "	
George Plum	"	" "	" "	Appointed Corporal March 4.
James Williams	"	" "	" "	Appointed Corporal March 4.
Reuben McHano	"	November 1, 1813	" "	
George McNamara	Fifer	" "	" "	
William Reynolds	Drummer	" "	" "	
Adams, Elijah	Private	" "	" "	
Adams, Elisha	"	" "	" "	
Adams, James F.	"	" "	" "	
Black, Ananias	"	" "	" "	
Beck, Elijah	"	" "	" "	
Brown, David	"	" "	" "	
Bonham, Jacob	"	" "	" "	
Baxter, Frederick	"	February 8, 1814	" "	
Carter, Jacob	"	January 1, 1814	" "	
Cross, John	"	" "	" "	
Crabb, John	"	" "	" "	
Clemons, James	"	" "	" "	Died in hospital April 28.
Craig, Hugh	"	" "	" "	Discharged April 28.
Cisco, Isaac	"	" "	" "	
Criswell, Robert	"	" "	" "	
Dailey, John	"	January 1, 1814	" "	
Duncan, Thomas	"	" "	" "	
Downing, Edward	"	" "	" "	
Davis, John	"	" "	" "	
Dickinson, William	"	November 1, 1813	" "	
Evans, Spencer	"	January 1, 1814	" "	
Fisher, Grammer	"	" "	" "	
Finley, George	"	" "	" "	
Fredenburg, Matthew	"	" "	" "	Discharged January 8.
Fleming, William	"	" "	" "	Died May 7.
Ford, Joseph	"	" "	" "	
Fliddon, John	"	" "	" "	
Gain, Stephen	"	" "	" "	Discharged February 14.
Grogan, Arthur	"	" "	" "	
Gibson, James	"	" "	" "	
Garey, Mintaugh	"	" "	" "	
Hoskins, Norwood	"	" "	" "	Discharged May 7.
Hagner, Frederic	"	" "	" "	
Hunter, Harris	"	" "	" "	
Hulett, William	"	" "	" "	Discharged January 5.
Hardin, Abraham	"	" "	" "	
Hayes, Reuben	"	" "	" "	
Hogue, William	"	" "	" "	
Hall, Thomas	"	" "	" "	
Jackson, John, Sr.	"	" "	" "	
Jackson, John, Jr.	"	" "	" "	
Jenkins, James	"	" "	" "	
Kimmons, John	"	" "	" "	Died, date unknown.
Lankford, John	"	" "	" "	Died, date unknown.
Law, David	"	" "	" "	Discharged January 7—service expired.
Lashan, Hezekiah	"	" "	" "	
McIntire, Isaac	"	" "	" "	
McNicholl, John	"	" "	" "	
McCormick, Maginis	"	" "	" "	
Minus, Joseph	"	" "	" "	
McTamare, Joseph	"	" "	" "	
McDonald, Charles	"	" "	" "	
Morgan, James	"	" "	" "	
Mustard, William	"	" "	" "	
Patta, Isaac	"	" "	" "	
Perdien, Fergus	"	" "	" "	
Pettigrew, James	"	" "	" "	
Pruit, Waller	"	" "	" "	
Parker, John	"	April 7, 1814	" "	

ROLL OF LIEUTENANT JAMES S. WAIDE'S COMPANY, SEVENTH REGIMENT, U. S. INFANTRY—Continued.

Names.	Rank.	Date of Appointment or Enlistment.	To what time Engaged or Enlisted.	Remarks.
Parents, John	Private	April 7, 1814	June 30, 1814	Died May 2d.
Peters, Thomas	"	January 1, 1814	" "	
Phillips, Richard	"	" "	" "	Discharged January 31st.
Richard, John	"	November 1, 1813	" "	
Romain, Bailey	"	January 1, 1814	" "	
Rock, Alexander	"	" "	" "	
Rombordy, Baptiste	"	" "	" "	
Rogers, James	"	" "	" "	
Roberts, James P.	"	" "	" "	Discharged January 6th.
Robertson, Charles	"	" "	" "	
Smith, Jeremiah	"	" "	" "	Discharged April 4th.
Stilts, Jacob	"	" "	" "	
Sealsmon, Thomas	"	" "	" "	Died April 13, 1814.
Stillingsworth, Jacob	"	" "	" "	
Smith, John, Sr.	"	" "	" "	
Smith, John, Jr.	"	" "	" "	
Speaks, John	"	" "	" "	
Smith, Thomas	"	" "	" "	
Starus, Abraham	"	November 1, 1813	" "	
Starnas, Isaac	"	" "	" "	
Strango, Robert	"	March 27, 1814	" "	
Skinner, Samuel	"	" "	" "	
Stoum, Adam	"	" "	" "	
Taylor, Robert	"	January 1, 1814	" "	
Turner, James	"	" "	" "	
Thrasher, Samuel	"	" "	" "	
Towsinger, Joseph	"	" "	" "	Discharged—time expired.
Trice, Elisha	"	February 8, 1814	" "	
Tiffeny, John	"	March 21, 1814	" "	
Williams, Enos	"	" "	" "	
Weston, Robert	"	January 1, 1814	" "	
Waggoner, Joseph	"	" "	" "	
Yokum, Allen	"	" "	" "	

ROLL OF CAPTAIN URIAH BLUE'S COMPANY, SEVENTH REGIMENT, U. S. INFANTRY—COMMANDED BY COLONEL WILLIAM RUSSELL.

Names.	Rank.	Date of Appointment or Enlistment.	To what time Engaged or Enlisted.	Remarks.
Uriah Blue	Captain	May 2, 1809		Promoted to Major 39th Regiment Infantry.
Jacob Miller	1st Lieutenant	May 10, 1812		Dropped from the rolls.
Michael McClelland	"	January 20, 1813		
Thomas Blackstone	Ensign	February 10, 1812		
Benjamin Christian	Sergeant	March 1, 1814	June 30, 1814	
William Sharp	"	" "	" "	
Levi Gore	"	" "	" "	
John Clark	"	" "	" "	
Peter B. Conger	"	" "	" "	
James Hart	Corporal	" "	" "	
Hiram Hill	"	" "	" "	
George W. Lindsey	"	" "	" "	
George Jefferson	"	March 7, 1814	" "	Discharged April 8th.
Ralph Hardinbrook	"	" "	" "	
Eli Hart	Musician	" "	" "	
Anderson, Thomas	Private	April 20, 1814	" "	Discharged March 26th.
Abdell, John	"	March 4, 1814	" "	
Amos, James	"	" "	" "	
Austin, Louis	"	March 27, 1814	" "	
Alden, Seth	"	March 1, 1814	" "	Discharged March 30th.
Anderson, John	"	November 1, 1814	" "	
Bertrand, Joseph	"	April 16, 1814	" "	
Brannon, Cornelius	"	March 1, 1814	" "	
Brown, Peter	"	" "	" "	Died April 5th.
Burus, Daniel	"	" "	" "	
Biggs, John	"	" "	" "	
Barba, Ziba	"	May 18, 1814	" "	Discharged May 6th.
Brannagan, Christopher	"	March 1, 1814	" "	
Bowland, William	"	" "	" "	
Burnett, Tobias	"	" "	" "	
Crowley, George	"	" "	" "	
Cunningham, John	"	" "	" "	March 24th.
Crowell, Isaac	"	" "	" "	
Conroy, James	"	" "	" "	
Cato, Cullen	"	" "	" "	

SOLDIERS OF THE WAR OF 1812.

ROLL OF CAPTAIN URIAH BLUE'S COMPANY, SEVENTH REGIMENT, U. S. INFANTRY—Continued.

NAMES.	Rank.	Date of Appointment or Enlistment.	To what time Engaged or Enlisted.	REMARKS.
Chenington, John	Private	March 1, 1814	June 30, 1814	
Collins, Francis	"	" "	" "	
Dunning, Matthew O.	"	" "	" "	
Demain, Samuel	"	" "	" "	Discharged April 24, 1814.
Dennis, Thomas	"	" "	" "	
Dean, Isaac	"	" "	" "	Deserted March 12.
Edwards, Azul	"	" "	" "	
Ewell, Thomas	"	" "	" "	
Eaton, John	"	" "	" "	
Francis, William	"	" "	" "	
Fisher, Jacob	"	" "	" "	
Farmington, Henry	"	November 1, 1813	" "	
Green, Thomas	"	March 1, 1814	" "	
Harbinson, Jeremiah	"	" "	" "	
Harris, Garnett	"	" "	" "	
High, Martin	"	" "	" "	Died May 24, 1814.
Henly, Samuel M.	"	" "	" "	Discharged March 18, 1814.
Hammond, C. R.	"	" "	" "	
Henderson, Silas	"	November 1, 1813	" "	
Johnston, Younger	"	" "	" "	
Knight, Moore C.	"	March 1, 1814	" "	
Kidd, Richard	"	" "	" "	
Leonard, Daniel	"	" "	" "	
Landers, John	"	" "	" "	
Lacrouse, Joseph	"	" "	" "	
Loper, Levi	"	" "	" "	
McKain, John	"	" "	" "	
Minor, Jacob	"	" "	" "	
Meeks, Nicholas	"	" "	" "	
McLaughlin, Samuel B.	"	March 14, 1814	" "	
Maloney, Joseph	"	April 20, 1814	" "	
Morris, William	"	March 1, 1814	" "	
Myers, William	"	November 1, 1813	" "	
Myers, Jacob	"	" "	" "	
Mendy, Robert	"	March 7, 1814	" "	
Olmstead, James	"	March 1, 1814	" "	Reduced from Corporal April 7.
Ogg, Richard	"	" "	" "	
Poor, William	"	" "	" "	
Phillips, Reuben	"	" "	" "	
Pomey, Lewis	"	" "	" "	
Price, Stephen	"	" "	" "	
Ramsey, Allen	"	" "	" "	
Rammage, John	"	September 4, 1813	" "	
Rock, Michael	"	March 1, 1814	" "	
Robinson, Richard	"	" "	" "	
Riley, Dennis	"	" "	" "	Died June 4, 1814.
Richardson, Ailsae	"	" "	" "	Died May 24, 1814.
Rundell, Charles	"	" "	" "	
Reynolds, Thomas	"	" "	" "	Died April 3.
Read, Jeremiah	"	" "	" "	
Ricker, Joseph N.	"	April 17, 1814	" "	
Stedman, William	"	March 1, 1814	" "	
Shivers, Burton P.	"	" "	" "	Died June 10.
Schaughts, John G.	"	" "	" "	
Stewart, Thomas	"	" "	" "	
Smith, James	"	" "	" "	
Snow, Erasmus	"	" "	" "	
Shipton, Peter	"	" "	" "	
Stewart, Norman	"	" "	" "	
Sutton, George	"	" "	" "	
Scudder, Harley	"	" "	" "	
Sharp, William	"	November 1, 1813	" "	
Sharp, Willis	"	" "	" "	
Stevens, Jesse	"	February 21, 1814	" "	
Williams, Isham	"	November 1, 1813	" "	
Wisfell, Frederick	"	" "	" "	
Walker, William	"	" "	" "	
Wilkinson, Thornton	"	" "	" "	
White, John	"	" "	" "	
Watkins, David	"	March 20, 1814	" "	Died June 7.
Yancey, George	"	November 1, 1813	" "	
Yancey, William	"	" "	" "	

SOLDIERS OF THE WAR OF 1812.

ROLL OF LIEUTENANT SAMUEL VAIL'S (LATE CAPTAIN OLDHAM'S) COMPANY, SEVENTH REGIMENT, U. S. INFANTRY—COMMANDED BY COLONEL WILLIAM RUSSELL.

Names.	Rank.	Date of Appointment or Enlistment.	To what time Engaged or Enlisted.	Remarks.
Richard Oldham	Captain			Promoted to Major.
Samuel Vail	1st Lieutenant			
Michael McClellan	"			
Archibald Wilson	Ensign	January 1, 1814	June 30, 1814	
William H. Watson	Sergeant	" "	" "	
Henry Webb	"	" "	" "	
Frederick I. Winkie	"	November 1, 1813	" "	
Charles Ripley	"	January 1, 1814	" "	
William Starks	"	" "	" "	
Henry Newman	Corporal	" "	" "	
Pierce V. C. Hamilton	"	" "	" "	Discharged—service expired February 6th.
Thomas Church	"	" "	" "	
Thomas Covington	"	November 1, 1813	" "	
Henry Hall	"	January 1, 1814	" "	
Francis W. Luckett	"	November 1, 1813	" "	
Samuel Clark	Drummer	" "	" "	Deserted May 27, 1814.
Aymar, John H.	Private	" "	" "	Died May 23d.
Alexander, John	"	January 1, 1814	" "	
Allen, Alexander	"	" "	" "	Discharged February 5, 1814.
Annis, Thomas	"	" "	" "	
Bradley, William	"	" "	" "	
Bradley, Samuel L.	"	" "	" "	
Bloom, Frederic	"	" "	" "	
Bingham, Samuel	"	" "	" "	
Bares, John D.	"	" "	" "	
Barnes, John	"	" "	" "	
Clandenning, Alexander	"	" "	" "	
Cade, William	"	" "	" "	
Cooper, James	"	" "	" "	Discharged—service expired June 30, 1814.
Cryer, James	"	" "	" "	
Cordor, Solomon	"	" "	" "	Discharged February 3, 1814.
Coffman, David	"	" "	" "	
Curtis, Christian	"	February 3, 1814	" "	
Donehue, Peter	"	January 1, 1814	" "	
Dudley, John T.	"	" "	" "	
Dawson, Stephen	"	" "	" "	Reduced from Sergeant.
Duvall, Anthony	"	December 25, 1813	" "	
Forsyth, William H.	"	January 1, 1814	" "	
Fawcett, James	"	" "	" "	
Ford, Andy	"	" "	" "	Died May 26th.
Grimes, Isaac	"	" "	" "	
Goffney, John	"	" "	" "	
Gennong, David	"	" "	" "	
Guthridge, Gideon	"	March 7, 1814	" "	
Heron, Hugh	"	January 1, 1814	" "	
Holly, Jesse	"	" "	" "	
Haslett, Moses	"	" "	" "	Died April 2, 1814.
Henry, Henry	"	March 7, 1814	" "	Discharged April 9, 1814.
Hickman, Daniel	"	" "	" "	
Harris, Jacob	"	" "	" "	Died January 10, 1814.
Hyder, Abraham	"	March 6, 1814	" "	
Harris, Thomas	"	April 6, 1814	" "	
Horn, Andrew	"	January 1, 1814	" "	
Hopkins, Joseph H.	"	" "	" "	
Hinds, John	"	February 16, 1814	" "	
Jourdan, James	"	January 11, 1814	" "	Died May 15th.
Johnston, Jesse	"	" "	" "	Discharged May 16th.
Jones, James	"	" "	" "	
Jones, Thomas	"	January 1, 1814	" "	
King, Thomas	"	" "	" "	
King, John	"	March 2, 1814	" "	
King, Thomas, Jr.	"	January 1, 1814	" "	
Kirk, Michael	"	December 27, 1813	" "	
Kernan, James	"	February 13, 1814	" "	
Lents, Michael	"	January 1, 1814	" "	
Lepsinger, Jacob	"	" "	" "	
Lockhart, James M.	"	" "	" "	
Love, William	"	" "	" "	
Looney, Dennis	"	" "	" "	Discharged January 13th.
Luckett, William	"	November 1, 1813	" "	
Linguard, Noah	"	March 29, 1814	" "	
McDonald, Samuel	"	January 1, 1814	" "	
Merritt, Joel	"	" "	" "	
McCallap, William	"	" "	" "	
Magruder, Nathan	"	March 10, 1814	" "	
Murphy, Terence	"	January 1, 1814	" "	

SOLDIERS OF THE WAR OF 1812.

ROLL OF LIEUTENANT SAMUEL VAIL'S (LATE CAPTAIN OLDHAM'S) COMPANY, SEVENTH REGIMENT, U. S. INFANTRY—Continued.

Names.	Rank.	Date of Appointment or Enlistment.	To what time Engaged or Enlisted.	Remarks.
Moss, Francis	Private	January 1, 1814	June 30, 1814	
McGuire, Philip	"	" "	" "	
Mulligan, James	"	" "	" "	
McGuigin, David	"	April 13, 1814	" "	
Nugent, William	"	January 1, 1814	" "	
Nurn, Ellis	"	" "	" "	
Nealy, Thomas	"	" "	" "	
O'Donald, Hugh	"	" "	" "	
O'Neal, Henry	"	January 22, 1814	" "	
Read, Joseph D.	"	January 1, 1814	" "	
Ross, Richard	"	" "	" "	Deserted May 26th.
Ripley, Samuel	"	" "	" "	
Schofield, William	"	" "	" "	
Sproat, James	"	" "	" "	
Swan, Lyman	"	" "	" "	Died May 26, 1814.
Shields, Patrick	"	" "	" "	
Smith, James	"	" "	" "	
Smith, Elijah	"	" "	" "	Discharged February 18.
Stroops, John	"	" "	" "	Appointed Corporal February 5, 1814.
Sullivan, John	"	" "	" "	
Stevenson, John	"	" "	" "	
Tucker, George	"	" "	" "	
Toulouse, Bardira	"	" "	" "	
Thompson, Richard	"	" "	" "	Discharged April 19, 1814.
Tushray, Pierce	"	" "	" "	Deserted May 9, 1814.
Trueman, Thomas	"	" "	" "	
Willard, Harvey	"	" "	" "	
Welsh, Lawrence	"	" "	" "	Died April 9.
Watson, William	"	" "	" "	
Weed, John	"	" "	" "	
White, Joseph	"	" "	" "	
Williams, John	"	" "	" "	
Young, John	"	" "	" "	Died April 16, 1814.
Yates, John	"	" "	" "	

ROLL OF CAPTAIN ALEXANDER A. WHITE'S COMPANY, SEVENTH REGIMENT, U. S. INFANTRY—COMMANDED BY COLONEL WILLIAM RUSSELL.

Names.	Rank.	Date of Appointment or Enlistment.	To what time Engaged or Enlisted.	Remarks.
Alexander A. White	Captain	May 1, 1814	June 30, 1814	
Samuel Vail	1st Lieutenant	" "	" "	
William Prosser	2d Lieutenant	June 1, 1814	" "	
Elisha I. Hall	Ensign	" "	" "	Transferred from Corporal May 21.
Josiah Leach	Sergeant	January 1, 1814	" "	
Caleb Smith	"	October 1, 1813	" "	
John Duboy	"	January 1, 1814	" "	
Peter Richards	"	May 18, 1814	" "	
Conrad Keller	"	January 1, 1814	" "	
George Perkins	Corporal	" "	" "	
Peter Robinson	"	" "	" "	
Benjamin Nash	"	" "	" "	
John B. Conger	"	" "	" "	Appointed Corporal February 1.
Richard Fitzjiffry	"	" "	" "	Appointed Corporal March 1.
Isaac Janvier	"	" "	" "	Appointed Corporal.
Daniel V. Bealmear	"	April 15, 1814	" "	Appointed Corporal June 24.
John B. Deschamp	Musician	January 1, 1814	" "	
John C. Babbott	"	" "	" "	
Adams, Thomas	Private	" "	" "	
Adams, William	"	" "	" "	
Bazile, Francis	"	February 8, 1814	" "	
Bogart, Peter	"	January 1, 1814	" "	
Blanchard, Richard	"	" "	" "	
Bowles, Charles	"	" "	" "	
Boyd, John	"	" "	" "	
Brooks, William	"	" "	" "	
Blue, Cornelius	"	" "	" "	
Byrum, Ridley	"	" "	" "	
Bryant, John	"	" "	" "	
Conrad, Peter	"	" "	" "	
Carey, Richard	"	" "	" "	
Carson, Boland	"	" "	" "	Deserted February 1.
Coats, William	"	" "	" "	
Carson, William	"	" "	" "	

SOLDIERS OF THE WAR OF 1812.

ROLL OF CAPTAIN ALEXANDER A. WHITE'S COMPANY, SEVENTH REGIMENT, U. S. INFANTRY—Continued.

Names.	Rank.	Date of Appointment or Enlistment.	To what time Engaged or Enlisted.	Remarks.
Cochran, William	Private	January 1, 1814	June 30, 1814	
Carson, Benjamin	"	" "	" "	Discharged January 22d.
Connelly, Patrick	"	" "	" "	
Cannon, James	"	February 16, 1814	" "	
Chambers, Josiah	"	February 20, 1814	" "	
Dunn, Israel	"	February 17, 1814	" "	
Doyle, Thomas	"	January 1, 1814	" "	
Davis, Josiah	"	" "	" "	
Ezular, Peter	"	" "	" "	
Emly, Ezra	"	" "	" "	
Edlin, Nicholas	"	" "	" "	
Fanney, James	"	" "	" "	
Fanney, Jacob	"	November 1, 1813	" "	
Fields, George	"	January 1, 1814	" "	
Fahmer, John	"	" "	" "	Discharged January 12, 1814.
Forbus, Richard	"	" "	" "	Reduced from Sergeant June 22, 1814.
Girtner, Michael, Sr.	"	" "	" "	
Girtner, Michael, Jr.	"	November 1, 1813	" "	Discharged April 14, 1814.
Gill, Samuel	"	January 1, 1814	" "	
Gore, Anthony	"	" "	" "	
Gahagham, Hugh	"	" "	" "	Discharged February 6, 1814.
Hart, Philip	"	" "	" "	
Haney, Henry	"	" "	" "	
Hanson, Simon	"	" "	" "	
Harris, John	"	" "	" "	
Hunt, Jonathan	"	" "	" "	
Jacobs, Henry	"	" "	" "	
Kemps, John	"	" "	" "	
Lapruel, Jasper	"	" "	" "	
Lovett, Jesse	"	" "	" "	
Luster, John	"	" "	" "	
Lewis, John	"	" "	" "	Died May 28, 1814.
Moore, George	"	February 8, 1814	" "	
Martin, Caruel	"	January 26, 1814	" "	Died May 24, 1814.
Morris, Walter	"	" "	" "	Deserted May 29, 1814.
Miller, Antonio	"	" "	" "	
Meloy, James	"	January 1, 1814	" "	
McAllister, Patrick	"	" "	" "	
McGowan, Daniel	"	" "	" "	
Odras, John	"	" "	" "	
Pegg, Daniel	"	" "	" "	
Parker, Henry	"	" "	" "	
Reed, James	"	" "	" "	
Reed, Benjamin	"	" "	" "	Reduced from Sergeant.
Ramsey, Jiles	"	" "	" "	
Rider, Peter	"	" "	" "	
Smith, Fruman	"	" "	" "	
Taylor, John	"	" "	" "	Died May 23d.
Thompson, Adam	"	" "	" "	Reduced from Corporal March 30th.
Turmentine, Samuel	"	" "	" "	Died February 23d.
Turner, Patrick	"	" "	" "	Discharged.
Vanhorn, Michael	"	" "	" "	
VanBuren, John	"	" "	" "	
VanBuren, Tobias	"	" "	" "	
Williams, Henry	"	" "	" "	
Whitly, John	"	" "	" "	
Waterman, Luke	"	" "	" "	
Waggoner, John	"	" "	" "	
Walker, Samuel	"	" "	" "	
Willis, John	"	" "	" "	
Wilson, Samuel	"	" "	" "	Discharged January 15th.
Wilson, James	"	" "	" "	
Williams, James	"	" "	" "	
Young, John	"	" "	" "	

ROLL OF CAPTAIN CAREY NICHOLAS' COMPANY, SEVENTH REGIMENT, U. S INFANTRY—COMMANDED BY LIEUTENANT ELIJAH MONTGOMERY.

Names.	Rank.	Date of Appointment or Enlistment.	To what time Engaged or Enlisted	Remarks.
Carey Nicholas	Captain			
Elijah Montgomery	1st Lieutenant			
Michael McClellan	"			
Andrew Ross	Ensign			
Isham Lewis	Sergeant	January 1, 1814	June 30, 1814	
William Long	"	" "	" "	
Peter Grayson	"	" "	" "	
John Ralston	"	" "	" "	Promoted March 4.
John Wilson	Corporal	" "	" "	
Jeremiah McChesney	"	" "	" "	
Samuel Davis	"	" "	" "	
Akins, George	Private	" "	" "	
Austin, Robert	"	" "	" "	
Anderson, Michael	"	" "	" "	
Armstrong, James	"	" "	" "	
Brown, Minas	"	" "	" "	
Bradley, Patrick	"	" "	" "	
Brant, Solomon	"	" "	" "	
Burns, William	"	" "	" "	
Bugle, William	"	" "	" "	Discharged January 20.
Bonnew, William	"	" "	" "	
Carver, John	"	" "	" "	
Cain, Daniel	"	" "	" "	Reduced from Corporal April 19.
Consolver, James	"	" "	" "	
Coleman, Oliphant	"	" "	" "	
Coffman, George	"	" "	" "	
Coffman, Joseph	"	" "	" "	
Conner, William	"	February 6, 1814	" "	
Demsey, Joel	"	January 1, 1814	" "	
Demsey, Samuel	"	" "	" "	
Doran, Edward	"	" "	" "	
Demarris, Joseph	"	" "	" "	
Duglass, James	"	" "	" "	
Duff, Hugh	"	" "	" "	Discharged February 27.
Deitrick, John	"	" "	" "	
Ellison, Joseph	"	" "	" "	
Ferry, James	"	" "	" "	
Ferguson, Samuel	"	" "	" "	Died January 4.
Gibson, William	"	" "	" "	
Gossett, Philip	"	" "	" "	
Gill, John	"	" "	" "	
Gossett, William	"	" "	" "	
Gordon, Hezekiah	"	" "	" "	
Hill, Israel	"	" "	" "	
Hill, David	"	" "	" "	
Howard, Gideon	"	" "	" "	Discharged April 11.
Henderson, Benjamin	"	" "	" "	
Hart, Mark	"	" "	" "	Discharged January 12, 1814.
Haddock, Josiah	"	" "	" "	
Holdram, Moses	"	" "	" "	Discharged January 27.
Hall, Willis	"	" "	" "	Reduced from Corporal February 14.
Hutchinson, Robert	"	" "	" "	
Isaacs, George W.	"	" "	" "	
Jordan, James M.	"	" "	" "	
Jourdan, Benjamin	"	" "	" "	Died April 19.
Johnston, Peter	"	" "	" "	Died May 25.
Jones, Abraham	"	" "	" "	
James, William	"	" "	" "	
Johnston, Abraham	"	February 10, 1814	" "	
Landon, Edmund	"	January 1, 1814	" "	
Lester, Robert	"	" "	" "	
Lewis, George	"	{ March 23, 1814 { January 1, 1814	{ December 31, 1812 { June 30, 1814	
Lark, John	"	" "	" "	Died May 27.
McGuniglo, Francis	"	" "	" "	
McKay, George	"	" "	" "	Reduced from Sergeant January 1.
McKinsey, James	"	" "	" "	
McKee, Robert	"	" "	" "	
Murphy, Barney	"	" "	" "	Died March 9.
McGinness, Robert	"	" "	" "	
McQueen, William	"	" "	" "	
Morford, Thomas	"	" "	" "	
Mann, Robert	"	" "	" "	
Moom, Peter	"	" "	" "	
Minus, John	"	" "	" "	
McGuire, John	"	" "	" "	

43

ROLL OF CAPTAIN CAREY NICHOLAS' COMPANY, SEVENTH REGIMENT, U. S. INFANTRY— Continued.

NAMES.	Rank.	Date of Appointment or Enlistment.	To what time Engaged or Enlisted.	REMARKS.
Morris, Gideon D.	Private	January 1, 1814	June 30, 1814	
McKinney, Charles	"	" "	" "	
Moore, James	"	" "	" "	Appointed February 18th.
Marchfield, James	"	" "	" "	
Manley, Armstead	"	" "	" "	
McFall, George	"	" "	" "	Died April 3, 1814.
Miller, John	"	" "	" "	
McKewoin, Charles	"	" "	" "	
Milk, Job	"	" "	" "	
McGuire, Patrick	"	" "	" "	
McKinney, Seth	"	" "	" "	
Morris, John	"	" "	" "	Died January 8, 1814.
Miller, Samuel	"	" "	" "	
Mooney, William	"	" "	" "	
Noon, James	"	" "	" "	Discharged January 23d.
Nicholas, Charles	"	" "	" "	
Oysterman, Joseph	"	" "	" "	
Oliver, Joel	"	" "	" "	
Parker, Samuel	"	" "	" "	
Powell, Harry	"	" "	" "	
Peters, William	"	" "	" "	
Pierce, John	"	" "	" "	
Putton, William	"	" "	" "	
Popenail, John	"	" "	" "	Deserted June 3, 1814.
Preston, William	"	" "	" "	
Ropers, John	"	" "	" "	Deserted January 26, 1814.
Robinson, John	"	" "	" "	
Roberts, John	"	" "	" "	Died April 5, 1814.
Smith, Jacob	"	" "	" "	
Scantlin, Thomas	"	" "	" "	Reduced from Sergeant May 6th.
Smith, Robert	"	" "	" "	
Simons, Micajah	"	" "	" "	
Swane, Thomas	"	" "	" "	
Steel, Charles W.	"	" "	" "	Discharged June 5, 1814.
Scothorn, Nathan	"	" "	" "	
Stephens, James	"	" "	" "	
Tine, John	"	" "	" "	
Turmison, Cornelius	"	" "	" "	
Turner, Patrick	"	May 21, 1814	" "	
Vanhine, Thomas	"	January 1, 1814	" "	
Willis, Stephen	"	" "	" "	
Wilson, Thomas	"	" "	" "	Discharged January 16, 1814.

ROLL OF CAPTAIN WILLIAM H. McCLELLAN'S COMPANY, SEVENTH REGIMENT, U. S. INFANTRY—COMMANDED BY COLONEL WILLIAM RUSSELL.

NAMES.	Rank.	Date of Appointment or Enlistment.	To what time Engaged or Enlisted.	REMARKS.
William H. McClellan	Captain	May 1, 1814	June 30, 1814	
French H. Gray	Ensign	June 11, 1814	" "	
Wilson Creed	"	" "	" "	Resigned April 12th.
Jonathan McDavid	Sergeant	January 1, 1814	" "	
George R. Cooke	"	" "	" "	
Joseph A. Woods	"	" "	" "	
George Morris	"	" "	" "	
John McCan	"	" "	" "	
Benjamin Smith	Corporal	" "	" "	
Josiah Baker	"	" "	" "	
William Owens	"	November 1, 1813	" "	
Hagan Munscher	"	June 1, 1814	" "	
William Ashby	"	" "	" "	Reduced from Corporal June 30, 1813.
Jacob Sawyers	"	" "	" "	
Edmund Hunt	Musician	" "	" "	
John B. Wood	"	" "	" "	
Austin, Daniel	Private	" "	" "	
Archer, Spencer	"	" "	" "	
Archer, John	"	" "	" "	
Butler, Joshua	"	" "	" "	Died April 17th.
Bilderback, Jacob	"	" "	" "	
Barr, Isaac	"	" "	" "	
Bogorord, Samuel	"	" "	" "	
Burr, Greenberry G.	"	" "	" "	
Barnett, William	"	" "	" "	
Box, Henry	"	" "	" "	

SOLDIERS OF THE WAR OF 1812.

ROLL OF CAPTAIN WILLIAM H. McCLELLAN'S COMPANY, SEVENTH REGIMENT, U. S INFANTRY—Continued.

NAMES.	Rank.	Date of Appointment or Enlistment.	To what time Engaged or Enlisted.	REMARKS.
Brook, George	Private	June 1, 1814	June 30, 1814	Died April 29, 1814.
Baker, Joseph	"	" "	" "	Died June 19, 1814.
Baker, William	"	" "	" "	
Conner, Isaac	"	" "	" "	Died May 14, 1814.
Conner, Jacob	"	" "	" "	
Crowley, Samuel	"	" "	" "	
Crowley, Asa	"	" "	" "	Died April 3, 1814.
Cornell, Elias	"	January 1, 1814	" "	
Carmor, William	"	" "	" "	
Carter, William	"	" "	" "	
Camp, Benjamin	"	" "	" "	
Dean, James	"	" "	" "	
Doherty, Edward	"	" "	" "	
Doan, James	"	" "	" "	
Davis, Robert	"	" "	" "	
Everett, John	"	" "	" "	Died April 22.
Fowler, Samuel	"	" "	" "	
Fancher, Isaac	"	" "	" "	
Ford, William D.	"	" "	" "	
Ford, Christian D.	"	" "	" "	
Floy, Joseph	"	" "	" "	
Gibson, John	"	" "	" "	Discharged May 12.
Gibson, William	"	" "	" "	
Guin, William	"	" "	" "	
Hecks, Merrill	"	" "	" "	
Holm, David	"	" "	" "	
Haynes, William	"	" "	" "	
Hood, James	"	" "	" "	
Hudson, James	"	" "	" "	
Hutchinson, Joseph	"	" "	" "	
Hancock, Lewis	"	" "	" "	Died March 30.
Johnson, William	"	" "	" "	
Jason, ——	Waiter	" "	" "	
Johnson, William	"	" "	" "	
Kirley, Francis	Private	" "	" "	
Keathley, James	"	October 18, 1813	" "	
Leresque, William	"	January 1, 1814	" "	
Langley, Thomas	"	" "	" "	
Liles, Daniel	"	" "	" "	
Matthews, Samuel	"	" "	" "	
McGuire, John	"	" "	" "	
Mulvaney, John	"	" "	" "	
Mulvaney, William	"	" "	" "	
Mayson, Windsor	"	" "	" "	
Migett, Joseph	"	November 1, 1813	" "	
Owens, John, Sr.	"	January 1, 1814	" "	
Owens, John, Jr.	"	January 8, 1814	" "	
Owens, Francis	"	January 1, 1814	" "	
Piggott, James	"	" "	" "	
Penny, Thomas	"	" "	" "	
Potter, William	"	" "	" "	
Patterson, John	"	" "	" "	Deserted January 9.
Reynolds, Thomas	"	" "	" "	Deserted January 20.
Rainwaters, Wm., Sr.	"	" "	" "	
Rainwaters, Newton	"	" "	" "	
Rainwaters, Edward	"	" "	" "	
Rainwaters, Wm., Jr.	"	" "	" "	
Ricker, William	"	" "	" "	
Rogers, Joseph	"	" "	" "	
Smith, John, Sr.	"	" "	" "	
Smith, John, Jr.	"	" "	" "	
Smith, John	"	" "	" "	
Smith, Joseph	"	" "	" "	
Smith, Jesse	"	" "	" "	
Smith, Peter	"	" "	" "	Died April 28.
Smith, William	"	" "	" "	Died April 18.
Sparks, James	"	" "	" "	
Simpson, James	"	" "	" "	Died April 1.
Spurtin, John	"	" "	" "	Died June 20.
Spurtin, Tapley	"	" "	" "	
Spurtin, Henry B.	"	" "	" "	
Scott, Thomas	"	" "	" "	
Scott, Jesse H.	"	" "	" "	
Sovier, Henry C.	"	November 1, 1813	" "	Transferred from Capt. White's Oct 31st.
True, Richmond H.	"	January 1, 1814	" "	
Thomas, Asa	"	January 1, 1814	" "	

SOLDIERS OF THE WAR OF 1812.

ROLL OF CAPTAIN WILLIAM H. McCLELLAN'S COMPANY, SEVENTH REGIMENT, U. S. INFANTRY—Continued.

Names.	Rank:	Date of Appointment or Enlistment.	To what time Engaged or Enlisted.	Remarks.
Williams, Edward	Private	January 1, 1814	June 30, 1814	
Williams, Jeremiah	"	" "	" "	
Whitlock, Charles	"	" "	" "	
Wheeler, Abraham	"	" "	" "	
Yount, Solomon	"	" "	" "	

ROLL OF THE SEVENTH REGIMENT BAND, U. S. INFANTRY—COMMANDED BY COLONEL WILLIAM RUSSELL.

Names	Rank	Date of Appointment or Enlistment	To what time Engaged or Enlisted	Remarks
Anderson, Alexander	Musician	March 1, 1814	June 30, 1814	
Anderson, Andrew	"	" "	" "	
Caro, Manuel	"	" "	" "	
Demarch, Lewis	"	January 1, 1814	" "	
Fouche, William	"	March 1, 1814	" "	Deserted June 5, 1814.
Gillis, Neil	"	" "	" "	
Green, Martin	"	" "	" "	
Johnston, William	"	" "	" "	
Monsey, Michael	"	" "	" "	
Rogues, John	"	" "	" "	
Rodgers, Patrick	"	" "	" "	
Sardo, Joseph	"	" "	" "	
Shuter, George	"	" "	" "	
Simmons, Thomas	"	" "	" "	
Wirt, Christopher C.	"	" "	" "	
Rogues, Samuel	Private	January 1, 1814	" "	
Sardo, John	"	" "	" "	

Roll of Field and Staff, Miller's Regiment, U. S. Infantry, War of 1812—Commanded by Colonel John Miller.

Name	Rank	Date of Appointment	To what time Engaged	Remarks
John Miller	Colonel	July 9, 1812		Commanded 1st Brigade at Black's Rock.
George Todd	Lt.-Colonel	March 13, 1814		Superintendent recruiting in Ohio.
Richard Graham	Major	March 30, 1813		
Richard Oldham	"	April 9, 1814		
George Atchison	Adjutant	April 6, 1813	October 23, 1814	
Ashton Garrett	Paymaster	March 13, 1813	" "	
Owen Evans	Quartermaster	April 20, 1814	" "	
William Turner	Surgeon	April 17, 1813	" "	
William S. Madison	S. Mate	December 12, 1812	" "	
Clayton Tiffin	"	March 11, 1814	" "	
John M. Slotts	Sergeant Major	July 1, 1814	October 31, 1814	
Daniel Shearman	Quartermaster Ser.	" "	" "	
John W. Hyte	Drum Major	" "	" "	
Daniel Murphy	Fife Major	" "	" "	

ROLL OF CAPTAIN DAVID L. CARNEY'S COMPANY, KENTUCKY DETACHED MILITIA—COMMANDED BY COLONEL JOHN MILLER.

Names.	Rank.	Date of Appointment or Enlistment.	To what time Engaged or Enlisted.	Remarks.
David L. Carney	Lieutenant	April 6, 1813		
Nathaniel Champ	Sergeant	December 1, 1813	September 30, 1814	
John E. Monett	"	October 1, 1813	" "	
Luther Stevenson	"	April 6, 1813	" "	On furlough October, 1814.
James C. Wingard	"	May 11, 1813	" "	On furlough October, 1814.
Thomas Sweeny	Corporal	" "	" "	No date on roll.
Peter Tivis	"	July 16, 1814	" "	
Ashby, Thomas	Private	July 1, 1814	" "	
Bean, Richard	"	January 1, 1814	" "	
Bertram, Emry	"	June 1, 1814	" "	
Brown, George	"	July 1, 1814	" "	
Burrow, Alexander	"	" "	" "	No date on roll.
Bealor, George	"	" "	" "	
Crouch, Samuel	"	" "	" "	No date.
Chambers, Jonathan	"	" "	" "	
Connor, Emanuel	"	July 14, 1814	" "	
Cox, William L.	"	" "	" "	
David, John	"	June 1, 1814	" "	
Davis, James	"	" "	" "	No date.
Dillon, Richard	"	" "	" "	
Denby, Joseph	"	" "	August 1, 1814	
Emberton, Richard	"	" "	September 30, 1814	
Furmier, John B.	"	May 7, 1814	" "	
Fortin, Augustin	"	May 26, 1814	" "	
Fell, John	"	January 1, 1813	" "	
Gravarat, Henry	"	" "	" "	
Hall, Samuel	"	" "	" "	
Hall, Aaron	"	" "	" "	
Harris, Richard	"	" "	" "	
Hockerty, Thomas	"	" "	" "	
Kidd, Clinton	"	" "	" "	
Karr, Samuel	"	June 1, 1813	" "	
Lambert, Corn'l.	"	" "	" "	
McCrary, James	"	" "	" "	
Morton, Washington	"	" "	" "	
Masters, Curtis	"	" "	" "	
Norton, Robert	"	July 14, 1814	" "	
Price, Robert	"	" "	" "	
Pike, Oliver	"	June 1, 1814	" "	
Reese, David	"	" "	" "	
Redburn, James T.	"	July 14, 1814	" "	
Rathburn, Elisha	"	July 16, 1814	" "	
Rose, William	"	May 1, 1814	" "	
Smith, Thomas	"	" "	" "	
Serrin, Ezekiel	"	" "	" "	
Slater, Silas	"	" "	" "	
Wise, Conrod	"	July 1, 1814	" "	

ROLL OF CAPTAIN HENRY CRITTENDEN'S COMPANY, KENTUCKY INFANTRY—COMMANDED BY COLONEL JOHN MILLER.

Names.	Rank.	Date of Appointment or Enlistment.	To what time Engaged or Enlisted.	Remarks.
Henry Crittenden	Captain	October 31, 1814	April 30, 1815	
James Blair	Lieutenant	" "	" "	
Cosby Lumsden	Sergeant	April 1, 1815	" "	
Thomas Bray	"	November 1, 1814	" "	
Joseph Campbell	"	" "	" "	
Alexander Martin	Corporal	April 1, 1815	" "	
John Mockabee	"	" "	" "	
John Smith	"	" "	" "	
Levi Cowan	"	" "	" "	
Joseph Slatia	Musician	July 1, 1814	" "	
John Allen	"	November 1, 1814	" "	
William Bell	"	" "	" "	
Samuel Agnew	"	" "	" "	
Avery Stoddard	"	April 15, 1815	" "	
Joseph Roberts	"	November 1, 1814	" "	
Breckinridge, Samuel	Private	April 1, 1815	" "	
Belville, Peter	"	November 1, 1814	" "	
Beans, Benjamin	"	" "	" "	
Baker, Zechel	"	" "	" "	
Bevins, Anderson	"	" "	" "	
Cook, Jacob	"	" "	" "	

ROLL OF CAPTAIN HENRY CRITTENDEN'S COMPANY, KENTUCKY INFANTRY—Continued.

Names.	Rank.	Date of Appointment or Enlistment.	To what time Engaged or Enlisted.	Remarks.
Cloud, Campo	Private	November 1, 1814	April 30, 1815	
Copeland, Willis	"	" "	" "	
Davis, John	"	March 15, 1813	" "	
Davis, Jacob	"	November 1, 1814	" "	
Demster, Joseph	"	" "	" "	
Ellison, James	"	" "	" "	
Forton, Francis	"	" "	" "	
Golby, John B.	"	April 1, 1815	" "	
Gorman, Joseph	"	November 1, 1814	" "	
Hopkins, Isam	"	July 27, 1812	" "	
Johnson, Ezekiel	"	July 27, 1813	" "	
Luft, Frederick	"	November 1, 1814	" "	
Louth, Robert	"	November 11, 1813	" "	
Lyons, Abraham	"	November 1, 1814	" "	
Logue, Samuel	"	April 1, 1815	" "	
McDougle, Robert	"	November 1, 1814	" "	
Malure, William	"	" "	" "	
Meek, Samuel	"	" "	" "	
McKee, William	"	" "	" "	
McMeeker, John	"	" "	" "	
Massac, John B.	"	October 4, 1813	" "	
McNight, Alpheus	"	July 14, 1812	" "	
Nice, David	"	November 1, 1814	" "	
Nations, Frederick	"	May 24, 1814	" "	
Nevitt, Hugh	"	November 1, 1814	" "	
Nail, Joseph	"	" "	" "	
Plough, John	"	" "	" "	
Page, David	"	" "	" "	
Prat, Fielding	"	" "	" "	
Piggott, Solomon	"	" "	" "	
Rathbone, Elisha	"	May 8, 1813	" "	
Robb, Andrew	"	August 1, 1814	" "	
Ryan, William	"	November 1, 1814	" "	
Snodgrass, Samuel	"	April 1, 1815	" "	
Smith, John	"	" "	" "	
Serrin, Ezekiel	"	" "	" "	Date of service not given.
Smith, Zebedee	"	September 1, 1814	" "	
Smith, Adam	"	November 1, 1814	" "	
Struple, John	"	" "	" "	
Smith, Thomas	"	January 1, 1814	" "	
Sharp, John	"	November 1, 1814	" "	
Swisher, Abraham	"	June 28, 1813	" "	
Staley, Alex.	"	September 1, 1813	" "	
Tromley, John	"	November 1, 1814	" "	
Talbott, John	"	" "	" "	
Vanskite, David	"	October 31, 1814	" "	
Ward, Joseph	"	November 1, 1814	" "	
Wilson, John	"	March 22, 1813	" "	
Wolford, Daniel	"	November 1, 1814	" "	
Wade, Joseph	"	January 6, 1812	" "	
Wade, William	"	December 8, 1813	" "	

ROLL OF CAPTAIN MARTIN L. HAWKINS' COMPANY, KENTUCKY INFANTRY—COMMANDED BY COLONEL JOHN MILLER.

Names.	Rank.	Date of Appointment or Enlistment.	To what time Engaged or Enlisted.	Remarks.
Martin L. Hawkins	Captain			
Chasteen Scott	Lieutenant			
William H. Fisher	Ensign			
Daniel Dougherty	Sergeant	June 1, 1814	October 31, 1814	
Christopher Graham	"	January 1, 1814	" "	
James Wingate	"	" "	" "	
James King	"	March 1, 1814	" "	
John G Edwin	"	April 1, 1814	" "	
Martin Gilespy	Corporal	January 1, 1814	" "	
Mescheck O'Brien	"	April 1, 1814	" "	
Adam Rheam	"	July 13, 1814	" "	
Samuel Stephens	"	" "	" "	
John B. Dupree	"	April 14, 1814	" "	
Barnard Jackman	"	" "	" "	
Martin Green	Drummer	March 23, 1814	" "	
John Lour	Fifer	June 1, 1814	" "	
Brady, Charles	Private	May 1, 1814	" "	

ROLL OF CAPTAIN MARTIN L. HAWKINS' COMPANY, KENTUCKY INFANTRY—Continued.

NAMES.	Rank.	Date of Appointment or Enlistment.	To what time Engaged or Enlisted.	REMARKS.
Bailey, David	Private	February 10, 1814	October 31, 1814	
Best, Thomas	"	March 1, 1814	" "	
Brownfield, John	"	" "	" "	
Brower, Samuel	"	" "	" "	
Blakeman, Nathan	"	" "	" "	
Brinkley, William	"	" "	" "	
Baker, Jacob	"	March 7, 1814	" "	
Baldwin, John	"	February 17, 1814	" "	
Bell, Thomas	"	January 1, 1814	" "	
Conner, John	"	June 1, 1813	" "	
Chambers, Jonathan	"	Unknown	" "	
Cain, John	"	June 1, 1813	" "	
Compton, Richard	"	January 1, 1814	" "	
Clark, Joseph D.	"	April 25, 1813	" "	
Carr, John	"	October 23, 1813	" "	
Cartwright, George	"	May 3, 1814	" "	
Cecil, Henry B.	"	April 2, 1814	" "	
Cummings, Benjamin	"	June 1, 1813	" "	
Denia, Lewis	"	April 18, 1812	" "	
Dupree, Francis	"	April 14, 1814	" "	
Dennis, Anthony	"	March 7, 1814	" "	
Deningabury, William	"	April 1, 1814	" "	
Easly, Josiah	"	January 1, 1814	" "	
Ewing, Mathew	"	" "	" "	
Edwards, William	"	April 24, 1814	" "	
Easman, Joseph	Waiter	October 8, 1814	" "	
Fortune, Francis	Private	May 7, 1814	" "	
Fortune, John	"	" "	" "	
Fell, John	"	September 2, 1813	" "	
Fields, Reasin	"	June 1, 1814	" "	
Fleury, Francis	"	March 7, 1814	" "	
Green, Samuel	"	Unknown	War	
Groen, George	"	February 21, 1814	October 31, 1814	
Gabriel, Abram	"	June 1, 1813	" "	
Gill, Nathaniel	"	May 13, 1813	" "	
Gillett, James	"	March 24, 1814	" "	
Grooms, Abram	"	February 11, 1813	" "	
Hide, Charles W.	"	October 5, 1813	" "	
Holt, Robert	"	September 1, 1813	" "	
Helsely, Jacob	"	April 3, 1813	" "	
Haveing, James I.	"	Unknown	" "	
Jones, Benjamin	"	April 21, 1814	" "	
Jameson, John	"	" "	" "	
Joel, ————	Waiter	April 1, 1814	" "	
Johnson, James	Private	November 1, 1812	" "	
Lapam, Newel	"	April 18, 1812	" "	
Lemasters, John	"	June 1, 1813	" "	
Londetwap, Andrew	"	March 18, 1814	" "	
Leparl, Alexander	"	March 30, 1814	" "	
Mena, Leo	"	October 28, 1813	" "	
Mullen, Samuel	"	June 1, 1813	" "	
Materia, Francis	"	March 2, 1814	" "	
Myqua, Michael	"	February 24, 1814	" "	
Mundle, James	"	February 20, 1814	" "	
Merton, Washington	"	February 3, 1813	" "	
Maddox, Joshua	"	April 2, 1814	" "	
Marr, James	"	" "	" "	
McCormick, Valentine	"	January 1, 1814	" "	
McGee, James	"	" "	" "	
McNeil, Alx	"	January 5, 1814	" "	
Murphy, Andrew	"	January 3, 1814	" "	
McKee, William	"	January 1, 1814	" "	
Miller, Jacob	"	" "	" "	
Newman, Howard	"	June 1, 1813	" "	
Null, Samuel	"	April 20, 1814	" "	
Osborne, Horatio	"	January 1, 1814	" "	
Pearsall, John	"	February 12, 1813	" "	
Perry, David	"	March 1, 1814	" "	
Perry, Daniel	"	" "	" "	
Pitcher, Charles	"	January 1, 1814	" "	
Rardin, John	"	April 10, 1813	" "	
Ray, Aaron	"	January 1, 1814	" "	
Risley, Charles	"	March 1, 1814	" "	
Spurgeon, Nathan	"	February 2, 1814	" "	
Smith, John	"	February 1, 1814	" "	
Shanks, Joseph	"	February 9, 1814	" "	

ROLL OF CAPTAIN MARTIN L. HAWKINS' COMPANY, KENTUCKY INFANTRY—Continued.

Names.	Rank.	Date of Appointment or Enlistment.	To what time Engaged or Enlisted.	Remarks.
Stockwell, Isaac	Private	July 1, 1812	October 31, 1814	
Smith, Joel	"	March 24, 1814	" "	
Smith, Josiah	"	January 22, 1814	" "	
Shiplin, Thomas	"	April 22, 1813	" "	
Sturgeon, Thomas	"	March 1, 1814	" "	
Shultz, Henry	"	" "	" "	
Shoemaker, Henry	"	September 1, 1813	" "	
Sayres, Joseph	"	February 14, 1814	" "	
Scott, David	"	January 1, 1814	" "	
Stigler, Benjamin	"	January 15, 1814	" "	
Salora, Babtist	"	March 17, 1814	" "	
Severs, John	"	April 27, 1814	" "	
Sutton, Amariah	"	April 30, 1814	" "	
Stanton, Thomas	"	March 1, 1814	" "	
Thompson, John	"	April 20, 1814	" "	
Tatum, Seth	"	January 1, 1814	" "	
Tuttle, Jabez	"	April 27, 1814	" "	
Tressenrider, Frederick	"	January 1, 1814	" "	
Updegraff, Andrew	"	December 15, 1812	" "	
Whitson, Isaac	"	January 1, 1814	" "	
Wood, James	"	" "	" "	
Work, Samuel	"	" "	" "	
West, Samuel	"	January 26, 1814	" "	
Waggoner, Michael	"	April 2, 1814	" "	
Young, William	"	March 1, 1814	" "	
Young, Samuel	"	" "	" "	

ROLL OF CAPTAIN B. W. SANDERS' COMPANY, KENTUCKY INFANTRY—COMMANDED BY COLONEL JOHN MILLER

Names.	Rank.	Date of Appointment or Enlistment.	To what time Engaged or Enlisted.	Remarks.
B. W. Sanders	Captain			
Henry Crittenden	Lieutenant			
William Baylor	"			
R. Mitchell	Ensign			
Obediah Norton	Sergeant	June 1, 1814	October 31, 1814	
John A. Eastland	"	" "	" "	
Hugh Harpham	"	" "	" "	
James Iliff	"	" "	" "	
Reuben Broughton	"	" "	" "	
Matthew Burns	Corporal	" "	" "	
Hiram Jamison	"	" "	" "	
Thomas Cravens	"	" "	" "	
John Boyd	"	" "	" "	
John Moseby	"	" "	" "	
John Stanton	Drummer	" "	" "	
Wyatt McGibbery	Fifer	" "	" "	
Avington, Stephen	Private	" "	" "	
Adams, Delaran	"	" "	" "	
Andrew, ——	Private Waiter	" "	" "	
Blythe, William	Private	" "	" "	
Boston, Abner	"	" "	" "	
Bush, Edward	"	" "	" "	Dead.
Barnett, Joseph	"	" "	" "	
Baker, John	"	" "	" "	
Butler, John	"	" "	" "	
Bartram, Emsly	"	October 20, 1814	" "	
Bowler, William	"	June 1, 1814	" "	Dead.
Beck, James	"	" "	" "	
Corbett, Samuel W.	"	" "	" "	
Carter, John F.	"	" "	" "	
Collins, Henry	"	" "	" "	
Cakendolpher, David	"	" "	" "	
Cook, Lodowick	"	" "	" "	
Cook, David	"	" "	" "	
Cason, Reuben	"	" "	" "	
Calvert, Nash	"	" "	" "	
Calvert, William	"	" "	" "	
Campbell, John	"	" "	" "	
Darnell, Samuel S.	"	" "	" "	
Davidson, Robert	"	" "	" "	
Dunn, Hezekiah	"	" "	" "	
Dunn, Gabriel	"	" "	" "	Dead.

SOLDIERS OF THE WAR OF 1812.

ROLL OF CAPTAIN B. W. SANDERS' COMPANY, KENTUCKY INFANTRY—Continued.

Names.	Rank.	Date of Appointment or Enlistment.	To what time Engaged or Enlisted.	Remarks.
David, John	Private	June 1, 1814	October 31, 1814	Dead.
Davis, Benjamin	"	" "	" "	
Davis, James S.	"	" "	" "	
Eldridge, John	"	" "	" "	
Embleton, Richard	"	" "	" "	
Flack, William	"	" "	" "	
Fuller, William	"	" "	" "	
Gilbert, William	"	" "	" "	
Gilbert, William, Sr.	"	" "	" "	Dead.
Grissam, James	"	" "	" "	
George, Thomas W.	"	" "	" "	
Hall, Aaron	"	March 21, 1814	" "	
Hall, Samuel W.	"	July 2, 1814	" "	
Hanby, Meschick	"	June 1, 1814	" "	
Hamilton, Andrew	"	" "	" "	
Head, John	"	" "	" "	
Head, Benjamin	"	" "	" "	
Hunt, William	"	" "	" "	
Humphrey, William	"	" "	" "	
Harning, Rudolph	"	" "	" "	
Henry, Richard	"	" "	" "	
Igo, Jacob	"	" "	" "	
Jenkins, Eli	"	" "	" "	
Kerr, Samuel	"	" "	" "	
Long, Joseph	"	" "	" "	
London, Samuel	"	" "	" "	
Lowry, Andrew	"	" "	" "	
Lambert, Cornelius	"	" "	" "	
Lloyd, John	"	" "	" "	
McLain, James	"	" "	" "	
Moser, Jacob	"	" "	" "	
McMullen, John	"	" "	" "	
McNitt, Joseph	"	" "	" "	Died November 1, 1814.
Millery, Henry	"	" "	" "	Discharged.
Monroe, John	"	" "	" "	
Milburn, Jonathan	"	" "	" "	
Marks, Nathaniel	"	" "	" "	
Moore, Augustus	"	" "	" "	
Munsey, Reuben	"	" "	" "	
Munathan, John	"	" "	" "	
Moore, James	"	" "	" "	Dead.
Norris, Beverly	"	" "	" "	
Pike, Oliver	"	" "	" "	
Pool, John	"	" "	" "	
Parker, Lewis	"	" "	" "	
Roberts, John	"	" "	" "	
Roberts, Jesse	"	" "	" "	
Rose, Benjamin	"	" "	" "	
Roberts, Thomas	"	" "	" "	
Reece, David	"	November 4, 1813	" "	
Richards, Samuel	"	June 1, 1814	" "	
Reuben, ——	"	" "	" "	
Row, Robert	"	" "	" "	Dead.
Reynolds, Isham	"	" "	" "	Reduced from Sergeant August 11, 1814.
St. Amour, Augustus	"	" "	" "	
Stringfield, William	"	April 1, 1814	" "	
Stewart, Alese	"	June 1, 1814	" "	Dead.
Savage, John	"	" "	" "	
Sherrard, Samuel	"	" "	" "	
Swartzwalter, George	"	" "	" "	
Sharpe, James	"	May 26, 1814	" "	
Sharp, John	"	June 1, 1814	" "	
Tubb, Jesse	"	" "	" "	
Taylor, Berry	"	" "	" "	
Temple, Dixon Y.	"	" "	" "	
Tillott, Jacob	"	" "	" "	
Tyree, John	"	" "	" "	
Tailor, James W.	"	" "	" "	Reduced from Corporal October 20, 1814.
Wright, Reuben	"	" "	" "	
White, Edward	"	" "	" "	
West, James	"	" "	" "	
Witter, Samuel	"	" "	" "	
Whooler, Greenbury	"	" "	" "	
Weakley, Abraham	"	" "	" "	
Wells, Berry	"	" "	" "	

ROLL OF CAPTAIN CALEB H. HOLDER'S COMPANY, KENTUCKY INFANTRY—COMMANDED BY COLONEL JOHN MILLER.

Names.	Rank.	Date of Appointment or Enlistment.	To what time Engaged or Enlisted.	Remarks.
Caleb H. Holder	Captain			
Charles Mitchell	Lieutenant			
James Gray	"			
Owen Evans	Ensign			
William Barkhurst	Sergeant			
Daniel Davis	"	July 16, 1814	October 31, 1814	
Robert Forrester	"	" "	" "	
Lewis Hoyt	"	" "	" "	
Lasley Ramsey	"	" "	" "	
John Simpson	"	" "	" "	
Moses Rice	Corporal	" "	" "	
James Severance	"	" "	" "	
Peter Tivis	"	" "	" "	
Samuel B. Tanner	"	" "	" "	
George Timothy	"	" "	" "	
Asahel Death	Fifer	" "	" "	
Obediah Cranmore	"	" "	" "	
Joseph Slatia	Drummer	" "	" "	
William Bell	Musician	" "	" "	
Samuel Egnew	"	" "	" "	
Enery Stodard	"	" "	" "	
Wallace Austin	"	" "	" "	
Alexander Brinkley	"	" "	" "	
Aldridge, Thomas	Private	September 1, 1813	" "	
Allison, James	"	June 1, 1813	" "	
Andrews, John	"	" "	" "	
Beadle, Samuel	"	" "	" "	
Belville, Peter	"	May 1, 1812	" "	
Beers, Benjamin	"	June 1, 1813	" "	
Chalpin, Robert	"	July 16, 1814	" "	
Cox, William	"	June 1, 1813	" "	
Cook, Jacob	"	" "	" "	
Cook, Solomon	"	" "	" "	
Compo, Gloud	"	December 1, 1813	" "	
Cavender, Joseph	"	July 16, 1814	" "	
Copeland, Willis	"	" "	" "	
Davis, John	"	" "	" "	
Dolson, Matthew	"	September 1, 1813	" "	
Dougherty, Zachariah	"	" "	" "	
Davis, Jacob	"	June 1, 1813	" "	
Fortune, Francis	"	May 7, 1814	" "	
Fry, Jacob	"	June 1, 1813	" "	
Green, William	"	July 16, 1814	" "	
Gobie, John B.	"	" "	" "	
Germain, Joseph	"	August 1, 1812	" "	
Gaskill, Daniel	"	September 1, 1813	" "	
Hopkins, Isaac F.	"	June 1, 1813	" "	
Hutchins, Henry	"	September 1, 1813	" "	
Johnston, Samuel	"	" "	" "	
Johnston, Hezekiah	"	" "	" "	
Lought, John	"	" "	" "	
Lovett, Robert S.	"	" "	" "	
Lee, Thomas	"	June 1, 1813	" "	
Lyons, Abraham	"	" "	" "	
Leming, Benjamin	"	July 16, 1814	" "	
McDougle, Robert	"	" "	" "	
Mellure, William	"	" "	" "	
McKee, Joseph	"	" "	" "	
McHenry, Samuel	"	" "	" "	
Mocaber, John	"	" "	" "	
McMeeker, John	"	" "	" "	
McDougle, George	"	" "	" "	
McKee, William	"	December 28, 1813	" "	
Marr, Thomas	"	September 1, 1813	" "	
Mason, John	"	October 4, 1813	" "	
Martin, John	"	" "	" "	
McKnight, Alpheus	"	June 1, 1813	" "	
Meek, Samuel	"	September 1, 1813	" "	
Murray, William	"	April 11, 1814	" "	
Nice, David	"	September 1, 1813	" "	
Nations, Frederick	"	May 29, 1813	" "	
Patterson, Martin	"	June 28, 1814	" "	
Palmer, Jesse	"	August 17, 1814	" "	
Piggott, Solomon	"	July 16, 1814	" "	
Rathbone, Elisha	"	May 8, 1813	" "	
Robb, Andrew	"	August 17, 1814	" "	

SOLDIERS OF THE WAR OF 1812. 347

ROLL OF CAPTAIN CALEB H. HOLDER'S COMPANY, KENTUCKY INFANTRY—Continued.

NAMES.	Rank.	Date of Appointment or Enlistment.	To what time Engaged or Enlisted.	REMARKS.
Ryan, Patrick	Private	July 16, 1814	October 31, 1814	
Smith, Thomas	"	" "	" "	
Swartzfeller, Adam	"	" "	" "	
Scudder, Thomas	"	" "	" "	
Slaley, Alexander	"	" "	" "	
Shaw, Elijah	"	" "	" "	
Snider, Jacob	"	" "	" "	
Stanage, William	"	" "	" "	
Sherrard, William	"	" "	" "	
Serrin, Ezekiel	"	" "	" "	
Stern, Luther	"	June 4, 1813	" "	
Stewart, John	"	July 16, 1814	" "	
Smith, John	"	" "	" "	
Smith, Adam	"	June 1, 1813	" "	
Struple, John	"	" "	" "	
Trowbridge, Amia K.	"	August 17, 1814	" "	
Thomas, David	"	September 1, 1813	" "	
Trumley, Thomas W.	"	May 7, 1814	" "	
Tanner, Martin	"	July 16, 1814	" "	
Thompson, William	"	September 1, 1812	" "	
Ullery, David	"	July 16, 1814	" "	
Vanskite, David	"	" "	" "	
Wilson, Thomas	"	" "	" "	
Whitacre, Thomas	"	" "	" "	
Ward, Joseph	"	" "	" "	
Willis, Horace	"	" "	" "	
Winders, Thomas	"	" "	" "	
Whitman, William	"	" "	" "	
Wade, William	"	" "	" "	
Wiley, Frederick	"	" "	" "	
Wilson, John	"	" "	" "	

ROLL OF CAPTAIN JOHN T. CHUNN'S COMPANY, KENTUCKY INFANTRY—COMMANDED BY COLONEL JOHN MILLER.

NAMES.	Rank.	Date of Appointment or Enlistment.	To what time Engaged or Enlisted.	REMARKS.
Thomas T. Chunn	Captain			
Thomas Mountjoy	Lieutenant			
Mason Seward	Ensign			
Samuel M. Ashbury	Sergeant	January 1, 1814	October 31, 1814	
James Arnold	"	July 1, 1814	" "	
William Brown	"	" "	" "	
Thomas Bray	"	December 15, 1813	" "	
Charles Call	"	June 1, 1813	" "	
Isaac Chiles	"	" "	" "	
Michael S. L. Fickel	"	" "	" "	
Robert Herrald	"	" "	" "	
Cosby D. Lumsdon	"	" "	" "	
Adam Weaver	"	May 1, 1813	" "	
Benjamin Brennet	Corporal	August 16, 1813	" "	
John Brown	"	January 1, 1814	" "	
William Connor	"	August 16, 1813	" "	
Aaron Hender	"	July 1, 1814	" "	
William Howard	"	June 1, 1813	" "	
William King	"	July 1, 1814	" "	
John Smith	"	" "	" "	
Lewis Throckmorton	"	" "	" "	
John Allen	Fifer	" "	" "	
Russell Rice	"	June 4, 1813	" "	
Gregory Snead	"	July 1, 1814	" "	
Samuel Crissel	Drummer	" "	" "	
John Houston	"	" "	" "	
John B. Nontz	"	August 1, 1812	" "	
Silas Rice	"	June 11, 1813	" "	
Joseph Dennison	"	June 1, 1813	" "	
Joseph Roberts	"	April 15, 1813	" "	
Astin, Walter	Private	July 1, 1812	" "	
Alexander, John	"	June 1, 1813	" "	
Arethurs, John	"	July 1, 1814	" "	
Ackley, William	"	January 1, 1814	" "	
Baker, Vachel	"	January 17, 1814	" "	
Bevans, Anderson	"	" "	" "	
Bennett, George	Private Waiter	May 1, 1814	" "	

ROLL OF CAPTAIN JOHN T. CHUNN'S COMPANY, KENTUCKY INFANTRY—Continued.

Names.	Rank.	Date of Appointment or Enlistment.	To what time Engaged or Enlisted.	Remarks.
Bailey, Philip	Private	May 1, 1813	October 31, 1814	
Brannum, John	"	September 1, 1813	" "	
Bowman, Abraham	"	May 16, 1813	" "	
Blair, John	"	May 2, 1813	" "	
Bockhover, Peter	"	September 1, 1813	" "	
Best, George	"	July 1, 1814	" "	
Blair, James	"	September 1, 1813	" "	
Cantwell, Hughs	"	June 1, 1813	" "	
Collinsworth, Reuben	"	" "	" "	
Coyle, Benjamin	"	July 1, 1814	" "	
Clark, Ambrose	"	" "	" "	
Councilman, John	"	" "	" "	
Chambers, Henry	"	" "	" "	
Centers, James	"	" "	" "	
Childers, William	"	" "	" "	
Cook, Moses	"	" "	" "	
Delaney, Joseph	"	" "	" "	Discharged October 10, 1814.
Dubaugh, Joseph	"	" "	" "	
Dickerson, David	"	" "	" "	
Davis, Archibald	"	January 1, 1814	" "	
Davis, Reuben	"	March 1, 1814	" "	
Douglass, Jeremiah	"	July 1, 1814	" "	
Elliott, Peter	"	June 29, 1813	" "	
Evans, Ambrose	"	August 21, 1813	" "	
Elliott, Robert	"	July 1, 1814	" "	
Friley, Benjamin	"	May 3, 1812	" "	
Frederick, Jacob	"	March 10, 1813	" "	
Flemming, William	"	July 1, 1814	" "	
Gay, James	"	September 1, 1813	" "	
Grimes, Samuel	"	May 1, 1813	" "	
Greene, Gardener	"	January 1, 1814	" "	
Gregg, Samuel	"	July 1, 1814	" "	
Green, Hiram	"	January 1, 1814	" "	
Gay, Harding	"	July 1, 1814	" "	
Goodwise, David	"	" "	" "	
Hicks, James	"	May 1, 1813	" "	
Harcourt, Daniel	"	June 7, 1813	" "	
Holbert, Isaac	"	July 1, 1814	" "	
Henry, ——	Private Waiter	June 1, 1814	" "	
Henning, Aaron	Private	July 1, 1814	" "	
Hastings, George	"	" "	" "	
Havens, Thomas H.	"	May 1, 1814	" "	
Johnston, William	"	July 1, 1814	" "	
Jones, William	"	" "	" "	
Jourdan, William	"	" "	" "	
Knight, Aquilla	"	" "	" "	
King, John	"	" "	" "	
Keelen, John	"	" "	" "	
Littleton, Robert	"	June 1, 1813	" "	
Littleton, John	"	July 1, 1814	" "	
Lane, John	"	June 1, 1813	" "	
Logedon, James	"	" "	" "	
Louder, Joab	"	May 1, 1814	" "	
Lambert, Jeremiah	"	March 1, 1813	October 10, 1814	Discharged October 10, 1814.
Maguire, John	"	August 1, 1813	October 31, 1814	
Mothersfield, Thomas	"	July 1, 1814	" "	
Moore, Robert	"	September 1, 1813	" "	
Moore, Thomas	"	June 1, 1813	" "	
Moore, Tennen	"	July 1, 1814	" "	
McGinnis, James	"	" "	" "	
Murphy, Edward	"	" "	" "	
Mays, John	"	" "	" "	
McArny, Samuel	"	" "	" "	
Nixon, Benjamin	"	September 1, 1814	" "	
Norman, Joseph	"	July 16, 1814	" "	
Neville, Hugh	"	January 1, 1812	" "	
Nail, Joseph	"	July 1, 1814	" "	
O'Neil, Owen	"	" "	" "	
Owen, Thomas	"	January 1, 1814	" "	
Pemberton, George	"	" "	" "	
Payne, Silas	"	July 1, 1814	" "	
Page, David D.	"	" "	" "	
Pratt, Fielding	"	" "	" "	
Poet, Christian	"	" "	" "	
Patterson, John	"	May 1, 1814	" "	
Ragan, Samuel	"	June 1, 1813	" "	
Riddle, Nathaniel	"	" "	" "	
Ryan, William	"	July 1, 1813	" "	

ROLL OF CAPTAIN JOHN T. CHUNN'S COMPANY, KENTUCKY INFANTRY—Continued.

NAMES.	Rank.	Date of Appointment or Enlistment.	To what time Engaged or Enlisted.	REMARKS.
Ross, John	Private	July 1, 1813	October 31, 1814	
Strange, William	"	"	"	
Sailor, Jacob	"	"	"	
Smith, John	"	April 10, 1813	"	
Sharp, John P.	"	September 1, 1813	"	
Spaulding, George	"	July 1, 1814	"	
Spikey, Jesse	"	"	"	
Swisher, Abraham	"	"	"	
Teel, Adam	"	June 1, 1813	"	
Talbot, John	"	July 1, 1814	"	
Turman, Ignatius	"	June 1, 1813	"	
Varner, Henry	"	July 1, 1814	"	
Wolford, Daniel	"	"	"	
Wilburn, James	"	January 1, 1814	"	
West, John	"	November 12, 1813	"	
Welch, Edward	"	April 13, 1813	"	
Wade, Joseph	"	September 1, 1813	"	
White, Joseph	"	July 1, 1814	"	
Youger, Thomas	"	May 1, 1814	"	

ROLL OF CAPTAIN WILLIAM I. ADAIR'S COMPANY, KENTUCKY INFANTRY—COMMANDED BY COLONEL JOHN MILLER.

Names	Rank	Date of Appointment or Enlistment	To what time Engaged or Enlisted	Remarks
William I. Adair	Captain			
James Hackley	Lieutenant			
Thomas W. Hawkins	"			
Thomas R. McNight	"			
Edmund Hall	Ensign			
John M. Slotts	Sergeant	July 1, 1814	October 31, 1814	
George Mittinger	"	July 16, 1814	"	
Robert Smith	"	July 1, 1814	"	
John Emerine	"	"	"	
Thomas McClelland	"	"	"	
Charles R. Dillan	"	"	"	
Samuel Purceal	Corporal	"	"	
James Burch	"	"	"	
Benjamin Griffith	"	"	"	
James McDonald	"	"	"	
Thomas Benson	"	"	"	
Robert Scott	"	"	"	
William Coker	"	"	"	
William Hite	Musician	"	"	
John Noah	"	"	"	
Ebenezer Mattox	"	"	"	
Ashby, Thomas	Private	"	"	
Adams, Henry	"	"	"	
Anderson, Enoch	"	"	"	
Butler, Thomas L.	"	"	"	
Brown, Henry	"	"	"	
Bough, Isaac	"	"	"	
Brown, George	"	"	"	
Brierly, Thomas	"	"	"	
Brierly, Robert	"	"	"	
Best, Henry	"	"	"	
Bealor, George	"	"	"	
Buckhanon, Zekel	"	"	"	
Birckley, Benjamin E.	"	"	"	
Birckley, Henry B.	"	"	"	
Buckley, John B.	"	"	"	
Brintlinger, Andrew	"	"	"	
Collins, John	"	"	"	
Chapman, John	"	"	"	
Casey, Joshua	"	"	"	
Cook, Randolph	"	"	"	
Cutsinger, William	"	"	"	
Calahan, Patrick	"	"	"	
Cane, John	"	"	"	
Charles, ———	Private Waiter	"	"	
Crawford, Michael	Private	"	"	
Dotson, Hiram	"	"	"	
Dawson, Fielding	"	"	"	
Dawson, John	"	"	"	
Davis, John	"	"	"	
Duffy, Thomas	"	"	"	

ROLL OF CAPTAIN WILLIAM I. ADAIR'S COMPANY, KENTUCKY INFANTRY—Continued.

Names.	Rank.	Date of Appointment or Enlistment.	To what time Engaged or Enlisted.	Remarks.
Ewing, Samuel B.	Private	July 1, 1814	October 31, 1814	
Furlong, Meredith	"	" "	" "	
Furnize, Jacob	"	" "	" "	
Grosher, Francis	"	" "	" "	
Gilspy, James	"	" "	" "	
Gordan, Lee	"	" "	" "	
Grey, Jeremiah	"	July 18, 1814	" "	
Hockman, Isaac	"	July 1, 1814	" "	
Hill, William	"	" "	" "	
Hill, Johnson	"	" "	" "	
Harris, William	"	" "	" "	
Harris, Richard	"	" "	" "	
Hubbard, John	"	" "	" "	
Ingram, Jesse	"	" "	" "	
Jackman, Vincent	"	" "	" "	
Johnson, John	"	" "	" "	
Keeting, Hiram	"	" "	" "	
Kellan, Robert	"	" "	" "	
Kopheart, Henry	"	" "	" "	
Kelley, Solomon	"	" "	" "	
King, John A.	"	" "	" "	
Lynch, Francis	"	" "	" "	
Luckey, Elisha	"	" "	" "	
Labonte, Anthony	"	" "	" "	
Leisure, Hezekiah	"	" "	" "	
Lazor, John	"	" "	" "	
Morehead, William	"	" "	" "	
Myers, Christopher	"	" "	" "	
Musick, Martin	"	" "	" "	
McCord, Joseph	"	" "	" "	
Melts, Frederick	"	" "	" "	
Neaves, Daniel	"	" "	" "	
Ogelsby, William	"	" "	" "	
Pearson, George	"	" "	" "	
Prewit, Michael	"	" "	" "	
Prophet, Anderson	"	" "	" "	
Pooton, Elias	"	" "	" "	
Pieneal, Jeremiah B.	"	" "	" "	
Ralph, William	"	" "	" "	
Segarson, George	"	" "	" "	
Short, Henson	"	" "	" "	
Simmons, Richard	"	July 16, 1814	" "	
Spillman, Jacob	"	July 1, 1814	" "	
Sutherland, Mordecai	"	" "	" "	
Smith, John	"	" "	" "	
Smith, John	"	" "	" "	
Smith, John	"	" "	" "	
Smith, Samuel	"	" "	" "	
Sidebottom, Wilson	"	" "	" "	
Shyry, Lewis	"	" "	" "	
Strong, Jesse	"	" "	" "	
Tucker, John	"	" "	" "	
Thompson, William	"	" "	" "	
Thompson, William E.	"	" "	" "	
Towson, Benjamin	"	" "	" "	
Updegroff, John	"	" "	" "	
Wright, William	"	" "	" "	
Worth, James	"	" "	" "	
West, Martin	"	" "	" "	
Williams, Stephen	"	" "	" "	
Wilkins, John	"	" "	" "	
Wise, Conrad	"	" "	" "	
Yearns, John	"	" "	" "	
Yocum, Mathias	"	" "	" "	

ROLL OF CAPTAIN DAVID HOLT'S COMPANY, KENTUCKY INFANTRY—COMMANDED BY COLONEL JOHN MILLER.

Names.	Rank.	Date of Appointment or Enlistment.	To what time Engaged or Enlisted.	Remarks.
David Holt	Captain	April 16, 1812		
Joseph P. Taylor	Lieutenant	April 2, 1812		
George M. Beall	"	April 6, 1812		
John Cochran	"	September 20, 1812		
Ara Northrup	Sergeant	July 14, 1814	October 31, 1814	
John T. Seward	"	July 16, 1814	" "	
Elkana Lane	"	July 14, 1814	" "	
William Armstrong	"	" "	" "	
Walter Heman	"	March 24, 1814	" "	
George C. Davis	"	March 7, 1814	" "	Transferred to Lieutenant Heckly July 22, 1814.
John D. Walker	"	July 14, 1814	" "	
James Park	Corporal	" "	" "	
Thomas Swany	"	" "	" "	
James Dougherty	"	" "	" "	
William T. Lewis	"	" "	" "	
Edward Crow	"	" "	" "	
Alexander Martin	"	" "	" "	
Adam A. Ball	"	April 7, 1814	" "	
Daniel Murphy	Fifer	June 27, 1814	" "	
Michael Tool	Drummer	July 14, 1814	" "	
Allove, John B.	Private	" "	" "	
Ash, Joseph	"	" "	" "	
Arys, Morris	"	" "	" "	
Botts, Richard	"	" "	" "	
Byard, John	"	" "	" "	
Bullman, Jonathan	"	" "	" "	
Buck, John	"	" "	" "	
Buck, Joseph	"	" "	" "	
Brown, Hugh	"	" "	" "	
Bailey, Benjamin	"	" "	" "	
Booth, John	"	" "	" "	
Blair, Ashael	"	May 4, 1814	" "	
Burns, John	"	July 14, 1814	" "	
Bunnell, Robt.	"	September 6, 1814	" "	
Cowan, Levi	"	July 14, 1814	" "	
Crouch, Samuel	"	" "	" "	
Comer, Emanuel	"	" "	" "	
Clendenning, John	"	" "	" "	
Courtney, Nicholas	"	" "	" "	
Cravin, Oliver	"	" "	" "	
Cummins, William	"	" "	" "	
Cleming, Francis	"	" "	" "	
Drumond, Robert	"	" "	" "	
Deckor, John	"	" "	" "	
Depriest, Austin	"	" "	" "	
Fry, Henry	"	" "	" "	
Hughes, John	"	" "	" "	
Hanion, Henry	"	" "	" "	
Hall, Jesse	"	" "	" "	
Haughey, Jacob	"	" "	" "	
Hardesty, George	"	" "	" "	
Hatfield, William	"	" "	" "	
Isabart, Jacob	"	" "	" "	
Irvin, Benjamin	"	" "	" "	
Johns, John	"	" "	" "	
Joles, Richard	"	" "	" "	
Kenan, James	"	" "	" "	
Kirkpatrick, James	"	" "	" "	
Kearns, Richard	"	" "	" "	
Kaw, William	"	" "	" "	
Lowry, John	"	" "	" "	
Logne, Samuel	"	February 14, 1814	" "	
Loyure, Hiat	"	July 14, 1814	" "	
Laping, Robert	"	" "	" "	
Lasher, Jacob	"	" "	" "	
McLaughlin, Thomas	"	" "	" "	
McCord, James	"	" "	" "	
Moore, Joseph	"	" "	" "	
Murphy, Isaac	"	" "	" "	
Moore, William	"	" "	" "	
McDonald, Stephen	"	" "	" "	
McDonald, Thomas	"	" "	" "	
McCullough, Silas	"	" "	" "	
Melvin, John	"	" "	" "	
McGinnis, John	"	" "	" "	
Montgomery, ——	"	" "	" "	Attacked at Chilicothe July 14, 1814.

SOLDIERS OF THE WAR OF 1812.

ROLL OF CAPTAIN DAVID HOLT'S COMPANY, KENTUCKY INFANTRY—Continued.

Names.	Rank.	Date of Appointment or Enlistment.	To what time Engaged or Enlisted.	Remarks.
Nolan, Barnabus	Private	July 14, 1814	October 31, 1814	
Neda, Philip	"	" "	" "	
Norton, Robert	"	" "	" "	
Plough, John	"	" "	" "	
Peoples, Seymore	"	" "	" "	
Pinkeman, John	"	" "	" "	
Price, Robert	"	" "	" "	
Reed, Robert	"	" "	" "	
Roberson, William	"	" "	" "	
Redburn, James T.	"	" "	" "	
Rook, James	"	" "	" "	
Rankins, John	"	" "	" "	
Ruggles, Michael	"	" "	" "	
Ray, James	"	" "	" "	
Rumsey, Daniel A.	"	May 14, 1814	" "	
Rudolph, Titar K.	"	May 26, 1814	" "	
Southern, Levin	"	July 14, 1814	" "	
Stewart, Edward	"	" "	" "	
Sommers, Frederick	"	" "	" "	
Simons, Daniel	"	" "	" "	
Scott, James	"	" "	" "	
Sickman, Presley	"	" "	" "	
Simmons, Thomas	"	" "	" "	
Smith, John	"	" "	" "	
Snodgrass, Samuel	"	" "	" "	
Trobridge, Will	"	" "	" "	
Wilson, James	"	" "	" "	
Walker, Philip	"	" "	" "	
Waters, William	"	" "	" "	
Wiley, James	"	" "	" "	
Welch, James	"	" "	" "	
Wallace, Ross	"	" "	" "	
Watson, William	"	" "	" "	
Woodruff, William	"	" "	" "	
Yarnel, Abram	"	" "	" "	
Yeams, Aquilla	"	" "	" "	
Zegley, Benjamin	"	" "	" "	Killed October 1, 1814.

ROLL OF CAPTAIN HARRIS H. HICKMAN'S COMPANY, KENTUCKY INFANTRY—COMMANDED BY COLONEL JOHN MILLER.

Names.	Rank.	Date of Appointment or Enlistment.	To what time Engaged or Enlisted.	Remarks.
Harris H. Hickman	Captain	July 6, 1812		
James Hackley, Jr.	Lieutenant	March 13, 1813		
Adam E. Hoffman	"	April 6, 1813		
Gabriel I. Floyd	"	" "		
Charles E. Bryant	Sergeant	July 1, 1814	October 31, 1814	
George C. Davis	"	July 16, 1814	" "	
Robert Gray	"	July 1, 1814	" "	
Benjamin F. Hedeges	"	February 21, 1814	" "	
John Nesbitt	"	May 1, 1814	" "	
David Webb	"	July 16, 1814	" "	
John Gordon	"	" "	" "	
Thomas Dougherty	Corporal	July 1, 1814	" "	
Nicholas D. B. Swearingin	"	May 3, 1814	" "	
George Bush	"	July 1, 1814	" "	
Robert McIntire	"	" "	" "	
John Dexon	"	" "	" "	
Solomon Lamb	"	" "	" "	
John Messings	"	" "	" "	
Jacob Wiseman	Fifer	" "		Deserted.
John Leif	Drummer	June 26, 1814		
John Green	Fifer	July 1, 1814		
Adir, Joseph	"	" "	" "	
Arnold, Samuel	"	" "	" "	
Alexander, Benjamin	"	" "	" "	
Anderson, John	"	" "	" "	
Atherton, Henry	"	July 16, 1814	" "	
Boyd, Cornelius	"	July 1, 1814	" "	
Blue, David	"	" "	" "	
Burton, Daniel	"	" "	" "	
Baker, Dennis	"	" "	" "	
Bryam, William	"	" "	" "	Belongs to 1st Regiment Infantry.
Brown, Joseph	"	" "	" "	Discharged by writ *habeas corpus*.

ROLL OF CAPTAIN HARRIS H. HICKMAN'S COMPANY, KENTUCKY INFANTRY—Continued.

Names.	Rank.	Date of Appointment or Enlistment.	To what time Engaged or Enlisted.	Remarks.
Brown, James	Private	July 1, 1814	October 31, 1814	
Burbadoes, Andrew	"	July 16, 1814	" "	
Cornell, David	"	July 1, 1814	" "	
Conden, James	"	" "	" "	
Courtney, John	"	" "	" "	
Courtney, Michael	"	" "	" "	
Curry, William	"	" "	" "	
Campbell, Samuel	"	" "	" "	
Cook, Charles	"	July 16, 1814	" "	
Dunn, Peter	"	July 1, 1814	" "	
Dean, John	"	" "	" "	
Delaney, Daniel	"	July 16, 1814	" "	
Delaney, James	"	" "	" "	
Early, John	"	July 1, 1814	" "	
Ewing, George	"	" "	" "	
Evans, Edward	"	" "	" "	
Flemming, David	"	" "	" "	
Fryman, Henry	"	" "	" "	
Fulk, Andrew	"	" "	" "	
Fisher, John	"	" "	" "	
Furbie, Mathias	"	" "	" "	
Freeman, Joshua	"	" "	" "	
Garrett, Curtis	"	" "	" "	
Guard, Daniel	"	" "	" "	
Givens, Robert	"	" "	" "	
Green, Timothy	"	July 16, 1814	" "	
Hooper, Robert L.	"	July 1, 1814	" "	
Heron, Thomas	"	" "	" "	
Harding, Isaac	"	" "	" "	
Hicks, Thomas	"	" "	" "	
Hamilton, Andrew	"	" "	" "	
Hughy, Isaac H.	"	" "	" "	
Harris, William	"	" "	" "	
Ingler, Jacob	"	" "	" "	
Jenkinson, William	"	" "	" "	
Jinson, Joseph	"	" "	" "	
Johnson, Samuel	"	" "	" "	
Johnson, Abel	"	" "	" "	[13, 1814. Shot at Chillicothe by order of court-martial July
Johnson, Larkin	"	" "	" "	Died December 21, 1814.
Kennel, Casper	"	" "	" "	
Kearns, James	"	" "	" "	
Kearns, Jacob	"	" "	" "	Deserted July 11, 1814. Paid by Third Auditor
Kidder, Samuel	"	July 16, 1814	" "	[February 23, 1832.
Kirkpatrick, John	"	July 1, 1814	" "	
Little, Martin	"	" "	" "	
Little, Samuel	"	" "	" "	
Lloyd, Stephen L.	"	" "	" "	
Ludlow, Stephen	"	" "	" "	
McColly, Hiram	"	" "	" "	
McConkey, David	"	" "	" "	
McKinley, Thomas	"	" "	" "	
Marsh, William	"	" "	" "	
Mingus, John	"	" "	" "	
Myers, Michael	"	" "	" "	
Myers, David	"	" "	" "	
Moles, James	"	" "	" "	
Miller, Peter	"	" "	" "	
Mitchlor, David	"	" "	" "	
Marshall, John	"	" "	" "	
Mason, Owen	"	" "	" "	
Necomb, John	"	" "	" "	
Ornick, Samuel	"	" "	" "	
Palmer, Richard	"	" "	" "	
Primrose, William	"	" "	" "	
Parker, Ira	"	" "	" "	
Robinson, Archibald	"	" "	" "	
Robinson, John	"	" "	" "	
Robinson, William	"	" "	" "	
Rocco, David C.	"	" "	" "	
Stevenson, Arthur	"	" "	" "	
Seals, Francis	"	" "	" "	
Smalley, David	"	" "	" "	
Shuler, William	"	" "	" "	
Simmons, John	"	" "	" "	
Searles, Sweetland	"	" "	" "	
Smith, John	"	" "	" "	

ROLL OF CAPTAIN HARRIS H. HICKMAN'S COMPANY, KENTUCKY INFANTRY—Continued.

Names.	Rank.	Date of Appointment or Enlistment.	To what time Engaged or Enlisted.	Remarks.
Smith, Roswell W.	Private	July 1, 1814	October 31, 1814	
Stewart, James	"	" "	" "	
Shader, John	"	" "	" "	
Sterne, Tobias	"	" "	" "	Died July 9, 1814.
Sellwood, Henry	"	" "	" "	
Sprague, Ephraim	"	" "	" "	
Taylor, Sharp H.	"	" "	" "	
Wood, Joshua	"	" "	" "	
Wright, George	"	" "	" "	
Walter, George	"	" "	" "	
Walters, Thomas	"	" "	" "	
Welch, Thomas	"	" "	" "	
Zimmerman, Frederick	"	" "	" "	

ROLL OF CAPTAIN JOHNSTON MAGOWAN'S COMPANY, U. S. INFANTRY—COMMANDED BY COLONEL THOMAS DEYE OWINGS.

Names.	Rank.	Date of Appointment or Enlistment.	To what time Engaged or Enlisted.	Remarks.
Johnston Magowan	Captain	April 2, 1813		
William H. Henry	2d Lieutenant	" "		
Robert B. Crook	3d Lieutenant	" "		
Jonas Roads	Ensign	" "		
Edmond Hall	"	" "		
William Adams	Sergeant	May 8, 1813	May 8, 1814	
Joseph Kelsoe	"	May 12, 1813	1 year	
Levi W. Goodin	"	May 8, 1813	"	
Edmond Hardwick	"	May 6, 1813	"	
James Bibb	"	May 20, 1813	"	
Andrew Caugheran	Corporal	May 18, 1813	"	Acting as Quartermaster Sergeant.
William Smith	"	May 20, 1813	"	
William Beadle	"	May 7, 1813	"	
Nelson Harlow	"	May 6, 1813	"	
George Blake	"	May 8, 1813	"	
Jedediah Mulligan	"	April 20, 1813	"	Discharged.
Adams, Richard	Private	May 8, 1813	"	
Adams, William	"	May 11, 1813	"	
Adjudant, Ebenezer	"	May 12, 1813	"	
Burk, James	"	June 14, 1813	"	
Bucy, William	"	May 14, 1813	"	
Brown, Edmond	"	May 19, 1813	"	
Blake, Thomas	"	June 21, 1813	"	Died March 10, 1814.
Blake, John	"	June 5, 1813	"	
Boiles, James	"	June 8, 1813	"	
Bryant, John	"	April 26, 1813	"	Discharged.
Boyd, Andrew	"	June 8, 1813	"	
Buchanon, John	"	May 2, 1813	"	
Brown, Absalom	"	June 5, 1813	"	
Bailey, James W.	"	May 5, 1813	"	
Bagnell, John	"	May 1, 1813	November 1, 1814	
Bailey, James	"	May 20, 1813	" "	
Baits, William	"	April 8, 1813	" "	Discharged.
Beaty, Joseph	"	April 20, 1813	1 year	
Bernord, Joshua	"	May 20, 1813	"	
Carnaga, John F.	"	April 23, 1813	"	Discharged.
Clawson, Peter	"	April 29, 1813	"	Discharged
Cline, John	"	June 22, 1813	"	
Cline, James	"	" "	" "	
Claugheran, Jonathan	"	May 6, 1813	"	
Callihan, David C.	"	May 24, 1813	"	
Cash, Archibald	"	April 27, 1813	"	Discharged.
Cumings, Uriah	"	July 1, 1813	"	
Craig, John	"	April 22, 1814	"	Discharged.
Duvall, James S.	"	May 8, 1813	"	
Davis, William	"	June 25, 1813	"	
Dooley, John	"	April 15, 1813	"	Discharged.
Denton, John	"	May 12, 1813	"	
Ducker, Abraham	"	May 15, 1813	"	
Evans, William	"	June 22, 1813	"	Sick in hospital.
Fuller, Joseph	"	June 12, 1813	"	
Griffin, Mathias	"	April 22, 1813	"	Discharged.
Griffin, William	"	May 4, 1813	"	
Garnor, Jacob	"	May 25, 1813	"	
Garrison, Elwell	"	May 8, 1813	"	

SOLDIERS OF THE WAR OF 1812.

ROLL OF CAPTAIN JOHNSTON MAGOWAN'S COMPANY, U. S. INFANTRY—Continued.

Names.	Rank.	Date of Appointment or Enlistment.	To what time Engaged or Enlisted.	Remarks.
Garrison, James	Private	May 24, 1813	1 year	Sick in hospital.
Garton, Uriah	"	July 7, 1813	"	
Hopkins, Lewis E.	"	June 7, 1813	"	
Howard, Eli	"	June 30, 1813	"	Discharged.
Harrison, Thomas	"	June 22, 1813	"	
Hardwick, Mitchell	"	April 22, 1813	"	Discharged
Hardwick, Maples	"	" "	"	Discharged.
Highlander, George	"	April 27, 1813	"	Discharged.
Jewett, John	"	June 28, 1813	"	Died January 28, 1814.
Jeanes, Joathen	"	April 20, 1813	"	Discharged.
Jewel, Jesse	"	May 4, 1813	"	
Kirk, John	"	June 8, 1813	"	
Lowery, John	"	" "	"	
Lewman, Noah	"	May 15, 1813	"	
Lyman, Charles	"	April 28, 1813	"	Discharged.
Lewis, Thomas	"	April 16, 1813	"	Discharged.
Myers, Jacob	"	April 30, 1813	"	Discharged—reduced from Corporal March 15.
Morris, Joseph	"	May 8, 1813	"	
Morris, Isaac	"	April 21, 1813	"	
Manley, David	"	June 24, 1813	"	
Marey, John	"	June 21, 1813	"	
Morgan, Barton	"	" "	"	
May, Nicholas	"	June 16, 1813	"	
Mayth, Samuel	"	June 8, 1813	"	
Miller, John	"	April 14, 1813	"	
McIntosh, John	"	May 21, 1813	"	
Miller, Henry G.	"	May 2, 1813	"	
Maxwell, Robert	"	May 1, 1813	"	
Nichols, Henry	"	April 28, 1813	"	Acting as Q. M. Sergt.—discharged April 15.
Pollock, John	"	April 15, 1813	"	
Parsons, Edward	"	May 3, 1813	"	
Parsons, Nathaniel	"	May 4, 1813	"	
Preston, Isaac	"	June 16, 1813	"	
Pratt, James	"	May 17, 1813	"	
Rankin, William	"	June 9, 1813	"	
Randel, Richard	"	April 27, 1813	"	
Randel, Harvey	"	April 21, 1813	"	
Randel, Nathaniel	"	May 3, 1813	"	
Robinson, Jacob	"	May 4, 1813	"	
Shoultz, Christian	"	June 29, 1813	"	
Sinclair, Horatio	"	May 15, 1813	"	
Shepherd, Daniel	"	June 28, 1813	"	
Shepherd, Moses	"	August 1, 1813	"	
Serango, Abraham	"	April 30, 1813	"	
Tilford, Alexander	"	May 4, 1813	"	
Turner, William	"	June 12, 1813	"	
Taylor, Larkin	"	June 14, 1813	"	Discharged March 27.
Tuggles, Charles H.	"	June 7, 1813	"	
Thompson, John	"	May 1, 1813	"	
Underwood, John	"	May 6, 1813	"	Died.
Wiley, William	"	April 28, 1813	"	Discharged.
Witherow, John	"	May 20, 1813	"	
Willson, Samuel	"	April 15, 1813	"	Discharged.
Wiley, John	"	June 11, 1813	"	
Walker, William	"	April 30, 1813	"	Died April 4, 1814.
Wills, Thomas	"	May 1, 1813	"	
Wallace, Robert	"	July 18, 1813	"	
Yocum, John	"	June 21, 1813	"	
Young, James	"	May 26, 1813	"	

ROLL OF CAPTAIN GEORGE STOCKTON'S COMPANY, U. S. INFANTRY—COMMANDED BY COLONEL THOMAS DEYE OWINGS.

Names.	Rank.	Date of Appointment or Enlistment.	To what time Engaged or Enlisted.	Remarks.
George Stockton	Captain			
Thomas Edmonson	1st Lieutenant			
Joseph P. Taylor	2d Lieutenant			
John Wyatt	2d Lieutenant			
James B. Findley	3d Lieutenant			
Richard Mitchell	Ensign	July 1, 1814	December 31, 1814	
Elisha H. Brown	1st Sergeant	June 17, 1814	" "	
George Luffery	2d Sergeant	July 1, 1814	July 14, 1814	Killed.
Robert Snowden	3d Sergeant	" "	December 31, 1814	Sick.
John Frame	4th Sergeant	" "	" "	
Thomas Dearman	5th Sergeant	" "	" "	Discharged October 1.

ROLL OF CAPTAIN GEORGE STOCKTON'S COMPANY, U. S. INFANTRY—Continued.

Names.	Rank.	Date of Appointment or Enlistment.	To what time Engaged or Enlisted.	Remarks.
George Ford	6th Sergeant	June 28, 1814	December 31, 1814	
George T. Wood	7th Sergeant	July 28, 1814	" "	
John Reams	8th Sergeant	July 1, 1814	" "	
William Allen	9th Sergeant	" "	" "	
James Pitchard	1st Corporal	" "	" "	
Robert McCall	"	" "	" "	Reduced.
Alexander McCord	"	" "	September 18, 1814	
James Price	"	" "	December 31, 1814	
David Sudert	"	" "	November 28, 1814	
John Redding	"	June 24, 1814	December 31, 1814	Died November 26th.
John Bapsite	"	June 23, 1814	" "	
George Brisloe	"	June 22, 1814	" "	
Leonard Garmon	"	July 1, 1814	December 15, 1814	Discharged.
James Black	"	" "	December 31, 1814	
Patrick O. Wilson	"	" "	" "	
Daniel Eshon	Fife Major	" "	" "	
Dennis B. M. Jourdan	Drummer	" "	" "	
Arnold, John	Private	September 27, 1814	" "	
Arnold, John	"	June 26, 1814	" "	
Armstrong, Henry	"	June 28, 1814	" "	
Bash, Jacob	"	June 16, 1814	" "	Sick in quarters.
Bray, John	"	July 1, 1814	" "	
Ball, William	"	" "	" "	
Boyell, John	"	" "	" "	
Bevens, Cornelius	"	" "	" "	
Browning, Benjamin	"	" "	" "	
Bast, Henry	"	" "	October 6, 1814	Discharged October 6th.
Blackrood, Richard	"	" "	October 8, 1814	Discharged October 8th.
Brown, Joseph	"	" "	October 9, 1814	Discharged October 9th.
Boullord, Anthony	"	June 21, 1814	December 31, 1814	
Bailey, James	"	June 24, 1814	" "	
Beech, William	"	July 3, 1814	" "	
Clark, James	"	July 1, 1814	" "	
Clark, William	"	" "	" "	
Campbell, Duncan	"	" "	" "	
Chapman, Zachariah	"	" "	" "	
Chapman, Thomas	"	" "	" "	
Cooper, Archibald	"	" "	" "	
Crozier, William	"	" "	" "	
Campbell, Robert	"	" "	September 10, 1814	Discharged.
Campbell, Joseph	"	" "	September 26, 1814	Discharged.
Campbell, James	"	" "	" "	Deserted August 28th.
Carrigan, Arthur	"	" "	" "	
Carrigan, David	"	" "	" "	
Chinn, Charles	"	June 18, 1814	" "	
Clauson, Peter	"	August 12, 1814	December 26, 1814	Died.
Clair, John	"	June 28, 1814	December 31, 1814	
Carpenter, Absalom	"	" "	" "	Deserted.
Dixon, George	"	July 1, 1814	" "	
Dawson, William	"	" "	" "	
Drysdale, Andrew	"	" "	" "	
Devar, John C.	"	" "	" "	
Denton, John	"	" "	" "	
Dumitt, Robert	"	" "	" "	
Evans, Ransom	"	" "	" "	
Evans, John	"	" "	" "	
Foster, William	"	" "	" "	Deserted July 24th.
Flagg, David	"	August 1, 1814	" "	
Gaines, James	"	July 1, 1814	November 24, 1814	Died.
Gorman, David	"	July 1, 1814	December 31, 1814	
Gragg, Solomon	"	" "	October 29, 1814	Discharged.
Gibson, William	"	" "	December 31, 1814	Died.
Graves, Beman	"	June 23, 1814	" "	
Hinton, Benjamin	"	July 15, 1814	" "	
Hite, Henry	"	July 1, 1814	" "	
Harman, Henry	"	" "	November 4, 1814	Died.
Higginbottom, Moses	"	" "	November 22, 1814	Died.
Harness, Richard	"	" "	October 28, 1814	Discharged.
Hill, David	"	September 17, 1814	December 31, 1814	
Haynes, Benjamin	"	June 20, 1814	" "	
Hall, William	"	June 29, 1814	" "	
Hartley, Joseph	"	June 24, 1814	" "	
Hockersmith, William	"	June 30, 1814	" "	
Jackson, James	"	July 1, 1814	December 8, 1814	Discharged.
Jackson, Thomas	"	" "	" "	Sick.
Jackson, Jack	"	" "	" "	Sick.
Jackson, Levi	"	" "	November 12, 1814	Died.
Jackson, James, 2d	"	" "	December 31, 1814	Sick.

ROLL OF CAPTAIN GEORGE STOCKTONS' COMPANY, U. S. INFANTRY—Continued.

Names.	Rank.	Date of Appointment or Enlistment.	To what time Engaged or Enlisted.	Remarks.
Jorris, John	Private	July 1, 1814	December 31, 1814	
Jacobs, Daniel	"	" "	" "	
Johnson, Joshua	"	" "	" "	
Johnston, George	"	June 28, 1814	" "	
Jones, Randell	"	" "	" "	Discharged October 12, 1814.
Jones, Newton	"	" "	" "	Discharged December 16, 1814.
Keaton, Peter	"	July 1, 1814	" "	
King, Jacob	"	" "	" "	
Loggott, Baker	"	" "	December 22, 1814	Discharged.
Leslie, Thomas	"	" "	November 1, 1814	Died.
Lustin, Richard	"	" "	December 31, 1814	
Luland, George	"	June 22, 1814	" "	Deserted July 15.
Merrill, William	"	" "	" "	
McManning, George	"	July 1, 1814	" "	
Morrison, James	"	" "	" "	
McDaniel, Joseph	"	" "	August 4, 1814	Died.
McAnish, Adam	"	" "	December 31, 1814	
Madden, Jeremiah	"	" "	" "	
Montgomery, Richard	"	June 19, 1814	" "	
Moore, James	"	" "	" "	
Norman, John	"	July 1, 1814	" "	
Ogden, Francis	"	" "	October 6, 1814	Discharged.
Peoples, John	"	" "	December 31, 1812	
Pennington, William	"	" "	" "	
Parks, James	"	" "	" "	
Parsons, Robert	"	June 21, 1814	" "	
Richards, Harman	"	July 1, 1814	" "	
Richardson, Willis	"	" "	" "	Furloughed.
Reed, Adam	"	" "	" "	
Rose, Stephen	"	" "	" "	Deserted July 25.
Robinson, Nathaniel	"	" "	October 22, 1814	Died.
Robertson, Tobias	"	June 28, 1814	December 31, 1814	
Rucker, Thomas	"	June 20, 1814	" "	
Stanton, John	"	July 1, 1814	" "	
Stites, Samuel	"	October 18, 1814	" "	
Story, Caleb	"	July 1, 1814	" "	Discharged October 22, 1814.
Sauls, Solomon	"	" "	October 15, 1814	Died October 15, 1814.
Strain, Michael	"	" "	December 31, 1814	
Shephard, Samuel	"	" "	" "	
Stull, William	"	" "	" "	
Shrewfort, John	"	July 3, 1814	" "	
Sanders, Moses	"	July 1, 1814	" "	
Stanhope, Robert	"	May 26, 1814	" "	
Smith, James	"	June 18, 1814	" "	
Shephord, Moses	"	June 26, 1814	" "	
Shephord, David	"	June 28, 1814	" "	
Thurman, Jesse	"	July 11, 1814	September 17, 1814	Discharged.
Thomas, James	"	" "	December 31, 1814	
Veach, Nathan	"	" "	" "	
Vandom, James	"	" "	" "	Deserted July 15.
Wooten, John	"	" "	September 12, 1814	Discharged.
Wier, Elijah	"	" "	October 12, 1814	
Westbrook, Thomas	"	" "	December 31, 1814	
Willoughby, David	"	" "	" "	
White, Zephaniah	"	" "	" "	
White, Isleot	"	" "	" "	
Wade, Parks	"	" "	" "	
William, ———	Servant	June 1, 1814	" "	Waiter to Captain Stockton.
Isaac	"	" "	" "	

ROLL OF CAPTAIN NIMROD H. MOORE'S COMPANY, U. S. INFANTRY—COMMANDED BY COLONEL THOMAS DEYE OWINGS.

Names.	Rank.	Date of Appointment or Enlistment.	To what time Engaged or Enlisted.	Remarks.
Nimrod H. Moore	Captain	April 2, 1813		Joined Feb. 5, 1814—resigned April 29, 1814.
John Trumbo	2d Lieutenant	" "		Promoted, and transferred to 2d Rifle Regiment.
John Heddleson	3d Lieutenant	" "		Joined March 15, 1814.
John Wyatt	3d Lieutenant	" "		On recruiting service at Detroit.
Thomas Griffith	"	" "		On command in Kentucky.
Charles H. Harrison	Ensign	" "		Joined February 5, 1814.
Willis N. Bayn	"	" "		
James A. Prewitt	Sergeant	January 1, 1814	April 30, 1814	
Thomas Gamble	"	" "	March 2, 1814	
Daniel Ragsdall	"	" "	April 30, 1814	
John Carl	"	" "	" "	

SOLDIERS OF THE WAR OF 1812.

ROLL OF CAPTAIN NIMROD H. MOORE'S COMPANY, U. S. INFANTRY—Continued.

Names.	Rank.	Date of Appointment or Enlistment.	To what time Engaged or Enlisted	Remarks.
Jiles Cook	Sergeant	January 1, 1814	April 30, 1814	
John Gibson	Corporal	" "	" "	Deserted.
George Ford	"	" "	March 28, 1814	
William Bruner	"	" "	" "	Discharged.
George T. Wood	"	" "	April 28, 1814	
George Brown	"	" "	June 30, 1814	
Mitchell Smith	"	" "	April 30, 1814	
Arnold, John	Private	" "	" "	Attached March 15, 1814.
Beach, William	"	" "	April 3, 1814	
Butler, John	"	" "	" "	
Baley, James A.	"	" "	" "	Discharged.
Blan, George W.	"	" "	" "	
Bush, Cave	"	" "	" "	
Burris, Thomas	"	" "	" "	
Brown, James	"	" "	" "	
Bravard, John	"	" "	" "	
Bondurant, John	"	" "	" "	
Bell, William	"	" "	" "	
Bullitt, Anthony	"	" "	March 21, 1814	
Bird, Samuel	"	" "	April 30, 1814	
Baldwin, McKinsey	"	" "	" "	
Briste, George	"	" "	March 22, 1814	
Bradley, William	"	" "	April 30, 1814	
Campbell, Duncan	"	" "	" "	
Campbell, John	"	" "	" "	
Cumnings, Andrew	"	" "	" "	
Cooper, John	"	" "	" "	
Clark, John	"	" "	April 25, 1814	
Cherey, Moses	"	January 20, 1813	" "	
Ellis, William	"	January 1, 1814	April 30, 1814	
Eves, Ransom	"	" "	March 21, 1814	
Emmons, John	"	" "	April 30, 1814	
Edwards, Thomas	"	" "	" "	
Fouts, Frederick	"	" "	" "	
Fields, Reuben	"	" "	" "	
Foddery, John	"	" "	" "	Promoted to Corporal April 27, 1814.
Flagg, David	"	February 12, 1813	" "	
Fields, Edward	"	January 1, 1814	" "	
Gibson, William	"	" "	" "	Deserted.
Green, Richmond	"	" "	" "	
Glasscock, Wharton	"	" "	" "	
Hair, James	"	" "	" "	
Hawkins, James	"	June 27, 1814	" "	
Holland, Edward	"	January 1, 1814	" "	
Hazle, William	"	" "	" "	
Harter, Charles	"	" "	" "	
Hill, Thomas	"	" "	" "	
Holland, John	"	" "	" "	
Hartley, Joseph	"	" "	March 24, 1814	
Hurst, James	"	" "	April 30, 1814	
Hains, Miajah	"	" "	" "	
Hainds, Benjamin	"	" "	March 20, 1814	
Hockersmith, William	"	" "	March 30, 1814	
Hamilton, John	"	" "	" "	
Hilton, Daniel	"	" "	" "	
Hall, Samuel M.	"	November 6, 1813	" "	
Johnston, Joseph	"	January 1, 1814	" "	
Johnson, George	"	" "	March 23, 1814	
Jones, Randle	"	December 13, 1813	April 30, 1814	
Jones, Newton	"	December 19, 1813	" "	
James, John S.	"	January 1, 1814	" "	
King, Martin	"	" "	" "	Discharged.
Lee, Charles	"	" "	" "	
Long, William	"	" "	" "	
Lefler, Christopher	"	" "	" "	
Lowman, William	"	" "	" "	
Lafferey, George	"	December 24, 1813	March 17, 1814	
Magaffie, James	"	January 1, 1814	April 30, 1814	
Miller, Adam	"	" "	" "	Recruiting in Kentucky.
McLaughlin, John	"	" "	" "	
McLaughlin, John	"	" "	" "	
Mires, Christopher	"	" "	" "	
McCain, John	"	" "	" "	
Miller, Ephraim	"	December 11, 1813	March 22, 1814	
McCowan, John R.	"	" "	" "	Discharged.
Nevelle, Henry	"	March 17, 1813	March 17, 1814	
Oitner, Joseph	"	January 1, 1814	April 30, 1814	
Perkins, Elijah	"	" "	" "	Discharged.

ROLL OF CAPTAIN NIMROD H. MOORE'S COMPANY, U. S. INFANTRY—Continued.

Names.	Rank.	Date of Appointment or Enlistment.	To what time Engaged or Enlisted.	Remarks.
Pemberton, Walker	Private	January 1, 1814	April 30, 1814	Discharged.
Pence, Adam	"	" "	" "	
Pedigo, Joshua	"	" "	" "	
Payne, Samuel	"	" "	" "	
Prewitt, William	"	" "	" "	
Phillips, Charles	"	" "	" "	Discharged.
Poor, Matthew	"	" "	" "	
Patten, Josiah	"	" "	" "	
Pickett, Hugh W.	"	May 22, 1813	" "	
Pickett, Edward	"	January 1, 1814	" "	
Ryan, Solomon	"	" "	" "	
Roberts, Thomas	"	" "	" "	Discharged.
Rutherford, Griffith	"	" "	" "	
Redding, John H.	"	" "	March 24, 1814	
Ruckner, Abner	"	" "	" "	Discharged.
Ragsdale, Frederick	"	" "	April 30, 1814	
Reynolds, John	"	" "	" "	
Rosh, James	"	May 22, 1813	" "	Discharged.
Stevenson, James H.	"	" "	" "	
Sale, Peter	"	January 1, 1814	" "	
Slice, Peter	"	May 22, 1813	" "	
Scott, Moses	"	January 1, 1814	" "	
Skelton, John	"	" "	" "	
Smith, Lewis	"	" "	" "	
Spencer, Francis	"	" "	" "	
Smith, John	"	" "	" "	
Taylor, William	"	" "	" "	
Tomlinson, William	"	" "	" "	
Tonnison, Asa	"	" "	" "	
Venant, Charles	"	" "	" "	
Webster, Henry	"	" "	" "	Discharged.
Webster, Isaac	"	" "	" "	
Wade, Park	"	" "	March 21, 1814	Discharged.
Walden, Elijah	"	" "	" "	
Wickens, Josiah	"	" "	April 30, 1814	
Williams, Jesse	"	" "	" "	
Wells, John	"	" "	" "	
Yeasler, John	"	" "	" "	

ROLL OF CAPTAIN JOSEPH C. BELT'S COMPANY, U. S. INFANTRY—COMMANDED BY COLONEL THOMAS DEYE OWINGS.

Names.	Rank.	Date of Appointment or Enlistment.	To what time Engaged or Enlisted.	Remarks.
Joseph C. Belt	Captain			On command.
John C. Kanns	2d Lieutenant			On command.
David G. Cowan	"			
Joseph Dawson	Ensign			
John Ringo	Sergeant	January 1, 1814	April 30, 1814	
John Plummer	"	" "	" "	
Andrew Kenney	"	" "	" "	
Loyd Shackle	"	" "	" "	
John Ritchue	"	" "	" "	
Thomas Waddey	Corporal	" "	" "	
George Chrystal	"	" "	" "	
Handley Donaldson	"	" "	" "	
Benjamin Henton	"	" "	" "	
Samuel I. Rawlings	"	" "	" "	
Robert Faris	"	" "	" "	
Alex Brown	"	" "	" "	
Robert Hood	"	" "	" "	
Thomas Glascock	Drummer	" "	" "	
Applegate, Richard	Private	" "	" "	Discharged.
Armstrong, Henry	"	" "	" "	
Alex, Zacheus	"	" "	" "	Discharged.
Asberry, Benjamin	"	" "	" "	
Arthur, James	"	" "	" "	
Askinson, Thomas	"	" "	" "	Discharged April 30, 1814.
Barns, Joseph	"	" "	" "	
Blue, William	"	" "	March 4, 1814	Slain in battle March 4, 1814.
Board, Philip	"	" "	April 30, 1814	
Brown, Andrew	"	" "	" "	
Beck, Jeremiah	"	" "	" "	
Bean, Peter	"	" "	" "	
Belt, Dennes	"	" "	" "	Discharged March 27, 1814.
Burris, Joseph	"	" "	" "	

ROLL OF CAPTAIN JOSEPH C. BELT'S COMPANY, U. S. INFANTRY—Continued.

Names.	Rank.	Date of Appointment or Enlistment.	To what time Engaged or Enlisted.	Remarks.
Burnel, Griffen	Private	June 28, 1814	April 30, 1814	
Clan, John	"	January 1, 1814	" "	
Coggshall, John	"	" "	" "	
Chandler, John	"	" "	" "	
Case, Samuel	"	" "	" "	
Chrystal, William	"	" "	" "	
Cameron, Osborn	"	" "	" "	
Cook, Aaron	"	" "	" "	
Dickey, James	"	" "	" "	Discharged.
Dey, William	"	" "	" "	
Dean, Enoch	"	" "	" "	
Dummitt, Robert	"	" "	March 28, 1814	Re-enlisted March 28, 1814.
Donivan, Jeremiah	"	" "	April 30, 1814	
Donahoe, Joseph	"	" "	March 4, 1814	
Drummond, James	"	" "	April 2, 1814	
Flynn, Arthur	"	" "	April 30, 1814	
Glasscock, Joseph	"	" "	" "	
Graham, John	"	" "	" "	
Grenard, William	"	" "	" "	
Gilkerson, William	"	" "	" "	
Gilkerson, John	"	" "	" "	
Helpenstine, John	"	" "	" "	Discharged March 27, 1814.
Hepler, John H.	"	" "	" "	
Holsclaw, William	"	" "	" "	Discharged April 27, 1814.
Howe, Thomas	"	" "	" "	
Henton, James	"	" "	" "	
Hendrickson, Anthony	"	" "	" "	
Honeycut, Richard	"	" "	" "	
Hatfield, Samuel	"	" "	" "	
Hendrickson, Soprates	"	" "	" "	
Henton, Vachel	"	" "	" "	
Iliff, John	"	" "	" "	Discharged 27th March, 1814.
Isbell, William	"	" "	" "	
Isbell, David	"	" "	" "	Discharged 30th April, 1814.
Isbell, Henry	"	" "	" "	Discharged 30th April, 1814.
Jameson, David	"	" "	" "	
Jacobs, John	"	" "	" "	Discharged 30th April, 1814.
Jackson, John	"	" "	" "	
Jarvest, Reason	"	" "	" "	
Jordan, William	"	" "	" "	Appears on Staff roll.
Kelly, Joseph	"	" "	" "	
Keith, Samuel	"	" "	" "	
Light, Anthony	"	" "	" "	
Mangrave, John	"	" "	" "	
Moore, Robert	"	" "	" "	
Menack, Alexander	"	" "	" "	Discharged April 27, 1814.
Morris, John	"	" "	March 25, 1814	
McCarty, Ezekiel	"	" "	April 30, 1814	
Miller, Henry	"	" "	" "	Discharged March 27, 1814.
Morrow, Edward	"	" "	" "	
Miller, Frederick	"	" "	" "	
McLease, John	"	" "	" "	
McRoberts, Alexander	"	" "	" "	
Murphy, Jesse	"	" "	" "	
McDaniel, Elias	"	" "	" "	Discharged April 30, 1814.
Mears, Samuel	"	" "	" "	
McGlocklin, William	"	" "	" "	
McManamy, George	"	" "	" "	Left sick at Bass Island Sept. 25, 1813.
Norris, John	"	" "	" "	Left sick at Bass Island Sept. 25, 1813.
Plummer, Benjamin	"	" "	" "	
Plummer, Samuel	"	" "	" "	
Proctor, John	"	" "	" "	
Proctor, William	"	" "	" "	
Rawlings, Benjamin H.	"	" "	" "	Discharged April 30, 1814.
Reed, James	"	" "	" "	
Robinson, Thomas	"	" "	" "	Discharged April 30, 1814.
Robinson, Tobias	"	May 7, 1813	" "	
Rheims, John	"	January 1, 1814	" "	
Sweet, William	"	" "	" "	
Schymehorn, Mathew	"	" "	" "	
Sylvey, Robert	"	" "	" "	Discharged April 30, 1814.
Swem, Alex	"	" "	" "	
Shepherd, John	"	" "	March 31, 1814	Discharged March 31, 1814.
Staggs, Joseph	"	" "	April 30, 1814	
Shields, John	"	" "	" "	
Shepperd, David	"	" "	March 28, 1814	Re-enlisted on 28th March, 1814.
Sutton, William P.	"	" "	April 30, 1814	
Snediger, Moses	"	" "	March 25, 1814	Died March 25, 1814.

SOLDIERS OF THE WAR OF 1812.

ROLL OF CAPTAIN JOSEPH C. BELT'S COMPANY, U. S. INFANTRY—Continued.

Names.	Rank.	Date of Appointment or Enlistment.	To what time Engaged or Enlisted.	Remarks.
Sconce, James	Private	July 31, 1814	April 30, 1814	
Sippell, James	"	January 1, 1814	" "	
Taylor, George	"	" "	" "	
Thomas, William	"	" "	March 28, 1814	
Tarbett, David	"	" "	" "	Discharged March 27, 1814.
Uselton, William	"	" "	March 15, 1814	Died March 15, 1814.
Vallence, Samuel	"	" "	April 30, 1814	
Vautrees, Frederick	"	" "	" "	
Vallandingham, George	"	" "	February 11, 1814	Died February 11, 1814.
White, Zephaniah	"	" "	April 30, 1814	
Winstead, Constane	"	" "	" "	
Wilson, John	"	" "	" "	Discharged April 30, 1814.
Watkins, Thomas	"	" "	March 4, 1814	Killed in battle 4th March, 1814.
Welch, Solomon	"	" "	April 30, 1814	

ROLL OF LIEUTENANT GRANVILLE N. LOVE'S COMPANY, U. S. INFANTRY— COMMANDED BY COLONEL THOMAS DEYE OWINGS.

Names.	Rank.	Date of Appointment or Enlistment.	To what time Engaged or Enlisted.	Remarks.
Granville N. Love	Lieutenant	April 10, 1814	December 31, 1814	
Annis, John B.	Private	November 27, 1814	" "	
Biggs, Douglas	"	July 9, 1814	" "	
Burges, Baker	"	July 30, 1814	" "	
Cannon, Thomas	"	September 21, 1814	" "	
Clark, Thomas	"	September 10, 1814	" "	
Craig, Samuel	"	September 9, 1814	" "	
Cowan, Thompson	"	September 26, 1814	" "	
Dale, Charles	"	September 19, 1814	" "	
Duncan, Anderson	"	September 20, 1814	" "	
Greatham, Michael	"	September 14, 1814	" "	
Hamlet, Lemich	"	July 20, 1814	" "	
Hardwick, Moses	"	July 15, 1814	" "	
Heaton, John	"	November 6, 1814	" "	
Harfield, Mathins	"	August 29, 1814	" "	
Johnston, William	"	June 6, 1814	" "	
McDaniel, Spencer	"	October 21, 1814	" "	
Noland, Silas	"	August 31, 1814	" "	
Pleak, Mathias	"	November 8, 1814	" "	
Russel, John	"	September 19, 1814	" "	
Smith, Samuel	"	November 2, 1814	" "	
Tarrant, James	"	October 10, 1814	" "	
Tunget, Merideth	"	" "	" "	
Varner, John	"	September 22, 1814	" "	
Vance, Samuel	"	September 23, 1814	" "	
Wilson, William	"	September 19, 1814	" "	

ROLL OF CAPTAIN THOMAS L. BUTLER'S COMPANY, U. S. INFANTRY—COMMANDED BY COLONEL THOMAS DEYE OWINGS.

Names.	Rank.	Date of Appointment or Enlistment.	To what time Engaged or Enlisted.	Remarks.
Thomas L. Butler	Captain			
James Hickman	1st Lieutenant			
Resin H. Gist	"			
Thomas E. Boswell	2d Lieutenant			
Thomas Griffith	3d Lieutenant			
Daniel Connor	"			
Overton W. Crocket	"			
Morgan H. Heard	Ensign			
Robert Jones	Sergeant	January 1, 1814	March 5, 1814	As Ser. to 5th March, 1814—private to April 30.
John Edmanson	1st Sergeant	" "	" "	
Martin Price	"	" "	April 30, 1814	Discharged.
Andrew D. Scott	"	" "	" "	Discharged.
Devenport Venable	"	" "	" "	Discharged.
James B. Dougherty	Corporal	" "	" "	
Shadrach Cheek	"	" "	" "	
William Lemons	"	" "	" "	Discharged.
Stephen Babbitt	"	" "	" "	Discharged.
Abraham Skaggs	"	" "	" "	
Jacob Hardinbrook	"	" "	" "	
Daniel Easin	Fifer	" "	" "	
Nathaniel Reives	"	" "	" "	
William Cosson	Drummer	" "	" "	

46

362 SOLDIERS OF THE WAR OF 1812.

ROLL OF CAPTAIN THOMAS L. BUTLER'S COMPANY, U. S. INFANTRY—Continued.

Names.	Rank.	Date of Appointment or Enlistment.	To what time Engaged or Enlisted.	Remarks.
Armstrong, William	Private	January 1, 1814	April 30, 1814	
Adams, William	"	" "	" "	
Asher, Silas	"	" "	" "	
Anderson, George	"	" "	" "	
Allen, John	"	" "	" "	
Allen, Elisha	"	" "	" "	
Ashing, William	"	July 27, 1813	" "	
Arnold, John H.	"	January 1, 1814	" "	
Burkfield, John	"	" "	" "	On command with Captain Gist.
Brown, Thomas	"	" "	" "	
Bowman, John	"	" "	" "	Discharged.
Bonson, William	"	July 24, 1813	" "	
Bashaw, William	"	" "	" "	Discharged.
Bledsoe, Jacob	"	January 1, 1814	April 30, 1814	
Bowman, John	"	" "	April 16, 1814	Died.
Bates, Semison	"	" "	" "	Discharged.
Childress, Archibald	"	" "	" "	
Casey, Chapman R.	"	" "	April 30, 1814	
Coughron, Thomas	"	" "	" "	
Chinn, Charles	"	" "	March 18, 1814	[18th March—day re-enlisting. As Sergeant to 18th February, and as private to
Couts, Avon	"	" "	" "	Discharged.
Dean, William	"	" "	" "	
Dunkerson, John B.	"	" "	April 30, 1814	
Evans, Allen	"	" "	" "	
Edwards, James	"	" "	" "	Discharged.
Frazer, Alexander	"	" "	" "	
Fetzer, Peter	"	" "	" "	
Greathouse, William	"	" "	" "	Discharged.
Greathouse, Samuel	"	" "	" "	Discharged.
Grisham, Lemuel	"	" "	" "	Discharged.
Giles, William	"	" "	" "	
Gardner, Elias	"	" "	" "	
Graves, Booman	"	" "	April 25, 1814	Re-enlisted April 28, 1814.
Hall, Tharp	"	" "	" "	On command with Gen. Gass.
Henderson, John	"	" "	April 30, 1814	
Hiser, Philip	"	" "	" "	
Hall, William	"	" "	March 29, 1814	
Holt, Samuel	"	" "	April 30, 1814	
Hazelton, James	"	" "	" "	Discharged.
Hevall, Theophilus	"	" "	" "	Discharged.
Harrington, John	"	" "	" "	Discharged.
Jones, Richard	"	" "	March 14, 1814	Died March 14, 1814.
Jennings, Isaac	"	" "	" "	Discharged.
Johnson, Joseph	"	" "	April 30, 1814	
Kurby, Turrant	"	" "	" "	
Kerby, John	"	" "	" "	Waiter to Ensign Crockett.
Kelly, Stephen	"	" "	" "	Discharged.
Lewis, Edward	"	" "	" "	Discharged.
Lassiter, John	"	" "	" "	Discharged.
Laws, Robert	"	" "	" "	Discharged.
Lacey, Jeremiah	"	" "	" "	
Montgomery, Richard	"	" "	" "	Discharged.
Morrow, Thomas	"	" "	March 19, 1814	
Music, John	"	August 16, 1813	April 30, 1814	
Morrow, David	"	" "	" "	
Morrow, John	"	" "	" "	Discharged.
McCurry, William	"	" "	" "	Waiter to Captain Gist.
McCurry, Edward	"	January 1, 1814	March 2, 1814	Died March 2, 1814.
McLaughlin, Preston	"	" "	" "	Discharged.
Miller, David	"	" "	March 11, 1814	Died March 11, 1814.
Mead, William	"	" "	April 30, 1814	
Miller, John	"	" "	" "	
Newman, William	"	" "	" "	Discharged.
Nelson, Thomas	"	" "	" "	
Parsons, Robert	"	" "	March 21, 1814	
Powell, James	"	" "	April 30, 1814	
Philips, George	"	" "	March 20, 1814	
Piles, William	"	" "	" "	
Pinkerton, John	"	" "	April 30, 1814	Captured by the enemy—date of enlistment not [known.
Quarles, Hubbard	"	" "	" "	
Quarles, Moses	"	" "	" "	
Rutherford, John	"	" "	" "	Discharged.
Rosson, Joseph	"	" "	" "	Discharged.
Rossoll, John	"	" "	" "	Discharged.
Rose, Robert	"	" "	" "	Discharged.
Rucker, Wisdom	"	" "	" "	
Rucker, Thomas	"	" "	" "	
Rucker, Edmund	"	" "	" "	

ROLL OF CAPTAIN THOMAS L. BUTLER'S COMPANY, U. S. INFANTRY—Continued.

Names.	Rank.	Date of Appointment or Enlistment.	To what time Engaged or Enlisted.	Remarks.
Russell, John	Private	January 1, 1814	April 30, 1814	
Smith, Richard W.	"	" "	" "	
Smith, James	"	" "	March 18, 1814	
Squires, Caleb	"	" "	April 30, 1814	
Sutton, Benjamin	"	August 9, 1813	" "	
Scott, David	"	January 1, 1814	" "	
Stanhope, Robert	"	" "	" "	Discharged.
Sanders, Peter	"	" "	" "	Discharged.
Scrivener, Pleasant	"	" "	" "	
Starling, Harvey	"	" "	" "	
Smith, John	"	" "	" "	Discharged.
Toler, Robert	"	" "	" "	
Thompson, Samuel	"	" "	" "	
Venable, John	"	" "	" "	
Vickers, William	"	" "	" "	
Walton, Isaac	"	" "	" "	
Welch, Thomas	"	" "	" "	Discharged.
Wheeler, Littleberry	"	" "	" "	Discharged.
Williams, Charles	"	" "	" "	Discharged.
Walker, Robert	"	June 17, 1813	" "	
Well, William	"	January 1, 1814	" "	Discharged.
Young, John	"	" "	" "	Discharged.
Younglove, Ezra	"	" "	" "	

Roll of Field and Staff, Kentucky Mounted Volunteer Detached Militia, War of 1812—Commanded by Col. William Russell.

John Bartholomew	Aid-de-camp	July 1, 1813		
Walter Wilson	Major	" "		
Robert Evans	"	" "		
James Cox	"	" "		
John Thomas	"	" "		
William Hardin, Jr.	Adjutant	" "		
Joseph Allen	Quartermaster	" "		
Hancock Taylor	Quartermaster Ser.	" "		

ROLL OF CAPTAIN THOMAS KINCHELOE'S COMPANY, KENTUCKY MOUNTED VOLUNTEER DETACHED MILITIA—COMMANDED BY COLONEL WILLIAM RUSSELL.

Thomas Kincheloe	Captain	June 24, 1813	July 25, 1813	
David H. Moorman	Lieutenant	" "	" "	
Isaac Dohaven	Ensign	" "	" "	
John Daniel	1st Sergeant	" "	" "	
Charles Wing	2d Sergeant	" "	" "	
John McClarty	3d Sergeant	" "	" "	
John Fields	4th Sergeant	" "	" "	
Allen, Joseph	Private	" "	" "	
Askins, George	"	" "	" "	
Baird, Samuel	"	" "	" "	
Crawford, Samuel	"	" "	" "	
Compton, Elias E.	"	" "	" "	
Cunningham, John	"	" "	" "	
Cleaver, William	"	" "	" "	
Cleaver, Stephen	"	" "	" "	
Cummins, Moses	"	" "	" "	
Crow, Elijah	"	" "	" "	
Clemmons, Jacob	"	" "	" "	
Davidson, Samuel	"	" "	" "	
Dejernet, John	"	" "	" "	
Dobbin, John	"	" "	" "	
Davis, Presley	"	" "	" "	
Edwards, Thomas	"	" "	" "	
Hardin, William, Jr.	"	" "	" "	
Hocker, Nicholas	"	" "	" "	
Holmes, Nicholas	"	" "	" "	

ROLL OF CAPTAIN THOMAS KINCHELOE'S COMPANY, KENTUCKY MOUNTED VOLUNTEER DETACHED MILITIA—Continued.

Names.	Rank.	Date of Appointment or Enlistment.	To what time Engaged or Enlisted.	Remarks.
Kincheloe, John	Private	June 24, 1813	July 25, 1813	
Kincheloe, Jesse	"	" "	" "	
Moorman, Lewis	"	" "	" "	
Martin, James	"	" "	" "	
Miller, Barney, Jr.	"	" "	" "	
Miller, Mathias	"	" "	" "	
Moore, Henley W.	"	" "	" "	
McCreary, Charles	"	" "	" "	
Newton, William	"	" "	" "	
Smith, Benjamin	"	" "	" "	
Stone, John	"	" "	" "	
Smith, Richard	"	" "	" "	
Tevis, Samuel	"	" "	" "	
Vance, Andrew	"	" "	" "	
Webb, John	"	" "	" "	
Williamson, Thomas	"	" "	" "	

ROLL OF CAPTAIN BENJAMIN SHACKETT'S COMPANY, KENTUCKY MOUNTED VOLUNTEER DETACHED MILITIA—COMMANDED BY COLONEL WILLIAM RUSSELL.

Names.	Rank.	Date of Appointment or Enlistment.	To what time Engaged or Enlisted.	Remarks.
Benjamin Shackett	Captain	June 24, 1813	July 25, 1813	
Edward Rawlins	Lieutenant	" "	" "	
Joseph Mannin	Ensign	" "	" "	
Charles Helm	Sergeant	" "	" "	
Edmund Guthrie	"	" "	" "	
Robert Shaw	"	" "	" "	
Henry Reed	"	" "	" "	
Samuel Stevens	Corporal	" "	" "	
Joseph Kirkpatrick	"	" "	" "	
Joseph Woolfolk	"	" "	" "	
Charles Kellem	"	" "	" "	
Churchill, John	Private	" "	" "	
Copelia, John	"	" "	" "	
Dougherty, Jesse	"	" "	" "	
Fourman, William	"	" "	" "	
Findley, William	"	" "	" "	
Gray, Thomas	"	" "	" "	
Grass, Henry	"	" "	" "	
Goodwin, John	"	" "	" "	
Grayson, Peter	"	" "	" "	
Jenkins, Philip	"	" "	" "	
Luckett, William L.	"	" "	" "	
Miller, John, Jr.	"	" "	" "	
Miller, John, Sr.	"	" "	" "	
McCowan, Morgan	"	" "	" "	
Miller, Christopher	"	" "	" "	
Miller, Philip	"	" "	" "	
Moorman, Jesse	"	" "	" "	
McCowan, William	"	" "	" "	
Pryor, Robert L.	"	" "	" "	
Roberts, Henry	"	" "	" "	
Renlarger, Henry	"	" "	" "	
Rudy, John	"	" "	" "	
Shackett, Blanchett	"	" "	" "	
Slaughter, Jesse	"	" "	" "	
Thomas, Henry	"	" "	" "	
Thomas, Joseph	"	" "	" "	
Thornton, William	"	" "	" "	
Vertress, William	"	" "	" "	
Watson, William	"	" "	" "	
Watson, John	"	" "	" "	
Wickliffe, Martin	"	" "	" "	

ROLL OF CAPTAIN JOHN CALLOWAY'S COMPANY, KENTUCKY MOUNTED MILITIA.

Names.	Rank.	Date of Appointment or Enlistment.	To what time Engaged or Enlisted.	Remarks.
John Calloway	Captain	September 18, 1812	September 27, 1812	
George Roberts	Lieutenant	" "	October 30, 1812	
Isaac Forbes	Ensign	" "	" "	
John Faunce	Sergeant	" "	" "	
William Kearr	"	" "	" "	
John Button	"	" "	" "	
Horatio Middleton	"	" "	" "	
Abbot, Thomas	Private	" "	" "	
Admire, Jesse	"	" "	" "	
Bolan, John	"	" "	" "	
Connell, James	"	" "	" "	
Campbell, Jacob	"	" "	" "	
Campbell, Joseph	"	" "	" "	
Calloway, James	"	" "	" "	
Dorson, Daniel	"	" "	" "	
English, Thomas	"	" "	" "	
Farleigh, Joseph F.	"	" "	" "	
Good, Samuel	"	" "	" "	
Galaspy, William	"	" "	" "	
Galaspy, James	"	" "	" "	
Hugsley, Alexander	"	" "	" "	
James, Thomas	"	" "	" "	
Kerr, James	"	" "	October 12, 1812	
Lamaster, Westly	"	" "	October 30, 1812	
Lamaster, Zachariah	"	" "	" "	
Morris, John H.	"	" "	" "	
Miller, Ephraim	"	" "	" "	
May, Gabriel	"	" "	" "	
Owens, Nelson	"	" "	" "	
Right, Nelson	"	" "	" "	
Ross, William	"	" "	" "	
Sublet, William	"	" "	" "	
Sage, John	"	" "	" "	
Scott, Robert	"	" "	" "	
Scott, John	"	" "	" "	
Scott, George	"	" "	" "	
Tucker, Alexander	"	" "	" "	
Thompson, William	"	" "	" "	
Turner, James	"	" "	" "	
Tucker, George	"	" "	" "	
Thompson, John	"	" "	" "	
Thompson, Thomas	"	" "	" "	
Venard, Stephen	"	" "	" "	
Vost, George	"	" "	" "	
Williams, Mark	"	" "	" "	

ROLL OF CAPTAIN JOHN E. LONDON'S COMPANY, KENTUCKY DETACHMENT OF SPIES.

Names.	Rank.	Date of Appointment or Enlistment.	To what time Engaged or Enlisted.	Remarks.
John E. London	Captain	September 30, 1813	October 30, 1813	
James V. Reddon	Lieutenant	" "	" "	
Thomas London	Ensign	" "	" "	
John Word	1st Sergeant	" "	" "	
Edward W. Porter	2d Sergeant	" "	" "	
Robert Dixon	1st Corporal	" "	" "	
Andrew Stameter	2d Corporal	" "	" "	
Andrew Martin	3d Corporal	" "	" "	
Arnold, Barnett	Private	" "	" "	
Allen, Nathaniel	"	" "	" "	
Allison, Isaac	"	" "	" "	
Applegate, Tunis	"	" "	" "	
Bennett, Gabriel E.	"	" "	" "	
Barnett, Alongon	"	" "	" "	
Barnett, James	"	" "	" "	
Cock, George	"	" "	" "	
Cosby, Archilus	"	" "	" "	
Chapman, George	"	" "	" "	
Day, George	"	" "	" "	
Dalrymble, Joseph	"	" "	" "	
Fletcher, George W.	"	" "	" "	
Gholson, John	"	" "	" "	
Kincheloe, Josse	"	" "	" "	
Lindsay, James	"	" "	" "	
Morrison, George	"	" "	" "	
May, George M.	"	" "	" "	

ROLL OF CAPTAIN JOHN E. LONDON'S COMPANY, KENTUCKY DETACHMENT OF SPIES—Continued.

Names.	Rank.	Date of Appointment or Enlistment.	To what time Engaged or Enlisted.	Remarks.
Oldham, Daniel D.	Private	September 30, 1813	October 30, 1813	
Redman, John	"	" "	" "	
Roach, Lewis	"	" "	" "	
Settle, Barnett P.	"	" "	" "	
Sans, James	"	" "	" "	
Thomas, John	"	" "	" "	
White, Amos	"	" "	" "	

ROLL OF CAPTAIN ROLAND BURK'S COMPANY, DETACHMENT OF SPIES.

Names.	Rank.	Date of Appointment or Enlistment.	To what time Engaged or Enlisted.	Remarks.
Roland Burk	Captain	September 30, 1813	October 30, 1813	
William Combs	Lieutenant	" "	" "	
Grandville Love	Ensign	" "	" "	
Henry Francis	1st Sergeant	" "	" "	
Brodas, Jeremiah	Private	" "	" "	
Clifton, Nehemiah	"	" "	" "	
Dougherty, Samuel	"	" "	" "	
Floyd, Nathaniel	"	" "	" "	
Holleday, Zachariah	"	" "	" "	
Herndon, Elijah	"	" "	" "	
Love, James	"	" "	" "	
Luckett, Elisha	"	" "	" "	
Miller, William	"	" "	" "	
McWhite, Jesse	"	" "	" "	
Organ, Thomas	"	" "	" "	
Smith, Robert	"	" "	" "	
Thomas, William	"	" "	" "	
Thomas, James	"	" "	" "	
Tucker, John	"	" "	" "	
Welch, William	"	" "	" "	
Wilson, David	"	" "	" "	

ROLL OF ENSIGN WILLIAM CLARK'S COMPANY, KENTUCKY MILITIA.

Names.	Rank.	Date of Appointment or Enlistment.	To what time Engaged or Enlisted.	Remarks.
William Clark	Ensign	February 18, 1814	May 18, 1814	
George McLaughlin	Sergeant	" "	" "	
William Oldham	"	" "	" "	
Benjamin Price	Corporal	" "	" "	
Archibald Henry	"	" "	March 13, 1814	Died.
Boner, Charles	Private	" "	May 18, 1814	
Bagby, George W.	"	" "	" "	
Buner, John	"	" "	" "	
Downard, Jacob	"	" "	" "	
Glenn, Turner H.	"	" "	" "	
Hart, Thomas	"	" "	" "	
Hess, John	"	" "	" "	
Hess, William	"	" "	" "	
Lockwood, Benjamin	"	" "	" "	
Lancaster, William	"	" "	" "	
Muller, John	"	" "	" "	
Parimour, Nathaniel	"	" "	" "	
Perual, Joshua	"	" "	" "	
Riddell, Robert	"	" "	" "	
Rush, Thornton	"	" "	" "	
Smith, Larkin	"	" "	" "	
Smith, Samuel	"	" "	" "	Died.
Turner, Charles	"	" "	" "	
Turner, Gabriel	"	" "	" "	
Wells, Benjamin	"	" "	" "	
Wollman, Michael	"	" "	" "	
Walker, William	"	" "	" "	

SOLDIERS OF THE WAR OF 1812.

ROLL OF CAPTAIN LESLIE COMBS' COMPANY OF GREEN CLAY'S DETACHMENT OF SPIES, KENTUCKY MILITIA.

Names.	Rank.	Date of Appointment or Enlistment.	To what time Engaged or Enlisted.	Remarks.
Leslie Combs	Captain	April 17, 1813	June 3, 1813	
Baxton, Joseph	Private	" "	" "	
Bicknell, Linsfield	"	" "	" "	Killed May 5.
Dougherty, John	"	" "	" "	
Dougherty, Daniel	"	" "	" "	
Dougherty, James	"	" "	" "	Killed May 2, 1813.
Johnson, John	"	" "	" "	Missing May 5, 1813.
Law, Thomas	"	April 24, 1813	" "	Missing May 5, 1813.
Pitcher, Shadrach	"	April 17, 1813	" "	
Singleton, Daniel	"	April 22, 1813	" "	
White, Isaac	"	April 17, 1813	" "	
Walker, Matthew	"	April 22, 1813	" "	Dismissed April 29, 1813.
Warren, John	"	" "	" "	

ROLL OF CAPTAIN DUDLEY WILLIAMS' COMPANY, KENTUCKY MILITIA.

Names.	Rank.	Date of Appointment or Enlistment.	To what time Engaged or Enlisted.	Remarks.
Dudley Williams	Captain	October 14, 1812	November 5, 1812	
David Moore	Lieutenant	" "	" "	
Reuben Linn	Ensign	" "	" "	
Alford Linsy	Cornetist	" "	" "	
Joseph Ferguson	1st Sergeant	" "	" "	
John Reed	2d Sergeant	" "	" "	
Henry Griffin	3d Sergeant	" "	" "	
James Moore	4th Sergeant	" "	" "	
William Megee	1st Corporal	" "	" "	
James Brown	2d Corporal	" "	" "	
Thomas Armstrong	3d Corporal	" "	" "	
John Garrot	4th Corporal	" "	" "	
Armstrong, William	Private	" "	" "	
Barns, Allen	"	" "	" "	
Bridges, Joseph	"	" "	" "	
Brownfield, Charles	"	" "	" "	
Blasingham, James	"	" "	" "	
Bramet, Harry	"	" "	" "	
Calhoun, Daniel	"	" "	" "	
Cravens, William	"	" "	" "	
Costen, Thomas	"	" "	" "	
Cain, Robert	"	" "	" "	
Clark, Richard	"	" "	" "	
Cashler, Daniel	"	" "	" "	
Cook, James	"	" "	" "	
Davis, Asher	"	" "	" "	
Dickerson, Hiram	"	" "	" "	
Davis, Isaac	"	" "	" "	
Fuel, Henry	"	" "	" "	
Futral, Thomas	"	" "	" "	
Fort, Micajah	"	" "	" "	
Futral, Winbourne	"	" "	" "	
Ferguson, John	"	" "	" "	
Ginnings, James	"	" "	" "	
Griffith, Hiram	"	" "	" "	
Hollins, John	"	" "	" "	
Harrison, Tunis	"	" "	" "	
Hollin, Andrew	"	" "	" "	
Lad, Elijah	"	" "	" "	
Mathias, William	"	" "	" "	
Michael, Jeremiah	"	" "	" "	
Matthews, John	"	" "	" "	
Mabury, John	"	" "	" "	
Neal, John	"	" "	" "	
Roscoe, Jesse	"	" "	" "	
Reas, Samuel	"	" "	" "	
Randolph, James	"	" "	" "	
Shaw, John	"	" "	" "	
Stephens, Ezekiel	"	" "	" "	
Thomas, Matthew	"	" "	" "	
Walker, John	"	" "	" "	
Woolf, Reddin	"	" "	" "	
Walker, Samuel	"	" "	" "	
Wolf, James	"	" "	" "	
Williams, Joseph	"	" "	" "	
White, Thomas	"	" "	" "	

ROLL OF CAPTAIN JOHN PAYNE'S COMPANY, KENTUCKY LIGHT DRAGOONS.

Names.	Rank.	Date of Appointment or Enlistment.	To what time Engaged or Enlisted.	Remarks.
John Payne	Captain	August 7, 1813	November 20, 1813	
James W. Coburn	1st Lieutenant	" "	" "	Absent—sick.
John T. Parker	2d Lieutenant	" "	" "	
James Ellis	3d Lieutenant	" "	" "	
John R. Chitwood	1st Sergeant	" "	" "	
Beverly Stubberfield	2d Sergeant	" "	" "	
Joseph Buckley	3d Sergeant	" "	" "	
James Artis	4th Sergeant	" "	" "	
William T. Talliaferro	1st Corporal	" "	" "	
William Pepper	2d Corporal	" "	" "	
Micajah Bland	3d Corporal	" "	" "	
William P. Thomas	4th Corporal	" "	" "	
Jonathan Stout	Farrier	" "	" "	
David Hickman	Saddler	" "	" "	Absent—sick.
Sennet Triplett	Blacksmith	" "	" "	
Bradford, Thomas H.	Private	" "	" "	
Bryant, David	"	" "	" "	
Colerich, Charles	"	" "	" "	
Coburn, Wilson	"	" "	" "	
Clearney, William	"	" "	" "	
Cook, Littleton	"	" "	" "	Absent—sick.
Chafant, Francis	"	" "	" "	
Carson, Samuel	"	" "	" "	Absent—sick.
Davidson, Joseph	"	" "	" "	
Donavan, Gilbert	"	" "	September 7, 1813	
Elliot, Elijah	"	" "	November 20, 1813	
Evans, Harry	"	" "	" "	
Fox, Clairborne	"	" "	" "	
Hord, Edward	"	" "	" "	
Hord, Thomas	"	" "	" "	
Harrison, Thomas	"	" "	October 4, 1813	Died.
Howell, Jonathan	"	" "	November 20, 1813	
Halbert, Nathan	"	" "	" "	
Lewis, William	"	" "	" "	
Mitchell, Richard	"	" "	" "	
Morsford, James	"	September 10, 1813	" "	Received as substitute for S. Lewis.
Murray, David	"	" "	" "	Received as substitute for A. N. C. Wilson.
Morris, Joseph	"	August 7, 1813	" "	
Norris, John	"	" "	" "	
Newland, Joel	"	" "	October 24, 1813	Died.
Nelson, William	"	" "	November 20, 1813	
Osborn, Morgan	"	" "	" "	
Perkins, Isaac	"	" "	" "	
Pickett, James	"	" "	August 19, 1813	Promoted a Lieutenant Artillery August 20th.
Parker, Jarvis	"	" "	November 20, 1813	
Powers, Charles	"	" "	" "	
Parker, Garland	"	" "	" "	
Stephens, Lewis	"	" "	September 9, 1813	James Mofford received as substitute.
Thomas, James	"	September 1, 1813	November 20, 1813	
Thomas, Layton	"	August 7, 1813	" "	
Thompson, Andrew	"	" "	" "	
Tucker, John	"	" "	" "	
Wilson, Augustus A. C.	"	" "	September 9, 1813	

ROLL OF LIEUTENANT JOHN BOSWELL'S COMPANY, KENTUCKY DETACHED MILITIA.

Names.	Rank.	Date of Appointment or Enlistment.	To what time Engaged or Enlisted.	Remarks.
John Boswell	Lieutenant	February 12, 1814	May 12, 1814	
John Clark	Sergeant	" "	" "	
Robert Church	"	" "	" "	
Henry Ruby	"	" "	" "	
Alexander Hamilton	Corporal	" "	" "	Promoted March 3, 1814.
John Reed	"	" "	" "	Promoted March 8, 1814—sick.
Samuel Pary	"	" "	" "	Promoted March 13, 1814.
James Smith	"	" "	" "	Promoted April 5.
Allen, Asa	Private	" "	" "	Reduced April 1.
Bell, Joseph	"	" "	" "	
Cookerdoffer, Adam	"	" "	" "	
Chambers, John	"	" "	" "	
Campbell, John	"	" "	" "	
Derr, Sebastian	"	" "	" "	
Ewert, Joseph	"	" "	" "	
Fitzwater, George	"	" "	" "	
Green, Fielding	"	" "	" "	
Josnal, Joseph	"	" "	" "	

ROLL OF LIEUTENANT JOHN BOSWELL'S COMPANY, KENTUCKY DETACHED MILITIA—Continued.

Names.	Rank.	Date of Appointment or Enlistment.	To what time Engaged or Enlisted.	Remarks.
Hitt, Daniel	Private	February 12, 1814	May 12, 1814	
Hitt, Ira	"	" "	" "	
Hasting, James	"	" "	" "	
Hornbeck, William	"	" "	" "	
Hutcherson, William	"	" "	" "	
Indicut, William	"	" "	" "	
Jacob, Daniel	"	" "	" "	
Milner, James	"	" "	" "	
Mason, William	"	" "	" "	
Nelson, Graham	"	" "	" "	Absent without leave.
Newman, William	"	" "	" "	
Osten, Obediah	"	" "	" "	
Parren, Henry	"	" "	" "	
Robinson, Spencer	"	" "	" "	
Ralston, Thomas	"	" "	" "	
Smith, Curtis	"	" "	" "	
Slade, Ezekiel	"	" "	" "	
Sparks, James	"	" "	" "	Died March 28.
Simson, Mason	"	" "	" "	
Shrader, Samuel	"	" "	" "	
Varner, John	"	" "	" "	

ROLL OF CAPTAIN WILLIAM DAVIS' COMPANY, KENTUCKY MILITIA.

Names	Rank	Date of Appointment or Enlistment	To what time Engaged or Enlisted	Remarks
William Davis	Captain	May 14, 1814	July 9, 1814	
Samuel Sayres	1st Lieutenant	" "	" "	
John Cave	2d Lieutenant	" "	" "	
James Newton	3d Lieutenant	" "	" "	
Samuel Rankins	Ensign	" "	" "	
Simeon Christy	Sergeant	" "	" "	
Jesse Wyatt	"	" "	" "	
William Forest	"	" "	" "	
Henry Igrigg	"	" "	" "	Reduced to private June 6.
Robert Pendy	Corporal	" "	" "	
John Vice	"	" "	" "	
Julius Rucker	"	" "	" "	
Charles Warren	"	" "	" "	
Howell Dixon	"	" "	" "	
Robert Monell	"	" "	" "	
Adair, Joseph	Private	" "	June 4, 1814	Discharged.
Anderson, Abraham	"	" "	July 9, 1814	
Anderson, Elijah	"	" "	" "	
Barnett, John	"	" "	" "	
Barkshear, Joel	"	" "	" "	
Bell, James	"	" "	" "	
Baker, John	"	" "	" "	
Boyer, Michael	"	" "	" "	
Burkham, Isaac	"	" "	" "	
Bayles, Richard	"	" "	" "	
Brest, William	"	" "	" "	
Boyle, William	"	" "	" "	
Carlisle, William	"	" "	" "	
Coleman, Wiatt	"	" "	" "	
Cookendofer, Adam	"	" "	" "	
Cartright, John	"	" "	" "	
Outright, Cornelius	"	" "	" "	
Courtney, Barba	"	" "	" "	
Courtney, Henderson	"	" "	" "	
Davis, Archibald	"	" "	" "	
Davis, Ingerham	"	" "	" "	
Drumond, John	"	" "	" "	
Eals, Charles	"	" "	" "	
Evans, Foster	"	" "	" "	
Foster, William	"	" "	" "	
Gardner, Edward	Waiter	June 1, 1814	" "	
Gallaher, Patrick	Private	May 14, 1814	" "	
Gronner, Richard	"	" "	June 13, 1814	
Humble, John	"	" "	July 9, 1814	
Haynes, Jonathan	"	" "	" "	
Henderson, John	"	" "	" "	
Herad, John	"	" "	" "	
Hamilton, Maurice	"	" "	" "	
Hayden, Nathaniel	"	" "	" "	

ROLL OF CAPTAIN WILLIAM DAVIS' COMPANY, KENTUCKY MILITIA—Continued.

Names.	Rank.	Date of Appointment or Enlistment.	To what time Engaged or Enlisted.	Remarks.
Harris, William	Private	May 14, 1814	July 9, 1814	
Haye, George	"	" "	" "	
Jenkins, Matthew	"	" "	" "	
Johnson, Cornelius	"	" "	" "	
Jerrel, Whitfield	"	" "	" "	
Jones, George	"	" "	" "	
Jones, Daniel	"	" "	" "	
Key, Zacheus	"	" "	" "	
Krout, Michael	"	" "	" "	
Kelly, Robert	"	" "	" "	Substitute for John Griffith, Sergeant.
Kenning, David	"	" "	" "	
Kirk, Elijah	"	" "	" "	
Lemon, John	"	" "	" "	
Lyon, Gordon	Waiter	June 1, 1814	" "	Private waiter.
Loveless, John	Private	May 14, 1814	" "	
Lipscomb, Richard	"	" "	" "	
Leeper, Andrew	"	" "	" "	
McPike, Haley	"	" "	" "	Substitute for Jesse Batchelor.
McBird, John	"	" "	" "	
Mathana, John	"	" "	" "	
Marshall, Joseph	"	" "	" "	
McLane, Joseph	"	" "	" "	
Musselman, Jacob	"	" "	" "	
McKenzy, John	"	" "	" "	
Nelson, William	"	" "	" "	
Newman, Simeon	"	" "	" "	
Newell, John	"	" "	" "	
Newell, George	"	" "	" "	
Patton, Charles	"	" "	" "	
Palmer, Thomas	"	" "	" "	Substitute for Blackburn.
Prosper, Henry	"	" "	" "	
Preston, William	"	" "	" "	
Reese, Watson	"	" "	" "	
Rowan, Francis	"	" "	" "	
Riddle, William	"	" "	" "	
Rucker, Paschal	"	" "	" "	
Rouse, Moses	"	" "	" "	
Ryle, John	"	" "	" "	
Reed, George	"	" "	" "	
Reed, Absalom	"	" "	" "	
Smith, Alexander	"	" "	" "	
Shaver, Frederick	"	" "	" "	
Smith, Younger	"	" "	" "	Substitute for Wm. Smith.
Shaw, John	"	" "	" "	Promoted Sergeant June 6.
Shaver, John	"	" "	" "	
Smith, John R.	"	" "	" "	
Stevenson, Jonathan	"	" "	" "	
Snall, Matthew	"	" "	" "	
Spotswood, William	"	" "	" "	
Stevenson, William	"	" "	" "	
Shaw, Samuel	"	" "	" "	
Snelling, Nathaniel	"	" "	" "	
Thomas, William	"	" "	" "	
Underhill, John	"	" "	" "	
Waller, George A.	"	" "	" "	
Weggington, James	"	" "	" "	
Whitaker, John	"	" "	" "	
Workman, Benjamin	"	" "	" "	

INDEX.

	PAGE.
Lieutenant-Colonel Samuel Caldwell's First Regiment	1
Second Regiment Mounted Militia	8
Third Regiment Mounted Riflemen (Col. Richard M. Johnson)	14
Battalion Light Dragoons (Major Wells)	21
Battalion Mounted Spies (Major Dubois)	22
Field and Staff, Second Regiment (Lieut.-Col. John Thomas)	24
First Rifle Regiment (Lieutenant-Colonel John Allen)	24
First Regiment Light Dragoons (Colonel Simrall)	34
Sixth Regiment (Lieutenant-Colonel Philip Barbour)	38
Third Regiment Detached Militia (Lieut.-Col. Nicholas Miller)	49
Second Regiment (Lieutenant-Colonel William Jennings)	59
Battalion Mounted Volunteers (Major Rennick)	68
Lieutenant-Colonel Joshua Barbee's Regiment	71
Colonel William E. Boswell's Regiment	79
Lieutenant-Colonel Robert Pogue's Regiment	92
Lieutenant-Colonel John M. Scott's Regiment	101
Lieutenant-Colonel William Lewis' Regiment	108
Field and Staff, Lieut.-Colonel Allen's First Rifles	117
Colonel George Trotter's Regiment	118
Colonel John Donaldson's Regiment Mounted Volunteers	125
Colonel John Poage's Regiment Mounted Volunteers	131
Colonel William Mountjoy's Regiment Mounted Volunteers	137
Colonel Henry Renick's Regiment Mounted Volunteers	142
Lieutenant-Colonel Richard Davenport's Mounted Volunteers	148
Colonel Michael Taul's Regiment Mounted Volunteers	153
Colonel John Calloway's Regiment Mounted Volunteers	159
Lieut.-Col. James Simrall's Regiment Mounted Volunteers	164
Lieut.-Colonel Philip Barbour's Regiment Mounted Volunteers	171
Colonel William Williams' Regiment Mounted Volunteers	179
Captain John Duvall's Company Infantry	186
Captain George Baltzell's Company Mounted Volunteers	188
Colonel William Dudley's Regiment	189
Lieutenant-Colonel William E. Boswell's Regiment Infantry	208
Lieutenant-Colonel Nicholas Miller's Regiment	219
Captain Leslie Combs' Company of Spies	220
Colonel Richard M. Johnson's Regiment Infantry	220
Colonel Samuel South's Regiment Mounted Volunteers	240
Colonel James Allen's Regiment Mounted Volunteers	248
Lieutenant-Colonel Young Ewing's Mounted Volunteers	255
Lieutenant-Colonel John Francisco's Regiment	262
Lieutenant-Colonel William Mitchusson's Regiment	274
Lieutenant-Colonel Gabriel Slaughter's Regiment	285
Lieutenant-Colonel Presley Gray's Regiment	297
Major Peter Dudley's Regiment	307
Lieutenant-Colonel Andrew Porter's Regiment	313
Colonel William Russell's Regiment	327
Colonel John Miller's Regiment	340
Colonel Thomas Deye Owings' Regiment	354
Colonel William Russell's Regiment Mounted Volunteers	363
Captain John Calloway's Company Mounted Volunteers	365
Captain John E. London's Company Kentucky Spies	365
Captain Roland Burke's Company Kentucky Spies	366
Ensign William Clark's Company	366
Captain Leslie Combs' Company of Green Clay's Spies	367
Captain Dudley Williams' Company	367
Captain John Payne's Company Light Dragoons	368
Lieutenant John Boswell's Company	368
Captain William Davis' Company	369

INDEX

(Name not given), 314
(slave), George, 262
(slave), Richard, 262
_____, Ephraim, 307
Frederick, George A., 162
Aainsworth, Joseph, 281
Aaron, William, 87
Abanatha, James, 267
Abbitt, William, 214
Abbot, Thomas, 365
Abbott, Edward T., 104
Abbott, Fielding, 139
Abbott, H. G., 104
Abbott, Jeremiah, 86
Abbott, John, 263
Abbott, William, 79
Abdell, John, 332
Abel, Joseph, 296
Abercromby, William, 208
Able, John, 172
Able, Samuel, 10
Able, Samuel T., 9
Able, William W., 258
Abley, Jonathan, 14
Abner, John, 203
Abney, Charles, 67
Abrams, Bazil, 200
Abrams, Elias, 200
Abranneon, John, 78
Abriel, John, 258
Abshear, John, 185
Abshire, Abraham, 58
Abshore, Abram, 54
Ackley, William, 347
Ackran, James M., 28
Acre, Peter, 291
Acres, George, 49
Acres, John, 80
Acres, John, 203
Acres, Jonathan, 315
Acres, Joseph, Jr., 267
Acres, Joseph, Sr., 267
Acres, Larkin, 204
Acton, Horatio, 268
Acton, Simeon, 274
Acton, Theodore, 15
Acuff, Christopher C., 123
Adair, Alexander, 255
Adair, Alexander, 260
Adair, Benjamin, 324
Adair, Isaac, 84
Adair, Isaac, 216
Adair, John, 329
Adair, Joseph, 369
Adair, William I., 349
Adam, Lewis, 22
Adams, Alexander, 285
Adams, Andrew, 75

Adams, Artman, 253
Adams, Berryman, 199
Adams, Charles, 190
Adams, Charles, 324
Adams, Daniel, 109
Adams, David, 233
Adams, David, 305
Adams, Delaran, 344
Adams, Edward, 289
Adams, Elijah, 8
Adams, Elijah, 331
Adams, Elisha, 331
Adams, Feathergill, 31
Adams, Francis, 93
Adams, Hawkins, 250
Adams, Henry, 295
Adams, Henry, 349
Adams, Isaac, 141
Adams, James, 24
Adams, James, 61
Adams, James, 81
Adams, James, 321
Adams, James, 84
Adams, James F., 331
Adams, Jesse, 42
Adams, John, 24
Adams, John, 31
Adams, John, 60
Adams, John, 125
Adams, John, 128
Adams, John, 132
Adams, John, 141
Adams, John, 194
Adams, John, 243
Adams, John, 293
Adams, John, 309
Adams, John, 315
Adams, John, 322
Adams, John, 322
Adams, John, 329
Adams, John W., 40
Adams, Martin, 12
Adams, Martin, 21
Adams, Martin, 255
Adams, Martin, 301
Adams, Matthew, 6
Adams, Matthew, 23
Adams, Nathan, 268
Adams, Nathaniel, 61
Adams, Nathaniel, 269
Adams, Nimrod, 61
Adams, Richard, 354
Adams, Robert, 6
Adams, Robert, 44
Adams, Samuel, 75
Adams, Samuel, 243
Adams, Samuel, 309
Adams, Sinid, 64

Adams, Terrell, 123
Adams, Thomas, 6
Adams, Thomas, 61
Adams, Thomas, 335
Adams, Westley, 186
Adams, William, 24
Adams, William, 35
Adams, William, 50
Adams, William, 89
Adams, William, 135
Adams, William, 137
Adams, William, 165
Adams, William, 169
Adams, William, 180
Adams, William, 189
Adams, William, 209
Adams, William, 233
Adams, William, 245
Adams, William, 255
Adams, William, 335
Adams, William, 354
Adams, William, 354
Adams, William, 362
Adamson, George, 97
Adamson, Joseph, Jr., 97
Adamson, Thomas, 132
Adamson, William, 134
Adcock, Hezekiah, 306
Addison, Charles, 90
Adherson, Pleasant, 200
Adington, Henry, 45
Adington, James, 45
Adir, Joseph, 352
Adjudant, Ebenezer, 354
Adjutant, Ebenezer, 107
Adkerson, Isaiah, 114
Adkins, Absalom, 85
Adkins, Burris, 309
Adkins, Elijah, 315
Adkins, Harrison, 45
Adkins, Harrison, 178
Adkins, James, 104
Adkins, John, 138
Adkins, William, 264
Adkins, William, 269
Admere, James, 225
Admire, Jesse, 365
Admise, Jacob, 161
Admise, William, 161
Adrain, James, 118
Adrian, Robert, 206
Adsmon, Joseph, 97
Agains, Thomas, 233
Agains, William, 233
Agee, William, 279
Agins, John, 302
Agler, Samuel, 184
Agnew, Samuel, 341

INDEX

Agon, William, 75
Airs, Henry, 171
Airy, John, 175
Akers, James, 25
Akin, Alexander, 28
Akin, Joseph, 252
Akin, Josiah, 78
Akin, William, 24
Akin, William, 242
Akins, George, 328
Akins, George, 337
Akins, Wells, 75
Alason, Samuel, 243
Albanion or Obinion, George, 294
Albert, Jacob, 284
Albert, Stephen, 136
Albin, Philip, 168
Albin, Reuben, 178
Alcorn, Robert, 128
Alden, Seth, 332
Alderson, James, 203
Aldridge, David, 322
Aldridge, John, 202
Aldridge, John, 225
Aldridge, Jonathan, 6
Aldridge, Joshua, 204
Aldridge, Thomas, 346
Alex, Zacheus, 359
Alexander, Baxter, 44
Alexander, Benjamin, 65
Alexander, Benjamin, 352
Alexander, David, 125
Alexander, David B., 306
Alexander, Edwin, 194
Alexander, George, 182
Alexander, Greenwood, 155
Alexander, James, 80
Alexander, James, 193
Alexander, James, 194
Alexander, James, 222
Alexander, James, 281
Alexander, James D., 129
Alexander, James D., 233
Alexander, John, 39
Alexander, John, 99
Alexander, John, 197
Alexander, John, 281
Alexander, John, 298
Alexander, John, 322
Alexander, John, 326
Alexander, John, 334
Alexander, John, 347
Alexander, Joseph, 266
Alexander, Philip, 155
Alexander, Robert, 49
Alexander, Robert W., 79
Alexander, Robert W., 214

Alexander, Solomon, 85
Alexander, Solomon, 186
Alexander, Thomas, 138
Alexander, Thomas, 277
Alexander, Thomas, 306
Alexander, Thomas, 324
Alexander, William, 104
Alexander, William, 130
Alexander, William, 267
Alexander, William, 282
Alexander, William B., 246
Alexander, William T., 308
Alexander, Zacheus, 324
Alford, Harrison, 150
Alford, Jesse, 194
Alford, William, 194
Alison, Hugh, 169
Alison, John, 135
Alison, Thomas, 254
Alkins, Charles, 135
Allabads, Peter, 329
Allen, Alexander, 334
Allen, Andrew, 284
Allen, Asa, 368
Allen, Barnabas W., 118
Allen, Benjamin, 98
Allen, Benjamin, 127
Allen, Beverly, 31
Allen, Charles, 13
Allen, Charles F., 109
Allen, Churchwell, 63
Allen, Churchwell, 230
Allen, David, 114
Allen, David, 144
Allen, David, 222
Allen, David, 252
Allen, Edmund, 98
Allen, Elijah, 261
Allen, Elisha, 50
Allen, Elisha, 362
Allen, Francis I., 109
Allen, Francis W., 109
Allen, Gabriel R., 63
Allen, George, 77
Allen, Harris, 163
Allen, Harvey, 311
Allen, Hugh, 109
Allen, Isaac, 54
Allen, James, 11
Allen, James, 216
Allen, James, 248
Allen, James, 252
Allen, James, 308
Allen, James, 310
Allen, James J., 165
Allen, James, Jr., 252
Allen, John, 41
Allen, John, 49

Allen, John, 49
Allen, John, 59
Allen, John, 114
Allen, John, 117
Allen, John, 203
Allen, John, 240
Allen, John, 242
Allen, John, 243
Allen, John, 245
Allen, John, 257
Allen, John, 260
Allen, John, 292
Allen, John, 341
Allen, John, 347
Allen, John, 362
Allen, John M., 167
Allen, Joseph, 13
Allen, Joseph, 19
Allen, Joseph, 227
Allen, Joseph, 228
Allen, Joseph, 253
Allen, Joseph, 363
Allen, Joseph, 363
Allen, Linsey, 282
Allen, Malcolm, 123
Allen, Merrel, 51
Allen, Nathaniel, 147
Allen, Nathaniel, 298
Allen, Nathaniel, 365
Allen, Peter, 225
Allen, Phillip, 21
Allen, Ralph, 246
Allen, Robert, 104
Allen, Robert, 240
Allen, Robert, 253
Allen, Samuel, 66
Allen, Samuel, 103
Allen, Samuel, 230
Allen, Samuel, 279
Allen, Simeon B., 250
Allen, Streshley, 87
Allen, Streshley, 208
Allen, Thomas, 84
Allen, Thomas, 216
Allen, Thomas, 230
Allen, Thomas, 240
Allen, Thomas, 313
Allen, Tundy, 16
Allen, William, 13
Allen, William, 19
Allen, William, 23
Allen, William, 23
Allen, William, 51
Allen, William, 167
Allen, William, 228
Allen, William, 356
Allen, William, 222
Allen, William C., 15

INDEX

Allen, William W., 15
Allenthorp, Jacob, 29
Alley, John D., 189
Alley, Murriel, 58
Alley, Nicholas, 256
Alley, William, 256
Allin, Samuel, 76
Allison John, 119
Allison, Alexander, 83
Allison, Andrew, 109
Allison, Archibald, 60
Allison, Edward, 137
Allison, George, 328
Allison, Hugh, 35
Allison, Isaac, 137
Allison, Isaac, 365
Allison, James, 346
Allison, Joseph, 35
Allison, Joseph, 319
Allister, Patrick M., 328
Allove, John B., 351
Alloway, John, 108
Alphen, Ransom, 108
Alrey, Basil, 143
Alsbury, Thos., 2
Alspan, Solomon, 190
Alsup, Alex, 110
Alsup, Allen, 251
Alvest, Thomas, 37
Alvey, Anthony K., 43
Alviss, Charles, 255
Amarine, George, 25
Amarine, Jonathan, 25
Ambrose, Jacob, 175
Ambrose, Mathias, 219
Ambrose, Matthew, 52
Ambrose, Mordecai, 137
Ambrose, William, 44
Ambrose, William, 319
Ambry, Richard, 15
Ament, John V., 219
Amerine, John, 44
Ames, Lincoln, 59
Ames, Robert B., 299
Ammerman, Albert, 106
Ammerman, John, 83
Ammerman, John, 210
Ammerman, John, 326
Ammerman, Philip, 208
Ammerman, William, 83
Ammerman, William, 210
Ammerman, William, 212
Amos, Benjamin, 54
Amos, Erasmus, 256
Amos, James, 332
Amos, Nicholas, 29
Amyx, Samuel, 217
Anderson Stephen, 267

Anderson, Abraham, 369
Anderson, Abshu, 14
Anderson, Alexander, 127
Anderson, Alexander, 340
Anderson, Allen, 183
Anderson, Amos, 223
Anderson, Amos, 321
Anderson, Andrew, 340
Anderson, Archel, 22
Anderson, Athel, 303
Anderson, Barker T., 177
Anderson, Carter, 17
Anderson, Carter, 223
Anderson, Charles, 98
Anderson, Claiborne, 313
Anderson, Cornelius W., 141
Anderson, David, 264
Anderson, Elijah, 369
Anderson, Enoch, 349
Anderson, Evan, 278
Anderson, Francis, 321
Anderson, Garland, 97
Anderson, Garland, 293
Anderson, George, 210
Anderson, George, 329
Anderson, George, 362
Anderson, Henry, 126
Anderson, Hugh A., 254
Anderson, Ira, 38
Anderson, Irwin, 65
Anderson, Isaac, 65
Anderson, Isaac, 288
Anderson, James, 52
Anderson, James, 66
Anderson, James, 66
Anderson, James, 132
Anderson, James, 149
Anderson, James, 172
Anderson, James, 201
Anderson, James, 204
Anderson, James, 249
Anderson, James, 279
Anderson, James B., 43
Anderson, John, 10
Anderson, John, 14
Anderson, John, 62
Anderson, John, 65
Anderson, John, 93
Anderson, John, 114
Anderson, John, 125
Anderson, John, 154
Anderson, John, 260
Anderson, John, 282
Anderson, John, 290
Anderson, John, 314
Anderson, John, 332
Anderson, John, 352
Anderson, John A., 125

Anderson, John G., 167
Anderson, John G., 186
Anderson, John W., 313
Anderson, John, Jr., 282
Anderson, Jonathan C., 54
Anderson, Joseph, 13
Anderson, Joseph, 256
Anderson, Josiah, 2
Anderson, Josiah, 10
Anderson, Josiah, 302
Anderson, Mathew, 155
Anderson, Michael, 328
Anderson, Michael, 337
Anderson, Nicholas, 129
Anderson, Oliver, 111
Anderson, Presty, 236
Anderson, Robert, 167
Anderson, Robert, 194
Anderson, Robert T., 277
Anderson, Samuel, 50
Anderson, Samuel, 288
Anderson, Spear, 56
Anderson, Stephen, 93
Anderson, Stephen, 145
Anderson, Thomas, 94
Anderson, Thomas, 109
Anderson, Thomas, 114
Anderson, Thomas, 162
Anderson, Thomas, 290
Anderson, Thomas, 293
Anderson, Thomas, 296
Anderson, Thomas, 301
Anderson, Thomas, 332
Anderson, Vencent, 237
Anderson, Walter, 241
Anderson, Will, 199
Anderson, William, 14
Anderson, William, 40
Anderson, William, 46
Anderson, William, 79
Anderson, William, 155
Anderson, William, 167
Anderson, William, 177
Anderson, William, 188
Anderson, William, 194
Anderson, William, 214
Anderson, William, 223
Anderson, William, 318
Anderson, William, 322
Anderson, William R., 147
Andrew, _____, 344
Andrew, _____, 96
Andrew, Alexander, 291
Andrew, Mallows, 222
Andrews, Eanos, 329
Andrews, John, 346
Angel, George, 219
Angel, George, 290

INDEX

Angel, Thomas, 145
Angel, William, 223
Annis, John B., 361
Annis, Thomas, 334
Ansbery, Thomas, 31
Anthony, Jacob, 1
Anthrobus, William, 252
Antill, James, 326
Antle, Jeremiah, 123
Antle, John, 225
Antle, Peter, 225
Antle, Peter, 249
Antrobus, Amos, 80
Antrobus, Amos, 192
Antrobus, Benjamin, 116
Apling, Henry, 282
Appleby, Robert, 156
Applegate, Benjamin, 18
Applegate, Elisha, 305
Applegate, George, 18
Applegate, Jacob, 18
Applegate, John, 82
Applegate, John, 313
Applegate, Richard, 18
Applegate, Richard, 94
Applegate, Richard, 359
Applegate, Tunis, 159
Applegate, Tunis, 365
Appling, William, 172
Arbuckle, Samuel, 267
Arbuckle, Thomas, 260
Archer, John, 248
Archer, John, 338
Archer, Meredith, 258
Archer, Sampson, 237
Archer, Spencer, 338
Archer, Thomas, 301
Archibald, William, 216
Archibald, William, 84
Ard, James, 291
Arden, James, 257
Ardera, James, 89
Ardery, James, 212
Ardery, Robert, 314
Are, William, 7
Aresmith, William, 228
Arethurs, John, 347
Arley, Pleasant, 4
Armer, Demsey, 52
Armes, James, 280
Armstrong Thomas, 214
Armstrong, Benjamin, 298
Armstrong, Benoni, 35
Armstrong, Benoni, 169
Armstrong, Henry, 100
Armstrong, Henry, 356
Armstrong, Henry, 359
Armstrong, James, 103

Armstrong, James, 137
Armstrong, James, 197
Armstrong, James, 203
Armstrong, James, 337
Armstrong, James R., 34
Armstrong, Jesse, 195
Armstrong, John, 110
Armstrong, John, 118
Armstrong, John, 217
Armstrong, John, 233
Armstrong, John, 243
Armstrong, John, 250
Armstrong, Joseph, 32
Armstrong, Joseph, 271
Armstrong, Lanty, 285
Armstrong, Livy, 111
Armstrong, Mason, 67
Armstrong, Richard, 305
Armstrong, Robert, 126
Armstrong, Robert, 232
Armstrong, Samuel, 114
Armstrong, Samuel, 253
Armstrong, Solomon, 144
Armstrong, Thomas, 79
Armstrong, Thomas, 281
Armstrong, Thomas, 367
Armstrong, William, 18
Armstrong, William, 29
Armstrong, William, 75
Armstrong, William, 127
Armstrong, William, 140
Armstrong, William, 233
Armstrong, William, 237
Armstrong, William, 313
Armstrong, William, 351
Armstrong, William, 362
Armstrong, William, 367
Armstrong, Wm., Jr., 233
Arnet, William, 275
Arnett, John, 111
Arnett, Zachariah, 63
Arnett, Zachariah, 207
Arnold, Barnett, 160
Arnold, Barnett, 270
Arnold, Barnett, 365
Arnold, Barnett, 92
Arnold, Benjamin J., 141
Arnold, Berrisford, 32
Arnold, Bridges, 259
Arnold, Elijah, 93
Arnold, Fielding, 120
Arnold, Henry, 268
Arnold, James, 79
Arnold, James, 92
Arnold, James, 139
Arnold, James, 188
Arnold, James, 214
Arnold, James, 347

Arnold, John, 49
Arnold, John, 159
Arnold, John, 168
Arnold, John, 269
Arnold, John, 356
Arnold, John, 356
Arnold, John, 358
Arnold, John H., 40
Arnold, John H., 46
Arnold, John H., 362
Arnold, John, Jr., 329
Arnold, John, Sr., 329
Arnold, Robert, 28
Arnold, Robert, 298
Arnold, Samuel, 79
Arnold, Samuel, 188
Arnold, Samuel, 214
Arnold, Samuel, 352
Arnold, Thomas, 321
Arnold, Thomas, 326
Arnold, Thompson, 94
Arnold, William, 19
Arnold, William, 298
Arnold, Wyah, 250
Arpan, Joseph, 23
Arrington, Lawson, 306
Arrington, Lewis, 306
Arterbury, James, 300
Arthur, Ambrose, 80
Arthur, Ambrose, 201
Arthur, James, 359
Artis, James, 368
Artman, John, 172
Arys, Morris, 351
Asberry, Benjamin, 317
Asberry, Benjamin, 359
Asberry, Henry G., 56
Asberry, Landman, 320
Asbury, Henry, 130
Asby, Coleman, 139
Ash, Benjamin, 174
Ash, George, 49
Ash, George, 174
Ash, Jas., 1
Ash, Joseph, 351
Ashberry, Benjamin, 95
Ashbough, John, 12
Ashbough, John, 98
Ashbrook, Andrew, 223
Ashbrook, John, 116
Ashbrook, Levi, 245
Ashbrook, Levi, 269
Ashbrook, Levy, 139
Ashburn, George T., 283
Ashbury, Samuel M., 347
Ashby, Alexander, 6
Ashby, Benjamin, 169
Ashby, Francis, 260

INDEX

Ashby, Henderson, 27
Ashby, Henry, 146
Ashby, James, 45
Ashby, James, 46
Ashby, John, 13
Ashby, John, 311
Ashby, Thomas, 138
Ashby, Thomas, 341
Ashby, Thomas, 349
Ashby, Will R., 179
Ashby, William, 338
Ashby, William R., 184
Ashby, Willis, 12
Ashby, Willoughby, 290
Ashcraft, Abisha, 219
Ashcraft, Amos, 139
Ashcraft, Ichabod, 139
Ashcraft, Ichabod, 325
Ashcraft, James, 139
Ashcraft, Nimrod, 131
Asher, Silas, 39
Asher, Silas, 42
Asher, Silas, 362
Asher, William, 23
Asher, William, 162
Ashesop, Ichabod, 223
Ashford, John, 250
Ashford, John E., 263
Ashford, Leny, 250
Ashford, Levy, 121
Ashford, Thomas, 121
Ashford, Wesley, 263
Ashing, William, 362
Ashley Benjamin, 35
Ashley, George C., 92
Ashley, James, 149
Ashley, John, 61
Ashlook, Thomas, 279
Ashly, William, 328
Ashworth, John, 145
Askey, Thomas N., 90
Askings, William, 263
Askins, David, 72
Askins, David, 312
Askins, George, 363
Askins, John, 253
Askins, Josiah, 143
Askins, Thomas, 313
Askinson, Thomas, 359
Astall, John, 230
Astir, Walter, 347
Atcheson, Alexander, 206
Atchison, David, 327
Atchison, George, 340
Ater, William W., 34
Athens, James, 113
Athers, Nathaniel, 113
Atherton, Henry, 27

Atherton, Henry, 352
Atherton, William, 27
Athey, James, 245
Atkerson, Sherrard, 142
Atkins, Absalom, 186
Atkins, Moses, 198
Atkinson, Henry, 145
Atkinson, Job, 76
Atkinson, John, 233
Atkinson, Sherwood, 145
Atkinson, Stephen, 63
Atkinson, Thomas W., 144
Atkinson, Thomas W., 258
Atterbury, Solomon, 219
Attlebury, Nathan, 52
Attsman, Henry, 204
Atwell, Richard, 280
Atwood, Robert, 30
Atwood, Will, 262
Audd, Ambrose, 288
Aukins, John, 81
Ausborne, Alexander, 132
Austin, Daniel, 301
Austin, Daniel, 338
Austin, George, 28
Austin, James, 301
Austin, John, 276
Austin, John, 295
Austin, Louis, 332
Austin, Nathaniel, 247
Austin, Peter, 44
Austin, Robert, 337
Austin, Thomas, 66
Austin, Wallace, 346
Austin, William, 66
Austin, William, 301
Auxier, Thomas, 135
Avery, Charles, 212
Avington, Stephen, 344
Awbray, Richard, 228
Awbrey, Thomas, 253
Awtry, John, 155
Aydlett, John, 10
Aydolotte, John, 310
Ayers, Richard, 96
Ayler, William, 81
Aymar, John H., 334
Ayres, Bailey, 154
Ayres, Coleman, 138
Ayres, Daniel, 137
Ayres, Daniel, 140
Ayres, Lewis, 138
Babbett, Isham, 2
Babbitt, Stephen, 361
Babbott, John C., 335
Babee, Isham, 309
Baber, Joseph, 152
Bach, Amos P., 4

Bachenstoes, George, 329
Back, Enoch, 194
Back, Henry, 60
Back, James, 267
Backster, John, 318
Bacon, Benedict, 92
Bacon, Benedict, 99
Bacon, Benedict, 317
Bacon, Charles, 214
Bacon, Charles P., 79
Bacon, Edmond, 92
Bacon, George, 69
Bacon, Lyddall, 270
Bacy, Elisman, 225
Baferty, Joseph W., 14
Bagby, George W., 366
Bagby, Jacob, 132
Bagby, Jame, 18
Bagby, John, 104
Bagis, Jesse, 14
Bagley, Charles, 97
Bagman, James, 277
Bagnell, John, 354
Bags, Isaiah, 54
Bags, John, 302
Bagwell, Cary, 111
Bagwell, John, 299
Bailes, Ezra, 97
Bailey Walker, 66
Bailey, Alex, 41
Bailey, Alex B., 41
Bailey, Andrew, 80
Bailey, Andrew, 202
Bailey, Benjamin, 76
Bailey, Benjamin, 105
Bailey, Benjamin, 351
Bailey, Carroll, 150
Bailey, David, 343
Bailey, Edward, 190
Bailey, Elijah, 241
Bailey, George, 88
Bailey, George, 208
Bailey, Hannan, 182
Bailey, Harmon, 63
Bailey, Jacob, 177
Bailey, James, 4
Bailey, James, 16
Bailey, James, 284
Bailey, James, 354
Bailey, James, 356
Bailey, James, 84
Bailey, James W., 354
Bailey, Jesse, 190
Bailey, Jesse, 270
Bailey, John, 69
Bailey, John, 190
Bailey, John, 326
Bailey, John A., 5

INDEX

Bailey, Joseph, 35
Bailey, Joseph, 69
Bailey, Joseph, 71
Bailey, Joseph, 169
Bailey, Lewis, 293
Bailey, Philip, 348
Bailey, Ralph, 148
Bailey, Ralph, 151
Bailey, Reuben, 69
Bailey, Robert, 38
Bailey, Rodolphus, 9
Bailey, Thomas, 34
Bailey, Thomas, 64
Bailey, Thomas, 154
Bailey, Thomas, 157
Bailey, William, 41
Bailey, William, 90
Bailey, William, 93
Bailey, William, 155
Bailey, William, 284
Bailey, William, 288
Bailey, William H., 10
Bails, Russell, 24
Bain, Patterson, 34
Bainbridge, John W., 299
Baines, Zachariah, 205
Bainster, Hugh, 48
Bainster, Nathaniel, 248
Baird, Arthur, 95
Baird, David, 274
Baird, Richard, 328
Baird, Samuel, 363
Baird, Thomas I., 45
Baird, William, 63
Baird, William, 97
Baird, William, 274
Baird, William, 314
Bairsley, Gideon, 143
Baits, William, 354
Baker, Abraham, 176
Baker, Abraham, 321
Baker, Abram, 176
Baker, Alex, 41
Baker, Andrew, 163
Baker, Bowling, 182
Baker, Charles, 65
Baker, Dennis, 352
Baker, Dudley, 254
Baker, Dunning, 48
Baker, Edward, 217
Baker, Enoch, 199
Baker, Esquire, 74
Baker, George, 89
Baker, George, 90
Baker, George, 189
Baker, Henry, 149
Baker, Henry, 296
Baker, Hugh, 249

Baker, Jacob, 102
Baker, Jacob, 148
Baker, Jacob, 343
Baker, James, 16
Baker, James, 48
Baker, James, 121
Baker, James, 234
Baker, James, 291
Baker, James, 295
Baker, Jesse, 221
Baker, John, 10
Baker, John, 83
Baker, John, 84
Baker, John, 94
Baker, John, 194
Baker, John, 209
Baker, John, 210
Baker, John, 216
Baker, John, 221
Baker, John, 249
Baker, John, 260
Baker, John, 344
Baker, John, 369
Baker, John T., 255
Baker, Jonathan, 138
Baker, Joseph, 148
Baker, Joseph, 302
Baker, Joseph, 339
Baker, Josiah, 328
Baker, Josiah, 338
Baker, Lewis, 204
Baker, Martin, 149
Baker, Moses, 194
Baker, Nathan, 138
Baker, Obediah, 155
Baker, Overton, 157
Baker, Richard, 72
Baker, Robert, 41
Baker, Robert, 182
Baker, Samuel, 10
Baker, Seth, 278
Baker, Simon R., 95
Baker, Solomon, 305
Baker, Stephen, 291
Baker, Thomas, 106
Baker, Thomas, 141
Baker, Thomas, 281
Baker, Vachel, 347
Baker, William, 72
Baker, William, 135
Baker, William, 143
Baker, William, 280
Baker, William, 295
Baker, William, 328
Baker, William, 339
Baker, Zechel, 341
Bakett, Joseph, 189
Bakley, James, 135

Balance, John, 268
Balance, Proctor, 113
Balch, James C., 5
Baldridge, Samuel, 258
Baldwin, Herbert W., 181
Baldwin, Ira, 29
Baldwin, James, 174
Baldwin, Jeremiah, 85
Baldwin, Jeremiah, 124
Baldwin, Jeremiah, 186
Baldwin, John, 343
Baldwin, Joseph, 289
Baldwin, McKensey, 304
Baldwin, McKinsey, 288
Baldwin, McKinsey, 358
Baldwin, Samuel, 288
Baldwin, Samuel, 313
Bale, Alexander, 309
Bale, Benjamin, 216
Bale, Jacob, 145
Balee, Abraham, 299
Baler, Jonathan, 228
Bales, Hawkins, 60
Bales, Hawkins, 202
Bales, Isaac, 60
Bales, John, 266
Baley, Edward, 230
Baley, James A., 358
Baley, John, 232
Baley, Thomas, 166
Ball, Adam A., 351
Ball, Benjamin, 84
Ball, George, 273
Ball, Henry, 204
Ball, Hugh, 223
Ball, Isaiah, 289
Ball, Jacob, 31
Ball, James, 149
Ball, James, 189
Ball, John, 149
Ball, John, 247
Ball, John H., 259
Ball, Samuel, 6
Ball, Smith, 320
Ball, William, 194
Ball, William, 356
Ballard, Anderson, 110
Ballard, Bland, 28
Ballard, Bland W., 28
Ballard, Jesse, 217
Ballard, Jesse, 86
Ballard, John, 10
Ballard, John, 291
Ballard, Joseph, 44
Ballard, Stephen, 317
Ballard, Willis, 160
Ballenger, Asa, 114
Ballenger, Isaac, 84

INDEX

Ballenger, James, 201
Ballew, Alfred W., 73
Ballord, James, 21
Baltzell, George, 79
Baltzell, George, 188
Baltzell, George, 214
Baly, William, 212
Bamberger, Michael, 212
Baney, David, 329
Bangers, Henry, 79
Bangs, John, 79
Bangus, Henry, 214
Bangus, John, 214
Bank, Ephraim, 253
Banker, Richard, 230
Banker, William, 62
Banks, Jared, 230
Banks, Linn, 66
Banks, Lucia, 230
Banks, Reuben, 194
Banks, Samuel, 14
Bankston, James, 44
Bannet, William, 212
Banning, Clark, 279
Bannister, John, 105
Bannister, Nathaniel, 314
Banta, Abraham, 225
Banta, Abraham, 249
Banta, Andrew, 225
Banta, Daniel, 225
Banta, Henry, 163
Bantee, Jacob, 225
Banter, Peter, 225
Banton, Daniel W., 63
Banton, David W., 152
Banton, George W., 230
Banton, Henry A., 69
Banton, Hezekiah, 271
Bapsite, John, 356
Barba, Ziba, 332
Barbadoes, Andrew, 353
Barbee, Ezekiel, 242
Barbee, John, 108
Barbee, John, 165
Barbee, Joshua, 71
Barbee, Lewis, 118
Barbee, Lewis, 132
Barber, Thomas, 11
Barber, Thomas, 212
Barber, William, 143
Barbie, James, 13
Barbie, John, 115
Barbour, James, 77
Barbour, James T., 171
Barbour, James T., 173
Barbour, John, 93
Barbour, Philip, 38
Barbour, Philip, 171

Barbour, Philip, 173
Barbour, Thomas, 90
Barbour, Thomas T., 13
Barclay, David, 242
Barclay, David, 285
Barclay, Eli, 175
Barden, William, 203
Bardwell, James, 274
Bares, John D., 334
Barger, Jesse, 257
Bargy, Mansel, 67
Bark, Andrew, 6
Barker, Elisha, 40
Barker, George, 118
Barker, George, 273
Barker, Henry A., 97
Barker, John, 308
Barker, John, Jr., 110
Barker, Joseph, 200
Barker, Richard, 66
Barker, Richard, 293
Barker, Samuel, 283
Barker, Samuel, 302
Barker, Thomas, 115
Barker, Thomas, 286
Barker, Thomas, 326
Barker, William, 249
Barkes, Jacob, 95
Barkett, Martin, 239
Barkhurst, William, 346
Barkley, Lazarus, 125
Barkley, Thomas, 236
Barkleye, William, 112
Barkshear, Joel, 369
Barkshire, Charle, 21
Barkshire, Joseph, 21
Barlow, Alvin, 324
Barlow, Alvin, 326
Barlow, Hartecy, 236
Barlow, Hastings, 309
Barlow, Jesse, 89
Barlow, Jesse, 90
Barlow, Jesse, 189
Barlow, Jesse, 209
Barlow, John, 314
Barlow, John M., 8
Barlow, Joshua, 219
Barlow, Thomas, 232
Barlow, Thomas, 239
Barlow, Thomas, 259
Barlow, Thomas H., 239
Barnaba, Robert, 22
Barnes Benjamin, 190
Barnes, Alfred, 16
Barnes, Alfred, 116
Barnes, Aswell, 184
Barnes, Caleb, 225
Barnes, Elisha, 4

Barnes, Enos, 291
Barnes, Henry, 233
Barnes, Hugh, 98
Barnes, James, 26
Barnes, James, 172
Barnes, James, 175
Barnes, James, 184
Barnes, John, 141
Barnes, John, 228
Barnes, John, 275
Barnes, John, 328
Barnes, John, 334
Barnes, Moses, 291
Barnes, Newman, 227
Barnes, Oliver, 24
Barnes, Richard, 75
Barnes, Richard, 234
Barnes, Robert, 16
Barnes, Samuel, 16
Barnes, Thomas, 26
Barnes, Thomas B., 281
Barnes, Washington, 233
Barnes, William, 74
Barnes, William, 175
Barnes, William, 216
Barnes, William, 291
Barnes, Zachariah, 227
Barnes, Zachariah, 285
Barnes, Zechariah, 255
Barnet William, 151
Barnet, James, 286
Barnet, John, 321
Barnet, Jubille, 287
Barnett, Alexander, 65
Barnett, Alexander, 200
Barnett, Alongon, 365
Barnett, B., 116
Barnett, Felia, 303
Barnett, James, 40
Barnett, James, 46
Barnett, James, 48
Barnett, James, 83
Barnett, James, 173
Barnett, James, 210
Barnett, James, 284
Barnett, James, 365
Barnett, Jeremiah, 200
Barnett, John, 51
Barnett, John, 171
Barnett, John, 173
Barnett, John, 369
Barnett, Joseph, 13
Barnett, Joseph, 45
Barnett, Joseph, 344
Barnett, Morgan, 40
Barnett, Morgan, 173
Barnett, Nathan, 76
Barnett, Philip, 13

INDEX

Barnett, Philip E., 298
Barnett, Richard, 267
Barnett, Robert, 45
Barnett, Robert, 230
Barnett, Robert, 246
Barnett, Robert, 268
Barnett, Roman, 129
Barnett, Samuel, 39
Barnett, Samuel, 278
Barnett, Skuyler, 294
Barnett, Spencer, 210
Barnett, Square M., 17
Barnett, Tobias, 332
Barnett, Will C., 179
Barnett, William, 45
Barnett, William, 50
Barnett, William, 295
Barnett, William, 338
Barnett, William C., 183
Barney, William, 116
Barnhill, Robert, 264
Barnhill, William, 162
Barnhill, William, 302
Barns Adam, 156
Barns, Allen, 367
Barns, Edmund, 233
Barns, Joseph, 359
Barns, Mathew, 287
Barnum, Barny, 108
Baron, Matthew, 329
Barr, Enoch, 313
Barr, George, 112
Barr, Green G., 328
Barr, Greenberry G., 338
Barr, Isaac, 338
Barr, James B., 113
Barr, Thomas, 269
Barr, Thomas T., 118
Barren, Daniel, 14
Barrer, William, 62
Barret, James W., 248
Barret, Robert, 142
Barret, Robert, 165
Barret, Robert, 248
Barrett, Elijah, 270
Barrett, Enoch D., 284
Barrett, James W., 252
Barrett, Joseph, 240
Barrett, Robert, 252
Barrett, Thompson, 280
Barrier, James, 156
Barring, James, 279
Barringer, Jonathan, 284
Barron, Abram, 308
Barron, Cornelius, 113
Barron, Hinchy G., 308
Barron, John, 61
Barron, John, 61

Barron, Josiah, 303
Barron, Mathias, 293
Barron, Shadrick, 303
Barron, Thomas, 303
Barrow, Aaron, 286
Barrow, John, 291
Bartell, George, 303
Bartholomew, John, 74
Bartholomew, John, 363
Bartin, Roger, 310
Bartine, Nicholas, 27
Bartlett, Collins, 30
Bartlett, Ebenezer, 314
Bartlett, Edmond, 225
Bartlett, Foster, 225
Bartlett, Henry, 180
Bartlett, Hugh, 9
Bartlett, James, 310
Bartlett, John, 160
Bartlett, John, 180
Bartlett, Marmaduke, 9
Bartlett, Scarlet, 186
Bartlett, Scarlett, 85
Bartlett, Spencer, 268
Bartlett, William, 13
Bartley, Allen L., 99
Bartley, James, 99
Bartley, John, 135
Barton, Archibald, 264
Barton, Benjamin, 83
Barton, Benjamin, 210
Barton, Berry, 185
Barton, Clark, 56
Barton, Daniel, 56
Barton, John, 44
Barton, John, 157
Barton, John, 185
Barton, John, 222
Barton, John, 234
Barton, John, 264
Barton, Joshua, 102
Barton, Roger, 186
Barton, William, 278
Bartram, Emsly, 344
Basey, Jesse, 288
Bash, Jacob, 356
Bashan, Cuthbert, 100
Bashaw, William, 107
Bashaw, William, 362
Bass, Isaac, 274
Bass, John, 165
Bass, Philomen, 7
Bassett, Elijah, 98
Bassett, James, 32
Bassnet, William, 26
Bast, Alden, 41
Bast, Henry, 356
Bast, John, 246

Bast, Jonathan, 16
Bast, Peter, 150
Basten, Thomas, 64
Bate, John W., 170
Bateman, Isaac, 299
Bateman, John, 301
Bateman, Thomas, 301
Bater, James, 72
Bates, Alfred, 317
Bates, Andrew, 236
Bates, Andrew, 318
Bates, Benjamin, 325
Bates, John, 35
Bates, Joseph, 238
Bates, Miles, 85
Bates, Semison, 362
Bates, Simeon, 300
Bates, Willis, 186
Batman, John, 13
Batman, John, 162
Batman, Thomas, 159
Batman, Thomas, 162
Batman, William, 174
Batron, Robert, 280
Batsell, Smith, 10
Batterson, Henry, 252
Batterton, Abraham, 247
Batts, John, 111
Bauer, John, 329
Baugh, James, 263
Baugh, Joseph, 246
Baugh, William A., 246
Baum, Whitfield, 205
Baus, George, 82
Bawgus, John, 16
Bawning, Elijah G., 16
Bawnlee, John, 253
Baxley, James M., 159
Baxter, Edward, 240
Baxter, Frederick, 327
Baxter, Frederick, 331
Baxter, George, 116
Baxter, James, 163
Baxter, James, 204
Baxter, Jesse, 163
Baxter, Jesse, 228
Baxter, Jesse, 268
Baxter, John, 34
Baxter, John, 116
Baxter, Joshua, 74
Baxter, Samuel, 253
Baxter, William, 89
Baxter, William, 143
Baxter, William, 209
Baxton, Joseph, 367
Bay, Joseph, 102
Bayle, John, 223
Bayles, Benjamin, 179

INDEX

Bayles, Richard, 369
Bayless, Isaac, 89
Bayless, Israel, 189
Bayless, Israel, 209
Bayless, Joseph, 52
Bayley, Warren, 213
Baylis, Israel, 212
Bayliss, Stephen, 132
Baylor, Isaac, 203
Baylor, John, 212
Baylor, Robert, 212
Baylor, William, 344
Bayn, Willis N., 357
Bayne, Augustine, 11
Bayne, Henry, 11
Bayso, Abednego, 78
Bazell, John, 324
Bazile, Francis, 335
Beach, Benjamin, 250
Beach, John, 201
Beach, William, 358
Beachamp, Thomas, 261
Bead, Moses, 33
Beadle, Samuel, 346
Beadle, Seaton, 286
Beadle, William, 354
Beal, Hilary, 178
Beal, Robert, 28
Beal, Robert O., 40
Beal, Samuel, 11
Beal, Walter, 10
Bealey, Reuben, 182
Beall, George M., 351
Bealman, Daniel, 327
Bealmear, Daniel V., 335
Bealor, George, 341
Bealor, George, 349
Beam, George, 304
Beaman, Benjamin, 208
Beamblett, John, 228
Bean, Albert, 134
Bean, Benjamin, 84
Bean, Benjamin, 216
Bean, Eli, 126
Bean, Jacob, 250
Bean, James, 141
Bean, John, 3
Bean, John, 48
Bean, John, 126
Bean, John, 141
Bean, John, 262
Bean, Joshua, 96
Bean, Judson, 288
Bean, Peter, 359
Bean, Randolph, 310
Bean, Richard, 341
Bean, Stephen, 135
Bean, William, 245

Bean, William, 269
Beane, William, 113
Beans, Benjamin, 341
Bear, Adam, 300
Bear, George, 300
Bear, John, 300
Beard, Abraham, 156
Beard, George N., 106
Beard, Henry, 109
Beard, Hugh, 139
Beard, Hugh, 258
Beard, Isaac, 257
Beard, James, 22
Beard, John, 50
Beard, Philip, 359
Beard, Samuel, 258
Beard, Thomas I., 46
Bearden, William, 30
Beardin, Thomas, 48
Beash, Robert, 269
Beasley, James, 194
Beasley, John, 263
Beastard, Hand, 70
Beats, Adam, 76
Beatty, James, 17
Beatty, James, 86
Beaty, Henry, 59
Beaty, Henry, 67
Beaty, James, 156
Beaty, John, 70
Beaty, Joseph, 354
Beaty, William, 67
Beauchamp, Joshua, 250
Bebber, John, 286
Beck, Edward, 156
Beck, Elijah, 331
Beck, George, 22
Beck, James, 344
Beck, Jeremiah, 359
Beck, Samuel, 315
Becket, John, 321
Becket, Nelson W., 208
Becket, Samuel, 96
Beckett, Benjamin, 268
Beckett, Joseph, 29
Beckett, Joseph, 89
Beckett, Josiah, 73
Beckett, Samuel, 102
Beckner, Jacob, 94
Becraft, Benjamin, 91
Becroft, Benjamin, 322
Bedford, Henry, 212
Bedford, John C., 279
Beech, Joel, 293
Beech, William, 356
Beeding, George, 130
Beedle, William, 322
Beeler, Henry, 205

Beeler, Thomas, 21
Beers, Benjamin, 346
Beeturn, Adam, 31
Began, William, 255
Beggs, William, 17
Beirs, Peter, 86
Belcher, George, Jr., 217
Belesworth, William, 65
Belew, Richard, 139
Belk, James, 279
Belk, John, 279
Bell, Andrew, 6
Bell, Archibald, 271
Bell, Asa, 98
Bell, Benjamin, 77
Bell, Elijah, 182
Bell, Ellick, 199
Bell, Fielding, 16
Bell, George, 161
Bell, Henry, 240
Bell, Hoonder, 197
Bell, Isaac, 69
Bell, Isaac, 248
Bell, James, 156
Bell, James, 369
Bell, John, 174
Bell, John, 291
Bell, John M., 146
Bell, Joseph, 23
Bell, Joseph, 96
Bell, Joseph, 220
Bell, Joseph, 368
Bell, Leonard, 199
Bell, Leonard, 269
Bell, Liston T., 223
Bell, Patterson, 114
Bell, Richard, 161
Bell, Robert, 30
Bell, Robert, 248
Bell, Robert, 314
Bell, Robert F., 23
Bell, Thomas, 1
Bell, Thomas, 5
Bell, Thomas, 63
Bell, Thomas, 102
Bell, Thomas, 142
Bell, Thomas, 145
Bell, Thomas, 222
Bell, Thomas, 225
Bell, Thomas, 343
Bell, Thomas B., 30
Bell, Thomson, 317
Bell, William, 6
Bell, William, 29
Bell, William, 34
Bell, William, 94
Bell, William, 180
Bell, William, 313

Bell, William, 341
Bell, William, 346
Bell, William, 358
Bell, William C., 109
Bell, Willis, 319
Belleaux, Nathaniel, 243
Bellew, Samuel, 325
Bellows, George, 320
Bellows, Jacob, 105
Beloo, William, 273
Belt, Asa, 140
Belt, Dennes, 359
Belt, Dennis, 94
Belt, Joseph C., 94
Belt, Joseph C., 359
Belt, Lee, 212
Belville Peter, 346
Belville, Peter, 341
Beman, Benjamin, 88
Beman, Daniel, 88
Benaugh, George, 99
Bench, Oliver, 250
Benedict, Jonathan, 241
Benedict, Tomkins, 300
Benefield, Robert, 245
Benge, Joel, 65
Bengo, David, 182
Bengum, Joshua, 64
Benham, James, 79
Benham, James, 188
Benham, James, 214
Benn, John, 245
Bennet, Benjamin, 188
Bennet, Edward D., 6
Bennet, Nathan, 197
Bennet, Richard, 71
Bennett, Bambary, 267
Bennett, Benjamin, 79
Bennett, Benjamin, 92
Bennett, Benjamin, 214
Bennett, Benjamin, 270
Bennett, Briant, 303
Bennett, Gabriel, 177
Bennett, Gabriel E., 365
Bennett, George, 105
Bennett, George, 347
Bennett, George W., 295
Bennett, Hiram, 135
Bennett, Jacob, 28
Bennett, James, 112
Bennett, James, 145
Bennett, James, 209
Bennett, James, 306
Bennett, Jery, 290
Bennett, Jno., 1
Bennett, John, 92
Bennett, John, 179
Bennett, John, 192

Bennett, Joshua, 180
Bennett, Lavoler, 28
Bennett, Levi, 202
Bennett, Nathan, 199
Bennett, Reuben, 119
Bennett, Reuben, 303
Bennett, Richard, 92
Bennett, Richard, 168
Bennett, Samuel, 174
Bennett, Timothy, 5
Bennett, William, 145
Bennett, William, 161
Bennett, William, 195
Bennett, William, 273
Benson, Thomas, 29
Benson, Thomas, 197
Benson, Thomas, 203
Benson, Thomas, 349
Bentall, Seth, 269
Benthall, Samuel, 262
Bentley, Bailey, 228
Bentley, Ephraim, 150
Bentley, Ephraim, 241
Bentley, James, 151
Bentley, James, 238
Bentley, John, 184
Bentley, Samuel, 192
Bentley, Washington, 267
Bentley, William, 173
Bentley, William, 210
Bentley, William, 247
Bently, Graham, 212
Bently, John, 241
Bently, William, 83
Benton, Jesse, 67
Benton, Lloyd, 34
Benton, Loyd, 124
Benton, Richard, 68
Benton, Samuel, 235
Berdine, James, 186
Bernbury, Benjamin, 6
Bernett, William, 230
Bernord, Joshua, 354
Berns, Philip, 285
Berrand, Francis, 328
Berry, Alfred, 313
Berry, Benjamin, Jr., 121
Berry, Bomberry, 98
Berry, Edward, 8
Berry, Edward, 295
Berry, Elijah C., 307
Berry, Enoch, 23
Berry, Enoch, 43
Berry, Enoch, 150
Berry, Francis, 43
Berry, Francis L., 41
Berry, Francis L., 46
Berry, Franklin, 280

Berry, George, 1
Berry, George, 113
Berry, George, 168
Berry, George, 259
Berry, George C., 285
Berry, Henry, 236
Berry, Holdsworth, 130
Berry, James, 199
Berry, James A., 89
Berry, James H., 189
Berry, James T., 324
Berry, Jesse, 50
Berry, Jesse, 177
Berry, John, 2
Berry, John, 22
Berry, John, 141
Berry, John, 216
Berry, John, 225
Berry, John, 273
Berry, John, 274
Berry, John, 321
Berry, John R., 257
Berry, Joseph, 148
Berry, Joseph, 268
Berry, Joseph, Jr., 98
Berry, Labon S., 289
Berry, Moses, 50
Berry, Moses, 277
Berry, Peter, 193
Berry, Peter, 269
Berry, Reuben, 96
Berry, Reuben, 216
Berry, Richard, 8
Berry, Robert, 220
Berry, Robert, 222
Berry, Robert, 237
Berry, Robert, 248
Berry, Samuel, 55
Berry, Samuel, 146
Berry, Thomas, 198
Berry, Thomas, 232
Berry, Thompson, 177
Berry, Weathers, Jr., 320
Berry, William, 55
Berry, William, 57
Berry, William, 230
Berry, William H., 55
Berryman, Austin, 54
Berryman, Austin, 58
Berryman, William, 54
Berryman, William, 58
Berryman, William, 185
Berton, John, 97
Berton, William, 290
Bertram, Emry, 341
Bertrand, Joseph, 332
Bery, Robert, 27
Beshears, Robert, 213

Best, George, 348
Best, Henry, 28
Best, Henry, 349
Best, Humphrey, 190
Best, James, 155
Best, James, 179
Best, Thomas, 208
Best, Thomas, 343
Bethurum, Benjamin, 69
Betner, Trepthulern, 264
Bettersworth, Fi, 25
Bettersworth, Jesse, 26
Bettis, John, 289
Bevans, Anderson, 347
Bevens, Cornelius, 356
Bevens, William, 118
Beverly, John, 331
Bevin, Walter, 288
Bevins, Anderson, 341
Bevis, William, 30
Bibb, James, 354
Bibb, John B., 173
Bibb, Joseph F., 40
Bibb, Walker, 51
Biby, Benjamin, 190
Bicket, Thomas, 71
Bickley, John, 109
Bicknell, Linsfield, 220
Bicknell, Linsfield, 367
Biddle John, 137
Bigers, James, 232
Bigg, John, 252
Bigger, John H., 173
Bigger, Joseph B., 38
Biggerstaff, Hiram, 184
Biggs, David, 274
Biggs, Douglas, 361
Biggs, Hillery, 305
Biggs, John, 102
Biggs, John, 332
Biggs, Lindy, 114
Biggs, William, 232
Bigham, John, 65
Biglow, Joseph, 132
Bigsby, John, 274
Bilbo, Archibald, 152
Bilderback, Jacob, 338
Biles, James, 206
Billy, Jesse, 52
Bilque, John, 136
Bingam, William, 208
Bingerman, Henry, 150
Bingham, George, 26
Bingham, Isaac, 192
Bingham, James, 65
Bingham, John, 243
Bingham, Samuel, 334
Bingham, William, 88

Bingley, John M., 121
Birch, Cheadle, 175
Birch, Cheddle, 257
Birch, Stapleton C., 31
Birckley, Benjamin E., 349
Birckley, Henry B., 349
Bird, Abraham, 306
Bird, Henry, 27
Bird, Jacob, 278
Bird, John, 65
Bird, John, 119
Bird, John M., 318
Bird, Robert, 256
Bird, Samuel, 358
Bird, William, 42
Bird, William, 50
Birk, Martin, 264
Birk, Samuel, 27
Birns, Thomas, 256
Birt, James, 186
Birts, William, 238
Biscoe, James, 32
Bishop, Cary, 177
Bishop, Charles, 324
Bishop, Charles W., 42
Bishop, Dan, 75
Bishop, Daniel, 49
Bishop, George, 317
Bishop, Henry, 304
Bishop, James, 173
Bishop, James, 283
Bishop, John, 42
Bishop, John, 60
Bishop, John, 64
Bishop, John, 111
Bishop, Joseph, 62
Bishop, Joseph, 145
Bishop, Levan, 326
Bishop, Levin, 90
Bishop, Michael, 305
Bishop, Molan, 64
Bishop, Samuel, 50
Bishop, Solomon, 288
Bishop, Stephen, 60
Bishop, Terrel, 321
Bishop, Thomas, 50
Bishop, Thomas, 177
Bishop, William, 261
Bittingham, John, 31
Bixler, Samuel, 150
Blaboutt, Benjamin, 315
Black, Abraham, 267
Black, Alexander C., 326
Black, Ananias, 331
Black, George, 129
Black, George, 208
Black, James, 12
Black, James, 277

Black, James, 356
Black, James D., 273
Black, John, 37
Black, John, 93
Black, Joseph, 67
Black, Joseph, 180
Black, Peter, 329
Black, Robert, 24
Black, Samuel, 228
Black, William, 17
Black, William, 68
Black, William, 132
Black, William, 216
Black, William, 84
Blackbourn, Thomas, 235
Blackburn, David, 318
Blackburn, James, 132
Blackburn, James, 241
Blackburn, John, 194
Blackburn, Nelson, 79
Blackburn, Nelson, 214
Blackburn, Samuel, 32
Blackburn, Thomas, 17
Blackburn, Thomas, 313
Blackburn, Thomas H., 110
Blackenship, John, 230
Blacketler, William, 296
Blackiter, Henry, 77
Blackrood, Richard, 356
Blackstone, Thomas, 327
Blackstone, Thomas, 332
Blackwell, Benjamin, 15
Blackwell, David, 26
Blackwell, Grant, 171
Blackwell, James, 31
Blackwell, Lensfield, 200
Blackwell, Robert, 305
Blackwell, Samuel, 297
Blackwell, Samuel, 305
Blackwell, William, 192
Blackwood, Joseph, 240
Blackwood, Joseph, 243
Blackwood, Richard, 78
Blain, Colbert, 36
Blain, James, 255
Blain, James, 306
Blain, John, 105
Blain, Thomas, 148
Blain, William, 172
Blain, William, 248
Blain, William, 317
Blain, William G., 146
Blaine, Michael, 253
Blair, Andrew, 277
Blair, Ashael, 351
Blair, James, 24
Blair, James, 341
Blair, James, 348

INDEX

Blair, John, 34
Blair, John, 217
Blair, John, 348
Blair, John, 86
Blair, Joseph, 222
Blair, Samuel, 24
Blair, Thomas, 66
Blair, William, 74
Blaire, James, 296
Blake, Achilles, 158
Blake, George, 266
Blake, George, 354
Blake, John, 113
Blake, John, 158
Blake, John, 354
Blake, Peyton, 113
Blake, Thomas, 354
Blakeley, Samuel, 281
Blakely, John, 43
Blakely, Thomas, 320
Blakeman, James, 165
Blakeman, John, 165
Blakeman, Nathan, 343
Blakemore, 138
Blakeney, William, 102
Blakey, Reuben, 151
Blakey, Thomas, 155
Blakey, William, 255
Blaking, John, 324
Blalock, Jeremiah, 149
Blamer, Joseph, 320
Blan, George W., 358
Blanchard, John, 18
Blanchard, John, 179
Blanchard, John, 298
Blanchard, Richard, 335
Blanchard, William, 19
Bland, Benjamin, 134
Bland, Charles, 71
Bland, James, 11
Bland, Micajah, 368
Bland, Thomas, 244
Bland, Warren, 155
Bland, William, 155
Blandford, John B., 28
Blane, Samuel, 148
Blane, William, 56
Blanford, Francis, 288
Blanford, George, 304
Blanford, William, 10
Blankenboker, Benj., 162
Blankenboker, John H., 162
Blankenship, Abel, 73
Blankenship, David, 156
Blankenship, John, 66
Blankenship, John, 293
Blankenship, Obediah, 217
Blankenship, Obediah, 315

Blankinboke, Jacob, 301
Blann, James, 288
Blanton, John, 60
Blanton, Richard, 108
Blanton, Thomas, 250
Blanton, Thomas, 298
Blasengaine, Thomas C., 38
Blasingame, Henry, 97
Blasingham, James, 367
blathers, Thomas, 315
Blazier, Moses, 43
Bledsoe, Jacob, 362
Bledsoe, Moses O., 244
Bledsoe, Richard, 31
Bledsoe, Richard, 117
Bledsoe, Simeon, 195
Bledsoe, William, 186
Bledsoe, William, 244
Bledsoe, William M., 149
Bledson, Joseph, 158
Blenbow, Benjamin, 64
Blesset, George A., 12
Bleven, James, 162
Blincoe, Joseph, 310
Bliss, Francis, 306
Blithe, Stephen, 233
Bloom, Frederic, 334
Bloomfield, Henry, 317
Bloomfield, William, 329
Bloyd, John, 277
Blue, Cornelius, 328
Blue, Cornelius, 335
Blue, David, 82
Blue, David, 352
Blue, Uriah, 332
Blue, William, 359
Blunt, Henry, 302
Blunt, Miles, 61
Blunt, Miles, 148
Blunt, Redding, 83
Blunt, Redding, 210
Bly, William, 190
Blythe, Benjamin, 59
Blythe, Charles, 114
Blythe, Hugh, 43
Blythe, James, 183
Blythe, James E., 109
Blythe, William, 344
Boadly, Peter D., 293
Boan, Andrew, 315
Board, William, 152
Boardman, Noah, 306
Boatman, William, 252
Bobb, William, 253
Bobb, William, 273
Bockhover, Peter, 348
Boddy, Thomas, 152
Bodine, Cornelius, 11

Bodine, Peter, 303
Bodkin, William, 158
Bodkin, William, 322
Bodley, Thomas, 118
Bogard, John, 327
Bogart, Peter, 335
Bogas, John, 126
Bogerord, Samuel, 338
Bogge, Selburn W., 118
Boggs, Barzilla, 37
Boggs, James, 26
Boggs, John W., 26
Boggs, Owen, 262
Boggs, Robert, 192
Boggs, William, 245
Bogle, John, 224
Bohan, Daniel, 285
Bohan, William, 285
Bohannan, Thomas, 79
Bohannon, Charles, 162
Bohanon, George, 13
Bohanon, William, 322
Bohman, Daniel, 258
Bohon, George, 233
Bohon, Joseph, 233
Boice, Jesse, 175
Boice, William, 164
Boid, John, 238
Boid, William, 225
Boiles, James, 354
Bolan, John, 365
Bolding, Ephraim, 326
Bolding, John, 326
Boler, Walker, 200
Boler, William, 65
Boles, Alexander, 198
Boles, William, 269
Boley, Nicholas, 174
Boling, Jarred, 219
Boling, John, 36
Boling, John, 170
Boling, John, 219
Bolinger, John, 233
Bollin, Andrew, 367
Bolling, Dred, 152
Bolling, William, 198
Bollman, Amos, 206
Bolton, John, 150
Boly, Peter, 290
Boman, John, 318
Bonafield, Mercen, 245
Bonanan, James, 82
Bond, Anthony, 250
Bond, Anthony, 270
Bond, Cornelius, 1
Bond, Cornelius, 253
Bond, Hopkins, 279
Bond, Isaac, 154

Bond, Isaac, 270
Bond, James, 270
Bond, James S., 19
Bond, Samuel, 35
Bond, Samuel, 170
Bond, William, 79
Bond, William, 154
Bond, William, 214
Bond, William, 221
Bondry, Joshua, 250
Bonds, George, 22
Bonds, Lott, 283
Bondurant, John, 358
Bondurant, Joseph, 213
Bone, Cornelius, 283
Boner, Charles, 139
Boner, Charles, 366
Boner, John, 366
Bonewell, Levin, 97
Bonham, Amariah, 127
Bonham, Jacob, 331
Bonhaus, Amariah, 20
Bonifield, James, 126
Bonnew, William, 337
Bonnie, Levi, 193
Bonson, William, 362
Bonty, Lambert, 242
Bony, John, 96
Bonyfield, John, 269
Boodis, Thomas, 65
Booker, Edward M., 164
Booker, John, 299
Booker, Nicholas, 234
Booker, Nicholas, 243
Booker, PaulI, 8
Bookout, Benjamin, 154
Bookshire, Benjamin, 116
Booky, Robert, 169
Boon, Abner, 321
Boon, Moses, 302
Boon, Sery, 16
Boon, William, 232
Boone, George, 138
Boone, Isaac, 32
Boone, Jesse B., 135
Boone, Josiah, 28
Boone, Samuel, 164
Boone, Squire, 192
Boone, Thomas, 198
Boone, William, 326
Booth, Anderson, 267
Booth, Elijah, 116
Booth, Elijah, 268
Booth, Harrison, 29
Booth, John, 128
Booth, John, 351
Booth, Steven, 212
Booth, Thomas, 164

Boothe, Thomas, 171
Boots, William, 216
Boots, William, 84
Booty, John, 299
Borah, George, 259
Borders, Jacob, 233
Boreland, Samuel, 281
Boren, Stephen, 44
Boren, Thomas E., 255
Borger, John, 76
Borgus, Martin, 270
Boring, Ephraim, 38
Borman, William, 234
Bosel, Henson, 232
Bosley, James, 164
Boss, Humphrey, 191
Boss, William, 4
Bosses, Solomon, 236
Boston, Abner, 344
Boston, Archibald, 199
Boston, Mary, 225
Boswell, George, 37
Boswell, James M., 313
Boswell, John, 3
Boswell, John, 368
Boswell, Thomas, 230
Boswell, Thomas E., 361
Boswell, William E., 24
Botains, William, Jr., 296
Botains, William, Sr., 296
Bothurum, Benjamin, 190
Bothurum, James, 191
Bothurum, Joseph, 63
Bothurum, Joseph, 190
Bothurum, William, 190
Bott, John, 303
Bottom, William, 49
Botts, George W., 92
Botts, George W., 130
Botts, GeorgeW., 94
Botts, Richard, 351
Botts, William, 132
Botts, William, 317
Bouchar, John, 97
Boucher, George, 132
Boucher, James, 216
Boucher, James, 84
Bough, Isaac, 349
Bould, Peter, 102
Boullord, Anthony, 356
Boulton, John, 63
Boulton, Peyton, 63
Bourbage, Robert, 236
Bourland, Gabriel, 6
Bourland, Gabriel, 146
Bourland, Samuel, 146
Bourland, Slaton, 42
Bourland, William, 6

Bourn, Daniel, 137
Bourn, John, 125
Bourn, John, 214
Bourn, Walker, 125
Bourne, Benjamin, 305
Bourne, Daniel, 112
Bourne, Daniel, 119
Bourne, Francis, 230
Bourne, Francis, 244
Bourne, John, 204
Bourne, John, 292
Bourne, William, 254
Bourne, William, 270
Bouts, C. G., 3
Bow, Joseph, 223
Bowdry, Samuel P., 121
Bowen, Arnold, 160
Bowen, Barney, 266
Bowen, Benjamin, 57
Bowen, Jacob, 182
Bowen, John, 29
Bowen, John, 57
Bowen, Micajah, 48
Bowen, Reece, 175
Bowen, Samuel A., 259
Bowen, Solomon, 236
Bowen, William, 287
Bower, Francis, 289
Bower, Gustavus W., 119
Bower, Jacob, 1
Bower, Michael R., 119
Bowin, Read, 57
Bowl, James, 288
Bowland, William, 332
Bowler, Warren, 197
Bowler, Warren, 206
Bowler, William, 344
Bowles, Charles, 335
Bowles, James, 210
Bowles, Joseph, 102
Bowles, Swansey, 141
Bowles, Thomas, 83
Bowles, Thomas, 155
Bowles, Thomas, 210
Bowles, Thomas, 210
Bowles, William, 199
Bowles, William W. C., 192
Bowlin, William, 321
Bowling, Isham, 182
Bowling, John, 164
Bowlman, Amos, 197
Bowman, Abraham, 13
Bowman, Abraham, 348
Bowman, Benjamin, 118
Bowman, David, 55
Bowman, Elijah, 80
Bowman, George H., 34
Bowman, Isaac, 53

Bowman, Jacob, 289
Bowman, James, 298
Bowman, John, 118
Bowman, John, 204
Bowman, John, 216
Bowman, John, 362
Bowman, John, 362
Bowman, Robert, 76
Bowman, Willis, 291
Bowman, Willson, 153
Bowman, Wilson, 155
Bowmar, James H., 30
Bowmer, William, 287
Bows, George, 123
Bows, Peter, 123
Bowshell, James, 318
Bowsman, Samuel, 175
Box, Henry, 338
Boyakin, William, 48
Boyce, Robert C., 85
Boyce, William, 267
Boyd, Andrew, 141
Boyd, Andrew, 354
Boyd, Cornelius, 352
Boyd, Elisha, 190
Boyd, Frederick, 162
Boyd, James, 15
Boyd, James, 62
Boyd, James, 327
Boyd, James P., 169
Boyd, Jno., 2
Boyd, John, 15
Boyd, John, 62
Boyd, John, 64
Boyd, John, 126
Boyd, John, 175
Boyd, John, 308
Boyd, John, 335
Boyd, John, 344
Boyd, Joseph, 17
Boyd, Samuel, 158
Boyd, Samuel, 313
Boyd, Spencer, 322
Boyd, William, 19
Boyd, William, 28
Boyd, William G., 37
Boyell, John, 356
Boyer, Ezra, 110
Boyer, Michael, 369
Boyertt, Joseph, 186
Boyle, Alexander, 149
Boyle, James, 83
Boyle, John, 29
Boyle, John, 233
Boyle, Joseph, 228
Boyle, William, 369
Boyorth, Squire, 310
Bozarth, David, 2

Bozarth, Israel, 2
Bozarth, Squire, 56
Brachen, Charles, 143
Bracken, Charles, 312
Bracken, Edward, 143
Bracken, James, 125
Bracken, James, 143
Bracken, John O., 312
Bracken, Mathew, 125
Bradburn, Joseph, 195
Bradford, Austin, 85
Bradford, Austin, 186
Bradford, Charles, 109
Bradford, Daniel, 13
Bradford, Daniel, 193
Bradford, Daniel, 206
Bradford, Fielding, 118
Bradford, Fielding, 118
Bradford, George, 103
Bradford, James, 264
Bradford, Simeon, 238
Bradford, Thomas H., 368
Brading, James, 179
Bradley, Daniel, 314
Bradley, Edmond R., 15
Bradley, Edward, 271
Bradley, Jacob, 285
Bradley, Jno., 2
Bradley, John, 54
Bradley, Patrick, 337
Bradley, Richard, 172
Bradley, Samuel, 31
Bradley, Samuel L., 334
Bradley, Thomas, 267
Bradley, Valentine, 236
Bradley, William, 236
Bradley, William, 328
Bradley, William, 334
Bradley, William, 358
Bradon, Joseph, 156
Bradshart, Isaac, 99
Bradshaw, Benjamin, 119
Bradshaw, Benjamin Jr., 119
Bradshaw, George, 222
Bradshaw, George, 237
Bradshaw, George, 248
Bradshaw, Isaac, 145
Bradshaw, Isaiah, 258
Bradshaw, James, 34
Bradshaw, James, 170
Bradshaw, James L., 285
Bradshaw, Jno., 2
Bradshaw, Jonathan, 173
Bradshaw, Philip, 48
Bradshaw, Robert, 93
Bradshaw, Smith, 111
Bradshaw, Smith, 119
Bradshaw, William, 44

Bradshaw, William, 309
Bradway, Abner, 160
Brady, Charles, 342
Brag, Willam, 18
Bralton, Joseph, 184
Bramblet, Henry, 228
Bramblet, Lewis, 252
Bramblet, Nathaniel, 154
Bramday, George, 73
Bramel, Hanson, 320
Bramet, Harry, 367
Bramley, Daniel, 275
Brand, George, 329
Brand, Joseph, 139
Brand, Thomas, 139
Brandenberg, Joseph, 200
Brandenburg, Solomon, 52
Brandenburgh, Absalom, 299
Brandge, Bartlett, 116
Brandham, William, 127
Brandon, John, 324
Brandon, Joseph, 89
Brandon, Joseph, 212
Branham, Benjamin, 238
Branham, Ebin, 269
Branham, Edward, 85
Branham, Edward, 186
Branham, George, 236
Branham, George C., 236
Branham, James, 238
Branham, John, 217
Branham, Joseph, 17
Branham, Sanford, 85
Branham, Sanford, 186
Branham, Simeon, 85
Branham, Simeon, 186
Branham, Tavner, 17
Branham, Turner, 235
Branham, William, 236
Branham, William, 315
Branham, William L., 186
Branham, Wm L., 85
Brank, Ephraim M., 282
Brannagan Christopher, 332
Brannagan, Patrick, 329
Brannin, Daniel, 311
Brannin, Joseph, 132
Brannin, Richard, 186
Brannon, Cornelius, 332
Brannum, John, 348
Bransletter, John, 52
Brant, Solomon, 337
Brashaw, James, 213
Brashear, Raison, 84
Brashears, Otho, 79
Brashears, William, 137
Brasher, Reason, 302
Brashiers, John, 45

Brassad, William, 85
Brassfield, James, 126
Brassfield, Wiley R., 113
Brassfield, Wiley R., 125
Brassfield, Wiley R., 126
Bratton, Adam, 188
Bratton, Adam, 214
Bratton, Adam, 257
Bratton, Adams, 79
Bratton, Archibald, 57
Bratton, David, 80
Bratton, David, 192
Bratton, George, 276
Bratton, Joseph, 26
Bratton, William, 32
Bravard, John, 358
Bray, John, 18
Bray, John, 356
Bray, Thomas, 341
Bray, Thomas, 347
Brazelton, Edward, 8
Brazier, Elijah, 2
Brazier, Lawrence, 2
Brcoks, Boaz, 97
Bready, John, 66
Breckenridge, Eddy, 24
Breckenridge, John, 212
Breckinridge, Alex, 107
Breckinridge, James, 233
Breckinridge, James, 246
Breckinridge, Samuel, 341
Breden, James, 289
Bredwell, Noah, 288
Breed, Philip, 254
Breeding, David, 76
Breedlore, John, 269
Breedlore, Major, 103
Breese, John, 216
Bregis, Edmund, 156
Bremer, John I., 253
Bremer, Peter, 253
Brener, Frederick, 160
Breniger, John, 245
Brennet, Benjamin, 347
Brent, Ellison, 141
Brent, James, 52
Brent, James, 302
Brent, Richard, 93
Brently, James, 43
Brenton, Joseph, 54
Brents, James, 156
Brents, Joshua, 145
Breshears, Otho, 214
Brest, John, 326
Brest, William, 326
Brest, William, 369
Bresto, Ezra, 107
Brewer, Abraham, 77

Brewer, Ashel, 135
Brewer, Charles, 300
Brewer, George W., 167
Brewer, Henry, 260
Brewer, James, 290
Brewer, John, 57
Brewer, John, 175
Brewer, John, 264
Brewer, John, 276
Brewer, Richard, 85
Brewer, Richard, 186
Brewer, William M., 43
Brian, Alexander, 172
Brian, James, 249
Brian, William, 284
Briant, Bailey, 136
Briant, Daniel, 136
Briant, Eli, 5
Briant, John Q., 80
Briant, Morgan, 287
Briant, Randolph, 76
Briant, William, 4
Brice, Benoni, 29
Brice, John, 232
Brice, John T., 112
Brice, William, 232
Brice, William, 318
Brickley, Samuel, 202
Bridger, George, 12
Bridges, Benjamin, 117
Bridges, Benjamin, 159
Bridges, Benjamin, 159
Bridges, Benjamin, 162
Bridges, Benjamin, Sr., 28
Bridges, Dillon, 130
Bridges, Henry, 93
Bridges, Henry, 232
Bridges, Hiram, 247
Bridges, James, 94
Bridges, James, 97
Bridges, John, 43
Bridges, John, 48
Bridges, Joseph, 97
Bridges, Joseph, 367
Bridges, Lewis, 132
Bridges, Thomas, 276
Bridges, Thomas, 278
Bridges, William, 155
Bridges, William, 212
Bridges, William, 278
Bridges, William, 308
Bridwell, Barnard, 290
Brierly, Robert, 349
Brierly, Samuel, 179
Brierly, Thomas, 349
Briggs, Benjamin, 147
Briggs, Jacob, 315
Briggs, James T., 175

Briggs, John, 90
Briggs, John S., 43
Briggs, Thomas, 151
Briggs, Thomas, 241
Briggs, William, 57
Briggs, William, 58
Briggs, William, 175
Bright, David, 233
Bright, John, 63
Bright, John, 150
Bright, John, 290
Bright, William, 73
Bright, William, 75
Bright, William, 237
Brightwell, Thomas, 134
Brille, Joseph, 253
Brim, Landy, 285
Brindle, William, 91
Brindle, William, 213
Brine, Churchwell, 233
Brine, James, 234
Brinigan, John, 113
Brink, Ephraim, 31
Brink, Herbert, 267
Brink, John, 195
Brink, Samuel, 31
Brinkley, Alexander, 346
Brinkley, William, 343
Brinley, Jacob, 299
Brintlinger, Andrew, 349
Brinton, John, 23
Brisco, Jeremiah, 240
Briscoe, Andrew, 67
Briscoe, Andrew, 180
Briscoe, George, 77
Briscoe, Jeremiah, 242
Briscoe, Warner, 305
Briser, James, 301
Brisloe, George, 356
Brissaa, William, 186
Briste, George, 358
Bristoe, Barnett, 40
Bristoe, James, 37
Bristoe, James, 248
Bristoe, Jasper, 311
Bristoe, Thomas, 39
Bristoe, Thomas, 45
Bristoe, William, 279
Bristow, Archibald, 16
Bristow, Barney, 46
Bristow, James, 251
Britain, Benjamin, 98
Britt, Robert, 2
Britt, Robert, 281
Britt, William, 40
Britt, William, 255
Brittain, William, 216
Brittan, William, 84

INDEX

Britterham, German, 31
Brittinham, William, 121
Broadus, Elijah, 200
Broadus, Jeremiah, 182
Broadus, Pascal, 183
Broadwell, Henry, 57
Brocan, James, 93
Brock, Alphonso, 16
Brock, George, 195
Brock, George, 339
Brock, Henry, 97
Brock, Hugh, 270
Brock, John, 32
Brock, John, 270
Brockbank, James, 97
Brocken, John, 8
Brockman, Aaron, 204
Brockman, Ambrose, 76
Brockman, John, 264
Brockman, Thomas, 65
Brockman, William, 222
Brodas, Jeremiah, 366
Broiler, William, 280
Bronough, Thomas, 63
Bronston, Thomas, 124
Bronston, Thomas, 206
Brontin, Narcissus, 329
Bronton, Andrew E., 79
Bronton, Timothy, 329
Brook, Humphrey, 95
Brook, Humphrey, 136
Brook, Humphrey, 179
Brook, John, 289
Brook, Thomas B., 257
Brookhart, David, 162
Brookie, William, 164
Brooking, Samuel, 121
Brooking, Vivion, 131
Brooks, Alexander, 30
Brooks, Austin, 66
Brooks, David, 144
Brooks, Edward, 131
Brooks, Edward, 135
Brooks, Jacob, 301
Brooks, James, 30
Brooks, James, 182
Brooks, Thomas, 28
Brooks, Thomas, 30
Brooks, Thomas, 271
Brooks, W., 78
Brooks, William, 128
Brooks, William, 267
Brooks, William, 335
Brooky, John, 298
Broomfield, John, 271
Broomfield, Richard, 44
Broon, Daniel, 202
Broon, Elijah, 202

Broon, Isaac, 176
Broon, Rowland, 201
Brooner, David, 204
Brother, Samuel, 166
Brothers, Thomas, 155
Brothers, William, 7
Brouder, Josiah, 42
Brouder, Pleasant, 42
Brouder, Thomas, 42
Broughton, Reuben, 344
Brower, Samuel, 343
Brown Absalom, 354
Brown Bazelle, 194
Brown, Abner, 88
Brown, Absalom, 194
Brown, Alex, 359
Brown, Alexander, 7
Brown, Alexander, 237
Brown, Alexander, 291
Brown, Anderson, 30
Brown, Andrew, 312
Brown, Andrew, 359
Brown, Arthur, 26
Brown, Asa, 300
Brown, Austin, 259
Brown, Bailey, 230
Brown, Barnabus, 291
Brown, Bassit, 260
Brown, Benjamin, 166
Brown, Bowlin, 171
Brown, Charles W., 275
Brown, Conrad, 311
Brown, Daniel, 127
Brown, Daniel, 144
Brown, David, 9
Brown, David, 24
Brown, David, 53
Brown, David, 306
Brown, David, 330
Brown, David, 331
Brown, Edmond, 354
Brown, Edwin, 293
Brown, Elijah, 195
Brown, Elijah, 309
Brown, Elisha H., 355
Brown, Francis, 66
Brown, Francis, 230
Brown, Francis, 296
Brown, Frederick, 147
Brown, Frederick, 181
Brown, Frederick, 288
Brown, George, 194
Brown, George, 341
Brown, George, 349
Brown, George, 358
Brown, Henderson, 296
Brown, Henry, 143
Brown, Henry, 276

Brown, Henry, 303
Brown, Henry, 349
Brown, Hugh, 7
Brown, Hugh, 24
Brown, Hugh, 141
Brown, Hugh, 351
Brown, Irwin, 24
Brown, Isaac, 14
Brown, Isaac, 177
Brown, Isaac, 197
Brown, Isaac, 303
Brown, Isaac, 309
Brown, James, 11
Brown, James, 34
Brown, James, 55
Brown, James, 78
Brown, James, 105
Brown, James, 223
Brown, James, 274
Brown, James, 288
Brown, James, 353
Brown, James, 358
Brown, James, 367
Brown, James H., 174
Brown, Jesse, 19
Brown, Jesse, 263
Brown, Jimmy, 284
Brown, Joel, 205
Brown, Joel, 225
Brown, John, 24
Brown, John, 30
Brown, John, 42
Brown, John, 63
Brown, John, 79
Brown, John, 174
Brown, John, 190
Brown, John, 239
Brown, John, 244
Brown, John, 293
Brown, John, 308
Brown, John, 321
Brown, John, 347
Brown, John C., 45
Brown, John C., 46
Brown, John H., 206
Brown, Joseph, 71
Brown, Joseph, 121
Brown, Joseph, 166
Brown, Joseph, 352
Brown, Joseph, 356
Brown, Joshua, 230
Brown, Joshua, 241
Brown, Lazarus, 42
Brown, Lewis, 291
Brown, Major, 320
Brown, Mathew, 190
Brown, Mathew P., 126
Brown, Minas, 337

INDEX

Brown, Nathaniel, 11
Brown, Nathaniel, 145
Brown, Nathaniel, 147
Brown, Nathaniel, 152
Brown, Nelson R., 99
Brown, Nicholas, 192
Brown, Nicholas, 247
Brown, Overton, 32
Brown, Payton, 41
Brown, Peter, 143
Brown, Peter, 312
Brown, Peter, 332
Brown, Richard, 225
Brown, Richard, 259
Brown, Richard, 284
Brown, Robert, 168
Brown, Robert, 194
Brown, Robert, 290
Brown, Rowland, 80
Brown, Samuel, 34
Brown, Samuel, 78
Brown, Samuel, 111
Brown, Samuel, 155
Brown, Samuel, 174
Brown, Samuel, 186
Brown, Samuel, 204
Brown, Samuel D., 140
Brown, Samuel W., 114
Brown, Solomon, 18
Brown, Stanton, 293
Brown, Stephen, 19
Brown, Stephen, 190
Brown, Stephen, 270
Brown, Swebston, 9
Brown, Thomas, 54
Brown, Thomas, 71
Brown, Thomas, 78
Brown, Thomas, 112
Brown, Thomas, 285
Brown, Thomas, 291
Brown, Thomas, 292
Brown, Thomas, 362
Brown, William, 16
Brown, William, 21
Brown, William, 32
Brown, William, 53
Brown, William, 62
Brown, William, 91
Brown, William, 96
Brown, William, 96
Brown, William, 144
Brown, William, 172
Brown, William, 175
Brown, William, 186
Brown, William, 208
Brown, William, 213
Brown, William, 221
Brown, William, 242

Brown, William, 263
Brown, William, 277
Brown, William, 284
Brown, William, 293
Brown, William, 302
Brown, William, 306
Brown, William, 315
Brown, William, 347
Brown, Willis, 30
Brown, Wilson, 182
Brownfield, Charles, 367
Brownfield, James B., 242
Brownfield, John, 343
Brownfield, Richard B., 242
Browning, Albert, 9
Browning, Almond, 41
Browning, Benjamin, 97
Browning, Benjamin, 356
Browning, Edmund, 132
Browning, Elias, 216
Browning, Elias, 84
Browning, Henry, 269
Browning, Jacob, 318
Browning, James, 106
Browning, James, 228
Browning, James, 245
Browning, Jeremiah, 97
Browning, Josiah, 127
Browning, Nathan, 197
Browning, Nathan, 198
Browning, Samuel, 50
Browning, Samuel, 58
Brownlee, Alexander, 165
Brownlee, Alexander, 280
Brownlee, Andrew H., 36
Brownlee, Andrew H., 165
Brownlee, Charles, 252
Brownlee, John, 252
Brownlee, William, 165
Brownlow, Isaac, 71
Brownlow, Isaac, 143
Brownsfield, John, 223
Bruce, Barnett, 268
Bruce, Dewitt, 309
Bruce, Durret, 116
Bruce, Eli, 309
Bruce, Horatio, 59
Bruce, John, 99
Bruce, Joseph, 137
Bruce, Richard W., 122
Brumer, Jacob, 28
Brumfield, James, 8
Brumfield, John, 8
Brumfield, Robert, 296
Brumley, Alexander, 221
Brumley, John, 221
Brumley, Larkin, 76
Brummell, Barnet, 155

Brummell, John, 155
Brundge, Bartlett, 128
Bruner, Edward, 56
Bruner, John, 16
Bruner, John, 308
Bruner, Peter, 11
Bruner, Stephen, 128
Bruner, William, 358
Brunerd, Stephen, 308
Brunett, Elijah, 26
Bruno, John B., 238
Brunt, James, 58
Brunt, John, 136
Brunts, James, 275
Bruse, John, 321
Brush John, 329
Bruton, Enoch, 247
Bryam, William, 352
Bryan, Augustus, 30
Bryan, John, 260
Bryan, John, 295
Bryan, Lewis, 126
Bryan, Luke, 106
Bryan, Morgan, 31
Bryan, Morgan, 225
Bryan, Nicholas, 195
Bryan, Robert, 163
Bryan, Thomas, 106
Bryan, William, 95
Bryan, William, 106
Bryan, William, 147
Bryant, Alexander, 145
Bryant, Allen, 64
Bryant, Charles E., 352
Bryant, Daniel, 285
Bryant, David, 98
Bryant, David, 368
Bryant, Eli, 40
Bryant, Elijah, 213
Bryant, Hiram, 40
Bryant, Isham, 43
Bryant, James, 40
Bryant, James, 225
Bryant, John, 60
Bryant, John, 76
Bryant, John, 118
Bryant, John, 145
Bryant, John, 335
Bryant, John, 354
Bryant, Lewis, 179
Bryant, Lewis, 317
Bryant, Robert, 289
Bryant, Roderick, 146
Bryant, Roily, 263
Bryant, Rowleigh, 227
Bryant, Thomas, 298
Bryant, William, 40
Bryant, William, 66

Bryant, William, 202
Bryant, William, 289
Brynson, John, 313
Bryor, Anthony H., 242
Bryson, Edward, 313
Bucanon, James, 314
Buchanan, Andrew, 310
Buchannon, John, 305
Buchanon, John, 354
Bucherd, Robert, 69
Buchram, Ambrose, 13
Buck, John, 67
Buck, John, 351
Buck, Joseph, 351
Buckannon, John, 263
Buckannon, Simeon, 263
Buckhannon, A., 30
Buckhannon, Andrew, 140
Buckhannon, John, 221
Buckhannon, Thomas, 138
Buckhannon, Thomas, 214
Buckhannon, Thomas, 232
Buckhannon, Walsher, 74
Buckhanon, Stephen, 126
Buckhanon, Zekel, 349
Buckhart, George, 49
Buckingham, Peter, 280
Buckley, John B., 349
Buckley, Joseph, 368
Buckley, Samuel, 124
Buckley, Thomas, 19
Buckner, Aylett, 165
Buckner, Gabriel N., 165
Buckner, George, 31
Buckner, Henry W., 145
Buckner, James B., 165
Buckner, John, 165
Buckner, John, 314
Buckner, Peter B., 198
Buckner, Robert, 162
Buckner, Robert, 183
Buckner, Thomas, 248
Buckner, William, 8
Bucks, John, 234
Bucy, William, 102
Bucy, William, 354
Budd, Gilbert, 144
Budd, Joseph, 144
Buford, Abraham, 212
Buford, William, 182
Bugher, William, 57
Bugle, William, 337
Bull, Bennett, 242
Bull, William P., 206
Bullitt, Anthony, 358
Bullman, Jonathan, 351
Bullock, James P., 198
Bullock, John P., 197

Bullock, John P., 199
Bullock, John R., 16
Bullock, Nathan, 222
Bullock, William G., 179
Bullott, John, 296
Bunard, Gilbert, 99
Bunch, Davis, 129
Bunch, Garrett, 182
Bunch, George, 202
Bunch, Israel, 279
Bunch, Rodden, 78
Bunch, William, 182
Bundage, Bartlett, 60
Bundrant, Caleb, 198
Bunds, George S., 205
Bundy, Reuben, 61
Bunnell, Robt, 351
Buntian, James, 227
Buntian, John, 227
Buntian, Thomas, 227
Bunton, Andrew, 75
Bunton, Andrew, 248
Bunton, Andrew C., 214
Bunton, Hugh, 322
Bunton, Samuel, 285
Burbridge, Jesse, 107
Burbridge, Robert, 107
Burbridge, Robert, 264
Burbridge, Thomas, 91
Burbridge, Thomas, 213
Burbridge, Thomas, Jr., 91
Burbridge, Thomas, Jr., 213
Burch, Alexander, 10
Burch, Clifton R., 17
Burch, James, 349
Burch, Jesse, 304
Burch, John, 45
Burch, John, 46
Burch, Standish, 310
Burch, William, 196
Burcham, Isaiah, 73
Burchfield, John, 57
Burchfield, John, 214
Burchfield, Thomas, 284
Burchfreed, John, 79
Burchum, Joseph, 205
Burdett, Benjamin, 304
Burdett, John, 69
Burdett, William, 304
Burdin, William, 45
Burditt, Wesley, 244
Burgan, Allen, 247
Burgan, James, 247
Burgas, Baker, 361
Burges, John, 279
Burges, Mordacai, 130
Burgess, Henry Y., 260
Burgess, William, 56

Burgis, William, 128
Burgman, William, 300
Burgy, Manson, 180
Burhead, Basil, 10
Burk, Andrew, 173
Burk, Benjamin, 111
Burk, George, 314
Burk, Henry, 160
Burk, James, 354
Burk, Moses, 94
Burk, Richard, 232
Burk, Roland, 366
Burk, Rowland, 148
Burk, Rowland, 240
Burke, Abraham, 223
Burke, Abraham, 224
Burke, John, 49
Burke, John, 286
Burke, Robert, 80
Burke, Robert, 192
Burkelow, Isaac, 42
Burkelow, John, 43
Burkes, John, 106
Burket, Adam, 21
Burkfield, John, 362
Burkham Isaac, 369
Burkhead, Basil, 288
Burkhead, Isaac, 288
Burkingham, Peter, 258
Burklon, John, 42
Burks, John, 144
Burks, John, Jr., 9
Burman, James, 287
Burmun, Peter M., 116
Burnam, Joel, 246
Burnan, Bennett, 26
Burnaugh, George, 252
Burnel, Griffen, 360
Burner, John, 145
Burnese, Samuel, 317
Burnet, James, 291
Burnet, Robert, 72
Burnet, William, 72
Burnett, Abraham, 303
Burnett, Henry, 167
Burnett, Isaac, 56
Burnett, John, 228
Burnett, Nicholas, 289
Burnett, Samuel, 37
Burnett, William, 305
Burnham, Owen, 291
Burnough, George, 324
Burns, Alfred, 126
Burns, Caleb, 264
Burns, Daniel, 332
Burns, Garret, 141
Burns, Ignatius, 105
Burns, Isaac, 295

INDEX

Burns, Jacket, 228
Burns, Jacob, 143
Burns, James, 106
Burns, John, 141
Burns, John, 351
Burns, John S., 247
Burns, Joseph, 99
Burns, Matthew, 344
Burns, Nicholas, 213
Burns, Robert, 105
Burns, Samuel, 139
Burns, Thomas, 141
Burns, Thomas S., 118
Burns, William, 337
Burnsides, James, 244
Burnsides, James, 246
Burrally, Peter, 66
Burrass, Henry, 192
Burrass, James, 26
Burrell, John, 134
Burress, Garrett, 96
Burress, Robert, 216
Burress, Robert, 84
Burress, Will, 77
Burrett, Bond, 200
Burris, Archibald, 72
Burris, George, 134
Burris, John, 259
Burris, Joseph, 359
Burris, Samuel, 82
Burris, Thomas, 358
Burris, William, 127
Burriss, John, 306
Burrough, Thomas, 191
Burroughs, Henry, 317
Burrow, Alexander, 341
Burrows, William, 264
Burtle, Joseph, 172
Burton, Allen, 293
Burton, Archibald, 241
Burton, Daniel, 352
Burton, David, 26
Burton, Hezekiah, 192
Burton, James, 311
Burton, Jesse, 200
Burton, John, 75
Burton, John, 169
Burton, John, 194
Burton, John, 225
Burton, John, 234
Burton, Moses, 313
Burton, Preteman, 169
Burton, Samuel, 234
Burton, Thomas, 122
Burton, William, 122
Burton, William, 289
Burwell, William, 27
Busby, Mathew, 131

Busey, Arthur, 306
Busey, Jacob, 306
Bush, Benjamin, 196
Bush, Cave, 267
Bush, Cave, 358
Bush, George, 352
Bush, Hiram, 128
Bush, Hiram, 268
Bush, Jeremiah, 16
Bush, Jeremiah, 308
Bush, John, 12
Bush, John V., 268
Bush, Mercer, 268
Bush, Nelson, 198
Bush, Philip, 22
Bush, Pleasant, 128
Bush, Richard, 321
Bush, Thomas F., 268
Bush, Tilman, 116
Bush, William, 88
Bush, William, 177
Bush, William, 208
Bushby, James, 91
Bushong, Andrew, 52
Busich, Linn, 85
Busick, Levin, 186
Buskirk, Abraham, 251
Buskirk, Isaac, 251
Buskirk, John, 21
Buskirk, John, 251
Buskirk, Josias, 251
Buskirk, Lawrence, 139
Buskirk, Michael, 251
Buskitt, David, 204
Buskitt, John, 95
Busley, James, 213
Busley, William, 204
Bustard, David, 119
Buster, John, 74
Buster, Robert L., 53
Buster, Robert S., 247
Buster, William, 62
Buster, William, 156
Bustle, John, 63
Bustle, John, 182
Busto, David, 5
Bustrong, George, 256
Bustrong, Henry, 256
Butcher, Charles, 194
Butcher, George, 90
Butcher, George, 245
Butcher, Robert, 183
Butcher, Robert, 246
Butcher, William, 246
Butcher, William, 262
Buterom, John, 7
Butler, Ichabod, 232
Butler, James, 50

Butler, James, 55
Butler, James, 202
Butler, James, 236
Butler, James, 253
Butler, John, 17
Butler, John, 50
Butler, John, 78
Butler, John, 98
Butler, John, 110
Butler, John, 216
Butler, John, 258
Butler, John, 273
Butler, John, 317
Butler, John, 327
Butler, John, 344
Butler, John, 358
Butler, Joseph, 98
Butler, Joshua, 338
Butler, Nathan, 280
Butler, Peter, 50
Butler, Samuel, 181
Butler, Samuel, 253
Butler, Samuel, 275
Butler, Thomas, 236
Butler, Thomas, 245
Butler, Thomas, 269
Butler, Thomas L., 349
Butler, Thomas L., 361
Butler, William, 29
Butler, William, 296
Butler, William B., 90
Butler, William O., 109
Butler, William W., 204
Butrim, Cornelius, 291
Butt, Samuel, 91
Butt, Samuel, 213
Butter, Moses, 164
Button, Elias, 277
Button, James, 161
Button, John, 161
Button, John, 274
Button, John, 365
Button, Reuben, 161
Button, Thomas, 198
Button, William, 161
Button, Zacheus, 274
Butts, John, 138
Byard, John, 351
Bybee, John, 128
Bybee, William, 128
Bye, John, 56
Byers, Gulielmus, 6
Byes, Armstrong, 145
Byes, Armstrong, 280
Byland, John, 132
Byle, John H., 281
Bynes, Andrew, 31
Byram, William, 179

Byrd, Abraham, 29
Byrd, John, 29
Byres, James, 16
Byrn, James, 92
Byrn, Temple C., 22
Byrne, Charles L., 21
Byrne, Dennis, 270
Byrne, William T., 34
Byrum, Ridley, 335
Bywater, Hankerson, 273
Cabines, Charles, 36
Cabiness, John M., 279
Cabmess, John M., 165
Cabo, John, 296
Cacey, Peter, 8
Cade, William, 328
Cade, William, 334
Cadwell, Aaron, 330
Cadwell, William, 49
Cadwell, William, 330
Caffield, Gersham, 4
Caffrey, Thomas M., 300
Cagel, Sampson, 54
Cahill, Ellison, 179
Cahill, John, 317
Cahoon, David, 44
Cain, Daniel, 337
Cain, Henry, 6
Cain, Henry, 11
Cain, Jacob, 182
Cain, James, 11
Cain, John, 343
Cain, Joseph, 97
Cain, Philip, 132
Cain, Robert, 367
Cairy, John W., 306
Cakendolpher, David, 344
Calahan, Patrick, 349
Calbert, Daniel, 221
Caldazer, Abram, 198
Caldwell, Andrew, 165
Caldwell, Andrew, 280
Caldwell, Charles, 8
Caldwell, Charles, 260
Caldwell, Charles, 312
Caldwell, Ephraim, 228
Caldwell, Isaac, 274
Caldwell, James, 30
Caldwell, James, 237
Caldwell, James, 238
Caldwell, James, 252
Caldwell, John, 77
Caldwell, John, 88
Caldwell, John, 94
Caldwell, John, 209
Caldwell, John, 237
Caldwell, Nathaniel H., 112
Caldwell, Oliver, 222

Caldwell, Robert, 10
Caldwell, Robert, 222
Caldwell, Robert, 255
Caldwell, Robert P.B., 40
Caldwell, Robert P.B., 173
Caldwell, Samuel, 1
Caldwell, Samuel, 173
Caldwell, Samuel, 248
Caldwell, Samuel, 252
Caldwell, Terah T., 48
Caldwell, William, 83
Caldwell, William, 112
Caldwell, William, 145
Caldwell, William, 210
Caldwell, William, 271
Caldwell, William, 298
Caldwell, William, 84
Caldwell, Willis, 252
Calehan, John, 190
Calender, Isaac, 275
Calhoon, Henry P., 214
Calhoun, Alexander, 299
Calhoun, Daniel, 367
Calhoun, Henry P., 79
Calhoun, Henry P., 188
Calhoun, James, 73
Calhoun, John, 156
Calhoun, John, 280
Calk, Thomas, 266
Calker, Solomon, 109
Call, Charles, 217
Call, Charles, 347
Call, Jacob, 173
Call, William, 228
Callahan, John, 182
Callan, William, 132
Callehan, David, 262
Callehan, John, 262
Callender, Jacob, 112
Calleway, John, 68
Callihan, David C., 354
Callihan, Isaac, 182
Callimes, Marquis, 121
Callis, Thomas, 318
Callison, Hiram, 246
Calliway, Thomas, 22
Callons, Andrew, 182
Calloway, Edmond, 15
Calloway, Edmund, 128
Calloway, James, 161
Calloway, James, 365
Calloway, John, 24
Calloway, John, 159
Calloway, John, 161
Calloway, John, 365
Calloway, Thomas P., 162
Calmes, Fielding, 268
Calmes, George, 126

Calon, John, 309
Calrnes, Spencer, 268
Calvert, Basil, 18
Calvert, Bazil, 130
Calvert, Charles B., 139
Calvert, Isaiah, 143
Calvert, Isaiah, 312
Calvert, James, 95
Calvert, John, 276
Calvert, Mansfield, 19
Calvert, Mansfield, 130
Calvert, Martin, 32
Calvert, Nash, 344
Calvert, Richard, 11
Calvert, Thomas, 288
Calvert, William, 130
Calvert, William, 135
Calvert, William, 143
Calvert, William, 344
Calvin, Boswell, 98
Calvin, Charles, 190
Calvin, Jeremiah, 183
Calvin, Jeremiah, 246
Calvin, John, 60
Camaron, Henry, 127
Cambers, James, 96
Cambron, John, 147
Camburn, Osborn, 296
Camel, Robert, 105
Cameron, Osborn, 360
Camfield, Norris, 208
Cammack, William, 278
Camp, Benjamin, 339
Camp, Edward, 321
Campbell Robert T., 109
Campbell, Adam, 17
Campbell, Alexander, 232
Campbell, Allen, 56
Campbell, Allen, 172
Campbell, Archibald, 62
Campbell, Chas., 1
Campbell, David, 77
Campbell, David, 79
Campbell, David, 214
Campbell, David S., 44
Campbell, Duncan, 281
Campbell, Duncan, 356
Campbell, Duncan, 358
Campbell, George, 5
Campbell, George, 44
Campbell, George, 188
Campbell, George, 197
Campbell, George, 206
Campbell, George B., 301
Campbell, Jacob, 304
Campbell, Jacob, 365
Campbell, James, 95
Campbell, James, 96

INDEX

Campbell, James, 111
Campbell, James, 136
Campbell, James, 175
Campbell, James, 179
Campbell, James, 301
Campbell, James, 356
Campbell, Jesse, 181
Campbell, John, 65
Campbell, John, 79
Campbell, John, 88
Campbell, John, 113
Campbell, John, 119
Campbell, John, 208
Campbell, John, 214
Campbell, John, 265
Campbell, John, 325
Campbell, John, 344
Campbell, John, 358
Campbell, John, 368
Campbell, Joseph, 180
Campbell, Joseph, 341
Campbell, Joseph, 356
Campbell, Joseph, 365
Campbell, Joshua, 317
Campbell, Lindsey, 88
Campbell, Lindsey, 189
Campbell, Lindsey, 209
Campbell, Lindsey, 278
Campbell, Matthew, 51
Campbell, Matthew, 139
Campbell, Peter, 271
Campbell, Robert, 62
Campbell, Robert, 216
Campbell, Robert, 356
Campbell, Robert M., 273
Campbell, Samuel, 79
Campbell, Samuel, 175
Campbell, Samuel, 198
Campbell, Samuel, 214
Campbell, Samuel, 257
Campbell, Samuel, 353
Campbell, Thomas, 100
Campbell, Thomas, 232
Campbell, William, 14
Campbell, William, 44
Campbell, William, 66
Campbell, William, 68
Campbell, William, 96
Campbell, William, 103
Campbell, William, 108
Campbell, William, 119
Campbell, William, 136
Campbell, William, 156
Campbell, William, 236
Campbell, William L., 158
Campbell, Williamson, 124
Campbell, Wm. Jr., 1
Campbell, Wm. Sr., 1

Camphor, Ambrose, 322
Campton, James, 295
Campton, John, 253
Canada, Elijah, 165
Canada, John, 11
Canady, James, 210
Canard, George, 258
Canary, Christian, 312
Cane, Arnold, 261
Cane, John, 59
Cane, John, 303
Cane, John, 349
Cane, Mathew, 290
Cane, Michael, 288
Canick, Robert, 122
Canine, Ralph, 13
Canis, Emanuel, 266
Cann, Edward, 301
Cann, John, 50
Canning, Henry, 21
Cannon, Edward, 253
Cannon, Israel, 278
Cannon, Israel, 296
Cannon, James, 336
Cannon, James A., 184
Cannon, John, 265
Cannon, Laws W., 318
Cannon, Newton, 232
Cannon, Robert, 295
Cannon, Samuel, 327
Cannon, Simeon, 2
Cannon, Thomas, 361
Cannon, Willis, 34
Canon, James H., 26
Canterberry, John, 217
Cantrell, Martin, 48
Cantrell, William, 48
Cantwell, Hughs, 348
Cape, Thomas, 64
Caplinger, Adam, 68
Caplinger, John, 28
Caplinger, John, 298
Caplinger, Samuel, 28
Caplinger, Solomon, 28
Capps, Caleb, 113
Capps, Joshua, 275
Capstervant, William, 195
Capuze, Henry, 10
Caradine, David, 284
Carathius, William, 254
Carbone, Daniel, 46
Carbourn, Daniel, 48
Card, Zacheus, 81
Cardell, George, 159
Cardwell, George, 304
Cardwell, Jacob, 164
Cardwell, James, 111
Cardwell, James, 309

Cardwell, John, 75
Cardwell, John, 234
Cardwell, John, 305
Cardwell, John C., 75
Cardwell, John R., 233
Cardwell, John R., 309
Cardwell, Samuel, 111
Cardwell, Thomas, 6
Cardwell, William, 85
Cardwell, William, 164
Cardwell, William, 233
Cardwell, William, 299
Cardwell, William, 306
Carender, Nicholas, 201
Carey, James, 237
Carey, Nathaniel, 78
Carey, Richard, 335
Carey, Thomas, 78
Carico, James, 290
Carico, Thomas, 305
Carius, Absalom, 186
Carl, John, 357
Carl, Lowden, 141
Carlew, Henry, 278
Carlew, John, 278
Carlisle, Henry, 41
Carlisle, Mathew, 284
Carlisle, Samuel, 4
Carlisle, William, 369
Carlow, Robert, 278
Carlton, Francis D., 299
Carlton, George, 112
Carlton, Isaac, 112
Carlton, Noah, 112
Carmack, Levi, 319
Carman, Ezekiah, 294
Carman, Joshua, 311
Carman, William, 61
Carmen, William, 294
Carmor, William, 339
Carnaga, John F., 354
Carnahan, James, 225
Carnays, Jacob, 143
Carney, David L., 341
Carnine, Richard, 163
Caro, Manuel, 340
Carpenter, Absalom, 356
Carpenter, George, 151
Carpenter, George, 241
Carpenter, James, 69
Carpenter, James, 279
Carpenter, John, 68
Carpenter, John, 73
Carpenter, John, 201
Carpenter, Moses, 68
Carpenter, Peter, 2
Carpenter, Rufus, 149
Carpenter, Samuel, 60

INDEX

Carpenter, Simeon, 16
Carpenter, William, 202
Carpenter, Wm K., 158
Carr, Abraham, 15
Carr, Abram, 313
Carr, Charles, 189
Carr, Elijah, 300
Carr, Elijah, 306
Carr, Isaac, 301
Carr, James, 105
Carr, John, 27
Carr, John, 164
Carr, John, 343
Carr, John R., 322
Carr, Joseph, 209
Carr, Nathan, 321
Carr, Samuel, 65
Carr, Thomas, 253
Carr, Walter C., 118
Carr, Walter C., 267
Carr, William, 64
Carrel, Samuel, 159
Carrick, Edward, 207
Carrick, John U., 329
Carrico, Benedict, 166
Carrigan, Arthur, 356
Carrigan, David, 356
Carrington, Arthur, 78
Carrington, William, 326
Carrol, John, 96
Carroll, James, 103
Carroll, John, 9
Carroll, John, 119
Carroll, John, 144
Carroll, Perry, 121
Carsen, Alexander, 12
Carson, Alexander, 145
Carson, Andrew, 2
Carson, Andrew, 44
Carson, Benjamin, 336
Carson, Boland, 335
Carson, Charles, 182
Carson, Charles C., 69
Carson, David, 88
Carson, Edmund, 51
Carson, Hugh, 299
Carson, Joseph, 69
Carson, Robert, 240
Carson, Samuel, 35
Carson, Samuel, 170
Carson, Samuel, 368
Carson, Thomas, 259
Carson, William, 193
Carson, William, 206
Carson, William, 335
Carswell, William, 310
Carter John, 175
Carter William C., 61

Carter, Alexander, 192
Carter, Allen, 5
Carter, Allen, 283
Carter, Benjamin, 295
Carter, Britton, 151
Carter, Charles, 54
Carter, Charles, 58
Carter, Charles, 185
Carter, Claibourne, 262
Carter, Daniel, 196
Carter, Edward, 79
Carter, Edward, 214
Carter, George, 44
Carter, George, 62
Carter, George, 151
Carter, George, 208
Carter, George W., 129
Carter, Henry, 42
Carter, Isaac, 145
Carter, Jacob, 331
Carter, James, 130
Carter, James, 155
Carter, James, 261
Carter, James, 262
Carter, James, 278
Carter, James, 283
Carter, James T., 145
Carter, John, 42
Carter, John, 57
Carter, John, 73
Carter, John, 200
Carter, John, 217
Carter, John, 239
Carter, John, 86
Carter, John F., 344
Carter, Joseph, 145
Carter, Joseph, 290
Carter, Kenyon, 114
Carter, Larkin, 151
Carter, Levi, 132
Carter, Mason, 147
Carter, Moses, 256
Carter, Moses, 294
Carter, Samuel, 80
Carter, Samuel, 192
Carter, Samuel, 290
Carter, Thomas, 16
Carter, Thomas, 55
Carter, Thomas, 76
Carter, Thomas, 155
Carter, Thomas, 163
Carter, William, 1
Carter, William, 53
Carter, William, 78
Carter, William, 103
Carter, William, 219
Carter, William, 266
Carter, William, 276

Carter, William, 290
Carter, William, 339
Carter, William (2d), 219
Cartico, Lloyd, 296
Cartmill, David, 107
Cartmill, John, 322
Cartright, John, 270
Cartright, John, 369
Cartright, Peter, 270
Cartwright, George, 343
Cartwright, Henry, 212
Cartwright, James, 189
Cartwright, James A., 80
Cartwright, James A., 198
Cartwright, John, 212
Cartwright, Levan L., 34
Cartwright, Levi L., 125
Carver, John, 337
Cary Melford, 111
Casady, John, 321
Casby, Abner, 326
Casby, Charles J., 119
Casby, James, 119
Case, Benjamin, 79
Case, Benjamin, 215
Case, Edward, 320
Case, Jacob, 300
Case, James, 98
Case, John, 72
Case, Joseph, 227
Case, Joseph, 232
Case, Joseph, 306
Case, Joseph, 320
Case, Samuel, 360
Case, Shadrach, 97
Caseady, Jeremiah, 237
Casen, John, 270
Casey, Abner, 54
Casey, Archibald, 96
Casey, Archibald, 141
Casey, Chapman R., 362
Casey, David, 72
Casey, David, 295
Casey, Green, 258
Casey, Henry, 17
Casey, Henry, 72
Casey, Henry, 224
Casey, Joel F., 206
Casey, John, 166
Casey, Joshua, 349
Casey, Robert, 72
Casey, William, 224
Cash, Archibald, 72
Cash, Archibald, 354
Cash, Burrel, 48
Cash, Jeremiah, 306
Cash, Peter, 275
Cash, William, 11

INDEX

Cash, William, 289
Cashier, Daniel, 367
Cashier, Lewis, 160
Cashman, John, 56
Cashman, John, 300
Cashman, Peter, 300
Caskey, Sampson, 258
Caskill, John, 19
Cason, Denis B., 173
Cason, John, 209
Cason, Reuben, 344
Cass, Joseph, 327
Cass, Robert, 16
Cassaday, Thomas, 102
Cassady, Peter, 125
Cassady, Thomas, 270
Cassell, Benjamin, 118
Casson, John, 291
Cast, John, 306
Casteel, John, 182
Castle, John, 204
Castleberg, Fleming, 278
Castleberry, Fleming, 47
Caston, John, 158
Caswell, John, 49
Caswell, William, 49
Cather, William, 64
Cathran, John, 298
Catlin, Seth, 71
Catlin, Seth, 295
Cato, Cullen, 332
Cato, Needham, 2
Catsinger, George, 258
Catt, John C., 160
Catterson, Robert, 221
Caudle, Robert, 65
Caugheran, Andrew, 354
Caughorn, William, 291
Caumock, William, 4
Cavan, John, 49
Cave, John, 238
Cave, John, 250
Cave, John, 265
Cave, John, 270
Cave, John, 369
Cave, Richard, 140
Cave, Richard, 208
Cave, Richard, 212
Cave, Uriel, 108
Cave, William, 107
Cavenaugh, Philemon, 289
Cavender, Joseph, 346
Cavens, John, 57
Cavernaugh, Thomas, 26
Cavins, Absalom, 85
Cavins, Reason, 257
Cavis, Simeon, 251
Caw, Walter E., 31

Cawey, Martin, 271
Cawl, Charles, 87
Cawley, Samuel, 230
Cawn, William, 175
Cazy, Levi, 194
Cecil, Henry B., 343
Centers, James, 348
Cessen, William, 361
Chadburn, Joseph, 159
Chadd, Samuel, 102
Chadd, Samuel, 321
Chadd, William, 29
Chadwick, Benjamin, 163
Chafant, Francis, 368
Chaffin, David, 316
Chalfant, Amos, 137
Chalfant, Thomas, 132
Chalfin, John, 49
Chalfrant, Nathan, 302
Chalpin, Robert, 346
Chamberlain, George, 78
Chamberlain, John, 78
Chamberlain, Liles, 166
Chamberlain, William, 78
Chamberlin, Thomas, 109
Chambers, Abraham, 293
Chambers, Alexander, 274
Chambers, Benjamin S., 220
Chambers, David, 246
Chambers, George, 320
Chambers, George M., 159
Chambers, Henry, 348
Chambers, Hugh, 61
Chambers, Isaac, 290
Chambers, James, 66
Chambers, James, 96
Chambers, James, 270
Chambers, John, 23
Chambers, John, 368
Chambers, John D., 79
Chambers, John D., 188
Chambers, John D., 215
Chambers, Jonathan, 341
Chambers, Jonathan, 343
Chambers, Josiah, 336
Chambers, Uriel B., 125
Chambers, William, 65
Chambers,Uriel B., 126
Champ, Nathaniel, 341
Champion, Joseph, 295
Chancey, Nathan, 197
Chancy, Samuel, 93
Chandler, Alfred, 85
Chandler, Alfred, 186
Chandler, George R., 184
Chandler, John, 3
Chandler, John, 216
Chandler, John, 360

Chandler, John, 84
Chandler, Levi, 322
Chandler, Rankin, 241
Chandler, Richard, 31
Chandler, Richard, 256
Chandler, Seady, 155
Chandler, Walter, 132
Chandler, William, 3
Chaney, John, 95
Chaney, Nathan, 198
Chanly, John, 210
Chapell, Dominick, 328
Chapin, Samuel, 217
Chaplain, Jery, 290
Chapman, Daniel, 177
Chapman, George, 175
Chapman, George, 365
Chapman, Jeremiah, 185
Chapman, Job, 277
Chapman, John, 26
Chapman, John, 28
Chapman, John, 327
Chapman, John, 349
Chapman, Joseph, 185
Chapman, Joshua, 37
Chapman, Neal, 50
Chapman, Thomas, 257
Chapman, Thomas, 356
Chapman, Zachariah, 82
Chapman, Zachariah, 356
Chapoy, Henry, 311
Charis, Ishmael, 184
Charles James, 65
Charles, _____, 349
Charles, James, 266
Charles, Lewis, 109
Charles, William, 49
Charles, William, 304
Charlton, Levi, 63
Charlton, Levi, 294
Charn, Absalom, 14
Charon, David, 185
Chase, William, 302
Chastun, John, 50
Chayson, David, 274
Cheatham, Baxter D., 173
Cheatham, Isaiah, 78
Chedle, Burch, 160
Cheek, John, 64
Cheek, Shadrach, 361
Cheetham, Hezekiah, 279
Chenault, Stephen, 10
Chenault, Stephen, 24
Chenington, John, 333
Chenoweith, Absalom, 162
Chenoweth, Hardin T., 147
Chenowith, Thomas, 298
Cherey, Moses, 358

INDEX

Cherry, John, 108
Cherry, Nicholas, 208
Chesney, William, 62
Chester, William, 44
Chestnut, Samuel, 172
Chew, Samuel, 164
Chew, Samuel, 322
Childen, Harman, 224
Childers, Abraham, 90
Childers, Abraham, 106
Childers, Goldsby, 139
Childers, James, 139
Childers, Joseph, 139
Childers, Thomas, 139
Childers, William, 208
Childers, William, 348
Childes, John, 66
Childress, Archibald, 362
Childs, Henry, 270
Childs, William, 242
Chiles, David, 132
Chiles, Isaac, 347
Chiles, James, 38
Chiles, John, 152
Chiles, Joseph, 232
Chiles, Richard, 113
Chiles, Richard, 270
Chiles, Thomas, 152
Chilton, George W., 313
Chilty, Joseph, 246
Chinewith, John, 13
Chinn, Achilles, 140
Chinn, Alfred, 115
Chinn, Charles, 31
Chinn, Charles, 356
Chinn, Charles, 362
Chinn, Dudley, 16
Chinn, Elijah, 320
Chinn, Francis, 24
Chinn, George G., 179
Chinn, James, 26
Chinn, John P., 24
Chinn, Joseph G., 140
Chinn, Nathaniel, 115
Chinn, Nathaniel, 267
Chinn, Rawleigh, 24
Chinn, Richard H., 109
Chinn, Thomas, 24
Chinn, William B., 24
Chipley, Elijah, 206
Chisam, James, 126
Chisam, John, 36
Chisam, John, 128
Chism, Benjamin, 265
Chism, Elijah, 228
Chism, James, 116
Chism, James, 268
Chism, Nathaniel, 228

Chism, Richard, 32
Chism, Thomas, 268
Chism, Thomas, 318
Chismet, James, 52
Chison, John, 265
Chissenhall, Clement, 39
Chissenhall, William, 39
Chisteen, John L., 165
Chitwood, John R., 100
Chitwood, John R., 368
Choat, Samuel, 125
Choat, Samuel, 322
Chowning, William, 140
Chrest, Jacob, 42
Chrise, Jacob, 47
Chrisholm, Nathaniel, 113
Chrisly, George, 217
Chrisman, Elijah, 155
Chrisman, George, 111
Chrisman, George, 119
Chrisman, Joseph, 155
Christal, George, 86
Christal, George, 217
Christerson, Christopher, 77
Christerson, Samuel, 77
Christian, Benjamin, 332
Christian, Charles, 178
Christian, Charles H., 45
Christian, Charles H., 47
Christian, Martin S., 167
Christian, Thomas, 196
Christian, William, 228
Christin, Julius, 316
Christinan, Richard, 5
Christopher, Ambrose, 247
Christopher, John, 30
Christopher, John, 117
Christopher, John, 120
Christopher, William, 263
Christy, Andrew, 36
Christy, Simeon, 222
Christy, Simeon, 369
Christy, William, 14
Chriswell, Robert, 163
Chrystal, George, 359
Chrystal, William, 360
Chue, Edward B., 13
Chunn, Thomas T., 347
Church, James, 79
Church, James, 188
Church, James, 215
Church, Robert, 368
Church, Thomas, 334
Church, William, 160
Church, William, 239
Church, William Jr., 19
Churchill, John, 364
Churchill, William, 160

Churning, Hardin, 165
Chutter, William, 179
Ciddle, Cal, 116
Cidwell, John, 296
Cinkhorn, John, 296
Cinkhous, Henry, 294
Cisco, Isaac, 331
Cissel, James, 71
Cissel, James, 288
Cissell, Robert, 296
Cissell, Thomas, 296
Clair, Daniel, 62
Clair, John, 356
Claming, Francis, 351
Clan, John, 360
Clanahan, James M., 248
Clandenning, Alexander, 334
Clapper Philip, 328
Clare, John, 94
Clark, Abner, 288
Clark, Ambrose, 348
Clark, Benjamin, 8
Clark, Benjamin, 39
Clark, Benjamin, 46
Clark, Benjamin, 73
Clark, Benjamin L., 259
Clark, Boling, 309
Clark, Bowler, 257
Clark, Charles, 249
Clark, Charles, 270
Clark, Daniel, 16
Clark, Daniel, 45
Clark, Daniel, 46
Clark, Daniel, 313
Clark, David, 54
Clark, David, 150
Clark, David, 298
Clark, Eaden, 306
Clark, Elisha, 328
Clark, Gardner, 306
Clark, George, 195
Clark, George, 310
Clark, George W., 111
Clark, George:, 53
Clark, Henry, 259
Clark, Hernold, 44
Clark, Hugh, 91
Clark, Hugh, 213
Clark, Isaac, 35
Clark, Isaac, 159
Clark, James, 77
Clark, James, 79
Clark, James, 108
Clark, James, 111
Clark, James, 126
Clark, James, 188
Clark, James, 205
Clark, James, 214

INDEX

Clark, James, 306
Clark, James, 356
Clark, Jas., 2
Clark, Jeremiah, 139
Clark, Jesse, 76
Clark, Jesse, 145
Clark, John, 39
Clark, John, 190
Clark, John, 225
Clark, John, 288
Clark, John, 332
Clark, John, 358
Clark, John, 368
Clark, John R., 184
Clark, John W., 132
Clark, Joseph, 15
Clark, Joseph, 203
Clark, Joseph, 277
Clark, Joseph, 304
Clark, Joseph D., 343
Clark, Matthew, 168
Clark, Moses, 310
Clark, Patterson B., 15
Clark, Philip, 33
Clark, Philip, 316
Clark, Philip, 86
Clark, Reuben, 166
Clark, Richard, 313
Clark, Richard, 367
Clark, Robert, 247
Clark, Robert, 308
Clark, Roderick, 277
Clark, Samuel, 91
Clark, Samuel, 213
Clark, Samuel, 326
Clark, Samuel, 334
Clark, Stephen, 44
Clark, Thomas, 230
Clark, Thomas, 294
Clark, Thomas, 361
Clark, Thompson, 129
Clark, Thompson A., 254
Clark, Will, 325
Clark, William, 54
Clark, William, 58
Clark, William, 60
Clark, William, 152
Clark, William, 293
Clark, William, 309
Clark, William, 356
Clark, William, 366
Clark, Zacheus, 288
Clark., Bowlin, 2
Clarke, Albin, 300
Clarke, Charles, 19
Clarke, Charles, 118
Clarke, Drury, 176
Clarke, Elisha, 156

Clarke, Isaac, 170
Clarke, Jacob, 263
Clarke, James, 35
Clarke, James, 70
Clarke, James, 170
Clarke, John, 70
Clarke, John, 131
Clarke, John, 177
Clarke, Joseph, 33
Clarke, Joseph, 198
Clarke, Lawrence, 163
Clarke, Matthew, 179
Clarke, Obadiah, 256
Clarke, Patterson, 198
Clarke, Reuben, 176
Clarke, Robert, 2
Clarke, Robert, 192
Clarke, Thomas, 130
Clarke, Thomas, 149
Clarke, Thomas, 174
Clarke, Turner, 184
Clarke, Vasheal, 259
Clarke, William, 118
Clarke, William, 176
Clarke, William, 223
Clarke, William, 261
Clarke, William, 270
Clarkson, James M., 212
Clarkson, Julius W., 126
Claton, George, 262
Claugheran, Jonathan, 354
Clauson, Peter, 356
Clawson, John, 284
Clawson, Peter, 116
Clawson, Peter, 354
Claxton, Cassius, 270
Claxton, Jeremiah, 283
Clay, Henry, 16
Clay, John, 90
Clay, Samuel, 315
Clay, Thomas, 6
Clay, Thomas, 173
Clay, William W., 102
Claypole, Jacob, 140
Clayton John G., 47
Clayton, Benjamin, 68
Clayton, Beverly W., 156
Clayton, Charles, 125
Clayton, Coleman, 90
Clayton, Coleman, 212
Clayton, George, 262
Clayton, George, 273
Clayton, Jasper, 213
Clayton, John, 98
Clayton, John, 300
Clayton, Joseph, 322
Clayton, William, 90
Clayton, William, 212

Clear, George, 230
Clearney, William, 368
Cleaver, Stephen, 363
Cleaver, William, 147
Cleaver, William, 172
Cleaver, William, 363
Clegett, T. Y., 31
Clem, Isaac, 161
Clem, John, 268
Clemens, Charles, 241
Clemens, Thomas, 288
Clement, Phillip, 14
Clement, Thomas, 93
Clement, William, 93
Clements, David, 14
Clements, John, 96
Clements, John, 275
Clements, Thomas, 293
Clements, William, 8
Clemeworth, James, 225
Clemeworth, John, 225
Clemmens, George, 194
Clemmons, Jacob, 363
Clemon, William, 239
Clemons, James, 331
Clemons, Wilson, 230
Clemont, George, 266
Clendenning, John, 351
Clendenon, Joseph, 190
Clenny, William, 97
Cleveland, Henry, 198
Cleveland, James, 224
Cleveland, John, 37
Cleveland, Micajah, 224
Cleveland, Robert, 208
Cleveland, Zatle, 271
Clevenger, Asa, 284
Clever, John, 303
Cleyton, George, 115
Clifford, James, 209
Clifford, Thomas, 16
Clift, Hencely, 130
Clift, Stanly, 19
Clifton, Isaiah, 61
Clifton, Isaiah, 294
Clifton, Nehemiah, 61
Clifton, Nehemiah, 148
Clifton, Nehemiah, 294
Clifton, Nehemiah, 366
Clifton, Noah, 325
Clifton, William, 71
Clifton, William B., 169
Cline, Aaron, 27
Cline, Hiram, 124
Cline, James, 354
Cline, John, 322
Cline, John, 354
Cline, Nichols, 28

INDEX

Cline, William, 22
Cline, William, 315
Clingman, George, 317
Clinkenberd, Jonathan, 245
Clinkenberd, William, 245
Clinkenburd, Edward, 248
Clintock, Daniel M., 321
Clinton, Ezekiel, 6
Clinton, George, 66
Clinton, Jacob, 19
Clinton, Jacob, 239
Clinton, Moses, 19
Clinton, Moses, 239
Clinton, Samuel, 104
Cloe, David, 199
Clopton, David, 219
Clory, Francis, 230
Close, John, 145
Cloud, Campo, 342
Cloud, Samuel G., 189
Cloud, Samuel G., 207
Cloud, Samuel G., 253
Clough, Price, 224
Clough, Thomas, 224
Clough, William, 224
Clough, William, 224
Cloyce, Jas., 2
Cloyd, James, 244
Cloyd, Joseph, 294
Clubb, William, 196
Cluff, Thomas, 82
Coachman, Benjamin, 45
Coal, Harbin, 148
Coal, Joseph, 276
Coates, Allen, 192
Coats, Amos, 200
Coats, Austin, 175
Coats, Charles, 145
Coats, James, 145
Coats, William, 177
Coats, William, 335
Cob, Elijah, 283
Cobb, Adam, 316
Cobb, Samuel, 202
Cobb, Thomas, 99
Cobb, Thomas, 119
Cobb, William, 221
Cobler, Nimrod, 137
Coburn, James W., 368
Coburn, John W., 19
Coburn, Robert, 79
Coburn, Wilson, 220
Coburn, Wilson, 368
Cochran, Bryant, 1
Cochran, Dennis, 277
Cochran, Eleazer, 201
Cochran, Elijah, 49
Cochran, George, 234

Cochran, James, 183
Cochran, James, 246
Cochran, John, 94
Cochran, John, 242
Cochran, John, 246
Cochran, John, 261
Cochran, John, 285
Cochran, John, 351
Cochran, Nathaniel, 49
Cochran, Nathaniel, 144
Cochran, Robert, 183
Cochran, Robert, 200
Cochran, William, 183
Cochran, William, 336
Cock, George, 365
Cock, Henry D., 26
Cock, Jesse, 25
Cock, Samuel P., 109
Cockerill, Benjamin, 31
Cockrel, Joseph, 228
Cockrell, Starks, 267
Cockrells, Daniel, 59
Cockrill, B.S., 31
Cockrill, Starks W., 118
Cocks, Daniel, 123
Codden, Richmond, 193
Codington, Jacob, 50
Coffee, Ambrose, 87
Coffee, Ambrose, 217
Coffee, Jesse, 148
Coffee, John A., 45
Coffee, Joseph, 156
Coffee, Lewis, 74
Coffee, Mathew, 294
Coffee, Mathias, 240
Coffee, Nathan, 76
Coffee, Philip, 45
Coffee, Philip, 47
Coffee, Philip, 178
Coffee, Richard, 148
Coffee, Sail, 154
Coffer, George, 228
Coffiner, Jacob, 227
Coffiner, John, 227
Coffman, David, 334
Coffman, George, 337
Coffman, Joseph, 337
Coffman, Leonard, 9
Coffman, Michael, 288
Coffman, Nathan, 175
Cofield, Dempsey, 43
Cogenom, George, 295
Coggshall, John, 360
Coghill, Littleton, 242
Coghill, Zachariah, 138
Cogsdel, Thomas, 53
Cogshill, Francis, 227
Cogshill, Leonard, 227

Cogshill, Magauner, 227
Cogshill, Matthew, 227
Cogswell, James M., 228
Cohen, John, 303
Cokentaffer, Adam, 318
Coker, William, 349
Colaway, Walter, 303
Colbert, Elijah, 13
Colbert, John, 330
Colbert, William, 115
Colder, John, 238
Coldgrove, Peleg, 135
Coldiron, George, 60
Coldiron, Henry, 60
Coldiron, John, 60
Coldwell, James, 18
Cole, Andrew H., 175
Cole, David, 91
Cole, David, 213
Cole, David M., 158
Cole, Elijah, 168
Cole, Harlan, 152
Cole, Harlin, 242
Cole, James, 155
Cole, Joseph, 252
Cole, Micajah, 227
Cole, Pleasant, 28
Cole, Richard, 51
Cole, Salathiel, 227
Cole, William, 77
Cole, William S., 45
Coleman Wiatt, 369
Coleman, Ambrose, 106
Coleman, Archibald, 284
Coleman, Chapman, 79
Coleman, Chapman, 214
Coleman, Daniel, 113
Coleman, Farrish, 216
Coleman, Greef T., 256
Coleman, James, 223
Coleman, James, 240
Coleman, John E., 4
Coleman, Oliphant, 337
Coleman, Robert, 92
Coleman, Robert M., 282
Coleman, Strother, 121
Coleman, Thomas, 106
Coleman, Thomas B., 141
Coleman, William, 5
Coleman, Wyat, 302
Coleman, Wyatt, 96
Coleran, Alexander, 282
Colerich, Charles, 368
Colglazeir, John, 222
Colglazeir, Phil, 222
Colglazier, David, 222
Colier, Michael, Jr., 170
Collard, William, 303

INDEX

Collect, William, 200
Collete, Aaron, 27
Collett, Aaron, 167
Collett, Aaron, 298
Collett, Moses, 298
Collier, Coleman A., 105
Collier, Daniel, 296
Collier, George, 162
Collier, James, 79
Collier, James, 215
Collier, John, 167
Collier, Michael, 311
Collier, Michael, Jr., 35
Collier, Thomas, 311
Collier, Will, 325
Collier, William, 67
Collin, Joseph, 311
Collingsworth, Reuben, 217
Collins, Amos, 127
Collins, Andrew, 287
Collins, Benjamin, 304
Collins, Bernard, 210
Collins, Dixon, 284
Collins, Edward, 330
Collins, Elisha, 109
Collins, Elisha, 304
Collins, Francis, 327
Collins, Francis, 333
Collins, Gabriel, 309
Collins, Henry, 185
Collins, Henry, 344
Collins, Holden, 41
Collins, Hollen, 284
Collins, James, 197
Collins, James, 268
Collins, John, 197
Collins, John, 203
Collins, John, 271
Collins, John, 306
Collins, John, 349
Collins, Josiah, 68
Collins, Lewis, 17
Collins, Michael, 246
Collins, Rezin B., 159
Collins, Richard, 104
Collins, Richard, 238
Collins, Robert, 92
Collins, Robert, 265
Collins, Samuel, 97
Collins, Thomas, 134
Collins, Thomas, 200
Collins, Thomas, 232
Collins, Thomas, 265
Collins, William, 63
Collins, William, 230
Collins, William, 317
Collins, William, 150
Collinsworth, Reuben, 87

Collinsworth, Reuben, 348
Collison, Bennett, 326
Collitt, William, 80
Colman, John, 203
Colquit, Ranson E., 227
Colter, Charles, 296
Colter, Thomas, 152
Colton, James, 84
Colvert, Samuel, 52
Colvin, B Charles, 139
Colvin, Bennet, 105
Colvin, Boswell, 325
Colvin, Burket, 139
Colvin, Charles, 80
Colvin, Henry, 139
Colvin, James, 132
Colvin, James B., 106
Colvin, James M., 302
Colvin, John, 131
Colvin, John, 135
Colvin, Thomas, 16
Colwell, John, 189
Colyar, Gabriel, 182
Colyar, James, 194
Colyar, John, 182
Colyar, Moses, 194
Colyar, William, 321
Colyer, James, 150
Combess, Uty, 320
Combess, William, 320
Combs, Amos, 11
Combs, Amos, 174
Combs, Edward, 118
Combs, Fielding, 193
Combs, Fielding, 206
Combs, Fielding A., 16
Combs, Jeremiah, 202
Combs, Jesse, 39
Combs, Jesse, 283
Combs, John, 63
Combs, John, 228
Combs, John H., 228
Combs, Joseph, 228
Combs, Joseph, 285
Combs, Leslie, 220
Combs, Leslie, 367
Combs, Samuel R., 15
Combs, Samuel R., 228
Combs, William, 366
Comings, Matthew, 227
Comley, James, 149
Compo, Gloud, 346
Compton, Elias E., 363
Compton, James, 143
Compton, Richard, 160
Compton, Richard, 343
Compton, Samuel, 6
Compton, William, 166

Comstock, Joseph, 193
Comstock, Lyndon, 109
Conally, Daniel, 27
Conaway, John, 210
Conchman, John, 126
Conden, James, 353
Conder, George, 72
Condit, Peter, 178
Conditt, Moses P., 1
Condra, William, 276
Condrey, Elifus, 279
Coner, John, 173
Coneway, Henry, 191
Conger, Isaac, 256
Conger, John, 189
Conger, John B., 335
Conger, Peter B., 332
Conley, Alexander, 50
Conley, Alexander, 263
Conley, Daniel, 34
Conley, Hugh, 57
Conley, James, 37
Conley, Preston, 50
Conley, Thomas, 164
Conly, Robert, 108
Conn, Alexander, 182
Conn, Francis, 180
Conn, Hugh, 144
Conn, James, 318
Conn, John, 137
Conn, John, 140
Conn, John, 141
Conn, Richard, 225
Conn, Thomas, 140
Conn, William, 140
Connel, David, 222
Connell, Benjamin, 19
Connell, Hiram, 49
Connell, Hiram, 288
Connell, James, 365
Connelly, Patrick, 336
Connelly, Rice, 305
Conner, Andrew, 87
Conner, Berry, 198
Conner, George, 328
Conner, Harrison, 125
Conner, Isaac, 339
Conner, Jacob, 339
Conner, James, 156
Conner, John, 343
Conner, Joseph, 156
Conner, Lewis, 184
Conner, Rice, 112
Conner, Rice, 119
Conner, Samuel, 141
Conner, Timothy T., 318
Conner, William, 337
Conner, William R., 119

Connolly, Basil, 288
Connoly, Absalom, 244
Connor, Berry O., 270
Connor, Daniel, 361
Connor, Emanuel, 341
Connor, James, 95
Connor, James, 288
Connor, John, 328
Connor, Livingston, 71
Connor, William, 347
Connyers, John, 89
Connyers, John, 90
Conoday, Amos, 252
Conor, Andrew, 208
Conor, Dennis, 271
Conor, George, 290
Conover, David, 76
Conover, Joseph, 141
Conover, Joseph, 221
Conover, Munn, 76
Conover, Robert, 252
Conover, William, 121
Conover, William, 258
Conoway, John, 134
Conoway, Withers, 134
Conquest, Morning, 267
Conrad, Henry, 303
Conrad, Jacob, 209
Conrad, John, 303
Conrad, Joseph, 100
Conrad, Joseph, 316
Conrad, Peter, 335
Conroy, James, 332
Consert, Thomas, 43
Consland, Jacob, 245
Conslant, John, 94
Consolver, James, 337
Constable, Stephen, 71
Constable, Thomas, 198
Constant, Isaac, 317
Constant, William, 317
Contance, Winstead, 12
Conway, William, 302
Conwell, John, 318
Conwell, William, 191
Cook, Aaron, 360
Cook, Alexander, 114
Cook, Benjamin F., 165
Cook, Bradley, 262
Cook, Charles, 353
Cook, David, 344
Cook, Davidson, 272
Cook, Enos, 291
Cook, Francis W., 120
Cook, George, 50
Cook, Henry, 76
Cook, Henry, 197
Cook, Henry, 199

Cook, Henry, 213
Cook, Jaber, 69
Cook, Jacob, 341
Cook, Jacob, 346
Cook, James, 47
Cook, James, 150
Cook, James, 367
Cook, Jiles, 358
Cook, John, 107
Cook, John, 147
Cook, John, 330
Cook, John B., 36
Cook, John F., 120
Cook, Littleton, 368
Cook, Lodowick, 344
Cook, Loftis, 289
Cook, Martin, 212
Cook, Moses, 348
Cook, Randolph, 349
Cook, Richard, 61
Cook, Seth, 30
Cook, Seth, 160
Cook, Solomon, 346
Cook, Thomas, 50
Cook, Thomas, 260
Cook, William, 50
Cook, William, 72
Cook, William, 96
Cook, William, 174
Cook, William, 202
Cook, William, 221
Cook, William B., 166
Cooke, Abel, 270
Cooke, George R., 338
Cooke, Joshua, 55
Cooke, Thomas, 177
Cooke, William, 104
Cooke, William B., 261
Cookendofer, Adam, 369
Cookerdoffer, Adam, 368
Cookingtopher, Chris, 88
Cooksey, John, 73
Cooksey, Warren, 284
Cooksey, William, 73
Cooksy, Theophilus, 173
Cooley Daniel, 271
Cooley, Jesse, 298
Cooley, Matthew, 91
Cooley, Reuben, 254
Cooley, Reuben, 271
Coombs, Andrew, 263
Coombs, John, 289
Coon, Asa, 270
Coone, John, 24
Cooney, Daniel, 285
Cooney, James, 285
Coonrad, Benjamin, 192
Coons, Benjamin, 161

Coons, Daniel, 161
Coons, David, 24
Cooper, Abner, 41
Cooper, Acey, 156
Cooper, Archibald, 245
Cooper, Archibald, 356
Cooper, Benjamin, 28
Cooper, Caleb, 292
Cooper, Conner, 132
Cooper, Enias, 216
Cooper, Fielding, 97
Cooper, George, 70
Cooper, George, 329
Cooper, Hugh, 216
Cooper, Hugh, 84
Cooper, Isaac, 41
Cooper, Jackonias, 84
Cooper, James, 70
Cooper, James, 151
Cooper, James, 154
Cooper, James, 334
Cooper, James H., 107
Cooper, Jesse, 144
Cooper, John, 19
Cooper, John, 69
Cooper, John, 97
Cooper, John, 116
Cooper, John, 208
Cooper, John, 358
Cooper, Joseph, 273
Cooper, Nicholas, 95
Cooper, Richard, 250
Cooper, Robert, 67
Cooper, Robert, 107
Cooper, Robert, 126
Cooper, Robert, 245
Cooper, Robert, 270
Cooper, Samuel, 239
Cooper, Simeon, 330
Cooper, William, 21
Cooper, William, 28
Cooper, William, 159
Cooperider, Jacob, 305
Coovert, Simon, 285
Cope, Jesse L., 123
Cope, Malcom T., 109
Cope, William, 103
Copeland, Willis, 342
Copeland, Willis, 346
Copelia, John, 364
Copher, Ezekiel, 198
Copher, George, 245
Copher, John, 245
Copher, Thomas, 245
Copland, Lewis W., 173
Copley, Absalom, 36
Coppage, James, 265
Coppage, Thomas, 236

INDEX

Copper, John, 66
Coquelle, Casina J., 330
Corbett, Samuel W., 344
Corbin, James, 140
Corbin, Nicholas, 29
Corbin, Silas, 228
Corbin, Thomas, 105
Corbin, Wathan, 245
Corbin, Zachariah, 228
Corbin, Zachariah, 323
Corby, Benjamin D., 278
Corby, John, 71
Corby, William, 71
Cord, Ashkery, 105
Cord, Carvil, 317
Cord, Willis, 77
Cordery, John, 132
Cordor, Solomon, 334
Cordry, John, 44
Cordry, John, 47
Cordry, William, 44
Cordwell, George, 27
Corgell, James, 179
Corin, William, 302
Corithes, Hugh, 122
Cork, William, 80
Corkindorfer, John, 208
Corley, Thomas, 152
Corlin, Benjamin, 305
Corman, George, 115
Cormic, Richard, 210
Cormick, Richard, 228
Corn, Bazil, 234
Corn, Hiram, 205
Corn, James, 205
Corn, James, 251
Cornelison, Aaron, 26
Cornelison, William, 262
Cornelius, Edward, 263
Cornelius, Terrel, 108
Cornell, David, 353
Cornell, Elias, 339
Corner, Emanuel, 351
Corner, Thomas, 191
Corner, William, 150
Cornet, William, 60
Cornwell, George, 100
Corr, James, 119
Corruede, William, 53
Corsage, James, 179
Corsage, William, 179
Corthram, Eleazer, 200
Cortmell, Elijah, 9
Corum, Hiram, 180
Corum, John, 180
Corwin, Moses, 88
Corwin, Richard, 84
Corwin, Richard, 313

Corwine, George, 132
Corwine, Richard, 216
Corwine, William, 132
Cosby, Achilles, 177
Cosby, Archibald, 161
Cosby, Archilus, 365
Cosby, Dabney C., 8
Cosby, Garland, 32
Cosby, Ignatius, 304
Cosby, Nicholas, 89
Cosby, Nicholas, 189
Cosby, Overton, 288
Cosner, Leonard, 78
Cost, Daniel, 268
Costen, Thomas, 367
Costilow, John, 276
Cottenhaur, George L., 160
Cotter, Charles, 166
Cotton, Edward, 174
Cotton, George, 228
Cotton, James, 74
Cotton, James, 154
Cotton, John E., 31
Cotton, John E., 140
Cotton, William, 147
Cottonham, John D., 298
Couchman, Melchiah, 270
Coughman, Nathan, 57
Coughman, Nathan, 58
Coughron, Thomas, 362
Coulter, Josiah, 72
Coulter, Mark, 234
Coulter, Morris, 294
Coulter, Starling, 294
Coulter, Starling, 309
Councilman, John, 348
Couport, John, 4
Course, Peter, 5
Courtney, Barba, 89
Courtney, Barba, 189
Courtney, Barba, 369
Courtney, Elias, 321
Courtney, Henderson, 369
Courtney, John, 95
Courtney, John, 353
Courtney, Lewis, 318
Courtney, Michael, 353
Courtney, Nicholas, 351
Courtney, Robert, 19
Courtney, Robert, 132
Couts, Avon, 362
Coventon, Thomas, 208
Cover, Henry, 100
Covert, Garret, 152
Covert, Simon, 152
Covington, C. M., 255
Covington, Elijah M., 257
Covington, Thomas, 87

Covington, Thomas, 334
Cowan, Alexander, 315
Cowan, Andrew, 73
Cowan, David G., 359
Cowan, George C., 71
Cowan, George C., 77
Cowan, Henry, 296
Cowan, Isaac, 156
Cowan, James, 70
Cowan, James, 73
Cowan, John, 58
Cowan, Jose, 49
Cowan, Levi, 341
Cowan, Levi, 351
Cowan, Robert, 156
Cowan, Thomas, 73
Cowan, Thompson, 361
Cowan, William, 54
Cowan, William, 58
Cowan, William, 74
Cowan, William C., 77
Cowen, John, 70
Cowen, John, 274
Cowen, Robert, 70
Cowgill, Joseph, 325
Cowherd, Colely, 165
Cowherd, Simeon, 55
Cowherd, Willis, 55
Cowherd, Yelverton, 166
Cowin, James, 274
Cowles, Edward, 57
Cowles, Henry B., 57
Cowper, Joshua, 300
Cox, Allen, 156
Cox, Ansel, 227
Cox, Aslin, 15
Cox, Charles, 232
Cox, Charles L., 258
Cox, Claiburn, 128
Cox, David, 82
Cox, David, 292
Cox, Elijah, 42
Cox, Enoch, 179
Cox, Eric, 270
Cox, Flora, 218
Cox, Frederick, 176
Cox, Gabriel L., 37
Cox, Garland, 267
Cox, George, 10
Cox, George, 147
Cox, George, 301
Cox, Henry, 95
Cox, Jacob, 270
Cox, James, 103
Cox, James, 121
Cox, James, 129
Cox, James, 263
Cox, James, 363

Cox, Jarred, 325
Cox, John, 33
Cox, John, 63
Cox, John, 154
Cox, Jonathan, 179
Cox, Joseph, 42
Cox, Joseph, 89
Cox, Joseph, 103
Cox, Joseph, 189
Cox, Joseph, 311
Cox, Leroy, 289
Cox, Mark, 136
Cox, Nathan, 42
Cox, Nathaniel, 227
Cox, Richard, 14
Cox, Richard H., 222
Cox, Samuel, 136
Cox, Thomas, 108
Cox, Urich, 191
Cox, Weeks, 191
Cox, William, 346
Cox, William L., 341
Coxe, Joseph, 209
Coxe, Joseph, 294
Coy, Samuel, 197
Coy, Samuel, 293
Coy, Thomas, 293
Coy, William, 219
Coyle, Benjamin, 348
Coyle, Daniel, 68
Coyle, Isaac, 67
Coyler, Charles, 63
Coyler, Gabriel, 63
Cozine, Cornelius, 152
Crabb, John, 331
Crabtree, James, 275
Crabtree, Jas., 2
Crabtree, John, 315
Crabtree, John F., 275
Crabtree, Wm., 2
Craddick, Jesse, 310
Craddock, James, 53
Craddock, Jesse, 53
Craddock, Zerrel, 176
Cradick, James, 310
Craft, George, 279
Craft, Gilbert, 279
Craig, Benjamin, 220
Craig, David, 106
Craig, David, 241
Craig, David, 322
Craig, Elijah, 23
Craig, Elijah, 220
Craig, Francis, 222
Craig, George W., 157
Craig, Hawkins, 221
Craig, Hugh, 331
Craig, James, 23

Craig, James, 24
Craig, James, 42
Craig, James, 46
Craig, James, 150
Craig, James, 221
Craig, James M., 16
Craig, John, 55
Craig, John, 63
Craig, John, 151
Craig, John, 203
Craig, John, 241
Craig, John, 283
Craig, John, 354
Craig, John B., 43
Craig, John H., 291
Craig, Joseph, 19
Craig, Joseph, 64
Craig, Joseph, 158
Craig, Joseph, 160
Craig, Joseph, 316
Craig, Larkin, 17
Craig, Levi, 221
Craig, Richard, 221
Craig, Robert, 42
Craig, Robert, 283
Craig, Robert, 316
Craig, Robert, 328
Craig, Samuel, 14
Craig, Samuel, 43
Craig, Samuel, 361
Craig, William, 24
Craig, William, 59
Craig, William, 63
Craig, William, 150
Craig, William, 222
Craige, John, 191
Crain, Cary A., 152
Crain, Francis, 203
Crain, Francis, 273
Crains, Nathaniel, 234
Cramny, George, 208
Crams, John, 10
Crane, William, 308
Cranmore, Obediah, 346
Craven, John, 72
Craven, John, 254
Cravens, Benjamin, 208
Cravens, Elijah, 171
Cravens, Ira, 76
Cravens, James, 147
Cravens, James, 296
Cravens, Jere S., 1
Cravens, Jesse, 45
Cravens, Reason, 147
Cravens, Thomas, 344
Cravens, William, 367
Cravens, Young B., 2
Craver, George, 29

Cravin, Oliver, 351
Cravins, Jesse, 282
Cravins, William, 31
Craw, Joseph, 304
Crawford, Abel, 54
Crawford, Alexander, 105
Crawford, Alexander, 109
Crawford, Ezra, 80
Crawford, Hugh, 309
Crawford, Jacob, 82
Crawford, Jacob, 317
Crawford, James, 54
Crawford, James, 221
Crawford, John, 12
Crawford, John, 14
Crawford, John, 129
Crawford, John, 152
Crawford, John, 164
Crawford, Josiah, 100
Crawford, Michael, 349
Crawford, Robert, 29
Crawford, Samuel, 233
Crawford, Samuel, 363
Crawford, Samuel L., 131
Crawford, Samuel L., 135
Crawford, Thomas, 234
Crawford, Thomas, 250
Crawford, Will, 29
Crawford, William, 253
Craycraft, Charles, 99
Craycraft, Joseph, 84
Creagh, Christian, 295
Creavens, Hiram, 258
Creechlow, John A., 141
Creed, Wilson, 338
Creek, Abraham, 260
Creek, David, 274
Creel, Durham, 258
Creel, John, 145
Creel, Silas, 258
Creel, Simon, 258
Cregor, Christian, 12
Cregor, Thomas, 72
Crein, Joel, 270
Cremens, Moses, 218
Cremer, John, 238
Cremon, John, 182
Crempayt, Daniel, 238
Crenshaw, Garland, 261
Crenshaw, James, 164
Crenshaw, Thompson, 274
Crery, John, 11
Cressman, Elijah, 77
Crews, Dozier, 91
Crews, Elijah, 91
Crews, Elijah, 301
Crews, Hiram, 262
Crews, Jeremiah, 302

INDEX

Crews, William, 247
Crews, Zachariah, 301
Crigler, Christopher, 246
Crigler, George, 246
Crisler, Silas, 208
Crissel, Samuel, 347
Criswell, Hugh, 265
Criswell, Robert, 104
Criswell, Robert, 305
Criswell, Robert, 328
Criswell, Robert, 331
Crittenden, Henry, 341
Crittenden, Henry, 344
Crittenden, Robert, 173
Crocket, John W., 253
Crocket, Overton W., 19
Crocket, Overton W., 361
Crocket, Samuel C., 253
Crockett, Alexander, 79
Crockett, Alexander, 215
Crockett, Anthony, 168
Crockett, James, 113
Crockett, John, 168
Crockett, John, 198
Crockett, John R., 79
Crockett, John R., 215
Crockett, John W., 119
Crockett, Robert, 253
Crockett, Samuel, 126
Crofford, Isrey, 191
Crofford, John, 324
Crofford, William, 95
Croffort, Alexander B., 102
Croghan, William, 12
Crombrome, Ignatius, 250
Cromwell, Oliver, 205
Cromwell, Richard, 271
Cronden, James, 221
Cronsby, John, 132
Crook, Hezekiah, 60
Crook, Hezekiah, 306
Crook, John, 224
Crook, John, 250
Crook, Richard, 224
Crook, Robert, 139
Crook, Robert B., 354
Crook, William, 224
Crooks, Jacob, 162
Crooks, James, 198
Crooks, John, 162
Cropper, Bela, 225
Cropper, Solomon, 232
Crose, Benjamin, 323
Crosgrove, Charles, 166
Croslin, Benjamin, 111
Cross, Benjamin, 252
Cross, Charles, 13
Cross, John, 39

Cross, John, 331
Cross, Jonathan, 72
Cross, Joseph, 46
Cross, Joseph, 275
Cross, William, 73
Cross, William, 295
Crossgrave, Charles, 299
Crosthwait, Berry, 321
Crosthwait, Warning, 113
Crouch Samuel, 341
Crouch, Aaron, 61
Crouch, Isaac, 283
Crouch, Joseph, 83
Crouch, Joseph, 210
Crouch, Joseph, 213
Crouch, Richard, 57
Crouch, Robert, 307
Crouch, Samuel, 351
Crouch, William, 250
Crow, Abner T., 116
Crow, Andrew, 298
Crow, Andrew D., 301
Crow, Benjamin, 212
Crow, Edward, 178
Crow, Edward, 351
Crow, Elijah, 45
Crow, Elijah, 46
Crow, Elijah, 363
Crow, Jesse, 45
Crow, Jesse, 46
Crow, Jesse, 178
Crow, John, 45
Crow, John, 178
Crow, John, 213
Crow, Walter, 178
Crow, William, 159
Crowder, William, 115
Crowell, Isaac, 332
Crowley, Asa, 339
Crowley, George, 332
Crowley, Samuel, 339
Crowther, John, 246
Croxton, Cornelius, 299
Crozier, William, 356
Crud, Michael, 78
Cruin, David, 68
Cruise, James, 69
Cruise, Stephen, 43
Crum, Andrew, 162
Crum, John, 315
Crum, Michael, 316
Crum, William, 150
Crum, William, 241
Crumley, John, 178
Crump, Patrick, 324
Cruse, Richard, 4
Crutcheloe, James, 253
Crutcher, James, 92

Crutcher, James, 119
Crutcher, James, 270
Crutcher, Nathaniel, 95
Crutcher, Peter, 95
Crutcher, Thomas C., 12
Crutchfield, Benj F., 152
Crutchfield, Richard, 268
Crutchfield, Seburn, 70
Cruzan, Benjamin, 97
Cruzan, Isaac, 97
Cryer, James, 328
Cryer, James, 334
Cubbage, James, 163
Cuberson, Francis, 228
Cubertson, Robert, 97
Culberson, William, 132
Culbertson, Daniel, 44
Culbertson, Robert W., 181
Culleas, Manuel, 330
Cullem, James, 320
Cullens, William, 50
Cullin, Charles, 186
Cullom, Edward N., 74
Cullom, Tillman, 74
Cully, George, 307
Cumberland, Jiles, 151
Cumbus, Carvil, 132
Cumings, Uriah, 354
Cumins, John, 318
Cumming, James, 218
Cummings, Abraham, 285
Cummings, Alexander, 72
Cummings, Alexander, 227
Cummings, Alexander, 285
Cummings, Andrew, 358
Cummings, Benjamin, 100
Cummings, Benjamin, 343
Cummings, Cal, 113
Cummings, Edward, 224
Cummings, Elijah, 263
Cummings, James, 110
Cummings, John, 123
Cummings, Moses, 1
Cummings, Thomas, 223
Cummings, William, 270
Cummins Samuel, 100
Cummins William, 351
Cummins, Benjamin, 268
Cummins, George, 268
Cummins, James R., 15
Cummins, John, 147
Cummins, John, 304
Cummins, Moses, 363
Cummins, Samuel, 79
Cummins, Samuel, 215
Cummins, Samuel, 268
Cummins, Thomas, 103
Cummins, Thomas, 128

INDEX

Cummins, William, 136
Cummins, William, 159
Cummins, William, 224
Cundiff, Christopher, 62
Cundiff, Gregory, 156
Cundiff, James, 296
Cundiff, John, 60
Cundiff, Richard, 258
Cundiff, William, 62
Cunis, William, 200
Cunningham, Francis, 243
Cunningham, Henry, 234
Cunningham, Isaac, 83
Cunningham, Isaac, 126
Cunningham, Isaac, 210
Cunningham, Jacob, 294
Cunningham, James, 48
Cunningham, James, 83
Cunningham, James, 210
Cunningham, James, 250
Cunningham, James, 280
Cunningham, John, 34
Cunningham, John, 126
Cunningham, John, 254
Cunningham, John, 332
Cunningham, John, 363
Cunningham, Michael, 191
Cunningham, Riddle, 126
Cunningham, Robb, 324
Cunningham, Robert, 240
Cunningham, Robert, 245
Cunningham, Thomas, 294
Cunningham, William, 59
Cunningham, William, 254
Cunningham,Brackett C., 276
Cunstable, Stephen, 296
Cuppinheifer, John, 286
Curchill, Cadwallader, 219
Curd, John B., 173
Curd, Samuel H., 255
Curdum, William, 294
Curies, Morgan, 26
Curl, Jonathan, 328
Curle, Samuel, 13
Curren, Samuel, 73
Currens, William, 234
Current, John, 140
Currey, William, 232
Curry, James, 142
Curry, James, 285
Curry, John, 243
Curry, John, 297
Curry, John, 298
Curry, Thomas, 234
Curry, Thomas, 285
Curry, Thomas, 285
Curry, Thomas, 298
Curry, William, 142

Curry, William, 353
Curry, William M., 51
Curthright, Daniel, 93
Curtis, Christian, 334
Curtis, David, 15
Curtis, David, 132
Curtis, George, 132
Curtis, George, 259
Curtis, Job R., 268
Curtis, Reuben, 149
Curtis, William, 216
Curtis, William, 84
Curts (or Kurts), Christian, 327
Curts (or Kurtz), Christian, 327
Curts, Jacob, 147
Cury, John, 104
Cushman, Morris, 84
Cushman, Norris, 216
Custard, George, 142
Custard, John, 70
Custer, Reed, 260
Custer, William, 261
Cuthbert Margrove, 123
Cutlip, David, 257
Cutright, John, 67
Cutright, John, 129
Cutsinger, William, 349
Cuvert, John, 242
Cuyyort, Isaiah, 78
Cyphers, George, 308
D James, John, 129
D Lumsdon, Cosby, 347
Dabney, Charles, 292
Dadisman, Jacob, 191
Dahoney, Chapman, 145
Dailey, Francis, 28
Dailey, John, 28
Dailey, John, 331
Dailey, Lawrence, 109
Dailey, Samuel, 94
Dailey, William, 132
Daily, Charles, 127
Daily, John, 127
Daily, Samuel, 127
Dake, David, 172
Dale, Charles, 361
Dale, Elijah, 203
Dale, George C., 206
Dale, Jesse, 203
Dale, John, 203
Dale, John, 206
Dale, John, 250
Dale, John D., 193
Dale, Leroy, 263
Dale, Philip, 254
Dale, Robert, 308

Dale, William, 12
Daley, John, 138
Daley, John, 166
Dalgarn, Allen, 305
Dall, Iraa, 256
Dallem, William T., 34
Dalnell, Abraham, 324
Dalrymble, Joseph, 365
Dalrymple, Joseph, 147
Dalton, Benjamin, 68
Dalton, William, 263
Dalyell, John, 102
Damele, Spencer, 205
Dampear, Henry, 238
Damron, Joseph, 316
Damron, Richard, 316
Dance John, 106
Dance, William, 64
Dance, William, 106
Danews, Isaac, 64
Daniel Tibbs, 98
Daniel, Abner Z., 192
Daniel, Garret, 141
Daniel, George, 167
Daniel, Henry, 14
Daniel, James, 125
Daniel, James, 128
Daniel, Jesse, 14
Daniel, John, 27
Daniel, John, 116
Daniel, John, 192
Daniel, John, 363
Daniel, Millspough P., 40
Daniel, Thomas, 316
Daniel, Travers, 141
Daniel, Will, 325
Daniel, William, 193
Daniel, William G., 215
Daniels, Charles, 141
Daniels, George, 298
Daniels, Richard, 44
Daniels, William G., 79
Danielson, William, 304
Danks, William, 256
Danner, Samuel, 103
Danset, John, 160
Danson, John, 248
Danzant, Josiah, 86
Darby, James, 91
Darby, James, 213
Dare, Isaac, 236
Darnaby, John, 267
Darnalle, John, 326
Darneal, Thomas, 282
Darneil, Barton, 90
Darnel, Joseph, 191
Darnell, Isaac, 268
Darnell, Samuel S., 344

INDEX

Darniel, John, 93
Darnielle, Barton, 93
Darnley, John, 245
Darnold, Allen, 114
Darnold, Elias, 114
Darnold, Hezekiah, 114
Darnold, Samuel, 114
Darnold, Zenas, 114
Darral, John, 185
Darrel, David, 185
Dasly, Thomas, 16
Dasswell, Jesse, 289
Daugherty, Allen, 306
Daugherty, Charles, 84
Daugherty, Charles, 216
Daugherty, George, 307
Daugherty, Henry, 189
Daugherty, Henry, 209
Daugherty, James, 119
Daugherty, Jesse, 105
Daugherty, John, 52
Daugherty, John, 112
Daugherty, John, 272
Daugherty, John, 318
Daugherty, Samuel, 152
Daugherty, Thomas, 30
Daugherty, William, 208
Daulters, George, 313
Daulton, James, 14
Davenport, Abraham, 14
Davenport, Allen, 309
Davenport, Charles, 191
Davenport, George, 241
Davenport, John, 114
Davenport, John F., 119
Davenport, Richard, 148
Davenport, Richard, 152
Davenport, Richard, 173
Davenport, Samuel, 69
Davenport, Thomas, 294
Davenport, William, 76
Daves, John, 58
David, Amos, 288
David, Henry, 89
David, Henry, 189
David, Henry, 212
David, Ignation, 222
David, John, 341
David, John, 345
Davidson George, 63
Davidson, Alexander B., 278
Davidson, Andrew, 71
Davidson, Elijah, 177
Davidson, George, 230
Davidson, James, 63
Davidson, James, 171
Davidson, James, 177
Davidson, James, 230

Davidson, James, 259
Davidson, James, 315
Davidson, John, 76
Davidson, John, 261
Davidson, John, 293
Davidson, Joseph, 368
Davidson, Michael, 150
Davidson, Michael, 241
Davidson, Moses, 247
Davidson, Richard, 119
Davidson, Robert, 344
Davidson, Samuel, 150
Davidson, Samuel, 318
Davidson, Samuel, 363
Davidson, William, 82
Davidson, William, 253
Davies, James, 116
Davies, Jaynes, 272
Davies, Samuel, 272
Daviess, Clement, 46
Davis Alexander, 74
Davis Jarred, 205
Davis, _____, 236
Davis, Abner, 259
Davis, Alexander, 154
Davis, Allen, 234
Davis, Amos, 234
Davis, Anthony, 280
Davis, Archibald, 348
Davis, Archibald, 369
Davis, Asa, 183
Davis, Asher, 367
Davis, Benedict, 250
Davis, Benjamin, 6
Davis, Benjamin, 81
Davis, Benjamin, 109
Davis, Benjamin, 114
Davis, Benjamin, 267
Davis, Benjamin, 345
Davis, Briant, 309
Davis, Clem, 282
Davis, Cline, 41
Davis, Daniel, 238
Davis, Daniel, 346
Davis, David, 218
Davis, Drury, 154
Davis, Edward, 6
Davis, Edward, 106
Davis, Edward, 152
Davis, Edward, 171
Davis, Edward, 312
Davis, Eli, 317
Davis, Elijah, 128
Davis, Enoch, 196
Davis, Fields, 157
Davis, Francis, 245
Davis, Francis W., 159
Davis, Frederick, 89

Davis, Frederick, 189
Davis, Frederick, 209
Davis, George, 234
Davis, George, 285
Davis, George, 303
Davis, George, 321
Davis, George C., 351
Davis, George C., 352
Davis, George W., 135
Davis, Henry, 91
Davis, Henry, 213
Davis, Ingerham, 369
Davis, Ingram, 232
Davis, Isaac, 282
Davis, Isaac, 367
Davis, Israel, 146
Davis, Jacob, 305
Davis, Jacob, 342
Davis, Jacob, 346
Davis, James, 5
Davis, James, 44
Davis, James, 72
Davis, James, 132
Davis, James, 136
Davis, James, 143
Davis, James, 205
Davis, James, 234
Davis, James, 249
Davis, James, 265
Davis, James, 341
Davis, James E., 206
Davis, James G., 119
Davis, James S., 70
Davis, James S., 345
Davis, Jesse, 290
Davis, John, 16
Davis, John, 28
Davis, John, 31
Davis, John, 49
Davis, John, 64
Davis, John, 91
Davis, John, 126
Davis, John, 129
Davis, John, 152
Davis, John, 156
Davis, John, 185
Davis, John, 210
Davis, John, 230
Davis, John, 234
Davis, John, 236
Davis, John, 251
Davis, John, 265
Davis, John, 289
Davis, John, 290
Davis, John, 297
Davis, John, 304
Davis, John, 321
Davis, John, 330

INDEX

Davis, John, 331
Davis, John, 342
Davis, John, 346
Davis, John, 349
Davis, John S., 234
Davis, John W., 329
Davis, John Y., 16
Davis, Jonathan, 309
Davis, Joseph, 42
Davis, Joseph, 242
Davis, Joseph, 282
Davis, Joseph, 328
Davis, Joseph W., 175
Davis, Joshua, 68
Davis, Josiah, 336
Davis, Lemuel, 53
Davis, Lemuel, 288
Davis, Lemuel, Jr., 33
Davis, Lemuel, Sr., 33
Davis, Lewis, 195
Davis, Lodowick, 104
Davis, Luke, 107
Davis, Matthew, 317
Davis, Mirick, 41
Davis, Nathan, 266
Davis, Nathan, 289
Davis, Nathaniel, 29
Davis, Peter, 54
Davis, Peter, Jr., 38
Davis, Philomon, 265
Davis, Presley, 363
Davis, Randolph, 181
Davis, Reuben, 348
Davis, Robert, 83
Davis, Robert, 197
Davis, Robert, 210
Davis, Robert, 242
Davis, Robert, 273
Davis, Robert, 295
Davis, Robert, 339
Davis, Rob't., 2
Davis, Samuel, 82
Davis, Samuel, 91
Davis, Samuel, 200
Davis, Samuel, 213
Davis, Samuel, 266
Davis, Samuel, 337
Davis, Septimus, 198
Davis, Silas, 300
Davis, Squire, 299
Davis, Theophilus, 16
Davis, Thomas, 3
Davis, Thomas, 100
Davis, Thomas, 100
Davis, Thomas, 105
Davis, Thomas, 250
Davis, Thomas, 276
Davis, Thomas, 316

Davis, Thomas, 323
Davis, Thomas C., 117
Davis, Thomas E., 6
Davis, Uriah, 247
Davis, William, 1
Davis, William, 11
Davis, William, 61
Davis, William, 75
Davis, William, 147
Davis, William, 155
Davis, William, 181
Davis, William, 218
Davis, William, 265
Davis, William, 292
Davis, William, 305
Davis, William, 316
Davis, William, 330
Davis, William, 354
Davis, William, 369
Davis, William B., 11
Davis, William C., 44
Davis, William M., 147
Davis, Wilson L., 11
Davison, Henry, 157
Davison, John, 132
Dawkins, Thomas, 225
Dawning, Alexander, 14
Dawsey, Elias, 162
Dawson, Abraham, 132
Dawson, Armstrong, 326
Dawson, Charles, 270
Dawson, David, 310
Dawson, Elijah, 151
Dawson, Fielding, 349
Dawson, Gabriel, 90
Dawson, Gabriel, 212
Dawson, Gabriel, 267
Dawson, James, 52
Dawson, James, 58
Dawson, James, 276
Dawson, John, 52
Dawson, John, 58
Dawson, John, 106
Dawson, John, 144
Dawson, John, 276
Dawson, John, 300
Dawson, John, 349
Dawson, Johnson, 276
Dawson, Jonas, 276
Dawson, Jonathan, 185
Dawson, Joseph, 359
Dawson, Larkin, 228
Dawson, Nathaniel, 126
Dawson, Robert, 93
Dawson, Robert, 173
Dawson, Robert D., 159
Dawson, Stephen, 334
Dawson, William, 121

Dawson, William, 356
Dawville, Charles, 298
Day, Benjamin, 191
Day, Francis, 190
Day, George, 171
Day, George, 365
Day, James, 171
Day, John, 316
Day, John, 327
Day, John M., 3
Day, John M., 321
Day, Joseph, 147
Day, Lewis, 316
Day, Morgan, 98
Day, Presley, 98
Day, Valentine, 190
Day, William, 16
Day, William, 81
Day, William, 202
Dayley, Thomas, 134
Deal, Henry, 274
Dean, Ansley, 7
Dean, Enoch, 360
Dean, Henry, 254
Dean, Isaac, 333
Dean, James, 292
Dean, James, 339
Dean, John, 302
Dean, John, 353
Dean, Joseph, 326
Dean, Samuel, 90
Dean, Samuel, 326
Dean, William, 285
Dean, William, 362
Deane, William, 326
Dear, Jesse, 24
Dearing, Berry, 100
Dearman, Thomas, 355
Dearmine, Flenion, 182
Dearmon, Fleming, 63
Dearmond, John, 91
Deason, Edmund, 44
Deason, Edward, 2
Death, Asahel, 346
Deathridge, Amos, 192
Deatly, John, 89
Deaven, Richard, 166
Deavens, John, 134
Deavers, Balding, 263
Deavers, Johnson, 265
Debann, George, 234
Debell, Joel, 16
Debon, Abraham, 152
Debored, Ephraim, 309
Debuler, James C., 142
Decker, Abner, 285
Decker, James, 227
Decker, James, 265

INDEX

Decker, James D., 206
Decker, Thomas, 74
Deckor, John, 351
Decreet, Joseph, 253
Dedman, James, 112
Dedman, Nathan O., 118
Dedrick, George M., 315
Deen, John L., 234
Deen, Olden, 171
Deen, Robert, 221
Deen, Robert A., 171
Deen, Samuel, 212
Deen, Zachariah, 325
DeFrance, Peter, 330
Degraffinead, W., 77
Dehaven, Isaac, 236
DeHaven, Isaac, 253
Dehaven, Isaac, 363
Dehaven, Jacob, 236
Dehoney, Thomas, 104
Dehoney, William, 186
Dehoney, William, 86
Deitrick, John, 337
Dejarnett, Elias, 161
DeJarnett, James, 193
Dejernet, John, 363
Delaney, Daniel, 353
Delaney, George, 43
Delaney, J. W. R., 3
Delaney, James, 353
Delaney, Joseph, 348
Delaney, Joseph R., 43
Delaney, William, 29
Delaney, William, 43
Delany, Abner, 232
Delany, Abner, 318
Delany, Thomas, 232
Demain, Samuel, 333
Demara, David, 307
Demares, Peter, 194
Demarris, Joseph, 337
Demass, Andrew, 158
Dement, Elias, 317
Demeoree, Samuel, 27
Demint, Elias, 93
Demires, Jno., 2
Demmitt, Joshua, 318
Demmitt, Moses, 134
DeMorgan, Reuben N., 288
Demoss, Asa, 119
Demoss, Asa, 272
DeMoss, John, 186
Demoss, John, 202
Dempser, Benjamin W., 199
Demsey, Joel, 337
Demsey, Samuel, 337
Demster, Joseph, 342
Denbow, James, 290

Denby, Joseph, 341
Denham, Christian, 162
Denham, Isaac, 256
Denia, Lewis, 343
Deningsbury, William, 343
Denis, Jonathan, 110
Denison, Zade, 277
Denivider, George, 63
Denivider, John, 63
Denivider, Robert, 63
Denley, William, 245
Denman, John, 259
Denney, Fielding, 236
Denning, Anthony, 249
Denning, Levi, 182
Dennis, Abraham, 1
Dennis, Anthony, 343
Dennis, Jorias, 56
Dennis, Mathew, 124
Dennis, Thomas, 333
Dennison, Andrew, 330
Dennison, Joseph, 347
Denny, James, 149
Denny, John, 234
Denny, Joseph, 234
Denny, Samuel, 321
Denour, Benjamin, 19
Denton, Abraham, 20
Denton, Abraham, 222
Denton, Abraham, 238
Denton, Henry, 195
Denton, John, 354
Denton, John, 356
Denton, Thomas, 57
Denton, William, 66
Denton, William, 230
Depard, Charles, 61
DePaw, Charles, 152
Depew, Abner, 222
Depew, Alexander, 212
Depew, George, 224
Depp, Joel, 261
Depree, George, 76
Deprey, A. R., 16
Depriest, Austin, 351
Derbon, Ralph, 325
Derden, William, 42
Derham, Elijah, 202
Deringer, Martin, 305
Dermiah, John, 56
Dermit, James, 302
Dermoss, John, 81
Dernarch, Lewis, 340
Derore, Christopher, 137
Derore, Nicholas, 137
Derr, Sebastian, 368
Deschamp, John B., 335
Desha, Benjamin, 16

Deskins, Thomas, 213
Deskins, William, 213
Deterow, Thomas, 87
Deterson, John, 104
Detheridge, Isaac, 247
Devar, John C., 356
Dever, Edward, 153
Devers, Edmund, 154
Devers, Johnson, 232
Devine, George, 234
Devitt, Cornelius, 330
Dewberry, Benjamin, 49
Deweese, John, 51
Dewese, John, 41
Dewesse, Elisha, 277
Dewesse, William, 64
Dewitt, Abraham, 290
Dewitt, Frederick, 116
Dewitt, Jacob, 315
Dewitt, Peter, 197
Dewitt, Peter, 198
Dewitt, William, 283
Dexon, John, 352
Dexter, James, 45
Dey, William, 360
Dial, Alexander, 142
Dial, Isaac, 42
Diamond, James, 284
Diamond, John, 284
Diamond, Julian, 178
Dici, Abner, 237
Dick, Archibald, 287
Dick, John, 74
Dick, John, 104
Dick, William, 51
Dicken, David, 71
Dicken, Landen, 155
Dickerson, David, 111
Dickerson, David, 348
Dickerson, Davidson, 272
Dickerson, Edward, 242
Dickerson, Fountain, 119
Dickerson, Hiram, 367
Dickerson, James, 119
Dickerson, James, 254
Dickerson, John, 17
Dickerson, John, 220
Dickerson, John, 238
Dickerson, Samuel, 108
Dickerson, Thomas, 115
Dickerson, William, 51
Dickerson, William, 111
Dickerson, William, 141
Dickerson, William S., 102
Dickery, Paul, 330
Dickey, Benjamin, 104
Dickey, James, 360
Dickey, James D., 25

Dickey, John, 3
Dickey, John, 187
Dickey, John, 266
Dickey, Robert, 266
Dickey, Robert, 308
Dickey, Thomas, 222
Dickey, Thomas, 266
Dickey, William, 30
Dickey, William, 104
Dickey, William, 184
Dickinson, William, 331
Dickison, William, 137
Dickson, James, 224
Dickson, James, 313
Dickson, John, 129
Dicky, John S., 248
Diddle, William, 76
Die, Hardman, 320
Digernell, John, 114
Dike, Benjamin, 268
Dikey, Hays, 234
Dillan, Charles R., 349
Dillard, Isaac, 182
Dillingham, Abner B. C., 282
Dillman, Andrew, 97
Dillman, Frederick, 137
Dillman, Michael, 97
Dillon, John, 305
Dillon, Richard, 341
Dills, Thomas, 145
Dingham, Daniel, 238
Dingle, William, 105
Dinking, Thomas, 166
Dinmore, John, 16
Dinsmore, Jacob, 282
Dinwiddie, James, 185
Dinwiddie, John, 140
Dishman, John, 34
Dishman, John, 157
Dishman, William, 177
Dishmon, James, 287
Dishmore, James, 277
Dishmore, William, 277
Dison, Bennett, 278
Divans, John, 203
Divine, Andrew, 234
Divine, David, 234
Divine, Thomas H., 234
Dix, John, 313
Dixie, William, 328
Dixon, Alex, 43
Dixon, Ebenezer, 308
Dixon, George, 206
Dixon, George, 356
Dixon, Henry, 257
Dixon, Howell, 369
Dixon, Jno., 6
Dixon, John, 94

Dixon, Payne, 275
Dixon, Robert, 6
Dixon, Robert, 173
Dixon, Robert, 365
Dixon, Samuel, 219
Dixon, William, 272
Dixon, William, 328
Doan, James, 339
Dobb, John, 54
Dobbin, John, 363
Dobbins, Enoch, 319
Dobbins, Robert, 48
Dobbs, William, 44
Dobbs, William, 294
Dobbyns, Edward, 18
Dobenspecke, John, 142
Dobson, James, 185
Dobson, John, 54
Dobson, John, 234
Dobson, Joseph, 36
Dobson, Joseph, 280
Dobson, Robert, 36
Dobson, Robert, 145
Dobson, Robert, 280
Dobson, Thomas, 185
Dobson, Thomas, 274
Dobson, William, 145
Dobyns, Berry, 94
Dobyns, James, 130
Dobyns, John, 181
Dobyns, Thomas, 19
Dobyns, Thomas, 130
Docherty, Archibald, 143
Dodd, John, 196
Dodd, John C., 278
Dodd, Lewis, 261
Dodds, James, 151
Dodds, Samuel, 230
Doddson, Wesley, 175
Dodman, Nathan, 34
Dodson, George, 285
Dodson, George, 291
Dodson, John, 74
Dodson, Robert, 154
Dodson, Thomas, 289
Dogan, Henry, 70
Doherty, Edward, 339
Dohirty, Alexander, 280
Doke, David, 145
Doke, David, 258
Doke, William, 274
Dollarhide, Thomas, 70
Dollars, William, 93
Dollins, James, 272
Dolson, Matthew, 346
Donaho, Jesse, 26
Donahoe, Joseph, 360
Donaldson, Handley, 10

Donaldson, Handley, 359
Donaldson, James, 98
Donaldson, John, 125
Donaldson, John, 126
Donaldson, Lewis G., 176
Donaldson, Robert, 128
Donaldson, Stephen, 99
Donaldson, William, 98
Donaldson, William, 113
Donally, James, 155
Donan, David C., 252
Donaphan, Anderson, 131
Donaphan, Charles, 82
Donau, David C., 312
Donavan, Gilbert, 368
Doneheu, James, 290
Donehue, Peter, 334
Donely, James, 153
Donihoe, Daniel, 128
Doniphan, Anderson, 132
Doniphan, Thomas, 92
Donivan, Jeremiah, 360
Donly, Right, 208
Donn, William, 204
Donnald, James, 283
Donnald, John, 121
Donovan, Aquilla, 136
Donovan, Chasteau, 57
Donovan, Thomas, 18
Donovan, Thomas, 136
Donovan, William, 136
Donovan, William, 262
Donton, Keely, 137
Dooley, Ephraim, 198
Dooley, Gideon, 270
Dooley, James, 241
Dooley, Jesse, 49
Dooley, Job, 270
Dooley, John, 16
Dooley, John, 354
Dooley, Nathan, 16
Dooley, Nathan, 198
Dooley, Stephen, 198
Dooley, Thomas, 198
Dooley, Thomas, Jr., 198
Doolin, James, 289
Dooling, Daniel, 61
Dooling, James, 61
Dooling, John, 61
Dooling, Thomas, 61
Dooly, Jacob, 293
Dooms, John, 48
Doran, Edward, 337
Doran, Francis, 71
Dorman, Thomas, 95
Dorneely, Wright, 88
Dornell, William, 206
Dorrin, Thornton, 97

INDEX

Dorris, Stephen C., 274
Dorroh, John, 4
Dorse, Ezekiel, 78
Dorsey, Hazel W., 53
Dorsey, Joseph J., 94
Dorsey, Robert, 8
Dorson, Daniel, 365
Doss, Stephen, 43
Dotson, Hiram, 349
Dotson, Thomas, 61
Dotson, Thomas, 125
Dotson, Thomas, 293
Dougan, Jeremiah, 173
Dougherty, Andrew, 317
Dougherty, Arthur, 168
Dougherty, Cornelius, 26
Dougherty, Cornelius, 183
Dougherty, D. A., 216
Dougherty, Daniel, 200
Dougherty, Daniel, 220
Dougherty, Daniel, 342
Dougherty, Daniel, 367
Dougherty, George, 170
Dougherty, Henry, 88
Dougherty, James, 18
Dougherty, James, 200
Dougherty, James, 219
Dougherty, James, 221
Dougherty, James, 248
Dougherty, James, 253
Dougherty, James, 351
Dougherty, James, 367
Dougherty, James B., 361
Dougherty, Jarrett, 102
Dougherty, Jesse, 364
Dougherty, John, 77
Dougherty, John, 179
Dougherty, John, 201
Dougherty, John, 213
Dougherty, John, 236
Dougherty, John, 246
Dougherty, John, 367
Dougherty, John, Jr., 53
Dougherty, Joseph, Jr., 164
Dougherty, Matthew, 54
Dougherty, Patrick, 299
Dougherty, Robert, 23
Dougherty, Robert S., 220
Dougherty, Samuel, 366
Dougherty, Thomas, 352
Dougherty, William, 122
Dougherty, William, 219
Dougherty, William, 246
Dougherty, Zachariah, 346
Doughtery, Thomas, 72
Douglass, Jeremiah, 348
Douglass, Jonathan, 45
Douglass, William, 261

Doulton, George W., 14
Douthard, John, 19
Dove, James, 287
Dove, John, 98
Dover, Isaac, 81
Dover, Isaac, 202
Dowddle, Thomas J., 300
Dowden, John, 97
Dowden, John, 132
Dowdin, James, 225
Dowdle, John, 27
Dowell, David, 274
Dowell, Fanthroy, 27
Dowell, James, 53
Dowing, William, 104
Downard, Jacob, 318
Downard, Jacob, 366
Downard, John, 137
Downes, Benore P., 111
Downey, Alexander, 128
Downey, George, 158
Downey, James, 151
Downey, James, 227
Downey, Jno., 2
Downey, John, 227
Downey, Rob't., 2
Downey, Samuel, 42
Downey, Wm., 2
Downing, Edmund, 132
Downing, Edward, 331
Downing, John, 236
Downing, Robert, 133
Downing, Samuel, 152
Downings, James, 322
Downs, John, 100
Downs, Robert, 68
Downs, William, 172
Downy, William Rice, 244
Doxen, George, 204
Doyer, John, 198
Doyer, Richard, 262
Doyl, James, 5
Doyle, Alexander, 18
Doyle, Patrick, 187
Doyle, Thomas, 336
Doyle, William, 115
Dozier, Jno. L., 6
Dozier, John L., 45
Dozier, Richard, 247
Drain, James, 114
Drain, Walter, 143
Drake, Abraham S., 273
Drake, Benjamin, 179
Drake, David, 49
Drake, David, 49
Drake, Henry, 84
Drake, Jacob, 288
Drake, John, 305

Drake, Mosely, 181
Drake, Ralph, 179
Drake, William, 258
Drake, William R., 256
Drane, Thomas, 51
Draper, William, 208
Draw, Peter, 207
Drennan, Samuel, 278
Drew, John, 47
Drew, Warner W., 4
Dreward, Neni, 238
Dreweard, Louis, 238
Drinkard, Francis, 149
Drinkard, William, 149
Drinkard, William, 244
Drinkel, Timothy, 302
Driscoll, David, 270
Drisdale, Reuben, 196
Driskill, Peter, 133
Druier, Simon, 100
Drumm, George, 263
Drummond, James, 294
Drummond, James, 360
Drummond, John, 142
Drummons, James, 61
Drumond, John, 369
Drumond, Robert, 351
Drury, Elias, 53
Dry, John, 274
Drydden, Sovereign, 313
Drysdale, Andrew, 356
Dubaugh, Joseph, 348
Duberly, William, 21
Duberry, Benjamin, 304
Duberry, James, 304
Dubois, Henry, 23
Dubois, Touisant, 22
Duboy, John, 335
Ducate, James, 275
Ducker, Abraham, 311
Ducker, Abraham, 354
Ducker, Enoch, 206
Ducker, Nathan, 27
Ducker, Nathan, 169
Ducker, Nathaniel, 311
Duckerson, John, 228
Duckett, Caleb M., 102
Duckett, John R., 314
Duckworth, Ezekiel, 228
Duckworth, George, 55
Duckworth, George, 58
Duckworth, William, 222
Duckworth, William, 250
Dudar, William, 289
Dudarar, Coonrod, 289
Dudleston, William, 194
Dudley, Ambrose, 105
Dudley, Ambrose, 118

INDEX

Dudley, Ambrose, 118
Dudley, Ambrose, 224
Dudley, Ambrose, 318
Dudley, James, 36
Dudley, James, 267
Dudley, John, 328
Dudley, John T., 334
Dudley, Peter, 32
Dudley, Peter, 79
Dudley, Peter, 117
Dudley, Peter, 118
Dudley, Peter, 214
Dudley, Peter, 307
Dudley, Robert, 1
Dudley, Simeon, 16
Dudley, Thomas P., 34
Dudley, William, 189
Duerson, William, 299
Duevall, Lucius, 173
Duff, Abraham, 257
Duff, Fielding, 277
Duff, Hugh, 337
Duff, James, 54
Duff, James, 278
Duff, Patrick, 160
Duff, Robert, 54
Duff, Robert, 185
Duff, Samuel, 54
Duff, William, 132
Duff, William, 234
Duff, William, 244
Duff, William M., 303
Duffey, James, 219
Duffey, John, 219
Duffey, John, 292
Duffy, Thomas, 349
Dugan, Jeremiah, 40
Dugan, William, 37
Dugan, William, 167
Dugger, Julius, 64
Dugger, William, 64
Duggins, Richard, 293
Duglass, James, 337
Duke, Sampson, 42
Duke, Samuel, 42
Duke, Thomas M., 179
Dukes, James, 82
Dulany, John, 108
Duley, James, 219
Dulin, William, 178
Dum, John, 48
Dumarrell, Daniel, 163
Dumitt, Robert, 356
Dummet, Robert, 100
Dummitt, Robert, 360
Dumont, Peter, 304
Dun, James, 254
Dun, Nathaniel, 254

Dunagan, James, 74
Dunagan, Solomon, 74
Dunagan, Thomas, 277
Dunagin, Solomon, 250
Dunaway, Charles, 208
Dunaway, Isaac, 316
Dunaway, William, 63
Dunbar, Alexander, 130
Dunbar, James, 182
Dunbar, John, 22
Duncan, Almounder, 100
Duncan, Anderson, 361
Duncan, Arthur, 247
Duncan, Ashley, 185
Duncan, Charles, 159
Duncan, Charles C., 16
Duncan, David, 57
Duncan, David, 58
Duncan, Ennes, 313
Duncan, Fielding, 139
Duncan, Fielding, 192
Duncan, Flemmin, 294
Duncan, George, 154
Duncan, George, 286
Duncan, George, 293
Duncan, Howsen, 152
Duncan, Jacob, 169
Duncan, James, 76
Duncan, James, 119
Duncan, James, 133
Duncan, James, 253
Duncan, James, 253
Duncan, James, 280
Duncan, James M., 174
Duncan, Jeremiah, 232
Duncan, John, 236
Duncan, John S., 309
Duncan, Joseph, 134
Duncan, Joseph, 169
Duncan, Joshua, 76
Duncan, Little B., 65
Duncan, Peter, 187
Duncan, Peter, 86
Duncan, Pope, 131
Duncan, Richard, 27
Duncan, Robert, 111
Duncan, Thomas, 90
Duncan, Thomas, 194
Duncan, Thomas, 212
Duncan, Thomas, 331
Duncan, Travers, 185
Duncan, Walter, 130
Duncan, Walter, 134
Duncan, William, 152
Duncan, William, 154
Duncan, William, 198
Duncan, William, 245
Duncan, William, 289

Duncan, Willis, 161
Duncan, Willis, 241
Duncil, William, 182
Dunegan, Acre, 121
Dungan, Thomas, 184
Dungans, George, 62
Dungey, Abner, 43
Dunham, Alex, 157
Dunham, Dennis, 54
Dunham, Joseph, 176
Dunkerson, John B., 362
Dunklin, John, 242
Dunklin, William, 285
Dunlap, Alexander, 193
Dunlap, Alexander, 206
Dunlap, Alexander, Jr., 121
Dunlap, David, 308
Dunlap, Henry, 303
Dunlap, John, 107
Dunlap, John R., 118
Dunn, Alexander, 278
Dunn, Andrew, 47
Dunn, Andrew, 320
Dunn, Benjamin W., 198
Dunn, Gabriel, 344
Dunn, Hezekiah, 344
Dunn, Israel, 336
Dunn, James, 180
Dunn, Jesse, 225
Dunn, McKee, 143
Dunn, Peter, 353
Dunn, Philip, 109
Dunn, Richard, 282
Dunn, Simpson, 288
Dunn, Thomas, 299
Dunnan, Joseph, 43
Dunnaway, Isaac, 246
Dunnegan, David, 205
Dunnegan, Solomon, 120
Dunning, Matthew O., 333
Dunovan, William, 176
Dunscomb, Samuel, 173
Dunwidder, William, 53
Dunwiddie, David C., 230
Dunwiddie, George, 230
Dunwiddie, John, 230
Dunwiddie, William, 154
Dunwiddy, Robert, 111
Dupree, Francis, 343
Dupree, John B., 342
Duprey, Ebenezer, 227
Dupuy, Benjamin F., 164
Dupuy, Benjamin F., 164
Dupuy, Benjamin F., 170
Dupuy, James, 37
Dupuy, Samuel, 35
Dupuy, Samuel, 169
Dupuy, William, 35

Dupuy, William, 170
Durall, Daniel, 209
Durall, Lucius, 40
Durant, William, 82
Durbin, Edwards, 180
Durham, Elijah, 81
Durham, John, 77
Durham, John, 242
Durham, Samuel, 55
Durham, Samuel, 77
Durham, Thomas, 242
Durham, William B., 77
Durham, John, 165
Durkin, Moses, 222
Durrell, Richard, 16
Durrett, William, 55
Durur, Jesse, 115
Duskins, Daniel, 322
Duskins, Thomas, 91
Duskins, William, 91
Duskins, William, 323
Dusky, James, 262
Duvall, Anthony, 334
Duvall, James S., 354
Duvall, John, 85
Duvall, John, 186
Duvall, Lucius, 171
Duvall, Zachariah, 79
Duvall, Zachariah, 215
Duyan, Alexander, 320
Duyan, Samuel, 320
Dyal, Isaac, 47
Dyal, John, 136
Dyametto, James, 192
Dyarnatt, James, 189
Dye, Faunteroy, 77
Dye, John, 98
Dye, Luke, 194
Dye, Mountees, 216
Dye, Robert H., 95
Dyehouse Edwards, 80
Dyehouse, Edward, 195
Dyer, Evans, 16
Dyer, John, 134
Dyer, William, 294
Dyiel, Hatten, 6
Dyke, John, 113
Dyke, Stephen, 116
Dykes, William, 198
Dysart, John B., 69
Dysart, Johnson, 63
Dysart, Johnston, 182
Dysart, Samuel, 182
Dysent, Jonathan, 59
Dyson, Hezekiah, 265
Dyson, Thomas, 179
Dyson, Thomas W., 43
E Spillman, Henry, 141

Eabank, Harrison, 269
Eaden, Ezekiel, 46
Eades, Drury, 126
Eades, Horatio, 24
Eades, Horatio, 232
Eades, Horatio, 326
Eades, Howell, 126
Eads, Samuel, 268
Eads, Thomas, 191
Eads, William, 191
Eadsi, Robert, 29
Eagan, John, 78
Eaker, Peter, 2
Eaker, Peter, 44
Eallon, Charles, 302
Ealy, Edward, 236
Ealy, Henry, 236
Eares, John, 110
Earickson, Samuel, 299
Earickson, William, 159
Earl, Samuel, 295
Earl, Thomas P., 146
Earlawine, Jacob, 315
Earle, John, 1
Earles, Payton, 133
Earles, Rhody, 133
Earles, Samuel, 61
Earley, Joseph, 157
Earls, Paton, 315
Early, Andrew, 15
Early, David, 94
Early, Ebenezer, 94
Early, George, 82
Early, John, 353
Early, Obediah, 273
Early, William, 64
Early, William, 96
Early, William, 158
Earnest, Henry, 5
Earnest, Henry, 22
Earnest, Joseph, 54
Earnest, Thomas, 54
Easley, Andrew, 136
Easley, Obediah, 121
Easley, Obediah, 205
Easley, Pleasant, 112
Easley, Stephen, 136
Easley, Woodson, 167
Easly, Josiah, 343
Easman, Joseph, 343
East, Alexander, 63
East, Daniel, 74
East, David, 74
East, Elijah, 112
East, James, 63
East, James, 119
East, John, 272
East, Nimrod, 294

East, North, 74
East, Shadrach, 259
Easten, Johnson, 184
Easter, John, 74
Easter, Thomas, 36
Easterday, Thomas, 220
Eastes, Elisha, 69
Eastes, Spencer, 69
Eastess, John, 192
Eastham, George, 163
Eastham, George, 249
Eastham, John, 62
Easthan, Zachariah, 230
Eastin, Augustus F., 196
Eastin, Columbus, 140
Eastin, Zachariah, 137
Eastin, Zechariah, 140
Eastland, Ashbury, 242
Eastland, John A., 344
Easton, Griffin, 208
Easton, Griffith, 88
Easton, Jesse, 69
Easton, John, 296
Easton, Samuel, 304
Eastridge, Daniel, 266
Eatherton, Benjamin, 53
Eaton, Abner, 273
Eaton, Absalom, 273
Eaton, George, 128
Eaton, George, 309
Eaton, John, 328
Eaton, John, 333
Eaton, Morgan, 142
Eaton, Thomas, 96
Eaton, William, 60
Eaton, William, 127
Eaton, William G., 203
Eaton, William G., 250
Eatton, Benjamin, 95
Eberly, Henry, 242
Eckler, Samuel, 184
Eckler, Samuel, 209
Eckler, Ullery, 209
Ecten, Charles, 294
Edelin, Charles F., 143
Eden, Ezekiel, 39
Edens, Mathew, 293
Edes, John, 321
Edgar, Johnson, 277
Edgar, Josiah, 277
Edgar, William, 36
Edgecomb, Samuel, 239
Edgerton, Benjamin, 244
Edlan, Fendle, 71
Edlin, Benjamin, 166
Edlin, James, 23
Edlin, John, 21
Edlin, Nicholas, 336

INDEX

Edmanson, John, 361
Edmesson, Thomas, 57
Edminston, John, 31
Edmonds, George, 1
Edmondson, John, 301
Edmonson, Thomas, 94
Edmonson, Thomas, 175
Edmonson, Thomas, 355
Edmonson, William, 232
Edmonster, William, 41
Edmund, James, 144
Edons, Charles, 148
Edrington, John, 160
Edrington, John, 305
Edrington, Robert, 166
Edrington, Thomas, 270
Edster, William, 194
Edward, Cornelius, 250
Edward, Cuthbert, 309
Edward, David, 254
Edward, Thomas, 254
Edwards James, 362
Edwards, Aaron, 294
Edwards, Alexander, 179
Edwards, Asa, 43
Edwards, Azul, 333
Edwards, Edward, 282
Edwards, Francis H., 11
Edwards, Griffin, 63
Edwards, Griffin, 230
Edwards, James, 51
Edwards, James, 150
Edwards, James, 162
Edwards, James, 263
Edwards, James M., 22
Edwards, Jesse, 24
Edwards, John, 39
Edwards, John, 250
Edwards, Joseph, 71
Edwards, Joseph, 326
Edwards, Leroy, 167
Edwards, Meredith, 182
Edwards, P., 328
Edwards, Peter, 230
Edwards, Peter, 289
Edwards, Phineas P., 330
Edwards, Richard, 316
Edwards, Robert, 21
Edwards, Thomas, 112
Edwards, Thomas, 256
Edwards, Thomas, 358
Edwards, Thomas, 363
Edwards, Travis, 175
Edwards, Washington, 43
Edwards, William, 21
Edwards, William, 78
Edwards, William, 158
Edwards, William, 228

Edwards, William, 343
Edwards, William M., 29
Edwin, John G., 342
Eels, Charles, 369
Egner, Andrew, 224
Egnew, Andrew, 224
Egnew, John, 224
Egnew, Samuel, 346
Ehler, John, 321
Elain, Edmund, 154
Elain, Joseph, 238
Elam, John, 284
Elder, Andrew, 241
Elder, Andrew, 246
Elder, David, 200
Elder, Edward, 109
Elder, George, 43
Elder, James, 4
Elder, James, 151
Elder, Jesse, 148
Elder, Samuel M., 109
Elder, Thomas, 4
Elder, William, 3
Eldrid, John, 71
Eldridge, John, 203
Eldridge, John, 345
Eldridge, Samuel, 60
Eldridge, William, 280
Eleam, Wm. W., 6
Elgin, Hezekiah, 29
Elgin, Thomas P., 121
Elgin, Thomas P., 263
Eliot, James, 107
Eliott, George, 82
Eliott, William, 221
Elison, Samuel, 281
Elkin, Benjamin, 112
Elkin, Elijah, 68
Elkin, McClanahan, 254
Elkin, McClanihan, 121
Elkin, Strother, 121
Elkins, Ellet, 215
Elkins, Elliott, 79
Elkins, Richard, 287
Elkins, Robert, 128
Ellcott, Dawson, 68
Ellenbaugh, Garret, 68
Ellerson, James, 222
Ellerston, Jacob, 19
Ellett, George, 316
Ellington, Isaac, 316
Elliot, Elijah, 368
Elliot, Greenbury, 288
Elliott, Abel, 37
Elliott, Archibald, 79
Elliott, Archibald, 188
Elliott, Archibald, 215
Elliott, Asa, 78

Elliott, Daniel, 100
Elliott, David, 246
Elliott, Edward, 127
Elliott, Elijah, 38
Elliott, George, 69
Elliott, George, 295
Elliott, George C., 144
Elliott, James, 187
Elliott, James, 203
Elliott, James, 86
Elliott, John, 94
Elliott, John, 169
Elliott, John, 296
Elliott, John, 309
Elliott, John, 324
Elliott, John W., 183
Elliott, John W., 246
Elliott, Joseph, 39
Elliott, Peter, 348
Elliott, Reason, 83
Elliott, Resin, 90
Elliott, Resin, 210
Elliott, Reuben, 293
Elliott, Robert, 121
Elliott, Robert, 348
Elliott, Thomas, 100
Elliott, William, 10
Elliott, William, 65
Elliott, William, 88
Elliott, William, 183
Elliott, William, 189
Elliott, William, 209
Ellis, Daniel, 285
Ellis, Elijah, 106
Ellis, Garrett, 77
Ellis, George, 208
Ellis, George, 209
Ellis, Henry, 139
Ellis, Henry, 323
Ellis, Hercules, 277
Ellis, James, 106
Ellis, James, 313
Ellis, James, 325
Ellis, James, 368
Ellis, Jesse, 90
Ellis, Jesse, 212
Ellis, John, 106
Ellis, John, 108
Ellis, John, 139
Ellis, John, 140
Ellis, John, 156
Ellis, John, 294
Ellis, John, 307
Ellis, Joseph, 140
Ellis, Laban, 139
Ellis, Robert, 24
Ellis, Steven, 139
Ellis, Thomas, 29

INDEX

Ellis, Thomas, 306
Ellis, Thomas, 327
Ellis, Timothy, 89
Ellis, Timothy, 212
Ellis, Walter, 196
Ellis, William, 24
Ellis, William, 95
Ellis, William, 139
Ellis, William, 140
Ellis, William, 189
Ellis, William, 225
Ellis, William, 263
Ellis, William, 306
Ellis, William, 358
Ellison David, 163
Ellison, Akis, 39
Ellison, Amos, 150
Ellison, Archibald, 182
Ellison, George, 185
Ellison, Hugh, 158
Ellison, Isaac, 270
Ellison, James, 342
Ellison, Joseph, 2
Ellison, Joseph, 337
Ellison, Thomas, 122
Elliston, Jacob, 227
Elliston, James, 19
Ellmore, John A., 36
Ellmore, Warner, 36
Ellmore, Warner, 165
Ellsberry, Benjamin W., 128
Ellson, Nicholas, 313
Elly, George, 18
Elmore, Edward, 111
Elmore, John, 191
Elms, William, 299
Elrod, Adam, 292
Elrod, Harman, 291
Elrod, Harmon, 154
Elrod, Jeremiah, 154
Elrod, Jeremiah, 254
Elrod, William, 133
Elsbery, William, 116
Elsbury, Jonathan, 298
Elson, Cornelius, 136
Elston, John, 225
Eltis, Jonathan, 225
Ely, Winson, 151
Elzie, Elzie, 159
Emberson, Francis F., 268
Emberson, Walter, 58
Emberson; Walter, 52
Emberton, John, 274
Emberton, Richard, 341
Embleton, Richard, 345
Embree, Elijah, 241
Embree, Elijah, 289
Embree, Moses, 156

Embro, Ambrose, 268
Embry, Samuel, 258
Embry, Samuel P., 166
Emerine, John, 349
Emerson, James, 116
Emerson, Walter, 74
Emerson, William, 277
Emly, Ezra, 336
Emmerson, Thomas M., 165
Emmet, Alexander, 107
Emmons, Elijah, 127
Emmons, John, 358
Empson, Richard, 126
Empson, Richard, 245
Emry, John, 64
Endicott, James, 209
Endicott, John, 224
Endicott, Joseph, 18
Endicott, Joseph, 224
Endicott, Joseph, Jr., 224
Endicott, William, 105
England, Samuel G., 74
Engleman, Jacob, 241
Engleman, Samuel, 63
Engleman, Samuel, 150
Engles, Peter, 321
English, James, 161
English, John, 141
English, Levin, 161
English, Robert, 161
English, Thomas, 365
English, William, Jr., 127
English, William, Sr., 127
Enson, George, 296
Ensparger, Samuel, 272
Entricon, John, 278
Enyard, Abner, 155
Enyard, Silas, 219
Eosin, Daniel, 361
Eperson, Chesley, 267
Epperson, Daniel, 270
Epperson, James, 273
Epperson, Jesse, 241
Epperson, John P., 206
Epperson, Robert, 125
Erickson, Perrygrime, 162
Ernmerson, John, 252
Erton, Henry, 293
Ervin, Francis, 289
Ervin, Joseph, 66
Ervin, Robert, Jr., 249
Ervin, Robert, Sr., 249
Ervin, Thomas, 100
Ervine, William, 249
Erwin, Dory, 194
Erwin, John, 105
Erwin, Robert, 106
Erwin, Stephen, 206

Eshon, Daniel, 356
Esom, Robert, 135
Este, Marshall, 76
Estell, William, 316
Ester, Abraham, 31
Ester, Clement, 31
Ester, William, 31
Estes, James, 126
Estes, John, 108
Estes, Middleton, 126
Estes, Robert, 96
Estin, Robert, 69
Estis, George W., 29
Estis, John, 186
Estis, John, 258
Estis, John, 294
Estis, Joseph, 186
Estis, William, 26
Estis, William, 241
Eston, Robert, 246
Ethberton, William, 311
Ethell, James, 276
Etone, Elijah, 289
Eubank, George, 116
Eubank, James, 317
Eubank, Richard, 177
Eubanks, Foster, 95
Eubanks, William, 116
Euham, Stephen, 16
Eustis, Robert, 228
Evan, Jesse, 70
Evans Gilead, 315
Evans, Adam, 267
Evans, Allen, 362
Evans, Ambrose, 348
Evans, Andrew, 122
Evans, Andrew, 154
Evans, Charles, 86
Evans, Edward, 353
Evans, Evan, 86
Evans, Evan, 200
Evans, Foster, 369
Evans, Francis, 222
Evans, Gabriel, 127
Evans, George, 116
Evans, Harry, 368
Evans, Hugh, 158
Evans, Isaac, 94
Evans, Isaac, 127
Evans, James, 39
Evans, James, 39
Evans, James, 283
Evans, Jno., 1
Evans, John, 60
Evans, John, 87
Evans, John, 90
Evans, John, 100
Evans, John, 127

INDEX

Evans, John, 135
Evans, John, 182
Evans, John, 187
Evans, John, 200
Evans, John, 201
Evans, John, 212
Evans, John, 218
Evans, John, 237
Evans, John, 266
Evans, John, 286
Evans, John, 286
Evans, John, 287
Evans, John, 317
Evans, John, 356
Evans, John, 86
Evans, John O., 200
Evans, John T., 34
Evans, Jonathan, 157
Evans, Joseph, 315
Evans, Lewis, 14
Evans, Lewis, 221
Evans, Mayberry, 128
Evans, Nathaniel, 75
Evans, Owen, 340
Evans, Owen, 346
Evans, Peter, 68
Evans, Ransom, 356
Evans, Richard, 87
Evans, Richard, 267
Evans, Richard, 276
Evans, Robert, 363
Evans, Scioto, 82
Evans, Spencer, 331
Evans, Thomas, 51
Evans, Thomas, 86
Evans, Thomas, 218
Evans, Thomas, 222
Evans, Thomas, 328
Evans, W. M., 309
Evans, William, 100
Evans, William, 147
Evans, William, 177
Evans, William, 303
Evans, William, 354
Eve, Benjamin, 103
Eve, J abez, 103
Eve, Joseph, 59
Eve, Milton, 222
Evens, Hugh, 75
Evens, William, 107
Everett, John, 339
Everheart, Charles, 60
Everman, James, 268
Evermore, John, 324
Eversidge, Joseph, 59
Everton, Jas., 1
Everton, Thos., 1
Eves, Ransom, 358

Evins, Samuel, 157
Ewbank, Jonathan, 274
Ewebank, James, 294
Ewell, Leroy, 179
Ewell, Thomas, 333
Ewell, William, 116
Ewert, Joseph, 326
Ewert, Joseph, 368
Ewin, Squire, 305
Ewing, Alexander, 238
Ewing, E. M., 255
Ewing, Ephraim M., 255
Ewing, George, 353
Ewing, James, 31
Ewing, John B. S., 5
Ewing, John L., 173
Ewing, Mathew, 343
Ewing, Nathaniel, 259
Ewing, Patrick, 107
Ewing, Phillips, 196
Ewing, Putnam, 246
Ewing, Reuben A., 5
Ewing, Robert, 255
Ewing, Robert M., 101
Ewing, Robert M., 220
Ewing, Samuel, 234
Ewing, Samuel, 242
Ewing, Samuel, 242
Ewing, Samuel B., 350
Ewing, Thomas, 106
Ewing, William, 123
Ewing, William, 171
Ewing, William, 259
Ewing, William W., 272
Ewing, William Y. C., 5
Ewing, Young, 2
Ewing, Young, 172
Ewing, Young, 255
Ewings, Hugh, 232
Ewings, Hugh, 263
Ewins, Andrew, 254
Ezekiel, Smith, 40
Ezell, Harrison, 275
Ezular, Peter, 336
Face, James, 269
Fagans, Jarard, 232
Fahmer, John, 336
Fair, James, 110
Faircloth, James, 60
Fairley, Joseph F., 225
Fales, William, 236
Falford, Absalom H., 60
Falkner, Adam, 60
Falkner, John, 149
Falkner, William, 149
Fancher, Isaac, 328
Fancher, Isaac, 339
Fancy, James, 230

Fancy, Robert, 70
Fanding, Patrick, 14
Fandric, Joseph, 113
Fandric, William, 113
Fandry, William, 20
Faner, Michael, 97
Fannen, Middleton, 125
Fanney, Jacob, 336
Fanney, James, 336
Fanning, Michael, 133
Fant, Thomas, 108
Fare, Absalom, 240
Faris, Isaac, 201
Faris, Jesse, 145
Faris, John, 280
Faris, Michael, 201
Faris, Robert, 94
Faris, Robert, 359
Farish, Samuel, 273
Farleigh, Joseph F., 365
Farler, Ferris, 87
Farley, Clay, 277
Farley, Thomas, 161
Farlow, Farris, 202
Farm, Isaac, 203
Farmer, Elias, 167
Farmer, Elijah, 249
Farmer, Gray B., 284
Farmer, Henry, 163
Farmer, James, 253
Farmer, James, 259
Farmer, James, 298
Farmer, John, 259
Farmer, John, 268
Farmer, John, 290
Farmer, Littleberry, 187
Farmer, Littleberry, 86
Farmer, Otho, 53
Farmington, Henry, 333
Farnsley, James, 160
Farour, George, 206
Farr, David, 61
Farrar, William, 321
Farrel, James, 222
Farrel, James, 238
Farrel, William, 230
Farris, Dudley, 200
Farris, Isaac, 81
Farris, Isaac, Jr, 81
Farris, Isham, 64
Farris, James, 48
Farris, James, 64
Farris, James, 127
Farris, Jesse, 53
Farris, Job, 82
Farris, John, 166
Farris, Major, 8
Farris, Michael, 80

INDEX 415

Farris, Paul, 202
Farris, Spencer, 8
Farris, William, 55
Farris, William, 183
Farron, Kennox, 309
Farrow Joseph, 129
Farrow, Alexander S., 114
Farrow, Daniel, 152
Farrow, John, 112
Farrow, Joseph, 16
Farrow, Thomas, 130
Farrow, William, 14
Farrow, William, 125
Farrow, William, 129
Farthing, Abner, 196
Farthing, Dudley, 201
Farthing, Gideon, 262
Fassee, John, 119
Fasten, James, 68
Fatton, John, 222
Faught, George, 27
Faught, William, 27
Faulconer, George, 271
Faulkner, Henry, 180
Faulkner, James, 64
Faulkner, John, 59
Faulkner, John, 148
Faulkner, William, 55
Faulkner, William, 66
Faunce, John, 365
Fauntleroy, William, 265
Faven, John, 238
Fawcett, James, 334
Fay, William, 222
Feagin, Henry, 130
Feathercoil, George, 114
Fee, David, 59
Fee, William, 101
Feeback, Gilbert, 131
Feelding, David C., 276
Feeley, Charles, 174
Fegans, John, 137
Fegert, Alexander, 276
Feland, James, 230
Feland, Thomas, 241
Feland, William, 150
Felix, Isaac, 121
Fell, John, 341
Fell, John, 343
Felps, Harris, 161
Feltz, John, 101
Fenley, James, 6
Fenley, James, 307
Fenley, John G., 307
Fennel, Benjamin, 79
Fennick, Lewis, 33
Fenny, Thomas S., 267
Fenton, Bartholomew, 194

Fenton, Enoch, 313
Ferbish, William, 202
Fergate, Eli, 60
Fergerson, William, 158
Fergurson, John, 232
Ferguson, Alexander, 164
Ferguson, Clement, 210
Ferguson, Daniel, 295
Ferguson, David, 61
Ferguson, David, 102
Ferguson, Hamilton, 308
Ferguson, Henry, 143
Ferguson, Henry, 237
Ferguson, John, 1
Ferguson, John, 41
Ferguson, John, 164
Ferguson, John, 184
Ferguson, John, 367
Ferguson, John K., 283
Ferguson, Joseph, 367
Ferguson, Peter, 260
Ferguson, Richard, 144
Ferguson, Robert, 118
Ferguson, Samuel, 89
Ferguson, Samuel, 189
Ferguson, Samuel, 209
Ferguson, Samuel, 301
Ferguson, Samuel, 337
Ferguson, William, 232
Ferguson, William, 21
Feris, Benjamin, 35
Ferman, Joseph, 311
Ferrel, Thomas, 107
Ferrell, Edmund, 246
Ferrell, Thomas, 61
Ferrell, Thomas, 262
Ferril, Robert, 156
Ferrin, George, 97
Ferry, Charles, 331
Ferry, James, 337
Ferry, John H., 160
Ferry, Moses, 172
Fetcher, William R., 192
Fetty, John, 103
Fetzer, Peter, 362
Fewel, Ephraim, 25
Fickas, John, 275
Fickel, Michael S. L., 347
Ficklin, John, 112
Ficklin, John H., 236
Ficklin, Thomas, 18
Ficklin, Thomas, 122
Ficklin, William, 114
Fidler, James, 10
Field, Ambrose, 185
Field, Barnett, 46
Field, Charles, 38
Field, Gabriel, 159

Field, John, 140
Field, John, 303
Field, Zachariah, 46
Fielder, John, 105
Fielding, John, 151
Fielding, William, 96
Fielding, William, 224
Fields, Daniel, 242
Fields, Edward, 358
Fields, Gabriel, 159
Fields, George, 170
Fields, George, 336
Fields, Greenbury, 216
Fields, James, 18
Fields, James, 52
Fields, James, 327
Fields, John, 60
Fields, John, 363
Fields, Levin, 123
Fields, Luke, 115
Fields, Reasin, 343
Fields, Reuben, 358
Fields, Zachariah, 47
Fiffe, Jonathan, 313
Figg, James, 37
Figg, James Jr., 167
Figg, John, 290
Figg, William, 167
Figg, William, 294
Fight, John, 131
Fightmaster, John, 25
Fightmaster, Joseph, 89
Fightmaster, Joseph, 90
Fightmaster, Lawrence, 89
Fightmaster, Lawrence, 209
Figley, John, 41
Filbert, Luke, 268
Files, John, 178
Files, Thomas H., 45
Filkins, William, 329
Filley, Roger, 278
Filpot, William, 55
Filson, Jesse, 282
Finch, Abram, 56
Finch, John, 319
Finch, Turner, 192
Finch, William, 56
Fincher, John, 193
Findley, Dabney, 2
Findley, James B., 355
Findley, Jno. P., 2
Findley, Lewis, 310
Findley, Richard, 22
Findley, William, 13
Findley, William, 241
Findley, William, 310
Findley, William, 364
Finer, Jacob, 206

INDEX

Fink, John, 253
Finley, Andrew, 284
Finley, George, 331
Finley, James, 221
Finley, John, 221
Finley, Joseph W., 129
Finley, Samuel, 171
Finley, William C., 169
Finn, Evan, 272
Finn, John, 222
Finnel, James, 265
Finnel, John, 194
Finnell, Achilles, 244
Finnell, Benjamin, 215
Finnell, Jonathan, 244
Finnell, William, 66
Finney, Andrew, 94
Finney, James, 112
Finney, John G., 43
Finny, Samuel, 317
Fintress, Samuel, 56
Fintress, William, 56
Fish Francis, 86
Fish, F., 188
Fish, Francis, 187
Fish, Thomas, 69
Fish, William, 69
Fishback, George, 142
Fishback, George, 209
Fishback, Jesse, 89
Fishback, Jesse, 90
Fishback, Jesse, 189
Fishback, Jesse, 209
Fishback, Martin, 137
Fishback, Samuel D., 99
Fisheel, John M., 34
Fisher, Adam, 136
Fisher, Adam, 242
Fisher, Grammer, 331
Fisher, Jacob, 333
Fisher, James, 115
Fisher, James, 124
Fisher, James, 205
Fisher, Jesse, 27
Fisher, John, 166
Fisher, John, 353
Fisher, John B., 266
Fisher, Matthew, 151
Fisher, Nathaniel, 61
Fisher, Nathaniel, 140
Fisher, Samuel, 176
Fisher, Thomas, 115
Fisher, Thomas, 318
Fisher, William, 46
Fisher, William, 115
Fisher, William, 122
Fisher, William, 309
Fisher, William H., 342

Fisher, Zachariah, 169
Fishes, Joseph, 114
Fitch, Henry, 130
Fitch, James, 95
Fite, Reuben, 315
Fiteshue, Cole, 301
Fitzer, Jacob, 301
Fitzerald, Thomas, 96
Fitzgerald, Andrew, 311
Fitzgerald, Benjamin, 134
Fitzgerald, David, 134
Fitzgerald, Francis, 119
Fitzgerald, Henry, 27
Fitzgerald, Jesse, 108
Fitzgerald, John, 330
Fitzgerald, Moses, 134
Fitzgerald, Silas, 311
Fitzgerald, William, 51
Fitzgerald, William, 118
Fitzgerald, William, 177
Fitzhugh, George, 256
Fitzhugh, John, 173
Fitzjarrell, Silas, 206
Fitzjiffry, Richard, 335
Fitzmaster, Joseph, 189
Fitzmaster, Samuel, 189
Fitzpatrick, George, 287
Fitzpatrick, Jacob, 87
Fitzpatrick, James, 87
Fitzpatrick, James, 218
Fitzpatrick, Samuel, 287
Fitzpatrick, Thomas, 65
Fitzpatrick, William, 62
Fitzpatrick, William, 230
Fitzpatrick, William, 316
Fitzwater, George, 368
Fitzwater, Stephen, 89
Fitzwater, Stephen, 189
Fitzwattes, Andrew, 96
Fizer, Jacob, 122
Flack, Edward, 200
Flack, James, 80
Flack, James, 200
Flack, William, 345
Flagg, David, 358
Flags, David, 356
Flake, John, 49
Flanagan, George, 273
Flanagan, James, 53
Flanagan, James, 166
Flanagan, Patrick, 250
Flangher, Christopher, 317
Flanighan, William, 213
Flankins, Gilbert, 305
Flannery, Abraham, 43
Fleal, Charles, 10
Fleener, Nicholas, 22
Fleese, Nicholas, 241

Fleese, William, 150
Fleet, William, 105
Fleming, George, 322
Fleming, James, 245
Fleming, Jesse, 323
Fleming, Robert, 316
Fleming, Thomas W., 16
Fleming, Will H., 91
Fleming, William, 213
Fleming, William, 331
Flemming, David, 353
Flemming, Enoch, 249
Flemming, William, 348
Fletcher, George W., 177
Fletcher, George W., 51
Fletcher, George W., 365
Fletcher, Jacob, 316
Fletcher, James, 111
Fletcher, Job, 44
Fletcher, Robert, 76
Fletcher, Thomas, 91
Fletcher, Thomas, 213
Fletcher, William, 96
Fletcher, William, 196
Fleury, Francis, 343
Flick, John, 175
Fliddon, John, 331
Flinn, Arthur, 100
Flinn, Benjamin, 18
Flinn, Jesse, 74
Flint, Richard, 230
Flint, Samuel, 230
Flint, Simeon, 108
Flippin, James, 7
Flippin, John, 7
Flippin, Thomas, 7
Flippin, William, 7
Flippo, John, 5
Flippo, William G., 5
Flood, Benjamin, 307
Flooley, James F., 268
Flooty, Rawson, 128
Flora, John, 94
Florence, William, 121
Flornoy, Matthew, 242
Flournoy, Hoy, 32
Flournoy, Matthews, 122
Flournoy, Natley M., 122
Flournoy, Notley, 140
Flournoy, Thomas C., 122
Flower, Charles H., 156
Flower, James, 216
Flowers, James, 150
Flowers, Thomas M., 73
Floy, Joseph, 339
Floyd, Elijah, 305
Floyd, Gabriel I., 352
Floyd, John, 244

INDEX

Floyd, Nathaniel, 160
Floyd, Nathaniel, 299
Floyd, Nathaniel, 366
Floyd, Thomas, 287
Floyd, William, 49
Fluce, William, 63
Fluse, Nicholas, 143
Fluty, James, 201
Fluty, James T., 206
Flynn, Arthur, 360
Focoke, Richard, 222
Foddery, John, 358
Foley, Benjamin, 216
Foley, Elijah, 254
Foley, James, 185
Foley, Mason, 283
Foley, Owen, 101
Folin, Benjamin, 84
Foly, Daniel, 313
Fools, William, 318
Foot, Francis, 68
Foot, Philip, 68
Forbes, Isaac, 365
Forbes, James, 55
Forbes, James, 260
Forbes, Montgomery, 241
Forbes, Yates, 166
Forbs, Jacob, 32
Forbus, Richard, 336
Ford, A., 103
Ford, Andy, 334
Ford, Asa, 306
Ford, Christian D., 339
Ford, George, 356
Ford, George, 358
Ford, James, 57
Ford, James, 169
Ford, James, 175
Ford, James, 306
Ford, John, 169
Ford, John, 232
Ford, John, 249
Ford, John, 263
Ford, John, 270
Ford, John, 284
Ford, John, 305
Ford, Joseph, 331
Ford, Lemuel, 203
Ford, Luis, 71
Ford, Meredith, 216
Ford, Pleasant, 65
Ford, Reuben, 30
Ford, Reuben, 66
Ford, Samuel L., 74
Ford, Thomas, 139
Ford, Warner, 249
Ford, Warren, 178
Ford, William, 73

Ford, William, 192
Ford, William, 307
Ford, William D., 339
Ford, William W., 297
Forde, John, 194
Fore, Jarrard, 193
Fore, Peter, 161
Fore, Peter G., 164
Foreman, David, 75
Foreman, Jacob, 285
Foreman, John, 313
Forest, William, 369
Forey, Elijah, 51
Forgy, James F., 41
Forgy, Samuel C., 41
Forkner, Martin, 276
Forman, David, 126
Forman, Samuel, 319
Forney, Lewis, 333
Forrest, Dennis, 321
Forrest, Memorial, 321
Forrester, Robert, 346
Forsee, George S., 20
Forsee, Stephen, 112
Forsithe, William, 191
Forston, John, 196
Forsyth, James, 63
Forsyth, William H., 334
Forsythe, David, 289
Forsythe, Douglas, 41
Forsythe, George, 198
Forsythe, John, 107
Forsythe, John, 328
Forsythe, John, 328
Forsythe, Robert, 88
Forsythe, Robert, 234
Forsythe, Robert, Jr., 208
Forsythe, Samuel, 107
Forsythe, William, 139
Forsythe, William, 289
Fort, David, 4
Fort, Micajah, 367
Fort, Noble, 107
Fortin, Augustin, 341
Fortis, James, 301
Fortner, Jonas, 158
Forton, Francis, 342
Fortson, Marshall, 197
Fortune, Francis, 343
Fortune, Francis, 346
Fortune, John, 343
Fortune, Thomas, 213
Fosgate, John H., 88
Foster, Barnett, 177
Foster, David, 177
Foster, Isaac, 228
Foster, Isaac, 236
Foster, Isaac, 316

Foster, James, 130
Foster, James, 177
Foster, Jas. Singleton, 2
Foster, John, 11
Foster, John, 74
Foster, John, 93
Foster, John, 104
Foster, John, 126
Foster, John, 141
Foster, John, 232
Foster, John, 292
Foster, Jonathan, 325
Foster, Josiah, 2
Foster, Michael, 155
Foster, Moses, 228
Foster, Nathaniel, 232
Foster, Notty, 72
Foster, Robert, 236
Foster, Robert G., 230
Foster, Robert J., 62
Foster, Samuel, 88
Foster, Samuel, 326
Foster, Thomas, 32
Foster, Thomas, 236
Foster, Thos., 1
Foster, Tinsley, 228
Foster, Will T., 267
Foster, William, 218
Foster, William, 228
Foster, William, 267
Foster, William, 356
Foster, William, 369
Fouche, William, 340
Fountleroy, 44
Fourman, William, 364
Fouts, Frederick, 358
Fowke, Jared, 114
Fowler, Bernard, 312
Fowler, Charles, 295
Fowler, Charles M., 318
Fowler, Jeremiah, 283
Fowler, John H., 25
Fowler, Robert B., 329
Fowler, Samuel, 339
Fowler, Stephen, 273
Fowler, Thomas, 116
Fowler, Thomas, 288
Fowler, William, 262
Fox, Arthur, 179
Fox, Baker, 329
Fox, Charles, 26
Fox, Clairborne, 368
Fox, Daniel, 6
Fox, George, 184
Fox, Jacob, 49
Fox, Jacob, 58
Fox, James, 199
Fox, Jeremiah, 42

INDEX

Fox, Nathan, 42
Fox, Nathan, 47
Fox, Nathan, 283
Fox, Noah, 6
Fox, William, 188
Fox, William, 198
Fox, William, 206
Fox, William, 288
Foxworthy, George, 288
Foxworthy, James, 24
Foxworthy, John, 320
Foxworthy, Samuel, 127
Foxworthy, Thomas, 130
Foxworthy, William, 127
Fracher, Charles, 253
Fracher, John, 253
Frain, David, 196
Frain, George, 196
Frain, John, 196
Frakes, Barnabas, 129
Frakes, Daniel, 219
Frakes, John, 248
Frakes, Joseph, 129
Frakes, Joseph, 216
Frakes, Nathan, 102
Fraks, Henry, 194
Fraley, Nicholas, 274
Frame, John, 149
Frame, John, 355
Frammel, James, 88
Frances, Thomas, 86
Francis, Enoch, 109
Francis, Enoch, 124
Francis, Enoch, 273
Francis, Henry, 366
Francis, Henry, Jr., 62
Francis, Jesse, 109
Francis, Jesse, 124
Francis, Lewis, 26
Francis, Samuel, 182
Francis, Thomas, 187
Francis, William, 333
Francisco, John, 262
Frandrey, William, 270
Franklin Edward, 321
Franklin, Benjamin, 144
Franklin, Bennet, 53
Franklin, Charles, 330
Franklin, Claibourne, 234
Franklin, Edward, 295
Franklin, James, 134
Franklin, Joel, 177
Franklin, Joel, 261
Franklin, John, 51
Franklin, John, 66
Franklin, John, 177
Franklin, John, 216
Franklin, John, 261

Franklin, John W, 84
Franklin, Joseph R., 196
Franklin, Lawrence, 135
Franklin, Martin, 177
Franklin, Stephen, 276
Franklin, Thomas, 73
Franks, Thomas, 225
Fransway, Joseph, 39
Frarey, James, 31
Frasheur, John, 121
Frayer, Joseph, 103
Frazee, Ephraim, 133
Frazer, Alexander, 362
Frazer, Charles C., 248
Frazer, Joel C., 313
Frazier, Alexander, 114
Frazier, James, 138
Frazier, James, 309
Frazier, Jeremiah, 205
Frazier, John, 270
Frazier, Robert, 227
Frazier, Robert, 309
Frazier, Thomas, 305
Fredenburg, Matthew, 331
Frederic, Andrew, 162
Frederick, Ashbery, 36
Frederick, Jacob, 13
Frederick, Jacob, 182
Frederick, Jacob, 348
Fredrick, Samuel, 21
Freeland, John, 5
Freeman, Azell R., 118
Freeman, Edward, 247
Freeman, Edward, 262
Freeman, Elijah, 250
Freeman, Jeremiah, 93
Freeman, Jeremiah, 196
Freeman, Joshua, 353
Freeman, Moses, 10
Freeman, Samuel, 26
Freeman, Samuel, 238
Freeman, Thomas, 328
French, Charles, 219
French, John, 71
French, John, 242
French, John, 280
French, Joseph, 259
French, Joseph, 278
French, Lardner C., 48
French, Lewis, 44
Frennels, Daniel, 318
Friar, William, 259
Frier, John, 325
Friley, Benjamin, 348
Frily, Martin, 47
Frisks, Barnabas, 114
Frizle, Jacob, 135
Frizzle, Beverly, 178

Frogg, Arthur, 156
Frogg, William, 156
Froman, John, 11
Froman, Thomas, 10
Frost, Gabriel, 78
Frost, James, 112
Frost, John, 122
Frothergale, Jonathan, 93
Fruit, Enoch, 2
Fry, George, 32
Fry, George, 308
Fry, Henry, 351
Fry, Jacob, 140
Fry, Jacob, 346
Fry, John, 81
Fry, John, 202
Fry, John, 240
Fry, John, 242
Fry, Noah, 267
Fry, Will, 77
Fry, William, 115
Frye, Elias, 147
Frye, Jacob, 37
Fryley, Martin, 173
Fryman, Henry, 353
Fryman, James, 105
Fuel, Henry, 367
Fugate, James, 91
Fugate, John, 83
Fugate, John, 210
Fugate, Martin, 106
Fugett, John H., 208
Fugnay, Benjamin, 39
Fugudy, Benjamin, 275
Fugue, John M., 135
Fulcher, Jefferson, 6
Fulcher, Jefferson, 146
Fulcher, Richard, 6
Fulcher, Thomas, 320
Fulk, Andrew, 353
Fulkerson, Adam, 303
Fulkerson, John, 52
Fulkerson, John, 303
Fulkerson, Richard, 4
Fullalove, Larkin, 26
Fuller, Jonas S., 256
Fuller, Joseph, 83
Fuller, Joseph, 210
Fuller, Joseph, 354
Fuller, William, 345
Fullilove, Larkin, 184
Fulse, Christopher, 118
Fulton, John, 237
Fulton, John, 248
Fulton, William, 318
Funcannon, Michael, 48
Funk, Adam, 197
Funk, Jacob, 72

INDEX

Funk, John, 10
Funk, Joseph, 12
Funk, Joseph, 22
Funk, Joseph, 301
Funk, Peter, 21
Funkhouser, Wilson L., 171
Funkhouser, Young, 171
Funnell, Thomas, 232
Fuqua, Moses M., 317
Fuquay, Benjamin, 173
Furbie, Mathias, 353
Furgurson, John, 48
Furguson, Alexander, 108
Furguson, Clement, 83
Furguson, Joshua, 11
Furguson, William, 282
Furlong, John, 48
Furlong, Meredith, 350
Furmier, John B., 341
Furnace, Thomas, 3
Furnish, William, 184
Furnize, Jacob, 350
Futral, Thomas, 367
Futral, Winbourne, 367
Futrell, John, 44
Futrell, Nathan, 44
Gabbert, David, 73
Gabbert, Henry, 73
Gabbert, James, 285
Gabbert, William, 61
Gabriel, Abram, 343
Gaddie, Silas, 219
Gaddy, John, 306
Gaddy, Thomas, 68
Gaff, William, 134
Gahagham, Hugh, 336
Gailbraidth, James, 76
Gain, Cannon, 65
Gainer, Richard, 108
Gaines, Ezekiel, 242
Gaines, Francis A., 135
Gaines, Gideon, 123
Gaines, Henry, 313
Gaines, James, 236
Gaines, James, 356
Gaines, Richard, 121
Gaines, Richard, 265
Gaines, Samuel, 227
Gaines, Strother H., 285
Gaines, Thompson, 71
Gaines, Thompson, 152
Gaines, Thompson, 152
Gains, Strother H., 297
Gaither, Edward, 8
Gaither, Greenbury A., 10
Gaither, Horatio, 285
Gaither, James, 144
Gaither, Thomas, 99

Gaither, Thomas, 169
Galaspie, Simon, 266
Galaspy, James, 365
Galaspy, William, 365
Galaway, Samuel, 232
Galbreath, James, 44
Galbreath, John, 89
Galbreath, John, 209
Galbreath, William, 298
Galdbreth, John, 18
Gale, George M., 79
Gale, George W., 214
Gale, John, 313
Galesby, Edward, 297
Gallaher, John, 44
Gallaher, Patrick, 369
Gallaway, Eliheigh, 232
Gallespy, Gennan, 14
Gallett, William, 316
Galliway, Thomas, 286
Galloway, Adam, 23
Galloway, Daniel, 234
Galloway, Elijah, 320
Galloway, Joseph, 318
Galloway, Robert, 323
Galloway, Samuel, 104
Galloway, Samuel J., 326
Galloway, William, 22
Galloway, William, 276
Galt, Cornelius, 57
Galt, John, 54
Gam, Stephen, 331
Gamble, James, 64
Gamble, Josiah, 324
Gamble, Thomas, 357
Gamblin, John, 283
Gammon, Samuel W., 135
Ganaway, William, 303
Gannon, Abner, 325
Gannon, Peter, 88
Gannon, Zachariah, 302
Gano, Richard M., 101
Gano, Richard M., 118
Ganoat, Middleton, 87
Gant, Thomas, 283
Gany, Matthew, 283
Garbo, Joseph, 178
Gardener, Josiah, 17
Gardiner, Charles, 101
Gardiner, George W., 100
Gardner, Alexander, 310
Gardner, Anthony, 315
Gardner, Benjamin, 327
Gardner, Clement, 64
Gardner, Edward, 369
Gardner, Elias, 362
Gardner, Francis, 206
Gardner, James, 208

Gardner, James, 300
Gardner, John, 53
Gardner, John, 310
Gardner, Levi, 199
Gardner, Redmon, 273
Gardner, William, 219
Gare, Isaac, 282
Garey, Mintaugh, 331
Garland, Anderson, 74
Garlock, John, 257
Garman, Jacob, 155
Garmon, Leonard, 356
Garner, Cornelius, 70
Garner, Jacob, 354
Garner, John, 291
Garner, Parish, 62
Garner, Parish, 157
Garner, William, 250
Garnett, Elijah, 208
Garnett, Fleming, 267
Garnett, Harris H., 28
Garnett, James, 222
Garnett, James, 250
Garnett, Reuben, 121
Garnett, Reuben, 178
Garnett, Thomas, 28
Garnett, William, 261
Garovir, John, 74
Garrard, Alexander B., 140
Garrard, Charles, 60
Garrard, Daniel, 59
Garrard, Jacob, 272
Garrard, John M., 140
Garrard, Stephen, 140
Garret, Joel, 108
Garret, John, 367
Garret, Middleton, 218
Garrett, Ashton, 340
Garrett, Curtis, 353
Garrett, Francis, 62
Garrett, Joel, 60
Garrett, John, 121
Garrett, Joseph, 274
Garrett, Larkin, 7
Garrett, Walker, 203
Garrett, Walker, 263
Garrison Gagues, 142
Garrison, David, 51
Garrison, David, 277
Garrison, Elwell, 354
Garrison, James, 355
Gars, Jesse, 102
Garter, Dennis, 230
Garth, Rodney, 74
Garth, Thomas, 236
Garton, Clark, 318
Garton, Uriah, 355
Garvil, George S., 79

INDEX

Garvin, David, 81
Garvin, David, 194
Garvin, John, 39
Garvin, William, 293
Garvin, William I., 262
Garvin, Young, 44
Gash, Benard P., 15
Gash, James, 277
Gash, Michael, 313
Gaskill, Daniel, 346
Gaskins, Thadeus, 4
Gaskins, Thadeus, 278
Gasper, Achilles, 157
Gassage, Benjamin, 137
Gast, Jervis, 97
Gaston, Wm., 2
Gates, Elisha, 166
Gates, William, 71
Gates, William, Jr., 133
Gateskill, William, 198
Gatewood, Fielding, 57
Gatewood, Gabriel, 122
Gatewood, James, 159
Gatewood, Larkin, 239
Gatewood, Richard, 254
Gatewood, Thomas, 110
Gatewood, Thomas R., 110
Gath, Benjamin W., 21
Gato, William, 203
Gault, William, 317
Gaunt, William, 253
Gausney, John, 162
Gausney, John, 208
Gay, Alexander, 151
Gay, Allen, 4
Gay, Benjamin, 16
Gay, George, 164
Gay, Harding, 348
Gay, James, 348
Gay, William, 329
Gay, William D., 121
Gayheart, Isaac, 293
Geaborn, John, 60
Geary, Lemuel, 81
Geddens, Francis, 51
Gedding, Lewis, 95
Gee, James, 167
Gee, John, 294
Gee, William, 167
Geers, James, 324
Geiser, Frederick, 243
Gellepsie, James, 237
Gennong, David, 334
Gentry, Benjamin, 294
Gentry, Brightberry, 246
Gentry, David, 65
Gentry, David, 246
Gentry, Elijah, 158

Gentry, James, 26
Gentry, James, 144
Gentry, James, 197
Gentry, James, 198
Gentry, John, 191
Gentry, John P., 192
Gentry, Nicholas, 180
Gentry, Pleasant, 302
Gentry, Richard, 25
Gentry, Richard, 183
Gentry, Samuel, 144
Gentry, Thomas, 52
Gentry, William, 180
Gentry, William, 300
George, Alexander G.Y., 316
George, Alfred, 25
George, Archibald, 191
George, Daniel, 36
George, Dudley, 227
George, E. D., 249
George, Edward, 161
George, Ellis, 205
George, Ewing W., 40
George, James, 282
George, Joseph, 203
George, Pallam, 278
George, Thomas W., 345
George, William, 25
George, William, 89
George, William N., 189
George, William N., 209
Germain, Joseph, 346
Gerton, John, 297
Gest, John, 34
Gest, William, 195
Geter, Barnett, 110
Ghihon, George, 48
Gholson, Benjamin, 154
Gholson, James, 155
Gholson, James H., 100
Gholson, John, 99
Gholson, John, 135
Gholson, John, 365
Gholson, Samuel, 154
Gholson, Samuel, 292
Gholston, John B., 326
Gibbany, James, 121
Gibbins, John, 83
Gibbins, William, 35
Gibbins, William, 170
Gibbons, David, 27
Gibbons, James, 313
Gibbons, John B., 8
Gibbons, Thomas G., 133
Gibbons, Thomas J., 210
Gibbs, James L., 170
Gibbs, Jeremiah, 194
Gibbs, John H., 300

Gibbs, Robert, 236
Gibbs, Robert, 259
Gibert, Elnathan, 35
Gibson James, 106
Gibson, Daniel, 219
Gibson, David, 259
Gibson, Elias, 145
Gibson, George, 327
Gibson, Henry, 288
Gibson, Jacob, 185
Gibson, Jacob, 257
Gibson, James, 54
Gibson, James, 99
Gibson, James, 145
Gibson, James, 158
Gibson, James, 331
Gibson, John, 42
Gibson, John, 54
Gibson, John, 145
Gibson, John, 185
Gibson, John, 250
Gibson, John, 274
Gibson, John, 275
Gibson, John, 289
Gibson, John, 339
Gibson, John, 358
Gibson, John F., 169
Gibson, Jordan, 172
Gibson, Jordan, 284
Gibson, Joseph, 186
Gibson, Julius, 39
Gibson, Lewis, 81
Gibson, Lewis, 203
Gibson, Martin, 70
Gibson, Martin, 157
Gibson, Meredith, 282
Gibson, Perrygon, 302
Gibson, Richard, 191
Gibson, Stephen, 292
Gibson, Thomas, 156
Gibson, Thomas, 292
Gibson, Twiner, 55
Gibson, William, 10
Gibson, William, 185
Gibson, William, 337
Gibson, William, 339
Gibson, William, 356
Gibson, William, 358
Gibson, William., 14
Gidcomb, John, 171
Gidcomb, John, 284
Gideon, Lewis, 82
Gieham, Henry M., 44
Giel, George, 170
Gifford, Jonathan, 313
Gifford, Joshua, 133
Gilaspi, Philip, 246
Gilbert, Elnathan, 169

INDEX

Gilbert, Elnathan, 170
Gilbert, Isham, 241
Gilbert, John, 241
Gilbert, John C., 151
Gilbert, Simon, 68
Gilbert, William, 345
Gilbert, William, Sr., 345
Gilblaine, Robert, 300
Gilbreath, Alexander, 241
Gilbreath, Benjamin, 314
Gilbreath, John, 289
Gilcrease, William, 71
Giles, Fogan, 38
Giles, Harry, 56
Giles, Samuel, 103
Giles, Thomas, 230
Giles, William, 362
Gilespy, Martin, 342
Gilkee, William, 196
Gilkerson, John, 317
Gilkerson, John, 360
Gilkerson, William, 360
Gilkerson, William J., 75
Gilkey, John, 278
Gilkey, William, 197
Gilkey, William, 290
Gilkinson, George, 87
Gilkison, Benjamin, 130
Gilkison, George, 130
Gilkison, George, 218
Gilkison, William, 107
Gilky, John, 308
Gilky, Thomas, 284
Gill, Angel, 289
Gill, James, 19
Gill, John, 125
Gill, John, 203
Gill, John, 293
Gill, John, 337
Gill, Joseph, 244
Gill, Nathaniel, 343
Gill, Reuben, 137
Gill, Richard, 61
Gill, Robert, 102
Gill, Robert, 245
Gill, Samuel, 149
Gill, Samuel, 336
Gill, Thomas, 79
Gill, Thomas, 215
Gill, William, 244
Gillaspie, James W., 105
Gillaspie, John P., 43
Gilleland, John, 173
Gillespie, David, 32
Gillespie, James, 200
Gillett, James, 343
Gillett, John S., 230
Gillichan, Clement, 52

Gillihan, Mark H., 8
Gillihan, William, 312
Gilliland, Adam, 298
Gillingham, Jno. B.C., 1
Gillingham, John, 280
Gillis, Neil, 340
Gillis, William, 72
Gillman, Robert C., 63
Gillmore, Robert, 61
Gillum, Benjamin, 302
Gillum, Charles, 161
Gillum, Charles, 302
Gillum, James, 221
Gillum, Joshua, 60
Gillum, William H., 275
Gilman, James, 76
Gilman, James, 119
Gilman, James, 272
Gilman, Timothy, 160
Gilman, Timothy, 301
Gilmore, Alexander, 258
Gilmore, Campbell, 280
Gilmore, James, 63
Gilmore, James, 108
Gilmore, James, 230
Gilmore, James, 241
Gilmore, James, 326
Gilmore, John, 157
Gilmore, Joseph, 285
Gilmore, Robert, 156
Gilmore, Robert, 230
Gilmore, Robert, 286
Gilmore, William, 157
Gilmore, William, 287
Gilpin, George, 302
Gilpin, Nathan, 327
Gilpin, Nathan, 329
Gilpin, Ralph, 109
Gilpin, William, 203
Gilpin, William, 264
Gilspy, James, 350
Giltner, B., 110
Gilvin, James, 308
Gilvin, John, 308
Gilvin, Joseph, 308
Gindron, James I., 110
Gingham, John, 4
Ginn, James, 134
Ginn, Lawrence, 133
Ginnings, James, 367
Girdley, James, 61
Girdley, Joseph, 61
Gire, Williamson, 200
Girtner, Michael, Jr., 336
Girtner, Michael, Sr., 336
Gist, James, 228
Gist, Mordecai, 228
Gist, Nathaniel, 43

Gist, Resin H., 90
Gist, Resin H., 361
Gist, Thomas, 31
Gist, Thomas N., 38
Gist, William, 7
Gist, William, 260
Gist, William, 284
Gittings, William, 312
Given, Avery, 79
Given, John, 6
Given, Joseph, 4
Givens, Alexander, 151
Givens, Alexander, 151
Givens, Alexander, 241
Givens, George, 241
Givens, James, 74
Givens, James, 265
Givens, John, 29
Givens, John, 241
Givens, Robert, 353
Givens, William, 151
Givers, Matthew, 232
Glascock, George, 254
Glascock, John, 216
Glascock, Joseph, 317
Glascock, Thomas, 359
Glascock, William, 56
Glasgow, Nathan, 183
Glascow, Samuel, 173
Glass, Francis, 4
Glass, James, 16
Glass, James, 175
Glass, James H., 290
Glass, John, 17
Glass, John, 302
Glass, Royal, 304
Glass, Thomas I., 318
Glass, Thomas J., 83
Glasscock, John, 130
Glasscock, John, 84
Glasscock, Joseph, 360
Glasscock, Peter, 27
Glasscock, Wharton, 358
Glasscock, William, 147
Glasscock, William, 300
Glassgow, James, 299
Glassgow, John, 299
Glaves, Michael, 106
Glayebrook, James, 8
Glaze, Jonathan, 330
Gleen, William, 22
Glem, John, 22
Glen, Henry, 127
Glen, Richard O., 106
Glenn, Fielding, 187
Glenn, Isaac, 180
Glenn, James, 85
Glenn, James, 179

Glenn, James, 187
Glenn, John, 302
Glenn, Moses F., 1
Glenn, Simeon, 318
Glenn, Thomas, 1
Glenn, Turner H., 224
Glenn, Turner H., 366
Glenn, William F, 86
Glisson, Thomas, 173
Glister, Thomas, 284
Gliston, Henry, 40
Glore, Israel, 208
Glore, Oliver, 208
Glore, Reuben, 208
Glover, Chesley, 125
Glover, Cread, 125
Glover, James, 256
Glover, Jobe, 256
Glover, John, 71
Glover, John, 148
Glover, John, 152
Glover, John, 256
Glover, Peter G., 125
Glover, Richard, 7
Glover, William, 256
Gnatkin, Horatio D., 171
Gnatkins, Horatio D., 173
Goard, Gabriel, 240
Goatly, Thomas, 300
Goben, William, 162
Gobie, John B., 346
Gobin, James, 9
Gobin, Joseph, 9
Gobin, Joseph, 225
Godard, Francis, 236
Godard, Reuben, 127
Godard, Richard T., 127
Goddard, Reuben, 100
Godfrey, Robert, 309
Goding, Hugh, 26
Godman, Allen, 321
Gody, Gilbert, 210
Goen, Francis, 183
Goen, Pollard, 183
Goff, Aaron, 200
Goff, Caleb, 72
Goff, Edward, 219
Goff, Elisha, 62
Goff, Jonas, 126
Goff, Levi, 113
Goff, William, 65
Goff, William, 191
Goffney, John, 334
Goggin, William, 12
Gohagen, Anthony, 91
Goin, Henry, 260
Goin, John, 112
Going, John L., 92

Golby, John B., 342
Golden, Edmond, 202
Golden, William, 192
Golder, Abraham, 133
Goldsberry, Bennet, 310
Goldsberry, Bennett, 56
Goldsby, Stephen, 36
Goleman, Thomas H., 215
Golesberry, Bennett, 58
Golliker, John, 186
Golson, James I., 232
Golson, John B., 232
Golunan, Thomas H., 79
Gooch, Gideon, 200
Gooch, Roland, 289
Gooch, Thomas, 63
Gooch, William, 280
Good, Edward, 2
Good, Jno., 1
Good, John H., 47
Good, Samuel, 365
Good, Timothy, 148
Good, William, 280
Goodall, Loddonick, 177
Goodall, Lodowick, 7
Goode, Daniel, 240
Goode, John H., 44
Goode, Samuel V., 57
Gooden, Levi, 322
Gooden, Samuel, 310
Gooden, Samuel, 322
Goodham, William, 83
Goodin, James, 23
Goodin, James, 202
Goodin, John, 81
Goodin, John, 202
Goodin, Levi W., 354
Gooding, Ab, 127
Gooding, Abraham, 292
Gooding, David, 127
Gooding, David, 315
Gooding, Isaac, 101
Gooding, Richard, 74
Gooding, Samuel, 127
Gooding, Thomas, 273
Goodlet, Adam, 327
Goodlet, James E., 147
Goodlow, Henry, 32
Goodlow, Henry, 199
Goodlow, Henry, 245
Goodlow, Kemp M., 109
Goodman, Jem, 81
Goodman, Jesse, 7
Goodman, Jesse, 200
Goodman, Michael, 52
Goodman, Solomon, 7
Goodnight, Alexander, 285
Goodnight, George, 184

Goodnight, John, 289
Goodpaster, Michael, 323
Goodpaster, Noah, 125
Goodpasture, Cornelius, 107
Goodpasture, Cornelius, 323
Goodrich, John, 154
Goodrich, Nathan, 33
Goodridge, William, 269
Goodright, Michael, 115
Goods, Richard, 225
Goodwin, David, 82
Goodwin, James, 177
Goodwin, James, 219
Goodwin, John, 106
Goodwin, John, 177
Goodwin, John, 364
Goodwin, Joseph, 202
Goodwin, William, 82
Goodwise, David, 348
Goorich, William W., 128
Goosy, Gilbert, 83
Goram, William, 266
Gordan, Lee, 350
Gordon, Archibald, 242
Gordon, Benjamin, 228
Gordon, Christopher, 331
Gordon, George, 313
Gordon, Hezekiah, 337
Gordon, John, 6
Gordon, John, 79
Gordon, John, 215
Gordon, John, 242
Gordon, John, 352
Gordon, Joseph, 5
Gordon, Lewis W., 115
Gordon, Phorbus, 57
Gordon, Robert T., 152
Gordon, Samuel, 4
Gordon, William, 194
Gore, Anthony, 336
Gore, John C., 43
Gore, Joshua, 160
Gore, Levi, 328
Gore, Levi, 332
Gore, Nathan, 116
Gore, William, 254
Gorham, John, 324
Gorin, Gladdin, 172
Gorin, John, 171
Gorin, John, 177
Gorin, John D., 44
Gorman Joseph, 342
Gorman, Daniel, 248
Gorman, David, 356
Gorman, John, 127
Gorrell, James, 5
Goslin, Nathaniel, 130
Gosnal, Joseph, 368

INDEX

Gosney, Fielding, 109
Gosney, John, 13
Gosney, Peter, 141
Gosney, Robert, 141
Gosney, William, 84
Gossett, Philip, 337
Gossett, William, 337
Gosshort, Adam, 299
Gossoon, Robert, 267
Gossoon, Searles, 267
Gossup, Searles, 196
Gott, John D., 298
Gouch, Nicholas, 305
Goudy, Samuel, 167
Gough, John, 287
Gove, Arthur, 43
Gow, William, 216
Gowdy, George, 224
Gowdy, James, 224
Gowe, William, 84
Gowins, Galloway, 321
Grabb, John A., 227
Grable, Philip, 49
Grace, Allen, 186
Grace, David, 48
Grace, Henry, 282
Grace, William, 260
Graff, Frederick, 329
Grafton, George, 170
Gragg, Abner, 317
Gragg, Jesse, 107
Gragg, John, 94
Gragg, Solomon, 130
Gragg, Solomon, 356
Graham, Christopher, 342
Graham, George, 92
Graham, George, 145
Graham, George M., 70
Graham, Isaac, 54
Graham, Isaac, 58
Graham, Isaac, 143
Graham, James, 148
Graham, James M., 213
Graham, John, 140
Graham, John, 143
Graham, John, 194
Graham, John, 252
Graham, John, 306
Graham, John, 360
Graham, John P., 175
Graham, John W., 143
Graham, John W., 19
Graham, Joseph W., 228
Graham, Luke, 244
Graham, Richard, 340
Graham, Richard S., 6
Graham, Roberson, 92
Graham, Robinson, 160

Graham, Robinson, 293
Graham, Thomas, 148
Graham, Thomas, 244
Graham, William, 160
Graham, William, 316
Graham, William W., 307
Grandle, James, 74
Granham, John, 87
Grant, Adam, 8
Grant, Adam, 143
Grant, Daniel, 29
Grant, Israel Boone, 141
Grant, James, 236
Grant, James, 238
Grant, James, 262
Grant, John, 232
Grant, John, 236
Grant, Robert, 18
Grant, Robert, 28
Grant, Robert, 236
Grant, Squire, 141
Grant, William, 79
Grant, William, 206
Grant, William, 215
Grass, Henry, 364
Gravarat, Henry, 341
Graves, Absalom, 250
Graves, Asa, 122
Graves, Beeman, 362
Graves, Benjamin, 108
Graves, Boman, 356
Graves, Charles, 71
Graves, David, 167
Graves, Edward, 82
Graves, Frederick, 216
Graves, Frederick, 84
Graves, Fredrick, 54
Graves, Henry, 222
Graves, James, 126
Graves, James, 161
Graves, John, 61
Graves, John, 72
Graves, John, 149
Graves, John, 244
Graves, John, 295
Graves, John C., 181
Graves, Joseph, 155
Graves, Landsey, 57
Graves, Philip, 39
Graves, Reuben, 222
Graves, Rice, 242
Graves, Richard, 203
Graves, Samuel, 28
Graves, Samuel, 167
Graves, Thomas, 103
Graves, William, 182
Graves, William, 195
Graves, Zechariah, 123

Gravett, George, 268
Gravit, George S., 215
Gravitt, John, 68
Gray, David, 105
Gray, David, 119
Gray, French H., 338
Gray, French S., 35
Gray, French S., 170
Gray, George, 165
Gray, Hugh, 241
Gray, Isaac, 16
Gray, Isaac, 83
Gray, Isaac, 91
Gray, Isaac, 121
Gray, Isaac, 210
Gray, Isaac, 213
Gray, James, 115
Gray, James, 224
Gray, James, 346
Gray, Jesse, 64
Gray, Jesse, 292
Gray, John D., 236
Gray, Miles, 260
Gray, Nathaniel, 235
Gray, Patrick, 111
Gray, Presley, 297
Gray, Robert, 352
Gray, Samuel, 297
Gray, Stephen, 42
Gray, Stout, 145
Gray, Thomas, 69
Gray, Thomas, 219
Gray, Thomas, 242
Gray, Thomas, 364
Gray, Wesley, 134
Gray, William, 25
Gray, William, 99
Gray, William, 105
Gray, William, 115
Gray, William, 142
Gray, William, 177
Gray, William, 232
Gray, William, 305
Grayham, John, 296
Grayham, William, 283
Grayson, Alfred W., 100
Grayson, Frederick W.S., 49
Grayson, John, 323
Grayson, Peter, 337
Grayson, Peter, 364
Greal, Chrisly, 64
Greatham, Michael, 361
Greathouse, Harmen, 9
Greathouse, Hiram, 277
Greathouse, Luther, 301
Greathouse, Samuel, 52
Greathouse, Samuel, 362
Greathouse, William, 35

Greathouse, William, 147
Greathouse, William, 164
Greathouse, William, 170
Greathouse, William, 362
Green Jesse P., 106
Green, Benjamin, 163
Green, Benjamin G., 72
Green, Charles, 297
Green, Duff, 71
Green, Edward G., 106
Green, Elisha, 265
Green, Fielding, 368
Green, Francis, 330
Green, Fredrick, 71
Green, Galesberry, 323
Green, Gardner, 78
Green, George, 5
Green, George, 40
Green, George, 47
Green, George, 173
Green, George, 343
Green, Henry, 129
Green, Henry E., 153
Green, Hiram, 348
Green, Isaac, 40
Green, Isaac, 260
Green, James, 163
Green, James, 205
Green, James, 278
Green, James, 312
Green, John, 64
Green, John, 152
Green, John, 194
Green, John, 203
Green, John, 205
Green, John, 261
Green, John, 301
Green, John, 352
Green, John, Jr., 163
Green, Joseph, 301
Green, Lawrence, 219
Green, Leonard, 167
Green, Leonard, 250
Green, Levi, 278
Green, Liberty, 55
Green, Martin, 309
Green, Martin, 340
Green, Martin, 342
Green, Nathaniel, 108
Green, Richard, 163
Green, Richard D., 14
Green, Richmond, 78
Green, Richmond, 358
Green, Samuel, 234
Green, Samuel, 309
Green, Samuel, 343
Green, Samuel S., 298
Green, Thomas, 75

Green, Thomas, 234
Green, Thomas, 293
Green, Thomas, 309
Green, Thomas, 333
Green, Timothy, 353
Green, William, 51
Green, William, 185
Green, William, 285
Green, William, 346
Green, Willis, 179
Green, Willis, 184
Green, Willis, 247
Green, Zachariah, 11
Greenault, Daniel, 219
Greene, Gardener, 348
Greening, John, 26
Greenstaff, George, 293
Greenstat, Abraham, 195
Greenstat, Henry, 195
Greenstreet, Peter, 146
Greenup, Samuel, 238
Greenup, Wilson, 35
Greenup, Wilson, 170
Greenwait, Daniel, 306
Greenwell, John B., 304
Greenwell, Robert, 55
Greer, James, 259
Greer, Levi, 47
Greer, Solomon, 166
Greer, Thomas, 102
Gregg, Aaron, 319
Gregg, Caleb, 95
Gregg, David, 13
Gregg, Joseph, 315
Gregg, Joshua, 268
Gregg, Merriwether S., 13
Gregg, Samuel, 348
Gregg, Solomon, 94
Gregg, William, 268
Greggs, William, 5
Gregory, Hiram, 291
Gregory, John, 81
Gregory, John, 202
Gregory, Mordecai, 74
Gregory, Robert, 64
Gregory, Samuel, 287
Gregory, Walter, 88
Gregory, Walter, 208
Greiger, Frederick, 21
Grenard, William, 360
Grenawalt, John, 299
Grenstead, Jesse, 51
Gresham, Henry, 49
Gresham, Henry, 167
Gresham, Henry, 298
Gresham, John, 202
Gresham, John, 265
Gressom, Thomas, 274

Grey, Charles, 297
Grey, George, 34
Grey, Jeremiah, 350
Grey, Thomas, 196
Gribbins, William, 71
Grider, Henry, 175
Grider, Jacob, 52
Grider, Jesse, 257
Grider, John, 57
Grider, John, 58
Grider, John, 176
Grider, Joshua, 156
Grider, Martin, 256
Grider, Martin, 257
Grider, Moses, 110
Gridley, John, 330
Griffeth, Thomas, 27
Griffie, James, 19
Griffin, Andrew, 91
Griffin, Andrew, 213
Griffin, Andrew, 323
Griffin, Austin, 79
Griffin, Austin, 215
Griffin, Eli, 83
Griffin, Francis, 228
Griffin, Gordon, 125
Griffin, Henry, 367
Griffin, James, 79
Griffin, James, 215
Griffin, John, 70
Griffin, John, 287
Griffin, Mathias, 323
Griffin, Mathias, 354
Griffin, Robert, 90
Griffin, Robert, 212
Griffin, Solomon, 69
Griffin, Spencer, 57
Griffin, Squire, 61
Griffin, Thomas, 274
Griffin, Thomas A., 173
Griffin, William, 323
Griffin, William, 354
Griffith, Alexander, 313
Griffith, Belfield, 103
Griffith, Benjamin, 349
Griffith, George, 103
Griffith, Hiram, 367
Griffith, James, 180
Griffith, James, 262
Griffith, James, 330
Griffith, Jesse, 135
Griffith, John, 60
Griffith, Martin B., 146
Griffith, Owen R., 290
Griffith, Robert, 35
Griffith, Robert, 170
Griffith, Samuel, 315
Griffith, Thomas, 35

INDEX 425

Griffith, Thomas, 105
Griffith, Thomas, 163
Griffith, Thomas, 170
Griffith, Thomas, 357
Griffith, Thomas, 361
Griffith, Uriel, 83
Griffith, William, 45
Griffith, William, 99
Griffith, William, 210
Griffith, William, 238
Griffy, Samuel, 301
Grigg, John, 208
Grigg, William, 139
Griggs, John, 88
Griggs, John, 173
Griggs, John, 232
Grigory, Thomas, 48
Grigsby, Aaron, 46
Grigsby, James, 60
Grigsby, James B., 269
Grigsby, John, 306
Grigsby, Ludwell, 99
Grigsby, Mildon, 320
Grigsby, Nathaniel L., 46
Grimes, Avery B., 132
Grimes, Elijah, 129
Grimes, Elijah, 230
Grimes, Elijah, 262
Grimes, Henry, 57
Grimes, Isaac, 334
Grimes, James, 57
Grimes, James, 162
Grimes, John, 22
Grimes, John, 32
Grimes, John, 129
Grimes, John A., 228
Grimes, Moses, 262
Grimes, Samuel, 348
Grimes, Thomas, 210
Grimes, Willis, 104
Grimsley, Caye, 156
Grimsley, Robert, 318
Grimsley, Silas, 108
Grimsley, William W., 152
Grimstead, Henry, 261
Grinard, William, 320
Grinstaff, Henry, 81
Grinsted, Richard, 257
Grinter, John H., 41
Griphey, Samuel, 162
Grisane, Samuel, 274
Grisham, Lemuel, 362
Grishorn, David, 103
Grissam, James, 345
Grist, Henry C., 40
Groffert, Thomas, 323
Groffort, Benjamin, 324
Grogan, Arthur, 331

Groma, Abraham, 330
Gromer, Henry, 293
Gronner, Richard, 369
Groom, Moses, 212
Groomer, Henry, 60
Grooms, Abram, 343
Grooms, Charles, 265
Grooms, Francis, 309
Grooms, Horatio, 25
Grooms, William, 169
Grooms, William, 270
Grosher, Francis, 350
Gross, John, 73
Grosvenor, John, 131
Grove, William, 320
Grover, John, 134
Grover, John, 320
Grover, Joseph, 18
Grubb, Jacob, 257
Grubb, William, 57
Grubb, William, 290
Grubbs, Jesse, 192
Gruder, Ezekiel M., 49
Grundy, George, 250
Grundy, John, 312
Grundy, Joseph, 312
Guard, Daniel, 353
Guardman, Jonathan, 306
Guddy, Thomas, 129
Gudgell, Andrew, 79
Gudgell, Andrew, 188
Gudgell, Andrew, 215
Gudgell, Jacob, 250
Gueny, George, 164
Guifford, Joel, 240
Guiltner, Robert, 273
Guin, John, 116
Guin, William, 339
Gullion, George, 138
Gully, Willis, 262
Gulten, Lewis, 77
Gunn, Graves, 283
Gunn, Jonathan, 301
Gunner, Thomas, 249
Gupton, Garland, 76
Gutheric, Robert, 234
Guthery, James, 162
Guthrice, James, 234
Guthridge, Gideon, 334
Guthrie, Alexander, 95
Guthrie, Benjamin, 263
Guthrie, Edmund, 364
Guthrie, John, 175
Guthrie, Moses, 299
Guthrie, Robert, 309
Guthrie, William, 224
Gutlings, Levi, 330
Gutton, Levi, 234

Guy, George, 170
Gwathney, Isaac, 22
Gwinn, Avery, 215
Gwinn, Briant 0., 42
Gwinn, James, 311
Gwinn, Joseph, 280
Gwinn, Thomas, 198
Gwinn, Thomas 0., 42
Gwinn, Tyler 0., 42
Gwinn, William, 180
Gwynn, Avery, 262
H Brown, Elisha, 244
H Wickliffe, Martin, 142
H, Woolfolk, Joseph H., 74
Hace, Ellihu, 237
Hace, Moses, 237
Hackerly, Joshua, 52
Hackey, Hightown, 229
Hackitt, Daniel, 125
Hackley, James, 19
Hackley, James, 289
Hackley, James, 349
Hackley, James S., 227
Hackley, John, 251
Hackley, Jr, James, 352
Hackley, Lott, 150
Hackley, Lott, 234
Hackley, Samuel, 125
Hackney, Hightower, 113
Hackney, John, 250
Hackworth, Henry, 331
Hackworth, Henry, 331
Hackworth, Joseph, 37
Hackworth, Joseph, 305
Haddeck, Charles, 65
Hadden, Elisha, 14
Hadden, James, 154
Hadden, William, 221
Hadden, William, 284
Haddock, Josiah, 337
Haddon, Ezekiel, 254
Haddon, Samuel, 266
Haden, Thomas, 239
Haden, Tyrel, 26
Haden, William, 8
Hadley, John, 299
Hadon, Richard M., 154
Hagan, Dory, 291
Hagan, Francis, 288
Hagan, W. S., 78
Hagard, Dabney, 269
Hagard, Harman, 269
Hagen, Charles, 160
Hagerman, Tunis, 288
Hagert, John, 109
Haggard, David, 246
Haggard, John, 112
Haggard, John, 120

Haggard, John, 191
Haggard, Martin, 308
Haggard, William, 246
Haggart, Jacob, 273
Haggart, John, 273
Haggin, George, 228
Haggin, Samuel, 243
Haggin, Turah, 242
Haggle, John, 243
Hagner, Frederic, 331
Hahn, Christian, 147
Hahn, John, 311
Hail, John, 55
Hail, John, 58
Hail, Robert H. M., 48
Hailey, Daniel, 25
Hailey, Maximillion, 261
Hain, Jabez, 308
Hainds, Benjamin, 358
Haines, Daniel, 234
Haines, James, 150
Haines, Jonathan, 232
Haines, Nathaniel, 232
Hains John, 292
Hair, James, 358
Hair, John, 289
Halbert, George, 95
Halbert, Henry, 135
Halbert, John, 11
Halbert, Nathan, 368
Halbert, Noah, 184
Halbert, Richard, 11
Halbert, Stephen, 136
Hale, Benjamin, 273
Hale, Charles, 310
Hale, Joseph, 234
Haley, Edmund, 285
Haley, John, 182
Haley, John, 229
Hall, Aaron, 341
Hall, Aaron, 345
Hall, Alexander F., 330
Hall, Andrew, 230
Hall, Aquilla, 155
Hall, Barnet, 285
Hall, Bembridge, 307
Hall, Charles W., 123
Hall, David, 26
Hall, Edmond, 354
Hall, Edmund, 50
Hall, Edmund, 58
Hall, Edmund, 349
Hall, Elihu, 248
Hall, Elijah P., 314
Hall, Elikin, 222
Hall, Elisha H., 328
Hall, Elisha I., 335
Hall, Elisha T., 329

Hall, Francis, 307
Hall, Garrett, 198
Hall, George, 28
Hall, George, 187
Hall, George, 230
Hall, George, 86
Hall, Henry, 292
Hall, Henry, 324
Hall, Henry, 334
Hall, Isham, 316
Hall, Jacob, 60
Hall, James, 50
Hall, James, 230
Hall, James, 289
Hall, James M., 159
Hall, Jesse, 351
Hall, John, 35
Hall, John, 63
Hall, John, 69
Hall, John, 149
Hall, John, 164
Hall, John, 169
Hall, John, 230
Hall, John, 242
Hall, John B., 230
Hall, John C., 72
Hall, Joseph, 177
Hall, Lapsly, 291
Hall, Levi F., 324
Hall, Mahlon, 177
Hall, Mahlon, 261
Hall, Meator, 252
Hall, Moses, 34
Hall, Moses, 101
Hall, Moses, 222
Hall, Moses, Jr., 170
Hall, Nathaniel, 94
Hall, Philip, 3
Hall, Philip, 219
Hall, Philip, 288
Hall, Preston, 123
Hall, Reuben, 252
Hall, Richard, 37
Hall, Richard, 65
Hall, Richard, 141
Hall, Robert, 248
Hall, Robert C., 83
Hall, Robert C., 210
Hall, Robert M., 196
Hall, Samuel, 142
Hall, Samuel, 199
Hall, Samuel, 341
Hall, Samuel, 3
Hall, Samuel M., 358
Hall, Samuel W., 345
Hall, Tharp, 261
Hall, Tharp, 362
Hall, Theodoric, 42

Hall, Thomas, 87
Hall, Thomas, 208
Hall, Thomas, 234
Hall, Thomas, 269
Hall, Thomas, 297
Hall, Thomas, 331
Hall, Thomas G., 123
Hall, William, 74
Hall, William, 89
Hall, William, 93
Hall, William, 163
Hall, William, 189
Hall, William, 209
Hall, William, 236
Hall, William, 248
Hall, William, 356
Hall, William, 362
Hall, Willis, 337
Halley, James, 16
Halley, Maximillian, 177
Halligan, John, 234
Hallis, Robert, 227
Hallman, George, 1
Halsel, William, 229
Halsley, George, 202
Halstead, A. B., 118
Halton, James, 247
Halton, William, 247
Ham, Chilton, 81
Ham, David, 181
Ham, George, 200
Ham, Isaiah, 182
Ham, James B., 320
Ham, Joel, 192
Ham, Joshua, 173
Ham, Michael, 211
Ham, Shelton, 201
Ham, William, 211
Hambleton, Benjamin, 142
Hambleton, Benjamin, 326
Hambleton, James, 189
Hambleton, James, 245
Hambleton, John, 251
Hambleton, Robert, 252
Hambleton, Thomas, 202
Hambleton, William, 198
Hambleton, William, 252
Hambrick, John, 94
Hambrick, Joseph, 40
Hambrick, Lewis, 94
Hamby, James, 282
Hamilton, Aaron, 91
Hamilton, Adams, 176
Hamilton, Alexander, 25
Hamilton, Alexander, 326
Hamilton, Alexander, 368
Hamilton, Allen A., 220
Hamilton, Allen A., 297

INDEX

Hamilton, Andrew, 29
Hamilton, Andrew, 34
Hamilton, Andrew, 90
Hamilton, Andrew, 107
Hamilton, Andrew, 212
Hamilton, Andrew, 345
Hamilton, Andrew, 353
Hamilton, Brice, 97
Hamilton, David, 87
Hamilton, David, 216
Hamilton, David, 218
Hamilton, David, 84
Hamilton, David L., 43
Hamilton, Edward, 8
Hamilton, Edward, 167
Hamilton, Edward H., 144
Hamilton, George, 321
Hamilton, James, 61
Hamilton, James, 89
Hamilton, James, 117
Hamilton, James, 209
Hamilton, James, 287
Hamilton, James, 324
Hamilton, Janice, 128
Hamilton, Jesse, 9
Hamilton, John, 3
Hamilton, John, 38
Hamilton, John, 52
Hamilton, John, 96
Hamilton, John, 102
Hamilton, John, 113
Hamilton, John, 115
Hamilton, John, 192
Hamilton, John, 261
Hamilton, John, 358
Hamilton, John, 84
Hamilton, Maurice, 369
Hamilton, Pierce V. C., 334
Hamilton, Robert, 115
Hamilton, Robert, 256
Hamilton, Robert, 274
Hamilton, Robertson, 107
Hamilton, Samuel, 46
Hamilton, Samuel, 137
Hamilton, Thomas, 115
Hamilton, Thomas, 178
Hamilton, Thomas, 259
Hamilton, Thomas, 309
Hamilton, William, 25
Hamilton, William, 46
Hamilton, William H., 329
Hamilton, William U., 46
Hamlet, Lemich, 361
Hamlin, James, 136
Hamlin, John, 136
Hamlin, William, 28
Hamlin, William, 136
Hamm, James, 193

Hammelton, William, 107
Hammer, William, 116
Hammon, John, 302
Hammon, John, 308
Hammon, Lewis, 187
Hammon, Lewis, 86
Hammon, Richard, 137
Hammond, C. R., 333
Hammond, James, 54
Hammond, James, 104
Hammond, Job, 259
Hammond, Thomas, 137
Hammond, Thomas, 276
Hammonds, Thomas, 97
Hampton, Amos, 177
Hampton, Benjamin, 257
Hampton, Charles, 15
Hampton, David, 291
Hampton, Ezekiel, 129
Hampton, James, 79
Hampton, James, 81
Hampton, James, 188
Hampton, James, 192
Hampton, James, 215
Hampton, James, Jr., 79
Hampton, James, Jr., 215
Hampton, Jesse, 198
Hampton, John, 320
Hampton, Joseph, 268
Hampton, Joshua, 177
Hampton, Stephen, 122
Hampton, Stephen, 280
Hampton, Thomas, 79
Hampton, Thomas, 205
Hampton, Thomas, 215
Hampton, Wade, 79
Hampton, Wade, 215
Hampton, Wilson, 16
Han, Joel, 69
Hanbeck, Michael, 252
Hanby, Meschick, 345
Hancock, Harrison, 39
Hancock, Hiram, 76
Hancock, Hiram, 145
Hancock, Joel, 239
Hancock, John, 48
Hancock, John, 278
Hancock, Jubel, 258
Hancock, Lewis, 79
Hancock, Lewis, 215
Hancock, Lewis, 339
Hancock, Simon, 67
Hancock, Thomas, 48
Hancock, Thomas, 158
Hancock, William, 179
Hancock, William, 258
Hand, John, 63
Hand, Thomas, 229

Handcock, Samuel, 178
Handen, Robert, 221
Handley, Joel, 72
Handley, John, 250
Handley, John B., 312
Handley, Samuel, 288
Handley, Zachariah H., 196
Handly, Thomas, 34
Handy, Benjamin, 282
Handy, Jacob, 259
Handy, Jesse, 277
Handy, John, 76
Handy, William, 262
Hanes, Dudley, 56
Hanes, Ezekiah, 287
Hanes, Simeon, 206
Haney, Charles, 260
Haney, Henry, 336
Haney, James, 5
Haney, Joel, 44
Haney, John, 40
Haney, Joseph, 284
Hanion, Henry, 351
Hankins, John, 206
Hanks, Chichester, 79
Hanks, Chichester, 215
Hanks, Fielden, 308
Hanks, James, 22
Hanks, John, 126
Hanks, Joshua, 207
Hanks, Milton, 270
Hanks, Pitman, 227
Hanks, William, 219
Hanley, Charles, 267
Hanlon, John O., 299
Hanman, John, 14
Hann, John, 83
Hann, William, 83
Hanna, Andrew, 104
Hanna, Hugh, 15
Hanna, John, 266
Hanna, William, 226
Hannah, Joseph, 265
Hannah, William, 164
Hannan, William, 98
Hannar, John, 313
Hannon, John, 64
Hannon, Mifflin, 5
Hannor, James, 96
Hanold, John, 41
Hanon, Ezekiel, 288
Hansborough, Hones, 167
Hansbrough, Smith, 256
Hansford, William, 62
Hansford, William, 252
Hansford, William, 288
Hansford, William F., 323
Hanson, Amos O., 320

INDEX

Hanson, Hollas B., 320
Hanson, Simon, 336
Hanson, Thomas, 26
Harbert, William, 152
Harbinson, Jeremiah, 333
Harbison, Samuel, 169
Harbison, William, 169
Harbour, Joseph, 44
Harboth, John, 162
Harcourt, Daniel, 348
Hardcastle, John, 185
Hardcastle, William, 185
Hardeen, Warren, 71
Harden, George W., 206
Harden, Henry, 162
Harden, James, 201
Harden, John, 291
Harden, William, 34
Hardenbrook, Cornelius, 152
Harderler, Jephthah, 201
Hardester, Samuel, 232
Hardesty, Charles, 11
Hardesty, Christopher, 275
Hardesty, Clemons, 275
Hardesty, Edward, 71
Hardesty, George, 351
Hardesty, Henry H., 169
Hardgrove, John, 70
Hardin, Abraham, 331
Hardin, Benjamin, 79
Hardin, Benjamin, 282
Hardin, Bery, 215
Hardin, Daniel, 225
Hardin, Daniel, 311
Hardin, David, 49
Hardin, Ennis, 275
Hardin, George, 79
Hardin, George, 215
Hardin, James, 79
Hardin, James, 215
Hardin, Joel, 300
Hardin, John, 4
Hardin, John, 8
Hardin, John, 55
Hardin, John, 79
Hardin, John, 166
Hardin, John, 215
Hardin, Mark, 72
Hardin, Martin, 23
Hardin, Martin, 176
Hardin, Martin D., 117
Hardin, Otho, 8
Hardin, Otho, 167
Hardin, Robert, 270
Hardin, Samuel, 282
Hardin, Stephen, 55
Hardin, Thomas, 277
Hardin, Thompson, 129

Hardin, William, 49
Hardin, William, 187
Hardin, William, 86
Hardin, William, Jr., 363
Hardin, William, Jr., 363
Hardinbrook, Jacob, 361
Hardinbrook, Ralph, 332
Hardine, Davis, 25
Harding, David, 58
Harding, Henry C., 311
Harding, Isaac, 353
Harding, John, 311
Harding, Martin, 166
Harding, Thomas, 314
Harding, Will, 43
Harding, William, 46
Hardister, Jephthah, 246
Hardister, John, 8
Hardister, William, 287
Hardon, Armsted, 248
Hardon, John, 13
Hardstock, Peter, 137
Hardwick, Christopher, 93
Hardwick, Edmond, 354
Hardwick, Edmund, 14
Hardwick, George, 87
Hardwick, Henry, 212
Hardwick, Maples, 355
Hardwick, Mitchell, 355
Hardwick, Moses, 361
Hardwick, Naples, 269
Hardwick, Robert, 229
Hardwick, William, 229
Hardy, George, 256
Hardy, Jacob, 304
Hardy, Thomas, 177
Harfield, Mathias, 361
Hargen, Michael, 53
Hargis, Abraham, 260
Hargis, Thomas, 157
Hargis, William, 260
Hargrave, James, 259
Hargrave, Seth, 259
Hargrove, Jeremiah, 41
Hargrove, Joseph, 41
Hargus, John, 287
Hargus, Thomas, 287
Haris, Aaron, 10
Harkins, John, 88
Harlan, Eli, 152
Harlan, Elijah, 77
Harlan, George, 276
Harlan, George C., 71
Harlan, James, 242
Harlan, John, 152
Harlan, John, 243
Harlan, Joshua, 114
Harlan, Richard, 14

Harlan, Silas, 152
Harland, Jeremiah, 150
Harlen, Elijah, 152
Harlen, Joel W., 145
Harlin, Ezekiel, 219
Harlin, Henry, 241
Harlin, Jacob, 63
Harlin, Jeremiah, 241
Harlin, Joshua, 7
Harlon, Nelson, 114
Harlow, George, 169
Harlow, Jesse, 51
Harlow, Nelson, 354
Harlow, Thomas, 51
Harlow, Thomas, 285
Harmah, Isaac, 23
Harman, Henry, 356
Harman, Jacob, 152
Harman, Thomas, 175
Harmon, John, 25
Harmond, John, 301
Harmons, Jesse, 287
Harness, Richard, 257
Harness, Richard, 356
Harney, John M., 10
Harney, Mills, 83
Harney, Mills, 211
Harney, Selby, 131
Harney, Thomas, 211
Harnl, Robert, 87
Harp, David, 123
Harp, Westley, 287
Harper, Asa, 73
Harper, Hezekiah, 307
Harper, James, 73
Harper, John, 197
Harper, John, 257
Harper, William, 130
Harper, William, 240
Harper, William, 314
Harpham, Hugh, 344
Harrah, James C., 245
Harrah, John, 245
Harrall, William, 278
Harrel, Enoch, 86
Harrel, Squire, 294
Harrell, Theophilus, 2
Harrington, John, 362
Harris, Barnabas, 61
Harris, Benjamin, 81
Harris, Benjamin, 202
Harris, Clairborn, 113
Harris, Daniel, 232
Harris, David K., 87
Harris, Edward, 227
Harris, Eli, 256
Harris, Elijah, 276
Harris, Essex, 58

INDEX

Harris, Essex, 304
Harris, Eyeis, 51
Harris, Garnett, 333
Harris, Hezekiah, 9
Harris, Isaac, 147
Harris, Jack, 78
Harris, Jacob, 334
Harris, James, 165
Harris, James, 192
Harris, Jeremiah, 149
Harris, Jesse, 307
Harris, John, 68
Harris, John, 336
Harris, John L., 277
Harris, Jonah, 167
Harris, Joshua, 198
Harris, Nathaniel, 288
Harris, Overton, 67
Harris, Overton, 297
Harris, Richard, 181
Harris, Richard, 341
Harris, Richard, 350
Harris, Robert, 246
Harris, Sampson, 307
Harris, Samuel, 115
Harris, Samuel, 184
Harris, Samuel, 247
Harris, Samuel, 303
Harris, Samuel, 305
Harris, Sherwood, 200
Harris, Stephen, 57
Harris, Thomas, 103
Harris, Thomas, 192
Harris, Thomas, 301
Harris, Thomas, 334
Harris, Webber, 198
Harris, Western, 26
Harris, William, 48
Harris, William, 182
Harris, William, 184
Harris, William, 219
Harris, William, 247
Harris, William, 266
Harris, William, 273
Harris, William, 297
Harris, William, 321
Harris, William, 350
Harris, William, 353
Harris, William, 370
Harris, Willie, 102
Harrison, Barkley, 173
Harrison, Benjamin, 260
Harrison, Charles L., 35
Harrison, Charles L., 170
Harrison, Charles L., 357
Harrison, Daniel, 267
Harrison, Grove, 288
Harrison, Isaac, 1

Harrison, James, 79
Harrison, James, 215
Harrison, Joel, 187
Harrison, John, 54
Harrison, John, 145
Harrison, Joseph C., 253
Harrison, Major G., 197
Harrison, Major J., 193
Harrison, Reuben, 38
Harrison, Reuben, 274
Harrison, Richard, 39
Harrison, Richard, 313
Harrison, Robert, 29
Harrison, Robert, 44
Harrison, Thomas, 97
Harrison, Thomas, 355
Harrison, Thomas, 368
Harrison, Tunis, 367
Harrison, William, 44
Harrison, Williby, 26
Harrison, Michael, 145
Harrod, Bailey, 325
Harrold, William, 28
Harron, William, 222
Harrow, Joseph, 114
Harry, ____, 67
Harry, Daniel, 320
Harry, Jesse, 88
Harshel, John, 46
Harshfield, John, 9
Hart, Aaron, 12
Hart, Aaron, 306
Hart, Abraham, 258
Hart, David, 92
Hart, David, 173
Hart, Edward, 196
Hart, Eli, 332
Hart, Henry M., 127
Hart, James, 39
Hart, James, 47
Hart, James, 332
Hart, John, 23
Hart, John, 52
Hart, John, 118
Hart, John, 184
Hart, Jonah, 23
Hart, Mark, 337
Hart, Moses, 219
Hart, Moses, 306
Hart, Nathaniel G.S., 109
Hart, Philip, 336
Hart, Richard G., 39
Hart, Richard G., 38
Hart, Silas, 219
Hart, Silas, 310
Hart, Thomas, 39
Hart, Thomas, 366
Hart, Thomas, 139

Hart, William, 258
Hart, William, 295
Hart, Zebulon L., 179
Harter, Charles, 358
Harter, Jacob D., 90
Harter, Jacob D., 89
Harter, Jacob D., 189
Hartgrave, William, 171
Harthly, Leonard, 69
Hartley, Joseph, 356
Hartley, Joseph, 358
Hartley, Nathaniel, 69
Hartsock, Samuel, 320
Harvel, Merrit, 146
Harvey, Charles, 177
Harvey, James, 230
Harvey, James W., 289
Harvey, John, 78
Harvey, John, 113
Harvey, John, 216
Harvey, John, 269
Harvey, John, 281
Harvey, John, 300
Harvey, Robert, 294
Harvey, William, 200
Harwood, George, 141
Harwood, James, 236
Hascomb, Elbert I., 195
Hash, Philip, 55
Haslett, Moses, 334
Hast, Israel, 157
Hasting, James, 369
Hastings, George, 348
Hastings, William, 167
Hasty, John, 213
Hatcher, Haskins, 36
Hatcher, Josiah, 36
Hatfield, John, 321
Hatfield, Samuel, 87
Hatfield, Samuel, 218
Hatfield, Samuel, 360
Hatfield, William, 351
Hathaway, John, 325
Hatten, Sanders, 239
Hatter, Michael, 7
Hatton, Enoch, 97
Hatton, John, 97
Hatton, Robert C., 160
Hatton, Samuel, 192
Haughey, Jacob, 351
Haveing, James I., 343
Haveline, Jesse, 26
Havens, Thomas H., 348
Hawes, Israel, 86
Hawkers, John, 154
Hawkins, Abner, 106
Hawkins, Arculas, 79
Hawkins, Arculous, 215

INDEX

Hawkins, Benjamin, 75
Hawkins, Benjamin, 310
Hawkins, Benjamin, 325
Hawkins, Creed, 71
Hawkins, David, 53
Hawkins, David, 219
Hawkins, Elisha, 79
Hawkins, Elisha, 215
Hawkins, Francis, 30
Hawkins, Gabriel, 108
Hawkins, Gregory, 91
Hawkins, Gregory, 222
Hawkins, Hardin, 71
Hawkins, Henry, 22
Hawkins, James, 19
Hawkins, James, 163
Hawkins, James, 234
Hawkins, James, 310
Hawkins, James, 358
Hawkins, John, 91
Hawkins, John, 120
Hawkins, John, 208
Hawkins, John, 254
Hawkins, John, 325
Hawkins, Martin, 206
Hawkins, Martin L., 342
Hawkins, Moses, 168
Hawkins, Moses, 270
Hawkins, Nathaniel, 311
Hawkins, Philip, 222
Hawkins, Reuben, 309
Hawkins, S. O., 32
Hawkins, Thomas, 65
Hawkins, Thomas, 120
Hawkins, Thomas, 209
Hawkins, Thomas W., 349
Hawkins, Weeden, 195
Hawkins, Will R., 267
Hawkins, William, 183
Hawks, David, 216
Hawks, George, 146
Hawks, Joshua, 193
Hawley, Barton, 288
Hawley, Henry, 270
Hawley, James, 273
Hawley, Joseph, 60
Haws, Azriel, 218
Haws, John, 181
Haws, Joseph, 211
Hawthorn, Robert, 275
Hay, Daniel, 285
Hay, Isaac, 293
Hay, James S., 41
Hay, James S., 276
Hay, John, 5
Hay, John, 23
Haycraft, James, 303
Hayden, Allen, 270

Hayden, Bartholomew, 154
Hayden, Blan B., 221
Hayden, Garnet, 184
Hayden, George, 312
Hayden, John, 3
Hayden, John, 184
Hayden, John W., 311
Hayden, Nathaniel, 29
Hayden, Nathaniel, 318
Hayden, Nathaniel, 369
Hayden, William, 5
Haydon, Benjamin, 19
Haydon, Benjamin, 79
Haydon, Ezekiel, 122
Haydon, Jesse, 122
Haydon, John, 122
Haydon, Thomas, 19
Haydon, Thomas, 122
Haydon, William, 19
Haydon, William, 245
Haye, George, 370
Hayes, Daniel, 300
Hayes, James, 281
Hayes, Reuben, 331
Hayes, Solomon, 262
Hayes, William, 145
Hayfield, Isaac, 78
Haynee, Benjamin, 356
Haynes, Christopher, 4
Haynes, Daniel, 178
Haynes, James, 289
Haynes, John, 328
Haynes, Jonathan, 369
Haynes, Joseph, 136
Haynes, William, 339
Hayns, William, 328
Hays, Allen, 274
Hays, Andrew E., 281
Hays, Archibald, 92
Hays, Arthur, 184
Hays, Benjamin, 184
Hays, Campbell, 281
Hays, Claybourn, 52
Hays, Claybourn, 58
Hays, David, 2
Hays, George, 93
Hays, George, 147
Hays, James, 16
Hays, James I., 281
Hays, John, 33
Hays, John, 160
Hays, Joseph M., 144
Hays, Robert, 247
Hays, Samuel, 70
Hays, Shadrick, 175
Hays, Tarerer, 201
Hays, Thomas, 67
Hays, Turner, 80

Hays, William, 156
Haze, David, 183
Hazel, Abraham, 217
Hazel, Richard, 36
Hazeland, John, 55
Hazelrig, Charles, 129
Hazelton, James, 362
Hazle, William, 358
Hazlerig, Fielding, 97
Hazlerig, William, 269
Hazlewood, James, 143
Hazlewood, Randolph, 262
Hazlewood, Reuben, 241
Hazlings, Charles, 228
Head, Benjamin, 32
Head, Benjamin, 345
Head, Bigger I., 8
Head, Edward L., 3
Head, Edward L., 8
Head, Edward L., 8
Head, James, 8
Head, John, 345
Head, John E., 10
Head, Thomas, 8
Head, Thomas, 143
Headlerton, James, 324
Heady, Squire, 175
Heady, Thomas, 174
Heal, Samuel, 10
Healer, Jacob, 20
Heard, Morgan H., 361
Hearney, Thomas, 83
Heart, Andrew, 238
Heath, Daniel, 318
Heath, James, 97
Heath, Martin, 302
Heath, Nathan, 319
Heath, Riland, 278
Heath, Samuel, 208
Heaton, Daniel, 160
Heaton, John, 196
Heaton, John, 361
Heavener, John, 276
Heavens, Benjamin, 316
Heavens, John, 154
Hebber, John, 102
Heck Godfrey, 84
Heddin, Eleazor, 163
Heddleson, John, 92
Heddleson, John, 99
Heddleson, John, 357
Heddleston, John, 17
Hedeges, Benjamin F., 352
Hedge, George, 43
Hedger, Jonathan, 184
Hedges, Caleb, 46
Hedges, Robert, 300
Hedington, Moses, 318

INDEX

Hedleston, Robert, 102
Hedrick, Jacob, Jr., 287
Hedrick, Jacob, Sr., 287
Hedrick, John, 149
Hedrick, Joseph, 286
Hedrick, Peter, 244
Hedspelt, Isaac, 41
Hedspelt, Joseph, 41
Heghton, Joshua, 254
Heifer, Samuel, 290
Heighton, Stephen, 324
Heister, Francis, 43
Hell, James, 6
Hellacost, William, 94
Hellerson, Benjamin, 201
Hellerson, Robert, 201
Helm, Benjamin, 12
Helm, Benjamin, 24
Helm, Charles, 12
Helm, Charles, 151
Helm, Charles, 241
Helm, Charles, 364
Helm, David, 339
Helm, George, 12
Helm, George, 24
Helm, Joseph, 164
Helm, Meredeth, 84
Helm, Meredith, 216
Helm, Samuel, 85
Helm, Thomas, 241
Helm, Willis, 151
Helms, James, 280
Helms, John, 47
Helms, Joseph, 141
Helms, Martin W., 256
Helpenstine, John, 360
Helsely, Jacob, 343
Helton, Thomas, 281
Helvenston, John, 100
Helveston, Peter, 101
Helvey, Peter, 136
Hemock, Lewis, 328
Hemrich, Adam, 41
Henaly, Elkeny, 32
Henby, William, 39
Henderson, Alex S., 123
Henderson, Benjamin, 337
Henderson, Carnes D., 284
Henderson, Ezekiel, 282
Henderson, Francis, 136
Henderson, George, 320
Henderson, George W., 135
Henderson, James, 77
Henderson, James, 194
Henderson, John, 191
Henderson, John, 362
Henderson, John, 369
Henderson, Joseph, 182

Henderson, Joseph, 293
Henderson, Robert, 317
Henderson, Samuel, 54
Henderson, Samuel, 103
Henderson, Samuel, 140
Henderson, Silas, 333
Henderson, Thomas, 95
Henderson, Thomas, 103
Henderson, Thomas, 272
Henderson, William, 15
Henderson, William, 69
Henderson, William, 182
Henderson, William, 194
Henderson, William, 230
Hendley, Elkana, 228
Hendon, Robert H., 5
Hendrakes, Frederick, 324
Hendrick, James, 276
Hendrick, John, 8
Hendrick, Joseph, 54
Hendricks, Anthony, 213
Hendricks, David, 251
Hendricks, George, 89
Hendricks, George, 189
Hendricks, George, 209
Hendricks, Jacob, 251
Hendricks, Janice F., 301
Hendricks, Joseph, 321
Hendricks, Michael, 205
Hendricks, Mitchell, 189
Hendricks, Theophilus, 91
Hendricks, Theophilus, 213
Hendricks, Theophilus, 323
Hendricks, William, 89
Hendricks, William, 175
Hendricks, William, 189
Hendricks, William, 209
Hendrickson, Anthony, 360
Hendrickson, Gibson, 287
Hendrickson, Lefret, 72
Hendrickson, Seprates, 360
Hendrickson, Thomas, 287
Hendrix, James, 61
Hendrix, John, 61
Hendrix, Thomas, 275
Hendrixon, William, 15
Hendy, John, 41
Henley, Robert, 314
Henley, Will D., 270
Henly, Samuel M., 333
Henney, Robert P., 32
Henning, Aaron, 348
Henning, Rudolph, 207
Henry, _____, 348
Henry, Andrew, 228
Henry, Archibald, 366
Henry, Elijah, 118
Henry, Elisha, 228

Henry, Henry, 334
Henry, James, 63
Henry, James, 106
Henry, James, 139
Henry, James, 207
Henry, James, 321
Henry, Joel, 203
Henry, John, 102
Henry, John, 147
Henry, John, 187
Henry, John, 283
Henry, John, 313
Henry, John, 86
Henry, Joseph, 313
Henry, Matthew, 34
Henry, Richard, 345
Henry, Robert, 194
Henry, Robert, 284
Henry, Robert P., 123
Henry, Samuel, 317
Henry, Stewart, 159
Henry, Thomas, 265
Henry, William, 123
Henry, William D., 228
Henry, William H., 34
Henry, William H., 354
Hensely, Alexander, 301
Hensley, George, 317
Hensley, Joseph, 114
Hensley, Joseph, 197
Hensley, Leftridge, 283
Hensley, Samuel, 138
Hensley, Samuel, 215
Hensley, William, 168
Hensley, William D., 33
Henson, Benjamin, 304
Henson, Caleb, 60
Henson, Elisha, 61
Henson, Francis, 183
Henson, James, 60
Henson, Richard, 60
Henson, Samuel, 60
Henstis, Jabez, 327
Henthorn, Adam, 208
Henton, Benjamin, 359
Henton, George, 30
Henton, James, 87
Henton, James, 360
Henton, Vachel, 360
Hepler, John H., 360
Hepsley, Amos, 178
Herad, John, 369
Herald, James, 11
Heran, John M., 118
Herbenger, Jeremiah, 328
Herbert, Hezekiah, 72
Hermon, John, 202
Hern, Walter, 68

INDEX

Herndon, Elijah, 141
Herndon, Elijah, 366
Herndon, Elisha, 19
Herndon, Elisha, 33
Herndon, George S., 204
Herndon, James, 5
Herndon, James, 13
Herndon, James, 173
Herndon, Joel, 235
Herndon, John, 235
Herndon, John S., 236
Herndon, Nathaniel, 17
Herndon, William, 93
Heron, Hugh, 334
Heron, James L., 109
Heron, Thomas, 353
Heronomus, William, 199
Herrald, James, 175
Herrald, Robert, 347
Herrell, Enoch, 218
Herrell, Robert, 218
Herrels, Nathan, 316
Herren, Lewis, 6
Herrendon, John, 320
Herrin, James, 304
Herrin, Joel, 287
Herring, George, 292
Herring, Jonathan, 25
Herring, Joshua, 157
Herring, Levy, 61
Herring, Samuel, 25
Herring, William, 321
Herrington, Jeremiah, 175
Herrington, Samuel, 229
Herrod, James, 325
Herron, James, 71
Herron, William, 208
Hesler, Jacob, 134
Hess, Jacob, 54
Hess, John, 366
Hess, William, 366
Hessy, Edward, 310
Hester, James, 6
Hester, Middleton, 173
Hester, William, 42
Hester, William, 46
Heth, James, 133
Hevall, Theophilus, 362
Hevingden, Cades, 71
Hewitt, James, 56
Hewlett, Alfred, 1
Hewlett, Lemuel, 146
Hewlett, Lemuel, 283
Hewlett, Thomas, 283
Hews, Charles, 112
Hews, Henry, 149
Hews, William, 149
Heydon, Samuel, 229

Hiatt, Elijah, 244
Hiatt, John, 133
Hiatt, Lewis, 133
Hiatt, Thomas, 98
Hibbard, Malache, 259
Hibbs, John, 288
Hibler, John, 83
Hibs, Adam, 25
Hick, Godfrey, 216
Hickenbotham, Moses, 154
Hickerson, John, 295
Hickerson, Joseph, 295
Hickland, Thomas, 155
Hicklin, Thomas, 160
Hickman, Daniel, 328
Hickman, Daniel, 334
Hickman, David, 368
Hickman, George, 40
Hickman, George, 174
Hickman, George, 284
Hickman, Harris H., 352
Hickman, Hugh, 321
Hickman, James, 361
Hickman, James L., 109
Hickman, John, 5
Hickman, John, 40
Hickman, Lewallin, 157
Hickman, Lewellin, 62
Hickman, Perchal, 32
Hickman, Reuben, 240
Hicks, Abraham, 115
Hicks, Fleming, 293
Hicks, James, 6
Hicks, James, 112
Hicks, James, 348
Hicks, John, 21
Hicks, John, 271
Hicks, Karr, 281
Hicks, Reuben, 150
Hicks, Richard, 280
Hicks, Robert, 180
Hicks, Robert, 262
Hicks, Samuel, 115
Hicks, Thomas, 353
Hicks, William, 123
Hicks, William, 180
Hickson, Thomas, 143
Hide, Charles W., 343
Hieatt, James, 133
Hifers, William, 256
Hifton, Lemuel, 48
Higby, James H., 120
Higdon, James, 288
Higdon, Leonard P., 288
Higginbotham, Jesse, 120
Higginbottom, Moses, 356
Higgins, David, 295
Higgins, Edward, 273

Higgins, Isaac, 43
Higgins, Isaac, 47
Higgins, James, 109
Higgins, James, 157
Higgins, John, 114
Higgins, John, 202
Higgins, John, 218
Higgins, Richard, 129
Higgins, Richard, 133
Higgins, Samuel, 133
Higgins, William, 47
Higgins, William, 212
Higginson, James, 6
Higgs, Roddin, 163
High, Martin, 333
Highbarger, Joseph, 310
Highbaugh, Henry, 53
Highfield, Leonard, 88
Highfield, Leonard, 208
Highland, William, 192
Highlander, George, 323
Highlander, George, 355
Highsmith, William, 274
Hightower, John, 57
Hightower, Joshua, 119
Higins, Thomas, 75
Hignight, Thomas, 330
Hilcross, Conrad, 317
Hildebrand, John, 314
Hildreth, Jesse, 326
Hildreth, John, 140
Hildreth, Joseph, 324
Hiles, Christopher, 137
Hiles, Christopher, 216
Hiles, Christopher, 273
Hiles, Christopher, 84
Hiles, George, 123
Hiles, George, 265
Hill, Abraham, 140
Hill, Alexander, 65
Hill, Alexander, 148
Hill, Allen, 143
Hill, Archibald, 26
Hill, Asa, 39
Hill, Asa, 181
Hill, Asa R., 296
Hill, Claiborn, 292
Hill, David, 4
Hill, David, 264
Hill, David, 272
Hill, David, 337
Hill, David, 356
Hill, Edward, 43
Hill, Elias, 197
Hill, Elzy, 211
Hill, Ezekiel, 140
Hill, Foster, 27
Hill, Fountain, 29

INDEX

Hill, George, 264
Hill, George, 282
Hill, Handy, 28
Hill, Henry, 178
Hill, Hiram, 332
Hill, Isaac, 251
Hill, Isaac, 298
Hill, Israel, 337
Hill, James, 37
Hill, James, 66
Hill, James H., 228
Hill, John, 83
Hill, John, 181
Hill, John, 211
Hill, John, 298
Hill, John B., 264
Hill, John W., 262
Hill, Johnson, 350
Hill, Jonathan, 5
Hill, Mason, 299
Hill, Moses, 53
Hill, Nathaniel, 232
Hill, Robert, 4
Hill, Robert, 291
Hill, Simon, 311
Hill, Thomas, 219
Hill, Thomas, 296
Hill, Thomas, 358
Hill, William, 16
Hill, William, 144
Hill, William, 155
Hill, William, 181
Hill, William, 230
Hill, William, 257
Hill, William, 292
Hill, William, 350
Hill, Wm., 1
Hill, Zachariah, 289
Hillcost, Joseph, 82
Hillhouse, James, 43
Hillhouse, Robert, 43
Hilliard, Anson G., 299
Hillix, James, 124
Hillman, John, 132
Hills, Elzy, 83
Hilt, Henry, 90
Hilton, Daniel, 358
Hilton, Henry, 72
Hilton, Henry, 295
Hilton, Level, 273
Hilton, William, 175
Hinckle, Enoch, 324
Hindman, Matthew, 51
Hindman, Robert, 256
Hindman, William, 50
Hinds, John, 201
Hinds, John, 334
Hinds, Spencer, 39

Hinds, Stephen, 74
Hinds, William, 51
Hines Henry, 326
Hines, Caldwell, 265
Hines, Henry, 276
Hines, Isaac, 1
Hines, James, 157
Hines, John, 81
Hines, John, 283
Hines, Rennet M., 109
Hines, Samuel T., 45
Hinkle, Anthony, 13
Hinkson, John, 29
Hinkson, John, 142
Hinkson, John, 319
Hinkson, Samuel, 96
Hinkson, Samuel, 141
Hinthon, Adam, 88
Hinton, Benjamin, 94
Hinton, Benjamin, 356
Hinton, James, 218
Hinton, Jesse, 40
Hinton, Shadrick, 297
Hinton, Thomas, 307
Hiram, James, 273
Hitch, John, 139
Hitchcock, Asael, 211
Hitchcock, Asail, 83
Hite, Burton, 61
Hite, Burton, 294
Hite, Henry, 356
Hite, Isaac, 13
Hite, James, 21
Hite, James, 34
Hite, James, 159
Hite, Joseph, 159
Hite, Lewis, 21
Hite, William, 349
Hiter, Benjamin, 203
Hitshoe, William, 226
Hitt, Daniel, 369
Hitt, Elias, 205
Hitt, Ira, 319
Hitt, Ira, 369
Hitt, Jesse, 318
Hitt, Thompson, 99
Hix, John, 74
Hix, John, 154
Hixon, Nathaniel, 17
Hixon, Samuel, 321
Hoagland, Martin, 138
Hoard, Rhodes, 314
Hobach, Mark, 274
Hobart, Joseph, 279
Hobbs, Benedict A., 94
Hobbs, Benjamin, 39
Hobson, Jonathan, 176
Hobson, Jonathan, 257

Hobson, Milburn, 301
Hobson, William, 2
Hobson, William, 8
Hobson, William, 36
Hockada, Samuel, 65
Hockaday, John, 131
Hockaday, John, 135
Hocker, John, 241
Hocker, William, 241
Hockersmith, John, 40
Hockersmith, John, 47
Hockersmith, John, 246
Hockersmith, William, 356
Hockersmith, William, 358
Hockerty, Thomas, 341
Hockley, James, 12
Hockman, Isaac, 350
Hoddin, Abraham, 27
Hodge, Archibald, 44
Hodge, Charles A., 224
Hodge, Moses, 230
Hodge, Nathan, 284
Hodge, Thomas, 4
Hodges, Edmund, 54
Hodges, Elisha, 208
Hodges, George, 14
Hodges, Jacob, 12
Hodges, James, 148
Hodges, John, 192
Hodges, Solomon, 87
Hodges, William, 54
Hodgkin, Samuel, 199
Hoffman, Adam E., 352
Hogan, Arthur, 256
Hogan, George, 303
Hogan, Ignatius, 10
Hogan, Isaac C., 305
Hogan, James, 103
Hogan, James, 149
Hogan, John, 8
Hogan, John, 37
Hogan, John, 281
Hogan, John M., 5
Hogan, Nathan, 281
Hogan, Philip, 66
Hogan, Philip, 149
Hogan, Samuel, 149
Hogan, William, 193
Hogan, William, 207
Hogan, William, 280
Hogan, William B., 36
Hoge, Edmund, 277
Hoge, Nimrod G., 179
Hogg, Robert, 209
Hoggin, William, 229
Hogin, John P., 110
Hogland, Abraham, 11
Hogland, John, 138

Hogland, Moses, 9
Hogland, Moses, 161
Hoglin, Moses, 144
Hogue, William, 331
Holaday, William S., 224
Holbert, Isaac, 348
Holbert, Noah, 321
Holcum, Elbert S., 81
Holder, Caleb H., 346
Holder, Gave, 116
Holder, Richard C., 25
Holder, Richard C., 184
Holding, Richard, 197
Holding, Richard, 206
Holding, Samuel, 109
Holdram, Moses, 337
Holeman, Cornelius, 121
Holeman, Jacob H., 236
Holeman, James, 193
Holeman, John, 68
Holeman, Reuben, 227
Holeman, Robert, 310
Holeman, William, 68
Holiday, Joseph, 220
Holiday, Joseph, 224
Holifield, William, 275
Holladay, James, 199
Holladay, Joseph, 269
Holladay, Moses, 142
Holladay, Zachariah, 258
Hollady, John A., 261
Hollady, William, 132
Holland, Anthony, 209
Holland, Edward, 358
Holland, Hezekiah, 135
Holland, John, 78
Holland, John, 358
Holland, Thomas, 317
Holland, Wright, 100
Holleday, Zachariah, 366
Holleday, Zechariah, 172
Holleman, Joshua, 42
Hollensworth, Septha Y., 5
Holler, John, 108
Holles, John P., 37
Hollett, Solomon, 280
Holley, Joshua, 198
Holley, William, 284
Holliday, Basil R.L., 24
Holliday, John, 220
Holliday, Samuel, 311
Holliday, Zachariah, 145
Hollingsworth, Isaac, 21
Hollingsworth, Isaac, 162
Hollins, John, 367
Hollis, Fielding, 160
Hollis, James W., 27
Hollis, John, 160

Hollis, John P., 167
Hollis, John P., 305
Hollis, Lewis, 160
Hollis, William, Jr., 160
Hollister, Francis H., 329
Holloday, Elliot H., 116
Holloday, James, 116
Holloday, Thomas, 252
Holloway, George, 77
Holloway, George, 118
Holloway, James, 54
Holloway, Lewis, 269
Holloway, Moses, 61
Holloway, Samuel, 122
Holloway, Samuel, 261
Holloway, Thomas, 276
Holly, Jesse, 334
Holly, John, 199
Holly, William, 197
Holman, Jacob, 265
Holman, John, 65
Holman, William, 81
Holman, William, 202
Holmes, Daniel, 324
Holmes, Edward, 149
Holmes, George, 289
Holmes, George W., 256
Holmes, Isaac, 66
Holmes, Isaac, 149
Holmes, Isaac, 293
Holmes, James, 148
Holmes, James F., 330
Holmes, James L., 167
Holmes, Nicholas, 300
Holmes, Nicholas, 363
Holmes, Thomas, 96
Holody, John, 302
Holsclaw, Janice, 49
Holsclaw, William, 360
Holt, Daswell, 65
Holt, David, 351
Holt, Drewry, 158
Holt, John, 302
Holt, Reba, 297
Holt, Robert, 343
Holt, Samuel, 259
Holt, Samuel, 299
Holt, Samuel, 362
Holt, Tapley, 72
Holt, Thomas, 65
Holt, Thomas B., 167
Holt, William, 88
Holt, William, 136
Holt, William, 168
Holt, Ziba, 302
Holten, William, 18
Holton, Abner, 19
Holton, Abner, 313

Holton, James, 79
Holton, James, 188
Holton, James, 215
Holton, John A., 33
Holton, William, 132
Holtsclaw, Henry, 10
Holtslelan, Martin, 64
Holtzclaw, Henry, 288
Homan, Walter, 351
Homblett, Thomas, 101
Homer, Gustavus M., 108
Homes, Jacob, 230
Homes, James, 106
Homes, Solas, 230
Homes, Thomas, 221
Homray, Mathias, 233
Honacle, Creason, 315
Honey, Jesse, 208
Honey, Peter, 90
Honey, Peter, 212
Honeycut, Richard, 360
Honip, Hiram, 123
Honks, David, 85
Honts, Christopher G., 274
Honybrough, Joel, 306
hooch, Richard, 110
Hood, Andrew, 87
Hood, Andrew, 218
Hood, George, 55
Hood, Isaac, 169
Hood, James, 17
Hood, James, 339
Hood, Jesse, 258
Hood, Moses B., 239
Hood, Robert, 166
Hood, Robert, 317
Hood, Robert, 359
Hood, William, 127
Hoofman, Ambrose, 256
Hoofman, Elam, 274
Hoofman, Thomas, 256
Hook, Henry, 193
Hook, Henry, 207
Hook, James, 239
Hooke, James, 130
Hooker, Alexander H., 326
Hooker, Benjamin, 34
Hooker, George, 6
Hooker, George, 146
Hoonsby, Thomas, 37
Hooper, Joseph, 279
Hooper, Robert L., 353
Hooper, Thomas, 34
Hooper, William, 196
Hooton, James, 137
Hoover, Adam, 236
Hoover, Adam, 238
Hoover, David, 265

INDEX

Hoover, Felix, 55
Hoover, Jacob, 46
Hoover, Jacob, 138
Hope, George, 269
Hope, Richard, 234
Hope, Thomas, 77
Hopewell, John, 49
Hopewell, John, 49
Hopewell, Samuel, 49
Hopewell, Thomas, 144
Hopewell, Thomas, 304
Hopewell, William, 49
Hopkins, Benjamin, 264
Hopkins, Daniel, 85
Hopkins, Daniel, 186
Hopkins, David, 17
Hopkins, David, 318
Hopkins, Essik, 211
Hopkins, Isaac F., 346
Hopkins, Isam, 342
Hopkins, Jacob, 87
Hopkins, Jacob, 218
Hopkins, Joseph H., 334
Hopkins, Josiah, 316
Hopkins, Joslin, 237
Hopkins, Lewis E., 355
Hopkins, Mordecai, 116
Hopkins, Moses, 323
Hopkins, Robert, 14
Hopkins, Robert, 91
Hopkins, Thomas, 111
Hopkins, William, 316
Hopper, James, 183
Hopper, John, 99
Hopper, John, 183
Hopper, John G, 86
Hopper, Levi, 100
Hopper, Mc, 216
Hopper, McMeeker, 84
Hopper, Moses, 86
Hopper, Samuel, 101
Hopson, Alexander, 185
Hopson, Samuel, 44
Hopson, Samuel, 47
Hopwood, Christopher, 194
Horan, Joshua, 183
Horben, Eli, 71
Horbeson, Samuel, 27
Horbin, Jeremiah, 167
Hord, Edward, 368
Hord, Elias, 232
Hord, Elias, 239
Hord, Thomas, 134
Hord, Thomas, 368
Hord, Thomas, Jr., 99
Hord, Thomas, Sr., 99
Horden, Thomas, 318
Hordey, Josiah, 329

Horins, George, 101
Horle, Baldwin, 133
Horley, William, 293
Horn, Andrew, 334
Horn, Christopher, 65
Horn, Jacut, 36
Horn, James, 96
Horn, Joel, 201
Horn, John, 285
Horn, Michael, 234
Horn, Philip, 285
Hornback, Abraham, 125
Hornback, Abram, 159
Hornback, Daniel, 53
Hornback, Joseph, 142
Hornbeck, Abraham, 9
Hornbeck, Isaac, 306
Hornbeck, John, 9
Hornbeck, John, 144
Hornbeck, Solomon, 9
Hornbeck, William, 267
Hornbeck, William, 369
Hornbuckle Richard, 134
Hornbuckle, Alfred, 134
Hornbuckle, Hardin, 134
Hornbuckle, Solomon, 134
Hornsby, William, 317
Horren, John, 317
Horrer, Peter, 136
Horseley, James, 135
Horseley, Mathew, 135
Horsely, Taylor, 218
Horsey, B., 110
Horsey, John, 146
Horsley, Taylor, 87
Horter, George, 321
Horter, Jacob D., 209
Hortly, John, 301
Horton, Anthony, 300
Horton, Archibald, 39
Horton, Benjamin, 127
Horton, Daniel, 274
Horton, James, 302
Horton, John, 39
Hosel, Abraham, 15
Hoskins, Aaron, 44
Hoskins, Balor, 264
Hoskins, John, 329
Hoskins, Norwood, 331
Hoskins, Samuel, 67
Hoskins, Samuel, 293
Hotsclaw, Martin, 293
Hotzclaw, Benjamin, 289
Houchens, James, 146
Houghland, Moses, 23
Houghman, John, 270
Houghsteller, John, 5
Houghton, Elijah, 135

Houghton, Joab, 92
Hounseller, James, 5
House, Benjamin, 162
House, George, 218
House, George, 324
House, John, 41
House, Moses, 208
Houseman, Stephen, 39
Houser, Christopher, 1
Houser, Isaac, 205
Houster, William, 25
Houston, Isaac, 290
Houston, James, 23
Houston, James, 89
Houston, James, 189
Houston, John, 347
Houston, Mathew, 272
Houston, Stephen, 265
How, Abraham, 216
How, Jacob, 109
Howard, Achilles, 111
Howard, Archibald, 311
Howard, Charles, 297
Howard, Clement, 193
Howard, Edmond, 72
Howard, Eli, 355
Howard, Eppy, 234
Howard, Eppy, 310
Howard, George, 9
Howard, George S., 229
Howard, Gideon, 315
Howard, Gideon, 328
Howard, Gideon, 337
Howard, Groves, 178
Howard, Henry, 68
Howard, Henry, 134
Howard, Isaac, 203
Howard, Isaac, 283
Howard, James, 107
Howard, James, 171
Howard, James, 192
Howard, John, 49
Howard, John, 178
Howard, John, 212
Howard, John, 259
Howard, Julius C., 272
Howard, Madison, 237
Howard, Mathew, 105
Howard, Paris, 212
Howard, Parkman, 74
Howard, Reuben B., 155
Howard, Samuel, 90
Howard, Samuel, 174
Howard, Samuel, 202
Howard, Samuel U., 229
Howard, Thomas, 46
Howard, Vincent, 264
Howard, Will, 178

INDEX

Howard, William, 11
Howard, William, 28
Howard, William, 309
Howard, William, 347
Howard, Ziba, 1
Howard, Ziva, 260
Howe, Abraham, 124
Howe, Daniel, 135
Howe, David, Jr., 94
Howe, Isaac P., 308
Howe, John, 317
Howe, Jonathan W., 127
Howe, Samuel, 127
Howe, Thomas, 87
Howe, Thomas, 218
Howe, Thomas, 360
Howe, Washington, 94
Howe, William, 317
Howell, David, 37
Howell, David, 129
Howell, Hudson, 277
Howell, John, 12
Howell, John, 261
Howell, Jonathan, 368
Howell, Lewis, 28
Howell, Mason J., 178
Howell, Squire D., 152
Howell, Thomas, 258
Howell, Vincent, 42
Howes, Joseph, 83
Howley, Zebedee, 73
Hownshell, Andrew, 321
Hows, Frederick, 125
Hoy, Daniel, 171
Hoy, James, 246
Hoys, William, 143
Hoyt, Lewis, 346
Hubbard, Albert C., 144
Hubbard, Albert E., 49
Hubbard, John, 69
Hubbard, John, 246
Hubbard, John, 350
Hubbard, Joseph, 193
Hubbard, Liner, 6
Hubbard, Liner, 283
Hubbard, Merrit, 182
Hubbard, Moses, 149
Hubbard, Nathaniel, 53
Hubbard, Nathaniel, 58
Hubbard, Thomas, 10
Hubbart, Wright, 194
Hubbs, Jacob, 299
Hubett, William, 83
Hucerson, Charles, 199
Huchison, William, Jr., 140
Huckaboy, Joseph, 274
Huckaboy, Nathan, 274
Huckstep, Samuel, 111

Huddleston, Allen, 28
Huddleston, William, 306
Hudgens, Robert, 63
Hudgers, Joseph, 154
Hudgins, John, 306
Hudmit, Richard, 100
Hudnutt, Elias, 216
Hudnutt, Elias P, 84
Hudson, Abraham, 4
Hudson, Abraham, 43
Hudson, Allen, 54
Hudson, Bailey W., 179
Hudson, Body, 203
Hudson, Dudley, 32
Hudson, James, 339
Hudson, John, 54
Hudson, Manoah, 287
Hudson, Robert, 287
Hudson, Samuel, 320
Hudson, Thomas, 203
Hudspeth, Isaac, 47
Hudspeth, Joseph, 47
Hues, George, 261
Huff, Abraham, 28
Huff, George, 191
Huff, John, 69
Huff, John, 289
Huffman, Cornelius, 277
Huffman, George, 291
Huffman, Henry, 293
Huffman, Jacob, Jr., 321
Huffman, Jacob, Sr., 321
Huffman, James, 325
Huffman, John, 194
Huffman, Philip, 225
Huffman, Simeon, 317
Huffman, William, 194
Huffslatter, Solomon, 40
Huggins, James, 47
Huggins, James, 48
Hugh, Alexander, 222
Hugh, Alexander, 238
Hugh, Gabriel, 230
Hugh, William, 66
Hughard, Thomas, 107
Hughes, Armstead, 269
Hughes, Benjamin, 34
Hughes, Charles, 122
Hughes, Daniel, 207
Hughes, David, 196
Hughes, Eleven, 209
Hughes, Gabriel, 150
Hughes, George, 76
Hughes, George, 78
Hughes, Hiram, 157
Hughes, Hugh, 108
Hughes, Isaac, 237
Hughes, James, 14

Hughes, James, 77
Hughes, James, 250
Hughes, James, 278
Hughes, James, 307
Hughes, James M., 160
Hughes, John, 152
Hughes, John, 190
Hughes, John, 241
Hughes, John, 267
Hughes, John, 330
Hughes, John, 351
Hughes, John, Jr., 254
Hughes, John, Jr., 312
Hughes, John, Sr., 254
Hughes, Joseph, 4
Hughes, Laven, 189
Hughes, Learen, 89
Hughes, Mason, 90
Hughes, Mason, 212
Hughes, Pratt, 68
Hughes, Reuben, 75
Hughes, Reuben, 234
Hughes, Reuben, 310
Hughes, Robert, 324
Hughes, Stephen, 234
Hughes, Stephen, 310
Hughes, Thomas, 64
Hughes, Thomas, 77
Hughes, Thomas, 205
Hughes, Tolliver, 237
Hughes, William, 29
Hughes, William, 43
Hughes, William, 150
Hughes, William, 197
Hughes, William, 237
Hughes, William, 250
Hughes, William, 307
Hughes, William, Jr., 254
Hughes, William, Sr., 254
Hughes, Woodford, 197
Hughey, John, 19
Hughey, John, 239
Hughey, Samuel, 236
Hughs, Frank, 230
Hughs, John, 230
Hughs, John, 254
Hughs, Rowland, 254
Hughy, Isaac H., 353
Hugsley, Alexander, 365
Huhn, Samuel, 10
Huland, Ambrose, 200
Hular, John, 246
Hulbert, Charles, 78
Hulett, William, 269
Hulett, William, 331
Hulitt, Stephen, 126
Hull, Corbin R., 29
Hull, Gaskum, 189

INDEX

Hull, Goshen, 89
Hull, James, 116
Hull, Thomas, 25
Huls, Nathan, 199
Hulse, Josiah, 300
Hulse, Paul, 129
Hulse, Thomas, 101
Hulton, Cornelius, 79
Hulton, Cornelius, 188
Hulton, Cornelius, 215
Hulton, John, 285
Hulton, William, 79
Hulton, William, 215
Hultz, Thomas, 269
Humble, Jesse, 29
Humble, John, 141
Humble, John, 319
Humble, John, 369
Humble, Noah M., 77
Humble, Noah M., 152
Hume, Lewis, 325
Hume, Staunton, 69
Hume, Stripling, 224
Hume, Thomas, 68
Hume, Thomas, 325
Humerichouse, Jacob, 77
Humes, Thomas, 88
Humley, William, 307
Humphrey, Benjamin, 29
Humphrey, William, 230
Humphrey, William, 345
Humphreys, David, 62
Humphreys, James B., 33
Humphries, David, 157
Humphries, David, 287
Humphries, James, 101
Humphries, Thomas, 177
Humphries, William, 70
Humphries, William C., 159
Hundley, Charles, 32
Hundley, John W., 72
Hungate, Jehu, 310
Hungate, John, 143
Hungate, John, 310
Hunley, John, 122
Hunley, Sherwood, 175
Hunsinger, George, 1
Hunsucker, Samuel, 284
Hunt, Absalom, 20
Hunt, Daniel, 7
Hunt, Dudley, 68
Hunt, Dudley, 180
Hunt, Edmund, 338
Hunt, Harringson, 272
Hunt, Hiram, 91
Hunt, Hiram, 213
Hunt, James, 38
Hunt, James, 103

Hunt, James, 281
Hunt, John, 20
Hunt, John, 319
Hunt, John, Jr, 137
Hunt, Jonathan, 336
Hunt, Samuel, 287
Hunt, William, 7
Hunt, William, 66
Hunt, William, 287
Hunt, William, 345
Hunter David, 282
Hunter, Berry, 41
Hunter, Charles, 111
Hunter, Charles, 267
Hunter, Charles, 298
Hunter, David, 329
Hunter, Davidson, 120
Hunter, Francis, 65
Hunter, George, 309
Hunter, Harris, 331
Hunter, James, 154
Hunter, John, 28
Hunter, John, 197
Hunter, John, 205
Hunter, John, 313
Hunter, Pleasant, 265
Hunter, Samuel, 203
Hunter, Solomon, 41
Hunter, Solomon, 173
Hunter, Thomas, 157
Hunter, William, 282
Hunter, Willis, 298
Hunter,James, 21
Huntsman, Benjamin, 241
Huntsman, Henry, 54
Hurd, Isaac, 305
Hurd, Thomas, 223
Hurd, William, 293
Hurley, James, 105
Hursh, George, 264
Hurst, Harman, 95
Hurst, Harmon, 180
Hurst, James, 236
Hurst, James, 358
Hurt, Henry, 194
Hurt, Smith, 194
Hurt, William, 291
Husbands, Joseph, 72
Husbands, Vezey, 72
Hush, Henry, 127
Hushman, Mathew, 112
Huskins, Benjamin, 133
Huskins, Jermon, 133
Husky, Jno., 2
Hust, Isaac, 6
Huston James, 241
Huston, Benj., 6
Huston, David, 288

Huston, James, 10
Huston, James, 109
Huston, James, 151
Huston, James, 169
Huston, John, 174
Huston, John, 224
Huston, Matthew, 229
Huston, Thales, 151
Huston, Thomas, 70
Huston, William, 11
Huston, William, 306
Hutcherson, Charles, 198
Hutcherson, John, 148
Hutcherson, John, 154
Hutcherson, Lewis, 148
Hutcherson, Robert, 154
Hutcherson, Samuel, 111
Hutcherson, Samuel, 294
Hutcherson, William, 369
Hutcheson, Wm. Jr., 3
Hutcheson, Wm. Sr., 3
Hutchings, Baird, 230
Hutchings, Lemuel, 230
Hutchings, Parks, 230
Hutchins, Henry, 346
Hutchinson, James, 18
Hutchinson, James, 106
Hutchinson, Joseph, 339
Hutchinson, Lewis, 240
Hutchinson, Robert, 337
Hutchinson, Thomas, 241
Hutchinson, William, 321
Hutchinson, Wm. D., 90
Hutchison, Daniel, 137
Hutchison, William, 140
Hutchison, William, 185
Hutson, Israh P., 200
Hutson, Lodrick, 289
Hutter, William, 239
Hutton, Alexander, 266
Hutton, Samuel, 19
Hutton, Samuel, 92
Hyatt, Benjamin, 97
Hyatt, Mordecai, 38
Hyatt, Shadrach, 225
Hybarber, Joseph, 243
Hyde, Abraham, 328
Hyder, Abraham, 334
Hylander, George, 101
Hylton, Daniel, 40
Hymen, Samuel, 88
Hynes, Ales R., 197
Hynes, Alexander R., 205
Hynes, John, 182
Hynes, Samuel, 208
Hysong, Jacob, 130
Hyte, John W., 340
Iaco, Brocks, 47

INDEX

Iaco, Brooks, 41
Ice, James, 291
Iceminger, Henry, 123
Igo, Jacob, 345
Iliff, James, 344
Iliff, John, 86
Iliff, John, 217
Iliff, John, 360
Indicott, John, 197
Indicut, William, 369
Ingersoll, Joseph, 88
Ingler, Jacob, 353
Inglish, William, 176
Ingraham, James, 298
Ingraham, Job, 209
Ingraham, Samuel, 74
Ingrain, Amaziah, 48
Ingram, Abraham, 196
Ingram, Charles, 62
Ingram, Griffin, 41
Ingram, Isaac, 65
Ingram, James, 13
Ingram, James, 178
Ingram, James, 301
Ingram, Jesse, 350
Ingram, Job, 89
Ingram, John, 143
Ingram, Mahala, 278
Ingram, William, 8
Ingram, Zachariah, 22
Inman, Lazarus, 191
Inman, Thomas, 282
Innes, Henry E., 153
Inshmeyer, John, 298
Iolliff, James, 176
Ireland, Alexander, 103
Ireland, Patrick, 310
Irvin, Benjamin, 351
Irvin, James, 39
Irvin, John, 46
Irvin, John, 237
Irvin, John, 248
Irvin, John, 254
Irvin, Joshua, 248
Irvin, Paulis E., 160
Irvin, Robert, 55
Irvin, William D., 77
Irvine, Christopher, 192
Irvine, Christopher, 247
Irvine, David, 152
Irvine, Davis, 184
Irvine, Jack, 129
Irvine, James, 202
Irvine, John, 258
Irvine, William B., 246
Irvine, William D., 152
Irvine, William Jr., 62
Irwin, Francis, 102

Irwin, Jacob, 114
Irwin, James, 53
Irwin, James, 58
Irwin, John, 102
Irwin, John, 156
Irwin, John, 319
Irwin, Paulus E., 270
Irwin, William, 55
Irwin, William, 156
Isaac, 357
Isaacs, George, 328
Isaacs, George W., 337
Isaacs, Godfrey, 200
Isaacs, Jesse, 305
Isaacs, John, 143
Isaacs, Samuel, 76
Isaacs, Samuel, 281
Isahart, Jacob, 351
Isbell, David, 360
Isbell, Henry, 360
Isbell, Livingston, 57
Isbell, William, 360
Isgrigg, Daniel, 321
Isgrigg, Henry, 369
Isham, John, 324
Ishmael, John, 237
Isler, Jacob, 46
Islor, Jacob, 303
Ison, John, 194
Ivans, David, 133
Ivans, Griffith, 133
Ivent, James, 55
Ivey, James, 330
Jack, Allen, 104
Jack, Andrew, 206
Jackman, Barnard, 342
Jackman, John, 69
Jackman, Reuben, 256
Jackman, Richard, 280
Jackman, Samuel, 149
Jackman, Thomas, 293
Jackman, Vincent, 350
Jacks, Joseph, 147
Jacks, Will, 102
Jackson, Alexander, 221
Jackson, Charles, 99
Jackson, Charles, 174
Jackson, Coleman, 311
Jackson, David, 246
Jackson, Elijah, 274
Jackson, George, 137
Jackson, George, 221
Jackson, George, 299
Jackson, Henry, 130
Jackson, Henry, 317
Jackson, Hugh, 4
Jackson, Hugh, 221
Jackson, Isaac, 300

Jackson, Israel, 17
Jackson, Israel, 82
Jackson, Israel, 239
Jackson, Jack, 356
Jackson, James, 96
Jackson, James, 100
Jackson, James, 154
Jackson, James, 295
Jackson, James, 309
Jackson, James, 356
Jackson, James R., 137
Jackson, James, 2d, 356
Jackson, Jarves, 64
Jackson, Jeremiah, 213
Jackson, Jesse, 199
Jackson, John, 21
Jackson, John, 81
Jackson, John, 155
Jackson, John, 164
Jackson, John, 203
Jackson, John, 360
Jackson, John, 154
Jackson, John, Jr., 331
Jackson, John, Sr., 331
Jackson, Joseph, 320
Jackson, Josiah, 311
Jackson, Julius C., 303
Jackson, Levi, 356
Jackson, Maddox, 311
Jackson, Martin, 7
Jackson, Martin, 28
Jackson, Nathaniel, 192
Jackson, Nathaniel, 201
Jackson, Peter, 82
Jackson, Richard, 137
Jackson, Thomas, 356
Jackson, William, 94
Jackson, William, 99
Jackson, William, 130
Jackson, William, 289
Jackson, William, 321
Jacob, Daniel, 369
Jacobs, Bennett, 311
Jacobs, Daniel, 29
Jacobs, Daniel, 267
Jacobs, Daniel, 357
Jacobs, Elijah, 319
Jacobs, Gibson, 216
Jacobs, Gilsie, 85
Jacobs, Harrison, 126
Jacobs, Henry, 336
Jacobs, James, 167
Jacobs, John, 94
Jacobs, John, 305
Jacobs, John, 360
Jacobs, Joshua, 194
Jacobs, Samuel, 167
Jacobs, Samuel, 311

INDEX

Jacobson, Nathaniel, 319
Jacoby, Ralph, 232
Jaggers, Simeon, 146
Jains, Edward, 283
James, Benjamin, 65
James, Berry, 258
James, Daniel F., 287
James, David, 177
James, David, 266
James, Harry, 123
James, Henry, 61
James, Jacob, 274
James, John S., 358
James, Jonathan, 81
James, Jonathan, 200
James, Joseph, 65
James, Joseph, 187
James, Mosby, 45
James, Richard, 266
James, Robert, 310
James, Samuel, 46
James, Thomas, 13
James, Thomas, 76
James, Thomas, 302
James, Thomas, 365
James, Walter, 76
James, Wiley, 103
James, William, 337
Jameson David, 360
Jameson, Andrew, 284
Jameson, Benoni, 190
Jameson, David, 87
Jameson, George, 51
Jameson, Hiram, 173
Jameson, James, 256
Jameson, John, 256
Jameson, John, 343
Jameson, John R., 81
Jameson, Samuel, 51
Jameson, Samuel, 80
Jameson, William, 269
Jameson, Zachariah, 222
Jamison, Abraham, 311
Jamison, Benoni, 89
Jamison, Benoni, 209
Jamison, Hiram, 344
Jamison, Isaac, 28
Jamison, James, 107
Jamison, John, 222
Jamison, John, 229
Jamison, John, 321
Jamison, John M., 324
Jamison, John R., 203
Jamison, Samuel, 201
Jamison, Samuel, 311
Jamison, Thomas, 125
Jamison, William, 107
Jamison, William, 222

Janes, Berry, 281
January, John, 1
January, John, 230
January, John S., 62
January, Peter T., 133
January, Samuel, 63
Janvier, Isaac, 335
Jaquess, Garretson, 142
Jarboe, Joseph, 300
Jarbor, William S., 167
Jarrett, Samuel, 253
Jarvest, Reason, 360
Jarvis, Amos, 134
Jarvis, Edward, 166
Jarvis, James, 19
Jarvis, Lazarus, 146
Jarvis, Sion, 1
Jarvus, Lazarus, 36
Jason, _____, 339
Jasper, Andrew, 70
Jasper, Andrew, 287
Jasper, Thomas, 63
Jeanes, Joathen, 355
Jeans, Jonathan, 218
Jeans, Thomas, 316
Jefferson, George, 332
Jeffries, Enoch, 114
Jeffries, Robert, 39
Jeffries, Robert, 123
Jeffries, Taliafarro, 152
Jemison, David, 316
Jenkins, Alison, 53
Jenkins, Alison, 146
Jenkins, Arthur B., 279
Jenkins, Coleman, 85
Jenkins, Coleman, 216
Jenkins, Eli, 345
Jenkins, Elias, 327
Jenkins, Henry, 122
Jenkins, Hiram, 48
Jenkins, Ignatius, 53
Jenkins, James, 331
Jenkins, John, 224
Jenkins, John, 270
Jenkins, Matthew, 370
Jenkins, Philip, 364
Jenkins, Richard, 32
Jenkins, Richard, 143
Jenkins, Richard, 177
Jenkins, Samuel, 276
Jenkins, Thomas, 41
Jenkins, Thomas, 90
Jenkins, Whitenell W., 279
Jenkins, Willaford, 48
Jenkins, William, 87
Jenkins, William, 177
Jenkins, William, 277
Jenkinson, William, 208

Jenkinson, William, 353
Jennings, Clement, 224
Jennings, Isaac, 362
Jennings, Israel, 216
Jennings, James, 212
Jennings, William, 59
Jerrel, Carpel, 316
Jerrel, Whitfield, 370
Jerrell, Whitefield, 227
Jervis, Parker, 99
Jesse, Turner T., 40
Jessup, Samuel B., 25
Jessup, William, 232
Jest, Joshua, 22
Jeter, Henry, 111
Jett, Samuel, 97
Jett, Stephen, 150
Jett, Thomas, 97
Jewel, Barton, 199
Jewel, Jesse, 355
Jewel, Peter, 319
Jewell, Ewell, 245
Jewell, Ewell, 270
Jewell, James, 270
Jewell, Patrick, 10
Jewet, Matthew, 253
Jewett, John, 355
Jimerson, Daniel C., 114
Jimerson, David, 111
Jimerson, John, 111
Jimerson, John, 114
Jimerson, William, 111
Jinson, Joseph, 353
Job, Andrew, 301
Job, John, 160
Jobe, William, 162
Joel, _____, 343
John Glover, 98
John, Abel, 95
John, Armstrong, 109
John, David, 95
John, James, 13
John, Samuel, 82
John, William, 217
JohnRooney, William, 31
Johns John, 351
Johns, Abraham, 187
Johns, David, 224
Johns, Elisha, 199
Johns, Jacob, 139
Johns, Jacob, 202
Johns, Jacob, 224
Johns, John, 194
Johns, John, 300
Johns, Jonathan, 236
Johns, Jorden, 174
Johns, Thomas, 173
Johns, William, 262

Johns, William C., 269
Johnson, Abel, 270
Johnson, Abel, 353
Johnson, Abraham, 99
Johnson, Andrew, 18
Johnson, Andrew, 194
Johnson, Andrew, 235
Johnson, Anthony, 77
Johnson, Augustus, 74
Johnson, Barnabas, 218
Johnson, Benjamin, 44
Johnson, Benjamin, 91
Johnson, Benjamin, 213
Johnson, Benjamin B., 32
Johnson, Bryant, 162
Johnson, Cornelius, 370
Johnson, Daniel, 186
Johnson, David, 90
Johnson, David, 212
Johnson, David, 218
Johnson, David, 219
Johnson, David, 273
Johnson, David, 294
Johnson, Edward, 72
Johnson, Edward, 236
Johnson, Eliazer, 273
Johnson, Elijah, 39
Johnson, Elijah, 265
Johnson, Ezekiel, 342
Johnson, Fergus, 257
Johnson, Francis, 200
Johnson, Garret, 152
Johnson, George, 222
Johnson, George, 273
Johnson, George, 358
Johnson, Gersham, 26
Johnson, Henry, 236
Johnson, Henry, 320
Johnson, Hiram, 320
Johnson, Holeman, 227
Johnson, Isaac, 48
Johnson, Isaac, 103
Johnson, Isaac, 227
Johnson, Isaac, 229
Johnson, Isaiah, 166
Johnson, Jacob, 72
Johnson, James, 4
Johnson, James, 17
Johnson, James, 19
Johnson, James, 76
Johnson, James, 91
Johnson, James, 106
Johnson, James, 107
Johnson, James, 123
Johnson, James, 186
Johnson, James, 215
Johnson, James, 220
Johnson, James, 220

Johnson, James, 227
Johnson, James, 236
Johnson, James, 287
Johnson, James, 297
Johnson, James, 319
Johnson, James, 343
Johnson, Jesse, 219
Johnson, Joel, 236
Johnson, John, 2
Johnson, John, 47
Johnson, John, 48
Johnson, John, 80
Johnson, John, 102
Johnson, John, 107
Johnson, John, 111
Johnson, John, 219
Johnson, John, 226
Johnson, John, 247
Johnson, John, 257
Johnson, John, 277
Johnson, John, 321
Johnson, John, 350
Johnson, John, 367
Johnson, John G., 120
Johnson, John I., 235
Johnson, John K., 151
Johnson, Jonathan, 105
Johnson, Jones, 247
Johnson, Joseph, 304
Johnson, Joseph, 362
Johnson, Joshua, 357
Johnson, Larkin, 353
Johnson, Lewey, 238
Johnson, Luke, 294
Johnson, Luther, 274
Johnson, M. M., 19
Johnson, Major M., 227
Johnson, Mark, 187
Johnson, Mark, 86
Johnson, Mason, 90
Johnson, Matthew, 192
Johnson, Mitchell, 266
Johnson, Nathan, 276
Johnson, Nelson, 88
Johnson, Nelson, 208
Johnson, Peter, 321
Johnson, Philip, 169
Johnson, Richard, 129
Johnson, Richard, 247
Johnson, Richard, 276
Johnson, Richard M., 220
Johnson, Robert, 102
Johnson, Robert, 274
Johnson, Robert M., 258
Johnson, Samuel, 9
Johnson, Samuel, 353
Johnson, Samuel M., 152
Johnson, Silas, 99

Johnson, Silas, 102
Johnson, Silas, 120
Johnson, Silas, 250
Johnson, Thomas, 164
Johnson, Thomas, 170
Johnson, Thomas, 183
Johnson, Thomas, 194
Johnson, Thomas, 301
Johnson, Vincent, 180
Johnson, Washington, 321
Johnson, William, 89
Johnson, William, 90
Johnson, William, 91
Johnson, William, 203
Johnson, William, 212
Johnson, William, 236
Johnson, William, 257
Johnson, William, 299
Johnson, William, 339
Johnson, William, 339
Johnson, William B., 151
Johnston Jacob, 97
Johnston, Abraham, 337
Johnston, Absalom, 176
Johnston, Alexander, 37
Johnston, Arthur, 20
Johnston, Benjamin, 57
Johnston, Benjamin B., 160
Johnston, Clement, 147
Johnston, David, 37
Johnston, David, 316
Johnston, George, 357
Johnston, George T., 33
Johnston, George W., 16
Johnston, Hezekiah, 346
Johnston, Jacob, 14
Johnston, James, 37
Johnston, James, 65
Johnston, James, 79
Johnston, James, 95
Johnston, James, 245
Johnston, James M., 109
Johnston, Jesse, 334
Johnston, John, 55
Johnston, John, 201
Johnston, John, 202
Johnston, Joseph, 202
Johnston, Joseph, 264
Johnston, Joseph, 291
Johnston, Joseph, 315
Johnston, Joseph, 358
Johnston, Joshua, 116
Johnston, Lancelot, 160
Johnston, Peter, 337
Johnston, Philip, 35
Johnston, Richard, 65
Johnston, Richard, 100
Johnston, Robert, 202

INDEX 441

Johnston, Robert M., 145
Johnston, Samuel, 94
Johnston, Samuel, 346
Johnston, Thomas, 35
Johnston, Thomas, 147
Johnston, Thomas, 164
Johnston, Thomas, 169
Johnston, Thomas, 306
Johnston, William, 29
Johnston, William, 71
Johnston, William, 118
Johnston, William, 190
Johnston, William, 285
Johnston, William, 291
Johnston, William, 340
Johnston, William, 348
Johnston, William, 361
Johnston, William B., 179
Johnston, William S., 307
Johnston, Younger, 333
Jolas, Samuel, 224
Joles, Richard, 351
Joliff, Abner, 256
Joliff, Richard, 256
Jolly, John, 41
Jolly, John, 47
Jolly, John, 323
Jolly, Nelson, 253
Jolly, Samuel, 254
Jones Isaac, 132
Jones William O., 311
Jones, Abraham, 337
Jones, Adam, 173
Jones, Alban, 154
Jones, Ambrose, 25
Jones, Ambrose, 191
Jones, Aquilla, 51
Jones, Armstead, 186
Jones, Ashby, 280
Jones, Benjamin, 74
Jones, Benjamin, 308
Jones, Benjamin, 343
Jones, Berry, 202
Jones, Chas., 2
Jones, Cully, 25
Jones, Daniel, 57
Jones, Daniel, 370
Jones, David, 151
Jones, David, 176
Jones, Downes, 3
Jones, Ebner, 226
Jones, Edward, 13
Jones, Edward, 57
Jones, Edward, 126
Jones, Edward W., 262
Jones, Fielding, 181
Jones, Fleming, 81
Jones, Francis, 81

Jones, Gabriel, 144
Jones, Garden, 212
Jones, Garland, 68
Jones, Gaster, 190
Jones, Gaton, 89
Jones, George, 258
Jones, George, 370
Jones, Hamilton, 301
Jones, Hamilton, 302
Jones, Hampton, 5
Jones, Harry, 23
Jones, Harwell, 115
Jones, Hillery, 106
Jones, Isaac, 224
Jones, Isaac, 270
Jones, Isaac, 324
Jones, Isaac, Jr., 25
Jones, Isaac, Sr., 25
Jones, James, 68
Jones, James, 74
Jones, James, 89
Jones, James, 90
Jones, James, 94
Jones, James, 97
Jones, James, 107
Jones, James, 145
Jones, James, 154
Jones, James, 179
Jones, James, 182
Jones, James, 193
Jones, James, 195
Jones, James, 207
Jones, James, 209
Jones, James, 211
Jones, James, 247
Jones, James, 334
Jones, James T., 245
Jones, Jesse, 4
Jones, Jesse, 102
Jones, Jesse, 133
Jones, Jesse, 234
Jones, John, 51
Jones, John, 82
Jones, John, 87
Jones, John, 113
Jones, John, 129
Jones, John, 161
Jones, John, 213
Jones, John, 218
Jones, John, 291
Jones, John, 299
Jones, John W., 167
Jones, John W., 264
Jones, John, Jr., 229
Jones, John, Sr., 229
Jones, Jonathan, 61
Jones, Jonathan, 330
Jones, Joseph, 291

Jones, Joseph, 308
Jones, Julius, 44
Jones, Lemuel, 303
Jones, Levi, 1
Jones, Levi, 101
Jones, Levi, 192
Jones, Levy, 88
Jones, Lewis, 56
Jones, Lewis, 83
Jones, Lewis, 211
Jones, Marshal, 140
Jones, Matthew, 196
Jones, Morgan, 55
Jones, Moses, 302
Jones, Mosias, 192
Jones, Nelson R., 188
Jones, Nelson R., 197
Jones, Nelson R., 207
Jones, Newton, 357
Jones, Newton, 358
Jones, Newton C., 148
Jones, Peter, 23
Jones, Philip, 115
Jones, Philip, 303
Jones, Prior, 43
Jones, Randell, 357
Jones, Randle, 358
Jones, Read, 70
Jones, Richard, 199
Jones, Richard, 232
Jones, Richard, 244
Jones, Richard, 362
Jones, Robert, 67
Jones, Robert, 152
Jones, Robert, 166
Jones, Robert, 361
Jones, Robert P., 176
Jones, Rodham, 305
Jones, Sampson, 261
Jones, Samuel, 54
Jones, Samuel D., 26
Jones, Stephen, 35
Jones, Stephen, 170
Jones, Stephen, 330
Jones, Tholeson, 226
Jones, Thomas, 20
Jones, Thomas, 23
Jones, Thomas, 42
Jones, Thomas, 195
Jones, Thomas, 221
Jones, Thomas, 232
Jones, Thomas, 292
Jones, Thomas, 301
Jones, Thomas, 317
Jones, Thomas, 317
Jones, Thomas, 334
Jones, Thomas B., 2
Jones, Thomas G., 25

INDEX

Jones, Thomas, Jr., 94
Jones, Thomas, Jr., 130
Jones, Thornton, 286
Jones, Wiley, 114
Jones, William, 46
Jones, William, 53
Jones, William, 59
Jones, William, 70
Jones, William, 74
Jones, William, 126
Jones, William, 139
Jones, William, 176
Jones, William, 178
Jones, William, 202
Jones, William, 226
Jones, William, 232
Jones, William, 246
Jones, William, 259
Jones, William, 285
Jones, William, 294
Jones, William, 311
Jones, William, 311
Jones, William, 315
Jones, William, 317
Jones, William, 330
Jones, William, 348
Jones, William L., 147
Jones, Willis, 102
Jordan, Garnet, Jr., 75
Jordan, Gasnet, 75
Jordan, James, 303
Jordan, James M., 337
Jordan, John, 234
Jordan, John M., 285
Jordan, Peter, 75
Jordan, William, 86
Jordan, William, 360
Jordan, Yarret, 310
Jordon, John, 75
Jordon, John, 209
Jordon, John, 309
Jorris, John, 357
Joseph, Bigger B., 40
Joseph, Levi, 226
Joseph, Reding, 123
Joshua, ___, 67
Jourdan, Benjamin, 337
Jourdan, Dennis B. M., 356
Jourdan, James, 334
Jourdan, William, 348
Joy, Curtis, 227
Joyes, Thomas, 299
Jrick, Andrew, 311
Judd, James, 99
Judy, David, 126
Judy, John, 245
Julioch, Joseph, 316
Jump, John, 29

Jump, Joseph, 106
Jump, Valentine, 106
Jurinall, Jacob, 130
Juster, Samuel, 319
Justice, Izra, 218
Justice, Jesse, 88
Justice, Jesse, 208
Justice, John, 54
Justice, Paton, 218
Justice, Thomas L.M., 222
Kaas (or Keas), Wm. C., 309
Kain, John, 246
Kalfers, Jacob, 301
Kame, William, 14
Kane, George W., 34
Kanns, John C., 359
Karr, Samuel, 341
Kaska, John, 218
Kasnor, John, 207
Kavanaugh, Archibald, 262
Kavanaugh, Charles, 180
Kavanaugh, Charles, 262
Kavanaugh, William, 184
Kavanhaugh, Nicholas, 262
Kavanhaugh, William, 262
Kaw, William, 351
Kay, James, 164
Kay, John, 109
Kearns, Jacob, 353
Kearns, James, 353
Kearns, Richard, 351
Kearr, William, 365
Keatch, Ovid, 275
Keath, George, 29
Keath, Loyd, 324
Keathley, James, 339
Keaton, Peter, 357
Keel, Asa, 243
Keele, Solomon, 152
Keelen, John, 348
Keely, Samuel, 185
Keen, Greenup, 34
Keen, John, 205
Keene, John, 236
Keene, John, 319
Keene, Pollard, 108
Keene, Richard, 265
Keene, Samuel, 265
Keene, William, 265
Keeth, Jacob, 321
Keeth, Jesse, 12
Keeth, Jesse, 290
Keeting, Hiram, 350
Keir, Armstrong, 190
Keith, Benjamin, 53
Keith, Benjamin, 172
Keith, Jacob, 300
Keith, James, 308

Keith, John, 252
Keith, Jonathan, 53
Keith, Philip, 315
Keith, Richard, 29
Keith, Samuel, 360
Keith, William, 53
Keith, William, 131
Keith, William, 315
Kel, Mosef, 226
Kelbreath, Evans, 96
Kell, James, 6
Kell, Robert, 6
Kellan, Robert, 350
Kellem, Charles, 364
Keller, Abner, 13
Keller, Abraham, 29
Keller, Conrad, 335
Keller, Daniel, 311
Keller, Frederick, 172
Keller, Samuel, 13
Keller, William, 12
Kelley, Amos, 226
Kelley, Henry, 227
Kelley, James, 43
Kelley, James, 113
Kelley, John, 10
Kelley, John, 162
Kelley, Samuel, 162
Kelley, Solomon, 350
Kelley, Thomas, 172
Kelley, William, 10
Kellison, Robert, 64
Kellison, William, 191
Kellum, William, 146
Kelly, Anthony, 316
Kelly, Bealle, 59
Kelly, Beal, 54
Kelly, Benjamin, 303
Kelly, Christopher, 299
Kelly, Daniel, 52
Kelly, Daniel, 226
Kelly, Daniel, 236
Kelly, Edward, 290
Kelly, Elijah, 56
Kelly, Elijah, 59
Kelly, George, 71
Kelly, George W., 303
Kelly, Henry, 136
Kelly, James, 226
Kelly, John, 46
Kelly, John, 70
Kelly, John, 226
Kelly, John, 304
Kelly, John, 330
Kelly, Joseph, 113
Kelly, Joseph, 157
Kelly, Joseph, 234
Kelly, Joseph, 360

INDEX

Kelly, Joshua, 310
Kelly, Robert, 87
Kelly, Robert, 370
Kelly, Robert E., 109
Kelly, Samuel, 21
Kelly, Samuel, 113
Kelly, Samuel, 221
Kelly, Samuel, 303
Kelly, Stephen, 362
Kelly, Thomas, 316
Kelly, Thomas, 325
Kelly, William, 82
Kelly, William, 117
Kelly, William, 232
Kelpas, Simon, 13
Kelsey, David, 276
Kelso, Andrew, 36
Kelso, Elijah, 27
Kelsoe, John G., 125
Kelsoe, Joseph, 354
Kemp, Benjamin, 328
Kemp, Charles, 29
Kemp, Edward, 97
Kemp, Marshal, 145
Kemp, Peter, 97
Kemp, Robert, 311
Kemp, William, 262
Kemper, Henry, 244
Kemper, Joshua, 244
Kemps, John, 336
Kenady, William, 248
Kenady, William, 279
Kenan, James, 351
Kenard, James, 136
Kenard, William, 323
Kencer, John, 243
Kendal, Enoch, 185
Kendal, Samuel, 190
Kendall, Bailey, 10
Kendall, Samuel, 89
Kendall, Thomas I., 302
Kendle, James, 175
Kendred, Bartholomew, 254
Kendrick, John, 209
Kendrick, Joseph, 140
Kendrick, Lewis, 140
Kendrick, Michael, 206
Kendrick, Mitchell, 89
Kendricks, Benjamin, 265
Kenedy, David, 6
Kenedy, David, 326
Kenedy, Edward, 2
Kenedy, Eli, 316
Kenedy, George F., 283
Kenedy, James, 6
Kenedy, James, 61
Kenedy, Joseph, 323
Kenedy, Neil, 284

Kenedy, Robert, 61
Kenerly, John W., 174
Keniday, John, 292
Kennady, Samuel, 12
Kennady, William, 111
Kenneda, Edmund, 186
Kennedy, Alexander, 272
Kennedy, Andrew, 67
Kennedy, David, 244
Kennedy, Elijah, 168
Kennedy, James, 44
Kennedy, James, 73
Kennedy, James, 243
Kennedy, Jesse, 92
Kennedy, Jesse, 139
Kennedy, Jesse, 168
Kennedy, John, 66
Kennedy, John, 139
Kennedy, John, 243
Kennedy, John, 251
Kennedy, John, 262
Kennedy, Joseph, 66
Kennedy, Joseph, 251
Kennedy, Joseph, 313
Kennedy, Mathew, 251
Kennedy, Richard, 81
Kennedy, Richard, 202
Kennedy, Samuel, 149
Kennedy, Samuel, 219
Kennedy, Thomas, 18
Kennedy, Thomas, 95
Kennedy, Thomas, 141
Kennedy, Thomas, 148
Kennedy, Thomas, 212
Kennedy, Thomas, 244
Kennedy, Washington, 93
Kennedy, William, 44
Kennedy, William, 148
Kennedy, William, Jr., 44
Kennel, Casper, 353
Kenner, Rodhan, 320
Kennett, Daniel, 252
Kenney, Alexander R., 229
Kenney, Andrew, 359
Kenney, James, 141
Kenney, Joseph, 126
Kenney, William, 148
Kennick, Benedict I., 308
Kenning, David, 25
Kenning, David, 370
Kennison, Joseph, 21
Kenny, James, 102
Kenny, John, 248
Kenny, William, 291
Kenton, Benjamin, 314
Kenton, Simeon, 17
Kenton, Simon, 33
Kenton, Thomas, 134

Kentons, William, 105
Kepheart, Abraham, 226
Kepheart, Abraham, 226
Kepheart, George, 226
Kepheart, Henry, 350
Kerby, Henry, 194
Kerby, Isaiah, 185
Kerby, James, 85
Kerby, Jesse, 12
Kerby, Jesse, 185
Kerby, John, 362
Kercheval, Berry, 99
Kercheval, John, 86
Kercheval, Lewis C., 99
Kerley, Benjamin D., 4
Kerley, John, 184
Kerley, William, 25
Kermichael, Peter, 12
Kerms, Daniel, 304
Kern, George, 283
Kernan, James, 334
Kernell, John, 43
Kerr, David, 174
Kerr, Henry, 196
Kerr, James, 133
Kerr, James, 365
Kerr, Samuel, 345
Kerr, Thomas, 240
Kerr, Thomas, 241
Kerr, William, 221
Kerrick, James, 264
Kerrill, James, 27
Kertley, Jeremiah, 220
Kertly, Abraham, 51
Kertly, Jeremiah, 18
Kertly, Lewis, 55
Keshner, Jonas, 44
Kesler, Lewis, 92
Kester, Daniel, 37
Ketchum, John, 170
Keth, Isaac, 291
Key, Bennett, 52
Key, Harrison, 270
Key, Payton B., 180
Key, Thomas, 110
Key, William, 52
Key, Zacheus, 370
Keys, William, 323
Keyton, John, 302
Kice, John, 115
Kidd, Clinton, 341
Kidd, Edmond I., 115
Kidd, Richard, 333
Kidder, Samuel, 353
Kidwell, James, 276
Kidwell, John, 192
Kidwell, Nicholas, 312
Kiggin, Thomas, 126

INDEX

Kilbourn, Benjamin, 146
Kilbreath, John, 190
Kile, John, 96
Kile, John, 152
Kiler, William, 194
Kilgore, Anthony, 133
Kilgore, John, 6
Kilgore, Robert, 133
Kilgore, Thomas, 6
Kilgore, Thomas, 275
Killam, Samuel, 306
Killison, Joseph, 150
Kilpatrick, Hugh, 216
Kilpatrick, James, 82
Kilpatrick, John, 82
Kimble, William S., 276
Kimel, Benjamin, 259
Kimes, Henry, 90
Kimes, Henry, 212
Kimmons, John, 331
Kincade, Joseph, 323
Kincade, Matthew, 298
Kincade, William B., 232
Kincaid, Andrew, 214
Kincaid, Charles, 116
Kincaid, James, 125
Kincaid, John, 149
Kincaid, Joseph, 246
Kincaid, William, 107
Kincaid, William, 107
Kincaid, William, 232
Kincart, James, 105
Kincheloe, Elias, 11
Kincheloe, Jesse, 147
Kincheloe, Jesse, 364
Kincheloe, Jesse, 365
Kincheloe, John, 56
Kincheloe, John, 364
Kincheloe, Joseph, 56
Kincheloe, Lewis, 179
Kincheloe, Lewis, 181
Kincheloe, Stephen, 147
Kincheloe, Thomas, 363
Kindall, John, 226
Kindall, Reason, 226
Kinder, George, 28
Kinder, Jacob, 28
Kindle, Lewis, 209
Kindman, William, 71
Kindor, Peter, 300
Kindor, Peter, 302
Kindred, Bartholomew, 119
Kindred, Edward, 112
Kindred, Mastin, 246
Kindred, William, 81
Kindred, William, 200
Kindrie, Benjamin, 103
Kines, William, 272

Kiney, William, 71
King, Abraham, 272
King, Aquila, 7
King, Armstead, 89
King, Armstead, 190
King, Armstead, 209
King, Charles, 330
King, Daniel, 49
King, Daniel, 49
King, David, 192
King, David, 230
King, David, 330
King, Edmund, 56
King, George, 64
King, Gideon, 33
King, Gideon, 270
King, Henry, 114
King, Henry, 204
King, Jacob, 357
King, James, 101
King, James, 106
King, James, 126
King, James, 342
King, Joel, 200
King, John, 34
King, John, 37
King, John, 152
King, John, 212
King, John, 241
King, John, 300
King, John, 334
King, John, 348
King, John A., 350
King, John B., 174
King, John B., 40
King, John E., 155
King, Johnson, 7
King, Martin, 358
King, Nelson, 200
King, Nicholas, 7
King, Nicholas, 276
King, Richard, 272
King, Robert, 241
King, Rufus, 194
King, Samuel, 212
King, Solomon D., 106
King, Thomas, 151
King, Thomas, 294
King, Thomas, 334
King, Thomas B., 317
King, Thomas W., 109
King, Thomas, Jr., 334
King, Will, 325
King, William, 37
King, William, 89
King, William, 155
King, William, 190
King, William, 210

King, William, 270
King, William, 347
King, Willis, 175
Kingery Joseph, 52
Kinkead, Andrew, 91
Kinkead, Charles, 269
Kinkead, John, 317
Kinkead, Joseph, 262
Kinman, David, 210
Kinnan, Joseph, 329
Kinnet, John, 8
Kinney, Benjamin, 110
Kinney, William, 193
Kinney, William, 207
Kinsey, William, 314
Kinslow, Reuben, 261
Kiper, Jacob, 144
Kipheart, Philip, 305
Kiplinger, Philip, 140
Kirby, Isaiah, 275
Kirby, James, 216
Kirby, Jesse, 54
Kirby, John, 121
Kirby, John, 274
Kirby, Leonard, 54
Kirby, Leonard, 274
Kirby, Samuel, 54
Kirby, Samuel, 54
Kirby, Terence, 274
Kirby, Terrant, 54
Kirby, Zachariah, 110
Kirby, Zachariah, 273
Kircheval, John, 187
Kircheval, Thomas, 174
Kirk, Edward, 250
Kirk, Elijah, 88
Kirk, Elijah, 208
Kirk, Elijah, 370
Kirk, James, 129
Kirk, James, 298
Kirk, John, 43
Kirk, John, 355
Kirk, Michael, 334
Kirk, Nathaniel, 17
Kirk, Thomas, 212
Kirk, Thornberry, 317
Kirk, William, 304
Kirke, Selerin, 304
Kirkham, Joseph, 286
Kirkindal, Henry, 305
Kirkland, Shadrick, 44
Kirkland, Shadrick, 47
Kirkpatrick, Hugh, 85
Kirkpatrick, Hugh, 183
Kirkpatrick, James, 243
Kirkpatrick, James, 286
Kirkpatrick, James, 351
Kirkpatrick, john, 353

INDEX

Kirkpatrick, John M., 326
Kirkpatrick, Joseph, 12
Kirkpatrick, Joseph, 364
Kirkpatrick, Moses, 12
Kirkpatrick, Moses, 159
Kirkpatrick, Moses, 162
Kirkpatrick, William, 170
Kirkwood, Hugh, 146
Kirley, Francis, 339
Kirtley, Abraham, 177
Kirtley, James, 140
Kirtley, John, 187
Kirtley, Robert, 108
Kirtley, William, 222
Kirtley, William, 238
Kivling, William, 131
Kizer, John, 140
Kizzie, Benjamin, 319
Kline, Balthayen, 329
Kline, Jacob, 316
Klinesmith, Edward, 152
Knaggs, James, 238
Knapp, Charles, 298
Knau, George, 115
Knell, George, 76
Knew, George W., 203
Knight, Andrew, 133
Knight, Aquilla, 348
Knight, George B., 64
Knight, John, 301
Knight, Joseph W., 167
Knight, Moore C., 328
Knight, Moore C., 333
Knoles, William, 216
Knott, Henry, 10
Knott, Henry, 288
Knott, Jeremiah, 297
Know, Samuel, 106
Knowles, William, 84
Knox, Enoch, 90
Knox, Enoch, 212
Knox, George C., 286
Knox, John M., 324
Knox, Robert, 312
Knox, Stokeley, 40
Knox, William, 152
Kogan, William, 292
Kokenouse, Christopher, 72
Kokindaffer, Adam, 232
Koons, John, 33
Kouns, Jacob, 99
Kouns, Jacob, 135
Kown, Andrew, 284
Kown, James, 57
Kown, Nathan, 276
Kown, Thomas, 57
Kown, William, 276
Krickbaum, John, 112

Krout, Michael, 370
Krutzer, Andrew, 216
Kuetzer, John, 314
Kurby, Turrant, 362
Kurts (or Curts), Christian, 327
Kurtz (or Curts), Christian, 327
Kushing, William, 47
Kuykendall, Allen, 284
Kuykendall, Mark, 284
Kylander, Mat, 216
Kyle, Thomas, 141
Labonte, Anthony, 350
Labrook, Joseph, 238
Lacefield, John, 57
Lacey, Edward, 4
Lacey, George, 281
Lacey, Henry, 78
Lacey, James, 43
Lacey, Jeremiah, 362
Lacey, John, 266
Lacey, Joshua, 4
Lacey, Joshua, 43
Lacey, Walter, 92
Lack, Andrew, 8
Lackey, Gabriel, 151
Lackey, Gabriel, 241
Lackey, James, 156
Lackey, John, 126
Lacklin, Fielding, 113
Lacrouse, Joseph, 333
Lacy, John C., 315
Lacy, Levi, 222
Lacy, Stephen, 103
Lad, Elijah, 367
Ladd, Benj., 2
Ladd, Jacob C., 267
Laferty, Bales, 310
Lafferey, George, 358
Lafferty, James, 232
Lafferty, James, 319
Lafon, William, 204
Lafountain, Antwain, 238
Lain, Thomas, 7
Lair, John, 190
Lair, Mathias, 322
Lair, William, 142
Lake, Adam, 109
Lake, Peter, 265
Lallor, Robert, 264
Lamar, James, 136
Lamar, William, 136
Lamaster, Westly, 365
Lamaster, Zachariah, 365
Lamasters, Simeon, 323
Lamb, Bazel, 19
Lamb, James, 150

Lamb, James, 180
Lamb, James, 310
Lamb, John, 42
Lamb, John, 77
Lamb, John, 94
Lamb, John, 234
Lamb, John, 257
Lamb, John, 259
Lamb, Pendleton, 68
Lamb, Pendleton, 180
Lamb, Samuel, 181
Lamb, Solomon, 352
Lamb, Thomas, 68
Lamb, Thomas, 180
Lamb, William, 279
Lambert, Abraham, 219
Lambert, Andrew, 266
Lambert, Cornelius, 345
Lambert, Corn'l, 341
Lambert, David, 295
Lambert, Evan, 173
Lambert, Evans, 6
Lambert, Henry, 292
Lambert, Jeremiah, 348
Lambert, Joel, 275
Lambert, Moses, 28
Lambert, Reuben, 81
Lambert, Reuben, 203
Lambert, William, 173
Lambert, William, 275
Lamml, William, 223
Lampkin, Daniel, 122
Lampton, Jesse, 281
Lampton, William, 228
Lampton, William, 229
Lampton, William, 231
Lampton, William, 293
Lana, Henry, 111
Lanam, James, 291
Lancaster, Delaney, 184
Lancaster, Henry, 282
Lancaster, Henry, 312
Lancaster, John, 272
Lancaster, Joseph B., 312
Lancaster, Larkee, 184
Lancaster, Littleton, 184
Lancaster, Mallory, 38
Lancaster, Mallory, 137
Lancaster, Raphael, 8
Lancaster, William, 88
Lancaster, William, 146
Lancaster, William, 208
Lancaster, William, 366
Lance, Thomas J., 199
Land, James, 200
Land, Lewis, 284
Land, Moses, 284
Landefer, Jno, 6

INDEX

Landen, William, 245
Lander, Henry, 129
Lander, John, 129
Landers, Bolen, 91
Landers, Jacob, 166
Landers, James, 116
Landers, James, 297
Landers, John, 333
Landers, Rowland, 214
Landon, Daniel, 238
Landon, Edmund, 337
Landrum, Burrell, 187
Landrum, Burrill, 86
Landrum, Reuben, 265
Lane, Benjamin, 288
Lane, Elijah, 22
Lane, Elkana, 351
Lane, G., 197
Lane, Garland, 270
Lane, Hasten, 215
Lane, Joel, 129
Lane, John, 33
Lane, John, 39
Lane, John, 85
Lane, John, 217
Lane, John, 323
Lane, John, 348
Lane, John S., 266
Lane, Lewis, 178
Lane, Mordecai, 117
Lane, Moses, 10
Laner, Reuben, 224
Laney, John, 331
Lang, William, 329
Langdon, Augustia, 78
Langdon, Joseph, 191
Langdon, Thomas, 309
Langford, Robert, 69
Langford, Stephen, 69
Langford, Thomas, 60
Langley, Charles, 147
Langley, James, 181
Langley, James, 282
Langley, Jno. W., 1
Langley, John W., 181
Langley, John W., 267
Langley, Nathaniel, 147
Langley, Thomas, 328
Langley, Thomas, 339
Langley, William, 99
Langmore, Maurice, 29
Langsbury, John, 118
Langsdon, Charles, 144
Langsford, Solomon, 329
Langsley, John, 300
Langston, James, 74
Lanham, Green, 262
Lanham, Pleasant, 148

Lanham, William, 297
Lanket, Henry, 273
Lankford, Garrard, 157
Lankford, John, 331
Lankford, Robert, 121
Lankford, Thomas, 149
Lannom, Lewis, 295
Lannom, Samuel, 295
Lanore, Tilmon, 52
Lanswell, Henry, 318
Lanter, Archibald, 129
Lanter, Archibald, 266
Lanter, Benjamin, 308
Lanter, Larkin, 308
Lanter, Thomas T., 308
Lanter, Wyatt, 196
Lanterman, Peter, 317
Lanton, James, 222
Lapam, Newel, 343
Lapruel, Jasper, 336
Lapsley, John, 230
Lapsley, Samuel, 59
Lapsley, Samuel, 66
Lapsley, William, 231
Larange, Antwain, 238
Larcher, Joseph, 154
Lard, Hezekiah, 277
Lard, Mitchell, 95
Laremore, Hugh G., 94
Lark, John, 337
Larkin, Rogers, 222
Larkins, Joseph, 284
Larsh, Charles, 95
Larton, Joel, 150
Laruton, John, 269
Lary, John, 245
Lary, Joseph, 93
Lascock, John G., 56
Lascock, Thomas G., 56
Lash, Isaac, 219
Lash, James, 52
Lashan, Hezekiah, 331
Lashbrook, Samuel, 9
Lashbrook, Samuel, 299
Lashbrook, Stephen, 179
Lashbrook, Thomas, 304
Lasher, Jacob, 351
Lassiter, John, 362
Laswell, William, 176
Later, James, 232
Latham, James, 229
Latham, Philip, 46
Latham, Robert, 38
Latham, Samuel, 314
Latta, Alexander, 30
Latta, John, 203
Lattey, Mathew, 302
Laud, Isaac, 10

Laudaum, Nathaniel, 60
Lauderman, Abraham, 11
Laughlan, John, 66
Laughlin, John D., 158
Laughlin, John S., 157
Laughlin, Thomas, 153
Laughlin, Thomas, 157
Laughlin, William, 246
Laughlin, William, 278
Laughter, Charles, 227
Lausby, James, 251
Lavinder, John, 290
Law, David, 331
Law, Samuel, 279
Law, Thomas, 106
Law, Thomas, 231
Law, Thomas, 367
Lawles, Lewis W., 139
Lawles, Theophilus, 91
Lawless, Edward, 76
Lawless, Mastic, 243
Lawless, Theophilus, 214
Lawman, Noah, 355
Lawny, John, 253
Lawrence, Harper, 176
Lawrence, Hugh, 290
Lawrence, James, 101
Lawrence, James H., 276
Lawrence, Jesse, 64
Lawrence, John, 115
Lawrence, John, 128
Lawrence, Robert, 77
Lawrence, Thomas, 182
Lawrence, Willaim T., 327
Lawrence, William, 11
Lawrence, William, 262
Laws, Jeremiah, 243
Laws, Pompy, 224
Laws, Robert, 362
Laws, William, 232
Lawson, Aaron, 191
Lawson, Berry, 295
Lawson, Chester, 295
Lawson, David, 195
Lawson, James, 234
Lawson, James, 323
Lawson, Joseph, 323
Lawson, Joshua, 234
Lawson, William, 76
Lawson, William, 145
Lay, Charles, 322
Lay, Elijah, 207
Lay, Elijah, 262
Lay, Silvester, 34
Lay, Stephen, 272
Layne, William, 194
Layrers, John, 70
Laytin, James, 239

INDEX

Layton, David, 67
Layton, Robert, 105
Layton, William, 67
Lazor, John, 350
Le non, Elisha, 52
Lea, John, 292
Leach, Edward, 191
Leach, Henry, 303
Leach, Josiah, 335
Leach, Matthew, 231
Leach, William, 46
Leak, Raphael, 71
Leaper, Andrew, 130
Leaper, James, 130
Lear, Abraham, 90
Lear, Abraham, 212
Lear, Henry T., 67
Lear, John, 89
Lear, John, 210
Lear, William B., 93
Leathers, Benjamin, 18
Leathers, John, 141
Leathers, Peter, 122
Leaton, John, 317
Leber, James, 258
Lecompt, Isaac, 249
Ledford, John, 213
Ledford, William, 73
Ledmester, Plesant, 72
Lee, Abraham, 241
Lee, Achilles, 197
Lee, Achilles, 206
Lee, Adams, 94
Lee, Charles, 358
Lee, Daniel, 133
Lee, Edward S., 95
Lee, Ellis, 30
Lee, Francis, 241
Lee, Francis, 294
Lee, Gesshong, 311
Lee, Gressan, 66
Lee, John, 264
Lee, Joseph P., 294
Lee, Joshua, 145
Lee, Joshua, Jr., 252
Lee, Mathias, 275
Lee, Noah, 81
Lee, Noah, 201
Lee, Robert, 104
Lee, Samuel, 259
Lee, Stephen, 247
Lee, Thomas, 174
Lee, Thomas, 241
Lee, Thomas, 346
Lee, Thomas B., 171
Lee, Washington, 40
Lee, Westley, 55
Lee, William, 40

Lee, William, 94
Lee, William, 104
Lee, William, 144
Lee, William, 166
Lee, William, 258
Lee, William, 316
Lee, William F., 241
Lee, Zachariah, 27
Lee, Zachariah, 146
Leece, Samuel, 283
Leech, Abner, 279
Leech, John, 213
Leech, Zadock, 279
Leek, Anthony M., 99
Leeper, Andrew, 63
Leeper, Andrew, 230
Leeper, Andrew, 370
Leeper, George, 231
Leeper, John, 52
Leeper, Robert, 51
Leeper, Robert, 96
Leet, Joseph, 257
Lefever, David, 154
Lefler, Christopher, 358
Lefler, John, 288
Leforce, George, 186
Leforce, Robertson, 28
Leforgy, Airs, 128
Leforgy, Lewis, 128
Legabeck, Saint, 29
Legan, John, 161
Legate, Elijah, 48
Legate, Michael, 39
Legg, George, 167
Legg, Samuel, 146
Legg, William, 231
Leggett, Baker, 357
Leggett, James, 57
Leggett, John, 245
Leggett, John, 298
Leggett, William, 301
Leif, John, 352
Leigh, Henry, 167
Leiner, Jacob, 28
Leiper, Samuel, 96
Leister, David, 43
Leisure, Hezekiah, 350
Lelland, John, 75
Leman, Samuel, 128
Lemaster, James W., 249
Lemaster, Zachariah, 161
Lemasters, John, 343
Lemaston, Ewin, 305
Leming, Benjamin, 346
Lemmon, John, 323
Lemmon, John W., 224
Lemmon, Joseph, 34
Lemmon, William, 123

Lemmon, William, 124
Lemmon, William, 322
Lemmons, John, 166
Lemmons, Rudie, 166
Lemon, Alexander, 103
Lemon, James, 115
Lemon, James, 169
Lemon, John, 104
Lemon, John, 123
Lemon, John, 238
Lemon, John, 370
Lemon, Stacy, 52
Lemon, William, 18
Lemon, William, 53
Lemons, Benjamin, 125
Lemons, David, 126
Lemons, Isaac, 281
Lemons, Jacob, 5
Lemons, William, 107
Lemons, William, 361
Len, Allen, 44
Lender, Abraham, 306
Lender, Nathaniel, 12
Lenier, Reuben, 273
Lenn James, 292
Lenox, Charles, 309
Lenox, John, 309
Lent, William, 288
Lents, Michael, 334
Leon, Moses, 111
Leonard, Daniel, 333
Leonard, John, 80
Leonard, John, 215
Leper], Alexander, 343
Lepsinger, Jacob, 334
Leresque, William, 339
Lerit, Joseph, 291
Leslie, Joseph, 126
Leslie, Thomas, 357
Lester, Abraham, 73
Lester, Elias, 152
Lester, Robert, 337
Lester, William, 73
Lester, William, 138
Letcher, Benjamin, 244
Letcher, Bob P., 244
Letcher, John, 149
Letcher, Robert P., 248
Letcher, Roland, 149
Letcher, Stephen G., 149
Letcher, Stephen G., 244
Letcher, William, 189
Letterall, John, 273
Letterall, Joseph, 273
Letterall, Thomas, 81
Lettral, Edward, 149
Levatt, Henry, 202
Level, Ezekiel, 217

INDEX

Levell, Edward, 244
Levi, Hugh, 185
Levi, John, 217
Levi, Jonathan, 230
Levy, James, 19
Lewellon, Jabez, 303
Lewis Pryor, Robert, 144
Lewis, Adam, 205
Lewis, Alex, 25
Lewis, Asa K., 199
Lewis, Beaufort, 260
Lewis, Charles, 19
Lewis, Charles, 109
Lewis, Charles, 227
Lewis, Charles, 277
Lewis, Charles, 279
Lewis, Daniel, 120
Lewis, Dar, 25
Lewis, David, 182
Lewis, Each, 80
Lewis, Edward, 362
Lewis, Elijah, 286
Lewis, Fielding, 121
Lewis, Francis, 77
Lewis, George, 337
Lewis, Henderson, 166
Lewis, Henry K., 260
Lewis, Henry R., 186
Lewis, Israel, 123
Lewis, Israel, 264
Lewis, Jaqualine A., 241
Lewis, Jesse, 52
Lewis, John, 75
Lewis, John, 157
Lewis, John, 202
Lewis, John, 231
Lewis, John, 280
Lewis, John, 285
Lewis, John, 336
Lewis, John W., 202
Lewis, Isham, 337
Lewis, Mathew, 62
Lewis, Nathan, 264
Lewis, Peter, 223
Lewis, Peter B., 101
Lewis, Peter B., 127
Lewis, Robert, 101
Lewis, Robert T., 148
Lewis, Robert W., 152
Lewis, Samuel, 60
Lewis, Samuel, 69
Lewis, Samuel, 96
Lewis, Sandford, 160
Lewis, Simeon, 11
Lewis, Thomas, 18
Lewis, Thomas, 204
Lewis, Thomas, 234
Lewis, Thomas, 310

Lewis, Thomas, 355
Lewis, Thomas G., 77
Lewis, Thomas P., 133
Lewis, William, 96
Lewis, William, 97
Lewis, William, 108
Lewis, William, 109
Lewis, William, 143
Lewis, William, 159
Lewis, William, 202
Lewis, William, 234
Lewis, William, 316
Lewis, William, 368
Lewis, William A., 112
Lewis, William M., 310
Lewis, William T., 351
Lewis, Zac, 19
Lewis, Zachariah, 215
Lewis, Zachariah, 311
Lewis, Zachariah B., 33
Lewis, Zachary, 188
Liggins, William, 110
Liggins, William, 124
Liggins, William, 270
Light, Anthony, 360
Lighter, Christian, 29
Lightfoot, Good wich, 267
Lightfoot, Goodrich, 227
Lightfoot, Philip, 208
Lightfoot, Philip, 227
Lightfoot, Robert, 82
Lilares, John, 310
Lile, Vincent, 281
Liles, Daniel, 339
Lillard, Christopher, 227
Lillard, Christopher, 234
Lillard, Christopher, 310
Lillard, David, 233
Lillard, James, 242
Lillard, Mathew, 19
Lillard, Mathew, 227
Lillard, Thomas, 112
Lilly, John, 330
Lilly, Robert, 307
Lilly, Thomas, 265
Limebough, Samuel, 10
Linch, David, 66
Linch, David, 129
Linch, Isaac, 221
Linch, James, 66
Linch, William, 126
Lincoln, Moses J., 155
Lindsay, A. R., 118
Lindsay, Alexander R., 92
Lindsay, Jacob, 268
Lindsay, James, 311
Lindsay, James, 365
Lindsay, William, 104

Lindsey, George W., 332
Lindsey, Henry, 253
Lindsey, Jacob, 93
Lindsey, Jacob, 228
Lindsey, James, 14
Lindsey, James, 147
Lindsey, James, 208
Lindsey, John, 17
Lindsey, John, 94
Lindsey, Joseph, 34
Lindsey, Nevil, 173
Lindsey, Robert, 124
Lindsey, Samuel, 55
Lindsey, Thomas, 90
Lindsey, Thomas, 178
Lindsey, Thomas, 212
Lindsey, William, 124
Lindsey, William, 184
Lineton, Josiah, 192
Liney, Zachariah, 300
Lingenfelter, Daniel, 109
Lingenfelter, Jacob, 210
Lingenfetter, George, 96
Lingfellow, David, 309
Linguard, Noah, 334
Link, Andrew, 76
Link, Christian, 70
Link, Jacob, 29
Linkswiley, George, 39
Linn, James, 317
Linn, Reuben, 367
Linn, Samuel, 73
Linn, Samuel, 195
Linn, William, 99
Linsey, Henry, 280
Linsy, Alford, 367
Linthacum, Thomas, 11
Linthicum, Thomas, 294
Linton, Henry, 147
Linville, James, 219
Linville, James, 306
Lion, Charles P., 150
Lion, James G., 174
Lions, Joseph, 214
Lions, Stephen, 234
Lions, Stephen, Jr., 234
Lipscomb, Richard, 370
Liscomb, Ambrose, 195
Lisk, Andrew, 42
Lisle, James, 268
Lisle, John M., 269
Lisle, Peter, 281
Lisle, Samuel, 116
Lister, Cornelius, 286
Lister, Stephen, 286
Liston, Joseph, 24
Litefoot Gutredy, 162
Liter, Henry, 212

INDEX

Lithell, John, 110
Liton, Hiram, 64
Litterat, Joseph, 124
Little, George, 64
Little, James, 133
Little, John, 34
Little, John, 234
Little, John D., 94
Little, Joseph, 234
Little, Martin, 353
Little, Samuel, 353
Little, Thomas, 77
Little, William, 139
Little, William, 224
Littlejohn, John, 99
Littlepage, Epps, 23
Littlepage, James, 39
Littleton, John, 101
Littleton, John, 348
Littleton, Joseph, 100
Littleton, Robert, 348
Litton, Burton, 76
Litton, Caleb, 87
Littrel, Thomas, 202
Lively, Jacob, 33
Lively, Meredith, 326
Lively, Shadrach, 217
Livingood, George, 211
Livingston, Robert, 4
Livingston, Robert, 292
Lloyd, John, 345
Lloyd, Stephen L., 353
Loan, Joseph, 223
Loar, John, 342
Loch, David, 161
Lock, John, 22
Lock, John, 27
Lock, John D., 165
Lock, Richard, 51
Lock, Samuel, 302
Lock, William, 303
Lock, William F., 229
Lockett, Archibald, 70
Lockett, Samuel, 295
Lockhart, James, 322
Lockhart, James M., 334
Lockhart, John, 44
Lockhart, Joseph, 257
Lockhart, Levi, 286
Lockhart, Levi, 310
Lockhart, Lewis, Jr., 234
Lockhart, Lewis, Sr., 234
Lockhart, Richard, 234
Lockhart, Silas, 205
Lockland, Fielding, 267
Lockman, Charles, 297
Lockman, John B., 297
Locknane, Benjamin, 269

Lockridge, Andrew, 222
Lockridge, James, 107
Lockridge, James, 222
Lockridge, John, 237
Lockridge, John, 248
Lockridge, William, 237
Lockridge, William, 248
Lockwood, Benjamin, 366
Lockwood, Isaac H., 139
Lockwood, Jacob, 87
Lockwood, Jacob, 218
Lodge, Henry, 256
Loe, Absalom, 269
Loe, John, 314
Loeknane, John, 129
Lofland, James, 174
Lofland, William S., 5
Lofland, William S., 173
Lofton, Van, 42
Lofwell, William, 177
Log, Thomas, 146
Logan, Alexander, 253
Logan, Allen, 151
Logan, Allen, 241
Logan, Andrew, 64
Logan, Baty, 241
Logan, Benjamin, 74
Logan, Benjamin, 117
Logan, Benjamin, 150
Logan, Benjamin, 164
Logan, Benjamin, 230
Logan, Benjamin, 241
Logan, Cyrus, 74
Logan, David, 63
Logan, David, 231
Logan, Hugh, 70
Logan, Hugh, 144
Logan, Hugh, 241
Logan, Hugh, 241
Logan, James, 137
Logan, James, 150
Logan, James W., 28
Logan, John, 17
Logan, John, 19
Logan, John, 170
Logan, John, 289
Logan, Joseph, 133
Logan, Joseph, 313
Logan, Matthew, 71
Logan, Michael, 90
Logan, Michael, 212
Logan, Mitchel, 266
Logan, Samuel, 223
Logan, Samuel, 241
Logan, Samuel, 253
Logan, Thomas, 73
Logan, Thomas, 234
Logan, William, 20

Logan, William, 101
Logan, William, 191
Logan, William, Jr, 128
Logan, William, Sr, 128
Logan., Samuel, 17
Logne, Samuel, 351
Logsdon, Hiram, 53
Logsdon, James, 219
Logsdon, James, 303
Logsdon, James, 348
Logsdon, John, 192
Logsdon, John, 278
Logsdon, Joseph, 200
Logsdon, Thomas, 53
Logston, Thomas, 146
Logue Samuel, 342
Loid, William F., 231
Loller, James, 280
Londetwap, Andrew, 343
London, John E., 365
London, Samuel, 345
London, Thomas, 140
London, Thomas, 365
Londreth, David, 41
Long, Abner, 276
Long, Adam, 86
Long, Andrew, 78
Long, Anthony, 207
Long, Charles, 279
Long, Daniel, 104
Long, Edward, 201
Long, Francis S., 58
Long, Gabriel, 235
Long, Henry, 100
Long, Henry, 323
Long, Isaac, 324
Long, James, 66
Long, James, 70
Long, James, 201
Long, James, 236
Long, James B., 121
Long, Jeremiah, 27
Long, Joel, 66
Long, John, 147
Long, John, 154
Long, John M., 3
Long, Joseph, 345
Long, Learing, 207
Long, Mimrod, 58
Long, Nimrod, 13
Long, Nimrod, 176
Long, Philip, 270
Long, Reuben, 58
Long, Robert, 251
Long, Samuel, 211
Long, Solomon, 156
Long, Takley, 62
Long, Thomas, 48

Long, Thomas, 104
Long, Thomas, 264
Long, Thomas, 270
Long, Thomas, 311
Long, William, 34
Long, William, 39
Long, William, 279
Long, William, 337
Long, William, 358
Long, Willis, 120
Long, Zachary, 121
Longbridge, Joseph, 214
Longley, Thomas, 97
Longnecker, Jacob, 324
Lonkart, Joseph, 110
Lonsdale, James, 126
Looney, Dennis, 334
Loper, Levi, 333
Loper, Lewis, 330
Loper, William, 256
Loping, Robert, 351
Lord, Hezekiah, 51
Lorey, John, 256
Lorimer, Joseph, 147
Lorman, Joseph, 311
Lorton, Joseph, 78
Lorton, Robert, 78
Losswell, Joseph, 6
Lotspitch, David, 29
Lott, George, 46
Lott, George, 46
Lott, James, 283
Louder, Joab, 348
Louder, Nathaniel, 105
Loudon, John, 24
Loughlin, Johnson, 274
Lought, John, 346
Louis, Joseph, 91
Loury, John, 103
Louth, Robert, 342
Louther, Henry, 301
Love, Grandville, 366
Love, Granville N., 182
Love, Granville N., 361
Love, James, 43
Love, James, 59
Love, James, 172
Love, James, 182
Love, James, 366
Love, James Y., 79
Love, James Y., 215
Love, John R., 161
Love, John S., 115
Love, Joseph, 94
Love, Lewis, 311
Love, Wade, 310
Love, William, 279
Love, William, 334

Lovelace, Benjamin, 49
Loveless, John, 370
Lovell, George, 330
Lovering, Joseph, 42
Lovett, Jesse, 336
Lovett, Robert S., 346
Low, Barnabus, 185
Low, Barney, 257
Low, Richard, 291
Low, Thomas, 191
Low, Thomas, 289
Low, William, 85
Lowber, Peter, 175
Lowden, Robert, 225
Lowden, Robert, 249
Lowden, Thomas, 135
Lowden, Thomas, 226
Lowe, Absalom, 128
Lowe, Samuel B., 177
Lowe, William, 95
Lowell, Jacob, 298
Lowery, John, 248
Lowery, John, 355
Lowery, Joseph, 243
Lowman, William, 358
Lowry, Andrew, 51
Lowry, Andrew, 345
Lowry, James, 247
Lowry, John, 351
Lowry, Joseph, 309
Lowry, Matthew P., 192
Lowry, Stephen, 206
Lowry, Weat, 176
Lowry, William, 103
Lowry, William, 259
Lowry, William C., 180
Lowry, Wyat, 57
Loyure, Hiat, 351
Lucas, Benedic, 254
Lucas, Ingram, 4
Lucas, Jeremiah, 46
Lucas, John, 257
Lucas, John B., 6
Lucas, Richard, 236
Lucas, Robert, 314
Luce, David, 1
Luckett, Andrew, 63
Luckett, Benjamin, 126
Luckett, Elisha, 366
Luckett, Francis W., 334
Luckett, Hezekiah, 80
Luckett, Hezekiah, 215
Luckett, Samuel U., 21
Luckett, William, 23
Luckett, William, 106
Luckett, William, 139
Luckett, William, 170
Luckett, William, 328

Luckett, William, 334
Luckett, William L., 364
Luckett, William M., 21
Luckett, William M., 22
Luckey, Elisha, 144
Luckey, Elisha, 350
Luckey, William A., 78
Lucky, Elisha, 49
Lucky, John, 49
Ludlow, Stephen, 353
Ludwick, John, 243
Ludwick, John, 296
Luffery, George, 355
Luft, Frederick, 342
Luke, John, 104
Luland, George, 357
Lumpkin, Abraham, 281
Lumsden, Causby D., 44
Lumsden, Cosby, 341
Lunceford, Hiram, 326
Lurton, James, 180
Lusby, John S., 269
Lusher, Jacob, 175
Lusk, George, 4
Lusk, James, 111
Lusk, John, 113
Lusk, John, 244
Lusk, Samuel, 53
Lusk, Silas, 113
Luster, James, 220
Luster, John, 292
Luster, John, 336
Lustin, Richard, 357
Lustre, Thomas, 316
Luttle, David, 324
Luttrell, Thomas, 76
Lycans, Marcus, 316
Lykes, Philip, 316
Lyman, Charles, 106
Lyman, Charles, 355
Lynch, Andrew, 330
Lynch, Campbell, 54
Lynch, Francis, 350
Lynch, John, 61
Lynn, Charles, 280
Lynn, Garham, 1
Lynn, Gasham, 283
Lynn, Henry, 283
Lynn, James, 46
Lynn, James, 155
Lynn, James, 280
Lynn, James, 290
Lynn, John, 86
Lynn, John, Jr., 187
Lynn, William P., 103
Lyon, Abraham, 41
Lyon, Charles, 314
Lyon, Gordon, 370

INDEX

Lyon, Hezekiah, 100
Lyon, James, 40
Lyon, James, 69
Lyon, James, 75
Lyon, John L., 96
Lyon, Noah, 107
Lyon, Samuel, 107
Lyon, Simon M., 58
Lyon, William, 55
Lyon, William, 278
Lyons, Abraham, 342
Lyons, Abraham, 346
Lyons, Charles W., 167
Lyons, Charles W., 297
Lyons, Elijah, 124
Lyons, James, Sr., 138
Lyons, John, 297
Lyons, John, 300
Lyons, John, 309
Lyons, Joseph, 313
Lyons, Stephen, 289
Lytle Robert, 34
Lytle, James, 34
Lytle, John, 194
Lytle, Lewis, 286
M cNicholl, John, 331
M Dupuy, Jeremiah, 161
M Garrard, John, 137
M Hoys, Joseph, 142
M ills, Caleb, 154
M ontgomery, Kenney, 236
M Ruddell, Charles, 89
Mabray, James, 11
Mabury, John, 367
Macdonald, John, 114
Mace, Jobe, 229
Macey, Abraham, 70
Macey, Alexander, 20
Macey, Gustavus S., 168
Mackey, Enos, 21
Mackey, James, 73
Mackey, James, 253
Mackey, John, 168
Mackey, John, 202
Macklin, Henry, 67
Macons, Peter, 283
Macoun, Samuel, 285
Madden, Jeremiah, 357
Maddin, Jeremiah, 130
Maddison, Rowland, 188
Maddox, James, 204
Maddox, John W., 38
Maddox, Joshua, 343
Maddox, Samuel, 261
Madeson, Robert, 18
Madison, George, 117
Madison, Henry, 273
Madison, James, 178

Madison, James, 257
Madison, Larkin, 56
Madison, Robert, 322
Madison, Rowland, 79
Madison, Rowland, 214
Madison, Rowley, 92
Madison, William S., 340
Madox, Shearwood, 221
Maffort, William, 211
Magaffie, James, 358
Magil, Samuel P., 200
Magill, Samuel P., 289
Maginnis, John L., 319
Magness, Joseph, 58
Magnin, Richard, 288
Magoker, John, 222
Magowan, Johnston, 354
Magruder, Hezekiah, 135
Magruder, Nathan, 334
Maguire, John, 348
Mahan, Alexander, 207
Mahan, Francis, 88
Mahan, Frank, 208
Mahan, Isaac, 317
Mahan, William, 169
Mahon, Alexander, 58
Mahon, Alexander, 110
Mahon, John, 77
Mahon, Thomas, 202
Mahon, William, 53
Mahoney, Benjamin, 168
Mahoney, Fielding, 31
Mahoney, James B., 251
Mahoney, John, 266
Mahoney, Lloyd, 267
Mahoney, Robert, 273
Mahoney, William, 297
Mahurime, John, 27
Mains, Jacob, 98
Major, John, 229
Major, John S., 92
Major, Joseph, 228
Major, Oliver, 229
Major, Patrick, 262
Major, Thomas P., 168
Majors, James, 7
Majors, James, 146
Malane, Andrew, 14
Malary, Henry, 233
Malary, Roger, 232
Malary, William, 232
Malin, Thomas, 282
Malky, James, 201
Mallery, Charles, 18
Mallory, Timothy, 93
Mallory, Timothy, 326
Mallott, South, 192
Malon, Bayle B., 46

Malon, Jacob, 288
Malone, Cager, 73
Malone, James, 204
Malone, John, 194
Malone, Samuel F., 277
Malone, William, 295
Maloney, Joseph, 333
Malories, A. Oba, 222
Malories, Oba, 222
Malott, Hiram, 160
Malott, James, 98
Malott, John, 98
Maloy, James, 330
Malts (or Marts), Geo., 322
Malure, William, 342
Malus, John, 7
Man, Clement, 195
Manahan, John, 47
Manance, John, 176
Mane, James, 258
Manes, John, 279
Manford, John, 102
Mangrave, John, 360
Manifee, Gaydon, 186
Maning, Richard, 121
Manksfleld, James, 174
Manley, Armstead, 338
Manley, Cornelius, 277
Manley, David, 355
Manley, James, 107
Manley, William, 107
Manly, David, 323
Mann, Elijah, 141
Mann, Elijah, 325
Mann, Jno., 3
Mann, John, 284
Mann, John, 321
Mann, Peter, 137
Mann, Peter, 211
Mann, Richard, 139
Mann, Robert, 337
Mann, Samuel, 218
Mann, Thomas, 75
Mann, Thomas, 235
Mann, William, 295
Mannahon, John, 43
Manners, James, 152
Mannin, Joseph, 364
Manning, James, 187
Manning, John, 39
Mannon, John, 97
Mannor, Nathan W., 118
Mansfield, John L., 236
Manson, Seamonds, 89
Mansy, Frederick, 262
Manyfield, John, 194
Maple, Arthur, 162
Maple, David, 15

Maple, William, 90
Maple, William, 212
Marands, John, 320
Marby, Micajah, 297
March, Abraham, 247
March, Joseph H., 212
March, Joseph H., 89
Marchfield, James, 338
Marey, John, 355
Margrave, John, 260
Markham, John, 221
Markham, Stephen, 316
Markham, William, 221
Markland, Levi, 247
Markman, Abram, 88
Marks, Hastings, 117
Marks, Nathaniel, 117
Marks, Nathaniel, 345
Marksberry, Horatio, 244
Marksburry, William, 67
Marksbury, Horatio, 325
Marmon, Thomas, 276
Marmon, William, 277
Marner, Isaac, 200
Marr, James, 210
Marr, James, 343
Marr, John, 210
Marr, John, 319
Marr, Thomas, 346
Marress, John, 145
Marrs, Nathaniel, 13
Marrs, Samuel, 118
Mars, Abijah, 7
Mars, Hugh, 260
Mars, Martin, 215
Mars, Samuel, 105
Mars, Stephen, 21
Marsh, Samuel, 322
Marsh, William, 50
Marsh, William, 89
Marsh, William, 190
Marsh, William, 210
Marsh, William, 322
Marsh, William, 353
Marshal, John, 141
Marshal, Samuel, 166
Marshall James, 96
Marshall, Alexander, 129
Marshall, Alexander, 266
Marshall, Charles, 70
Marshall, Daniel, 291
Marshall, Francis, 308
Marshall, George, 11
Marshall, George, 37
Marshall, George, 307
Marshall, James, 18
Marshall, James, 111
Marshall, James, 192

Marshall, James, 276
Marshall, John, 108
Marshall, John, 353
Marshall, Joseph, 114
Marshall, Joseph, 370
Marshall, Reuben, 264
Marshall, Robert, 123
Marshall, Samuel, 4
Marshall, Thomas, 314
Marshall, Timothy, 33
Marshall, Timothy P., 102
Marshall, William, 111
Marshall, William, 319
Marshon, William, 67
Martendale, Moses, 293
Martial, Hugh, 7
Martial, Hugh, 52
Martin William, 195
Martin, Abraham, 60
Martin, Alexander, 341
Martin, Alexander, 351
Martin, Andrew, 123
Martin, Andrew, 160
Martin, Andrew, 365
Martin, Archibald, 257
Martin, Benjamin, 236
Martin, Caruel, 336
Martin, Charles, 118
Martin, Charles W., 152
Martin, Daniel, 275
Martin, David, 25
Martin, David, 180
Martin, David, 185
Martin, Edward, 251
Martin, Edward, 319
Martin, Elijah, 266
Martin, Enoch, 35
Martin, Enoch, 170
Martin, George, 78
Martin, Grandberry, 58
Martin, Hosea, 271
Martin, Hudson, 22
Martin, Hudson, 25
Martin, Isaac, 182
Martin, James, 1
Martin, James, 21
Martin, James, 24
Martin, James, 58
Martin, James, 65
Martin, James, 73
Martin, James, 80
Martin, James, 136
Martin, James, 215
Martin, James, 215
Martin, James, 217
Martin, James, 319
Martin, James, 364
Martin, Jeremiah, 131

Martin, Jeremiah, 132
Martin, Jesse, 54
Martin, Jesse, 155
Martin, Job, 154
Martin, Jobe, 199
Martin, John, 78
Martin, John, 87
Martin, John, 99
Martin, John, 116
Martin, John, 117
Martin, John, 129
Martin, John, 154
Martin, John, 157
Martin, John, 185
Martin, John, 251
Martin, John, 251
Martin, John, 283
Martin, John, 304
Martin, John, 307
Martin, John, 308
Martin, John, 322
Martin, John, 346
Martin, John L., 319
Martin, Jonah, 322
Martin, Joseph, 128
Martin, Joshua, 156
Martin, Moses, 23
Martin, Nathan, 113
Martin, Nathaniel, 78
Martin, Nathaniel, 218
Martin, Nicholas, 231
Martin, Owen, 256
Martin, Peter, 166
Martin, Ralph, 322
Martin, Reuben, 259
Martin, Robert, 69
Martin, Robert, 163
Martin, Robert B., 15
Martin, Robert B., 129
Martin, Robert E., 129
Martin, Samuel, 1
Martin, Samuel, 50
Martin, Samuel, 129
Martin, Samuel, 193
Martin, Samuel, 207
Martin, Samuel, 267
Martin, Thomas, 178
Martin, Thomas, 226
Martin, Upsham, 185
Martin, Upshaw, 54
Martin, Upshaw, 59
Martin, Uriah, 50
Martin, Uriah, 58
Martin, Westley, 299
Martin, William, 23
Martin, William, 46
Martin, William, 113
Martin, William, 136

INDEX

Martin, William, 207
Martin, William, 232
Martin, William, 271
Martin, William, 290
Martin, William, 307
Martin, William, 325
Martin, William G., 58
Martin, William G., 185
Martin, William, Jr, 142
Martin, William, Sr, 142
Martin, Zerah, 73
Marts (or Malts), Geo., 322
Marvin, Martin, 80
Maser, John, 263
Masey, Philip, 261
Masgrove, William, 115
Mash, William, 208
Mason, Andrew, 72
Mason, Daniel, 96
Mason, Daniel, 224
Mason, Frederick, 301
Mason, George, 57
Mason, James, 56
Mason, James, 66
Mason, James, 125
Mason, James, 129
Mason, James, 235
Mason, James, 294
Mason, John, 114
Mason, John, 346
Mason, Josiah, 224
Mason, Nimrod, 92
Mason, Nimrod, 271
Mason, Owen, 353
Mason, Richard, 240
Mason, Samuel, 56
Mason, Thomas, 240
Mason, Thomas, 294
Mason, Thomson, 294
Mason, William, 183
Mason, William, 326
Mason, William, 369
Mass, Theodore, 88
Massac, John B., 342
Massey, James, 330
Massie, John C., 266
Massie, Silvanus, 67
Massie, Silvanus, 180
Massie, William, 18
Massie, William, 235
Masters, Curtis, 341
Masters, Moses, 200
Masters, Richard, 325
Masters, Samuel, 133
Masterson, Aaron, 187
Masterson, Aaron, 266
Masterson, Aaron, 86
Masterson, Charles, 170

Masterson, David, 133
Masterson, Gutridge, 170
Masterson, James, 124
Masterson, James, 134
Masterson, Jeremiah, 19
Masterson, Jeremiah, 133
Masterson, John, 14
Masterson, John, 133
Masterson, Moses, 124
Masterson, Moses, 205
Masterson, Patrick, 202
Masterson, Richard, 110
Masterson, Robert, 35
Masterson, William, 97
Masterson, William, 150
Mastin, Gilbert, 204
Mastin, James, 243
Mastin, Samuel, 58
Mastusan, Aron, 14
Masy, William, 56
Matchley, Benjamin, 315
Materia, Francis, 343
Matfield, Weat, 162
Mathana, John, 370
Matheny, Luke, 90
Matherly, Joel, 295
Mathers, Robert, 109
Mathers, Samuel, 83
Mathers, Samuel, 211
Mathew, Jacob, 326
Mathew, Joshua, 207
Mathews, David E., 33
Mathews, Lott R., 156
Mathews, Samuel, 281
Mathews, William, 157
Mathews, William N., 273
Mathewson, Nugent H., 85
Mathias, Jeremiah A., 248
Mathias, William, 367
Matier, Samuel, 114
Matlock, Absalom, 257
Matsah, Greenbury, 23
Matson, Richard, 24
Matson, Richard, 232
Matson, Robert, 93
Matthews, _____, 188
Matthews, Alexander, 63
Matthews, David E., 90
Matthews, George, 100
Matthews, George, 127
Matthews, Henry, 212
Matthews, Isaac, 7
Matthews, Jacob, 283
Matthews, James A, 86
Matthews, James A., 187
Matthews, Jeremiah A., 220
Matthews, Jeremiah I., 251
Matthews, John, 266

Matthews, John, 367
Matthews, Lott R., 73
Matthews, Moses, 282
Matthews, Newgent H., 186
Matthews, Pleasant, 51
Matthews, Richard, 55
Matthews, Samuel, 339
Matthias, Amont, 25
Mattingly, Bennet, 166
Mattingly, Bennett, 300
Mattingly, Edward, 56
Mattingly, Edward, 291
Mattingly, James, 166
Mattingly, John, 71
Mattingly, Joseph, 55
Mattingly, Joseph, 59
Mattingly, Joseph, 166
Mattingly, Joseph, 297
Mattingly, Richard, 250
Mattingly, William, 56
Mattison, Henry, 123
Mattox, David, 325
Mattox, Ebenezer, 349
Mattox, Ignatius, 177
Mattox, Samuel, 177
Maunel, Abraham, 115
Maupin, Robert D., 25
Mauspile, Jesse, 51
Max well, Robert, 355
Maxey, Am, 106
Maxey, James, 57
Maxey, James, 175
Maxey, James, 176
Maxey, Samuel, 194
Maxwell, Charles, 295
Maxwell, David, 3
Maxwell, Grace, 237
Maxwell, Hugh B., 250
Maxwell, James, 193
Maxwell, James D., 109
Maxwell, John, 22
Maxwell, John, 22
Maxwell, John, 109
Maxwell, John, 117
Maxwell, Nimrod, 77
Maxwell, Nimrod, 155
Maxwell, Robert, 1
Maxwell, William, 147
Maxwell, William, 162
Maxwell, William, 192
Maxwell, William, 301
May, Anderson, 175
May, David, 191
May, Gabriel, 226
May, Gabriel, 365
May, George, 231
May, George M., 365
May, Lindsay, 111

INDEX

May, Nicholas, 214
May, Nicholas, 355
May, Solomon, 205
May, Solomon, 251
May, Stephen, 174
May, Stephen, 311
Mayall, William, 92
Mayberry, Joseph, 214
Mayes, Branch V., 173
Mayes, George, 40
Mayes, George, 43
Mayfield, Alexander, 53
Mayfield, George, 256
Mayfield, Isaac, 51
Mayfield, Isaac, 162
Mayfield, Isaac, 177
Mayfield, Isaac, 299
Mayfield, James, 148
Mayfield, James, 162
Mayfield, Reuben, 157
Mayfield, Southerland, 67
Mayfield, Southerland, 149
Mayfield, Sutherland, 293
Mayfield, Thomas, 162
Mayhall, Francis, 33
Mayhall, John, 33
Mayhall, John, 271
Mayhall, William, 80
Mayhall, William, 188
Mayhall, William, 271
Mayhims, Laban, 317
Mayo, John, 275
Mayo, Mial, 315
Mayors, Thomas P., 21
Mays, Benjamin, 184
Mays, David, 292
Mays, John, 348
Mays, William H., 187
Mayson, Windsor, 339
Mayth, Samuel, 355
McAdams, Armstrong, 93
McAfee, Charles, 240
McAfee, Clark, 243
McAfee, George, 235
McAfee, George, 243
McAfee, George, 285
McAfee, James, 235
McAfee, James, 243
McAfee, John, 243
McAfee, Robert, 243
McAfee, Robert B., 233
McAfee, Samuel, 243
McAfee, Samuel, 286
McAlister, James, 277
McAlister, Luke, 100
McAllaster, George, 62
McAllister Patrick, 336
McAllister, Daniel, 296

McAllister, James, 51
McAllister, James, 54
McAllister, James, 143
McAllister, James, 295
McAllister, John, 151
McAllister, John, 287
McAllister, Luke, 101
McAnish, Adam, 357
McAnnelly, John, 105
McArny, Samuel, 348
McArthur, John, 304
McArthur, Justin, 272
McAtee, Abednego, 205
McBee, Turner, 123
McBird, John, 370
McBrayer, Ichabod, 218
McBrayer, James, 168
McBrayers, Hugh, 227
McBrayers, John, 36
McBride, Charles, 264
McBride, Daniel, 39
McBride, David, 151
McBride, John, 87
McBride, John, 218
McBride, Joseph, 314
McBride, Lapsley, 33
McBride, Samuel, 147
McBryers, Andrew, 92
McBryns, Hugh, 20
McCabe, Jacob, 53
McCabe, Ross, 327
McCafferty, Thomas, 86
McCaffety, Thomas, 187
McCaffree, Andrew, 327
McCain, John, 358
McCall, James, 16
McCall, John, 110
McCall, John, 229
McCall, Robert, 81
McCall, Robert, 356
McCall, Thomas, 26
McCall, William, 98
McCall, William, 253
McCalla, John II, 108
McCallap, William, 334
McCallister, John, 103
McCamant, John, 110
McCammon, William, 182
McCan, John, 338
McCan, William, 62
McCan, William, 136
McCan, William, 287
McCan, William, 294
McCandles, John, 103
McCarthem, James, 224
McCarthy, Barria, 144
McCarthy, John, 133
McCartney, Andrew, 162

McCartney, Andrew, 298
McCarty, Dennis, 35
McCarty, Dennis, 120
McCarty, Ezekiel, 129
McCarty, Ezekiel, 197
McCarty, Ezekiel, 199
McCarty, Ezekiel, 309
McCarty, Ezekiel, 360
McCarty, Felix, 83
McCarty, Felix, 211
McCarty, James, 49
McCarty, John, 47
McCarty, John, 48
McCarty, Joseph, 97
McCarty, Joseph, 309
McCarty, Menzy, 52
McCarty, Nathaniel, 180
McCarty, Reuben, 106
McCarty, Samuel, 53
McCarty, Samuel, 56
McCarty, Samuel, 219
McCarty, Thomas, 315
McCarty, William, 287
McCaughery, Bernard, 49
McCaul, Samuel, 98
McCauley, James, 104
McCauley, James, 226
McCaully, Joseph, 104
McCay, William, 99
McCeary, James, 60
McChandless, William, 146
McChanlis, Alexander, 261
McChesney, Jeremiah, 337
McChesney, John, 109
McChesney, John, 272
McChord, John, 123
McChum, Henry, 17
McClain, Andrew W., 173
McClain, Daniel, 106
McClain, Francis, 98
McClain, Jacob, 226
McClain, James, 201
McClain, James, 206
McClain, James, 226
McClain, Jonathan, 200
McClain, Robert, 89
McClain, Robert, 210
McClain, Thomas, 323
McClain, William, 187
McClain, William, 249
McClammon, John S., 276
McClanaha, John, 106
McClanahan, Elijah, 101
McClanahan, James, 83
McClanahan, James, 107
McClanahan, John, 139
McClanahan, Robert, 247
McClanahan, William, 30

INDEX 455

McClanahan, William, 66
McClanan, John, 82
McClane, George, 226
McClane, James, 126
McClane, Jonathan, 115
McClane, Richard W., 183
McClanihan, James, 199
McClanihan, William, 212
McClare, James, 95
McClarty, John, 363
McClarty, Samuel, 49
McClary, George W., 30
McClary, Robert, 243
McClean, Hector, 310
McClear, William, 279
McCleland, Benjamin, 119
McCleland, James, 239
McCleland, James, 248
McCleland, Joseph G., 36
McClellan, Daniel, 21
McClellan, James, 252
McClellan, Michael, 334
McClellan, Michael, 337
McClellan, William H., 338
McClelland, James, 226
McClelland, James, 324
McClelland, John, 164
McClelland, John G., 170
McClelland, Joseph, 27
McClelland, Joseph G., 167
McClelland, Mastin, 51
McClelland, Michael, 332
McClelland, Richard, 226
McClelland, Robert, 175
McClelland, Thomas, 349
McClellen, Robert, 107
McClenin, John W., 223
McClenny, Micajah, 195
McClinny, Micajah, 197
McClintish, William, 265
McClintock, Joseph, 140
McCloskey, Joseph, 174
McCloy, William, 159
McClung, Micajah, 308
McClung, Thomas, 180
McClure, Andrew, 69
McClure, Daniel, 191
McClure, Eleazer, 62
McClure, Gilliam, 69
McClure, James, 210
McClure, John, 25
McClure, John, 89
McClure, John, 90
McClure, John, 190
McClure, John, 295
McClure, Lave, 237
McClure, Martin, 111
McClure, Mathew, 229

McClure, Robert, 2
McClure, Robert, 45
McClure, Robert, 186
McClure, Samuel, 107
McClure, Samuel, 224
McClure, William, 226
McClure, William, 235
McCokle, Archibald, 55
McCollam, Seth, 134
McColleston, David, 226
McCollister, James, 185
McCollister, Joseph, 323
McCollister, Mark, 107
McColliston, George, 231
McCollough, David, 80
McCollough, David, 323
McColly, Hiram, 353
McComas, Nathaniel, 95
McComas, Taylor, 95
McCombes, William, 259
McCombs, Henry, 45
McCombs, Henry, 47
McCombs, Mathew, 45
McComsey, John, 28
McConaha, James, 211
McConathy, James, 236
McConell, Robert, 124
McConkey, David, 353
McConn, David, 222
McConnel, Allen, 215
McConnel, Francis, 35
McConnel, Robert, 149
McConnell, Allen, 80
McConnell, Andrew, 120
McConnell, Edward, 29
McConnell, Ephraim, 212
McConnell, James, 38
McConnell, James, 41
McConnell, James, 124
McConnell, John, 247
McConnell, John S., 40
McConnell, M. G., 112
McConnell, Robert, 148
McConnell, Samuel, 90
McConnell, Samuel, 212
McConnell, William, 30
McConnell, William, 34
McConnell, William L., 119
McConnold, John, 47
McContis, William, 306
McCoon, William, 231
McCord, Alexander, 356
McCord, James, 351
McCord, John, 155
McCord, Joseph, 350
McCord, William, 180
McCormack, Daniel, 241
McCormack, George, 123

McCormack, James, 103
McCormack, John S., 151
McCormack, Richard, 167
McCormack, Valentine, 131
McCormack, Walter, 315
McCormack, William, 151
McCormack, William, 241
McCormack, William, 251
McCormick, Adam, 214
McCormick, Francis, 104
McCormick, James, 27
McCormick, James, 37
McCormick, John, 30
McCormick, Maginis, 331
McCormick, Masterson, 64
McCormick, Valentine, 343
McCormick, William, 45
McCornell, William, 253
McCornish, Adams, 91
McCort, William, 267
McCoskey, John, 20
McCoughlin, James, 71
McCoullough, Jonathan, 323
McCowan, John R., 358
McCowan, Morgan, 364
McCowan, William, 364
McCown, Alexander, 10
McCown, David, 237
McCown, John, 10
McCown, Joseph, 42
McCown, Samuel, 243
McCown, William, 147
McCown, William, 311
McCoy, Alexander, 101
McCoy, Alexander, 259
McCoy, David, 182
McCoy, James, 128
McCoy, James, 237
McCoy, James, 276
McCoy, James, 317
McCoy, John, 123
McCoy, Joseph, 286
McCoy, Michael, 17
McCoy, Robert, 257
McCoy, Samuel, 128
McCoy, William, 272
McCracken, Charles, 16
McCracken, Otho, 33
McCracken, Ovid, 30
McCracken, Virgil, 30
McCracken, William, 211
McCrackin, James, 41
McCrackin, Jonathan, 41
McCrackin, William, 226
McCrairy, Robert, 254
McCrary, James, 341
McCray, William, 208
McCreary, Charles, 364

INDEX

McCreary, Robert, 246
McCreery, William, 246
McCrosky, Elijah, 32
McCrutcheon, William, 290
McCullock, Samuel, 266
McCullom, Jacob, 27
McCullough, David, 215
McCullough, Robb, 115
McCullough, Silas, 351
McCullough, William, 286
McCullum, Daniel, 60
McCullum, John, 11
McCullum, John, 177
McCully, Benjamin, 56
McCune, James, 30
McCune, James, 254
McCune, John, 18
McCune, John L. P., 120
McCune, Joseph, 255
McCune, Samuel, 197
McCune, Samuel, 205
McCune, William, 255
McCurdy, Allen F., 92
McCure, William, 123
McCurry, Edward, 362
McCurry, William, 362
McCutchan, Samuel, 294
McDaniel, Alexander, 205
McDaniel, Alexander, 211
McDaniel, Allen C., 207
McDaniel, E., 110
McDaniel, Edward, 166
McDaniel, Elias, 360
McDaniel, James, 45
McDaniel, James, 147
McDaniel, James, 288
McDaniel, Joel D., 204
McDaniel, John, 14
McDaniel, John, 45
McDaniel, John, 47
McDaniel, John, 68
McDaniel, John, 103
McDaniel, John, 138
McDaniel, John, 146
McDaniel, John, 147
McDaniel, John, 288
McDaniel, Joseph, 101
McDaniel, Joseph, 128
McDaniel, Joseph, 357
McDaniel, Redman, 288
McDaniel, Spencer, 361
McDaniel, Thomas, 53
McDaniel, Thomas, 120
McDaniel, Thomas, 211
McDaniel, William, 60
McDaniel, William, 68
McDaniel, William, 281
McDaniel, William, 288

McDaniels, Thomas, 83
McDavid, Jonathan, 338
McDickson, John, 223
McDonald, Abraham, 10
McDonald, Andrew, 157
McDonald, Archibald, 304
McDonald, August, 257
McDonald, Charles, 331
McDonald, Clement, 234
McDonald, Clement, 286
McDonald, Daniel, 10
McDonald, Enoch, 124
McDonald, Enos, 212
McDonald, Frederick, 9
McDonald, George, 18
McDonald, George, 113
McDonald, Henry, 95
McDonald, Henry, 196
McDonald, Hugh, 237
McDonald, Hugh, 249
McDonald, James, 40
McDonald, James, 46
McDonald, James, 113
McDonald, James, 113
McDonald, James, 173
McDonald, James, 324
McDonald, James, 349
McDonald, John, 19
McDonald, John, 43
McDonald, John, 113
McDonald, John, 132
McDonald, John A., 43
McDonald, John A., 243
McDonald, Joseph, 242
McDonald, Oliver, 237
McDonald, Samuel, 334
McDonald, Samuel I., 242
McDonald, Stephen, 351
McDonald, Story, 231
McDonald, Thomas, 351
McDonald, William, 217
McDonald, William, 237
McDonald, William, 269
McDonnel, Miles, 304
McDougal, James, 205
McDougle, George, 346
McDougle, Robert, 342
McDougle, Robert, 346
McDowel, John, 118
McDowel, Samuel, 232
McDowel, Samuel, 249
McDowel, Thomas, 95
McDowell, Abram, 35
McDowell, Alexander, 105
McDowell, Allen, 219
McDowell, Edward, 63
McDowell, George, 229
McDowell, James, 34

McDowell, James, 71
McDowell, John, 32
McDowell, John, 156
McDowell, John, 243
McDowell, John A., 160
McDowell, John E., 131
McDowell, John G., 136
McDowell, John L., 123
McDowell, Joseph, 138
McDowell, Mordecai, 237
McDowell, Richard, 32
McDowell, Robert, 311
McDowell, Samuel, 34
McDowell, Samuel, 152
McDowell, Samuel I., 148
McDowell, Thomas, 98
McDowell, Thomas, 185
McDowell, Thomas, 323
McDowell, William, 29
McDowell, William, 48
McDownell, James, 96
McDuffee, Enoch, 321
McDuffee, Gabriel, 322
McDugle, William, 55
McElhana, William, 279
McElrey, William N., 329
McElroy, David, 97
McElroy, James, 248
McElroy, John, 72
McElroy, John T., 76
McElvain, Samuel, 280
McElvan, Anderson, 40
McEnery, William, 296
McEnturf, Manuel, 182
McFadden, James, 164
McFadden, John, 319
McFadgin, James, 293
McFall, George, 338
McFall, John, 174
McFall, Robert, 62
McFarine, Robert, 229
McFarlan, John, 45
McFarland, Duncan, 65
McFarland, John, 47
McFarland, Robert, 323
McFarland, William, 171
McFarland, William, 224
McFarland, Wm. D., 284
McFarlin, Andrew M., 172
McFarling, Jeremiah, 73
McFarling, Thomas, 224
McFartredge, Andrew, 234
McFartridge, Robert, 187
McFerren, Robert, 269
McFerson, James, 283
McFerson, Jno., 1
McFerson, John, 181
McFortridge, Robert, 86

INDEX

McGakey, Andrew, 323
McGall, William, 62
McGalliard, Joseph, 180
McGannon, Thomas, 302
McGaphey, John, 323
McGarey, Daniel, 266
McGarn, William, 75
McGarr, William B., 38
McGary, Barney, 304
McGary, Daniel, 14
McGary, Daniel, 124
McGary, Daniel, 197
McGary, Jesse, 24
McGary, William R., 146
McGathridge, William, 75
McGaughey, Arthur, 306
McGaughey, John, 170
McGaughey, John, Jr., 35
McGee, David, 234
McGee, David P., 38
McGee, James, 45
McGee, James, 343
McGee, John, 235
McGee, John, 311
McGee, John B., 11
McGee, Joseph, 235
McGee, Paul, 11
McGee, Paul, 310
McGee, Robert, 154
McGee, William, 117
McGee, William, 302
McGee, William, 305
McGee, William L., 53
McGeer, William, 11
McGehan, James, 81
McGehe, Carter, 121
McGehee, Francis, 99
McGhee, Andrew, 214
McGibbany, John, 138
McGibbery, Wyatt, 344
McGill, James, 89
McGill, James, 190
McGill, James, 210
McGill, James, 241
McGill, James, 283
McGilton, Thomas, 59
McGinness, George, 252
McGinness, Robert, 337
McGinnis, Hezekiah, 243
McGinnis, James, 214
McGinnis, James, 348
McGinnis, John, 27
McGinnis, John, 235
McGinnis, John, 351
McGinnis, John L., 233
McGinnis, Samuel, 324
McGinnis, Thomas, 102
McGinnis, Thomas B., 235

McGinnis, William, 20
McGinnis, William, 227
McGinnis, William, 243
McGinniss, Neal, 132
McGinniss, William, 314
McGlaughlin, Cornelius, 266
McGlaughlin, James, 271
McGlaughlin, John, 266
McGlaughlin, William, 266
McGlocklin, William, 360
McGohie, Daniel, 103
McGonagal, James, 98
McGonnigle, John, 113
McGoodwin, James, 174
McGoughrey, Arthur, 12
McGowan, Abram, 125
McGowan, Daniel, 336
McGowan, John, 314
McGowan, John, 330
McGowen, Abr, 128
McGowin, James, 149
McGown, Solomon, 292
McGrath, Terrance, 112
McGraw, Isah, 217
McGraw, Isaiah, 85
McGraw, John, 276
McGraw, William, 152
McGray, Jesse, 42
McGreenwood, William, 36
McGrenwood, William, 231
McGriffin, Joseph, 142
McGruder, Dennis, 307
McGruder, Dory, 133
McGruder, Granderson, 146
McGuffy, Joseph, 140
McGugg, Amariah A., 28
McGuigin, David, 335
McGuire, Campbell, 69
McGuire, Francis, 54
McGuire, Jesse, 181
McGuire, Jesse, 226
McGuire, Jesse, 249
McGuire, John, 121
McGuire, John, 315
McGuire, John, 337
McGuire, John, 339
McGuire, Luke, 226
McGuire, Patrick, 338
McGuire, Philip, 335
McGuire, Samuel, 30
McGuire, Samuel, 168
McGuire, William, 116
McGuire, Willis, 26
McGunigle, Francis, 337
McGunnigal, John, 229
McGuthrie, James, 273
McGyre, James, 100
McGyre, Robert, 100

McHano, Reuben, 331
McHany, James, 52
McHatten, Alexander, 233
McHatten, Samuel, 233
McHatton, James, 85
McHatton, James, 103
McHatton, James, 187
McHatton, William, 232
McHenry, John, 154
McHenry, Samuel, 65
McHenry, Samuel, 346
McHenry, William, 154
McHolland, David, 80
McHolton, David, 202
McHugh, John, 38
McIlhany, Thomas, 126
McIlvan, Moses, 96
McIntire, Alexander, 19
McIntire, Daniel, 100
McIntire, Isaac, 331
McIntire, John, 17
McIntire, John, 75
McIntire, John, 235
McIntire, Robert, 21
McIntire, Robert, 352
McIntire, Thomas, 295
McIntire, William, 11
McIntire, William, 56
McIntosh James, 222
McIntosh, John, 44
McIntosh, John, 106
McIntosh, John, 174
McIntosh, John, 222
McIntosh, John, 355
McIntosh, Samuel, 60
McIntosh, Samuel, 174
McIntosh, Solomon, 5
McIsaac, John, 35
McJilton, Thomas, 182
McJleam, James, 15
McKain, John, 333
McKantlish, Jesse, 269
McKaughan, William, 287
McKay, George, 337
McKay, Hugh, 60
McKay, James, 183
McKay, John, 312
McKay, John P., 38
McKay, John P., 179
McKay, Joseph, 208
McKay, Joseph, 246
McKay, Richard, 11
McKay, William, 136
McKee, David, 82
McKee, David L., 194
McKee, Gipson, 231
McKee, Henry, 19
McKee, Henry, 227

INDEX

McKee, Hugh, 244
McKee, Hugh W., 230
McKee, James, 67
McKee, James, 231
McKee, John, 45
McKee, John, 98
McKee, John, 196
McKee, Joseph, 346
McKee, Robert, 82
McKee, Robert, 337
McKee, Samuel, 45
McKee, Samuel, 67
McKee, Thomas, 256
McKee, William, 45
McKee, William, 342
McKee, William, 343
McKee, William, 346
McKeehan, Benjamin, 81
McKehan, Benjamin, 203
McKennell, Francis, 129
McKennen, Solomon, 107
McKenney, William C., 160
McKenny, John, 72
McKenzey, Abraham, 66
McKenzy, John, 370
McKetsick, John, Jr., 8
McKewoin, Charles, 338
McKey, John, 203
McKey, Joseph, 208
McKey, Samuel, 47
McKey, Wall, 203
McKey, William, 47
McKinley, James, 76
McKinley, Michael, 76
McKinley, Michael, 145
McKinley, Thomas, 353
McKinney, Charles, 107
McKinney, Charles, 176
McKinney, Charles, 338
McKinney, Charles W., 278
McKinney, George, 242
McKinney, James, 87
McKinney, James, 157
McKinney, James, 218
McKinney, Jarrard, 138
McKinney, Kennith, 185
McKinney, Middleton, 3
McKinney, Richard, 200
McKinney, Seth, 338
McKinney, Thomas, 91
McKinsey, Absalom, 230
McKinsey, David, 233
McKinsey, James, 62
McKinsey, James, 337
McKinsey, John, 25
McKinsey, John, 180
McKinsey, John, 232
McKinsey, John, 292

McKinsey, John, 326
McKinsey, Malcomb, 133
McKinsey, William, 133
McKinsley, William, 281
McKinty, Michael, 146
McKitrick, David, 25
McKitrick, Robert, 25
McKitsick, John, 8
McKnight, Alpheus, 346
McKnight, James, 30
McKutchen, Samuel, 150
McLain, Andrew W., 6
McLain, James, 345
McLain, Robert, 190
McLane, Archibald, 317
McLane, John, 107
McLane, Joseph, 370
McLaughlin, George, 366
McLaughlin, James, 83
McLaughlin, James, 312
McLaughlin, Jesse, 11
McLaughlin, Jesse, 288
McLaughlin, John, 90
McLaughlin, John, 105
McLaughlin, John, 212
McLaughlin, John, 358
McLaughlin, John, 358
McLaughlin, Preston, 362
McLaughlin, Samuel B., 333
McLaughlin, Thomas, 351
McLaughlin, William, 83
McLaughlin, Wm., 317
McLean, Allison, 282
McLean, Almy, 282
McLean, Alney, 1
McLean, George, 4
McLean, George W., 10
McLean, John, 1
McLean, Samuel, 10
McLean, William, 5
McLeas, John, 217
McLease, John, 360
McLees, John, 86
McLemore, Gillen, 191
McLeroy, James, 191
McLinn, William, 99
McIlrain, James, 114
McIlray, James, 91
McIlvain, David, 272
McIntry, James, 192
McLure, John, 172
McLuskey, David, 4
McMahan, James, 200
McMahan, Norman, 320
McMahan, Robert, 237
McMahan, Samuel, 200
McMahon, John, 5
McMahon, Martin, 52

McMains, Charles, 10
McManama, George, 116
McManaman, Dennis, 330
McManamy, George, 360
McManning, George, 357
McManny, Charles, 290
McMeas, Jacob, 293
McMecker, John, 342
McMeeker, John, 346
McMeekin, William, 11
McMichael, Robert, 105
McMichion, John, 192
McMickam, Charles, 175
McMicken, Samuel, 110
McMiliam, James, 269
McMillan, James, 14
McMillan, James, 199
McMillan, John, 114
McMillan, Joseph M., 281
McMillen, John, 3
McMillen, John, 138
McMillen, William, 206
McMillian, Joseph, 76
McMillin, John, 223
McMinimy, William, 227
McMinny, William, 286
McMitchell, John, 19
McMullen, Andrew, 53
McMullen, James, 266
McMullen, John, 290
McMullen, John, 345
McMullin, John, 155
McMullin, Kenian, 155
McMurda, Robert, 236
McMurray, James, 8
McMurray, John, 129
McMurray, Washington, 51
McMurray, Washington, 59
McMurray, William, 8
McMurry, Samuel, 177
McMurry, Thomas, 295
McMurry, William, 277
McMurry, William, 295
McMurry, William, 296
McMurtry, John, 194
McMurtry, William, 186
McNabb, John W., 48
McNabb, John W., 279
McNair, David, 77
McNamara, George, 331
McNamer, Philip, 276
McNamey, Robert, 243
McNary, John, 180
McNat, Abner, 107
McNeal, Pleasant D., 176
McNeeley, Jeremiah, 95
McNeil, Alx, 343
McNemar, Philip, 39

INDEX

McNesse, Abr, 210
McNiels, James, 64
McNight, Alpheus, 342
McNight, Thomas R., 349
McNitt, Joseph, 183
McNitt, Joseph, 345
McNutt, Thomas, 66
McPeters, Theophilus, 90
McPhail, Anguis, 5
McPherson, John, 325
McPherson, Joseph, 51
McPherson, Thomas, 85
McPherson, Thomas, 325
McPheters, Theophilus, 212
McPike, Haley, 325
McPike, Haley, 370
McPike, Joseph, 208
McPike, William, 243
McQuaddy, Benj, 121
McQuea, Alexander B., 149
McQueen, John, 15
McQueen, John, 184
McQueen, Thomas H., 308
McQueen, William, 337
McQueny, John, 191
McQuiddy, James, 37
McQuillan, David, 328
McQuillan, Thomas, 35
McQuire, John, 35
McRay, Augustin, 261
McRettrick, James, 235
McRettrick, Robert, 235
McRoberts Alexander, 101
McRoberts, Alexander, 360
McRoberts, Andrew, 290
McRoberts, Charles, 191
McRoberts, John, 100
McRoberts, Samuel, 101
McShane, William, 88
McShane, William, 88
McShane, William, 208
McTamare, Joseph, 331
McTigert, John, 85
McTigert, John, 217
McUlammon, James W., 276
McVay, Jordan, 278
McVay, Richard, 330
McVey, James, 214
McVey, John, 122
McWharter, Hugh B., 88
McWherton, Jesse, 294
McWhirter, Jesse, 148
McWhirter, Robert, 158
McWhite, Jesse, 366
McWhorter, Jesse, 62
McWilliams, Alex C., 183
McWilliams, John C., 65
McWilliams, John C., 183

Mead, Graves, 45
Mead, Joseph, 296
Mead, William, 253
Mead, William, 362
Mead, William W., 255
Meade, Mastin, 77
Meadows, Isham, 65
Meadows, Jacob, 246
Meadows, Jesse, 275
Meadows, Pleasant, 65
Meadows, William, 68
Meanally, Basil, 297
Meanally, John, 297
Means, Amos, 180
Means, George, 15
Means, James, 7
Means, Robert, 15
Mears, David, 91
Mears, Samuel, 360
Meauix, James, 95
Mechling, Ignatius, 71
Medcalf, Alfred, 204
Medcalf, Benjamin, 291
Medcalf, James, 291
Meddis, Godfrey, 299
Meddle, John, 299
Medford, John, 271
Medford, Joseph, 271
Meece, Jacob, 70
Meed, Robert, 2
Meek, Adam, 83
Meek, James, 100
Meek, Joseph, 100
Meek, Samuel, 342
Meek, Samuel, 346
Meek, Thomas, 69
Meekley, Henry, 178
Meeks, Benjamin, 53
Meeks, John, 23
Meeks, Nicholas, 333
Meeks, Williams, 23
Meem, Peter, 337
Meenact, Samuel, 102
Mefford, Andrew, 135
Megee, William, 367
Megill, William, 326
Megowan, James, 124
Megowan, S.W., 124
Megowan, Stewart W., 110
Meller, Thomas, 74
Mellon, Bazel B., 38
Mellor, Jacob, 300
Mellure, William, 346
Meloy, James, 336
Meloy, William, 13
Melton, Isaac, 177
Melton, Jesse, 50
Melton, Jesse, 177

Melts, Frederick, 350
Melvin, Hugh, 90
Melvin, Hugh, 212
Melvin, John, 320
Melvin, John, 351
Mena, Leo, 343
Menack, Alexander, 360
Menafie, Benjamin P., 30
Menard, John, 238
Mendy, Robert, 333
Menick, John, 29
Menifee, Richard, 125
Menser, Abel, 47
Menser, Albert, 43
Mercer, Drury, 279
Mercer, Howard, 7
Mercer, Martin, 297
Mercer, Nathaniel, 154
Meredith, David, 5
Merideth, Edward B., 30
Merit, James, 108
Merril, Nicholas, 200
Merrill, James, 103
Merrill, William, 93
Merrill, William, 207
Merrill, William, 357
Merriman, Noah, 200
Merrit, Thomas, 194
Merritt, Joel, 334
Merritt, John, 278
Merriwether, David H., 159
Merry, Horatio, 56
Merryfield, John, 299
Merryfield, Samuel, 52
Merryman, Charles, 144
Merryman, Charles, 304
Mershon, James, 149
Mershon, John, 244
Merton, Washington, 343
Mesamore, Jacob, 282
Mesmer, Peter, 109
Mess, James, 17
Messen, James, 298
Messer, David, 68
Messick, George, 282
Messick, Nathan, 111
Messimore, George, 282
Messings, John, 352
Messock, Isaac, 253
Messon, Isaac, 65
Metcalf, Alfred, 17
Metcalf, Enoch, 282
Metcalf, James, 137
Metcalf, William, 80
Metcalfe, Enoch, 28
Metcalfe, Norris, 3
Metcalfe, Thomas, 83
Metcalfe, Thomas, 210

Metcalfe, William, 215
Meteor, William, 196
Meyers, William, 143
Micater, Patrick, 291
Michael, Jeremiah, 367
Michael, William, 265
Michaels, George, 167
Mickhaland, Jno., 3
Middleton, Greenberry, 258
Middleton, Horatio, 365
Middleton, Isaac, 194
Middleton, Thomas, 258
Middleton, William, 35
Middleton, William, 170
Miers, Daniel, 249
Miers, Peter, 249
Mifford, Andrew, 115
Mifford, Jacob, 271
Mifford, Joseph, 205
Migett, Joseph, 339
Milam, James, 215
Milam, John, 20
Milam, John, 298
Milam, Moses, 13
Milan, James, 80
Milarn, James, 188
Milay, William, 178
Milbourn, Israel, 295
Milburn, Jonathan, 345
Miles, Alexander, 295
Miles, Benjamin, 120
Miles, Edward, 296
Miles, Francis, 288
Miles, Gabriel, 318
Miles, Henry P., 71
Miles, Isaac, 13
Miles, James, 120
Miles, James I., 168
Miles, John, 16
Miles, Thomas, 60
Miles, Walter, 10
Miley, Benjamin, 225
Milfred, Robert, 204
Milhollon, John, 186
Milk, Job, 338
Millar, Jacob, 129
Millar, Jacob, 322
Miller George, 42
Miller, Aaron, 224
Miller, Abraham, 241
Miller, Abraham, 252
Miller, Abraham, 321
Miller, Abram, 151
Miller, Adam, 301
Miller, Adam, 358
Miller, Alexander, 6
Miller, Alexander, 101
Miller, Alexander, 314

Miller, Allen, 280
Miller, Anthony, 13
Miller, Antonio, 336
Miller, Barney, 56
Miller, Barney, 254
Miller, Barney, Jr., 364
Miller, Benjamin, 191
Miller, Benjamin, 247
Miller, Beverly, 35
Miller, Christopher, 23
Miller, Christopher, 298
Miller, Christopher, 364
Miller, David, 362
Miller, Delany, 247
Miller, Ephraim, 358
Miller, Ephraim, 365
Miller, Francis, 111
Miller, Frederick, 184
Miller, Frederick, 291
Miller, Frederick, 360
Miller, George, 80
Miller, George, 181
Miller, George, 215
Miller, George, 227
Miller, George, 241
Miller, George, 292
Miller, George, 299
Miller, George P., 169
Miller, George P., 297
Miller, George S., 151
Miller, Henry, 10
Miller, Henry, 52
Miller, Henry, 360
Miller, Henry G., 355
Miller, Henry, Jr., 254
Miller, Ignatius, 297
Miller, Isaac, 73
Miller, Isaac, 269
Miller, Jacob, 10
Miller, Jacob, 60
Miller, Jacob, 235
Miller, Jacob, 315
Miller, Jacob, 332
Miller, Jacob, 343
Miller, James, 43
Miller, James, 101
Miller, James, 252
Miller, James, 271
Miller, James, 275
Miller, James, 293
Miller, John, 10
Miller, John, 12
Miller, John, 87
Miller, John, 144
Miller, John, 218
Miller, John, 227
Miller, John, 233
Miller, John, 279

Miller, John, 284
Miller, John, 299
Miller, John, 307
Miller, John, 310
Miller, John, 323
Miller, John, 324
Miller, John, 338
Miller, John, 340
Miller, John, 355
Miller, John, 362
Miller, John P., 110
Miller, John, Jr., 364
Miller, John, Sr., 364
Miller, Joseph, 247
Miller, Joseph, 295
Miller, Levi, 299
Miller, Lewis, 159
Miller, Martin, 158
Miller, Mathias, 364
Miller, Michael, 53
Miller, Michael, 172
Miller, Nathaniel, 305
Miller, Nicholas, 49
Miller, Nicholas, 164
Miller, Nicholas, 310
Miller, Oliver, 101
Miller, Owen, 305
Miller, Peter, 227
Miller, Peter, 254
Miller, Peter, 304
Miller, Peter, 353
Miller, Philip, 277
Miller, Philip, 306
Miller, Philip, 364
Miller, Robert, 52
Miller, Robert, 227
Miller, Samuel, 23
Miller, Samuel, 252
Miller, Samuel, 275
Miller, Samuel, 338
Miller, Thomas, 154
Miller, Thomas, 192
Miller, Uriah, 303
Miller, Vincent, 322
Miller, William, 74
Miller, William, 80
Miller, William, 101
Miller, William, 106
Miller, William, 148
Miller, William, 152
Miller, William, 188
Miller, William, 196
Miller, William, 213
Miller, William, 215
Miller, William, 239
Miller, William, 243
Miller, William, 275
Miller, William, 302

INDEX

Miller, William, 311
Miller, William, 317
Miller, William, 320
Miller, William, 324
Miller, William, 366
Miller, Wm., 20
Millery, Henry, 345
Millian, William, 263
Millican, John, 192
Milliean, John, 174
Milligan, John C., 1
Million, Benjamin, 81
Million, Benjamin, 193
Million, Benson, 26
Million, Burrell, 181
Million, Elzie, 247
Million, Rodney, 193
Millis, Thomas, 35
Millis, Thomas, 170
Millis, William, 164
Millner, Joseph, 25
Mills, Adam L., 21
Mills, Elisha, 138
Mills, Ely, 175
Mills, Eulises, 233
Mills, John, 71
Mills, John, 193
Mills, John, 272
Mills, John, 320
Mills, John E., 68
Mills, Joseph, 36
Mills, Joseph, 170
Mills, Joseph, 224
Mills, Richard, 159
Mills, Samuel, 297
Mills, Thomas, 73
Mills, Ulissius, 292
Milner, Edmund, 185
Milner, Isaac, 219
Milner, James, 369
Milner, John, 185
Milner, John, 191
Milner, John, 231
Milroy, John, 171
Milroy, John, 174
Milsey, Matthew, 225
Milton, Richard, 11
Miming, Daniel, 267
Mimus, John, 337
Mincer, Andrew, 325
Mingey, William, 314
Mingus, John, 353
Minor, Daniel, 22
Minor, Jacob, 333
Minor, James, 104
Minor, James, 139
Minor, John, 166
Minor, John, 251

Minor, John, 300
Minor, John L., 106
Minor, Joseph, 124
Minor, Joseph, 264
Minor, Laban, 241
Minor, Laban, 294
Minor, Spence, 167
Minor, Spencer, 101
Minor, Thomas, 78
Minor, William, 152
Minst, Francis, 280
Minter, John, 299
Mintin, William, 157
Minus, Joseph, 331
Miranda, John, 216
Miranda, Jonathan, 85
Miranda, Thomas, 138
Mires, Christopher, 358
Mires, David, 105
Mirrain, Wm. W., 120
Mise, Reuben, 66
Mit, Samuel, 103
Mitchain, James, 20
Mitcham, John, 20
Mitchel James S., 52
Mitchel, Andrew, 249
Mitchel, David, 45
Mitchel, Jacob, 243
Mitchel, Jacob, 286
Mitchel, Jacob, 297
Mitchel, James B., 249
Mitchel, Moses, 52
Mitchel, Philip, 128
Mitchel, Samuel, 27
Mitchel, Vincent, 43
Mitchel, William, 71
Mitchell, Aaron, 320
Mitchell, Alexander, 67
Mitchell, Alexander, 311
Mitchell, Alexander I., 160
Mitchell, Andrew, 8
Mitchell, Andrew, 226
Mitchell, Archibald, 30
Mitchell, Arthur, 14
Mitchell, Arthur, 17
Mitchell, Arthur, 132
Mitchell, Benjamin, 124
Mitchell, Blake, 284
Mitchell, Charles, 346
Mitchell, Daniel, 229
Mitchell, David, 264
Mitchell, Dudley, 221
Mitchell, Elijah, 78
Mitchell, George, 82
Mitchell, George, 96
Mitchell, George, 142
Mitchell, James, 82
Mitchell, James, 185

Mitchell, James, 247
Mitchell, James, 278
Mitchell, James, 308
Mitchell, James, 323
Mitchell, James I., 152
Mitchell, John, 93
Mitchell, John, 95
Mitchell, John, 211
Mitchell, John, 211
Mitchell, John, 216
Mitchell, John, 311
Mitchell, John F., 84
Mitchell, Jonas, 186
Mitchell, Joseph, 93
Mitchell, Joseph, 185
Mitchell, Joseph F., 20
Mitchell, Legimond, 49
Mitchell, Levan, 82
Mitchell, Matthew, 256
Mitchell, Michael M., 226
Mitchell, Nathaniel, 30
Mitchell, R., 344
Mitchell, Richard, 97
Mitchell, Richard, 355
Mitchell, Richard, 368
Mitchell, Robert, 124
Mitchell, Robert, 148
Mitchell, Robert, 229
Mitchell, Robert, 272
Mitchell, Robert, 324
Mitchell, Robert G., 93
Mitchell, Samuel, 183
Mitchell, Samuel H., 164
Mitchell, Solomon, 30
Mitchell, Thomas, 27
Mitchell, Thomas, 45
Mitchell, Thomas, 117
Mitchell, Thomas, 193
Mitchell, Thomas, 197
Mitchell, Thomas, 263
Mitchell, William, 110
Mitchell, William, 280
Mitchell, William, 282
Mitchell, William, 301
Mitcheltree, George, 148
Mitcheltree, George, 240
Mitchlor, David, 353
Mitchusson, William, 274
Mittinger, George, 349
Mize, Thomas, 263
Mizee, James, 199
Mobely, Simon, 292
Moberly, Thomas, 184
Mobley, John, 296
Mobley, Michael, 47
Mobley, Richard, 44
Mobley, Simeon, 150
Mocaber, John, 346

INDEX

Mock, George, 90
Mock, George, 212
Mockabee, John, 341
Mockbee, Dickerson, 322
Mockbee, Mart, 324
Mocksley, Joseph, 239
Moffatt, Robert, 263
Moffert, John, 133
Moffett, Henry, 207
Moffett, Mathew, 96
Moffett, William, 83
Moffitt, Matthew, 142
Moffitt, William, 323
Mofford, James, 206
Mogamen, Joseph S., 14
Moge, Jacob, 276
Moles, James, 353
Mollyham, William, 71
Moloham, Clement, 303
Molten, Robert, 320
Molton, Levi, 95
Momeni, Antwain, 238
Momeni, Peter, 238
Monaca], Peter, 315
Monarch, Francis, 71
Monday, Harrison, 25
Monday, Reuben, 271
Mondin, Jesse H., 54
Monell, Robert, 369
Monett, John E., 341
Monical, Christopher, 126
Monicle, Christopher, 326
Monks, Thomas, 109
Monnie, Joseph, 12
Monroe, John, 139
Monroe, John, 345
Monroe, William, 161
Monroe, William C., 208
Monsey, Michael, 340
Monson, Thomas, 322
Montague, Samuel, 330
Montague, Thomas, 187
Monteath, William, 103
Montfort, Jacob, 286
Montgomery, _____, 351
Montgomery, Alex, 28
Montgomery, Cyrus, 281
Montgomery, Elijah, 337
Montgomery, Hugh, 104
Montgomery, Hugh, 144
Montgomery, James, 9
Montgomery, James, 63
Montgomery, James, 241
Montgomery, Jesse, 76
Montgomery, Jesse, 117
Montgomery, John, 74
Montgomery, John, 103
Montgomery, John, 154

Montgomery, John, 250
Montgomery, John, 302
Montgomery, John, Jr., 241
Montgomery, Kenney, 256
Montgomery, Philip, 195
Montgomery, Richard, 357
Montgomery, Richard, 362
Montgomery, Robert, 23
Montgomery, Robert, 227
Montgomery, Robert, 302
Montgomery, Robert M., 281
Montgomery, Samuel, 9
Montgomery, Thomas, 64
Montgomery, Thomas, 296
Montgomery, William, 34
Montgomery, William, 34
Montgomery, William, 73
Montgomery, William, 86
Montgomery, William, 118
Montgomery, William, 187
Montgomery, William, 191
Montgomery, William, 258
Montgomery, William P., 280
Montgomery, Wm. L., 242
Montgomery, Wm. P., 242
Moody, James, 200
Moody, John, 36
Moody, John, 39
Moody, John, 143
Moody, John, 280
Moody, Martin, 287
Moody, Samuel, 201
Moody, Thomas, 64
Moon, John A., 109
Moon, John A., 272
Moon, Thomas, 266
Moon, William, 60
Moon, Zachariah, 205
Mooney, William, 338
Moor, James, 89
Moor, Jesse, 260
Moore Hardy, 246
Moore, Abner, 42
Moore, Alexander, 46
Moore, Alexander, 46
Moore, Alexander, 52
Moore, Alexander, 59
Moore, Alexander, 73
Moore, Alexander, 83
Moore, Alexander, 150
Moore, Alexander, 231
Moore, Andrew, 3
Moore, Andrew, 72
Moore, Angus, 253
Moore, Angus:, 207
Moore, Augustus, 345
Moore, Benjamin, 9

Moore, Benjamin, 18
Moore, Benjamin, 128
Moore, Benjamin, 224
Moore, Benjamin, 320
Moore, Bert, 278
Moore, Charles, 76
Moore, Charles, 152
Moore, Charles C., 13
Moore, Charles C., 193
Moore, Charles C., 207
Moore, Clark, 104
Moore, Clark, 154
Moore, Daniel, 160
Moore, David, 292
Moore, David, 367
Moore, Edmund, 279
Moore, Frederick, 101
Moore, Gasland, 115
Moore, George, 148
Moore, George, 242
Moore, George, 336
Moore, George E., 133
Moore, Henley W., 364
Moore, Henry, 55
Moore, Herman, 170
Moore, Hiram, 36
Moore, Jacob, 214
Moore, James, 139
Moore, James, 159
Moore, James, 185
Moore, James, 190
Moore, James, 316
Moore, James, 319
Moore, James, 338
Moore, James, 345
Moore, James, 357
Moore, James, 367
Moore, Jas F., 13
Moore, Jeremiah, 163
Moore, Jeremiah, 284
Moore, Jeriah, 123
Moore, Jesse, 14
Moore, Jesse, 143
Moore, Jesse, 221
Moore, Joel P., 122
Moore, John, 11
Moore, John, 28
Moore, John, 34
Moore, John, 34
Moore, John, 75
Moore, John, 164
Moore, John, 165
Moore, John, 170
Moore, John, 183
Moore, John, 229
Moore, John, 319
Moore, John T., 119
Moore, John W., 143

INDEX

Moore, Jonathan, 74
Moore, Joseph, 82
Moore, Joseph, 351
Moore, Joshua, 33
Moore, Joshua, 240
Moore, Joshua, 294
Moore, Lee, 314
Moore, Lewis, 271
Moore, Moses, 149
Moore, Moses, 293
Moore, Nathan, 200
Moore, Nathaniel, 64
Moore, Nathaniel D., 157
Moore, Nimrod H., 357
Moore, Richard, 174
Moore, Robert, 176
Moore, Robert, 348
Moore, Robert, 360
Moore, Samuel, 3
Moore, Samuel, 176
Moore, Samuel, 180
Moore, Samuel, 241
Moore, Samuel, 241
Moore, Samuel, 249
Moore, Samuel, 259
Moore, Samuel, 322
Moore, Samuel T., 115
Moore, Shadrock, 11
Moore, Simeon, 233
Moore, Tennen, 348
Moore, Thomas, 193
Moore, Thomas, 348
Moore, Thomas P., 35
Moore, Thomas P., 152
Moore, Thomas P., 309
Moore, Timothy T., 33
Moore, William, 17
Moore, William, 99
Moore, William, 117
Moore, William, 127
Moore, William, 129
Moore, William, 139
Moore, William, 185
Moore, William, 222
Moore, William, 226
Moore, William, 247
Moore, William, 351
Moore, William H., 115
Moorman, David H., 363
Moorman, Jesse, 364
Moorman, Lewis, 364
Moran, Barnett C., 183
Moran, Barnett C., 247
Moran, Joshua, 183
Moran, Nicholas, 195
Moratta, Sylvester, 11
Morby, Thomas H., 92
More, Thomas, 283

Morehead, Aaron, 150
Morehead, Andrew, 99
Morehead, Bennet, 218
Morehead, Joel, 212
Morehead, Presley, 41
Morehead, William, 350
Moreland, James, 124
Moreland, John, 328
Moreland, John, 330
Moreland, Richard, 49
Moreland, Samuel, 211
Moreton, James, 266
Morey, John, 134
Morford, Daniel, Jr., 319
Morford, Thomas, 337
Morgan Garrett, 30
Morgan, Abraham, 295
Morgan, Allen, 108
Morgan, Barton, 99
Morgan, Barton, 355
Morgan, Daniel, 94
Morgan, Daniel, 314
Morgan, George, 315
Morgan, Hugh, 102
Morgan, James, 331
Morgan, Jeremiah, 24
Morgan, John, 46
Morgan, John, 85
Morgan, John, 105
Morgan, John, 107
Morgan, John, 123
Morgan, John, 265
Morgan, Joseph, 40
Morgan, Joseph, 314
Morgan, Jubel, 297
Morgan, Lambeth, 300
Morgan, Moses, 25
Morgan, Samuel, 87
Morgan, Samuel, 218
Morgan, Thomas, 132
Morgan, Vincent, 143
Morgan, W., 112
Morgan, Will, 207
Morgan, William, 77
Morgan, William, 221
Morgan, William, 320
Morin, James, 140
Morin, James, 187
Morin, Joseph, 29
Morlin, William G., 54
Morlow, Peter, 299
Morr, William, 281
Morrell, Greenlief, 186
Morrell, John, 25
Morris, Caleb, 233
Morris, David, 311
Morris, Elijah, 42
Morris, Ely, 282

Morris, George, 81
Morris, George, 182
Morris, George, 227
Morris, George, 338
Morris, Gideon D., 338
Morris, Henry, 111
Morris, Isaac, 355
Morris, Jacob, 323
Morris, James, 60
Morris, James, 121
Morris, James, 139
Morris, James, 245
Morris, Jasper, 98
Morris, Jesse, 20
Morris, Jesse, 68
Morris, Jesse, 205
Morris, John, 81
Morris, John, 98
Morris, John, 202
Morris, John, 281
Morris, John, 319
Morris, John, 338
Morris, John, 360
Morris, John H., 138
Morris, John H., 365
Morris, Joseph, 43
Morris, Joseph, 107
Morris, Joseph, 355
Morris, Joseph, 368
Morris, Miles, 54
Morris, Miles, 59
Morris, Miles, 275
Morris, Morris, 315
Morris, Reuben, 295
Morris, Richard, 139
Morris, Samuel, 128
Morris, Samuel, 258
Morris, Thomas, 102
Morris, Walter, 336
Morris, William, 130
Morris, William, 182
Morris, William, 235
Morris, William, 284
Morris, William, 333
Morris, William G., 113
Morris, William V., 125
Morrison, Archibald, 195
Morrison, Boswell, 113
Morrison, David, 130
Morrison, David, 133
Morrison, George, 76
Morrison, George, 160
Morrison, George, 365
Morrison, Hugh, 54
Morrison, James, 59
Morrison, James, 97
Morrison, James, 357
Morrison, John, 12

INDEX

Morrison, John, 93
Morrison, John, 319
Morrison, John C., 206
Morrison, John C., 253
Morrison, Joseph, 258
Morrison, Nathaniel S., 235
Morrison, Robert, 76
Morrison, Robert, 87
Morrison, Robert, 218
Morrison, Samuel, 146
Morrison, William, 219
Morrison, William W., 65
Morrit, Samuel, 94
Morrow, Andrew, 34
Morrow, David, 362
Morrow, Edward, 360
Morrow, James, 205
Morrow, John, 122
Morrow, John, 299
Morrow, John, 320
Morrow, John, 362
Morrow, Thomas, 362
Morrow, Thomas F., 268
Morse, Henry, 250
Morse, James, 239
Morsford, James, 368
Morton, Armstead, 14
Morton, David, 100
Morton, Elijah, 119
Morton, George, 193
Morton, Jacob, 114
Morton, James, 37
Morton, Jeremiah, 264
Morton, John, 14
Morton, John, 40
Morton, John, 100
Morton, John, 192
Morton, Joseph, 40
Morton, Nat, 135
Morton, Nathaniel, 87
Morton, Washington, 341
Morton, William, 26
Morton, William, 116
Morton, William H., 13
Morton, Wm., 1
Mosby, Benjamin, 16
Mosby, Daniel, 108
Mosby, Daniel, 222
Mosby, Edward, 251
Mosby, John, 197
Mosby, Nicholas, 251
Mosby, Nicholas, 263
Mosby, Robert, 251
Mosby, Thomas, 108
Mosby, Thomas, 204
Mosby, Thomas H., 79
Mosby, Thomas H., 214
Mosby, Waid, 204

Mosby, William, 103
Mosby, William, 238
Moseby, John, 344
Moseby, Micajah, 281
Moseby, Nicholas, 121
Moseby, Robert, 152
Moseley, Edward, 122
Moseley, Edward, 255
Moseley, Jesse, 46
Moseley, Thomas, 178
Mosely, Blackman, 39
Mosely, Daniel, 45
Mosely, Joseph, 33
Mosely, William, 266
Moser, Jacob, 345
Moser, Sian, 65
Moses, _____, 311
Mosley, Daniel P., 125
Mosley, John, 30
Mosley, Thomas, 125
Moss, Benjamin, 145
Moss, Benjamin T., 36
Moss, Francis, 335
Moss, George, 196
Moss, John, 329
Moss, Mason, 103
Moss, Pleasant, 112
Moss, Pleasant, 205
Moss, Thomas, 36
Moss, Thomas S.T., 145
Moss, William, 3
Moss, William, 58
Moss, William, 120
Moss, William, 177
Moss, William, 204
Moss, William P., 36
Moss, William P., 145
Motherhead, Alvan, 104
Motherhead, John, 168
Mothersfield, Thomas, 348
Mott, Orange, 97
Mott, William, 66
Mount, Thomas, 161
Mount, Thomas J., 161
Mountjoy, Charles, 236
Mountjoy, Edmond, 90
Mountjoy, John, 106
Mountjoy, John, 139
Mountjoy, Thomas, 347
Mountjoy, William, 137
Mountjoy, William, 139
Mowny, Adam, 302
Moxey, John, 78
Moxey, William, 78
Moxley, William, 239
Mozer, George, 102
Muck, Joseph, 263
Muckelroy, Samuel, 250

Muckleroy, James, 21
Mucleroy, Henry, 159
Mudd, Daniel, 8
Mudd, Francis, 305
Mudd, Henderson, 167
Mudd, Hezekiah, 9
Mudd, Thomas, 9
Mug, Benjamin, 175
Mug, William, 175
Mulberry, John, 17
Mulberry, John, 187
Muldraugh, George F., 115
Muldro, George F., 123
Muldrough, Andrew, 250
Muldrough, Hugh, 250
Muldrough, John, 115
Muley, James, 200
Mulholin, William, 102
Mulican, John T., 227
Mullen, Daniel, 58
Mullen, James, 101
Mullen, Lindsey, 87
Mullen, Rice M., 64
Mullen, Samuel, 343
Mullens, Charles, 154
Mullens, Joseph, 101
Muller, John, 366
Mullery, James, 65
Mullican, James, 240
Mullican, John G., 33
Mulligan, Burton, 28
Mulligan, James, 335
Mulligan, Jedediah, 354
Mulliken, James, 306
Mulliken, William, 307
Mullikin, Benjamin, 27
Mullikin, Charles, 27
Mullikin, John, 286
Mullin, Ambrose, 218
Mullin, Lindsey, 208
Mullins, Samuel, 244
Mullins, Solomon, 316
Mullins, William, 316
Mulvaney, John, 339
Mulvaney, William, 339
Mum Eliptet, 229
Mumman, Jacob, 56
Mun, Robert, 16
Munathan, John, 345
Muncey, Joshua, 60
Mundle, James, 343
Munroe, James, 51
Munroe, William C., 87
Munscher, Hagan, 338
Munsey, Jacob, 72
Munsey, John, 60
Munsey, Reuben, 345
Munsford, William, 324

INDEX

Munson, Amzi, 273
Mure, Jeremiah, 229
Mure, Richard, 229
Mure, Robert, 229
Murphy, Andrew, 343
Murphy, Barney, 337
Murphy, Benjamin, 146
Murphy, Benjamin, 147
Murphy, Bennett, 157
Murphy, Charles, 42
Murphy, Daniel, 340
Murphy, Daniel, 351
Murphy, Edward, 348
Murphy, Hayes, 78
Murphy, Isaac, 351
Murphy, James, 147
Murphy, James, 237
Murphy, James, 250
Murphy, James, 323
Murphy, Jesse, 360
Murphy, John, 21
Murphy, John, 42
Murphy, John, 62
Murphy, John, 133
Murphy, John, 167
Murphy, John, 175
Murphy, John, 316
Murphy, Joshua, 187
Murphy, Richard, 11
Murphy, Samuel, 39
Murphy, Samuel, 47
Murphy, Samuel, 181
Murphy, Stephen, 42
Murphy, Stephen, 146
Murphy, Terence, 334
Murphy, Thomas, 59
Murphy, Thornton, 311
Murphy, William, 61
Murphy, William, 134
Murphy, William B., 311
Murphy, William T., 63
Murphy, Zachariah, 113
Murray, Alfred, 147
Murray, Charles, 72
Murray, Daniel, 73
Murray, David, 368
Murray, David R., 8
Murray, James, 252
Murray, Levi, 272
Murray, William, 44
Murray, William, 260
Murray, William, 265
Murray, William, 346
Murrell, George, 241
Murrell, Samuel, 151
Murrell, Samuel, 261
Murril, George, 151
Murrow, James, 82

Murry, James, 6
Murry, James, 194
Murry, John, 280
Murry, Samuel, 316
Murvin, David, 310
Muser, Stephen, 65
Musgrove, Gabriel, 132
Musgrove, William, 273
Music, John, 362
Musick, Martin, 350
Musselman, Jacob, 370
Musset, James, 211
Mussulman, Daniel, 185
Mustard, William, 327
Mustard, William, 331
Myers, Abraham, 83
Myers, Abraham, 211
Myers, Benjamin, 303
Myers, Christopher, 350
Myers, Daniel, 237
Myers, Daniel L., 156
Myers, David, 214
Myers, David, 237
Myers, David, 305
Myers, David, 353
Myers, George, 102
Myers, George, 234
Myers, George, 242
Myers, Henry, 15
Myers, Henry, 317
Myers, Isaac, 66
Myers, Isaac, 312
Myers, Jacob, 9
Myers, Jacob, 30
Myers, Jacob, 205
Myers, Jacob, 225
Myers, Jacob, 249
Myers, Jacob, 323
Myers, Jacob, 333
Myers, Jacob, 355
Myers, Jacob, Jr., 328
Myers, John, 111
Myers, John, 114
Myers, John, 237
Myers, Jonathan, 196
Myers, Joseph, 9
Myers, Lewis, 211
Myers, Lewis W., 40
Myers, Michael, 353
Myers, Peter, 237
Myers, Samuel C., 303
Myers, William, 312
Myers, William, 312
Myers, William, 333
Myers, William, Sr., 328
Myler, John, 35
Myles, James, 35
Myles, James, 164

Myles, James, 170
Myles, John, 169
Myles, John Jr., 164
Myles, Richard, 165
Myqua, Michael, 343
Myrtle, William, 299
Mysinger, John, 330
Mysinger, William, 330
N orris, John, 368
Nabb, Charles W., 36
Nabb, Charles W., 170
Nafe, Daniel, 103
Nail, Joseph, 342
Nail, Joseph, 348
Nailor, Francis, 32
Nailor, John, 32
Nall, Wm H., 30
Nance, James, 55
Nance, Robert, 55
Nance, Robert H., 312
Nance, Thomas W., 9
Nance, Thomas W., 312
Nanny, Spencer, 283
Nape, Daniel, 265
Napier, William, 286
Napper, James, 110
Nash, Benjamin, 335
Nash, John, 21
Nash, John W., 28
Nash, Marvel M., 165
Nation, Francis, 251
Nation, Hezekiah, 271
Nation, Laban, 278
Nations, Frederick, 342
Nations, Frederick, 346
Nations, Sampson, 193
Natran, Laban, 256
Natron, Francis, 227
Nay, Bennet, 161
Nay, James, 161
Nay, John, 161
Naylor, George T., 293
Naylor, Jesse, 293
Naylor, John, 119
Naylor, John, 293
Neal, Benjamin, 5
Neal, Charles, 109
Neal, Charles, 123
Neal, Charles, 140
Neal, Elias, 169
Neal, Elijah, 255
Neal, Fielding, 123
Neal, George, 112
Neal, Isaac, 157
Neal, Isaac, 287
Neal, James, 28
Neal, James, 83
Neal, James, 109

INDEX

Neal, James, 252
Neal, Jesse, 292
Neal, John, 122
Neal, John, 123
Neal, John, 367
Neal, Miner, 238
Neal, Richard D., 58
Neal, Robert, 75
Neal, Thomas, 98
Neal, Thomas, 178
Neal, Thomas M., 176
Neal, William, 226
Neal, Winston M., 272
Neal, Zechariah, 312
Neale, Martin, 254
Neale, Richard D., 175
Neales, James, 17
Neales, John, 17
Nealey, Isaac, 157
Nealy, James, 265
Nealy, Thomas, 335
Neaver, Daniel, 305
Neaves, Daniel, 350
Neaves, William, 96
Neaves, William, 305
Nechum, Peter, 67
Necomb, John, 353
Neda, Philip, 352
Nedry, Thomas, 70
Neebart, Alexander, 284
Neebs, Thomas, 101
Neele, James, 210
Neeley, William, 43
Neely, George, 83
Neely, George, 211
Neff, Henry, 181
Negley, George, 281
Neil, William, 60
Neily, John, 279
Nelis, Charles, 316
Nell, Philip, 280
Nellery, Henry, 96
Nelly, Edmund, 191
Nelson, Ambrose, 243
Nelson, Andrew, 244
Nelson, David, 59
Nelson, Graham, 229
Nelson, Graham, 326
Nelson, Graham, 369
Nelson, James, 14
Nelson, Joel, 295
Nelson, John, 55
Nelson, John, 305
Nelson, John, 326
Nelson, Mathew, 243
Nelson, Thomas, 5
Nelson, Thomas, 131
Nelson, Thomas, 243

Nelson, Thomas, 362
Nelson, William, 149
Nelson, William, 275
Nelson, William, 296
Nelson, William, 305
Nelson, William, 368
Nelson, William, 370
Nepper, James, 124
Nerit, Hugh, 59
Nerkerris, Thomas, 273
Nesbit, Alex, 42
Nesbit, James, 210
Nesbit, John, 142
Nesbit, Joseph, 140
Nesbit, Samuel, 96
Nesbit, Samuel B., 146
Nesbitt, John, 352
Nesse, Jesse, 200
Netherland Powhattan, 207
Netherland, John, 112
Netherland, John, 272
Nevell, Stewart, 226
Nevell, Thomas, 226
Nevens, Henry, 111
Nevil, Joseph, 100
Nevill, James, 256
Nevill, Joseph, 256
Nevill, William, 256
Neville, Hugh, 348
Neville, James, 305
Nevit, William, 254
Nevitt, Hugh, 342
New, George W., 262
New, George W., 264
New, Jacob, 88
New, Jacob, 208
New, Peter, 89
New, Peter, 190
New, Peter, 210
New, William, 88
New, William, 208
Newal, Armstrong, 111
Newall, Samuel, 156
Newby, Gamaliel, 63
Newcomb, Bennett, 194
Newcomb, Isaac, 191
Newcomb, Lance, 293
Newcomb, Wilson, 290
Newdegate, William, 180
Newel, James, 322
Newel, Littleberry, 195
Newell, Archibald, 298
Newell, Barnett, 80
Newell, George, 370
Newell, Hugh, 25
Newell, Hugh, 322
Newell, James, 177
Newell, John, 278

Newell, john, 370
Newell, John M., 74
Newell, Robert, 224
Newell, Robert, 322
Newell, Taylor, 319
Newelle, John M., 154
Newitt, Hugh, 56
Newkirk, Jacob, 159
Newkirk, William, 299
Newland, Abraham, 184
Newland, Abraham, 311
Newland, Benoni S., 37
Newland, Harrod, 137
Newland, Isaac, 37
Newland, James, 38
Newland, Joel, 38
Newland, Joel, 368
Newland, John A., 51
Newman, George, 184
Newman, Henry, 184
Newman, Henry, 334
Newman, Howard, 343
Newman, Isaac, 193
Newman, Isaac, 280
Newman, Jacob, 277
Newman, John, 36
Newman, John, 269
Newman, John, 305
Newman, Joseph, 6
Newman, Martin, 48
Newman, Richard R., 329
Newman, Simeon, 370
Newman, Thomas, 305
Newman, Wial, 254
Newman, William, 67
Newman, William, 88
Newman, William, 208
Newman, William, 277
Newman, William, 362
Newman, William, 369
Newmon, John, 322
Newton, Amos, 158
Newton, Benjamin, 178
Newton, Ignatius, 297
Newton, Isaac, 54
Newton, James, 167
Newton, James, 313
Newton, James, 369
Newton, Jesse, 58
Newton, Jesse, 59
Newton, John, 324
Newton, Reuben, 12
Newton, William, 364
Newton, William S., 8
Nibbs, George, 99
Nice, David, 342
Nice, David, 346
Nichals, Erasmus, 140

Nichison, David, 318
Nicholas, Carey, 337
Nicholas, Charles, 338
Nicholas, George, 32
Nicholas, Henry, 218
Nicholas, John F., 329
Nicholas, Joseph, 193
Nicholas, Luke, 281
Nicholas, Michael, 52
Nicholas, Nicholas, 218
Nicholas, Robert, 32
Nicholas, Robert, 229
Nicholas, Thomas, 87
Nicholas, Thomas, 218
Nichols, Abraham, 267
Nichols, Alexander, 62
Nichols, Edward, 156
Nichols, Garland, 267
Nichols, Henry, 267
Nichols, Henry, 355
Nichols, James, 135
Nichols, James, 327
Nichols, John, 56
Nichols, John, 135
Nichols, John, 297
Nichols, John, 307
Nichols, Joseph, 197
Nichols, Simon, 139
Nichols, Thomas, 286
Nichols, Willis, 307
Nicholson, John, 149
Nicholson, John, 244
Nicholson, Leonard, 65
Nicholson, Leonard, 158
Nicholson, Parker C., 35
Nicholson, Samuel, 124
Nicholson, Thomas, 180
Nicholson, William, 149
Nicholson, William, 244
Nickcole, Luke, 3
Nickell, Joseph, 195
Nickle, Charles, 266
Nickle, John, 273
Nicks, John, 327
Nickson, William, 282
Nickum, Abraham, 194
Nicolson, James, 255
Night, Jacob, 224
Night, Jno. Sr., 3
Night, John, 65
Night, John, 300
Nights, Jno. Jr., 3
Nilson, Andrew, 15
Nipscomb, Ambrose, 194
Nivans, James, 243
Nivens, George, 255
Nixon, Benjamin, 348
Nixon, James, 7

Nixon, James, 283
Nixon, Scarlett, 24
Noah, John, 349
Noakes, John, 64
Noble, Adam I., 65
Noble, Jackson, 41
Noble, Jackson, 47
Noble, James, 13
Noble, John, 327
Noble, Mark, 62
Noble, Thomas, 294
Noble, William, 26
Noce, Thomas, 194
Noe, James, 196
Noel, Barnett, 215
Noel, Dudley, 235
Noel, James, 272
Noel, Joel, 75
Noel, Theoderick, 18
Nolan, Barnabus, 352
Nolan, Henry, 129
Nolan, William, 129
Noland, John, 33
Noland, John R., 160
Noland, Ledstone, 200
Noland, Silas, 361
Noles, Robert, 275
Nolin, Joseph, 71
Nolin, William, 104
Noll, Roderick, 272
Nolly, John G., 70
Nontz, John B., 347
Noon, James, 338
Noonan, James, 255
Noonan, John, 272
Norcut, Arthur, 242
Norman, Caleb, 25
Norman, Caleb, 89
Norman, Caleb, 190
Norman, Caleb, 210
Norman, John, 85
Norman, John, 217
Norman, John, 357
Norman, John, Jr., 94
Norman, Joseph, 348
Norman, Joseph, Jr., 100
Norman, Joseph, Sr., 100
Norrel, James, 111
Norrell, Joshua, 144
Norris, Archibald, 138
Norris, Benjamin, 92
Norris, Benjamin, 97
Norris, Benjamin, 132
Norris, Beverly, 345
Norris, Ephraim, 272
Norris, Gabriel, 133
Norris, James, 98
Norris, James, 314

Norris, James, 330
Norris, John, 87
Norris, John, 138
Norris, John, 208
Norris, John, 218
Norris, John, 360
Norris, Nathaniel, 217
Norris, Thomas, 283
Norse, Charles, 9
Northcraft, James F., 250
Northcut, Arthur, 294
Northcut, George, 266
Northcut, John, 156
Northrup, Ara, 351
Norton, David, 139
Norton, George, 106
Norton, Henry, 139
Norton, Obediah, 344
Norton, Robert, 341
Norton, Robert, 352
Norton, Thos. P., 3
Norton, William, 139
Norton., James, 14
Nortrip, John, 62
Norville, Lepscombe, 231
Norwell, Joshua, 159
Norwood, Charles, 251
Norwood, James, 315
Nott Joseph, 91
Nott, James, 5
Nott, Joseph, 214
Novel, Samuel, 70
Novelle, Henry, 358
Nowland, John, 270
Nowlin, John, 279
Nugent, William, 335
Null, Samuel, 343
Nunegard, William, 278
Nunley, Robert, 32
Nunn, Jno., 1
Nurn, Ellis, 335
Nurse, James H., 174
Nurse, William, 174
Nusam, William, 46
Nusell, Henry, 282
Nuton, Isaac, 65
Nutter, Thomas, 123
Nutter, William, 205
Oakison John, 218
Oakley, John, 126
Oakman, John, 14
Oakwood, Henry, 137
Oalder, Jonathan, 290
Oates, William, 1
Oatman, George, 149
Oatman, Peter, 292
Obanion, John, 155

Obinion or Albanion, George, 294
O'Blakeby, William, 319
O'Brannion, Bryant, 273
O'Brien, Daniel, 121
O'Brien, Jordan, 282
O'Brien, Mescheck, 342
O'Brient, Henry, 53
Ochiltree, Thomas, 89
Ochiltree, William, 193
Oden, William, 137
Oder, Barnet, 322
Odey, Martin, 266
O'Donald, Hugh, 335
Odor, Barnett, 89
Odor, Barnett, 90
Odor, Joseph, 140
Odour, Martin, 184
Odour, William, 184
Odras, John, 336
Ody, Baull, 190
Oehiltree, Thomas, 190
Offard, Esti, 93
Offett, Hugh, 236
Offutt, Fielder, 35
Offutt, William, 158
Offutt, William C., 122
Ogburn, Thomas, 104
Ogden, David, 280
Ogden, Francis, 357
Ogden, James, 250
Ogden, James, 303
Ogden, John W., 147
Ogden, Levi, 303
Ogden, Masterson, 35
Ogden, Masterson, 165
Ogden, Masterson, 169
Ogden, Thomas, 174
Ogden, Zachariah, 303
Ogelsby, William, 350
Ogg, Richard, 333
Ogilvie, James, 243
Ogle, David, 140
Oglesby, Ellis, 13
O'Hara, John, 134
Ohiltree, William, 207
Oiler, Leonard, 146
Oitner, Joseph, 358
Okely, John P., 106
Old, Daniel, 316
Oldburn, Philip, 168
Older, Jonathan, 191
Older, Reuben, 191
Oldham, Daniel, 56
Oldham, Daniel D., 172
Oldham, Daniel D., 366
Oldham, George, 56
Oldham, George, 162

Oldham, Goodman, 65
Oldham, Jesse, 103
Oldham, John, 172
Oldham, John, 261
Oldham, Moses, 69
Oldham, Nathan H., 193
Oldham, Richard, 334
Oldham, Richard, 340
Oldham, William, 366
Oldman, James, 88
Oldridge, Nathaniel, 296
Oliver, Archy, 237
Oliver, Benjamin, 20
Oliver, Benjamin, 204
Oliver, Dury, 275
Oliver, James, 35
Oliver, Joel, 338
Oliver, John, 105
Oliver, John, 197
Oliver, John, 198
Oliver, John, 199
Oliver, Pleasant, 227
Oliver, Rice, 239
Oliver, William, 273
Oliver, Willis, 20
Olmstead, James, 328
Olmstead, James, 333
Olvey, Thomas, 219
Olvy, Clement, 303
Olvy, Thomas, 303
Onal, George, 86
Onan, Peter, 226
O'Neal, Bennett, 278
O'Neal, George, 187
O'Neal, Henry, 80
O'Neal, Henry, 215
O'Neal, Henry, 335
O'Neal, James, 167
O'Neal, John, 221
O'Neal, John, 233
O'Neal, John, 274
O'Neal, Jonas, 72
O'Neal, Spencer, 24
O'Neal, Spencer, 181
O'Neal, Thomas, 147
O'Neal, Thomas, 319
O'Neal, William, 108
O'Neal, Willis, 37
O'Neil, Owen, 348
Onlow, Reuben, 329
oore, Jesse, 7
Ora, John, 219
Oram, John, 113
Orchard, John, 263
Organ, Micajah, 271
Organ, Thomas, 60
Organ, Thomas, 141
Organ, Thomas, 325

Organ, Thomas, 366
Orme, Maurice, 50
Orme, Nathaniel, 50
Orme, Philip, 50
Ormer, Peter, 299
Ormes, Elly, 281
Ormes, Elly, Jr., 281
Ormes, Nathan, 281
Ormes, Nathan, 281
Orms, James, 144
Orms, Nicholas, 136
Ormsby, Nicholas, 185
Ornick, Samuel, 353
Orr, James, 89
Orr, James, 90
Orr, James, 190
Orr, James, 210
Orr, John, 6
Orr, John, 239
Orr, Washington, 93
Orsborn, George, 169
Orsbourn, John, 187
Orsburn, George, 27
Orzburn, Eli, 325
Orzburn, Jacob, 325
Osborn, Ezekiel, 304
Osborn, Jesse, 104
Osborn, John, 238
Osborn, John, 298
Osborn, Jonathan, 52
Osborn, Joseph, 239
Osborn, Morgan, 368
Osborn, Reuben, 104
Osborn, Samuel, 288
Osborn, Squire, 60
Osborn, Squire, 317
Osborn, William, 104
Osborn, William, 218
Osborne, Edward, 312
Osborne, Horatio, 343
Osborne, Thomas, Jr., 312
Osborne, Wilson S., 180
Osbourn, John, 236
Osburn, Fielding, 88
Osburn, Fielding, 208
Osburn, Horatio, 72
Osburn, John, 86
Osburn, John, 94
Osburn, Samuel, 147
Osburn, St Clair, 88
Osburn, St Clair, 208
Osmond, Jabez, 18
Osten, Jeremiah, 300
Osten, Obediah, 369
Ousley, John, 22
Outen, Charles, 317
Outhouse, Israel, 221
Outright, Cornelius, 369

INDEX

Overdewple, Conrad, 137
Overfield, Mose, 105
Overlease, Jacob, 150
Overline, Jonathan, 56
Overly, Peter, 107
Overstreet, Robert D., 119
Overstreet, W., 112
Overton, Edward, 312
Overton, Moses, 302
Overton, Samuel R., 17
Overtuns, Garland, 206
Overturf, Conrad, 137
Owen, David, 23
Owen, Horatio, 199
Owen, John, 36
Owen, John, 170
Owen, Morton, 69
Owen, Robert, 33
Owen, Thomas, 249
Owen, Thomas, 348
Owen, William, 160
Owens, Alfred, 314
Owens, Allen, 182
Owens, Elijah, 155
Owens, Francis, 339
Owens, George, 304
Owens, Henry, 267
Owens, Henry, 86
Owens, Horatio, 229
Owens, James, 267
Owens, James, 316
Owens, John, 26
Owens, John, 73
Owens, John, 106
Owens, John, 123
Owens, John, 157
Owens, John, 256
Owens, John, Jr., 339
Owens, John, Sr., 339
Owens, Jonathan, 229
Owens, Joshua, 91
Owens, Joshua, 214
Owens, Levi, 265
Owens, Martin, 182
Owens, Nathaniel, 32
Owens, Nelson, 365
Owens, Nicholas, 156
Owens, Philip, 26
Owens, Presley, 183
Owens, Samuel, 70
Owens, Samuel, 183
Owens, Samuel, 229
Owens, Stephen, 319
Owens, Wiatt, 38
Owens, Wilfred, 38
Owens, Will, 10
Owens, William, 157
Owens, William, 278

Owens, William, 338
Owens, Zadoc, 265
Owensby, Nicholas, 277
Owings, Bozwell, 117
Owings, Henry, 226
Owings, James, 297
Owings, John, 107
Owings, Thomas, 106
Owings, William, 129
Owls, James, 199
Owne, David, 22
Owsley, Ebsworth, 244
Owsley, Elsworth, 149
Owsley, Henry, 150
Owsley, Henry, 191
Owsley, Jonathan, 289
Owsley, Levi, 241
Owsley, Thomas, 150
Owsley, William, 199
Owsley, William, 241
Owsley, Zachariah, 150
Oxen, George, 114
Oxley, Henry, 101
Oysterman, Joseph, 338
Ozborn, Edward, 9
Ozburn, Morgan, 100
Ozburn, Squire, 100
P Leathers, Thomas, 141
Pace, Daniel, 181
Pace, Joel, 181
Pace, Joseph, 30
Pace, William, 3
Pack, Daniel, 94
Pack, George, 316
Padden, John, 300
Padfield, Thomas, 3
Padget, John, 128
Padget, Timothy, 212
Padgett, Alfred, 320
Padgett, Timothy, 90
Page, David, 342
Page, David D., 348
Page, Joel, 31
Page, Lawrance, 47
Page, Lawrence, 42
Page, Thomas, Sr., 135
Page, William, 284
Page, William F., 232
Paine, Elzy, 305
Paine, John, 67
Painter, Ezekiel, 207
Painter, William, 300
Palmer, Henry, 71
Palmer, Jesse, 346
Palmer, John, 199
Palmer, Lewis, 30
Palmer, Richard, 353
Palmer, Thomas, 140

Palmer, Thomas, 141
Palmer, Thomas, 233
Palmer, Thomas, 270
Palmer, Thomas, 370
Palmer, William, 141
Palmour, James, 7
Pankey, John B., 294
Pannell, Benjamin, 33
Panter, David, 64
Panton, George, 231
Parberry, James, 123
Parcel, John, 134
Parent, Samuel, 85
Parent, Samuel, 217
Parents, John, 332
Parian, John, 66
Parimour, Nathaniel, 366
Paris, James, 199
Paris, Joseph, 93
Parish, Daniel, 58
Parish, James, 193
Parish, Mathew, 36
Parish, Matthew, 170
Parish, Nicholas, 235
Parish, Price, 206
Parish, Price, 299
Parish, William, 258
Park, James, 351
Park, Jonathan, 246
Park, Timothy, 87
Parker, Asa, 302
Parker, B.W., 32
Parker, Charles, 38
Parker, Charles, 135
Parker, David, 271
Parker, Edmund, 146
Parker, Elijah, 329
Parker, Enoch, 36
Parker, Enoch, 170
Parker, Garland, 102
Parker, Garland, 368
Parker, Harvay, 222
Parker, Henry, 336
Parker, Ira, 353
Parker, James, 33
Parker, James, 202
Parker, James P., 109
Parker, Jarvis, 368
Parker, Joel, 107
Parker, Joel, 125
Parker, John, 38
Parker, John, 121
Parker, John, 331
Parker, John T., 368
Parker, Levi, 102
Parker, Lewis, 40
Parker, Lewis, 47
Parker, Lewis, 173

INDEX

Parker, Lewis, 345
Parker, Marshall, 138
Parker, Nathan, 246
Parker, North, 124
Parker, Pleasant, 182
Parker, Richard, 42
Parker, Samuel, 4
Parker, Samuel, 274
Parker, Samuel, 338
Parker, Solomon, 100
Parker, Solomon, 135
Parker, Thomas, 41
Parker, Thomas, 212
Parker, Wiley, 146
Parker, William, 82
Parker, William, 85
Parker, William, 138
Parker, Winslow, 179
Parks, Charles, 263
Parks, Gabriel, 35
Parks, George, 127
Parks, George, 199
Parks, George, 244
Parks, George, 245
Parks, James, 83
Parks, James, 163
Parks, James, 357
Parks, John, 127
Parks, Moses, 148
Parks, Moses, 202
Parks, Patterson, 196
Parks, Samuel, 150
Parks, Willis, 148
Parmer, Thomas, 30
Parnish, Woodson, 325
Parpoint, Charles, 300
Parr, Aaron, 226
Parr, Aaron, 249
Parr, John, 226
Parren, Henry, 369
Parrick, Thomas, 276
Parris, Samuel, 312
Parrish, Anderson, 102
Parrish, Ansolom, 319
Parrish, Ezekiel, 140
Parrish, Francis, 288
Parrish, Isham, 312
Parrish, James, 207
Parrish, Nathaniel, 324
Parrott, John H., 8
Parrott, William, 302
Parsel John, 233
Parson, John, 324
Parsons, Benjamin, 201
Parsons, David, 126
Parsons, David, 298
Parsons, Edward, 355
Parsons, Joseph, 80

Parsons, Joseph, 201
Parsons, Nathaniel, 355
Parsons, Obediah, 290
Parsons, Robert, 357
Parsons, Robert, 362
Parsons, William, 218
Parsot, William, 72
Partwood, John, 69
Pary, Samuel, 368
Pasey, Price, 67
Pasley, John, 229
Passmore, Elias, 75
Pate, Allen, 254
Pate, Allen, 300
Pate, Jeremiah, 300
Pate, Philip, 65
Patrick, George C., 25
Patrick, George C., 117
Patrick, Hugh, 87
Patrick, James, 87
Patrick, James, 218
Patrick, John, 60
Patrick, John, 117
Patrick, John H., 269
Patrick, Luke, 176
Patrick, Samuel, 218
Patrick, William, 126
Patrick, William, 316
Patta, Isaac, 331
Patten, Felix, 67
Patten, Henry, 316
Patten, John, 174
Patten, Josiah, 359
Patter, Jesse, 231
Patterson, David, 320
Patterson, George, 152
Patterson, Henry, 80
Patterson, Henry, 215
Patterson, James C., 28
Patterson, John, 13
Patterson, John, 76
Patterson, John, 85
Patterson, John, 111
Patterson, John, 115
Patterson, John, 217
Patterson, John, 258
Patterson, John, 339
Patterson, John, 348
Patterson, Joseph, 38
Patterson, Joseph, 297
Patterson, Martin, 346
Patterson, Richard, 165
Patterson, Richard, 258
Patterson, Robert, 174
Patterson, Robert, 283
Patterson, Samuel L., 122
Patterson, Thomas, 115
Patterson, Thomas, 279

Patterson, Thomas, 330
Patterson, William, 115
Patterson, William, 115
Patterson, William, 233
Patterson, William, 312
Patterson, William D., 115
Pattey, Jesse, 19
Pattie, Daniel, 160
Pattie, John, 38
Pattie, Lealand, 320
Patton, Alexander, 146
Patton, Benjamin, 255
Patton, Charles, 370
Patton, Francis, 79
Patton, Francis, 215
Patton, James, 151
Patton, John, 16
Patton, John, 260
Patton, John, 319
Patton, Joseph, 3
Patton, Robert B., 242
Patton, Thomas, 130
Patton, William, 140
Patton, William, 151
Patton, William, 185
Patton, William, 260
Patton, William, 338
Paul, Daniel, 313
Paul, Gabriel, 197
Paul, George, 300
Paul, Hugh, 251
Paul, James, 121
Paul, James, 288
Paul, James, 325
Paul, John, 251
Paul, Michael, 113
Pauley, Jeremiah, 211
Pauley, John, 219
Paulk, Moses, 277
Pauly, Zachariah, 273
Paw, Joseph, 231
Paw, William, 231
Paxton, James, 241
Paxton, James A., 179
Paxton, John, 264
Paxton, John, 271
Paxton, Joseph, 21
Paxton, Joseph, 35
Paxton, Joseph, 170
Paxton, Joseph, 206
Paxton, Joseph, 220
Paxton, Robert, 280
Paxton, Thomas, 168
Payett, Salem, 35
Payne, Bailor, 123
Payne, Daniel, 8
Payne, Duval, 220
Payne, Francis, 324

INDEX

Payne, Hamilton, 3
Payne, Henry C., 122
Payne, James B., 38
Payne, John, 38
Payne, John, 83
Payne, John, 211
Payne, John, 239
Payne, John, 271
Payne, John, 323
Payne, John, 368
Payne, John G., 99
Payne, Nathan, 123
Payne, Philip G., 35
Payne, Philip G., 169
Payne, Robert, 18
Payne, Robert, 236
Payne, Samuel, 250
Payne, Samuel, 359
Payne, Silas, 348
Payne, Thomas, 204
Payne, William, 64
Payne, William, 92
Payne, William, 238
Payne, William R., 175
Payton, James, 249
Payton, Thomas, 264
Peachy, William, 110
Peacock, Jacob, 304
Peacock, William, 30
Peade, Gabriel, 317
Peak, James, 208
Peak, John, 124
Peak, Levi, 64
Peak, Spencer, 236
Peak, Spencer, 242
Peake, Daniel, 50
Peake, Joseph, 272
Peakins, Stephen, 218
Pearce, Chester, 118
Pearce, Chester, 118
Pearce, John, 301
Pearce, Samuel, 130
Pearcy, Henry, 36
Pearcy, Henry, 170
Pearcy, Hugh, 307
Pearcy, Nicholas, 36
Pearcy, Robert, 307
Pearl, John, 191
Pearman, Cebert, 219
Pearman, John, 300
Pearman, Samuel, 219
Pearman, Samuel, 300
Pearsall, John, 343
Pearsall, Samuel, 85
Pearson, Bartholomew, 211
Pearson, George, 350
Pearson, George R., 299
Pearson, James, 231

Pearson, Jeremiah, 231
Pearson, Robert, 236
Pearson, Robert H. C., 285
Pearson, Robert M., 18
Pearson, William, 27
Peay, Nicholas, 170
Peay, Turner, 165
Pebell, John, 222
Pebles, Alexander, 93
Pebles, Robert, 245
Peck, Isaac, 94
Peck, Jacob, 7
Peck, James, 19
Peck, James, 85
Peck, James, 217
Peck, Peter, 141
Peckly, Thomas, 253
Pedige, Joshua, 359
Pedigo, Joshua, 50
Peebles Thomas, 199
Peebles, James, 113
Peebles, James, 199
Peebles, John, 127
Peek, Hezekiah, 239
Peek, Thomas, 103
Peel, Hugh, 32
Peeler, George, 129
Pegg, Daniel, 336
Peggs, Jacob, 161
Pelham, Charles H., 94
Pells, Burkins, 80
Pemberton, George, 348
Pemberton, Henry, 168
Pemberton, John, 158
Pemberton, Richard, 20
Pemberton, Richard, 80
Pemberton, Richard, 215
Pemberton, Thomas, 24
Pemberton, Thomas, 161
Pemberton, Thomas C., 74
Pemberton, Walker, 359
Pemberton, William, 151
Pemberton, William T., 32
Pence, Adam, 359
Pence, Henry, 93
Pence, Henry, 266
Pence, John, 18
Pence, John, 150
Pence, John, 290
Pencifield, Henry, 60
Pendleton, Edmund, 126
Pendleton, James, 60
Pendleton, James I., 307
Pendleton, James T., 165
Pendleton, Mace, 260
Pendleton, Rice, 273
Pendleton, William, 190
Pendy, Robert, 369

Penhouse, Daniel, 74
Penick, James, 278
Penick, William, 19
Penick, William, 133
Penington, Anthony, 78
Penlam, William, 316
Penley, Wesley, 298
Penn, Gilbert, 214
Penn, Nimrod, 124
Penn, Noah, 226
Penn, Shadrach, 165
Pennebaker, Peter, 9
Penner, Silvester, 183
Penney, Thomas, 20
Pennington, Abel, 60
Pennington, Edward, 242
Pennington, Samuel, 120
Pennington, Samuel, 255
Pennington, Tobias, 115
Pennington, William, 357
Penny, George, 86
Penny, Thomas, 339
Penny, William W., 19
Pennybaker, William, 53
Penrod, George, 181
Penrod, George, 283
Penrod, John, 42
Penrod, Samuel, 259
Pentecost, John C., 274
Penton, John, 177
Peny, Anthony, 86
Penyear, George, 55
Penyear, John, 55
Peoples, John, 357
Peoples, Seymore, 352
Peper, William, 50
Pepper, Daniel, 166
Pepper, Hiram, 191
Pepper, Jesse, 82
Pepper, Samuel, 17
Pepper, William, 125
Pepper, William, 127
Pepper, William, 368
Percel, Richard, 68
Percell, Thomas, 102
Perciful, James, 219
Percy, Daniel, 88
Percy, Samuel, 88
Perdien, Fergus, 331
Perin, Joseph, 19
Perkins, Are, 17
Perkins, Benjamin H., 148
Perkins, Benjamin H., 242
Perkins, David, 67
Perkins, David, 149
Perkins, Elijah, 358
Perkins, George, 335
Perkins, Isaac, 368

INDEX

Perkins, James T., 85
Perkins, Jeremiah, 104
Perkins, John, 195
Perkins, Richard, 81
Perkins, Richard, 145
Perkins, Richard, 203
Perkins, Richard, 258
Perkins, Samuel, 312
Perkins, Tarlton, 177
Perkins, William, 98
Perkins, William, 181
Perkins, William, 278
Perl, Henry, 190
Perrel, Edward, 231
Perrin, George H., 313
Perrin, George H., 321
Perrit, Edward, 64
Perryfield, Henry, 154
Perry, Anthony, 187
Perry, Daniel, 209
Perry, Daniel, 235
Perry, Daniel, 343
Perry, David, 343
Perry, Elisha, 226
Perry, George, 87
Perry, George, 187
Perry, George, 209
Perry, James, 40
Perry, James, 72
Perry, James, 305
Perry, Samuel, 209
Perry, Willis, 165
Person, Ackles, 66
Person, Jeremiah, 66
Perual, Joshua, 366
Peter, _____, 67
Peter, William, 239
Peters, Aaron, 314
Peters, Isaac, 314
Peters, John, 275
Peters, John O., 45
Peters, Thomas, 332
Peters, William, 338
Peterson, Garrett, 71
Peterson, James, Sr., 187
Peticord, Nathaniel, 127
Pettell, William, 239
Pettet, George, 224
Petticord, Emanuel, 314
Petticord, John, 314
Pettigrew, James, 331
Pettit, Cogswell, 316
Pettit, Walker, 290
Pettitt, John, 110
Pettitt, Melareton, 34
Petty, John, 91
Petty, Samuel B., 227
Petty, William, 113

Pew, Gilbert, 79
Pew, James, 203
Pew, Joseph, 302
Pew, Reuben, 191
Peyton, Benjamin, 207
Peyton, Joseph, 326
Peyton, Valentine, 36
Peyton, Valentine, 140
Peyton, Valentine, 170
Peyton, Yelverton, 247
Pharis, Jesse, 59
Phegley, Jacob, 37
Phelkins, John, 62
Phelps, James, 196
Phelps, William, 83
Phelps, Zachariah, 214
Phemister, Charles, 30
Philip, Benjamin, 93
Philips, Aaron, 286
Philips, David, 5
Philips, David, 71
Philips, George, 235
Philips, George, 291
Philips, George, 362
Philips, Hiram, 223
Philips, Hiram, 3
Philips, Jesse, 297
Philips, John, 20
Philips, John, 73
Philips, John, 81
Philips, John, 96
Philips, John, 303
Philips, John Jr., 20
Philips, Michael, 269
Philips, Nathan, 269
Philips, Richard D., 20
Philips, Samuel S., 279
Philips, Solomon, 251
Philips, Stewart, 4
Philips, Thomas, 20
Philips, Thomas, 55
Philips, Thomas, 59
Philips, Thomas, 119
Philips, Thomas, 269
Philips, William, 296
Phillips, Charles, 359
Phillips, Daniel, 180
Phillips, Gabriel, 314
Phillips, James, 148
Phillips, James, 251
Phillips, John, 9
Phillips, John, 33
Phillips, John, 166
Phillips, John, 217
Phillips, John, 315
Phillips, Joseph, 138
Phillips, Philip, 167
Phillips, Reuben, 333

Phillips, Richard, 332
Phillips, Richard D., 227
Phillips, Samuel, 145
Phillips, Smith, 13
Phillips, Solomon, 227
Phillips, William, 71
Phillips, William, 72
Phillips, William, 224
Phillips, William J., 160
Pickeel, Samuel, 98
Pickell, George, 18
Pickens, James, 4
Pickerel, Samuel, 146
Pickerell, William, 128
Pickering, William, 279
Pickerl, Abe, 14
Picket, William, 224
Pickett Edward, 359
Pickett, George, 88
Pickett, George, 189
Pickett, George, 209
Pickett, Hugh W., 359
Pickett, James, 368
Pickett, John, 278
Picklehimer, Isaac, 149
Picklesimers, Abraham, 316
Pieneal, Jeremiah B., 350
Pierce, Bombary, 77
Pierce, Caleb, 98
Pierce, Chester, 299
Pierce, Hiram, 98
Pierce, Jacob, 72
Pierce, John, 72
Pierce, John, 338
Pierce, Richard, 176
Pierce, Thomas, 166
Pierce, Zachariah, 134
Pierceval, John, 245
Pierson, Allen, 206
Pierson, Allen, 263
Pierson, Bartholomew, 102
Pierson, James, 285
Pierson, Joseph, 286
Piety, Austin, 53
Pigg, David, 322
Pigg, Moses, 12
Pigg, Spencer, 273
Piggott, James, 339
Piggott, Solomon, 342
Piggott, Solomon, 346
Piggs, William, 117
Pigman, Jesse, 137
Pigmon, Adam, 97
Pike, Oliver, 341
Pike, Oliver, 345
Pilcher, Beverly, 110
Pilcher, Lewis, 111
Pilcher, Shadrach, 197

INDEX

473

Pilcher, Shadrach, 206
Pile, Burdit C., 36
Pile, Edward, 254
Pile, Francis, 300
Pile, Thomas, 254
Pile, Thomas C., 36
Pile, William, 258
Piles, Samuel, 226
Piles, William, 362
Pillers, Thomas, 323
Piner, John, 150
Pinkeman, John, 352
Pinkerton, James, 275
Pinkerton, John, 362
Pinor, John, 231
Pintell, Michael, 4
Pinton, John, 88
Piper, John, 136
Pipinger, Henry, 251
Pipinger, John, 251
Pitchard, James, 356
Pitcher, Alexander, 269
Pitcher, Charles, 343
Pitcher, John, 17
Pitcher, Shadrach, 367
Pitman, Asa, 30
Pitman, Lott, 157
Pitman, Samuel, 174
Pitman, Thomas, 65
Pitman, William, 277
Pittell, George, 221
Pittenger, Thomas, 298
Pittman, Bery, 4
Pitts, Berkin, 188
Pitts, Joseph, 33
Pitts, Nathaniel, 17
Pitts, Perkin, 215
Plake, Hezekiah, 265
Planford, Thomas, 8
Plaster, Michael, 22
Pleak, Mathias, 361
Pleasants, William G., 64
Pledger, John, 148
Plough, John, 342
Plough, John, 352
Plough, William, 80
Plough, William, 215
Plowman, John, 193
Plowman, John, 263
Plum, George, 331
Plum, John, 320
Plumber, George, 217
Plumber, Reuben, 218
Plummer, Benjamin, 101
Plummer, Benjamin, 360
Plummer, George, 86
Plummer, George, 101
Plummer, George, 102

Plummer, Isaiah, 101
Plummer, John, 101
Plummer, John, 359
Plummer, Joseph, 239
Plummer, Reuben, 87
Plummer, Reuben, 100
Plummer, Samuel, 101
Plummer, Samuel, 360
Poage, Allen, 135
Poage, James, 135
Poage, John, 131
Poage, John, 135
Poage, Robert, 135
Poage, Thomas, 135
Poague, Joseph, 187
Poange, John, 158
Poar, Robert, 204
Pocket, William, 293
Poe, Benjamin, 222
Poe, Benjamin, 238
Poe, Benjamin, 249
Poe, Edmond, 20
Poe, Edmund, 271
Poe, Jesse, 33
Poe, John, 133
Poe, John, 217
Poe, Thomas, 133
Poe, William, 67
Poer, William, 129
Poet, Christian, 348
Poeton, Elias, 350
Pogue, John H., 98
Pogue, Robert, 92
Pogue, Thomas, 32
Poindexter, John, 271
Poindexter, Meriwether, 33
Poindexter, Peter, 187
Pointer, Cornelius, 156
Pointer, Edmond, 177
Pointer, John, 177
Pointer, Thomas, 6
Points, John, 209
Points, John, 265
Poisal, Peter, 93
Poke, William, 23
Pol, William, 149
Poland, James, 161
Poland, William, 226
Polk, Edmond, 50
Polk, James, 10
Polk, James, 288
Polk, Thomas, 23
Polland, Thomas, 171
Pollard, Abner, 293
Pollard, Allison, 307
Pollard, Benjamin R., 36
Pollard, Benjamin R., 170
Pollard, Elijah, 277

Pollard, John, 82
Pollard, John, 106
Pollard, John, 149
Pollard, Samuel, 314
Pollard, Thomas, 1
Pollard, Thomas, 106
Pollard, Thomas, 173
Polley, John, 165
Pollock, James, 133
Pollock, John, 96
Pollock, John, 355
Pollock, William, 111
Pollock, William, 272
Polly, David, 314
Polly, Jesse, 192
Polly, John, 108
Polly, John, 160
Polly, Joseph, 304
Polly, Peter, 167
Polly, Peter, 305
Polly, William, 76
Pomeroy, Joseph, 13
Pomeroy, William, 326
Pomey, Louis, 328
Pond, David W., 93
Pool, John, 50
Pool, John, 345
Pool, Thomas, 15
Pool, Thomas, 180
Poor, James, 106
Poor, Matthew, 359
Poor, Robert, 251
Poor, William, 323
Poor, William, 323
Poor, William, 333
Poor, William L., 149
Poore, Jesse, 121
Poore, John L., 200
Pope, Alimanaer, 244
Pope, Henry, 64
Pope, Jackquittin A., 105
Pope, Jesse, 255
Pope, Nathaniel W., 164
Pope, Nathaniel W., 167
Pope, Reuben, 226
Pope, William, 13
Pope, William, 244
Popenail, John, 338
Popham, Hawkins, 288
Popham, William, 288
Porter, Andrew, 66
Porter, Andrew, 313
Porter, Benjamin, 27
Porter, Edward W., 139
Porter, Edward W., 365
Porter, Elias, 81
Porter, Ephraim, 193
Porter, Ephraim, 207

INDEX

Porter, Ezekiel, 4
Porter, Francis, 171
Porter, Francis, 283
Porter, James, 283
Porter, James, 298
Porter, Jeremiah, 160
Porter, Joel, 110
Porter, John, 4
Porter, John, 41
Porter, John, 172
Porter, John P., 20
Porter, John R., 125
Porter, John R., 126
Porter, Joseph, 62
Porter, Nathaniel, 307
Porter, Oliver, 41
Porter, Oliver, 47
Porter, Oliver, 171
Porter, Oliver, 284
Porter, Samuel, 110
Porter, Seth, 204
Porter, Thomas, 108
Porter, Thompson, 254
Porter, Wesley, 325
Porter, William, 25
Porter, William, 184
Porter, William, 260
Porter, William, 273
Portlow, Edward, 301
Portlow, Samuel, 301
Porttorff, Andrew, 299
Portwood, Solomon, 263
Posey, Lane W., 174
Posey, Price, 149
Posey, Thomas, 6
Posey, William, 141
Postlenthwait, Charles, 206
Poston, Elias, 203
Potter, Daniel B., 49
Potter, John, 5
Potter, Lemuel, 231
Potter, Thomas, 64
Potter, Thomas, 202
Potter, Thomas, 231
Potter, William, 257
Potter, William, 339
Potts, David, 58
Potts, Fleet, 329
Potts, George, 322
Potts, Henry, 53
Potts, Jonathan, 257
Potts, Thomas, 28
Pouch, William, 101
Poulson, Benjamin, 240
Poulter, Joseph, 286
Poulter, William, 235
Pound, Jonathan, 22
Pound, Samuel, 22

Pour, Richard, 147
Pow, Alexander, 292
Pow, William, 293
Powel, Andrew, 295
Powel, Jeremiah, 181
Powel, John, 181
Powel, Obediah, 181
Powell, Charles, 73
Powell, Charles, 167
Powell, Daniel, 275
Powell, Harry, 338
Powell, Henry, 312
Powell, Isaac, 315
Powell, James, 362
Powell, John, 68
Powell, Joseph, 20
Powell, Robert, 226
Powell, Robert, 315
Powell, Stephen, 128
Powell, Walter, 265
Powell, William, 82
Powell, William, 85
Powell, William, 105
Powell, William, 301
Powell, Zenus, 211
Power, Absalom, 323
Power, Andrew L., 231
Power, Jeremiah, 107
Power, Joseph, 85
Power, Joseph, 187
Power, Joseph, 217
Power, Joseph, 86
Power, Richard, 309
Power, Samuel, 120
Powers, Anderson, 285
Powers, Charles, 271
Powers, Charles, 368
Powers, Henry, 218
Powers, John, 46
Powers, Richard, 235
Powers, Richard, 291
Powers, Robert, 103
Powers, William, 5
Powley, Jesse, 191
Prarett, Elijah, 263
Prat, Fielding, 342
Prater, Calloway, 54
Prater, Elisha, 313
Prater, Elisha, 314
Prater, Reson, 296
Prater, William, 73
Prather, Bassel, 252
Prather, Benj. H., 124
Prather, Benjamin, 324
Prather, Benjamin C., 130
Prather, Elisha, 83
Prather, Elisha, 211
Prather, Ross, 320

Prather, Thomas, 262
Prather, William, 57
Prather, Zephaniah, 83
Pratt, Fielding, 348
Pratt, James, 355
Pratt, John, 236
Pratt, Richard, 144
Pratt, Richard, 304
Pratt, Thomas, 191
Pratt, William, 239
Preses, Bailey, 231
Preston, George, 286
Preston, Isaac, 218
Preston, Isaac, 355
Preston, John, 149
Preston, John, 231
Preston, John, 244
Preston, John, 293
Preston, William, 157
Preston, William, 287
Preston, William, 319
Preston, William, 338
Preston, William, 370
Prethers, William, 306
Preuett, Joel B., 227
Prewet, Shelby, 312
Prewett, Anderson, 77
Prewett, David, 77
Prewett, Joel, 298
Prewit, Lewis, 239
Prewit, Michael, 350
Prewitt, Daniel, 296
Prewitt, David, 290
Prewitt, James, 92
Prewitt, James, 301
Prewitt, James A., 357
Prewitt, Michael, 161
Prewitt, Paul Allen, 189
Prewitt, Robert, 32
Prewitt, Volallen, 31
Prewitt, William, 33
Prewitt, William, 359
Price, Andrew, 265
Price, Benjamin, 366
Price, Bird, 268
Price, Christopher M., 247
Price, Cosby, 115
Price, Dory, 147
Price, Francis, 147
Price, Gardner, 199
Price, Gideon H., 145
Price, Isaiah, 265
Price, James, 55
Price, James, 320
Price, James, 356
Price, James C., 112
Price, John, 36
Price, John, 53

INDEX

Price, John, 60
Price, John, 86
Price, John, 166
Price, John, 187
Price, John, 188
Price, John, 287
Price, Jonathan, 249
Price, Joseph, 10
Price, Martin, 361
Price, Mayor, 174
Price, Phillimon B., 196
Price, Reuben, 166
Price, Richard, 215
Price, Robert, 60
Price, Robert, 281
Price, Robert, 294
Price, Robert, 341
Price, Robert, 352
Price, Samuel, 124
Price, Samuel, 304
Price, Stephen, 333
Price, Veazy, 98
Price, William, 247
Price, William, 272
Price, William, 306
Price, William, 320
Price, William E., 112
Price, William R., 76
Price, William R., 145
Price, Williamson, 32
Price, Zachariah, 312
Prichard, Isaac, 77
Prichards, Alfred, 222
Prickett, Jno., 3
Priest, Daniel, 222
Priest, Elias, 114
Priest, Fielding, 9
Priest, George, 114
Priest, James, 13
Priest, Nathaniel, 261
Priest, Peter, 22
Priest, William, 13
Primrose, William, 353
Prince, William, 274
Pringle, John, 221
Pringle, Samuel, 221
Pringle, William, 221
Printy, Israel, 98
Prior, John, 161
Prior, Simeon, 57
Pritchard, Abraham, 77
Pritchard, Alfred, 266
Pritchard, Benjamin B., 114
Pritchard, Harmon, 82
Pritchard, James, 82
Pritchard, Lewis B., 266
Pritchart, William, 109
Pritchett, Abraham, 152
Pritchett, Levi, 114
Pritchett, Lewis, 198
Probus, Alexander, 50
Proctor, Abraham, 180
Proctor, Isaiah, 122
Proctor, James, 167
Proctor, James, 312
Proctor, John, 255
Proctor, John, 360
Proctor, Thomas, 122
Proctor, Uriah, 133
Proctor, William, 17
Proctor, William, 181
Proctor, William, 307
Proctor, William, 360
Profet, Anderson, 26
Profet, James, 26
Profit, James, 201
Prophet, Anderson, 184
Prophet, Anderson, 350
Prosper, Henry, 370
Prosser, William, 335
Pruce, Robert, 231
Pruden, Daniel, 46
Prue, Isaiah, 103
Prue, James, 78
Prueth, John, 78
Pruett, John, 113
Pruett, Moses, 275
Pruit, Waller, 331
Prunell, Hiram, 278
Pruner, Edward, 59
Prunty, Robert, 57
Prunty, Robert, 172
Prunty, Robert, 303
Pryor, Robert, 50
Pryor, Robert L., 364
Pugh, George, 30
Pugh, George, 106
Pugh, William, 30
Pulhart, Jacob, 45
Pullam, Benjamin, 168
Pullam, Drury, 20
Pullam, Drury, 168
Pullam, Johnston, 201
Pullam, Moses, 263
Pullen, James, 90
Pullen, James, 212
Pullen, Nelson, 264
Pulliam, Ballard, 271
Pulliam, Boswell, 274
Pulliam, Charles, 51
Pulliam, James C., 274
Pulliam, Jesse, 277
Pulliam, John, 261
Pulliam, John, 278
Pullian, Blan B., 239
Pullom, John, 276
Pullum, Benjamin, 53
Pullum, Johnson, 81
Purceal, Samuel, 349
Purcel, Charles, 134
Purcel, Daniel, 81
Purcel, Daniel, 193
Purcel, Roddy, 219
Purcel, Thomas, 211
Purcell, David, 53
Purcell, David, 168
Purcell, Elijah, 83
Purcell, John, 49
Purcell, John, 50
Purcell, Thomas, 83
Purdy, John, 72
Purley, Joseph, 244
Purnel, Lemuel, 231
Pursinger, Alexander, 13
Pursley, Peter, 304
Pursley, Thomas, 53
Purtle, Henry, 73
Purtle, Jacob, 73
Purtle, Michael, 47
Purtle, Michael, 48
Purtle, Uriah, 172
Purtle, Waler, 73
Putman, Henry, 19
Pyatt, Nathan, 41
Pyle, David, 282
Pyle, John H., 45
Pyle, William, 282
Quaintance, William, 94
Quarles, Hubbard, 362
Quarles, Moses, 362
Quarles, Stores, 279
Quarles, Tunstall, Jr., 62
Quarter, Samuel, 28
Quensbury, Roger, 116
Queshingberry, Jas H., 138
Quick, Ephraim, 50
Quick, Ephraim, 144
Quick, Ephraim, 304
Quick, Jesse, 53
Quigans Joseph, 297
Quigans, James, 297
Quiggins, John, 167
Quiggins, Joseph, 167
Quigley, John, 286
Quigley, Lewis, 10
Quin, James, 265
Quinn, Abner, 247
Quinn, Abner W., 193
Quinn, Andrew, 68
Quinn, David, 32
Quinn, Ennis, 149
Quinn, Hiram, 26
Quinn, William, 68
R Branham, Tarenor, 103

INDEX

R Pollard, Benjamin, 34
Race, William, 161
Rachhold, Charles, 157
Racketts, Baylee., 3
Raco, Henry, 181
Radcliffer, Daniel, 93
Radford, Robert, 27
Radley, Ichabod, 300
Raffe, John, 93
Rafferty, Samuel, 174
Rafferty, William, 181
Raffity, John, 281
Rafland, Edmond, 16
Ragan, Abner, 235
Ragan, Jacob, 125
Ragan, Samuel, 348
Raghdale, Frederick, 174
Ragland, Benjamin, 275
Ragland, Edmund, 199
Ragland, James, 225
Ragland, Tucker, 199
Raglin, David, 269
Raglin, James, 294
Raglin, William, 268
Ragsdale, Daniel, 298
Ragsdale, Frederick, 298
Ragsdale, Frederick, 359
Ragsdale, Gabriel, 247
Ragsdale, Gabriel, 294
Ragsdale, William, 302
Ragsdall, Daniel, 357
Raigers, John, 4
Railey, George, 31
Railey, John, 209
Railey, Randolph, Jr., 121
Railey, William, Jr, 31
Rails, Daniel, 106
Rails, Green, 284
Rails, Robert, 284
Rain, John, 135
Rainbarger, John, 9
Rainbarger, John, 144
Raines, Henry, 133
Raines, Simon, 307
Raines, William, 227
Rainey, Aaron, 70
Rainey, Abraham, 103
Rainey, Isaac, 23
Rainey, John, 23
Rainey, Jonathan, 23
Rainey, Silas Read, 31
Rains, Allen, 286
Rains, Miajah, 358
Rainwaters, Edward, 339
Rainwaters, Newton, 339
Rainwaters, Wm., Jr., 339
Rainwaters, Wm., Sr., 339
Ralare, William, 15

Rallens, Basil, 143
Ralph, William, 350
Ralston, Alexander, 299
Ralston, Andrew, 266
Ralston, Andrew, 323
Ralston, David, 184
Ralston, John, 337
Ralston, Thomas, 369
Ralston, Vinson, 66
Ramage, Benjamin, 279
Ramey, James, 16
Ramley, Samuel, 138
Rammage, John, 333
Ramon, Jesse, 63
Ramsey, Abner, 13
Ramsey, Abraham, 159
Ramsey, Alexander, 245
Ramsey, Allen, 333
Ramsey, Charles, 15
Ramsey, David, 17
Ramsey, David, 43
Ramsey, Jiles, 336
Ramsey, John, 43
Ramsey, John, 112
Ramsey, Josiah, 274
Ramsey, Lasley, 346
Ramsey, Richard, 64
Ramsey, Robert, 253
Ramsey, Samuel, 133
Ramsey, William, 113
Randal, Abel, 54
Randal, James, 168
Randall, James, 176
Randall, Peter, 329
Randel, Harvey, 355
Randel, Nathaniel, 355
Randel, Richard, 355
Randle, Abel, 59
Randle, Nimrod, 62
Randle, Zachariah, 141
Randolph, James, 367
Randon, Thomas, 99
Raney, Silas, 265
Raney, Thomas, 218
Rankin, Adam, 253
Rankin, Benjamin, 32
Rankin, David P., 36
Rankin, David P., 170
Rankin, Hiram, 100
Rankin, John, 83
Rankin, John, 211
Rankin, John W., 36
Rankin, John W., 170
Rankin, Samuel, 142
Rankin, William, 326
Rankin, William, 355
Rankins, James, 326
Rankins, John, 199

Rankins, John, 224
Rankins, John, 319
Rankins, John, 352
Rankins, Samuel, 369
Rannels, William, 140
Ransdale, Christopher C., 92
Ransdale, John, 124
Ransdale, Wharton, 124
Ransdall, Charles M., 176
Ransdall, Christopher, 271
Ransdall, John, 271
Ransom, John, 263
Ranting, Rudolph, 345
Rany, Thomas, 87
Raper, Jesse, 158
Raper, Lewis, 158
Rardin, John, 343
Raridan, Jesse, 325
Rarsen, Benjamin, 160
Rash, John, 113
Rash, Stephen, 113
Rash, Stephen, 127
Rash, William, 113
Rass, George Y., 118
Rass, John, 158
Rass, Samuel, 158
Ratchford, William, 103
Rathbone, Elisha, 342
Rathbone, Elisha, 346
Rathburn, Elisha, 341
Raux, Edward, 12
Ravenscraft, James, 136
Ravenscraft, John, 180
Ravenscraft, Thomas, 141
Ravenscraft, Thomas, 141
Ravenscraft, William, 142
Rawlings, Aaron, 52
Rawlings, Benjamin H., 360
Rawlings, Edward, 12
Rawlings, Edward, 219
Rawlings, Edward, 310
Rawlings, John, 60
Rawlings, Joshua, 99
Rawlings, Robert, 109
Rawlings, Samuel I., 359
Rawlings, Samuel J., 94
Rawlings, Spencer, 60
Rawlings, Stephen, 12
Rawlings, Thomas, 94
Rawlings, Thomas, 130
Rawlings, William, 218
Rawlins, Edward, 364
Rawlins, Owen, 268
Rawson, Joseph, 39
Ray, Aaron, 9
Ray, Aaron, 343
Ray, Benjamin, 147
Ray, Benjamin B., 145

INDEX 477

Ray, Charles, 13
Ray, Daniel, 51
Ray, Elijah, 62
Ray, George, 238
Ray, George, 249
Ray, James, 176
Ray, James, 243
Ray, James, 352
Ray, James P., 329
Ray, James S., 185
Ray, Jennings, 138
Ray, Jennings, 143
Ray, John, 74
Ray, John, 221
Ray, John, 244
Ray, John, 281
Ray, John, 292
Ray, John, 299
Ray, John C., 255
Ray, Joseph, 4
Ray, Joseph, 244
Ray, Joseph, 290
Ray, Michael, 195
Ray, Moses, 221
Ray, Richard, 257
Ray, Robert, 209
Ray, Robert C., 258
Ray, Thomas, 58
Ray, Tilman, 266
Ray, William, 74
Ray, William, 80
Ray, William, 107
Ray, William, 215
Ray, William, 286
Ray, William, 322
Raybourne, Henry, 266
Raybourne, John, 290
Rayburn, Francis, 155
Rayburn, Henry, 107
Rayburn, John, 83
Rayburn, John, 107
Rayburn, John, 252
Raymond, Jacob, 50
Raynalds, Richard, 223
Read, Jacob, 231
Read, James, 161
Read, James, 171
Read, James R., 276
Read, Jeremiah, 333
Read, Joseph D., 335
Read, Peter, 111
Read, Robert, 171
Read, William, 147
Reading, James V., 36
Reading, John W., 238
Reading, Joseph, 104
Reading, Joseph, 236
Reading, Joseph P., 80

Reading, Samuel, 33
Reading, Samuel, 239
Reading, William M., 18
Readman, William, 258
Ready, Isham, 280
Ready, William, 191
Reagan, William, 287
Reams, John, 356
Reams, Robert, 53
Reamy, Isaac, 202
Reas Samuel, 367
Reason, John, 5
Reason, Josiah, 37
Reasoner, Solomon, 147
Reastine, John, 302
Reaves, Benjamin H., 44
Reaves, James, 96
Reaves, William, 330
Rector, Daniel, 11
Rector, Daniel, 114
Rector, Hezekiah, 223
Redburn, James T., 341
Redburn, James T., 352
Redd, Mordecai, 28
Redden, James V., 365
Reddin, Nehemiah, 31
Redding Thomas, 28
Redding, J. W., 104
Redding, James V., 170
Redding, John, 356
Redding, John H., 359
Redding, Joseph, 104
Redding, Joseph, 188
Redding, Joseph P., 215
Redding, Samuel, 302
Redding, Timothy, 36
Redding, Timothy, 170
Reddish, Silas, 271
Reddle, Lewis, 222
Redgel, John, 60
Reding, George, 92
Redman, Charles, 43
Redman, George, 16
Redman, James, 258
Redman, John, 59
Redman, John, 147
Redman, John, 366
Redman, Parmenas, 1
Redman, Thomas, 113
Redman, Washington, 26
Redmin, Parmenas, 181
Redmon, John, 51
Redmon, Samuel, 324
Redmond, John, 52
Redock, Acy, 45
Reds, Lewis, 268
Reece, David, 345
Reece, David C., 353

Reece, George, 160
Reece, Thomas, 188
Reed, Absalom, 370
Reed, Adam, 357
Reed, Alfred, 93
Reed, Andrew, 149
Reed, Benjamin, 336
Reed, Cyrus, 245
Reed, Foster, 331
Reed, George, 256
Reed, George, 325
Reed, George, 370
Reed, Henry, 4
Reed, Henry, 10
Reed, Henry, 364
Reed, James, 5
Reed, James, 20
Reed, James, 174
Reed, James, 177
Reed, James, 240
Reed, James, 273
Reed, James, 302
Reed, James, 317
Reed, James, 336
Reed, James, 360
Reed, James H., 319
Reed, John, 3
Reed, John, 77
Reed, John, 132
Reed, John, 151
Reed, John, 201
Reed, John, 317
Reed, John, 367
Reed, John, 368
Reed, Joseph, 43
Reed, Joseph B., 7
Reed, Leonard K., 256
Reed, Little B., 294
Reed, Nathan, 296
Reed, Philip, 122
Reed, Philip, 294
Reed, Richard, 291
Reed, Robert, 50
Reed, Robert, 304
Reed, Robert, 352
Reed, Stephen, 130
Reed, Thomas, 111
Reed, Walker, 18
Reed, William, 92
Reed, William, 132
Reed, William, 202
Reed, William, 278
Reede, Isaac, 257
Reeks, Merrill, 339
Rees, David, 96
Rees, Thomas, 213
Rees, William, 60
Reese, David, 341

Reese, Thomas, 90
Reese, Watson, 370
Reeses, John, 26
Reeves, Benjamin, 98
Reeves, Caleb, 98
Reeves, Elijah, 101
Reeves, Isaac, 128
Reeves, John, 138
Reeznor, Solomon, 10
Refferd, James, 266
Regan, William, 70
Reid, Alexander, 186
Reid, Andrew, 244
Reid, James, 184
Reid, James, 244
Reid, Joseph C., 81
Reiley, James, 109
Reives, Nathaniel, 361
Reives, Thomas, 181
Reiznor, Will, 10
Remy, Butler G., 175
Renalds, Fountain, 290
Render, Aaron, 347
Renfrew, Jesse, 261
Renfro, William, 195
Renfroe, James, 69
Renfroe, John, 69
Renfroe, William, 69
Renick, Alexander, 32
Renick, Henry, 142
Renlarger, Henry, 364
Rennels, Barney, 304
Rennels, David V., 314
Renner, Jacob, 191
Rennich, James, 127
Rennick, Henry, 176
Rennick, Robert, 235
Reno, Lewis, 29
Reno, Zealy, 134
Renolds, Richard, 319
Rentford, James, 231
Rentfro, Skelton, 63
Rentfrow, Isaac, 149
Renwick, Henry, 261
Rescifield, Valentine, 60
Resler, Abraham, 31
Reuben, _____, 345
Reuben, Peter, 24
Reveil, Joseph, 315
Revill, James B., 276
Reyes, Peter, 43
Reynold, John, 311
Reynolds, Amos, 280
Reynolds, Benjamin, 7
Reynolds, Benjamin, 151
Reynolds, Charles, 156
Reynolds, Charles, 181
Reynolds, Charles, 280

Reynolds, Drake, 122
Reynolds, George, 64
Reynolds, Henry, 62
Reynolds, Isham, 345
Reynolds, John, 359
Reynolds, John G., 38
Reynolds, John G., 44
Reynolds, Joseph, 39
Reynolds, Joseph, 191
Reynolds, Perry, 191
Reynolds, Pleasant, 68
Reynolds, Thomas, 7
Reynolds, Thomas, 168
Reynolds, Thomas, 273
Reynolds, Thomas, 333
Reynolds, Thomas, 339
Reynolds, William, 120
Reynolds, William, 328
Reynolds, William, 331
Rhea, Archibald, 252
Rhea, Archibald, 280
Rhea, William, 280
Rhea, William, Jr., 252
Rheam, Adam, 342
Rhear, Arche, 166
Rhear, William, 166
Rheims, John, 360
Rhinhart, Samuel, 279
Rhoades, Samuel, 172
Rhodes, Andrew, 94
Rhodes, Bradford, 283
Rhodes, Henry, 12
Rhodes, Jacob, 130
Rhodes, Samuel, 128
Rial, Isham, 57
Rice, Abraham, 28
Rice, Abraham, 132
Rice, Abraham, 170
Rice, Absalom, 292
Rice, Allen, 303
Rice, Anderson, 235
Rice, Anderson C., 306
Rice, Caleb, 267
Rice, Campbell, 214
Rice, David, 255
Rice, David, 260
Rice, Edward, 325
Rice, George, 83
Rice, George, 211
Rice, George W., 112
Rice, George W., 272
Rice, Henry, 36
Rice, Henry, 170
Rice, Hudson, 85
Rice, James, 214
Rice, Joe, 124
Rice, John, 199
Rice, John, 226

Rice, John, 260
Rice, Jordon, 138
Rice, Joseph, 112
Rice, Joseph, 227
Rice, Moses, 346
Rice, Nelson, 101
Rice, Richard, 122
Rice, Russell, 347
Rice, Samuel, 2
Rice, Silas, 347
Rice, Theodorick B., 329
Rice, Thomas N., 120
Rice, William, 101
Rice, William, 141
Rice, William, 226
Rice, William, 249
Rice, William, 315
Rice, William M., 225
Rice, William M., 249
Ricedon, William, 91
Richa, Jacob, 251
Richard, John, 332
Richards, Alexander, 112
Richards, Alexander, 120
Richards, Benjamin, 266
Richards, Brice, 76
Richards, Harman, 357
Richards, John, 134
Richards, John, 158
Richards, Peter, 335
Richards, Randolf, 238
Richards, Samuel, 345
Richards, William, 251
Richards, Zodick, 296
Richardson, Ailsae, 333
Richardson, Amos, 129
Richardson, Amos, 246
Richardson, Benjamin, 167
Richardson, Beverly, 272
Richardson, Charles, 70
Richardson, David, 107
Richardson, David, 112
Richardson, David, 152
Richardson, George, 215
Richardson, George, 261
Richardson, George C., 80
Richardson, James, 33
Richardson, James, 37
Richardson, James, 233
Richardson, Jeremiah, 233
Richardson, Jesse, 122
Richardson, Joel, 157
Richardson, John, 33
Richardson, John, 50
Richardson, John, 129
Richardson, John, 176
Richardson, John, 219
Richardson, John, 320

INDEX

Richardson, John C., 220
Richardson, John C., 239
Richardson, Landis, 152
Richardson, Nathan, 129
Richardson, Philip, 295
Richardson, Philip T., 117
Richardson, Robert, 112
Richardson, Robert, 233
Richardson, Shaderick, 280
Richardson, Stephen, 67
Richardson, Stephen, 149
Richardson, Stephen, 157
Richardson, Steven A., 173
Richardson, Thomas, 26
Richardson, Thomas, 36
Richardson, Thomas, 166
Richardson, W. H., 101
Richardson, William, 199
Richardson, William, 246
Richardson, Willis, 357
Richart, Andrew, 322
Richart, James, 323
Richer, Peter, 13
Richer, Samuel, 13
Richey, Andrew C., 52
Richey, David, 298
Richey, Esau, 83
Richey, John, 4
Richey, John, 315
Richey, Noah, 83
Richey, Noah, 211
Richey, Richey, 85
Richey, Robert, 278
Richey, William, 315
Richmire, Jacob, 10
Ricker, Joseph N., 333
Ricker, William, 339
Ricketts, John, 132
Ricketts, Thomas, 114
Ricketts, Thomas, 116
Riddell, Robert, 366
Riddle, George, 169
Riddle, Henry, 34
Riddle, Isaac, 325
Riddle, James, 223
Riddle, John, 100
Riddle, Nathaniel, 348
Riddle, Thomas, 169
Riddle, William, 106
Riddle, William, 326
Riddle, William, 370
Rider, Peter, 336
Ridge, Cornelius, 73
Ridge, Cornelius, 296
Ridge, Robertson, 157
Ridge, Robertson, 287
Ridge, William, 296
Ridgeway, James, 74

Ridgeway, John, 193
Ridgeway, John, 310
Ridgeway, Reason, 245
Ridgeway, Samuel, 231
Ridgway, Levi, 304
Ried, James, 183
Ried, John, 183
Ried, William, 183
Rife, Abraham, 62
Rife, Abraham, 294
Rife, Christopher, 148
Rife, Christopher, 294
Rife, Coonrod, 316
Rife, John, 294
Riffle, Michael, 42
Rigdon, James, 82
Riger, Richard, 251
Riggins, Robert, 202
Riggs, Abraham, 167
Riggs, Charles, 81
Riggs, Charles, 202
Riggs, Hezekiah, 8
Riggs, Isaac, 266
Riggs, James, 167
Riggs, James, 266
Riggs, Joseph, 56
Riggs, Joseph, 59
Riggs, Samuel, 266
Riggs, Thomas, 256
Riggs, Zachariah, 317
Right, Isaac, 43
Right, James, 231
Right, John, 96
Right, John, 162
Right, Jonathan, 206
Right, Joseph, 274
Right, Larken, 256
Right, Lewis, 73
Right, Nelson, 365
Right, Reason, 221
Right, Reuben, 27
Right, Robert, 8
Right, Robert, 296
Right, William, 296
Rigsby, John, 275
Riley, Dennis, 333
Riley, Edward, 18
Riley, Eli, 57
Riley, James, 9
Riley, James, 25
Riley, James, 144
Riley, Jena, 235
Riley, John, 136
Riley, Samuel, 249
Riley, Tobias B., 73
Riley, William, 235
Riley, William, 243
Riley, William, 281

Riley, William, 287
Riley, Zachariah, 196
Rily, Francis, 328
Rinard, Samuel, 229
Rinehart, Samuel, 235
Riney, John, 143
Riney, John, 312
Ringer, Jacob, 312
Ringle, William, 163
Ringo, Henry, 114
Ringo, Henry, 266
Ringo, John, 100
Ringo, John, 266
Ringo, John, 359
Ringo, Joseph, 129
Ringo, Lott, 87
Ringo, Lott, 315
Rings, William, 115
Ripley, Charles, 334
Ripley, Samuel, 335
Rippay, Samuel, 329
Ripper, James, 229
Ripperton, Frederick, 243
Rippey, Samuel, 328
Ripple, Jacob, 283
Ripple, Michael, 47
Ripple, Michael, 283
Riser, Philip, 362
Risk, John, 187
Risley, Charles, 343
Risley, James, 144
Risley, James, 299
Ritchey, Alexander, 279
Ritchey, John, 187
Ritchey, William, 43
Ritchey, William, 47
Ritchie, James, 116
Ritchie, John, 96
Ritchie, Robert, 261
Ritchie, Stephen, 264
Ritchue, John, 359
Ritenhouse, Adam, 239
Rittenhouse, Adam, 98
Rittenhouse, Adam, 236
Ritter, Henry, 326
Ritter, John, 25
Ritter, Lewis, 185
Ritter, Michael, 205
Roach, James, 272
Roach, John, 81
Roach, John, 106
Roach, Lewis, 366
Roach, Louis, 147
Roach, Payton, 310
Roach, William, 204
Roads, Barney, 175
Roads, Jonas, 354
Roak, John, Jr., 60

INDEX

Roak, John, Sr., 60
Roan, Aliphalet, 197
Roan, Eliphalet, 204
Roan, John, 178
Roark, William, 55
Roark, William, 181
Robards, Thomas, 152
Robards, Thomas, 285
Robb, Andrew, 342
Robb, Andrew, 346
Robb, James, 90
Robb, James, 239
Robb, John, 327
Robb, Joseph, 108
Robb, Robert, 15
Robb, Robert, 314
Robb, Thomas, 239
Robbins, David, 302
Robbins, John, 202
Robbins, William, 165
Roben, John, 162
Roberson, Joseph, 11
Roberson, Joseph, 48
Roberson, William, 9
Roberson, William, 11
Roberson, William, 319
Roberson, William, 352
Robert, Abner, 175
Robert, Caldwell, 40
Robert, Latham, 40
Roberts, Abner, 11
Roberts, Alexander, 310
Roberts, Ardemus D., 92
Roberts, Billington, 124
Roberts, Francis, 196
Roberts, George, 181
Roberts, George, 288
Roberts, George, 365
Roberts, Henley, 237
Roberts, Henry, 168
Roberts, Henry, 364
Roberts, Hinley, 222
Roberts, Hiram, 183
Roberts, Isaac, 317
Roberts, James, 92
Roberts, James, 183
Roberts, James, 286
Roberts, James, 290
Roberts, James P., 332
Roberts, Jesse, 27
Roberts, Jesse, 168
Roberts, Jesse, 247
Roberts, Jesse, 345
Roberts, Joel, 70
Roberts, John, 27
Roberts, John, 74
Roberts, John, 107
Roberts, John, 157
Roberts, John, 235
Roberts, John, 249
Roberts, John, 253
Roberts, John, 307
Roberts, John, 338
Roberts, John, 345
Roberts, John I., 306
Roberts, Joseph, 52
Roberts, Joseph, 161
Roberts, Joseph, 341
Roberts, Joseph, 347
Roberts, Lawrence, 160
Roberts, Merrie, 161
Roberts, Mortimer D., 9
Roberts, Pleasant W., 28
Roberts, Samuel, 37
Roberts, Thomas, 345
Roberts, Thomas, 359
Roberts, Thomas C., 147
Roberts, William, 15
Roberts, William, 25
Roberts, William, 40
Roberts, William, 60
Roberts, William, 77
Roberts, William, 83
Roberts, William, 169
Roberts, William, 197
Roberts, William, 198
Roberts, William, 211
Roberts, William, 235
Roberts, William, 286
Robertson, Alexander, 33
Robertson, Charles, 332
Robertson, David, 315
Robertson, David V., 268
Robertson, Edward, 314
Robertson, Fleming, 312
Robertson, George, 4
Robertson, George, 33
Robertson, Isaac, 145
Robertson, James, 67
Robertson, James, 80
Robertson, James, 215
Robertson, James, 277
Robertson, Jno. G., 3
Robertson, John, 42
Robertson, John, 197
Robertson, John C., 197
Robertson, Joseph, 42
Robertson, Michael, 120
Robertson, Robert, 1
Robertson, Robert, 47
Robertson, Roger, 268
Robertson, Samuel, 143
Robertson, Samuel, 286
Robertson, Samuel, 309
Robertson, Thomas, 177
Robertson, Tobias, 357
Robertson, Uriah, 67
Robertson, William, 177
Robertson, William H., 43
Robertson, Willis, 104
Robeson, Edward, 3
Robine, Lewis, 239
Robinett, Enoch, 213
Robins, Gerades R., 28
Robinson, _____, 188
Robinson, Alexander, 291
Robinson, Allen, 317
Robinson, Andrew, 140
Robinson, Archibald, 353
Robinson, Charles, 17
Robinson, David H., 176
Robinson, Elijah N., 99
Robinson, Gabriel, 20
Robinson, Gabriel, 168
Robinson, George, 47
Robinson, Henry, 292
Robinson, Isaac, 110
Robinson, Isaac, 119
Robinson, Isaac, 189
Robinson, Israel, 243
Robinson, Jacob, 149
Robinson, Jacob, 355
Robinson, James, 41
Robinson, James, 57
Robinson, James, 69
Robinson, James, 168
Robinson, James, 188
Robinson, James, 260
Robinson, James, 261
Robinson, James, 298
Robinson, James F., 54
Robinson, Jeoffry, 327
Robinson, Jesse, 169
Robinson, John, 32
Robinson, John, 174
Robinson, John, 207
Robinson, John, 244
Robinson, John, 247
Robinson, John, 267
Robinson, John, 268
Robinson, John, 338
Robinson, John, 353
Robinson, John G., 168
Robinson, John M., 54
Robinson, Jonathan, 253
Robinson, Michael, 111
Robinson, Nathaniel, 95
Robinson, Nathaniel, 357
Robinson, Nathaniel P., 94
Robinson, Peter, 335
Robinson, Richard, 333
Robinson, Robert, 41
Robinson, Robert, 168
Robinson, Spencer, 369

INDEX

Robinson, Thomas, 170
Robinson, Thomas, 360
Robinson, Tobias, 360
Robinson, William, 19
Robinson, William, 35
Robinson, William, 57
Robinson, William, 168
Robinson, William, 168
Robinson, William, 227
Robinson, William, 353
Robinson, William H., 273
Robison, Edward, 281
Robison, Hugh, 279
Robison, James, 281
Robison, Kinsey, 279
Robison, William, 279
Roble, Henry, 9
Robnett, Joseph, 249
Robnett, Richard, 249
Robnett, Zachariah, 324
Rochells, John, 227
Rochester, Robert, 77
Rochester, Robert, 148
Rochester, Robert, 153
Rochester, Robert, 296
Rochester, William, 243
Rock, Alexander, 332
Rock, Michael, 333
Rockburk, Benjamin, 185
Rocker, Nicholas, 363
Rodes, John, 247
Rodes, William, 18
Rodes, William, 285
Rodgers, George, 271
Rodgers, Henry, 229
Rodgers, John, 104
Rodgers, John, 305
Rodgers, Patrick, 340
Rodgers, Robert, 325
Rodgers, Samuel, 14
Rodgers, Thomas, 222
Rodgers, Thomas, 229
Rodgers, William C., 4
Rodman, Alexander, 312
Rodman, David, 295
Rodman, John, 27
Rodman, Thomas, 168
Rodman, William, 168
Rodman, William T., 13
Roe, John, 266
Roe, Nicholas, 305
Roesny, George D., 152
Roff, David, 99
Roff, James, 17
Rogain, John, 329
Roger, John, 166
Rogers, Barnet, 108
Rogers, Elijah, 261

Rogers, Evin, 46
Rogers, George, 27
Rogers, George, 223
Rogers, George, 261
Rogers, George, 268
Rogers, George S., 50
Rogers, Hamilton, 213
Rogers, Harris, 115
Rogers, Harris, 263
Rogers, James, 46
Rogers, James, 83
Rogers, James, 107
Rogers, James, 223
Rogers, James, 332
Rogers, Jeremiah, 99
Rogers, Jeremiah, 122
Rogers, John, 82
Rogers, John, 196
Rogers, John, 223
Rogers, John, 304
Rogers, John, Jr., 252
Rogers, Jose, 123
Rogers, Joseph, 90
Rogers, Joseph, 339
Rogers, Larkin, 114
Rogers, Larkins, 266
Rogers, Lewis, 178
Rogers, Richard, 116
Rogers, Robert, 260
Rogers, Samuel, 83
Rogers, Samuel, 210
Rogers, Thomas, 55
Rogers, Thomas, 114
Rogers, Thomas H., 273
Rogers, Valentine, 103
Rogers, Valentine, 223
Rogers, Will, 102
Rogers, William, 104
Rogers, William, 126
Rogerson, William, 251
Rogsdale, Anthony, 43
Rogues, John, 340
Rogues, Samuel, 340
Roister, John, 128
Roland, Morgan, 67
Roland, Thomas L., 268
Roll, Robert, 41
Rollen, Henry, 145
Rollins, Edward, 23
Rollins, Ezekiel, 209
Rollins, Owen, 229
Rollins, William, 87
Rolls, Abijah, 276
Rolls, George, 109
Rolls, George, 214
Rolls, Green, 40
Rolls, Jesse, 92
Rolls, William C., 308

Rolston, John, 229
Romain, Bailey, 332
Romans, John, 205
Rombordy, Baptiste, 332
Romine, Samuel, 168
Ronmage, John, 328
Ronnion, Abraham, 60
Ronstraw, Conrad, 195
Ronton, John, 195
Ronyan, Francis, 205
Rood, Thompson, 254
Rook, James, 352
Ropell, Elijah, 123
Roper, James, 229
Roper, Jesse, 122
Roper, William, 327
Ropers, John, 338
Roscoe, Jesse, 367
Rose, Allen, 162
Rose, Benjamin, 345
Rose, Elias, 96
Rose, Francis, 217
Rose, James, 162
Rose, John, 231
Rose, Lewis, 325
Rose, Robert, 76
Rose, Robert, 362
Rose, Samuel, 13
Rose, Stephen, 357
Rose, William, 77
Rose, William, 341
Roseberry, John, 93
Roseberry, William, 13
Rosebury, James, 308
Roseer, John, 319
Rosencraft, Thomas, 96
Rosh, James, 359
Ross, Alexander, 183
Ross, Andrew, 337
Ross, Angus, 157
Ross, Daniel, 40
Ross, David, 142
Ross, George, 40
Ross, George, 183
Ross, George G., 109
Ross, Hector, 19
Ross, Hugh, 149
Ross, Hugh S., 219
Ross, Jacob, 223
Ross, James, 101
Ross, John, 27
Ross, John, 48
Ross, John, 259
Ross, John, 266
Ross, John, 307
Ross, John, 349
Ross, Mervin, 159
Ross, Philip, 221

Ross, Presley, 21
Ross, Reuben, 223
Ross, Richard, 335
Ross, Robert, 159
Ross, Stephen, 66
Ross, Thomas, 146
Ross, Thomas, 299
Ross, Thomas, 318
Ross, Thomas, 320
Ross, Thomas J., 290
Ross, Travis L., 214
Ross, William, 10
Ross, William, 13
Ross, William, 197
Ross, William, 259
Ross, William, 365
Ross, William A., 313
Rossen, Joseph, 362
Rossoll, John, 362
Rosson, John, 33
Rosson, John, 80
Rosson, Joseph, 268
Rothman, James, 246
Rothwell, Ray, 160
Roundtree, Andrew, 13
Roundtree, Dudley, 12
Roundtree, Henry, 278
Roundtree, Hiram, 175
Roundtree, Kelly B., 277
Roundtree, Turner, 277
Rountree, Turner, 146
Rouse, John, 199
Rouse, Moses, 370
Rouser, Robert, 219
Rousey, William, 177
Rout, George, 320
Rout, Nimrod, 224
Rout, William, 228
Routsaw, Coonrod, 294
Routt, Gabriel, 324
Routt, William, 117
Row, Adam, 283
Row, Henry, 39
Row, Henry, 181
Row, Robert, 345
Rowan, Francis, 370
Rowark, William, 39
Rowe, Joab, 74
Rowland, David, 50
Rowland, David, 59
Rowland, David, 144
Rowland, David, 252
Rowland, Gilbert, 78
Rowland, Henry L., 31
Rowland, James, 197
Rowland, John, 88
Rowland, Joseph, 25
Rowlett, Daniel, 92

Rowlett, John, 146
Rowlett, William, 146
Rowling, Jacob, 210
Rowse, Joshua, 325
Royal, William, 253
Royaltree, Henry, 294
Royaltree, William, 294
Royalty, William, 62
Royell, Abednego, 108
Royle, Thomas, 35
Roysden, Jesse F., 165
Roysdon, Jesse, 126
Royse, Fredrick, 316
Royster, James, 108
Rozette, John G., 330
Rozner, William, 289
Ruan, Benjamin, 225
Rubart, James, 133
Rubart, Jesse, 133
Rubble, John R., 80
Rubey, John, 190
Ruble, John R., 188
Ruble, John R., 215
Ruby, Charles, 143
Ruby, Henry, 233
Ruby, Henry, 368
Ruby, Jacob, 286
Ruby, John, 89
Ruby, John, 210
Rucker, Alzophan, 217
Rucker, Edmund, 362
Rucker, John, 239
Rucker, Julius, 285
Rucker, Julius, 369
Rucker, Lyvand F., 121
Rucker, Morton A., 275
Rucker, Paschal, 370
Rucker, Robert A., 227
Rucker, Thomas, 357
Rucker, Thomas, 362
Rucker, Wisdom, 362
Ruckner, Abner, 359
Rud George, 74
Rudd, Christopher, 9
Rudd, James, 5
Rudd, Joseph, 304
Rudd, Richard, 12
Ruddel, George, 90
Ruddell, Charles M., 212
Ruddell, George, 213
Ruddle, Abraham, 30
Ruddle, Archibald, 3
Ruddle, George, 3
Ruddle, Stephen, 263
Rude, Elijah A., 51
Rudolph, Titar K., 352
Rudy, George, 301
Rudy, John, 364

Rue, William, 146
Ruffner, Emanuel, 150
Ruggler, Enoch, 82
Ruggles, Enoch, 314
Ruggles, Michael, 100
Ruggles, Michael, 352
Rugland, Colinton, 309
Ruker, Abzapher, 86
Rukes, James T., 217
Ruland, John, 239
Rule Thomas, 252
Rule, Edward B., 102
Rule, James, 233
Rule, Mathew, 102
Rule, Matthew, 83
Rule, Matthew, 211
Rummins, Abram, 181
Rummy, William, 124
Rumsey, Charles, 82
Rumsey, Daniel A., 352
Rumsey, Thomas, 124
Runalds, John, 230
Runalds, John, 233
Runalds, Joseph, 150
Rundell, Charles, 333
Runey, Absalom, 168
Runey, Moses, 70
Runger, George, 298
Runjon, Joseph, 123
Runnalds, Peter, 231
Runner, Jacob, 311
Runnion, Peter, 92
Runnyon, Peter, 17
Runy, James, 305
Runyan, Benjamin, 107
Runyan, Spencer, 270
Runyar, Spencer, 92
Runyon, Ara, 17
Rupard, William, 129
Rupe, John, 146
Rush, Benjamin, 127
Rush, Benjamin, 197
Rush, Gabriel, 139
Rush, Garland, 139
Rush, Henry, 228
Rush, Joel, 68
Rush, John, 52
Rush, Robert, 197
Rush, Robert, 273
Rush, Samuel, 280
Rush, Thornton, 366
Rushford, John A., 40
Rushing, William, 45
Rusk, John, 141
Rusk, Robert, 111
Rusk, Robert, 207
Russel, John, 361
Russel, Smith, 191

INDEX

Russel, William, 54
Russell, Aaron, 52
Russell, Absalom, 148
Russell, Andrew, 63
Russell, Elias, 166
Russell, George, 168
Russell, Hedgeman, 168
Russell, Hendley, 116
Russell, James, 156
Russell, James L., 120
Russell, John, 80
Russell, John, 215
Russell, John, 298
Russell, John, 363
Russell, John W., 149
Russell, Joseph, 281
Russell, Samuel, 56
Russell, Samuel, 80
Russell, Samuel, 175
Russell, Samuel, 215
Russell, Thomas A., 115
Russell, William, 64
Russell, William, 327
Rust, George, 12
Rust, George, 219
Rust, James, 141
Ruth, David, 193
Ruth, David, 207
Rutherford, Archibald, 205
Rutherford, Granville, 90
Rutherford, Granville, 213
Rutherford, Griffith, 359
Rutherford, Jesse, 197
Rutherford, Jesse, 205
Rutherford, John, 4
Rutherford, John, 362
Rutherford, Joseph, 96
Rutherford, Joseph, 273
Rutherford, Robert, 32
Rutherford, Stephen, 4
Rutledge, Fountain, 272
Rutledge, Joshua, 28
Rutledge, Joshua, 305
Rutledge, William, 39
Rutlidge, Joshua, 167
Rutner, Abner, 255
Rutter, Alexander, 322
Rutter, James, 15
Ryan, David, 153
Ryan, Edmund, 35
Ryan, James, 8
Ryan, James, 88
Ryan, James, 180
Ryan, Patrick, 347
Ryan, Robert, 36
Ryan, Solomon, 359
Ryan, William, 348
Ryan, Winston, 227

Rydon, William, 214
Rylander, Matthew, 85
Ryle, John, 370
Ryley, John, 88
Ryley, Jonathan, 235
Ryley, Samuel, 319
Rynearson, Peter, 288
Rynerson, Barney, 243
Rynerson, Isaac, 233
Rynerson, Isaac, 243
Rynierson, Jacob, 286
Rynolds, Samuel, 205
Ryon, Edward, 123
Ryon, Robert, 165
Ryon, Thomas, 291
Ryon, William, 342
Sacaley, George, 50
Sacery, John C., 239
Sacre, Robert, 271
Saddler, James, 195
Sadler, John, 138
Saffer, Wilcornb, 52
Sage, John, 365
Said, Elkanah, 326
Said, James, 107
Said, Jesse, 115
Saide, Elefora Brison, 223
Saide, Simpson, 223
Sail, Clayton, 235
Sailing, William, 219
Sailor, Jacob, 349
Sale, James, 138
Sale, Peter, 359
Sale, Samuel, 26
Sale, William, 160
Sale, William, 299
Sales, Thomas F., 111
Sall, Benjamin S., 75
Sall, James, 221
Sallee, Ed, 122
Sallee, Jacob, 138
Sallee, William I., 292
Salley, John, 98
Salley, Jonathan, 76
Sally, Oliver P., 300
Sally, Rany S., 286
Sally, William, 204
Sally, William S., 70
Salora, Babtist, 344
Salsbury, Thomas, 2
Salton, Benjamin W., 260
Saltsman, George, 172
Saltsriver, Andrew, 329
Salvage, William M., 260
Sameboy, Adam, 185
Sammons, John, 117
Sample, James, 286
Sample, Robert, 320

Sample, Samuel, 28
Sample, Samuel, 51
Sampson, Elijah, 67
Sampson, Henry, 268
Sampson, Jesse, 87
Sampson, Jesse, 218
Sampson, John, 37
Sampson, Joshua, 76
Sampson, William, 151
Sampson, William, 189
Sampson, William, 194
Sams, Daniel, 117
Sams, James, 158
Sams, Russell, 286
Samuel, Alexander, 2
Samuel, Anthony, 203
Samuel, Edycomb, 307
Samuel, Isaiah, 113
Samuel, Jesse, 92
Samuel, John, 92
Samuel, John, 113
Samuel, John, 179
Samuel, Larkin, 92
Samuel, Larkin M., 79
Samuel, Peter, 80
Samuel, Peter, 215
Samuel, Robert, 271
Samuels, Larkin M., 214
Sandefew, William, 275
Sanders, Abner, 221
Sanders, Archibald, 51
Sanders, B. W., 344
Sanders, Carslant, 268
Sanders, Clark, 24
Sanders, Constant, 113
Sanders, George, 2
Sanders, George, 223
Sanders, George, 283
Sanders, Grennel, 94
Sanders, Haney, 223
Sanders, Henry, 202
Sanders, James, 25
Sanders, James, 50
Sanders, John, 32
Sanders, John, 33
Sanders, John, 154
Sanders, John, 297
Sanders, John H., 106
Sanders, Johnson, 305
Sanders, Joseph, 49
Sanders, Joseph, 58
Sanders, Joshua, 93
Sanders, Miraid, 119
Sanders, Moses, 357
Sanders, Nathaniel, 221
Sanders, Oliver, 94
Sanders, Oliver, 308
Sanders, Peter, 363

INDEX

Sanders, Robert, 36
Sanders, Robert, 92
Sanders, Robert, 273
Sanders, Samuel, 84
Sanders, Sebenevin, 238
Sanders, Solomon, 223
Sanders, Stephen, 231
Sanders, Stevenson, 231
Sanders, Thomas, 9
Sanders, Thomas, 265
Sanders, Tolever, 35
Sanders, Valentine, 236
Sanders, William, 33
Sanders, William, 106
Sanders, William B., 85
Sanderson, George, 116
Sanderson, William, 197
Sanderson, William, 199
Sanderson, William E., 35
Sanderson, William E., 123
Sandford, Alexander, 325
Sandford, Alfred, 101
Sandford, Henry B., 15
Sandford, John D., 184
Sandford, John D., 247
Sandford, Lawrence, 239
Sandford, Lewis, 18
Sandford, Lurence, 220
Sandford, William, 17
Sandifee, Lewis, 235
Sandlin, Lewis, 202
Sands, Almerson, 319
Sands, James, 174
Sandusky, Jacob, 205
Sanford, Daniel, 161
Sanford, Laurence, 108
Sanford, Lawrence, 161
Sans, James, 47
Sans, James, 366
Sap, Benjamin, 250
Sapp, James, 30
Sapp, John, 141
Sappington, John, 248
Sardo, John, 340
Sardo, Joseph, 340
Sashbrook, Peter, 19
Saterfield, Archibald, 174
Satterfield, Clement, 224
Satterfield, Jerry, 55
Satterwhite, Philip, 80
Satterwhite, Phillips, 215
Satterwhite, Walker, 239
Saul, Clayton, 75
Sauls, James, 40
Sauls, Solomon, 357
Saunders, Cyrus, 128
Saunders, Ezekiel, 40
Saunders, Henry, 326

Saunders, Henry G., 128
Saunders, Isaac, 51
Saunders, James, 261
Saunders, James, 318
Saunders, John, 128
Saunders, Merriwether, 260
Saunders, William, 144
Saunders, William B., 217
Sauner, Thomas, 215
Savage, Hamilton, 155
Savage, John, 292
Savage, John, 345
Savage, Levin, 155
Savage, Richard, 75
Savage, William, 73
Savage, William M., 282
Sawyers, Jacob, 338
Sawyers, James, 165
Sawyers, Sampson, 165
Saxon, Daniel, 136
Saxon, Lewis, 279
Sayers, John, 231
Sayers, Samuel, 157
Sayler, Jacob, 259
Sayres, John, 275
Sayres, Joseph, 344
Sayres, Samuel, 369
Scaggs, James, 257
Scaggs, Joseph, 257
Scanlan, Travis, 205
Scantlin, Thomas, 338
Scantline, John, 329
Scantling, James, 266
Scantling, John, 328
Scarborough, Green, 45
Scearcy, Leonard, 31
Scearcy, Merrett, 31
Schaughts, John G., 333
Schofield, Samuel, 98
Schofield, William, 335
Schoolar, Nicholas, 66
Schoolcraft, George, 182
Schooler, Benjamin, 65
Schooler, Cageby, 83
Schooler, Cozeby, 211
Schooler, Henry, 199
Schooler, John, 233
Schooler, Richard, 96
Schooler, Richard, 224
Schooler, Richard, 322
Schooling, John, 72
Schwing, Jacob, 109
Schymehorn, Mathew, 360
Scisson, Lawson, 98
Scobee, John, 245
Scobel, Norman, 326
Scobie, Robert, 269
Scofield, Henry, 123

Scofield, Samuel, 122
Scofield, Stephen, 103
Scofield, William, 328
Sconce, James, 326
Sconce, James, 361
Sconce, John, 172
Sconce, John, 254
Sconce, Robert, 172
Sconce, Robert, 254
Sconce, Robert W., 319
Sconse, John, 303
Scorce, William, 251
Scothorn, Nathan, 113
Scothorn, Nathan, 338
Scott, Aaron, 202
Scott, Abram, 103
Scott, Allen, 157
Scott, Andrew D., 361
Scott, Asa, 226
Scott, Benjamin, 72
Scott, Charles, 24
Scott, Charles, 173
Scott, Chasteen, 342
Scott, Chestin, 18
Scott, Cornelius, 50
Scott, Daniel, 318
Scott, David, 47
Scott, David, 235
Scott, David, 344
Scott, David, 363
Scott, Elisha, 225
Scott, Ezekiel F., 85
Scott, Ezekiel F., 186
Scott, George, 225
Scott, George, 231
Scott, George, 365
Scott, Henry, 199
Scott, James, 20
Scott, James, 120
Scott, James, 183
Scott, James, 197
Scott, James, 204
Scott, James, 207
Scott, James, 244
Scott, James, 249
Scott, James, 305
Scott, James, 352
Scott, James W., 276
Scott, James, Jr., 247
Scott, James, Sr., 247
Scott, Jesse H., 339
Scott, John, 4
Scott, John, 61
Scott, John, 66
Scott, John, 112
Scott, John, 173
Scott, John, 255
Scott, John, 365

Scott, John M., 101
Scott, Jonathan, 213
Scott, Joseph, 112
Scott, Joseph, 112
Scott, Joseph, 213
Scott, Joseph, 268
Scott, Joseph, 278
Scott, Joseph, 321
Scott, Lewis, 176
Scott, Mathew, 183
Scott, Mathew T., 205
Scott, Mathews, 196
Scott, Merril, 131
Scott, Merrit, 211
Scott, Moses, 359
Scott, Muril, 223
Scott, Peter, 56
Scott, Richard, 73
Scott, Robert, 43
Scott, Robert, 224
Scott, Robert, 278
Scott, Robert, 349
Scott, Samuel, 85
Scott, Samuel, 156
Scott, Samuel, 217
Scott, Samuel, 319
Scott, Thomas, 157
Scott, Thomas, 289
Scott, Thomas, 339
Scott, William, 96
Scott, William, 122
Scott, William, 153
Scott, William, 154
Scott, William, 254
Scott, William, 268
Scott, William B., 25
Scott; Robert, 365
Scout, William, 202
Scraggs, John, 239
Scribner, Abraham, 224
Scriggs, John, 265
Scrivener, Pleasant, 363
Scrivi, Daniel, 233
Scroggin, John, 233
Scroggin, Joseph, 233
Scroggin, Levin P., 29
Scroggins, John, 31
Scroggins, Robert, 31
Scroggins, Robert, 232
Scroggins,Johnston, 264
Scruggs, James, 103
Scruggs, Jeremiah, 56
Scruggs, John, 158
Scruggs, William, 236
Scudder, Harley, 333
Scudder, Thomas, 347
Scuyler, John, 149
Seaborn, John, 13

Seabourn, John, 182
Seabron, Jehu, 294
Seagrave, John, 275
Seagraves, Joseph, 61
Seals, Barnet, 108
Seals, Francis, 353
Seals, John, 291
Sealsmon, Thomas, 332
Seamonds, Manson, 212
Seamster, Pleasant, 143
Seamster, Pleasant, 296
Searcy, Bartlett, 68
Searcy, Berry, 108
Searcy, Fielding, 68
Searcy, Francis, 221
Searcy, Isaac, 264
Searcy, James, 204
Searcy, James, 221
Searcy, Lemon, 193
Searcy, Merritt, 264
Searcy, Samuel, 193
Searcy, Samuel, 201
Searcy, Solomon, 268
Searcy, Taylor, 221
Searcy, Tucony, 201
Searcy, Wyatt, 68
Searight, George, 140
Searight, Isaac, 140
Searles, Sweetland, 353
Sears, Abraham, 284
Sears, Alexander D., 115
Sears, George, 324
Sears, Hannon, 5
Seaton, Peter C., 57
Seaton, Richard, 162
Seays, Leonard, 227
Sebastian, Alexander, 201
Sebastion, Elijah, 104
Sebery, John, 239
Sebolt, George, 162
Sebree, Uriel, 108
Sebree, William, 87
Sebree, William, 208
Sechrest, William, 111
Sechrist, Charles, 196
Sedgrisk, John, 327
See, Allen, 47
See, George, 15
See, William, 324
Seego, James, 202
Seermers, Cornelius, 15
Segarson, George, 350
Segler, Jacob, 181
Selby, Green, 76
Selby, Lingyum, 144
Selby, Nicholas, 145
Selch, Nicholas, 175
Selch, Nicholas, 294

Self, Daniel, 145
Self, Edward, 53
Self, James, 103
Self, Robert, 193
Self, Thomas, 72
Sellars, Samuel, 202
Sellers, John F., 224
Sellers, Jonathan, 25
Sellers, Joseph, 121
Sellers, Thomas W., 120
Sellers, Thomas W., 250
Sellors, John, 231
Sellrey, Solomon, 165
Sellwood, Henry, 354
Senly, Tucker, 27
Sennatta, Hord, 330
Sennel, John, 235
Sennett, John, 75
Senor, David, 302
Sentany, Joab, 133
Senture, Antwain, 239
Serango, Abraham, 355
Sercy, Isaac, 168
Sergeant, Dabney, 264
Sergeant, William B., 205
Serogan, George, 252
Serogan, John, 252
Serrin, Ezekiel, 341
Serrin, Ezekiel, 342
Serrin, Ezekiel, 347
Servant, Charles, 110
Servant, William, 242
Server, Christopher, 75
Settle, Barnett P., 366
Settles, Bennet G., 160
Sevaney, Glasberry, 300
Sever, Michael, 283
Severance, James, 346
Severe, Isaac, 77
Severs, John, 344
Severs, Michael, 42
Seveynuls, Edward, 238
Sevier, Henry C., 339
Sevier, John, 327
Seward, Charles, 314
Seward, John T., 351
Seward, Mason, 347
Sewell, Joseph, 196
Sexon, Lewis, 259
Seypold, Demsey, 133
Shackelford, Edward, 231
Shackelford, Reuben, 240
Shackelford, William, 190
Shackels, Levi, 317
Shackett, Benjamin, 364
Shackett, Blanchett, 364
Shackle, Loyd, 359
Shackleford, Bennet C., 151

Shackleford, Edmon, 28
Shackleford, Edward, 64
Shackleford, James, 149
Shackleford, James, 244
Shackleford, Marquis, 182
Shackles, Levi, 135
Shacklet, Jesse, 23
Shacklett, Benjamin, 49
Shadburn, William, 10
Shader, John, 354
Shadrick, John, 307
Shadrick, Thomas, 307
Shake, Adam, 301
Shake, John, 162
Shake, John, 301
Shakleford, John, 12
Shakleford, Thomas, 12
Shane John, 170
Shane, John, 36
Shanklin, Gilbert, 45
Shanklin, Gordon, 318
Shanklin, James, 317
Shanklin, John, 112
Shanklin, John, 318
Shanklin, Robert, 45
Shanklin, William, 9
Shanklin, William, 144
Shanklin, William, Jr., 144
Shanks, Henry, 176
Shanks, Henry, 257
Shanks, James, 231
Shanks, Joseph, 343
Shannon, Absalom, 231
Shannon, Alexander, 237
Shannon, Jacob, 205
Shannon, James, 80
Shannon, James, 215
Shannon, John, 27
Shannon, John, 74
Shannon, John, 169
Shannon, John, 294
Shannon, John, 84
Shannon, Samuel, 160
Shannon, Samuel, 315
Shannon, Thomas S., 119
Shannon, William, 18
Shannon, William, 237
Shaream, George, 291
Sharewood, Wm., 122
Sharon, Samuel, 103
Sharp, A. M., 255
Sharp, Aaron, 143
Sharp, Absalom, 261
Sharp, Adam, 98
Sharp, Armstead, 104
Sharp, Fidelio C., 259
Sharp, Henry, 64
Sharp, Henry, 231

Sharp, Henry, 289
Sharp, Isaac, 142
Sharp, John, 75
Sharp, John, 169
Sharp, John, 249
Sharp, John, 309
Sharp, John, 342
Sharp, John, 345
Sharp, John A., 37
Sharp, John P., 349
Sharp, Lindsfield, 196
Sharp, Micajah, 170
Sharp, Micajah W., 36
Sharp, Solomon P., 255
Sharp, Solomon P., 257
Sharp, Stephen, 142
Sharp, Thomas, 27
Sharp, William, 36
Sharp, William, 170
Sharp, William, 233
Sharp, William, 239
Sharp, William, 271
Sharp, William, 298
Sharp, William, 332
Sharp, William, 333
Sharp, William T., 168
Sharp, Willis, 333
Sharpe, Benjamin, 187
Sharpe, Benjamin, 86
Sharpe, Edward, 163
Sharpe, James, 345
Sharpe, Micajah W., 164
Sharpshire, Jeremiah, 233
Sharrad, Samuel, 127
Sharron, James F., 103
Shaver, Frederick, 224
Shaver, Frederick, 370
Shaver, John, 370
Shaw, Aaron, 319
Shaw, Archibald, 161
Shaw, Elijah, 347
Shaw, Joel, 172
Shaw, Joel, 255
Shaw, Joel, 260
Shaw, John, 21
Shaw, John, 120
Shaw, John, 162
Shaw, John, 261
Shaw, John, 292
Shaw, John, 367
Shaw, John, 370
Shaw, Joseph, 312
Shaw, Robert, 364
Shaw, Samuel, 370
Shaw, Thomas, 258
Shaw, Thomas R., 124
Shaw, William, 21
Shaw, William, 304

Shawhorn, John, 18
Shawley, Jonathan, 10
Shealds, Alexander, 163
Shealy, Singleton, 237
Shearer, Caleb, 120
Shearer, Hiram, 181
Shearer, Michael, 185
Shearly, Isaac, 91
Shearman, Daniel, 340
Sheats, Henry, 204
Sheffield, John, 76
Shehi, John, 52
Shelburne, Pascal, 37
Shelburne, Robison, 37
Shelburne, Spencer, 37
Shelby, Evan, 151
Shelby, James, 189
Shelby, John, 314
Shelby, Moses, 3
Sheley, David, 123
Sheley, John, 123
Shell, Jesse, 62
Shell, Willis, 237
Shelly, Wathan, 65
Shelman, Jacob, 301
Shelton, Abraham, 282
Shelton, David, 177
Shelton, Elijah, 3
Shelton, Elijah, 282
Shelton, James, 42
Shelton, James, 292
Shelton, John, 42
Shelton, John, 47
Shelton, John, 181
Shelton, John, 292
Shelton, John, 318
Shelton, John B., 138
Shelton, Joseph, 282
Shelton, Peter, 231
Shelton, Peter, 243
Shelton, Robert, 282
Shelton, Thomas, 111
Shelton, Thomas, 174
Shelton, Thomas, 207
Shelton, Thomas, 237
Shelton, William, 120
Shelton, William, 268
Shelton, William, 282
Shenault, John, 166
Shephard William, 304
Shepherd, Daniel, 355
Shepherd, David, 357
Shepherd, Ezekiel, 28
Shepherd, George, 224
Shepherd, Isaac, 154
Shepherd, John, 136
Shepherd, John, 360
Shepherd, Moses, 355

INDEX

Shepherd, Moses, 357
Shepherd, Peter, 101
Shepherd, Samuel, 82
Shepherd, Silas, 154
Shepherd, William, 178
Sheppard, Samuel, 357
Sheppard, Wm T., 124
Shepperd, David, 360
Sheral, Avon, 73
Sherburne, Pascal, 305
Sherley, Joshua, 175
Sherley, William, 320
Sherrard, Samuel, 345
Sherrard, William, 347
Sherrell, Benjamin, 146
Sherrill, John, 37
Sherwood, Edward, 229
Sherwood, Moses, 229
Shields, David, 90
Shields, David, 212
Shields, Enoch, 54
Shields, George, 54
Shields, James, 243
Shields, James, 252
Shields, John, 119
Shields, John, 360
Shields, Jonathan, 133
Shields, Patrick, 22
Shields, Patrick, 335
Shields, Thomas, 211
Shields, Thomas, 266
Shields, William, 93
Shields, William, 210
Shields, William, 286
Shields, William, Jr., 133
Shiflet, Haslen, 193
Shikle, John, 7
Shillinor, John, 324
Shinglebower, George, 109
Shinglebower, Henry, 193
Shinglebower, Henry, 197
Shingleton, William, 30
Ship, Edmond, 22
Ship, Joseph, 271
Shipler, George, 306
Shipley, James, 268
Shiplin, Thomas, 344
Shiply, Reason, 134
Shipp, Dudley, 124
Shipton, Peter, 333
Shire, John, 110
Shireley, Jacob, 56
Shirely, Philip, 160
Shirely, William, 160
Shirerry, George, 110
Shirkiliffe, John, 304
Shirley, Absalom, 301
Shirley, Benjamin, 258

Shirley, John W., 76
Shirley, Nimrod, 257
Shirley, Robert, 104
Shirley, Robert, 307
Shirley, Samuel, 48
Shirley, Thomas, 257
Shirley, William, 91
Shivers, Burton P., 333
Shoemaker, Henry, 344
Shoemaker, James, 30
Shoemaker, Laky, 139
Shoemaker, Peter, 251
Shoemaker, Spencer, 25
Shoemaker, Stephen, 254
Shoemaker, Tandy, 146
Shoplaw, Thomas, 50
Shoplaw, Thomas, 50
Shoptan, John, 50
Shopton, Thomas, 49
Shore, Joseph, 54
Shore, Joseph, 59
Shores, Charles, 308
Short, Abraham, 103
Short, Coleman, 286
Short, Eli, 18
Short, Eli, 220
Short, George, 103
Short, Henson, 350
Short, Horatio, 166
Short, James, 286
Short, John, 157
Short, John, 221
Short, Josiah, 7
Short, Obediah, 103
Short, Peter, 165
Short, Pleasant, 229
Short, Reuben, 157
Short, Samuel, 70
Short, Syrus, 103
Short, Thomas, 157
Short, William, 166
Short, William, 286
Shortridge, Charles, 115
Shortridge, Elisha, 117
Shortridge, Hiram, 317
Shortridge, William, 199
Shortridge, William, 223
Shotwell, James, 17
Shoults, David, 213
Shoults, John, 323
Shoultz, Christian, 355
Shoultz, Christopher, 330
Shouse, Abraham, 214
Shouse, Abram, 91
Shouse, Henry, 251
Shouse, William, 251
Show, Andrew, 45
Shrader, Philip, 93

Shrader, Samuel, 369
Shrat, Robert, 308
Shrewfort, John, 357
Shrewsberry, John, 75
Shrewsberry, John, 154
Shrewsberry, Nathaniel, 205
Shringer, _____, 311
Shrites, John, 199
Shroder, Tobias, 326
Shroff, Amos, 137
Shropshire, William, 185
Shrouders, Abram, 169
Shrout, Isaac, 323
Shrum, John, 298
Shryock, Christian, 32
Shuck, Jacob, 72
Shuck, James, 240
Shuff, Jacob, 123
Shuffett, George, 322
Shuffett, Jacob, 321
Shull, Enoch, 210
Shull, George, 47
Shull, Jacob, 46
Shull, Jacob C., 45
Shull, Peter, 42
Shull, Peter, 46
Shults, Jacob, 78
Shults, Jesse, 78
Shults, John, 78
Shultz, Abraham, 211
Shultz, Abram, 91
Shultz, Abram, 84
Shultz, Christian, 179
Shultz, David, 91
Shultz, Henry, 344
Shultz, John, 46
Shuppett, Jacob, 185
Shuter, George, 340
Shutt, Jacob, 39
Shy, Simeon, 319
Shye, John, 153
Shye, William, 153
Shyry, Lewis, 350
Sibert, Daniel, 59
Sickman, Presley, 352
Sideballom, Joseph, 129
Sidebottom, Joseph, 271
Sidebottom, Wilson, 350
Sidner, Frederick, 30
Sidnor, Robert T., 25
Sidwell, John, 213
Signer, John, 245
Sike, David, 120
Silkwoden, Thomas, 7
Sill, Adam, 169
Sill, James, 27
Sills, Adam, 312
Sills, John A., 27

INDEX

Silrey, John, 107
Silvers, Bletcher, 143
Silvers, Charles, 156
Silvers, Hugh, 148
Silvers, Joseph, 180
Silyers, John, 286
Simeon Christy, 108
Simmons, David, 112
Simmons, John, 107
Simmons, John, 353
Simmons, Jonathan, 9
Simmons, Richard, 350
Simmons, Robert W., 144
Simmons, Samuel, 9
Simmons, Thomas, 340
Simmons, Thomas, 352
Simmons, Tyler, 50
Simms, Ambrose, 271
Simms, Benjamin, 78
Simms, James L., 312
Simms, John, 130
Simms, Josiah, 115
Simms, Thomas, 271
Simon, David, 184
Simon, Matthew, 277
Simons, Daniel, 352
Simons, Micajah, 338
Simpson Robert, 196
Simpson, Abraham, 221
Simpson, Albert, 197
Simpson, Allugus, 297
Simpson, Anderson, 116
Simpson, Andrew, 116
Simpson, Asa, 143
Simpson, Asa, 296
Simpson, Christopher G., 164
Simpson, Floyd, 296
Simpson, George, 244
Simpson, Greensberry, 249
Simpson, James, 28
Simpson, James, 56
Simpson, James, 88
Simpson, James, 312
Simpson, James, 328
Simpson, James, 339
Simpson, John, 26
Simpson, John, 27
Simpson, John, 62
Simpson, John, 149
Simpson, John, 290
Simpson, John, 346
Simpson, John L., 164
Simpson, John S., 298
Simpson, Joseph, 27
Simpson, Lloyd, 73
Simpson, Nathaniel, 205
Simpson, Richard, 81
Simpson, Richard, 192

Simpson, Robert, 26
Simpson, Shelley, 226
Simpson, Thomas, 220
Simpson, William, 59
Simpson, William, 123
Simpson, William, 170
Simpson, William J., 114
Simrall, James, 34
Simrall, James, 164
Simrall, Joseph, 34
Simrall, Joseph, 169
Sims, Elias, 201
Sims, James, 250
Sims, John, 155
Sims, Marmaduke, 187
Sims, Marmaduke, 86
Sims, William, 201
Simson, Mason, 369
Sinclair, Horatio, 271
Sinclair, Horatio, 355
Sinclair, James, 135
Sinclair, Joseph, 154
Sinder, John, 218
Sindusky, John, 143
Singen, Nathaniel, 218
Singer, Daniel, 307
Singleton, Daniel, 206
Singleton, Daniel, 220
Singleton, Daniel, 367
Singleton, Frederick, 15
Singleton, Frederick R., 314
Singleton, James, 136
Singleton, Jeconias, 248
Singleton, John, 195
Singleton, John, 309
Singleton, Lewis, 122
Singleton, Mason, 122
Singleton, Mason, 254
Singleton, McIntire, 290
Singleton, Philip, 69
Singleton, Robert H., 191
Singleton, Thomas, 290
Singleton, Zechonias, 250
Sinkhorn, William, 291
Sinkler, William, 326
Sinnett, Richard, 235
Sinns, John, 72
Sipes, Henry, 306
Sippell, James, 361
Sisenby, Jerry, 204
Sisk, Asa, 146
Sisk, Meredith, 146
Sisk, Robert, 6
Sisk, Robert, 146
Siss, George, 306
Skaggs, Abraham, 361
Skaggs, Charles, 281
Skaggs, James, 146

Skaggs, Jeremiah, 146
Skags, Abram, 54
Skeene, William, 112
Skeeters, James, 264
Skelton, John, 359
Skervens, George, 197
Sketers, James, 273
Sketers, William, 207
Skevins, George, 268
Skewens, Clayton, 205
Skidmore, James, 151
Skidmore, John, 294
Skidmore, Joseph, 317
Skiler, John, 293
Skillett, Thomas, 276
Skillman, Richard, 245
Skilman, Jas., 2
Skindebower, Henry, 207
Skinner, Clark, 201
Skinner, Cornelius, 245
Skinner, John, 263
Skinner, Perrin, 318
Skinner, Samuel, 275
Skinner, Samuel, 332
Skinner, William, 132
Skinner, William, 193
Slack, William, 8
Slack, William, 300
Slade, Ezekiel, 96
Slade, Ezekiel, 224
Slade, Ezekiel, 319
Slade, Ezekiel, 369
Slade, John, 96
Slade, John, 319
Slade, Samuel, 96
Slade, William, 96
Slaley, Alexander, 347
Slate, Bazel, 227
Slate, James, 227
Slater, Silas, 341
Slatia, Joseph, 341
Slatia, Joseph, 346
Slaton, Ezekiel, 275
Slaughter, Armstead, 10
Slaughter, Edgecomb, 233
Slaughter, Edmond, 75
Slaughter, Elias, 80
Slaughter, Elias, 215
Slaughter, Francis, 33
Slaughter, Francis, 214
Slaughter, Francis, 227
Slaughter, Francis I., 79
Slaughter, Francis T., 75
Slaughter, Gabriel, 285
Slaughter, Jacob, 299
Slaughter, James, 10
Slaughter, James, 224
Slaughter, James, 269

INDEX

Slaughter, Jesse, 364
Slaughter, John W., 22
Slaughter, Mathew, 242
Slaughter, Matthew, 151
Slaughter, Philip, 174
Slaughter, Presley, 260
Slaughter, Prestley, 255
Slaughter, Robert, 204
Slaughter, Robert C., 12
Slaughter, Samuel, 135
Slaughter, William B., 75
Slaughter, William H., 243
Slaven, Samuel, 52
Slavens, Isaiah, 197
Slavens, John, 308
Slavens, Thomas, 196
Slice, Peter, 359
Sligar, John, 304
Sloan, Daniel, 195
Sloan, George, 7
Sloan, John, 69
Sloan, William, 154
Slocomb, James, 31
Slone, Thomas, 61
Slott, James, 237
Slotts, John M., 61
Slotts, John M., 340
Slotts, John M., 349
Smack, Godhart, 296
Small, George, 66
Small, Henry, 331
Small, James, 320
Small, William, 319
Smalley, Andrew, 73
Smalley, David, 353
Smallwood, Russell, 26
Smally, Andrews, 38
Smart John S., 47
Smart, Glover, 126
Smart, Humphrey, 105
Smart, James P., 20
Smart, John C., 168
Smart, John S., 46
Smart, Richard, 271
Smart, Wiley, 58
Smart, William, 125
Smart, William, 211
Smeather, Benjamin, 204
Smeathers, Jahn, 23
Smeathers, William, 22
Smedley, John, 115
Smedley, Samuel, 115
Smedley, Samuel, 116
Smiley, James, 10
Smiley, Jesse, 33
Smiley, Jesse, 73
Smiley, William, 11
Smiley, William, 175

Smites, Benjamin, 144
Smith Robert, 70
Smith, Abraham, 27
Smith, Abraham, 30
Smith, Abraham, 77
Smith, Abraham, 148
Smith, Abraham, 307
Smith, Absalom, 52
Smith, Adam, 120
Smith, Adam, 342
Smith, Adam, 347
Smith, Alexander, 73
Smith, Alexander, 120
Smith, Alexander, 370
Smith, Allen, 121
Smith, Allen, 121
Smith, Andrew, 263
Smith, Archimedes, 118
Smith, Asa, 144
Smith, Asa, 284
Smith, Ashford, 9
Smith, Benjamin, 34
Smith, Benjamin, 149
Smith, Benjamin, 338
Smith, Benjamin, 364
Smith, Benjamin C., 108
Smith, Bird, 35
Smith, Bird, 62
Smith, Bradley, 61
Smith, Caleb, 328
Smith, Caleb, 335
Smith, Christopher, 149
Smith, Clayborn, 38
Smith, Cloud, 282
Smith, Curtis, 369
Smith, Daniel, 193
Smith, Daniel, 207
Smith, Daniel S., 58
Smith, David, 84
Smith, David, 176
Smith, David, 180
Smith, David, 216
Smith, David, 223
Smith, David, 257
Smith, Drury, 65
Smith, Edward, 312
Smith, Eleren, 93
Smith, Elias, 61
Smith, Elias, 150
Smith, Elias B., 159
Smith, Elijah, 335
Smith, Elkanah, 266
Smith, Enoch, 93
Smith, Ephraim, 231
Smith, Ezekiel, 50
Smith, Ezekiel, 173
Smith, Ezekiel, 284
Smith, Fruman, 336

Smith, George, 31
Smith, George, 113
Smith, George, 121
Smith, George, 249
Smith, George, 255
Smith, George, 292
Smith, George A., 233
Smith, George H., 138
Smith, Guy W., 147
Smith, Harvey A., 153
Smith, Henry, 34
Smith, Henry, 126
Smith, Henry, 156
Smith, Henry, 161
Smith, Henry, 169
Smith, Henry, 245
Smith, Henry, 292
Smith, Henry, 298
Smith, Howell, 54
Smith, Hubbard B., 206
Smith, Hugh, 181
Smith, Isaac, 15
Smith, Isaac, 81
Smith, Isaac, 196
Smith, Isaac, 203
Smith, Isaac, 254
Smith, Isaac, 281
Smith, Isaac, 324
Smith, Jacob, 30
Smith, Jacob, 338
Smith, James, 20
Smith, James, 51
Smith, James, 81
Smith, James, 90
Smith, James, 93
Smith, James, 121
Smith, James, 122
Smith, James, 136
Smith, James, 147
Smith, James, 153
Smith, James, 157
Smith, James, 203
Smith, James, 209
Smith, James, 213
Smith, James, 235
Smith, James, 264
Smith, James, 265
Smith, James, 333
Smith, James, 335
Smith, James, 357
Smith, James, 363
Smith, James, 368
Smith, James I., 264
Smith, James T., 144
Smith, Jere A., 243
Smith, Jeremiah, 61
Smith, Jeremiah, 136
Smith, Jeremiah, 325

Smith, Jeremiah, 332
Smith, Jesse, 339
Smith, Joel, 344
Smith, John, 15
Smith, John, 20
Smith, John, 21
Smith, John, 33
Smith, John, 39
Smith, John, 43
Smith, John, 47
Smith, John, 51
Smith, John, 53
Smith, John, 60
Smith, John, 88
Smith, John, 96
Smith, John, 98
Smith, John, 103
Smith, John, 108
Smith, John, 126
Smith, John, 142
Smith, John, 178
Smith, John, 195
Smith, John, 195
Smith, John, 197
Smith, John, 206
Smith, John, 206
Smith, John, 223
Smith, John, 233
Smith, John, 235
Smith, John, 235
Smith, John, 237
Smith, John, 239
Smith, John, 247
Smith, John, 253
Smith, John, 289
Smith, John, 297
Smith, John, 300
Smith, John, 308
Smith, John, 315
Smith, John, 326
Smith, John, 339
Smith, John, 341
Smith, John, 342
Smith, John, 343
Smith, John, 347
Smith, John, 347
Smith, John, 349
Smith, John, 350
Smith, John, 350
Smith, John, 350
Smith, John, 352
Smith, John, 353
Smith, John, 359
Smith, John, 363
Smith, John, 84
Smith, John C., 314
Smith, John J., 178
Smith, John R., 233

Smith, John R., 325
Smith, John R., 370
Smith, John S., 240
Smith, John Speed, 184
Smith, John Speed, 247
Smith, John W., 143
Smith, John W., 121
Smith, John, Jr., 78
Smith, John, Jr., 332
Smith, John, Jr., 339
Smith, John, Sr., 78
Smith, John, Sr., 332
Smith, John, Sr., 339
Smith, Jonas, 257
Smith, Jonathan, 142
Smith, Jonathan, 153
Smith, Jonathan, 156
Smith, Jonathan, 156
Smith, Jonathan, 256
Smith, Joseph, 22
Smith, Joseph, 32
Smith, Joseph, 140
Smith, Joseph, 158
Smith, Joseph, 195
Smith, Joseph, 284
Smith, Joseph, 339
Smith, Joseph, 163
Smith, Josiah, 344
Smith, Larkin, 366
Smith, Lewis, 187
Smith, Lewis, 263
Smith, Lewis, 359
Smith, Lewis, 86
Smith, Lewis B., 270
Smith, Liberty, 195
Smith, Mathew, 155
Smith, Matthew, 276
Smith, Michael, 170
Smith, Mitchell, 358
Smith, Nathan, 197
Smith, Nathan, 199
Smith, Nicholas, 96
Smith, Nicholas, 140
Smith, Owen, 161
Smith, Paten, 58
Smith, Peter, 111
Smith, Peter, 140
Smith, Peter, 207
Smith, Peter, 339
Smith, Philip, 113
Smith, Philip, 255
Smith, Presley C., 166
Smith, Prestley, 250
Smith, Resin, 211
Smith, Reuben, 104
Smith, Rezin, 84
Smith, Richard, 133
Smith, Richard, 201

Smith, Richard, 271
Smith, Richard, 297
Smith, Richard, 364
Smith, Richard W., 363
Smith, Robert, 5
Smith, Robert, 38
Smith, Robert, 144
Smith, Robert, 149
Smith, Robert, 226
Smith, Robert, 275
Smith, Robert, 319
Smith, Robert, 338
Smith, Robert, 349
Smith, Robert, 366
Smith, Roswell W., 354
Smith, Samuel, 33
Smith, Samuel, 60
Smith, Samuel, 146
Smith, Samuel, 149
Smith, Samuel, 165
Smith, Samuel, 217
Smith, Samuel, 251
Smith, Samuel, 254
Smith, Samuel, 267
Smith, Samuel, 281
Smith, Samuel, 282
Smith, Samuel, 350
Smith, Samuel, 361
Smith, Samuel, 366
Smith, Samuel C., 119
Smith, Silas, 224
Smith, Solomon, 112
Smith, Stephen, 47
Smith, Stephen, 48
Smith, Stephen, 109
Smith, Stephen, 186
Smith, Stephen, 279
Smith, Stokeley, 56
Smith, Stokely, 59
Smith, Strother, 323
Smith, Thomas, 36
Smith, Thomas, 70
Smith, Thomas, 96
Smith, Thomas, 109
Smith, Thomas, 167
Smith, Thomas, 204
Smith, Thomas, 249
Smith, Thomas, 254
Smith, Thomas, 281
Smith, Thomas, 319
Smith, Thomas, 332
Smith, Thomas, 341
Smith, Thomas, 342
Smith, Thomas, 347
Smith, Thomas, 84
Smith, Thomas A., 211
Smith, Thomas F., 49
Smith, Thomas F., 50

INDEX

Smith, Turner, 8
Smith, Vardemon, 55
Smith, Walter, 304
Smith, Weedin, 63
Smith, Wiley, 52
Smith, William, 3
Smith, William, 69
Smith, William, 76
Smith, William, 78
Smith, William, 100
Smith, William, 103
Smith, William, 105
Smith, William, 116
Smith, William, 122
Smith, William, 169
Smith, William, 176
Smith, William, 223
Smith, William, 233
Smith, William, 257
Smith, William, 265
Smith, William, 267
Smith, William, 292
Smith, William, 322
Smith, William, 339
Smith, William, 354
Smith, William I., 108
Smith, Younger, 370
Smith, Zachariah, 149
Smith, Zebedee, 342
Smith,James, 204
Smith., Joseph, 5
Smither, Joel, 289
Smither, William, 209
Smithers, Daniel, 297
Smithey, Robert, 235
Smoch, John, 13
Smock, Jacob, 304
Smock, Jeremiah, 140
Smock, John, 243
Smock, John B., 153
Smock, Simon, 153
Smoot, Armstead, 12
Smoot, Humphrey, 12
Smoot, John, 12
Smothers, Alexander, 262
Smultin, Nathaniel, 319
Snail, Matthew, 370
Snalley, Valentine, 109
Snap, George, 315
Snead, Gregory, 347
Snedicon, James, 135
Snediger, Moses, 360
Sneed, Alexander, 77
Sneed, James, 146
Sneed, John, 76
Sneed, John, 287
Sneed, John H., 144
Sneed, Samuel C., 221

Snell, James, 223
Snell, Robert, 104
Snell, William, 220
Snellen, Alexander, 204
Snellen, Benjamin, 204
Snelling, Alexander, 264
Snelling, Benjamin, 264
Snelling, Nathaniel, 370
Snelson, Minniard, 196
Sniddy, Robert, 243
Snider, Jacob, 347
Snider, Peter, 124
Snider, Thomas, 73
Snoddy, John, 244
Snoddy, Joseph W., 183
Snoddy, Joseph W., 246
Snoddy, William, 312
Snodgrass, Samuel, 141
Snodgrass, Samuel, 342
Snodgrass, Samuel, 352
Snow, Erasmus, 333
Snow, John, 294
Snow, N., 75
Snowden, Lovell, 257
Snowden, Robert, 355
Snowden, Samuel, 176
Snowden, William, 176
Snowden, William, 257
Snowvanier, Christopher, 237
Snyder, Fielding, 306
Snyder, Jeremy, 159
Snyder, John, 252
Snyder, John, 264
Sodosky, Isaac, 102
Somerville, Joseph, 318
Sommers, Frederick, 352
Son, Dick, 121
Sorrel, William, 52
Sorrels, Samuel, 52
Sorrels, William, 7
Sorrels, William, 59
Sorry, Merit, 168
Sorter, John, 235
Sosberry, Nathaniel, 255
Sothard, Isaac, 191
Sothoror, Levin, 133
Souder, Jefferson, 290
Sousley, Christopher, 318
South, Benjamin, 126
South, Benjamin, 246
South, Henry, 143
South, John, 219
South, Rowland H., 32
South, Samuel, 240
South, Weldor, 252
South, William, 219
Southard, John, 139
Southard, Joseph, 329

Souther, Jacob W., 75
Southerall, William, 50
Southerland, Bailey, 229
Southerland, Howard, 229
Southerland, James, 229
Southerland, John, 229
Southerland, William, 82
Southern, Levin, 98
Southern, Levin, 352
Southwall, Goyson, 86
Southword, John, 292
Southworth, Ivyson, 187
Southworth, William, 86
Soward, Richard, 135
Sowerhaber, George, 40
Sowerhaber, George, 47
Spalding, Cartlett, 264
Spalding, George W., 301
Spalding, Joseph, 250
Spalding, Richard, 72
Spalding, Thomas, 50
Spalding, Walker, 264
Spark, William, 213
Sparks, Archibald, 96
Sparks, Caleb, 95
Sparks, Elijah, 9
Sparks, George, 198
Sparks, Henry, 302
Sparks, James, 163
Sparks, James, 339
Sparks, James, 369
Sparks, John, 318
Sparks, Joseph, 102
Sparks, Madison, 80
Sparks, Orson, 9
Sparks, Reuben, 33
Sparks, Samuel, 273
Sparks, Walter, 161
Sparks, Walter, 302
Spaulding, George, 349
Spaulding, James, 121
Spaw, Jacob, 240
Speaks, John, 332
Spear, Samuel, 56
Spear, Solomon, 56
Spears, Abraham, 233
Spears, Eli, 329
Spears, Ephraim, 55
Spears, George, 252
Spears, Jacob, 151
Spears, John, 248
Spears, John, 252
Spears, John, 294
Spears, Robert, 218
Spears, Thomas, 201
Speck, Jacob, 73
Speed, Thomas, 10
Speed, Thomas, 24

Speer, John, 13
Speets, Henry, 264
Spellers, James, 116
Spence, John D., 48
Spence, Willis, 298
Spencer Ambrose, 302
Spencer, Abram, 67
Spencer, Absalom, 111
Spencer, Barnet, 142
Spencer, Caleb, 226
Spencer, Calmer, 31
Spencer, Charles, 205
Spencer, Francis, 359
Spencer, John, 9
Spencer, John, 52
Spencer, John, 126
Spencer, John, 239
Spencer, John, 243
Spencer, John, 293
Spencer, John, 319
Spencer, John J., 106
Spencer, Joseph, 226
Spencer, Lewis, 214
Spencer, Moses, 52
Spencer, Richard, 9
Spencer, Samuel, 62
Spencer, Thomas, 305
Spencer, Walter, 226
Spicer, David, 78
Spicer, John, 80
Spicer, John, 215
Spicer, Raucer, 102
Spicer, Thomas, 65
Spicer, William, 271
Spicer, William, 323
Spiegle, Martin, 325
Spiers, Henry, 264
Spiers, Samuel, 272
Spikey, Jesse, 349
Spiller, Coalman C., 165
Spillman, Charles, 302
Spillman, Jacob, 350
Spillman, James, 121
Spillman, James, 185
Spillman, Robert, 37
Spillman, Wesley, 138
Spillmon, Benjamin, 145
Spilman, Henry, 57
Spilman, Henry, 291
Spilman, Samuel, 274
Spindle, Edmond, 18
Spires, Greenberry, 111
Sportsman, James, 235
Spotswood, William, 370
Spottswood, William, 96
Spottswood, William, 319
Spotwood, William, 224
Sprague, Ephraim, 354

Spratt, Thomas, 64
Spratt, Thomas, 290
Spratt, William, 63
Spray, George, 46
Spray, Jonas, 303
Sprigg, Robert G., 40
Sprigs, Gilbert, 174
Springate, John, 233
Springer, Augustus, 22
Springer, Edward, 265
Springer, Elihu, 9
Springer, Francis, 122
Springer, John, 34
Springer, John, 275
Springer, Thomas B., 143
Springer, Welsley, 96
Springer, Wesley, 272
Springer, William, 249
Springston, Abraham, 291
Sproat, James, 335
Sprouce, Samuel L., 115
Sproul, Alexander, 156
Sproul, Joseph, 156
Sproule, George, 80
Sproule, George, 188
Sproule, George, 215
Sprouls, Elleck, 166
Sprout, William, 5
Spunks, Thomas, 22
Spurgen, George, 314
Spurgeon, Nathan, 343
Spurgin, Moses, 102
Spurgin, Richard, 93
Spurr, Richard, 196
Spurr, Richard, 229
Spurrier, Garrard, 180
Spurtin, Henry B., 339
Spurtin, John, 339
Spurtin, Tapley, 339
Squires, Caleb, 363
Srader, Coonrod, 233
Srader, John, 277
St John, Noah, 157
St. Amour, Augustus, 345
St.Clair, Jehu, 196
Stacey, Peter, 154
Stadler, John, 102
Stadler, William, 326
Stafford, Henry, 138
Stafford, Thomas, 13
Stafford, Thomas, 21
Stafford, Thomas, 163
Stafford, Thomas, 298
Stagg, Joseph, 94
Staggs, Joseph, 360
Stagner, Jeremiah, 277
Stagner, Jesse, 68
Stagner, Jesse, 181

Stagner, Thomas, 181
Stagsdill, William, 157
Stagstill, William, 70
Stains, Joseph, 199
Stakes, Benjamin, 211
Stalcoop, Elias, 95
Stalcoop, John, 95
Stalcup, Henry, 143
Staley, Alen, 342
Stallcup, Mark H., 43
Stallings, Aaron, 281
Stameter, Andrew, 161
Stameter, Andrew, 365
Stamp, Charles, 275
Stamper, Richard, 223
Stampier, Jonathan, 245
Stanage, William, 347
Standeford, David, 170
Standerferd, Nathan, 159
Standerford, John, 131
Standerford, John, 312
Standford, Perry, 231
Standiford, David, 36
Standiford, William, 298
Standly, Moses, 252
Stanfield, John, 297
Stanford, David, 121
Stanhope, Robert, 357
Stanhope, Robert, 363
Stanley, John, 307
Stanley, Mark, 2
Stanley, Moses, 211
Stanley, Moses, 324
Stanley, Moses, 84
Stansberry, Thomas, 31
Stanton, Fleming, 293
Stanton, John, 344
Stanton, John, 357
Stanton, Thomas, 86
Stanton, Thomas, 187
Stanton, Thomas, 344
Stanton, William, 195
Stanton, William, 295
Stanton, William, 86
Staple, Stephen, 199
Staples, Joshua, 269
Stapleton, David, 123
Stapp, Eli, 237
Stapp, Elijah, 17
Stapp, Elijah Jr., 144
Stapp, Major, 223
Stapp, Milton, 237
Stapp, Wyatt, 31
Star, Henry, 255
Stark, James, 232
Stark, John, 326
Stark, Joseph, 326
Stark, Thomas, 232

INDEX

Stark, Thomas, 326
Stark, William, 326
Starke, John, 249
Starks, William, 334
Starling, Harvey, 363
Starnas, Isaac, 332
Starns, Isaac, 328
Starr, Christopher, 205
Starr, Conrad, 196
Starr, Henry, 122
Starr, John, 205
Starrett, Thomas, 257
Starus, Abraham, 332
Staten, John, 195
Staten, Joseph, 195
Stations, Moses, 279
Staton, Joseph, 280
Staton, Samuel, 323
Stealer, Williams, 353
Stearman, William, 281
Stedman, William, 333
Steel, Andrew, 301
Steel, Bassell, 252
Steel, Charles W., 338
Steel, Christian, 154
Steel, David, 35
Steel, Jabez T., 122
Steel, James, 305
Steel, James, Jr., 330
Steel, James, Sr., 330
Steel, John, 304
Steel, Rankin, 305
Steel, Robert, 258
Steel, Solomon, 91
Steel, William, 305
Steele, Adam, 3
Steele, Aquilla, 320
Steele, Benjamin, 100
Steele, Jacob, 125
Steele, Jacob, 128
Steele, Jesse, 125
Steele, John, 31
Steele, Menassah, 207
Steele, Moses, 284
Steele, Rankin, 33
Steele, Samuel, 30
Steele, Solomon, 128
Steele, Solomon, 214
Steele, William, 94
Steele, William, 202
Steele, William, 204
Steen, Frederick, 235
Steene, William, 244
Steers, John, 315
Steers, William, 322
Stemmons, Henry, 297
Stenson, Robert, 65
Stephen, Alfred, 199

Stephen, Bela, 109
Stephen, John, 40
Stephens, _____, 293
Stephens, Abraham, 58
Stephens, Alfred, 128
Stephens, Benjamin, 20
Stephens, Benjamin, 80
Stephens, Benjamin, 216
Stephens, Charles, 201
Stephens, Charles, 256
Stephens, Daniel, 196
Stephens, David, 38
Stephens, David, 39
Stephens, Dawson, 30
Stephens, Elijah, 67
Stephens, Ezekiel, 367
Stephens, Gabriel, 46
Stephens, George, 276
Stephens, Henry, 88
Stephens, Henry, 209
Stephens, James, 159
Stephens, James, 198
Stephens, James, 319
Stephens, James, 338
Stephens, James H., 45
Stephens, James H., 47
Stephens, Jesse, 276
Stephens, John, 3
Stephens, John, 174
Stephens, John, 290
Stephens, John B., 58
Stephens, Jonathan, 201
Stephens, Lewis, 368
Stephens, Moses, 48
Stephens, Nathaniel, 82
Stephens, Nathaniel, 161
Stephens, Peter, 292
Stephens, Reuben, 259
Stephens, S. C., 297
Stephens, Samuel, 3
Stephens, Samuel, 147
Stephens, Samuel, 256
Stephens, Samuel, 342
Stephens, Thomas, 62
Stephens, Thomas, 88
Stephens, Thomas, 108
Stephens, Thomas, 292
Stephens, Thomas L., 57
Stephens, William, 50
Stephens, William, 62
Stephens, William, 154
Stephens, William, 262
Stephens, William, 293
Stephenson, Daniel, 236
Stephenson, Edward, 81
Stephenson, Edward, 136
Stephenson, John, 24
Stephenson, Joseph H., 247

Stephenson, Nicholas, 247
Stephenson, Thomas, 192
Stephenson, William, 24
Stephenson, William, 121
Stepp, William, 294
Stern, John W., 224
Stern, Luther, 347
Sterne, Tobias, 354
Sternum, James, 239
Sterrett, John, 123
Sterrett, John, 253
Sterrett, Joseph P., 36
Sterrett, Thomas, 276
Sterritt, Joseph P., 170
Stevens, James, 195
Stevens, James, 199
Stevens, Jesse, 333
Stevens, John, 161
Stevens, Joseph, 178
Stevens, Richard, 46
Stevens, Richard, 254
Stevens, Samuel, 364
Stevens, Steward, 184
Stevens, Stewart, 247
Stevens, William, 33
Stevens, William, 268
Stevenson, Arthur, 353
Stevenson, James, 231
Stevenson, James, 238
Stevenson, James, 251
Stevenson, James H., 359
Stevenson, John, 199
Stevenson, John, 204
Stevenson, John, 251
Stevenson, John, 335
Stevenson, Jonathan, 370
Stevenson, Joseph, 83
Stevenson, Joseph, 211
Stevenson, Luther, 341
Stevenson, Reuben, 233
Stevenson, Reuben, 239
Stevenson, Robert, 31
Stevenson, Robert, 105
Stevenson, Samuel, 204
Stevenson, Thomas, 262
Stevenson, William, 237
Stevenson, William, 238
Stevenson, William, 239
Stevenson, William, 251
Stevenson, William, 315
Stevenson, William, 370
Stevenson, Zachariah, 233
Steward, Alexander, 196
Steward, John, 205
Steward, Ray, 223
Steward, William, 92
Stewart, Alese, 345
Stewart, Alexander, 7

INDEX

Stewart, Alexander, 163
Stewart, Alexander, 320
Stewart, Asa, 163
Stewart, Charles, 7
Stewart, Charles, 163
Stewart, Charles, 191
Stewart, David, 94
Stewart, Edward, 98
Stewart, Edward, 352
Stewart, Elisha, 89
Stewart, Ezekiel, 308
Stewart, Gehew, 206
Stewart, Henry, 189
Stewart, Henry, 209
Stewart, Jacob, 222
Stewart, James, 64
Stewart, James, 106
Stewart, James, 117
Stewart, James, 158
Stewart, James, 163
Stewart, James, 183
Stewart, James, 186
Stewart, James, 203
Stewart, James, 269
Stewart, James, 299
Stewart, James, 354
Stewart, Jesse, 224
Stewart, John, 158
Stewart, John, 198
Stewart, John, 202
Stewart, John, 211
Stewart, John, 324
Stewart, John, 331
Stewart, John, 347
Stewart, John G., 15
Stewart, Joseph, 102
Stewart, Josiah, 3
Stewart, Milton, 242
Stewart, Moses, 50
Stewart, Norman, 333
Stewart, Peter, 39
Stewart, Richard E., 219
Stewart, Robert, 12
Stewart, Robert, 94
Stewart, Robert, 162
Stewart, Robert, 221
Stewart, Robert, 244
Stewart, Roy, 223
Stewart, Samuel, 17
Stewart, Samuel, 214
Stewart, Samuel, 266
Stewart, Samuel, 297
Stewart, Samuel, 325
Stewart, Thomas, 160
Stewart, Thomas, 168
Stewart, Thomas, 333
Stewart, Washington, 4
Stewart, William, 3

Stewart, William, 206
Stewart, William, 209
Stewart, William, 255
Stewart, William, 302
Stewart, William D., 259
Stichard, John, 266
Stigler, Benjamin, 344
Stiles, Benjamin, 85
Stiles, Benjamin, 217
Still, Charles, 221
Still, James, 239
Still, Jesse, 65
Still, Jesse, 203
Stillingsworth, Jacob, 332
Stillwell, Isaiah, 165
Stillwell, Isaiah, 298
Stillwell, Obediah, 323
Stilts, Jacob, 332
Stine, William, 67
Stines, Jacob, 150
Stinger, Jacob, 248
Stinson, Andrew, 183
Stinson, James, 183
Stinson, Joel, 52
Stinson, John L., 52
Stinson, John L., 59
Stinson, Lawson, 51
Stinson, Marma D., 52
Stinwell, Joseph, 96
Stipe, David, 120
Stipe, Henry, 120
Stipe, Jacob, 120
Stipp, George, 127
Stipp, Jacob, 127
Stites, Samuel, 357
Stites, William, 38
Stites, William, 138
Stith, John, 219
Stivens, James, 90
Stivers John, 246
Stockdale, William, 315
Stockton, Daniel, 156
Stockton, Dorsey K., 94
Stockton, Dorsey K., 130
Stockton, George, 16
Stockton, George, 355
Stockton, Ichabod, 78
Stockton, James P., 59
Stockton, Jesse, 280
Stockton, John, 257
Stockton, Lemuel, 77
Stockton, Newborn, 261
Stockton, Samuel, 155
Stockwell, Isaac, 344
Stockwell, Jesse, 219
Stockwell, Rcbert, 318
Stockwell, Robert, 17
Stocton, James P., 51

Stodard, Enery, 346
Stoddard, Avery, 341
Stodghill, Thomas, 305
Stogdale, Hugh, 83
Stogdale, James, 211
Stoker, William, 94
Stokes, Benjamin, 146
Stokes, Benjamin, 84
Stokes, Joel, 306
Stokes, Robert, 130
Stokes, Thomas, 42
Stokes, William, 130
Stoll, Thomas, 80
Stoll, Thomas, 215
Stoll, William, 15
Stone, Clifford, 218
Stone, David S., 329
Stone, David S., 329
Stone, Enoch, 10
Stone, Henry, 30
Stone, Henry, 47
Stone, Henry W., 48
Stone, Jabez, 40
Stone, James, 293
Stone, John, 31
Stone, John, 48
Stone, John, 56
Stone, John, 121
Stone, John, 269
Stone, John, 277
Stone, John, 364
Stone, Joseph, 199
Stone, Joseph, 269
Stone, Levi, 286
Stone, Smith, 195
Stone, Solomon, 81
Stone, Solomon, 203
Stone, Stephen, 76
Stone, Thomas, 269
Stone, William, 264
Stone, William H., 123
Stoops, John, 315
Storall, William H., 37
Store, Francis, 117
Storm, Daniel, 57
Storm, Moses, 57
Storm, William, 57
Storms, Adam, 327
Story, Caleb, 357
Story, James, 316
Story, John, 196
Story, Lewis, 20
Story, Thomas, 103
Story, Thomas, 235
Story, Thomas, 266
Story, Thomas, 84
Story, Washington, 83
Story, Washington, 211

Story, William, 4
Story, William, 43
Story, William, 278
Stotall, John, 42
Stoum, Adam, 332
Stout, Aaron, 312
Stout, Daniel M., 204
Stout, Ira, 110
Stout, Ira, 124
Stout, Isaac, 4
Stout, Jonathan, 38
Stout, Jonathan, 368
Stout, Joseph, 312
Stout, Michael, 299
Stout, Samuel, 119
Stout, Samuel, 202
Stout, Simpson, 312
Stout, William, 99
Stovall, Dury, 275
Stovall, Joseph, 312
Stovall, William, 166
Stower, Patrick, 299
Stowers, Jeremiah, 302
Stowers, Samuel, 13
Stowers, William, 160
Strace, Michael, 312
Strader, John, 57
Strador, Joseph, 56
Strafford, Edward, 95
Strahan, John, 316
Strain, Michael, 90
Strain, Michael, 213
Strain, Michael, 357
Stram, Thomas, 257
Stramat, John, 48
Stramat, John, Jr., 48
Strand, John, 260
Strange, Berry, 130
Strange, James, 53
Strange, William, 130
Strange, William, 349
Stranger, William, 15
Strangham, Nathaniel, 168
Stranghams, James, 263
Strango, Robert, 332
Strathon, Samuel, 86
Strator, William, 53
Stratron, Tandy, 218
Stratton, Aaron, 131
Stratton, Aaron, 135
Stratton, Hiram, 316
Straughan, Jacob, 247
Straughan, Joseph, 247
Straughan, Joseph, 262
Strawmatt, William, 279
Strawmut, John, 279
Street, Charles, 312
Street, Joseph, 266

Street, Joseph, 312
Street, William, 312
Streumat, John, 47
Stribling, Bradford, 238
Strickler, Emanuel, 124
Stringer, George, 192
Stringer, Jesse, 62
Stringfellow, James, 269
Stringfield, William, 345
Stringger, Laurance, 39
Strobridge, Eli, 218
Strode, James, 134
Strode, Jeremiah, 128
Strode, John, 90
Strode, John, 134
Strode, John, 213
Strode, Samuel, 217
Strode, Stephen, 117
Strohon, Samuel, 218
Stromburg, John, 218
Strong, Jesse, 350
Stroops, John, 335
Stropp, John, 39
Strother, Daniel F., 13
Strother, Thornton, 10
Stroud, Ansel, 287
Stroud, Jeremiah, 179
Stroud, Jno., 2
Stroud, John, 176
Stroud, John, 277
Stroude, Doran, 277
Struple, John, 342
Struple, John, 347
Stuart, Alexander, 57
Stuart, Alexander, 58
Stuart, Henry, 88
Stuart, Henry, 90
Stuart, Hugh, 260
Stuart, James, 81
Stuart, James, 85
Stuart, James, 113
Stuart, James, 84
Stuart, John, 83
Stuart, Robert, 301
Stuart, Samuel, 91
Stuart, Stephen, 58
Stuart, Thomas C., 58
Stuart, Thomas C., 59
Stuart, William, 83
Stuart, William, 88
Stubberfield, Beverly, 368
Stubblefield, Beverly P., 38
Stubblefield, George W., 180
Stucker, George, 31
Stucker, James, 237
Stuckers, Jacob, 235
Stuckey, Emanuel, 162
Studer, David, 294

Studor, Randal, 295
Stull, John, 282
Stull, William, 357
Stump, George, 100
Stump, Johnston, 296
Sturdy, William, 54
Sturgeon, Elijah, 89
Sturgeon, Elijah, 90
Sturgeon, Jeremiah, 142
Sturgeon, Jeremiah, 325
Sturgeon, John, 13
Sturgeon, Thomas, 344
Sturges, Robert, 13
Sturges, Robert A., 247
Sturgin, Jeremiah, 93
Stut, David, 307
Stutt, Christian, 305
Stutt, Nicholas, 282
Stype, John, 111
Sublet, John, 191
Sublet, Lewis, 251
Sublet, Littleberry, 251
Sublet, William, 191
Sublet, William, 191
Sublet, William, 365
Sublett, Arthur, 204
Sublett, Charles J., 171
Sublett, James, 67
Sublett, James, 161
Sublett, Samuel, 257
Sublett, Siterbury, 204
Sublett, Thomas, 80
Sublett, Thomas, 216
Sublett, Thomas, 302
Sublett, William, 67
Sublett, William, 161
Sublette, Joseph, 56
Sucks, Drura, 218
Suddeth Ezekiel, 113
Suddeth, Lewis, 113
Suddith, Samuel, 242
Suddler, James, 81
Sudduth, James, 148
Sudduth, Jared, 84
Sudduth, Jarrard, 211
Sudduth, John, 245
Sudert, David, 356
Sugg, William, 39
Suggett, Edgecomb, 235
Suggett, James, 17
Suggett, James, 220
Suggett, Thomas, 236
Sulivan, John, 278
Sullivan, Charles, 158
Sullivan, Clemment, 71
Sullivan, James, 104
Sullivan, John, 55
Sullivan, John, 335

Sullivan, Levi, 282
Sullivan, Lily, 281
Sullivan, Randolph, 133
Sullivant, William, 48
Sumers, Sandford, 15
Summer, Daniel, 140
Summers, Andrew, 110
Summers, Cornelius, 199
Summers, Cornelius, 308
Summers, Elijah, 305
Summers, James, 111
Summers, John, 257
Summers, John, 322
Summers, John S., 167
Summers, Levy, 55
Summers, Robert, 32
Summers, Thomas, 80
Summers, Thomas, 111
Summers, Thomas G., 31
Summers, William, 32
Summers, William, 74
Summerville, James, 22
Summons, George, 277
Summons, Henry, 7
Sumner, bandy, 174
Sumner, Thomas, 283
Sumner, William, 283
Sumnit, John, 316
Sunn, John F., 283
Surest, Valentine, 128
Surest, William, 128
Suter, John, 177
Sutfin, Gilbert, 237
Sutherford, James, 157
Sutherland, Daniel, 62
Sutherland, Hosea, 271
Sutherland, Howard, 265
Sutherland, James, 63
Sutherland, John, 10
Sutherland, Mordecai, 350
Sutherland, Ransom, 276
Sutherland, William, 151
Suthers, Micajah, 61
Sutor, Stephen, 99
Suttenhill, James B., 239
Sutterfield, Eli, 278
Sutterville, James B., 172
Sutton, Abram, 202
Sutton, Amariah, 344
Sutton, Benjamin, 363
Sutton, David, 63
Sutton, George, 333
Sutton, Humphrey, 149
Sutton, James, 163
Sutton, James W., 237
Sutton, John, 72
Sutton, John, 172
Sutton, Joshua, 242

Sutton, Leroy, 272
Sutton, Moses, 172
Sutton, Rowland, 150
Sutton, Samuel, 32
Sutton, Thomas, 55
Sutton, Thomas, 103
Sutton, Walker, 290
Sutton, William, 67
Sutton, William, 150
Sutton, William, 154
Sutton, William, 316
Sutton, William P., 237
Sutton, William P., 360
Swain, James, 82
Swain, William, 83
Swain, William, 211
Swam, Alex, 360
Swan, Lyman, 335
Swane, Thomas, 338
Swaney, Miles, 318
Swango, Abraham, 218
Swanson, Richard, 102
Swany, Thomas, 351
Swarangan, Vann, 316
Swartzfeller, Adam, 347
Swartzwalter, George, 345
Sweany, Daniel, 8
Sweany, James, 246
Swearengen, Hezekiah, 210
Swearing, Joseph, 304
Swearingen, Andrew, 91
Swearingen, Andrew, 213
Swearingen, Hezekiah, 83
Swearingen, Hornson, 165
Swearinger, Elemerleck, 49
Swearinger, Elimerleck, 50
Swearinger, John, 54
Swearinger, Joseph, 49
Swearinger, Joseph, 50
Swearinger, William D., 258
Swearingin, Nicholas D. B., 352
Sweeny, Benjamin, 312
Sweeny, Moses, 312
Sweeny, Thomas, 341
Sweet, James, 94
Sweet, James, 130
Sweet, Joseph, 88
Sweet, Joseph, 90
Sweet, Joseph, 189
Sweet, Joseph, 209
Sweet, William, 360
Sweeter, James, 61
Sweney, John, 196
Sweringen, Samuel, 9
Swift, Elias, 64
Swift, Elias, 158
Swift, James, 42

Swiggart, Samuel, 273
Swim, Alexander, 87
Swingle, George, 314
Swisher, Abraham, 342
Swisher, Abraham, 349
Switzer, Daniel, 322
Switzer, Samuel, 272
Swonger, James, 221
Swope, John, 26
Swope, Joseph, 308
Swope, Samuel, 194
Sybert, Daniel, 182
Sydner, Jacob, 233
Sydnor, John D., 116
Sylva, Samuel, 235
Sylvey, Robert, 360
Sympson, James, 128
Sympson, James, 308
Syper, George, 12
Syphers, George, 196
Tabb, Edward, 98
Tabb, Richard, 133
Tabbot, Pane, 223
Tabler, Jacob, 12
Tabler, Jacob, 147
Tabor, John, 254
Tacket, Thomas, 61
Tackett, Thomas, 316
Tadlock, Alexander, 298
Tadlock, Andrew, 124
Tadlock, John, 193
Tadlock, John H., 153
Tadlock, Thomas, 146
Tadloer, Andrew, 253
Tailor, Jacob, 295
Tailor, James W., 345
Tait, John, 119
Tait, Stephen, 69
Takoon, Luke, 314
Talbert, Cyrus, 11
Talbert, Cyrus, 24
Talbert, James, 42
Talbot, Abner, 87
Talbot, Benjamin, 229
Talbot, Daniel, 109
Talbot, Hanson, 96
Talbot, John, 229
Talbot, John, 349
Talbot, Jonathan, 253
Talbot, Thomas, 39
Talbot, Thomas, 299
Talbot, William, 260
Talbott, Acquilla, 211
Talbott, Aquilla, 84
Talbott, Daniel, 140
Talbott, Daniel, 147
Talbott, Edward, Jr., 170
Talbott, French, 213

INDEX

Talbott, Hanson, 321
Talbott, Hendly, 147
Talbott, Henry, 90
Talbott, John, 326
Talbott, John, 342
Talbott, Peter, 89
Talbott, Peter, 190
Talbott, Richard, 326
Talbott, William, 147
Talbott, William H., 156
Talbutt, Samuel, 142
Talefaro, Robert, 125
Talir, James, 15
Talkington, Joseph, 5
Talkington, Samuel, 5
Tall, John, 204
Talliaferro, George C., 38
Talliaferro, William T., 368
Tally, John, 110
Talmon, Jacob, 325
Talton, Caleb, 85
Talton, William, 85
Tamblin, Joel, 181
Tancil, Francis, 187
Tandy, Edmond, 123
Tandy, Linton, 116
Tandy, Mark, 138
Tandy, Willis, 116
Tangier, George, 229
Tannehill, Benjamin, 284
Tanner, Archer, 127
Tanner, Frederick, 303
Tanner, James, 39
Tanner, John, 223
Tanner, Martin, 347
Tanner, Samuel B., 346
Tanner, Thomas, 39
Tanner, Thomas, 178
Tapp, Elias, 103
Tapp, Nelson, 205
Tapp, Newton H., 204
Tappasse, James, 265
Tarbett, David, 361
Tarlton, Caleb, 217
Tarlton, Haller, 85
Tarlton, John, 239
Tarlton, Ralph B., 239
Tarlton, Thomas, 103
Tarlton, Walter, 217
Tarlton, William, 217
Tarpin, William, 276
Tarr, William, 14
Tarrant, James, 231
Tarrant, James, 361
Tarrants, Edward H., 282
Tarrent, Larkin, 293
Tarrent, Minos, 55
Tartar, Frederick, 287

Tassel, Francis, 86
Tate, James, 57
Tate, John, 33
Tate, John, 89
Tate, John, 173
Tate, John, 190
Tate, John, 210
Tate, Samuel, 156
Tate, Thomas, 33
Tatham, Samuel, 201
Tatman, Nehemiah, 130
Tatman, Stephen, 130
Tatman, Vincent, 130
Tatton, John, 307
Tatum, John, 263
Tatum, Seth, 344
Taul, Micah, 74
Taul, Micah, 154
Taul, Michael, 153
Taulson, John R., 193
Tawley, John, 77
Tay, John W., 35
Taylor Joseph P., 170
Taylor, Andrew, 133
Taylor, Arquille, 251
Taylor, Bergman, 53
Taylor, Berry, 345
Taylor, Caton, 195
Taylor, Charles, 324
Taylor, Conrad, 205
Taylor, Cornelius, 81
Taylor, Cornelius, 202
Taylor, Daniel, 58
Taylor, Ethelred, 331
Taylor, George, 127
Taylor, George, 211
Taylor, George, 325
Taylor, George, 361
Taylor, George, 84
Taylor, Giles, 3
Taylor, Hancock, 13
Taylor, Hancock, 363
Taylor, Harrison, 46
Taylor, Henry, 65
Taylor, Henry, 195
Taylor, Hubbard, 18
Taylor, Isaac, 88
Taylor, Isaac, 209
Taylor, Isaac, 278
Taylor, Isaac, 323
Taylor, Jacob, 128
Taylor, James, 8
Taylor, James, 12
Taylor, James, 40
Taylor, James, 42
Taylor, James, 244
Taylor, James, 269
Taylor, James, 278

Taylor, James, 298
Taylor, James, 324
Taylor, James, 330
Taylor, James W., 155
Taylor, Jeremiah, 296
Taylor, Jesse, 66
Taylor, John, 56
Taylor, John, 112
Taylor, John, 127
Taylor, John, 148
Taylor, John, 153
Taylor, John, 239
Taylor, John, 258
Taylor, John, 263
Taylor, John, 302
Taylor, John, 314
Taylor, John, 322
Taylor, John, 336
Taylor, John W., 169
Taylor, Jonathan, 116
Taylor, Jonathan, 156
Taylor, Joseph, 18
Taylor, Joseph, 40
Taylor, Joseph, 146
Taylor, Joseph, 178
Taylor, Joseph, 180
Taylor, Joseph, 201
Taylor, Joseph, 239
Taylor, Joseph F., 250
Taylor, Joseph P., 36
Taylor, Joseph P., 351
Taylor, Joseph P., 355
Taylor, lames W., 174
Taylor, Larkin, 269
Taylor, Larkin, 355
Taylor, Leeson, 99
Taylor, Nicholas, 23
Taylor, Peter, 184
Taylor, Peter, 284
Taylor, Richard M., 35
Taylor, Robert, 332
Taylor, Robert A., 139
Taylor, Samuel, 120
Taylor, Samuel, 153
Taylor, Samuel, 318
Taylor, Seaton, 195
Taylor, Sharp H., 354
Taylor, Solomon, 279
Taylor, Stephen, 179
Taylor, Talton, 201
Taylor, Tekal, 168
Taylor, Thomas, 10
Taylor, Thomas, 180
Taylor, Thomas, 211
Taylor, Thompson, 13
Taylor, warren, 13
Taylor, William, 37
Taylor, William, 119

INDEX

Taylor, William, 120
Taylor, William, 163
Taylor, William, 178
Taylor, William, 262
Taylor, William, 359
Taylor, William C., 248
Taylor, Wilson, 22
Taylor, Zachariah, 258
Tedrick, Jacob, 290
Teel, Adam, 349
Teel, William, 39
Teelford, Andrew, 35
Telford, Robert, 148
Tell, Joseph, 282
Telly, Lazarus, 27
Temple, Dixon Y., 345
Temple, Jesse, 131
Temple, Listen, 255
Temple, William, 147
Templemen, Jesse C., 110
Templer, Benjamin, 276
Templer, Jesse, 277
Templeton, James, 80
Templeton, James, 201
Templeton, Joseph, 45
Templeton, Matthew, 271
Templin, Dixon, 191
Tempy, Jacob, 264
Tempy, John, 264
Tendle, Kendle, 163
Tenins, John, 133
Tennel, Joseph, 265
Tennell, Benjamin, 20
Tennell, Benjamin, 147
Tennis, Abram, 19
Tennison, Asa, 359
Teralt, John, 27
Tericks, Samuel, 32
Terrel, George C., 223
Terrel, James, 63
Terrel, Reuben, 163
Terrell, Ebar, 186
Terrell, Henry, 244
Terrell, James, 183
Terrell, John, 244
Terrell, Robert, 150
Terrell, Thomas, 75
Terrell, Thomas, 150
Terrell, Thomas, 242
Terrell, Thomas, 244
Terrell, Vivian, 121
Terrell, Vivian, 251
Terrell, Zachariah, 305
Terrence, Larkin, 244
Terril, Oliver, 194
Terrill, John, 305
Terrill, Zachariah, 251
Terry, Jeremiah, 326
Terry, Stephen, 191
Terry, William T., 308
Terryhel, Zachariah, 297
Test, Jacob, 286
Teter, William, 301
Tetham, Lewis, 312
Tevis, Benjamin, 170
Tevis, Peter, 217
Tevis, Samuel, 38
Tevis, Samuel, 45
Tevis, Samuel, 364
Thacker, Allen, 278
Thacker, Elijah, 293
Thacker, Turner, 51
Thatcher, John P., 37
Thatcher, Joseph, 320
Thaylewood, Joseph, 231
Theobald, Moses, 82
Theobalds, James, 237
Theobalds, Samuel, 220
Theobalds, Samuel, 225
Theobles, James, 265
Therman, Isaac, 292
Thickston, Abraham, 143
Thickston, William, 299
Thomas, Asa, 339
Thomas, Avon, 72
Thomas, Benjamin, 303
Thomas, Charles, 76
Thomas, Daniel, 58
Thomas, Daniel, 135
Thomas, David, 136
Thomas, David, 347
Thomas, Edmund G., 286
Thomas, Edward, 6
Thomas, Fleming, 258
Thomas, Godfrey, 58
Thomas, Granville P., 127
Thomas, Hardin, 166
Thomas, Henry, 364
Thomas, Howell, 45
Thomas, Isaac, 53
Thomas, Isaac, 133
Thomas, Isaac, 172
Thomas, Isaac, 310
Thomas, Israel, 82
Thomas, Jacob, 138
Thomas, James, 68
Thomas, James, 209
Thomas, James, 243
Thomas, James, 282
Thomas, James, 317
Thomas, James, 329
Thomas, James, 357
Thomas, James, 366
Thomas, James, 368
Thomas, James 0 W., 108
Thomas, John, 12
Thomas, John, 19
Thomas, John, 24
Thomas, John, 48
Thomas, John, 82
Thomas, John, 173
Thomas, John, 174
Thomas, John, 258
Thomas, John, 272
Thomas, John, 284
Thomas, John, 302
Thomas, John, 320
Thomas, John, 363
Thomas, John, 366
Thomas, John D., 3
Thomas, John D., 88
Thomas, John D., 189
Thomas, John D., 209
Thomas, John, Sr., 48
Thomas, Joseph, 12
Thomas, Joseph, 153
Thomas, Joseph, 169
Thomas, Joseph, 225
Thomas, Joseph, 249
Thomas, Joseph, 300
Thomas, Joseph, 307
Thomas, Joseph, 364
Thomas, Larkin, 55
Thomas, Layton, 368
Thomas, Levi, 130
Thomas, Lewis, 250
Thomas, Matthew, 367
Thomas, Michael, 38
Thomas, Moses, 15
Thomas, Nathan, 330
Thomas, Owen, 306
Thomas, Owen D., 166
Thomas, Peter, 193
Thomas, Presley, 68
Thomas, Robert, 53
Thomas, Robert, 133
Thomas, Robert, 295
Thomas, Samuel, 185
Thomas, Samuel, 292
Thomas, Solomon, 15
Thomas, Solomon, 136
Thomas, Solomon, 314
Thomas, Spencer, 80
Thomas, Thomas, 141
Thomas, Thomas, 207
Thomas, Thomas, 284
Thomas, Thompson, 286
Thomas, Thruston, 82
Thomas, William, 30
Thomas, William, 101
Thomas, William, 153
Thomas, William, 361
Thomas, William, 366
Thomas, William, 370

INDEX 499

Thomas, William P., 368
Thomason, John, 84
Thomason, Richard, 237
Thomason, Samuel, 7
Thomasson, Thomas, 226
Thompkins, William, 263
Thompson Robert, 40
Thompson, Abraham, 323
Thompson, Adam, 336
Thompson, Alexander, 120
Thompson, Andrew, 113
Thompson, Andrew, 235
Thompson, Andrew, 368
Thompson, Charles, 105
Thompson, David, 91
Thompson, David, 168
Thompson, David, 330
Thompson, Edward, 277
Thompson, George C., 243
Thompson, George P., 286
Thompson, Henry, 39
Thompson, James, 9
Thompson, James, 54
Thompson, James, 265
Thompson, James, 291
Thompson, James, 307
Thompson, James, 330
Thompson, James C., 169
Thompson, Jeremiah, 258
Thompson, John, 84
Thompson, John, 139
Thompson, John, 144
Thompson, John, 226
Thompson, John, 275
Thompson, John, 282
Thompson, John, 285
Thompson, John, 291
Thompson, John, 344
Thompson, John, 355
Thompson, John, 365
Thompson, John C., 41
Thompson, John R., 41
Thompson, Joseph, 126
Thompson, Joseph, 183
Thompson, Joseph, 217
Thompson, Lawson, 282
Thompson, Mathew, 199
Thompson, Moses, 41
Thompson, Moses, 47
Thompson, Moses, 274
Thompson, Nelson, 18
Thompson, Peter, 103
Thompson, Peter, 237
Thompson, Philip, 2
Thompson, Philip, 178
Thompson, Pitman, 111
Thompson, Richard, 55
Thompson, Richard, 335

Thompson, Richard B., 91
Thompson, Richard B., 214
Thompson, Richard L., 26
Thompson, Robert, 45
Thompson, Robert, 138
Thompson, Robert, 225
Thompson, Robert, 237
Thompson, Roger, 18
Thompson, Roger, 285
Thompson, Samuel, 3
Thompson, Samuel, 87
Thompson, Samuel, 107
Thompson, Samuel, 138
Thompson, Samuel, 218
Thompson, Samuel, 221
Thompson, Samuel, 223
Thompson, Samuel, 260
Thompson, Samuel, 265
Thompson, Samuel, 363
Thompson, Samuel W., 83
Thompson, Saunders, 3
Thompson, Seth, 257
Thompson, Starling, 295
Thompson, Stephen, 295
Thompson, Thomas, 9
Thompson, Thomas, 26
Thompson, Thomas, 316
Thompson, Thomas, 365
Thompson, Thomas H., 13
Thompson, Wadley, 257
Thompson, William, 4
Thompson, William, 38
Thompson, William, 41
Thompson, William, 44
Thompson, William, 47
Thompson, William, 168
Thompson, William, 169
Thompson, William, 260
Thompson, William, 304
Thompson, William, 312
Thompson, William, 314
Thompson, William, 322
Thompson, William, 330
Thompson, William, 347
Thompson, William, 350
Thompson, William, 365
Thompson, William E., 350
Thomson, H. D., 223
Thomson, James C., 135
Thomson, Philip, 1
Thomson, Thomas, 223
Thorn, Joseph, 134
Thorn, Michael, 329
Thorn, William, 134
Thornberry, Martin, 315
Thornberry, Samuel, 14
Thornberry, Zachariah, 19
Thornbury, Thomas, 41

Thorne, Thomas, 249
Thornton, Anthony, 213
Thornton, Charles, 14
Thornton, Charles, 56
Thornton, Charles, 272
Thornton, Edmund, 133
Thornton, Elijah, 120
Thornton, Elijah, 272
Thornton, George, 98
Thornton, H. P., 228
Thornton, John, 292
Thornton, John, 313
Thornton, Toliver, 239
Thornton, Toliver, 271
Thornton, William, 47
Thornton, William, 140
Thornton, William, 309
Thornton, William, 364
Thorps, Alexander, 68
Thradford, Walker, 282
Thralekeld, Thomas, 28
Thralekeld, William, 28
Thrasher, Samuel, 332
Threasher, Stephen, 313
Threckold, William, 318
Threet, James, 282
Threlkiel, Thomas, 104
Thresher, William, 156
Throckmorton, Ariss, 131
Throckmorton, Joseph, 100
Throckmorton, Lewis, 347
Throckmorton, Samuel, 33
Thruston, Robert, 164
Thruston, Robert, 298
Thuman, Joseph, 231
Thurman, Benjamin, 70
Thurman, Henderson, 201
Thurman, Jesse, 357
Thurman, Joseph, 64
Thurman, Littleberry, 280
Thurman, William, 280
Thurmon, Labourse, 78
Thurmond, John D., 294
Thursby, James, 165
Thursby, James, 298
Thurston, Robert, 165
Tibbs, James, 84
Tibbs, James, 216
Tibbs, John, 219
Tichenor, Jacob, 37
Tichnor, Thomas, 10
Tidwell, John, 192
Tidwell, William, 162
Tiffe, Charles, 8
Tiffee, Catlett, 186
Tiffeny, John, 332
Tiffin, Clayton, 340
Tiffin, John, 328

Tilbery, Lotte, 121
Tilbry, Thomas, 308
Tilford, Alexander, 104
Tilford, Alexander, 355
Tilford, Jeremiah, 165
Tilford, Robert, 152
Tilford, Weir, 244
Tilford, Wier, 230
Tiller, John, 292
Tillett, Jacob, 345
Tilly, William, 37
Tilton, Robert, 119
Timberlake, George W., 313
Timberlake, James, 193
Timberlake, John, 56
Timmerman, Philip, 106
Timmons, Elijah, 146
Timmons, William, 330
Timothy, George, 346
Tincher, John, 193
Tincher, William, 69
Tincum, Ephraim, 330
Tindal, John, 209
Tindell, Benjamin, 176
Tindell, Charles, 271
Tinder, James, 315
Tine, John, 338
Tiner, Richard, 186
Tingle, Edward, 163
tingles, Hillery, 205
Tinkins, Thomas S., 249
Tinsley, James, 242
Tinsley, John, 117
Tinsley, John, 151
Tinsley, Samuel, 37
Tinsley, William, 229
Tipton, Daniel, 266
Tipton, Esrane, 25
Tipton, Mitchell, 308
Tipton, Moses, 262
Tipton, Thomas M., 91
Tipton, Thomas M., 214
Tipton, William, 198
Tipton, William, 308
Tirey, George, 58
Tirpin, Obediah, 158
Titsworth, William, 44
Titus, Ebenezer, 201
Tivis, Peter, 85
Tivis, Peter, 341
Tivis, Peter, 346
Tobin, Benjamin, 11
Todd, Abel, 103
Todd, Abell D., 124
Todd, Benjamin, 176
Todd, Caleb, 181
Todd, Charles S., 110
Todd, Daniel, 68

Todd, David, 118
Todd, David, 137
Todd, David, Jr., 119
Todd, Davis, 140
Todd, George, 195
Todd, George, 340
Todd, James L., 223
Todd, Jesse, 181
Todd, John, 108
Todd, John, 161
Todd, Jonathan, 67
Todd, Levi L., 109
Todd, Lewis, S., 31
Todd, Robert, 119
Todd, Robert, 165
Todd, Robert S., 109
Todd, Samuel, 305
Todd, Samuel B., 110
Todd, Thomas, 301
Todd, William, 68
Todd, William, 252
Todd, William, 304
Todd, Wm., 2
Tolby, Isaac, 61
Tolby, Jonathan, 296
Toler, Jacob C., 259
Toler, Robert, 363
Toles, Mathias, 313
Tolin, Morgan, 117
Toll, Alficus, 320
Tolliver, Benjamin, 180
Tolson, Daniel, 193
Tolson, James, 263
Tolson, Warren, 61
Tolson, William, 263
Tomasson, John, 211
Tomblin, Ambrose, 183
Tomblin, Joel, 183
Tombs, Benjamin, 28
Tomes, William, 82
Tomison, Samuel W., 210
Tomlin, Jeremiah, 263
Tomlin, Joel, 263
Tomlinson, Isaac, 140
Tomlinson, William, 320
Tomlinson, William, 359
Tompkins, _____, 188
Tompkins, John, 85
Tompkins, John, 187
Tompkins, John, 265
Tompkins, Sheppard, 124
Tompkins, William, 206
Tompson, David, 220
Toms, Anderson, 62
Toncray, James H., 36
Toncray, James H., 170
Tongue, John B., 304
Tooks, William, 102

Tool, Michael, 351
Tool, William, 66
Tooly, William, 280
Toom, Benjamin, 105
Toomey, Mathew, 265
Toomy, Isaac, 286
Toomy, John, 153
Toon, John, 221
Tophouse, John, 264
Torbet, Samuel, 251
Torrence, James, 67
Torryhill, Adams, 161
Toulouse, Bardira, 335
Toulouse, John, 328
Towneley, John, 110
Towner, Samuel, 286
Townsend, George, 25
Townsend, James, 198
Townsend, Joshua, 84
Townsend, Marshal, 327
Townsend, William, 102
Townson, Joshua, 211
Townson, William, 199
Towsinger, Joseph, 332
Towson, Benjamin, 350
Trabue, Aaron, 36
Trabue, Aaron, 144
Trabue, George W., 261
Trabue, Hoskins, 145
Trabue, Jason, 218
Trabue, Robert, 258
Traceler, Philip, 299
Tracey, Erasmus, 7
Tracy Thomas, 244
Tracy, Asa, 309
Tracy, Elzy, 244
Tracy, Jesse, 318
Tracy, Sebert, 244
Trafford, John, 314
Tramball, Demass, 158
Trammell, James, 102
Traves, John, 43
Travis, John, 178
Travis, John, 303
Traylor, Nicholas, 214
Treble, Thomas, 68
Tremble, Thomas, 245
Tressenrider, Frederick, 344
Tribble, Absalom, 146
Tribble, Absalom, 281
Tribble, Harris, 278
Tribble, John, 184
Tribble, Orson, 309
Trible, Thomas, 248
Tribue, Jesse, 87
Trice, Elisha, 332
Trigg, Abason, 261
Trigg, Haden, 260

INDEX

Trigg, Joseph, 315
Trigg, Stephen, 246
Trigg, Thomas, 22
Trigg, William, 22
Trilley, Benjamin, 87
Trimbell, Alexander, 87
Trimble, Alexander, 218
Trimble, David, 308
Trimble, George, 4
Trimble, Hugh, 214
Trimble, Isaac, 266
Trimble, James, 225
Trimble, John, 91
Trimble, John, 174
Trimble, Joseph, 4
Trimble, Peter M., 129
Trimble, Robert, 107
Trimble, Samuel, 129
Trimm, Charles, 279
Trinkle, John, 17
Triplett, Fielding, 205
Triplett, Fielding, 272
Triplett, Hedgeman, 134
Triplett, John, 124
Triplett, Sennet, 368
Triplett, Thomas, 15
Triplett, William, 131
Triplett, William, Jr., 134
Triplett, William, Sr., 134
Trister, Peter, 120
Trobridge, Will, 352
Tromley, John, 342
Trother, Joseph, 324
Trotter, George, 118
Trotter, George, Jr., 34
Trotter, James, 156
Trotter, James G., 34
Trouer, Samuel R., 285
Troutman, James, 162
Trowbridge, Amia K., 347
Truc, William, 32
True, Henry, 98
True, James, 319
True, John, 193
True, John, 205
True, John F., 207
True, Richmond H., 339
True, Simeon, 237
Trueman, Thomas, 335
Truit, Elias, 17
Truit, James, 260
Truit, John, 205
Truitt, James, 320
Truitt, William, 98
Trulove, William A., 149
Truman, Anderson, 307
Truman, John, 27
Truman, William, 158

Truman, William, 307
Trumble, William, 223
Trumble, William C., 130
Trumbo, John, 93
Trumbo, John, 357
Trumley, Thomas W., 347
Trusty, Ezekiel, 263
Tubb, Jesse, 345
Tubbs, Jesse, 66
Tublett, Jordan, 171
Tucker, Absalom, 213
Tucker, Alexander, 365
Tucker, Asa, 245
Tucker, Edward, 140
Tucker, Edward, 320
Tucker, Enoch, 146
Tucker, George, 335
Tucker, George, 365
Tucker, Jacob, 146
Tucker, James, 8
Tucker, James, 163
Tucker, James, 199
Tucker, Jesse, 96
Tucker, John, 140
Tucker, John, 144
Tucker, John, 350
Tucker, John, 366
Tucker, John, 368
Tucker, Joseph, 30
Tucker, Joseph, 250
Tucker, Mathew, 8
Tucker, Moses, 75
Tucker, Nathan, 245
Tucker, Nathan, 306
Tucker, Robert, 116
Tucker, Thomas, 72
Tucker, Thomas L., 140
Tucker, William, 319
Tucker, William W., 27
Tuel, Charles, 73
Tuel, Sandford, 320
Tuggle, John, 117
Tuggle, William, 63
Tuggles, Charles H., 355
Tuker, Davis O. W., 239
Tull, Handy, 324
Tull, John R., 90
Tull, John R., 212
Tuller, John, 75
Tully, William T., 21
Tumble, Elisha, 209
Tungate, Meredith, 195
Tunget, Benjamin, 293
Tunget, Merideth, 361
Tunget, Richard, 67
Tunstall, James W., 38
Tunstall, John O., 170
Tunstall, Richard, 248

Tunstall, Thomas, 36
Tunstall, Thomas, 170
Turk, Robert, 162
Turk, Thomas, 76
Turley, John M., 91
Turley, John M., 213
Turley, Standford, 157
Turman, Ignatius, 349
Turman, John, 87
Turman, John, 218
Turmentine, Samuel, 336
Turmison, Cornelius, 338
Turnbo, George, 178
Turner, Abraham, 224
Turner, Asa, 275
Turner, Barnett, 248
Turner, Brayham, 272
Turner, Charles, 366
Turner, Edward, 94
Turner, Edward, 176
Turner, Edward, 251
Turner, Enoch, 181
Turner, Ezekiel, 96
Turner, Gabriel, 366
Turner, George, 199
Turner, Isaac, 225
Turner, James, 26
Turner, James, 226
Turner, James, 332
Turner, James, 365
Turner, Jesse, 248
Turner, Jesse S., 38
Turner, Joel, 176
Turner, John, 193
Turner, John, 263
Turner, Joseph, 289
Turner, Josiah, 242
Turner, Julius, 104
Turner, Levi, 176
Turner, Lynch, 193
Turner, Martin, 263
Turner, Patrick, 328
Turner, Patrick, 336
Turner, Patrick, 338
Turner, Pleasant, 201
Turner, Robert, 120
Turner, Squire, 248
Turner, Talton, 26
Turner, Tarlton, 184
Turner, Thomas, 69
Turner, Thomas, 176
Turner, William, 207
Turner, William, 323
Turner, William, 340
Turner, William, 355
Turney, John, 324
Turnham, Joel, 122
Turnstall, Thomas, 165

INDEX

Turpin, Andrew, 279
Turpin, Elisha, 177
Turpin, George, 195
Turpin, Jacob, 266
Turpin, James, 201
Turpin, James, 293
Turpin, Moses, 70
Turtle, John, 65
Tushray, Pierce, 335
Tutt, James D., 264
Tutt, James L., 264
Tutt, Lewis Y., 31
Tuttle, Henry, 75
Tuttle, Jabez, 344
Tuttle, James, 75
Tuttle, John, 199
Tuzzle, Benjamin, 203
Twedwell, Silas, 220
Tweed, William, 38
Twindle, Alexander, 205
Tye, George, 157
Tye, Joshua, 158
Tyler, Absalom, 301
Tyler, Charles, 2
Tyler, Charles, 226
Tyler, David, 301
Tyler, George, 163
Tyler, James, 178
Tyler, James W., 288
Tyler, John, 28
Tyler, Joseph, 100
Tyler, Joseph, 299
Tyler, Robert, 251
Tyler, Robert, Jr., 168
Tyler, William, 329
Tyler, Willis, 298
Tyler, Zachariah, 163
Tylor, William, 27
Tyner, Richard, 85
Tyre, Andrew, 272
Tyree, John, 345
Tyree, Tarlaton, 104
Tyrie, George, 59
Tysah, John, 183
Ulin, Benjamin, 100
Ullery, David, 347
Ulrey, Jacob, 190
Ult, Isaac, 191
Umstead, John, 99
Underhill, John, 370
Underwood, Benjamin, 33
Underwood, Bennett, 30
Underwood, Edward, 112
Underwood, John, 45
Underwood, John, 355
Underwood, Joseph R., 206
Underwood, Nathan, 108
Unlock, Fielding, 168

Updegraff, Andrew, 344
Updegroff, John, 350
Updergrove, Joseph, 297
Updike, William, 33
Upthegrove, Joseph, 151
Upton, Benjamin, 62
Upton, Elijah, 176
Urnoe, Joseph, 23
Urton, Laban, 130
Uselton, William, 361
Usher, Robert, 45
Usry, John, 174
Utterback, Benjamin, 220
Utterback, Benjamin, 271
Utterback, Harmon, 214
Utterback, Jacob, 219
Utterback, Jacob, 306
Utterback, Joel, 271
Utterback, John, 324
Utterback, Reuben, 229
Utterback, Thomas, 306
Utterback, William, 251
Utterback, William, 271
Utty, Royal, 229
Uzzell, Thomas, 181
Vail, James, 260
Vail, John, 213
Vail, John, 245
Vail, Samuel, 334
Vail, Samuel, 335
Vain, Francis, 71
Valandingham, Richard, 113
Vale, John P., 90
Valicate, John B., 239
Valicate, Joseph, 239
Vallandingham, Asa, 193
Vallandingham, George, 361
Vallandingham, Hugh, 117
Vallandingham, Merit, 29
Vallandingham, Merit, 140
Vallandingham, Richard, 138
Vallandingham, Thos, 210
Vallence, Samuel, 361
Vanbebber, Jacob, 318
VanBuren, John, 336
VanBuren, Tobias, 336
Vanbuskirk, John, 68
Vanbuskirk, John, 181
Vanbuskirk, William, 68
Vancamp, John, 99
Vance, Andrew, 364
Vance, Christopher, 67
Vance, Henry, 133
Vance, Isaac, 188
Vance, Isaac, 193
Vance, Isaac, 198
Vance, Jacob, 293
Vance, James, 271

Vance, James, 305
Vance, John, 58
Vance, John, 151
Vance, John, 176
Vance, John, 265
Vance, John, 309
Vance, Joseph, 110
Vance, Samuel, 182
Vance, Samuel, 361
Vance, William, 67
Vance, William, 161
Vance, William, 319
Vancleave, Benjamin, 28
Vancleave, Thomas, 28
Vancleaver, Joseph, 250
Vancleve, William, 297
Vandalor, John, 235
Vandariff, Elijah, 163
Vanderback, John, 232
Vandergrift, Samuel, 89
Vandergrift, Samuel, 210
Vanderver, Cornelius, 77
Vanderver, Henry, 77
Vanderver, John, 163
Vandeventer, Peter, 180
Vandeventer, Robert, 180
Vandever, Ashberry, 240
Vandever, Thomas, 240
Vanding, Stephen, 25
Vandivere, James, 153
Vandivere, John, 153
Vandom, James, 357
Vanduren, John, 330
Vandwender, James, 175
Vandyke, Richard, 252
Vanhine, Thomas, 338
Vanhook, Aaron, 62
Vanhook, Lawrence, 62
Vanhook, Sullivan, 157
Vanhorn, Michael, 336
Vaniel, Henry, 305
Vanlever, Jacob, 87
Vanmeter, Henry, 144
Vanmeter, Henry, 146
Vanmeter, Henry, 159
Vanmeter, Jacob, 53
Vanmeter, Jacob, 172
Vanmeter, John, 144
Vanmeter, John, 172
Vanmeter, Joseph, 220
Vanmeter, Nathan, 172
Vanmeter, William, 168
Vann, Absalom, 39
Vann, Hendrick, 58
Vann, John, 280
Vann, Joseph, 159
VanNice, John, 153
Vanoy, John, 99

INDEX

Vanoy, William, 296
Vanpelt, Derick, 110
Vanskite, David, 342
Vanskite, David, 347
Vanskite, Robert, 128
Vantlich, Richard, 272
Vantres, Jacob, 295
Vantrese, John, 23
Vantrese, Joseph, 23
VanWinkle, Isaac, 75
VanWinkle, Micajah, 75
Vanzant, Abraham, 257
Varble, George, 162
Varble, Jacob, 32
Varble, John, 268
Varble, Philip, 268
Varmoy, Major, 77
Varner, Henry, 349
Varner, John, 361
Varner, John, 369
Varner, John, Jr., 97
Varner, John, Sr., 96
Varrino, Levi, 198
Varvel, Andrew:, 107
Vasvill, Daniel, 31
Vatrile, Frederick, 17
Vaugh, Elijah, 269
Vaughan, Elisha, 183
Vaughan, Isaac, 225
Vaughan, John, 166
Vaughan, John, 196
Vaughan, John, 225
Vaughan, William, 166
Vaughn, Edmund, 160
Vaughn, Philip W., 36
Vaughn, Rareley, 184
Vaught, John, 42
Vaun, Obediah, 297
Vauters, Aaron, 231
Vautrees, Frederick, 361
Vautress, Jacob, 231
Veach, Alexander, 163
Veach, Asy, 204
Veach, Daniel, 97
Veach, David, 225
Veach, Elliott, 163
Veach, Nathan, 357
Veal, James, 32
Veal, Sampson, 268
Veal, Thomas, 302
Veatch, John, 322
Vegus, Cyrus, 119
Venable, Daniel, 280
Venable, Davenport, 274
Venable, Davenport, 361
Venable, Hamden S., 111
Venable, James, 169
Venable, James, 253

Venable, John, 363
Venant, Charles, 359
Venard, Absalom, 116
Venard, Stephen, 365
Venard, Thomas, 116
Vendevin, Samuel, 225
Venkirk, Mat, 223
Venshour, Isaac, 138
Vent, William, 322
Ventress, Pleasant, 147
Verdon, William, 110
Vertrese, John, 310
Vertress, William, 364
Vessels, Benjamin, 297
Vessels, James, 72
Vest, George, 365
Vestal, David, 75
Vicar, Moses, 18
Vice, John, 369
Vice, Nathaniel, 87
Vice, Nathaniel, 208
Vichias, John, 85
Vickers, 108
Vickers, James, 141
Vickers, John, 217
Vickers, William, 363
Vickery, Adam, 291
Vickroy, Adam, 75
Viert, John, 314
Viley, Warren, 105
Viley, Willy, 18
Villars, George, 207
Villers, George, 193
Villers, George, 253
Villers, George, 273
Vilnare, Charles, 23
Vincen, Elvin, 134
Vincener, George, 51
Vincent, Charles, 235
Vincent, David, 263
Vincent, James, 76
Vincent, John, 314
Vincent, Lavin, 136
Vines, _____, 188
Vines, David, 193
Vines, David, 198
Vines, David, 207
Vinson, George, 289
Vinzeant, Joshua, 187
Violet, Sinclair, 286
Virgin, Matthew, 5
Virgin, Ruin, 135
Virgins, James, 330
Virgus, Jordan, 26
Virian, Thomas, 199
Virion, Thacker, 5
Vislet, Sinclair, 235
Vonmiter, Abraham, 253

Voorhies, Peter G., 32
Voorhies, Peter G., 117
Vorhis, Elijah, 309
Voris, John, 235
Voris, John, 283
Voris, John, 286
Vorus Abraham, 295
Vought, Abraham, 2
Vulson, Thomas, 231
Vutton, Aaron, 231
W Daniel, Henry, 267
W Ginity, Bernard, 262
W heeler, George N., 116
W Slaughter, John, 162
W, Powell John, 71
Waddey, Thomas, 359
Waddle, David, 306
Waddle, James, 17
Waddle, James, 84
Waddle, James, 238
Waddle, Ora, 238
Waddle, William, 85
Waddle, William, 202
Waddle, William, 217
Waddy, Thomas, 93
Wade, Balenger, 75
Wade, Elisha, 292
Wade, Hendley, 283
Wade, Jeremiah, 290
Wade, John, 292
Wade, Joseph, 342
Wade, Joseph, 349
Wade, Josiah, 41
Wade, Park, 359
Wade, Parks, 357
Wade, Stephen, 276
Wade, William, 66
Wade, William, 294
Wade, William, 342
Wade, William, 347
Wadkins, Samuel B., 55
Wadkins, Willis, 67
Wadley, Jacob, 310
Wadlington, James, 279
Wafford, Edward, 82
Wager, Absalom, 111
Wagginer, Andrew, 42
Waggle, Abraham, 59
Waggle, Abram, 55
Waggle, George, 55
Waggle, George, 59
Waggoner, Alexander, 37
Waggoner, Herbert G., 259
Waggoner, John, 336
Waggoner, Joseph, 332
Waggoner, Michael, 344
Waggoner, Reuben, 177
Waggoner, Richard, 177

INDEX

Waggoner, William, 57
Waggoner, Willis, 281
Wagner, Thomas P., 261
Wagoner, Andrew, 76
Waid, Evan, 297
Waid, George, 161
Waid, Medley, 218
Waide, James S., 331
Wainscott, Adam, 258
Wainscott, Robert, 186
Wainscott, Robert, 258
Wakefield, William, 285
Wakeland, William K., 46
Wakeland, William R., 303
Walcup, Sanders, 69
Walden, Abednego, 204
Walden, Elijah, 359
Walden, Joseph, 207
Walder, William, 173
Walk, Abraham, 22
Walker Abraham, 330
Walker, Abel, 309
Walker, Adam K., 14
Walker, Alexander, 106
Walker, Alexander, 243
Walker, Andrew, 7
Walker, Andrew, 51
Walker, Andrew, 94
Walker, Andrew, 176
Walker, Christopher, 80
Walker, Christopher, 202
Walker, Coleman, 193
Walker, David, 174
Walker, David, 260
Walker, David T., 206
Walker, Edward, 12
Walker, Gideon, 154
Walker, Gilmore, 259
Walker, Howard, 291
Walker, James, 112
Walker, James, 129
Walker, James, 154
Walker, James, 251
Walker, James B., 239
Walker, John, 3
Walker, John, 29
Walker, John, 66
Walker, John, 77
Walker, John, 81
Walker, John, 106
Walker, John, 121
Walker, John, 191
Walker, John, 202
Walker, John, 217
Walker, John, 258
Walker, John, 286
Walker, John, 367
Walker, John D., 351

Walker, Jordan, 20
Walker, Mathew, 206
Walker, Mathew, 220
Walker, Mathew, 253
Walker, Matthew, 367
Walker, Moses, 3
Walker, Philip, 352
Walker, Phillips, 143
Walker, Reuben, 120
Walker, Richard, 11
Walker, Richard L., 143
Walker, Robert, 363
Walker, Samuel, 233
Walker, Samuel, 336
Walker, Samuel, 367
Walker, Thomas, 80
Walker, Will, 325
Walker, William, 15
Walker, William, 56
Walker, William, 76
Walker, William, 99
Walker, William, 121
Walker, William, 220
Walker, William, 251
Walker, William, 297
Walker, William, 300
Walker, William, 333
Walker, William, 355
Walker, William, 366
Walker, Joseph, 260
Walkup, James, 77
Walkup, Samuel, 247
Wall, Banister, 178
Wall, Garrard, 220
Wall, Simon, 42
Wall, William, 18
Wall, William, 312
Wallace Graham, 225
Wallace, Abraham, 111
Wallace, Andrew, 229
Wallace, Andrew, 248
Wallace, Barnabus, 292
Wallace, Caleb, 242
Wallace, David, 45
Wallace, Enell, 66
Wallace, Ewell, 195
Wallace, Henry, 35
Wallace, James, 111
Wallace, John, 133
Wallace, John, 176
Wallace, John, 255
Wallace, John, 314
Wallace, Joseph, 228
Wallace, Robert, 206
Wallace, Robert, 273
Wallace, Robert, 355
Wallace, Ross, 352
Wallace, Simeon, 86

Wallace, Thomas, 120
Wallace, Thomas, 205
Wallace, William, 66
Wallace, William, 116
Wallace, William, 301
Wallen, John, 206
Waller, George A., 370
Waller, John, 84
Waller, John, 99
Waller, John, 216
Wallingsford, Samuel, 180
Wallis, James, 98
Wallis, James, 191
Walls, Gabriel, 62
Walls, Garnett, 18
Walls, Isaac S., 62
Walls, Jacob, 62
Walls, Samuel, 159
Walls, William, 168
Walter, George, 354
Walter, Richard, 254
Waltern, John, 225
Walters, John, 51
Walters, John, 85
Walters, John, 221
Walters, Thomas, 120
Walters, Thomas, 216
Walters, Thomas, 354
Walthall, William, 155
Walton, Isaac, 363
Walton, James, 325
Walton, Mark, 218
Walton, William, 133
Waltz, Henry, 21
Ward, Archibald, 3
Ward, Armstead, 107
Ward, Bennett, 323
Ward, Charles, 18
Ward, Evan, 264
Ward, George S., 112
Ward, George S., 120
Ward, Henry, 204
Ward, James, 99
Ward, James, 143
Ward, James, 163
Ward, Jesse, 303
Ward, Jilson, 246
Ward, John, 5
Ward, John, 163
Ward, John, 195
Ward, John, 323
Ward, Jonathan, 256
Ward, Joseph, 87
Ward, Joseph, 315
Ward, Joseph, 342
Ward, Joseph, 347
Ward, Nathan, 8
Ward, Reuben, 46

INDEX

Ward, Shadrick, 315
Ward, Thomas, 105
Ward, Thompson, 99
Ward, William, 8
Ward, William, 67
Ward, William, 105
Ward, William, 112
Ward, William, 135
Ward, William, 149
Ward, William H, 86
Ward, William H., 187
Warden, Robert, 193
Warden, Robert, 207
Warden, William, 290
Warder, John, 68
Warder, Joseph, 261
Warder, William, 261
Wardlaw, John, 253
Wardon, John, 64
Ware, Abraham, 238
Ware, George, 140
Ware, John, 62
Ware, Jolson, 311
Ware, William, 56
Warfield, Benjamin, 114
Warfield, Benjamin, 222
Warfield, John, 226
Warfield, Sha, 214
Warfield, Shadrack, 323
Waring, Bazil, 318
Waring, Edward, 119
Warmouth, Githean, 293
Warmouth, Thomas, 293
Warmsley, Benjamin, 324
Warner, David, 195
Warner, David, 242
Warner, George, 322
Warner, John, 150
Warner, Traves, 323
Warnock, Johnson, 318
Warnock, Lewis, 260
Warrel, John, 67
Warrell, Andrew, 266
Warren, Alexander, 55
Warren, Benjamin, 69
Warren, Benjamin, 183
Warren, Briant, 69
Warren, Burris, 290
Warren, Charles, 369
Warren, Gabriel, 62
Warren, Humphrey, 68
Warren, James, 240
Warren, James, 243
Warren, Jeremiah, 273
Warren, Joel, 29
Warren, Joel, 62
Warren, John, 81
Warren, John, 192

Warren, John, 367
Warren, Joseph, 67
Warren, Joseph, 195
Warren, Joseph, 293
Warren, Michael, 195
Warren, Samuel, 151
Warren, Samuel W., 243
Warren, Vincent, 63
Warren, William, 151
Warren, William, 201
Warring, Bazil, 135
Warring, Francis, 135
Warring, Thomas T.G., 135
Warthing, Dudley, 81
Wash, John, 155
Wash, Thomas, 45
Washburn, Cornelius, 23
Washburn, Delaney, 168
Washburn, Elias, 98
Washburn, James, 138
Washburn, James, 320
Washburn, John, 84
Washburn, John, 211
Washburn, John B., 168
Washburn, Samuel S., 298
Washington, Duncan, 324
Washington, Thomas C., 279
Waterman, Jonathan, 127
Waterman, Jonathan, 309
Waterman, Luke, 336
Waters, Elzie, 246
Waters, Hezekiah B., 304
Waters, Jacob, 177
Waters, John, 205
Waters, John, 217
Waters, John, 272
Waters, Lewis, 111
Waters, Major, 302
Waters, Perry, 5
Waters, Sampson, 184
Waters, Samuel, 184
Waters, Simon, 193
Waters, Solomon, 207
Waters, William, 202
Waters, William, 326
Waters, William, 352
Wates, Will, 325
Watham, James H., 296
Watham, Nicholas, 296
Wathan, Gabriel, 9
Wathell, William, 78
Wathen, Charles, 11
Watkins, David, 333
Watkins, George, 182
Watkins, Hankerson, 306
Watkins, Horatio D., 5
Watkins, Isaac, 164
Watkins, Isaac, 311

Watkins, James, 166
Watkins, Joseph, 167
Watkins, Nathaniel W., 121
Watkins, Samuel, 121
Watkins, Thomas, 110
Watkins, Thomas, 361
Watkins, William, 306
Watson, Aaron, 134
Watson, Arthur, 319
Watson, Bartholomew, 27
Watson, George M., 58
Watson, Gilbert, 48
Watson, Greenbury, 39
Watson, Hezekiah, 130
Watson, Hiram, 132
Watson, Isaac, 7
Watson, James, 75
Watson, John, 39
Watson, John, 175
Watson, John, 326
Watson, John, 364
Watson, Jonathan, 57
Watson, Joseph, 97
Watson, Joseph, 101
Watson, Joseph, 289
Watson, Josiah, 204
Watson, Julius, 107
Watson, Laban, 108
Watson, Nathan, 168
Watson, Nathan, 263
Watson, Samuel, 174
Watson, Samuel, 302
Watson, Samuel, 316
Watson, Thomas, 39
Watson, Thomas, 41
Watson, William, 11
Watson, William, 181
Watson, William, 193
Watson, William, 335
Watson, William, 352
Watson, William, 364
Watson, William H., 334
Watt, James, 17
Watt, John, 101
Watterman, Jonath W., 245
Watts Bledsoe, 204
Watts, George, 134
Watts, George, 320
Watts, Holland, 65
Watts, Jeremiah, 29
Watts, Jesse, 312
Watts, John, 8
Watts, John, 143
Watts, Julius, 16
Watts, Peter, 242
Watts, Samuel, 257
Watts, William, 73
Watts, William, 248

Watts, William R., 143
Waugh, Sebert, 93
Wayde, James, 191
Wayland, Abram, 165
Waylor, Nicholas, 91
Wayman, Thomas, 325
Wayne, Benjamin, 267
Wayne, Henry L., 178
Wayne, William, 26
Wayne, William, 184
Wayne, William, 267
Wayren, Thomas, 160
Weadman, John, 59
Weakley, Abraham, 345
Weally, Walter, 17
Weary, George, 210
Weather, John, 293
Weatherford, Elijah, 29
Weatherford, Martin, 29
Weatherhead, James, 90
Weatherhead, James, 213
Weatherman, Simon, 287
Weathers, Charles, 204
Weathers, Hiram, 192
Weathers, James, 143
Weathers, John, 276
Weathers, John, 319
Weathers, Joshua, 207
Weathers, Samuel, 309
Weathers, Thomas, 286
Weathers, Valentine, 206
Weatherspoon, Major, 275
Weatherspoon, Wiley, 275
Weathington, William, 217
Weaver, Abram, 105
Weaver, Adam, 347
Weaver, Davis, 77
Weaver, Davis, 153
Weaver, Eli, 127
Weaver, Henry, 77
Weaver, Jacob, 4
Weaver, Jacob, 254
Weaver, John, 101
Weaver, John, 132
Weaver, Joseph, 78
Weaver, Joseph, 161
Weaver, Peter, 101
Weaver, Thomas, 85
Web, Fountain, 308
Webb, David, 352
Webb, Elias, 86
Webb, Elias, 217
Webb, Henry, 334
Webb, James, 113
Webb, James G., 268
Webb, John, 162
Webb, John, 163
Webb, John, 300

Webb, John, 364
Webb, Joshua, 267
Webb, Joshua, 84
Webb, Moses, 210
Webb, Richard, 7
Webb, Richard, 29
Webb, Robert, 162
Webb, Thomas, 98
Webb, Thomas W., 207
Webb, William S., 237
Webber, Benjamin, 112
Webster, Bradford, 249
Webster, Christopher, 122
Webster, Christopher, 255
Webster, Dudley, 196
Webster, Edmund, 272
Webster, Henry, 196
Webster, Henry, 359
Webster, Isaac, 359
Webster, Jacob, 196
Webster, John, 198
Webster, Larkin, 196
Webster, William, 320
Weddle, George, 287
Weddle, John, 287
Weddon, John R., 217
Weddon, William, 263
Weed, John, 335
Weedman, John, 57
Weeks, Payton, 223
Weems, James, 163
Weems, James S., 298
Weggington, James, 370
Weigart, George, 273
Weights, Charles, 249
Weir, Haziel, 128
Weirick, Henry, 38
Weirick, Jacob, 319
Welch, Alexander, 120
Welch, Edward, 349
Welch, Henry, 101
Welch, Henry, 271
Welch, Jacob, 252
Welch, James, 20
Welch, James, 199
Welch, James, 352
Welch, James H., 225
Welch, John, 14
Welch, John, 31
Welch, John, 119
Welch, John, 229
Welch, John, 268
Welch, John, 311
Welch, John L., 207
Welch, Joseph, 67
Welch, Samuel, 15
Welch, Solomon, 361
Welch, Thomas, 275

Welch, Thomas, 354
Welch, Thomas, 363
Welch, Thomas B., 196
Welch, William, 129
Welch, William, 305
Welch, William, 330
Welch, William, 366
Welcher, William, 303
Weldon, Edmund, 198
Weldon, John R., 85
Weldon, William, 113
Weldridge, Powhattan, 19
Welds, Louis, 327
Well, William, 363
Weller, David, 290
Weller, George, 290
Weller, Samuel, 12
Wellman, Michael, 366
Wellock, Robert, 55
Wells, Abner, 277
Wells, Andrew, 130
Wells, Basil, 25
Wells, Bazil, 185
Wells, Bazzle, 319
Wells, Benjamin, 25
Wells, Benjamin, 50
Wells, Benjamin, 185
Wells, Benjamin, 366
Wells, Berry, 345
Wells, Charles, 23
Wells, Derit, 104
Wells, George W., 22
Wells, Henry, 256
Wells, Henry, 279
Wells, Jacob, 122
Wells, James Q., 115
Wells, Jesse, 74
Wells, John, 17
Wells, John, 25
Wells, John, 222
Wells, John, 235
Wells, John, 238
Wells, John, 359
Wells, John J., 269
Wells, John, Jr., 286
Wells, John, Sr., 286
Wells, Nathan, 82
Wells, Peter, 271
Wells, Richard, 17
Wells, Robert, 66
Wells, Robert, 138
Wells, Samuel, 17
Wells, Samuel, 21
Wells, Thomas, 5
Wells, Thomas, 72
Wells, William, 14
Wells, William, 90
Wells, William, 165

INDEX

Wells, William, 245
Wells, William, 322
Welsh, Alexander, 111
Welsh, Anthony, 53
Welsh, Anthony, 59
Welsh, James, 246
Welsh, John I., 193
Welsh, Lawrence, 335
Welsh, Moses, 50
Welsh, Moses, 144
Welsh, Moses, 299
Welsher, Joshua, 292
Welsher, Josiah, 292
Wenn, James, 16
Werrick, Jacob, 97
West, Abrah, 84
West, Alexander, 292
West, Alran, 211
West, Benoni, 66
West, Elijah, 211
West, Isaac, 75
West, James, 345
West, John, 67
West, John, 131
West, John, 219
West, John, 349
West, Joseph, 82
West, Joseph, 292
West, Joseph, 318
West, Joshua, 154
West, Leonard, 174
West, Lynn, 103
West, Marine D., 187
West, Marion D, 86
West, Martin, 350
West, Michael, 217
West, Olvin, 249
West, Richard, 5
West, Robert, 80
West, Robert, 127
West, Robert, 216
West, Samuel, 344
West, Thomas, 220
West, Thomas E., 271
West, Van, 33
West, William, 33
West, William, 216
West, William, 231
West, William, 271
Westbrook, Thomas, 113
Westbrook, Thomas, 357
Westbrook, William, 40
Westfall, Daniel, 144
Westfall, Hezekiah, 9
Westfall, Joel, 50
Westfall, Joseph, 59
Westhart, James, 238
Weston, Robert, 332

Westroop, John, 209
Westrope, John, 87
Wetherspoon, James, 275
Wetmore, Bush, 330
Whalen, Joseph, 304
Whaley, Edward, 326
Whaley, James, 185
Wharton, Edwin, 186
Wharton, John, 88
Wharton, Joseph, 255
Wharton, Samuel, 121
Wharton, Thomas, 185
Wheat, Hanson, 190
Wheat, Henson, 89
Wheat, Henson, 210
Wheat, Nathaniel, 221
Wheat, Perry W., 53
Wheat, Samuel, 95
Wheatley, Abraham, 147
Wheatley, James, 167
Wheatley, Thomas, 254
Wheatly, Francis, 99
Wheeland, Cornelius, 330
Wheelbarger, John, 324
Wheeler, Abraham, 340
Wheeler, Bond, 278
Wheeler, Charles, 76
Wheeler, Charles, 281
Wheeler, Greenbury, 345
Wheeler, Henry, 4
Wheeler, Henry D., 207
Wheeler, Jesse, 299
Wheeler, John, 321
Wheeler, Joseph, 84
Wheeler, Joseph, 91
Wheeler, Joseph, 211
Wheeler, Joseph, 214
Wheeler, Joshua, 105
Wheeler, Joshua, 238
Wheeler, Lawrence, 132
Wheeler, Littleberry, 363
Wheeler, Samuel, 115
Wheeler, Seburn, 284
Wheeler, Thomas, 194
Wheeler, Thomas, 322
Wheeler, Warren, 328
Wheeler, Warren, 329
Wheeler, William, 140
Wheler, Ceburn, 166
Wheler, William, 195
Whetton, Elijah, 9
Whilton, Easton, 55
Whipps, John, 85
Whipps, John, 217
Whipps, Samuel, 133
Whips, Nathaniel, 98
Whitacre, Thomas, 347
Whitaker, Aquilla, 29

Whitaker, Benjamin, 311
Whitaker, Jesse, 300
Whitaker, John, 29
Whitaker, John, 312
Whitaker, John, 370
Whitaker, Squire, 311
Whitaker, Thomas, 260
Whitaker, William, 223
Whitberry, Jacob, 286
White, Abbott, 201
White, Alexander A., 335
White, Amos, 176
White, Amos, 366
White, Andrew, 165
White, Averitt, 168
White, Barret, 165
White, Benson, 147
White, Brockman, 105
White, David, 135
White, David, 226
White, David, 247
White, David, 287
White, Edward, 287
White, Edward, 345
White, Elisha, 63
White, Elisha, 201
White, Elisha, 287
White, Everet, 159
White, Francis, 269
White, Francis, 291
White, Hendrick, 158
White, Henry, 66
White, Henry, 130
White, Henry, 183
White, Henry, 198
White, Henry, 267
White, Hugh, 256
White, Iliff, 128
White, Isaac, 99
White, Isaac, 128
White, Isaac, 367
White, Isleot, 357
White, James, 81
White, James, 107
White, James, 201
White, James, 246
White, James, 279
White, Jesse, 91
White, Jesse, 145
White, Jesse, 213
White, Joel, 183
White, John, 76
White, John, 82
White, John, 98
White, John, 100
White, John, 141
White, John, 145
White, John, 157

INDEX

White, John, 158
White, John, 225
White, John, 271
White, John, 281
White, John, 287
White, John, 291
White, John, 325
White, John, 333
White, John B., 20
White, John B., 227
White, John C., 281
White, John D., 107
White, John D., 281
White, Joseph, 69
White, Joseph, 141
White, Joseph, 193
White, Joseph, 335
White, Joseph, 349
White, Lee, 21
White, Nelson, 94
White, Nicholas, 184
White, Nicholas, 248
White, Phil, 168
White, Philip, 159
White, Philip, 248
White, Philip, 251
White, Richard, 36
White, Richard, 170
White, Robert, 165
White, Samuel, 256
White, Samuel, 326
White, Samuel W., 22
White, Simeon, 261
White, Thomas, 325
White, Thomas, 367
White, Thomas L., 296
White, Walker S., 92
White, Warren, 298
White, William, 129
White, William, 135
White, William, 138
White, William, 254
White, William, 300
White, William, 323
White, William, 323
White, William, 325
White, Willis, 108
White, Zachariah, 251
White, Zephaniah, 357
White, Zephaniah, 361
Whiteaker, Alexander, 47
Whitehead, Nathaniel, 312
Whitehead, Richard, 221
Whitehead, William, 221
Whitehouse, Cornelius, 296
Whitehouse, John, 296
Whitehouse, Jonathan, 70
Whitehouse, Thomas, 297

Whitehurst, James M., 113
Whiteman, Charles, 320
Whitenell, John, 279
Whites, Thomas, 327
Whiteside, William, 64
Whitesides, David, 150
Whitesides, David, 295
Whitesides, Ephraim, 127
Whitesides, James, 45
Whitesides, James, 150
Whitesides, Joseph, 162
Whiting, William, 97
Whitledge Thomas, 30
Whitledge, Lyna, 30
Whitledge, Thomas, 9
Whitley, William, 18
Whitley, William, 218
Whitley, William, 231
Whitlock, Charles, 340
Whitlock, Tarlton, 267
Whitlow, Henry, 277
Whitly, John, 336
Whitman, Daniel, 146
Whitman, William, 67
Whitman, William, 347
Whitmire, Frederick, 255
Whitney, Dempsey, 154
Whitney, George, 326
Whitney, John, 109
Whitney, Robert, 163
Whitsell, Wilson, 255
Whitsett, Ralph, 196
Whitsett, Samuel, 115
Whitsett, William, 173
Whitsitt, James, 308
Whitsitt, John, 308
Whitsitt, William, 255
Whitson, Isaac, 344
Whitson, Thomas, 51
Whitstone, John, 327
Whittaker, James S., 167
Whittaker, John, 167
Whittaker, Mark, 41
Whittaker, Seth, 168
Whitten, Jeremiah, 296
Whitten, William, 308
Whitter, William, 296
Whitticotton James, 73
Whittimore, Abraham, 203
Whittington, Charles, 91
Whittington, Charles, 213
Whittington, John, 32
Whittington, Thomas, 196
Whittle, John, 240
Whitty, William, 86
Whorton, Joseph, 111
Whyte, William, 107
Wiatt, Jesse, 97

Wicard, Jacob, 124
Wickens, Josiah, 359
Wickershom, James, 104
Wickliffe, Charles A., 147
Wickliffe, Elijah, 39
Wickliffe, Martin, 364
Wickliffe, Martin H., 147
Wickliffe, Martin H., 310
Wicoff, John, 75
Wicoff, John, 326
Wieldon, James, 150
Wier, Elijah, 357
Wier, Joseph, 238
Wier, William, 229
Wiggenton, William, 264
Wiggins, Absalom, 264
Wiggins, Archibald, 315
Wiggins, Asberry, 320
Wiggins, John, 187
Wiggins, Joshua, 39
Wiggins, Joshua, 276
Wiggins, Thomas, 104
Wigginton, John, 326
Wigginton, Peter, 140
Wigginton, Spencer, 213
Wigham, John, 235
Wight, James, 100
Wigington, James, 93
Wigington, Peter, 93
Wilan, Thomas, 259
Wilbern, Jesse Y., 260
Wilburn, Aquilla, 51
Wilburn, Edward, 279
Wilburn, Elias, 51
Wilburn, James, 349
Wilburn, William, 280
Wilcocks, Isaac, 175
Wilcox, Abraham, 24
Wilcox, Abraham, 178
Wilcox, Elias, 283
Wilcox, George, Jr., 165
Wilcox, George, Sr., 165
Wilcox, Isaac, 291
Wilcox, Thomas, 181
Wilcox, Thomas H., 41
Wilcox, William, 56
Wilcoxan, Aaron, 129
Wilcoxan, Jesse, 129
Wilcoxon, Daniel, 307
Wildman, Burnell, 275
Wiles, John, 61
Wiley, Benjamin, 293
Wiley, Charles, 144
Wiley, Cyrus, 163
Wiley, Eli, 138
Wiley, Elijah, 277
Wiley, Frederick, 347
Wiley, Hiram, 183

INDEX

Wiley, Hugh, 211
Wiley, James, 172
Wiley, James, 180
Wiley, James, 352
Wiley, John, 226
Wiley, John, 275
Wiley, John, 355
Wiley, Matthew, 302
Wiley, Nathaniel, 105
Wiley, Patrick, 44
Wiley, Thomas, 37
Wiley, William, 256
Wiley, William, 355
Wiley, William Q., 15
Wiley, Zachariah, 183
Wilford, John, 88
Wilgus, Andrew, 35
Wilherst, Noah, 74
Wilhight, Joel, 151
Wilhite, John, 116
Wilhite, Thomas, 325
Wilhoit, Caleb, 209
Wilhoit, John, 216
Wilhort, Joel, 242
Wilhort, Joshua, 80
Wiljers, Andrew, 122
Wilke, John, 301
Wilkenson, William, 308
Wilker, Jacob, 1
Wilkerson, Angus, 207
Wilkerson, David, 204
Wilkerson, Henry, 201
Wilkerson, Joseph, 119
Wilkerson, Peter, 44
Wilkerson, Richard, 177
Wilkerson, William, 200
Wilkerson, William B., 193
Wilkins, Alexander, 3
Wilkins, Bryant, 2
Wilkins, John, 350
Wilkins, Williby, 39
Wilkinson, James, 277
Wilkinson, Merideth G., 153
Wilkinson, Thornton, 333
Wilks, Mills, 108
Willan, Thomas, 166
Willard, Harvey, 335
Willbanks, Owin, 55
Willhoit, Larkin, 301
Willhort, Joseph, 301
William Church, William, 19
William McKinsey, 225
William, _____, 357
William, Benjamin, 254
William, George, 97
William, James, 95
William, Joseph, 252
William, Latham, 40

Williams John, 302
Williams, Aaron, 82
Williams, Abraham, 37
Williams, Abraham, 131
Williams, Abram, 133
Williams, Alexander, 220
Williams, Amos, 295
Williams, Barnet, 101
Williams, Barnett, 104
Williams, Basil, 94
Williams, Bazil, 327
Williams, Benjamin, 122
Williams, Benjamin, 265
Williams, Benjamin, 301
Williams, Bennet, 105
Williams, Caleb, 14
Williams, Caleb, 199
Williams, Calef, 7
Williams, Charles, 322
Williams, Charles, 363
Williams, Daniel, 81
Williams, Daniel, 143
Williams, Daniel, 248
Williams, David, 5
Williams, David, 284
Williams, Dudley, 367
Williams, Edward, 297
Williams, Edward, 340
Williams, Eli, 17
Williams, Elias, 29
Williams, Elijah, 122
Williams, Elijah, 139
Williams, Elijah, 325
Williams, Elisha, 112
Williams, Enos, 332
Williams, Evan, 303
Williams, George, 140
Williams, George, 269
Williams, George, 293
Williams, George, 314
Williams, George, 314
Williams, Gerrard, 98
Williams, H., 328
Williams, Hardin, 61
Williams, Henry, 150
Williams, Henry, 336
Williams, Hezekiah, 66
Williams, Isaiah, 131
Williams, Isaiah, 211
Williams, Isham, 333
Williams, James, 18
Williams, James, 156
Williams, James, 161
Williams, James, 254
Williams, James, 264
Williams, James, 268
Williams, James, 324
Williams, James, 326

Williams, James, 331
Williams, James, 336
Williams, James J., 156
Williams, Jeremiah, 340
Williams, Jesse, 41
Williams, Jesse, 359
Williams, Joel, 166
Williams, Joel, 259
Williams, John, 11
Williams, John, 29
Williams, John, 40
Williams, John, 81
Williams, John, 99
Williams, John, 147
Williams, John, 155
Williams, John, 156
Williams, John, 172
Williams, John, 173
Williams, John, 198
Williams, John, 199
Williams, John, 203
Williams, John, 218
Williams, John, 222
Williams, John, 223
Williams, John, 249
Williams, John, 257
Williams, John, 279
Williams, John, 335
Williams, John B., 31
Williams, Jonathan, 8
Williams, Joseph, 367
Williams, King L., 54
Williams, King L., 58
Williams, Lawrence, 94
Williams, Levi, 68
Williams, Levi, 180
Williams, Lewis, 198
Williams, Lewis, 205
Williams, Mark, 302
Williams, Mark, 365
Williams, Martin, 235
Williams, Matthew, 14
Williams, Melton, 250
Williams, Meshac, 242
Williams, Meshach, 153
Williams, Milam, 275
Williams, Mordecai, 130
Williams, Moses, 163
Williams, Moses, 299
Williams, Nathan, 99
Williams, Noah, 283
Williams, Oby, 113
Williams, Oscar, 293
Williams, Osias, 150
Williams, Philip, 201
Williams, Ralph, 185
Williams, Richard, 61
Williams, Richard, 201

INDEX

Williams, Richard, 295
Williams, Robert, 61
Williams, Robert, 187
Williams, Robert, 281
Williams, Samuel, 244
Williams, Samuel, 247
Williams, Samuel, 273
Williams, Samuel, 302
Williams, Samuel L., 114
Williams, Silas, 104
Williams, Solomon, 48
Williams, Squire, 26
Williams, Stephen, 140
Williams, Stephen, 350
Williams, Thaddeus, 114
Williams, Thomas, 7
Williams, Thomas, 7
Williams, Thomas, 23
Williams, Thomas, 122
Williams, Thomas, 158
Williams, Thomas, 255
Williams, Thomas, 269
Williams, Thomas, 314
Williams, Thornton, 316
Williams, Thornton, 322
Williams, Wesley, 107
Williams, Wesley, 187
Williams, William, 15
Williams, William, 31
Williams, William, 82
Williams, William, 93
Williams, William, 179
Williams, William, 184
Williams, William, 237
Williams, William, 238
Williams, William, 278
Williams, William, 283
Williams, William B., 40
Williams, William B., 47
Williams, Willis J., 185
Williams, Zephaniah, 110
Williams, Burwell, 39
Williamson, Anderson, 32
Williamson, Ephraim, 319
Williamson, Isaac, 198
Williamson, Jacob, 129
Williamson, Jesse, 115
Williamson, Jesse, 196
Williamson, John, 28
Williamson, John, 105
Williamson, John, 105
Williamson, John, 187
Williamson, Lucas, 116
Williamson, Marmaduke, 57
Williamson, Moses, 21
Williamson, Richard, 205
Williamson, Robert, 231
Williamson, Thomas, 51

Williamson, Thomas, 57
Williamson, Thomas, 364
Williar, Joseph, 56
Williby, Ashby, 27
Willice, John, 292
Williford, Peter, 203
Willingham, Jarrett, 6
Willingham, William, 6
Willis, Drury, 120
Willis, George, 51
Willis, Henry, 157
Willis, Horace, 347
Willis, Jacob, 148
Willis, John, 111
Willis, John, 336
Willis, Joseph, 135
Willis, Joseph, 243
Willis, Lemuel, 169
Willis, Lewis, 51
Willis, Lewis, 122
Willis, Pierson, 35
Willis, Pierson, 164
Willis, Pierson, 165
Willis, Pierson, 169
Willis, Richard, 247
Willis, Samuel, 35
Willis, Stephen, 338
Willis, William, 111
Willis, William, 201
Willis, William T., 261
Williston, Edward, 252
Willitt, Benjamin, 313
Willman, Christian, 38
Willmin, James, 31
Willoby, Andrew, 242
Willoughby, David, 357
Willoughby, William, 267
Wills, Alexander, 229
Wills, Andrew, Jr., 128
Wills, Andrew, Sr., 128
Wills, David, 102
Wills, David, 267
Wills, Elias, 5
Wills, John, 95
Wills, Samuel, 21
Wills, Samuel, 128
Wills, Thomas, 355
Wills, Thornton, 245
Willson Samuel, 355
Willson, Hugh, 250
Willson, John, 95
Wilmott, Charles, 30
Wiloy, George W., 231
Wilson, Abraham, 115
Wilson, Adam, 190
Wilson, Alexander, 37
Wilson, Alexander, 117
Wilson, Alexander, 122

Wilson, Alexander, 239
Wilson, Alexander, 251
Wilson, Alexander, 318
Wilson, Anthony, 286
Wilson, Archibald, 334
Wilson, Augustus A. C., 368
Wilson, Benjamin, 284
Wilson, Benjamin, 289
Wilson, Bird, 287
Wilson, Charles, 81
Wilson, Charles, 195
Wilson, Charles, 304
Wilson, Coffy, 20
Wilson, Constant A., 256
Wilson, Cumberland, 29
Wilson, Daniel, 6
Wilson, Daniel, 173
Wilson, David, 141
Wilson, David, 153
Wilson, David, 243
Wilson, David, 267
Wilson, David, 366
Wilson, David A., 117
Wilson, Edward, 326
Wilson, Elias, 80
Wilson, Elliott, 21
Wilson, Ellis, 216
Wilson, Gabriel, 206
Wilson, George, 55
Wilson, George, 89
Wilson, George, 173
Wilson, Gustavus, 318
Wilson, Harden, 262
Wilson, Herrod, 255
Wilson, Isaac, 92
Wilson, Isaac, 166
Wilson, Isaac, 331
Wilson, Jacob, 199
Wilson, James, 8
Wilson, James, 33
Wilson, James, 56
Wilson, James, 69
Wilson, James, 90
Wilson, James, 114
Wilson, James, 115
Wilson, James, 142
Wilson, James, 155
Wilson, James, 180
Wilson, James, 182
Wilson, James, 199
Wilson, James, 205
Wilson, James, 213
Wilson, James, 214
Wilson, James, 223
Wilson, James, 318
Wilson, James, 326
Wilson, James, 330
Wilson, James, 336

Wilson, James, 352
Wilson, James A., 250
Wilson, Jesse, 233
Wilson, John, 7
Wilson, John, 100
Wilson, John, 102
Wilson, John, 115
Wilson, John, 124
Wilson, John, 127
Wilson, John, 135
Wilson, John, 138
Wilson, John, 146
Wilson, John, 175
Wilson, John, 196
Wilson, John, 223
Wilson, John, 243
Wilson, John, 257
Wilson, John, 283
Wilson, John, 308
Wilson, John, 309
Wilson, John, 314
Wilson, John, 318
Wilson, John, 337
Wilson, John, 342
Wilson, John, 347
Wilson, John, 361
Wilson, John H., 143
Wilson, John H., 49
Wilson, John H., 50
Wilson, John H., 286
Wilson, John, Jr., 209
Wilson, Lawrence, 251
Wilson, Martin, 223
Wilson, Martin, 231
Wilson, Matthew, 63
Wilson, Matthew, 138
Wilson, Moses, 127
Wilson, Nathan, 122
Wilson, Nathaniel, 89
Wilson, Nathaniel, 190
Wilson, Nathaniel, 210
Wilson, Nathias, 114
Wilson, Patrick O., 356
Wilson, Peter, 217
Wilson, Ralph, 93
Wilson, Ralph, 136
Wilson, Richard, 177
Wilson, Richard, 190
Wilson, Richard, 210
Wilson, Richard, 257
Wilson, Robert, 15
Wilson, Robert, 44
Wilson, Robert, 77
Wilson, Robert, 136
Wilson, Russell, 123
Wilson, Sampson, 201
Wilson, Samuel, 101
Wilson, Samuel, 106

Wilson, Samuel, 153
Wilson, Samuel, 155
Wilson, Samuel, 168
Wilson, Samuel, 187
Wilson, Samuel, 229
Wilson, Samuel, 243
Wilson, Samuel, 243
Wilson, Samuel, 312
Wilson, Samuel, 323
Wilson, Samuel, 336
Wilson, Solomon, 321
Wilson, Stephen, 192
Wilson, Thaddeus, 203
Wilson, Thomas, 41
Wilson, Thomas, 95
Wilson, Thomas, 99
Wilson, Thomas, 112
Wilson, Thomas, 180
Wilson, Thomas, 204
Wilson, Thomas, 211
Wilson, Thomas, 245
Wilson, Thomas, 281
Wilson, Thomas, 338
Wilson, Thomas, 347
Wilson, Thomas I., 49
Wilson, Thomas M., 46
Wilson, Thornton, 29
Wilson, Walter, 363
Wilson, William, 32
Wilson, William, 88
Wilson, William, 141
Wilson, William, 175
Wilson, William, 195
Wilson, William, 198
Wilson, William, 204
Wilson, William, 205
Wilson, William, 207
Wilson, William, 209
Wilson, William, 251
Wilson, William, 361
Wilson, William D., 119
Wilson, William W., 58
Wilson, Wm. S., 120
Wiman, Adam, 162
Winder, Newman, 6
Winders, Thomas, 347
Winer, John, 123
Winfield, Edward W., 312
Winfield, Samuel, 86
Winfrey, Elisha, 259
Winfrey, William, 280
Wing, Charles, 363
Wing, Charles F., 181
Wingard, David, 282
Wingard, James C., 341
Wingate, Henry, 235
Wingate, James, 342
Wingfield, David, 176

Wingfield, Jacob, 176
Wingfield, James, 163
Wingfield, Joseph, 176
Winkfield, Enoch, 233
Winkfield, Samuel, 187
Winkle, Frederick I., 334
Winlock, Fielding, 50
Winlock, Fielding, 164
Winlock, Fielding, 164
Winlock, Joseph, 1
Winlock, Joseph, 2
Winlock, Joseph, 49
Winn, Adam, 32
Winn, James, 193
Winn, James, 229
Winn, James, 269
Winn, John, 262
Winn, John K., 9
Winn, Thomas, Jr., 32
Winn, William, 185
Winn, William, 228
Winn, Willis, 273
Winniford, Norwell, 240
Winscott, William, 163
Winslow, Henry, 297
Winstead, Constane, 361
Winston, Joseph, 141
Winters, Henry, 78
Wintsworth, Leroy, 169
Wire, Asel, 7
Wire, John, 92
Wirely, Richard, 239
Wirrick, George, 138
Wirt, Christopher C., 340
Wisdom, Francis, 78
Wisdom, John, 78
Wisdom, William, 76
Wisdom, William, 78
Wise, Conrad, 350
Wise, Conrod, 341
Wise, George, 91
Wise, George, 214
Wise, John, 289
Wise, John W., 198
Wise, John W., 199
Wise, Joseph, 11
Wise, Joseph, 289
Wise, Ross, 91
Wise, Tobias, 45
Wise, William, 117
Wiseman, Jacob, 352
Wisfell, Frederick, 333
Wish, Edward, 344
Wishard, James, 238
Wishart, Aram, 223
Wishart, James, 223
Wit, Lewis, 67
Witham, John, 74

Wither, Thomas, 285
Witherow, John, 355
Witherow, Samuel, 47
Witherow, Samuel, 279
Withers, Abijah, 244
Withers, Mathew, 310
Withers, Peter, 119
Witherton, John, 289
Witt, Elisha, 68
Witt, Elisha, 181
Witt, Elisha, 201
Witt, John, 247
Witt, Lewis B., 10
Witt, Littleberry, 68
Witt, Littlebery, 181
Witt, Orange, 133
Witter, Samuel, 345
Wolcott, John, 91
Wolden, William, 70
Wolf, Andrew, 259
Wolf, Coonrad, 237
Wolf, Henry, 104
Wolf, James, 367
Wolf, Jesse, 237
Wolf, Jesse, 265
Wolf, John, 7
Wolf, John, 25
Wolf, Michael, 6
Wolford, Daniel, 342
Wolford, Daniel, 349
Wollage, Peter, 195
Wolton, Thomas, 97
Woner, Jacob, 195
Wontland, Thomas, 157
Wood, Abraham, 231
Wood, Abraham, 240
Wood, Archibald, 255
Wood, Benjamin, 239
Wood, Benjamin B., 116
Wood, Charles, 180
Wood, Daniel, 16
Wood, Daniel, 19
Wood, Daniel, 45
Wood, David, 180
Wood, Enoch, 67
Wood, George, 4
Wood, George, 265
Wood, George, 314
Wood, George T., 356
Wood, George T., 358
Wood, Harvey, 165
Wood, Henry, 133
Wood, Henry, 163
Wood, Henry, 301
Wood, Henry, 313
Wood, Isaac, 169
Wood, Isham G., 198
Wood, James, 14

Wood, James, 73
Wood, James, 313
Wood, James, 344
Wood, John, 14
Wood, John, 91
Wood, John, 165
Wood, John, 213
Wood, John, 240
Wood, John, 263
Wood, John, 289
Wood, John B., 338
Wood, John S., 231
Wood, Joseph, 12
Wood, Joshua, 354
Wood, Mark D., 277
Wood, Mason, 178
Wood, Mason, 256
Wood, Mathew, 189
Wood, Matthew, 88
Wood, Peter, 229
Wood, Peter, 284
Wood, Pleasant, 52
Wood, Reuben, 81
Wood, Rewel, 67
Wood, Richard, 201
Wood, Robert, 303
Wood, Samuel, 181
Wood, Samuel, 263
Wood, Samuel R., 35
Wood, Thomas, 45
Wood, Thomas, 113
Wood, Timothy, 301
Wood, William, 68
Wood, William, 134
Wood, William, 156
Wood, William, 260
Wood, William, 269
Wood, William, 277
Wood, William, 290
Wood, William, 292
Wood, William B., 259
Wood, Willis, 265
Woodal, John, 293
Woodall, Charles, 61
Woodall, Cosby, 150
Woodall, John, 191
Woodall, John, 192
Woodall, Overton, 67
Woodard, Abraham, 281
Woodard, John, 267
Woodard, Joseph C., 16
Wooden, John M., 264
Wooden, Robert, 301
Wooders, Stephen, 302
Woodfield, Samuel B., 249
Woodford, George, 14
Woodford, John, 226
Woodfork, James, 165

Woodgate, Jonathan, 187
Woodgate, Jonathan, 86
Woodouse, William, 81
Woodridge, Levi, 198
Woodruff, Benjamin, 26
Woodruff, Benjamin, 81
Woodruff, Benjamin, 193
Woodruff, Benjamin, 262
Woodruff, Daniel, 193
Woodruff, David, 81
Woodruff, David, 248
Woodruff, David, 263
Woodruff, Ira, 40
Woodruff, John, 193
Woodruff, William, 352
Woodruff, William B., 26
Woods, Abijah, 271
Woods, Andrew W., 26
Woods, Archibald, 26
Woods, Archibald, 154
Woods, Archibald, 179
Woods, Archibald, 184
Woods, Aswell D., 184
Woods, Christopher, 122
Woods, Corcelius, 290
Woods, Elias, 63
Woods, Henry, 296
Woods, James, 120
Woods, James, 292
Woods, John, 92
Woods, John, 160
Woods, John, 161
Woods, John, 201
Woods, John S., 263
Woods, John, Jr., 161
Woods, Joseph, 235
Woods, Joseph A., 338
Woods, Matthew, 209
Woods, Michael, 194
Woods, Peter, 263
Woods, Reuben, 203
Woods, Richard, 122
Woods, Timothy, 161
Woods, William, 57
Woods, William, 123
Woods, William, 183
Woods, William, 284
Woodsides, Robert, 44
Woodson, Obediah, 112
Woodson, William, 203
Woodward, Enos, 137
Woodward, Innis, 137
Woodward, Innis, 138
Woodward, James, 299
Woodward, John, 223
Woodward, John, 298
Woodward, John, 308
Woodward, Michael, 301

INDEX

Woodward, Silas, 85
Woodward, Solus, 217
Woodyard, Alex, 325
Woodyard, Alexander, 106
Woolard, Samuel, 220
Woolcott, Justin, 325
Woolcut, Justice, 223
Wooldgriger, Geo W., 226
Wooldridge, Edmund, 196
Wooldridge, Levy, 204
Wooldridge, Robert, 31
Wooldridge, William, 120
Woolen, Charles, 86
Woolen, Leonard, 225
Woolery, Abraham, 210
Woolery, Jacob, 68
Woolery, Jacob, 89
Woolery, Jacob, 210
Woolery, Michael, 141
Wooley, James, 66
Wooley, John, 8
Wooley, John, 150
Wooley, John, 297
Wooley, Levi, 46
Wooley, Moses, 8
Woolf, Reddin, 367
Woolfolk, Joseph, 364
Woolfolk, Joseph H., 151
Woolfolk, Thomas, 180
Woolfskill, William, 231
Woolsey, Thomas, 287
Woolum, Charles, 187
Wooring, Peter, 260
Woorkman, Richard, 225
Wooten, Daniel, 275
Wooten, John, 174
Wooten, John, 357
Wooten, William, 315
Wooton, John, 11
Word, John, 365
Wordon, William, 191
Work, Samuel, 344
Workman, Abram, 209
Workman, Benjamin, 67
Workman, Benjamin, 370
Workman, William, 165
Works, James, 265
Works, Thomas, 264
World, Robert, 25
Worley, Caleb, 318
Worley, Valentine, 75
Worley, William, 41
Worlsey, Zephaniah, 74
Wornall, Thomas, 245
Worrel, James, 89
Worrel, James, 210
Worrel, Jonathan, 104
Worrell, James, 190

Worril, Samuel, 96
Worsham, David, 154
Worster, Hugh, 321
Worster, James, 98
Worth, James, 144
Worth, James, 350
Wortham, Hiram, 124
Wortherd, William, 217
Worthing, Charles, 23
Worthington, Charles, 46
Worthington, Edward, 24
Worthington, Edward, 243
Worthington, Isaac, 181
Worthington, John, 217
Worthington, Michael, 217
Worthington, Samuel, 1
Worthington, William, 206
Worthington, William, 217
Wray, Daniel, 292
Wren, John, 130
Wren, William, 191
Wridgeway, Thomas, 242
Wright, Abner, 124
Wright, Abner, 271
Wright, Andrew, 94
Wright, Bennett C., 295
Wright, Charles, 258
Wright, Edward, 187
Wright, Francis, 329
Wright, George, 100
Wright, George, 146
Wright, George, 354
Wright, Greensberry, 22
Wright, Harrisoh, 307
Wright, Hillery, 196
Wright, Isaac, 213
Wright, Jacob, 113
Wright, James, 105
Wright, James, 199
Wright, Joel, 151
Wright, John, 72
Wright, John, 75
Wright, John, 132
Wright, John, 158
Wright, John, 233
Wright, John, 306
Wright, John, 325
Wright, Jonathan, 151
Wright, Jonathan, 265
Wright, Jordon, 138
Wright, Joseph, 322
Wright, Mathias, 143
Wright, Middleton, 196
Wright, Morgan, 113
Wright, Nathaniel, 195
Wright, Reuben, 124
Wright, Reuben, 345
Wright, Robert, 192

Wright, Samuel, 252
Wright, Samuel, 324
Wright, Taylor, 40
Wright, Thomas, 167
Wright, Thomas, 263
Wright, Thomas W., 245
Wright, Thomas W., 263
Wright, Vinston, 146
Wright, Wallen, 245
Wright, Waller, 269
Wright, Walter, 287
Wright, Will, 325
Wright, William, 57
Wright, William, 93
Wright, William, 203
Wright, William, 350
Wrightnew, Francis, 254
Wyant, George, 221
Wyatt, Anthony, 196
Wyatt, Francis, 64
Wyatt, James, 229
Wyatt, Jesse, 225
Wyatt, Jesse, 369
Wyatt, John, 15
Wyatt, John, 18
Wyatt, John, 122
Wyatt, John, 355
Wyatt, John, 357
Wyatt, Luntzeford, 175
Wyatt, Mordecai, 229
Wycoff°, John, 93
Wyler, John, 226
Wyman, William, 221
Wymore, George, 14
Wymore, Martin, 110
Wyoming, Young, 203
Yager, Jaws, 242
Yager, Lewis, 295
Yakey, Henry, 51
Yancey, George, 333
Yancey, Joel, 257
Yancey, William, 333
Yancy, Burket G., 204
Yancy, George, 33
Yancy, George, 204
Yancy, George, 293
Yancy, Joel, 51
Yancy, Thomas, 180
Yancy, Thomas, 237
Yantis, John, 194
Yantis, John, 244
Yarborough, Humphrey, 327
Yarborough, John, 100
Yarnel, Abram, 352
Yasell, Jacob, 316
Yates, Enoch, 114
Yates, George, 32
Yates, James, 85

Yates, James, 217
Yates, John, 167
Yates, John, 196
Yates, John, 335
Yates, Michael, 318
Yates, Middleton, 140
Yates, Robert C., 310
Yates, Robert E., 172
Yates, Robert G., 56
Yates, Thomas, 9
Yates, Warner M., 268
Yates, William, 105
Yates, William, 124
Yaunce, Lawrence, 283
Yeagar, James, 268
Yeagen, Samuel, 197
Yeager, Cadis, 271
Yeager, Frederick, 240
Yeager, John, 150
Yearns, Aquilla, 352
Yearns, John, 157
Yearns, John, 350
Yeasler, John, 359
Yeates, James, 68
Yerser, George, 153
Yocum, George, 197
Yocum, Jacob, 11
Yocum, John, 355
Yocum, Mathias, 350
Yokem, Solomon, 30
Yokum, Allen, 332
Yorcum, John, 198
York Joseph, 85
York, Aquilla, 85
York, Aquilla, 217
York, Bartlett, 110
York, Elijah, 300
York, Elijah, 321
York, Jesse, 53
York, Jesse, 59
York, John, 291
York, Joseph, 217
Youger, Thomas, 349
Young, Abraham, 192
Young, Alescan, 17
Young, Alexander, 20
Young, Alexander, 128
Young, Alexander, 211
Young, Alexander, 84
Young, Andrew, 163
Young, Andrew, 249
Young, Aquilla, 308
Young, Aquilla, 308
Young, Arthur Gregory, 120
Young, Asa, 278
Young, Avis, 35
Young, Avis, 169
Young, Barney, 59

Young, Benjamin, 1
Young, Benjamin, 2
Young, Caleb, 2
Young, Charles, 87
Young, Charles, 218
Young, Edward, 113
Young, Eli, 107
Young, Evan, 143
Young, Evin, 250
Young, Fountain, 135
Young, George, 145
Young, Henry, 24
Young, Henry, 41
Young, James, 14
Young, James, 23
Young, James, 58
Young, James, 75
Young, James, 86
Young, James, 217
Young, James, 218
Young, James, 245
Young, James, 264
Young, James, 279
Young, James, 355
Young, Joel, 112
Young, Joel, 264
Young, John, 61
Young, John, 114
Young, John, 118
Young, John, 130
Young, John, 235
Young, John, 246
Young, John, 264
Young, John, 288
Young, John, 301
Young, John, 308
Young, John, 321
Young, John, 327
Young, John, 335
Young, John, 336
Young, John, 363
Young, John M., 26
Young, John W., 168
Young, John W., 311
Young, John, Jr., 74
Young, Joseph, 15
Young, Joseph, 113
Young, Leavin, 253
Young, Lewis, 122
Young, Lewis, 264
Young, Martin, 35
Young, Merrit, 120
Young, Merritt, 31
Young, Moses, 18
Young, Nathan, 58
Young, Nathan, 276
Young, Nimrod, 235
Young, Richard, 112

Young, Richard, 264
Young, Richard M., 31
Young, Robert, 20
Young, Robert, 76
Young, Robert, 203
Young, Robert, 280
Young, Robert, 317
Young, Robert C., 114
Young, Samuel, 344
Young, Sonnet, 126
Young, Thomas, 87
Young, Thomas, 128
Young, Thomas, 218
Young, William, 58
Young, William, 76
Young, William, 104
Young, William, 114
Young, William, 176
Young, William, 186
Young, William, 344
Young, William E., 37
Young, William E., 164
Young, Willoughby T., 99
Young, Abner C., 299
Younger, Ebenezer, 144
Younger, Ebenezer, 304
Younger, Peter, 15
Younger, Peter, 308
Younger, Willis, 312
Younglove, Ezra, 363
Youngman, John, 325
Youngs, Nathan, 307
Yount, Jonathan, 170
Yount, Solomon, 340
Youse, Michael G., 152
Yowell, John, 73
Yunt, Jonathan, 35
Zachaway, Archibald, 157
Zegley, Benjamin, 352
Zibb, Daniel, 280
Zilhart, Philip, 162
Zimmerman, Frederick, 354
Zimmerman, George, 255
Zimmerman, John, 120
Zimmerman, John, 191
Zinn, Joseph, 325
Zonce, Michael G., 148
Zook, Jacob, 271

www.ingramcontent.com/pod-product-compliance
Lightning Source LLC
Chambersburg PA
CBHW032126010526
44111CB00033B/116